SÚMULAS DO STF e do STJ
ANOTADAS EM QUESTÕES

+2100
questões de concursos públicos
versando sobre as súmulas aplicáveis

Roberval Rocha

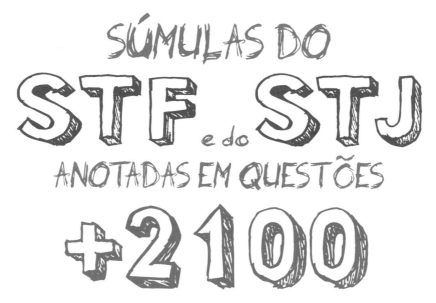

SÚMULAS DO STF e do STJ ANOTADAS EM QUESTÕES

+2100

questões de concursos públicos
versando sobre as súmulas aplicáveis

4ª edição
revista, ampliada e atualizada

2017

www.editorajuspodivm.com.br

www.editorajuspodivm.com.br

Rua Mato Grosso, 175 – Pituba, CEP: 41830-151 – Salvador – Bahia
Tel: (71) 3363-8617 / Fax: (71) 3363-5050
• E-mail: fale@editorajuspodivm.com.br

Copyright: Edições *Jus*PODIVM

Conselho Editorial: Eduardo Viana Portela Neves, Dirley da Cunha Jr., Leonardo de Medeiros Garcia, Fredie Didier Jr., José Henrique Mouta, José Marcelo Vigliar, Marcos Ehrhardt Júnior, Nestor Távora, Robério Nunes Filho, Roberval Rocha Ferreira Filho, Rodolfo Pamplona Filho, Rodrigo Reis Mazzei e Rogério Sanches Cunha.

Capa: Rene Bueno e Daniela Jardim *(www.buenojardim.com.br)*

> Todos os direitos desta edição reservados à Edições *Jus*PODIVM.
>
> É terminantemente proibida a reprodução total ou parcial desta obra, por qualquer meio ou processo, sem a expressa autorização do autor e da Edições *Jus*PODIVM. A violação dos direitos autorais caracteriza crime descrito na legislação em vigor, sem prejuízo das sanções civis cabíveis.

APRESENTAÇÃO

Neste livro, que aborda as súmulas aplicáveis do Supremo Tribunal Federal e do Superior Tribunal de Justiça, os enunciados cujos conteúdos foram objeto de avaliação em provas de concursos públicos são anotados com questões de diversas bancas organizadoras, no intuito de mostrar como os preceitos das duas principais Cortes do país são objeto de interpretação e aplicação nos certames país afora.

O livro também traz questões sobre: teoria do direito sumular, sobre as disposições da Constituição Federal e do Novo Código de Processo Civil que regem o tema, e, também, sobre a Lei da Súmula Vinculante (Lei 11.417/2006).

O número expressivo de questões selecionadas visa familiarizar o leitor com a aplicação dada aos enunciados sumulares pelas mais importantes organizadoras de concursos públicos, abrangendo provas da magistratura (estadual, federal e trabalhista), procuradorias (federais e estaduais), Ministério Público (federal e estaduais), Defensorias Públicas, Ordem dos Advogados do Brasil, Tribunais de Contas, fiscos e outras carreiras especializadas.

Assim, o candidato tem a oportunidade de treinar e estudar as questões cobradas nos concursos, e também, visualizar quais temas sumulares têm seus conteúdos mais explorados pelas bancas.

Espero com isso, mais uma vez, propiciar uma ferramenta útil e eficaz na preparação para as provas, otimizando seus estudos.

SUMÁRIO

PARTE I – SÚMULAS DO SUPREMO TRIBUNAL FEDERAL

CAPÍTULO 1 - DIREITO ADMINISTRATIVO **25**
1. Agentes Públicos.. 25
   1.1. Concurso Público 25
   1.2. Disposições Gerais... 30
      1.2.1. Cargo em Comissão/Confiança 30
      1.2.2. Disponibilidade... 37
      1.2.3. Vitaliciedade 37
   1.3. Regras Previdenciárias 37
   1.4. Regras Remuneratórias 39
2. Agentes Públicos Militares 49
3. Atos Administrativos 50
   3.1. Controle dos Atos Administrativos 50
   3.2. Prescrição Administrativa 56
   3.3. Processo Administrativo 57
      3.3.1. Processo Disciplinar 57
      3.3.2. Recurso Administrativo 64
4. Bens Públicos.. 67
5. Intervenção do Estado na Propriedade 70
6. Poderes Administrativos 75

CAPÍTULO 2 - DIREITO CIVIL **81**
1. Dos bens... 81
2. Dos Fatos Jurídicos 82
   2.1. Da Prescrição.. 82
3. Do Direito das Obrigações.. 83
   3.1. Do Inadimplemento das Obrigações 83
      3.1.1. Das Perdas e Danos 83
   3.2. Dos Contratos em Geral 83
   3.3. Das Várias Espécies de Contrato 84
      3.3.1. Da Compra e Venda 84
   3.4. Da Responsabilidade Civil 85
      3.4.1. Da Obrigação de Indenizar 85
      3.4.2. Da Indenização.. 88
4. Do Direito das Coisas.. 88
   4.1. Da Posse... 88
   4.2. Da Propriedade 89
      4.2.1. Da Aquisição da Propriedade Imóvel........................ 89
      4.2.2. Dos Direitos de Vizinhança 89
5. Do Direito de Família 89

5.1.	Do Direito Pessoal	89
	5.1.1. Da Dissolução da Sociedade e do Vínculo Conjugal	89
5.2.	Do Direito Patrimonial	90
	5.2.1. Regime de Bens entre os Cônjuges	90
5.3.	Da União Estável	90
6.	Do Direito das Sucessões	90
6.1.	Da Sucessão Testamentária	90
	6.1.1. Das Disposições Testamentárias	90
7.	Das Disposições Finais e Transitórias	91
8.	Leis Civis Especiais	91
8.1.	Lei de Locações (Lei 8.245/91)	91
	8.1.1. Ação Revisional	91
	8.1.2. Renovação de Contrato	91
	8.1.3. Retomada do Imóvel	91
	8.1.4. Outros Temas	92
8.2.	Lei de Loteamento e Venda de Terreno em Prestações (DL 58/37)	92

CAPÍTULO 3 – DIREITO CONSTITUCIONAL 93

1.	Dos Direitos e Garantias Fundamentais	93
1.1.	Dos Direitos e Deveres Individuais e Coletivos	93
1.2.	Dos Direitos Políticos	103
2.	Da Organização do Estado	104
2.1.	Da União	104
3.	Da Organização dos Poderes	105
3.1.	Do Poder Legislativo	105
	3.1.1. Dos Deputados e dos Senadores	105
	3.1.2. Do Processo Legislativo	105
3.2.	Do Poder Judiciário	106
	3.2.1. Disposições Gerais	106
3.3.	Das Funções Essenciais à Justiça	106
	3.3.1. Do Ministério Público	106
4.	Da Ordem Econômica e Financeira	107
4.1.	Do Sistema Financeiro Nacional	107

CAPÍTULO 4 – DIREITO DO TRABALHO 109

1.	Das Normas Gerais de Tutela do Trabalho	109
1.1.	Da Identificação Profissional	109
1.2.	Da Duração do Trabalho	109
1.3.	Do Salário Mínimo	112
1.4.	Das Férias Anuais	112
1.5.	Da Segurança e da Medicina do Trabalho	113
2.	Do Contrato Individual de Trabalho	116
2.1.	Disposições Gerais	116
2.2.	Da Remuneração	117
	2.2.1. Das Horas-extras	117
	2.2.2. Da Habitualidade	118
	2.2.3. Do Salário	119
2.3.	Da Rescisão	122
2.4.	Da Estabilidade	127
3.	Da Organização Síndical	128

SUMÁRIO

3.1.	Da Instituição Sindical	128
3.2.	Do Enquadramento Sindical	130
4.	Das Convenções Coletivas de Trabalho	130
5.	Leis Trabalhistas Especiais	130
5.1.	Lei de Greve (Lei 7.783/89)	130
5.2.	Lei do FGTS (Lei 8.036/90)	130
5.3.	Lei do Seguro de Acidente do Trabalho (Lei 6.367/76)	130
5.4.	Lei do Trabalho Rural (Lei 5.889/73)	130

CAPÍTULO 5 – DIREITO EMPRESARIAL **133**

1.	Do Direito de Empresa	133
1.1.	Dos Institutos Complementares	133
1.1.1.	Da Escrituração	133
2.	Do Direito Falimentar	133
3.	Dos Contratos Mercantis	135
4.	Dos Títulos de Crédito	135

CAPÍTULO 6 – DIREITO FINANCEIRO **137**

1.	Da Organização dos Poderes	137
1.1.	Do Poder Legislativo	137
1.1.1.	Da Fiscalização Contábil, Financeira e Orçamentária (Tribunal de Contas)	137
1.2.	Do Poder Judiciário	145
1.2.1.	Disposições Gerais (Precatórios)	145
2.	Da Tributação e do Orçamento	147
2.1.	Do Sistema Tributário Nacional	147
2.1.1.	Da Repartição das Receitas Tributárias	147

CAPÍTULO 7 – DIREITO INTERNACIONAL **149**

1.	Direito Internacional Público	149
1.1.	Situação Jurídica do Estrangeiro no Brasil (Lei 6.815/80)	149
1.1.1.	Expulsão	149
1.1.2.	Extradição	149
2.	Direito Internacional Privado	150
2.1.	Homologação de Sentença Estrangeira	150

CAPÍTULO 8 – DIREITO PENAL **151**

1.	Da Aplicação da Lei Penal	151
2.	Do Crime	155
3.	Da Imputabilidade Penal	155
4.	Das Penas	156
4.1.	Da Aplicação da Pena	156
4.2.	Da Suspensão Condicional da Pena	157
5.	Da Extinção de Punibilidade	158
6.	Dos Crimes contra o Patrimônio	159
7.	Leis Penais Especiais	161
7.1.	Código de Trânsito Brasileiro (Lei 9.503/97)	161
7.2.	Lei dos Crimes contra a Ordem Tributária/Econômica/Consumo (Lei 8.137/90)	162
7.3.	Lei dos Crimes de Responsabilidade (DL 201/67)	165

CAPÍTULO 9 - DIREITO PREVIDENCIÁRIO 167

1. Do Financiamento da Seguridade Social 167
   1.1. Das Contribuições 167
2. Do Regime Geral de Previdência Social 167
   2.1. Das Prestações em Geral 167
       2.1.1. Do Cálculo do Valor dos Benefícios 167
3. Dos Regimes Próprios de Previdência Social 168

CAPÍTULO 10 - DIREITO PROCESSUAL CIVIL 169

1. Da Função Jurisdicional 169
   1.1. Da Competência Interna 169
       1.1.1. Disposições Gerais 169
       1.1.2. Da Competência da Justiça Estadual 169
       1.1.3. Da Competência da Justiça Federal 171
2. Dos Sujeitos do Processo 172
   2.1. Das Partes e dos Procuradores 172
       2.1.1. Dos Deveres das Partes e de seus Procuradores 172
       2.1.2. Dos Procuradores 173
3. Dos Atos Processuais 174
   3.1. Da Forma, do Tempo e do Lugar dos Atos Processuais 174
       3.1.1. Dos Prazos 174
   3.2. Da Comunicação dos Atos Processuais 175
       3.2.1. Da Citação 175
       3.2.2. Das Intimações 175
4. Da Formação, da Suspensão e da Extinção do Processo 175
   4.1. Da Extinção do Processo 175
5. Do Processo de Conhecimento e do Cumprimento de Sentença 175
   5.1. Do Procedimento Comum 175
       5.1.1. Da Petição Inicial 175
       5.1.2. Da Reconvenção 176
       5.1.3. Da Revelia 176
       5.1.4. Das Providências Preliminares e do Saneamento 177
       5.1.5. Das Provas 177
       5.1.6. Da Sentença e da Coisa Julgada 178
6. Dos Processos nos Tribunais e dos Meios de Impugnação das Decisões Judiciais 178
   6.1. Da Ordem dos Processos e dos Processos de Competência Originária dos Tribunais 178
       6.1.1. Do Incidente de Arguição de Inconstitucionalidade 178
       6.1.2. Da Homologação de Decisão Estrangeira e da Concessão do Exequatur à Carta Rogatória 182
       6.1.3. Da Ação Rescisória 182
       6.1.4. Da Reclamação 184
   6.2. Dos Recursos 184
       6.2.1. Disposições Gerais 184
       6.2.2. Da Apelação 185
       6.2.3. Do Agravo de Instrumento 186
       6.2.4. Dos Embargos de Declaração 186
   6.3. Do Recurso Extraordinário 186
       6.3.1. Efeito Devolutivo 186
       6.3.2. Fungibilidade 187

6.3.3.	Hipóteses de Cabimento	187
6.3.4.	Prazo	192
6.3.5.	Requisitos Formais	192

7. Leis Processuais Civis Especiais 193
    7.1. Lei das Liminares para Liberação de Bens/Mercadorias/Coisas de Procedência Estrangeira (Lei 2.770/56) 193
    7.2. Lei da Tutela Antecipada Contra a Fazenda Pública (Lei 9.494/97) 193
    7.3. Regimento Interno do STF 193
        7.3.1. Embargos de Divergência 193
        7.3.2. Emendas ao Regimento 194
        7.3.3. Impedimentos 194

CAPÍTULO 11 - DIREITO PROCESSUAL CONSTITUCIONAL 195

1. Ações Constitucionais 195
    1.1. Ação Direta de Inconstitucionalidade 195
    1.2. Ação Popular 196
    1.3. "Habeas Corpus" 197
    1.4. Mandado de Segurança 204
        1.4.1. Citações e Intimações 204
        1.4.2. Competência 205
        1.4.3. Efeitos da Concessão 206
        1.4.4. Hipóteses de Cabimento 208
        1.4.5. Legitimidade Ativa/Passiva 212
        1.4.6. Liminares 214
        1.4.7. Mandado de Segurança Coletivo 215
        1.4.8. Prazo de Impetração 218
        1.4.9. Recursos 219
2. Competência Cível Originária do STF 220

CAPÍTULO 12 - DIREITO PROCESSUAL DO TRABALHO 221

1. Da justiça do trabalho 221
    1.1. Da Competência da Justiça do Trabalho 221
    1.2. Da Competência da Justiça Estadual 225
2. Do Processo Judiciário do Trabalho 225
    2.1. Do Processo em Geral 225
        2.1.1. Das Custas e Emolumentos 225
        2.1.2. Das Partes e dos Procuradores 225
    2.2. Da Execução 225
    2.3. Dos Recursos 227

CAPÍTULO 13 - DIREITO PROCESSUAL PENAL 229

1. Do Inquérito Policial 229
2. Da Ação Penal 230
3. Da Competência 235
    3.1. Da Competência pelo Lugar da Infração 235
    3.2. Da Competência pela Natureza da Infração 235
    3.3. Da Competência por Prevenção 236
    3.4. Da Competência pela Prerrogativa da Função 236
4. Das Questões e Processos Incidentes 239
    4.1. Do Conflito de Jurisdição 239

5. Da Prisão, das Medidas Cautelares e da Liberdade Provisória 239
    5.1. Da Liberdade Provisória com ou sem Fiança 239
6. Das Citações e Intimações.. 239
    6.1. Das Citações.. 239
    6.2. Das Intimações 240
7. Da Sentença 242
8. Do Processo Comum 243
    8.1. Do Procedimento Relativo aos Processos da Competência do Tribunal do Júri 243
9. Das Nulidades e dos Recursos em Geral.. 247
    9.1. Das Nulidades 247
    9.2. Dos Recursos em Geral.. 251
        9.2.1 Disposições Gerais.. 251
        9.2.2. Da Apelação 253
        9.2.3. Da Revisão 255
10. Disposições Gerais.. 256
11. Leis Processuais Penais Especiais.. 257
    11.1. Lei dos Juizados Especiais (Lei 9.099/95) 257

CAPÍTULO 14 - DIREITO TRIBUTÁRIO 261

1. Crédito Tributário 261
    1.1. Extinção do Crédito Tributário 261
    1.2. Exclusão do Crédito Tributário 264
    1.3. Garantias e Privilégios do Crédito Tributário.. 265
2. Administração Tributária 265
    3.1. Fiscalização 265
3. Do Sistema Tributário Nacional.. 267
    3.1. Dos Princípios Gerais.. 267
    3.2. Das Limitações do Poder de Tributar 270
    3.3. Dos Impostos da União.. 275
        3.3.1. IOF 275
        3.3.2. IRPJ/IRPF 275
        3.3.3. IPI 276
    3.4. Dos Impostos dos Estados e do Distrito Federal 276
        3.4.1. ICMS.. 276
        3.4.2. ITCMD.. 279
    3.5. Dos Impostos dos Municípios.. 281
        3.5.1. IPTU.. 281
        3.5.2. ISSQN 283
        3.5.3. ITBI.. 285
    3.6. Das Contribuições Especiais.. 288
    3.7. Das Taxas.. 291

CAPÍTULO 15 - EXECUÇÃO FISCAL 297

1. Prazos 297
2. Sucumbência 297

CAPÍTULO 16 - EXECUÇÃO PENAL.. 299

1. Dos Órgãos da Execução Penal 299
2. Da Execução das Penas em Espécie.. 299
    2.1. Das Penas Privativas de Liberdade.. 299

SUMÁRIO   13

      2.1.1.   Dos Regimes 299
      2.1.2.   Da Remição 303
      2.1.3.   Do Livramento Condicional 304
  2.2.   Da Suspensão Condicional 304
3.   Do Procedimento Judicial 304

CAPÍTULO 17 - SISTEMA FINANCEIRO NACIONAL 307
1.   Juros 307

PARTE II – SÚMULAS SUPERIOR TRIBUNAL DE JUSTIÇA

CAPÍTULO 1 - DIREITO ADMINISTRATIVO 313
1.   Agentes Públicos 313
  1.1.   Concurso Público 313
  1.2.   Regras Remuneratórias 314
  1.3.   Regras Processuais Correlatas 314
2.   Agentes Públicos Militares 317
3.   Atos Administrativos 317
  3.1.   Prescrição Administrativa 317
  3.2.   Processo Administrativo 318
4.   Bens Públicos 319
5.   Entes da Administração Pública 319
  5.1.   Conselhos Profissionais 319
6.   Intervenção do Estado na Propriedade 319
  6.1.   Desapropriação 319
      6.1.1.   Atualização Monetária 319
      6.1.2.   Cálculo de Juros 320
      6.1.3.   Honorários Advocatícios 324
      6.1.4.   Procedimento 324

CAPÍTULO 2 - DIREITO CIVIL 327
1.   Das Pessoas 327
2.   Dos Fatos Jurídicos 328
  2.1.   Do Negócio Jurídico 328
  2.2.   Da Prescrição 328
3.   Do Direito das Obrigações 331
  3.1.   Dos Contratos em Geral 331
  3.2.   Das Várias Espécies de Contrato 332
      3.2.1.   Da Compra e Venda 332
      3.2.2.   Do Seguro 332
      3.2.3.   Da Fiança 334
  3.3.   Da Responsabilidade Civil 335
      3.3.1.   Acidente de Trânsito 335
      3.3.2.   Cálculo de Indenização 336
      3.3.3.   Dano Moral 339
      3.3.4.   Furto em Estacionamento 344
      3.3.5.   Lei de Imprensa 344
      3.3.6.   Seguro Facultativo 345
4.   Do Direito das Coisas 345

4.1.	Da Propriedade	345
4.2.	Da Hipoteca	346
5.	Do Direito de Família	346
5.1.	Alimentos	346
5.2.	Bem de Família	347
5.3.	Divórcio	350
5.4.	Investigação de Paternidade	351
6.	Leis Civis Especiais	352
6.1.	Lei de Locações (Lei 8.245/91)	352
6.2.	Lei dos Direitos Autorais (Lei 9.610/98)	353
6.3.	Lei dos Registros Públicos (Lei 6.015/73)	354

CAPÍTULO 3 – DIREITO CONSTITUCIONAL ... 357

1. Direitos Fundamentais ... 357
2. Precatórios ... 359

CAPÍTULO 4 – DIREITO DE TRÂNSITO ... 361

1. Crime de Trânsito ... 361
2. Multas ... 361
3. Seguro Obrigatório ... 362
4. Responsabilidade Civil ... 365

CAPÍTULO 5 – DIREITO DO CONSUMIDOR ... 367

1. Disposições Gerais ... 367
2. Da Qualidade de Produtos e Serviços, da Prevenção e da Reparação dos Danos ... 369
   - 2.1. Da Responsabilidade pelo Fato do Produto e do Serviço ... 369
   - 2.2. Da Decadência e da Prescrição ... 370
3. Das Práticas Comerciais ... 372
   - 3.1. Das Práticas Abusivas ... 372
   - 3.2. Dos Bancos de Dados e Cadastros de Consumidores ... 373
4. Da Proteção Contratual ... 380
   - 4.1. Das Cláusulas Abusivas ... 380

CAPÍTULO 6 – DIREITO DO TRABALHO ... 383

1. Da Organização Sindical ... 383
   - 1.1. Da Contribuição Sindical ... 383
2. Do Ministério Público do Trabalho ... 383
3. Leis Trabalhistas Especiais ... 383
   - 3.1. Lei do FGTS (Lei 8.036/90) ... 383
     - 3.1.1. Cálculos ... 383
     - 3.1.2. Competência ... 383
     - 3.1.3. Prescrição ... 384
     - 3.1.4. Outros Temas ... 385
   - 3.2. Lei do Seguro de Acidente do Trabalho (Lei 6.367/76) ... 385

CAPÍTULO 7 – DIREITO EDUCACIONAL ... 387

1. Competência ... 387

CAPÍTULO 8 – DIREITO ELEITORAL ... 389

1. Competência ... 389

SUMÁRIO   15

CAPÍTULO 9 – DIREITO EMPRESARIAL **391**
1. Contratos Mercantis 391
   1.1. Arrendamento Mercantil 391
   1.2. Transporte Mercantil 393
2. Direito Acionário 393
3. Direito Falimentar 394
   3.1. Direito Processual 394
   3.2. Falência 395
   3.3. Restituição de Adiantamento de Contrato de Câmbio 395
4. Propriedade Industrial 396
5. Títulos de Crédito 397
   5.1. Aval 397
   5.2. Obrigação Cambial 397
   5.3. Protesto 397
   5.4. Títulos de Crédito em Espécie 399
        5.4.1. Cédula de Crédito Rural 399
        5.4.2. Cheque 400
        5.4.3. Duplicata 402
        5.4.4. Nota Promissória 402

CAPÍTULO 10 – DIREITO FINANCEIRO **405**
1. Precatórios 405

CAPÍTULO 11 – DIREITO PENAL **407**
1. Da Aplicação da Lei Penal 407
2. Das Penas 407
   2.1. Das Espécies de Pena 407
   2.2. Da Cominação das Penas 411
   2.3. Da Aplicação da Pena 412
   2.4. Do Livramento Condicional 416
3. Das Medidas de Segurança 417
4. Da Extinção da Punibilidade 419
   4.1. Da "Abolitio Criminis" 419
   4.2. Da Prescrição 421
   4.3. Do Perdão Judicial 426
5. Dos Crimes Tipificados no Código Penal 428
   5.1. Dos Crime contra o Patrimônio 428
        5.1.1. Do Furto 428
        5.1.2. Do Roubo e da Extorsão 432
        5.1.3. Do Estelionato e Outras Fraudes 434
   5.2. Dos Crimes contra a Propriedade Imaterial 437
   5.3. Dos Crimes contra a Fé Pública 438
        5.3.1. Da Moeda Falsa 438
        5.3.2. Da Falsidade Documental 439
   5.4. Dos Crimes contra a Administração Pública 442
        5.4.1. Dos Crimes Praticados por Particular contra a Administração em
               Geral 442
        5.4.2. Dos Crimes contra a Administração da Justiça 442
6. Leis Penais Especiais 443

CAPÍTULO 12 - DIREITO PREVIDENCIÁRIO 445

1. Do Financiamento da Seguridade Social 445
   1.1. Das Contribuições 445
2. Do Regime Geral de Previdência Social 445
   2.1. Das Prestações em Geral 445
      2.1.1. Do Cálculo do Valor dos Benefícios 445
      2.1.2. Dos Benefícios (Geral) 447
      2.1.3. Dos Benefícios (Aposentadorias) 447
      2.1.4. Dos Benefícios (Pensão por Morte) 449
      2.1.5. Dos Benefícios (Auxílio-Acidente) 451
3. Da Previdência Complementar 451
4. Outros Temas 452
   4.1. Certificado de Entidade Beneficente de Assistência Social 452
   4.2. Débito Previdenciário 452
   4.3. Seguro de Acidente do Trabalho 452

CAPÍTULO 13 - DIREITO PROCESSUAL CIVIL 453

1. Da Função Jurisdicional 453
   1.1. Da Jurisdição e da Ação 453
   1.2. Da Competência Interna 453
      1.2.1-A. Da Competência (Disposições Gerais) 453
      1.2.1-B. Da Competência (Justiça Estadual) 454
      1.2.1-C. Da Competência (Justiça Federal) 458
      1.2.1-D. Da Competência (Modificação) 460
      1.2.1-E. Da Competência (Incompetência) 461
2. Dos Sujeitos do Processo 463
   2.1. Das Partes e dos Procuradores 463
      2.1.1. Da Capacidade Processual 463
      2.1.2-A. Dos Deveres das Partes e de seus Procuradores (Custas Processuais) 463
      2.1.2-B. Dos Deveres das Partes e de seus Procuradores (Honorários
              Advocatícios) 463
      2.1.2-C. Dos Deveres das Partes e de seus Procuradores (Honorários Periciais) 468
      2.1.3. Da Gratuidade da Justiça 469
   2.2. Do Ministério Público 469
3. Dos Atos Processuais 470
   3.1. Da Forma, do Tempo e do Lugar dos Atos Processuais 470
      3.1.1. Dos Prazos 470
   3.2. Da Comunicação dos Atos Processuais 470
      3.2.1. Da Citação 470
4. Da Tutela Provisória 470
   4.1. Da Tutela de Urgência 470
      4.1.1. Do Procedimento da Tutela Cautelar Requerida em Caráter Antecedente ... 470
5. Da Formação, da Suspensão e da Extinção do Processo 471
   5.1. Da Extinção do Processo 471
6. Do Processo de Conhecimento e do Cumprimento de Sentença 472
   6.1. Do Procedimento Comum 472
      6.1.1. Das Provas 472
      6.1.2. Da Sentença e da Coisa Julgada 472
      6.1.3. Da Liquidação de Sentença 475
   6.2. Dos Procedimentos Especiais 476

6.2.1.	Da Ação de Exigir Contas	476
6.2.2.	Dos Embargos de Terceiro	477
6.2.3.	Da Ação Monitória	479

7. Do Processo de Execução 484
   7.1. Da Execução em Geral 484
       7.1.1. Das Partes 484
       7.1.2. Dos Requisitos Necessários para Realizar Qualquer Execução 484
       7.1.3. Da Responsabilidade Patrimonial 486
   7.2. Das Diversas Espécies de Execução 486
       7.2.1. Da Execução das Obrigações de Fazer ou de Não Fazer 486
       7.2.2. Da Execução por Quantia Certa 487
       7.2.3. Da Execução de Alimentos 491
   7.3. Dos Embargos à Execução 491
8. Dos Processos nos Tribunais e dos Meios de Impugnação das Decisões Judiciais 494
   8.1. Da Ordem dos Processos e dos Processos de Competência Originária dos Tribunais 494
       8.1.1. Da Ordem dos Processos no Tribunal 494
       8.1.2. Da Ação Rescisória 494
   8.2. Dos Recursos 494
       8.2.1. Disposições Gerais 494
       8.2.2. Da Apelação 495
       8.2.3. Do Agravo de Instrumento 496
       8.2.4. Do Agravo Interno 497
       8.2.5. Dos Embargos de Declaração 497
       8.2.6. Do Recurso Extraordinário e do Recurso Especial 497
       8.2.7. Dos Embargos de Divergência 501
9. Leis Processuais Civis Especiais 503
   9.1. Lei de Intervenção da União (Lei 9.469/97) 503
   9.2. Lei de Impenhorabilidade do Bem de Família (Lei 8.009/90) 503

CAPÍTULO 14 – DIREITO PROCESSUAL CONSTITUCIONAL 505
1. Ação Civil Pública 505
2. "Habeas Data" 506
3. Mandado de Segurança 507

CAPÍTULO 15 – DIREITO PROCESSUAL DO TRABALHO 511
1. Da Competência 511
   1.1. Da Competência (Justiça do Trabalho) 511
   1.2. Da Competência (Justiça Estadual) 511
   1.3. Da Competência (Justiça Federal) 512
2. Do Conflito de Competência 512
3. Dos Recursos 514
4. Leis Especiais 514
   4.1. Lei do Seguro de Acidente do Trabalho (Lei 6.367/76) 514

CAPÍTULO 16 – DIREITO PROCESSUAL PENAL 515
1. Da Ação Penal 515
2. Da Competência 517
   2.1. Da Competência pelo Lugar da Infração 517
   2.2. Da Competência pela Natureza da Infração 518

2.2.1.	Competência da Justiça Comum	518
2.2.2.	Competência da Justiça Comum Estadual	519
2.2.3.	Competência da Justiça Comum Federal	522
2.2.4.	Competência da Justiça Militar	525
2.3.	Da Competência por Conexão ou Continência	525
2.4.	Da Competência por Prevenção	525
2.5.	Da Competência pela Prerrogativa da Função	525
3.	Das Questões e Processos Incidentes	527
3.1.	Do Conflito de Jurisdição	527
4.	Da Prova	527
5.	Dos Sujeitos do Processo	528
6.	Da Prisão, das Medidas Cautelares e da Liberdade Provisória	530
7.	Das Citações e Intimações	532
7.1.	Das Intimações	532
8.	Das Nulidades e dos Recursos em Geral	533
8.1.	Dos Recursos em Geral	533
9.	Dos Processos Especiais	534
9.1.	Do Processo e do Julgamento dos Crimes de Responsabilidade dos Funcionários Públicos	534
10.	Leis Processuais Penais Especiais	535
10.1.	Lei dos Juizados Especiais (Lei 9.099/95)	535
10.2.	Lei Maria da Penha (Lei 11.340/06)	538

CAPÍTULO 17 - DIREITO PROCESSUAL PREVIDENCIÁRIO ... **541**

1.	Da Função Jurisdicional	541
1.1.	Da Jurisdição e da Ação	541
1.2.	Da Competência Interna	541
2.	Dos Sujeitos do Processo	541
2.1.	Das Partes e dos Procuradores	541
2.1.1.	Da Capacidade Processual	541
2.1.2.	Dos Deveres das Partes e de seus Procuradores	541
3.	Dos Atos Processuais	543
3.1.	Da Comunicação dos Atos Processuais	543
3.1.1.	Da Citação	543
4.	Do Processo de Conhecimento e do Cumprimento de Sentença	543
4.1.	Do Procedimento Comum	543
4.1.1.	Das Provas	543
5.	Dos Processos nos Tribunais e dos Meios de Impugnação das Decisões Judiciais	543
5.1.	Da Ordem dos Processos e dos Processos de Competência Originária dos Tribunais	543
5.1.1.	Da Ação Rescisória	543

CAPÍTULO 18 - DIREITO TRIBUTÁRIO ... **545**

1.	Obrigação Tributária	545
1.1.	Responsabilidade Tributária	545
2.	Crédito Tributário	548
2.1.	Constituição de Crédito Tributário	548
2.2.	Suspensão do Crédito Tributário	550
2.3.	Extinção do Crédito Tributário	551
2.3.1.	Compensação	551
2.3.2.	Repetição de Indébito	554

SUMÁRIO | 19

2.4. Garantias e Privilégios do Crédito Tributário.. 555
3. Administração Tributária 556
3.1. Certidões Negativas 556
4. Do Sistema Tributário Nacional... 556
4.1. Dos Impostos da União.. 556
4.1.1. IOF 556
4.1.2. IPI 557
4.1.3. IRPF/IRPJ 558
4.2. Dos Impostos dos Estados e do Distrito Federal 561
4.2.1. ICMS.. 561
4.3. Dos Impostos dos Municípios.. 570
4.3.1. IPTU... 570
4.3.2. ISSQN 572
4.4. Contribuições Especiais.. 574
4.5. Taxas... 574
5. Outros Temas.. 574
5.1. Refis 574
5.2. Simples Nacional... 575

CAPÍTULO 19 - ESTATUTO DA CRIANÇA E DO ADOLESCENTE **577**

1. Da Prática de Ato Infracional 577
1.1. Das Medidas Socioeducativas 577
2. Do Acesso à Justiça.. 579
2.1. Da Justiça da Infância e da Juventude... 579
2.1.1. Do Juiz 579
3. Dos Crimes e das Infrações Administrativas 580
3.1. Dos Crimes... 580
3.1.1. Dos Crimes em Espécie 580

CAPÍTULO 20 - EXECUÇÃO FISCAL **583**

1. Competência 583
2. Despesas Processuais.. 584
3. Embargos... 585
4. Penhora 587
5. Prescrição Intercorrente... 588
6. Legitimidade Ativa 589
7. Leilão... 589
8. Petição Inicial 589
9. Responsabilidade Tributária... 590
10. Outros Temas.. 590

CAPÍTULO 21 - EXECUÇÃO PENAL... **595**

1. Do Condenado e do Internado 595
1.1. Do Trabalho.. 595
1.2. Dos Deveres, dos Direitos e da Disciplina... 595
2. Dos Órgãos da Execução Penal 597
3. Da Execução das Penas em Espécie.. 598
3.1. Das Penas Privativas de Liberdade 598
3.1.1. Dos Regimes 598
3.1.2. Das Autorizações de Saída... 600

3.1.3.	Da Remição	601
3.1.4.	Do Livramento Condicional	603
4.	Dos Incidentes de Execução	603

CAPÍTULO 22 – SISTEMA FINANCEIRO DA HABITAÇÃO ... **605**

1.	Atualização Monetária	605
2.	Hipoteca	606
3.	Juros	606
4.	Legitimidade Processual	606
5.	Seguros	606

CAPÍTULO 23 – SISTEMA FINANCEIRO NACIONAL ... **609**

1.	Banco Central do Brasil	609
2.	Bancos Comerciais	609
3.	Comissão de Permanência	610
4.	Contratos Bancários	613
4.1.	Alienação Fiduciária	613
4.2.	Cláusulas Contratuais	614
4.3.	Consórcio	615
4.4.	Renegociação Contratual	616
4.5.	Tarifas	616
5.	Correção Monetária de Depósitos Judiciais	617
6.	Indexadores Financeiros	617
7.	Juros	617

PARTE III – CONSTITUIÇÃO, LEI E TEORIA

CONSTITUIÇÃO, LEI E TEORIA ... **623**

1.	Constituição Federal	623
2.	Novo Código de Processo Civil	626
3.	Lei da Súmula Vinculante (Lei 11.417/06)	631
4.	Teoria Sumular	644

PARTE IV – SÚMULAS STF TORNADAS VINCULANTES

SÚMULAS STF TORNADAS VINCULANTES ... **651**

PARTE V – SÚMULAS STF CANCELADAS/SUPERADAS

SÚMULAS STF CANCELADAS/SUPERADAS ... **655**

PARTE VI – SÚMULAS STJ CANCELADAS/SUPERADAS

SÚMULAS STJ CANCELADAS/SUPERADAS ... **659**

PARTE VII – ÍNDICE CRONOLÓGICO REMISSIVO – STF

ÍNDICE CRONOLÓGICO REMISSIVO - STF.. 663

PARTE VIII – ÍNDICE CRONOLÓGICO REMISSIVO – STJ

ÍNDICE CRONOLÓGICO REMISSIVO - STJ.. 683

PARTE IX – ÍNDICE ALFABÉTICO REMISSIVO

ÍNDICE ALFABÉTICO REMISSIVO 705

PARTE X – GABARITOS

GABARITOS 721

PARTE I - SÚMULAS DO SUPREMO TRIBUNAL FEDERAL

CAPÍTULO 1 –
DIREITO ADMINISTRATIVO

1. AGENTES PÚBLICOS

1.1. Concurso Público

> *Súmula STF Vinculante 43.* *É inconstitucional toda modalidade de provimento que propicie ao servidor investir-se, sem prévia aprovação em concurso público destinado ao seu provimento, em cargo que não integra a carreira na qual anteriormente investido.*

01. **(FGV/OAB/2010-2)** Determinada Administração Pública realiza concurso para preenchimento de cargos de detetive, categoria I. Ao final do certame, procede à nomeação e posse de 400 (quatrocentos) aprovados. Os vinte primeiros classificados são desviados de suas funções e passam a exercer as atividades de delegado. Com o transcurso de 4 (quatro) anos, estes vinte agentes postulam a efetivação no cargo. A partir do fragmento acima, assinale a alternativa correta.

a) Os referidos agentes têm razão, pois investidos irregularmente, estão exercendo as suas atividades há mais de 4 (quatro) anos, a consolidar a situação.

b) É inconstitucional toda modalidade de provimento que propicie ao servidor investir-se, sem prévia aprovação em concurso público destinado ao seu provimento, em cargo que não integra a carreira na qual anteriormente foi investido.

c) Não têm ainda o direito, pois dependem do transcurso do prazo de 15 (quinze) anos para que possam ser tidos como delegados, por usucapião.

d) É inconstitucional esta modalidade de provimento do cargo, pois afronta o princípio do concurso público, porém não podem ter alterado os ganhos vencimentais, sedimentado pelos anos, pelo princípio da irredutibilidade.

02. **(MPT/Procurador/2009)** No que diz respeito à jurisprudência sumulada do Supremo Tribunal Federal:

I. É cabível a reclamação mesmo que já transitado em julgado o ato judicial que se alega tenha desrespeitado decisão do Supremo Tribunal Federal.

II. Compete à Justiça do Trabalho julgar as ações que tenham como causa de pedir o descumprimento de normas trabalhistas relativas à segurança, higiene e saúde dos trabalhadores.

III. É inconstitucional toda modalidade de provimento que propicie ao servidor investir-se, sem prévia aprovação em concurso público destinado ao seu provimento, em cargo que não integra a carreira na qual anteriormente investido.

IV. A fixação de vencimentos dos servidores públicos não pode ser objeto de convenção coletiva.

De acordo com as assertivas acima, pode-se afirmar que:

a) todas as alternativas estão corretas.

b) apenas a alternativa IV está errada.

c) apenas as alternativas II e III estão corretas.

d) apenas as alternativas II, III e IV estão corretas.

e) não respondida.

03. **(FCC/TJ/SC/Juiz/2015)** Considere as seguintes afirmações:

I. Só por lei se pode sujeitar a exame psicotécnico a habilitação de candidato a cargo público.

II. É inconstitucional a vinculação do reajuste de vencimentos de servidores estaduais ou municipais a índices federais de correção monetária.

III. É inconstitucional toda modalidade de provimento que propicie ao servidor investir-se, sem prévia aprovação em concurso público destinado ao seu provimento, em cargo que não integra a carreira na qual anteriormente investido.

Conforme jurisprudência do Supremo Tribunal Federal, está correto o que se afirma em

a) I e III, apenas.

b) III, apenas.

c) I, II e III.

d) I e II, apenas.

e) II e III, apenas.

Súmula STF Vinculante 44. Só por lei se pode sujeitar a exame psicotécnico a habilitação de candidato a cargo público.

04. (Fumarc/NovaLima/Procurador/2011) Segundo o entendimento do STF sobre o acesso a cargos, empregos e funções públicas, é correto afirmar que:

a) É inconstitucional toda modalidade de provimento que propicie ao servidor investir-se, sem prévia aprovação em concurso público, destinado ao seu provimento, em cargo que não integra a carreira na qual anteriormente investido.

b) Não é admissível, por ato administrativo, restringir, em razão da idade, inscrição em concurso para cargo público, salvo se o limite de idade para a inscrição em concurso público for justificado pela natureza das atribuições do cargo a ser preenchido.

c) A exigência de experiência profissional prevista apenas em edital não importa em ofensa constitucional. Contudo, a habilitação legal para o exercício do cargo deve ser exigida no momento da posse.

d) É legal o edital de concurso que prevê, para cumprir determinação administrativa, a obrigatoriedade de sujeição de candidato a exame psicotécnico como requisito de habilitação para que seja empossado em cargo público, sendo inconstitucional o veto não motivado à participação de candidato a concurso público.

05. (OAB/GO/2006) O Excelso Supremo Tribunal Federal, em matéria de servidor público, tem o seguinte entendimento sumulado:

a) O estágio probatório não protege o funcionário contra a extinção do cargo.

b) É constitucional a vinculação do reajuste de vencimento de servidores estaduais ou municipais a índices federais de correção monetária.

c) Por decreto pode-se sujeitar a exame psicotécnico a habilitação de candidato a cargo público.

d) A vitaliciedade do servidor público impede a extinção do cargo ocupado.

06. (Cespe/TCE/PA/Auditor/2016) Com base no disposto nas súmulas do Supremo Tribunal Federal relativas a direito administrativo, julgue o item subsequente: insere-se na esfera de poder discricionário da administração pública a decisão de incluir o exame psicotécnico como fase de concurso para provimento de cargos públicos, o que pode ser feito mediante previsão em edital.

07. (Cespe/DPU/Técnico/2016) De acordo com a jurisprudência do Supremo Tribunal Federal, é válida a exigência de exame psicotécnico em concursos públicos desde que esteja a exigência prevista no edital do certame.

08. (FCC/TRT/18R/Juiz/2014) Em 2013, determinado Estado da Federação editou lei pela qual criou cargos públicos de agentes fiscais de rendas, determinando que o valor da respectiva remuneração seria equivalente a 90% da remuneração do Governador do Estado, de modo que, a cada aumento da remuneração do Chefe do Executivo, o salário desses servidores seria imediatamente majorado, independentemente de nova lei. A mesma lei também criou adicional de remuneração em razão do tempo de exercício no cargo, à razão de 5% a cada cinco anos trabalhados, dispondo que o valor do adicional não seria somado ao valor dos vencimentos para fins de submissão ao limite remuneratório existente para os servidores públicos, imposto pela Constituição Federal. Na sequência, a Administração pública estadual determinou a abertura de concurso público para preenchimento dos cargos públicos recém-criados, sendo prevista no edital do concurso a aplicação de exame psicotécnico aos candidatos, ainda que na lei de regência da matéria não houvesse previsão para a realização desse exame. Considerando o disposto na Constituição Federal e a jurisprudência do Supremo Tribunal Federal, a lei estadual é inconstitucional em relação:

a) à vinculação dos vencimentos dos servidores à remuneração do Governador do Estado, bem como à instituição de vantagem remuneratória sem que fosse somada ao valor dos vencimentos para fins de verificação do limite salarial, sendo, no entanto, compatível com ordenamento jurídico a previsão de exame psicotécnico no edital do concurso.

b) à vinculação dos vencimentos dos servidores à remuneração do Governador do Estado, bem como à instituição de vantagem remuneratória sem que fosse somada ao valor dos

CAPÍTULO 1 - DIREITO ADMINISTRATIVO

vencimentos para fins de verificação do limite salarial, sendo incompatível com o ordenamento jurídico a previsão de exame psicotécnico no edital do concurso.

c) somente à vinculação dos vencimentos dos servidores à remuneração do Governador do Estado, sendo incompatível com o ordenamento jurídico a previsão de exame psicotécnico no edital do concurso.

d) somente à instituição de vantagem remuneratória sem que fosse somada ao valor dos vencimentos para fins de verificação do limite salarial, sendo, no entanto, compatível com o ordenamento jurídico a previsão de exame psicotécnico no edital do concurso.

e) somente à instituição de vantagem remuneratória sem que fosse somada ao valor dos vencimentos para fins de verificação do limite salarial, sendo incompatível com o ordenamento jurídico a previsão de exame psicotécnico no edital do concurso.

> *Súmula STF 15.* Dentro do prazo de validade do concurso, o candidato aprovado tem o direito a nomeação, quando o cargo for preenchido sem observância da classificação.

09. (Cespe/OAB/SP/2008) Acerca dos atos administrativos relacionados a concursos públicos, assinale a opção correta.

a) O candidato aprovado em concurso público não tem direito garantido à nomeação, ainda que dentro do prazo de validade do certame, quando o cargo for preenchido sem observância da classificação.

b) A nomeação de candidato aprovado em concurso público não implica direito à posse no cargo a ser preenchido.

c) É legítimo o veto não-motivado à participação de candidato em concurso público, tal como o respaldado em prévia investigação da vida pregressa do candidato.

d) É inconstitucional o provimento que propicie ao servidor investir-se, sem prévia aprovação em concurso público, em cargo que não integre a carreira na qual fora anteriormente investido.

10. (Cespe/PGE/BA/Procurador/2014) De acordo com a jurisprudência do Supremo Tribunal Federal (STF), a administração pública está obrigada a nomear candidato aprovado em concurso público dentro do número de vagas previsto no edital do certame, ressalvadas situações excepcionais dotadas das características de superveniência, imprevisibilidade e necessidade.

> *Súmula STF 16.* Funcionário nomeado por concurso tem direito a posse.

11. (FGV/Senado/Tec.Legislativo/2008) Em matéria de agentes públicos, não é correto afirmar que:

a) a exoneração de servidor estatutário sem estabilidade não prescinde de processo administrativo em que lhe seja assegurada a oportunidade de rebater as razões administrativas.

b) Estados e Municípios não podem adotar o regime especial de servidores temporários, nem o regime trabalhista, ressalvada, neste último caso, a hipótese de lei específica autorizadora.

c) convenções coletivas, ainda que delas participe representante da respectiva pessoa federativa, não podem fixar vencimentos dos servidores públicos.

d) cabe a incidência de correção monetária no pagamento com atraso dos vencimentos dos servidores públicos, não se configurando qualquer fato ofensivo à Constituição.

e) se o servidor foi aprovado em concurso e nomeado, tem direito adquirido à posse, independentemente de documento formal a ser custodiado pelo órgão administrativo.

12. (FGV/TCM/RJ/Procurador/2008) Assinale a assertiva correta.

a) O servidor público estável só perderá o cargo: (i) em virtude de sentença judicial transitada em julgado; (ii) mediante processo administrativo em que lhe seja assegurada ampla defesa; (iii) mediante procedimento de avaliação periódica de desempenho, na forma da lei complementar, assegurada a ampla defesa.

b) Extinto o cargo ou declarada a sua desnecessidade, o servidor público estável ficará em disponibilidade, com remuneração proporcional ao tempo de serviço, até o seu adequado aproveitamento em outro cargo, num prazo máximo de cinco anos.

c) A aprovação e a classificação em concurso público conferem ao candidato, em regra, apenas a expectativa de direito à nomeação. No entanto, se o candidato aprovado for nomeado, tem direito subjetivo à posse e à complementação do processo de investidura; se a participação e aprovação do candidato em alguma etapa do concurso público decorreram de concessão de medida liminar em ação judicial, não há para o interessado direito subjetivo à nomeação.

d) É vedada a acumulação remunerada de cargos públicos, exceto quando houver compatibilidade de horários, nos casos especificados pela Constituição Federal. Tal proibição estende-se a empregos e funções e abrange autarquias e fundações públicas, excluindo-se dessa vedação as empresas públicas e as sociedades de economia mista.

e) Para a aquisição da estabilidade, o servidor público nomeado para cargo de provimento efetivo, em virtude de concurso público, deve cumprir o requisito temporal, três anos, e ter seu desempenho aprovado por comissão de avaliação. Cumprido o lapso temporal, a ausência da avaliação pela Administração Pública, no entanto, afasta a presunção de estabilidade no cargo.

> **Súmula STF 17.** *A nomeação de funcionário sem concurso pode ser desfeita antes da posse.*

13. (Cespe/TRF/2R/Juiz/2009) Assinale a opção correta de acordo com as súmulas do STF pertinentes aos servidores públicos.

a) É juridicamente válida a modalidade de provimento que permita ao servidor, sem anterior aprovação em concurso público, investir-se em cargo estranho à carreira que até então integrava.

b) A nomeação de funcionário sem concurso pode ser invalidada antes da posse.

c) É indispensável a assistência de advogado no processo administrativo disciplinar.

d) Durante o estágio probatório, é vedada a extinção do cargo em que o servidor esteja investido.

e) O servidor público em disponibilidade perceberá vencimentos proporcionais ao tempo de serviço na função.

> **Súmula STF 683.** *O limite de idade para a inscrição em concurso público só se legitima em face do art. 7º, XXX, da Constituição, quando possa ser justificado pela natureza das atribuições do cargo a ser preenchido.*

14. (Cespe/TRF/5R/Juiz/2013) À luz da jurisprudência dos tribunais superiores, assinale a opção correta em relação ao controle dos atos da administração pública e a servidores públicos.

a) Segundo jurisprudência do STF, entidades da administração pública direta podem adotar, para contratação de pessoal, tanto o regime estatutário quanto o regime celetista, conforme a complexidade do cargo a ser ocupado.

b) Não é admitida a acumulação de proventos de duas aposentadorias decorrentes do exercício de um cargo de professor e do de um cargo técnico ou científico.

c) Segundo entendimento do STF, o candidato aprovado em concurso público tem direito líquido e certo de ser nomeado não apenas em relação às vagas especificadas no edital de abertura do concurso, mas também em relação às que surjam em decorrência da vacância de cargos no período de vigência do certame.

d) Segundo entendimento do STF, não podem os estados-membros elaborar lei que estabeleça normas permissivas de interferências nas relações jurídico-contratuais firmadas entre o poder público concedente, federal ou municipal, e as empresas concessionárias de serviços públicos, ainda que alegadamente no exercício de sua competência concorrente subsidiária para legislar sobre consumo e responsabilidade por dano causado ao consumidor do serviço prestado por essas empresas.

e) Segundo entendimento do STF, é constitucional o estabelecimento de limite de idade em concurso para ingresso nas Forças Armadas, desde que tal restrição esteja condicionada à edição de lei, conforme expressa disposição constitucional, admitindo-se, até a edição da referida lei, previsão de tal restrição no edital do concurso, de forma que seu estabelecimento por meio de ato administrativo não configura desrespeito ao princípio constitucional da ampla acessibilidade aos cargos públicos.

CAPÍTULO 1 - DIREITO ADMINISTRATIVO

15. **(Cespe/OAB/SP/2008)** Assinale a opção correta com relação aos princípios que regem a administração pública.

a) Não ofende o princípio da moralidade administrativa a nomeação de servidora pública do Poder Executivo para cargo em comissão em tribunal de justiça no qual o vice-presidente seja parente da nomeada.

b) A administração pública pode, sob a invocação do princípio da isonomia, estender benefício ilegalmente concedido a um grupo de servidores a outro grupo que esteja em situação idêntica.

c) Ato administrativo não pode restringir, em razão da idade do candidato, inscrição em concurso para cargo público.

d) O Poder Judiciário pode dispensar a realização de exame psicotécnico em concurso para investidura em cargo público, por ofensa ao princípio da razoabilidade, ainda quando tal exigência esteja prevista em lei.

16. **(Esaf/TCE/GO/Procurador/2007)** No que tange a exigências estabelecidas para o provimento originário e efetivo exercício de cargo público, assinale a opção que constitui entendimento hoje sedimentado no Supremo Tribunal Federal.

a) É aceitável, excepcionalmente, o estabelecimento de idade mínima do pretendente ao cargo público, mas apenas como exigência para a nomeação no referido cargo.

b) O limite de idade para a inscrição em concurso público é legítimo, quando tal limite possa ser justificado pela natureza das atribuições do cargo a ser preenchido.

c) É aceitável, em determinada hipótese, o estabelecimento de idade mínima do pretendente ao cargo público, mas apenas como exigência para a posse no referido cargo.

d) É aceitável, em determinada hipótese, o estabelecimento de idade mínima do pretendente ao cargo público, mas apenas como exigência para a efetiva entrada em exercício no referido cargo.

e) É inaceitável a exigência de idade mínima do pretendente a cargo público, que seja provido por concurso público, se esse comprovadamente detém capacidade plena para o exercício de direitos, e assunção de obrigações, nas esferas civil e penal.

17. **(MPT/Procurador/2009)** Segundo a jurisprudência sumulada do Supremo Tribunal Federal:

I. Até que lei venha a dispor a respeito, incumbe ao Ministério do Trabalho proceder ao registro das entidades sindicais e zelar pela observância do princípio da unicidade.

II. Não cabe recurso extraordinário contra decisão proferida no processamento de precatórios.

III. É ilegítima a incidência da contribuição previdenciária sobre o 13º salário.

IV. O limite de idade para a inscrição em concurso público viola a Constituição da República.

De acordo com as assertivas acima, pode-se afirmar que:

a) apenas as alternativas I, III e IV estão corretas.

b) apenas as alternativas II, III e IV estão incorretas.

c) apenas as alternativas I e II estão corretas.

d) todas as alternativas estão corretas.

e) não respondida.

18. **(PGE/GO/Procurador/2013)** A propósito de limite de idade para inscrever-se em concurso público, está correta a seguinte proposição:

a) Fere, em qualquer caso, regra constitucional segundo a qual é proibido "critério de admissão por motivo de sexo, idade, cor ou estado civil" (art. 7º, XXX).

b) A proibição prevista no art. 7º, XXX, da Constituição Federal não se aplica aos servidores públicos.

c) Pode justificar-se pela natureza das atribuições do cargo a ser preenchido, conforme jurisprudência não sumulada do Supremo Tribunal Federal.

d) Pode justificar-se pela natureza das atribuições do cargo a ser preenchido, conforme súmula do Supremo Tribunal Federal.

e) Só se legitima para os servidores públicos militares.

> **Súmula STF 684.** *É inconstitucional o veto não motivado à participação de candidato a concurso público.*

19. **(Cespe/Abin/Oficial_Inteligência/2008)** Acerca dos atos administrativos relacionados a concursos públicos, assinale a opção correta.

a) O candidato aprovado em concurso público não tem direito garantido à nomeação, ainda que dentro do prazo de validade do certame, quando o cargo for preenchido sem observância da classificação.

b) A nomeação de candidato aprovado em concurso público não implica direito à posse no cargo a ser preenchido.

c) É legítimo o veto não motivado à participação de candidato em concurso público, tal como o respaldado em prévia investigação da vida pregressa do candidato.

d) É inconstitucional o provimento que propicie ao servidor investir-se, sem prévia aprovação em concurso público, em cargo que não integre a carreira na qual fora anteriormente investido.

1.2. Disposições Gerais

1.2.1. Cargo em Comissão/Confiança

> *Súmula STF Vinculante 13. A nomeação de cônjuge, companheiro ou parente em linha reta, colateral ou por afinidade, até o terceiro grau, inclusive, da autoridade nomeante ou de servidor da mesma pessoa jurídica, investido em cargo de direção, chefia ou assessoramento, para o exercício de cargo em comissão ou de confiança, ou, ainda, de função gratificada na Administração Pública direta e indireta, em qualquer dos Poderes da União, dos Estados, do Distrito Federal e dos municípios, compreendido o ajuste mediante designações recíprocas, viola a Constituição Federal.*

20. **(Cespe/PGE/AL/Procurador/2009)** A edição de súmula vinculante vedando a nomeação de parentes da autoridade nomeante ou de servidor da mesma pessoa jurídica investido em cargo de direção, chefia ou assessoramento, para o exercício de cargo em comissão ou de confiança em qualquer dos poderes da União, dos estados, do DF e dos municípios viola o princípio da separação dos poderes.

21. **(Ejef/TJ/MG/Juiz/2009)** Antônio, Prefeito do Município "X", nomeou como Secretário de Saúde João, seu irmão e, por recomendação deste, nomeou seu primo, Tadeu, para exercer o cargo de Superintendente de Assistência Farmacêutica da Secretaria. Inconformado, o Ministério Público ajuizou ação judicial pretendendo liminarmente o afastamento dos ocupantes dos cargos em comissão. Em se considerando que ambos são cargos comissionados de recrutamento amplo, pergunta-se, segundo entendimento sumulado do STF, qual decisão caberá ao Juiz da causa?

a) Deferir a liminar para afastar somente Tadeu.

b) Indeferir integralmente a liminar.

c) Deferir a liminar para afastar somente João.

d) Deferir a liminar para afastar João e Tadeu.

22. **(FCC/PGE/AM/Procurador/2010)** Não é situação que configura nepotismo, a sofrer a incidência da Súmula Vinculante n. 13, editada pelo Supremo Tribunal Federal, a nomeação de

a) cunhado de Presidente da Assembleia Legislativa para cargo de assessor da Presidência do Tribunal de Justiça.

b) irmão adotivo de Secretário de Estado para cargo de diretor na respectiva Secretaria.

c) cônjuge de Governador para cargo de Secretário de Estado.

d) sogro de Deputado Estadual, para cargo de assessor em gabinete de outro Deputado Estadual.

e) sobrinho de Secretário de Estado para cargo de dirigente de autarquia estadual.

23. **(FGV/Senado/Advogado/2008)** A respeito do regime constitucional de livre nomeação de servidores não concursados para cargos em comissão, no âmbito da administração pública, assinale a afirmativa correta.

a) A vedação da nomeação, pela autoridade competente, de seus próprios parentes para exercício de cargo em comissão, se aplica exclusivamente ao Poder Judiciário, por força da existência de regra constitucional proibitiva específica.

b) A Constituição, em se tratando de cargos públicos de livre nomeação, não estabelece qualquer limitação relacionada ao grau de parentesco porventura existente entre a pessoa nomeada e algum agente público.

c) A proibição de nomeação de parentes de parlamentares para cargos em comissão ou de confiança no âmbito do Poder Legislativo depende da aprovação de lei específica ou ainda de previsão nos regimentos internos da Câmara dos Deputados e do Senado Federal.

d) No regime da Constituição Federal de 1988, as funções de confiança e os cargos em comissão devem ser exercidos obrigatoriamente por servidores de carreira, ou seja, servidores

CAPÍTULO 1 - DIREITO ADMINISTRATIVO

STF 31

que ocupem cargos efetivos após aprovação em concurso público, no âmbito do respectivo órgão.

e) A proibição de nomeação de cônjuges, companheiros ou parentes em linha reta, colateral ou por afinidade, até terceiro grau, inclusive, da autoridade nomeante ou de servidor da mesma pessoa jurídica, investido em cargo de direção, chefia ou assessoramento, para o exercício de cargo em comissão ou de confiança, decorre dos princípios da moralidade e impessoalidade da administração pública, consagrados na Constituição Federal.

24. **(MPE/MS/Promotor/2011)** No tocante às disposições constitucionais e legais pertinentes à Administração Pública, assinale a alternativa correta:

a) os vencimentos dos cargos do Poder Executivo e do Poder Judiciário não poderão ser superiores aos pagos pelo Poder Legislativo.

b) é admitida a vinculação ou equiparação de quaisquer espécies remuneratórias para o efeito de remuneração de pessoal do serviço público.

c) lei complementar reservará percentual dos cargos e empregos públicos para as pessoas portadoras de deficiência e definirá os critérios de sua admissão.

d) consoante previsão inserida na Súmula Vinculante n. 13, não viola a Constituição Federal a nomeação do tio paterno do Presidente da República para o exercício de cargo em comissão no Poder Executivo Federal.

e) a administração fazendária e seus servidores fiscais terão, dentro de suas áreas de competência e jurisdição, precedência sobre os demais setores administrativos, na forma da lei.

25. **(MPE/MG/Promotor/2010)** Sobre as disposições constitucionais e legais atinentes à Administração Pública, está correta a seguinte afirmação

a) As funções de confiança devem ser exercidas prioritariamente por servidores ocupantes de cargo efetivo.

b) A proibição de acumulação de cargos públicos não se estende às agências reguladoras.

c) A administração poderá admitir agentes comunitários de saúde e agentes de endemias pelo regime estatutário.

d) A proibição ao nepotismo é direcionada a impedir a contratação de parentes para cargos comissionados, não abrangendo as funções de confiança exercidas por servidores efetivos.

e) Conforme a proibição inserta na Súmula Vinculante 13 do STF, a esposa do prefeito municipal não pode ocupar cargo de secretária de ação social no âmbito daquele mesmo município.

26. **(UEPA/UEPA/Procurador/2012)** Considerando os princípios constitucionais da Administração Pública, como expresso na Constituição é correto afirmar que:

a) a administração pública direta e indireta de qualquer dos Poderes da União, dos Estados, do Distrito Federal e dos Municípios obedecerá ao princípio de legalidade, correspondendo ao artigo 5º, II da Constituição Federal, desta forma é vedada, ao Poder Judiciário, a reapreciação dos critérios usados pela Administração na formulação, correção e atribuição de notas em provas de concursos públicos, devendo limitar-se à análise da legalidade e da observância das regras contidas no respectivo edital, conforme pacifico entendimento do STJ – Superior Tribunal de Justiça.

b) a administração pública direta e indireta de qualquer dos Poderes da União, dos Estados, do Distrito Federal e dos Municípios obedecerá ao princípio da publicidade, pelo qual é lícito ao Poder Público realizar a divulgação oficial da remuneração bruta, cargos e funções dos titulares dos cargos públicos, assim como órgãos de sua formal lotação, consoante decisões do STF – Supremo Tribunal Federal.

c) a administração pública direta e indireta de qualquer dos Poderes da União, dos Estados, do Distrito Federal e dos Municípios obedecerá aos princípios de legalidade e impessoalidade, assim sendo, a nomeação de irmão de Governador de Estado para o Cargo de Secretário de Estado configura nepotismo e ofende ao disposto na Súmula vinculante 13, por se tratar de cargo de natureza política, configurando agente político, conforme assentada Jurisprudência do STF.

d) a Jurisprudência do STF afirma que a administração pública direta e indireta de qualquer dos Poderes da União, dos Estados, do Distrito Federal e dos Municípios obedecerá aos princípios da impessoalidade e moralidade, consubstanciados na adoção de parâmetros de atuação éticos-jurídicos que reproduzam a observância de valores cristãos, vinculados à noção de dignidade da pessoa humana.

e) a administração pública direta e indireta de qualquer dos Poderes da União, dos Estados, do Distrito Federal e dos Municípios obedecerá aos princípios de legalidade, impessoalidade, moralidade, publicidade e eficiência, pelo que é possível a edição de norma jurídica tornando defeso o processo seletivo para recrutamento de estagiários à Administração Pública, substituindo-o pela indicação da instituição de ensino, conforme orientação do STF em controle concentrado de constitucionalidade.

27. (Vunesp/TJ/SP/Juiz/2009) A Súmula 13, do Supremo Tribunal Federal, pôs um ponto final na prática do chamado "nepotismo" na Administração Pública brasileira. Nos julgados que deram ensejo à referida Súmula, foram destacados alguns pontos fundamentais para a sua exata compreensão, tais como:

a) somente por lei formal pode ser vedada a nomeação para cargo em comissão de parente próximo, cuja função administrativa seja de assessoramento.

b) a investidura política, ou seja, sem concurso público, por si só, revela-se afrontosa à moralidade pública.

c) a Súmula 13, do STF, é compatível com o ideal republicano, já que este abriga o exercício do poder administrativo pro domo sua.

d) não caracteriza imoralidade administrativa a nomeação, pela autoridade administrativa competente, de parente próximo para ocupar cargo público de natureza política.

28. (Vunesp/TJ/SP/Juiz/2013) A Súmula Vinculante n. 13 do STF, que proíbe o nepotismo na esfera dos três poderes da República,

a) não alcança os serviços extrajudiciais de notas e de registro, pois estes têm caráter privado e seus titulares não exercem cargo público efetivo nem ocupam cargo público (ADI 2.602-0 do STF) e nada os impede de contratar parentes pelo regime da CLT.

b) impede a contratação de cônjuge e parentes de primeiro grau de magistrados nos serviços extrajudiciais de notas e registros situados na mesma Comarca onde o magistrado exerce a jurisdição.

c) alcança as serventias extrajudiciais porque, como estão submetidas à fiscalização pelo Poder Judiciário, devem ser havidas como órgãos públicos, submetendo-se, portanto, à Súmula n. 13.

d) alcança o cônjuge e parentes até o terceiro grau dos titulares dos serviços extrajudiciais de notas e de registros.

29. (Cesgranrio/CEF/Advogado/2012) A súmula vinculante n. 13, ao reconhecer que a prática do nepotismo viola a Constituição da República, impede a contratação de parentes de autoridades e de funcionários para cargos de confiança e de comissão

a) somente no âmbito do Poder Executivo

b) somente no âmbito do Poder Judiciário

c) somente no âmbito dos Poderes Executivo e Judiciário

d) somente no âmbito dos Poderes Executivo e Legislativo

e) no âmbito dos Poderes Executivo, Legislativo e Judiciário

30. (Ieses/TJ/RN/Cartórios/2012) De acordo com súmula vinculante editada pelo Supremo Tribunal Federal, assinale a alternativa que enumera as proposições em que há violação aos princípios constitucionais de Direito Administrativo, em especial os previstos expressamente no art. 37, caput, da Constituição Federal:

I. A nomeação para o exercício de cargo em comissão, de cônjuge ou companheiro da autoridade nomeante.

II. A nomeação para o exercício de cargo em comissão, de bisneto de servidor da mesma pessoa jurídica investido em cargo de direção, chefia ou assessoramento.

III. A nomeação para o exercício de função gratificada na administração pública, de primo da autoridade nomeante.

IV. A nomeação de pessoas contratadas de forma temporária, em qualquer caso.

a) Em todas as proposições.

b) Somente nas proposições III e IV.

c) Somente nas proposições I, II e III.

d) Somente nas proposições I e II.

31. (FCC/PGM/Recife/Procurador/2014) Sobre Poderes da Administração, considere os seguintes itens:

PARTE I – SÚMULAS DO SUPREMO TRIBUNAL FEDERAL

CAPÍTULO 1 - DIREITO ADMINISTRATIVO

STF 33

I. A nomeação de pessoa para um cargo de provimento em comissão é expressão do exercício do poder discricionário.

II. É possível que um ato administrativo consubstancie o exercício concomitante de mais de um poder pela Administração pública.

III. A Súmula vinculante n. 13, relativa à vedação ao nepotismo, é expressão dos poderes normativo e disciplinar da Administração pública.

Está correto o que consta em

a) I, II e III.

b) I, apenas.

c) III, apenas.

d) I e II, apenas.

e) II e III, apenas.

32. **(Cespe/CâmaraDeputados/Analista/2014)** A vedação ao nepotismo no ordenamento jurídico brasileiro, nos termos da Súmula Vinculante n. 13/2008, ao não se referir à administração pública indireta, excetua a incidência da norma em relação ao exercício de cargos de confiança em autarquias.

33. **(Cespe/TJ/SE/Analista/2014)** Em consonância com os princípios constitucionais da impessoalidade e da moralidade, o STF, por meio da Súmula Vinculante n. 13, considerou proibida a prática de nepotismo na administração pública, inclusive a efetuada mediante designações recíprocas – nepotismo cruzado.

34. **(FGV/DPE/RJ/Técnico/2014)** A Emenda Constitucional n. 45, de 2004, incluiu no texto constitucional o Art. 103-A, que dispõe sobre a chamada súmula vinculante. O Supremo Tribunal Federal editou a Súmula Vinculante n. 13, que tem a seguinte redação: "A nomeação de cônjuge, companheiro ou parente em linha reta, colateral ou por afinidade, até o terceiro grau, inclusive, da autoridade nomeante ou de servidor da mesma pessoa jurídica investido em cargo de direção, chefia ou assessoramento, para o exercício de cargo em comissão ou de confiança ou, ainda, de função gratificada na administração pública direta e indireta em qualquer dos poderes da União, dos Estados, do Distrito Federal e dos Municípios, compreendido o ajuste mediante designações recíprocas, viola a Constituição Federal". Maurício, Prefeito de um Município fluminense, nomeou seu irmão para exercer cargo em comissão de assessor parlamentar junto a seu gabinete. No caso em tela, esgotada a via administrativa, o legitimado deve propor

a) reclamação diretamente no Supremo Tribunal Federal.

b) reclamação diretamente no Tribunal de Justiça do Rio de Janeiro.

c) reclamação perante o juízo de primeira instância

d) a ação cabível junto ao Tribunal de Justiça do Rio de Janeiro e, apenas se a súmula vinculante não for acatada pelo tribunal, interpor reclamação no STF contra o acórdão.

e) a ação cabível junto ao juízo de primeira instância e, apenas se a súmula vinculante não for acatada pelo juízo, interpor reclamação no STF.

35. **(CEC/PGM/Piraquara/Procurador/2014)** O Vice-prefeito do Município de Pipoca do Oeste contratou seu cunhado para o cargo de assessor de gabinete, seu sogro para o cargo de motorista e seu irmão para o cargo de assistente administrativo. Considere que esses três cargos sejam comissionados e vinculados à Administração municipal de Pipoca do Oeste. Considerando que a Súmula Vinculante n. 13 do Supremo Tribunal Federal dispõe que: "a nomeação de cônjuge, companheiro ou parente em linha reta, colateral ou por afinidade, até o terceiro grau, inclusive, da autoridade nomeante ou de servidor da mesma pessoa jurídica investido em cargo de direção, chefia ou assessoramento, para o exercício de cargo em comissão ou de confiança ou, ainda, de função gratificada na administração pública direta e indireta em qualquer dos poderes da União, dos Estados, do Distrito Federal e dos Municípios, compreendido o ajuste mediante designações recíprocas, viola a Constituição Federal", assinale a alternativa correta.

a) Súmulas vinculantes devem ser observadas pelo Poder Executivo; assim, contra a conduta do Vice-prefeito cabe reclamação ao Supremo Tribunal Federal, que poderá anular as três contratações.

b) O caso em questão não viola súmula vinculante, pois as contratações se deram em âmbito municipal.

c) Súmulas vinculantes devem ser observadas pelo Poder Executivo; assim, contra a conduta do Vice-prefeito cabe recurso extraordinário ao Supremo Tribunal Federal, que poderá anular as três contratações.

d) Referidas súmulas vinculam apenas o Poder Judiciário e o Poder Legislativo, não produzindo efeitos em face do Poder Executivo.

e) Em respeito ao princípio constitucional da separação dos Poderes, súmulas vinculantes, por serem editadas pelo Supremo Tribunal Federal, não podem atingir os Poderes Executivo e Legislativo.

36. **(MPE/SP/Promotor/2015)** Sobre a proibição da prática de nepotismo, é correto afirmar que:

a) a competência para a iniciativa de lei sobre o nepotismo é privativa do Chefe do Poder Executivo.

b) a vedação do nepotismo exige a edição de lei formal que coíba a sua prática.

c) é necessária a prova de vínculo de amizade ou troca de favores entre o nomeante e o nomeado para a caracterização do nepotismo.

d) a Súmula Vinculante n. 13, do Supremo Tribunal Federal, esgotou todas as possibilidades de configuração de nepotismo na Administração Pública.

e) ressalvada situação de fraude à lei, a nomeação de parentes para cargos públicos de natureza política não configura nepotismo na Administração Pública.

37. **(Consulplan/TRE/MG/Técnico/2015)** Súmula Vinculante 13 do Supremo Tribunal Federal: "A nomeação de cônjuge, companheiro ou parente em linha reta, colateral ou por afinidade, até o terceiro grau, inclusive, da autoridade nomeante ou de servidor da mesma pessoa jurídica investido em cargo de direção, chefia ou assessoramento, para o exercício de cargo em comissão ou de confiança ou, ainda, de função gratificada na administração pública direta e indireta em qualquer dos poderes da União, dos Estados, do Distrito Federal e dos Municípios, compreendido o ajuste mediante designações recíprocas, viola a Constituição Federal". (Data de Aprovação. Sessão Plenária de 21/08/2008. Fonte de Publicação. DJe n. 162/2008, p. 1, em 29/08/2008. DOU de 29/08/2008, p. 1). Neste caso, a Súmula citada concretiza o princípio da

a) autotutela.

b) legitimidade.

c) impessoalidade.

d) razoável duração do processo.

38. **(FCC/PGE/MA/Procurador/2016)** O Governador de certo Estado pretende editar decreto permitindo a nomeação, para cargo em comissão, de livre provimento e exoneração, de parente em linha colateral de servidor público que exerça cargo de direção, chefia ou assessoramento na mesma pessoa jurídica, autorizando a nomeação ainda que entre eles haja relação de subordinação direta. À luz da Constituição Federal e da jurisprudência do Supremo Tribunal Federal, o ato do Governador seria

a) materialmente compatível com a Constituição Federal, na medida em que a nomeação que se pretende autorizar viola os princípios da moralidade e da impessoalidade apenas se for motivada pela relação de parentesco.

b) material e formalmente compatível com a Constituição Federal, uma vez que compete, privativamente, ao Chefe do Poder Executivo dispor, mediante decreto, sobre a organização e o funcionamento da Administração Pública quando a medida não importar aumento de despesas, nem criação ou extinção de órgãos.

c) material e formalmente compatível com a Constituição Federal, não violando os princípios da moralidade administrativa e da impessoalidade a nomeação de parente em linha colateral, conforme súmula vinculante editada pelo STF nessa matéria.

d) materialmente incompatível com a Constituição Federal, de acordo com a jurisprudência do STF e com a súmula vinculante editada nessa matéria.

e) apenas formalmente incompatível com a Constituição Federal, uma vez que a matéria somente poderia ser tratada por lei, de iniciativa privativa do Governador.

39. **(Máxima/PGM/Fronteira/Advogado/2016)** Sobre os princípios informativos da atuação administrativa assinale a alternativa correta:

a) O princípio da legalidade não pode sofrer restrições, nem mesmo no caso de estado de sítio e estado de defesa.

b) Segundo a súmula vinculante n. 13 a nomeação de cônjuge, companheiro ou parente em linha reta, colateral ou por afinidade, até o terceiro grau, inclusive, da autoridade nomeante ou de servidor da mesma pessoa jurídica investido em cargo de direção, chefia ou assessoramento, para o exercício de cargo em comissão ou de confiança ou, ainda, de função gratificada na administração pública direta e indireta em qualquer dos poderes da União, dos Estados, do Distrito Federal e dos Municípios, compreendido o ajuste mediante designações recíprocas,

PARTE I – SÚMULAS DO SUPREMO TRIBUNAL FEDERAL

CAPÍTULO 1 - DIREITO ADMINISTRATIVO

STF 35

viola a Constituição Federal. Essa súmula é a materialização do princípio da impessoalidade.

c) O princípio da indisponibilidade do interesse público estabelece as sujeições a que se submete o administrador público e representa a proibição da renúncia ao interesse público.

d) Apenas deverão observar os princípios administrativos expressos na Constituição Federal a administração pública direta da União, Estados e Municípios.

40. **(FCC/PGM/Campinas/Procurador/2016)** Considerando inexistir proibição em legislação municipal para a nomeação de cônjuges e parentes para cargo de Secretário Municipal, determinado Prefeito em exercício de primeiro mandato nomeia, como Secretária Municipal de Saúde, sua esposa, reconhecida na área pelas relevantes contribuições prestadas no exercício profissional da medicina e pesquisa laboratorial, no setor privado. Ainda na primeira metade do mandato, o Prefeito e sua esposa se divorciam, ela requer sua exoneração do cargo que ocupava e ingressa para os quadros de partido político de oposição ao ex-marido, partido pelo qual pretende concorrer ao mandato de Vereadora nas próximas eleições municipais, em que ele, a seu turno, concorrerá à reeleição como Prefeito, sem renunciar ao respectivo mandato. Nessa hipótese, à luz da Constituição da República e da jurisprudência do Supremo Tribunal Federal, a nomeação dela como Secretária Municipal foi

a) regular, sendo ela elegível para o mandato de Vereadora e ele, no entanto, inelegível para o de Prefeito.

b) regular, sendo ela, no entanto, inelegível para o mandato de Vereadora e ele, reelegível para o de Prefeito.

c) regular, sendo ela ainda elegível para o mandato de Vereadora e ele, reelegível para o de Prefeito.

d) irregular, sendo ela ainda inelegível para o mandato de Vereadora e ele, para o de Prefeito.

e) irregular, sendo ela, no entanto, elegível para o mandato de Vereadora e ele, reelegível para o de Prefeito.

41. **(FCC/TCM/RJ/Procurador/2015)** Prefeito Municipal nomeou sua esposa para o cargo de Secretário da Saúde. Meses após, o Prefeito nomeou o irmão da Secretaria da Saúde para cargo em comissão, de livre provimento e

exoneração, para o exercício de função de assessoramento junto à Secretaria de Habitação do mesmo Município. À luz da jurisprudência do Supremo Tribunal Federal, o vínculo de afinidade entre o Prefeito e sua esposa é motivo

a) insuficiente para que a nomeação dela seja considerada inconstitucional, sendo incompatível com a Constituição Federal a nomeação do cunhado do Prefeito.

b) insuficiente para que a nomeação dela seja considerada inconstitucional, sendo compatível com a Constituição Federal a nomeação do cunhado do Prefeito, uma vez que a relação entre o Prefeito e seu cunhado não é a de parentesco em linha reta.

c) insuficiente para que a nomeação dela seja considerada inconstitucional, sendo compatível com a Constituição Federal a nomeação do cunhado do Prefeito, uma vez que o cargo em comissão ocupado por ele não é vinculado à Secretaria da Saúde.

d) suficiente para que a nomeação dela seja considerada inconstitucional, sendo incompatível com a Constituição Federal a nomeação do cunhado do Prefeito.

e) suficiente para que a nomeação dela seja considerada inconstitucional, sendo compatível com a Constituição Federal a nomeação do cunhado do Prefeito, uma vez que o cargo em comissão ocupado por ele não é vinculado à Secretaria da Saúde.

42. **(Cespe/TCE/PB/Procurador/2014)** Lei aprovada pela AL/PB permite a nomeação, para o exercício de cargo em comissão no âmbito do Poder Executivo, de até dois parentes consanguíneos ou afins até o terceiro grau civil de seus servidores e membros. Com referência a essa situação hipotética, assinale a opção correta à luz das normas constitucionais e da jurisprudência do STF.

a) A lei em questão poderá ser aplicada no âmbito estadual, desde que, primeiramente, seja editada lei nacional autorizativa desse tipo de nomeação.

b) A norma em apreço não poderia ser objeto de controle concentrado de constitucionalidade perante o STF, já que, por direcionar seus preceitos exclusivamente ao Poder Executivo local, não se mostra dotada de efeitos genéricos.

c) A lei em exame é constitucional já que se insere no âmbito de autogoverno e de autoadministração estadual

d) A referida lei é constitucional, haja vista que a vedação às citadas nomeações pela administração pública depende de previsão expressa em norma estadual, que poderá, inclusive, excepcionar algumas hipóteses específicas, como ocorreu na lei em questão

e) A norma em apreço padece de inconstitucionalidade por violação aos princípios constitucionais da impessoalidade e da moralidade.

43. **(MPF/PGR/Procurador/2013)** Consoante a jurisprudência dominante do Supremo Tribunal Federal, é correto afirmar que:

a) A nomeação de pessoa com vínculo de parentesco, em linha reta ou colateral, limitado ao segundo grau, inclusive, da autoridade nomeante ou de servidor da mesma pessoa jurídica, investido de cargo de direção, chefia ou assessoramento, para exercício de cargo em comissão ou de confiança, configura nepotismo, violando o art. 37, caput, da Constituição Federal.

b) O nepotismo constitui prática atentatória aos princípios da moralidade e da impessoalidade, e sua vedação no âmbito da Administração Pública imprescinde de lei formal para dar-lhe concretude.

c) Somente a vedação de nepotismo na esfera do Judiciário independe de lei formal, haja vista a autonomia administrativa desse Poder.

d) Exclui-se da vedação concernente ao nepotismo a nomeação de irmão de Governador para exercício do cargo de Secretário de Estado, por se tratar de agente político.

44. **(MPE/GO/Promotor/2013)** Em tema de nepotismo, é correto, consoante a jurisprudência dominante do Supremo Tribunal Federal, afirmar que:

a) resolução emitida por Chefia de Poder ou de órgão integrante do arcabouço constitucional que define hipóteses de nepotismo consubstancia ato administrativo de efeitos concretos, porquanto leva ao desligamento de servidores de seus cargos ou funções, sendo ipso facto passível de correção por intermédio de mandado de segurança.

b) levando em consideração que os princípios da moralidade e da impessoalidade contêm textura aberta e conceitos jurídicos indeterminados,

necessário é que os casos de nepotismo que devam ser banidos da Administração Pública sejam disciplinados por lei em sentido formal.

c) o cargo de Secretário Municipal tem natureza essencialmente política, não sendo apanhado pelas normas jurídicas que proíbem a prática de nepotismo. Daí por que é juridicamente acertada a nomeação de irmão do Prefeito para o cargo de Secretário Municipal da Fazenda.

d) não desafia as normas que proíbem a prática de nepotismo a nomeação de servidor público efetivo de Secretaria Estadual para cargo de provimento em comissão de assessoria de Tribunal Regional do Poder Judiciário da União à época em que era parente seu o vice-presidente do Tribunal.

> ***Súmula STF 8.*** *Diretor de sociedade de economia mista pode ser destituído no curso do mandato.*

⮌ Súmula não abordada em concursos recentes.

> ***Súmula STF 25.*** *A nomeação a termo não impede a livre demissão, pelo Presidente da República, de ocupante de cargo dirigente de autarquia.*

45. **(Cespe/TRE/MS/Técnico/2013)** Com relação à administração direta e indireta, centralizada e descentralizada, assinale a opção correta.

a) A responsabilidade pelos atos lesivos praticados pelas autarquias contra terceiros é de índole diversa da responsabilidade civil do Estado, que só abrange as pessoas políticas.

b) As sociedades de economia mista não se sujeitam ao controle do Tribunal de Contas da União, já que apenas parte de seu capital votante é público.

c) Compõem a administração pública indireta as entidades autárquicas e fundacionais, mas não as empresas públicas e as sociedades de economia mista.

d) Caracteriza as agências reguladoras federais o fato de ter mandado fixo e proteção contra o desligamento imotivado.

e) Para a criação e a extinção de empresa pública, exige-se a edição de lei específica, não sendo necessário o registro de seus atos constitutivos na Junta Comercial.

CAPÍTULO 1 - DIREITO ADMINISTRATIVO

46. **(FUJB/MPE/RJ/Analista/2011)** Sobre a perda do cargo público pelo seu ocupante, é correto afirmar que:

a) o servidor estável só perde o cargo público em virtude de sentença judicial transitada em julgado.

b) o servidor vitalício pode perder o cargo em processo administrativo disciplinar ou em virtude de sentença judicial transitada em julgado.

c) durante o período de estágio probatório, o servidor pode ser exonerado do cargo, desde que lhe sejam assegurados o contraditório e a ampla defesa.

d) os ocupantes de cargos de direção das agências reguladoras, mesmo quando nomeados a termo fixo, podem ser livremente exonerados.

e) os magistrados nomeados para tribunais, em virtude do quinto constitucional, só adquirem vitaliciedade após dois anos de efetivo exercício da judicatura.

1.2.2. Disponibilidade

> *Súmula STF 22. O estágio probatório não protege o funcionário contra a extinção do cargo.*

47. **(OAB/GO/2006)** O Excelso Supremo Tribunal Federal, em matéria de servidor público, tem o seguinte entendimento sumulado:

a) O estágio probatório não protege o funcionário contra a extinção do cargo.

b) É constitucional a vinculação do reajuste de vencimento de servidores estaduais ou municipais a índices federais de correção monetária.

c) Por decreto pode-se sujeitar a exame psicotécnico a habilitação de candidato a cargo público.

d) A vitaliciedade do servidor público impede a extinção do cargo ocupado.

> *Súmula STF 39. À falta de lei, funcionário em disponibilidade não pode exigir, judicialmente, o seu aproveitamento, que fica subordinado ao critério de conveniência da Administração.*

48. **(FCC/TRT/7R/Técnico/2009)** De acordo com a Constituição Federal, o servidor público estável:

a) ficará em disponibilidade com remuneração proporcional ao tempo de serviço, se extinto o cargo ou declarada a sua desnecessidade, até seu adequado aproveitamento em outro cargo.

b) se invalidada por sentença judicial a sua demissão, não terá direito à reintegração.

c) adquire a estabilidade após dois anos de exercício em cargo de provimento efetivo em virtude de concurso público.

d) só perderá o cargo após sentença proferida por juiz competente, independentemente do trânsito em julgado.

e) ficará em disponibilidade se a sua vaga estiver ocupada por outro servidor, porém terá direito à indenização.

1.2.3. Vitaliciedade

> *Súmula STF 36. Servidor vitalício está sujeito a aposentadoria compulsória, em razão da idade.*

⮑ Súmula não abordada em concursos recentes.

> *Súmula STF 46. Desmembramento de serventia de justiça não viola o princípio de vitaliciedade do serventuário.*

⮑ Súmula não abordada em concursos recentes.

> *Súmula STF 47. Reitor de universidade não é livremente demissível pelo Presidente da República durante o prazo de sua investidura.*

⮑ Súmula não abordada em concursos recentes.

1.3. Regras Previdenciárias

> *Súmula STF Vinculante 33. Aplicam-se ao servidor público, no que couber, as regras do regime geral da previdência social sobre aposentadoria especial de que trata o artigo 40, § 4º, inciso III da Constituição Federal, até a edição de lei complementar específica.*

49. **(PR4/UFRJ/Assistente/2015)** Quanto ao regime constitucional da Administração Pública e dos servidores públicos, selecione a alternativa correta.

a) A jurisprudência do STF não admite a existência de previsão legal para o regime de emprego público regido pela CLT no âmbito federal

b) Em função do princípio constitucional da isonomia, não é extensível aos servidores públicos o direito à proteção do mercado de trabalho da mulher, mediante incentivos específicos.

c) A jurisprudência do STF entende que a previsão de exame psicotécnico em edital de concurso público excepcionalmente possa não ser precedida de autorização legal, se a natureza do cargo ou função o justificar.

d) A jurisprudência do STF não admite a exceção à regra do acesso aos cargos e empregos públicos mediante prévia seleção por concurso público senão nos casos de contratações de caráter eventual ou temporário para atendimento de necessidades de excepcional interesse público

e) Ainda que não haja sido editada a lei complementar atinente, a jurisprudência sumulada do STF tem considerado eficaz a previsão constitucional de aposentadoria especial exclusivamente para servidores públicos cujas atividades sejam exercidas sob condições especiais que prejudiquem a saúde ou a integridade física, mediante a aplicação analógica das regras do regime geral de previdência social:

50. (FCC/MPE/PA/Promotor/2014) Em 24 de abril do ano em curso, foi publicada no Diário Oficial a Súmula Vinculante n. 33, do Supremo Tribunal Federal, aprovada em sessão do dia 9 do mesmo mês, com o seguinte teor: "Aplicam-se ao servidor público, no que couber, as regras do regime geral da previdência social sobre aposentadoria especial de que trata o artigo 40, § 4º, inciso III da Constituição Federal, até a edição de lei complementar específica". O dispositivo constitucional referido na súmula vinculante em questão estabelece que "é vedada a adoção de requisitos e critérios diferenciados para a concessão de aposentadoria aos abrangidos pelo regime de que trata este artigo, ressalvados, nos termos definidos em leis complementares, os casos de servidores (...) cujas atividades sejam exercidas sob condições especiais que prejudiquem a saúde ou a integridade física". À luz da disciplina constitucional da matéria, a Súmula Vinculante n. 33

I. deve ter sido aprovada por, no mínimo, seis Ministros do Supremo Tribunal Federal, após reiteradas decisões sobre a matéria constitucional de que cuida.

II. possui, desde 24 de abril, efeito vinculante em relação aos demais órgãos do Poder Judiciário

e à administração pública direta e indireta, nas esferas federal, estadual e municipal.

III. poderá ser revista ou cancelada, a qualquer momento, pelo Supremo Tribunal Federal, mediante provocação do Presidente da República.

Está correto o que se afirma apenas em

a) II.

b) I e II.

c) II e III.

d) I e III.

e) I

51. (Cespe/Funpresp/Especialista/2016) Até a edição de lei complementar específica, aplicam-se aos servidores públicos federais estatutários as regras do regime geral da previdência social relativas à aposentadoria especial.

52. (UFRJ/Assistente/2015) Quanto ao regime constitucional da Administração Pública e dos servidores públicos, selecione a alternativa correta.

a) A jurisprudência do STF não admite a existência de previsão legal para o regime de emprego público regido pela CLT no âmbito federal

b) Em função do princípio constitucional da isonomia, não é extensível aos servidores públicos o direito à proteção do mercado de trabalho da mulher, mediante incentivos específicos.

c) A jurisprudência do STF entende que a previsão de exame psicotécnico em edital de concurso público excepcionalmente possa não ser precedida de autorização legal, se a natureza do cargo ou função o justificar.

d) A jurisprudência do STF não admite a exceção à regra do acesso aos cargos e empregos públicos mediante prévia seleção por concurso público senão nos casos de contratações de caráter eventual ou temporário para atendimento de necessidades de excepcional interesse público

e) Ainda que não haja sido editada a lei complementar atinente, a jurisprudência sumulada do STF tem considerado eficaz a previsão constitucional de aposentadoria especial exclusivamente para servidores públicos cujas atividades sejam exercidas sob condições especiais que prejudiquem a saúde ou a integridade física, mediante a aplicação analógica das regras do regime geral de previdência social:

CAPÍTULO 1 - DIREITO ADMINISTRATIVO

Súmula STF 567. A Constituição, ao assegurar, no § 3°, do art. 102, a contagem integral do tempo de serviço público federal, estadual ou municipal para os efeitos de aposentadoria e disponibilidade não proíbe à União, aos Estados e aos Municípios mandarem contar, mediante lei, para efeito diverso, tempo de serviço prestado a outra pessoa de direito público interno.

⊃ Súmula não abordada em concursos recentes.

1.4. Regras Remuneratórias

Súmula STF Vinculante 4. Salvo os casos previstos na Constituição Federal, o salário mínimo não pode ser usado como indexador de base de cálculo de vantagem de servidor público ou de empregado, nem ser substituído por decisão judicial.

53. **(Cespe/TRT/1R/Analista/2008)** Ainda com relação ao direito do trabalho, assinale a opção correta.

a) Salvo os casos previstos na CF, o salário mínimo não pode ser usado como indexador de base de cálculo de vantagem de servidor público ou de empregado, nem ser substituído por decisão judicial.

b) No julgamento de Agravo de Instrumento, ao afastar o óbice apontado pelo TRT para o processamento do recurso de revista, pode o juízo "ad quem" prosseguir no exame dos demais pressupostos extrínsecos e intrínsecos do recurso de revista, desde que apreciados pelo TRT.

c) Devem ser julgados em sentenças distintas os embargos e as impugnações à liquidação apresentados pelos credores trabalhista e previdenciário.

d) Viola a CF o estabelecimento de remuneração inferior ao salário mínimo para os praças prestadores de serviço militar inicial.

e) Os intervalos fixados para descanso e alimentação durante a jornada de seis horas descaracterizam o sistema de turnos ininterruptos de revezamento para o efeito da CF.

54. **(FCC/PGE/RN/Procurador/2014)** Lei estadual instituiu adicional de insalubridade

em favor de determinados servidores públicos, no valor de dois salários mínimos. A constitucionalidade da lei foi discutida em ação judicial pelo rito ordinário proposta por servidores públicos, na qual foi proferido acórdão pelo Tribunal de Justiça que, confirmando a sentença de primeiro grau, determinou que o valor do adicional fosse convertido para o equivalente em moeda nacional e corrigido monetariamente pelos critérios de cálculo do Tribunal de Justiça, tendo em vista a vedação constitucional de utilização do salário mínimo para fins de cálculo de remuneração. A parte interessada, querendo impugnar o acórdão proferido pelo Tribunal de Justiça, perante o Supremo Tribunal Federal:

a) não poderá fazê-lo por reclamação constitucional, uma vez que o acórdão não foi proferido pelo órgão plenário ou especial do Tribunal de Justiça.

b) poderá fazê-lo por reclamação constitucional, desde que atendidos os demais pressupostos legais que a autorizam, tendo em vista que o acórdão violou súmula vinculante que trata da matéria.

c) poderá fazê-lo por reclamação constitucional, uma vez que presentes seus pressupostos, ainda que o acórdão impugnado tenha transitado em julgado.

d) não poderá fazê-lo por reclamação constitucional, uma vez que a medida apenas tem cabimento contra ato proferido pela Administração pública que viole diretamente norma constitucional ou súmula vinculante editada pelo Supremo Tribunal Federal.

e) não poderá fazê-lo por reclamação constitucional, uma vez que o acórdão não foi proferido em sede de mandado de segurança, "habeas corpus" ou "habeas data".

55. **(MPT/Procurador/2015)** Marque a alternativa correta:

a) Segundo a jurisprudência atual do STF, é inconstitucional a utilização do salário mínimo como indexador de base de cálculo de vantagem trabalhista, a exemplo do adicional de insalubridade, mas, enquanto não for prevista em lei ou instrumento normativo uma nova base de cálculo para esse adicional, deve continuar sendo calculado sobre o salário mínimo, na forma do art. 192 da CLT.

b) A Norma Regulamentadora n. 5 do Ministério do Trabalho e Emprego (MTE) obriga a constituir Comissão Interna de Prevenção de Acidentes

– CIPA todas as empresas privadas e públicas, sociedades de economia mista e outras instituições que admitam trabalhadores como empregados, não alcançando os órgãos da Administração Pública direta, autárquica e fundacional.

c) O dimensionamento dos Serviços Especializados em Engenharia de Segurança e em Medicina do Trabalho – SESMT, segundo a Norma Regulamentadora n. 4 do MTE, vincula-se ao número total de empregados da empresa, no conjunto dos seus estabelecimentos situados no território nacional.

d) Segundo disposto na Norma Regulamentadora n. 9 do MTE, quando comprovada a inviabilidade técnica de adoção de medida de proteção coletiva, a primeira medida a ser adotada, em ordem de hierarquia, é a utilização de equipamentos de proteção individual (EPI).

e) Não respondida.

56. (FCC/TRT/19R/Analista/2014) O STF editou a Súmula Vinculante n. 4 com o seguinte teor: "Salvo nos casos previstos na Constituição, o salário mínimo não pode ser usado como indexador de base de cálculo de vantagem de servidor público ou de empregado, nem ser substituído por decisão judicial." Ao julgar demanda em grau recursal, um Tribunal Regional do Trabalho proferiu acórdão que contrariou o enunciado da súmula vinculante acima referida. Neste caso, se presentes os requisitos legais, o acórdão poderá ser objeto de

a) reclamação constitucional, perante o Supremo Tribunal Federal, bem como de recurso ao Tribunal competente.

b) reclamação constitucional, perante o Supremo Tribunal Federal, bem como de pedido de providências junto ao Conselho Nacional de Justiça, para que esses órgãos cassem a decisão judicial contrária à súmula.

c) reclamação constitucional, perante o Tribunal Superior do Trabalho, bem como de recurso ao Tribunal competente.

d) reclamação constitucional, perante o Tribunal Regional do Trabalho, cujo acórdão poderá ser objeto, se for o caso, de recurso extraordinário ao Supremo Tribunal Federal.

e) pedido de providências ao Conselho Nacional de Justiça e de recurso ao Tribunal competente, para que esses órgãos cassem a decisão judicial contrária à súmula.

57. (MPE/GO/Promotor/2016) Sobre os alimentos, é incorreto afirmar:

a) Presentes os requisitos legais ínsitos à espécie, o direito de obter, judicialmente, o estabelecimento de pensão alimentícia não está sujeito a prazo prescricional.

b) Em se tratando de filho menor, ainda sob o poder familiar do genitor alimentante, fixados judicialmente os alimentos em seu favor, não haverá fluência do prazo prescricional para execução de parcelas vencidas e não pagas.

c) Como os alimentos destinam-se à manutenção do alimentando no tempo presente e futuro, não são exigíveis quanto ao passado.

d) Face a vedação constitucional do uso do salário-mínimo como fator de indexação obrigacional, a pensão alimentícia não pode ser fixada pelo juiz com base no salário-mínimo, seguindo ao orientação da Súmula Vinculante 4 do STF.

58. (Cespe/TRT/5R/Juiz/2013) No que se refere ao servidor público e ao ato administrativo, assinale a opção correta de acordo com a CF, a jurisprudência dos tribunais superiores e a doutrina.

a) Segundo o STJ, ressalvadas as hipóteses constitucionais de acumulação de proventos de aposentadoria, não é mais possível, após o advento da Emenda Constitucional n. 20/1998, a cumulação de mais de uma aposentadoria à conta do regime próprio de previdência, salvo se o ingresso do servidor no cargo em que obteve a segunda aposentação tenha ocorrido antes da referida emenda.

b) Salvo nos casos previstos na CF, o salário mínimo não pode ser usado como indexador de base de cálculo de vantagem de servidor público ou de empregado nem ser substituído por decisão judicial.

c) O ato administrativo simples deriva da manifestação de vontade ou declaração jurídica de apenas um órgão, sendo possível, portanto, apenas na forma singular.

d) A expressa previsão editalícia de que serão providas, além das vagas previstas no edital, outras que vierem a existir durante o prazo de validade do certame não confere direito líquido e certo à nomeação ao candidato aprovado fora das vagas originalmente determinadas, mas dentro das surgidas no decurso do prazo de validade do concurso.

CAPÍTULO 1 - DIREITO ADMINISTRATIVO

STF 41

e) Cabe mandado de segurança para a revisão de penalidade imposta em processo administrativo disciplinar sob o argumento de ofensa ao princípio da proporcionalidade.

> *Súmula STF Vinculante 15. O cálculo de gratificações e outras vantagens do servidor público não incide sobre o abono utilizado para se atingir o salário mínimo.*

59. **(MPT/Procurador/2009)** Assinale a alternativa correta, no que diz respeito às súmulas vinculantes do Supremo Tribunal Federal.

a) O cálculo de gratificações e outras vantagens do servidor público incide sobre o abono utilizado para se atingir o salário mínimo.

b) A nomeação de cônjuge, companheiro ou parente em linha reta, colateral ou por afinidade, até o terceiro grau, inclusive, da autoridade nomeante ou de servidor da mesma pessoa jurídica investido em cargo de direção, chefia ou assessoramento, ressalvado o exercício de cargo em comissão ou de confiança ou, ainda, de função gratificada na administração pública direta e indireta em qualquer dos Poderes da União, dos Estados, do Distrito Federal e dos Municípios, compreendido o ajuste mediante designações recíprocas, viola a Constituição Federal.

c) Só é lícito o uso de algemas em casos de resistência e de fundado receio de fuga ou de perigo à integridade física própria ou alheia, por parte do preso ou de terceiros, justificada a excepcionalidade por escrito, sob pena de responsabilidade disciplinar, civil e penal do agente ou da autoridade e de nulidade da prisão ou do ato processual a que se refere, sem prejuízo da responsabilidade civil do Estado.

d) A falta de defesa técnica por advogado no processo administrativo disciplinar ofende a Constituição.

e) Não respondida.

> *Súmula STF Vinculante 16. Os artigos 7°, IV, e 39, § 3° (redação da EC 19/98), da Constituição, referem-se ao total da remuneração percebida pelo servidor público.*

60. **(UEPA/PGE/PA/Procurador/2012)** Analise as proposições a seguir:

I. A Constituição da República de 1988 previu, em norma não autoaplicável (art. 7°, XXI), a criação do aviso prévio proporcional ao tempo de serviço, instituto só regulamentado em 2011 pela Lei Federal n. 12.506. Dispõe a lei, alterando dispositivos da CLT, que o aviso prévio, quando decorrer da dispensa imotivada do empregado, será sempre concedido pelo período de 30 (trinta) dias e, quando este contar com mais de 01 (um) ano de serviço na mesma empresa, serão acrescidos, proporcionalmente, mais 03 (três) dias a cada ano de serviço executado no mesmo estabelecimento, até o limite máximo de 30 (trinta) dias, totalizando até 60 (sessenta) dias.

II. O regime de sobreaviso, à luz da Súmula 428 do TST, não se caracteriza, por si só, em razão do uso de aparelho de intercomunicação pelo empregado, uma vez que o mesmo não permaneça em sua residência aguardando, a qualquer momento, convocação para o serviço. A rigidez desse entendimento foi atenuada, entretanto, pela edição da Lei Federal n. 12.551/2011, segundo a qual não é mais possível distinguir o trabalho realizado no estabelecimento do empregador daquele executado no domicílio do empregado e também do realizado à distância. Reconheceu a lei que a utilização de meios telemáticos e informatizados de comando, controle e supervisão, mesmo à distância, são capazes de gerar direitos trabalhistas, inclusive o sobreaviso, desde que presentes todos os elementos da relação de emprego, equiparando esses novos meios de comando e fiscalização, especialmente para fim de subordinação jurídica, aos pessoais e diretos exercidos pelo empregador.

III. O salário-mínimo previsto no artigo 7°, IV da CF/88, sempre fixado em lei e nacionalmente unificado, deve atender às necessidades vitais do trabalhador e sua família, representando o patamar abaixo do qual não pode jamais prevalecer a vontade dos contratantes na relação de emprego, sendo nula de pleno direito qualquer estipulação em contrário, ainda que resultante de negociação coletiva. Na Súmula Vinculante 16, o STF reafirmou a jurisprudência dominante da Corte no sentido de que o salário-mínimo previsto nos artigos 7°, IV e 39, § 3° da CF/88 deve corresponder ao vencimento e salário básicos do servidor público e empregado, respectivamente, e não às remunerações destes compostas por gratificações e demais vantagens.

IV. A Lei Federal n. 5.889/73 regulamenta as relações de trabalho rural, conceituando como empregado rural a pessoa física que, em propriedade dessa natureza ou prédio rústico, presta serviço não eventual a empregador também rural, sob dependência hierárquica e mediante salário. O empregador do campo, por sua vez, foi definido pela lei como a pessoa física ou jurídica, proprietário ou não, que explore, diretamente, atividade agroeconômica em caráter permanente ou temporário, contando com auxílio de empregados. A atividade econômica referida pela lei não inclui a exploração industrial em estabelecimento agrário de qualquer natureza.

De acordo com as proposições apresentadas, assinale a alternativa correta:

a) todas as proposições estão corretas.

b) apenas uma das proposições está correta.

c) apenas duas proposições estão corretas.

d) apenas três proposições estão corretas.

e) todas as proposições estão incorretas.

61. (FCC/Sefaz/RJ/AuditorFiscal/2014) A Constituição Federal, com o texto dado pela EC 19/1998, assim dispõe: "Art. 7º São direitos dos trabalhadores urbanos e rurais, além de outros que visem à melhoria de sua condição social: ... IV – salário mínimo, fixado em lei, nacionalmente unificado, capaz de atender a suas necessidades vitais básicas e às de sua família com moradia, alimentação, educação, saúde, lazer, vestuário, higiene, transporte e previdência social, com reajustes periódicos que lhe preservem o poder aquisitivo, sendo vedada sua vinculação para qualquer fim; Art. 39. A União, os Estados, o Distrito Federal e os Municípios instituirão conselho de política de administração e remuneração de pessoal, integrado por servidores designados pelos respectivos Poderes. ... § 3º Aplica-se aos servidores ocupantes de cargo público o disposto no art. 7º, IV, VII, VIII, IX, XII, XIII, XV, XVI, XVII, XVIII, XIX, XX, XXII e XXX, podendo a lei estabelecer requisitos diferenciados de admissão quando a natureza do cargo o exigir". Conforme entendimento sumulado do Supremo Tribunal Federal, os arts. 7º, IV, e 39, § 3º (redação da EC 19/1998), da Constituição referem-se:

a) à remuneração percebida pelo servidor público, excluídas as indenizações.

b) ao vencimento básico percebido pelo servidor público, descontada qualquer vantagem pecuniária pessoal.

c) ao total da remuneração percebida pelo servidor público.

d) ao vencimento básico percebido pelo servidor público, acrescido dos adicionais que já hajam se incorporado permanentemente.

e) à remuneração percebida pelo servidor público, excluídas as gratificações.

62. (Serctam/PGM/Quixadá/Assistente/2016) Segundo o entendimento sumulado do Supremo Tribunal Federal:

a) A falta de defesa técnica por advogado no processo administrativo disciplinar ofende a Constituição.

b) O salário mínimo, fixado em lei, refere-se ao total da remuneração percebida pelo servidor público.

c) Cabe ao Poder Judiciário aumentar vencimentos de servidores públicos sob o fundamento de isonomia.

d) É constitucional a lei que prevê a vinculação do reajuste de vencimentos de servidores estaduais ou municipais a índices federais de correção monetária.

e) É constitucional a lei municipal que prevê modalidade de provimento que propicie ao servidor investir-se, sem prévia aprovação em concurso público destinado ao seu provimento, em cargo que não integra a carreira na qual anteriormente investido.

> *Súmula STF Vinculante 20. A Gratificação de Desempenho de Atividade Técnico-Administrativa. GDATA, instituída pela Lei nº 10.404/2002, deve ser deferida aos inativos nos valores correspondentes a 37,5 (trinta e sete vírgula cinco) pontos no período de fevereiro a maio de 2002 e, nos termos do artigo 5º, parágrafo único, da Lei nº 10.404/2002, no período de junho de 2002 até a conclusão dos efeitos do último ciclo de avaliação a que se refere o artigo 1º da Medida Provisória nº 198/2004, a partir da qual passa a ser de 60 (sessenta) pontos.*

➲ Súmula não abordada em concursos recentes.

CAPÍTULO 1 - DIREITO ADMINISTRATIVO

STF 43

> ***Súmula STF Vinculante** 34. A Gratificação de Desempenho de Atividade de Seguridade Social e do Trabalho. GDASST, instituída pela Lei 10.483/2002, deve ser estendida aos inativos no valor correspondente a 60 (sessenta) pontos, desde o advento da Medida Provisória 198/2004, convertida na Lei 10.971/2004, quando tais inativos façam jus à paridade constitucional (EC 20/1998, 41/2003 e 47/2005).*

➲Súmula não abordada em concursos recentes.

> ***Súmula STF Vinculante** 37. Não cabe ao Poder Judiciário, que não tem função legislativa, aumentar vencimentos de servidores públicos sob o fundamento de isonomia.*

63. **(Ejef/TJ/MG/Juiz/2006)** A Súmula 339 do STF ("Não cabe ao Poder Judiciário, que não tem função legislativa, aumentar vencimentos de servidores públicos sob fundamento de isonomia"), aprovada em 1963:

a) consagra específica proteção do princípio da separação dos poderes e foi recebida pela Carta Política de 1988, revestindo-se, ainda, de plena eficácia e de integral aplicabilidade.

b) o princípio da divisão funcional dos poderes não impede que, estando em plena vigência o ato legislativo, venham os Tribunais a apenas ampliar-lhe o conteúdo normativo e a estender a sua eficácia jurídica a situações nele não expressamente previstas.

c) nem sempre a disciplina jurídica da remuneração devida aos agentes públicos em geral está sujeita ao princípio da reserva absoluta de lei.

d) a formulação de soluções constitucionais nessa questão está vinculada a reflexões doutrinárias que prestigiam o princípio da eficácia, sob pena de progressiva inconstitucionalização do ato estatal.

64. **(FGV/OAB/2012-3)** Joana D´Arc, beneficiária de pensão por morte deixada por ex-fiscal de rendas, falecido em 5/1/1999, ajuizou ação ordinária em face da União, alegando que determinado aumento remuneratório genérico concedido aos fiscais de renda em atividade não lhe teria sido repassado. Assim, isso teria violado a regra constitucional da paridade remuneratória entre ativos, inativos e pensionistas. Acerca de tal alegação, é correto afirmar que é manifestamente:

a) procedente, pois, embora a regra da paridade remuneratória entre ativos, inativos e pensionistas tenha sido revogada pela EC 41/2003, a pensão por morte rege-se pela lei vigente à época do óbito, quando ainda vigia tal regra.

b) improcedente, pois, nos termos do verbete 339 da Súmula de Jurisprudência do STF, não cabe ao Poder Judiciário, que não tem função legislativa, aumentar vencimentos de servidores públicos sob fundamento de isonomia.

c) improcedente, pois a regra da paridade remuneratória entre ativos, inativos e pensionistas foi revogada pela EC 41/2003, sendo absolutamente irrelevante o fato de o ex-servidor ter falecido antes da edição da referida emenda.

d) procedente, pois a CRFB garante o reajustamento da pensão por morte dos benefícios para preservar-lhes, em caráter permanente, o valor real, conforme critérios estabelecidos em lei.

65. **(MPT/Procurador/2015)** Analise as seguintes assertivas sobre o regime de remuneração dos servidores públicos:

I. Segundo a jurisprudência pacífica do STF, não cabe ao Poder Judiciário aumentar vencimentos de servidores públicos sob o fundamento de isonomia, cabendo apenas ao legislador concretizar este princípio constitucional, observando na elaboração da norma a isonomia remuneratória entre servidores ocupantes de cargos com atribuições iguais ou assemelhadas.

II. De acordo com a Lei n. 8.112/1990, o servidor público federal em débito com o erário, que for demitido, exonerado ou que tiver sua aposentadoria ou disponibilidade cassada, terá o prazo de sessenta dias para quitar o débito.

III. De acordo com a jurisprudência majoritária do TST, lei municipal que reduza vantagem trabalhista inerente a determinado emprego público somente se aplica aos empregados que vierem a ser admitidos após a edição da norma, tendo em vista que a condição mais benéfica integra o seu contrato de trabalho.

IV. Segundo a jurisprudência sumulada do TST, a vedação à equiparação salarial entre servidores públicos, por decisão judicial, não se aplica à sociedade de economia mista, pois essa entidade equipara-se a empregador privado, por força do disposto no art. 173, § 1º, inciso II, da Constituição da República.

Marque a alternativa correta:

a) todas as assertivas são corretas.

b) apenas as assertivas I e IV são corretas.

c) apenas as assertivas II e III são corretas.

d) apenas a assertiva III é correta.

e) Não respondida.

66. (Cespe/DPE/PE/Defensor/2015) De acordo com a jurisprudência do STF, o princípio da isonomia não justifica o aumento de vencimento de servidor público por decisão judicial.

67. (Cetap/MPCM/Analista/2015) A respeito da possibilidade do Poder Judiciário julgar causas envolvendo aumento de remuneração de servidores, a Sumula Vinculante n. 37 assevera:

a) Cabe ao Poder Judiciário aumentar os vencimentos de servidores públicos, sob o fundamento do Princípio da Universalidade da Jurisdição.

b) Cabe ao Poder Judiciário aumentar os vencimentos de servidores públicos, sob o fundamento de isonomia.

c) A isonomia constitucional e o principal fundamento para o Poder Judiciário poder aumentar os vencimentos de servidores públicos

d) Não cabe ao Poder Judiciário, que não tem função legislativa, aumentar vencimentos de servidores públicos sob o fundamento de isonomia.

e) A independência dos poderes e a universalidade da jurisdição dão autonomia ao Poder Judiciário para aumentar vencimentos de servidores públicos, revendo atos da administração.

Súmula STF Vinculante 42. É inconstitucional a vinculação do reajuste de vencimentos de servidores estaduais ou municipais a índices federais de correção monetária.

68. (FCC/TRT/24R/Analista/2011) No que diz respeito à Administração Pública:

a) os acréscimos pecuniários percebidos por servidor público serão computados e acumulados para fins de concessão de acréscimos ulteriores.

b) é vedada a vinculação ou equiparação de quaisquer espécies remuneratórias para o efeito de remuneração de pessoal do serviço público.

c) a administração fazendária e seus servidores fiscais não terão, ainda que dentro de suas áreas de competência e jurisdição, precedência sobre os demais setores administrativos.

d) somente por lei específica poderá ser criada autarquia e autorizada a instituição de fundação, cabendo à lei ordinária, neste último caso, definir as áreas de sua atuação.

e) independe de autorização legislativa, em cada caso, a criação de subsidiárias de sociedade de economia mista, assim como a participação delas em empresa privada.

69. (MPE/MS/Promotor/2011) No tocante às disposições constitucionais e legais pertinentes à Administração Pública, assinale a alternativa correta:

a) os vencimentos dos cargos do Poder Executivo e do Poder Judiciário não poderão ser superiores aos pagos pelo Poder Legislativo.

b) é admitida a vinculação ou equiparação de quaisquer espécies remuneratórias para o efeito de remuneração de pessoal do serviço público.

c) lei complementar reservará percentual dos cargos e empregos públicos para as pessoas portadoras de deficiência e definirá os critérios de sua admissão.

d) consoante previsão inserida na Súmula Vinculante n. 13, não viola a Constituição Federal a nomeação do tio paterno do Presidente da República para o exercício de cargo em comissão no Poder Executivo Federal.

e) a administração fazendária e seus servidores fiscais terão, dentro de suas áreas de competência e jurisdição, precedência sobre os demais setores administrativos, na forma da lei.

70. (Funcab/SEDS/TO/Analista/2014) Sobre Administração Pública, assinale a alternativa correta.

a) A Administração Pública não pode declarar a nulidade dos seus próprios atos.

b) É inconstitucional a vinculação do reajuste de vencimentos de servidores estaduais ou municipais a índices federais de correção monetária.

c) Os acréscimos pecuniários, percebidos por servidor público, serão computados e acumulados para fins de concessão de acréscimos ulteriores.

d) A jurisprudência do STF assentou ser impossível o controle de legalidade dos atos administrativos pelo Poder Judiciário.

> ***Súmula STF Vinculante** 51. O reajuste de 28,86%, concedido aos servidores militares pelas leis 8.622/1993 e 8.627/1993, estende-se aos servidores civis do Poder Executivo, observadas as eventuais compensações decorrentes dos reajustes diferenciados concedidos pelos mesmos diplomas legais.*

➲ Súmula não abordada em concursos recentes.

> ***Súmula STF Vinculante** 55. O direito ao auxílio-alimentação não se estende aos servidores inativos.*

71. **(PGE/PA/Procurador/2011)** Está em vigor Súmula do STF com o seguinte teor:

a) O auxílio-alimentação é extensível aos inativos.

b) O pagamento de vencimentos de servidor público com atraso sujeita-se à correção monetária e juros de mora.

c) A vitaliciedade não impede a extinção do cargo, ficando o funcionário em disponibilidade, com todos os vencimentos.

d) No processo de desapropriação, são devidos juros moratórios desde a imissão na posse.

e) Os honorários do advogado do expropriado não integram o valor da indenização.

72. **(Cespe/PGE/PE/Procurador/2009)** Em relação ao sistema de aposentadoria do servidor público, assinale a opção correta.

a) O STJ firmou a compreensão de que não é exigível a indenização, ao regime geral de previdência social, do período exercido na atividade rural, anterior à filiação obrigatória, para cômputo em regime estatutário.

b) Tratando-se de cargos de professor, é possível a acumulação de proventos oriundos de uma aposentadoria com duas remunerações quando o servidor foi aprovado em concurso público antes do advento da Emenda Constitucional nº 20.

c) A jurisprudência do STF pacificou-se no sentido de que o direito ao auxílio-alimentação não se estende aos servidores inativos, e de que é devida a incidência de contribuição previdenciária sobre o terço constitucional de férias.

d) A CF assegura o reajustamento dos benefícios para preservar-lhes, em caráter permanente, o valor real, conforme critérios estabelecidos

em lei. Com fundamento nessa norma, a jurisprudência do STF pacificou-se no sentido de ser viável estender aos servidores inativos as vantagens pecuniárias decorrentes de reposicionamento, na carreira, de servidores ativos.

e) É vedada a existência de mais de um regime próprio de previdência social para os servidores titulares de cargos efetivos, permitindo-se, no entanto, a criação de mais de uma unidade gestora do respectivo regime em cada ente estatal.

73. **(Vunesp/SAEG/Advogado/2015)** Assinale a alternativa correta com relação aos servidores públicos.

a) O Supremo Tribunal Federal sumulou o seguinte entendimento: funcionário nomeado por concurso tem direito à posse.

b) A Constituição Federal estabelece que a lei assegurará aos servidores da Administração Direta isonomia de vencimentos para cargos de atribuições iguais ou assemelhados do mesmo Poder.

c) O Superior Tribunal de Justiça sumulou o seguinte entendimento: compete à Justiça do Trabalho processar e julgar ação de servidor público municipal, pleiteando direitos relativos ao vínculo estatutário.

d) A Constituição Federal estabelece que os proventos de aposentadoria, por ocasião da sua concessão, serão calculados com base na remuneração do servidor no cargo efetivo em que se der a aposentadoria e, na forma da lei, corresponderão à totalidade da remuneração.

e) O Supremo Tribunal Federal sumulou o seguinte entendimento: o direito ao auxílio-alimentação se estende aos servidores inativos.

74. **(IBFC/PC/SE/Agente/2014)** Acerca dos "Servidores Públicos" e das normas constitucionais pertinentes, assinale a alternativa correta e de acordo com o entendimento do Supremo Tribunal Federal:

a) Salvo nos casos previstos na Constituição Federal e em lei complementar, o salário mínimo não pode ser usado como indexador de base de cálculo de vantagem de servidor público ou de empregado.

b) O cálculo de gratificações e outras vantagens do servidor do servidor público incidem sobre o abono utilizado para se atingir o salário mínimo.

c) O direito ao auxílio-alimentação se estende aos servidores inativos.

d) É inconstitucional a vinculação do reajuste de vencimentos de servidores estaduais ou municipais a índices federais de correção monetária.

75. **(Ieses/TJ/PB/Cartórios/2014)** Assinale a alternativa correta:

a) As Sociedades de Economia Mista que se destinam a explorar atividade econômica de natureza eminentemente privada, fora do regime de monopólio, não se encontram sujeitas ao princípio do concurso público para admissão de pessoal, pois assim expressamente autorizadas pela Constituição Federal.

b) De acordo com firme jurisprudência do Supremo Tribunal Federal, não há direito adquirido do servidor público a regime jurídico pertinente à composição dos vencimentos, desde que a eventual modificação introduzida por ato legislativo superveniente preserve o montante global da remuneração e, em consequência, não provoque decesso de caráter pecuniário.

c) Conforme pacificado entendimento do Supremo Tribunal Federal, o direito ao auxílio-alimentação estende-se atualmente aos servidores inativos, desde que não percebam outra gratificação sob igual fundamento, pois tal caracterizaria cumulação indevida, expressamente vedada pela Constituição Federal por malferir o princípio da moralidade administrativa.

d) É hoje pacificado o entendimento, junto ao Supremo Tribunal Federal, no sentido de que possui direito subjetivo à nomeação o candidato aprovado dentro do número de vagas previstas no edital de concurso público. Todavia, de conformidade com decisões uníssonas e remansosas da mesma Corte de Justiça, o direito à nomeação não se estende ao candidato aprovado fora do número de vagas previstas no edital na hipótese em que surgirem novas vagas no prazo de validade do concurso.

Súmula STF 359. Ressalvada a revisão prevista em lei, os proventos da inatividade regulam-se pela lei vigente ao tempo em que o militar, ou o servidor civil, reuniu os requisitos necessários.

⮥Súmula não abordada em concursos recentes.

76. **(Cespe/INSS/Analista/2008)** O direito à aposentadoria é regido pela lei vigente ao tempo da reunião dos requisitos da inatividade, inclusive quanto à carga tributária incidente sobre os proventos.

Súmula STF 671. Os servidores públicos e os trabalhadores em geral têm direito, no que concerne à URP de abril/maio de 1988, apenas ao valor correspondente a 7/30 de 16,19% sobre os vencimentos e salários pertinentes aos meses de abril e maio de 1988, não cumulativamente, devidamente corrigido até o efetivo pagamento.

⮥Súmula não abordada em concursos recentes.

Súmula STF 678. São inconstitucionais os incisos I e III do art. 7º da Lei 8.162/91, que afastam, para efeito de anuênio e de licença-prêmio, a contagem do tempo de serviço regido pela CLT dos servidores que passaram a submeter-se ao regime jurídico único.

⮥Súmula não abordada em concursos recentes.

Súmula STF 679. A fixação de vencimentos dos servidores públicos não pode ser objeto de convenção coletiva.

77. **(TRT/24R/Juiz/2012)** É correto afirmar:

a) O regime jurídico dos servidores de sociedades de economia mista, de empresas públicas e de fundações de direito privado instituídas pelo Poder Público, exploradoras de atividades econômicas, pode ser tanto trabalhista quanto estatutário.

b) É permitida a vinculação ou equiparação de quaisquer espécies remuneratórias para o efeito de remuneração de pessoal no serviço público.

c) A remuneração dos servidores públicos poderá ser alterada ou fixada por Acordo Coletivo de Trabalho ou por Convenção Coletiva de Trabalho direito este decorrente da Constituição Federal que lhes assegura o direito de sindicalização e de greve.

d) Em conformidade com dispositivo constitucional, a investidura em cargo, emprego ou função

PARTE I – SÚMULAS DO SUPREMO TRIBUNAL FEDERAL

CAPÍTULO 1 - DIREITO ADMINISTRATIVO

STF   47

pública depende de aprovação prévia em concurso público de provas ou de provas e títulos, de acordo com a natureza e a complexidade do cargo ou emprego, na forma prevista em lei.

e) Com o advento da Emenda Constitucional n. 19/1998, passaram a coexistir dois sistemas remuneratórios para os servidores: o tradicional em que a remuneração compreende uma parte fixa e uma variável, composta por vantagens pecuniárias de variada natureza, e o em que a retribuição corresponde ao subsídio, constituído por parcela única que exclui a possibilidade de percepção de vantagens pecuniárias variáveis. O primeiro sistema recebe a denominação de remuneração ou vencimento e o segundo, de subsídio.

78. (UEPA/PGE/PA/Procurador/2012) Sobre a jurisprudência sumulada do Supremo Tribunal Federal em direito material e processual do trabalho, assinale a alternativa correta:

a) Não cabe recurso extraordinário contra decisão proferida no processamento de precatórios requisitórios, a teor da Súmula 733 do STF. Esse entendimento está assentado, dentre outros, no precedente AgR/REXT n. 281.208-1/SP, segundo o qual o julgamento de pedido de sequestro de valores necessários à satisfação de precatório, formulado perante Presidente de Tribunal de Justiça, possui natureza administrativa, pois se refere ao processamento dessas requisições, não ensejando recurso extraordinário. No mesmo sentido o Plenário do STF, no julgamento da ADI n. 1.098/SP.

b) Conforme Súmula 734 do STF, é cabível Reclamação Constitucional mesmo quando já constituída a coisa julgada sobre o ato judicial que se alega tenha desrespeitado decisão da Corte. Nessa esteira, é correto afirmar que a Reclamação serviria, por exemplo, à impugnação de julgados definitivos de primeira e segunda instâncias do Judiciário Trabalhista, que condenaram a Fazenda Pública em sede de responsabilidade subsidiária e como tomadora de serviços de terceiros, afrontando o decidido pelo STF na ADC 16, em cujos autos foi declarada a constitucionalidade do artigo 71, § 1º da Lei Federal n. 8.666/93 e que impôs limites à aplicação do Enunciado 331/TST às demandas propostas em face do Poder Público.

c) A impetração de mandado de segurança coletivo por entidade de classe, em favor dos

associados, depende da autorização destes, conforme Súmula 629 do STF. Exige-se, tratando-se de segurança coletiva, para legitimação das organizações sindicais e entidades de classe, a autorização expressa a que alude o inciso XXI do artigo 5º da CF/88, que contempla hipótese de substituição processual.

d) A fixação de vencimentos dos servidores públicos pode ser objeto de convenção coletiva, a teor a Súmula 679 do STF e pela extensão de direitos sociais próprios dos trabalhadores privados aos servidores públicos, conforme preceito contido no § 3º do artigo 39 da CF/88, respeitando-se a data-base de reajustes de que trata a Lei Federal n. 7.706/1988.

e) À luz da Súmula 736 do STF, compete à Justiça do Trabalho, após edição da Emenda Constitucional 45/2004, julgar as ações que tenham como causa de pedir o descumprimento de normas trabalhistas relativas à segurança, higiene e saúde dos trabalhadores, inclusive na relação estatutária estabelecida entre servidores e Administração Pública.

79. (FCC/TRT/18R/Juiz/2012) Quanto à atividade negocial dos sindicatos, é correto afirmar:

a) A participação nos lucros ou resultados será objeto de negociação entre a empresa e seus empregados, mediante um dos procedimentos a seguir descritos, escolhidos pelas partes de comum acordo comissão escolhida pelas partes, integrada, também, por um representante indicado pelo sindicato da respectiva categoria; Convenção ou Acordo coletivo e arbitragem de ofertas finais.

b) Os Sindicatos representativos de categorias econômicas ou profissionais e as empresas, salvo as que não tenham representação sindical, quando provocados, não podem se recusar à negociação coletiva.

c) As entidades ou instituições que comprovarem junto ao órgão da Previdência Social, a ausência de exercício de atividades econômicas com fins lucrativos são isentas da exigência do recolhimento da contribuição sindical patronal.

d) De acordo com a Constituição Federal, aos servidores públicos será garantido o direito à livre associação sindical, sendo a eles também reconhecidas as convenções e os acordos coletivos de trabalho.

e) As Convenções e os acordos coletivos de trabalho deverão conter obrigatoriamente, entre outras disposições, as normas para a conciliação das divergências surgidas entre os convenentes por motivo da aplicação de seus dispositivos e as penalidades para os Sindicatos convenentes, os empregados e as empresas em caso de violação de seus dispositivos.

80. (Esaf/CVM/Analista/2010) Analise os itens a seguir, relacionados ao servidor público regido pela Lei n. 8.112/90, e marque com V se a assertiva for verdadeira e com F se for falsa. Ao final, assinale a opção correspondente.

I. A fixação dos vencimentos dos servidores públicos pode ser objeto de convenção coletiva.

II. As faltas justificadas decorrentes de caso fortuito ou de força maior poderão ser compensadas a critério da chefia imediata, sendo assim consideradas como efetivo exercício.

III. O servidor, ao adquirir a estabilidade no serviço público, poderá perder o cargo por meio de procedimento de avaliação periódica de desempenho.

IV. A exoneração de servidor público em virtude de reprovação no estágio confirmatório é penalidade decorrente do poder administrativo disciplinar da Administração Pública.

a) V, V, F, F.

b) V, F, F, F.

c) V, V, V, V.

d) F, F, V, V.

e) F, V, V, F.

81. (ESPP/TRT/9R/Juiz/2012) Considere estas proposições:

I. É válida a cláusula convencional que restringe a garantia de emprego à gestante quando o estado gravídico não é do conhecimento do empregador.

II. Os instrumentos coletivos de trabalho criam direitos e obrigações exclusivamente às partes convenentes.

III. São válidos os instrumentos coletivos de trabalho celebrados entre sindicatos de servidores públicos celetistas e entes públicos empregadores, estabelecendo reajuste salarial na data-base e aumento real de salário, na forma da Convenção 151 da OIT.

IV. É reconhecida a legitimidade das Centrais Sindicais para celebrar convenção coletiva de trabalho.

Assinale a alternativa correta:

a) Todas as proposições são corretas.

b) Todas as proposições são incorretas.

c) Apenas a proposição III é correta.

d) Apenas as proposições I e II são corretas.

e) Apenas a proposição IV é correta.

82. (Cespe/TJ/DFT/Juiz/2014) À luz da jurisprudência prevalecente no STF, assinale a opção correta.

a) Não incidem juros de mora sobre os precatórios que sejam pagos até o final do exercício seguinte ao da apresentação, desde que esta ocorra até o dia 1º de julho do exercício.

b) É inconstitucional a adoção, no cálculo do valor de taxa, de um ou mais elementos da base de cálculo própria de determinado imposto, por violação direta de determinação constitucional, segundo a qual as taxas não poderão ter base de cálculo própria de impostos.

c) A impetração de mandado de segurança coletivo por entidade de classe em favor de seus associados exige a autorização por escrito de número que constitua maioria absoluta dos associados.

d) É possível a fixação de vencimentos dos servidores públicos por meio de convenção coletiva do diretor do órgão público com os representantes da classe, desde que mediante autorização de lei ordinária.

e) É constitucional a exigência de depósito prévio como requisito de admissibilidade de ação judicial para a discussão de exigibilidade de crédito tributário, visto que a inafastabilidade de jurisdição não é princípio absoluto.

> *Súmula STF 682. Não ofende a Constituição a correção monetária no pagamento com atraso dos vencimentos de servidores públicos.*

83. (Esaf/PGDF/Procurador/2007-1) Assinale a opção correta.

a) Sendo os direitos fundamentais cláusulas pétreas, é inadmissível toda emenda à Constituição que sobre eles disponha.

b) É constitucionalmente legítima a taxa judiciária calculada sem limite sobre o valor da causa.

c) É inconstitucional a lei distrital que vincule reajuste de vencimentos de servidores públicos do Distrito Federal a índices federais de correção monetária.

CAPÍTULO 1 - DIREITO ADMINISTRATIVO

d) É inconstitucional a correção monetária no pagamento com atraso dos vencimentos dos servidores públicos distritais, estaduais ou municipais.

e) Em face do princípio constitucional da irretroatividade das leis, é inconstitucional o diploma legal que confere vantagem a servidor público, estabelecendo que a mesma é devida desde data anterior à edição da própria lei.

2. AGENTES PÚBLICOS MILITARES

> *Súmula STF Vinculante 6. Não viola a Constituição da República o estabelecimento de remuneração inferior ao salário mínimo para os praças prestadores de serviço militar inicial.*

84. **(Funiversa/PC/DF/Delegado/2009)** Como meio de manutenção da ordem constitucional, a Constituição da República preservou sua integridade de momentos de exacerbada tensão social, disciplinando o que pode ser chamado de legalidade excepcional. Ademais, quando tratou da defesa do Estado e das instituições democráticas, a Constituinte também tratou das Forças Armadas e da segurança pública. A respeito do tema, assinale a alternativa correta.

a) Recente entendimento do Supremo Tribunal Federal, em face da manutenção regular do Estado Democrático de Direito, com respeito aos direitos e às garantias fundamentais dos cidadãos, permite a admissibilidade de requisição de bens municipais pela União, em se tratando de calamidade pública instalada na organização do município, independentemente da instalação de estado de defesa ou de sítio.

b) É garantia dos militares, incluindo as praças prestadoras do serviço militar obrigatório, a percepção de, no mínimo, um salário mínimo mensal.

c) O Departamento de Trânsito faz parte da segurança pública estadual.

d) Os princípios regentes da administração pública não são interpretados extensivamente às militares, federais ou estaduais, mormente após a promulgação da Emenda Constitucional n. 18/1998, com a qual estes últimos não mais passaram a ser denominados servidores públicos militares.

e) A Polícia Penitenciária, encarregada da vigilância dos estabelecimentos penais, não faz parte da segurança pública estadual.

85. **(TRT/6R/Juiz/2010)** A par dos direitos sociais gerais (artigo 6º da Constituição Federal), que denotam a opção do constituinte por um modelo de Estado do Bem-Estar Social, a Constituição prevê, nos seus arts. 7º e 8º, uma série de direitos sociais, individuais e coletivos, direcionados aos trabalhadores. Acerca destes últimos, leia atentamente as assertivas abaixo e marque a alternativa correta:

I. Viola a Constituição o estabelecimento de remuneração inferior ao salário mínimo para as praças prestadoras do serviço militar inicial.

II. A irredutibilidade do salário é direito irrenunciável do trabalhador.

III. A celebração de Convenções e Acordos Coletivos de trabalho constitui direito de todos os trabalhadores, públicos ou privados.

IV. Os sindicatos têm legitimidade processual para atuar apenas na defesa dos direitos subjetivos coletivos dos integrantes da categoria por eles representada.

V. A condição de dirigente ou representante sindical impede a exoneração do servidor estatutário regularmente reprovado em estágio probatório.

a) Apenas as assertivas I, III e IV estão corretas.

b) Apenas as assertivas II, IV e V estão corretas.

c) Apenas as assertivas I, III e V estão corretas.

d) Apenas as assertivas II e V estão corretas.

e) Nenhuma das assertivas está correta.

> *Súmula STF 10. O tempo de serviço militar conta-se para efeito de disponibilidade e aposentadoria do servidor público estadual.*

➥ Súmula não abordada em concursos recentes.

> *Súmula STF 55. Militar da reserva está sujeito a pena disciplinar.*

86. **(TJ/DFT/Juiz/2012)** Julgue os itens a seguir:

I. Consideram-se crimes militares, em tempo de paz, os crimes previstos no Código Penal Militar, embora também o sejam com igual definição na lei penal comum, quando praticados por militar em situação de atividade, em lugar sujeito à administração militar, contra militar reformado.

II. Os brasileiros que perderam a nacionalidade são considerados estrangeiros para os efeitos da lei penal militar.

III. O militar da reserva, mesmo que esteja empregado na administração militar, não se equipara ao militar em situação de atividade, para o efeito da aplicação da lei penal militar.

IV. Os crimes contra as instituições militares, definidos no Código Penal Militar, não excluem os da mesma natureza definidos em outras leis.

Nos termos do Código Penal Militar, estão corretos apenas os itens:

a) I e II.

b) I e IV.

c) II e III.

d) III e IV.

> *Súmula STF 57. Militar inativo não tem direito ao uso do uniforme, fora dos casos previstos em lei ou regulamento.*

↪ Súmula não abordada em concursos recentes.

> *Súmula STF 407. Não tem direito ao terço de campanha o militar que não participou de operações de guerra, embora servisse na "zona de guerra".*

↪ Súmula não abordada em concursos recentes.

> *Súmula STF 673. O art. 125, § 4º, da Constituição, não impede a perda da graduação de militar mediante procedimento administrativo.*

↪ Súmula não abordada em concursos recentes.

> *Súmula STF 674. A anistia prevista no art. 8º do ADCT não alcança os militares expulsos com base em legislação disciplinar ordinária, ainda que em razão de atos praticados por motivação política.*

↪ Súmula não abordada em concursos recentes.

3. ATOS ADMINISTRATIVOS

3.1. Controle dos Atos Administrativos

> *Súmula STF 346. A Administração Pública pode declarar a nulidade dos seus próprios atos.*

87. **(Cesgranrio/Petrobras/Advogado/2008)** "A Administração Pública pode declarar a nulidade de seus próprios atos." (Súmula 346 do Supremo Tribunal Federal). Que princípio da Administração Pública reflete a súmula acima transcrita?

a) supremacia do interesse público

b) autoexecutoriedade

c) impessoalidade

d) razoabilidade

e) autotutela

88. **(Cespe/TCU/Auditor/2010)** O princípio da autotutela possibilita à administração pública anular os próprios atos, quando possuírem vícios que os tornem ilegais, ou revogá-los por conveniência ou oportunidade, desde que sejam respeitados os direitos adquiridos e seja garantida a apreciação judicial.

89. **(Cespe/PGM/Natal/Procurador/2008)** Considerando a doutrina e a jurisprudência majoritárias acerca da invalidação dos atos administrativos, assinale a opção correta.

a) Com base em seu poder de autotutela, a administração pública pode invalidar atos administrativos insanáveis, sendo imprescindível a observância do devido processo legal em todos os casos.

b) Com base em seu poder de autotutela, a administração pública pode invalidar atos administrativos insanáveis. Nesse caso, quando houver repercussão na esfera dos direitos individuais, deverá ser observado o devido processo legal.

c) O poder de autotutela da administração pública, que lhe permite invalidar atos administrativos, só pode ser exercido quando o desfazimento do ato não repercuta no âmbito dos direitos individuais dos administrados. Nesse caso, a administração pública deve recorrer ao Poder Judiciário, pleiteando o desfazimento do ato em juízo.

d) O poder de autotutela da administração pública, que lhe permite invalidar atos administrativos, não atinge os beneficiários do ato que estejam de boa-fé.

CAPÍTULO 1 - DIREITO ADMINISTRATIVO

STF 51

90. **(FGV/Besc/Advogado/2004)** Quanto à possibilidade de revogação ou anulação de atos, é correto afirmar que a Autoridade Pública pode:

a) revogar seus próprios atos, mas não pode anulá-los, uma vez que a anulação é de competência exclusiva do Poder Judiciário.

b) revogar e anular seus próprios atos, desde que devidamente autorizada pelo Poder Judiciário.

c) a qualquer tempo, anular ou revogar seus próprios atos.

d) anular seus próprios atos, desde que devidamente autorizada pelo Poder Legislativo.

e) revogar seus próprios atos, desde que devidamente autorizada pelo chefe do Poder Executivo.

91. **(TJ/DFT/Juiz/2012)** Sobre os atos administrativos, é correto afirmar:

a) De acordo com a lei federal de processo administrativo, os atos administrativos eivados de defeitos sanáveis podem ser convalidados pela própria Administração, desde que não acarretem lesão ao interesse público nem prejuízo a terceiros.

b) O poder discricionário fundamenta o instituto da anulação.

c) Nos processos perante o Tribunal de Contas da União, em que se discuta a legalidade do ato de concessão inicial de aposentadoria, reforma ou pensão, quando da decisão puder resultar anulação ou revogação de ato administrativo que beneficie o interessado, são assegurados o contraditório e a ampla defesa.

d) No regime da Lei n. 11.417/06, a reclamação cabível em face do ato administrativo que contraria enunciado de súmula vinculante prescinde do esgotamento das vias administrativas.

92. **(Vunesp/PGM/Mogi/Advogado/2009)** Um ato administrativo

a) pode ser anulado pelo Poder Judiciário ou pela própria Administração.

b) discricionário pode ser revogado pelo Poder Judiciário.

c) vinculado somente pode ser invalidado por razões de conveniência e oportunidade.

d) discricionário, quando revogado, deve ser invalidado, em regra, com efeitos "ex tunc".

e) vinculado, quando anulado, deve ser invalidado, em regra, com efeitos "ex nunc".

93. **(Vunesp/TJ/SP/Advogado/2013)** A anulação do ato administrativo

a) opera efeitos "ex nunc".

b) somente poderá ser declarada pelo Poder Judiciário.

c) impede que o ato seja novamente editado.

d) poderá ser ordenada pela Administração Pública.

e) pressupõe o descumprimento de obrigação fixada no ato.

94. **(Cespe/CPRM/Advogado/2013)** A administração pública não pode revogar os atos administrativos inconvenientes ou inoportunos, unilateralmente, só podendo fazê-lo com o aval do Poder Judiciário.

95. **(FCC/TJ/AP/Técnico/2014)** O Supremo Tribunal Federal editou o enunciado sumular segundo o qual a Administração pública pode declarar a nulidade de seus próprios atos. Referido enunciado sumular diz respeito ao princípio ou poder de autotutela. Quanto a esse princípio, é correto afirmar que a Administração pública pode:

a) declarar a nulidade de seus próprios atos, no entanto, somente o judiciário pode revogar os atos administrativos, em razão do princípio da inafastabilidade da jurisdição.

b) revogar os atos eivados de vícios insanáveis e anular os atos inoportunos e inconvenientes, desde que, nesse último caso, não sejam atingidos terceiros de boa-fé.

c) anular ou declarar a nulidade dos atos ilegais e revogar os atos inoportunos e inconvenientes, mesmo quando atingidos terceiros de boa-fé, isso em razão do princípio da eficiência.

d) anular ou declarar a nulidade dos atos ilegais e revogar os atos inoportunos e inconvenientes, de forma motivada e respeitados os limites à anulação e à revogação.

e) anular ou declarar a nulidade dos atos ilegais e revogar os atos inoportunos e inconvenientes contudo, no primeiro caso, somente pode agir por provocação, tendo em vista o princípio da inércia.

96. **(Funiversa/IFAP/Auxiliar)** "A Administração Pública pode declarar a nulidade dos seus próprios atos" (Súmula STF 346). "A Administração pode anular seus próprios atos, quando eivados de vícios que os tornem ilegais, porque deles não se originam direitos; ou revogá-los, por motivo de conveniência ou oportunidade, respeitados os direitos adquiridos, e ressalvada, em todos os casos, a apreciação judicial" (Súmula STF 473). O princípio de que tratam as Súmulas acima é o princípio da:

a) legalidade.

b) supremacia do interesse público.

c) continuidade do serviço público.

d) impessoalidade.

e) autotutela.

> **Súmula STF 473.** *A administração pode anular seus próprios atos, quando eivados de vícios que os tornam ilegais, porque deles não se originam direitos; ou revogá-los, por motivo de conveniência ou oportunidade, respeitados os direitos adquiridos, e ressalvada, em todos os casos, a apreciação judicial.*

97. (Cespe/TCU/Auditor/2010) O princípio da autotutela possibilita à administração pública anular os próprios atos, quando possuírem vícios que os tornem ilegais, ou revogá-los por conveniência ou oportunidade, desde que sejam respeitados os direitos adquiridos e seja garantida a apreciação judicial.

98. (FCC/PGE/RJ/Técnico/2009) A respeito da invalidação e da convalidação do ato administrativo, é correto afirmar que:

a) o ato viciado que também configure crime é passível de saneamento, a critério da Administração.

b) os efeitos de todos os atos administrativos tornam-se automaticamente perenes e imutáveis depois de transcorrido um ano de sua edição.

c) é possível haver interesse público na manutenção dos efeitos de atos administrativos viciados, em nome de princípios jurídicos tais como a proporcionalidade e a boa-fé.

d) o regime jurídico correspondente é idêntico, tanto para os atos administrativos nulos, como para aqueles ditos anuláveis.

e) a matéria não pode ser objeto de apreciação pelo Poder Judiciário, por ser considerada exclusivamente de conveniência e oportunidade da Administração.

99. (FCC/MRE/Oficial/2009) Súmula 473: "A administração pode anular seus próprios atos, quando eivados de vícios que os tornam

ilegais, porque deles não se originam direitos; ou revogá-los, por motivo de conveniência ou oportunidade, respeitados os direitos adquiridos, e ressalvada, em todos os casos, a apreciação judicial". É certo que a Administração Pública, dentre outras situações:

a) está sujeita à fiscalização administrativa de seus atos, sendo-lhe vedada a revogação de seus atos discricionários.

b) tem o dever de velar pela execução da lei, facultada a anulação dos atos ilegais que praticar.

c) sujeita-se ao controle jurisdicional de sua atuação, mas não ao controle legislativo de seus atos.

d) não pode descumprir a lei a pretexto de sua inconstitucionalidade, mas pode atuar, em qualquer situação, "contra legem" ou "praeter legem".

e) deve anular os atos ilegais que praticar e pode revogar seus atos discricionários inconvenientes ou inoportunos.

100. (FGV/OAB//2011-1) Em âmbito federal, o direito de a Administração Pública anular atos administrativos eivados de vício de ilegalidade, dos quais decorram efeitos favoráveis para destinatários de boa-fé

a) não se submete a prazo prescricional.

b) não se submete a prazo decadencial.

c) prescreve em 10 (dez) anos, contados da data em que praticado o ato.

d) decai em 5 (cinco) anos, contados da data em que praticado o ato.

101. (FGV/TJ/PA/Juiz/2009) Com base na Lei 9.784/99, analise as afirmativas a seguir.

I. O direito da Administração de anular os atos administrativos de que decorram efeitos favoráveis para os destinatários decai em cinco anos, contados da data em que foram praticados, salvo comprovada má-fé.

II. O prazo de decadência, na hipótese de efeitos patrimoniais contínuos, será contado a partir da percepção do primeiro pagamento.

III. A convalidação é da competência privativa da própria Administração, logo, é incabível que o órgão jurisdicional pratique a convalidação de atos administrativos, a menos que se trate de seus próprios atos administrativos.

CAPÍTULO 1 - DIREITO ADMINISTRATIVO

STF 53

IV. Na revogação, a Administração Pública atua com discricionariedade, exercendo o poder de auto-tutela quanto a motivos de mérito, avaliando a conveniência e a oportunidade de suprimir o ato administrativo.

Assinale:

a) se somente as afirmativas I e IV estiverem corretas.

b) se somente as afirmativas III e IV estiverem corretas.

c) se somente as afirmativas I, II e III estiverem corretas.

d) se somente as afirmativas II, III e IV estiverem corretas.

e) se todas as afirmativas estiverem corretas.

102. (Vunesp/MPE/SP/Analista/2010) Analise a Súmula 473 do STF a seguir e assinale a alternativa que contém os vocábulos que completam correta e respectivamente as suas lacunas: "A Administração pode (___) seus próprios atos, quando eivados de (___) que os tornam (___), porque deles não se originam (___); ou revogá-los, por motivo de conveniência ou oportunidade, respeitados os (___), e ressalvada, em todos os casos, a apreciação judicial".

a) anular – vícios – ilegais – direitos – direitos adquiridos.

b) revogar – defeitos – inválidos – efeitos – atos jurídicos.

c) revogar – máculas – defeituosos – competências – servidores públicos.

d) anular – defeitos – imprestáveis – decisões – atos administrativos.

e) invalidar – defeitos – viciados – direitos – direitos alheios.

103. (Vunesp/Cesp/Advogado/2010) A respeito do ato administrativo, pode-se afirmar que:

a) a invalidação é o desfazimento do ato administrativo por razões de ilegalidade.

b) o ato administrativo não admite a convalidação.

c) o ato administrativo pode ser revogado pela Administração, mas não pode ser anulado por esta.

d) os atos administrativos dotados de imperatividade têm presunção absoluta de legalidade.

e) a licença é ato administrativo discricionário.

104. (Vunesp/PGM/Mogi/Advogado/2009) Um ato administrativo

a) pode ser anulado pelo Poder Judiciário ou pela própria Administração.

b) discricionário pode ser revogado pelo Poder Judiciário.

c) vinculado somente pode ser invalidado por razões de conveniência e oportunidade.

d) discricionário, quando revogado, deve ser invalidado, em regra, com efeitos "ex tunc".

e) vinculado, quando anulado, deve ser invalidado, em regra, com efeitos "ex nunc".

105. (Vunesp/SAAE/SãoCarlos/Procurador/2009) No que diz respeito à extinção do ato administrativo por ilegalidade, é correto afirmar que:

a) cabe ao Poder Judiciário invalidar o ato, e não à Administração.

b) sua invalidação terá, em regra, efeitos "ex nunc".

c) não está sujeita à prescrição, tendo em vista o interesse público a ser protegido.

d) pode ocorrer por provocação de qualquer interessado.

e) pode a Administração invalidar o ato, mas deverá respeitar os direitos adquiridos decorrentes do mesmo.

106. (Vunesp/TJ/RJ/Juiz/2013) A Administração Pública

a) pode anular seus próprios atos, quando eivados de vícios que os tornam ilegais, porque deles não se originam direitos, ressalvada a apreciação judicial.

b) pode anular seus próprios atos, por motivo de conveniência ou oportunidade, respeitados os direitos adquiridos.

c) não pode declarar, em hipótese alguma, a nulidade dos seus próprios atos.

d) não pode anular seus atos; somente é autorizada a revogação por motivo de conveniência ou oportunidade, respeitados os direitos adquiridos, ressalvada a apreciação judicial.

107. (Vunesp/TJ/SP/Juiz/2013) A anulação "ex officio" da licitação, fundada na ilegalidade do procedimento licitatório, gera efeitos "ex tunc":

a) ainda assim sujeita a Administração a pagar indenização às partes.

b) são idênticos os efeitos produzidos na anulação da licitação e na anulação do contrato.

c) como a Administração tem o dever de velar pela legalidade de seus atos, o decreto de anulação da licitação, fundada na ilegalidade do procedimento, prescinde, na esfera administrativa, do exercício do direito de defesa.

d) o terceiro de boa-fé atingido pela invalidação da licitação será indenizado pelos prejuízos decorrentes da anulação.

108. (Vunesp/TJ/SP/Juiz/2013) O princípio da autotutela administrativa, consagrado no Enunciado n. 473 das Súmulas do STF ("473: A Administração pode anular seus próprios atos quando eivados de vícios que os tornem ilegais, porque deles não se originam direitos; ou revogá-los, por motivo de conveniência ou oportunidade, respeitados os direitos adquiridos, e ressalvada, em todos os casos, a apreciação judicial."), fundamento invocado pela Administração para desfazer ato administrativo que afete interesse do administrado, desfavorecendo sua posição jurídica,

a) confunde-se com a chamada tutela administrativa.

b) prescinde da instauração de prévio procedimento administrativo, pois tem como objetivo a restauração da ordem jurídica, em respeito ao princípio da legalidade que rege a Administração Pública.

c) exige prévia instauração de processo administrativo, para assegurar o devido processo legal.

d) pode ser invocado apenas em relação aos atos administrativos ilegais.

109. (Cespe/MC/Direito/2013) A anulação de ato administrativo só pode ser promovida por ação judicial. A revogação, por sua vez, pode ocorrer por meio de processo administrativo.

110. (MPE/GO/MPE/GO/Promotor/2014) Sobre vícios que afetam a validade de atos e de contratos administrativos, segundo a jurisprudência dominante do Superior Tribunal de Justiça, é incorreto asseverar que:

a) Apesar de a declaração de nulidade de contrato administrativo operar efeitos "ex tunc", tal circunstância não exonera a Administração Pública de desembolsar valores concernentes a contrato de serviço já prestado, por parte da obra já executada ou pelos produtos já entregues, porque, do contrário, haveria enriquecimento sem causa.

b) Não há falar em ilegalidade do ato administrativo que erradica o "efeito repicão", tornando o sistema remuneratório do servidor público harmônico com os preceitos constitucionais.

c) Mesmo em se tratando de ato administrativo nulo, não há como afastar a prescrição quinquenal para a propositura da ação em que se pretende a reintegração de policial militar.

d) A participação de integrante do Ministério Público em Conselho da Polícia Civil não é fato juridicamente relevante a ponto de, em si só, determinar a nulidade de procedimento administrativo instaurado para processar servidor público estadual por prática de ato infracional

111. (IBFC/PC/RJ/Papiloscopista/2014) Suponha que determinado Município do Estado do Rio de Janeiro, após elaborar a sua lei orçamentária, destine determinada verba para construção de uma praça pública. Para iniciar o projeto, o referido Município realiza licitação para a poda e limpeza de árvores e plantas no terreno público. Uma empresa sagra-se vencedora e o certame é homologado, sendo celebrado contrato administrativo com o Município. Após a empresa contratada terminar a limpeza e poda do terreno, enquanto ainda não havia sido efetuado o pagamento pelo serviço, sobrevém uma terrível enchente que desabriga parte dos munícipes. Em razão disso, o Município interrompe algumas obras que estavam em andamento, inclusive a construção da referida praça pública. Fundamentou o Administrador Público que foi obrigado a interromper alguns gastos com a finalidade de construir novas moradias para a população desabrigada pela enchente. Levando em conta os fatos narrados e de acordo com o entendimento sumulado pelo Supremo Tribunal Federal, assinale a alternativa correta:

a) O Município deverá anular o referido contrato administrativo, pois a despesa se tornou ilegal, porém, deverá arcar com o serviço de poda e limpeza da praça, pois este já foi realizado e gerou direito adquirido para a empresa contratada.

b) O Município deverá anular o referido contrato administrativo, pois a despesa se tornou ilegal, não devendo arcar com o serviço de poda e limpeza da praça, pois não se originam direitos de um ato ilegal.

c) O Município deverá revogar o referido contrato administrativo, pois ele se tornou inconveniente e inoportuno, porém, deverá arcar com o serviço de poda e limpeza da praça, pois este já foi realizado e gerou direito adquirido para a empresa contratada.

d) O Município deverá revogar o referido contrato administrativo, pois ele se tornou inconveniente e inoportuno, não devendo arcar com o serviço de poda e limpeza da praça, pois a Administração Pública deve estabelecer prioridades e reserva de gastos.

e) O Município poderá convalidar o referido contrato administrativo, com a finalidade de preservar o direito adquirido pela empresa prestadora do serviço de poda e limpeza da praça, uma vez que ela agiu de boa-fé.

112. **(Fundep/IFSP/Professor/2014)** Considere o teor da Súmula n. 473 do Supremo Tribunal Federal: "A administração pode anular seus próprios atos, quando eivados de vícios que os tornam ilegais, porque deles não se originam direitos; ou revogá-los, por motivo de conveniência ou oportunidade, respeitados os direitos adquiridos, e ressalvada, em todos os casos, a apreciação judicial." Assinale a alternativa que apresenta o princípio do direito administrativo aplicado por essa súmula.

a) Autotutela

b) Supremacia do interesse público sobre o privado.

c) Legalidade.

d) Precaução

113. **(Fundep/PGM/Uberaba/Procurador/2016)** Um prestador de serviços contratado pelo município das Flores manifesta-se contrariamente à rescisão do contrato sem a ocorrência de procedimento administrativo prévio. O município sustenta que a exigência de prévio procedimento administrativo, assegurado o amplo direito de defesa, é incompatível com a hipótese específica do inciso XII do art. 78 da Lei n. 8.666/1993, que admite a rescisão unilateral do contrato administrativo com base em razões de interesse público, de alta relevância e amplo conhecimento, justificadas e determinadas pela máxima autoridade da esfera administrativa a que está subordinado o contratante e exaradas no processo administrativo a que se refere o contrato. A respeito dos contratos administrativos e da situação exposta, assinale a alternativa correta.

a) A Súmula 473 do STF resguarda o ato rescisório praticado pela administração municipal.

b) A ausência de procedimento administrativo ou de prévia notificação acarreta o restabelecimento da relação contratual, em razão da nulidade do ato rescisório realizado com ofensa ao contraditório e à ampla defesa, que devem ser observados quando se tratar de ato administrativo com repercussão na esfera jurídica do prestador de serviços.

c) O interesse do contratado está protegido mediante a indenização dos danos decorrentes da rescisão contratual, conforme estabelece o art. 79, § 2º, da Lei n. 8.666/1993, a serem apurados por meio do devido processo administrativo.

d) A falta de efeito rescisório automático não inibe o município de promover medidas administrativas específicas tendentes a rescindir o contrato conforme autoriza a Lei n. 8.666/93, observadas as formalidades contidas nos arts. 77 a 80 da referida lei.

114. **(MPE/SC/MPE/SC/Promotor/2014)** Segundo jurisprudência consolidada do Supremo Tribunal Federal, a Administração pode anular seus próprios atos, quando maculados por defeitos que os façam ilegais, com eficácia, em geral, "ex tunc". Pode ainda revogá-los, atenta a pressupostos de conveniência ou oportunidade, sem prejuízo dos direitos adquiridos, com efeitos "ex nunc".

115. **(FGV/TJ/BA/Analista/2015)** Os princípios administrativos implícitos são diretrizes que orientam a Administração Pública, como regras gerais de proceder, reconhecidas pela doutrina e pela jurisprudência. Nesse contexto, destaca-se o princípio da:

a) supremacia do interesse público, segundo o qual os direitos individuais dos cidadãos isoladamente considerados devem prevalecer sobre os interesses da coletividade.

b) autotutela, segundo o qual a Administração Pública exerce o controle sobre os seus próprios atos, com a possibilidade de anular os ilegais e revogar os inconvenientes ou inoportunos, independentemente de recurso ao Poder Judiciário.

c) indisponibilidade, segundo o qual os bens e interesses públicos pertencem à Administração Pública e a seus agentes, que têm a livre disposição sobre eles.

d) moralidade, segundo o qual os agentes administrativos devem agir com improbidade administrativa, com escopo de observar a necessária impessoalidade na prática do ato, para se atingir o interesse público.

e) eficiência, segundo o qual os agentes administrativos são obrigados a utilizar moderna tecnologia e métodos mais eficazes do que aqueles disponíveis na iniciativa privada, com o objetivo de atingir o interesse público.

116. (Ieses/TJ/MS/Cartórios/2014) Assinale a alternativa incorreta:

a) Presunção de legitimidade e veracidade, imperatividade e autoexecutoriedade são atributos do ato administrativo.

b) Ato administrativo abdicativo é aquele pelo qual o titular abre mão de um direito. A peculiaridade desse ato é seu caráter incondicionável e irretratável. Além disso, todo ato abdicativo a ser expedido pela Administração depende de autorização legislativa.

c) Diante da nova orientação jurisprudencial adotada em uníssono pelo Supremo Tribunal Federal, pode o Poder Judiciário, em específicas situações, revogar atos administrativos inconvenientes ou até mesmo inoportunos, desde que o fundamento último da decisão revocatória seja a proteção da dignidade da pessoa humana.

d) Ato administrativo composto é o que resulta da vontade única de um órgão, mas depende da verificação, por parte de outro, para se tornar exequível.

3.2. Prescrição Administrativa

> **Súmula STF 383.** *A prescrição em favor da Fazenda Pública recomeça a correr, por dois anos e meio, a partir do ato interruptivo, mas não fica reduzida aquém de cinco anos, embora o titular do direito a interrompa durante a primeira metade do prazo.*

117. (FCC/TCE/AL/Auditor/2008) Interrompida a prescrição contra a Fazenda Pública, recomeça o prazo a correr

a) pela metade do prazo, da data do ato que a interrompeu ou do último ato ou termo do respectivo processo, mas não poderá ficar aquém do prazo originário, se a interrupção se der antes de sua metade.

b) do ato que a interrompeu ou do último ato ou termo do respectivo processo, pelo tempo faltante para completar cinco anos.

c) da data do trânsito em julgado da sentença que vier a ser proferida no respectivo processo, e pelo prazo faltante para completar cinco anos.

d) pelo mesmo tempo do prazo prescricional, uma vez que não se trata de suspensão, contando-se da data do ato que a interrompeu ou do último ato ou termo do respectivo processo.

e) pelo dobro do tempo faltante, contado da data do ato que a interrompeu ou do último ato ou termo do respectivo processo.

118. (Vunesp/DesenvolveSP/Advogado/2014) No que diz respeito à prescrição e à Administração Pública, assinale a alternativa correta.

a) A prescrição quinquenal é válida para direitos reais e pessoais, não se aplicando regras de direito comum à matéria administrativa, afastada reiteradamente pelas decisões jurisprudenciais.

b) A prescrição em favor da Fazenda Pública recomeça a correr, por dois anos e meio, a partir do ato interruptivo, mas não fica reduzida aquém de cinco anos, embora o titular do direito a interrompa durante a primeira metade do prazo.

c) A interrupção do prazo quinquenal de prescrição é reconhecida todas as vezes que for necessário ao administrado, conforme jurisprudência majoritária dos tribunais superiores.

d) As pretensões declaratórias em face da Fazenda Pública prescrevem no mesmo prazo das pretensões condenatórias.

e) O direito à reclamação administrativa, que não tiver prazo fixado em lei, prescreve em cinco anos a contar da data do ato ou fato do qual esta se originar.

> **Súmula STF 443.** *A prescrição das prestações anteriores ao período previsto em lei não ocorre, quando não tiver sido negado, antes daquele prazo, o próprio direito reclamado, ou a situação jurídica de que ele resulta.*

Súmula anotada em Direito Civil – Dos Fatos Jurídicos – Da Prescrição.

3.3. Processo Administrativo

3.3.1. Processo Disciplinar

> *Súmula STF Vinculante 5. A falta de defesa técnica por advogado no processo administrativo disciplinar não ofende a Constituição.*

119. **(FCC/PGE/AM/Procurador/2010)** Considerando-se a jurisprudência do Supremo Tribunal Federal e a Constituição Federal, é correto afirmar que:

a) a falta de defesa técnica por advogado no processo administrativo disciplinar não ofende a Constituição.

b) é constitucional a exigência de depósito ou arrolamento prévios de dinheiro ou bens para admissibilidade de recurso administrativo.

c) A prisão civil de depositário infiel é ilícita apenas no caso de depósito judicial.

d) é constitucional a exigência de depósito prévio como requisito de admissibilidade de ação judicial na qual se pretenda discutir a exigibilidade de crédito tributário.

e) é inconstitucional lei federal que estabeleça prazo para a impetração de mandado de segurança.

120. **(FCC/DPE/SP/Defensor/2010)** De acordo com a Súmula Vinculante n. 5 do Supremo Tribunal Federal, no processo administrativo disciplinar:

a) o acusado deve ser defendido por advogado regularmente constituído, caso não possua capacidade postulatória.

b) a demissão imposta a bem do serviço público deve ser submetida a prévio controle de legalidade pelo Poder Judiciário.

c) a falta de defesa técnica por advogado não ofende a Constituição Federal.

d) a presença de advogado em todas as fases de processo administrativo disciplinar é obrigatória.

e) a ausência de defesa por advogado acarreta a nulidade absoluta, se não for sanada antes da fase de julgamento.

121. **(FGV/TCM/RJ/Procurador/2008)** No que tange ao processo administrativo disciplinar, analise as assertivas a seguir:

I. O processo administrativo disciplinar é composto de fases. Sindicância é a fase do processo administrativo preliminar que determina se o funcionário público sofrerá sanção ou não pelo cometimento de falta funcional.

II. A falta de defesa técnica por advogado no processo administrativo disciplinar não ofende a Constituição.

III. No processo administrativo disciplinar, as provas são produzidas durante a fase denominada de inquérito administrativo; tal fase compreende instrução, defesa e relatório.

Assinale:

a) se todas as assertivas estiverem corretas.

b) se somente as assertivas I e II estiverem corretas.

c) se somente as assertivas I e III estiverem corretas.

d) se somente as assertivas II e III estiverem corretas.

e) se nenhuma assertiva estiver correta.

122. **(FGV/Sefaz/AP/Auditor/2010)** Caio, auditor fiscal estadual, é surpreendido com a instauração de processo administrativo disciplinar, contendo fatos que a Comissão entendeu qualificar sanções administrativas. O acusado foi cientificado pessoalmente e defendeu-se, sem a presença de advogado, dos fatos narrados, produzindo todas as provas necessárias ao deslinde da questão analisada, sendo a conclusão da Comissão de Inquérito, pela aplicação da pena de suspensão pelo prazo de trinta dias. Caio consulta alguns amigos e estes lhe informam de que haveria necessidade da presença de advogado na defesa dos seus interesses, mesmo em se tratando de processo administrativo. Diante de tais informações, procurou advogado para verificar da possibilidade de revisão do ato punitivo, que reputou injusto. A esse respeito, analise as afirmativas a seguir:

I. os princípios constitucionais da ampla defesa e do contraditório exigem defesa técnica, mesmo no processo administrativo disciplinar.

II. o princípio da ampla defesa no processo administrativo disciplinar permite que o próprio acusado apresente sua defesa.

III. exige-se a comunicação pessoal dos fatos ao acusado, permitindo-lhe o exercício do direito

de defesa, no processo administrativo disciplinar.

IV. a lei pode dispensar a presença de advogado
em determinados processos, inclusive administrativos, o que não macula o princípio do
devido processo legal.

V. observado que o acusado defendeu-se e produziu provas, não há mácula no processo administrativo disciplinar.

Assinale:

a) se somente as afirmativas II, III, IV e V forem
verdadeiras.

b) se somente as afirmativas II e IV forem verdadeiras.

c) se somente as afirmativas I, II e IV forem verdadeiras.

d) se somente as afirmativas I e V forem verdadeiras.

e) se somente a afirmativa III for verdadeira.

123. **(FGV/OAB/2011-2)** A Administração
Pública, por meio de determinado
órgão, promove processo administrativo de natureza disciplinar em face do servidor público Francisco. O servidor contrata o advogado Sócrates para
defendê-lo. Munido do instrumento de mandato,
Sócrates requer vista dos autos do processo administrativo e posteriores intimações. O requerimento
foi indeferido pela desnecessidade de advogado
atuar no referido processo. Com base no relatado
acima, à luz das normas estatutárias, é correto afirmar que:

a) o advogado não tem direito de atuar em processo administrativo.

b) a atuação do advogado é obrigatória nos processos administrativos.

c) o direito de vista é aplicável ao processo administrativo.

d) nos processos disciplinares, a regra é a da presença do advogado.

124. **(Vunesp/Cetesb/Advogado/2013)** Considerando o regime jurídico do processo administrativo, bem como o entendimento
do Supremo Tribunal Federal acerca da matéria,
classifique as seguintes afirmativas quanto a sua
veracidade (V) ou falsidade (F).

I. A sindicância é procedimento preparatório ao
processo administrativo disciplinar, não sendo
instrumento apto a impor penalidade.

II. A falta de defesa técnica por advogado no processo administrativo disciplinar viola a Constituição Federal.

III. O suposto vício na sindicância não contamina o
processo administrativo disciplinar, desde que
seja garantida oportunidade de apresentação
de defesa com relação aos fatos descritos no
relatório final da comissão.

IV. A absolvição criminal que negue a existência do
fato ou sua autoria não afasta a responsabilidade administrativa do servidor pelo mesmo
fato.

Assinale a alternativa que contempla corretamente a classificação das afirmativas na ordem
em que aparecem.

a) V, V, F, F.

b) V, F, V, F.

c) F, V, F, V.

d) V, F, V, V

e) F, F, V, V.

125. **(Vunesp/MP/ES/Assessor/2013)** Quanto
ao processo administrativo disciplinar,
assinale a alternativa correta.

a) É obrigatória a presença de advogado em todas
as fases do processo administrativo disciplinar.

b) Recebida denúncia anônima, a Administração
tem a obrigação de deflagrar processo administrativo disciplinar.

c) O prazo prescricional para a aplicação de penalidade administrativa inicia-se quando foram
cometidas as irregularidades a serem apuradas.

d) Não é possível sua instauração e aplicação de
penalidade enquanto o servidor estiver de
licença médica.

e) Não é meio hábil para aplicação da pena de
cassação de aposentadoria, que exige reconhecimento judicial.

126. **(MPE/MG/Promotor/2012)** Assinale a
alternativa correta:

a) O Supremo Tribunal Federal sedimentou entendimento no sentido de que é constitucional a
exigência de depósito ou arrolamento prévios
de dinheiro ou bens para admissibilidade de
recurso administrativo.

b) Por força do princípio da oficialidade, que
decorre da supremacia do interesse da Administração sobre o do administrado, vigora em
nosso direito, segundo súmula do Supremo

PARTE I – SÚMULAS DO SUPREMO TRIBUNAL FEDERAL

CAPÍTULO 1 - DIREITO ADMINISTRATIVO

Tribunal Federal, a seguinte máxima: "formalismo para o administrado e informalismo para a Administração".

c) O Supremo Tribunal Federal entende que a falta de defesa técnica por advogado no processo administrativo disciplinar não ofende a Constituição.

d) Mesmo sendo dirigido ao superior hierárquico em relação à autoridade que editou o ato contra o qual se insurge o administrado, o pedido de reconsideração não tem natureza jurídica de recurso administrativo, sendo cabível, segundo entendimento firmado no Supremo Tribunal Federal, apenas nas hipóteses constitucionais de defesa dos direitos e garantias fundamentais.

127. (MPE/SC/Promotor/2010) Assinale a opção correta:

I. A falta de defesa técnica por advogado no processo administrativo disciplinar caracteriza ofensa à Constituição.

II. É inconstitucional a lei ou ato normativo estadual ou distrital que disponha sobre os sistemas de consórcios e sorteios, inclusive bingos e loterias.

III. É constitucional a exigência de depósito ou arrolamento prévios de dinheiro ou bens para a admissibilidade de recurso administrativo.

IV. A cobrança de taxa de matrícula nas universidades públicas viola o disposto no art. 206, IV da Constituição Federal.

V. Viola a cláusula de reserva de plenário a decisão de órgão fracionário de Tribunal que, embora não declare expressamente a inconstitucionalidade de lei ou ato normativo do poder público, afasta sua incidência, no todo ou em parte.

De acordo com as súmulas vinculantes do Supremo Tribunal Federal, estão corretas:

a) Apenas as assertivas I, II e IV.

b) Apenas as assertivas II, IV e V.

c) Todas as assertivas.

d) Apenas as assertivas II e IV.

e) Apenas as assertivas IV e V.

128. (MPE/SP/Promotor/2011) No processo administrativo disciplinar:

a) a falta de defesa técnica por advogado é inconstitucional, de acordo com o verbete 5 da Súmula vinculante do Supremo Tribunal Federal.

b) a presença de advogado é obrigatória, a partir da fase de instrução, segundo o verbete 343 da Súmula do Superior Tribunal de Justiça.

c) é obrigatória a presença de advogado para oferecimento de alegações finais, conforme o verbete 343 da Súmula do Superior Tribunal de Justiça.

d) a falta de defesa técnica por advogado não ofende a Constituição, nos termos do verbete 5 da Súmula vinculante do Supremo Tribunal Federal.

e) a presença de advogado é facultativa, de acordo com o verbete 343 da Súmula do Superior Tribunal de Justiça.

129. (FCC/DPE/SP/Defensor/2012) Analise as assertivas abaixo.

I. O civilmente identificado, indiciado pela prática de homicídio qualificado, deverá ser criminalmente identificado pela autoridade policial.

II. A decisão judicial de arquivamento do inquérito policial com fundamento na atipicidade do fato praticado produz coisa julgada material, impedindo-se a reabertura das investigações preliminares mesmo diante do surgimento de novas provas.

III. É direito do defensor, no interesse do representado, ter acesso amplo aos elementos de prova que, já documentados em procedimento investigatório realizado por órgão com competência de polícia judiciária, digam respeito ao exercício do direito de defesa.

IV. Nos termos da orientação já sumulada pelo Supremo Tribunal Federal, em sede de execução penal a falta de defesa técnica por defensor no processo administrativo disciplinar não ofende a Constituição Federal.

Está correto apenas o que se afirma em

a) I e II.

b) II e III.

c) III e IV.

d) I, II e III.

e) II, III e IV.

130. (UFPR/DPE/PR/Defensor/2014) Quanto ao posicionamento dos Tribunais Superiores, é correto afirmar:

a) Entende o Supremo Tribunal Federal que a cobrança de taxa de matrícula em universidades públicas é constitucional em face da necessidade de compartilhamento do custeio da educação no âmbito do Estado e da sociedade civil.

b) O entendimento sumulado do Supremo Tribunal Federal é no sentido de que, no processo administrativo disciplinar, é indispensável a defesa técnica por meio de advogado, a fim de garantir o direito de defesa administrativamente.

c) Segundo o Supremo Tribunal Federal, a Constituição Federal de 1988 fez previsão expressa a respeito da prisão civil do devedor de pensão alimentícia e do depositário infiel, sendo esta última ainda lícita, em decorrência do princípio da legalidade e da supremacia da norma constitucional.

d) De acordo com o entendimento do Supremo Tribunal Federal, só é lícito o uso de algemas em casos de resistência e de fundado receio de fuga ou de perigo à integridade física própria e alheia, por parte do preso ou de terceiros, justificada a excepcionalidade por escrito, sob pena de responsabilidade disciplinar, civil e penal do agente ou da autoridade e de nulidade da prisão ou do ato processual a que se refere, sem prejuízo da responsabilidade civil do Estado.

e) No âmbito do acesso à justiça, o Superior Tribunal de Justiça entende que não faz jus ao benefício da justiça gratuita a pessoa jurídica com ou sem fins lucrativos, mesmo que demonstre sua incapacidade de arcar com os encargos processuais, por não ser esta titular deste direito fundamental.

131. (UFPR/DPE/PR/Defensor/2014) Assinale a alternativa correta.

a) Nos casos de assistência judiciária, é vedado ao Juízo valer-se do contador do Juízo para elaboração de memória do cálculo na execução por quantia certa, eis que tal elaboração seria ônus da Defensoria Pública, órgão incumbido da função constitucional de prestar a assistência judiciária gratuita.

b) O verbete sumular vinculante de n. 5, que dispõe que "a falta de defesa técnica por advogado no processo administrativo disciplinar não ofende a Constituição" somente é aplicável ao procedimento disciplinar na esfera cível-administrativa, não sendo aplicável no procedimento disciplinar no âmbito da execução penal.

c) Nas comarcas em que não há Defensoria Pública devidamente instalada, o advogado dativo nomeado pelo Poder Judiciário gozará de prazo em dobro para se manifestar nos autos.

d) Em caso de atuação de Defensor Público diverso daquele que ajuizou a demanda, é imprescindível que haja autorização da parte assistida.

e) A autoridade policial após lavrar a prisão em flagrante sempre deverá remeter cópia integral do auto de prisão em flagrante à Defensoria Pública no prazo de 24 horas.

132. (UFPR/DPE/PR/Defensor/2014) Considere as seguintes afirmativas:

I. A Súmula Vinculante n. 5 do STF garante ao processado o direito a ser representado por advogado e determina que será nulo o processo no qual o processado não seja representado por advogado.

II. O processo de licitação tem como finalidade a impessoalidade e a moralidade administrativa. Por isso, pode-se afirmar que a contratação de empresas cujo sócio é o Prefeito ofende a legalidade e, assim, gera desvio de finalidade.

III. O convênio é uma forma de ajuste entre o Poder Público e entidades públicas ou privadas e visa a realização de objetivos de interesse comum.

Assinale a alternativa correta.

a) Somente a afirmativa I é verdadeira.

b) Somente a afirmativa III é verdadeira.

c) Somente as afirmativas II e III são verdadeiras.

d) Somente as afirmativas I e II são verdadeiras.

e) As afirmativas I, II e III são verdadeiras.

133. (MPE/RS/Promotor/2014) Considerando o regime disciplinar dos servidores públicos, assinale a alternativa incorreta.

a) A punição disciplinar não depende de processo judicial, civil ou criminal, a que se sujeite o servidor pelo mesmo fato, nem obriga o Administrador a aguardar seu desfecho.

b) A Carta da República assegura aos litigantes e aos acusados em geral o contraditório e a ampla defesa, já tendo o Supremo Tribunal Federal sumulado o entendimento (Súmula Vinculante n. 5) de que afronta à Constituição a falta de defesa técnica por advogado em processo administrativo-disciplinar.

c) A sindicância pode ser aberta com ou sem sindicado, exigindo-se, contudo, a indicação ou descrição da falta a apurar.

d) Nos termos da Lei Complementar Estadual n. 10.098/1994, será considerado como coautor o superior hierárquico que, recebendo denúncia ou representação a respeito de irregularidade no serviço ou de falta cometida por servidor, seu subordinado, deixar de tomar as providências necessárias para a apuração dos fatos.

e) Os vícios formais encontrados na sindicância não se comunicam ao processo administrativo-disciplinar subsequente, na esteira do entendimento do Superior Tribunal de Justiça.

134. (Vunesp/TJ/SP/Cartórios/2016) De acordo com a Súmula Vinculante n. 5, do Supremo Tribunal Federal,

a) a falta de defesa técnica por advogado no processo administrativo disciplinar não ofende a Constituição apenas quando a pena aplicada foi a de advertência.

b) a falta de defesa técnica por advogado no processo administrativo disciplinar é causa de nulidade.

c) a falta de defesa técnica por advogado no processo administrativo disciplinar ofende a Constituição apenas quando a pena aplicada foi a de demissão.

d) a falta de defesa técnica por advogado no processo administrativo disciplinar não ofende a Constituição.

135. (Funrio/PGM/Itupeva/Procurador/2016) Nos termos da jurisprudência sumulada do Supremo Tribunal Federal o processo administrativo disciplinar não requer necessária a presença de:

a) advogado

b) informação

c) defesa

d) testemunhas

e) contraditório

136. (Cespe/TCE/PA/Auditor/2016) Com base no disposto nas súmulas do Supremo Tribunal Federal relativas a direito administrativo, julgue o item subsequente: tratando-se de processo administrativo disciplinar, se o acusado não tiver advogado, deve ser providenciado um "ad hoc" para formulação da sua defesa técnica, sob pena de nulidade do procedimento, por cerceamento de defesa.

137. (Cespe/MEC/Analista/2014) Com base no entendimento jurisprudencial e na legislação federal que rege o processo administrativo, julgue: em atenção aos princípios

constitucionais da ampla defesa e do contraditório, é indispensável que o interessado seja representado, no curso de processo administrativo disciplinar, por advogado capaz de oferecer defesa técnica.

138. (Funcab/ANS/Técnico/2016) Acerca dos Servidores públicos, com base na Constituição Federal de 1988, no regime jurídico dos servidores públicos civil da União (Lei n. 8.112/1990), na jurisprudência, assinale o item correto.

a) A Constituição Federal de 1988 veda, de forma expressa, a contratação por tempo determinado para atender à necessidade temporária de excepcional interesse público, sendo a aprovação em concurso público a única forma de investidura de cargo público.

b) A falta de defesa técnica por advogado no processo administrativo disciplinar não ofende a Constituição.

c) O direito de greve será exercido nos termos e nos limites definidos pela Lei nº8.112/1990.

d) Ao servidor redistribuído deverá ser concedido o prazo de, no mínimo, quinze e, no máximo, trinta e cinco dias para entrar em exercício na outra localidade para onde foi removido.

e) Haverá nova posse nos casos de provimento de cargo por nomeação, promoção e readaptação.

139. (FCC/TJ/AL/Juiz/2015) Suponha uma lei estadual que considere obrigatória a presença de defesa técnica por advogado em processo administrativo disciplinar no âmbito do respectivo Estado, fornecendo, inclusive, meios para suprir essa defesa no caso de hipossuficiência do acusado. Considerando a jurisprudência do Supremo Tribunal Federal, inclusive a matéria sumulada, e tomando tão somente os elementos indicados nesta questão, essa lei seria considerada

a) constitucional, eis que a jurisprudência do Supremo Tribunal Federal não veda essa opção política ao legislador.

b) inconstitucional, por versar matéria de competência privativa da União, qual seja, especificamente, processo disciplinar.

c) inconstitucional, por considerar obrigatória a presença de advogado no processo administrativo disciplinar.

d) inconstitucional, por propiciar meios públicos para a defesa do servidor, ainda que hipossuficiente, em potencial litígio com o próprio poder público.

e) constitucional, por versar matéria de competência privativa expressa dos Estados-Membros, qual seja, processo administrativo em geral.

140. **(Cespe/MEC/Analista/2014)** Em atenção aos princípios constitucionais da ampla defesa e do contraditório, é indispensável que o interessado seja representado, no curso de processo administrativo disciplinar, por advogado capaz de oferecer defesa técnica.

> ***Súmula STF 18.*** *Pela falta residual, não compreendida na absolvição pelo juízo criminal, é admissível a punição administrativa do servidor público.*

141. **(Esaf/CGU/TFC/2008)** Considerando entendimento consolidado do Supremo Tribunal Federal, assinale a opção em que a sentença penal não pode influenciar na esfera administrativa.

a) Condenação por crime contra a Administração Pública à pena privativa de liberdade por tempo igual ou superior a um ano.

b) Absolvição que não compreenda falta residual.

c) Absolvição por inexistência do fato.

d) Condenação em que é aplicada pena privativa de liberdade superior a quatro anos.

e) Absolvição em que a autoria seja negada.

142. **(TRF/4R/Juiz/2010)** Dadas as assertivas abaixo, assinale a alternativa correta:

I. O exercício do poder administrativo disciplinar não está subordinado ao trânsito em julgado da sentença penal condenatória exarada contra servidor público, embora a sua eventual absolvição criminal futura possa justificar a revisão da sanção administrativa, se não houver falta residual sancionável.

II. A falta de defesa técnica por advogado no processo administrativo disciplinar não ofende a Constituição Federal, desde que seja concedida a oportunidade de ser efetivado o contraditório e a ampla defesa.

III. O excesso de prazo para a conclusão de processo administrativo disciplinar não é causa de nulidade quando não demonstrado prejuízo à defesa do servidor.

IV. É inadmissível segunda punição de servidor público baseada no mesmo processo em que se fundou a primeira.

a) Estão corretas apenas as assertivas I e II.

b) Estão corretas apenas as assertivas I e III.

c) Estão corretas apenas as assertivas III e IV.

d) Estão corretas apenas as assertivas II, III e IV.

e) Estão corretas todas as assertivas.

143. **(InstitutoCidades/DPE/GO/Defensor/2010)** De acordo com a jurisprudência sumulada do Supremo Tribunal Federal, admite-se a responsabilidade do servidor na esfera administrativa quando já absolvido na esfera penal

a) havendo remanescente administrativo.

b) pela repercussão obrigatória da decisão penal.

c) por negativa de autoria.

d) por ficar comprovado que não houve o fato imputado ao acusado.

e) pela teoria da comunicabilidade das instâncias.

144. **(FGV/PC/MA/Delegado/2012)** Jorge, delegado, praticou ato passível, em tese, de aplicação de penalidade de demissão. Instaurado processo administrativo disciplinar (PAD), Jorge atuou em causa própria, dispensando representação por advogado. Ao final do PAD, foi aplicada a pena de demissão. Antes de proferida a decisão administrativa, houve trânsito em julgado de sentença prolatada em processo judicial de natureza penal, referente ao mesmo ato, no qual Jorge foi absolvido por falta de provas. Jorge, então, interpôs recurso administrativo, no qual alegou: (i) que a decisão judicial, neste caso específico, deveria necessariamente repercutir sobre a decisão administrativa; (ii) que houve nulidade no processo administrativo disciplinar, tendo em vista a ausência de defesa técnica, que resultou em evidente prejuízo, consistente na aplicação da pena de demissão. Diante do caso narrado, assinale a afirmativa correta.

a) A demissão deve ser anulada, tendo em vista que os dois argumentos alegados por Jorge estão corretos.

b) A demissão deve ser anulada, mas só é possível o acolhimento do argumento referente à repercussão da esfera penal na esfera administrativa nos casos de absolvição.

c) A demissão deve ser anulada, mas só é possível o acolhimento do argumento de vício no PAD, pois a defesa técnica é direito indisponível da parte, de modo que nem mesmo a dispensa de representação feita por Jorge permite a superação do vício.

CAPÍTULO 1 - DIREITO ADMINISTRATIVO

d) A demissão não deve ser anulada, pois, no caso narrado, não há repercussão da esfera penal na esfera administrativa, e a falta de defesa técnica por advogado no PAD não ofende a Constituição.

e) A demissão não deve ser anulada, eis que qualquer decisão proferida na esfera penal jamais teria o condão de repercutir na esfera administrativa, tendo em vista a absoluta independência entre ambas, conforme entendimento consolidado em súmula vinculante do Supremo Tribunal Federal.

> **Súmula STF 19.** *É inadmissível segunda punição de servidor público, baseada no mesmo processo em que se fundou a primeira.*

145. **(Esaf/RFB/AFRF/2012)** Determinado servidor público cometeu infrações disciplinares, violando os incisos I, II e III do art. 116, c/c o art. 117, incisos IX e XV, todos da Lei n. 8.112/90 e foi apenado com suspensão de setenta e cinco dias. Entretanto, invocando pareceres da Advocacia-Geral da União que consideram compulsória a penalidade de demissão em casos como o acima narrado, foi declarado nulo o julgamento proferido no processo administrativo disciplinar em questão, considerando que o referido servidor cometeu falta funcional passível de demissão. Depois de garantido o devido processo legal, com o contraditório e ampla defesa que lhes são inerentes, a autoridade julgadora emite portaria, demitindo o servidor público pelas infrações cometidas. Tendo em mente a jurisprudência do STJ sobre a matéria, assinale a opção correta.

a) Em caso de dissonância entre a penalidade aplicada e a penalidade recomendada em lei ou orientação normativa interna, é possível o agravamento da penalidade imposta ao servidor ainda que após o encerramento do respectivo processo disciplinar, com julgamento pela autoridade competente.

b) O rejulgamento do processo administrativo disciplinar é possível não somente quando houver possibilidade de abrandamento da sanção, mas em alguns casos específicos de agravamento como o narrado no enunciado da questão.

c) Sempre que caracterizada uma das infrações disciplinares previstas no art.132 da Lei n. 8.112/90, torna-se compulsória a aplicação da pena de demissão.

d) É inadmissível segunda punição de servidor público, baseada no mesmo processo em que se fundou a primeira.

e) A anulação parcial do processo para a aplicação de orientação da Advocacia-Geral da União está correta e equipara-se a uma anulação por julgamento contrário à prova dos autos.

> **Súmula STF 20.** *É necessário processo administrativo, com ampla defesa, para demissão de funcionário admitido por concurso.*

146. **(Consulplan/Sertaneja/Advogado/2010)** Acerca da estabilidade decorrente de nomeação para cargo de provimento efetivo em virtude de concurso público, é incorreto afirmar:

a) O servidor público estável poderá perder o cargo mediante processo administrativo em que lhe seja assegurada ampla defesa.

b) Como condição para a aquisição da estabilidade, é obrigatória a avaliação especial de desempenho por comissão instituída para essa finalidade.

c) O procedimento de avaliação periódica de desempenho poderá ensejar a perda do cargo.

d) Invalidada por sentença judicial a demissão do servidor estável, será ele reintegrado, e o eventual ocupante da vaga, se com menos de três anos de efetivo exercício no serviço público, será reconduzido ao cargo de origem, sem direito a indenização.

e) Extinto o cargo ou declarada a sua desnecessidade, o servidor estável ficará em disponibilidade, com remuneração proporcional ao tempo de serviço, até seu adequado aproveitamento em outro cargo.

147. **(Cespe/MI/Assistente/2013)** Não viola o princípio da legalidade a exoneração de ofício de servidor público por abandono de cargo.

148. **(Cespe/MJ/Analista/2013)** No processo administrativo, o agente da administração pública não deve atentar para o princípio da ampla defesa em todas as situações, em respeito ao princípio da supremacia do interesse público.

> **Súmula STF 21.** *Funcionário em estágio pro-*
> *batório não pode ser exonerado nem demitido*
> *sem inquérito ou sem as formalidades legais de*
> *apuração de sua capacidade.*

149. (Fumarc/Nova Lima/Procurador/2011) Leia as afirmativas abaixo, referentes à garantia do devido processo legal, prevista no art. 5º, inciso LIV, da CF/88, e na Lei n. 9.784, de 29 de janeiro de 1999, que regula o processo administrativo no âmbito da Administração Pública Federal.

I. O funcionário em estágio probatório não pode ser exonerado nem demitido sem inquérito ou sem as formalidades legais de apuração de sua capacidade.

II. A circunstância de inexistir previsão específica para a interposição de recurso hierárquico em favor do sujeito passivo de obrigação administrativa afasta o poder-dever da Administração de examinar a validade do ato administrativo.

III. É necessário processo administrativo, com ampla defesa, para demissão de funcionário admitido por concurso, sendo inadmissível segunda punição de servidor público baseada no mesmo processo em que se fundou a primeira.

IV. A presença de advogado não é obrigatória em todas as fases do processo administrativo disciplinar.

Assinale a alternativa correta:

a) apenas as afirmativas I e II são verdadeiras.
b) apenas as afirmativas II e III são falsas.
c) apenas as afirmativas I e IV são verdadeiras.
d) apenas as afirmativas II e IV são falsas.

3.3.2. Recurso Administrativo

> **Súmula STF Vinculante** *21. É inconstitucional*
> *a exigência de depósito ou arrolamento pré-*
> *vios de dinheiro ou bens para admissibilidade*
> *de recurso administrativo.*

150. (Funcab/ANS/Técnico/2015) Em relação ao controle da Administração Pública, assinale a opção correta.

a) A lei, trazendo efeitos concretos, a jurisprudência tem admitido o uso do mandado de segurança para a tutela do direito.

b) A inércia da autoridade coatora em apreciar recurso administrativo regularmente apresentado, não configura omissão impugnável pela via de mandado de segurança.

c) Os responsáveis pelo controle interno, tomando conhecimento de irregularidades e não representam contra o fato diante do Tribunal de Contas, serão considerados responsáveis subsidiariamente.

d) Moderadamente, o mandado de segurança poderá ser utilizado contra a lei em tese por implicarem ofensa a direitos individuais.

e) É constitucional a exigência de depósito ou arrolamento prévios de dinheiro ou bens para admissibilidade de recursos administrativos.

151. (Esaf/MTE/Auditor/2010) Acerca da inspeção do trabalho e do processo de multas administrativas, é correto afirmar:

a) comprovada a má-fé do agente de inspeção, quanto à omissão ou lançamento de qualquer elemento no livro empresarial "Inspeção do Trabalho", responderá ele por falta grave no cumprimento do dever, ficando passível, desde logo, da pena de advertência, instaurando-se, facultativamente, em caso de reincidência, inquérito administrativo, a depender da discricionariedade do Delegado do Trabalho.

b) o auto de infração terá seu valor probante condicionado à assinatura de duas testemunhas ou do infrator e será obrigatoriamente lavrado no local da inspeção.

c) qualquer funcionário público da administração federal, estadual ou municipal, bem como o representante legal de entidade sindical podem comunicar à autoridade competente do Ministério do Trabalho as infrações que verificar à legislação de proteção trabalhista.

d) uma vez lavrado o auto de infração, poderá o autuado requerer a audiência de testemunhas e as diligências que entender necessárias à elucidação do processo, não podendo a autoridade competente indeferir as provas requeridas.

e) de acordo com a jurisprudência do Supremo Tribunal Federal e do Tribunal Superior do Trabalho, o seguimento do recurso interposto contra decisão que impuser multa por infração da legislação trabalhista dependerá de o interessado instruí-lo com a prova do depósito do valor da penalidade.

CAPÍTULO 1 - DIREITO ADMINISTRATIVO

STF 65

152.
(FCC/DPE/RS/Defensor/2011) A Constituição Federal de 1988, no artigo 5º, inciso LV, preconiza que "aos litigantes, em processo judicial ou administrativo, e aos acusados em geral são assegurados o contraditório e ampla defesa, com os meios e recursos a ela inerentes". Considerando tal disposição, leia as afirmativas abaixo.

I. O contraditório e a ampla defesa referidos no dispositivo supra citado referem-se somente ao processo penal e administrativo, tanto que todo aquele que comparecer a Juízo sem advogado, ser-lhe-á nomeado Defensor Público para efetuar a defesa.

II. Lei infraconstitucional pode condicionar o acesso ao Judiciário ao prévio exaurimento das vias administrativas, como forma de garantir o disposto no artigo supra referido.

III. O contraditório e a ampla defesa não podem ser abolidos pelo legislador, pois fazem parte das cláusulas pétreas dispostas no parágrafo 4º do artigo 60 da Constituição Federal.

Está correto o que se afirma apenas em:

a) I.

b) II.

c) III.

d) I e III.

e) II e III.

153.
(Cespe/DPDF/Defensor/2013) Considere que, negado o pleito de um indivíduo perante a administração pública, o chefe da respectiva repartição pública tenha inadmitido o recurso administrativo sob a alegação de que o recorrente não teria apresentado prévio depósito ou caução, exigidos por lei. Nessa situação hipotética, o agente público agiu de acordo com o ordenamento jurídico brasileiro, visto que, segundo entendimento do STF, a exigência de depósito ou caução pode ser realizada desde que amparada por lei.

154.
(MPE/MG/Promotor/2012) Assinale a alternativa correta:

a) O Supremo Tribunal Federal sedimentou entendimento no sentido de que é constitucional a exigência de depósito ou arrolamento prévios de dinheiro ou bens para admissibilidade de recurso administrativo.

b) Por força do princípio da oficialidade, que decorre da supremacia do interesse da Administração sobre o do administrado, vigora em nosso direito, segundo súmula do Supremo

Tribunal Federal, a seguinte máxima: "formalismo para o administrado e informalismo para a Administração".

c) O Supremo Tribunal Federal entende que a falta de defesa técnica por advogado no processo administrativo disciplinar não ofende a Constituição.

d) Mesmo sendo dirigido ao superior hierárquico em relação à autoridade que editou o ato contra o qual se insurge o administrado, o pedido de reconsideração não tem natureza jurídica de recurso administrativo, sendo cabível, segundo entendimento firmado no Supremo Tribunal Federal, apenas nas hipóteses constitucionais de defesa dos direitos e garantias fundamentais.

155.
(FCC/DPE/PB/Defensor/2014) Segundo a Súmula Vinculante número 21 do Supremo Tribunal Federal, a exigência de depósito ou arrolamento prévios de dinheiro ou bens para admissibilidade de recurso administrativo é

a) constitucional, na medida em que também se exige o pagamento de taxas para a interposição de recursos na esfera judicial.

b) inconstitucional, por violar o direito de amplo acesso ao Poder Judiciário.

c) constitucional, ressalvados os casos que importem ônus manifestamente abusivo e desproporcional.

d) constitucional, vez que não impede o exercício do direito de amplo acesso ao Poder Judiciário.

e) inconstitucional, por violar o direito de petição e à ampla defesa.

156.
(Cetap/MPCM/Analista/2015) Em relação as Súmulas Vinculantes em matéria tributária e correto afirmar:

a) Segundo a Súmula Vinculante n. 8, os prazos prescricionais e decadenciais das contribuições sociais são previstos na Lei 8.212/1991.

b) Segundo a Súmula Vinculante n. 21, e inconstitucional a exigência de depósito ou arrolamento prévios de dinheiro ou bens para admissibilidade de recurso administrativo.

c) Segundo a Súmula Vinculante n. 24, não se tipifica crime contra a ordem tributária, previsto no art. 1º, incisos I a IV da Lei 8.137/1990, antes da propositura da ação de execução fiscal.

d) Segundo a Súmula Vinculante n. 29, e inconstitucional a adoção, no cálculo do valor da taxa, de um ou mais elementos da base de cálculo própria de determinado imposto.

e) Segundo a Súmula Vinculante n. 31, e constitucional a incidência do imposto sobre serviços de qualquer natureza – ISS sobre operações de locação de bens moveis

157. (FCC/TCE/CE/Analista/2015) A autoridade federal competente para julgar processo administrativo de imposição de multa decidiu por aplicar a pena de multa ao administrado, impondo-lhe, ainda, o ônus de depositar o respectivo valor como condição de admissibilidade do recurso administrativo cabível. Sabendo que a exigência da autoridade administrativa contraria teor da Súmula Vinculante 21 (segundo a qual é inconstitucional a exigência de depósito ou arrolamento prévios de dinheiro ou bens para a admissibilidade de recurso administrativo), o administrado pretende propor reclamação constitucional para que não seja obrigado a depositar o valor da multa como condição de admissibilidade do recurso administrativo. De acordo com a Constituição Federal, a reclamação constitucional é, em tese:

a) incabível.

b) cabível, devendo ser proposta perante o Supremo Tribunal Federal.

c) cabível, devendo ser proposta perante o Superior Tribunal de Justiça.

d) cabível, devendo ser proposta perante o Tribunal Regional Federal competente.

e) cabível, devendo ser proposta perante a autoridade administrativa superior.

158. (Vunesp/TJ/SP/Cartórios/2016) De acordo com a Súmula Vinculante n. 21 do Supremo Tribunal Federal, a exigência de depósito ou arrolamento prévios de dinheiro ou bens para admissibilidade de recurso administrativo é

a) inconstitucional.

b) constitucional.

c) vedada quando o devedor se encontra em comprovado estado de insolvência.

d) admitida nos casos de interesse da União.

159. (Cespe/TJ/DFT/Cartórios/2014) A respeito dos direitos e garantias fundamentais e dos direitos sociais, assinale a opção correta de acordo com a jurisprudência do STF.

a) Lei que trata da realização de pesquisas com células-tronco embrionárias viola o direito à vida e, assim, a ordem constitucional vigente.

b) A instituição, pelos estados, de piso salarial regional para o trabalhador viola norma da CF.

c) A utilização de critérios distintos para a promoção de integrantes do sexo feminino e do masculino de corpo militar viola o princípio constitucional da isonomia.

d) A exigência legal de depósito prévio do valor correspondente à multa administrativa, como condição de admissibilidade de recurso administrativo, é considerada inconstitucional.

e) O foro por prerrogativa de função, mesmo quando estabelecido exclusivamente por constituição estadual, prevalece sobre a competência do tribunal do júri, prevista na CF.

160. (FCC/TRT/9R/Analista/2015) Marilda é comerciante e possui um estabelecimento comercial funcionando no mesmo local há alguns anos. Recentemente recebeu a visita de um fiscal da Administração pública municipal, que entendeu estar a comerciante descumprindo algumas normas e posturas referentes ao funcionamento e instalação do estabelecimento. Lavrou auto de infração e de imposição de multa. Marilda já apresentou defesa, que foi rejeitada. Marilda pretende apresentar recurso, mas não dispõe do montante necessário para efetuar o depósito prévio exigido no auto de infração. Neste caso

a) o fiscal cometeu irregularidade no exercício do poder de polícia, posto que já está sedimentado na jurisprudência ser vedada a exigência de depósito prévio para a apresentação de recurso administrativo.

b) houve irregularidade no exercício do poder de polícia, tendo em vista que é vedada a imposição de multa antes do esgotamento do devido processo legal, com observância do contraditório e da ampla defesa.

c) ficou prejudicado o recurso administrativo de Marilda, que deverá aguardar a ação de cobrança judicial para apresentar sua defesa contra a imposição da multa.

d) o princípio da supremacia do interesse público permite o diferimento do contraditório e da ampla defesa, tanto quanto a garantia do depósito prévio para assegurar o adimplemento do débito aos cofres públicos.

e) a comerciante deverá ajuizar ação judicial para depositar em juízo o valor da multa imposta, garantindo que, caso se sagre vencedora, logrará êxito em obter o levantamento do montante em seu favor de forma mais ágil.

161. (FCC/TRT/15R/Juiz/2015) Empresa pública estadual foi autuada em processo administrativo, por ter descumprido normas voltadas à saúde de seus empregados públicos, tendo a autoridade de fiscalização das relações de trabalho lhe imposto a pena de multa. A empresa foi intimada da decisão administrativa e cientificada da possibilidade de interposição de recurso para a instância superior, que somente poderia ser conhecido se depositado o valor integral da multa. A empresa interpôs o recurso pedindo que fosse conhecido independentemente do depósito da multa, o que foi indeferido pela autoridade superior competente, assim como no âmbito da instância recursal máxima. Nessa situação, pretendendo a empresa que seu recurso seja conhecido e processado, poderá impugnar a decisão administrativa que dele não conheceu mediante

a) mandado de segurança, perante o juízo competente, se presentes os demais requisitos legais, não sendo cabível a impugnação pela via da reclamação constitucional ajuizada perante o Supremo Tribunal Federal, uma vez que a decisão administrativa não violou direta e claramente a Constituição Federal.

b) mandado de segurança, perante o juízo competente, se presentes os demais requisitos legais, não sendo cabível a impugnação pela via da reclamação constitucional ajuizada perante o Supremo Tribunal Federal, uma vez que a inobservância pela Administração pública de jurisprudência firmada no âmbito do STF não enseja o cabimento de reclamação constitucional.

c) mandado de segurança, perante o juízo competente, se presentes os demais requisitos legais, sendo também cabível a impugnação por meio de reclamação constitucional ajuizada perante o Supremo Tribunal Federal, uma vez que a decisão administrativa violou súmula vinculante editada pelo STF.

d) mandado de segurança, perante o juízo competente, se presentes os demais requisitos legais, sendo cabível o ajuizamento de reclamação constitucional apenas contra decisão judicial proferida no mandado de segurança que eventualmente não conceder a ordem, uma vez que não cabe reclamação constitucional contra ato administrativo.

e) reclamação constitucional, ajuizada perante o Supremo Tribunal Federal, desde que também seja ajuizada a ação competente para impugnar a decisão administrativa perante o juízo de primeira instância.

162. (Cespe/TJ/DFT/Cartórios/2014) A respeito dos direitos e garantias fundamentais e dos direitos sociais, assinale a opção correta de acordo com a jurisprudência do STF.

a) Lei que trata da realização de pesquisas com células-tronco embrionárias viola o direito à vida e, assim, a ordem constitucional vigente.

b) A instituição, pelos estados, de piso salarial regional para o trabalhador viola norma da CF.

c) A utilização de critérios distintos para a promoção de integrantes do sexo feminino e do masculino de corpo militar viola o princípio constitucional da isonomia.

d) A exigência legal de depósito prévio do valor correspondente à multa administrativa, como condição de admissibilidade de recurso administrativo, é considerada inconstitucional.

e) O foro por prerrogativa de função, mesmo quando estabelecido exclusivamente por constituição estadual, prevalece sobre a competência do tribunal do júri, prevista na CF.

163. (PGE/GO/Procurador/2013) A exigência de garantia para recorrer administrativamente:

a) mesmo sem previsão legal específica, não encontra óbice na Constituição, conforme jurisprudência do Supremo Tribunal Federal ainda não sumulada.

b) é possível, mediante previsão legal específica, conforme jurisprudência do Supremo Tribunal Federal ainda não sumulada.

c) não é possível, em qualquer hipótese, conforme súmula sem caráter vinculante, do Supremo Tribunal Federal.

d) não é possível, em qualquer hipótese, conforme súmula vinculante.

e) é possível, mediante previsão legal, exceto em relação a atos punitivos, conforme jurisprudência do Supremo Tribunal Federal ainda não sumulada.

4. BENS PÚBLICOS

> *Súmula STF 477. As concessões de terras devolutas situadas na faixa de fronteira, feitas pelos Estados, autorizam, apenas, o uso, permanecendo o domínio com a União, ainda que se mantenha inerte ou tolerante, em relação aos possuidores.*

164. (Esaf/PGDF/Procurador/2007-2) Analise os itens abaixo:

I. A desapropriação-confisco, disciplinada no art. 243 da Constituição Federal de 1988, tem por objetivo a expropriação de glebas em que sejam localizadas culturas ilegais de plantas psicotrópicas, as quais passam a ser destinadas ao assentamento de colonos para cultivo de produtos alimentícios e medicamentosos, gerando ao Poder Público o dever de indenizar o proprietário, face o princípio do enriquecimento sem causa Estatal, sem prejuízo das sanções previstas em lei.

II. Requisição é o instituto que autoriza o Poder Público a usar propriedade imóvel privada para permitir a execução de obra e serviços de interesse coletivo.

III. As terras devolutas não compreendidas entre as da União pertencem aos Municípios.

IV. É ilícito à Administração Pública exigir retribuição pecuniária para a utilização de bem público comum do povo.

V. As concessões de terras devolutas situadas na faixa de fronteira, feitas pelos Estados, autorizam apenas o uso, permanecendo o domínio com a União.

A quantidade de itens corretos é igual a:

a) 4.
b) 2.
c) 3.
d) 1.
e) 5.

165. (MPE/PR/Promotor/2016) Assinale a alternativa incorreta:

a) A exclusividade de usufruto das riquezas do solo, dos rios e dos lagos nas terras indígenas é conciliável com a eventual presença de não índios, bem assim com a instalação de equipamentos públicos, a abertura de estradas e outras vias de comunicação, a montagem ou construção de bases físicas para a prestação de serviços públicos ou de relevância pública.

b) O postulado republicano – que repele privilégios e não tolera discriminações – impede que prevaleça a prerrogativa de foro, perante o STF, nas infrações penais comuns, mesmo que a prática delituosa tenha ocorrido durante o período de atividade funcional, se sobrevier a cessação da investidura do indiciado, denunciado ou réu no cargo, função ou mandato cuja titularidade (desde que subsistente) qualifica-se como o único fator de legitimação constitucional apto a fazer instaurar a competência penal originária da Suprema Corte (CF, art. 102, I, b e c).

c) As concessões de terras devolutas situadas na faixa de fronteira, feitas pelos Estados, autorizam apenas o uso, permanecendo o domínio com a União, desde que esta não se mantenha inerte ou tolerante, em relação aos possuidores.

d) A noção de 'mínimo existencial', que resulta, por implicitude, de determinados preceitos constitucionais (CF, art. 1º, III, e art. 3º, III), compreende um complexo de prerrogativas cuja concretização revela-se capaz de garantir condições adequadas de existência digna, em ordem a assegurar à pessoa acesso efetivo ao direito geral de liberdade e, também, a prestações positivas originárias do Estado, viabilizadoras da plena fruição de direitos sociais básicos, tais como o direito à educação, o direito à proteção integral da criança e do adolescente, o direito à saúde, o direito à assistência social, o direito à moradia, o direito à alimentação e o direito à segurança.

e) É inconstitucional qualquer tentativa do Poder Legislativo de definir previamente conteúdos ou estabelecer prazos para que o Poder Executivo, em relação às matérias afetas a sua iniciativa, apresente proposições legislativas, mesmo em sede da Constituição Estadual, porquanto ofende, na seara administrativa, a garantia de gestão superior dada ao chefe daquele Poder.

Súmula STF 479. As margens dos rios navegáveis são domínio público, insuscetíveis de expropriação e, por isso mesmo, excluídas de indenização.

166. (Esaf/PFN/Procurador/2007-2) Com relação aos bens públicos analise os itens a seguir:

I. as margens dos rios navegáveis são de domínio público, insuscetíveis de expropriação e, por isso mesmo, excluídas de indenização.

II. servidão de trânsito não titulada, mas tornada permanente, sobretudo pela natureza das obras realizadas, considera-se não aparente, não conferindo direito à proteção possessória.

III. uma das características das servidões públicas é a perpetuidade, entretanto, a coisa dominante também se extingue caso seja desafetada, não podendo extinguir-se pela afetação.

IV. em regra não cabe direito à indenização quando a servidão decorre diretamente da lei.

V. o tombamento pode atingir bens de qualquer natureza: móveis ou imóveis, materiais ou imateriais, públicos ou privados.

Assinale a opção correta.

a) Apenas os itens II e III estão incorretos.

b) Apenas os itens I e II estão corretos.

c) Apenas o item III está incorreto.

d) Apenas o item I está correto.

e) Todos os itens estão incorretos.

> *Súmula STF 480. Pertencem ao domínio e administração da União, nos termos dos artigos 4°, IV, e 186, da Constituição Federal de 1967, as terras ocupadas por silvícolas.*

167. (Cespe/DPF/Agente/2009) A Constituição Federal de 1988 (CF) não reconhece aos índios a propriedade sobre as terras por eles tradicionalmente ocupadas.

168. (Cespe/PGE/PB/Procurador/2008) As terras tradicionalmente ocupadas pelos índios em caráter permanente, utilizadas para suas atividades produtivas e imprescindíveis à preservação dos recursos ambientais necessários a seu bem-estar e às necessidades de sua reprodução física e cultural são considerados bens:

a) públicos de uso especial, pertencentes à União.

b) públicos de uso especial, pertencentes ao estado em que se localizem.

c) públicos de uso especial, pertencentes ao município em que se localizem.

d) públicos dominicais, pertencentes à União.

e) particulares, pertencentes à comunidade indígena respectiva.

169. (TJ/DFT/Juiz/2012) Marque a opção errada, levando em conta o disposto na Constituição Federal.

a) São terras tradicionalmente ocupadas pelos índios as por eles habitadas em caráter permanente, as utilizadas para suas atividades produtivas, as imprescindíveis à preservação dos recursos ambientais necessários a seu bem-estar e as necessárias a sua reprodução física

e cultural, segundo seus usos, costumes e tradições.

b) As terras tradicionalmente ocupadas pelos índios destinam-se a sua posse permanente, cabendo-lhes o usufruto exclusivo das riquezas do solo, dos rios e dos lagos nelas existentes.

c) O aproveitamento dos recursos hídricos, excluídos os potenciais energéticos, a pesquisa e a lavra das riquezas minerais em terras indígenas só podem ser efetivados com autorização do Congresso Nacional, ouvidas as comunidades afetadas, ficando-lhes assegurada participação nos resultados da lavra, na forma da lei.

d) É vedada a remoção dos grupos indígenas de suas terras, salvo, "ad referendum" do Congresso Nacional, em caso de catástrofe ou epidemia que ponha em risco sua população, ou no interesse da soberania do País, após deliberação do Congresso Nacional, garantido, em qualquer hipótese, o retorno imediato logo que cesse o risco.

> *Súmula STF 650. Os incisos I e XI do art. 20 da Constituição Federal não alcançam terras de aldeamentos extintos, ainda que ocupadas por indígenas em passado remoto.*

170. (Cespe/MP/AM/Promotor/2007) Os habitantes das Américas foram chamados de índios pelos europeus que aqui chegaram. Uma denominação genérica, provocada pela primeira impressão que eles tiveram de haverem chegado às Índias. Mesmo depois de descobrir que não estavam na Ásia, e sim em um continente até então desconhecido, os europeus continuaram a chamá-los assim, ignorando propositalmente as diferenças linguístico-culturais. Era mais fácil tornar os nativos todos iguais, tratá-los de forma homogênea, já que o objetivo era um só: o domínio político, econômico e religioso. É necessário reconhecer e valorizar a identidade étnica específica de cada uma das sociedades indígenas em particular, compreender suas línguas e suas formas tradicionais de organização social, de ocupação da terra e de uso dos recursos naturais. Isso significa respeito pelos direitos coletivos especiais de cada uma delas e a busca do convívio pacífico, por meio de um intercâmbio cultural, com as diferentes etnias. Internet: <www.funai.gov.br> (com adaptações). Tendo o texto acima como referência inicial e por base os ditames da ordem social constitucional, assinale a opção incorreta.

a) A CF reconhece a organização social, os costumes, as línguas, crenças e tradições das comunidades indígenas, de modo que assume a existência de minorias nacionais, instituindo normas de proteção de sua singularidade étnica.

b) Os índios, suas comunidades e organizações são partes legítimas para ingressar em juízo em defesa de seus direitos e interesses, intervindo o MP em todos os atos do processo.

c) As normas constitucionais sobre a relação dos indígenas com suas terras e o reconhecimento de seus direitos originários sobre elas consolidam e consagram o indigenato, o qual, por sua vez, não se confunde com a ocupação ou mera posse. O indigenato, portanto, não se rege simplesmente por normas de direito civil.

d) A mineração em terras indígenas só pode ser efetivada com autorização do Congresso Nacional, após ouvidas as comunidades afetadas, ficando-lhes assegurada participação nos resultados da lavra.

e) As terras de aldeamentos extintos, mas ocupados por indígenas em passado remoto, pertencem à União, razão pela qual deve esta figurar como parte em ação de usucapião de imóvel compreendido no perímetro do antigo aldeamento indígena.

171. (Cespe/TRF/5R/Juiz/2013) À luz da jurisprudência dos tribunais superiores, assinale a opção correta acerca de bens públicos, processo administrativo, serviços públicos, controle dos atos da administração e PPPs.

a) Conforme a jurisprudência do STJ, é plausível a exigência de avaliação psicológica por meio de instrumento normativo-regulamentar de caráter abstrato e geral, se for revestida de caráter objetivo e recorrível.

b) Tratando-se de PPPs, a norma que regula as competências do órgão gestor é de caráter geral, aplicando-se, portanto, à União, aos estados, aos municípios e ao DF.

c) De acordo com a jurisprudência do STF, não são bens da União as terras onde se localizavam os aldeamentos indígenas extintos antes da Constituição de 1891, de domínio dos estados-membros.

d) Como o STF entende ser de cinco anos o prazo decadencial para que a administração reveja seus atos, consubstancia ilegalidade rebatível por meio de mandado de segurança a edição de portaria para a instauração de procedimento

preliminar de revisão, considerando-se a coisa julgada administrativa.

e) Segundo a jurisprudência do STJ, quando há corte de energia elétrica por parte da concessionária de serviço público, o dano moral é presumido, ou seja, "in ren ipsa", sendo prescindível, portanto, a comprovação de prejuízo à sua honra objetiva.

5. INTERVENÇÃO DO ESTADO NA PROPRIEDADE

> **Súmula STF 23.** *Verificados os pressupostos legais para o licenciamento da obra, não o impede a declaração de utilidade pública para desapropriação do imóvel, mas o valor da obra não se incluirá na indenização, quando a desapropriação for efetivada.*

172. (PGE/PA/Procurador/2007) Em tema de desapropriação, de acordo com a Jurisprudência Sumulada do Supremo Tribunal Federal, aponte a única alternativa correta:

I. Verificados os pressupostos legais para o licenciamento da obra, não o impede a declaração de utilidade pública para desapropriação do imóvel, mas o valor da obra não se incluirá na indenização quando a desapropriação for efetivada.

II. Pela demora no pagamento do preço da desapropriação não cabe indenização complementar além dos juros.

III. Desapropriadas as ações de uma sociedade, o poder desapropriante imitido na posse pode exercer, desde logo, todos os direitos inerentes aos respectivos títulos.

IV. Em desapropriação, é devida a correção monetária até a data do efetivo pagamento da indenização, devendo proceder-se à atualização do cálculo ainda que por mais de uma vez.

a) Todas as alternativas estão corretas.

b) Apenas as alternativas I e II estão corretas.

c) Apenas as alternativas II e III estão corretas.

d) Apenas as alternativas I e IV estão corretas.

> **Súmula STF 157.** *É necessária prévia autorização do Presidente da República para desapropriação, pelos Estados, de empresa de energia elétrica.*

CAPÍTULO 1 - DIREITO ADMINISTRATIVO

STF 71

173. **(FGV/TJ/PA/Juiz/2008)** Sobre intervenção do Poder Público na Propriedade, é correto afirmar que:

a) tombamento é a forma de intervenção na propriedade pela qual o Poder Público procura proteger o patrimônio cultural, com a finalidade de proteger a memória nacional. Pela grande relevância desse instituto, e com base no princípio da supremacia do interesse público, não há a necessidade de informar ao proprietário do bem, por meio de notificação, sobre a existência do procedimento de tombamento, principalmente porque o bem continuará na propriedade do particular.

b) é possível a desapropriação de bens públicos na direção vertical das entidades federativas. No entanto, com base no princípio federativo e no princípio da preponderância dos interesses, é possível Município desapropriar bem do Estado, se provado o interesse local.

c) Os institutos do tombamento e da limitação administrativa são instrumentos diversos de intervenção do Estado na propriedade. Quanto aos destinatários dos institutos, pode-se afirmar que o tombamento é ato de limitação individual, e isso porque depende da análise de cada bem a ser tombado, e as limitações urbanísticas administrativas são atos gerais e impessoais, e, por conseguinte, incidem sobre coletividades indeterminadas.

d) Conforme jurisprudência dos Tribunais Superiores, Estado e Município podem desapropriar bens de empresa pública federal, sem a necessidade de autorização do Presidente da República, pois se trata de entidade de Administração Indireta.

e) Desapropriação por zona é aquela em que se desapropria toda uma região; por exemplo, um bairro, para que seja a área destinada a assentamento de pessoas carentes.

174. **(Vunesp/TJ/SP/Juiz/2013)** Serviços de docas explorados por companhia privada, confiados por concessão da União, têm seus bens desapropriados pelo Estado. Com relação à hipótese, assinale a alternativa correta.

a) É ilegal a desapropriação porque a União pode desapropriar bens dos Estados, do Distrito Federal, dos Municípios, e dos Territórios, e os Estados, dos Municípios, prevalecendo o ato da pessoa jurídica de mais alta categoria, segundo o interesse de que cuida: o nacional prevalece

sobre o regional, e este sobre o local. O reverso não é possível.

b) A desapropriação produzirá como uma de suas consequências a extinção da pessoa jurídica.

c) A desapropriação é legal porque a União e os Estados têm competência concorrente para explorar, diretamente ou mediante autorização, concessão ou permissão os portos marítimos, fluviais e lacustres.

d) É legal a desapropriação pelo Estado, desde que haja prévia autorização do Presidente da República.

175. **(Cespe/TJ/RR/Cartórios/2013)** Considerando o disposto no ordenamento jurídico, na doutrina e na jurisprudência, assinale a opção correta a respeito do regime das desapropriações.

a) O imóvel gravado com hipoteca não poderá ser desapropriado antes da quitação da dívida com o credor hipotecário.

b) No caso de desapropriação indireta, os juros compensatórios contam-se a partir do trânsito em julgado da sentença.

c) O poder público protegerá o patrimônio cultural brasileiro por meio de inventários, registros, vigilância e tombamento, sendo vedada a desapropriação para esse fim.

d) O município pode desapropriar bens de propriedade de empresa pública federal, desde que autorizado por decreto do presidente da República.

e) O prazo prescricional da ação de desapropriação indireta é de cinco anos.

> **Súmula STF 164.** *No processo de desapropriação, são devidos juros compensatórios desde a antecipada imissão de posse, ordenada pelo juiz, por motivo de urgência.*

176. **(FCC/DPE/MT/Defensor/2009)** O seguinte dispositivo do Decreto-Lei n. 3.365/41 teve sua constitucionalidade questionada perante o Supremo Tribunal Federal: "Art. 15-A. No caso de imissão prévia na posse, na desapropriação por necessidade ou utilidade pública e interesse social, inclusive para fins de reforma agrária, havendo divergência entre o preço ofertado em juízo e o valor do bem, fixado na sentença, expressos em termos reais, incidirão juros compensatórios de até seis por cento ao ano sobre o valor da diferença eventualmente apurada, a contar da imissão na posse, vedado o cálculo de juros compostos". Por decisão em medida cautelar em ação direta de inconstitucionalidade, entre outros aspectos, o Supremo Tribunal Federal entendeu que:

a) o termo inicial da incidência dos juros compensatórios é o trânsito em julgado da sentença.

b) a diferença sobre a qual deva incidir os juros compensatórios se dá entre 80% do preço ofertado em juízo e o valor do bem fixado na sentença.

c) não incidem juros compensatórios em desapropriação por interesse social.

d) não é mais compatível com a Constituição Federal vigente a imissão prévia na posse.

e) é necessário o cálculo de juros compostos em se tratando da incidência de juros compensatórios.

177. **(PUC-PR/TJ/RO/Juiz/2011)** Sobre a desapropriação por utilidade pública, avalie as perspectivas abaixo:

I. Mediante declaração de utilidade pública, todos os bens poderão ser desapropriados pela União, pelos Estados, Municípios, Distrito Federal e Territórios, inclusive do espaço aéreo ou do subsolo, cuja desapropriação só se tornará necessária quando de sua utilização resultar prejuízo patrimonial do proprietário do solo.

II. Consideram-se, entre outros, casos de utilidade pública a construção de edifícios públicos, cemitérios, criação de estádios, aeródromos ou campos de pouso para aeronaves, e a reedição ou divulgação de obra ou invento de natureza científica, artística ou literária.

III. Ao Poder Judiciário é vedado, no processo de desapropriação, decidir se verificam ou não os casos de utilidade pública.

IV. No caso de imissão prévia na posse, na desapropriação por necessidade ou utilidade pública e interesse social, inclusive para fins de reforma agrária, havendo divergência entre o preço ofertado em juízo e o valor do bem, fixado na sentença, expressos em termos reais, incidirão juros compensatórios, a contar da imissão na posse, vedado o cálculo de juros compostos.

Estão corretas:

a) Apenas as assertivas I e IV.

b) Apenas as assertivas II e III.

c) Apenas as assertivas I, II e IV.

d) Apenas as assertivas III e IV.

e) Todas as assertivas.

> **Súmula STF 378.** *Na indenização por desapropriação incluem-se honorários do advogado do expropriado.*

178. **(MPE/SC/Promotor/2010)** Analise os enunciados da questão abaixo e assinale a alternativa correta:

I. Extingue-se em 5 (cinco) anos o direito de propor ação de desapropriação indireta.

II. Na desapropriação, direta ou indireta, a taxa dos juros compensatórios é de 12% (doze por cento) ao ano.

III. Na desapropriação para instituir servidão administrativa são devidos os juros compensatórios pela limitação de uso da propriedade.

IV. As margens dos rios navegáveis devem ser incluídas no valor da indenização por desapropriação.

V. Na indenização por desapropriação não se incluem os honorários do advogado do expropriado.

De acordo com a jurisprudência dominante do Supremo Tribunal Federal e do Superior Tribunal de Justiça, estão corretas:

a) Todas as assertivas.

b) Apenas as assertivas I, IV e V.

c) Apenas as assertivas II, IV e V.

d) Apenas as assertivas III, IV e V.

e) Apenas as assertivas II e III.

> **Súmula STF 416.** *Pela demora no pagamento do preço da desapropriação não cabe indenização complementar além dos juros.*

179. **(Esaf/TCE/GO/Procurador/2007)** Considerando os entendimentos consolidados pelo Supremo Tribunal Federal, ao longo dos anos, relativamente ao instituto da desapropriação, assinale a opção incorreta.

a) Na indenização por desapropriação, devem ser incluídos honorários do advogado do expropriado.

b) É devida correção monetária, até a data do efetivo pagamento da indenização, devendo-se proceder à atualização do cálculo, ainda que seja por mais de uma vez.

CAPÍTULO 1 - DIREITO ADMINISTRATIVO

STF 73

c) É constitucional a previsão contida na antiga Lei de Desapropriações por Utilidade Pública (Decreto-lei n. 3.365/1941), no sentido da possibilidade de imissão provisória na posse, mesmo sem prévia citação do réu, mediante o depósito de determinado montante, especificado em tal lei.

d) A demora no pagamento do preço da desapropriação dá direito à indenização complementar, além dos juros.

e) As margens dos rios navegáveis estão excluídas do cálculo da indenização.

> *Súmula STF 476. Desapropriadas as ações de uma sociedade, o poder desapropriante, imitido na posse, pode exercer, desde logo, todos os direitos inerentes aos respectivos títulos.*

180. (TRF/3R/Juiz/2008) Leia os enunciados:

I. Estão sujeitos à fiscalização tributária ou previdenciária quaisquer livros comerciais, limitado o exame aos pontos objeto da investigação.

II. É competente o município para fixar o horário de funcionamento de estabelecimento comercial.

III. Ofende o princípio da livre concorrência lei municipal que impede a instalação de estabelecimentos comerciais do mesmo ramo em determinada área.

IV. Desapropriadas as ações de uma sociedade, o poder desapropriante, imitido na posse, pode exercer, desde logo, todos os direitos inerentes aos respectivos títulos.

Em termos de fidelidade dos enunciados das Súmulas do Supremo Tribunal Federal, é exato dizer:

a) um enunciado está correto.

b) dois enunciados estão corretos.

c) três enunciados estão corretos.

d) todos os enunciados estão corretos.

> *Súmula STF 561. Em desapropriação, é devida a correção monetária até a data do efetivo pagamento da indenização, devendo proceder-se à atualização do cálculo, ainda que por mais de uma vez.*

181. (PGE/PA/Procurador/2007) Em tema de desapropriação, de acordo com

a Jurisprudência Sumulada do Supremo Tribunal Federal, aponte a única alternativa correta:

I. Verificados os pressupostos legais para o licenciamento da obra, não o impede a declaração de utilidade pública para desapropriação do imóvel, mas o valor da obra não se incluirá na indenização quando a desapropriação for efetivada.

II. Pela demora no pagamento do preço da desapropriação não cabe indenização complementar além dos juros.

III. Desapropriadas as ações de uma sociedade, o poder desapropriante imitido na posse pode exercer, desde logo, todos os direitos inerentes aos respectivos títulos.

IV. Em desapropriação, é devida a correção monetária até a data do efetivo pagamento da indenização, devendo proceder-se à atualização do cálculo ainda que por mais de uma vez.

a) Todas as alternativas estão corretas.

b) Apenas as alternativas I e II estão corretas.

c) Apenas as alternativas II e III estão corretas.

d) Apenas as alternativas I e IV estão corretas.

> *Súmula STF 617. A base de cálculo dos honorários de advogado em desapropriação é a diferença entre a oferta e a indenização, corrigidas ambas monetariamente.*

182. (Cespe/DPE/PI/Defensor/2009) Acerca da desapropriação por utilidade pública, assinale a opção correta.

a) Podem executar a desapropriação as concessionárias e permissionárias de serviços públicos, assim como autarquias, fundações instituídas e mantidas pelo poder público, empresas públicas e sociedades de economia mista, mediante autorização expressa, constante de lei ou contrato.

b) O termo inicial para o prazo de caducidade da declaração emitida pelo poder público é de dois anos, contados da data de expedição do respectivo decreto.

c) Segundo o STF, a imissão provisória na posse dos bens, mesmo que precedido do depósito do valor correspondente ao valor cadastral do imóvel e independentemente da citação do réu, contraria o princípio da justa e prévia indenização em dinheiro estipulado na CF.

d) Segundo o STF, a base de cálculo dos honorários advocatícios na desapropriação é o valor da condenação.

e) O Poder Judiciário poderá decidir, no processo de desapropriação, se ocorrem ou não os casos de utilidade pública.

183. (TJ/DFT/Juiz/2012) Julgue as três proposições que se seguem e assinale a única alternativa correta.

I. Em ação de desapropriação por utilidade pública, alegada a urgência pelo expropriante, e desde que efetivado o depósito da quantia arbitrada, pode o juiz deferir a imissão provisória na posse do bem, independentemente de citação. Tal procedimento não ofende a Constituição.

II. Os honorários advocatícios em ação de desapropriação por utilidade pública devem ser fixados em 5% sobre a diferença entre os valores da oferta e da indenização ao final definidos, ambos corrigidos monetariamente.

III. O proprietário pode valer-se da ação reivindicatória para recuperar a faculdade de usar livremente de seu imóvel, faculdade essa perdida por ato clandestino do réu.

a) Somente a proposição III está correta.

b) Somente a proposição I está correta.

c) Nenhuma das proposições está correta.

d) Somente as proposições I e II estão corretas.

184. (TRF/4R/Juiz/2010) Assinale a alternativa incorreta em matéria de desapropriação.

a) Os juros compensatórios, na desapropriação indireta, incidem a partir da ocupação, calculados sobre o valor da indenização, corrigido monetariamente.

b) Os juros compensatórios, na desapropriação direta, incidem a partir da imissão na posse, calculados sobre o valor da indenização, corrigido monetariamente.

c) Nas ações de desapropriação, os juros compensatórios são sempre fixados em 12% (doze por cento) ao ano a partir da ocupação.

d) A base de cálculo de honorários de advogado em desapropriação é a diferença entre a oferta e a indenização, corrigidas ambas monetariamente.

e) Nas ações de desapropriação, incluem-se no cálculo da verba advocatícia as parcelas relativas aos juros compensatórios e moratórios, devidamente corrigidas.

185. (Vunesp/TJ/MS/Juiz/2015) Assinale a alternativa que corretamente discorre sobre o instituto da desapropriação, tendo em vista a jurisprudência do Supremo Tribunal Federal e do Superior Tribunal de Justiça.

a) Nas ações de desapropriação não se incluem no cálculo da verba advocatícia as parcelas relativas aos juros compensatórios e moratórios.

b) Em desapropriação, é devida a correção monetária até a data do efetivo pagamento da indenização, devendo proceder-se à atualização do cálculo uma única vez.

c) Os juros compensatórios, na desapropriação indireta, incidem a partir da citação, calculados sobre o valor da indenização, corrigido monetariamente.

d) Na desapropriação, direta ou indireta, a taxa dos juros compensatórios é de 12% (doze por cento) ao ano.

e) A base de cálculo dos honorários de advogado em desapropriação é o valor da causa corrigido monetariamente.

> *Súmula STF 618. Na desapropriação, direta ou indireta, a taxa dos juros compensatórios é de 12% (doze por cento) ao ano.*

186. (Cespe/AGU/Advogado/2009) Segundo reiterados julgados do STF, na desapropriação, direta ou indireta, a taxa dos juros compensatórios é de 12% ao ano.

187. (FCC/TJ/PE/Juiz/2013) Ao julgar a medida cautelar na Ação Direta de Inconstitucionalidade n. 2.332, o Supremo Tribunal Federal suspendeu liminarmente a eficácia da expressão "de até seis por cento ao ano", contida no art. 15-A do Decreto-lei no 3.365/41. Após essa decisão, a taxa de juros compensatórios, na desapropriação

a) voltou a ser de 12% ao ano, por expressa disposição constitucional.

b) passou a ser variável, dependendo de decisão judicial no caso concreto, a qual deverá levar em conta a política de juros definida pelos órgãos governamentais competentes.

CAPÍTULO 1 - DIREITO ADMINISTRATIVO

STF 75

c) manteve-se em 6% ao ano, agora com fundamento em dispositivo do Código Civil.

d) voltou a ser de 12% ao ano, conforme jurisprudência sumulada do próprio Tribunal.

e) manteve-se em 6% ao ano, por expressa disposição constitucional.

188. (FCC/TJ/RR/Juiz/2008) "Art. 15-A. No caso de imissão prévia na posse, na desapropriação por necessidade ou utilidade pública e interesse social, inclusive para fins de reforma agrária, havendo divergência entre o preço ofertado em juízo e o valor do bem, fixado na sentença, expressos em termos reais, incidirão juros compensatórios de até seis por cento ao ano sobre o valor da diferença eventualmente apurada, a contar da imissão na posse, vedado o cálculo de juros compostos." Esse artigo do Decreto-Lei n. 3.365/41 foi introduzido pela Medida Provisória n. 2.183-56/01. Todavia, por decisão liminar, em medida cautelar em ação direta de inconstitucionalidade, o Supremo Tribunal Federal

a) suspendeu a eficácia de todo o dispositivo.

b) deu ao dispositivo interpretação conforme a Constituição, para afirmar a impossibilidade de cumulação de juros moratórios e compensatórios.

c) deu ao dispositivo interpretação conforme a Constituição, para afirmar o não cabimento de imissão provisória na posse no caso de desapropriação por utilidade pública.

d) suspendeu a eficácia da expressão "vedado o cálculo de juros compostos".

e) suspendeu a eficácia da expressão "de até seis por cento ao ano" e deu ao final desse dispositivo interpretação conforme a Constituição no sentido de que a base de cálculo dos juros compensatórios seja a diferença eventualmente apurada entre 80% do preço ofertado em juízo e o valor do bem fixado na sentença.

189. (Cespe/DPDF/Defensor/2013) Os juros compensatórios, que podem ser cumulados com os moratórios, incidem tanto sobre a desapropriação direta quanto sobre a indireta, sendo calculados sobre o valor da indenização, com a devida correção monetária; entretanto, independem da produtividade do imóvel, pois decorrem da perda antecipada da posse.

190. (Vunesp/TJ/MS/Juiz/2015) Assinale a alternativa que corretamente discorre

sobre o instituto da desapropriação, tendo em vista a jurisprudência do Supremo Tribunal Federal e do Superior Tribunal de Justiça.

a) Nas ações de desapropriação não se incluem no cálculo da verba advocatícia as parcelas relativas aos juros compensatórios e moratórios.

b) Em desapropriação, é devida a correção monetária até a data do efetivo pagamento da indenização, devendo proceder-se à atualização do cálculo uma única vez.

c) Os juros compensatórios, na desapropriação indireta, incidem a partir da citação, calculados sobre o valor da indenização, corrigido monetariamente.

d) Na desapropriação, direta ou indireta, a taxa dos juros compensatórios é de 12% (doze por cento) ao ano.

e) A base de cálculo dos honorários de advogado em desapropriação é o valor da causa corrigido monetariamente.

> **Súmula STF 652.** *Não contraria a Constituição o art. 15, § 1º, do DL. 3.365/41 (Lei da Desapropriação por Utilidade Pública).*

191. (Vunesp/TJ/SP/Cartórios/2011) Sobre desapropriação, é incorreto afirmar que:

a) todos os bens móveis e imóveis, corpóreos ou incorpóreos podem ser desapropriados.

b) a desapropriação é forma originária de aquisição da propriedade.

c) a retrocessão é o direito que tem o expropriado de exigir de volta o seu imóvel desapropriado, quando não houver sido dada a ele destinação pública.

d) conforme entendimento sumulado pelo Supremo Tribunal Federal (Súmula 652), a imissão provisória na posse do imóvel desapropriado depende de prévia citação judicial do réu e depósito do preço.

6. PODERES ADMINISTRATIVOS

> **Súmula STF Vinculante** *38. É competente o município para fixar o horário de funcionamento de estabelecimento comercial.*

192. (Esaf/PGDF/Procurador/2007-1) Suponha que uma lei distrital, sancionada pelo Governador, que limita o horário de funcionamento do comércio varejista em Brasília, seja objeto de dúvidas quanto à sua constitucionalidade. A esse propósito, assinale a opção correta.

a) Se estiver convencido da constitucionalidade da lei, o Governador do Distrito Federal poderá ajuizar ação declaratória de constitucionalidade perante o STF, desde que comprove, com a inicial, que há decisões judiciais divergentes sobre a constitucionalidade da lei.

b) O Governador do Estado de Goiás poderá ajuizar ação direta de inconstitucionalidade contra essa lei perante o STF, desde que comprove, com a inicial, que a lei afeta de modo negativo os interesses de Goiás na região do entorno de Brasília.

c) O Governador do Distrito Federal, mesmo que arrependido politicamente da sanção ao projeto de lei, não poderá ajuizar ação direta de inconstitucionalidade perante o Supremo Tribunal Federal contra tal lei.

d) Qualquer partido político com representação no Congresso Nacional poderá ajuizar ação direta de inconstitucionalidade contra tal lei perante o Supremo Tribunal Federal, independentemente de demonstração de interesse na solução da causa.

e) Uma associação de lojistas, mesmo que não abranja todos os comerciantes prejudicados com a lei, mas que comprove ter caráter nacional, poderá ajuizar a ação direta de inconstitucionalidade contra a lei perante o Supremo Tribunal Federal.

193. (FGV/TJ/MS/Juiz/2008) Assinale a afirmativa incorreta.

a) Ofende o princípio da livre concorrência lei municipal que impede a instalação de estabelecimentos comerciais do mesmo ramo em determinada área.

b) Segundo jurisprudência dos Tribunais Superiores, as concessionárias de serviço de telefonia não possuem exclusividade para editar listas ou catálogos telefônicos, pois se o tivessem haveria violação ao princípio da livre concorrência.

c) A fixação de horário de funcionamento para o comércio dentro da área municipal pode ser feita por lei local, visando ao interesse do consumidor e evitando a dominação do mercado por oligopólio.

d) Entre os princípios gerais da atividade econômica está o da defesa do meio ambiente, "lato sensu", ou seja, abrangendo a noção de meio ambiente natural, cultural, artificial e laboral.

e) Segundo Jurisprudência dos Tribunais Superiores, é inconstitucional lei que assegura gratuidade dos transportes públicos urbanos aos que têm mais de 65 anos, por ferir os princípios constitucionais da livre iniciativa e livre concorrência, princípios gerais da atividade econômica.

194. (Vunesp/TJ/SP/Juiz/2013) No exercício do poder de polícia administrativa, o Município, segundo orientação Sumulada do STF,

a) ao proibir a instalação de estabelecimentos comerciais do mesmo ramo em determinada área, edita lei válida.

b) ao proibir a instalação de estabelecimentos comerciais do mesmo ramo em determinada área, edita lei inválida.

c) ao estabelecer o horário de funcionamento dos estabelecimentos comerciais situados em seu território, edita lei inválida.

d) pode criar limitações administrativas à propriedade, passíveis de indenização.

195. (Serctam/PGM/Quixadá/Advogado/2016) Segundo o entendimento sumulado do Supremo Tribunal Federal:

a) a definição dos crimes de responsabilidade e o estabelecimento das respectivas normas de processo e julgamento do Prefeito Municipal são da competência legislativa privativa do Município.

b) é competente o Município para fixar o horário de funcionamento de estabelecimento comercial.

c) não ofende o princípio da livre concorrência lei municipal que impede a instalação de estabelecimentos comerciais do mesmo ramo em determinada área.

d) o serviço de iluminação pública municipal só pode ser remunerado mediante taxa.

e) a taxa cobrada exclusivamente em razão dos serviços públicos de coleta, remoção e tratamento ou destinação de lixo ou resíduos provenientes de imóveis, viola a Constituição Federal.

196. (FCC/TRT/18R/Juiz/2014) Certo Município editou lei municipal que disciplinou o horário de funcionamento de farmácias e

CAPÍTULO 1 - DIREITO ADMINISTRATIVO

drogarias. O sindicato dos empregados do comércio da região pretende impugnar judicialmente a referida norma, sob o argumento de que o Município não teria competência para legislar sobre a matéria, mesmo na ausência de lei federal e estadual sobre o tema. Considerando a Constituição Federal e a jurisprudência do Supremo Tribunal Federal, a pretensão do sindicato

a) não encontra fundamento constitucional, uma vez que cabe aos Municípios fixar o horário de funcionamento desses estabelecimentos, inserindo-se a matéria na sua competência para legislar sobre assuntos de interesse local.

b) não encontra fundamento constitucional, uma vez que, apesar da matéria se inserir na competência residual dos Estados, cabe aos Municípios suprir a ausência de lei estadual para atender as suas peculiaridades locais.

c) encontra fundamento constitucional, uma vez que a ausência de norma federal disciplinando a matéria não poderia ser suprida por lei estadual, nem por lei municipal.

d) encontra fundamento constitucional, uma vez que, inexistindo lei federal a respeito, apenas os Estados poderiam legislar sobre a matéria para atender as suas peculiaridades.

e) encontra fundamento constitucional, uma vez que a matéria insere-se na competência residual dos Estados para legislar sobre as competências que não lhes sejam vedadas pela Constituição.

197. (Cespe/ANP/Especialista/2013) Segundo a jurisprudência do Supremo Tribunal Federal, cabe ao município fixar o horário de funcionamento de farmácias localizadas na área municipal, a fim de proteger o consumidor e evitar a dominação do mercado.

> *Súmula STF Vinculante 49. Ofende o princípio da livre concorrência lei municipal que impede a instalação de estabelecimentos comerciais do mesmo ramo em determinada área.*

198. (FGV/TJ/MS/Juiz/2008) Assinale a afirmativa incorreta.

a) Ofende o princípio da livre concorrência lei municipal que impede a instalação de estabelecimentos comerciais do mesmo ramo em determinada área.

b) Segundo jurisprudência dos Tribunais Superiores, as concessionárias de serviço de telefonia não possuem exclusividade para editar listas ou catálogos telefônicos, pois se o tivessem haveria violação ao princípio da livre concorrência.

c) A fixação de horário de funcionamento para o comércio dentro da área municipal pode ser feita por lei local, visando ao interesse do consumidor e evitando a dominação do mercado por oligopólio.

d) Entre os princípios gerais da atividade econômica está o da defesa do meio ambiente, "lato sensu", ou seja, abrangendo a noção de meio ambiente natural, cultural, artificial e laboral.

e) Segundo Jurisprudência dos Tribunais Superiores, é inconstitucional lei que assegura gratuidade dos transportes públicos urbanos aos que têm mais de 65 anos, por ferir os princípios constitucionais da livre iniciativa e livre concorrência, princípios gerais da atividade econômica.

199. (TJ/DFT/Juiz/2012) Sobre o poder de polícia administrativa, é correto afirmar:

a) No Estado de Defesa, há possibilidade de restrições à liberdade de imprensa, radiodifusão e televisão.

b) Em razão da autoexecutoriedade, própria do exercício do poder de polícia administrativa, não depende a Administração da intervenção de outro poder para torná-lo efetivo. Por conseguinte, pode a Administração, na via administrativa, levar a afeito a execução de multas.

c) Não ofende o princípio da livre concorrência lei municipal que impede a instalação de estabelecimentos comerciais do mesmo ramo em determinada área.

d) No processo administrativo, para imposição de multa de trânsito, são necessárias as notificações da autuação e da aplicação da pena decorrente da infração.

200. (Vunesp/TJ/SP/Juiz/2013) No exercício do poder de polícia administrativa, o Município, segundo orientação Sumulada do STF,

a) ao proibir a instalação de estabelecimentos comerciais do mesmo ramo em determinada área, edita lei válida.

b) ao proibir a instalação de estabelecimentos comerciais do mesmo ramo em determinada área, edita lei inválida.

c) ao estabelecer o horário de funcionamento dos estabelecimentos comerciais situados em seu território, edita lei inválida.

d) pode criar limitações administrativas à propriedade, passíveis de indenização.

201. (Cespe/TJ/PB/Juiz/2015) Com base nas disposições constitucionais e na jurisprudência do STF acerca da ordem econômica e financeira, assinale a opção correta.

a) Será materialmente inconstitucional, por ofender o princípio da livre concorrência, lei municipal que, a pretexto de realizar zoneamento urbano, estabeleça distância mínima de quinhentos metros entre uma farmácia e outra.

b) A concessão de serviços públicos de transporte urbano depende de prévia licitação, a qual será dispensável se o serviço for prestado sob o regime de permissão.

c) Será inconstitucional lei que fixe piso salarial regional para determinada categoria por violar o princípio do pleno emprego e da livre iniciativa.

d) As sociedades de economia mista em regime de concorrência não gozam, em regra, dos benefícios deferidos à fazenda pública, salvo o pagamento por precatório.

e) A consagração do princípio da livre iniciativa impõe que a intervenção estatal na economia mediante regulação e fiscalização ocorra excepcionalmente.

202. (FCC/PGM/Recife/Procurador/2014) Uma lei municipal estabeleceu necessidade de observância de distância mínima de 200 metros, em relação a drogarias já existentes, para instalação de outra no mesmo perímetro. Condicionou-se a concessão de licença de localização a novas drogarias ao atendimento desse requisito de distância mínima. Diante do caso acima apresentado e de acordo com entendimento sumulado do STF sobre o tema, considere os itens a seguir:

I. A referida lei municipal é constitucional, pois o Município tem competência para disciplinar o uso do solo e a distribuição equitativa das drogarias pelo seu território visa a atender as diferentes camadas da população, evitando que se concentrem todas em um único local.

II. A lei é constitucional, pois a Constituição Federal confere aos municípios competência para legislar sobre assuntos de interesse local.

III. A lei é inconstitucional, pois ofende o princípio da livre concorrência que é uma manifestação da liberdade de iniciativa econômica privada.

IV. Não obstante seja flagrantemente inconstitucional a referida lei, carece a Suprema Corte de competência para apreciar a questão, por não se tratar de lei estadual ou federal, devendo-se remetê-la ao Tribunal de Justiça.

Está correto o que consta apenas em

a) III e IV.

b) I

c) I e II.

d) II.

e) III.

203. (IBFC/PC/RJ/Papiloscopista/2014) Suponha que determinado Município, por intermédio de uma lei, divida o seu território em áreas comerciais, áreas residenciais e áreas mistas, compostas estas de comércios e residências. Em uma das áreas comerciais, passa a funcionar uma oficina mecânica, obtendo a respectiva licença municipal. Posteriormente, uma nova lei municipal transforma esta área comercial em mista e impede que sejam instaladas novas oficinas mecânicas, consignando em seu texto que não admite dois estabelecimentos daquele ramo na mesma área, em virtude da existência de residências nas proximidades. De acordo com o entendimento sumulado pelo Supremo Tribunal Federal, pode-se dizer que essa nova lei municipal é:

a) constitucional, pois cabe ao município legislar sobre assunto de interesse local.

b) inconstitucional, porque cria restrição ao direito de propriedade, que é absoluto.

c) constitucional, eis que cumpre a função social estabelecida na política urbana.

d) inconstitucional, por ofensa ao princípio da livre concorrência.

e) constitucional, em obediência ao princípio ambiental da precaução.

204. (Vunesp/PGM/Sertãozinho/Procurador/2016) Sobre a competência dos entes municipais, segundo a jurisprudência do STF e a Constituição Federal, assinale a alternativa correta.

a) Ofende o princípio da livre concorrência lei municipal que impede a instalação de estabelecimentos comerciais do mesmo ramo em determinada área.

PARTE I – SÚMULAS DO SUPREMO TRIBUNAL FEDERAL

CAPÍTULO 1 - DIREITO ADMINISTRATIVO

STF 79

b) Em respeito ao princípio da simetria, os Municípios não poderão ter símbolos próprios.

c) Compete aos Municípios legislar sobre trânsito e transporte.

d) O Município dispõe de competência para legislar concorrentemente com a União e os Estados sobre juntas comerciais.

e) Não é competente o Município para fixar horário de funcionamento de estabelecimento comercial.

205. (Cespe/TJ/ES/Cartórios/2013) Considerando os dispositivos constitucionais e a jurisprudência sumulada do STF acerca da ordem econômica e financeira, incluindo-se seus princípios gerais, as disposições acerca de política urbana, política agrícola, fundiária e sistema financeiro nacional, assinale a opção correta.

a) O monopólio da União, em relação às jazidas de petróleo, engloba a pesquisa e a lavra e, em relação às jazidas de gás natural e outros hidrocarbonetos fluidos, refere-se apenas à lavra.

b) Mesmo antes da Emenda Constitucional n. 29/2000, lei municipal que estabelecesse alíquotas progressivas para o IPTU, ainda que com o fim de assegurar o cumprimento da função social da propriedade urbana, seria constitucional.

c) Ofende o princípio da livre concorrência lei municipal que impeça a instalação de estabelecimentos comerciais do mesmo ramo em determinada área.

d) Ressalvados os casos previstos na CF, a exploração direta de atividade econômica pelo Estado só é permitida se necessária aos imperativos da segurança nacional, nos termos de lei complementar.

e) Estão elencadas expressamente na CF, entre os princípios da ordem econômica, a livre concorrência e a defesa do meio ambiente, mas não a propriedade privada.

206. (Vunesp/PGM/Rosana/Procurador/2016) É aprovado projeto de lei na Câmara Municipal de Rosana que estabelece observância de distância mínima da farmácia ou drogaria existente para a instalação de novo estabelecimento no perímetro. Seguindo o autógrafo para sanção do Prefeito Municipal, é correto afirmar que o Prefeito deve

a) sancioná-lo, no prazo de 15 (quinze) dias úteis, pois o entendimento do Supremo Tribunal

Federal é que leis municipais com tal conteúdo encontram-se dentro da competência municipal de legislar sobre matéria de interesse local.

b) vetá-lo, no prazo de 15 (quinze) dias úteis, pois o Supremo Tribunal Federal considera inconstitucionais as leis municipais que façam tal restrição, em ofensa à livre concorrência e à liberdade do exercício da atividade econômica.

c) sancioná-lo, no prazo de 20 (vinte) dias úteis, pois não há entendimento em sentido contrário, pela inconstitucionalidade da previsão legal, no âmbito da jurisprudência do Supremo Tribunal Federal.

d) vetá-lo, no prazo de 20 (vinte) dias úteis, pois embora não haja vício de inconstitucionalidade, já que legislar sobre comércio é competência municipal, o projeto não atende ao interesse público, que é pela mais ampla oferta de medicamentos.

e) devolver o projeto à Câmara Municipal, solicitando parecer da Comissão de Constituição e Justiça, que se manifeste, em caráter vinculante, no prazo de 15 (quinze) dias úteis, sobre a constitucionalidade da restrição.

207. (Cespe/TJ/DFT/Juiz/2014) Acerca da intervenção do Estado no domínio econômico, assinale a opção correta de acordo com o entendimento jurisprudencial mais recente do STF e do STJ.

a) Lei municipal que impeça a instalação de estabelecimentos comerciais do mesmo ramo em determinada área ofende o princípio constitucional da livre concorrência.

b) Lei municipal que estabeleça horário de funcionamento de estabelecimento comercial ofende o princípio constitucional da livre concorrência.

c) Lei federal que estabeleça horário de funcionamento bancário ofende o princípio constitucional da livre concorrência.

d) Lei federal que imponha passe livre para deficientes físicos comprovadamente carentes a empresas prestadoras de serviço de transporte interestadual fere o princípio da livre iniciativa.

e) A ocorrência de dano a empresa em virtude de intervenção do Estado na economia, por meio de plano econômico que estabeleça congelamento de preços, não gera direito à indenização, visto que é dever do Estado intervir na economia para garantir a ordem econômica.

> **Súmula STF 397.** *O poder de polícia da Câmara dos Deputados e do Senado Federal, em caso de crime cometido nas suas dependências, compreende, consoante o regimento, a prisão em flagrante do acusado e a realização do inquérito.*

208. **(Cespe/OAB/2008-1)** O inquérito é um procedimento investigativo que pode ser realizado pela polícia judiciária ou por outras autoridades. Nesse contexto, assinale a opção correta acerca dos inquéritos.

a) Quando, no curso das investigações, surgir indício da prática de infração penal por parte de membro da magistratura, após a conclusão do inquérito, a denúncia deve ser remetida ao tribunal ou órgão especial competente para o julgamento.

b) O inquérito judicial ocorre nos casos das infrações falimentares e deve ser presidido pelo juiz de direito da vara em que esteja tramitando o processo de falência.

c) As comissões parlamentares de inquérito têm poderes de investigação próprios das autoridades judiciais para a apuração de fato determinado e por prazo certo, sendo suas conclusões encaminhadas à respectiva mesa do Senado ou da Câmara para promover a responsabilidade civil e criminal.

d) O poder de polícia da Câmara dos Deputados e do Senado Federal, em caso de crime cometido nas suas dependências, compreende a prisão em flagrante do agente e a realização do inquérito.

> **Súmula STF 419.** *Os municípios têm competência para regular o horário do comércio local, desde que não infrinjam leis estaduais ou federais válidas.*

209. **(FCC/PGM/SãoPaulo/Procurador/2008)** O horário de funcionamento de farmácias constitui matéria reservada ao Município, em razão de competência

a) explícita, enunciada na Constituição Estadual.

b) concorrente, inerente à competência de cuidar da saúde.

c) residual, consolidada por força de súmula editada pelo Supremo Tribunal Federal.

d) implícita, decorrente da competência de prestar assistência pública.

e) implícita, extraída da competência de legislar sobre assuntos de interesse local, reconhecida por súmula do Supremo Tribunal Federal.

CAPÍTULO 2 - DIREITO CIVIL

1. DOS BENS

> **Súmula STF 340.** *Desde a vigência do Código Civil, os bens dominicais, como os demais bens públicos, não podem ser adquiridos por usucapião.*

210. **(Esaf/TCE/GO/Procurador/2007)** Assinale a opção que representa uma afirmação correta, de acordo com ordenamento jurídico pátrio.

a) A morte presumida da pessoa natural, quando se tratar de ausente, dar-se-á com a sentença de abertura da sucessão provisória.

b) As decisões tomadas por órgão de administração coletiva de pessoa jurídica, quando eivadas de simulação, são casos de nulidades absolutas, não sendo suscetíveis de convalidação pelo decurso do tempo.

c) Nas associações, a qualidade de associado é transmissível, se o estatuto não dispuser o contrário.

d) Não dispondo a lei em contrário, são imprescritíveis os bens pertencentes às pessoas jurídicas de direito público a que se tenha dado estrutura de direito privado.

e) Um sócio de uma sociedade limitada não poderá ceder suas quotas a terceiro estranho à sociedade, se não houver previsão expressa no contrato de constituição da sociedade.

211. **(FCC/TJ/GO/Juiz/2009)** Segundo enunciado da Súmula 340, do Supremo Tribunal Federal, aprovada em 13.12.63, "desde a vigência do Código Civil, os bens dominicais, como os demais bens públicos, não podem ser adquiridos por usucapião". Esse entendimento

a) comporta exceção, prevista expressamente na Constituição de 1988, no caso dos bens dominicais, desafetados há mais de 5 anos.

b) permanece válido face à Constituição de 1988, que expressamente veda a aquisição por usucapião de imóveis públicos urbanos e rurais,

bem como face ao novo Código Civil, que afirma não estarem os bens públicos sujeitos a usucapião.

c) comporta exceção, prevista expressamente na Constituição de 1988, no caso das terras devolutas destinadas à reforma agrária.

d) permanece válido face à Constituição de 1988, bem como face ao novo Código Civil, em que pese tais normas não contenham dispositivos expressos sobre a matéria.

e) comporta exceção, no que diz respeito a imóvel público urbano, de até 250m2, destinado à moradia de quem o possua ininterruptamente há pelo menos 5 anos, desde que não seja proprietário de outro imóvel.

212. **(FCC/DPE/PA/Defensor/2009)** Determinado terreno público foi irregularmente ocupado por famílias de baixa renda há cerca de 40 (quarenta) anos. Pretendendo a regularização dominial da área, a associação de moradores ingressou com ação de usucapião. Não obstante a decisão dependa de apreciação do Poder Judiciário, pode-se afirmar que:

a) há possibilidade de êxito em razão da prova do tempo de ocupação e do caráter social da demanda.

b) não há possibilidade de êxito em razão da imprescritibilidade dos bens públicos, que não podem ser usucapidos.

c) não há possibilidade de êxito em razão da impenhorabilidade dos bens públicos.

d) há possibilidade de êxito se comprovada a boa-fé dos ocupantes e a constância da ocupação.

e) há possibilidade de êxito se a associação autora representar número de ocupantes suficientes para comprovar a posse justa e de boa-fé na totalidade da área descrita.

213. **(Vunesp/TJ/SP/Advogado/2013)** É correto afirmar que os bens públicos

a) são de uso gratuito, sendo vedada a cobrança pela sua utilização, ressalvada a possibilidade de contribuição espontânea.

b) dominicais podem ser utilizados por particular, com exclusividade, através da utilização de institutos típicos de direito privado.

c) dominicais estão sujeitos à usucapião, ao contrário dos bens de uso comum do povo e bens de uso especial.

d) dominicais são considerados bens fora de comércio, seguindo a regra da inalienabilidade dos bens públicos.

e) de uso especial podem ser penhorados, não se sujeitando à regra de impenhorabilidade que protege os bens de uso comum do povo.

2. DOS FATOS JURÍDICOS

2.1. Da Prescrição

> *Súmula STF 149. É imprescritível a ação de investigação de paternidade, mas não o é a de petição de herança.*

214. **(Cespe/MP/RO/Promotor/2008)** Segundo o entendimento do STF, é imprescritível a ação de investigação de paternidade, mas o mesmo não ocorre em relação à ação de petição de herança.

> *Súmula STF 150. Prescreve a execução no mesmo prazo de prescrição da ação.*

215. **(MPE/GO/Promotor/2012)** Sobre a prescrição, marque a alternativa incorreta.

a) É válida a renúncia à prescrição antes de sua consumação, se não houver prejuízo a terceiros.

b) Prescreve a execução no mesmo prazo de prescrição da ação.

c) É prescricional o prazo previsto para a dedução de pretensão de direito material em juízo por meio de ação de natureza condenatória.

d) Suspensa a prescrição em favor de um dos credores solidários, só aproveitam os outros se a obrigação for indivisível.

216. **(Contemax/Coren/PB/Advogado/2014)** Assinale a alternativa incorreta sobre prescrição contra a Fazenda Pública:

a) com a entrada em vigor do Código Civil, em e 11 de janeiro de 2003, em relação às pretensões

de reparação de danos contra a Fazenda Pública, o prazo prescricional foi reduzido de 5 (cinco) para 3 (três) anos.

b) a prescrição contra a Fazenda Pública, nas ações que busquem reparação econômica decorrente de lesão ao patrimônio imaterial prescreve em cinco anos.

c) Nas obrigações de trato sucessivo a prescrição atinge as prestações à medida que estas, individualmente, forem completando seus respectivos prazos prescricionais.

d) A prescrição em favor da Fazenda Pública recomeça a correr, por dois anos e meio, a partir do ato interruptivo, mas não fica reduzida aquém de cinco anos, embora o titular do direito a interrompa durante a primeira metade do prazo

e) prescreve a execução no mesmo prazo de prescrição do direito de ação.

> *Súmula STF 154. Simples vistoria não interrompe a prescrição.*

➲ Súmula não abordada em concursos recentes.

> *Súmula STF 443. A prescrição das prestações anteriores ao período previsto em lei não ocorre, quando não tiver sido negado, antes daquele prazo, o próprio direito reclamado, ou a situação jurídica de que ele resulta.*

217. **(Cespe/DPE/AC/Defensor/2006)** Acerca da prescrição e da improbidade administrativa, assinale a opção correta.

a) A ação de improbidade administrativa tem natureza civil e se submete ao chamado foro privilegiado das ações penais.

b) A aplicação das penalidades previstas em lei em face de atos de improbidade não pode prescindir do dano econômico ao patrimônio público.

c) Não havendo negativa ao próprio direito reclamado, inocorre, nas prestações de trato sucessivo, a prescrição do fundo de direito, mas tãosomente das parcelas vencidas antes do quinquênio que antecedeu a propositura da ação.

d) Estando prescrita a ação de improbidade, a administração não poderá buscar a reparação civil de ressarcimento dos danos patrimoniais.

CAPÍTULO 2 - DIREITO CIVIL

STF 83

218. **(COPS-UEL/PGE/PR/Procurador/2011)** Companheira de ex-servidor público estadual, falecido em setembro de 2004, após ter sido negado, em janeiro de 2005, prévio requerimento administrativo voltado à concessão da pensão decorrente do óbito do servidor, propôs, em junho de 2011, ação judicial destinada a obter o estabelecimento da pensão por morte. Com base nos fatos acima descritos, assinale a alternativa correta:

a) a prescrição, no caso, atinge apenas as parcelas anteriores a cinco anos contados da data do ajuizamento da ação, por se tratar de relação jurídica de trato sucessivo.

b) não há que se falar em prescrição no caso, haja vista que decorreram menos de cinco anos entre a data do óbito e a data do requerimento administrativo de concessão do benefício.

c) não há que se falar em prescrição no caso, vez que os direitos de natureza previdenciária e seus efeitos patrimoniais são imprescritíveis.

d) não há que se falar em prescrição no caso, porquanto não decorrido o prazo prescricional entre a data do fato gerador do benefício previdenciário pleiteado e a data do ajuizamento da ação.

e) a prescrição, no caso, atingiu o fundo de direito reclamado, de modo que se encontra fulminada tanto a pretensão à concessão do benefício quanto qualquer efeito patrimonial dele decorrente.

3. DO DIREITO DAS OBRIGAÇÕES

3.1. Do Inadimplemento das Obrigações

3.1.1. Das Perdas e Danos

> **Súmula STF 163.** *Salvo contra a Fazenda Pública, sendo a obrigação ilíquida, contam-se os juros moratórios desde a citação inicial para a ação.*

219. **(Vunesp/Cetesb/Advogado/2009)** Sobre o inadimplemento das obrigações, é correto afirmar:

a) considera-se em mora o devedor que não efetuar o pagamento e o credor que não quiser recebê-lo no tempo, lugar e forma que a lei ou convenção estabelecer.

b) contam-se os juros de mora desde a propositura da ação.

c) o valor da cominação imposta na cláusula penal pode exceder o da obrigação principal.

d) para exigir a pena convencional, é necessário que o credor alegue o prejuízo.

e) nas obrigações negativas, o devedor é havido por inadimplente desde o dia em que não executou o ato de que se devia abster.

220. **(TJ/SC/Juiz/2009)** Observadas as proposições abaixo, assinale a alternativa correta:

I. A mora absoluta, que se dá, entre outros casos, pela inutilidade da prestação ao credor, implica a resolução do contrato.

II. A purga da mora do credor exige a sujeição aos efeitos da mora até a data do efetivo pagamento.

III. Os juros da mora se contam desde a citação assim nas obrigações negociais como nas obrigações decorrentes de ato ilícito.

IV. A cláusula penal ressarcitória equivale a perdas e danos prefixados e não à sanção punitiva.

a) Somente as proposições I, II e IV estão corretas.

b) Somente as proposições II e III estão corretas.

c) Somente a proposição I está correta.

d) Somente as proposições III e IV estão corretas.

e) Somente as proposições I e II estão corretas.

3.2. Dos Contratos em Geral

> **Súmula STF 335.** *É válida a cláusula de eleição do foro para os processos oriundos do contrato.*

221. **(FCC/TRT/4R/Analista/2006)** O foro contratual convencionado pelas partes:

a) pode alterar a competência territorial.

b) pode modificar a competência em razão da matéria.

c) pode alterar a competência em razão da hierarquia.

d) produz efeitos quando constar de contrato verbal.

e) só obriga as partes, não alcançando seus herdeiros ou sucessores.

222. **(FCC/TRT/19R/Analista/2008)** A respeito das modificações da competência, é correto afirmar:

a) O juiz da ação principal não é competente para a ação declaratória incidente.

b) Correndo em separado ações conexas perante juízes que têm a mesma competência territorial, será competente para ambas o juízo em que tramitar a ação de maior valor.

c) A competência em razão do valor poderá modificar-se pela conexão ou continência.

d) A competência em razão da matéria pode ser modificada por convenção das partes, devendo constar de contrato escrito.

e) O foro contratual tem validade exclusivamente entre as partes, não obrigando seus herdeiros ou sucessores.

223. **(FCC/PGE/BA/Analista/2013)** Examinando cláusula de eleição de foro, o juiz declina de ofício de sua competência, afirmando a nulidade de tal cláusula. Essa conduta:

a) não pode ocorrer, porque a hipótese pede necessariamente a arguição da incompetência relativa por meio de exceção.

b) pode ocorrer, se o contrato for de adesão, devendo o processo ser remetido para o Juízo de domicílio do réu.

c) não pode ocorrer, devendo a incompetência ser levantada pelo réu em sua contestação, preliminarmente.

d) pode ocorrer apenas se a relação não for de consumo.

e) não pode ocorrer, porque a cláusula de eleição de foro sempre é válida, não sendo passível de reconhecimento de nulidade.

224. **(FCC/TRT/6R/Juiz/2013)** As partes podem modificar a competência em razão:

a) do valor, do território e da hierarquia, podendo, entretanto, o juiz declarar, de ofício, a nulidade de cláusula de eleição, se sua hierarquia for superior, para o juízo originariamente competente.

b) do território e da matéria, podendo o juiz, nesses casos, declinar da competência, de ofício, para o juízo do domicílio do réu, nas ações reais.

c) da matéria e da hierarquia, não podendo o juiz declarar a nulidade da eleição de foro, exceto

mediante exceção de incompetência oposta pelo réu.

d) do valor e do território, todavia o juiz pode, de ofício, declarar a nulidade da eleição de foro em contrato de adesão, declinando da competência para o juiz do domicílio do réu.

e) apenas do território e o juiz em nenhuma hipótese pode declarar a nulidade da cláusula de eleição se não for oposta exceção de incompetência.

3.3. Das Várias Espécies de Contrato

3.3.1. Da Compra e Venda

> **Súmula STF 412.** *No compromisso de compra e venda com cláusula de arrependimento, a devolução do sinal, por quem o deu, ou a sua restituição em dobro, por quem o recebeu, exclui indenização maior a título de perdas e danos, salvo os juros moratórios e os encargos do processo.*

225. **(PGE/PA/Procurador/2009)** Considerando a jurisprudência dos tribunais superiores, é incorreto afirmar:

a) O condômino não pode usucapir parte ideal pertencente a outro condômino, ainda que exerça posse exclusiva sobre o imóvel.

b) A hipoteca firmada entre a construtora e o agente financeiro, anterior ou posterior à celebração da promessa de compra e venda, não tem eficácia perante os adquirentes do imóvel.

c) No compromisso de compra e venda com cláusula de arrependimento, a devolução do sinal, por quem o deu, ou a sua restituição em dobro, por quem o recebeu, exclui indenização a maior, a título de perdas e danos, salvo os juros moratórios e os encargos do processo.

d) Nos contratos de locação, é válida a cláusula de renúncia à indenização das benfeitorias e ao direito de retenção.

> **Súmula STF 489.** *A compra e venda de automóvel não prevalece contra terceiros, de boa-fé, se o contrato não foi transcrito no registro de títulos e documentos.*

⮑ Súmula não abordada em concursos recentes.

3.4. Da Responsabilidade Civil

3.4.1. Da Obrigação de Indenizar

> **Súmula STF 28.** *O estabelecimento bancário é responsável pelo pagamento de cheque falso, ressalvadas as hipóteses de culpa exclusiva ou concorrente do correntista.*

226. **(UFPR/PGM/Curitiba/Procurador/2015)** Sobre a responsabilidade civil nas relações de consumo, assinale a alternativa correta.

a) O estabelecimento bancário é responsável pelo pagamento de cheque falso, inclusive nas hipóteses de culpa exclusiva ou concorrente do correntista.

b) No caso de fornecimento de produtos in natura, será responsável perante o consumidor o fornecedor imediato, exceto quando identificado claramente seu produtor.

c) Culpa exclusiva de terceiro e culpa concorrente do consumidor são excludentes da responsabilidade civil previstas no Código de Defesa do Consumidor.

d) Nos contratos de transporte, é válida a cláusula de não indenizar.

e) É permitida a denunciação da lide nas ações que versem sobre a responsabilidade do comerciante pelo fato do produto.

227. **(Cespe/TRF/1R/Juiz/2011)** A respeito dos títulos de crédito, assinale a opção correta.

a) A morte do responsável cambiário constitui modalidade de transferência anômala da obrigação, que, por não possuir caráter personalíssimo, é repassada aos herdeiros, mesmo que o óbito tenha ocorrido antes do vencimento do título.

b) O documento é suficiente para atestar a existência de crédito, não havendo nos títulos de crédito solidariedade entre os vários obrigados, mas uma unidade de prestação.

c) Cabe ação executiva contra o emitente e seus avalistas, ainda que não apresentado o cheque ao sacado no prazo legal, ou prescrita a ação cambiária.

d) Na prestação de serviços, a duplicata não aceita, mas protestada, é título hábil para instruir o pedido de falência, não sendo necessária a comprovação dos serviços.

e) O estabelecimento bancário não é responsável pelo pagamento de cheque falso, ressalvadas as hipóteses de culpa exclusiva ou concorrente do correntista.

> **Súmula STF 35.** *Em caso de acidente do trabalho ou de transporte, a concubina tem direito de ser indenizada pela morte do amásio, se entre eles não havia impedimento para o matrimônio.*

228. **(MPE/PB/Promotor/2003)** Considerando a orientação dos Tribunais Superiores sobre a legislação previdenciária, assinale a assertiva incorreta.

a) A definição, em ato regulamentar, de grau mínimo de disacusia, não exclui, por si só, a concessão do benefício previdenciário.

b) Não é inconstitucional a inclusão de sócios e administradores como contribuintes obrigatórios da Previdência Social.

c) Compete à justiça estadual processar e julgar os litígios decorrentes de acidente do trabalho.

d) Em caso de acidente de trabalho ou de transporte, a companheira tem direito a ser indenizada pela morte do amásio, se entre eles havia impedimento para o matrimônio.

e) A ação acidentária prescinde do exaurimento da via administrativa.

> **Súmula STF 159.** *Cobrança excessiva, mas de boa-fé, não dá lugar às sanções do art. 1.531 do Código Civil.*

229. **(TJ/DFT/Juiz/2011)** Diz a lei civil que "aquele que demandar por dívida já paga, no todo ou em parte, sem ressalvar as quantias recebidas ou pedir mais do que for devido, ficará obrigado a pagar ao devedor, no primeiro caso, o dobro do que houver cobrado e, no segundo o equivalente do que dele exigir, salvo se houver prescrição". Dentro deste contexto, considere as proposições abaixo e assinale a correta:

a) A aplicação de penalidade do pagamento do dobro da quantia cobrada indevidamente pode ser requerida por toda e qualquer via processual, notadamente por meio de embargos à monitória.

b) Cobrança excessiva, mas de boa-fé, ainda assim confere direito à repetição em dobro, por conta da sanção imposta pelo preceptivo previsto no artigo 940 do atual Código Civil.

c) Mesmo ostentando fundamentos diferentes, o reconhecimento da litigância de má-fé em ação de cobrança importa aplicação automática da penalidade prevista no artigo 940 do CC/02.

d) A incidência da norma contida no artigo 940 do CC/02 pressupõe a cobrança judicial de dívida já paga, cabendo idêntica aplicação em cobrança de dívida forjada.

230. (Cespe/TCE/SC/Auditor/2016) De acordo com a jurisprudência do STF, a aplicação da sanção derivada da cobrança de débito já solvido na forma regulada pelo Código Civil independe da constatação de que o credor agira de má-fé com o objetivo deliberado de angariar proveito indevido.

> *Súmula STF 161. Em contrato de transporte, é inoperante a cláusula de não indenizar.*

231. (FCC/NossaCaixaDesenvolvimento/Advogado/2011) O transportador:

a) pode inserir no contrato de transporte cláusula que exclua a sua responsabilidade por danos causados às bagagens das pessoas transportadas fora das hipóteses de força maior.

b) não responde pelos danos causados às pessoas transportadas se o acidente tiver ocorrido por culpa de terceiro

c) pode inserir no contrato de transporte cláusula que exclua a sua responsabilidade por danos causados às pessoas transportadas fora das hipóteses de força maior.

d) não pode recusar passageiros, mesmo se as condições de higiene ou saúde do interessado o justificarem.

e) tem direito de retenção sobre a bagagem de passageiros e outros objetos pessoais deste, uma vez realizado o transporte, para garantir-se do pagamento do valor da passagem que não tiver sido feito no início ou durante o percurso.

232. (FCC/DPE/MA/Defensor/2015) A respeito da responsabilidade civil, é correto afirmar:

a) A cláusula penal compensatória tem a finalidade de compensar os prejuízos causados pelo atraso no cumprimento da obrigação avençada,

ao passo que a cláusula penal moratória serve como forma de pré-fixar o valor mínimo da indenização no caso de descumprimento da obrigação.

b) No contrato de transporte oneroso de pessoas, o transportador responde pelos danos causados às pessoas transportadas, mas não responde por eventuais danos causados às bagagens transportadas caso haja cláusula excludente da responsabilidade.

c) A responsabilidade extracontratual objetiva se caracteriza pela responsabilidade independentemente de ter o causador do dano agido com dolo ou culpa, razão pela qual não pode ser afastada em razão de caso fortuito ou de força maior.

d) O incapaz responde subsidiariamente pelos prejuízos que causar, somente caso seus responsáveis não tenham obrigação de fazê-lo ou não dispuserem de meios suficientes, mas a indenização deve ser fixada por equidade e não poderá privar o incapaz do necessário para a sua manutenção.

e) Nas hipóteses em que o ato ilícito retira da vítima a oportunidade de obter uma situação futura melhor, como por exemplo quando em razão do ato ilícito a vítima foi impedida de participar de um concurso público, está diante de lucros cessantes, fazendo jus a indenização no valor dos salários que a vítima receberia caso fosse aprovada no concurso.

> *Súmula STF 187. A responsabilidade contratual do transportador, pelo acidente com o passageiro, não é elidida por culpa de terceiro, contra o qual tem ação regressiva.*

233. (FCC/MPE/PB/Analista/2015) A respeito do contrato de transporte, considere:

I. O transportador responde pelos danos causados às pessoas transportadas e suas bagagens, salvo motivo de força maior, ou, então, se tal responsabilidade tiver sido excluída por cláusula contratual.

II. A responsabilidade contratual do transportador por acidente com passageiro não é elidida por culpa de terceiro, contra o qual tem ação regressiva,

III. Não se subordina às normas do contrato de transporte o feito gratuitamente, por amizade ou cortesia.

CAPÍTULO 2 - DIREITO CIVIL

STF 87

Está correto o que se afirma apenas em

a) I e II.

b) II e III.

c) I e III.

d) II.

e) I.

> **Súmula STF 188.** *O segurador tem ação regressiva contra o causador do dano, pelo que efetivamente pagou, até o limite previsto no contrato de seguro.*

234. **(FESMP/MPDFT/Promotor/2009)** Acerca dos contratos, assinale a alternativa correta.

a) A venda feita a contento do adquirente é realizada com cláusula resolutiva, isto é, não se reputará perfeita enquanto o comprador não manifestar sua satisfação com o negócio jurídico, em relação à coisa comprada, ainda que já tenha ocorrido a tradição.

b) O contrato de alienação fiduciária em garantia pode ter objeto bens móveis ou imóveis, inclusive bens que já integrava o patrimônio do devedor.

c) Se for estipulado no contrato de compra e venda cláusula de preferência, a sua inobservância acarretará, além da anulação da venda, o ressarcimento pelo comprador de perdas e danos; se o adquirente tiver procedido de má-fé, responderá solidariamente com comprador pelos danos.

d) Não é permitido que o segurado contrate pelo valor integral mais de um seguro de pessoa ou seguro de dano referente ao mesmo interesse.

e) O segurador tem ação regressiva contra o causador do dano, pelo que efetivamente pagou, por que este sub-roga se nos direitos e ações que competirem ao segurado, exceto quando o dano for causado por dolo ou culpa do cônjuge, descendente ou ascendente do segurado.

> **Súmula STF 491.** *É indenizável o acidente que cause a morte de filho menor, ainda que não exerça trabalho remunerado.*

235. **(TRT/23R/Juiz/2010)** Analise os itens abaixo e aponte a alternativa correta:

I. Havendo morte da vítima, a indenização devida a seus familiares abrangerá lucros cessantes.

II. De acordo com Súmula do STJ, o valor do seguro obrigatório deve ser deduzido da indenização judicialmente fixada.

III. Segundo Súmula do STF, é indenizável o acidente que cause a morte de filho menor, ainda que não exerça trabalho remunerado.

IV. Segundo Súmula do STF, no cálculo da indenização por acidente de trabalho, inclui-se, quando devido, o repouso semanal remunerado.

V. O segurador tem ação regressiva contra o causador do dano, pelo que efetivamente pagou, até o limite previsto no contrato.

a) Todas as proposições estão corretas.

b) As proposições II, III e IV estão corretas e as proposições I e V, incorretas.

c) As proposições I, III e IV estão corretas e as proposições II e V, incorretas.

d) As proposições I, IV e V estão corretas e as proposições II e III, incorretas.

e) As proposições I, II e III estão corretas e as proposições IV e V, incorretas.

> **Súmula STF 492.** *A empresa locadora de veículos responde, civil e solidariamente com o locatário, pelos danos por este causados a terceiro, no uso do carro locado.*

236. **(Cespe/PGM/BoaVista/Procurador/2010)** Segundo a jurisprudência sumulada do Supremo Tribunal Federal (STF), a empresa locadora de veículo não responde, nem civil nem solidariamente com o locatário, pelos danos por este causados a terceiro, no uso do carro locado.

237. **(Cespe/MPE/RO/Promotor/2013)** No que concerne à responsabilidade civil, assinale a opção correta.

a) O antigo proprietário de veículo alienado somente será solidariamente responsável por dano resultante de acidente que envolva o veículo no caso de ausência de registro da transferência.

b) Sendo objetiva a responsabilidade dos pais em relação aos filhos menores, caso um adolescente menor de dezesseis anos de idade cause, no período de aulas, dano a aluno da escola onde estuda, têm os pais o dever de indenizá-lo, isentando-se de responsabilidade a escola.

c) Para a vítima de acidente de carro provocado por motorista menor de dezoito anos de idade sem habilitação haver a indenização dos pais do motorista, basta a comprovação da culpa "in vigilando" dos pais.

d) Não havendo, entre locadora e locatário, relação de preposição, uma locadora de veículos não responde pelos danos causados pelo locatário quando da utilização de um veículo.

e) A responsabilidade do proprietário de veículo automotor é solidária à do indivíduo que tome o veículo emprestado e, conduzindo-o, cause danos a terceiros.

238. **(Cespe/DPE/TO/Defensor/2013)** Fernando ingressou, contra João e JJJ Locadora de Veículos Ltda., com ação de reparação de danos, sob o argumento de que João, conduzindo um veículo locado pela JJJ, provocou um acidente que causou a ele, Fernando, danos de ordem material e moral. A locadora possuía contrato de seguro do veículo locado. Considerando essa situação hipotética, assinale a opção correta.

a) A jurisprudência do STF entende que, em situações como essa, a responsabilidade deve recair somente sobre a locadora do veículo.

b) Qualquer dos demandados pode chamar ao processo a seguradora, para que seja responsabilizada pelos danos causados ao autor.

c) Diante da existência de um contrato de seguro, a locadora de veículos deve nomear à autoria a seguradora, para que esta assuma a condição de sujeito passivo da relação processual.

d) A JJJ Locadora de Veículos Ltda. deverá proceder à denunciação da lide à seguradora, no prazo da contestação, sob pena de preclusão.

e) A JJJ Locadora de Veículos Ltda. deverá ser excluída da relação processual por ilegitimidade passiva, devendo a responsabilidade pelos danos causados recair unicamente sobre o causador do acidente.

3.4.2. Da Indenização

> *Súmula STF 314. Na composição do dano por acidente do trabalho, ou de transporte, não é contrário à lei tomar para base da indenização o salário do tempo da perícia ou da sentença.*

Súmula anotada em Direito do trabalho – Leis Trabalhistas Especiais – Lei do Seguro de Acidente do Trabalho (Lei 6.367/76).

> *Súmula STF 490. A pensão correspondente à indenização oriunda de responsabilidade civil deve ser calculada com base no salário-mínimo vigente ao tempo da sentença e ajustar-se-á às variações ulteriores.*

⮮ Súmula não abordada em concursos recentes.

> *Súmula STF 562. Na indenização de danos materiais decorrentes de ato ilícito cabe a atualização de seu valor, utilizando-se, para esse fim, dentre outros critérios, os índices de correção monetária.*

⮮ Súmula não abordada em concursos recentes.

4. DO DIREITO DAS COISAS

4.1. Da Posse

> *Súmula STF 415. Servidão de trânsito não titulada, mas tomada permanente, sobretudo pela natureza das obras realizadas, considera-se aparente, conferindo direito a proteção possessória.*

⮮ Súmula não abordada em concursos recentes.

> *Súmula STF 487. Será deferida a posse a quem, evidentemente, tiver o domínio, se com base neste for ela disputada.*

239. **(UEG/PC/GO/Delegado/2012)** Na tutela dos direitos reais, distingue-se a proteção à posse daquela conferida especificamente ao domínio. Entretanto, admite o ordenamento jurídico brasileiro a tutela daquela com fundamento neste. Assim, considerando-se a disputa da posse com base no domínio, é correto no direito brasileiro:

a) não se deve julgar a posse em favor daquele a quem evidentemente não pertencer o domínio, em razão de dispositivo expresso de lei.

b) não provado o domínio por qualquer das partes, não há que se aplicar, em caráter absoluto, o favor do domínio evidente.

CAPÍTULO 2 - DIREITO CIVIL

STF 89

c) a ação em que o autor pleiteia a posse fundada no domínio tem natureza possessória em razão do pedido.

d) o pleito de posse fundado no domínio tem natureza petitória em razão da causa de pedir, além do pedido.

4.2. Da Propriedade

4.2.1. Da Aquisição da Propriedade Imóvel

> **Súmula STF 237.** O usucapião pode ser arguido em defesa.

240. **(Cespe/TJ/SE/Juiz/2008)** Quanto à ação de usucapião de terras particulares, assinale a opção correta.

a) A usucapião pode ser alegada como matéria de defesa em qualquer processo em que se discuta a posse ou a propriedade de bem imóvel, e em qualquer fase do processo. Nesse caso, é obrigatória a intervenção do Ministério Público no processo, como fiscal da lei, sob pena de nulidade.

b) A posse pacífica é aquela que se estende ao longo do tempo necessário, sem violência ou oposição de outrem, seja proprietário ou não do bem objeto da posse. Assim, será considerada como interrupção dessa posse, capaz de impedir a aquisição do domínio, a turbação por parte de qualquer pessoa, que obrigue o possuído ao desforço pessoal ou à ação em juízo.

c) Na usucapião, ocorre a sucessão de posses quando o titular da posse "ad usucapionem" a cede ou transfere a outra pessoa que continua a exercê-la até completar o prazo legal, exigindo-se, para se computar esse prazo, que não haja solução de continuidade entre as posses somadas e que todas sejam dotadas dos qualificativos indispensáveis à configuração da prescrição aquisitiva.

d) Na ação de usucapião, serão sempre citados, por via postal, para manifestarem interesse na causa, os representantes da fazenda pública da União, dos estados, do Distrito Federal e dos municípios. O prazo para contestar a ação conta-se da data da intimação da decisão que considera justificada a posse.

e) Os compossuidores não podem usucapir uns contra os outros, enquanto a posse for exercida conjuntamente, só podendo, portanto, usucapir em comum, pois a composse não gera a aquisição do domínio pela usucapião.

> **Súmula STF 340.** Desde a vigência do Código Civil, os bens dominicais, como os demais bens públicos, não podem ser adquiridos por usucapião.

Súmula anotada em Direito Civil – Dos bens

4.2.2. Dos Direitos de Vizinhança

> **Súmula STF 120.** Parede de tijolos de vidro translúcido pode ser levantada a menos de metro e meio do prédio vizinho, não importando servidão sobre ele.

➲ Súmula não abordada em concursos recentes.

5. DO DIREITO DE FAMÍLIA

5.1. Do Direito Pessoal

5.1.1. Da Dissolução da Sociedade e do Vínculo Conjugal

> **Súmula STF 226.** Na ação de desquite, os alimentos são devidos desde a inicial e não da data da decisão que os concede.

➲ Súmula não abordada em concursos recentes.

> **Súmula STF 305.** Acordo de desquite ratificado por ambos os cônjuges não é retratável unilateralmente.

➲ Súmula não abordada em concursos recentes.

> **Súmula STF 379.** No acordo de desquite não se admite renúncia aos alimentos, que poderão ser pleiteados ulteriormente, verificados os pressupostos legais.

➲ Súmula não abordada em concursos recentes.

5.2. Do Direito Patrimonial

5.2.1. *Regime de Bens entre os Cônjuges*

> **Súmula STF 377.** *No regime de separação legal de bens, comunicam-se os adquiridos na constância do casamento.*

241. **(FCC/PGE/SP/Procurador/2009-1)** "A" faleceu em 15 de janeiro de 2003. O inventário foi aberto em 10 de abril de 2004. Habilitaram-se à sucessão de seus bens a viúva "B", casada com o "A", sob o regime de separação convencional de bens, o filho "C", fruto do primeiro casamento do falecido com "X", e os dois filhos, "D" e "E", frutos do casamento do falecido com "B". Quem herdará os bens deixados por "A"?

a) Os filhos "D" e "E" em concorrência com a viúva "B", garantindo-se a esta última 1/3 dos bens deixados pelo de cujus.

b) O filho "C" e os filhos "D" e "E" em concorrência com a viúva "B", garantindo-se a esta última o direito ao usufruto da metade dos bens deixados pelo de cujus.

c) Os filhos "C", "D" e "E" em concorrência com a viúva "B".

d) O filho "C", os filhos "D" e "E" em concorrência com a viúva "B" e a ex-mulher "X", não habilitada, garantindo-se à viúva "B" 1/3 dos bens deixados pelo de cujus.

e) Os filhos "C", "D" e "E", garantindo-se à viúva "B" o direito ao usufruto da metade dos bens deixados pelo "de cujus".

5.3. Da União Estável

> **Súmula STF 380.** *Comprovada a existência de sociedade de fato entre os concubinos, é cabível a sua dissolução judicial, com a partilha do patrimônio adquirido pelo esforço comum.*

242. **(Cespe/MPE/RO/Promotor/2008)** Quanto ao casamento e à união estável, assinale a opção correta.

a) Na vigência do regime matrimonial, o direito à meação do cônjuge não é passível de renúncia ou cessão.

b) De acordo com entendimento do STJ, a cláusula do pacto antenupcial que exclui a comunicação dos aquestos não impede o reconhecimento de uma sociedade de fato entre marido e mulher para o efeito de dividir os bens adquiridos depois do casamento.

c) De acordo com o entendimento sumulado pelo STJ, a mulher que renunciou aos alimentos na separação judicial não tem direito à pensão previdenciária por morte do ex-marido, ainda que comprovada a necessidade econômica superveniente.

d) De acordo com jurisprudência pacificada no âmbito do STJ, na união estável a partilha de bens exige prova do esforço comum.

e) De acordo com o entendimento do STJ, a meação do cônjuge responde pelo ato ilícito ainda quando o credor, na execução fiscal, provar que o enriquecimento dele resultante não aproveitou ao casal.

> **Súmula STF 382.** *A vida em comum sob o mesmo teto, "more uxorio", não é indispensável à caracterização do concubinato.*

➲ Súmula não abordada em concursos recentes.

6. DO DIREITO DAS SUCESSÕES

6.1. Da Sucessão Testamentária

6.1.1. *Das Disposições Testamentárias*

> **Súmula STF 49.** *A cláusula de inalienabilidade inclui a incomunicabilidade dos bens.*

243. (Cespe/TCE/TO/Analista/2009) Pode o testador gravar os bens da herança ou o legado com cláusula de:

a) incomunicabilidade ou impenhorabilidade, somente se, também, gravá-los com a cláusula de inalienabilidade.

b) inalienabilidade que implicará, também, na de incomunicabilidade e de impenhorabilidade.

c) impenhorabilidade que automaticamente determinará sua inalienabilidade.

d) incomunicabilidade que, entretanto, não prevalecerá se o herdeiro ou legatário, mediante pacto antenupcial, adotar o regime da comunhão universal de bens.

e) inalienabilidade vitalícia, impedindo, também, a transmissão desses bens desembaraçados por testamento ou por sucessão legítima.

7. DAS DISPOSIÇÕES FINAIS E TRANSITÓRIAS

> *Súmula STF 122. O enfiteuta pode purgar a mora enquanto não decretado o comisso por sentença.*

↪ Súmula não abordada em concursos recentes.

> *Súmula STF 169. Depende de sentença a aplicação da pena de comisso.*

↪ Súmula não abordada em concursos recentes.

> *Súmula STF 170. É resgatável a enfiteuse instituída anteriormente à vigência do Código Civil.*

↪ Súmula não abordada em concursos recentes.

8. LEIS CIVIS ESPECIAIS

8.1. Lei de Locações (Lei 8.245/91)

8.1.1. Ação Revisional

> *Súmula STF 357. É lícita a convenção pela qual o locador renuncia, durante a vigência do contrato, à ação revisional do art. 31 do Decreto 24.150, de 20.4.34.*

↪ Súmula não abordada em concursos recentes.

8.1.2. Renovação de Contrato

> *Súmula STF 482. O locatário, que não for sucessor ou cessionário do que o precedeu na locação, não pode somar os prazos concedidos a este, para pedir a renovação do contrato, nos termos do Decreto 24.150.*

↪ Súmula não abordada em concursos recentes.

8.1.3. Retomada do Imóvel

> *Súmula STF 80. Para a retomada de prédio situado fora do domicílio do locador exige-se a prova da necessidade.*

↪ Súmula não abordada em concursos recentes.

> *Súmula STF 374. Na retomada para construção mais útil, não é necessário que a obra tenha sido ordenada pela autoridade pública.*

↪ Súmula não abordada em concursos recentes.

> *Súmula STF 409. Ao retomante, que tenha mais de um prédio alugado, cabe optar entre eles, salvo abuso de direito.*

↪ Súmula não abordada em concursos recentes.

> *Súmula STF 410. Se o locador, utilizando prédio próprio para residência ou atividade comercial, pede o imóvel locado para uso próprio, diverso do que tem o por ele ocupado, não está obrigado a provar a necessidade, que se presume.*

↪ Súmula não abordada em concursos recentes.

> *Súmula STF 481. Se a locação compreende, além do imóvel, fundo de comércio, com instalações e pertences, como no caso de teatros, cinemas e hotéis, não se aplicam ao retomante as restrições do artigo 8, "e", parágrafo único, do Decreto 24.150, de 20.04.1934.*

↪ Súmula não abordada em concursos recentes.

> *Súmula STF 483. É dispensável a prova da necessidade, na retomada do prédio situado em localidade para onde o proprietário pretende transferir residência, salvo se mantiver, também, a anterior, quando dita prova será exigida.*

↪ Súmula não abordada em concursos recentes.

Súmula STF 485. *Nas locações regidas pelo Decreto 24.150, de 20 de abril de 1934, a presunção de sinceridade do retomante é relativa, podendo ser ilidida pelo locatário.*

⮥ Súmula não abordada em concursos recentes.

Súmula STF 486. *Admite-se a retomada para sociedade da qual o locador, ou seu cônjuge, seja sócio, com participação predominante no capital social.*

⮥ Súmula não abordada em concursos recentes.

8.1.4. Outros Temas

Súmula STF 158. *Salvo estipulação contratual averbada no registro imobiliário, não responde o adquirente pelas benfeitorias do locatário.*

244. (Cespe/TJ/PB/Juiz/2015) Assinale a opção correta com relação a bens.

a) O entendimento sumulado pelo STF é no sentido de que, em regra, o adquirente de imóvel responde pelas benfeitorias realizadas pelo locatário.

b) A lei veda a instituição de bem de família por um dos cônjuges sem a outorga do outro.

c) A proteção dos bens corpóreos e dos incorpóreos pode ser realizada por meio de tutela possessória.

d) A infungibilidade de um bem pode decorrer da manifestação de vontade da parte.

e) Os produtos são acessórios produzidos com periodicidade, e sua retirada não prejudica a substância da coisa principal.

Súmula STF 411. *O locatário autorizado a ceder a locação pode sublocar o imóvel.*

⮥ Súmula não abordada em concursos recentes.

Súmula STF 442. *A inscrição do contrato de locação no registro de imóveis, para a validade da cláusula de vigência contra o adquirente do imóvel, ou perante terceiros, dispensa a transcrição no registro de títulos e documentos.*

⮥ Súmula não abordada em concursos recentes.

Súmula STF 449. *O valor da causa, na consignatória de aluguel, corresponde a uma anuidade.*

⮥ Súmula não abordada em concursos recentes.

Súmula STF 488. *A preferência a que se refere o artigo 9 da Lei 3.912, de 03.07.1961, constitui direito pessoal. Sua violação resolve-se em perdas e danos.*

⮥ Súmula não abordada em concursos recentes.

8.2. Lei de Loteamento e Venda de Terreno em Prestações (DL 58/37)

Súmula STF 166. *É inadmissível o arrependimento no compromisso de compra e venda sujeito ao regime do Dec.-Lei 58, de 10.12.1937.*

⮥ Súmula não abordada em concursos recentes.

Súmula STF 167. *Não se aplica o regime do Dec.-Lei 58, de 10.12.1937, ao compromisso de compra e venda não inscrito no registro imobiliário, salvo se o promitente vendedor se obrigou a efetuar o registro.*

⮥ Súmula não abordada em concursos recentes.

Súmula STF 168. *Para os efeitos do Dec.-Lei 58, de 10.12.1937, admite-se a inscrição imobiliária do compromisso de compra e venda no curso da ação.*

⮥ Súmula não abordada em concursos recentes.

Súmula STF 413. *O compromisso de compra e venda de imóveis, ainda que não loteados, dá direito à execução compulsória, quando reunidos os requisitos legais.*

⮥ Súmula não abordada em concursos recentes.

CAPÍTULO 3 –
DIREITO CONSTITUCIONAL

1. DOS DIREITOS E GARANTIAS FUNDAMENTAIS

1.1. Dos Direitos e Deveres Individuais e Coletivos

> *Súmula STF Vinculante 1. Ofende a garantia constitucional do ato jurídico perfeito a decisão que, sem ponderar as circunstâncias do caso concreto, desconsidera a validez e a eficácia de acordo constante de termo de adesão instituído pela Lei Complementar 110/2001.*

➲ Súmula não abordada em concursos recentes.

> *Súmula STF Vinculante 11. Só é lícito o uso de algemas em casos de resistência e de fundado receio de fuga ou de perigo à integridade física própria ou alheia, por parte do preso ou de terceiros, justificada a excepcionalidade por escrito, sob pena de responsabilidade disciplinar, civil e penal do agente ou da autoridade e de nulidade da prisão ou do ato processual a que se refere, sem prejuízo da responsabilidade civil do Estado.*

245. **(Cespe/TRE/BA/Analista/2010)** Como exemplo da vedação expressa na CF a prática da tortura e ao tratamento desumano ou degradante, o STF editou súmula vinculante proibindo totalmente a utilização das algemas pela polícia judiciária, por ser arbitrária e ofender a integridade dos custodiados.

246. **(Cespe/TCE/BA/Procurador/2010)** De acordo com enunciado de súmula vinculante do STF, é lícito, excepcionalmente, o uso de algemas em três casos básicos: resistência do preso, fundado receio de fuga e perigo à integridade física própria ou alheia por parte do preso ou de terceiros. Ainda de acordo com tal enunciado, a excepcionalidade do uso de algemas precisa ser justificada, por escrito ou oralmente, sob pena de

responsabilidade disciplinar, civil e penal do agente ou da autoridade e de nulidade da prisão ou do ato processual a que se refere, sem prejuízo de responsabilidade civil do Estado.

247. **(FGV/PC/AP/Delegado/2010)** Quando o Supremo Tribunal Federal editou a Súmula Vinculante n. 11 "Só é lícito o uso de algemas em casos de resistência e de fundado receio de fuga ou de perigo à integridade física própria ou alheia, por parte do preso ou de terceiros, justificada a excepcionalidade por escrito, sob pena de responsabilidade disciplinar, civil e penal do agente ou da autoridade e de nulidade da prisão ou do ato processual a que se refere, sem prejuízo da responsabilidade civil do Estado", o fez com base na interpretação de determinados princípios constitucionais do direito penal. Assinale qual das alternativas a seguir contém um princípio que não foi utilizado como fundamento dessa decisão.

a) "A República Federativa do Brasil, formada pela união indissolúvel dos Estados e Municípios e do Distrito Federal, constitui-se em Estado Democrático de Direito e tem como fundamentos (...) a dignidade da pessoa humana" (art. 1º, III, CF).

b) "Ninguém será privado da liberdade ou de seus bens sem o devido processo legal" (art. 5º, LIV, CF).

c) "São invioláveis a intimidade, a vida privada, a honra e a imagem das pessoas, assegurado o direito a indenização pelo dano material ou moral decorrente de sua violação" (art. 5º, X, CF).

d) "É assegurado aos presos o respeito à integridade física e moral" (art. 5º, XLIX, CF).

e) "Ninguém será submetido a tortura nem a tratamento desumano ou degradante" (art. 5º, III, CF).

248. **(MPT/Procurador/2009)** Assinale a alternativa correta, no que diz respeito às súmulas vinculantes do Supremo Tribunal Federal.

a) O cálculo de gratificações e outras vantagens do servidor público incide sobre o abono utilizado para se atingir o salário mínimo.

b) A nomeação de cônjuge, companheiro ou parente em linha reta, colateral ou por afinidade, até o terceiro grau, inclusive, da autoridade nomeante ou de servidor da mesma pessoa jurídica investido em cargo de direção, chefia ou assessoramento, ressalvado o exercício de cargo em comissão ou de confiança ou, ainda, de função gratificada na administração pública direta e indireta em qualquer dos Poderes da União, dos Estados, do Distrito Federal e dos Municípios, compreendido o ajuste mediante designações recíprocas, viola a Constituição Federal.

c) Só é lícito o uso de algemas em casos de resistência e de fundado receio de fuga ou de perigo à integridade física própria ou alheia, por parte do preso ou de terceiros, justificada a excepcionalidade por escrito, sob pena de responsabilidade disciplinar, civil e penal do agente ou da autoridade e de nulidade da prisão ou do ato processual a que se refere, sem prejuízo da responsabilidade civil do Estado.

d) A falta de defesa técnica por advogado no processo administrativo disciplinar ofende a Constituição.

e) Não respondida.

249. (Cespe/PC/AL/Agente/2012) O uso de algemas durante audiência de instrução e julgamento pode ser determinado pelo magistrado quando presentes, de maneira concreta, riscos a segurança do acusado ou das pessoas ao ato presentes.

250. (Funcab/PC/RJ/Delegado/2012) Leia as assertivas a seguir e marque a alternativa correta.

I. A fórmula-objeto de Günther Dürig é uma das construções teóricas mais convincentes para a compreensão do princípio constitucional da dignidade humana. Segundo ela, tal princípio é violado, sempre que o ser humano é reificado. Essa concepção tem influenciado a jurisprudência do STF, como se extrai concretamente da Súmula Vinculante número 11.

II. A Súmula Vinculante número 11 do STF traz como requisitos para o uso da algema: (i) a resistência; (ii) o fundado receio de fuga ou (iii) o perigo à integridade física própria ou alheia.

Seu emprego pode ser no preso ou em terceiros.

III. O uso de algema, apesar de não ser tido como excepcional, deve ser justificado por escrito, isto é, trata-se de decisão administrativa ou judicial, discricionária e motivada.

IV. Um dos efeitos da violação da Súmula Vinculante n.11 do STF é a nulidade da prisão. No entanto, esta consequência deve ser vista com cautela. Não gera ilegalidade da prisão em flagrante o fato de o condutor aplicar abusivamente a algema, restando ao caso as responsabilidades civil, penal e administrativa. Não obstante, a nulidade da prisão pode advir, por exemplo, do emprego abusivo de algema pelo Delegado de Polícia, durante o reconhecimento.

a) Apenas I e III estão corretas.

b) Apenas II e III estão corretas.

c) Apenas III e IV estão corretas.

d) Apenas I, II e IV estão corretas.

e) Apenas II, III e IV estão corretas.

251. (IBFC/PC/RJ/Papiloscopista/2014) Sobre o uso de algemas, assinale a alternativa que corresponde aos exatos termos da Súmula Vinculante editada pelo Supremo Tribunal Federal sobre o tema:

a) Só é lícito o uso de algemas em casos de resistência, de desobediência e de fundado receio de fuga ou de perigo à integridade física própria ou alheia, por parte do preso ou de terceiros, justificada a excepcionalidade por escrito, sob pena de responsabilidade disciplinar, civil e penal do agente ou da autoridade, sendo conservada a prisão ou o ato processual a que se refere, sem prejuízo da responsabilidade civil do Estado.

b) Só é lícito o uso de algemas em casos de desobediência e de fundado receio de fuga ou de perigo à integridade física própria ou alheia, por parte do preso ou de terceiros, justificada a excepcionalidade por escrito, sob pena de responsabilidade disciplinar, civil e penal do agente ou da autoridade e de nulidade da prisão ou do ato processual a que se refere, sem prejuízo da responsabilidade civil do Estado.

c) Só é lícito o uso de algemas em casos de resistência e de fundado receio de fuga ou de perigo à integridade física própria ou alheia, por parte do preso ou de terceiros, justificada a excepcionalidade por escrito, sob pena de

CAPÍTULO 3 - DIREITO CONSTITUCIONAL

responsabilidade disciplinar, civil e penal do agente ou da autoridade e de nulidade da prisão ou do ato processual a que se refere, sem prejuízo da responsabilidade civil do Estado.

d) Só é lícito o uso de algemas em casos de resistência, de desobediência e de fundado receio de fuga ou de perigo à integridade física própria ou alheia, por parte do preso ou de terceiros, justificada a excepcionalidade por escrito, sob pena de responsabilidade disciplinar, civil e penal do agente ou da autoridade e de nulidade da prisão ou do ato processual a que se refere, sem prejuízo da responsabilidade civil do Estado.

e) Só é lícito o uso de algemas em casos de resistência e de fundado receio de fuga ou de perigo à integridade física própria ou alheia, por parte do preso ou de terceiros, justificada a excepcionalidade por escrito, sob pena de responsabilidade disciplinar, civil e penal do agente ou da autoridade, sendo conservada a prisão ou o ato processual a que se refere, sem prejuízo da responsabilidade civil do Estado.

252. (Funiversa/PC/GO/Papiloscopista/2015) De acordo com as disposições constitucionais sobre as súmulas vinculantes, sobre o Poder Judiciário e sobre o CNJ, assinale a alternativa correta.

a) O mandato dos membros do CNJ possui 4 anos de duração.

b) O agente policial que descumprir a Súmula Vinculante n. 11 poderá ter seu ato questionado diretamente perante o STF por meio de reclamação constitucional.

c) A aprovação, a revisão e o cancelamento de súmula vinculante só poderão ser provocados por ministro do STF.

d) As súmulas vinculantes obrigam apenas os órgãos do Poder Executivo Federal, não se aplicando, portanto, ao Poder Judiciário, à administração indireta e aos estados e municípios.

e) A aprovação de súmula vinculante exige decisão nesse sentido por parte de apenas metade dos membros do STF.

253. (Cespe/PGM/Salvador/Procurador/2015) Acerca dos direitos e das garantias individuais previstos na CF, assinale a opção correta com base na jurisprudência do STF.

a) Em virtude do direito de reunião e do direito de livre manifestação do pensamento, os quais

devem ser garantidos a todas as pessoas, serão inconstitucionais as leis municipais que exijam comunicação prévia para a realização de reuniões em praças públicas.

b) O fato de o direito à privacidade ser assegurado a todos faz que seja inconstitucional lei municipal que determine a publicação dos nomes dos servidores do município acompanhados dos valores de seus subsídios.

c) Seria inconstitucional lei que estabelecesse limite de idade para o acesso a cargos públicos da administração pública, ainda que essa limitação fosse justificada pela natureza das atribuições do cargo.

d) De acordo com o princípio da dignidade da pessoa humana, o uso de algemas justifica-se apenas se houver resistência ou fundado receio de fuga ou de perigo à integridade física própria ou alheia, por parte do preso ou de terceiros.

e) Conforme jurisprudência do STF, desde que esteja prevista em lei nacional, será constitucional a exigência do diploma de jornalismo para o exercício dessa profissão.

254. (Cespe/MJ/Analista/2013) Segundo jurisprudência firmada pelo STF mediante aprovação de súmula vinculante acerca da matéria, somente será admissível o uso de algemas quando houver necessidade de transporte do preso para ser conduzido até delegacia, presídio ou mesmo sala de audiências, justamente pelo fato de se expor a perigo a autoridade policial, colocando em risco a sua integridade física.

> *Súmula STF Vinculante 14. É direito do defensor, no interesse do representado, ter acesso amplo aos elementos de prova que, já documentados em procedimento investigatório realizado por órgão com competência de polícia judiciária, digam respeito ao exercício do direito de defesa.*

255. (Cespe/PGE/PE/Procurador/2009) De acordo com entendimento de súmula vinculante do STF, é direito do defensor, no interesse do representado, ter acesso amplo aos elementos de prova em procedimento investigatório realizado por órgão com competência de polícia judiciária.

256. (Esaf/PFN/Procurador/2007-1) Assinale a opção correta no contexto dos direitos e das garantias fundamentais.

a) Pelo princípio da árvore dos frutos envenenados ou proibidos, a tão-só existência de prova reconhecidamente ilícita no processo basta para que a condenação seja nula, porquanto a proibição constitucional se harmoniza com a exigência de um processo contraditório, em que se assegure ampla defesa.

b) Entre as características funcionais dos direitos fundamentais encontra-se a legitimidade que conferem à ordem constitucional e o seu caráter irrenunciável e absoluto, que converge para o sentido da imutabilidade.

c) Na esfera administrativa do inquérito policial não sobressai a garantia constitucional expressa da ampla defesa e do contraditório, motivo pelo qual, visando à eficiência das investigações, e no contexto do princípio da proporcionalidade, é válida a vedação de consulta dos autos pelo defensor do indiciado, em se tratando de procedimento sigiloso.

d) A conformação constitucional do mandado de injunção tem recebido novas leituras interpretativas do Supremo Tribunal Federal, motivo pelo qual a decisão nele proferida não se encontra mais limitada à possibilidade de declaração da existência da mora legislativa para a edição da norma regulamentadora específica, sendo atualmente aceitável a possibilidade, dentro dos limites e das possibilidades do caso concreto, de uma regulação provisória pelo próprio Judiciário.

e) O direito de livre locomoção pode sofrer restrição, conforme previsto na Constituição, por meio da chamada reserva legal qualificada.

257. (FCC/DPE/RS/Defensor/2011) A respeito dos entendimentos sumulados é incorreto afirmar:

a) Para o Superior Tribunal de Justiça, inquéritos policiais e ações penais em curso não podem agravar a pena-base.

b) Segundo o Superior Tribunal de Justiça, o aumento da pena na terceira fase nas hipóteses de roubo majorado exige fundamentação concreta, não sendo suficiente a mera alusão ao número de majorantes.

c) Segundo o Supremo Tribunal Federal, a lei penal mais grave aplica-se ao crime continuado ou ao delito permanente, se sua vigência é anterior à cessação da continuidade ou da permanência.

d) De acordo com súmula vinculante do Supremo Tribunal Federal, é direito do defensor, no interesse do representado, ter acesso amplo aos elementos de prova que, já documentados em procedimento investigatório realizado por órgão com competência de polícia judiciária, digam respeito ao exercício do direito de defesa.

e) De acordo com o Superior Tribunal de Justiça, é possível aplicar ao delito de furto qualificado pelo concurso de agentes aumento idêntico ao previsto para o roubo majorado pelo concurso de agentes, visto que mais benéfico.

258. (FCC/DPE/MA/Defensor/2009) A participação de Defensor Público no inquérito policial nos casos de crimes hediondos onde há decretação de sigilo por interceptação telefônica é

a) inteiramente vedada por expressa disposição legal.

b) obrigatória para asseguramento do princípio constitucional do contraditório.

c) facultativa, se nomeado pelo juiz para acompanhar as investigações.

d) direito do investigado, se requerer ao Delegado de Polícia a nomeação de defensor.

e) direito do indiciado solicitar intervenção diretamente à Defensoria Pública.

259. (FGV/OAB/2011-2) Tendo em vista o enunciado da súmula vinculante n. 14 do Supremo Tribunal Federal, quanto ao sigilo do inquérito policial, é correto afirmar que a autoridade policial poderá negar ao advogado

a) a vista dos autos, sempre que entender pertinente.

b) a vista dos autos, somente quando o suspeito tiver sido indiciado formalmente.

c) do indiciado que esteja atuando com procuração o acesso aos depoimentos prestados pelas vítimas, se entender pertinente.

d) o acesso aos elementos de prova que ainda não tenham sido documentados no procedimento investigatório.

260. (FGV/Sefaz/RJ/AuditorFiscal/2009) A respeito da função de fiscalização exercida pelo fiscal de rendas do Estado do Rio de Janeiro, assinale a alternativa correta.

a) Na qualidade de autoridade administrativa, ao fiscal de rendas é facultado adentrar a casa de sujeito passivo de obrigação tributária para apreender livros fiscais e comerciais.

CAPÍTULO 3 -DIREITO CONSTITUCIONAL

b) Aplica-se a súmula vinculante n. 14 do STF, que garante ao defensor amplo acesso aos elementos de prova documentados em procedimento investigatório realizado por órgão de competência de polícia judiciária, nas atividades de fiscalização do fiscal de rendas.

c) O ajuizamento de ação penal sobre determinado fato, objeto de fiscalização pelo fiscal de rendas, determina a imediata cessação da atividade fiscalizatória pela autoridade administrativa.

d) O fiscal de rendas pode realizar interceptação telefônica, desde que haja a devida motivação no processo fiscalizatório.

e) A omissão injustificada do fiscal de rendas em fiscalizar caracteriza abuso de poder.

261. (FGV/OAB//2011-1) Hércules, advogado recém-formado, é procurado por familiares de uma pessoa que descobriu, por vias transversas, estar sendo investigada em processo sigiloso, mas não tem ciência do objeto da investigação. Sem portar instrumento de procuração, dirige-se ao órgão investigador competente para obter informações, identificando-se como advogado do investigado. A autoridade competente, em decisão escrita, indefere o postulado, por estar ausente o instrumento do mandato e, ainda, ser a investigação sigilosa. Diante dessas circunstâncias, à luz da legislação aplicável, é correto afirmar que:

a) o acesso a processo sigiloso é possível aos advogados somente quando requeiram a prática de ato.

b) o acesso dos advogados dos interessados a processos sigilosos romperia com a proteção que eles mereceriam.

c) o processo sigiloso é acessível a advogado portando instrumento de mandato.

d) mesmo sem urgência, a atuação do advogado poderia ocorrer, sem mandato, em processo sigiloso.

262. (MPE/SP/Promotor/2010) Assinale a afirmativa incorreta, em relação ao inquérito policial:

a) nos crimes de ação penal privada, a autoridade policial somente pode instaurar o inquérito policial a requerimento do ofendido.

b) o inquérito policial é imprescindível para instruir o oferecimento da denúncia.

c) a autoridade policial não pode determinar o arquivamento do inquérito policial.

d) a autoridade policial pode indeferir o pedido de instauração de inquérito policial feito pelo ofendido.

e) segundo entendimento do Supremo Tribunal Federal, consolidado em Súmula Vinculante, o defensor do investigado pode ter acesso aos elementos de convencimento já documentados em procedimento investigatório realizado por órgão da polícia judiciária, desde que digam respeito ao exercício da defesa e no interesse do seu representado.

263. (UFRJ/NCE/PC/DF/Delegado/2005) De acordo com a recente orientação jurisprudencial do Supremo Tribunal Federal sobre a possibilidade de decretação do sigilo do inquérito policial, assinale a alternativa correta:

a) é possível a decretação alcançando o investigado e seu defensor, tendo em conta a supremacia do interesse público.

b) é possível a decretação alcançando o investigado, tendo em conta a supremacia do interesse público.

c) não é possível a decretação, sendo toda forma de sigilo abolida pela Constituição da República.

d) é possível a decretação alcançando o investigado e seu defensor, por força do art. 20 do Código de Processo Penal.

e) não é possível a decretação alcançando o defensor, por força dos arts. 5º, LXIII, CRFB, e 7º, XIV da Lei 8.906/94.

264. (FCC/TJ/PE/Juiz/2013) Em relação ao inquérito policial, é correto afirmar que:

a) uma vez relatado o inquérito policial, não poderá ser devolvido à autoridade policial, a requerimento do Ministério Público.

b) o sigilo total do inquérito policial pode ser oposto ao indiciado, de acordo com entendimento sumulado do Supremo Tribunal Federal.

c) depois de ordenado seu arquivamento pela autoridade judiciária, por falta de base para a denúncia, a autoridade policial poderá proceder a novas pesquisas, se de outras provas tiver notícia.

d) nos crimes de ação penal privada, a autoridade policial pode iniciar o inquérito policial mediante notícia de crime formulada por qualquer do povo.

e) a autoridade policial poderá mandar arquivar autos de inquérito, quando se convencer acerca da atipicidade da conduta investigada.

265. (Vunesp/MP/ES/Promotor/2013) Considerando o teor da Súmula vinculante n. 14 do Supremo Tribunal Federal, no que diz respeito ao sigilo do inquérito policial, é correto afirmar que a autoridade policial

a) não poderá, em hipótese alguma, negar vista ao advogado, com procuração com poderes específicos, dos dados probatórios formalmente anexados nos autos.

b) não poderá negar vista dos autos de inquérito policial ao advogado, entretanto a extração de cópias reprográficas fica vedada.

c) poderá negar vista dos autos ao advogado caso os elementos de prova do procedimento investigatório sejam sigilosos para a defesa.

d) poderá negar vista dos autos ao advogado caso haja no procedimento investigatório quebra de sigilo bancário ou degravação de conversas decorrentes de interceptação telefônica.

e) poderá negar vista dos autos ao advogado sempre que entender pertinente para o bom andamento das investigações.

266. (PGR/Procurador/2015) Assinale a alternativa integralmente correta:

I. Formulado o pedido judicial de arquivamento pelo Ministério Público Federal a partir de noticia criminal trazida a seu conhecimento por terceira pessoa, é possível o ajuizamento de ação penal subsidiaria da pública pelos mesmos fatos enquanto não houver decisão judicial a respeito da manifestação de arquivamento. Após a decisão judicial, resta inviável a ação penal subsidiária.

II. É correto afirmar que a eventual ausência de acusação em detrimento de determinada pessoa ou por determinado fato não implica seja tido o ato como implícito pleito de arquivamento, pois, em matéria de ação penal pública, reclama-se o expresso pedido de arquivamento formulado pelo titular da ação penal.

III. O instituto do "venire contra factum proprium" não é admitido pela jurisprudência no âmbito do processo penal brasileiro.

IV. No inquérito policial, há se atentar tanto para o princípio da ampla defesa, nos moldes da Súmula Vinculante n. 14, STF, bem como ao contraditório. E, quanto a este, não há se falar na sua incidência em prol do Ministério Público na ação penal, pois se trata de princípio garantista destinado a defesa.

Diante das assertivas acima, é devido afirmar que:

a) Apenas a assertiva II está correta e as demais estão incorretas.

b) Apenas as assertivas I e II estão corretas e as demais, incorretas.

c) As assertivas II, III e IV estão corretas e a assertiva I está incorreta

d) Nenhuma das respostas.

267. (MPE/SC/Promotor/2014) Trata-se de Súmula Vinculante do STF: É direito do defensor, no interesse do representado, ter acesso amplo aos elementos de prova que, já documentados em procedimento investigatório realizado por órgão com competência de polícia judiciária, digam respeito ao exercício do direito de defesa.

> *Súmula STF Vinculante 21. É inconstitucional a exigência de depósito ou arrolamento prévios de dinheiro ou bens para admissibilidade de recurso administrativo.*

Súmula anotada em Direito Administrativo – Atos Administrativos – Processo Administrativo – Recurso Administrativo.

> *Súmula STF Vinculante 25. É ilícita a prisão civil de depositário infiel, qualquer que seja a modalidade do depósito.*

268. (Cespe/TRF/5R/Juiz/2007) O STF, em sua mais nova composição, reavaliando a constitucionalidade da prisão civil no ordenamento jurídico pátrio, ratificou a posição até então adotada pela corte no sentido de ser a constrição plenamente cabível à luz da Constituição Federal – seja em decorrência de inadimplemento da prestação alimentícia, seja em razão do depósito infiel e até mesmo da alienação fiduciária convertida em depósito – porque o Pacto de San José tem status de legislação ordinária, inábil, pois, para reformar o paradigma constitucional.

269. (Esaf/MTE/Auditor/2010) Assinale a opção incorreta.

a) A ideia de certo nível de desterritorialização dos direitos humanos está presente tanto na

Convenção Americana de Direitos Humanos quanto na Declaração Universal dos Direitos Humanos porque, no primeiro caso, considera-se explicitamente que os direitos essenciais da pessoa humana não derivam do fato de ser ela nacional de determinado Estado e, no segundo, há previsão de que todo indivíduo tem direito em todo lugar ao reconhecimento da sua personalidade jurídica.

b) Nos termos do entendimento firmado pelo Supremo Tribunal Federal, a Convenção Americana sobre Direitos Humanos, ratificada pelo Brasil, possui status supralegal, formal e materialmente, e suas normas devem ser projetadas sobre as relações jurídicas com efeitos "ex tunc".

c) O Supremo Tribunal Federal no Brasil assentou o entendimento, inspirado nos termos da Convenção Americana de Direitos Humanos, de que é ilícita a prisão civil de depositário infiel, qualquer que seja a modalidade de depósito.

d) Segundo consta na Convenção Americana de Direitos Humanos, ninguém deve ser constrangido a executar trabalho forçado ou obrigatório, mas isto não significa, ainda nos termos da convenção, que esteja vedada a pena privativa de liberdade acompanhada de trabalhos forçados, embora a pena do trabalho forçado não deva, na sua execução, afetar a dignidade do condenado, e tampouco a sua capacidade física e intelectual.

e) A Convenção Americana sobre Direitos Humanos prevê, como um dos órgãos competentes para conhecer de assuntos relacionados com o cumprimento dos compromissos assumidos pelos Estados-partes, a Corte Interamericana de Direitos Humanos, que, como regra, não deve ter, em sua composição, dois juízes da mesma nacionalidade.

270. (TRT/15R/Juiz/2010) Observadas as normas constitucionais e a jurisprudência do Supremo Tribunal Federal, assinale a alternativa correta:

a) compete ao TST julgar o conflito de competência em matéria trabalhista envolvendo um juiz de direito e um TRT.

b) após a Emenda Constitucional 45; compete à Justiça do Trabalho julgar os crimes contra a organização do trabalho.

c) compete à Justiça do Trabalho julgar os interditos proibitórios propostos pelos empregadores em decorrência do exercício do direito de greve.

d) compete à Justiça do Trabalho julgar pedidos de indenização por dano moral apenas nas relações de trabalho regidas pela CLT.

e) com o advento da Súmula Vinculante 25, vedando a prisão do depositário infiel em qualquer modalidade, foi alterada a competência material para expedir mandado de prisão.

271. (PGE/RO/Procurador/2011) A prisão civil do inadimplente em se tratando de alienação fiduciária em garantia:

a) nunca foi admitida pelo Supremo Tribunal Federal, porquanto sempre se reconheceu a inconstitucionalidade superveniente do Decreto-Lei n. 911/69.

b) é possível, haja vista que a Constituição Federal de forma expressa equipara o alienante fiduciário à figura do depositário infiel, conforme sedimentado pela Súmula Vinculante n. 25.

c) não é mais admissível em razão de entendimento sumulado de forma vinculante pelo Supremo Tribunal Federal.

d) é admitida pelo Supremo Tribunal Federal, haja vista que o Decreto-Lei n. 911/69 não pode ser oposto ao texto expresso da Constituição Federal que admite a responsabilidade corporal do depositário infiel.

e) é possível, haja vista a recepção do disposto no Decreto-Lei n. 911/69, o qual equipara o devedor à figura do depositário infiel, conforme entendimento sumulado pelo Supremo Tribunal Federal.

272. (Cespe/DPE/SE/Defensor/2012) Relativamente ao entendimento do STF e do STJ acerca dos direitos humanos, assinale a opção correta.

a) Nos termos da jurisprudência do STF, os tratados internacionais sobre direitos humanos aprovados antes da reforma constitucional promovida pela Emenda Constitucional n. 45/2004 têm força de lei ordinária e os aprovados depois da referida emenda têm força, sempre, de norma supralegal.

b) A despeito do previsto no Pacto de São José da Costa Rica, a prisão civil do depositário infiel é admitida pelo STF, conforme Súmula n. 619/STF, segundo a qual a prisão do depositário judicial pode ser decretada no próprio processo em que se constitui o encargo, independentemente da propositura de ação de depósito.

c) Ao qualificar os tratados internacionais como normas supralegais, o STF admite que tais acordos estão além do direito positivo, sobrepondo-se e servindo de paradigma a todas as normas do ordenamento jurídico brasileiro.

d) De acordo com precedentes do STF, os programas nacionais de direitos humanos, dada a sua natureza jurídica, têm a mesma força normativa dos tratados internacionais sobre direitos humanos, aprovados pelo Congresso Nacional.

e) Conforme a jurisprudência do STJ, o Poder Judiciário, em regra, deve limitar-se à verificação da legalidade do procedimento que tenha culminado em decisão do CONARE relativa ao indeferimento de refúgio de estrangeiro.

273. (Cespe/CâmaraDeputados/Analista/2014) De acordo com o entendimento sumulado do STF, é inadmissível a prisão em razão da infidelidade depositária decorrente de depósito voluntário (convencional), mas se admite a prisão decorrente de depósito judicial.

274. (IBFC/PC/RJ/Papiloscopista/2014) O Supremo Tribunal Federal editou a Súmula Vinculante n. 25, reconhecendo como ilícita a prisão do depositário infiel, qualquer que seja a modalidade do depósito. No julgamento, o STF considerou que o artigo 5º, inciso XLVII, da Constituição Federal perdeu aplicação prática, uma vez que a prisão nesse caso não decorre do texto constitucional, mas de norma infraconstitucional, que lhe dava aplicação prática. Considerando que esta norma contraria tratado internacional de direitos humanos, de natureza supralegal, não há como persistir com a referida modalidade de prisão civil no ordenamento jurídico. Desta forma, pode-se dizer que o STF entendeu que o artigo 5º, inciso XLVII, da Constituição Federal é uma norma de:

a) Eficácia plena.

b) Eficácia contida.

c) Eficácia limitada de princípio programático.

d) Eficácia limitada de princípio institutivo.

e) Eficácia exaurida.

275. (FMP/TJ/MT/Juiz/2014) A respeito do "habeas corpus", assinale a alternativa correta.

a) Tem como fundamento a existência de qualquer violação de direito fundamental por parte do paciente.

b) A competência para o julgamento de "habeas corpus" pode ser determinada, em alguns casos, em razão daquele que figura como paciente.

c) É cabível a ordem, sempre que houver limitação da liberdade de locomoção, inclusive nos casos de punições disciplinares militares.

d) Em razão da abolição da prisão civil nos casos de depositário infiel por parte da Súmula Vinculante n. 25, não cabe "habeas corpus" em varas cíveis.

e) Se o "habeas corpus" é concedido em momento anterior à violação de liberdade, ele é denominado repressivo.

276. (FCC/TJ/AP/Juiz/2014) Justinianus, Juiz de Direito do primeiro grau de jurisdição, possui o entendimento de que é lícita a prisão civil do depositário infiel e, por isso, todas as vezes que um caso sobre a referida matéria é objeto de sua análise, determina que seja efetuada a prisão, qualquer que seja a modalidade do depósito. Justinianus fundamenta suas decisões em dispositivo da Constituição da República o qual expressamente prevê que "não haverá prisão civil por dívida, salvo a do responsável pelo inadimplemento voluntário e inescusável de obrigação alimentícia e a do depositário infiel". Nesta hipótese:

a) o Supremo Tribunal Federal não pode cassar todas as decisões prolatadas por Justinianus, na medida em que a súmula vinculante relacionada a esta matéria prevê a ilicitude da prisão do depositário infiel apenas para algumas modalidades de depósito.

b) as decisões de Justinianus obedecem ao princípio hermenêutico da força normativa da Constituição e, como consequência, enquanto a Constituição da República não for reformada para proibir a prisão do depositário infiel, os juízes de primeiro grau estão obrigados a aplicar esta medida.

c) as decisões judiciais que possibilitam a prisão do depositário infiel podem ser anuladas pelo Conselho Nacional de Justiça, pois violam matéria de Tratado Internacional de Direitos Humanos ratificado pelo Brasil.

d) cabe reclamação ao Supremo Tribunal Federal, na medida em que as decisões judiciais que

CAPÍTULO 3 - DIREITO CONSTITUCIONAL

possibilitam a prisão do depositário infiel contrariam súmula vinculante.

e) a determinação da prisão civil do depositário infiel é compatível com a Constituição da República e não poderá ser reformada pelo Supremo Tribunal Federal com base em matéria de Tratado Internacional de Direitos Humanos ratificado pelo Brasil, sob pena de violação da soberania brasileira.

277. (Vunesp/PC/SP/Investigador/2014) Recentemente, por meio de súmula vinculante, o Supremo Tribunal Federal aplicou ao direito brasileiro as disposições da Convenção Americana de Direitos Humanos (Pacto de San José da Costa Rica), entendendo que essa Convenção considera ilícito(a).

a) a prisão de depositário infiel.

b) o nepotismo.

c) alguém culpado antes do trânsito em julgado de sentença penal condenatória

d) a elevação da idade mínima para que alguém possa responder por crime.

e) toda e qualquer prisão civil por dívida.

278. (DPE/PE/Estágio/2015) A prisão civil somente é admitida, à luz da Constituição Federal, do Pacto de San José da Costa Rica e da Súmula Vinculante n. 25 do Supremo Tribunal Federal, nos casos de:

a) Devedores contumazes.

b) Depositários infiéis

c) Devedores de pensão alimentícia e de depositários infiéis

d) Devedor voluntário e inescusável de pensão alimentícia

e) Devedor voluntário e escusável de pensão alimentícia.

279. (UFRJ/UFRJ/Assistente/2015) No que tange à disciplina constitucional das penas, assinale a resposta correta.

a) O princípio do devido legal substantivo impede que o direito brasileiro admita as penas de perdimento de bens.

b) Quando a lei admitir a liberdade provisória, com ou sem fiança, caberá ao juiz competente relaxar a prisão decretada.

c) O direito brasileiro não está autorizado a prever hipóteses em que o civilmente identificado seja constrangido ao processo datiloscópico

d) Consoante jurisprudência do STF, haverá prisão civil por dívida exclusivamente no caso do devedor voluntário e inescusável de alimentos

e) A possibilidade de extensão e execução da obrigação civil "ex delicto" aos sucessores constitui uma exceção ao princípio da pessoalidade das penas.

280. (Funiversa/PC/DF/Perito/2015) Acerca dos direitos e deveres individuais e coletivos e dos direitos políticos, assinale a alternativa correta.

a) O voto é proibido para os analfabetos.

b) Conforme a Constituição Federal de 1988 (CF), são inelegíveis, no território de jurisdição do titular, o cônjuge e os parentes consanguíneos ou afins, até o segundo grau ou por adoção, de governador(a) de estado. Entretanto, em se tratando de norma restritiva do direito de ser eleito, o Supremo Tribunal Federal (STF) entende que a proibição não se estende ao companheiro ou à companheira do governador(a).

c) É ilícita a prisão civil de depositário infiel em qualquer modalidade de depósito.

d) De acordo com a CF, a tortura é crime imprescritível.

e) Os servidores públicos não possuem direito à greve garantido explicitamente na CF, embora esse direito tenha surgido, ao longo do tempo, a partir de construção jurisprudencial.

> *Súmula STF Vinculante 28. É inconstitucional a exigência de depósito prévio como requisito de admissibilidade de ação judicial na qual se pretenda discutir a exigibilidade de crédito tributário.*

281. (Cetro/TJ/RJ/Cartórios/2012) Acerca das discussões no STF sobre constitucionalidade no âmbito tributário, analise as assertivas abaixo. É correto o que se afirma em:

I. É inconstitucional a incidência do Imposto sobre Serviços de Qualquer Natureza (ISS) sobre operações de locação de bens móveis.

II. É constitucional a adoção, no cálculo do valor de taxa, de um ou mais elementos da base de cálculo própria de determinado imposto, desde que não haja integral identidade entre uma base e outra.

III. É inconstitucional a exigência de depósito prévio como requisito de admissibilidade de ação judicial na qual se pretenda discutir a exigibilidade de crédito tributário.

a) I, apenas.

b) I e II, apenas.

c) II, apenas.

d) I, II e III.

e) III, apenas.

282. (FGV/OAB//2011-1) José dos Anjos ajuíza ação anulatória de débito fiscal após realizar depósito do montante integral do crédito que busca a anulação. Nesse sentido, é correto afirmar que:

a) o depósito prévio do montante integral é requisito de admissibilidade da ação ajuizada por José dos Anjos.

b) o depósito do montante objeto de discussão judicial poderá ser levantado caso José dos Santos tenha seu pedido julgado procedente perante o juízo de primeiro grau.

c) o depósito prévio do montante integral produz os efeitos de impedir a propositura da execução fiscal, bem como evita a fluência dos juros e a imposição de multa.

d) caso o contribuinte saia vencido, caberá à Fazenda promover execução fiscal para fins de receber o crédito que lhe é devido.

283. (Vunesp/TJ/RJ/Juiz/2013) Celestino, inconformado com o valor do Imposto Predial e Territorial Urbano (IPTU) que foi notificado a pagar, e não pagou, promoveu ação anulatória do ato declarativo da dívida, sem proceder, contudo, ao depósito preparatório do valor do débito, monetariamente corrigido e acrescido dos juros e multa e demais encargos, conforme determina a lei que trata da execução fiscal. A Fazenda Pública Municipal contestou, alegando que o feito é de ser extinto diante do descumprimento da exigência legal. Nesse caso, o juiz deve

a) estipular o prazo de 5 dias para que o autor efetue o depósito e, uma vez promovido, dar regular processamento ao feito ou, extingui-lo, caso o depósito não seja realizado.

b) extinguir o feito em razão da expressa determinação da lei que exige o depósito prévio para esse tipo de ação.

c) dar regular andamento ao feito por ser inconstitucional a exigência de depósito prévio como requisito de admissibilidade de ação na qual se pretenda discutir a exigibilidade de crédito tributário.

d) extinguir o feito por ser desprovido de utilidade, haja vista que a ausência do depósito impede a suspensão da exigibilidade do crédito.

> **Súmula STF 654.** *A garantia da irretroatividade da lei, prevista no art. 5º, XXXVI, da Constituição da República, não é invocável pela entidade estatal que a tenha editado.*

284. (Esaf/RFB/Analista/2009) Sobre os direitos e deveres individuais e coletivos, assinale a única opção correta.

a) O defensor do indiciado não tem acesso aos elementos de prova já documentados em procedimento investigatório realizado pela polícia judiciária.

b) A garantia da irretroatividade da lei, prevista no texto constitucional, não é invocável pela entidade estatal que a tenha editado.

c) A casa é asilo inviolável do indivíduo, ninguém nela podendo penetrar sem consentimento do morador, salvo em caso de flagrante delito ou desastre, ou para prestar socorro, ou, durante o dia, por determinação judicial ou da autoridade policial competente.

d) Todos podem reunir-se pacificamente, sem armas, em locais abertos ao público, desde que não frustrem outra reunião anteriormente convocada para o mesmo local, sendo exigida, no entanto, autorização prévia da autoridade competente.

e) Segundo entendimento atual do Supremo Tribunal Federal, a prisão civil por dívida pode ser determinada em caso de descumprimento voluntário e inescusável de prestação alimentícia e também na hipótese de depositário infiel.

285. (FCC/PGM/Campinas/Procurador/2016) Determinado município editou lei estendendo um dado benefício a servidores inativos, incluindo os que, no dia em que se iniciou a vigência da lei, já se encontrassem nessa condição. Posteriormente, a Procuradoria do Município contestou a constitucionalidade da lei, afirmando que esta feriria a garantia da irretroatividade. De acordo com Súmula do Supremo Tribunal Federal,

CAPÍTULO 3 -DIREITO CONSTITUCIONAL

STF 103

a) em caso de conflito de leis no tempo, aplica-se ao servidor público a lei mais benéfica.

b) o efeito retroativo é expressamente proibido pela Lei de Introdução às Normas do Direito Brasileiro.

c) a garantia da irretroatividade da lei não é invocável pela entidade estatal que a tenha editado.

d) a garantia da irretroatividade cede às normas de ordem pública.

e) o efeito retroativo apenas é admitido em matéria de meio ambiente.

1.2. Dos Direitos Políticos

Súmula STF Vinculante 18. A dissolução da sociedade ou do vínculo conjugal, no curso do mandato, não afasta a inelegibilidade prevista no § 7º do artigo 14 da Constituição Federal.

286. **(UFPR/DPE/PR/Defensor/2014)** A respeito dos direitos fundamentais, em face da Constituição Federal e do entendimento do Supremo Tribunal Federal, é correto afirmar:

a) Quanto à inelegibilidade por motivo de parentesco, pode-se afirmar que o divórcio do casal, no curso do mandato de um dos cônjuges, afasta a inelegibilidade constitucional, permitindo que o ex-cônjuge possa se candidatar nas eleições seguintes.

b) A regra da verticalização das coligações partidárias foi criada pelo Tribunal Superior Eleitoral, mas foi afastada pela EC 52/06, permitindo, assim, a escolha de coligações eleitorais pelos partidos políticos sem obrigatoriedade de vinculação entre candidaturas de âmbito nacional, estadual, distrital ou municipal, sendo regra aplicada nas eleições de 2006, conforme decisão do Supremo Tribunal Federal.

c) No que tange à liberdade de manifestação do pensamento, o Supremo Tribunal Federal entendeu inconstitucional a denominada "marcha da maconha", por constituir esta não propriamente um tema da liberdade de manifestação do pensamento, diante de sua proibição legal no âmbito penal.

d) Conforme previsão constitucional, um Governador de um estado da federação, mesmo no exercício de segundo mandato no cargo, pode se candidatar a cargo diverso, devendo, para

tanto, renunciar ao respectivo mandato seis meses antes do pleito.

e) O entendimento jurisprudencial é de que a norma constitucional que assegura aos idosos, maiores de 65 anos, a gratuidade dos transportes coletivos urbanos e semi-urbanos é uma norma constitucional de eficácia limitada, diante do caráter programático das normas que compõem a Ordem Social no texto constitucional de 1988.

287. **(Cespe/TRE/ES/Analista/2011)** Tanto a simulação quanto o desfazimento de vínculo conjugal ou de união estável com o intuito de evitar caracterização de inelegibilidade, assim reconhecidos por órgão judicial colegiado, geram o reconhecimento de inelegibilidade para qualquer cargo.

288. **(PUC-PR/TJ/MS/Juiz/2012)** Considere as assertivas a seguir sobre as inelegibilidades:

I. Segundo o entendimento do Supremo Tribunal Federal, a Lei da "Ficha Limpa" é compatível com a Constituição, mas não pode ser aplicada a atos e fatos ocorridos anteriormente à edição da Lei Complementar 135/2010 em razão do princípio da presunção da inocência.

II. São inelegíveis por 8 anos, a contar da decisão administrativa aqueles que tiverem suas contas relativas ao exercício de cargos ou funções públicas rejeitadas por irregularidades sanáveis ou insanáveis que configurem atos dolosos de improbidade administrativa e por decisão irrecorrível do órgão competente, salvo se houver sido suspensa ou anulada pelo próprio órgão prolator ou pelo Poder Judiciário.

III. São inelegíveis, por 8 anos, os magistrados e os membros de Ministério Público que forem aposentados compulsoriamente por decisão sancionatórias, que tenham perdido o cargo por sentença ou que tenham pedido exoneração ou aposentadoria voluntária na pendência de processo administrativo disciplinar.

IV. São inelegíveis pelo prazo de 8 anos, contados da decisão, os que forem condenados em decisão transitada em julgado ou proferida por órgão judicial colegiado, em razão de terem desfeito o vínculo conjugal ou de união estável para evitar a caracterização de inelegibilidade.

Está(ão) correta(s):

a) apenas as assertivas II, III e IV.
b) apenas as assertivas I e IV.
c) apenas as assertivas III e IV.
d) apenas as assertivas I, II e III.
e) todas as assertivas.

289. (Cespe/TJ/DFT/Juiz/2014) Considere que Tino, casado com Rita, esteja no exercício de seu segundo mandato consecutivo de prefeito do município Y e que o casal se divorcie durante o segundo mandato. Nessa situação, consoante entendimento jurisprudencial do STF e do TSE acerca das hipóteses de inelegibilidade, caso Rita decida candidatar-se, na eleição imediatamente posterior ao segundo mandato de Tino, ao mesmo cargo no mesmo município, ela será considerada

a) elegível, desde que comprove que não receberá, em sua campanha, apoio político do ex-marido.
b) inelegível, salvo se Tino se desincompatibilizar no prazo legal.
c) elegível, dado o divórcio ter ocorrido durante o segundo mandato.
d) inelegível, uma vez que o divórcio não afasta a inelegibilidade.
e) elegível, dada a ausência de hipótese de inelegibilidade.

290. (Cespe/TJ/DFT/Juiz/2016) Considerando as interpretações doutrinárias e jurisprudenciais conferidas às normas constitucionais referentes aos direitos políticos, assinale a opção correta.

a) Os direitos políticos insculpidos na Constituição possuem eficácia limitada, ante a necessidade da edição de legislação infraconstitucional para concretizá-los.
b) A dissolução da sociedade conjugal no curso do mandato eletivo de governador de Estado implica a inelegibilidade de sua ex-cônjuge para o cargo de deputado estadual na mesma unidade da Federação para o pleito subsequente.
c) O governador do Distrito Federal que pretende se candidatar ao cargo de deputado federal no pleito subsequente não precisa se desincompatibilizar do cargo que atualmente ocupa, uma vez que tal exigência constitucional aplica-se apenas quando o novo cargo almejado é disputado mediante eleição majoritária.
d) O cidadão naturalizado brasileiro poderá ocupar os cargos eletivos de deputado federal e de governador do Distrito Federal, mas não poderá ser eleito senador ou vice-presidente, diante de vedação constitucional.
e) A capacidade eleitoral passiva limita-se às restrições que estão expressamente veiculadas na CF e a nenhum outro dispositivo legal.

2. DA ORGANIZAÇÃO DO ESTADO

2.1. Da União

> *Súmula STF Vinculante 2. É inconstitucional a lei ou ato normativo estadual ou distrital que disponha sobre sistemas de consórcios e sorteios, inclusive bingos e loterias.*

291. (Cespe/STJ/Analista/2008) Pedro, servidor público, e seu filho, de 17 anos de idade, fizeram apostas em um bingo que se encontra em funcionamento em sua cidade amparado por uma lei estadual. A respeito dessa situação hipotética e da organização do Estado, julgue: a mencionada lei estadual não contraria a jurisprudência do STF.

292. (Cespe/STF/Analista/2008) O DF, por deter competência normativa relativa aos estados e municípios, poderá, legitimamente, editar ato normativo que disponha sobre sistemas de consórcios e sorteios.

> *Súmula STF Vinculante 39. Compete privativamente à União legislar sobre vencimentos dos membros das polícias civil e militar e do corpo de bombeiros militar do Distrito Federal.*

293. (Esaf/RFB/Analista/2009) Sobre as competências da União, Estados, Distrito Federal e Municípios, assinale a única opção correta.

a) Compete privativamente à União legislar sobre vencimentos dos membros das polícias civil e militar do Distrito Federal.
b) Compete privativamente à União legislar sobre direito econômico.
c) Compete à União, aos Estados e ao Distrito Federal legislar concorrentemente sobre trânsito e transporte.
d) Compete ao Município decretar o estado de sítio.

CAPÍTULO 3 - DIREITO CONSTITUCIONAL

STF 105

e) É constitucional a lei ou ato normativo estadual ou distrital que disponha sobre sistemas de consórcios e sorteios, inclusive bingos e loterias.

294. (Serctam/PGM/Quixadá/Advogado/2016) Segundo o entendimento sumulado do Supremo Tribunal Federal:

a) só por decreto se pode sujeitar a exame psicotécnico a habilitação de candidato a cargo público.

b) compete privativamente à União legislar sobre vencimentos dos membros das polícias civil e militar e do corpo de bombeiros militar do Distrito Federal.

c) compete privativamente à União legislar sobre vencimentos dos membros da Procuradoria Geral do Distrito Federal.

d) a nomeação de cônjuge, companheiro ou parente em linha reta, colateral ou por afinidade, até o quarto grau, para o exercício de cargo em comissão ou de confiança na administração pública direta e indireta, viola a Constituição Federal.

e) compete privativamente ao Distrito Federal legislar sobre vencimentos dos membros da Ministério Público do Distrito Federal.

> *Súmula STF Vinculante 46. A definição dos crimes de responsabilidade e o estabelecimento das respectivas normas de processo e julgamento são da competência legislativa privativa da União.*

295. (Vunesp/TJM/SP/Juiz/2016) A definição das condutas típicas configuradoras do crime de responsabilidade e o estabelecimento de regras que disciplinem o processo e o julgamento de agentes públicos federais, estaduais ou municipais envolvidos, conforme jurisprudência do Supremo Tribunal Federal, são de

a) competência legislativa privativa da União.

b) competência comum de União, Estados, Municípios e Distrito Federal, cabendo à lei complementar fixar normas sobre cooperação na matéria.

c) competência legislativa comum a todos os entes federativos e competência material da União.

d) competência concorrente entre União, Estados e Distrito Federal, limitando-se a União a estabelecer normas gerais.

e) competência reservada aos Estados, por não constar a matéria do rol de competências exclusivas ou privativas da União.

3. DA ORGANIZAÇÃO DOS PODERES

3.1. Do Poder Legislativo

3.1.1. Dos Deputados e dos Senadores

> *Súmula STF 245. A imunidade parlamentar não se estende ao corréu sem essa prerrogativa.*

296. (Cespe/AL/ES/Procurador/2011) Considerando como referência inicial o fato de que enunciado da Súmula 3 do STF dispõe que a imunidade concedida a deputados estaduais é restrita à justiça do estado, assinale a opção correta.

a) A imunidade parlamentar estende-se a corréus sem essa prerrogativa.

b) A imunidade parlamentar, de natureza formal, exclui o crime.

c) A cláusula de inviolabilidade constitucional, que impede a responsabilização penal e(ou) civil do deputado estadual por suas palavras, suas opiniões e seus votos, não alcança entrevistas jornalísticas.

d) A imunidade dos deputados da AL/ES não subsiste perante a justiça federal.

e) No que concerne a imunidade, os deputados da AL/ES dispõem das mesmas prerrogativas atribuídas aos membros do Congresso Nacional.

3.1.2. Do Processo Legislativo

> *Súmula STF Vinculante 54. A medida provisória não apreciada pelo Congresso Nacional podia, até a Emenda Constitucional 32/2001, ser reeditada dentro do seu prazo de eficácia de trinta dias, mantidos os efeitos de lei desde a primeira edição.*

297. (PGE/GO/Procurador/2013) Sobre o regime constitucional das medidas provisórias e considerando a jurisprudência do Supremo Tribunal Federal, está correta a seguinte proposição:

a) O processo legislativo compreende, entre outras espécies legislativas, as medidas provisórias, que apenas poderão ser editadas em caso de relevância e urgência, sem força de lei.

b) É vedada a edição de medidas provisórias, entre outros temas, sobre nacionalidade, direito penal, direito civil, processual penal e processual civil, planos plurianuais e diretrizes orçamentárias.

c) A Emenda Constitucional n. 32/2001 promoveu alteração no regime das medidas provisórias, pois vedou a reedição automática e indefinida, sendo que as medidas anteriores, em regra, continuam em vigor.

d) A medida provisória é ato exclusivo do presidente da República, não se admitindo sua edição na esfera estadual ou municipal, mesmo com previsão na Constituição Estadual ou na Lei Orgânica Municipal.

e) A medida provisória entrará em regime de urgência, se não apreciada em até 60 dias contados da publicação, ficando sobrestadas, até que se ultime a votação, todas as demais deliberações.

3.2. Do Poder Judiciário

3.2.1. Disposições Gerais

> **Súmula STF 628.** *Integrante de lista de candidatos a determinada vaga da composição de tribunal é parte legítima para impugnar a validade da nomeação de concorrente.*

298. (PGE/GO/Procurador/2010) Integra a súmula do Supremo Tribunal Federal o seguinte enunciado:

a) É inconstitucional lei que fixa o prazo de decadência para a impetração de mandado de segurança.

b) Controvérsia sobre matéria de direito impede a concessão de mandado de segurança.

c) Não compete ao Supremo Tribunal Federal conhecer originariamente de mandado de segurança contra atos de outros tribunais.

d) Integrante de lista de candidatos a determinada vaga da composição de tribunal é parte ilegítima para impugnar a validade da nomeação de concorrente.

e) A entidade de classe não tem legitimação para o mandado de segurança, quando a pretensão veiculada diz respeito a apenas parte da respectiva categoria.

3.3. Das Funções Essenciais à Justiça

3.3.1. Do Ministério Público

> **Súmula STF 643.** *O Ministério Público tem legitimidade para promover ação civil pública cujo fundamento seja a ilegalidade de reajuste de mensalidades escolares.*

299. (MPE/MA/Promotor/2014) Quanto às normas de natureza constitucional que regem a ação civil pública e com fundamento em assentada jurisprudência oriunda do Supremo Tribunal Federal e Superior Tribunal de Justiça, é correto afirmar que:

a) Não há norma constitucional alguma que imunize os agentes políticos, sujeitos a crime de responsabilidade, de qualquer das sanções por ato de improbidade previstas no art. 37, § 4º, da CF, ou preveja julgamento em regime especial, inclusive na hipótese de atos de improbidade praticados pelo Presidente da República.

b) No caso da medida cautelar de indisponibilidade de bens em ação civil pública por prática de ato ímprobo, vislumbra-se uma típica tutela de urgência, uma vez que o "periculum in mora" é oriundo da intenção do agente dilapidar seu patrimônio, o que atinge toda a coletividade, sendo, portanto, indispensável para sua concessão a demonstração do perigo de dano, em vista da redação imperativa da Constituição Federal (art. 37, § 4º) e da própria Lei de Improbidade (art. 7º).

c) Dada a natureza coletiva do interesse postulado, o STF reconheceu através da edição da Súmula 643, a legitimação do Ministério Público para ajuizamento de ação civil pública destinada a adequar as mensalidades escolares às normas de reajuste, fixadas pelo Conselho Estadual de Educação.

d) Sob o fundamento de que há relação de consumo estabelecida, assim como interesses sociais e individuais indisponíveis atingidos, o STF reconhece a legitimidade do Ministério Público para propor ação civil pública visando discutir a cobrança de tributos.

CAPÍTULO 3 - DIREITO CONSTITUCIONAL

e) Para fins de instrução de Inquérito Civil pode o Ministério Público requisitar diretamente à entidade ou autoridade competente dados fiscais e movimentações financeiras de particulares, dispensando-se a reserva de jurisdição.

300. **(Cespe/TJ/DFT/Juiz/2014)** O MP de determinado estado, por intermédio do promotor de justiça titular da promotoria especializada na defesa dos direitos do consumidor, ajuizou ação civil pública contra instituição de ensino particular, com o intuito de impedir aumento ilegal e abusivo de mensalidades escolares. Com base nessa situação hipotética, assinale a opção correta.

a) Caso seja proferida decisão condenatória, o magistrado deverá conceder a tutela específica da obrigação ou determinar providências que assegurem o resultado prático equivalente ao do adimplemento, podendo, ainda, independentemente de pedido do autor, impor multa diária ao réu.

b) Eventual sentença de improcedência fará coisa julgada erga omnes.

c) Nesse caso, trata-se de tutela de interesses difusos.

d) De acordo com o entendimento do STF, o magistrado deve extinguir o processo sem resolução de mérito, em razão da ilegitimidade do MP para propor a ação.

e) Conforme a jurisprudência consolidada do STJ, o magistrado poderá, na sentença, inverter o ônus da prova, caso estejam presentes os requisitos previstos no CDC.

4. DA ORDEM ECONÔMICA E FINANCEIRA

4.1. Do Sistema Financeiro Nacional

Súmula STF 725. É constitucional o § 2º do art. 6º da L. 8.024/90, resultante da conversão da MPr 168/90, que fixou o BTN fiscal como índice de correção monetária aplicável aos depósitos bloqueados pelo Plano Collor I.

⊃ Súmula não abordada em concursos recentes.

CAPÍTULO 4 -
DIREITO DO TRABALHO

1. DAS NORMAS GERAIS DE TUTELA DO TRABALHO

1.1. Da Identificação Profissional

> **Súmula STF 225.** *Não é absoluto o valor probatório das anotações da carteira profissional.*

301. **(OAB/GO/2000)** Em relação à prova no Processo do Trabalho, conforme orientação da jurisprudência sumulada do Supremo Tribunal Federal, assinale a alternativa correta:

a) é absoluto o valor probatório das anotações da carteira profissional.

b) não é absoluto o valor probatório das anotações da carteira profissional.

c) são irrelevantes como prova, as anotações da carteira profissional.

d) as alternativas a, b e c, estão todas incorretas.

1.2. Da Duração do Trabalho

> **Súmula STF 213.** *É devido o adicional de serviço noturno, ainda que sujeito o empregado ao regime de revezamento.*

302. **(Esaf/MTE/Auditor/2010)** Marque a opção correta.

a) Acaso o trabalhador, durante a semana, não observe os requisitos da frequência, faltando injustificadamente ao serviço, e da pontualidade, por iniciar ou terminar o expediente fora do horário estabelecido, perderá o direito ao descanso semanal e à sua respectiva remuneração.

b) Na hipótese de empregados com jornada de seis horas, em razão de cumprirem turnos ininterruptos de revezamento, iniciado o expediente às 23h e encerrado às 7h3omin, o direito ao adicional noturno se circunscreve ao período compreendido entre 22h e 5h, e, quanto às horas extras, deverão ser computadas a partir de 5 horas.

c) Quando o empregado exerce a função de vigilante, na condição de "folguista", não tem direito à jornada reduzida de 6 (seis) horas, mesmo que trabalhe em vários turnos durante a semana, isso porque a natureza do seu serviço não equivale ao conceito de turno ininterrupto de revezamento, motivo pelo qual as horas extras só poderão ser computadas a partir da 8ª (oitava diária) e 44ª (quadragésima quarta) semanal.

d) O motorista de caminhão que cumpre jornada predominantemente externa não é destinatário das regras pertinentes à limitação da jornada de trabalho, ainda que sofra rígido controle de horário pelo empregador, porque, nesse caso, há apenas a adoção de postura discricionária por parte do contratante dos serviços.

e) Observando a alteração legislativa promovida em 1994 (Lei n. 8.966), versando sobre os empregados que não estão abrangidos pelas normas de limitação da jornada de trabalho (art. 62 da CLT), não mais se considera requisito essencial à configuração do exercício de gerência a prova do encargo de gestão, com investidura por meio de mandato legal.

303. **(TRT/3R/Juiz/2013)** Sobre o direito do trabalho, leia as afirmações abaixo e, em seguida, assinale a alternativa correta, segundo a jurisprudência do TST:

I. O jornalista que exerce funções típicas de sua profissão, independentemente do ramo de atividade do empregador, tem direito à jornada reduzida prevista no artigo 303 da CLT.

II. O advogado empregado contratado para jornada de 40 (quarenta) horas semanais, antes da edição da Lei 8.906, de 04.07.1994, está sujeito ao regime de dedicação exclusiva disposto no art. 20 da referida lei, pelo que tem direito à jornada de 20 (vinte) horas semanais ou 4 (quatro) diárias.

III. O empregado submetido à jornada de 12 horas de trabalho por 36 de descanso, que compreenda a totalidade do período noturno, não tem direito ao adicional noturno, relativo às horas trabalhadas após as 5 horas da manhã.

IV. O trabalho em regime de turnos ininterruptos de revezamento retira o direito à hora noturna reduzida.

a) Todas as afirmativas estão corretas.

b) Todas as afirmativas estão incorretas.

c) Somente as afirmativas II, III e IV estão corretas.

d) Somente as afirmativas III e IV estão corretas.

e) Somente a afirmativa I está correta.

> **Súmula STF 214.** *A duração legal da hora de serviço noturno (52 minutos e 30 segundos) constitui vantagem suplementar, que não dispensa o salário adicional.*

304. (FCC/TRT/15R/Analista/2009) Com relação ao trabalho noturno e seu respectivo adicional é incorreto afirmar:

a) O adicional noturno é calculado sobre a hora diurna e não sobre o salário mínimo.

b) A transferência do empregado para o período diurno de trabalho não implica na perda do direito ao adicional noturno.

c) O cálculo dos adicionais noturnos e de horas extras será feito em conjunto, cumulando-se o cálculo de adicional sobre adicional.

d) A duração legal da hora de serviço noturno constitui vantagem suplementar que não dispensa o salário adicional.

e) O adicional noturno que for pago com habitualidade integra o salário para todos os efeitos, como férias e FGTS.

305. (FCC/TRT/23R/Técnico/2011) Com relação ao trabalho noturno:

I. Salvo nos casos de revezamento semanal ou quinzenal, o trabalho noturno terá remuneração superior a do diurno e, para esse efeito, sua remuneração terá um acréscimo de 30% pelo menos, sobre a hora diurna.

II. A hora do trabalho noturno será computada como de cinquenta e dois minutos e trinta segundos.

III. Considera-se noturno o trabalho executado entre as vinte e uma horas de um dia e as quatro horas do dia seguinte.

Está correto o que se afirma em:

a) II, apenas.

b) I e II, apenas.

c) II e III, apenas.

d) I e III, apenas.

e) I, II e III.

> **Súmula STF 313.** *Provada a identidade entre o trabalho diurno e o noturno, é devido o adicional, quanto a este, sem a limitação do art. 73, § 3º, da CLT, independentemente da natureza da atividade do empregador.*

306. (TRT/18R/Juiz/2006) De acordo com a jurisprudência sumulada do STF, considere as assertivas abaixo e assinale a alternativa correta.

I. Exceto quando exerça atividade rural, o empregado de empresa industrial ou comercial é classificado de acordo com a categoria do empregador.

II. Músico integrante de orquestra da empresa, mesmo com atuação permanente e vínculo de subordinação, está sujeito à legislação especial dos artistas.

III. Os intervalos fixados para descanso e alimentação durante a jornada de seis horas não descaracterizam o sistema de turnos ininterruptos de revezamento para o efeito do art. 7º, XIV, da Constituição.

IV. É devido o adicional de serviço noturno, ainda que sujeito o empregado ao regime de revezamento.

V. Provada a identidade entre o trabalho diurno e o noturno, é devido o adicional, quanto a este, sem a limitação do art. 73, § 3º, da Consolidação das Leis do Trabalho independentemente da natureza da atividade do empregador.

a) apenas a primeira é correta.

b) apenas a segunda é correta.

c) apenas a terceira não é correta.

d) as duas primeiras são corretas.

e) as três últimas são corretas.

> **Súmula STF 402.** *Vigia noturno tem direito a salário adicional.*

CAPÍTULO 4 - DIREITO DO TRABALHO

STF 111

307. (MPT/Procurador/2009) Na esteira da jurisprudência do C. Tribunal Superior do Trabalho, assinale a alternativa incorreta:

a) O salário profissional dos médicos e dentistas guarda proporcionalidade com as horas efetivamente trabalhadas, respeitado o mínimo de 50 (cinquenta) horas.

b) É assegurado ao vigia noturno o direito ao respectivo adicional.

c) A transferência para o período diurno de trabalho não implica a perda do direito ao adicional noturno, sob pena de ocorrer redução salarial.

d) O empregado eleito para ocupar cargo de diretor tem o respectivo contrato de trabalho suspenso, não se computando o tempo de serviço desse período, salvo se permanecer a subordinação inerente à relação de emprego.

> *Súmula STF 675. Os intervalos fixados para descanso e alimentação durante a jornada de seis horas não descaracterizam o sistema de turnos ininterruptos de revezamento para o efeito do art. 7º, XIV, da Constituição.*

308. (Cespe/TRT/1R/Analista/2008) Com relação ao direito do trabalho, assinale a opção correta.

a) Salvo os casos previstos na CF, o salário mínimo não pode ser usado como indexador de base de cálculo de vantagem de servidor público ou de empregado, nem ser substituído por decisão judicial.

b) No julgamento de Agravo de Instrumento, ao afastar o óbice apontado pelo TRT para o processamento do recurso de revista, pode o juízo "ad quem" prosseguir no exame dos demais pressupostos extrínsecos e intrínsecos do recurso de revista, desde que apreciados pelo TRT.

c) Devem ser julgados em sentenças distintas os embargos e as impugnações à liquidação apresentados pelos credores trabalhista e previdenciário.

d) Viola a CF o estabelecimento de remuneração inferior ao salário mínimo para os praças prestadores de serviço militar inicial.

e) Os intervalos fixados para descanso e alimentação durante a jornada de seis horas descaracterizam o sistema de turnos ininterruptos de revezamento para o efeito da CF.

309. (TRT/22R/Juiz/2006) Consideradas as afirmações abaixo, marque a letra que contém a resposta correta:

I. A transferência para o período diurno de trabalho implica perda do direito ao adicional noturno e o desrespeito ao intervalo mínimo entre dois turnos de trabalho, sem importar em excesso na jornada efetivamente trabalhada, não dá direito a qualquer ressarcimento ao obreiro, por tratar-se apenas de infração sujeita a penalidade administrativa.

II. No regime de revezamento, as horas trabalhadas em seguida ao repouso semanal de vinte e quatro horas, com prejuízo do intervalo mínimo de onze horas consecutivas para descanso entre jornadas, devem ser remuneradas como extraordinárias, inclusive com o respectivo adicional. E os intervalos fixados para descanso e alimentação durante a jornada de seis horas, ou o intervalo para repouso semanal, não descaracterizam o sistema de turnos de revezamento com seis horas previsto na Constituição da República.

III. O tempo despendido pelo empregado, em condução fornecida pelo empregador, até o local de trabalho de difícil acesso, ou não servido por transporte público regular, e para o seu retorno, é computável na jornada de trabalho. A incompatibilidade entre os horários de início e término da jornada do empregado e os do transporte público regular é circunstância que também gera o direito às horas "in itinere". A mera insuficiência de transporte público não enseja o pagamento de horas "in itinere". Se houver transporte público regular em parte do trajeto percorrido em condução da empresa, as horas "in itinere" remuneradas limitam-se ao trecho não alcançado pelo transporte público. Considerando que as horas "in itinere" são computáveis na jornada de trabalho, o tempo que extrapola a jornada legal é considerado como extraordinário e sobre ele deve incidir o adicional respectivo.

IV. A compensação de jornada de trabalho deve ser ajustada por acordo individual escrito, acordo coletivo ou convenção coletiva. O acordo individual para compensação de horas é válido, salvo se houver norma coletiva em sentido contrário. O mero não-atendimento das exigências legais para a compensação de jornada, inclusive quando encetada mediante acordo tácito, não implica a repetição do pagamento das horas excedentes à jornada normal diária, se não dilatada a jornada máxima semanal, sendo devido apenas o respectivo adicional. A prestação de horas extras habituais descaracteriza o acordo de compensação de jornada. Nesta hipótese, as horas que ultrapassarem a jornada semanal normal deverão ser pagas como horas extraordinárias e, quanto àquelas destinadas à compensação, deverá ser pago a mais apenas o adicional por trabalho extraordinário.

V. O adicional noturno, pago com habitualidade, integra o salário do empregado para todos os efeitos. Cumprida integralmente a jornada no período noturno e prorrogada esta, devido é também o adicional quanto às horas prorrogadas. De regra, é inválida cláusula de acordo ou convenção coletiva de trabalho contemplando a supressão ou redução do intervalo intrajornada porque este constitui medida de higiene, saúde e segurança do trabalho, garantido por norma de ordem pública, infenso à negociação coletiva. A decisão que defere horas extras com base em prova oral ou documental não ficará limitada ao tempo por ela abrangido, desde que o julgador fique convencido de que o procedimento questionado superou aquele período.

a) Todas estão erradas.

b) II e III estão erradas.

c) Somente I está errada.

d) IV e V estão erradas.

e) Todas estão corretas.

1.3. Do Salário Mínimo

> **Súmula STF Vinculante** 4. *Salvo os casos previstos na Constituição Federal, o salário mínimo não pode ser usado como indexador de base de cálculo de vantagem de servidor público ou de empregado, nem ser substituído por decisão judicial.*

Súmula anotada em Direito Administrativo – Agentes públicos – Regras remuneratórias.

1.4. Das Férias Anuais

> **Súmula STF 198.** *As ausências motivadas por acidente do trabalho não são descontáveis do período aquisitivo das férias.*

310. (Cespe/TRT/10R/Analista/2013) No curso do período aquisitivo das férias, o empregado que tiver percebido do órgão previdenciário prestações de acidente de trabalho ou auxílio-doença por sete meses, ainda que descontínuos, não terá direito a férias.

311. (Cespe/TRT/1R/Analista/2008) Assinale a opção correta, a respeito de férias, contrato individual de trabalho e trabalho noturno.

a) A indenização pelo não-deferimento das férias no tempo oportuno será calculada com base na remuneração devida ao empregado na época da reclamação ou, se for o caso, na da extinção do contrato.

b) Reconhecida a culpa recíproca na rescisão do contrato de trabalho (art. 484 da CLT), o empregado tem direito a 50% do valor do aviso prévio e do décimo terceiro salário, não lhe sendo devidas férias proporcionais.

c) As faltas ou ausências decorrentes de acidente do trabalho são consideradas para os efeitos de duração de férias e cálculo da gratificação natalina.

d) A transferência para o período diurno de trabalho não implica a perda do direito ao adicional noturno.

e) Após cada período de 12 meses de vigência de contrato de trabalho, o empregado terá direito a férias de 12 dias consecutivos, quando houver tido de 15 a 23 faltas.

312. (Esaf/MTE/Auditor/2010) Assinale a opção incorreta.

a) O trabalhador transferido, por ato unilateral do empregador, para local mais distante de sua residência, tem direito a suplemento salarial correspondente ao acréscimo da despesa de transporte.

b) Observado o princípio protetivo, na hipótese de coexistência de dois regulamentos da empresa, cujas cláusulas revoguem ou alterem vantagens deferidas, o empregado poderá optar, com efeitos "ex nunc", por um deles, mas sua desistência será retratável, acaso se comprove que a escolha ocorreu sobre normas menos favoráveis.

c) As faltas ou ausências decorrentes de acidente do trabalho não são consideradas para os efeitos de duração de férias, salvo se o trabalhador tiver percebido da Previdência Social prestações de acidente do trabalho ou de auxílio doença por mais de seis meses, embora descontínuos.

d) A remuneração percebida pelo empregado à época da propositura da ação na Justiça do Trabalho serve de base de cálculo para as férias não concedidas no tempo oportuno.

e) A contribuição para o Fundo de Garantia do Tempo de Serviço (FGTS) incide sobre a remuneração mensal devida ao empregado, inclusive adicionais eventuais.

313. (TRT/23R/Juiz/2011) Sobre as férias, em consonância com a jurisprudência do Tribunal Superior do Trabalho, marque a resposta incorreta:

a) A indenização pelo não-deferimento das férias no tempo oportuno será calculada com base na remuneração devida ao empregado na época da reclamação ou, se for o caso, na da extinção do contrato.

b) Se as faltas já são justificadas pela lei, consideram-se como ausências legais e não serão descontadas para o cálculo do período de férias.

c) Enquanto perdurar a substituição que não tenha caráter meramente eventual, o empregado substituto fará jus ao salário contratual do substituído, com exceção do período em que estiver de férias.

d) O empregado que se demite antes de complementar 12 (doze) meses de serviço tem direito a férias proporcionais.

e) É devido o pagamento em dobro da remuneração de férias, incluído o terço constitucional, com base no art. 137 da CLT, quando, ainda que gozadas na época própria, o empregador tenha descumprido o prazo previsto no art. 145 do mesmo diploma legal.

314. (Vunesp/Cetesb/Advogado/2013) Não terá direito a férias o empregado que, no curso do período aquisitivo:

a) deixar o emprego e não for readmitido dentro de 90 (noventa) dias subsequentes à sua saída.

b) permanecer em gozo de licença, com percepção de salários, por mais de 180 (cento e oitenta) dias.

c) tiver percebido da Previdência Social prestações de acidente de trabalho ou de auxílio-doença por mais de 12 (doze) meses, embora descontínuos.

d) tiver prestado o serviço militar obrigatório por mais de 30 (trinta) dias.

e) deixar de trabalhar, com percepção do salário, por mais de 30 (trinta) dias, em virtude de paralisação parcial ou total dos serviços da empresa.

1.5. Da Segurança e da Medicina do Trabalho

Súmula STF 194. É competente o Ministro do Trabalho para a especificação das atividades insalubres.

315. (TRT/15R/Juiz/2012) O art. 189 da CLT dispõe que serão consideradas atividades ou operações insalubres aquelas que, por sua natureza, condições ou métodos de trabalho, exponham os empregados a agentes nocivos à saúde, acima dos limites de, tolerância fixados em razão da natureza e da intensidade do agente e do tempo de exposição aos seus efeitos. A respeito da insalubridade, e levando em conta os entendimentos jurisprudenciais pacificados do C. TST, assinale a alternativa incorreta:

a) O trabalho executado em condições insalubres, em caráter intermitente, não afasta, só por essa circunstância, o direito à percepção do respectivo adicional.

b) A eliminação da insalubridade mediante fornecimento de aparelhos protetores aprovados pelo órgão competente do Poder Executivo exclui a percepção do respectivo adicional.

c) Não basta a constatação da insalubridade por meio de laudo pericial para que o empregado tenha direito ao respectivo adicional, sendo necessária a classificação da atividade insalubre na relação oficial elaborada pelo Ministério do Trabalho. A limpeza em residências e escritórios e a respectiva coleta de lixo não podem ser consideradas atividades insalubres, ainda que constatadas por laudo pericial, porque não se encontram dentre as classificadas como lixo urbano na Portaria do Ministério do Trabalho.

d) O simples fornecimento do aparelho de proteção pelo empregador não o exime do pagamento do adicional de insalubridade. Cabe-lhe, tomar as medidas que conduzam à diminuição ou eliminação da nocividade, entre as quais as relativas ao uso efetivo do equipamento pelo empregado.

e) Enquanto percebido, o adicional de insalubridade integra a remuneração para todos os efeitos legais. Se recebida por mais de dez anos, a parcela incorpora-se à remuneração do empregado. Neste caso, eventual reclassificação ou a descaracterização da insalubridade, por ato da autoridade competente, não repercute na satisfação do respectivo adicional, em decorrência do direito adquirido e do princípio da irredutibilidade salarial.

316. (Iades/CRC/MG/Advogado/2015) No que se refere ao posicionamento sumular do Tribunal Superior do Trabalho (TST), quanto à atividade insalubre, assinale a alternativa correta.

a) Basta a constatação da insalubridade, por meio de laudo pericial, para que o empregado tenha direito ao respectivo adicional, não sendo necessária a classificação da atividade insalubre na relação oficial elaborada pelo Ministério do Trabalho e Emprego (MTE).

b) A higienização de instalações sanitárias de uso público ou coletivo de grande circulação, e a respectiva coleta de lixo, por se equiparar à limpeza em residências e escritórios, enseja o pagamento de adicional de insalubridade em grau máximo, incidindo o disposto no Anexo 14 da Norma Regulamentadora 15 (NR-15) da Portaria n. 3.214/1978 do MTE quanto à coleta e industrialização de lixo urbano.

c) A higienização de instalações sanitárias de uso público ou coletivo de grande circulação, e a respectiva coleta de lixo, por se equiparar à limpeza em residências e escritórios, enseja o pagamento de adicional de insalubridade em grau médio, incidindo o disposto no Anexo 14 da NR-15 da Portaria n. 3.214/1978 do MTE quanto à coleta e industrialização de lixo urbano.

d) Não basta a constatação da insalubridade, por meio de laudo pericial, para que o empregado tenha direito ao respectivo adicional, sendo necessária a classificação da atividade insalubre na relação oficial elaborada pelo Ministério do Trabalho.

e) A higienização de instalações sanitárias de uso público ou coletivo de grande circulação, e a respectiva coleta de lixo, por não se equiparar à limpeza em residências e escritórios, enseja o pagamento de adicional de insalubridade em grau mínimo, incidindo o disposto no Anexo 14 da NR-15 da Portaria n. 3.214/1978 do MTE quanto à coleta e industrialização de lixo urbano.

> *Súmula STF 212. Tem direito ao adicional de serviço perigoso o empregado de posto de revenda de combustível líquido.*

317. (Cespe/OAB/2009) No que se refere ao adicional de periculosidade e ao adicional de insalubridade, assinale a opção correta.

a) Frentistas que operam bombas de gasolina não fazem jus ao adicional de periculosidade, visto que não têm contato direto com o combustível.

b) O caráter intermitente do trabalho executado em condições insalubres não afasta o direito de recebimento do respectivo adicional.

c) A eliminação da insalubridade do trabalho em uma empresa, mediante a utilização de aparelhos protetores aprovados pelo Ministério do Trabalho e Emprego, não é suficiente para o cancelamento do pagamento do respectivo adicional.

d) As horas em que o empregado permanecer em sobreaviso também geram a integração do adicional de periculosidade para o cálculo da jornada extraordinária.

318. (Cespe/TRT/5R/Técnico/2008) Os frentistas que operam as bombas de gasolina não possuem o direito de receber o adicional de periculosidade, pois o contato com o combustível inflamável não é direto.

319. (Cespe/AGU/Advogado/2009) O empregado que trabalhe em contato direto com inflamáveis tem direito à percepção do adicional de periculosidade, correspondente ao percentual de 30% calculado sobre o salário acrescido das parcelas de natureza salarial.

320. (FCC/TRT/8R/Analista/2010) Joana labora como frentista no posto de gasolina G. Configurando-se atividade perigosa, ela possui direito ao recebimento de adicional de periculosidade. De acordo com a Consolidação das Leis do Trabalho, o trabalho em condições de periculosidade assegura ao empregado um adicional de:

a) 30% sobre o salário sem os acréscimos resultantes de gratificações, prêmios ou participações nos lucros da empresa.

b) 30% sobre o salário com os acréscimos resultantes de gratificações, prêmios ou participações nos lucros da empresa.

CAPÍTULO 4 - DIREITO DO TRABALHO

STF 115

c) 20% sobre o salário sem os acréscimos resultantes de gratificações, prêmios ou participações nos lucros da empresa.

d) 20% sobre o salário com os acréscimos resultantes de gratificações, prêmios ou participações nos lucros da empresa.

e) 15% sobre o salário com os acréscimos resultantes de gratificações, prêmios ou participações nos lucros da empresa.

321. **(UFPR/ItaipuBinacional/Advogado/2011)** Considere as seguintes afirmativas:

I. Consoante a jurisprudência dominante, os empregados que operam bomba de gasolina têm direito ao adicional de periculosidade mesmo quando o contato é intermitente, havendo, contudo, que se certificar o risco acentuado.

II. São titulares do direito ao adicional de periculosidade os empregados que são submetidos ao contato permanente ou intermitente com explosivos, inflamáveis, radiação ionizante e eletricidade em condição de risco acentuado.

III. Segundo a jurisprudência do TST, os eletricitários que são submetidos à condição perigosa, em caráter intermitente, fazem jus ao pagamento proporcional do adicional ao tempo de exposição ao risco e não à integralidade do acréscimo salarial, que é devida apenas àqueles submetidos à referida condição em caráter permanente.

IV. O empregado submetido à condição perigosa e concomitantemente insalubre faz jus aos adicionais de periculosidade e insalubridade, cumulativamente, eis que o trabalho é demasiadamente gravoso.

Assinale a alternativa correta.

a) Somente as afirmativas I e II são verdadeiras.

b) Somente as afirmativas III e IV são verdadeiras.

c) Somente as afirmativas I, II e IV são verdadeiras.

d) Somente as afirmativas II e III são verdadeiras.

e) Somente as afirmativas I, III e IV são verdadeiras.

> **Súmula STF 460.** *Para efeito do adicional de insalubridade, a perícia judicial, em reclamação trabalhista, não dispensa o enquadramento da atividade entre as insalubres, que é ato da competência do Ministro do Trabalho e Previdência Social.*

322. **(FCC/TRT/9R/Analista/2010)** Considere as seguintes assertivas a respeito das atividades insalubres:

I. A fixação do adicional de periculosidade, em percentual inferior ao legal e proporcional ao tempo de exposição ao risco, é ilegal e não deve ser respeitada, inclusive se pactuada em acordos ou convenções coletivas.

II. Para efeito do adicional de insalubridade, a perícia judicial, em reclamação trabalhista, não dispensa o enquadramento da atividade entre as insalubres.

III. O trabalho executado em condições insalubres em caráter intermitente não afasta, só por essa circunstância, o direito à percepção do respectivo adicional.

IV. O adicional de insalubridade, de acordo com a Consolidação das Leis do Trabalho, é devido de acordo com os graus de insalubridade máximo, médio ou mínimo, nas porcentagens de 30%, 20% e 10%, respectivamente.

Está correto o que consta apenas em:

a) I, II e III.

b) II e III.

c) II, III e IV.

d) I e IV.

e) I e II.

323. **(TRT/24R/Juiz/2012)** Da jurisprudência do TST e legislação celetista, podemos afirmar, anotando a alternativa correta.

a) A reclassificação ou a descaracterização da insalubridade, por ato da autoridade competente, repercute na satisfação do respectivo adicional, sem ofensa a direito adquirido ou ao princípio da irredutibilidade salarial.

b) A verificação mediante perícia de prestação de serviços em condições nocivas, considerado agente insalubre diverso do apontado na inicial, prejudica o pedido de adicional de insalubridade.

c) Para fazer jus ao adicional basta o labor em condições nocivas à saúde do trabalhador, independentemente de regulamentação aprovada pelo Ministério do Trabalho.

d) Segundo a disposição da CLT, pode o empregado receber simultaneamente os adicionais de insalubridade e periculosidade.

e) O trabalho em condições de periculosidade assegura ao empregado um adicional de 30%

STF

(trinta por cento) sobre o salário com os acréscimos resultantes de gratificações, prêmios ou participações nos lucros da empresa.

> *Súmula STF 736. Compete à justiça do trabalho julgar as ações que tenham como causa de pedir o descumprimento de normas trabalhistas relativas à segurança, higiene e saúde dos trabalhadores.*

324. (TRT/8R/Juiz/2015) Ainda em conformidade com a jurisprudência sumulada do Supremo Tribunal Federal, é correto afirmar que:

a) É incabível a condenação em verba honorária nos recursos de revista interpostos em processo trabalhista, exceto nas hipóteses previstas na Lei n. 5.584/1970.

b) A Justiça do Trabalho é competente para processar e julgar as ações de indenização por danos morais e patrimoniais decorrentes de acidente de trabalho propostas por empregado contra empregador, exceto quanto àquelas que ainda não possuíam sentença de mérito em primeiro grau quando da promulgação da Emenda Constitucional n. 45/04.

c) A Justiça do Trabalho é competente para processar e julgar ação possessória ajuizada em decorrência do exercício do direito de greve pelos trabalhadores da iniciativa privada, empresa pública, da sociedade de economia mista e de suas subsidiárias, exceto aquelas que explorem atividade econômica de prestação de serviços, nos termos do § 1º, II, art. 173 da Constituição Federal de 1988.

d) É inconstitucional a exigência de depósito prévio como requisito de admissibilidade de agravo de petição no qual se pretenda discutir a exigibilidade de crédito trabalhista em fase de execução.

e) Compete à Justiça do trabalho julgar as ações que tenham como causa de pedir o descumprimento de normas trabalhistas relativas à segurança, higiene e saúde dos trabalhadores.

325. (TRT/15R/Juiz/2013) Em termos de medicina e segurança do trabalho, é incorreto dizer:

a) é entendimento jurisprudencial dominante no TST a aplicação do intervalo de 20 minutos de descanso, computado esse intervalo como de trabalho efetivo, a cada 1 hora e 40 minutos de trabalho, para os trabalhadores que executem suas atividades em ambientes artificialmente frios, ainda que não o façam em câmaras frigoríficas, seguindo os padrões legais fixados para esta hipótese.

b) em razão do advento da EC n. 45/2004, o STF fixou em Súmula, entendimento de que a Justiça do Trabalho é competente para julgar litígios relacionados à saúde e segurança do trabalho.

c) a NR-15 considera insalubre à atividade exercida sob calor excessivo, fixando no anexo III os limites de tolerância, inclusive para ambientes externos com carga solar.

d) cabe às empresas instruir, os empregados, por meio de ordens de serviço, quanto às precauções a tomar no sentido de evitar acidentes do trabalho ou doenças ocupacionais.

e) embora não dominante, há decisões judiciais em Tribunais do Trabalho, escoradas em doutrina, reconhecendo que os danos decorrentes de desequilíbrio no meio ambiente de trabalho determinam a responsabilidade objetiva do empregador, nos termos do art. 14, par. 1º, da Lei n. 6.938/81, que trata da Política Nacional do Meio Ambiente.

2. DO CONTRATO INDIVIDUAL DE TRABALHO

2.1. Disposições Gerais

> *Súmula STF 215. Conta-se a favor de empregado readmitido o tempo de serviço anterior, salvo se houver sido despedido por falta grave ou tiver recebido a indenização legal.*

326. (UFMT/IF/MT/Professor/2015) Sobre contrato de trabalho, assinale a afirmativa correta.

a) A mudança na propriedade ou na estrutura jurídica da empresa acarretará a rescisão contratual, sem prejuízo das indenizações a que tiver direito o empregado

b) A prestação de serviços a mais de uma empresa do mesmo grupo econômico durante a mesma jornada de trabalho não caracteriza a coexistência de mais de um contrato de trabalho, salvo ajuste em contrário.

c) Na falta de acordo ou prova sobre condição essencial ao contrato verbal, esta se presume

CAPÍTULO 4 - DIREITO DO TRABALHO

inexistente, em conformidade com os preceitos jurídicos adequados à sua legitimidade.

d) No tempo de serviço do empregado, quando readmitido, serão computados os períodos, ainda que não contínuos, em que tiver trabalhado anteriormente na empresa, mesmo que houver sido despedido por falta grave.

327. (Cespe/CGE/PB/Auditor/2008) Com relação ao contrato de trabalho, julgue os itens seguintes.

I. 0 contrato individual de trabalho exige forma escrita como expressão da relação de emprego.

II. As relações de trabalho podem ser objeto de livre estipulação das partes interessadas em tudo quanto não contrariar às disposições de proteção ao trabalho, aos contratos coletivos de trabalho que lhe sejam aplicáveis e às decisões das autoridades competentes.

III. No tempo de serviço do empregado readmitido devem ser computados os períodos, ainda que descontínuos, em que tiver trabalhado anteriormente na empresa, salvo se houver sido demitido por falta grave, recebido indenização legal ou se aposentado espontaneamente.

IV. Ao empregado afastado do emprego são asseguradas, quando do retorno ao trabalho, todas as vantagens que, em sua ausência, tenham sido atribuídas à categoria à qual ele pertencia na empresa.

V. Em caso de auxílio-doença, o empregado é considerado em licença remunerada durante o prazo do benefício coberto pela autarquia previdenciária.

Estão certos apenas os itens

a) I, II e III.

b) I, II e V.

c) I, IV e V.

d) II, III e IV.

e) III, IV e V.

328. (Fepese/Jucesc/Advogado/2013) Assinale a alternativa correta, de acordo com a Consolidação das Leis Trabalhistas.

a) Não se admite contrato individual de trabalho tácito e verbal.

b) É de 6 meses o prazo do contrato de experiência.

c) 0 contrato de trabalho por prazo determinado não poderá ser celebrado por prazo superior a 6 meses.

d) É vedado ao empregador exigir do candidato à vaga de emprego comprovação de experiência prévia por tempo superior a 6 meses.

e) No tempo de serviço do empregado, quando readmitido, serão computados os períodos, ainda que não contínuos, em que tiver trabalhado anteriormente na empresa, salvo se houver sido despedido por falta grave, recebido indenização legal ou se aposentado espontaneamente.

2.2. Da Remuneração

2.2.1. Das Horas-extras

> *Súmula STF 593. Incide o percentual do Fundo de Garantia do Tempo de Serviço (FGTS) sobre a parcela da remuneração correspondente a horas extraordinárias de trabalho.*

329. (MPT/Procurador/2006) Considerando a jurisprudência uniforme do Tribunal Superior do Trabalho, assinale a alternativa incorreta:

a) o adicional de insalubridade será calculado sobre o salário profissional devido ao empregado e previsto em sentença normativa.

b) a contribuição para o Fundo de Garantia do Tempo de Serviço – FGTS incide sobre as horas extras eventuais.

c) cessadas as viagens, as diárias para viagem que excedam a 50% do salário do empregado não integram o seu salário.

d) o adicional de periculosidade integra o valor das horas de sobreaviso.

e) não respondida.

330. (TRT/2R/Juiz/2012) Sobre o Fundo de Garantia por Tempo de Serviço, nos termos da legislação própria e das súmulas do TST, é correto afirmar que:

a) A contribuição para o Fundo de Garantia do Tempo de Serviço incide sobre a remuneração mensal devida ao empregado, inclusive horas extras e adicionais eventuais.

b) 0 pagamento relativo ao período de aviso prévio, desde que trabalhado pelo empregado, está sujeito à contribuição para o FGTS.

c) A prescrição da pretensão relativa às parcelas remuneratórias não alcança o respectivo recolhimento da contribuição para o FGTS.

d) Os empregadores ficam obrigados a depositar, até o dia 7 (sete) de cada mês, na conta vinculada, a importância correspondente a 8 (oito) por cento da remuneração paga ou devida, no mês anterior, sendo que tal depósito fica suspenso nos casos de afastamento para prestação do serviço militar e licença por acidente de trabalho.

e) A conta vinculada do trabalhador no FGTS poderá ser movimentada quando o trabalhador permanecer dois ininterruptos fora do regime do FGTS, podendo o saque, neste caso, ser efetuado a partir do mês de aniversário do titular da conta.

331. (TRT/3R/Juiz/2012) A respeito dos reflexos das horas extras, leia as afirmações abaixo e, em seguida, assinale a alternativa correta:

I. O valor das horas extras habitualmente prestadas integra o cálculo dos haveres trabalhistas, independentemente da limitação legal de duas horas extras diárias.

II. O sábado do bancário é dia útil não trabalhado, não dia de repouso remunerado. Em nenhuma hipótese, pois, caberá a repercussão do pagamento de horas extras habituais em sua remuneração.

III. O valor das horas extras habituais integra a remuneração do trabalhador para o cálculo das gratificações semestrais.

IV. A gratificação semestral repercute no cálculo das horas extras.

V. O valor das horas extras, ainda que eventuais, repercute no cálculo do FGTS.

a) Somente as afirmativas I e III estão corretas.

b) Somente as afirmativas III e V estão corretas.

c) Somente as afirmativas I, III e V estão corretas.

d) Somente as afirmativas I, II, III e V estão corretas.

e) Somente a afirmativa IV está correta.

2.2.2. Da Habitualidade

Súmula STF 207. As gratificações habituais, inclusive a de Natal, consideram-se tacitamente convencionadas, integrando o salário.

332. (FCC/TRT/16R/Analista/2009) Considere as assertivas abaixo a respeito das gratificações.

I. As gratificações habituais, inclusive a de Natal, consideram-se tacitamente convencionadas, integrando o salário.

II. A gratificação por tempo de serviço, paga mensalmente, repercute no cálculo do repouso semanal remunerado.

III. A gratificação semestral não repercute no cálculo das horas extras, das férias e do aviso prévio, ainda que indenizado.

IV. A gratificação de produtividade, paga mensalmente, repercute no cálculo do repouso semanal remunerado.

Está correto o que se afirma apenas em:

a) I e IV.

b) II e IV.

c) I e III.

d) I, II e III.

e) II, III e IV.

333. (FGV/OAB/2012-2) Determinado empregado, durante quatro anos consecutivos, percebeu pagamento de adicional de insalubridade, já que desenvolvia seu mister exposto a agentes nocivos à saúde. A empregadora, após sofrer fiscalização do Ministério do Trabalho, houve por bem fornecer a todos os seus empregados equipamento de proteção individual (EPI) aprovado pelo órgão competente do Poder Executivo, eliminando, definitivamente, os riscos à higidez física dos trabalhadores. Diante do relatado, assinale a opção incorreta:

a) Enquanto percebido, o adicional de insalubridade integra a remuneração para todos os efeitos legais.

b) Tendo o empregado recebido adicional de insalubridade com habitualidade, a rubrica não pode ser suprimida, ainda que o empregador promova a eliminação dos riscos à integridade física do empregado.

c) O trabalhador somente faz jus ao pagamento do adicional de insalubridade enquanto permanecer exposto a agentes de risco à sua saúde, independentemente do tempo em que percebeu o aludido adicional.

d) A eliminação ou neutralização da insalubridade ocorrerá com a adoção de medidas que conservem o ambiente de trabalho dentro dos limites de tolerância ou com a utilização de equipamentos de proteção individual ao trabalhador, que diminuam a intensidade do agente agressivo a limites de tolerância.

> **Súmula STF 209.** *O salário-produção, como outras modalidades de salário-prêmio, é devido, desde que verificada a condição a que estiver subordinado, e não pode ser suprimido unilateralmente pelo empregador, quando pago com habitualidade.*

➲ Súmula não abordada em concursos recentes.

> **Súmula STF 459.** *No cálculo da indenização por despedida injusta, incluem-se os adicionais, ou gratificações, que, pela habitualidade, se tenham incorporado ao salário.*

334. **(TRT/3R/Juiz/2009)** Assinale a assertiva ("a" a "e") correta em relação aos enunciados de I a V, observadas a legislação pertinente e a consolidação jurisprudencial do c. TST:

I. As gorjetas, sejam cobradas pelo empregador na nota fiscal ou oferecidas espontaneamente pelos clientes, integram a remuneração do empregado, como sumulado pelo c. TST, em sintonia com o caput do art. 457 da CLT.

II. O adicional por tempo de serviço integra o cálculo da gratificação prevista no art. 224, § 2º da CLT, na forma consolidada em súmula do c. TST.

III. A parcela paga aos bancários sob a denominação "quebra de caixa" possui natureza salarial, integrando o salário do prestador de serviços, para todos os efeitos legais, de acordo com entendimento sumulado do c. TST.

IV. O adicional noturno deve compor a base de cálculo do adicional de periculosidade, já que neste período o trabalhador permanece sob as condições de risco, em respeito à orientação jurisprudencial do c. TST.

V. Ocorrendo a extinção do contrato de trabalho antes de 20 de dezembro, poderá o empregador compensar eventual adiantamento da gratificação natalina realizado no respectivo ano, limitada a compensação ao valor devido ao mesmo título.

a) somente um enunciado é verdadeiro.

b) somente dois enunciados são verdadeiros.

c) somente três enunciados são verdadeiros.

d) somente quatro enunciados são verdadeiros.

e) todos os enunciados são verdadeiros.

2.2.3. Do Salário

> **Súmula STF 199.** *O salário das férias do empregado horista corresponde à média do período aquisitivo, não podendo ser inferior ao mínimo.*

335. **(OAB/GO/2000)** Na conformidade da orientação da jurisprudência sumulada do Supremo Tribunal Federal em matéria trabalhista, assinale a alternativa correta:

a) o salário das férias do empregado horista deve corresponder à média do período concessivo, não podendo ser inferior ao salário mínimo.

b) o salário das férias do empregado horista deve corresponder à média do período aquisitivo, podendo por isto, ser inferior ao salário mínimo.

c) o salário das férias do empregado horista deve corresponder à média do período aquisitivo, não podendo ser inferior ao salário mínimo.

d) o salário das férias do empregado horista deve corresponder à média do último trimestre trabalhado, podendo por isto, ser inferior ao salário mínimo.

> **Súmula STF 202.** *Na equiparação de salário, em caso de trabalho igual, toma-se em conta o tempo de serviço na função, e não no emprego.*

336. **(Cespe/AGU/Procurador/2010)** Para efeito de equiparação de salários em caso de trabalho igual, conta-se o tempo de serviço na função, e não no emprego.

337. **(MSConcursos/Cientec/Advogado/2010)** De acordo com a Consolidação das Leis do Trabalho e jurisprudência do Tribunal Superior do Trabalho, no que concerne à equiparação salarial, assinale a alternativa incorreta:

a) Só é válido o quadro de pessoal organizado em carreira quando homologado pelo Ministério do Trabalho, excluindo-se, apenas, dessa exigência, o quadro de carreira das entidades de direito público da administração direta, autárquica e fundacional aprovado por ato administrativo da autoridade competente.

b) Para efeito de equiparação de salários em caso de trabalho igual, conta-se o tempo de serviço na função e não no emprego.

c) Não é possível a equiparação salarial de trabalho intelectual, uma vez que não há como avaliar a sua perfeição técnica, pela ausência de critérios objetivos.

d) É do empregador o ônus da prova do fato impeditivo, modificativo ou extintivo da equiparação salarial.

e) Na ação de equiparação salarial, a prescrição é parcial e só alcança as diferenças salariais vencidas no período de 5 (cinco) anos que precedeu o ajuizamento.

338. (TRT/6R/Juiz/2010) A respeito da jurisprudência sumulada do Tribunal Superior do Trabalho sobre equiparação salarial, leia as assertivas abaixo e, depois, assinale a alternativa correta:

I. Para os fins de equiparação salarial, só é válido o quadro de pessoal organizado em carreira quando homologado pelo Ministério do Trabalho, excluindo-se, apenas, dessa exigência o quadro de carreira das entidades de direito público da administração direta, autárquica e fundacional aprovado por ato administrativo da autoridade competente.

II. Para efeito de equiparação de salários em caso de trabalho igual, conta-se o tempo de serviço na função e não no emprego.

III. A equiparação salarial só é possível se o empregado e o paradigma exercerem a mesma função, desempenhando as mesmas tarefas, não importando se os cargos têm, ou não, a mesma denominação.

IV. É desnecessário que, ao tempo da reclamação sobre equiparação salarial, reclamante e paradigma estejam a serviço do estabelecimento, desde que o pedido se relacione com situação pretérita.

V. Não é possível a concessão de equiparação de trabalho intelectual porque não há critérios objetivos para avaliar sua perfeição técnica.

a) Apenas a assertiva I está correta.

b) Apenas a assertiva II está correta.

c) As assertivas I, II, III e IV estão corretas.

d) Apenas a assertiva V, está correta.

339. (TRT/23R/Juiz/2012) Com base no entendimento jurisprudencial firmado perante o Tribunal Superior do Trabalho (TST), analise as alternativas abaixo sobre o instituto da equiparação salarial e assinale a correta:

a) Na ação de equiparação salarial, a prescrição é parcial e só alcança as diferenças salariais vencidas no período de 5 (cinco) anos que precedeu a extinção do contrato de trabalho.

b) Desde que atendidos os requisitos do art. 461 da CLT, é possível a equiparação salarial de trabalho intelectual, que pode ser avaliado por sua perfeição técnica, cuja aferição terá critérios objetivos e subjetivos

c) Para efeito de equiparação de salários em caso de trabalho igual, conta-se o tempo de serviço no emprego e não na função.

d) É necessário que, ao tempo da reclamação sobre equiparação salarial, reclamante e paradigma estejam a serviço do estabelecimento, desde que o pedido se relacione com situação pretérita.

e) Presentes os pressupostos do art. 461 da CLT, é irrelevante a circunstância de que o desnível salarial tenha origem em decisão judicial que beneficiou o paradigma, exceto se decorrente de vantagem pessoal, de tese jurídica superada pela Jurisprudência de Corte Superior ou, na hipótese de equiparação salarial em cadeia ,se não demonstrada a presença dos requisitos da equiparação em relação ao paradigma que deu origem à pretensão, caso arguida a objeção pelo reclamado.

340. (FCC/TRT/1R/Analista/2013) Em relação à equiparação salarial, não corresponde a entendimento sumulado pelo TST:

a) Para efeito de equiparação de salários em caso de trabalho igual, conta-se o tempo de serviço na função e não no emprego.

b) A equiparação salarial só é possível se o empregado e o paradigma exercerem a mesma função, desempenhando as mesmas tarefas, não importando se os cargos têm, ou não, a mesma denominação.

c) Para fins de equiparação salarial, o conceito de mesma localidade refere-se ao mesmo município.

d) É desnecessário que ao tempo da reclamação sobre equiparação salarial, reclamante e paradigma estejam a serviço do estabelecimento, desde que o pedido se relacione com situação pretérita.

CAPÍTULO 4 - DIREITO DO TRABALHO

e) É do empregador o ônus da prova do fato impeditivo, modificativo ou extintivo da equiparação salarial.

341. **(TRT/2R/Juiz/2012)** A Constituição Federal e o texto consolidado proíbem a discriminação salarial consagrando o princípio da isonomia salarial. Com base na legislação e entendimento sumulado do TST indique a alternativa correta em relação ao instituto da equiparação salarial.

a) Para efeito de equiparação de salários em caso de trabalho igual, conta-se o tempo de serviço no emprego.

b) O trabalhador readaptado em nova função por motivo de deficiência física poderá servir de paradigma para fins de equiparação salarial, em face do princípio da isonomia.

c) A equiparação salarial só é possível se o empregado e o paradigma exercerem a mesma função, desempenhando as mesmas tarefas, não importando se os cargos têm, ou não, a mesma denominação.

d) Não é possível a equiparação salarial de trabalho intelectual, visto que o mesmo não pode ser avaliado por sua perfeição técnica, diante da impossibilidade desta ser aferida por critérios objetivos.

e) Presentes os pressupostos do art. 461 da CLT, é irrelevante a circunstância de que o desnível salarial tenha origem em decisão judicial que beneficiou o paradigma, ainda que decorrente de vantagem pessoal.

342. **(MPT/Procurador/2012)** Quanto à equiparação salarial entre o empregado e o seu respectivo paradigma, a jurisprudência dominante do Tribunal Superior do Trabalho é no sentido de que:

a) Para efeito de equiparação de salários em caso de trabalho igual, conta-se o tempo de serviço no respectivo emprego, independentemente da função exercida pelo equiparando.

b) O conceito de "mesma localidade" de que trata o art. 461 da CLT refere-se sempre ao mesmo município, não sendo possível ao equiparando apontar um paradigma que trabalhe para a mesma empresa em municípios distintos, ainda que pertencentes à mesma região metropolitana.

c) A cessão de empregados exclui a equiparação salarial, ainda que a empresa cedente responda pelos salários do paradigma e do reclamante.

d) A equiparação salarial só é possível se o empregado e o paradigma exercerem a mesma função, desempenhando as mesmas tarefas, não importando se os cargos têm, ou não, a mesma denominação.

343. **(TRT/3R/Juiz/2013)** Sobre o direito do trabalho, leia as afirmações abaixo e, em seguida, assinale a alternativa correta, segundo a jurisprudência do TST:

a) Para efeito de equiparação de salários em caso de trabalho de igual valor, conta-se o tempo no emprego e não na função.

b) É desnecessário que, ao tempo da reclamação sobre equiparação salarial, reclamante e paradigma estejam a serviço do estabelecimento, desde que o pedido se relacione com situação pretérita.

c) Reconhecida a culpa recíproca na rescisão do contrato de trabalho, o empregado tem direito a 50% (cinquenta por cento) do valor do aviso-prévio, do décimo terceiro salário e das férias proporcionais e integrais.

d) Reconhecida a culpa recíproca na rescisão do contrato de trabalho, o empregado tem direito a 50% (cinquenta por cento) do valor do aviso-prévio, do décimo terceiro salário, das férias proporcionais e do saldo de salário.

e) As faltas ou ausências decorrentes de acidente de trabalho não são consideradas para os efeitos de duração das férias e cálculo da gratificação natalina, desde que inferiores a 30 (trinta) dias.

344. **(TRT/24R/Juiz/2012)** Quanto a remuneração, observada a jurisprudência e legislação, assinale a alternativa correta.

a) Aplica-se o divisor 180 (cento e oitenta) para o cálculo do valor do salário hora do empregado sujeito a 40 (quarenta) horas semanais de trabalho.

b) A pactuação em norma coletiva conferindo caráter indenizatório à verba "auxílio-alimentação" ou a adesão posterior do empregador ao PAT – Programa de Alimentação do Trabalhador altera a natureza salarial da parcela, instituída anteriormente, com efeitos pretéritos, para aqueles empregados que, habitualmente, já percebiam o benefício.

c) Para os efeitos do artigo 458 da CLT (natureza salarial) são consideradas as seguintes prestações concedidas pelo empregador: educação em estabelecimento próprio ou de terceiros, compreendendo os valores relativos a matrícula, mensalidade, anuidade, livros e material didático. Transporte destinado ao deslocamento para o trabalho e retorno, em percurso servido ou não por transporte público.

d) Para os fins de equiparação salarial trabalho de igual valor será o que for feito com igual produtividade, e com a mesma perfeição técnica, entre pessoas cuja diferença de tempo de serviço não for superior a dois anos, aferidos pela admissão de ambos e não na função. (súmulas 135 do TST e 202 STF).

e) Desde que atendidos os requisitos do art. 461 da CLT, é possível a equiparação salarial de trabalho intelectual, que pode ser avaliado por sua perfeição técnica, cuja aferição terá critérios objetivos.

345. **(Cespe/TRT/10R/Analista/2013)** Para efeito de equiparação de salários em caso de idêntico trabalho, conta-se o tempo de serviço na função desempenhada e não o tempo de emprego.

> *Súmula STF 461. É duplo, e não triplo, o pagamento do salário nos dias destinados a descanso.*

346. **(Cespe/PGE/PE/Procurador/2009)** Acerca do repouso semanal remunerado, assinale a opção correta.

a) O adicional de insalubridade não remunera os dias de repouso semanal.

b) O professor que recebe salário mensal à base de hora-aula tem direito ao acréscimo de um sexto a título de repouso semanal remunerado, considerando-se para esse fim o mês de quatro semanas e meia.

c) As gratificações por tempo de serviço e produtividade pagas mensalmente repercutem no cálculo do repouso semanal remunerado.

d) O trabalho prestado em domingos e feriados, não compensado, deve ser pago em dobro, restando prejudicada a remuneração relativa ao repouso semanal propriamente dita.

e) No regime de revezamento, as horas trabalhadas em seguida ao repouso semanal de 24 horas, com prejuízo do intervalo mínimo de 11 horas

consecutivas para descanso entre jornadas, não devem ser remuneradas como extraordinárias.

347. **(FCC/Bacen/Procurador/2006)** O trabalho prestado em domingos e feriados, não compensado, deve ser pago

a) de forma simples, sem prejuízo da remuneração relativa ao repouso semanal.

b) em dobro, sem prejuízo da remuneração relativa ao repouso semanal.

c) de forma simples, já computado o valor relativo ao repouso semanal.

d) em dobro, já computado o valor relativo ao repouso semanal.

e) de forma simples, sem prejuízo da remuneração relativa ao repouso semanal, salvo ajuste diverso através de convenção ou acordo coletivo de trabalho.

> *Súmula STF 531. É inconstitucional o Decreto 51.668, de 17.01.1963, que estabeleceu salário profissional para trabalhadores de transportes marítimos, fluviais e lacustres.*

⊃ Súmula não abordada em concursos recentes.

2.3. Da Rescisão

> *Súmula STF 197. O empregado com representação sindical só pode ser despedido mediante inquérito em que se apure falta grave.*

348. **(Cespe/Cehap/Advogado/2009)** A respeito do inquérito para apuração de falta grave, assinale a opção correta.

a) O dirigente sindical somente poderá ser dispensado por falta grave mediante a apuração em inquérito judicial.

b) Caso pretenda dispensar empregada detentora de estabilidade gestante, o empregador deverá ajuizar inquérito para apuração de falta grave.

c) No inquérito para apuração de falta grave, as custas deverão ser pagas pela empresa antes do julgamento pela vara do trabalho ou pelo juízo de direito.

d) O prazo de decadência do direito do empregador de ajuizar inquérito em face do empregado que incorre em abandono de emprego é contado a partir do momento em que for praticada a referida falta.

PARTE I – SÚMULAS DO SUPREMO TRIBUNAL FEDERAL

CAPÍTULO 4 - DIREITO DO TRABALHO   **STF**   123

349. **(Cespe/AGU/Procurador/2010)** O trabalhador que se candidatar a cargo integrante do conselho fiscal de entidade sindical não poderá ser dispensado a partir do momento do registro de sua candidatura, até um ano após o final do seu mandato, mesmo que seja eleito como suplente. Se cometer falta grave devidamente apurada nos termos da Consolidação das Leis do Trabalho, o trabalhador perde esse direito.

350. **(Cespe/TRT/9R/Analista/2007)** É vedada a dispensa do empregado sindicalizado a partir do registro de sua candidatura a cargo como diretor, representante ou membro de conselho fiscal. Se eleito, inclusive como suplente, a dispensa é vedada até um ano após o final do mandato, salvo em caso de cometimento de falta grave, hipótese em que se admite a demissão por justa causa.

351. **(FCC/TRT/15R/Analista/2009)** Salvo se cometer falta grave, é vedada a dispensa do empregado sindicalizado a partir

a) do registro de sua candidatura a cargo de direção ou representação de entidade sindical até um ano após o final de seu mandato, caso seja eleito, exceto como suplente.

b) da data da posse em cargo de direção ou representação de entidade sindical até um ano após o final de seu mandato, inclusive se eleito como suplente.

c) do registro de sua candidatura a cargo de direção ou representação de entidade sindical até um ano após o final de seu mandato, caso seja eleito, inclusive como suplente.

d) do registro de sua candidatura a cargo de direção ou representação de entidade sindical até seis meses após o final de seu mandato, caso seja eleito, exceto como suplente.

e) da data da posse em cargo de direção ou representação de entidade sindical até um ano após o final de seu mandato, exceto se eleito como suplente.

352. **(FCC/TRT/20R/Analista/2006)** De acordo com a Consolidação das Leis do Trabalho, salvo se cometer falta grave nos termos da Lei, fica vedada a dispensa do empregado sindicalizado a partir

a) do registro de sua candidatura a cargo de direção ou representação de entidade sindical, até um ano após o final do seu mandato, caso seja eleito, exceto como suplente.

b) do registro de sua candidatura a cargo de direção ou representação de entidade sindical, até o final do seu mandato, caso seja eleito, inclusive como suplente.

c) da data da eleição ao cargo de direção ou representação de entidade sindical, até um ano após o final do seu mandato, caso seja eleito, exceto como suplente.

d) o registro de sua candidatura a cargo de direção ou representação de entidade sindical, até um ano após o final do seu mandato, caso seja eleito, inclusive como suplente.

e) do registro de sua candidatura a cargo de direção ou representação de entidade sindical, até o final do seu mandato, caso seja eleito, exceto como suplente.

353. **(TRT/2R/Juiz/2010)** Assinale a alternativa incorreta quanto ao instituto da garantia de emprego.

a) É vedada a dispensa de empregado sindicalizado a partir do registro da sua candidatura a cargo de direção ou representação sindical e, se eleito, ainda que suplente, até um ano após o final de seu mandato, salvo se cometer falta grave nos termos da lei.

b) A garantia prevista em lei subsiste, em favor do membro da administração do Sindicato, em caso de transferência para outro município vizinho da mesma região metropolitana e base territorial desde que não dificulte ou torne impossível o desempenho de suas atribuições sindicais.

c) O empregado membro da CIPA indicado pelo empregador é detentor de garantia de emprego por até um ano após o final de seu mandato, constituindo-se tal garantia em vantagem pessoal que prevalece mesmo em caso de extinção do estabelecimento.

d) O empregado que sofreu acidente de trabalho é detentor de garantia de emprego por 12 (doze) meses após a cessão de auxílio doença acidentário, independentemente de percepção de auxílio-acidente.

e) Não haverá estabilidade no exercício dos cargos de diretoria, gerência ou outros de confiança imediata do empregador, ressalvado o cômputo do tempo de serviço para todos os efeitos legais.

354. **(TRT/8R/Juiz/2009)** Sobre estabilidade no emprego, é correto afirmar:

a) A empregada gestante é estável desde a confirmação da gravidez até cinco meses após o parto. Assim, somente poderá ser despedida na hipótese de cometimento de falta grave. Neste caso, a extinção do contrato de trabalho não dependerá de inquérito judicial. Mas a dispensa imotivada não autorizará a reintegração da obreira, segundo jurisprudência pacífica do Tribunal Superior do Trabalho.

b) O membro de Comissão de Conciliação Prévia representante dos empregados não pode ser dispensado, salvo se cometer falta grave, desde a eleição e até um ano após o final do mandato. Estende-se a garantia aos suplentes, que venham a atuar como conciliadores, no curso do mandato.

c) A partir do registro da candidatura, que deverá ser comunicada por escrito à empresa no prazo de 24 horas, o dirigente sindical, titular ou suplente, não poderá ser dispensado. A garantia será mantida até um ano após o término do mandato, caso eleito. A falta grave, apurada em inquérito judicial, fulmina o direito à estabilidade.

d) Os diretores das Comissões Internas de Prevenção de Acidentes, eleitos ou designados, titulares ou suplentes, não podem ser dispensados arbitrariamente ou sem justa causa, desde o registro da candidatura até um ano após o término do mandato.

e) Aos representantes dos trabalhadores no Conselho Curador do FGTS, efetivos e suplentes, assegura-se estabilidade no emprego, desde a indicação pelas centrais sindicais e confederações nacionais, até um ano após o término do mandato.

> **Súmula STF 219.** *Para a indenização devida a empregado que tinha direito a ser readmitido, e não foi, levam-se em conta as vantagens advindas a sua categoria no período do afastamento.*

➲ Súmula não abordada em concursos recentes.

> **Súmula STF 220.** *A indenização devida a empregado estável, que não é readmitido ao cessar sua aposentadoria, deve ser paga em dobro.*

➲ Súmula não abordada em concursos recentes.

> **Súmula STF 316.** *A simples adesão à greve não constitui falta grave.*

355. (Cespe/Abin/Oficial_Inteligência/2008) Joaquim, empregado da empresa Delta, aderiu a greve organizada pelo sindicato de sua categoria. A empresa demitiu Joaquim por justa causa, considerando que o fato de ter aderido à greve poderia ser considerado falta grave. Considerando a situação hipotética acima e a súmula 316 do STF, assinale a opção correta.

a) A simples adesão à greve não pode ser considerada falta grave.

b) A adesão à greve justifica um motivo de suspensão do empregado, mas não motivo imediato para a aplicação da justa causa.

c) A atitude de aderir à greve e de não comparecer ao trabalho é incompatível com o abandono de emprego.

d) Joaquim praticou ato de insubordinação ao aderir à greve, mas a justificativa para demissão deveria ser a incontinência de conduta ou o mau procedimento.

356. (InstitutoCidades/TRT/1R/Juiz/2008) Com relação à greve no direito brasileiro, é incorreto afirmar:

a) a greve constitui direito dos trabalhadores em geral, não cabendo à Justiça do Trabalho dizer de sua legalidade ou não, mas do exercício abusivo ou não do direito, se não observados os requisitos legais à deflagração do movimento.

b) a simples adesão à greve não constitui falta grave, mas é motivo de suspensão do contrato de trabalho.

c) aos professores da rede pública e aos servidores da previdência social é permitido o exercício do direito de greve, desde que precedido o movimento de paralisação de advertência.

d) ao militar são proibidas a sindicalização e a greve.

e) o processamento de dados ligados a serviços essenciais, a compensação bancária e a comercialização de alimentos são considerados serviços ou atividades essenciais pela Lei de Greve.

> **Súmula STF 403.** *É de decadência o prazo de trinta dias para instauração do inquérito judicial, a contar da suspensão, por falta grave, de empregado estável.*

CAPÍTULO 4 - DIREITO DO TRABALHO

357. **(Cespe/Embasa/Advogado/2010)** O inquérito deve ser instaurado contra o empregado garantido com estabilidade no prazo decadencial de noventa dias, a contar da suspensão por falta grave.

358. **(Cespe/TRT/5R/Analista/2008)** A jurisprudência considera ser prescricional o prazo de 30 dias para a instauração de inquérito judicial para apuração de falta grave de empregado estável, prazo este que se conta a partir da suspensão do trabalhador.

359. **(FCC/TST/Analista/2012)** Quanto aos procedimentos especiais aplicáveis no Processo do Trabalho, nos termos da legislação aplicável e com base nas súmulas de jurisprudência do TST é correto afirmar:

a) Se tiver havido prévio reconhecimento da estabilidade do empregado, o julgamento do inquérito para apuração de falta grave pela Vara não prejudicará a execução para pagamento dos salários devidos ao empregado, até a data da instauração do mesmo inquérito.

b) Para a instauração do inquérito para apuração de falta grave contra empregado garantido com estabilidade, o empregador apresentará reclamação por escrito à Vara, dentro de 60 dias, contados da data da suspensão do empregado.

c) A ação rescisória calcada em violação de lei admite reexame de fatos e provas do processo que originou a decisão rescindenda.

d) Há previsão legal para a legitimidade excepcional do Ministério Público de propor a ação rescisória, apenas quando a sentença é o efeito de colusão das partes, a fim de fraudar a lei.

e) O mandado de segurança coletivo não induz litispendência para as ações individuais, mas os efeitos da coisa julgada não beneficiarão o impetrante a título individual se se não requerer a desistência de seu mandado de segurança no prazo de 120 dias a contar da ciência comprovada da impetração da segurança coletiva.

360. **(FCC/TRT/24R/Analista/2011)** João, representante suplente dos empregados, membro de Comissão de Conciliação Prévia, foi suspenso por cinco dias em razão da prática de falta grave passível de demissão por justa causa. Neste caso, seu empregador

a) poderá dispensar João após o término da pena de suspensão aplicada, tendo em vista que o membro suplente de Comissão de Conciliação Prévia não possui estabilidade.

b) poderá dispensar João imediatamente, tendo em vista que o membro suplente de Comissão de Conciliação Prévia não possui estabilidade.

c) deverá ajuizar reclamação escrita ou verbal a fim de instaurar inquérito para apuração de falta grave perante uma das Varas do Trabalho, dentro de quinze dias, contados da data da suspensão de João.

d) deverá ajuizar reclamação escrita a fim de instaurar inquérito para apuração de falta grave perante uma das Varas do Trabalho, dentro de trinta dias, contados da data da suspensão de João.

e) deverá ajuizar reclamação escrita a fim de instaurar inquérito para apuração de falta grave perante o Tribunal Regional do Trabalho competente, dentro de sessenta dias, contados da data da suspensão de João.

361. **(FCC/TRT/22R/Analista/2010)** Maria, dirigente sindical, empregada da empresa K, praticou falta grave passível de dispensa. Maria foi suspensa e a empresa K pretende dispensá-la. Neste caso, para a instauração de inquérito para apuração de falta grave, a empregadora

a) deverá apresentar reclamação por escrito à Vara do Trabalho dentro de dez dias, contados da data da suspensão da empregada.

b) deverá apresentar reclamação por escrito à Vara do Trabalho dentro de trintas dias, contados da data da suspensão da empregada.

c) deverá apresentar reclamação por escrito ou verbal à Vara do Trabalho dentro de sessenta dias, contados da data da suspensão da empregada.

d) deverá apresentar obrigatoriamente reclamação por escrito à Vara do Trabalho dentro de sessenta dias, contados da data da suspensão da empregada.

e) não poderá dispensar Maria, tendo em vista que ela possui estabilidade provisória garantida ao dirigente sindical.

362. **(FGV/OAB/2010-3)** Tício, gerente de operações da empresa Metalúrgica Comercial, foi eleito dirigente sindical do Sindicato dos Metalúrgicos. Seis meses depois, juntamente com Mévio, empregado representante da CIPA (Comissão Interna para Prevenção de Acidentes) da empresa por parte dos empregados, arquitetaram um plano para descobrir determinado segredo industrial do seu empregador e repassá-lo ao concorrente mediante pagamento de numerário considerável. Contudo, o plano foi descoberto antes da venda, e a empresa, agora, pretende dispensar ambos por falta grave. Você foi contratado como consultor jurídico para indicar a forma de fazê-lo. O que deve ser feito?

a) Ajuizamento de inquérito para apuração de falta grave em face de Tício e Mévio, no prazo decadencial de 30 dias, caso tenha havido suspensão deles para apuração dos fatos.

b) Simples dispensa por falta grave para ambos os empregados, pois o inquérito para apuração de falta grave serve apenas para a dispensa do empregado estável decenal.

c) Ajuizamento de inquérito para apuração de falta grave em face de Tício, no prazo decadencial de 30 dias, caso tenha havido suspensão dele para apuração dos fatos; e simples dispensa por justa causa em relação a Mévio, independentemente de inquérito.

d) Ajuizamento de inquérito para apuração de falta grave em face de Tício, no prazo decadencial de 30 dias, contados do conluio entre os empregados; e simples dispensa por justa causa em relação a Mévio, independentemente de inquérito.

363. (TRT/2R/Juiz/2011) Quanto ao prazo para a instauração do inquérito para apuração de falta grave contra empregado garantido com estabilidade, na forma do art. 853 da CLT, o empregador apresentará reclamação por escrito ao juízo cabível:

a) Dentro de 08 dias, contados da data da suspensão do empregado.

b) Dentro de 15 dias contados da data da suspensão do empregado.

c) Dentro de 30 dias, contados da data em que o empregado cometeu o ato contido no art. 482 da CLT.

d) Dentro de 10 dias, contados da data da suspensão do empregado.

e) Dentro de 30 dias, contados da data da suspensão do empregado.

364. (TRT/15R/Juiz/2008) A respeito do inquérito para apuração de falta grave, assinale a alternativa correta:

a) trata-se de uma ação meramente declaratória.

b) julgado improcedente o pedido de resolução contratual, a reintegração do trabalhador ao emprego somente será deferida se houver reconvenção ou pedido contraposto.

c) o prazo para ajuizamento do inquérito é de trinta dias apenas na hipótese de suspensão do empregado.

d) o inquérito é necessário para que haja a resolução contratual da empregada gestante.

e) quando a reintegração do empregado estável for desaconselhável, haja vista o grau de incompatibilidade entre os litigantes, o juízo não poderá, "ex officio", converter a reintegração em indenização.

365. (TRT/4R/Juiz/2016) Assinale a assertiva correta sobre inquérito para apuração de falta grave.

a) No inquérito para apuração de falta grave, poderá o empregador apresentar reclamação oral, a qual será reduzida a termo pelo serventuário da justiça.

b) Segundo a jurisprudência, o prazo decadencial, para o ajuizamento do inquérito para apuração de falta grave, é de 30 (trinta) dias, contado a partir da suspensão do empregado estável.

c) Constitui requisito legal para o ajuizamento do inquérito para apuração de falta grave a suspensão do empregado, a fim de viabilizar a investigação do fato que embasa a justa causa alegada e permitir ao empregado a ampla defesa e o contraditório plenos. d) A sentença que acolhe a pretensão deduzida no inquérito para apuração de falta grave extingue o contrato de trabalho na data do trânsito em julgado da decisão, uma vez sujeita a recurso.

e) Constitui faculdade do empregado, na ação que julga improcedente o inquérito para apuração de falta grave, retornar às suas atividades, podendo optar, em razão do desgaste havido no processo, pelo pagamento de uma indenização relativa ao período de estabilidade.

> *Súmula STF 463. Para efeito de indenização e estabilidade, conta-se o tempo em que o empregado esteve afastado, em serviço militar obrigatório, mesmo anteriormente à Lei 4.072, de 01.06.62.*

366. (FCC/TRT/24R/Analista/2006) Considere as seguintes assertivas:

CAPÍTULO 4 - DIREITO DO TRABALHO

STF 127

I. Considera-se como de serviço efetivo o período em que o empregado esteja à disposição do empregador, aguardando ou executando ordens, salvo disposição especial expressamente consignada.

II. Não se computará, na contagem de tempo de serviço, para efeito de indenização e estabilidade, o período em que o empregado estiver afastado do trabalho prestando serviço militar.

III. Não se computará, na contagem de tempo de serviço, para efeito de indenização e estabilidade, o período em que o empregado estiver afastado do trabalho por motivo de acidente do trabalho.

Está correto o que se afirma apenas em:

a) I.

b) I e II.

c) I e III.

d) II.

e) II e III.

367. **(PAQTC/UEPB/Advogado/2012)** De acordo com a Consolidação das Leis do Trabalho – CLT, analise as afirmativas abaixo:

I. As instituições sem fins lucrativos, que admitirem trabalhadores como empregados, são equiparadas ao empregador, para os efeitos exclusivos da relação de emprego,

II. Considera-se empregado toda pessoa física que prestar serviços de natureza eventual a empregador, sob a dependência deste e mediante salário.

III. Não será computado, na contagem de tempo de serviço, para efeito de indenização e estabilidade, os períodos em que o empregado estiver afastado do trabalho prestando serviço militar.

Está(ão) corretas:

a) Apenas I.

b) Apenas II.

c) Apenas III.

d) Apenas I e II.

e) Apenas I e III.

2.4. Da Estabilidade

Súmula STF 221. A transferência de estabelecimento, ou a sua extinção parcial, por motivo que não seja de força maior, não justifica a transferência de empregado estável.

368. **(TRT/21R/Juiz/2012)** Considerando o entendimento pacificado pelo TST e STF, e a legislação consolidada a respeito do assunto, assinale a alternativa correta:

I. não será devido o adicional de transferência ao empregado cujo contrato de trabalho possui expressa previsão de possibilidade de transferência a título provisório.

II. empregado transferido para local mais distante de sua residência não fará jus a qualquer suplemento salarial, desde que não haja necessidade de mudança de domicílio.

III. é lícita a transferência do empregado estável quando ocorrer a extinção, ainda que parcial, do estabelecimento.

IV. será lícita a alteração do contrato de trabalho desde que haja consentimento das partes e não cause prejuízos de ordem financeira ao empregado.

V. é abusiva toda transferência para localidade diversa da prevista no contrato de trabalho, exceto nos casos de exercício de cargo de confiança ou extinção do estabelecimento.

a) nenhuma assertiva está correta.

b) apenas a assertiva I está correta.

c) apenas as assertivas II e III estão corretas.

d) apenas as assertivas I e IV estão corretas.

e) apenas as assertivas II e V estão corretas.

Súmula STF 676. A garantia da estabilidade provisória prevista no art. 10, II, a, do ADCT, também se aplica ao suplente do cargo de direção de comissões internas de prevenção de acidentes (CIPA).

369. **(Cespe/TRT/1R/Analista/2008)** A respeito do direito do trabalho e do direito processual do trabalho, assinale a opção correta.

a) Na sucessão de empresas, a responsabilidade quanto a débitos e obrigações trabalhistas recai sobre o sucessor, em face do princípio da despersonalização do empregador, sendo irrelevante o vínculo estabelecido entre sucedido e sucessor, bem como a natureza do título que possibilitou ao titular do estabelecimento a utilização dos meios de produção nele organizados.

b) A justiça do trabalho não vê o depósito recursal como parcela garantidora da execução do crédito do reclamante; uma vez que se a sentença ainda não foi transitada em julgado, não há título executivo que sustente a execução.

c) Nos termos da CLT e da CF, a supressão ou redução do intervalo intrajornada somente é possível por acordo ou convenção coletiva de trabalho.

d) A garantia da estabilidade provisória prevista no ato das Disposições Constitucionais Transitórias, não se aplica ao suplente do cargo de direção de comissões internas de prevenção de acidentes (CIPA).

e) Cabe recurso de revista das decisões proferidas em grau de recurso ordinário, em dissídio individual, pelos tribunais regionais do trabalho, quando derem ao mesmo dispositivo de lei federal interpretação diversa da que lhe houver dado o STF.

370. (Cespe/OAB/2009-3) Assinale a opção correta em relação à Comissão Interna de Prevenção de Acidentes (CIPA).

a) Tanto os representantes do empregador quanto os dos empregados serão eleitos por escrutínio secreto.

b) A estabilidade no emprego é garantida ao eleito para o cargo de direção da CIPA, desde o registro de sua candidatura até um ano após o final do mandato.

c) Para que o empregado possa integrar a CIPA, é necessário que ele seja sindicalizado.

d) O mandato do membro da CIPA é de dois anos, sendo admitida uma reeleição.

371. (MPT/Procurador/2010) Assinale a alternativa correta, relativa às normas constitucionais que versam sobre a matéria sindical e sua atual interpretação pelo Supremo Tribunal Federal.

a) O sindicato é parte legítima para, na forma da lei, denunciar irregularidades ou ilegalidades perante o Tribunal de Contas da União.

b) A liquidação de ação coletiva não pode ocorrer por substituição processual sindical.

c) O preceito constitucional que reconheceu o direito de greve ao servidor público civil constitui norma de eficácia meramente limitada, razão pela qual, para atuar plenamente, depende da edição de lei exigida pela Constituição.

d) A garantia da estabilidade provisória prevista no Ato das Disposições Constitucionais

Transitórias, não se aplica ao suplente do cargo de direção de Comissões Internas de Prevenção de Acidentes (CIPA).

e) Não respondida.

3. DA ORGANIZAÇÃO SINDICAL

3.1. Da Instituição Sindical

> **Súmula STF 223.** *Concedida isenção de custas ao empregado, por elas não responde o sindicato que o representa em juízo.*

372. (Cespe/TRT/17R/Analista/2009) Tratando-se de empregado que não tenha obtido o benefício da justiça gratuita ou a isenção de custas, o sindicato que tenha intervindo no processo responde solidariamente pelo pagamento das custas devidas.

373. (InstitutoCidades/TRT/1R/Juiz/2008) Assinale a alternativa correta:

a) os termos de conciliação firmados perante as Comissões de Conciliação Prévia servirão como base para propositura de ação monitória.

b) tratando-se de empregado que não tenha obtido o benefício da justiça gratuita, ou isenção de custas, o sindicato que houver intervindo no processo responderá solidariamente pelo pagamento das custas devidas.

c) as custas deverão ser recolhidas sempre ao final da execução, salvo no caso de recurso, quando serão pagas e comprovado o recolhimento no prazo de cinco dias.

d) das decisões que acolherem exceções de suspeição e de incompetência caberá recurso ordinário ou agravo de petição, dependendo da fase do processo, cuja interposição se dará no prazo de oito dias.

e) os conflitos de jurisdição suscitados entre as autoridades da Justiça do Trabalho e as da Justiça Ordinária serão resolvidos pelo Supremo Tribunal Federal.

> **Súmula STF 677.** *Até que lei venha a dispor a respeito, incumbe ao Ministério do Trabalho proceder ao registro das entidades sindicais e zelar pela observância do princípio da unicidade.*

CAPÍTULO 4 - DIREITO DO TRABALHO

STF 129

374. **(Cespe/PGE/PB/Procurador/2008)** A lei não pode exigir autorização estatal para a fundação de sindicato, sem prejuízo do registro perante o Ministério do Trabalho e Emprego, que não pode, sob tal atribuição, interferir ou intervir na organização sindical.

375. **(Cespe/TST/Analista/2008)** Conquanto caiba aos trabalhadores organizarem-se em sindicatos, o princípio da unicidade sindical revela que o Ministério do Trabalho e Emprego pode intervir nas entidades sindicais criadas em desacordo com a legislação ou que passem a funcionar fora da base territorial determinada, nesse caso podendo interferir para que haja o desmembramento do sindicato em desacordo ou mesmo sua extinção.

376. **(FCC/TRT/1R/Juiz/2012)** Considere as seguintes assertivas:

I. A Convenção no 87 da OIT dispõe a respeito da liberdade sindical, cujas previsões não serão afetadas, ainda que a aquisição da personalidade jurídica pelas organizações de trabalhadores e de empregadores, suas federações ou confederações, esteja sujeita a condições que limitem a sua constituição, a filiação dos seus membros, a eleição dos seus representantes, a redação de seus estatutos e a elaboração do seu programa de ação.

II. Os sindicatos são considerados pessoas jurídicas de direito privado, que se classificam como associações. Para a aquisição de personalidade jurídica e para que possam usufruir das prerrogativas previstas em lei, os sindicatos devem elaborar seus estatutos, além de proceder ao seu registro no órgão competente. De acordo com a Consolidação das Leis do Trabalho, o estatuto do sindicato, sob pena de nulidade ou anulabilidade, deverá conter: (i) a denominação, os fins e a sede da associação; (ii) os requisitos para a admissão, demissão e exclusão dos associados; (iii) os direitos e deveres dos associados; (iv) as fontes de recursos para sua manutenção; (v) o modo de constituição e de funcionamento dos órgãos deliberativos, (vi) as condições para a alteração das disposições estatutárias e para a dissolução; (vii) a forma de gestão administrativa e de aprovação das respectivas contas; e (viii) a categoria econômica ou profissional ou a profissão liberal cuja representação é requerida.

III. Segundo entendimento pacificado do Supremo Tribunal Federal, em razão da disposição contida na Consolidação das Leis do Trabalho, até que nova lei venha a dispor a respeito, incumbe ao Ministério do Trabalho e Emprego proceder ao registro das entidades sindicais e zelar pela observância do princípio da unicidade.

IV. Segundo a Constituição Federal, é vedada a criação de mais de uma organização sindical, em primeiro grau, representativa de categoria profissional ou econômica, na mesma base territorial, que será definida pelos trabalhadores ou empregadores interessados, não podendo ser inferior à área de um Município.

Está correto o que se afirma apenas em

a) III.

b) I e II.

c) I e IV.

d) II, III e IV.

e) II e III.

377. **(Ibeg/PGM/Guarapari/Procurador/2016)** Sobre a instituição sindical, deveres e prerrogativas dos Sindicatos de empregados e empregadores, indique a alternativa incorreta:

a) Categoria profissional diferenciada é a que se forma dos empregados que exerçam profissões ou funções diferenciadas por força de estatuto profissional especial ou em consequência de condições de vida singulares.

b) A associação sindical é livre e a lei não pode exigir autorização do Estado para a criação de entidades sindicais, salvo o registro no órgão competente, não sendo mais exigível a prévia constituição da associação profissional como condição para o reconhecimento de um sindicato.

c) De acordo com o entendimento do STF, até que a lei regulamente de forma diversa, o Ministério do Trabalho é o órgão de registro das entidades sindicais de qualquer grau para fins de controle da unicidade. Para obter registro sindical, o agrupamento precisa, antes, adquirir personalidade jurídica como associação civil de direito privado mediante registro em cartório de registro civil.

d) São deveres dos Sindicatos de empregados e empregadores, dentre outros representarem, perante as autoridades administrativas e judiciárias os interesses gerais da respectiva categoria ou profissão liberal ou interesses individuais dos associados relativos à atividade ou profissão exercida e colaborar com o Estado, como órgãos técnicos e consultivos, no estudo e solução dos problemas que se relacionam com a respectiva categoria ou profissão liberal, ou os interesses individuais dos associados relativos à atividade ou profissão exercida.

e) São prerrogativas dos Sindicatos de empregados e empregadores, dentre outras, celebrar convenções coletivas de trabalho e eleger ou designar os representantes da respectiva categoria ou profissão liberal.

3.2. Do Enquadramento Sindical

> *Súmula STF 197. O empregado com representação sindical só pode ser despedido mediante inquérito em que se apure falta grave.*

Súmula anotada em Direito do Trabalho – Do Contrato Individual de Trabalho – Da Rescisão.

4. DAS CONVENÇÕES COLETIVAS DE TRABALHO

> *Súmula STF 679. A fixação de vencimentos dos servidores públicos não pode ser objeto de convenção coletiva.*

Súmula anotada em Direito Administrativo – Agentes Públicos – Regras Remuneratórias.

5. LEIS TRABALHISTAS ESPECIAIS

5.1. Lei de Greve (Lei 7.783/89)

> *Súmula STF 316. A simples adesão à greve não constitui falta grave.*

Súmula anotada em Direito do Trabalho – Do Contrato Individual de Trabalho – Da Rescisão

5.2. Lei do FGTS (Lei 8.036/90)

> *Súmula STF 593. Incide o percentual do Fundo de Garantia do Tempo de Serviço (FGTS) sobre a parcela da remuneração correspondente a horas extraordinárias de trabalho.*

Súmula anotada em Direito do Trabalho – Do Contrato Individual de Trabalho – Da Remuneração – Das Horas-extras

5.3. Lei do Seguro de Acidente do Trabalho (Lei 6.367/76)

> *Súmula STF 35. Em caso de acidente do trabalho ou de transporte, a concubina tem direito de ser indenizada pela morte do amásio, se entre eles não havia impedimento para o matrimônio.*

Súmula anotada em Direito Civil – Do Direito das Obrigações – Da Responsabilidade Civil – Da Obrigação de Indenizar

> *Súmula STF 198. As ausências motivadas por acidente do trabalho não são descontáveis do período aquisitivo das férias.*

Súmula anotada em Direito do Trabalho – Das Normas Gerais de Tutela do Trabalho – Das Férias Anuais

> *Súmula STF 314. Na composição do dano por acidente do trabalho, ou de transporte, não é contrário à lei tomar para base da indenização o salário do tempo da perícia ou da sentença.*

⮑ Súmula não abordada em concursos recentes.

5.4. Lei do Trabalho Rural (Lei 5.889/73)

> *Súmula STF 196. Ainda que exerça atividade rural, o empregado de empresa industrial ou comercial é classificado de acordo com a categoria do empregador.*

378. (TRT/9R/Juiz/2009) Considere as seguintes proposições:

I. É considerado trabalhador rural o motorista que trabalha no âmbito de empresa cuja atividade é preponderantemente rural, considerando que, de modo geral, não enfrenta o trânsito das estradas e cidades.

II. A pessoa física que presta serviços de natureza não eventual a empregador que explora

CAPÍTULO 4 - DIREITO DO TRABALHO

atividade agroeconômica em prédio rústico é considerada empregado rural.

III. Ainda que exerça atividade rural, o empregado de empresa industrial ou comercial é classificado de acordo com a categoria do empregador.

IV. O elemento preponderante para definir a figura do empregado rural é o local da prestação de serviços.

a) somente as proposições I e II estão corretas.
b) somente as proposições I, II e III estão corretas.
c) somente a proposição IV está correta.
d) todas as proposições estão corretas.
e) nenhuma proposição está correta.

CAPÍTULO 5 –
DIREITO EMPRESARIAL

1. DO DIREITO DE EMPRESA

1.1. Dos Institutos Complementares

1.1.1. Da Escrituração

> **Súmula STF 260.** *O exame de livros comerciais, em ação judicial, fica limitado às transações entre os litigantes.*

379. **(OAB/SP/2002)** Em uma disputa judicial entre sócios de uma mesma sociedade comercial contratual, a exibição dos livros comerciais:

a) é vedada, em razão do sigilo comercial.

b) é vedada, salvo se ambos os sócios exercerem a gerência.

c) é permitida amplamente.

d) é permitida, limitada à controvérsia entre os sócios.

> **Súmula STF 390.** *A exibição judicial de livros comerciais pode ser requerida como medida preventiva.*

380. **(Cespe/Abin/Oficial_Inteligência/2008)** Assinale a alternativa incorreta:

a) na execução das obrigações de fazer, se o devedor não satisfizer a obrigação, é lícito ao credor optar entre requerer que ela seja executada à custa do devedor, ou convertê-la em indenização para haver perda e danos, apuradas em liquidação.

b) uma vez consignada a primeira, em até dez (10) dias contados da data do vencimento, pode o devedor continuar a consignar, no mesmo processo e sem mais formalidades, as prestações periódicas que se forem vencendo.

c) em medida cautelar requerida erroneamente, é inadmissível, em regra, invocar-se o princípio

da fungibilidade para recebê-la como medida cautelar inominada.

d) a exibição judicial de livros comerciais pode ser requerida como medida preventiva, mas o exame fica limitado às transações entre os litigantes.

2. DO DIREITO FALIMENTAR

> **Súmula STF 193.** *Para a restituição prevista no art. 76, parágrafo 2, da Lei de Falências, conta-se o prazo de quinze dias da entrega da coisa e não da sua remessa.*

➲ Súmula não abordada em concursos recentes.

> **Súmula STF 417.** *Pode ser objeto de restituição, na falência, dinheiro em poder do falido, recebido em nome de outrem, ou do qual, por lei ou contrato, não tivesse ele a disponibilidade.*

381. **(AOCP/TRT/9R/Juiz/2004)** Acerca do Decreto-lei n. 7.661, de 21-06-1945 (Lei de Falências), analise as proposições a seguir e, após, assinale a alternativa correta:

I. É competente para declaração da falência o juiz em cuja jurisdição estiver situada qualquer agência, sucursal ou filial do devedor.

II. Segundo entendimento sumulado do STF, não pode ser objeto de restituição, na falência, dinheiro em poder do falido, mesmo que recebido em nome de outrem, ou do qual, por lei ou contrato, não tivesse ele a disponibilidade.

III. Segundo entendimento sumulado do STJ, os créditos decorrentes de serviços prestados à massa falida, inclusive a remuneração do síndico, gozam dos privilégios próprios dos créditos trabalhistas.

IV. Conforme disposição expressa do texto do Decreto-lei n. 7.661/45, preferem a todos os créditos admitidos à falência, a indenização por acidente do trabalho e os outros créditos que, por lei especial, gozarem dessa prioridade.

a) estão corretas as proposições I, II e III
b) somente a proposição III está correta
c) estão incorretas as proposições I e III
d) estão corretas as proposições III e IV
e) somente a proposições IV está correta

> **Súmula STF 495.** *A restituição em dinheiro da coisa vendida a crédito, entregue nos quinze dias anteriores ao pedido de falência ou de concordata, cabe, quando, ainda que consumida ou transformada, não faça o devedor prova de haver sido alienada a terceiro.*

382. (Cespe/Bacen/Procurador/2009) No que se refere aos efeitos da decretação da falência nos contratos do falido, assinale a opção correta.

a) Os contratos bilaterais resolvem-se automaticamente pela falência, operando-se imediatamente o vencimento antecipado de todas as dívidas. Nesse caso, não pode o administrador judicial resolver cumprir esses contratos, ainda que o cumprimento reduza o aumento do passivo da massa falida.

b) No caso de contrato de compra e venda de coisas móveis a prestação, se ocorrer a falência do devedor antes mesmo da entrega das mercadorias e o administrador judicial resolver não executar o contrato, cabe ao comprador o direito à imediata restituição do valor recebido pelo falido, classificando-se o crédito como extrassucursal.

c) No caso de contrato de compra e venda de mercadorias, se o falido for o comprador e este ainda não tiver pagado por elas, e as tiver revendido sem fraude antes de requerida a falência, o vendedor pode obstar a entrega das coisas expedidas ao devedor, mesmo que estejam em trânsito.

d) Nos contratos de locação comercial, a falência do locador resolve imediatamente o contrato. No caso de falência do locatário, o administrador judicial pode, a qualquer tempo e se for conveniente para a massa falida, denunciar o contrato.

e) No caso de contrato de compra e venda de mercadorias, se o falido for o comprador e este ainda não tiver pagado por elas, pode o

vendedor efetuar pedido de restituição se as mercadorias tiverem sido entregues dentro dos 15 dias anteriores ao pedido de falência e ainda não tenham sido alienadas.

383. (Cespe/PGE/PB/Procurador/2008) A respeito da falência e da recuperação judicial, assinale a opção correta.

a) A empresa irregular não pode requerer autofalência nem falência de um devedor seu, embora possa figurar no polo passivo de pedido falimentar.

b) Cabe pedido de restituição de bens baseado em direito real ou relação obrigacional preexistente à falência, ou desta oriunda, salvo quando se tratar de dinheiro, e, para que seja reconhecido o direito do reclamante, exige-se prova da propriedade do bem e da arrecadação indevida.

c) No contrato de depósito bancário, o banco não tem plena disponibilidade sobre o dinheiro dos seus depositantes, estando obrigado a devolvê-lo tão logo lhe seja solicitado pelo depositante, o que torna possível a sua restituição no caso de falência da instituição financeira.

d) As sociedades de economia mista e as fundações estão sujeitas tão somente ao processo de recuperação judicial; os seus administradores respondem solidária e ilimitadamente, entre si, pela má administração da sociedade empresária.

e) O juízo da falência é indivisível e competente para todas as ações e reclamações sobre bens, interesses e negócios da massa falida, ressalvadas as causas trabalhistas, fiscais e aquelas não reguladas pela Lei de Falências em que o falido figurar como autor ou litisconsorte ativo.

384. (FGV/Badesc/Advogado/2010) Nos termos da Lei 11.101/05, que regula a recuperação judicial, a extrajudicial e a falência do empresário e da sociedade empresária, no que tange ao Pedido de Restituição, assinale a afirmativa correta.

a) A restituição de coisa vendida a crédito e entregue ao devedor, nos 15 (quinze) dias anteriores ao requerimento de sua falência, poderá ser pedida se ainda não alienada.

b) A sentença que reconhecer o direito do requerente determinará a entrega da coisa no prazo de 24 (vinte e quatro) horas.

CAPÍTULO 5 - DIREITO EMPRESARIAL

c) A apelação com efeito suspensivo da sentença que julgar o pedido de restituição, é cabível.

d) O autor do pedido de restituição, que pretender receber o bem ou a quantia reclamada antes do trânsito em julgado da sentença, não precisará prestar caução.

e) O pedido de restituição não suspende a disponibilidade da coisa até o trânsito em julgado.

3. DOS CONTRATOS MERCANTIS

> **Súmula STF 151.** *Prescreve em um ano a ação do segurador sub-rogado para haver indenização por extravio ou perda de carga transportada por navio.*

⟳ Súmula não abordada em concursos recentes.

4. DOS TÍTULOS DE CRÉDITO

> **Súmula STF 189.** *Avais em branco e superpostos consideram-se simultâneos e não sucessivos.*

385. (Cespe/TJ/DFT/Juiz/2016) Assinale a opção correta, no que diz respeito a aval.

a) Se o título de crédito avalizado for vinculado a contrato de mútuo, o avalista deverá responder pelas obrigações nele contidas, ainda que ali não figure como devedor solidário.

b) No caso do cheque, se houver dois avais superpostos e em branco, considera-se que houve aval de aval.

c) Os avais simultâneos estabelecem entre os coavalistas uma relação fundada na solidariedade de direito comum, e não cambiária. Assim, se um deles pagar a dívida, terá o direito de exigir do outro apenas a quota parte que caberia a este.

d) O avalista de cheque prescrito deverá responder pelo pagamento deste em ação monitória, independentemente da prova de ter-se beneficiado da dívida.

e) O avalista citado para pagar o valor constante do título poderá invocar em seu favor benefício de ordem, de forma que, primeiro, sejam excutidos bens do avalizado.

386. (FMP/TJ/AC/Cartórios/2012) Quanto aos títulos de crédito, assinale a afirmativa correta.

a) Consoante entendimento sumulado do Supremo Tribunal Federal, os avais superpostos em branco são considerados simultâneos e não sucessivos.

b) O aval, mediante a assinatura no verso ou anverso da cártula, é um meio de transferência dos direitos do título.

c) No aval, o avalista poderá requerer que, em primeiro lugar, seja executado o avalizado (benefício de ordem).

d) Não é possível, sob pena de nulidade, lançar aval posterior ao vencimento.

387. (Cespe/Câmara_Deputados/Analista/2014) Presumem-se simultâneos os avais em branco e superpostos.

> **Súmula STF 387.** *A cambial emitida ou aceita com omissões, ou em branco, pode ser completada pelo credor de boa-fé antes da cobrança ou do protesto.*

388. (Cespe/IFB/ProfessorDireito/2011) De acordo com o princípio da literalidade, é nula a obrigação cambial representada por título de crédito emitido com omissões ou em branco.

389. (Cespe/TRF/5R/Juiz/2009) A respeito de títulos de crédito, é correto afirmar que:

a) a cambial emitida ou aceita com omissões não pode ser completada pelo credor de boa-fé antes da cobrança ou do protesto.

b) a cláusula "não à ordem", lançada no título de crédito, impede a circulação do crédito.

c) a duplicata, por ser título de crédito causal, não comporta endosso.

d) o aval é o ato cambiário por meio do qual uma pessoa, o avalista, compromete-se a pagar o título de crédito nas mesmas condições que um devedor desse título, o avalizado.

e) o prazo prescricional do cheque é de seis meses a contar da data da sua emissão.

390. (Ejef/TJ/MG/Juiz/2006) Uma nota promissória emitida em branco por sociedade empresária, em garantia de aporte de crédito bancário de R$ 50.000,00 (cinquenta mil reais) em sua conta corrente, destinado a capital de giro, em cujo contrato se estipularam juros remuneratórios de 3% ao mês, correção monetária pela TR, e para o período da mora os mesmos juros remuneratórios acrescidos de multa de lo% e juros moratórios de 2% ao mês:

a) admite embargos e extinção da execução, mesmo que a cambial esteja acompanhada do contrato, porque há iliquidez, decorrente de evidente nulidade dos encargos inseridos em seu valor, quer da correção monetária pela TR e da taxa dos juros remuneratórios, inconstitucionais, quer da multa incompatível com o Código de Defesa do Consumidor e da ilícita taxa de juros moratórios.

b) admite execução acompanhada do contrato, depois de preenchida pelo credor, porque é possível mera operação aritmética para decote de eventual excesso de encargos que estejam inseridos em seu valor, o que não afasta sua liquidez.

c) não admite execução nem ação monitória, porque nula a cambial, tendo em vista que emitida em branco e preenchida pelo próprio credor para o ajuizamento da ação.

d) admite objeção de pré-executividade e extinção da execução, ainda que acompanhada do contrato, por evidente excesso de encargos, incluídos no valor inserido na cambial, cujos temas são de ordem pública.

391. (FGV/TCM/RJ/Procurador/2008) Em relação aos títulos de crédito, assinale a afirmativa incorreta.

a) O título de crédito emitido em branco ou incompleto pode ser completado pelo credor de boa-fé, antes da ação de execução ou protesto.

b) O endosso parcial é considerado como não-escrito.

c) O saque de uma letra de câmbio é considerado declaração originária e necessária à constituição do crédito.

d) O endosso parcial é considerado nulo.

e) O endosso impróprio transfere o exercício dos direitos inerentes à cambial.

392. (Cespe/TJ/RR/Cartórios/2013) Acerca de letra de câmbio e nota promissória, assinale a opção correta.

a) Sendo o aceite da letra de câmbio uma faculdade do sacador, não é necessário que ele justifique a sua recusa, mas esta produzirá efeitos

para o sacador e para o tomador, uma vez que ocorrerá o vencimento antecipado do título, podendo o tomador exigir do sacador o seu imediato pagamento.

b) De acordo com o STF, a letra de câmbio e a nota promissória emitidas ou aceitas com omissões, ou em branco, não poderão ser completadas pelo credor antes da cobrança ou do protesto, ainda que de boa-fé.

c) Para promover a execução contra o aceitante da letra de câmbio ou contra o emitente da nota promissória, bem como contra seus respectivos avalistas, o credor deverá, ainda que presentes os requisitos de liquidez, certeza e exigibilidade, promover o protesto da cártula, por se tratar de uma ação direta, e não de regresso.

d) A letra de câmbio a certo termo da data vence após determinado prazo, que é estipulado pelo sacador quando da emissão da letra de câmbio e começa a correr a partir do aceite.

e) Por serem aplicáveis às notas promissórias as regras sobre aceite, tais como, prazo de respiro e cláusula não-aceitável, poderá a nota ser sacada a certo termo da vista.

> ***Súmula STF 600.*** *Cabe ação executiva contra o emitente e seus avalistas, ainda que não apresentado o cheque ao sacado no prazo legal, desde que não prescrita a ação cambiária.*

393. (Vunesp/TJ/SP/Cartórios/2011) Assinale a alternativa correta a respeito do cheque.

a) Cabe ação executiva contra o emitente e seus avalistas, ainda que não apresentado o cheque ao sacado no prazo legal, desde que não prescrita a ação cambiária.

b) A morte do emitente ou sua incapacidade superveniente à emissão invalidam os efeitos do cheque.

c) O cheque deve ser apresentado para pagamento, a contar do dia da emissão, no prazo de 30 dias, quando emitido no lugar onde houver de ser pago; e de 90 dias, quando emitido em outro lugar do País ou no exterior.

d) A ação de regresso de um obrigado ao pagamento do cheque contra outro prescreve em dois anos, contados da data em que foi demandado ou realizou o pagamento amigavelmente.

CAPÍTULO 6 –
DIREITO FINANCEIRO

1. DA ORGANIZAÇÃO DOS PODERES

1.1. Do Poder Legislativo

1.1.1. Da Fiscalização Contábil, Financeira e Orçamentária (Tribunal de Contas)

> *Súmula STF Vinculante 3. Nos processos perante o Tribunal de Contas da União asseguram-se o contraditório e a ampla defesa quando da decisão puder resultar anulação ou revogação de ato administrativo que beneficie o interessado, excetuada a apreciação da legalidade do ato de concessão inicial de aposentadoria, reforma e pensão.*

394. (Cespe/STF/Analista/2008) Nos processos perante o TCU, asseguram-se o contraditório e a ampla defesa quando da decisão puder resultar anulação ou revogação de ato administrativo que beneficie o interessado, excetuada a apreciação da legalidade do ato de concessão inicial de aposentadoria, reforma e pensão.

395. (Cespe/PC/PB/Delegado/2009) Pedro, empregado de uma empresa pública federal, na qual ingressou em 4.4.1983, requereu sua aposentadoria após preencher todos os requisitos exigidos, a qual foi devidamente concedida. O Tribunal de Contas da União (TCU) promoveu o registro dessa aposentadoria em abril de 1997. No entanto, em julho de 2002, no mesmo dia em que Pedro requereu a revisão do ato de aposentadoria, com vistas a receber uma gratificação não incorporada aos seus proventos, o TCU, sem ouvir Pedro, houve por bem anular aquela decisão, após processo administrativo instaurado a pedido do Ministério Público junto ao TCU, em janeiro de 1999, ao entendimento de que o ato de registro da aposentadoria foi ilegal, pois Pedro teria ingressado na citada empresa pública sem concurso público, fato esse que impediria a sua aposentadoria. Acerca da situação hipotética apresentada, dos atos administrativos e da prescrição administrativa, pode-se afirmar que, conforme entendimento sumulado do STF, o ato de aposentadoria é considerado ato complexo, não operando efeitos até que sobrevenha o registro. Dessa forma, não há necessidade de se assegurar o contraditório e a ampla defesa perante o TCU para esse ato. Assim, da mesma forma que não se exigem o contraditório e a ampla defesa para o ato de registro, não há motivo para exigi-los no ato de anulação do registro.

396. (Esaf/PFN/Procurador/2007-2) Analise os itens a seguir e marque a opção correta.

a) Constitui ato de improbidade administrativa que atenta contra os princípios da Administração Pública negar publicidade aos atos oficiais.

b) Nos processos perante o Tribunal de Contas da União asseguram-se o contraditório e a ampla defesa quando da decisão puder resultar anulação, cassação ou suspensão de ato administrativo que beneficie o interessado, excetuada a apreciação da legalidade do ato de concessão inicial de aposentadoria, reforma e pensão.

c) Ao titular do cargo de procurador de autarquia exige-se a apresentação de instrumento de mandato para representá-la em juízo.

d) Os processos administrativos de que resultem sanções poderão ser revistos no prazo de 05 (cinco) anos, a pedido ou de ofício, quando surgirem fatos novos, podendo da revisão resultar agravamento da sanção.

e) A Administração pode, a critério de sua conveniência e discricionariedade, deixar de emitir explicitamente decisão nas reclamações, em matéria de sua competência.

397. (Esaf/CGU/Analista/2008) Quanto à aplicação de princípios constitucionais em processos administrativos, é entendimento pacificado no Supremo Tribunal Federal, constituindo súmula vinculante para toda a administração e tribunais inferiores, que, nos processos perante o

Tribunal de Contas da União, asseguram-se o contraditório e a ampla defesa

a) mesmo quando da decisão não resultar anulação ou revogação de ato administrativo que beneficie o interessado, inclusive a apreciação da legalidade do ato de concessão inicial de aposentadoria, reforma e pensão.

b) quando da decisão puder resultar anulação ou revogação de ato administrativo que beneficie o interessado, sem exceção.

c) quando da decisão puder resultar anulação ou revogação de ato administrativo que beneficie o interessado, excetuada a apreciação da legalidade do ato de concessão inicial de aposentadoria, reforma e pensão.

d) quando da decisão puder resultar anulação ou revogação de ato administrativo que beneficie o interessado, inclusive na apreciação da legalidade do ato de concessão inicial de aposentadoria, reforma e pensão.

e) quando da decisão puder resultar anulação ou revogação de ato administrativo que beneficie o interessado, inclusive a apreciação da legalidade do ato de concessão inicial de aposentadoria, exceto reforma e pensão.

398. (Esaf/CGU/AFC/2008) Quanto à aplicação de princípios constitucionais em processos administrativos, é entendimento pacificado no Supremo Tribunal Federal, constituindo súmula vinculante para toda a administração e tribunais inferiores, que, nos processos perante o Tribunal de Contas da União, asseguram-se o contraditório e a ampla defesa:

a) mesmo quando da decisão não resultar anulação ou revogação de ato administrativo que beneficie o interessado, inclusive a apreciação da legalidade do ato de concessão inicial de aposentadoria, reforma e pensão.

b) quando da decisão puder resultar anulação ou revogação de ato administrativo que beneficie o interessado, sem exceção.

c) quando da decisão puder resultar anulação ou revogação de ato administrativo que beneficie o interessado, excetuada a apreciação da legalidade do ato de concessão inicial de aposentadoria, reforma e pensão.

d) quando da decisão puder resultar anulação ou revogação de ato administrativo que beneficie o interessado, inclusive na apreciação da

legalidade do ato de concessão inicial de aposentadoria, reforma e pensão.

e) quando da decisão puder resultar anulação ou revogação de ato administrativo que beneficie o interessado, inclusive a apreciação da legalidade do ato de concessão inicial de aposentadoria, exceto reforma e pensão.

399. (FCC/TCE/AL/Procurador/2008) Os processos promovidos pelos tribunais de contas têm natureza

a) de processo administrativo, não dispensando, portanto, a observância do contraditório e da ampla defesa.

b) de processo judicial, pois admitem a imposição e a cobrança coercitiva de multas.

c) de processo administrativo, admitindo mitigação do contraditório e da ampla defesa em razão do subsequente trâmite de ação judicial.

d) híbrida, administrativa e judicial, exigindo a observância do contraditório e da ampla defesa apenas diante de processos de natureza judicial.

e) de processo disciplinar, porque visam à fiscalização e imposição de penalidade a agente público.

400. (FGV/TCM/RJ/Procurador/2008) No que tange ao controle dos atos administrativos, analise as assertivas a seguir:

I. A apreciação das contas e dos contratos municipais pelo Tribunal de Contas do Município, que as aprovou, não inibe a atuação do Poder Judiciário para o exame de sua legalidade e constitucionalidade, uma vez que as Cortes de Contas não exercem jurisdição.

II. O controle da Administração Pública, considerado um princípio fundamental desta, é indispensável à execução das atividades administrativas do Estado e deve ser exercido em todos os níveis e em todos os órgãos.

III. Nos processos perante o Tribunal de Contas asseguram-se o contraditório e a ampla defesa quando da decisão puder resultar anulação ou revogação de ato administrativo que beneficie o interessado, excetuada a apreciação da legalidade do ato de concessão inicial de aposentadoria, reforma e pensão.

Assinale:

a) se somente as assertivas I e II estiverem corretas.

CAPÍTULO 6 - DIREITO FINANCEIRO

b) se todas as assertivas estiverem corretas.

c) se somente as assertivas I e III estiverem corretas.

d) se somente as assertivas II e III estiverem corretas.

e) se nenhuma assertiva estiver correta.

401. **(FGV/TCE/RJ/AuditorSubstituto/2015)** Um dos mais importantes mecanismos de garantia da legitimidade democrática do controle das contas públicas é:

a) a inafastabilidade da jurisdição dos Tribunais de Contas.

b) a reserva da maior parte das vagas dos Tribunais de Contas aos órgãos do Poder Legislativo, eleitos pelo sufrágio universal.

c) a extensão, aos membros dos Tribunais de Contas, das garantias constitucionais da magistratura.

d) o permissivo constitucional para que qualquer cidadão, partido político ou entidade associativa denuncie irregularidades ou ilegalidades perante o Tribunal de Contas.

e) a observância do contraditório e da ampla defesa nos processos dos Tribunais de Contas, ressalvado o que enuncia a Súmula Vinculante n. 3 do Supremo Tribunal Federal.

402. **(Cespe/TCE/PR/Auditor/2016)** Sabendo que os tribunais de contas podem aplicar sanções, assinar prazo para que o poder público adote as providências necessárias ao exato cumprimento da lei, sustar a execução de atos administrativos e apreciar, para fins de registro, a legalidade dos atos de admissão de pessoal e as concessões de aposentadorias, reformas e pensões, assinale a opção correta à luz do entendimento majoritário do STF a respeito da observância do direito ao contraditório e à ampla defesa nos casos em que o tribunal de contas realiza esse controle externo.

a) Asseguram-se o contraditório e a ampla defesa quando da decisão puder resultar anulação ou revogação de ato administrativo que beneficie o interessado, excetuada a apreciação da legalidade do ato de concessão inicial de aposentadoria, reforma e pensão.

b) Asseguram-se o contraditório e a ampla defesa quando da decisão puder resultar anulação ou revogação de ato administrativo, inclusive nos casos de apreciação da legalidade do ato de concessão inicial de aposentadoria, reforma e pensão.

c) A observância do direito ao contraditório e à ampla defesa não é obrigatória nos casos de apreciação da legalidade do ato de concessão inicial de aposentadoria, reforma e pensão e de anulação ou revogação do ato administrativo que beneficiar o interessado, mas será indispensável quando da decisão puder resultar sanção ao interessado.

d) Excetuada a apreciação da legalidade do ato de concessão inicial de aposentadoria, reforma e pensão, assegura-se o direito ao contraditório e à ampla defesa apenas quando da decisão puder resultar sanção ao interessado, não sendo esse direito assegurado nos casos de simples anulação ou revogação de ato administrativo, ainda que essa medida beneficie o administrado.

e) Nos casos de apreciação da legalidade do ato de concessão inicial de aposentadoria, reforma e pensão, assegura-se o direito ao contraditório e à ampla defesa, o qual será facultativo nos casos de simples anulação ou revogação de ato administrativo concessório de benefício.

403. **(Funcab/PRF/Agente/2014)** Quanto à anulação e/ou revogação de atos administrativos cujos efeitos reflitam em interesses individuais, é correto afirmar:

a) Ao Estado é facultada a revogação de atos que repute ilegalmente praticados, e mesmo que de tais atos já tenham decorrido efeitos concretos, seu desfazimento não deve ser precedido de regular processo administrativo.

b) A jurisprudência do STF assentou que a alteração de ato administrativo cuja edição reflita em interesses individuais deve ser precedida de oitiva do interessado, em respeito aos princípios do contraditório e da ampla defesa.

c) O ato administrativo somente pode ser revogado por autoridade que tenha competência prevista em lei para tal, sob pena de nulidade da revogação por vício de finalidade.

d) A revogação do ato administrativo somente abrange os atos discricionários, enquanto a anulação do ato administrativo abrange somente os atos vinculados.

e) O ato administrativo precário, quando revogado, depende de processo administrativo para garantir ampla defesa e contraditório.

404. (Cespe/Câmara_Deputados/Analista/2014) Considere que, no ano de 2012, tenha chegado ao TCU o processo administrativo de concessão da aposentadoria de Maria e que, em janeiro de 2014, esse tribunal tenha julgado ilegal o ato concessivo. Nessa situação hipotética, e de acordo com entendimento do STF, o TCU não estaria obrigado a garantir a Maria a ampla defesa e o contraditório no procedimento relativo ao caso.

405. (Cespe/TRT/8R/Analista/2013) Em relação às normas constitucionais que disciplinam a fiscalização contábil, financeira e orçamentária exercida pelo Poder Legislativo, assinale a opção correta com base na jurisprudência do STF.

a) Compete ao Tribunal de Contas da União julgar as contas do presidente da República, bem como a dos administradores e demais responsáveis por dinheiros, bens e valores públicos da administração direta e indireta, incluídas as fundações e sociedades instituídas e mantidas pelo poder público federal.

b) Mesmo que haja decisão judicial transitada em julgado condenando a União ao pagamento de pensão, poderá o Tribunal de Constas da União, se detectar ilegalidade no ato inicial de concessão do benefício, determinar a anulação do aludido pagamento.

c) As empresas públicas e sociedades de economia mista não estão sujeitas à fiscalização do Tribunal de Contas da União, já que os servidores dessas empresas sujeitam-se ao regime celetista.

d) Nos processos perante o Tribunal de Contas da União, regra geral, devem ser assegurados o contraditório e a ampla defesa quando da decisão puder resultar a anulação ou revogação de ato administrativo que beneficie o interessado.

e) O Tribunal de Contas da União, no exercício de suas atribuições, pode apreciar a constitucionalidade em tese das leis e dos atos do poder público.

> **Súmula STF 6.** *A revogação ou anulação, pelo Poder Executivo, de aposentadoria, ou qualquer outro ato aprovado pelo Tribunal de Contas, não produz efeitos antes de aprovada por aquele tribunal, ressalvada a competência revisora do Judiciário.*

406. (FCC/TCE/AM/Auditor/2007) É correto afirmar:

a) As decisões do Tribunal de Contas são decisões administrativas que, embora com força de título executivo, poderão ser reapreciadas pelo Poder Judiciário.

b) O Poder Judiciário não poderá reapreciar as decisões do Tribunal de Contas, pois estas têm força de título executivo.

c) As decisões do Tribunal de Contas não possuem força de título executivo, e por isso poderão ser reapreciadas pelo Poder Executivo.

d) As decisões do Tribunal de Contas têm caráter judicial por possuírem força de título executivo.

e) O Poder Judiciário não poderá reapreciar as decisões do Tribunal de Contas, pois estas têm força de título judicial.

> **Súmula STF 347.** *O Tribunal de Contas, no exercício de suas atribuições, pode apreciar a constitucionalidade das leis e dos atos do Poder Público.*

407. (Esaf/PFN/Procurador/2007-1) O Tribunal de Contas, como órgão auxiliar do controle externo da fiscalização contábil, financeira, orçamentária, operacional e patrimonial da União, a cargo do Congresso Nacional:

a) com base no princípio da economicidade, toma em consideração a relação custo/benefício no fornecimento de serviços públicos, em vista da despesa para tanto realizada.

b) não está autorizado ao controle das premissas constitucionais das decisões de política financeira, fiscal e econômica.

c) tem legitimidade para as decisões políticas, "ex vi" do disposto no artigo 74, § 2º, apenas quando lhe for feita denúncia de irregularidades ou ilegalidades.

d) pode apreciar a constitucionalidade das leis e dos atos do Poder Público, como reza a Súmula 347 do STF, do que resulta exercer função jurisdicional.

e) em vista da disposição do artigo 73 da Constituição Federal e da natureza técnica dos julgamentos das contas, as suas decisões não podem juridicamente ser objeto de revisão pelo Poder Judiciário.

CAPÍTULO 6 - DIREITO FINANCEIRO

408. (Esaf/TCE/GO/Auditor/2007) A propósito das características e atribuições do Tribunal de Contas, não é correto afirmar

a) que é órgão administrativo, exercendo o controle externo a cargo do legislativo.

b) que possui função judiciária, ao julgar as contas dos administradores.

c) que é competente para apreciar, para fins de registro, a legalidade dos atos de admissão de pessoal e aposentadoria da administração direta.

d) que, ao verificar ilegalidade, assinará prazo para que o responsável adote providências necessárias ao exato cumprimento da lei.

e) que qualquer cidadão é parte legítima para denunciar irregularidades perante o Tribunal, que será apurada em caráter sigiloso até que se comprove sua procedência.

409. (Esaf/PGDF/Procurador/2007-1) Com referência ao Controle da Administração Pública, assinale a assertiva correta.

a) Segundo o contido no enunciado da Súmula 347 do STF, não cabe aos Tribunais de Contas, no exercício de suas atribuições, apreciar a constitucionalidade das leis e dos atos do Poder Público.

b) O STF já decidiu que o § 3º do art. 71 da CF, que trata de decisões que impliquem imputação de débito ou multa, reconhece aos Tribunais de Contas o poder de executar suas próprias decisões.

c) Com a Emenda Constitucional n. 45/2004 houve a introdução de um novo sistema de controle judicial dos atos da Administração Pública, qual seja o das súmulas vinculantes, passando-se a admitir o cabimento de reclamação ao STF em face de ato administrativo que contrarie súmulas daquele jaez.

d) O art. 71, II, da CF, atribui aos Tribunais de Contas competência para julgar as contas dos administradores e demais responsáveis por dinheiro, bens e valores públicos da Administração Direta e Indireta. Desse modo, por essa expressa disposição constitucional, as decisões dos Tribunais de Contas não se sujeitam ao controle do Poder Judiciário.

e) O controle interno sobre os órgãos da Administração Direta decorre do poder de autoexecutoriedade que permite à Administração Pública rever seus próprios atos quando ilegais, inoportunos e inconvenientes.

410. (FCC/TCE/RO/Auditor/2010) Conforme súmula do Supremo Tribunal Federal:

a) o Tribunal de Contas, no exercício de suas atribuições, pode apreciar o mérito das licitações e aplicar pena de multa se constatada improbidade administrativa, a qual poderá ser reformada em sede de controle judicial.

b) o Poder Judiciário poderá julgar recursos do Tribunal de Contas apenas em caso de erro formal de decisões administrativas.

c) o cidadão que escolheu a via administrativa do Tribunal de Contas para dirimir dúvida sobre contas públicas não precisa esgotar todas as instâncias recursais da Administração para acionar o Poder Judiciário.

d) a composição dos Tribunais de Contas dos Estados, em respeito ao princípio da simetria, deve seguir os mesmos parâmetros estabelecidos pela Constituição para a composição do Tribunal de Contas da União.

e) o Tribunal de Contas, no exercício de suas atribuições, pode apreciar a constitucionalidade das leis e dos atos do Poder Público.

411. (FCC/TCE/AM/Auditor/2007) De acordo com a jurisprudência do Supremo Tribunal Federal, os Tribunais de Contas dos Estados:

a) podem, no exercício de suas atribuições, apreciar a constitucionalidade das leis e dos atos do poder público.

b) não podem sustar a execução de contrato firmado pela Administração Pública com ilegalidade de despesa, cabendo esta atribuição somente ao Poder Judiciário.

c) apenas podem impor multas de natureza meramente moral, cujo cumprimento não pode ser exigido judicialmente.

d) são órgãos do Poder Judiciário, aplicando-se aos seus conselheiros as mesmas garantias constitucionais outorgadas aos magistrados.

e) devem ser integrados por nove conselheiros, à semelhança do Tribunal de Contas da União.

412. (FCC/TCE/RR/Procurador/2008) Conforme entendimento sumulado do Supremo Tribunal Federal, no que se refere à constitucionalidade das leis e dos atos do Poder Público, o Tribunal de Contas:

a) poderá apreciá-la, quando no exercício de suas atribuições.

b) poderá apreciá-la tanto pela via difusa como pela concentrada.

c) não poderá apreciá-la, mas poderá exercer a fiscalização e o controle de contas.

d) não poderá apreciá-la, ficando tal função a cargo exclusivo do Poder Judiciário.

e) não poderá apreciá-la, dada a natureza administrativa dos seus atos.

413. (FCC/TCE/AL/Auditor/2008) No exercício de suas atribuições, os Tribunais de Contas:

a) não podem ter quaisquer de seus atos impugnados judicialmente, uma vez que exercem suas atribuições a partir de expressa previsão constitucional.

b) podem sustar de imediato a execução de atos e contratos, se verificada ilegalidade, independentemente de representação ao órgão para adoção das medidas cabíveis.

c) podem apreciar a constitucionalidade de leis e atos do Poder Público.

d) apreciam, para fins de registro, a legalidade dos atos de admissão de pessoal da administração, inclusive as nomeações para cargos de provimento em comissão.

e) não podem realizar, por iniciativa própria, auditorias de natureza contábil ou financeira nas fundações instituídas ou mantidas pelo Poder Público.

414. (FCC/TCE/SP/Procurador/2011) Considere o caso hipotético relatado a seguir. Com base em lei municipal promulgada em 2004, a Câmara de Vereadores de um Município paulista efetua o pagamento de remuneração aos membros que compareceram a sessões extraordinárias do órgão legislativo no exercício de 2010. Nessa hipótese, ao examinar as contas a serem prestadas pela Mesa da Câmara de Vereadores relativamente ao exercício de 2010, o Tribunal de Contas do Estado

a) ficará adstrito à análise da legalidade da despesa e da observância do limite constitucional de gasto com folha de pagamento da Câmara Municipal, vedada a apreciação quanto à constitucionalidade da lei municipal.

b) deverá abster-se de apreciar a constitucionalidade da lei municipal, uma vez que a guarda

da Constituição é de competência do Supremo Tribunal Federal, e não dos Tribunais de Contas.

c) possuirá legitimidade para apreciar a constitucionalidade da lei municipal, de onde poderá decorrer sua manifestação pela regularidade ou não da realização do pagamento.

d) somente poderá manifestar-se sobre a constitucionalidade da lei municipal, adotando-a como fundamento de decidir a respeito da regularidade da despesa, se já houver decisão judicial transitada em julgado a esse respeito.

e) não poderá manifestar-se sobre a constitucionalidade da lei municipal, uma vez que esta é atribuição exclusiva do Poder Judiciário, no sistema de controle de constitucionalidade brasileiro, que não conhece mecanismos de controle político.

415. (PGE/PA/Procurador/2007) Considere as afirmativas seguintes e assinale a alternativa correta:

I. O primeiro mecanismo de controle concentrado no Supremo Tribunal Federal, por via principal de ação, foi criado na Constituição de 1934: a representação interventiva, proposta pelo Procurador-Geral da República, requisito para a intervenção federal por descumprimento dos princípios constitucionais sensíveis.

II. O ajuizamento de ação direta de inconstitucionalidade está sujeito à observância do prazo prescricional de 10 (dez) anos.

III. De acordo com a jurisprudência já sumulada do STF, os Tribunais de Contas, na sua atividade administrativa de fiscalização, não podem exercer o controle de constitucionalidade de leis e atos normativos do poder público.

IV. A cláusula de reserva de plenário ou de órgão especial ("full bench") assegura a qualquer órgão de um Tribunal a faculdade de decidir que uma norma é inconstitucional.

a) Apenas a alternativa I está correta.

b) Apenas a alternativa III está correta.

c) Apenas as alternativas I e III estão corretas.

d) Apenas as alternativas I e IV estão corretas.

416. (Vunesp/PGM/Sertãozinho/Procurador/2008) Leia as afirmações. Está correto apenas o contido em:

I. A competência do Tribunal de Contas da União para julgar contas abrange todos quantos derem causa a perda, extravio ou outra irregularidade de que resulte dano ao erário, devendo ser aplicadas aos responsáveis, em caso de ilegalidade de despesa ou irregularidade de contas, as sanções previstas em lei.

II. Conforme jurisprudência do Supremo Tribunal Federal, o Tribunal de Contas da União é parte legítima para figurar no polo passivo de mandado de segurança apenas quando o ato impugnado estiver revestido de caráter impositivo, devendo ser especificada a autoridade coatora, que pode ser o Presidente daquela Corte de Contas ou o Presidente das respectivas Câmaras.

III. O Tribunal de Contas da União possui poderes para determinar a quebra do sigilo bancário de dados constantes do Banco Central do Brasil, possuindo a mesma prerrogativa o Poder Judiciário, o Poder Legislativo Federal, bem como as Comissões Parlamentares de Inquérito, após prévia aprovação do pedido pelo Plenário da Câmara dos Deputados, do Senado Federal ou do plenário de suas respectivas Comissões Parlamentares de Inquérito.

IV. O Tribunal de Contas, no exercício de suas atribuições, pode apreciar a constitucionalidade das leis e dos atos do poder público, sendo tal prerrogativa privativa do Poder Judiciário

a) I e II.

b) II e III.

c) III e IV.

d) I e IV.

417. **(PGR/Procurador/2011)** Assinale a alternativa correta:

a) o Tribunal de Contas da União, no exercício das atribuições de julgar as contas dos gestores Públicos, exerce, excepcionalmente, atividade jurisdicional própria do Poder Judiciário, tanto que a Súmula 347 do STF prescreve que a Corte de Contas "pode apreciar a constitucionalidade das leis e atos do Poder Público".

b) enquanto coadjuvante do Congresso Nacional, no controle externo, o parecer prévio do Tribunal de Contas da União sobre as contas anuais prestadas pelo Presidente da Republica, e vinculativo para a deliberação do Parlamento.

c) compete ao Tribunal de Contas da União aplicar aos responsáveis, em caso de ilegalidade de despesa ou irregularidade de contas, as sanções previstas em lei, inclusive promovendo, com o concurso do Ministério Público integrante

da sua estrutura, a cobrança de valores apurados contra os gestores públicos ímprobos.

d) a Carta da República prevê os mecanismos de controles interno, externo e privado para efetivar a fiscalização da correta execução orçamentária.

418. **(FMP/TCE/MT/Auditor/2011)** O Tribunal de Contas da União:

a) é orgão do controle de constitucionalidade concentrado.

b) pode apreciar, no exercício de sua jurisdição, a constitucionalidade das leis e dos atos do poder público.

c) não possui autorização para a análise da constitucionalidade das leis, hipótese exclusiva do Poder Judiciário.

d) é preposto do Poder Legislativo.

e) desde a edição da Súmula 347, do STF, restou impossibilitado de analisar a constitucionalidade de atos do poder público.

419. **(Cespe/TC/DF/Auditor/2014)** De acordo com entendimento sumulado do STF, os tribunais de contas, no exercício de suas atribuições, podem deixar de aplicar uma lei inconstitucional. Nesse caso, a decisão do tribunal de contas terá eficácia vinculante e efeito "erga omnes".

420. **(Cetap/MPCM/Analista/2015)** Nos termos da Sumula n. 347 do Supremo Tribunal Federal, e correto afirmar sobre controle de constitucionalidade das leis:

a) A apreciação de matéria de constitucionalidade de leis e atos do poder público e exclusiva do Poder Judiciário, mediante controle de constitucionalidade difuso e concentrado

b) O Tribunal de Contas, no exercício de suas atribuições, pode apreciar a constitucionalidade das leis e dos atos do poder público.

c) O princípio constitucional do livre acesso ao Poder Judiciário impede os Tribunais de Contas de apreciarem constitucionalidade de leis e atos do poder público

d) O princípio da universalidade da jurisdição garante exclusividade ao Poder Judiciário para apreciar constitucionalidade de leis e atos do poder público.

e) A apreciação de constitucionalidade de leis e atos do poder público pelos Tribunais de Contas fere o princípio constitucional da independência dos poderes.

421. (FCC/TRT/23R/Analista/2016) O Tribunal de Contas da União – TCU afastou, incidentalmente, a aplicação de lei federal que entendeu inconstitucional e assinalou prazo para que órgão da Administração pública direta, ligado ao Poder Executivo, adotasse as providências necessárias ao exato cumprimento da Constituição no que toca ao limite máximo de remuneração a ser paga a servidores públicos. As providências, no entanto, não foram adotadas no prazo fixado pelo TCU, fato esse que ensejou a sustação, pelo próprio Tribunal, do ato administrativo ilegal e a comunicação dessa decisão à Câmara dos Deputados e ao Senado Federal. Considerando a jurisprudência do Supremo Tribunal Federal e a disciplina constitucional da matéria, o Tribunal de Contas da União

a) poderia ter afastado, incidentalmente, a aplicação de lei federal por motivo de inconstitucionalidade, bem como ter fixado prazo para que o órgão da Administração pública direta adotasse as providências necessárias ao exato cumprimento da Constituição, podendo, ainda, sustar o ato administrativo ilegal superado o prazo fixado pela Corte de Contas.

b) poderia ter afastado, incidentalmente, a aplicação de lei federal por motivo de inconstitucionalidade, bem como ter fixado prazo para que órgão da Administração pública direta adotasse as providências necessárias ao exato cumprimento da Constituição, mas não poderia ter sustado o ato administrativo ilegal, uma vez que essa atribuição compete exclusivamente ao Congresso Nacional, a quem também cabe solicitar, ao Poder Executivo, as medidas cabíveis ao cumprimento da decisão daquela Casa Legislativa.

c) não poderia ter afastado, ainda que incidentalmente, a aplicação de lei federal por motivo de inconstitucionalidade, uma vez que não lhe compete o exercício do controle de constitucionalidade das leis e atos normativos do poder público, nem poderia ter fixado prazo para que o órgão da Administração pública direta adotasse as providências necessárias ao exato cumprimento da Constituição, vez que lhe caberia, nessa matéria, apenas comunicar a ilegalidade ao órgão interessado e ao Congresso Nacional, não lhe cabendo suspender o ato administrativo ilegal.

d) não poderia ter afastado, ainda que incidentalmente, a aplicação de lei federal por motivo de inconstitucionalidade, uma vez que não lhe

compete o exercício do controle de constitucionalidade das leis e atos normativos do poder público, nem poderia ter fixado prazo para que o órgão da Administração pública direta adotasse as providências necessárias ao exato cumprimento da Constituição, assim como não poderia ter suspenso o ato administrativo ilegal, uma vez que essa atribuição compete exclusivamente ao Senado Federal, a quem também cabe solicitar, ao Poder Executivo, as medidas cabíveis ao cumprimento da decisão daquela Casa Legislativa.

e) poderia ter afastado, incidentalmente, a aplicação de lei federal por motivo de inconstitucionalidade, bem como ter fixado prazo para que o órgão da Administração Pública direta adotasse as providências ao exato cumprimento da Constituição, mas não poderia ter sustado o ato ilegal, vez que, tratando-se de matéria de remuneração de servidores públicos federais vinculados ao Poder Executivo, caberia ao Tribunal apenas comunicar a ilegalidade ao órgão interessado e ao Senado Federal.

422. (Cespe/TCU/Procurador/2015) Considere os seguintes preceitos da Lei Federal n. 8.443/1992, que dispõe sobre a LO-TCU e dá outras providências: "Art. 1º Ao Tribunal de Contas da União, órgão de controle externo, compete, nos termos da Constituição Federal e na forma estabelecida nesta Lei: (...) XVII – decidir sobre consulta que lhe seja formulada por autoridade competente, a respeito de dúvida suscitada na aplicação de dispositivos legais e regulamentares concernentes a matéria de sua competência, na forma estabelecida no Regimento Interno. (...) § 2º A resposta à consulta a que se refere o inciso XVII deste artigo tem caráter normativo e constitui prejulgamento da tese, mas não do fato ou caso concreto". Supondo que, ao responder a determinada consulta, o TCU tenha contrariado cláusula constitucional expressa, assinale a opção que apresenta o encaminhamento correto, passível de ser adotado no contexto do sistema brasileiro de controle de constitucionalidade.

a) Havendo incompatibilidade entre a decisão normativa e os termos da CF, o procurador-geral do MP/TCU poderá representar sobre a inconstitucionalidade ao procurador-geral da República, que, segundo seu próprio critério de conveniência, poderá ajuizar ADI no STF contra o que tiver sido decidido na consulta.

b) Com base em enunciado de súmula da jurisprudência do STF, o próprio TCU poderá declarar a inconstitucionalidade da sua decisão normativa, decretando, com eficácia erga omnes, a nulidade do julgado.

c) A decisão normativa proferida na consulta não poderá ser objeto de ADI, uma vez que, dadas as suas características normativas, constitui ato equiparado aos decretos regulamentares, que afrontam a CF apenas de maneira indireta ou reflexa.

d) Por ser equiparável a ato normativo federal e ante a impossibilidade de ser objeto de ADI, a decisão normativa proferida na consulta somente poderá ser objeto de ação declaratória de constitucionalidade.

e) Ante a superveniência de norma constitucional federal compatível com o que tiver sido firmado na decisão normativa, esta decisão estará automaticamente recepcionada, sendo incabível qualquer ação do controle abstrato de constitucionalidade para dirimir eventual controvérsia sobre a questão.

> *Súmula STF 653. No Tribunal de Contas estadual, composto por sete conselheiros, quatro devem ser escolhidos pela Assembleia Legislativa e três pelo chefe do Poder Executivo estadual, cabendo a este indicar um dentre auditores e outro dentre membros do Ministério Público, e um terceiro à sua livre escolha.*

423. **(Cespe/TJ/AL/Juiz/2008)** Caso o estado de Alagoas pretenda criar um tribunal de contas dos municípios, embora seja possível a sua criação, esse tribunal deverá ser composto, conforme súmula do STF, por sete conselheiros, dos quais três devem ser escolhidos pela assembleia legislativa, e quatro pelo chefe do Poder Executivo estadual, cabendo a este indicar um entre auditores, outro entre membros do MP e os outros dois à sua livre escolha.

424. **(Cespe/TJ/AC/Juiz/2007)** Com relação aos Poderes Legislativos da União e do estado do Acre e aos Tribunais de Contas da União e do Estado do Acre, assinale a opção correta.

a) Conforme a Constituição Federal, as sessões legislativas do Congresso Nacional devem ocorrer entre 15 de fevereiro e 30 de junho e entre 1o de agosto e 15 de dezembro.

b) O Tribunal de Contas do Estado do Acre é composto por sete conselheiros, quatro dos quais devem ser escolhidos pela Assembleia Legislativa e três, pelo chefe do Poder Executivo estadual, que deve indicar um entre seus auditores, outro entre os membros do Ministério Público que atuem junto a esse tribunal e um terceiro à sua livre escolha.

c) O tribunal de contas é um órgão administrativo integrante do Poder Legislativo e, como tal, não tem competência para exercer o controle de constitucionalidade das leis.

d) A imunidade parlamentar de deputado estadual não alcança as ofensas proferidas fora da casa legislativa, mesmo quando estas possam ter conexão com a atividade parlamentar.

1.2. Do Poder Judiciário

1.2.1. Disposições Gerais (Precatórios)

> *Súmula STF Vinculante 17. Durante o período previsto no parágrafo 1º do artigo 100 da Constituição, não incidem juros de mora sobre os precatórios que nele sejam pagos.*

425. **(FCC/PGM/JoaoPessoa/Procurador/2012)** Determina a Constituição Federal que os pagamentos devidos pelas Fazendas Públicas, em virtude de sentença judiciária, far-se-ão na ordem cronológica de apresentação dos precatórios. Conforme a disciplina constitucional da matéria e a jurisprudência do Supremo Tribunal Federal:

a) não se admite a preferência de qualquer credor sobre os demais, ainda que o débito tenha natureza alimentar.

b) durante o curso do prazo constitucional para que o precatório seja quitado, não incidem juros de mora sobre os precatórios que nele sejam pagos.

c) o precatório pode ser expedido e pago com fundamento em decisão proferida liminarmente, ainda que não tenha ocorrido o trânsito em julgado da sentença definitiva de mérito.

d) é permitido o fracionamento, repartição ou quebra do valor do precatório para fins de enquadramento de parcela do crédito no regime de pagamento das obrigações de pequeno valor.

e) é vedada a compensação do crédito de precatório com os débitos do credor, ainda que líquidos e certos.

426. **(TRT/8R/Juiz/2014)** Em relação às súmulas vinculantes do Supremo Tribunal Federal em matéria que afeta o ramo trabalhista, assinale a alternativa incorreta:

a) Salvo nos casos previstos na Constituição, o salário mínimo não pode ser usado como indexador de base de cálculo de vantagem de servidor público ou de empregado, nem ser substituído por decisão judicial.

b) A Justiça do Trabalho é competente para processar e julgar ação possessória ajuizada em decorrência do exercício do direito de greve pelos trabalhadores da iniciativa privada.

c) É ilícita a prisão civil de depositário infiel, qualquer que seja a modalidade do depósito.

d) Durante o período previsto no § 1º do artigo 100 da Constituição, incidem juros de mora sobre os precatórios que nele sejam pagos.

e) Aplicam-se ao servidor público, no que couber, as regras do regime geral da previdência social sobre aposentadoria especial de que trata o artigo 40, § 4º, inciso III da Constituição Federal, até a edição de lei complementar específica.

> *Súmula STF 655. A exceção prevista no art. 100, caput, da Constituição, em favor dos créditos de natureza alimentícia, não dispensa a expedição de precatório, limitando-se a isentá-los da observância da ordem cronológica dos precatórios decorrentes de condenações de outra natureza.*

427. **(Ejef/TJ/MG/Juiz/2009)** Constitui entendimento sumulado dos Tribunais Superiores, exceto:

a) É cabível execução por título extrajudicial contra a Fazenda Pública.

b) No tribunal de contas estadual, composto por sete conselheiros, quatro devem ser escolhidos pela assembleia legislativa e três pelo chefe do poder executivo estadual, sendo que, destes, uma escolha é discricionária e as outras duas são vinculadas.

c) Os créditos de natureza alimentícia não dispensam a expedição de precatório, apenas são isentos da observância da ordem cronológica

dos precatórios decorrentes de condenações de outra natureza.

d) É inconstitucional a imissão provisória independentemente de citação do réu em ação de desapropriação.

428. **(TRT/3R/Juiz/2012)** Leia as afirmativas abaixo e assinale a alternativa correta na execução contra a Fazenda Pública:

I. Na execução contra a Fazenda Pública, não havendo oposição de embargos, ou sendo estes rejeitados, o juiz, através do Tribunal imediatamente superior, expedirá requisição de pagamento, ou seja, o precatório. O juiz de primeiro grau nunca requisita diretamente o pagamento, mas dirige-se, a requerimento do credor, ao tribunal que detém a competência recursal originária, cabendo a quaisquer dos órgãos deste Tribunal formular a requisição à Fazenda Pública executada.

II. Os créditos de natureza alimentícia não se sujeitam a ordem cronológica de pagamento de precatório, mas isso não implica dispensa de requisição de precatório, limitando-se a isentá-lo da observância da ordem cronológica dos precatórios decorrentes de condenações de outra natureza.

III. Dentre os créditos de natureza alimentar, terão a mesma preferência, na execução contra a Fazenda Pública, aqueles titulares, não importa a idade, que sejam portadores de doença grave, definidos na forma da lei. Assim, há três graus de preferência a serem observados no cumprimento dos precatórios: em primeiro lugar, são pagos os credores alimentícios de sessenta anos ou mais e os portadores de doença grave; em segundo lugar, virão os demais credores de verbas alimentícias (inclusive do saldo superveniente ao pagamento do teto previsto para os sexagenários e doentes); e, por último, serão pagos todos os demais credores.

IV. No que concerne ao precatório, os órgãos do Tribunal não podem rever o conteúdo da sentença passada em julgado, mas podem proceder ao exame dos cálculos homologados, para corrigir-lhe eventuais erros ou excessos.

V. O sequestro das verbas públicas só pode ocorrer no caso de a Fazenda Pública devedora quebrar a ordem cronológica dos precatórios, mediante pagamento direto a outro exequente, fora do respectivo grau na escala de preferência.

CAPÍTULO 6 - DIREITO FINANCEIRO

a) Somente as afirmativas I e II estão corretas.
b) Somente as afirmativas II e III estão corretas.
c) Somente as afirmativas III e IV estão corretas.
d) Somente as afirmativas II e V estão corretas.
e) Todas as afirmativas estão corretas.

429. (TRT/2R/Juiz/2009) Analise as proposituras abaixo e responda:

I. A Constituição Federal define que os créditos de natureza alimentícia não se sujeitam à execução das dívidas da Fazenda Pública pelo regime do Precatório, matéria, inclusive, já sumulada pelo Excelso Supremo Tribunal Federal.

II. Para os fins relativos à execução das dívidas da Fazenda Pública pelo regime do Precatório a Constituição Federal estabelece que os débitos de natureza alimentícia compreendem, dentre outros, aqueles decorrentes de salários, vencimentos, proventos e indenizações por morte ou invalidez, fundadas na responsabilidade civil, em virtude de sentença transitada em julgado.

III. Não se sujeitam ao pagamento pela via do precatório os créditos, de qualquer natureza, que forem definidos em Lei como sendo de "pequeno valor", hipótese em que a execução dá-se mediante a expedição de ofício requisitório para pagamento, sob pena de sequestro.

IV. O precatório deve, obrigatoriamente, ser incluído na previsão orçamentária do ano seguinte e pago ao término do respectivo exercício pelas entidades da administração pública, desde que apresentado até primeiro de julho. A desobediência a este comando constitucional, segundo o entendimento do Excelso Supremo Tribunal Federal, é hipótese de preterição e não de preterimento, e autoriza o imediato sequestro da importância devida.

V. Constituem dívidas de pequeno valor, segundo o Ato das Disposições Constitucionais Transitórias da Constituição Federal, a importância de 60 (sessenta) salários mínimos para as dívidas da União, 40 (quarenta) salários mínimos para as dívidas dos Estados e Distrito Federal e 20 (vinte) salários mínimos para as dívidas dos Municípios.

Diante das afirmações supra, assinale:

a) Todas são verdadeiras.
b) Apenas as assertivas I e V são falsas e as demais são verdadeiras.
c) Apenas as assertivas II e III são falsas e as demais são verdadeiras.
d) Apenas as assertivas II e III são verdadeiras e as demais são falsas.
e) Apenas as assertivas IV e V são falsas e as demais são verdadeiras.

2. DA TRIBUTAÇÃO E DO ORÇAMENTO

2.1. Do Sistema Tributário Nacional

2.1.1. Da Repartição das Receitas Tributárias

> **Súmula STF Vinculante** 30. É inconstitucional lei estadual que, a título de incentivo fiscal, retém parcela do ICMS pertencente aos municípios.

➲ Súmula não abordada em concursos recentes.

> **Súmula STF 578.** Não podem os Estados, a título de ressarcimento de despesas, reduzir a parcela de 20% do produto da arrecadação do imposto de circulação de mercadorias, atribuídas aos Municípios pelo art. 23, § 8°, da Constituição Federal.

➲ Súmula não abordada em concursos recentes.

CAPÍTULO 7 –
DIREITO INTERNACIONAL

1. DIREITO INTERNACIONAL PÚBLICO

1.1. Situação Jurídica do Estrangeiro no Brasil (Lei 6.815/80)

1.1.1. Expulsão

> **Súmula STF 1.** *É vedada a expulsão de estrangeiro casado com brasileira, ou que tenha filho brasileiro, dependente da economia paterna.*

430. **(Cespe/OAB/2010)** Acerca da condição jurídica dos estrangeiros e dos nacionais no direito brasileiro, assinale a opção correta.

a) A CF dispõe expressamente sobre a possibilidade de expulsão do estrangeiro que praticar atividade nociva à ordem pública e ao interesse nacional, salvo se estiverem presentes, simultaneamente, os seguintes requisitos: cônjuge brasileiro e filho brasileiro dependente da economia paterna.

b) O Brasil, por ter ratificado integralmente o Estatuto de Roma, que criou o Tribunal Penal Internacional, tem o compromisso de entregar ao tribunal os indivíduos contra os quais tenham sido expedidos pedidos de detenção e entrega, mesmo que eles possuam, originariamente, nacionalidade brasileira.

c) Os estrangeiros de qualquer nacionalidade residentes na República Federativa do Brasil há mais de quinze anos ininterruptos são automaticamente considerados brasileiros naturalizados, independentemente de qualquer outra condição ou exigência.

d) É vedada a extradição de nacionais, salvo em caso de comprovado envolvimento em tráfico ilícito de entorpecentes, em terrorismo ou em crimes definidos, em lei, como hediondos.

431. **(TRT/2R/Juiz/2014)** Quanto às atividades do estrangeiro no Brasil, aponte a alternativa correta:

a) A Constituição Federal assegura aos estrangeiros o direito pleno de propriedade, nos termos do art. 5º, "caput" e seu inciso XXII, que estabelecem a igualdade de todos perante a lei e a garantia dos direitos elencados na Constituição, dentre eles, o de propriedade.

b) Conforme Súmula do Supremo Tribunal Federal é vedada a expulsão de estrangeiro na específica hipótese de ser ele casado com brasileira e com filho brasileiro dependente da economia paterna.

c) O nascimento de filho brasileiro após a prática da infração penal, por estrangeiro, não constitui óbice à sua expulsão, embora possa tal expulsão não acontecer quando tal filho dele dependa economicamente e tenha convivência socioafetiva

d) O titular de visto diplomático oficial ou de cortesia, acreditado junto ao Governo brasileiro ou cujo prazo previsto de estada no país seja superior a 80 (oitenta) dias, deverá providenciar seu registro no Ministério das Relações Exteriores

e) A entrada em território nacional far-se-á somente pelos locais onde houver fiscalização dos órgãos competentes dos Ministérios da Saúde, da Justiça e do Trabalho

1.1.2. Extradição

> **Súmula STF 421.** *Não impede a extradição a circunstância de ser o extraditado casado com brasileira ou ter filho brasileiro.*

432. **(FCC/TRF/5R/Técnico/2003)** Quanto à condição jurídica do estrangeiro no Brasil, indique a opção errada.

a) Impede a extradição a circunstância de ser o extraditando casado com brasileira ou ter filho brasileiro.

b) A naturalização não extingue a responsabilidade civil ou penal a que o naturalizando estava anteriormente sujeito em qualquer outro país.

c) O estrangeiro admitido no território nacional na condição de asilado político, além dos deveres que lhe forem impostos pelo direito internacional, ficará sujeito a cumprir as disposições da legislação vigente e as que o governo brasileiro lhe fixar.

d) É vedada a expulsão de estrangeiro casado com brasileira, ou que tenha filho brasileiro, dependente da economia paterna.

e) Não se procederá à deportação se implicar extradição inadmitida pela lei brasileira.

2. DIREITO INTERNACIONAL PRIVADO

2.1. *Homologação de Sentença Estrangeira*

> **Súmula STF 381.** *Não se homologa sentença de divórcio obtida por procuração, em país de que os cônjuges não eram nacionais.*

⮑ Súmula não abordada em concursos recentes.

> **Súmula STF 420.** *Não se homologa sentença proferida no estrangeiro sem prova do trânsito em julgado.*

433. (FCC/MPE/CE/Promotor/2011) Constitui, dentre outros, requisito para execução no Brasil de sentença proferida no estrangeiro:

a) ter passado em julgado e estar revestida das formalidades necessárias para a execução de acordo com a lei brasileira, ainda que assim não esteja no lugar em que foi proferida.

b) terem sido as partes citadas e não ter ocorrido revelia.

c) ter sido homologada pelo Supremo Tribunal Federal, após parecer favorável do Procurador--Geral da República.

d) haver sido proferida por juiz competente.

e) estar traduzida por intérprete do país de origem ou pelo advogado que representar o requerente.

434. (Cespe/TJ/AM/Juiz/2016) Sentença penal estrangeira pode ter eficácia no Brasil, possibilitando, inclusive, a reparação civil "ex delicto". A sua eficácia depende de homologação pelo:

a) STJ, desde que haja comprovação da ocorrência do seu trânsito em julgado no país de origem.

b) STF, independentemente da existência de tratado de extradição ou reciprocidade com o país de cuja autoridade judiciária emanou a decisão.

c) STJ, independentemente de ter ocorrido o trânsito em julgado no país de origem.

d) STF, desde que exista tratado de extradição ou reciprocidade com o país de cuja autoridade judiciária emanou a decisão.

e) STF, dependendo ainda de que tenha sido imposto ao réu medida de segurança ou condenação por crime punido no Brasil com pena de reclusão.

CAPÍTULO 8 – DIREITO PENAL

1. DA APLICAÇÃO DA LEI PENAL

Súmula STF 611. Transitada em julgado a sentença condenatória, compete ao juízo das execuções a aplicação de lei mais benigna.

435. (Cespe/AGU/Procurador/2007) Ainda que a sentença condenatória tenha transitado em julgado, cabe ao juízo criminal prolator da sentença a aplicação de lei mais benigna posteriormente editada.

436. (FCC/TCE/RO/Procurador/2010) No tocante à aplicação da lei penal:

a) a lei brasileira adotou a teoria da ubiquidade quanto ao lugar do crime.

b) a lei penal mais grave não se aplica ao crime continuado ou ao crime permanente, se a sua vigência é anterior à cessação da continuidade ou da permanência, segundo entendimento sumulado do Supremo Tribunal Federal.

c) a lei brasileira adotou a teoria do resultado quanto ao tempo do crime.

d) o dia do fim inclui-se no cômputo do prazo, contando-se os meses e anos pelo calendário comum, desprezados os dias.

e) compete ao juízo da causa a aplicação da lei mais benigna, ainda que transitada em julgado a sentença condenatória, segundo entendimento sumulado do Superior Tribunal de Justiça.

437. (FCC/DPE/PA/Defensor/2009) A Lei Antitóxicos (Lei n. 11.343/06) estabelece diminuição de pena no caso de agente primário, de bons antecedentes e que não se dedique às atividades criminosas ou integre organização criminosa. Em um processo de execução, cuja condenação de tráfico o sentenciado preenche os requisitos acima enumerados e que fora preso anteriormente à edição da lei, o defensor público deverá requerer a aplicação de "novatio legis in mellius":

a) perante o juízo da Vara das Execuções Criminais independentemente do trânsito em julgado da decisão do processo de conhecimento.

b) perante o juízo da Vara de Execuções Criminais no caso de trânsito em julgado da decisão do processo de conhecimento.

c) perante o Tribunal, único competente para a decisão de diminuição de pena no processo de execução em andamento.

d) perante o juízo da condenação para não haver risco de supressão de instância.

e) para o Tribunal ou o juízo da Vara das Execuções Criminais, indistintamente, por força da imediatidade desta decisão.

438. (Vunesp/PGM/Louveira/Procurador/2007) A Lei Penal posterior, que de qualquer modo favorecer o agente, aplica-se aos fatos anteriores:

a) ainda que tais fatos tenham sido praticados na vigência de lei excepcional ou temporária.

b) desde que a execução da pena não tenha sido iniciada.

c) exceto nos casos de crimes hediondos, consumados ou tentados.

d) exceto no caso de acusados reincidentes, para os quais o prazo prescricional é aumentado em um terço.

e) ainda que decididos por sentença condenatória transitada em julgado.

439. (Cespe/TJ/DFT/Juiz/2016) Transitada em julgado a sentença penal condenatória, no caso de ser editada lei de natureza penal mais benéfica, competirá ao juiz da vara de execução penal:

a) devolver a carta de guia ao juízo de origem, a fim de que o juiz do processo de conhecimento aplique a pena mais benéfica ou remeta o feito diretamente ao tribunal local ou ao tribunal superior que porventura tenha aplicado, em grau de recurso, a condenação que até então vinha sendo executada.

b) aplicá-la em benefício do condenado, independentemente de a condenação ter sido estabelecida pelo juízo singular, pelo tribunal ou pelos tribunais superiores.

c) aplicá-la em benefício do condenado, salvo se a condenação tiver sido estabelecida pelo STF em ação penal originária, hipótese em que competirá aos ministros modificar seus julgados e ao juiz, remeter carta de guia ao ministro relator.

d) aplicá-la em benefício do condenado, salvo se a condenação tiver sido aplicada pelo STJ, hipótese em que deverá remeter a carta de guia ao ministro relator.

e) intimar o réu e seu defensor para lhes dar conhecimento da lei, a fim de que eles, se desejarem, ajuízem ação de revisão criminal, medida apta a desconstituir o título penal até então executado, dado o princípio da segurança das relações judiciais, conforme o qual a coisa julgada faz lei entre as partes.

> **Súmula STF 711.** *A lei penal mais grave aplica-se ao crime continuado ou ao crime permanente, se a sua vigência é anterior à cessação da continuidade ou da permanência.*

440. **(Cespe/PC/RN/Delegado/2009)** Considere a seguinte situação hipotética. Bira, auxiliado por Giovane, sequestrou sua própria vizinha. Ocorreu que, em virtude de a família da vítima se negar a pagar o resgate, passaram-se mais de 15 dias desde o início do cativeiro. Nesse termo, ou seja, durante o período em que a vítima esteve sob a custódia dos réus, foi publicada lei nova (com vigência e eficácia imediata), aumentando a pena do crime em questão. Nessa situação, de acordo com a posição sumulada do STF, não será aplicada a lei nova em virtude da obrigatória aplicação da lei mais benéfica.

441. **(Esaf/RFB/Analista/2009)** Sobre os direitos e deveres individuais e coletivos, assinale a única opção correta.

a) Os tratados e convenções internacionais sobre direitos humanos que forem aprovados, em cada Casa do Congresso Nacional, em turno único, por três quintos dos votos dos respectivos membros, serão equivalentes às emendas constitucionais.

b) A lei penal mais grave aplica-se ao crime continuado ou ao crime permanente, se a sua vigência é anterior à cessação da continuidade ou da permanência.

c) A Constituição Federal de 1988 previu expressamente a garantia de proteção ao núcleo essencial dos direitos fundamentais.

d) Quanto à delimitação do conteúdo essencial dos direitos fundamentais, a doutrina se divide entre as teorias absoluta e relativa. De acordo com a teoria relativa, o núcleo essencial do direito fundamental é insuscetível de qualquer medida restritiva, independentemente das peculiaridades que o caso concreto possa fornecer.

e) O direito fundamental à vida, por ser mais importante que os outros direitos fundamentais, tem caráter absoluto, não se admitindo qualquer restrição.

442. **(FCC/DPE/RS/Defensor/2011)** A respeito dos entendimentos sumulados é incorreto afirmar:

a) Para o Superior Tribunal de Justiça, inquéritos policiais e ações penais em curso não podem agravar a pena-base.

b) Segundo o Superior Tribunal de Justiça, o aumento da pena na terceira fase nas hipóteses de roubo majorado exige fundamentação concreta, não sendo suficiente a mera alusão ao número de majorantes.

c) Segundo o Supremo Tribunal Federal, a lei penal mais grave aplica-se ao crime continuado ou ao delito permanente, se sua vigência é anterior à cessação da continuidade ou da permanência.

d) De acordo com súmula vinculante do Supremo Tribunal Federal, é direito do defensor, no interesse do representado, ter acesso amplo aos elementos de prova que, já documentados em procedimento investigatório realizado por órgão com competência de polícia judiciária, digam respeito ao exercício do direito de defesa.

e) De acordo com o Superior Tribunal de Justiça, é possível aplicar ao delito de furto qualificado pelo concurso de agentes aumento idêntico ao previsto para o roubo majorado pelo concurso de agentes, visto que mais benéfico.

443. **(FCC/TCE/RO/Procurador/2010)** No tocante à aplicação da lei penal:

a) a lei brasileira adotou a teoria da ubiquidade quanto ao lugar do crime.

CAPÍTULO 8 - DIREITO PENAL

STF 153

b) a lei penal mais grave não se aplica ao crime continuado ou ao crime permanente, se a sua vigência é anterior à cessação da continuidade ou da permanência, segundo entendimento sumulado do Supremo Tribunal Federal.

c) a lei brasileira adotou a teoria do resultado quanto ao tempo do crime.

d) o dia do fim inclui-se no cômputo do prazo, contando-se os meses e anos pelo calendário comum, desprezados os dias.

e) compete ao juízo da causa a aplicação da lei mais benigna, ainda que transitada em julgado a sentença condenatória, segundo entendimento sumulado do Superior Tribunal de Justiça.

444. **(FCC/MPE/SE/Analista/2010)** Considere a hipótese de um crime de extorsão em andamento, em que a vítima ainda se encontra privada de sua liberdade de locomoção. Havendo a entrada em vigor de lei penal nova, prevendo aumento de pena para esse crime:

a) terá aplicação a lei penal mais grave, cuja vigência é anterior à cessação da permanência do crime.

b) terá aplicação a lei nova, em obediência ao princípio da ultratividade da lei penal.

c) não poderá ser aplicada a lei penal nova, que só retroage se for mais benéfica ao réu.

d) será aplicada a lei nova, em obediência ao princípio "tempus regit actum".

e) não será aplicada a lei penal mais grave, pois o Direito penal não admite a "novatio legis in pejus".

445. **(TJ/DFT/Juiz/2012)** Julgue os itens a seguir:

I. O Juiz pode valer-se da existência de ações penais em curso para agravar a pena-base.

II. A reincidência não influi no prazo da prescrição da pretensão punitiva.

III. O Juiz pode aplicar a lei penal mais grave ao crime permanente, desde que a sua vigência seja anterior à cessação da permanência.

IV. O Código Penal permite ao Juiz que fixe o regime prisional inicialmente aberto aos réus reincidentes que forem condenados a pena de reclusão igual ou inferior a 4 (quatro) anos, se forem favoráveis suas circunstâncias judiciais.

De acordo com o Código Penal Brasileiro e o entendimento pacificado pelos Tribunais Superiores, estão corretos apenas os itens:

a) I e II

b) I e IV

c) II e III

d) III e IV

446. **(Vunesp/TJ/SP/Juiz/2006)** José foi vítima de um crime de extorsão mediante sequestro (artigo 159, do C. Penal), de autoria de Clóvis. O Código Penal, em seu artigo 4º, com vistas à aplicação da lei penal, considera praticado o crime no momento da ação ou omissão, ainda que outro seja o momento do resultado. No curso do crime em questão, antes da liberação involuntária do ofendido, foi promulgada e entrou em vigor lei nova, agravando as penas. Assinale a opção correta.

a) A lei nova, mais severa, não se aplica ao fato, frente ao princípio geral da irretroatividade da lei.

b) A lei nova, mais severa, não se aplica ao fato, em obediência à teoria da atividade.

c) A lei nova, mais severa, é aplicável ao fato, porque sua vigência é anterior à cessação da permanência.

d) A lei nova, mais severa, não se aplica ao fato, porque o nosso ordenamento penal considera como tempo do crime, com vistas à aplicação da lei penal, o momento da ação ou omissão e o momento do resultado, aplicando-se a sanção da lei anterior, por ser mais branda.

447. **(Vunesp/TJ/RJ/Juiz/2013)** Tempo e lugar do crime são temas fundamentais para a adequada aplicação da lei penal. Considerando essa afirmação, assinale a alternativa correta.

a) Em avião de empresa privada argentina, que fazia o voo Buenos Aires (Argentina) – Lima (Peru), passageiro argentino golpeou um peruano, que desmaiou. O comandante da aeronave, que estava em espaço aéreo internacional, desviou-a e pousou em Campo Grande/MS, para atendimento ao ferido. A lei penal brasileira será aplicada ao caso.

b) A lei penal mais grave aplica-se ao crime permanente, se a sua vigência é anterior à cessação da permanência. O mesmo não se pode dizer relativamente ao crime continuado.

c) O crime considera-se praticado no lugar em que ocorreu a conduta, no todo ou em parte, bem como onde se produziu o resultado. Se, porém, o resultado não chegar a ser atingido, considerar-se-á o lugar do último ato de execução.

d) Aplica-se ao fato a lei penal em vigor ao tempo da conduta, exceto se a do tempo do resultado, ou mesmo a posterior a ele, for mais benéfica ao agente.

448. (Cespe/TJ/RR/Cartórios/2013) No que concerne ao tempo e ao lugar do crime e ao conflito aparente de normas penais, assinale a opção correta.

a) De acordo com o STF, nas hipóteses de crime continuado ou de crime permanente, a lei penal mais grave não pode ser aplicada, ainda que vigente antes da cessação da continuidade ou da permanência.

b) Por se ter adotado, no Código Penal, a teoria da atividade, considera-se praticado o crime no lugar em que ocorreu a ação ou omissão, no todo ou em parte.

c) Aplica-se o princípio da especificidade aos tipos mistos alternativos, já que, mesmo havendo várias formas de conduta no mesmo tipo, somente um único delito será consumado, independentemente da quantidade de condutas realizadas no mesmo contexto.

d) O princípio da consunção enseja a absorção de um delito por outro, sendo aplicável aos casos que envolvam crime progressivo, crime complexo, progressão criminosa, fato posterior não punível e fato anterior não punível.

e) Na definição do tempo do crime, adota-se, no Código Penal, a teoria do resultado, considerando-se praticado o crime no momento do resultado, ainda que outro seja o momento da ação ou omissão.

449. (FMP/DPE/PA/Defensor/2015) Assinale a alternativa incorreta.

a) Segundo entendimento sumulado pelo Supremo Tribunal Federal, a lei penal mais grave aplica-se ao crime continuado, se a sua vigência é anterior à cessação da continuidade.

b) O princípio "tempus regit actum" determina que a lei penal aplicável ao fato delitivo será aquela vigente à época em que este for julgado.

c) No caso de crime permanente, aplica-se ao crime integral a nova lei, ainda que mais

gravosa, se esta entrar em vigência durante a execução da conduta criminosa.

d) Em matéria de direito penal transitório intertemporal, vige a regra da retroatividade da lei penal mais benéfica.

e) Em relação às leis temporárias, vige a regra da ultra-atividade, de modo que se aplicam aos fatos praticados durante a sua vigência, embora decorrido o período de sua duração.

450. (Vunesp/TJ/SP/Juiz/2015) À luz da jurisprudência do Supremo Tribunal Federal, assinale a alternativa correta.

a) Não há crime de latrocínio, quando o homicídio se consuma, mas o agente não realiza a subtração de bens da vítima.

b) Admite-se a suspensão condicional do processo por crime continuado, se a soma da pena mínima da infração mais grave com o aumento mínimo de um sexto for superior a um ano.

c) A opinião do julgador sobre a gravidade em abstrato do crime constitui motivação idônea para a imposição de regime mais severo do que o permitido segundo a pena aplicada.

d) A lei penal mais grave aplica-se ao crime continuado ou ao crime permanente, se sua vigência é anterior à cessação da continuidade ou da permanência.

451. (Vunesp/DPE/MS/Defensor/2014) Assinale a alternativa correta quanto ao adequado entendimento sobre a lei penal no tempo.

a) De acordo com o entendimento do Supremo Tribunal Federal, a lei penal mais grave é aplicada ao crime continuado ou ao crime permanente se sua vigência é anterior à cessação da continuidade ou da permanência.

b) O princípio da retroatividade da lei benéfica, esculpido no art. 2º, parágrafo único, do CP, não se aplica às medidas de segurança aplicadas por sentença penal transitada em julgado e em fase de execução da medida, por força do reconhecimento da semi ou total imputabilidade do agente.

c) A "abolitio criminis" resulta no desaparecimento do delito e todos os seus reflexos penais e civis da sentença condenatória transitada em julgado

d) Dada a impossibilidade de reconhecimento de ofício de lei mais benéfica em favor do

CAPÍTULO 8 - DIREITO PENAL **STF** 155

agente, pelo juízo de conhecimento após o trânsito em julgado da sentença condenatória, a parte deve formular requerimento para o reconhecimento da lei mais benéfica ao referido Juízo.

452. **(Cespe/TJ/PI/Cartórios/2013)** Túlio sequestrou Caio com o intuito de obter vantagem pecuniária por meio da exigência de resgate. Durante o período em que a vítima permaneceu presa no cativeiro, entrou em vigor uma nova lei penal que agravou a pena referente ao crime de extorsão mediante sequestro. Alguns meses depois, a vítima foi solta em virtude do pagamento do resgate. Com base nessa situação hipotética e na jurisprudência firmada pelos tribunais superiores, assinale a opção correta.

a) Se Túlio for condenado por extorsão mediante sequestro, deve ser aplicada a nova lei penal mais gravosa.
b) Se Túlio for condenado por extorsão mediante sequestro, não se deve aplicar a nova lei penal mais gravosa, em razão do princípio da irretroatividade da lei penal mais severa.
c) Se Túlio for condenado por extorsão mediante sequestro, aplica-se uma combinação da lei antiga com a lei nova, para que sejam determinadas as disposições mais favoráveis das duas leis.
d) O crime de extorsão mediante sequestro consumou-se com o pagamento do resgate.
e) O crime de extorsão mediante sequestro consumou-se com a exigência do resgate.

2. DO CRIME

> **Súmula STF 145.** *Não há crime, quando a preparação do flagrante pela polícia torna impossível a sua consumação.*

453. (Cespe/DPU/Defensor/2007) Ocorre o flagrante esperado quando alguém provoca o agente à prática do crime e, ao mesmo tempo, toma providência para que tal crime não se consume. Nesse caso, entende o STF que há crime impossível.

454. (Cespe/PC/RN/Delegado/2009) Para o STF, em entendimento sumulado, há crime no chamado delito de ensaio, sendo, por isso, seu causador suscetível de prisão em flagrante, lavratura de auto de prisão e abertura de IP, com o devido indiciamento.

455. (Cespe/DPE/CE/Defensor/2008) Segundo entendimento sumulado do STF, não há crime quando a preparação do flagrante pela polícia torna impossível a sua consumação.

456. **(FGV/ALE/MA/Advogado/2013)** Sobre o crime impossível, assinale a afirmativa incorreta.

a) Não se pune a tentativa quando, por ineficácia absoluta do meio ou por absoluta impropriedade do objeto, é impossível consumar-se o crime.
b) A jurisprudência dos Tribunais Superiores tem entendido que a existência de sistema de monitoramento do local por câmeras não autoriza, por si só, o reconhecimento de crime impossível.
c) Na hipótese de flagrante preparado e esperado, aplica-se a mesma regra do crime impossível.
d) A hipótese de crime impossível é caso de atipicidade comportamental.
e) O princípio da lesividade é um dos principais fundamentos para o tratamento conferido pelo Código Penal ao crime impossível.

457. **(Fumarc/TJM/MG/Técnico/2013)** Em relação às espécies de flagrante delito, a opção não admitida pela legislação processual penal, pela doutrina e pela jurisprudência predominante dos tribunais pátrios é a de flagrante.

a) impróprio.
b) esperado.
c) presumido.
d) preparado.

3. DA IMPUTABILIDADE PENAL

> **Súmula STF 245.** *A imunidade parlamentar não se estende ao corréu sem essa prerrogativa.*

Súmula anotada em Direito Constitucional – Da Organização dos Poderes – Do Poder Legislativo – Dos Deputados e dos Senadores

4. DAS PENAS

4.1. Da Aplicação da Pena

> **Súmula STF 718.** *A opinião do julgador sobre a gravidade em abstrato do crime não constitui motivação idônea para a imposição de regime mais severo do que o permitido segundo a pena aplicada.*

458. **(MPE/GO/Promotor/2016)** O Juiz, ao condenar o agente delituoso pela prática de um crime de roubo simples (art. 157, "caput", do CP), fixou a pena no mínimo legal de 4 (quatro) anos de reclusão, após análise das circunstâncias judiciais que foram todas favoráveis ao acusado, se tratando de réu primário, possuindo endereço certo e trabalho lícito. Ao fixar o regime prisional, o Magistrado determinou o cumprimento da pena em regime inicial fechado, fundamentando sua decisão na gravidade do crime de roubo, cometido com violência ou grave ameaça à pessoa, o que demonstra a periculosidade do agente. A defesa recorreu da sentença, somente se opondo quanto ao regime prisional estabelecido na sentença penal condenatória, requerendo a fixação do regime aberto. Os autos foram enviados com vista ao Ministério Público para ofertar suas Contrarrazões. O órgão de primeiro grau deverá se manifestar, posicionando-se, no sentido de que:

a) Veda-se o estabelecimento de regime prisional mais gravoso do que o cabível em razão da sanção imposta, com base apenas na gravidade abstrata do delito, nos termos do entendimento sumulado tanto pelo STJ quanto pelo STF.

b) É permitido o estabelecimento de regime prisional mais gravoso, com base na gravidade do delito, notoriamente quando atinge bens individuais indisponíveis e que são cometidos mediante violência ou grave ameaça à pessoa, nos termos do entendimento sumulado tanto pelo STJ quanto pelo STF.

c) Veda-se o estabelecimento de regime prisional mais gravoso do que o cabível em razão da sanção imposta, com base apenas na gravidade abstrata do delito, nos termos do entendimento sumulado pelo STF e majoritário no STJ, embora, neste último caso, não sumulado.

d) É permitido o estabelecimento de regime prisional mais gravoso, com base na gravidade do delito, notoriamente quando atinge bens individuais indisponíveis e que são cometidos mediante violência ou grave ameaça à pessoa, nos termos do entendimento sumulado pelo STJ e majoritário no STF, embora, neste último caso, não sumulado.

459. **(FGV/TJ/AM/Juiz/2013)** Com relação ao regime de cumprimento de pena, assinale a afirmativa incorreta.

a) O regime de pena deve ser escolhido pelo Juiz na sentença depois de aplicada a pena final.

b) Segundo a jurisprudência do Supremo Tribunal Federal, tratando-se de condenação pela prática de crime hediondo ou assemelhado, o regime de pena inicial deverá ser necessariamente o fechado.

c) O condenado reincidente poderá excepcionalmente iniciar o cumprimento da pena reclusiva em regime semiaberto.

d) Independentemente do "quantum" estabelecido, a pena de detenção não poderá inicialmente ser cumprida em regime fechado.

e) A opinião do julgador sobre a gravidade em abstrato do crime não constitui motivação idônea para a imposição de regime mais severo do que o permitido segundo a pena aplicada.

460. **(MPE/PR/Promotor/2014)** Analise as assertivas abaixo, de acordo com as súmulas do Supremo Tribunal Federal, e assinale a alternativa correta:

a) O fato de o réu se encontrar em prisão especial impede a progressão de regime de execução da pena, fixada em sentença não transitada em julgado.

b) A imposição de regime de cumprimento de pena mais severo do que a pena aplicada permitir não exige motivação.

c) A pena unificada para atender ao limite de trinta anos de cumprimento, determinada pelo artigo 75 do Código Penal, não é considerada para a concessão de outros benefícios, como o livramento condicional ou regime mais favorável de execução.

d) Não se admite a progressão de regime de cumprimento da pena ou a aplicação imediata de regime menos severo nela determinada, antes do trânsito em julgado da sentença condenatória.

e) A opinião do julgador sobre a gravidade em abstrato do crime constitui motivação idônea

PARTE I – SÚMULAS DO SUPREMO TRIBUNAL FEDERAL

CAPÍTULO 8 - DIREITO PENAL

para a imposição de regime mais severo que o permitido segundo a pena aplicada.

461. **(Faurgs/TJ/RS/Juiz/2016)** Sobre aplicação e execução de penas, considere as afirmações abaixo.

I. Consoante o entendimento consolidado do Superior Tribunal de Justiça, a reincidência penal pode ser considerada como circunstância agravante e, simultaneamente, como circunstância judicial.

II. De acordo com a jurisprudência recente do Superior Tribunal de Justiça, a inexistência de casa de albergado na localidade da execução da pena não gera o reconhecimento de direito ao benefício da prisão domiciliar quando o apenado estiver cumprindo a reprimenda em local compatível com as regras do regime aberto.

III. A jurisprudência do Supremo Tribunal Federal consolidou entendimento segundo o qual a hediondez ou a gravidade abstrata do delito não obriga, por si só, o regime prisional mais gravoso, pois o juízo, em atenção aos princípios constitucionais da individualização da pena e da obrigatoriedade de fundamentação das decisões judiciais, deve motivar o regime imposto, observando a singularidade do caso concreto.

Quais estão corretas?

a) Apenas I.

b) Apenas II.

c) Apenas III.

d) Apenas I e II.

e) Apenas II e III.

> *Súmula STF 719. A imposição do regime de cumprimento mais severo do que a pena aplicada permitir exige motivação idônea.*

462. **(TJ/PR/Juiz/2006)** Recentemente, o Supremo Tribunal Federal editou várias súmulas relacionadas ao regime de execução da pena. Entre estas, destacam-se as seguintes, exceto:

a) A opinião do julgador sobre a gravidade em abstrato do crime não constitui motivação idônea para a imposição de regime mais severo do que o permitido segundo a pena aplicada.

b) Não impede a progressão de regime de execução da pena, fixada em sentença não transitada

em julgado, o fato de o réu encontrar-se em prisão especial.

c) Não se admite a progressão de regime de cumprimento da pena ou a aplicação imediata de regime menos severo nela determinada, antes do trânsito em julgado da sentença condenatória.

d) A imposição do regime de cumprimento, mais severo do que a pena aplicada permitir, exige motivação idônea.

463. **(FCC/DPE/CE/Defensor/2014)** Em relação à execução penal, de acordo com entendimento sumulado dos Tribunais Superiores, é correto afirmar que:

a) é de dez dias o prazo para interposição de agravo contra decisão do Juiz da Execução Penal.

b) a frequência a curso de ensino formal é causa de remição de parte do tempo de execução de pena apenas sob regime aberto.

c) em respeito à garantia da presunção de inocência, não se admite a progressão de regime de cumprimento da pena antes do trânsito em julgado da sentença condenatória.

d) a pena unificada para atender ao limite de 30 (trinta) anos de cumprimento, determinado pelo artigo 75 do Código Penal, não é considerada para a concessão de outros benefícios, como o livramento condicional ou regime mais favorável de execução.

e) não foi recebida pela ordem constitucional vigente a possibilidade de revogação de até um terço do tempo remido em razão de falta grave.

4.2. Da Suspensão Condicional da Pena

> *Súmula STF 499. Não obsta a concessão do "sursis" condenação anterior a pena de multa.*

464. **(Cespe/OAB/2010-1)** Admite-se a suspensão condicional da pena ("sursis"):

a) em casos de condenação a pena restritiva de direito ou privativa de liberdade, desde que não superior a quatro anos.

b) a reincidente em crime doloso, desde que a condenação anterior tenha sido exclusivamente à pena de multa.

c) para o condenado que, na data do fato, tenha idade acima de setenta anos, desde que a pena não seja superior a dois anos.

d) para o condenado em estado de saúde grave ou portador de doença incurável, desde que ele tenha reparado o dano.

465. (FCC/MPE/RS/SecretárioDiligências/2010) No "sursis", suspensão condicional da pena, dentre outras hipóteses:

a) a condenação anterior à pena de multa impede, em qualquer caso, a concessão do benefício.

b) a suspensão se estende às penas privativas de liberdade, restritivas de direitos e à multa.

c) se o beneficiário está sendo processado por outro crime ou contravenção, no prazo da suspensão, revoga-se, obrigatoriamente, o benefício.

d) a pena não superior a 3 (três) anos poderá ser suspensa, por 1 (um) a 2 (dois) anos, ainda que o condenado seja maior de sessenta anos de idade.

e) no primeiro ano do prazo, deverá o condenado prestar serviços à comunidade ou submeter-se à limitação de fim de semana.

466. (FCC/MPE/CE/Promotor/2008) Se o condenado for reincidente em crime doloso:

a) só poderá obter o livramento condicional após o cumprimento de 2/3 da pena, independentemente da natureza do crime praticado.

b) deverá, necessariamente, iniciar o cumprimento da pena privativa de liberdade em regime fechado.

c) é vedada a imposição do regime aberto.

d) não cabe, em qualquer situação, a substituição da pena privativa de liberdade por restritiva de direitos.

e) é incabível a concessão do sursis, ainda que a condenação anterior tenha sido à pena de multa.

5. DA EXTINÇÃO DE PUNIBILIDADE

Súmula STF 146. A prescrição da ação penal regula-se pela pena concretizada na sentença, quando não há recurso da acusação.

467. (UFPR/PC/PR/Delegado/2007) Sobre a prescrição, considere as seguintes afirmativas:

I. No caso de evadir-se o condenado ou de revogar-se o livramento condicional, a prescrição é regulada pelo total da pena aplicada na sentença condenatória.

II. Quando se tratar de crime continuado, a prescrição regula-se pela pena imposta na sentença, não se computando o acréscimo decorrente da continuação.

III. A prescrição da ação penal regula-se pela pena concretizada na sentença, quando não há recurso da acusação.

IV. São exemplos de causas interruptivas da prescrição: a decisão confirmatória da pronúncia, o início ou continuação do cumprimento da pena e a reincidência.

Assinale a alternativa correta.

a) Somente as afirmativas II, III e IV são verdadeiras.

b) Somente as afirmativas I e II são verdadeiras.

c) Somente as afirmativas I, II e IV são verdadeiras.

d) Somente as afirmativas II e III são verdadeiras.

Súmula STF 497. Quando se tratar de crime continuado, a prescrição regula-se pela pena imposta na sentença, não se computando o acréscimo decorrente da continuação.

468. (Vunesp/TJ/SP/Juiz/2011) Analise as proposições que seguem e assinale a correta, inclusive, se o caso, consoante jurisprudência sumulada dos Tribunais Superiores (STJ e STF).

a) Para praticar o aborto necessário, o médico não necessita do consentimento da gestante.

b) No caso do crime continuado, a prescrição é regulada pela pena imposta, computando-se o aumento decorrente da continuidade.

c) A existência de circunstância atenuante autoriza a fixação da pena abaixo do mínimo legal.

d) Na fixação da pena, o juiz deve considerar condenação, ainda não transitada em julgado para o réu, como circunstância judicial desfavorável, a título de maus antecedentes.

e) O agente que imputa a alguém fato ofensivo à sua reputação comete o crime de injúria.

CAPÍTULO 8 - DIREITO PENAL

Súmula STF 592. *Nos crimes falimentares, aplicam-se as causas interruptivas da prescrição, previstas no Código Penal.*

469. **(Fepese/Sefaz/SC/AuditorFiscal/2010)** Assinale a alternativa incorreta.

a) A Lei 8.429/92 relaciona os tipos penais e as sanções aplicáveis aos agentes públicos nos casos de enriquecimento ilícito no exercício de mandato, cargo, emprego ou função na administração pública fundacional.

b) A Lei de falências e Recuperação de Empresas apresenta tipos penais próprios e impróprios.

c) A ação penal para apurar o crime falimentar consistente em "praticar, antes ou depois da sentença que decretar a falência ato de disposição ou oneração patrimonial ou gerador de obrigação, destinado a favorecer um ou mais credores em prejuízo dos demais" é de iniciativa privada, devendo ser exercida mediante queixa oferecida por qualquer um dos credores prejudicados.

d) A prescrição referente aos crimes falimentares obedece às regras previstas no Código Penal, fazendo-se necessário que, no caso da prescrição da pretensão punitiva, se analise a pena máxima em abstrato de cada crime isoladamente.

e) A decretação da falência ou a concessão da recuperação judicial do empresário ou sociedade é condição objetiva de punibilidade das infrações penais falimentares.

6. DOS CRIMES CONTRA O PATRIMÔNIO

Súmula STF 246. *Comprovado não ter havido fraude, não se configura o crime de emissão de cheque sem fundos.*

470. **(Cespe/OAB/2009-1)** Constitui conduta criminosa:

a) deixar o pai de prover, sem justa causa, a instrução primária do filho em idade escolar.

b) cometer adultério.

c) emitir cheque pré-datado, sabendo-o sem provisão de fundos.

d) destruir culposamente a vidraça de prédio pertencente ao departamento de polícia civil.

471. **(Cespe/PC/TO/Delegado/2008)** Francisco, imputável, realizou uma compra de produtos alimentícios em um supermercado e, desprovido de fundos suficientes no momento da compra, efetuou o pagamento com um cheque de sua titularidade para apresentação futura, quando imaginou poder cobrir o déficit. Apresentado o título ao banco na data acordada, não houve compensação por insuficiente provisão de fundos. Nessa situação, o entendimento doutrinário e a jurisprudência dominantes é no sentido de que, não tendo havido fraude do emitente, não se configura o crime de emissão de cheques sem fundos (estelionato).

472. **(Ejef/TJ/MG/Juiz/2008)** Juvêncio foi a um posto de gasolina e abasteceu seu veículo pagando com cheque pré-datado, o qual retornou por insuficiência de fundos. Quanto à conduta de Juvêncio, marque a alternativa correta.

a) Se o emitente soubesse com antecedência que o cheque não teria fundos, restaria caracterizado ilícito civil.

b) Se a intenção de emitente do cheque fosse obter vantagem ilícita em prejuízo alheio mediante fraude, estaria caracterizado o delito de estelionato.

c) Não há crime uma vez que o posto de gasolina assumiu o risco do negócio ao permitir o pagamento com cheques pré-datados.

d) A emissão de cheque pré-datado, por si só, caracteriza infração penal, já que a espécie de título de crédito em questão consiste em ordem de pagamento à vista.

473. **(Ieses/TJ/MA/cartórios/2011)** É certo afirmar:

I. O crime de adultério apresenta concurso necessário, porquanto só pode ser cometido por duas pessoas (de sexo opostos), ainda que uma delas aja sem conhecimento, ou seja, penalmente irresponsável.

II. A embriaguez do agente afasta o dolo de dano, desde que não seja preordenada.

III. O particular não pode ser coautor ou partícipe do crime de inserção de dados falsos em sistema de informações, por ser um crime tipicamente funcional.

IV. Emitir cheque sem suficiente provisão de fundos em poder do sacado, ou lhe frustrar o pagamento, constitui-se em estelionato.

Analisando as proposições, pode-se afirmar:

a) Somente as proposições I e IV estão corretas.

b) Somente as proposições II e III estão corretas.

c) Somente as proposições II e IV estão corretas.

d) Somente as proposições I e III estão corretas.

474. (FCC/TJ/PE/Juiz/2013) Quanto aos crimes contra o patrimônio, é correto afirmar que

a) equiparável à atividade comercial, para efeito de configuração da receptação qualificada, qualquer forma de comércio irregular ou clandestino, excluído o exercido em residência.

b) configura o delito de extorsão indireta o ato de exigir, como garantia de dívida, abusando da situação de alguém, documento que pode dar causa a procedimento civil contra a vítima ou contra terceiro.

c) a consumação do crime de extorsão independe da obtenção da vantagem indevida, segundo entendimento sumulado do Superior Tribunal de Justiça.

d) cabível a diminuição da pena na extorsão mediante sequestro para o coautor que denunciá-la à autoridade, facilitando a libertação do sequestrado, apenas se o crime é cometido por quadrilha ou bando.

e) independe de comprovação de fraude o delito de estelionato na modalidade de emissão de cheque sem suficiente provisão de fundos em poder do sacado.

> **Súmula STF 610.** *Há crime de latrocínio, quando o homicídio se consuma, ainda que não se realize o agente a subtração de bens da vítima.*

475. (FCC/MPE/SE/Analista/2009) Quanto aos crimes contra o patrimônio, é correto afirmar que:

a) o estelionato não admite a figura privilegiada do delito.

b) a pena, na extorsão, pode ser aumentada até dois terços se praticada por duas ou mais pessoas.

c) o chamado "furto de uso", se aceito, não constituiria crime por falta de tipicidade.

d) há latrocínio tentado no caso de homicídio consumado e subtração tentada, segundo entendimento sumulado do Supremo Tribunal Federal.

e) o emprego de arma de brinquedo qualifica o roubo, de acordo com Súmula do Superior Tribunal de Justiça.

476. (Vunesp/TJ/SP/Juiz/2009) A e B, agindo de comum acordo, apontaram revólveres para C exigindo a entrega de seus bens. Quando B encostou sua arma no corpo de C, este reagiu entrando em luta corporal com A e B, recusando a entrega da "res furtiva". Nesse entrevero, a arma portada por B disparou e o projétil atingiu C, que veio a falecer, seguindo-se a fuga de A e B, todavia, sem levar coisa alguma de C. Esse fato configura

a) roubo tentado e lesão corporal seguida de morte.

b) roubo tentado e homicídio consumado.

c) latrocínio.

d) homicídio consumado.

477. (Faurgs/TJ/RS/Analista/2012) Sobre crimes contra a pessoa e contra o patrimônio, assinale a alternativa que apresenta a afirmação correta.

a) O cometimento do crime de homicídio impelido por motivo de relevante valor social enseja redução de pena, enquanto que o seu cometimento por motivo de relevante valor moral, não possui qualquer consequência jurídica.

b) Uma paciente, em estado puerperal, logo após o parto, sufoca seu próprio filho, em coautoria com a enfermeira do hospital, ocasionando-lhe a morte; considerando que a enfermeira não era mãe da vítima, não poderá ser responsabilizada pelo delito de infanticídio.

c) O concurso de pessoas é circunstância que qualifica tanto o crime de furto (art. 155 do CP) como o crime de roubo (art. 157 do CP).

d) No crime de roubo, o emprego de arma de brinquedo para intimidar a vítima autoriza o aumento da pena.

e) De acordo com entendimento sumulado do Supremo Tribunal Federal, há crime de latrocínio quando o homicídio se consuma, ainda que o agente não realize a subtração de bens da vítima.

478. (FCC/TJ/GO/Juiz/2012) No crime de roubo, segundo entendimento sumulado dos tribunais superiores:

CAPÍTULO 8 - DIREITO PENAL

a) a intimidação feita com arma de brinquedo autoriza o reconhecimento da causa de aumento da pena relativa ao emprego de arma.

b) é possível o estabelecimento de regime prisional mais gravoso do que o cabível em razão da sanção imposta, com base apenas na gravidade abstrata do delito, ainda que fixada a pena-base no mínimo legal.

c) há tentativa quando o agente, embora tenha reduzido a vítima à impossibilidade de resistência, é perseguido e preso logo após praticar o delito, não obtendo, assim, a posse tranquila do produto da subtração.

d) o aumento na terceira fase de aplicação da pena exige fundamentação concreta, não sendo suficiente para a sua exasperação a mera indicação do número de majorantes.

e) se o agente não realiza a subtração de bens, não haverá latrocínio consumado, ainda que mate a vítima.

479. (Ieses/TJ/MS/Cartórios/2014) Com relação aos crimes contra o patrimônio, assinale a assertiva verdadeira:

a) Nos crimes de furto, estelionato e apropriação indébita, se o criminoso é primário, e é de pequeno valor a coisa furtada, o Juiz pode substituir a pena de reclusão pela de detenção, diminuí-la de um a dois terços, ou aplicar somente a pena de multa.

b) A norma do art. 155, § 1º do Código Penal, conhecida na doutrina como furto noturno, fixou uma causa de aumento de pena nos casos em que o furto seja praticado durante o repouso noturno. A aplicação deste aumento será realizada pelo Juiz na segunda fase da dosimetria penal.

c) É entendimento pacificado no Supremo Tribunal Federal que no crime de roubo e furto pode haver concurso formal, pois ambos são crimes contra o patrimônio.

d) No crime de latrocínio, mesmo não havendo a subtração do bem, mas a vítima vindo a falecer em virtude da violência para a concretização da subtração entende o Supremo Tribunal Federal, baseado na Súmula 610, que há latrocínio consumado.

480. (Cespe/TJ/DFT/Juiz/2016) De acordo com as súmulas em vigência do STF, assinale a opção correta.

a) Admite-se continuidade delitiva nos crimes contra a vida.

b) Os crimes falimentares, por serem tipificados em lei especial, não se sujeitam às causas interruptivas da prescrição previstas no CP.

c) A definição dos crimes de responsabilidade e o estabelecimento das respectivas normas de processo e julgamento são da competência legislativa concorrente da União e das unidades da Federação.

d) Ainda que o agente não subtraia bens da vítima, configura-se o crime de latrocínio quando o homicídio se consuma.

e) A conduta de reduzir tributo mediante prestação de declaração falsa às autoridades fazendárias, antes do lançamento definitivo do tributo, configura crime contra a ordem tributária.

481. (FCC/DPE/SP/Defensor/2015) Sobre o "iter criminis" é correto afirmar que

a) a jurisprudência do STF, sobre a consumação do roubo seguido de morte sem subtração da coisa, ultrapassa os limites do conceito de consumação do Código Penal.

b) a criminalização de atos preparatórios como crimes de perigo abstrato autônomos não é admita pela jurisprudência do STF, por violação do princípio da lesividade.

c) em casos de acidente automobilístico sem a morte da vítima, provocado por ingestão de bebida alcóolica, não se pode presumir o dolo eventual, pois há casos em que a imputação subjetiva concreta verifica a tentativa de homicídio culposo.

d) por razões de política criminal, o ordenamento jurídico brasileiro tornou as tentativas de contravenção e falta disciplinar na execução penal impuníveis.

e) a correta imputação subjetiva do crime tentado requer o dolo de tentar o delito para não incorrer em excesso punitivo, comum no populismo penal contemporâneo.

7. LEIS PENAIS ESPECIAIS

7.1. Código de Trânsito Brasileiro (Lei 9.503/97)

> *Súmula STF 720. O art. 309 do Código de Trânsito Brasileiro, que reclama decorra do fato perigo de dano, derrogou o art. 32 da Lei das Contravenções Penais no tocante à direção sem habilitação em vias terrestres.*

482. (MPE/MS/Promotor/2011) Assinale o enunciado que não corresponde a entendimento sumulado do Supremo Tribunal Federal ou do Superior Tribunal de Justiça:

a) O disposto no artigo 127 da Lei n. 7.210/1984 foi recebido pela ordem constitucional vigente, e não se lhe aplica o limite temporal previsto no caput do artigo 58 da LEP.

b) A decisão que determina a produção antecipada de provas com base no art. 366 do CPP deve ser concretamente fundamentada, não a justificando unicamente o mero decurso do tempo.

c) O crime de extorsão consuma-se independentemente da obtenção da vantagem indevida.

d) A lei penal mais grave aplica-se ao crime continuado ou ao crime permanente, se a sua vigência não é anterior à cessação da continuidade ou da permanência.

e) O art. 309 do Código de Trânsito Brasileiro, que reclama decorra do fato perigo de dano, derrogou o artigo 32 da Lei das Contravenções Penais no tocante à direção sem habilitação em vias terrestres.

7.2. Lei dos Crimes contra a Ordem Tributária/Econômica/Consumo (Lei 8.137/90)

> *Súmula STF Vinculante 24. Não se tipifica crime material contra a ordem tributária, previsto no art. 1º, incisos I a IV, da Lei nº 8.137/90, antes do lançamento definitivo do tributo.*

483. (Cespe/TCE/BA/Procurador/2010) Com relação à materialidade do crime contra a ordem tributária previsto na Lei n. 8.137/1990, apesar de a jurisprudência do STF reconhecer o lançamento definitivo do tributo como condição objetiva de punibilidade, o plenário da Corte Suprema rejeitou proposta de súmula vinculante tendente a consolidar tal entendimento.

484. (FGV/TCM/RJ/Procurador/2008) Assinale a alternativa que apresente corretamente como se manifestou o Plenário do Supremo Tribunal Federal acerca da necessidade de se aguardar o término do procedimento administrativo-fiscal para que se possa iniciar o processo penal por delito contra ordem tributária previsto no art. 1º da Lei 8.137/90.

a) O Supremo Tribunal Federal autoriza que os processos administrativo e penal caminhem concomitantemente em razão do princípio da independência das instâncias administrativa e penal.

b) O Supremo Tribunal Federal não autoriza que os processos administrativo e penal caminhem concomitantemente em razão do princípio da independência das instâncias administrativa e penal.

c) O Supremo Tribunal Federal autoriza que os processos administrativo e penal caminhem concomitantemente em razão da alta probabilidade de prescrição dos crimes caso fosse necessário aguardar o término do procedimento administrativo.

d) O Supremo Tribunal Federal não autoriza que os processos administrativo e penal caminhem concomitantemente porque não está presente uma condição objetiva de punibilidade e porque o lançamento definitivo é elemento do tipo.

e) O Supremo Tribunal Federal autoriza que os processos administrativo e penal caminhem concomitantemente porque os tipos penais do art. 1º da Lei 8.137/90 são crimes de perigo, e não de dano.

485. (Vunesp/PGE/SP/Procurador/2005) O STF determinou que a representação por crime de sonegação fiscal será encaminhada ao Ministério Público apenas após a constituição definitiva do crédito. Tal determinação

a) enseja o imediato cancelamento dos valores devidos a título de impostos e multas, cobrados em autos de infração objeto de questionamento na instância administrativa.

b) afronta a independência do MP, a quem compete formular a denúncia, independentemente do recebimento de representação.

c) define como momento da constituição definitiva do crédito o recebimento, pelo contribuinte, da notificação para apresentação de impugnação ou defesa administrativa.

d) define como momento da constituição definitiva do crédito a decisão final proferida pelo tribunal administrativo competente.

e) enseja o imediato cancelamento dos valores devidos apenas a título de multas, cobrados em

CAPÍTULO 8 - DIREITO PENAL

autos de infração objeto de questionamento na instância administrativa.

486. (Vunesp/TJ/RJ/Juiz/2012) Assinale a alternativa que retrata o entendimento sumulado pelo Supremo Tribunal Federal.

a) Não se tipifica crime material contra a ordem tributária, previsto no art. 1º, incisos I a IV, da Lei n. 8.137/90, antes de exaurida a discussão na esfera cível.

b) Não se tipifica crime material contra a ordem tributária, previsto no art. 1º, incisos I a IV, da Lei n. 8.137/90, antes do lançamento definitivo do tributo.

c) Não se tipifica crime contra a ordem tributária antes de exaurida a discussão na esfera cível.

d) Não se tipifica crime contra a ordem tributária antes do lançamento definitivo do tributo.

487. (FCC/TJ/RR/Juiz/2015) Em relação às fases de execução do crime, pode-se assegurar que

a) não se tipifica crime formal contra a ordem tributária, previsto no art. 1º, incisos I e IV, da Lei n. 8.137/90, antes do lançamento definitivo do tributo, segundo entendimento sumulado.

b) a desistência voluntária também é conhecida como quase crime ou tentativa impossível.

c) não se admite tentativa de crime culposo.

d) há arrependimento eficaz quando o agente, por ato voluntário, nos crimes cometidos sem violência ou grave ameaça à pessoa, repara o dano ou restitui a coisa até o recebimento da denúncia ou da queixa.

e) há tentativa imperfeita quando, apesar de ter o agente realizado toda a fase de execução, o resultado não ocorre por circunstâncias alheias à sua vontade.

488. (MPE/SC/Promotor/2014) Súmulas do Superior Tribunal de Justiça estabelecem: (i) Compete à Justiça Comum Estadual processar e julgar crime praticado contra sociedade de economia mista; (ii) Compete à Justiça Federal processar e julgar crime em que indígena figure como autor ou vítima.

489. (FCC/TRF/3R/Analista/2014) Não se tipifica crime material contra a ordem tributária, previsto no art. 1º, incisos I a IV, da Lei n. 8.137/90, antes do lançamento definitivo do tributo. O enunciado da Súmula Vinculante 24 do STF, citado acima, mais diretamente implica que

a) o erro sobre elemento do tipo penal exclui o dolo.

b) reduz-se a pena quando, até o recebimento da denúncia, o agente de crime cometido sem violência ou grave ameaça reparar o dano ou restituir a coisa.

c) a prescrição começa a correr do dia em que o crime se consumou.

d) o erro inevitável sobre a ilicitude do fato isenta de pena.

e) a confissão espontânea da autoria do crime atenua a pena.

490. (PGR/Procurador/2015) No que diz respeito a denúncias no processo penal:

I. É entendimento atual no Supremo Tribunal Federal que, nos crimes ambientais, para ser admitida a denúncia oferecida contra pessoa jurídica não é essencial a concomitante imputação dos fatos correlatos às pessoas físicas em tese responsáveis no âmbito da empresa.

II. Praticado crime de sonegação fiscal previsto no art. 1º, III, da Lei n. 8.137/90 por "A", "B" e "C", no âmbito da empresa "X", da qual são todos sócios administradores, em que estão presentes todos os demais pressupostos processuais exigidos pelo art. 41, CPP, a eventual exclusão, por ilegitimidade passiva, dos três administradores do polo passivo de correlata execução fiscal no âmbito cível enseja reclamação no Supremo Tribunal Federal por violação da Sumula Vinculante n. 24, STF.

III. A denúncia por crime de lavagem de dinheiro será da competência da Justiça Federal quando praticado contra o sistema financeiro ou em detrimento de bens, serviços ou interesses da União, de suas entidades autárquicas ou empresas públicas, ou ainda, quando a infração penal antecedente for de competência da Justiça Federal.

IV. Se o Tribunal de Contas aprovar as contas a ele submetidas haverá óbice a eventual denúncia criminal oferecida pelo Ministério Público em relação aos fatos apurados, inviabilizando a propositura de ação penal mesmo se houver o entendimento do Ministério Público de que estão presentes a autoria e a materialidade.

Pode-se afirmar que:

a) Todas as assertivas estão incorretas.

b) Estão corretas apenas as assertivas I e III.

c) Estão corretas apenas as assertivas II e III.

d) Estão corretas apenas as assertivas I, III e IV.

491. (Fundatec/PGE/RS/Procurador/2015) Analise as seguintes assertivas:

I. É entendimento consubstanciado na Súmula Vinculante n. 24 que não se tipifica o delito tributário previsto no art. 1º, incisos I a IV, da Lei n. 8.137/90, enquanto não exaurida a esfera administrativa, sendo que a prescrição da pretensão punitiva é contada da ação ou da omissão de supressão ou redução dos tributos, nos exatos termos do que previsto no art. 4º, CP (Teoria da Atividade).

II. A homologação da transação penal prevista no artigo 76 da Lei n. 9.099/95 faz coisa julgada material e, descumpridas suas cláusulas, não pode ser retomada a situação anterior, inviabilizando-se a continuidade da persecução penal mediante oferecimento de denúncia ou requisição de inquérito policial.

III. Ordenar ou autorizar a inscrição em restos a pagar de despesa que não tenha sido previamente empenhada ou que exceda limite estabelecido em lei é crime contra as finanças públicas.

IV. Falsificar, mediante fabrico ou alteração, selo destinado a controle tributário é crime de falsificação de papel público (art. 293, CP), e não falsificação de documento público (art. 297, CP).

Após a análise, pode-se dizer que:

a) Está correta apenas a assertiva III.

b) Está incorreta apenas a assertiva I.

c) Estão incorretas apenas as assertivas I e II.

d) Estão incorretas apenas as assertivas I, II e III.

e) Todas as assertivas estão incorretas.

492. (Faurgs/TJ/RS/Cartórios/2015) Assinale a alternativa que contém afirmação correta sobre o crime de sonegação fiscal, inscrito no artigo 1º da Lei n. 8.137/90.

a) O parcelamento do débito tributário é causa de extinção da pretensão punitiva, desde que realizado em momento anterior ao oferecimento da denúncia.

b) Segundo a jurisprudência consolidada do Supremo Tribunal Federal, não se tipifica o crime de sonegação fiscal antes do lançamento definitivo do tributo.

c) Segundo entendimento pacificado na jurisprudência do Superior Tribunal de Justiça,

considera-se como "grave dano à coletividade", para fins de aplicação da causa majorante de pena inscrita no inciso I do seu artigo 12, apenas as hipóteses em que o valor total da sonegação fiscal for igual ou superior a R$ 10.000.000,00 (dez milhões de reais).

d) Em face da natureza formal da conduta, considera-se que a consumação do delito ocorre no momento em que o agente presta declarações inverídicas à autoridade fazendária, ainda que esteja em discussão, na esfera administrativa, a efetiva exigibilidade do tributo.

493. (Cespe/Câmara_Deputados/Analista/2014) Considera-se típica, segundo o entendimento do STF, a conduta de falsificar nota fiscal, ainda que a autoridade tributária não tenha efetivado o lançamento definitivo do tributo.

494. (TRF/3R/Juiz/2013) Nos termos da legislação e da jurisprudência em vigor, a fiscalização da Receita Federal do Brasil considera ocorrido crime contra a ordem tributária quando ela identifica omissão de informação ou prestação de declaração falsa à autoridade fazendária. Considere que o contribuinte, no prazo legal, apresente declaração de inconformidade, pleiteando a completa anulação do auto de infração. Se indeferido o pedido e na pendência de julgamento de recurso ao CARF, a esse respeito, indique a única resposta correta:

a) deve o Ministério Público Federal propor, de imediato, a competente ação penal, para evitar a prescrição da punibilidade.

b) deve o Ministério Público Federal aguardar a decisão definitiva do procedimento administrativo antes de propor a competente ação penal.

c) considerando a absoluta independência dos processos administrativo tributário e judicial criminal, nada obsta a propositura de ação penal até mesmo antes da defesa administrativa.

d) somente o pagamento imediato do tributo apurado no auto de infração, com todos os seus acréscimos legais, pode ser causa impeditiva da propositura da competente ação criminal.

e) deve o Ministério Público Federal propor, de imediato, a competente ação penal, para evitar a decadência.

495. (Cespe/PGE/BA/Procurador/2014) Suponha que, antes do término do correspondente processo administrativo de

CAPÍTULO 8 - DIREITO PENAL

lançamento tributário, o MP tenha oferecido denúncia contra Maurício, por ter ele deixado de fornecer, em algumas situações, notas fiscais relativas a mercadorias efetivamente vendidas em seu estabelecimento comercial. Nesse caso, de acordo com a jurisprudência pacífica do STF, a inicial acusatória não deve ser recebida pelo magistrado, dada a ausência de configuração de crime material.

> **Súmula STF 609.** *É pública incondicionada a ação penal por crime de sonegação fiscal.*

496. (Fepese/Sefaz/SC/AuditorFiscal/2010)

Em relação aos crimes contra a ordem tributária (Lei 8.137/90) é correto afirmar:

a) A ação penal em relação aos crimes que tipifica é pública incondicionada.

b) "A supressão ou redução de tributo" contemplado no art. 1º da lei compreende, impostos, taxas, contribuições de melhoria e contribuições sociais, não se referindo às mesmas condutas praticadas em relação aos empréstimos compulsórios.

c) Entre as condutas tipificadas pela lei como crimes contra a ordem tributária e equiparados

(art. 2º), há crimes nas modalidades culposa e dolosa.

d) As condutas de utilizar ou divulgar programas de processamento de dados que permitam ao sujeito passivo da obrigação tributária possuir informação contábil diversa daquela que é, por lei, fornecida à Fazenda Pública, não constituem crime contra a ordem tributária.

e) Nos crimes previstos na Lei 8.137/90, cometidos em quadrilha ou coautoria, o coautor ou partícipe que através de confissão espontânea revelar à autoridade policial ou judicial toda a trama delituosa terá a sua pena reduzida pela metade.

7.3. Lei dos Crimes de Responsabilidade (DL 201/67)

> **Súmula STF Vinculante 46.** *A definição dos crimes de responsabilidade e o estabelecimento das respectivas normas de processo e julgamento são da competência legislativa privativa da União.*

Súmula anotada em Direito Constitucional - Da União.

CAPÍTULO 9 -
DIREITO PREVIDENCIÁRIO

1. DO FINANCIAMENTO DA SEGURIDADE SOCIAL

1.1. Das Contribuições

Súmula STF Vinculante 53. A competência da justiça do trabalho prevista no artigo 114, inciso VIII, da Constituição Federal alcança a execução de ofício das contribuições previdenciárias relativas ao objeto da condenação constante das sentenças que proferir e acordos por ela homologados.

Súmula anotada em Direito Processual do Trabalho – Da Competência da Justiça do Trabalho.

Súmula STF 241. A contribuição previdenciária incide sobre o abono incorporado ao salário.

497. **(TRT/15R/Juiz/2010)** É entendimento pacificado nos Tribunais Superiores e/ou no Supremo Tribunal Federal que:

a) a contribuição previdenciária não incide sobre o abono incorporado ao salário.

b) é inconstitucional o art. 118 da Lei 8.213/91.

c) para efeito da aposentadoria especial de professores, computa-se também o tempo de serviço prestado fora da sala de aula.

d) é devida a pensão por morte aos dependentes do segurado que, apesar de ter perdido essa qualidade, preencheu os requisitos legais para a obtenção de aposentadoria até a data de seu óbito.

e) nenhuma das anteriores.

Súmula STF 688. É legítima a incidência da contribuição previdenciária sobre o 13° salário.

498. **(TRF/3R/Juiz/2008)** Leia os enunciados:

I. A imunidade ou a isenção tributária do comprador alcança o produtor contribuinte do Imposto sobre Produtos Industrializados.

II. É inadmissível a apreensão de mercadorias como meio coercitivo para pagamento de tributos.

III. Na entrada de mercadoria importada do exterior, é ilegítima a cobrança do ICMS por ocasião do desembaraço aduaneiro.

IV. É legitima a incidência da contribuição previdenciária sobre o 13° salário.

Em termos de fidelidade dos enunciados das Súmulas do Supremo Tribunal Federal, é exato dizer:

a) Um enunciado está correto.

b) Dois enunciados estão corretos.

c) Três enunciados estão corretos.

d) Todos os enunciados estão corretos.

2. DO REGIME GERAL DE PREVIDÊNCIA SOCIAL

2.1. Das Prestações em Geral

2.1.1. Do Cálculo do Valor dos Benefícios

Súmula STF 687. A revisão de que trata o art. 58 do ADCT não se aplica aos benefícios previdenciários concedidos após a promulgação da Constituição de 1988.

499. **(Esaf/RFB/AFRF/2005)** No âmbito da orientação sumulada dos Tribunais Superiores em matéria previdenciária, é correto afirmar, exceto:

a) Cabe ação declaratória para reconhecimento de tempo de serviço para fins previdenciários.

b) Os débitos relativos a benefício previdenciário, vencidos e cobrados em juízo após a vigência da Lei 6.899/81, devem ser corrigidos monetariamente na forma prevista nesse diploma legal.

c) Os juros de mora nas ações relativas a benefícios previdenciários incidem a partir da citação válida.

d) A prova exclusivamente testemunhal basta à comprovação da atividade rurícola, para efeito da obtenção de benefício previdenciário.

e) A revisão de que trata o art. 58 do ADCT/88 não se aplica aos benefícios previdenciários concedidos após a promulgação de 1988.

3. DOS REGIMES PRÓPRIOS DE PREVI-DÊNCIA SOCIAL

> ***Súmula STF Vinculante 33.*** *Aplicam-se ao servidor público, no que couber, as regras do regime geral da previdência social sobre aposentadoria especial de que trata o artigo 40, § 4°, inciso III da Constituição Federal, até a edição de lei complementar específica.*

Súmula anotada em Direito Administrativo – Agentes Públicos – Regras Previdenciárias.

CAPÍTULO 10 –
DIREITO PROCESSUAL CIVIL

1. DA FUNÇÃO JURISDICIONAL

1.1. Da Competência Interna

1.1.1. Disposições Gerais

> **Súmula STF 335.** *É válida a cláusula de eleição do foro para os processos oriundos do contrato.*

Súmula anotada em Direito Civil – Do Direito das Obrigações – Dos Contratos em Geral.

> **Súmula STF 363.** *A pessoa jurídica de direito privado pode ser demandada no domicílio da agência, ou estabelecimento, em que se praticou o ato.*

↪ Súmula não abordada em concursos recentes.

1.1.2. Da Competência da Justiça Estadual

> **Súmula STF Vinculante** *27. Compete à justiça estadual julgar causas entre consumidor e concessionária de serviço público de telefonia, quando a Anatel não seja litisconsorte passiva necessária, assistente, nem opoente.*

500. **(MPE/MG/Promotor/2010)** A súmula vinculante tem por objetivo a validade, a interpretação e a eficácia de normas determinadas frente aos ditames Constitucionais, acerca das quais haja controvérsia atual entre órgãos judiciários ou entre esses e a administração pública que acarrete grave insegurança jurídica e relevante multiplicação de processos sobre questão idêntica. O Supremo Tribunal Federal, por meio delas, superou diversas dessas controvérsias, podendo-se afirmar que:

a) a cobrança de taxa de matrícula nas Universidades Públicas viola o princípio da gratuidade do ensino público disposto no art. 206, IV, da Constituição Federal.

b) a taxa cobrada exclusivamente em razão dos serviços públicos de coleta, remoção e tratamento ou destinação de lixo ou resíduos provenientes de imóveis ultrapassa a capacidade do ente público de instituir o referido tributo, ainda que em razão de efetiva ou potencial prestação de serviços públicos específicos, conforme disposto no artigo 145, II, da Constituição Federal.

c) tipifica crime material contra a ordem tributária a omissão de informações, ou prestar declaração falsa às autoridades fazendárias, antes do lançamento definitivo do tributo.

d) compete à Justiça Estadual julgar causas entre consumidor e concessionária de serviço público de telefonia, mesmo quando a Anatel seja apenas assistente ou oponente.

e) Todas estão incorretas.

> **Súmula STF 251.** *Responde a Rede Ferroviária Federal S.A. perante o foro comum e não perante o juízo especial da Fazenda Nacional, a menos que a União intervenha na causa.*

501. **(FCC/TRT/9R/Analista/2010)** No que concerne ao tema sociedades de economia mista e empresas públicas, é incorreto afirmar:

a) O pessoal das empresas públicas e das sociedades de economia mista são considerados agentes públicos, para os fins de incidência das sanções previstas na Lei de Improbidade Administrativa.

b) As sociedades de economia mista apenas têm foro na Justiça Federal quando a União intervém como assistente ou opoente ou quando a União for sucessora da referida sociedade.

c) Ambas somente podem ser criadas se houver autorização por lei específica, cabendo ao

Poder Executivo as providências complementares para sua instituição.

d) No capital de empresa pública, não se admite a participação de pessoa jurídica de direito privado, ainda que integre a Administração Indireta.

e) As empresas públicas podem adotar qualquer forma societária, inclusive a forma de sociedade "unipessoal".

Súmula STF 501. Compete à justiça ordinária estadual o processo e o julgamento, em ambas as instâncias, das causas de acidente do trabalho, ainda que promovidas contra a União, suas autarquias, empresas públicas ou sociedades de economia mista.

➲ Súmula não abordada em concursos recentes.

Súmula STF 508. Compete à justiça estadual, em ambas as instâncias, processar e julgar as causas em que for parte o Banco do Brasil, S.A.

502. **(FEC/PC/RJ/Inspetor/2012)** Crime de roubo praticado contra o Banco do Brasil; crime de roubo praticado contra a Caixa Econômica Federal:

a) este é da competência da Justiça Estadual; aquele, da Justiça Federal.

b) aquele é da competência da Justiça Estadual; este, da Justiça Federal.

c) ambos são da competência da Justiça Estadual.

d) ambos são da competência da Justiça Federal.

e) ambos são, parcialmente, da competência da Justiça Estadual.

503. **(Fapec/MPE/MS/Promotor/2015)** Conforme o entendimento jurisprudencial consolidado, é incorreto afirmar que:

a) Compete à justiça estadual julgar as causas em que for parte o Banco do Brasil S.A.

b) A competência para processar e julgar as ações conexas de interesse de menor é, em princípio, do foro do domicílio do detentor de sua guarda.

c) Compete à Justiça Federal processar e julgar os pedidos de retificação de dados cadastrais da Justiça Eleitoral.

d) O foro do domicílio ou da residência do alimentando é competente para a ação de investigação de paternidade, quando cumulada com a de alimentos.

e) Reconhecida a continência, devem ser reunidas na Justiça Federal as ações civis públicas propostas nesta e na Justiça Estadual.

Súmula STF 516. O Serviço Social da Indústria (SESI) está sujeito à jurisdição da justiça estadual.

504. **(Cespe/AGU/Procurador/2007)** Os serviços sociais autônomos – como Senac, Sesi e Sebrae –, ainda que mantidos por contribuições parafiscais e tendo natureza de pessoa jurídica de direito privado, desvinculadas da administração pública direta ou indireta, fixam a competência da justiça federal para a apreciação das causas em que essas entidades figurem como autoras ou rés.

505. **(Cespe/TJ/DFT/Juiz/2014)** No que diz respeito ao terceiro setor, assinale a opção correta à luz da doutrina, da legislação de regência e da jurisprudência do STF acerca da matéria.

a) Os serviços sociais autônomos, embora não integrem a administração pública, se sujeitam à obrigatoriedade de realização de concurso público para a contratação de pessoal.

b) O DF pode dispensar a realização de licitação para a celebração de contrato de prestação de serviços com organização social, assim qualificada por meio de contrato de gestão celebrado com município de estado da Federação.

c) Os serviços sociais autônomos, tais como SESI e SENAI, ainda que de âmbito nacional, sujeitam-se à jurisdição da justiça estadual.

d) Devido à competência exclusiva da União para legislar sobre normas gerais de contratação, será inválida lei distrital que regulamente, no âmbito do DF, a qualificação de organização social, dado o caráter nacional da Lei n. 9.637/1998.

e) As instituições religiosas podem qualificar-se como OSCIPs, desde que não tenham fins lucrativos e os respectivos objetivos sociais e normas estatutárias atendam aos requisitos instituídos por lei.

CAPÍTULO 10 - DIREITO PROCESSUAL CIVIL

STF 171

> **Súmula STF 556.** *É competente a justiça comum para julgar as causas em que é parte sociedade de economia mista.*

506. **(Cespe/PGE/PB/Procurador/2008)** Considere-se que o governo do estado da Paraíba tenha celebrado contrato com uma sociedade de economia mista federal. Nessa situação, caso exista interesse do estado da Paraíba em discutir judicialmente alguma cláusula oriunda desse contrato, deverá ser proposta ação contra a mencionada sociedade perante:

a) uma das varas da justiça federal.

b) uma das varas da justiça comum estadual.

c) o Tribunal Regional Federal da 5ª Região.

d) o Tribunal Regional Federal da 1ª Região.

e) o Superior Tribunal de Justiça.

1.1.3. Da Competência da Justiça Federal

> **Súmula STF 689.** *O segurado pode ajuizar ação contra a instituição previdenciária perante o juízo federal do seu domicílio ou nas varas federais da capital do Estado-membro.*

507. **(Cespe/AGU/Procurador/2007)** Em caso de processo de revisão de pensão por morte de beneficiário que recebia aposentadoria por invalidez, compete à justiça estadual, e não à federal, o julgamento da revisão do benefício que não tenha origem em acidente de trabalho.

508. **(Cespe/PGE/PB/Procurador/2008)** Acerca da organização e competência do Poder Judiciário e das funções essenciais à justiça, assinale a opção correta.

a) Ação popular proposta contra o presidente da República é de competência originária do STF.

b) Mandado de segurança impetrado por empresa pública federal contra ato ilegal e abusivo praticado por secretário de um estado da Federação deve ser julgado pelo tribunal de justiça desse estado.

c) Com o advento da EC n. 45/2004, as ações de indenização por danos materiais ou morais do servidor público não celetista impetradas contra o respectivo ente federativo, mesmo diante do regime estatutário, devem ser julgadas pela justiça do trabalho.

d) Compete à justiça federal julgar as causas entre Estado estrangeiro ou organismo internacional e município ou pessoa domiciliada ou residente no país.

e) Considere-se que determinado estado da Federação tenha o nome inscrito no cadastro de inadimplentes diante do alegado descumprimento de cláusulas insertas em convênio firmado com a União. Nessa situação, eventual litígio existente entre a União e esse estado será de competência da justiça federal, visto que não há, na hipótese, conflito federativo a atrair a competência do STF.

> **Súmula STF 517.** *As sociedades de economia mista só têm foro na justiça federal, quando a União intervém como assistente ou opoente.*

509. **(Cespe/TJ/RJ/Analista/2008)** Maria, que é diretora não empregada de uma sociedade de economia mista federal, com sede no estado do Rio de Janeiro, é a responsável pela área de contratos dessa empresa. Veiculou-se, na imprensa, que essa sociedade estaria firmando um contrato com o TJRJ. Eventual conflito judicial, no que se refere ao cumprimento do referido contrato, não havendo foro de eleição, deverá ser julgado pela justiça estadual.

510. **(Cespe/TJ/DFT/Analista/2008)** Em caso de ação ordinária de cobrança, movida por sociedade de economia mista integrante da administração indireta federal contra sociedade de economia mista da administração indireta estadual, enquanto não houver intervenção da União, a qualquer título, compete o respectivo processo e julgamento à justiça estadual de 1º grau, e não, originariamente, ao Supremo Tribunal Federal.

511. **(Cespe/TRF/1R/Juiz/2011)** Assinale a opção correta com referência à administração direta e indireta.

a) O STF entende que a imunidade tributária recíproca dos entes políticos, prevista na CF, não é extensiva às autarquias.

b) As sociedades de economia mista somente têm foro na justiça federal quando a União intervém como assistente ou opoente, competindo à justiça federal, e não à justiça comum, decidir acerca da existência de interesse que justifique a presença da União no processo.

c) Os empregados das empresas públicas e das sociedades de economia mista estão sujeitos ao teto remuneratório estabelecido para a administração pública, mesmo quando tais entidades não recebem recursos da fazenda pública para custeio em geral ou gasto com pessoal.

d) De acordo com o entendimento do STJ, o servidor da administração pública federal direta que tenha prestado serviços a empresa pública ou a sociedade de economia mista tem direito ao cômputo do tempo de serviço prestado nas referidas entidades para todos os fins, inclusive para a percepção de adicional de tempo de serviço.

e) Os atos de gestão comercial praticados pelos administradores de empresas públicas e de sociedade de economia mista podem ser contestados por meio de mandado de segurança.

512. (Vunesp/TJ/RJ/Juiz/2013) Na Administração Pública indireta:

a) as autarquias e as fundações governamentais poderão possuir personalidade jurídica de direito público ou privado.

b) não cabe mandado de segurança contra ato praticado em licitação promovida por empresa pública.

c) as sociedades de economia mista só têm foro na justiça federal quando a união intervém como assistente ou opoente.

d) somente a União poderá criar, por meio de lei, Agências Reguladoras.

2. DOS SUJEITOS DO PROCESSO

2.1. Das Partes e dos Procuradores

2.1.1. Dos Deveres das Partes e de seus Procuradores

> **Súmula STF Vinculante** 47. Os honorários advocatícios incluídos na condenação ou destacados do montante principal devido ao credor consubstanciam verba de natureza alimentar cuja satisfação ocorrerá com a expedição de precatório ou requisição de pequeno valor, observada ordem especial restrita aos créditos dessa natureza.

⮑ Súmula não abordada em concursos recentes.

> **Súmula STF 256.** É dispensável pedido expresso para condenação do réu em honorários, com fundamento nos arts. 63 ou 64 do Código de Processo Civil.

⮑ Súmula não abordada em concursos recentes.

> **Súmula STF 257.** São cabíveis honorários de advogado na ação regressiva do segurador contra o causador do dano.

⮑ Súmula não abordada em concursos recentes.

> **Súmula STF 450.** São devidos honorários de advogado sempre que vencedor o beneficiário de justiça gratuita.

513. (Cespe/MPE/RO/Promotor/2010) A assistência judiciária gratuita

a) independe de decisão judicial.

b) não isenta a parte do pagamento de custas cabíveis nos recursos.

c) é definida em razão do valor da causa, que não pode ultrapassar vinte salários mínimos.

d) não isenta a parte assistida do pagamento de honorários advocatícios sucumbenciais em caso de derrota.

e) pode ser requerida no curso da ação.

514. (Cespe/DPU/Analista/2010) Acerca das normas para concessão de assistência judiciária aos necessitados, assinale a opção correta.

a) Se determinada lei prever certa quantia como depósito para interposição de recurso, este valor deverá ser pago pelo beneficiário da assistência gratuita.

b) Se em determinada ação judicial uma das partes for beneficiária da assistência judiciária, tanto a parte vencedora quanto a vencida estarão isentas dos honorários dos advogados e peritos, das custas do processo, das taxas e dos selos judiciários.

c) Ao estrangeiro que residir no Brasil, poderá ser concedido o benefício da assistência judiciária, que se restringirá à justiça penal, militar e do trabalho.

CAPÍTULO 10 - DIREITO PROCESSUAL CIVIL

STF 173

d) O benefício da assistência judiciária pode ser concedido às pessoas jurídicas com ou sem finalidade lucrativa.

e) O benefício da assistência judiciária só pode ser requerido enquanto a ação tramitar na 1ª instância.

> *Súmula STF 512. Não cabe condenação em honorários de advogado na ação de mandado de segurança.*

515. **(Cespe/EBC/Advogado/2011)** No processo de mandado de segurança, não são admitidas a interposição de embargos infringentes nem a condenação ao pagamento dos honorários advocatícios, ressalvada a possibilidade de aplicação de sanções no caso de litigância de má-fé.

516. **(Esaf/CGU/AFC/2012)** Sobre o mandado de segurança, assinale opção correta.

a) Cabe mandado de segurança contra ato praticado em licitação promovida por sociedade de economia mista ou empresa pública.

b) Na ação de mandado de segurança, só se admite condenação em honorários advocatícios nas causas de valor superior a 60 (sessenta) salários mínimos.

c) Compete ao Supremo Tribunal Federal conhecer originariamente de mandado de segurança impetrado contra ato de ministro do Superior Tribunal de Justiça.

d) Pessoa jurídica não tem legitimidade para propor mandado de segurança.

e) É cabível mandado de segurança contra atos de gestão comercial praticados pelos administradores de empresas públicas.

517. **(UFG/AL/GO/Procurador/2015)** É sabido que o mandado de segurança é espécie de ação constitucional, de natureza cognitiva, destinada a tutelar direito líquido e certo não amparado por "habeas corpus" ou "habeas data". No mandado de segurança:

a) o direito líquido e certo que enseja tutela pela via mandamental é aquele sobre o qual não há controvérsia, doutrinária ou jurisprudencial.

b) o papel da autoridade coatora restringe-se à prestação de informações no prazo legal, não possuindo legitimidade para recorrer, uma vez que não sofrerá os efeitos de eventual condenação.

c) a aplicação de sanções em casos de litigância de má-fé é possível, mas não há condenação ao pagamento de honorários advocatícios.

d) a sentença que concede a segurança não estará sujeita ao duplo grau de jurisdição obrigatório, em consonância com o princípio da celeridade e efetividade da tutela jurisdicional em favor do cidadão.

> *Súmula STF 616. É permitida a cumulação da multa contratual com os honorários de advogado, após o advento do Código de Processo Civil vigente.*

518. **(Consultec/TJ/BA/Juiz/2010)** Sobre a ocorrência do inadimplemento das obrigações, é correto afirmar:

a) Não é permitida a cumulação da multa contratual com os honorários advocatícios.

b) Os juros de mora são calculados a partir do evento danoso.

c) A propositura da ação de revisão de contrato inibe a caracterização da mora do autor.

d) A culpa do inadimplente não precisa ser comprovada para que seja aplicada a cláusula penal.

e) Ao se estipular a cláusula penal para o caso de total inadimplemento da obrigação, essa converter-se-á em alternativa a benefício do credor.

> *Súmula STF 617. A base de cálculo dos honorários de advogado em desapropriação é a diferença entre a oferta e a indenização, corrigidas ambas monetariamente.*

Súmula anotada em Direito Administrativo – Intervenção do Estado na Propriedade.

2.1.2. Dos Procuradores

> *Súmula STF 644. Ao titular do cargo de procurador de autarquia não se exige a apresentação de instrumento de mandato para representá-la em juízo.*

519. **(Cespe/PGM/BoaVista/Procurador/2010)** Um procurador necessitará apresentar o instrumento de mandato caso venha a representar judicialmente uma fundação pública na qual ocupe cargo efetivo.

3. DOS ATOS PROCESSUAIS

3.1. Da Forma, do Tempo e do Lugar dos Atos Processuais

3.1.1. Dos Prazos

> **Súmula STF 310.** *Quando a intimação tiver lugar na sexta-feira, ou a publicação com efeito de intimação for feita nesse dia, o prazo judicial terá início na segunda-feira imediata, salvo se não houver expediente, caso em que começará no primeiro dia útil que se seguir.*

520. (OAB/DF/2003) Os prazos judiciais na Justiça do Trabalho são contados:

a) Quando a intimação tiver lugar na quinta-feira, ou a publicação com efeito de intimação for feita nesse dia, o prazo judicial será contado a partir da sexta-feira imediata, excluídos da contagem o sábado e domingo.

b) Quando a intimação tiver lugar na sexta-feira, ou a publicação com efeito de intimação for feita nesse dia, o prazo judicial será contado da segunda-feira imediata, inclusive, salvo se não houver expediente, caso em que fluirá no dia útil que se seguir.

c) Quando a intimação tiver lugar na sexta-feira, ou a publicação com efeito de intimação for feita nesse dia, o prazo judicial será contado do sábado imediato, inclusive.

d) Quando a intimação tiver lugar na segunda-feira, ou a publicação com efeito de intimação for feita nesse dia, o prazo judicial será contado a partir desse mesmo dia (segunda-feira), inclusive.

521. (TRT/22R/Juiz/2006) Consideradas as afirmações abaixo, marque a letra que contém a resposta correta:

I. Os atos e termos processuais poderão ser escritos a tinta, datilografados ou a carimbo, segundo a Consolidação das Leis do Trabalho. Tal disposição, porém, não obsta que seja acompanhado o progresso técnico e adotadas outras formas e documentação, a exemplo da digitação. É compatível com o processo do trabalho a transmissão de petições escritas, inclusive peças recursais, através de fac-símile ou outro similar, devendo a transmissão ser recebida no prazo para prática do ato processual e os originais chegarem até cinco dias do termo final desse prazo, para que haja tempestividade. O juiz deve aguardar a chegada dos originais, para que possa praticar os atos de sua competência, não podendo agir somente à vista da transmissão.

II. Sobre os prazos no processo do trabalho, pode-se afirmar que, intimada ou notificada a parte no sábado, o início do prazo se dará no primeiro dia útil imediato e a contagem, no subsequente. E, quando a intimação tiver lugar na sexta-feira, ou a publicação com efeito de intimação for feita nesse dia, o prazo judicial será contado da segunda-feira imediata, inclusive, salvo se não houver expediente, caso em que fluirá no dia útil que se seguir. Assim, por exemplo, se a parte recebeu a intimação em 29/4/2006 (sábado), na verdade será considerada recebida dia 01/5/2006, segunda-feira, e o prazo respectivo começará a correr em 02/5/2006.

III. Para a jurisprudência consolidada do Tribunal Superior do Trabalho, a indicação do perito assistente é faculdade da parte, a qual deve responder pelos respectivos honorários, exceto se vencedora no objeto da perícia.

IV. Nas reclamações trabalhistas as custas processuais incidirão sobre o valor da causa, quando o processo for extinto sem apreciação do mérito, à base de dois por cento, observado o mínimo de R$ 10,64. Na hipótese de extinção do processo por acordo, o pagamento das custas caberá aos litigantes em partes iguais, se de outra forma não for convencionado.

V. Presume-se recebida a notificação 48 (quarenta e oito) horas depois de sua postagem. O seu não-recebimento ou a entrega após o decurso desse prazo constitui ônus de prova do destinatário. Tal demonstração deve ocorrer na primeira oportunidade em que a parte interessada tiver para falar em audiência ou nos autos, sob pena de preclusão, e somente será acolhida se houver sofrido prejuízo manifesto. O efeito prático-jurídico da elisão de tal presunção é o afastamento da intempestividade.

a) Somente I está errada.

b) II está correta.

c) Somente IV e V estão corretas.

d) III e IV estão erradas.

e) Todas estão erradas.

3.2. Da Comunicação dos Atos Processuais

3.2.1. Da Citação

Súmula STF 391. O confinante certo deve ser citado pessoalmente para a ação de usucapião.

522. **(InstitutoCidades/DPE/GO/Defensor/2010)** José da Silva pretende propor ação de usucapião para que se lhe declare o domínio do imóvel em que reside com a família há mais de dez anos. Essa ação de usucapião:

a) pedirá a citação das Fazendas Públicas da União, dos Estados e dos Municípios, para que respondam-na, querendo, sob pena de revelia.

b) poderá ter como objeto bem público, em razão do uso social da propriedade.

c) poderá ser proposta, mesmo na pendência de processo possessório.

d) dispensará a citação dos confinantes em lugar incerto e não sabido.

e) terá como valor da causa o valor venal do bem usucapiendo.

3.2.2. Das Intimações

Súmula STF 310. Quando a intimação tiver lugar na sexta-feira, ou a publicação com efeito de intimação for feita nesse dia, o prazo judicial terá início na segunda-feira imediata, salvo se não houver expediente, caso em que começará no primeiro dia útil que se seguir.

Súmula anotada em Direito Processual Civil – Dos Atos Processuais – Da Forma, do Tempo e do Lugar dos Atos Processuais – Dos Prazos.

4. DA FORMAÇÃO, DA SUSPENSÃO E DA EXTINÇÃO DO PROCESSO

4.1. Da Extinção do Processo

Súmula STF 216. Para decretação da absolvição de instância pela paralisação do processo por mais de trinta dias, é necessário que o autor, previamente intimado, não promova o andamento da causa.

➲ Súmula não abordada em concursos recentes.

5. DO PROCESSO DE CONHECIMENTO E DO CUMPRIMENTO DE SENTENÇA

5.1. Do Procedimento Comum

5.1.1. Da Petição Inicial

Súmula STF 254. Incluem-se os juros moratórios na liquidação, embora omisso o pedido inicial ou a condenação.

523. **(Cespe/PGE/PB/Procurador/2008)** Quanto à liquidação e ao cumprimento da sentença, assinale a opção correta.

a) A liquidação de sentença por cálculo do credor é feita incidentalmente nos autos da ação principal; quando os elementos contábeis estão em poder do devedor, o juiz determinará a sua apresentação, fixando data e impondo multa diária pelo descumprimento da ordem judicial.

b) A liquidação de sentença deve guardar estrita consonância com o decidido na fase cognitiva, portanto, se a sentença for omissa em relação à condenação em juros moratórios e correção monetária, esses índices não podem ser incluídos na liquidação, por ofensa ao princípio da imutabilidade da coisa julgada.

c) Caso a apuração do montante da dívida ou a individuação do objeto da prestação dependam de alegação e comprovação de fato novo, podem as partes convencionar que a liquidação seja feita por arbitramento, bem como decidir quanto à indicação do perito.

d) A execução provisória da sentença compreende os atos executivos de transferência e adjudicação do bem ou dinheiro penhorado, ficando a satisfação do credor subordinada ao trânsito em julgado da sentença exequenda objeto de recurso.

e) A competência para a execução de decisão judicial de primeiro grau de jurisdição é do juízo que processou a causa, mas admite-se que o credor faça opção pelo foro do domicílio do devedor ou do local onde se encontram bens sujeitos à expropriação.

524. **(FCC/PGM/Teresina/Procurador/2010)** A sentença:

a) quando resolver o processo sem julgamento do mérito não necessita de fundamentação.

b) é o momento processual em que o juiz age por sua livre convicção, mas adstrito a oferecer as razões de sua persuasão.

c) deverá conter sempre relatório, fundamentação e parte dispositiva, nunca podendo o juiz decidir de forma concisa.

d) é nula quando proferida ultra petita, isto é, além do pedido inicial.

e) não pode condenar o vencido em juros moratórios se não forem pedidos pela parte vencedora.

525. (FCC/PGE-SE/Procurador/2005) A sentença não poderá condenar o vencido, quando não houver pedido expresso da parte, em relação:

a) aos juros moratórios.

b) aos honorários advocatícios.

c) à atualização monetária.

d) às despesas processuais.

e) aos juros convencionais.

5.1.2. Da Reconvenção

> **Súmula STF 258.** *É admissível reconvenção em ação declaratória.*

526. (Cespe/DPU/Defensor/2010) Estão à disposição do credor, na ação de consignação em pagamento, todas as respostas previstas na lei processual, exceto a reconvenção, visto que não existe a possibilidade de esse tipo de procedimento assumir caráter dúplice.

527. (Cespe/MP/RO/Promotor/2008) Segundo entendimento do STF, é admissível a reconvenção em ação declaratória, com o objetivo de pleitear outra espécie de tutela jurisdicional.

528. (Cespe/MPE/RO/Promotor/2013) Acerca da defesa do réu, assinale a opção correta.

a) Não há de se falar em presunção de veracidade ou confissão ficta se o exequente não se opuser à impugnação ao cumprimento de sentença.

b) Conforme entendimento do STJ, em se tratando de procedimento sumário, o comparecimento do réu à audiência de conciliação desacompanhado de advogado, mas munido da peça contestatória, afasta os efeitos da revelia.

c) O princípio da concentração de defesa, segundo o qual do réu deve apresentar na contestação todas as matérias que tenha em sua defesa, não admite exceções.

d) Não se admite a reconvenção em ação declaratória.

e) O prazo remanescente para contestar suspenso com o recebimento da exceção de incompetência volta a fluir da data da decisão que acolha a exceção.

529. (Cespe/TRF/5R/Juiz/2015) No que concerne à resposta do réu e à revelia, assinale a opção correta.

a) O réu que, sem apresentar resposta, apenas junta aos autos procuração para constituição de advogado, deve ser considerado revel, o que dispensa o juízo da causa de enviar-lhe intimação quanto aos demais atos processuais praticados.

b) Quando acolher a alegação de impedimento ou suspeição arguida pela parte, o juiz deverá determinar a remessa dos autos para seu substituto legal, decisão que não implicará redistribuição do processo para outro juízo.

c) Deve o juiz indeferir liminarmente toda reconvenção proposta incidentalmente a uma ação que busque apenas a declaração de existência de uma relação jurídica, tendo em vista entendimento sumulado pelo STF no sentido de ser inadmissível essa modalidade de resposta do réu nas ações declaratórias.

d) De acordo com a jurisprudência do STJ, cabe à fazenda pública, nas ações em que figurar como ré, impugnar especificamente cada um dos pedidos do autor, sob pena de ela sofrer os efeitos da revelia.

e) A reconvenção e a ação declaratória incidental são instrumentos que podem ser utilizados tanto pelo réu quanto pelo autor da ação principal.

5.1.3. Da Revelia

> **Súmula STF 231.** *O revel, em processo civil, pode produzir provas, desde que compareça em tempo oportuno.*

530. (FCC/TJ/PE/Técnico/2007) Se o réu não contestar a ação, reputar-se-ão verdadeiros os fatos afirmados pelo autor. O réu revel:

CAPÍTULO 10 - DIREITO PROCESSUAL CIVIL

a) não poderá, em qualquer fase, intervir no processo, sendo este um dos efeitos da revelia.

b) poderá intervir no processo em qualquer fase, recebendo-o no estado em que se encontrar.

c) só poderá intervir no processo antes da realização de qualquer espécie de prova, por expressa determinação legal.

d) só poderá intervir no processo após a prolação de sentença, podendo interpor o recurso cabível da decisão.

e) só poderá intervir no processo após a realização de todas as provas requeridas pelo autor e desde que não tenha sido proferida sentença.

5.1.4. Das Providências Preliminares e do Saneamento

> **Súmula STF 424.** *Transita em julgado o despacho saneador de que não houve recurso, excluídas as questões deixadas, explícita ou implicitamente, para a sentença.*

531. (Vunesp/SAAE/Procurador/2009) Considere as assertivas a seguir:

I. O despacho que manda as partes especificarem provas é irrecorrível.

II. O juiz não pode dispensar a produção de quaisquer outras provas, ainda que tenha saneado o processo, mesmo possuindo elementos suficientes para o esclarecimento da questão.

III. Transita em julgado o despacho saneador de que não houve recurso, excluídas as questões deixadas, explícita ou implicitamente, para sentença.

IV. É inadmissível o desentranhamento de documento particular, em processo findo, ainda que fique uma cópia em seu lugar.

V. As partes não poderão juntar aos autos documentos novos, se não o fizeram com a juntada da inicial ou contestação, quando destinados a fazer prova dos fatos ocorridos depois de articulados.

É correto o que se afirma apenas em

a) I e III.

b) II e V.

c) III e IV.

d) I, II e V.

e) II, III e IV.

5.1.5. Das Provas

> **Súmula STF 259.** *Para produzir efeito em juízo não é necessária a inscrição, no registro público, de documentos de procedência estrangeira, autenticados por via consular.*

532. (Consulplan/TJ/MG/Cartórios/2015) Em relação ao documento estrangeiro, assinale a alternativa correta:

a) Se algum dos comparecentes não souber a língua nacional e o tabelião ou oficial de registro não entender o idioma em que se expressa, participará do ato tradutor público como intérprete, ou, não o havendo na localidade, estando impedido, incomunicável ou impossibilitado de comparecer, participará outra pessoa capaz que, a critério do tabelião ou oficial de registro, tenha idoneidade e conhecimentos bastantes.

b) Os documentos que tenham sido expedidos por autoridade pública do país estrangeiro ou que contenham a sua assinatura devem ser legalizados unicamente perante as Repartições Consulares do Ministério das Relações Exteriores no país de origem.

c) Ficam dispensados de tradução por tradutor juramentado e inscrito na Junta Comercial, os documentos públicos ou particulares lavrados em embaixada ou consulado brasileiro no exterior, bem como outros confeccionados em idioma de domínio do Tabelião de Notas.

d) Ficam dispensados de tradução por tradutor público juramentado e inscrito na junta comercial, e de prévio registro na serventia de títulos e documentos, os documentos estrangeiros, a fim de produzir amplos e gerais efeitos em qualquer repartição brasileira, em juízo ou fora dele, nos termos do enunciado 259, da Súmula do STF.

> **Súmula STF 261.** *Para a ação de indenização, em caso de avaria, é dispensável que a vistoria se faça judicialmente.*

➲ Súmula não abordada em concursos recentes.

5.1.6. Da Sentença e da Coisa Julgada

> **Súmula STF 423.** *Não transita em julgado a sentença por haver omitido o recurso "ex-ofício", que se considera interposto "ex-lege".*

533. **(Funiversa/PC/DF/Delegado/2009)** No processo penal, os recursos regem-se, quanto à admissibilidade, pela lei vigente ao tempo em que a decisão é proferida, a não ser que a lei disponha de modo diverso. A respeito dos recursos, assinale a alternativa incorreta.

a) Não transita em julgado a sentença por haver omitido o recurso "ex officio", que se considera interposto "ex lege".

b) A renúncia do réu ao direito de apelação, manifestada sem a assistência do defensor, não impede o conhecimento da apelação por este interposta.

c) Por meio da revisão criminal, que poderá ser requerida em qualquer tempo, inclusive após a extinção da pena, o condenado poderá recorrer quando descobrir novas provas de inocência.

d) A decisão que decretar a prescrição comporta recurso em sentido estrito.

e) Caberá recurso de apelação da decisão que pronunciar ou impronunciar o réu.

6. DOS PROCESSOS NOS TRIBUNAIS E DOS MEIOS DE IMPUGNAÇÃO DAS DECISÕES JUDICIAIS

6.1. Da Ordem dos Processos e dos Processos de Competência Originária dos Tribunais

6.1.1. Do Incidente de Arguição de Inconstitucionalidade

> **Súmula STF Vinculante** *10. Viola a cláusula de reserva de plenário (CF, art. 97) a decisão de órgão fracionário de tribunal que, embora não declare expressamente a inconstitucionalidade de lei ou ato normativo do Poder Público, afasta a sua incidência no todo ou em parte.*

534. **(FCC/MPE/CE/Promotor/2009)** O apelante deduziu, como única matéria do recurso, a inconstitucionalidade de lei federal aplicada na sentença. A Câmara julgadora, por maioria de votos, reconheceu a inconstitucionalidade da lei, embora sem declarar expressamente sua inconstitucionalidade e o recurso foi provido, em parte. Nesse caso:

a) a decisão da Câmara, embora não declare expressamente a inconstitucionalidade da lei, é nula porque viola a cláusula de reserva de plenário.

b) como o único fundamento do recurso é a inconstitucionalidade de texto de lei, a Câmara tem competência para decidir desde logo o feito, sem declarar a inconstitucionalidade.

c) a decisão é nula porque não foi unânime.

d) a Câmara tem a competência e o dever de declarar expressamente a inconstitucionalidade parcial da lei aplicada na sentença.

e) a decisão é válida, porque se o único fundamento do recurso é a inconstitucionalidade de texto de lei, inexistindo matéria remanescente a ser decidida, a Câmara deve julgar de imediato para evitar procrastinações.

535. **(FCC/TCE/AP/Procurador/2010)** Estabelece a Súmula Vinculante n. 10 do Supremo Tribunal Federal que viola cláusula constitucional "a decisão de órgão fracionário de tribunal que, embora não declare expressamente a inconstitucionalidade de lei ou ato normativo do poder público, afasta sua incidência, no todo ou em parte". O enunciado em questão decorre da previsão constitucional segundo a qual

a) os servidores receberão delegação para a prática de atos de administração e de mero expediente, sem caráter decisório.

b) compete ao Supremo Tribunal Federal a guarda da Constituição, de modo que não estão os demais órgãos do Judiciário autorizados a pronunciar-se sobre a constitucionalidade de leis e atos normativos.

c) somente pelo voto da maioria absoluta de seus membros ou dos membros do respectivo órgão especial poderão os tribunais declarar a inconstitucionalidade de lei ou ato normativo do Poder Público.

d) compete ao Supremo Tribunal Federal propor ao Poder Legislativo a alteração da organização e da divisão judiciárias.

CAPÍTULO 10 - DIREITO PROCESSUAL CIVIL

e) nos tribunais com número superior a 25 (vinte e cinco) julgadores poderá ser constituído órgão especial para o exercício de atribuições delegadas da competência do tribunal pleno.

536. (TJ/DFT/Juiz/2012) Responda a questão considerando as assertivas abaixo:

I. Segundo o Supremo Tribunal Federal viola a cláusula de reserva de plenário a decisão de órgão fracionário de tribunal que, embora não declare expressamente a inconstitucionalidade de lei ou ato normativo do Poder Público, afasta sua incidência no todo ou em parte.

II. Com fundamento no interesse público, o Juiz de Direito poderá ser colocado em disponibilidade em decisão por 2/3 do respectivo tribunal ou do Conselho Nacional de Justiça, assegurada ampla defesa.

III. Desde a posse, os membros do Congresso Nacional não poderão ser presos, salvo em flagrante de crime inafiançável. Neste caso, os autos serão remetidos dentro de 24 horas à Casa respectiva, para que, pelo voto da maioria de seus membros resolva sobre a prisão.

a) se somente a assertiva I for correta.

b) se somente a assertiva II for correta.

c) se somente a assertiva III for correta.

d) se nenhuma das assertivas for correta.

537. (Vunesp/TJ/MT/Juiz/2009) Um Município teve questionada, em mandado de segurança na justiça estadual, uma lei que instituiu um tributo municipal. O Tribunal de Justiça, pela 2.ª Câmara de Direito Público, entendendo que a exigência tributária não estava de acordo com a repartição constitucional de competências, afastou a cobrança do tributo dando provimento à apelação do contribuinte, mas no acórdão não houve declaração expressa de inconstitucionalidade. Nesse caso, portanto, nos moldes da Constituição e do entendimento do Supremo Tribunal Federal:

a) cabe ao Município ajuizar uma Reclamação perante o STF, com fundamento na violação da cláusula de reserva de plenário.

b) não há possibilidade de recurso por parte do Município perante os tribunais superiores, pois não houve declaração de inconstitucionalidade.

c) o julgado do Tribunal Estadual é nulo, uma vez que a inconstitucionalidade de lei municipal em relação à Constituição Federal somente pode ser arguida perante o Supremo Tribunal Federal.

d) resta ao Município interpor recurso especial perante o STJ, considerando que não houve expressa declaração de inconstitucionalidade da lei municipal.

e) deverá o Município solucionar a questão em âmbito estadual, posto que não houve declaração de inconstitucionalidade, a qual, se houvesse, poderia ensejar a ação declaratória de constitucionalidade.

538. (Isae/ALE/AM/Procurador/2011) Com relação ao tema do controle de constitucionalidade, analise as afirmativas a seguir.

I. Declarada a inconstitucionalidade por omissão de medida para tornar efetiva norma constitucional, em sede de ação direta de inconstitucionalidade, não é necessário dar ciência ao Poder competente para a adoção das providências necessárias, cabendo ao Tribunal que declarou a inconstitucionalidade definir os meios de suprir a omissão.

II. Viola a cláusula de reserva de plenário (CF, artigo 97) a decisão de órgão fracionário de Tribunal que, embora não declare expressamente a inconstitucionalidade de lei ou ato normativo do poder público, afasta sua incidência, no todo ou em parte.

III. O Supremo Tribunal Federal poderá, de ofício ou por provocação, mediante decisão majoritária dos seus membros, considerado o quorum mínimo de 9 (nove) ministros, após reiteradas decisões sobre matéria constitucional, aprovar súmula que, a partir de sua publicação na imprensa oficial, terá efeito vinculante em relação aos demais órgãos do Poder Judiciário e à administração pública direta e indireta, nas esferas federal, estadual e municipal, bem como proceder à sua revisão ou cancelamento, na forma estabelecida em lei.

Assinale:

a) se somente a afirmativa I estiver correta.

b) se somente a afirmativa II estiver correta.

c) se somente a afirmativa III estiver correta.

d) se somente as afirmativas II e III estiverem corretas.

e) se todas as afirmativas estiverem corretas.

539. (MPE/MG/Promotor/2012) Analise as seguintes assertivas em relação ao controle incidental de constitucionalidade:

I. Do acórdão proferido por órgão especial do Tribunal que decide incidente de inconstitucionalidade, cabe recurso para os Tribunais superiores.

II. A cláusula de reserva de plenário não poderá ser dispensada em nenhuma hipótese, sob pena de violação da Súmula Vinculante n. 10.

III. O Ministério Público, as pessoas jurídicas responsáveis pela edição do ato e os legitimados à propositura da ação direta de inconstitucionalidade poderão se manifestar nos incidentes de inconstitucionalidade.

IV. O controle incidental de constitucionalidade pode ser exercido em relação a normas emanadas dos três níveis de poder, de qualquer hierarquia, inclusive as anteriores à Constituição vigente.

Somente está correto o que se afirma em:

a) I e II.

b) I e III.

c) II e IV.

d) III e IV.

540. (FCC/TCE/CE/AuditorSubstituto/2015) Sobre a cláusula de reserva de plenário, prevista na Constituição Federal e objeto de súmula vinculante, é correto afirmar:

a) Os juízes convocados, em caso de participarem de julgamento em que se discuta a questão do controle de constitucionalidade de lei ou ato normativo nos tribunais, devem se declarar incompetentes para proferir voto.

b) Fica afastada a possibilidade de que os órgãos fracionários dos tribunais declarem a inconstitucionalidade de leis e outros atos normativos, exceto em uma única situação que se verifica quando houver decisão já proferida pelo pleno ou órgão especial do respectivo tribunal.

c) Com a aprovação da súmula vinculante em questão, o Supremo Tribunal Federal reduziu a competência dos juízes de primeiro grau para declarar a inconstitucionalidade de lei ou ato normativo, pois exige que aguardem decisão de algum tribunal ao qual se submetam diretamente.

d) Existe a necessidade de que haja maioria absoluta, em qualquer hipótese, dos membros dos órgãos fracionários do tribunal, para declarar a inconstitucionalidade de lei ou ato normativo.

e) A súmula vinculante mantém a legitimidade dos órgãos fracionários dos tribunais para declarar a inconstitucionalidade de lei ou ato normativo caso haja decisão do Supremo Tribunal Federal no mesmo sentido.

541. (Cespe/TCE/PB/Procurador/2014) Em relação ao controle incidental de constitucionalidade, assinale a opção correta com base na jurisprudência do STF

a) O controle difuso de constitucionalidade somente pode ser realizado pelos tribunais do Poder Judiciário, em atenção à cláusula de reserva de plenário.

b) Embora não seja a regra geral, o STF admite, em certos casos, a concessão de efeitos "ex nunc" à declaração incidental de inconstitucionalidade

c) Ao julgar os recursos extraordinários, o STF deve observar a cláusula de reserva de plenário, razão por que esses recursos devem sempre ser apreciados pela composição plena daquele tribunal.

d) A decisão de órgão fracionário de tribunal que apenas afasta a aplicação de determinada lei, sem expressamente declará-la inconstitucional, não ofende a cláusula de reserva de plenário.

e) A competência privativa do Senado Federal de suspender a execução, no todo ou em parte, de lei declarada inconstitucional por decisão definitiva do STF não se aplica ao direito municipal.

542. (FCC/TRT/18R/Juiz/2014) O Presidente da República, a pretexto de exercer seu poder regulamentar, editou decreto, sem que existisse lei tratando da matéria por ele disciplinada, pelo qual criou obrigações que somente poderiam, à luz da Constituição Federal, ter sido instituídas por lei formal. Por esse motivo, a constitucionalidade do referido decreto foi arguida em um caso concreto, como questão prejudicial para o julgamento do pedido principal da petição inicial, ensejando, em segundo grau de jurisdição, o pronunciamento do plenário de determinado Tribunal declarando a inconstitucionalidade da norma, pelo voto da maioria absoluta de seus membros. À luz da Constituição Federal e da jurisprudência do Supremo Tribunal Federal, o decreto presidencial:

a) não poderia ter sido declarado inconstitucional pelo Tribunal, mas tão somente ilegal, uma vez que o decreto foi editado com fundamento no poder regulamentar do Presidente da República, motivo pelo qual a sua inaplicabilidade a um caso concreto não dependeria de prévia manifestação do plenário do Tribunal.

CAPÍTULO 10 - DIREITO PROCESSUAL CIVIL

b) não poderia ter sido declarado inconstitucional pelo plenário do Tribunal, mas tão somente ilegal, uma vez que o decreto foi editado com fundamento no poder regulamentar do Presidente da República, mas, ainda assim, a declaração de sua inaplicabilidade ao caso concreto dependeria de manifestação do plenário do Tribunal, visto tratar-se de norma geral e abstrata.

c) poderia ter sido declarado inconstitucional pelo plenário do Tribunal, uma vez que as obrigações foram criadas sem qualquer amparo legal, mas, por se tratar de ofensa indireta à Constituição Federal, é dispensável o quórum da maioria absoluta do Plenário.

d) poderia ter sido declarado inconstitucional pelo Tribunal, uma vez que as obrigações foram criadas sem qualquer amparo legal e com ofensa direta à Constituição Federal, sendo, no entanto, desnecessária a manifestação plenária do Tribunal, uma vez que a declaração de invalidade dessa espécie normativa não está sujeita à reserva de plenário.

e) poderia ter sido declarado inconstitucional pelo plenário do Tribunal, uma vez que as obrigações foram criadas sem qualquer amparo legal e com ofensa direta à Constituição Federal, sendo dispensada a manifestação plenária do Tribunal se o plenário do Supremo Tribunal Federal já tiver declarado a inconstitucionalidade do mesmo decreto.

543. (Cespe/TJ/DFT/Analista/2015) O STF, mitigando norma constitucional, entende que é dispensável a submissão da demanda judicial à regra da reserva de plenário quando a decisão do tribunal basear-se em jurisprudência do plenário ou em súmula do STF.

> ***Súmula STF 513.*** *A decisão que enseja a interposição de recurso ordinário ou extraordinário não é a do plenário, que resolve o incidente de inconstitucionalidade, mas a do órgão (câmaras, grupos ou turmas) que completa o julgamento do feito.*

544. (Esaf/PFN/Procurador/2006) Sobre o recurso extraordinário:

a) atende ao requisito do prequestionamento a articulação da questão, sobre a qual se pretende recorrer extraordinariamente, por oportunidade dos embargos de declaração contra a decisão unânime de Turma do Tribunal Regional Federal, independentemente da sua presença específica na matéria impugnada por ocasião da apelação, ou das respectivas contrarrazões (resposta), ou nas questões anteriormente suscitadas e discutidas no processo.

b) a inobservância, pelo juiz federal processante de primeira instância ou pelo Tribunal Regional Federal, de regra processual civil expressa, daí resultando (alegado ou presumido) prejuízo para a defesa, caracteriza, ademais de infração à respectiva legislação federal, passível de impugnação mediante recurso especial, situação de afronta aos princípios constitucionais da ampla defesa e do devido processo legal, sendo consequentemente pertinente a concomitante interposição de recurso extraordinário.

c) suscitado, pela Turma do Tribunal Regional Federal, incidente de arguição de inconstitucionalidade de lei ou ato normativo federal, e sendo ele julgado procedente, pelo pleno ou órgão especial do respectivo Tribunal, com a respectiva declaração de inconstitucionalidade, contra esta decisão não é cabível a interposição de recurso extraordinário: apenas o será, oportunamente, contra o acórdão que, após, venha a ser proferido pela Turma no caso concreto em julgamento.

d) a decisão de Turma do Tribunal Regional Federal que, interpretando legislação tributária, conclui, em manifesta contrariedade ao entendimento da União (Fazenda Nacional), pela inclusão do contribuinte-autor em situação de isenção fiscal, caracteriza, para fins de recurso extraordinário, decisão afrontosa ao princípio constitucional da estrita legalidade em matéria tributária (art. 150, inciso I, da Constituição).

e) interposto agravo de instrumento, para o Supremo Tribunal Federal (STF), contra a inadmissão, por decisão da presidência do Tribunal recorrido, de recurso extraordinário, a identificação, pelo próprio STF, da ausência, no instrumento recursal, de cópia de peça obrigatória, enseja, alternativamente e a juízo do próprio Tribunal, a intimação do agravante para complementar o instrumento ou a baixa dos autos à instância de origem para que ali se promova aquela mesma complementação.

6.1.2. Da Homologação de Decisão Estrangeira e da Concessão do Exequatur à Carta Rogatória

> **Súmula STF 381.** *Não se homologa sentença de divórcio obtida por procuração, em país de que os cônjuges não eram nacionais.*

Súmula anotada em Direito Internacional – Direito Internacional Privado – Homologação de Sentença Estrangeira.

> **Súmula STF 420.** *Não se homologa sentença proferida no estrangeiro sem prova do trânsito em julgado.*

Súmula anotada em Direito Internacional – Direito Internacional Privado – Homologação de Sentença Estrangeira.

6.1.3. Da Ação Rescisória

> **Súmula STF 249.** *É competente o Supremo Tribunal Federal para a ação rescisória quando, embora não tendo conhecido do recurso extraordinário, ou havendo negado provimento ao agravo, tiver apreciado a questão federal controvertida.*

↪ Súmula não abordada em concursos recentes.

> **Súmula STF 252.** *Na ação rescisória, não estão impedidos juízes que participaram do julgamento rescindendo.*

↪ Súmula não abordada em concursos recentes.

> **Súmula STF 264.** *Verifica-se a prescrição intercorrente pela paralisação da ação rescisória por mais de cinco anos.*

545. (Cespe/PGE/PI/Procurador/2014) Em relação a ação rescisória, assinale a opção correta de acordo com a doutrina, a legislação vigente e a jurisprudência dos tribunais superiores.

a) Ocorre caso de prescrição intercorrente de ação rescisória quando a ação ficar paralisada por mais de cinco anos.

b) O depósito prévio não é exigido nas ações rescisórias em que o autor é a União, os estados, os municípios, o Ministério Público ou o INSS.

c) O julgamento de ação rescisória abrange o judicium rescissorium, referente à rescisão da decisão atacada, e, se for o caso, o judicium rescindens, referente à prolação de novo julgamento

d) A petição inicial de ação rescisória deve ser dirigida a juiz singular, o qual deve ordenar a citação do réu, estabelecendo um prazo para apresentação da resposta.

e) Cabem embargos infringentes se houver julgamento de improcedência da ação rescisória por maioria de votos no tribunal.

> **Súmula STF 343.** *Não cabe ação rescisória por ofensa a literal dispositivo de lei, quando a decisão rescindenda se tiver baseado em texto legal de interpretação controvertida nos tribunais.*

546. (Esaf/PFN/Procurador/2007-2) Quanto à ação rescisória e também quanto à interpretação do enunciado 343 da Súmula do Supremo Tribunal ("Não cabe ação rescisória por ofensa a literal dispositivo de lei, quando a decisão rescindenda se tiver baseado em texto legal de interpretação controvertida nos tribunais"), é incorreto afirmar:

a) de acordo com a jurisprudência do Superior Tribunal de Justiça, o fato de a matéria ser controvertida afasta a possibilidade de violação de literal dispositivo de lei, ainda que a jurisprudência tenha-se firmado de acordo com a pretensão da parte; sendo que a não incidência da Súmula 343 só deve ocorrer quando o Supremo declarar a inconstitucionalidade da lei aplicada pelo acórdão recorrido.

b) de acordo com a jurisprudência do Superior Tribunal de Justiça, a ausência de inclusão de todos os beneficiários da ação originária, no polo passivo da ação rescisória, em constituição de litisconsórcio passivo necessário, implica a nulidade do processo.

c) é incabível ação rescisória para desconstituir acórdão que tenha deixado de aplicar determinado dispositivo de lei por considerá-lo inconstitucional, sobrevindo decisão do STF que atesta sua constitucionalidade, por incidir, nessa hipótese, o enunciado da Súmula 343/STF.

CAPÍTULO 10 - DIREITO PROCESSUAL CIVIL

STF 183

d) de acordo com a jurisprudência do Superior Tribunal de Justiça, se, à época da decisão rescindenda a jurisprudência do Superior Tribunal de Justiça já se firmara em sentido diferente do entendimento nela adotado, não só é cabível, como deve ser julgada procedente o pedido formulado na ação rescisória.

e) é competente o Superior Tribunal de Justiça para julgar ação rescisória ajuizada da decisão que não conheceu do recurso especial interposto com base na alínea "a" do permissivo constitucional, mas que tenha apreciado o mérito.

547. **(Cespe/TJ/DFT/Juiz/2014)** Assinale a opção correta a respeito da ação rescisória, de acordo com a jurisprudência.

a) Para que seja comprovada a decadência da ação rescisória, não é suficiente o trânsito em julgado da última decisão proferida no processo de conhecimento, mas da certidão do aludido trânsito.

b) Será cabível ação rescisória contra o acórdão que anular processo de execução fiscal.

c) Cabe ação rescisória, com fundamento em violação a literal dispositivo de lei, ainda que a decisão rescindenda tenha se fundado em texto legal de interpretação controvertida nos tribunais.

d) A ação rescisória tem cabimento contra decisão homologatória de cálculos.

e) Não se admite ação rescisória para discutir a fixação de verbas honorárias, ainda quando o acórdão rescindendo aplique indevidamente os limites percentuais estabelecidos na legislação processual civil.

548. **(Idecan/AGU/Analista/2014)** Considerando o dispositivo constitucional previsto no art. 5º, inciso XXXVI "a lei não prejudicará o direito adquirido, o ato jurídico perfeito e a coisa julgada"),assinale, dentre as opções a seguir, a que não possui relação direta com a temática do princípio apresentado anteriormente.

a) Decisão que declara indevida a cobrança do imposto em determinado exercício não faz coisa julgada em relação aos posteriores. (Súmula 239, do STF).

b) A garantia da irretroatividade da lei, prevista no art. 5º, XXXVI, da CRFB, não é invocável pela entidade estatal que a tenha editado. (Súmula 654, do STF).

c) A impetração de mandado de segurança coletivo por entidade de classe em favor dos associados independe da autorização destes. (Súmula 629, do STF).

d) Arquivado o inquérito policial, por despacho do juiz, a requerimento do Promotor de Justiça, não pode a ação penal ser iniciada, sem novas provas. (Súmula 524, do STF).

e) Não cabe ação rescisória por ofensa a literal disposição de lei, quando a decisão rescindenda se tiver baseado em texto legal de interpretação controvertida nos tribunais. (Súmula 343, do STF).

> *Súmula STF 514. Admite-se ação rescisória contra sentença transitada em julgado, ainda que contra ela não se tenha esgotado todos os recursos.*

549. **(Cespe/OAB/2010-1)** A ação rescisória:

a) não pode ser ajuizada por terceiro, ainda que juridicamente interessado.

b) será admitida no âmbito dos juizados especiais cíveis quando houver sentença transitada em julgado.

c) deverá ser ajuizada até dois anos após o trânsito em julgado da última decisão, sob pena de prescrição.

d) é admitida ainda que não se tenham esgotado todos os recursos contra a sentença transitada em julgado.

550. **(FCC/TRT/14R/Analista/2011)** A respeito da ação rescisória, é correto afirmar:

a) Não tem legitimidade para propor a ação rescisória o sucessor a título universal de quem foi parte no processo.

b) Os atos judiciais em que a sentença for meramente homologatória podem ser rescindidos como os atos jurídicos em geral, nos termos da lei civil.

c) A sentença de mérito transitada em julgada pode ser rescindida quando a sentença for injusta em razão da má interpretação da prova.

d) Não se admite ação rescisória contra sentença transitada em julgado, se contra ela não se tenham esgotado todos os recursos.

e) A sentença de mérito transitada em julgado pode ser rescindida quando for injusta em razão da errônea interpretação do contrato.

> **Súmula STF 515.** *A competência para a ação rescisória não é do Supremo Tribunal Federal, quando a questão federal, apreciada no recurso extraordinário ou no agravo de instrumento, seja diversa da que foi suscitada no pedido rescisório.*

➲ Súmula não abordada em concursos recentes.

6.1.4. Da Reclamação

> **Súmula STF 734.** *Não cabe reclamação quando já houver transitado em julgado o ato judicial que se alega tenha desrespeitado decisão do Supremo Tribunal Federal.*

551. (Esaf/PFN/Procurador/2007-1) Quanto ao instituto da reclamação, pode-se afirmar que:

a) a reclamação é cabível na hipótese de o tribunal de segundo grau analisar o requisito extrínseco da repercussão geral do recurso extraordinário, considerando que a competência para a sua apreciação é exclusiva do Supremo Tribunal Federal.

b) considera-se como incidente processual a natureza jurídica do instituto da reclamação, já que o seu manuseio depende do não trânsito em julgado da decisão reclamada.

c) não cabe reclamação no Supremo Tribunal Federal quando já houver transitado em julgado o ato judicial que se alega tenha desrespeitado decisão daquela Corte, enquanto que para o Superior Tribunal de Justiça não faz restrição ao uso da reclamação quando já tiver ocorrido o trânsito em julgado do ato desrespeitado.

d) a reclamação, que pode ser oferecida pelas partes e pelo Ministério Público, tem o caráter administrativo e não jurisdicional, já que competirá ao Superior Tribunal de Justiça, por exemplo, afastar a eficácia de ato proferida por magistrado de primeiro grau ou tribunal de segundo grau em desacordo com o seu próprio julgamento anterior.

e) se houver o descumprimento da súmula vinculante, caberá reclamação para o Supremo Tribunal Federal que, julgando-a procedente, anulará o ato administrativo ou cassará a decisão judicial reclamada e determinará que outra seja proferida com ou sem a aplicação da súmula, respondendo o magistrado por crime de desobediência.

552. (Consulplan/TJ/MG/Cartórios/2016) Quanto ao instituto da reclamação, avalie as proposições seguintes:

I. Caberá reclamação da parte interessada ou do Ministério Público para o efeito de preservar a competência do tribunal, garantir a autoridade das decisões do tribunal, garantir a observância de decisão do Supremo Tribunal Federal em controle concentrado de constitucionalidade e, finalmente, para garantir a observância de enunciado de súmula vinculante e de precedente proferido em julgamento de casos repetitivos ou em incidente de assunção de competência.

II. A reclamação pode ser proposta perante qualquer tribunal, e seu julgamento compete ao órgão jurisdicional cuja competência se busca preservar ou cuja autoridade se pretenda garantir, devendo ser instruída com prova documental e dirigida ao presidente do respectivo tribunal.

III. Assim que recebida, a reclamação será autuada e distribuída ao relator do processo principal, sempre que possível; todavia, a reclamação será admissível mesmo após o trânsito em julgado da decisão, imputando-se-lhe, nessa circunstância, força rescindenda do respectivo julgado.

IV. A inadmissibilidade ou o julgamento do recurso interposto contra a decisão proferida pelo órgão reclamado não prejudica a reclamação.

É correto apenas o que se afirma em:

a) I, II e III.

b) II, III e IV.

c) I, II e IV.

d) III e IV.

6.2. Dos Recursos

6.2.1. Disposições Gerais

> **Súmula STF 322.** *Não terá seguimento pedido ou recurso dirigido ao Supremo Tribunal Federal, quando manifestamente incabível, ou apresentando fora do prazo, ou quando for evidente a incompetência do Tribunal.*

➲ Súmula não abordada em concursos recentes.

> **Súmula STF 641.** *Não se conta em dobro o prazo para recorrer, quando só um dos litisconsortes haja sucumbido.*

553.
(AOCP/Camaçari/Procurador/2010) Em se tratando de Litisconsórcio, assinale a alternativa correta.

a) Quando os litisconsortes tiverem procuradores diferentes, ser-lhes-ão contados em quádruplo o prazo para contestar e em dobro para recorrer.

b) Segundo Súmula do STF, não se conta em dobro o prazo para recorrer, quando só um dos litisconsortes haja sucumbido.

c) No litisconsórcio unitário, a conduta alternativa de um dos litisconsortes não beneficia os demais.

d) O litisconsórcio por afinidade pode ser simples ou unitário.

e) Poderá o juiz limitar o litisconsórcio facultativo apenas quanto ao número de litigantes, somente nos casos em que haja comprometimento à rápida solução do litígio.

554.
(Esaf/PFN/Procurador/2007-2) Quanto ao litisconsórcio, é incorreto afirmar que:

a) havendo litisconsórcio e após a citação válida de outros réus, o autor desistir da ação quanto a alguém que ainda não haja sido citado; nesse caso, para os citados, o prazo ocorrerá da intimação do despacho que deferiu o pedido de desistência.

b) havendo litisconsórcio passivo necessário e a decisão proferida pelo magistrado atinge apenas um dos litisconsortes, o prazo para a interposição de recurso não será contado em dobro.

c) havendo desistência, simultânea ou sucessiva, quanto a mais de um réu ainda não citado, e tendo datas diversas às intimações aos citados, ocorrerá o prazo da última intimação, ainda que não se refira ao último despacho de citação.

d) havendo litisconsórcio passivo, o prazo para resposta é particular, mas contar-se-á em dobro se os litisconsortes não tiverem o mesmo procurador.

e) havendo litisconsórcio serão eles considerados, em suas relações com a parte adversa, como litigantes distintos; os atos e as omissões de um

não prejudicarão nem beneficiarão os outros mas, sendo eles vencidos, responderão pelas despesas e honorários em proporção.

555.
(Cespe/TRF/5R/Juiz/2015) No que se refere ao litisconsórcio e às modalidades de intervenção de terceiros, assinale a opção correta.

a) Se credores solidários ajuizarem conjuntamente ação contra um mesmo devedor, para cobrança de dívida divisível, o litisconsórcio formado será unitário.

b) A oposição interventiva deve ser distribuída por dependência ao juízo da ação principal, enquanto a oposição autônoma tem distribuição aleatória.

c) A lei que instituiu os juizados especiais cíveis e criminais no âmbito da justiça federal proíbe expressamente a formação de litisconsórcio em processos de sua competência.

d) O consentimento do autor, necessário para o deferimento da nomeação à autoria, pode ser tácito.

e) Consoante entendimento sumulado do STF, havendo litisconsórcio, conta-se em dobro o prazo para recurso, ainda que a sucumbência atinja apenas um dos litisconsortes.

556.
(Cespe/TJ/DFT/Analista/2015) Existe prazo em dobro para interposição de recurso para litisconsortes com diferentes procuradores, ainda que, diante de determinada decisão do processo, apenas um dos litisconsortes possua interesse em recorrer na situação concreta.

6.2.2. Da Apelação

> **Súmula STF 320.** *A apelação despachada pelo juiz no prazo legal não fica prejudicada pela demora da juntada, por culpa do cartório.*

↪ Súmula não abordada em concursos recentes.

> **Súmula STF 428.** *Não fica prejudicada a apelação entregue em cartório no prazo legal, embora despachada tardiamente.*

↪ Súmula não abordada em concursos recentes.

6.2.3. Do Agravo de Instrumento

> **Súmula STF 287.** *Nega-se provimento do agravo quando a deficiência na sua fundamentação, ou na do recurso extraordinário, não permitir a exata compreensão da controvérsia.*

➲ Súmula não abordada em concursos recentes.

> **Súmula STF 289.** *O provimento do agravo, por uma das turmas do Supremo Tribunal Federal, ainda que sem ressalva, não prejudica a questão do cabimento do recurso extraordinário.*

➲ Súmula não abordada em concursos recentes.

> **Súmula STF 425.** *O agravo despachado no prazo legal não fica prejudicado pela demora da juntada, por culpa do cartório; nem o agravo entregue em cartório no prazo legal, embora despachado tardiamente.*

➲ Súmula não abordada em concursos recentes.

> **Súmula STF 727.** *Não pode o magistrado deixar de encaminhar ao Supremo Tribunal Federal o agravo de instrumento interposto da decisão que não admite recurso extraordinário, ainda que referente a causa instaurada no âmbito dos juizados especiais*

557. (Cespe/TJ/CE/Juiz/2012) Assinale a opção correta acerca dos recursos no âmbito do direito processual penal.

a) A apresentação intempestiva das razões de apelação pelo MP e das contrarrazões à apelação pela defesa constitui mera irregularidade, que não impõe o desentranhamento e não impede o conhecimento do recurso de apelação e da sua contrariedade.

b) Não pode o magistrado deixar de encaminhar ao STF o agravo de instrumento interposto da decisão que não admite recurso extraordinário, exceto se referente a causa instaurada no âmbito dos juizados especiais.

c) Constitui nulidade a falta de intimação do denunciado para oferecer contrarrazões ao recurso interposto contra a rejeição da denúncia, exceto se houver a nomeação de defensor dativo.

d) O efeito devolutivo do recurso de apelação manejado contra decisões proferidas no procedimento dos crimes dolosos contra a vida é amplo, sendo permitida a sua devolução ao órgão recursal para o conhecimento pleno da matéria.

e) Caso o tribunal recursal de segundo grau determine a produção antecipada da prova testemunhal em sede de recurso em sentido estrito, no qual se tenha pleiteado somente a decretação da prisão preventiva do acusado, não haverá julgamento "extra petita".

6.2.4. Dos Embargos de Declaração

> **Súmula STF 317.** *São improcedentes os embargos declaratórios, quando não pedida a declaração do julgado anterior, em que se verificou a omissão.*

➲ Súmula não abordada em concursos recentes.

6.3. Do Recurso Extraordinário

6.3.1. Efeito Devolutivo

> **Súmula STF 456.** *O Supremo Tribunal Federal, conhecendo do recurso extraordinário, julgará a causa, aplicando o direito à espécie.*

558. (TRT/24R/Juiz/2006) Quanto aos efeitos dos recursos indique a alternativa incorreta:

a) O efeito devolutivo é desdobramento do princípio dispositivo, visto que impede o tribunal de conhecer matéria que não faz parte do recurso, ou seja, o recurso devolve ao tribunal somente a análise dos itens impugnados.

b) O efeito suspensivo do recurso inibe a decisão impugnada de produzir efeitos, impedindo, por exemplo, a sua execução provisória.

c) O efeito translativo autoriza que o tribunal conheça de certas matérias, ainda que não impugnadas, como as questões de ordem pública.

d) Pelo efeito substitutivo a decisão que acolhe o recurso substitui, nos limites da matéria devolvida, a sentença recorrida. Uma vez conhecido e rejeitado o recurso não se verifica o efeito substitutivo, visto que neste caso manteve-se incólume a sentença atacada.

CAPÍTULO 10 - DIREITO PROCESSUAL CIVIL

STF 187

e) Exceção ao efeito devolutivo ocorre com a possibilidade de o tribunal conhecer de questões discutidas e debatidas no processo, ainda que a sentença não as tenha julgado por inteiro, bem como de todos os fundamentos da ação ou da defesa.

6.3.2. Fungibilidade

> **Súmula STF 272.** Não se admite como ordinário recurso extraordinário de decisão denegatória de mandado de segurança.

559. (Vunesp/OAB/PE/2003) Assinale a alternativa incorreta.

a) A incompetência relativa deverá ser arguida pela parte, através de exceção, não podendo ser declarada de ofício.

b) É vedado ao juízo "ad quem", no julgamento de reexame necessário, agravar a condenação imposta à Fazenda Pública.

c) Compete à justiça estadual processar e julgar ação civil pública, mesmo que a União Federal figure no processo, nas comarcas que não sejam sede da Justiça Federal.

d) É admissível como Ordinário, Recurso Extraordinário de decisão denegatória de Mandado de Segurança, com fulcro no princípio da fungibilidade recursal, desde que interposto em tempo hábil.

6.3.3. Hipóteses de Cabimento

> **Súmula STF 279.** Para simples reexame de prova não cabe recurso extraordinário.

560. (FCC/TCE/GO/Analista/2014) A respeito dos recursos, é correto afirmar que

a) o preparo do agravo retido pode ser feito após a sentença, na hipótese do agravante pleitear o conhecimento deste como preliminar do julgamento do recurso de apelação.

b) o exame dos pressupostos de admissibilidade da apelação só pode ser feito pelo juiz no momento do recebimento do recurso, vedado o reexame de tais pressupostos após a apresentação da resposta.

c) no procedimento ordinário, os embargos de declaração interrompem o prazo para a

interposição de outros recursos por qualquer das partes.

d) no recurso extraordinário, a existência de repercussão geral só poderá ser reconhecida pelo Plenário do Supremo Tribunal Federal.

e) no recurso especial admite-se o reexame da prova quando o recorrente for beneficiário da assistência judiciária.

> **Súmula STF 280.** Por ofensa a direito local não cabe recurso extraordinário.

561. (MPT/Procurador/2009) A propósito do recurso extraordinário, considere as seguintes proposições:

I. na hipótese de rejeição do mandado de segurança em decisão de única instância proferida por Tribunal, cabível é o recurso ordinário, e não o recurso especial ou o recurso extraordinário; incide, no caso, todavia, o princípio da fungibilidade recursal, em face da dúvida objetiva acerca do cabimento do recurso.

II. em regra, não se admite recurso extraordinário para se discutir interpretação de direito local, salvo quando se afirma que lei ou ato de governo local é prestigiado pela decisão em detrimento de lei federal.

III. o Supremo Tribunal Federal, em decisão irrecorrível, não conhecerá do recurso extraordinário, quando a questão constitucional nele versada não oferecer repercussão geral.

IV. Não admitido o recurso extraordinário ou o recurso especial, caberá agravo, no prazo de 05 (cinco) dias, para o Supremo Tribunal Federal ou para o Superior Tribunal de Justiça, conforme o caso.

De acordo com as assertivas, pode-se afirmar que:

a) o item I é certo e o item II é errado.

b) o item II é certo e o item III é errado.

c) o item I é certo e o item IV é errado.

d) apenas os itens I e IV são incorretos.

e) não respondida.

> **Súmula STF 281.** É inadmissível o recurso extraordinário, quando couber, na justiça de origem, recurso ordinário da decisão impugnada.

562.
(FCC/DPE/SP/Defensor/2007) O relator de mandado de segurança de competência originária do Tribunal de Justiça do Estado, por decisão monocrática, indeferiu a petição inicial do "mandamus", por reputar incabível o pleito de segurança. Inconformado, o advogado do impetrante, ancorado no artigo 105, II, "b" da CF, interpôs recurso ordinário contra tal decisão, dirigido ao STJ, que também teve seu seguimento denegado pelo mesmo relator, por inadmissível. Quanto ao recurso acima considerado, o relator agiu

a) corretamente, pois, nessa hipótese, o recurso cabível seria o agravo de instrumento, no prazo de 10 dias.

b) corretamente, pois nessa hipótese o recurso cabível seria o agravo regimental, também chamado de agravo interno, no prazo de 5 dias.

c) incorretamente, pois o recurso interposto estava de acordo com o permissivo constitucional.

d) incorretamente, já que tolheu ao impetrante o direito de acesso à Câmara julgadora.

e) incorretamente, pois, na hipótese em exame, o recurso interposto era o único cabível.

> *Súmula STF 283. É inadmissível o recurso extraordinário, quando a decisão recorrida assenta em mais de um fundamento suficiente e o recurso não abrange todos eles.*

563.
(OAB/RO/2006) No tocante aos recursos extraordinário e especial assinale a alternativa incorreta:

a) A pretensão de simples reexame de prova não enseja recurso especial e extraordinário.

b) Os recursos especial e extraordinário não prescindem do prequestionamento.

c) É inadmissível recurso extraordinário quando a decisão recorrida se assenta em mais de um fundamento suficiente e o recurso não abrange todos eles.

d) Negado seguimento ao recurso especial e/ou extraordinário, cabe agravo de instrumento, aos Tribunais respectivos, em 10 dias.

> *Súmula STF 292. Interposto o recurso extraordinário por mais de um dos fundamentos indicados no art. 101, III, da Constituição, a admissão apenas por um deles não prejudica o seu conhecimento por qualquer dos outros.*

⮑ Súmula não abordada em concursos recentes.

> *Súmula STF 389. Salvo limite legal, a fixação de honorários de advogado, em complemento da condenação, depende das circunstâncias da causa, não dando lugar a recurso extraordinário.*

⮑ Súmula não abordada em concursos recentes.

> *Súmula STF 399. Não cabe recurso extraordinário, por violação de lei federal, quando a ofensa alegada for a regimento de tribunal.*

564.
(Cespe/MPE/RO/Promotor/2008) A respeito do recurso especial e do recurso extraordinário, assinale a opção correta.

a) De acordo com o CPC, não é cabível recurso extraordinário e recurso especial retidos contra acórdão que julga agravo de instrumento interposto contra decisão interlocutória proferida em processo de execução.

b) Segundo a jurisprudência predominante no STJ, não é possível a interposição de recurso especial para simples revisão de prova, por tratar-se de matéria de fato, incluindo-se aí as questões atinentes a valoração e admissibilidade da prova.

c) Se, interposto recurso especial com fundamento no art. 105, inciso III, alíneas "a" e "c", da CF, vier o tribunal a quo a admitir o recurso pela alínea "a", mas não pela alínea "c", será necessária a interposição de agravo de instrumento em relação à parte inadmitida.

d) Segundo a jurisprudência predominante no STF, é cabível recurso extraordinário por violação a lei federal quando a transgressão alegada for a regimento de tribunal superior.

e) No exame de admissão do recurso no STF, a turma pode conhecer recurso sem necessidade de remeter os autos ao plenário, em caso de repercussão geral da questão discutida, desde que haja, no mínimo, três votos a favor da repercussão geral.

> *Súmula STF 400. Decisão que deu razoável interpretação à lei, ainda que não seja a melhor, não autoriza recurso extraordinário pela letra "a" do art. 101, III, da Constituição Federal.*

PARTE I – SÚMULAS DO SUPREMO TRIBUNAL FEDERAL

CAPÍTULO 10 - DIREITO PROCESSUAL CIVIL

STF   189

⮑ Súmula não abordada em concursos recentes.

> **Súmula STF 454.** *Simples interpretação de cláusulas contratuais não dá lugar a recurso extraordinário.*

565. (TJ/SC/Juiz/2002) Examine as seguintes proposições:

I. Para interpretação de direito em tese descabe ação declaratória, desde que o Poder Judiciário não é órgão de consulta.

II. Admite-se na ação declaratória antecipação de tutela para prover-se algum dos efeitos da sentença.

III. Simples interpretação de cláusulas contratuais não enseja recurso especial e extraordinário.

IV. É admissível cautelar antecedente à ação declaratória de inexistência de relação jurídica.

V. O Mandado de Segurança não se presta à finalidade declaratória, nem para reclamar vencimentos atrasados, tampouco para atacar lei ou ato normativo em tese.

Assinale a alternativa correta:

a) Apenas a proposição II está incorreta.

b) Apenas a proposição V está correta.

c) Todas as proposições estão corretas.

d) Apenas as proposições II, IV e V estão corretas.

e) As proposições I, III e IV estão incorretas.

> **Súmula STF 505.** *Salvo quando contrariarem a Constituição, não cabe recurso para o Supremo Tribunal Federal, de quaisquer decisões da justiça do trabalho, inclusive dos presidentes de seus tribunais.*

566. (Cespe/CEF/Advogado/2010) Com relação aos recursos trabalhistas, julgue os itens a seguir. Estão certos apenas:

I. O relator do segundo juízo de admissibilidade poderá negar seguimento a recurso manifestamente inadmissível, improcedente, prejudicado ou em confronto com súmula ou com jurisprudência dominante do respectivo tribunal regional do trabalho, do STF ou do Tribunal Superior do Trabalho.

II. As decisões proferidas nos dissídios de alçada não comportam qualquer recurso, salvo se versarem sobre matéria constitucional.

III. A interposição de embargos de declaração suspende o prazo para interposição de outros recursos.

IV. O agravo de instrumento seria o recurso adequado para impugnar os despachos que deneguem seguimento a recurso, além de ser o meio para impugnar decisões interlocutórias.

V. O agravo regimental deverá ser utilizado para o reexame pelo tribunal das decisões monocráticas proferidas pelos seus próprios juízes e deverá ser interposto no prazo de oito dias.

a) I e II.

b) I e III.

c) II e V.

d) III e IV.

e) IV e V.

> **Súmula STF 513.** *A decisão que enseja a interposição de recurso ordinário ou extraordinário não é a do plenário, que resolve o incidente de inconstitucionalidade, mas a do órgão (câmaras, grupos ou turmas) que completa o julgamento do feito.*

Súmula anotada em Direito Processual Civil – Dos Processos nos Tribunais e dos Meios de Impugnação das Decisões Judiciais – Da Ordem dos Processos e dos Processos de Competência Originária dos Tribunais – Do Incidente de Arguição de Inconstitucionalidade

> **Súmula STF 636.** *Não cabe recurso extraordinário por contrariedade ao princípio constitucional da legalidade, quando a sua verificação pressuponha rever a interpretação dada a normas infraconstitucionais pela decisão recorrida.*

567. (FMP/MPE/MT/Promotor/2008) Assinale a alternativa correta.

a) A repercussão geral é uma questão de mérito do recurso extraordinário.

b) Consoante a jurisprudência do Supremo Tribunal Federal, cabe recurso extraordinário contra acórdão que defere medida liminar.

c) Consoante a jurisprudência do Supremo Tribunal Federal, cabe recurso extraordinário contra decisão proferida no processamento de precatórios.

d) Consoante a jurisprudência do Supremo Tribunal Federal, cabe recurso extraordinário por contrariedade ao princípio constitucional da legalidade, quando a sua verificação pressuponha rever a interpretação dada a normas infraconstitucionais pela decisão recorrida.

e) É cabível recurso extraordinário, consoante a jurisprudência do Supremo Tribunal Federal, de decisão proferida por turma recursal de juizado especial cível.

568. **(TRT/22R/Juiz/2006)** Assinale a alternativa incorreta:

a) Não compete ao Supremo Tribunal Federal conceder medida cautelar para dar efeito suspensivo a recurso extraordinário ainda pendente do seu juízo de admissibilidade.

b) Cabe ao Presidente do Tribunal de origem decidir o pedido de medida cautelar em recurso extraordinário ainda pendente do seu juízo de admissibilidade.

c) É incabível recurso extraordinário contra decisão proferida por juiz de primeiro grau nas causas de alçada.

d) É cabível recurso extraordinário contra decisão proferida por turma recursal de juizado especial cível e criminal.

e) Não cabe recurso extraordinário por contrariedade ao princípio constitucional da legalidade, quando a sua verificação pressuponha rever a interpretação dada a normas infraconstitucionais pela decisão recorrida.

569. **(MPT/Procurador/2015)** A respeito dos recursos extraordinário e especial, considere as seguintes afirmações, tomando-se por base a jurisprudência sumulada do STF e do STJ:

I. O recurso especial interposto antes do julgamento dos embargos de declaração oferecidos no Tribunal de origem não precisa ser ratificado diante da garantia constitucional do amplo acesso à justiça.

II. Não compete ao STF conceder medida cautelar para dar efeito suspensivo a recurso extraordinário que ainda não foi objeto de juízo de admissibilidade na origem.

III. Admite-se recurso especial, quando o acórdão recorrido assenta em fundamentos constitucional e infraconstitucional, qualquer deles suficiente, por si só, para mantê-lo, e a parte vencida não manifesta recurso extraordinário.

IV. Cabe recurso extraordinário por contrariedade ao princípio constitucional da legalidade, ainda quando a sua verificação pressuponha rever a interpretação dada a normas infraconstitucionais pela decisão recorrida, diante da prevalência da matéria constitucional que atrai a competência do STF.

De acordo com as assertivas propostas, marque a alternativa correta:

a) apenas as assertivas I, III e IV estão incorretas.

b) apenas as assertivas II, III e IV estão incorretas.

c) apenas as assertivas I, II e III estão incorretas.

d) todas as assertivas estão incorretas.

e) Não respondida.

> ***Súmula STF 637.*** *Não cabe recurso extraordinário contra acórdão de tribunal de justiça que defere pedido de intervenção estadual em município.*

570. **(Cespe/CEF/Advogado/2010)** Acerca do instituto da intervenção, assinale a opção correta.

a) Em âmbito estadual, para garantir o livre exercício de qualquer dos poderes nas unidades da Federação, o presidente da República poderá ser solicitado a decretar a intervenção pelo Poder Legislativo ou pelo chefe do Poder Executivo, se esses poderes se sentirem sob coação indevida, ou pelo presidente do tribunal de justiça, se a coação recair sobre o Poder Judiciário.

b) O presidente da República é a autoridade competente para decretar a intervenção federal; no entanto, dependerá de representação para tal fim, especialmente nas situações destinadas a pôr termo a grave comprometimento da ordem pública e a reorganizar as finanças da unidade da Federação que deixar de entregar aos municípios receitas tributárias fixadas na CF, dentro dos prazos estabelecidos em lei.

c) O procedimento destinado a viabilizar, nas hipóteses de descumprimento de ordem ou de sentença judiciais, a efetivação do ato de intervenção federal nos estados membros reveste-se de caráter político-administrativo, muito embora instaurado perante órgão competente do Poder Judiciário, circunstância que inviabiliza, ante a ausência de causa, a utilização do recurso extraordinário.

CAPÍTULO 10 - DIREITO PROCESSUAL CIVIL

STF 191

d) O procurador-geral da República poderá propor perante o STF ação de executoriedade de lei federal ou representação por inconstitucionalidade para fins interventivos. Essas modalidades de intervenção passam por crivo judicial; no entanto, o presidente da República não está obrigado a decretar a intervenção.

e) No caso de desobediência a ordem ou decisão judiciária, a presença de voluntariedade e intencionalidade no descumprimento da decisão transitada em julgado não é pressuposto indispensável ao acolhimento do pedido de intervenção federal, bastando, para tanto, a simples inobservância da ordem da autoridade judiciária competente mesmo sem esses elementos subjetivos.

> **Súmula STF 638.** *A controvérsia sobre a incidência, ou não, de correção monetária em operações de crédito rural é de natureza infraconstitucional, não viabilizando recurso extraordinário.*

⮱ Súmula não abordada em concursos recentes.

> **Súmula STF 640.** *É cabível recurso extraordinário contra decisão proferida por juiz de primeiro grau nas causas de alçada, ou por turma recursal de juizado especial cível e criminal.*

571. (PUC-PR/TRT/9R/Juiz/2007) Considere as seguintes proposições:

I. O recurso adesivo é espécie de recurso que deve observar os mesmos requisitos de admissibilidade do recurso principal (por exemplo, quanto ao preparo).

II. Embora não caiba recurso especial contra decisão final proferida nos juizados especiais cíveis, contra a mesma decisão é cabível recurso extraordinário (desde que demonstrados os demais requisitos de admissibilidade deste recurso, como, por exemplo, a repercussão geral da questão constitucional).

III. É irrecorrível a decisão que determina a retenção de recurso extraordinário ou especial.

Assinale a alternativa correta:

a) Todas as proposições estão corretas.

b) Apenas as proposições I e II estão corretas.

c) Apenas a proposição II está correta.

d) Apenas as proposições I e III estão corretas.

e) Apenas a proposição I está correta.

572. (TRT/22R/Juiz/2006) Assinale a alternativa incorreta:

a) Não compete ao Supremo Tribunal Federal conceder medida cautelar para dar efeito suspensivo a recurso extraordinário ainda pendente do seu juízo de admissibilidade.

b) Cabe ao Presidente do Tribunal de origem decidir o pedido de medida cautelar em recurso extraordinário ainda pendente do seu juízo de admissibilidade.

c) É incabível recurso extraordinário contra decisão proferida por juiz de primeiro grau nas causas de alçada.

d) É cabível recurso extraordinário contra decisão proferida por turma recursal de juizado especial cível e criminal.

e) Não cabe recurso extraordinário por contrariedade ao princípio constitucional da legalidade, quando a sua verificação pressuponha rever a interpretação dada a normas infraconstitucionais pela decisão recorrida.

> **Súmula STF 733.** *Não cabe recurso extraordinário contra decisão proferida no processamento de precatórios.*

573. (TRF/4R/Juiz/2016) Dadas as assertivas abaixo, assinale a alternativa correta.

I. O Supremo Tribunal Federal, por ausência de previsão constitucional, não dispõe de competência originária para processar e julgar ação popular promovida contra qualquer órgão ou autoridade da República, mesmo que o ato hostilizado tenha emanado do próprio Presidente da República, ou das Mesas da Câmara dos Deputados ou do Senado Federal, ou ainda de qualquer dos Tribunais Superiores da União.

II. A Súmula Vinculante, a qual só pode ser formada no âmbito do Supremo Tribunal Federal, não vincula, entretanto, o Poder Legislativo quando este exerce atividade jurisdicional "stricto sensu".

III. Compete ao Supremo Tribunal Federal o controle jurisdicional dos atos de Comissão Parlamentar de Inquérito que envolvam ilegalidade ou ofensa a direitos individuais, na medida em que a Comissão Parlamentar de Inquérito procede como se fosse a Câmara dos Deputados, o Senado Federal ou o Congresso Nacional como um todo.

IV. Não cabe recurso extraordinário contra decisão proferida no processamento de precatórios.

a) Estão corretas apenas as assertivas I, II e III.
b) Estão corretas apenas as assertivas I, II e IV.
c) Estão corretas apenas as assertivas I, III e IV.
d) Estão corretas apenas as assertivas II, III e IV.
e) Estão corretas todas as assertivas.

> **Súmula STF 735.** *Não cabe recurso extraordinário contra acórdão que defere medida liminar.*

574. (OAB/RO/2006) É correto afirmar que:
a) Cabe recurso extraordinário contra decisão proferida no processamento de precatórios.
b) Cabe reclamação quando já houver transitado em julgado o ato judicial que se alega tenha desrespeitado decisão do Supremo Tribunal Federal.
c) Não é cabível recurso extraordinário contra decisão proferida por turma recursal de juizado especial cível e criminal.
d) Não cabe recurso extraordinário contra acórdão que defere medida liminar.

6.3.4. Prazo

> **Súmula STF 728.** *É de três dias o prazo para a interposição de recurso extraordinário contra decisão do Tribunal Superior Eleitoral, contado, quando for o caso, a partir da publicação do acórdão, na própria sessão de julgamento, nos termos do art. 12 da Lei 6.055/74, que não foi revogado pela Lei 8.950/94*

575. (Cespe/DPU/Defensor/2007) O prazo de interposição de recurso extraordinário que ataque decisão do Tribunal Superior Eleitoral será de 15 dias para a Defensoria Pública.

576. (FCC/TRE/RN/Analista/2011) Os recursos eleitorais, em razão da especial necessidade de celeridade no direito processual eleitoral, possuem algumas especificidades quando comparados com o processo civil ordinário. Acerca de tais especificidades, está correto:
a) as decisões do Tribunal Superior Eleitoral são irrecorríveis, salvo as denegatórias de "habeas corpus" ou mandado de segurança, das quais caberá recurso ao Superior Tribunal de Justiça.
b) o prazo para interposição de recurso extraordinário contra decisão do Tribunal Superior Eleitoral é de quinze dias.

c) o juiz eleitoral exerce juízo de admissibilidade dos recursos eleitorais, cabendo-lhe negar prosseguimento caso verifique a ausência de algum de seus pressupostos.
d) o juiz eleitoral possui a prerrogativa de realizar o juízo de retratação nos recursos eleitorais.
e) em regra, os recursos eleitorais são recebidos nos efeitos devolutivo e suspensivo.

6.3.5. Requisitos Formais

> **Súmula STF 282.** *É inadmissível o recurso extraordinário, quando não ventilada, na decisão recorrida, a questão federal suscitada.*

577. (Cespe/TRF/5R/Juiz/2009) Por ser tema atinente às garantias constitucionais do processo, a análise da utilização, pelo magistrado "a quo", de provas ilícitas para fundamentar a pronúncia do acusado dispensa o prequestionamento, podendo ser analisada de ofício em qualquer tempo e grau de jurisdição, não se aplicando o entendimento, sumulado pelo STF, de que é inadmissível o recurso extraordinário quando não ventilada, na decisão recorrida, a questão federal suscitada.

> **Súmula STF 284.** *É inadmissível o recurso extraordinário, quando a deficiência na sua fundamentação não permitir a exata compreensão da controvérsia.*

➲ Súmula não abordada em concursos recentes.

> **Súmula STF 287.** *Nega-se provimento do agravo quando a deficiência na sua fundamentação, ou na do recurso extraordinário, não permitir a exata compreensão da controvérsia.*

> Súmula anotada em Direito Processual Civil – Dos Processos nos Tribunais e dos Meios de Impugnação das Decisões Judiciais – Dos Recursos – Do Agravo de Instrumento.

> **Súmula STF 356.** *O ponto omisso da decisão, sobre o qual não foram opostos embargos declaratórios, não pode ser objeto de recurso extraordinário, por faltar o requisito do prequestionamento.*

CAPÍTULO 10 - DIREITO PROCESSUAL CIVIL

STF 193

578. (PUC-PR/TRT/9R/Juiz/2007) Assinale a alternativa correta:

a) O Supremo Tribunal Federal e o Superior Tribunal de Justiça adotam concepções distintas acerca da configuração do prequestionamento, no caso de rejeição dos embargos de declaração interpostos contra acórdão proferido por Tribunal local com o intuito de fazer suprir a omissão relativa a questão constitucional ou federal.

b) A jurisprudência é pacífica em admitir a incidência do princípio da fungibilidade recursal quando, havendo dúvida objetiva e erro grosseiro, a parte interpõe apelação utilizando-se do prazo integral deste recurso, não observando o prazo do recurso de agravo, que é mais reduzido.

c) A decisão que acolhe ou rejeita impugnação à execução de sentença é sempre impugnável por apelação.

d) No caso de embargos de declaração, não deve a parte contrária ser ouvida, ainda que os embargos opostos tenham efeitos infringentes.

e) Deve o juiz indeferir a apelação, quando a sentença apelada estiver em conformidade com súmula do tribunal competente para o julgamento da apelação.

7. LEIS PROCESSUAIS CIVIS ESPECIAIS

7.1. Lei das Liminares para Liberação de Bens/Mercadorias/Coisas de Procedência Estrangeira (Lei 2.770/56)

> *Súmula STF 262. Não cabe medida possessória liminar para liberação alfandegária de automóvel.*

➲ Súmula não abordada em concursos recentes.

7.2. Lei da Tutela Antecipada Contra a Fazenda Pública (Lei 9.494/97)

> *Súmula STF 729. A decisão na Ação Direta de Constitucionalidade nº 4 não se aplica à antecipação de tutela em causa de natureza previdenciária.*

579. (TRT/21R/Juiz/2012) Analise as proposições abaixo e assinale a alternativa correta:

I. nas decisões que envolvam o cumprimento de obrigação de fazer e não fazer, o juiz poderá, inclusive de ofício, impor multa diária ao réu, que pode ser revista a qualquer tempo, caso se verifique que se tornou insuficiente ou excessiva.

II. o instituto da antecipação dos efeitos da tutela de mérito não é compatível com a providência de natureza cautelar, uma vez que, cabível a segunda, não é pertinente a primeira, e vice--versa.

III. a vedação legal de concessão de antecipação de tutela contra a Fazenda Pública, de acordo com a jurisprudência sumulada do STF, não se aplica às causas de natureza previdenciária.

IV. se o autor, a título de antecipação de tutela, requerer providência de natureza cautelar, poderá o juiz, quando presentes os respectivos pressupostos, deferir a medida cautelar em caráter incidental do processo ajuizado.

V. para a efetivação da tutela específica ou a obtenção do resultado prático equivalente, poderá o juiz, de ofício ou a requerimento, determinar as medidas necessárias, tais como a imposição de multa por tempo de atraso, busca e apreensão, remoção de pessoas e coisas, desfazimento de obras e impedimento de atividade nociva, se necessário com requisição de força policial.

a) apenas as assertivas II, III e IV estão corretas.

b) apenas as assertivas I, III, IV e V estão correta.

c) apenas as assertivas I, II e IV estão corretas.

d) apenas as assertivas II e IV estão corretas.

e) apenas as assertivas I, III e V estão corretas.

7.3. Regimento Interno do STF

7.3.1. Embargos de Divergência

> *Súmula STF 247. O relator não admitirá os embargos da Lei 623, de 19.2.49, nem deles conhecerá o Supremo Tribunal Federal, quando houver jurisprudência firme do Plenário no mesmo sentido da decisão embargada.*

➲ Súmula não abordada em concursos recentes.

Súmula STF 290. *Nos embargos da Lei 623, de 19.02.1949, a prova de divergência far-se-á por certidão, ou mediante indicação do "Diário da Justiça" ou de repertório de jurisprudência autorizado, que a tenha publicado, com a transcrição do trecho que configure a divergência, mencionadas as circunstâncias que identifiquem ou assemelhem os casos confrontados.*

➲ Súmula não abordada em concursos recentes.

Súmula STF 300. *São incabíveis os embargos da Lei 623, de 19.02.1949, contra provimento de agravo para subida de recurso extraordinário.*

➲ Súmula não abordada em concursos recentes.

Súmula STF 598. *Nos embargos de divergência não servem como padrão de discordância os mesmos paradigmas invocados para demonstrá-la mas repelidos como não dissidentes no julgamento do recurso extraordinário.*

➲ Súmula não abordada em concursos recentes.

7.3.2. Emendas ao Regimento

Súmula STF 325. *As emendas ao Regimento do Supremo Tribunal Federal, sobre julgamento de questão constitucional, aplicam-se aos pedidos ajuizados e aos recursos interpostos anteriormente à sua aprovação.*

➲ Súmula não abordada em concursos recentes.

7.3.3. Impedimentos

Súmula STF 72. *No julgamento de questão constitucional, vinculada a decisão do Tribunal Superior Eleitoral, não estão impedidos os ministros do Supremo Tribunal Federal que ali tenham funcionado no mesmo processo, ou no processo originário.*

580. (Movens/PGM/Manaus/Analista/2010) Com relação aos Tribunais Superiores, assinale a opção correta.

a) Os membros do STF integrantes do TSE que intervieram nos processos de que resultou a deliberação impugnada estão impedidos de participar de julgamento de processos de fiscalização abstrata nos quais seja debatida a constitucionalidade de decisões emanadas daquela corte eleitoral.

b) O STF não tem competência para determinar, de imediato, a aplicação de eventual comando legal em substituição de lei ou ato normativo considerado inconstitucional.

c) A competência originária do STJ para julgar mandado de segurança está definida de forma exemplificativa pela Constituição Federal, sendo aquela Corte competente para julgar essa modalidade de ação quando impetrada contra atos de Tribunais de Justiça ou dos seus respectivos órgãos.

d) O Tribunal Superior Eleitoral elegerá seu presidente e o corregedor eleitoral entre os ministros do Supremo Tribunal Federal, e o vice-presidente entre os ministros do Superior Tribunal de Justiça.

CAPÍTULO 11 – DIREITO PROCESSUAL CONSTITUCIONAL

1. AÇÕES CONSTITUCIONAIS

1.1. Ação Direta de Inconstitucionalidade

> **Súmula STF 360.** *Não há prazo de decadência para a representação de inconstitucionalidade prevista no art. 8°, parágrafo único, da Constituição Federal.*

➲ Súmula não abordada em concursos recentes.

> **Súmula STF 614.** *Somente o Procurador-Geral da Justiça tem legitimidade para propor ação direta interventiva por inconstitucionalidade de lei municipal.*

581. **(MPE/SC/Promotor/2008)** Dadas as assertivas abaixo, assinalar a alternativa correta.

I. Apenas os deputados federais e senadores têm legitimação para impetrar mandado de segurança perante o STF, instaurando controle de constitucionalidade incidental ou difuso de proposta de Emenda Constitucional ilegal ou inconstitucional ainda em tramitação no Congresso Nacional.

II. Lei municipal, mesmo claramente contrária à Constituição Federal, não pode ser submetida a controle abstrato de constitucionalidade perante o STF, em hipótese alguma.

III. Somente o Procurador Geral da Justiça tem legitimidade para propor ação direta de inconstitucionalidade interventiva por inconstitucionalidade de lei municipal.

IV. O STF já decidiu que não há repercussão geral, para os fins do art. 102, § 3° da Constituição Federal, na controvérsia sobre a obrigatoriedade de o Poder Público fornecer medicamento de alto custo.

V. Não se admite intervenção de terceiros no processo de ação direta de inconstitucionalidade proposta em Santa Catarina, mas o relator poderá, por despacho recorrível, admitir a manifestação de outros órgãos ou entidades, conforme previsto na Lei Estadual 12.069, de 27 de dezembro de 2001.

a) apenas I e III estão corretos.
b) apenas II e V estão corretos.
c) apenas III e V estão corretos.
d) apenas I e IV estão corretos.
e) apenas II, IV e V estão corretos.

582. **(Cespe/TJ/SE/Cartórios/2014)** Assinale a opção correta de acordo com a disciplina constitucional, legal e jurisprudencial referente ao controle de constitucionalidade.

a) No processamento de ação direta de inconstitucionalidade, o relator poderá, em despacho irrecorrível, admitir o ingresso de assistente simples que tenha interesse no julgamento da causa.

b) A legitimidade ativa para a propositura de representação interventiva estadual está restrita ao procurador-geral de justiça.

c) De acordo com o STF, o efeito vinculante das decisões proferidas em sede de controle abstrato atinge inclusive o Poder Legislativo, que ficará proibido de legislar em sentido diverso ao precedente fixado pela corte constitucional.

d) Conforme a CF, o controle de constitucionalidade das leis é realizado somente de forma repressiva.

e) Segundo o STF, a ação direta de inconstitucionalidade pode ser utilizada para questionar lei federal anterior à CF, desde que seja relevante o fundamento da controvérsia.

> **Súmula STF 642.** *Não cabe ação direta de inconstitucionalidade de lei do Distrito Federal derivada da sua competência legislativa municipal.*

583. **(FCC/TCE/AL/Procurador/2008)** De acordo com a jurisprudência do Supremo Tribunal Federal, pode ser objeto da ação direta de inconstitucionalidade perante aquele Tribunal norma

a) constitucional federal fruto do Poder Constituinte originário, caso viole as limitações materiais ao poder reformador.

b) municipal que viole a Constituição da República.

c) municipal que viole a Constituição do respectivo Estado-membro.

d) federal editada anteriormente à Constituição da República vigente quando da propositura da ação direta.

e) editada pelo Distrito Federal, quando decorrente do exercício de competência estadual.

584. **(FGV/Senado/Tec.Legislativo/2008)** Consoante a jurisprudência assente no Supremo Tribunal Federal, em tema de controle da constitucionalidade, é possível estabelecer o controle direto de:

a) lei complementar e regulamento.

b) lei delegada e lei municipal.

c) emenda constitucional e lei estadual.

d) lei ordinária e lei municipal.

e) Regulamento e de emenda constitucional.

1.2. Ação Popular

> **Súmula STF 365.** *Pessoa jurídica não tem legitimidade para propor ação popular.*

585. **(Cespe/MP/RO/Promotor/2008)** De acordo com a jurisprudência do STF, a pessoa jurídica tem legitimidade para propor a ação popular com fundamento no princípio da máxima efetividade das garantias fundamentais.

586. **(MPE/PR/Promotor/2012)** Não é Súmula do STF:

a) É competente a justiça comum para julgar as causas em que é parte sociedade de economia mista.

b) Não cabe agravo regimental contra decisão do relator que concede ou indefere liminar em mandado de segurança.

c) O Ministério Público tem legitimidade para promover ação civil pública cujo fundamento seja a ilegalidade de reajuste de mensalidades escolares.

d) Pessoa jurídica tem legitimidade para propor ação popular.

e) Por ofensa a direito local não cabe recurso extraordinário.

587. **(TRT/8R/Juiz/2009)** Assinale a alternativa errada, considerando os termos da Constituição Federal:

a) A lei considerará crimes inafiançáveis e insuscetíveis de graça ou anistia a prática da tortura, o tráfico ilícito de entorpecentes e drogas afins, o terrorismo e os definidos como crimes hediondos, por eles respondendo os mandantes, os executores e os que, podendo evitá-los, se omitirem, além de constituir crime inafiançável e imprescritível a ação de grupos armados, civis ou militares, contra a ordem constitucional e o Estado Democrático.

b) A Constituição afirma o direito de propriedade nos direitos e garantias fundamentais, descrevendo-o como um dos direitos e deveres individuais e coletivos e também dentro da ordem econômica e financeira, como um dos princípios gerais da atividade econômica, porém nas duas situações subordina seu uso ao cumprimento de uma função social.

c) Conceder-se-á mandado de segurança para proteger direito líquido e certo, não amparado por "habeas-corpus" ou "habeas-data", quando o responsável pela ilegalidade ou abuso de poder for autoridade pública ou agente de pessoa jurídica no exercício de atribuições do Poder Público. O mandado de segurança coletivo pode ser impetrado por: a) partido político com representação no Congresso Nacional ou b) organização sindical, entidade de classe ou associação legalmente constituída e em funcionamento há pelo menos um ano, em defesa dos interesses de seus associados.

d) Qualquer cidadão é parte legítima para propor ação popular que vise a anular ato lesivo ao patrimônio público ou de entidade de que o Estado participe, à moralidade administrativa, ao meio ambiente e ao patrimônio histórico e cultural, ficando o autor, salvo comprovada má-fé, isento de custas judiciais e do ônus da sucumbência. O STF, por entendimento sumulado, não admite a legitimidade ativa da pessoa jurídica nesta ação, servindo como exceção a possibilidade do Ministério Público assumir,

CAPÍTULO 11 - DIREITO PROCESSUAL CONSTITUCIONAL

como múnus público, a titularidade da ação, em face da desistência de seu original autor.

e) Os tratados e convenções internacionais sobre direitos humanos que forem aprovados, em cada Casa do Congresso Nacional, em dois turnos, por três quintos dos votos dos respectivos membros, serão equivalentes às emendas constitucionais, conforme dispositivo acrescentado ao texto constitucional pela EC nº 45/2004. Esta disposição contraria orientação anterior do STF que, interpretando a Constituição, considerava que tais normas ingressariam em nosso ordenamento jurídico com o mesmo "status" das leis ordinárias.

588. (Funiversa/PC/DF/Delegado/2015) A respeito da jurisdição constitucional das liberdades e de seus principais mecanismos, assinale a alternativa correta.

a) Os danos morais e patrimoniais causados à honra e à dignidade de grupos raciais, étnicos ou religiosos podem ser objeto de responsabilização por meio de ação civil pública.

b) De acordo com a jurisprudência do STF, é cabível, em "habeas corpus" contra prisão civil de devedor inescusável de prestação alimentícia, rediscussão acerca do binômio necessidade-possibilidade.

c) Admite-se mandado de segurança contra decisão judicial teratológica de que caiba recurso.

d) Há perda superveniente de legitimidade a impor a extinção do mandado de segurança coletivo impetrado por partido político quando a agremiação, ao longo do processo, deixar de ter representação no Congresso Nacional.

e) Pessoa jurídica constituída sob a forma de associação, por ser integrada por cidadãos, detém legitimidade para o ajuizamento, em nome próprio, de ação popular.

589. (Cespe/TJ/DFT/Juiz/2014) Conforme entendimento jurisprudencial do STF e do STJ, assinale a opção correta considerando os temas improbidade administrativa e as formas de controle da administração pública.

a) Qualquer pessoa, física ou jurídica, detém legitimidade para a propositura de ação popular.

b) Caso haja apenas indícios de cometimento de atos de improbidade administrativa, a petição inicial da respectiva ação não deve ser recebida pelo Poder Judiciário, em decorrência da

aplicação do princípio constitucional da presunção de inocência.

c) É possível a demissão de servidor por improbidade administrativa por meio de PAD, independentemente de ação judicial, caso existam elementos comprobatórios da prática de ato de improbidade.

d) O MP não tem legitimidade para ajuizar ACP referente a ato de improbidade administrativa que envolva questões tributárias em sua causa de pedir.

e) Ação popular que tenha por fundamento improbidade administrativa do presidente da República será de competência originária do STF.

1.3. "Habeas Corpus"

> **Súmula STF 208.** *O assistente do Ministério Público não pode recorrer, extraordinariamente, de decisão concessiva de "habeas corpus".*

590. (Cespe/MPE/RO/Promotor/2013) Em relação ao "habeas corpus", assinale a opção correta.

a) O menor de dezoito anos de idade não possui capacidade processual para impetrar "habeas corpus", já que a regra segundo a qual o "writ" constitucional pode ser impetrado por qualquer do povo, em favor próprio ou de outrem, confere a qualquer pessoa legitimidade "ad causam", mas não dispensa a capacidade "ad processum".

b) O recurso ordinário constitucional para o STF e o STJ deve ser interposto, no prazo de quinze dias, nos próprios autos em que houver sido proferida a decisão recorrida, com as razões do pedido de reforma da decisão denegatória de "habeas corpus".

c) A extinção da pena privativa de liberdade não impede o conhecimento do "habeas corpus".

d) O assistente de acusação pode recorrer de decisão concessiva de "habeas corpus".

e) De acordo com a jurisprudência mais recente dos tribunais superiores, não se deve conceder ordem de "habeas corpus" caso este seja impetrado como substitutivo do recurso oponível ou da revisão criminal, ainda que se afigure manifesto o constrangimento ilegal à liberdade de locomoção.

591. **(FCC/MPE/PA/Promotor/2014)** Não constitui entendimento sumulado do Supremo Tribunal Federal acerca do "habeas corpus" o seguinte enunciado:

a) Não cabe "habeas corpus" quando já extinta a pena privativa de liberdade.

b) Não compete ao Supremo Tribunal Federal conhecer de "habeas corpus" impetrado contra decisão do Relator que, em "habeas corpus" requerido a tribunal superior, indefere a liminar.

c) Não cabe "habeas corpus" contra decisão condenatória a pena de multa, ou relativo a processo em curso por infração penal a que a pena pecuniária seja a única cominada.

d) É nulo o julgamento de recurso criminal na segunda instância sem prévia intimação ou publicação da pauta, inclusive em "habeas corpus".

e) O assistente do Ministério Público não pode recorrer extraordinariamente de decisão concessiva de "habeas corpus".

592. **(Cespe/PG/DF/Procurador/2013)** A jurisprudência sumulada do STF veda de modo irrestrito que o assistente do MP maneje recurso extraordinário contra decisão concessiva de "habeas corpus".

> *Súmula STF 344. Sentença de primeira instância concessiva de "habeas corpus", em caso de crime praticado em detrimento de bens, serviços ou interesses da União, está sujeita a recurso "ex officio".*

593. **(Cetro/CREF/SP/Procurador/2013)** Sobre o cabimento do habeas corpus e de acordo com o entendimento jurisprudencial, assinale a alternativa correta.

a) Cabe habeas corpus contra decisão condenatória a pena de multa, ou relativo a processo em curso por infração penal a que a pena pecuniária seja a única cominada.

b) Cabe habeas corpus quando já extinta a pena privativa de liberdade.

c) Não cabe habeas corpus contra a imposição da pena de perda de função pública.

d) Não está sujeita a recurso "ex officio" a sentença de primeira instância concessiva de habeas corpus em caso de crime praticado em detrimento de bens, serviços ou interesses da União.

e) Ainda que não esteja em causa a liberdade de locomoção, é cognoscível o recurso de habeas corpus cujo objeto seja resolver sobre ônus das custas.

> *Súmula STF 395. Não se conhece de recurso de "habeas corpus" cujo objeto seja resolver sobre o ônus das custas, por não estar mais em causa a liberdade de locomoção.*

594. **(Cespe/OAB/2009-1)** No que se refere aos remédios constitucionais, assinale a opção correta.

a) A doutrina brasileira do "habeas corpus", cujo principal expoente foi Rui Barbosa, conferiu grande amplitude a esse "writ", que podia ser utilizado, inclusive, para situações em que não houvesse risco à liberdade de locomoção.

b) O "habeas data" pode ser impetrado ao Poder Judiciário, independentemente de prévio requerimento na esfera administrativa.

c) A ação popular pode ser ajuizada por qualquer pessoa para a proteção do patrimônio público estatal, da moralidade administrativa, do meio ambiente e do patrimônio histórico e cultural.

d) A ação civil pública somente pode ser ajuizada pelo MP, segundo determina a CF.

595. **(Cespe/DPE/AC/Defensor/2012)** Acerca do entendimento sumulado do STF no que se refere a "habeas corpus", assinale a opção correta.

a) É cabível "habeas corpus" contra a imposição da pena de exclusão de militar ou de perda de patente ou de função pública.

b) Cabe o "habeas corpus" contra decisão condenatória a pena de multa.

c) É cabível "habeas corpus" contra omissão de relator de extradição, se fundado em fato ou direito estrangeiro cuja prova não tenha constado dos autos, mesmo não tendo havido provocação a respeito.

d) Não se conhece de recurso de "habeas corpus" cujo objeto seja resolver sobre o ônus das custas.

e) Esse remédio jurídico é cabível mesmo quando já extinta a pena privativa de liberdade.

PARTE I – SÚMULAS DO SUPREMO TRIBUNAL FEDERAL

CAPÍTULO 11 - DIREITO PROCESSUAL CONSTITUCIONAL

STF   199

Súmula STF 606. Não cabe "habeas corpus" originário para o Tribunal Pleno de decisão de turma, ou do plenário, proferida em "habeas corpus" ou no respectivo recurso.

596. **(Cespe/TJ/CE/Analista/2014)** No que se refere ao habeas corpus, assinale a opção correta.

a) A superveniência da sentença condenatória não prejudica o "habeas corpus" quando esse tenha por objeto o decreto de prisão preventiva.

b) O "habeas corpus" constitui remédio processual utilizado para promover a análise da prova penal.

c) O "habeas corpus" é o instrumento constitucional adequado para restabelecer os direitos políticos.

d) É cabível "habeas corpus" contra decisão condenatória a pena de multa, ou relativo a processo em curso por infração penal a que a pena pecuniária seja a única cominada.

e) Não cabe "habeas corpus" originário para o tribunal pleno de decisão de turma, ou do plenário, proferida em "habeas corpus" ou no respectivo recurso.

Súmula STF 691. Não compete ao Supremo Tribunal Federal conhecer de "habeas corpus" impetrado contra decisão do relator que, em "habeas corpus" requerido a tribunal superior, indefere a liminar.

597. **(FCC/MPE/PE/Promotor/2014)** Não constitui entendimento sumulado do Supremo Tribunal Federal acerca do habeas corpus o seguinte enunciado:

a) Não cabe habeas corpus quando já extinta a pena privativa de liberdade.

b) Não compete ao Supremo Tribunal Federal conhecer de habeas corpus impetrado contra decisão do Relator que, em habeas corpus requerido a tribunal superior, indefere a liminar.

c) Não cabe habeas corpus contra decisão condenatória a pena de multa, ou relativo a processo em curso por infração penal a que a pena pecuniária seja a única cominada.

d) É nulo o julgamento de recurso criminal na segunda instância sem prévia intimação ou publicação da pauta, inclusive em habeas corpus.

e) O assistente do Ministério Público não pode recorrer extraordinariamente de decisão concessiva de habeas corpus.

598. **(TJ/DFT/Juiz/2011)** Na questão há três assertivas que podem ser corretas ou incorretas. Na folha de respostas, atento ao número da questão, responda:

I. Em caso de iminente perigo público a autoridade competente poderá usar a propriedade particular, assegurada ao proprietário a indenização pelo uso.

II. Compete ao Supremo Tribunal Federal conhecer de habeas corpus impetrado contra decisão do Relator que, em habeas corpus requerido ao Superior Tribunal de Justiça indefere a liminar.

III. O Ministério Público é parte legítima para propor ação popular que vise anular ato lesivo ao patrimônio público ou de entidade de que o Estado participe.

a) se somente a assertiva I for correta

b) se somente a assertiva II for correta

c) se somente a assertiva III for correta

d) se nenhuma das assertivas for correta

Súmula STF 692. Não se conhece de "habeas corpus" contra omissão de relator de extradição, se fundado em fato ou direito estrangeiro cuja prova não constava dos autos, nem foi ele provocado a respeito.

599. **(Vunesp/CREA/SP/Advogado/2008)** Os remédios constitucionais são garantias específicas de tutela dos direitos fundamentais. Dessa forma, é possível afirmar que:

a) cabe agravo regimental contra decisão do relator que concede ou indefere liminar em mandado de segurança.

b) compete ao Supremo Tribunal Federal conhecer de "habeas corpus" impetrado contra a decisão do relator que, em "habeas corpus" requerido a tribunal superior, indefere a liminar.

c) não se conhece de "habeas corpus" contra omissão de relator de extradição, se fundado em fato ou direito estrangeiro cuja prova não constava dos autos, nem foi ele provocado a respeito.

d) no mandado de segurança contra a nomeação de magistrado da competência do Presidente da República, este não é considerado autoridade coatora, ainda que o fundamento da impetração seja nulidade ocorrida em fase anterior do procedimento.

e) cabem embargos infringentes em processo de mandado de segurança.

600.

(Cespe/DPE/AC/Defensor/2012) Acerca do entendimento sumulado do STF no que se refere a "habeas corpus", assinale a opção correta.

a) É cabível "habeas corpus" contra a imposição da pena de exclusão de militar ou de perda de patente ou de função pública.

b) Cabe o "habeas corpus" contra decisão condenatória a pena de multa.

c) É cabível "habeas corpus" contra omissão de relator de extradição, se fundado em fato ou direito estrangeiro cuja prova não tenha constado dos autos, mesmo não tendo havido provocação a respeito.

d) Não se conhece de recurso de "habeas corpus" cujo objeto seja resolver sobre o ônus das custas.

e) Esse remédio jurídico é cabível mesmo quando já extinta a pena privativa de liberdade.

601.

(Funiversa/Sapejus/GO/Agente/2015) Segundo a doutrina, a liberdade de locomoção é um dos direitos mais sagrados do ser humano, direito que não poderá sofrer quaisquer restrições e(ou) limitações, senão as previstas em lei. Assim, para assegurar tal direito, de maneira célere e eficaz, a Constituição Federal outorga a qualquer pessoa, nacional ou estrangeira, a garantia do "habeas corpus". Na dicção da doutrina, a expressão "habeas corpus" significa "exiba o corpo ou apresente-se a pessoa que está sofrendo ilegalidade na sua liberdade de locomoção ao juiz". Para a doutrina, o "habeas corpus" é uma ação autônoma de impugnação, de natureza constitucional, vocacionada a tutela da liberdade de locomoção. (Renato Brasileiro de Lima. Curso de Processo Penal. Impetus, 2013). Com relação ao "habeas corpus", assinale a alternativa correta.

a) Não se conhece "habeas corpus" contra omissão de relator de extradição, se fundado em fato ou direito estrangeiro cuja prova não

constava dos autos, nem foi ele provocado a respeito.

b) O Ministério Público não possui legitimidade para impetrar ordem de "habeas corpus", mas poderá requerer a absolvição do réu no processo criminal.

c) É pacífica a possibilidade de figurar como paciente de "habeas corpus" a pessoa jurídica, assim, por exemplo, se uma pessoa jurídica for acusada da prática de um crime contra o meio ambiente (Lei n 9.605/1998), cuidando-se de ação penal injustificada, sem respaldo algum, recebida a denúncia, caberá o remédio heroico para fins de trancamento da ação penal.

d) Caberá recurso ordinário constitucional ao Supremo Tribunal Federal da decisão denegatória de "habeas corpus", proferida em única ou última instância pelos Tribunais Regionais Federais.

e) Como não há previsão em lei, a jurisprudência e a doutrina pátrias não admitem a concessão de medida liminar em "habeas corpus".

602.

(FCC/TJ/GO/Juiz/2015) Em relação ao "habeas corpus", é correto afirmar:

a) Se o "habeas corpus" for concedido em virtude de nulidade do processo, este não poderá ser renovado.

b) Juiz de primeiro grau não tem competência para expedir de ofício ordem de "habeas corpus".

c) Compete originariamente ao Supremo Tribunal Federal o julgamento de "habeas corpus" contra decisão de turma recursal de juizados especiais criminais.

d) De acordo com a jurisprudência mais recente dos Tribunais Superiores, não se concede, em hipótese alguma, ordem de "habeas corpus", caso este tenha sido impetrado como substitutivo do recurso oponível ou da revisão criminal.

e) Não se conhece de "habeas corpus" contra omissão de relator de extradição, se fundado em fato ou direito estrangeiro cuja prova não constava dos autos, nem foi ele provocado a respeito.

> *Súmula STF 693. Não cabe "habeas corpus" contra decisão condenatória a pena de multa, ou relativo a processo em curso por infração penal a que a pena pecuniária seja a única cominada.*

CAPÍTULO 11 - DIREITO PROCESSUAL CONSTITUCIONAL

603. **(Cespe/TJ/PA/Analista/2006)** Com base no entendimento sumulado do Supremo Tribunal Federal, assinale a opção incorreta.

a) Viola as garantias do juiz natural, da ampla defesa e do devido processo legal a atração por continência ou conexão do processo do corréu ao foro por prerrogativa de função de um dos denunciados.

b) Não cabe "habeas corpus" contra decisão condenatória a pena de multa, ou relativo a processo em curso por infração penal a que a pena pecuniária seja a única cominada.

c) No processo penal, contam-se os prazos da data da intimação, e não da juntada aos autos do mandato ou da carta precatória ou de ordem.

d) Constitui nulidade a falta de intimação do denunciado para oferecer contrarrazões ao recurso interposto da rejeição da denúncia, não a suprindo a nomeação de defensor dativo.

604. **(Cespe/DPE/AL/Defensor/2009)** É incabível a ordem concessiva de "habeas corpus" quando já extinta a pena privativa de liberdade, ou contra decisão condenatória somente a pena de multa ou, ainda, em relação a processo em curso por infração penal a que a pena pecuniária seja a única cominada.

605. **(Cespe/PGE/CE/Procurador/2008)** Assinale a opção correta com relação à pena de multa criminal, após o trânsito em julgado da sentença penal condenatória.

a) A multa é considerada dívida ativa de valor, aplicando-se as normas da legislação relativa à dívida ativa da fazenda pública.

b) No que concerne às causas interruptivas da prescrição, aplicam-se as normas do Código Penal (CP).

c) No que se refere às causas suspensivas da prescrição, aplicam-se as normas do CP.

d) A multa pode ser convertida em prisão, caso o condenado não a pague.

e) Cabe "habeas corpus" contra decisão condenatória à pena exclusivamente de multa.

606. **(FCC/TJ/PI/Assessor/2010)** O "habeas corpus":

a) é cabível mesmo quando já extinta pena privativa de liberdade.

b) não pode ser concedido para reconhecimento de nulidade.

c) não pode ser impetrado pelo Ministério Público.

d) é cabível contra decisão condenatória a pena de multa.

e) não será conhecido se a petição não estiver assinada.

607. **(FGV/TJ/PA/Juiz/2008)** No que tange à tutela constitucional dos direitos e das liberdades, é correto afirmar que:

a) não há a necessidade da negativa da via administrativa para justificar o ajuizamento do "habeas data", pois o interesse de agir está sempre presente, por tratar-se de uma ação constitucional, de caráter civil, que tem por objeto a proteção do direito líquido e certo do impetrante em conhecer todas as informações e registros à sua pessoa e constantes de repartições públicas ou particulares acessíveis ao público, para eventual retificação de seus dados pessoais.

b) cabe "habeas corpus" contra qualquer decisão condenatória, seja condenação a pena de multa ou a pena privativa de liberdade. Cabe, ainda, contra decisão relativa a processo em curso por infração penal a que a pena pecuniária seja a única cominada, dada a relevância desse instituto.

c) o pedido de reconsideração na via administrativa interrompe o prazo para o mandado de segurança.

d) controvérsia sobre matéria de direito não impede concessão de mandado de segurança.

e) a impetração de mandado de segurança coletivo por entidade de classe em favor de associados depende da autorização destes.

608. **(MPE/SP/Promotor/2010)** Em relação ao "habeas corpus", é correto afirmar que:

a) sempre é possível a interposição de "habeas corpus" quando se tratar de punição disciplinar militar.

b) o "habeas corpus" liberatório é aquele interposto quando há uma ameaça de violência ou coação à liberdade de locomoção, por abuso de poder ou ilegalidade.

c) o promotor de justiça não pode figurar como autoridade coatora no pedido de "habeas corpus".

d) não é cabível o "habeas corpus" quando a coação emanar de ato de particular.

e) o impetrante do "habeas corpus" não precisa ser representado por advogado.

609. (MPE/GO/Promotor/2009) Assinale a alternativa incorreta:

a) Transitada em julgado a sentença condenatória, a multa será considerada como dívida de valor, aplicando-se-lhe as normas da legislação relativa à dívida ativa da Fazenda Pública, exceto no que concerne às causas interruptivas e suspensivas da prescrição.

b) A prescrição da pena de multa ocorrerá no mesmo prazo estabelecido para a prescrição da pena privativa de liberdade, quando a multa for alternativa ou cumulativamente cominada ou cumulativamente aplicada.

c) A prescrição da pena de multa ocorrerá em dois anos, quando a multa for a única pena cominada ou aplicada.

d) O uso do "habeas corpus" para discutir questões concernentes à multa é incabível, por ausência de constrangimento à liberdade, notadamente pelo fato de não ser possível a conversão da pena pecuniária em pena privativa de liberdade.

610. (Vunesp/TJ/SP/Juiz/2011) Em qual das hipóteses mencionadas seria possível, em tese, a concessão de "habeas corpus", inclusive, se o caso, consoante jurisprudência sumulada dos Tribunais Superiores (STJ e STF):

a) No caso de decisão condenatória a pena de multa.

b) No caso de processo em curso por infração penal a que a pena pecuniária seja a única cominada.

c) Para alegar nulidade de processo no qual foi extinta a pena privativa de liberdade.

d) Quando o réu não foi admitido a prestar fiança, nos casos em que a lei a autoriza.

e) No caso de punição disciplinar.

611. (Cespe/MPE/PI/Promotor/2012) Assinale a opção correta com relação ao "habeas corpus".

a) Caracteriza-se como repressivo o "habeas corpus" impetrado por alguém que se julgue ameaçado de sofrer violência ou coação em sua liberdade de locomoção por ilegalidade ou abuso de poder.

b) Denomina-se doutrina brasileira do "habeas corpus" o entendimento atual do STF, reunido em diversas súmulas, acerca da aplicação e cabimento desse instituto.

c) A jurisprudência do STF não admite impetração de "habeas corpus" em favor de pessoa jurídica, ainda que esta figure como ré em ação de crime contra o meio ambiente.

d) Considere que um veículo de comunicação seja proibido, por decisão judicial, de divulgar matéria desfavorável ao autor da ação, sendo a proibição estendida a blogues, páginas pessoais, redes sociais e outros sítios da Internet. Considere, ainda, que um cidadão, sentindo-se coagido na sua liberdade de navegar na Internet, impetre "habeas corpus" a fim de garantir sua liberdade de locomoção nessa rede mundial de comunicação. Nessa situação, de acordo com o entendimento do STF, a referida decisão, de fato, viola o livre trânsito do impetrante no mundo virtual, estando a demanda no âmbito de proteção do "habeas corpus".

e) Segundo a jurisprudência dominante do STF, é cabível "habeas corpus" contra decisão condenatória à pena de multa.

> *Súmula STF 694. Não cabe "habeas corpus" contra a imposição da pena de exclusão de militar ou de perda de patente ou de função pública.*

612. (Cespe/MPE/TO/Promotor/2012) Assinale a opção correta com relação aos direitos e garantias fundamentais.

a) O "habeas data" configura remédio jurídico-processual de natureza constitucional que se destina a garantir, em favor da pessoa interessada, o exercício de pretensão jurídica discernível em seu tríplice aspecto: direito de acesso aos registros; direito de retificação dos registros e direito de complementação dos registros, neles incluído o direito de obter vista de processo administrativo.

b) O "habeas corpus" é o remédio constitucional de mais amplo espectro, podendo ser utilizado contra a imposição da pena de exclusão de militar ou de perda de patente ou de função pública.

c) Ao estrangeiro residente no exterior não é assegurado o direito de impetrar mandado de segurança.

CAPÍTULO 11 - DIREITO PROCESSUAL CONSTITUCIONAL STF 203

d) O parlamentar e o partido político com representação no Congresso Nacional têm legitimidade para impetrar mandado de segurança com a finalidade de garantia do devido processo legislativo, a fim de coibir atos praticados no processo de aprovação de leis e emendas constitucionais que não se compatibilizem com o processo legislativo constitucional.

e) Para o cabimento do mandado de injunção, é imprescindível a existência de um direito previsto na CF que não esteja sendo exercido por ausência de norma infraconstitucional regulamentadora.

613. (Ceperj/Degase/Auxiliar/2007) É admissível o "habeas corpus" no caso de:
a) punições militares.
b) pena de multa.
c) valoração da pena.
d) indiciamento em inquérito policial.
e) extinção da punibilidade.

614. (Cespe/Abin/Oficial_Inteligência/2010) Segundo entendimento do Supremo Tribunal Federal, os aspectos relativos à legalidade da imposição de punição constritiva da liberdade, em procedimento administrativo castrense, podem ser discutidos por meio de "habeas corpus".

615. (FCC/TRE/RS/Analista/2010) Não será dado "habeas corpus":
a) para evitar ameaça de violência ou coação ilegal.
b) no caso de punição disciplinar.
c) contra a prisão administrativa de responsável por valor pertencente à Fazenda Pública, ainda que a prisão exceda o prazo legal.
d) quando o processo for manifestamente nulo.
e) quando não for alguém admitido a prestar fiança, nos casos em que a lei a autoriza.

> **Súmula STF 695.** *Não cabe "habeas corpus" quando já extinta a pena privativa de liberdade.*

616. (Cespe/Detran/ES/Advogado/2010) Não cabe "habeas corpus" quando já extinta a pena privativa de liberdade.

617. (Cespe/TJ/TO/Juiz/2007) Assinale a opção correta quanto ao entendimento do STF acerca de "habeas corpus".
a) O "habeas corpus" não é o meio adequado para impugnar o afastamento de acusado do cargo de desembargador, ocorrido há mais de quatro anos, sem que a instrução criminal seja devidamente concluída.
b) É cabível "habeas corpus" em favor de beneficiado pela suspensão condicional do processo, visando-se ao trancamento da ação penal.
c) O "habeas corpus" não é via idônea, em nenhuma hipótese, para a restituição de bens apreendidos em cumprimento de decisão judicial.
d) Cabe "habeas corpus" para tutelar direito de ir e vir do paciente, ainda quando já extinta a pena privativa de liberdade.

618. (Cespe/OAB/2010-1) Assinale a opção correta com relação à garantia constitucional do "habeas corpus".
a) Caso uma decisão de turma recursal de juizados especiais criminais constitua ato coator da liberdade de locomoção de um acusado, será cabível "habeas corpus" dirigido ao STJ.
b) Caso a sentença penal condenatória emanada de juiz militar imponha pena de exclusão de militar ou de perda de patente, será cabível a utilização do "habeas corpus".
c) Caso ocorra, ao fim de um processo penal, a fixação de pena de multa em sentença penal condenatória, ficará prejudicada a utilização do "habeas corpus", haja vista a sua destinação exclusiva à tutela do direito de ir e vir.
d) Ainda que já extinta a pena privativa de liberdade, é cabível a utilização de "habeas corpus" para pedido de reabilitação de paciente.

619. (MPDFT/Promotor/2011) No que pertine à ação autônoma de impugnação de "habeas corpus", assinale o item incorreto:
a) A vedação constitucional da utilização de "habeas corpus" contra prisão militar disciplinar tem sido interpretada pelos tribunais pátrios como impossibilidade de exame do mérito do ato administrativo, sendo possível que o Poder Judiciário analise aspectos relativos à legalidade do ato punitivo.
b) Não cabe "habeas corpus" quando já extinta a pena privativa de liberdade.

c) Segundo entendimento do Supremo Tribunal Federal, compete ao Tribunal de Justiça do Distrito Federal e Territórios julgar "habeas corpus" impetrado contra ato praticado por Promotor de Justiça do Ministério Público do Distrito Federal e Territórios.

d) Admite-se "habeas corpus" contra sentença condenatória transitada em julgado.

e) Não cabe "habeas corpus" contra sentença condenatória à pena de multa, ou relativo a processo em curso por infração penal a que a pena pecuniária seja a única cominada.

620. (Cespe/MPE/RO/Promotor/2013) Em relação ao "habeas corpus", assinale a opção correta.

a) O menor de dezoito anos de idade não possui capacidade processual para impetrar "habeas corpus", já que a regra segundo a qual o "writ" constitucional pode ser impetrado por qualquer do povo, em favor próprio ou de outrem, confere a qualquer pessoa legitimidade "ad causam", mas não dispensa a capacidade "ad processum".

b) O recurso ordinário constitucional para o STF e o STJ deve ser interposto, no prazo de quinze dias, nos próprios autos em que houver sido proferida a decisão recorrida, com as razões do pedido de reforma da decisão denegatória de "habeas corpus".

c) A extinção da pena privativa de liberdade não impede o conhecimento do "habeas corpus".

d) O assistente de acusação pode recorrer de decisão concessiva de "habeas corpus".

e) De acordo com a jurisprudência mais recente dos tribunais superiores, não se deve conceder ordem de "habeas corpus" caso este seja impetrado como substitutivo do recurso oponível ou da revisão criminal, ainda que se afigure manifesto o constrangimento ilegal à liberdade de locomoção.

1.4. Mandado de Segurança

1.4.1. Citações e Intimações

> **Súmula STF 631.** *Extingue-se o processo de mandado de segurança se o impetrante não promove, no prazo assinado, a citação do litisconsorte passivo necessário.*

621. (Ipad/Seduc/TecDireito/2006) Assinale a alternativa correta sobre o Mandado de Segurança.

a) É inconstitucional a lei que fixa prazo de decadência para impetração do Mandado de Segurança

b) A apelação contra decisão concessiva de segurança não tem efeito suspensivo, mas o Administrador Público poderá requerer a suspensão da execução da sentença perante o Juízo que a prolatou, para evitar grave lesão à ordem, à saúde, à segurança e à economia pública.

c) Extingue-se o processo de Mandado de Segurança se o Impetrante não promove, no prazo assinado, a citação do litisconsorte passivo necessário

d) Sempre poderá ser concedida liminar em Mandado de Segurança, desde que o Impetrante demonstre a relevância do fundamento e comprove que do ato impugnado pode resultar a ineficácia da medida, caso seja deferida.

e) Poderá ser impetrado contra norma em abstrato de autoridade pública municipal ou estadual que contrarie a Constituição do respectivo Estado, para fins de declaração de sua inconstitucionalidade.

> **Súmula STF 701.** *No mandado de segurança impetrado pelo Ministério Público contra decisão proferida em processo penal, é obrigatória a citação do réu como litisconsorte passivo.*

622. (FCC/DPE/SP/Defensor/2010) Assinale a alternativa correta em relação às ações de impugnação no processo penal.

a) Em sede de revisão criminal, o Tribunal não pode absolver o condenado por crime doloso contra a vida sem a necessidade de realização de novo júri popular.

b) Não é cabível "habeas corpus" para se atacar nulidade da sentença penal que condenou o acusado à pena substituída por restritiva de direitos.

c) Não cabe revisão criminal em face de sentença absolutória imprópria.

d) Contra o acórdão que, por maioria de votos, julga improcedente a revisão criminal podem ser opostos embargos infringentes.

e) No mandado de segurança em matéria penal, impetrado pelo Ministério Público contra ato

CAPÍTULO 11 - DIREITO PROCESSUAL CONSTITUCIONAL

STF 205

judicial, o acusado integrará o polo passivo da ação na qualidade de litisconsorte.

623. (FCC/MPE/AL/Promotor/2012) À luz do direito de defesa, e segundo entendimento sumulado, é incorreto afirmar que:

a) a deficiência ou a falta de defesa, no processo penal, constituem nulidade absoluta, independentemente da prova de prejuízo para o réu.

b) a renúncia do réu ao direito de apelação, manifestada sem assistência do defensor, não impede o conhecimento da apelação por este interposta.

c) é nula a decisão que determina o desaforamento de processo da competência do júri sem audiência da defesa.

d) não viola as garantias do juiz natural, da ampla defesa e do devido processo legal a atração por continência ou conexão do processo do corréu ao foro por prerrogativa de função de um dos denunciados.

e) no mandado de segurança impetrado pelo Ministério Público contra decisão proferida em processo penal, é obrigatória a citação do réu como litisconsorte passivo.

624. (MPE/GO/Promotor/2016) O Ministério Público impetrou mandado de segurança contra decisão de Juiz de primeiro grau, proferida em Processo Penal. O Tribunal deverá garantir, nos termos do entendimento sumulado pelo Supremo Tribunal Federal:

a) A intimação do advogado de defesa pelo Diário Oficial da Justiça.

b) A intimação pessoal do advogado de defesa.

c) A intimação pessoal do réu.

d) A citação do réu como litisconsorte passivo.

1.4.2. Competência

> *Súmula STF 248. É competente, originariamente, o Supremo Tribunal Federal, para mandado de segurança contra ato do Tribunal de Contas da União.*

625. (Cespe/Correios/Advogado/2011) Compete ao Superior Tribunal de Justiça processar e julgar originariamente o mandado de segurança contra atos do Tribunal de Contas da União.

> *Súmula STF 330. O Supremo Tribunal Federal não é competente para conhecer de mandado de segurança contra atos dos tribunais de justiça dos Estados.*

626. (Vunesp/TJ/RJ/Juiz/2011) Assinale a alternativa correta a respeito do mandado de segurança, considerando a jurisprudência dominante do Supremo Tribunal Federal.

a) Reconhece-se o direito de impetração de mandado de segurança a órgãos públicos despersonalizados desde que tenham prerrogativas ou direitos próprios a defender.

b) O mandado de segurança coletivo a ser impetrado por entidade de classe em favor dos associados depende de autorização destes.

c) Não é admitida a impetração do "writ" contra lei ou decreto de efeitos concretos.

d) O Supremo Tribunal Federal é competente para conhecer de mandado de segurança contra atos dos tribunais de justiça dos Estados.

> *Súmula STF 433. É competente o Tribunal Regional do Trabalho para julgar mandado de segurança contra ato de seu presidente em execução de sentença trabalhista.*

627. (TRT/8R/Juiz/2008) Assinale a alternativa incorreta:

a) Não caracteriza irregularidade de representação, a ausência da data da outorga de poderes, visto não ser condição de validade do mandato judicial. Desta feita, a data a ser considerada é aquela em que o instrumento for juntado aos autos.

b) Conforme entendimento sumulado do STF, é competente o Tribunal Regional do Trabalho para julgar mandado de segurança contra ato de seu presidente em execução de sentença trabalhista.

c) O simples fato de a testemunha estar litigando ou ter litigado contra o mesmo empregador, não a impede, nem a torna suspeita de depor em juízo, consoante jurisprudência sumulada do TST.

d) É decadencial o prazo de 30 dias para a instauração de inquérito judicial, visando à rescisão contratual de empregado estável, a contar da data do cometimento da falta grave.

e) No caso de as partes conciliarem em juízo, o respectivo termo vale como sentença irrecorrível, podendo ser atacável apenas por meio de ação rescisória, exceto para a Previdência Social quanto às contribuições que lhe forem devidas.

> **Súmula STF 623.** *Não gera por si só a competência originária do Supremo Tribunal Federal para conhecer do mandado de segurança com base no art. 102, I, n, da Constituição, dirigir-se o pedido contra deliberação administrativa do tribunal de origem, da qual haja participado a maioria ou a totalidade de seus membros.*

↪ Súmula não abordada em concursos recentes.

> **Súmula STF 624.** *Não compete ao Supremo Tribunal Federal conhecer originariamente de mandado de segurança contra atos de outros tribunais.*

628. (Cespe/PC/RN/Delegado/2009) Em relação ao STF, assinale a opção correta.

a) Seus ministros serão nomeados pelo presidente da República, depois de aprovada a escolha pela maioria simples dos senadores.

b) É sua competência conceder medida cautelar para dar efeito suspensivo a recurso extraordinário que ainda não foi objeto de juízo de admissibilidade na origem.

c) Compete ao STF acolher originariamente o mandado de segurança contra atos de outros tribunais.

d) É cabível, originariamente, a reclamação para a preservação de sua competência, mesmo que o ato atacado já tenha transitado em julgado.

e) Segundo a CF, compete ao STF julgar, em recurso ordinário, o denominado crime político.

1.4.3. Efeitos da Concessão

> **Súmula STF 271.** *Concessão de mandado de segurança não produz efeitos patrimoniais, em relação a período pretérito, os quais devem ser reclamados administrativamente ou pela via judicial própria.*

629. (Cespe/PGE/PE/Procurador/2009) Acerca do mandado de segurança, assinale a opção correta.

a) O impetrante pode valer-se de todos os meios de prova em direito admitidos para comprovar suas alegações.

b) No mandado de segurança, é lícito ao impetrante postular – e, ao juiz, deferir – providência liminar de natureza assecuratória do objeto pretendido na impetração.

c) O juiz pode deixar de determinar a remessa dos autos ao MP, quando verificar que o tema versado nos autos é objeto de súmula dos tribunais superiores.

d) A decisão do mandado de segurança impede que o impetrante, por ação própria, pleiteie os seus direitos e respectivos efeitos patrimoniais.

e) O pedido de mandado de segurança pode ser renovado, mesmo quando a decisão denegatória lhe apreciar o mérito.

630. (Cespe/DP/DF/Defensor/2013) Os efeitos patrimoniais resultantes da concessão de mandado de segurança somente abrangem os valores devidos a partir da data da impetração mandamental, excluídas, em consequência, as parcelas anteriores ao ajuizamento da ação de mandado de segurança, que poderão, no entanto, ser vindicadas em sede administrativa ou demandadas em via judicial própria.

> **Súmula STF 304.** *Decisão denegatória de mandado de segurança, não fazendo coisa julgada contra o impetrante, não impede o uso da ação própria.*

631. (Esaf/CGU/AFC/2006) Tratando-se de mandado de segurança, assinale a afirmativa falsa, conforme as súmulas do Supremo Tribunal Federal.

a) Não cabe mandado de segurança contra ato judicial passível de recurso ou correição.

b) Não cabe mandado de segurança contra lei em tese.

c) O mandado de segurança não é substitutivo de ação de cobrança.

d) Decisão denegatória de mandado de segurança, não fazendo coisa julgada contra o impetrante, não impede o uso de ação própria.

e) Concessão de mandado de segurança produz efeitos patrimoniais em relação a período pretérito.

632. (Fundep/MPE/MG/Promotor/2011) Marque a alternativa incorreta.

a) Se intempestivo o recurso administrativo com efeito suspensivo, o prazo decadencial para a impetração do mandado de segurança começa a fluir desde o momento em que se encerrou o prazo recursal.

b) Tratando-se de mandado de segurança preventivo, não se computa prazo decadencial para a sua impetração.

c) Findando o prazo decadencial em dia que não haja expediente forense, o mandado de segurança poderá ser impetrado no primeiro dia útil subsequente.

d) A decisão que extingue a ação mandamental, fundada na superação do prazo decadencial ou no reconhecimento de que não houve violação do direito reclamado, não impede a renovação da controvérsia nas vias ordinárias.

633. (Vunesp/FundaçãoCasa/Analista/2010) Assinale a alternativa correta.

a) A decisão do juiz de primeiro grau que conceder a liminar em mandado de segurança estará sujeita obrigatoriamente ao duplo grau de jurisdição.

b) A interposição de agravo de instrumento contra liminar concedida nas ações movidas contra o poder público e seus agentes tornará prejudicado o pedido de suspensão de liminar ou sentença em mandado de segurança.

c) O mandado de segurança coletivo não induz litispendência para as ações individuais, mas os efeitos da coisa julgada beneficiarão o impetrante a título individual independentemente da desistência de seu mandado de segurança.

d) Cabe mandado de segurança contra os atos de gestão comercial praticados pelos administradores de empresas públicas, de sociedade de economia mista e de concessionárias de serviço público.

e) A sentença ou o acórdão que denegar mandado de segurança, sem decidir o mérito, não impedirá que o requerente, por ação própria, pleiteie os seus direitos e os respectivos efeitos patrimoniais.

634. (FCC/MPE/CE/Técnico/2013) Sobre mandado de segurança, é correto afirmar:

a) O direito de impetrar mandado de segurança não está sujeito a prazo.

b) É defesa a concessão de liminar em mandado de segurança.

c) Proferida sentença, em mandado de segurança, estende-se à autoridade coatora o direito de recorrer.

d) A sentença que concede o mandado de segurança não pode ser executada provisoriamente.

e) A sentença que denega mandado de segurança, sem decidir o mérito, impede que o requerente pleiteie seus direitos por meio de ação própria.

635. (TRT/2R/Juiz/2012) Observe as assertivas seguintes.

I. Segundo a jurisprudência sumulada do C. STF, decisão denegatória de mandado de segurança, não fazendo coisa julgada contra o impetrante, não impede o uso de ação própria.

II. A sentença que julga improcedente a ação popular por deficiência de provas não faz coisa julgada.

III. A sentença que julga improcedente ação civil pública por deficiência de provas faz coisa julgada.

IV. Nas ações coletivas tratadas pelo Código de Defesa do Consumidor, a sentença fará coisa julgada "erga omnes", em se tratando de ação que envolva interesses ou direitos coletivos.

V. A sentença arbitrai produz, entre as partes, os mesmos efeitos da sentença proferida pelos órgãos do Poder Judiciário e, sendo condenatória, constitui título executivo.

Responda:

a) estão corretas as assertivas I, II e V.

b) estão corretas somente as assertivas II e V.

c) estão corretas as assertivas II, III e IV.

d) estão corretas somente as assertivas III e IV.

e) estão corretas as assertivas I, III e IV.

Súmula STF 512. Não cabe condenação em honorários de advogado na ação de mandado de segurança.

Súmula anotada em Direito Processual Civil – Dos Sujeitos do Processo – Das Partes e dos

Procuradores – Dos Deveres das Partes e de seus Procuradores.

1.4.4. Hipóteses de Cabimento

> **Súmula STF 101.** *O mandado de segurança não substitui a ação popular.*

636. **(MP/PI/Promotor/2002)** Considere as seguintes afirmações acerca do Mandado de Segurança. Conclui-se que, segundo a jurisprudência consolidada do Supremo Tribunal, está correto o que se afirma somente em:

I. pode funcionar como substituto da ação popular.

II. não cabe contra lei em tese.

III. não é substitutivo da ação de cobrança.

IV. não há condenação em honorários advocatícios.

a) I, III e IV.

b) I e III.

c) II, III e IV.

d) III e IV.

e) I, II e III.

> **Súmula STF 266.** *Não cabe mandado de segurança contra lei em tese.*

637. **(Funcab/ANS/Técnico/2015)** Em relação ao controle da Administração Pública, assinale a opção correta.

a) A lei, trazendo efeitos concretos, a jurisprudência tem admitido o uso do mandado de segurança para a tutela do direito.

b) A inércia da autoridade coatora em apreciar recurso administrativo regularmente apresentado, não configura omissão impugnável pela via de mandado de segurança.

c) Os responsáveis pelo controle interno, tomando conhecimento de irregularidades e não representam contra o fato diante do Tribunal de Contas, serão considerados responsáveis subsidiariamente.

d) Moderadamente, o mandado de segurança poderá ser utilizado contra a lei em tese por implicarem ofensa a direitos individuais.

e) É constitucional a exigência de depósito ou arrolamento prévios de dinheiro ou bens para admissibilidade de recursos administrativos.

638. **(FCC/TJ/AP/Juiz/2009)** Mandado de segurança. Quanto aos enunciados:

I. O mandado de segurança não é sucedâneo da ação direta de inconstitucionalidade.

II. O titular de direito líquido e certo decorrente de direito, em condições idênticas, de terceiro, poderá impetrar mandado de segurança a favor do direito originário, se o titular não o fizer, em prazo razoável, apesar de para isso notificado judicialmente.

III. É inconstitucional lei que fixa o prazo de decadência para a impetração do mandado de segurança.

IV. É cabível mandado de segurança para discutir direito em tese.

V. Não cabe reclamação para fazer cumprir mandado de segurança concedido pelo Superior Tribunal de Justiça ou pelo Supremo Tribunal Federal.

a) Somente III, IV e V estão corretas.

b) I, II, III, IV, V estão corretas.

c) Somente I e II estão corretas.

d) Somente III e IV estão corretas.

e) Somente II, IV e V estão corretas.

639. **(FGV/Sefaz/AP/AuditorFiscal/2010)** A Lei n. 12.016, de 7 de agosto de 2009, passou a regular o Mandado de Segurança individual e coletivo, este introduzido pela Constituição de 1988. À luz dessa novel legislação, é correto afirmar que o Mandado de Segurança pode:

a) ser impetrado para atacar lei em tese.

b) permitir a prova pericial.

c) admitir dilação probatória.

d) ter o seu exercício sem prazo definido.

e) somente ocorrer mediante prova pré-constituída.

640. **(Vunesp/SPTrans/Advogado/2012)** Acerca do mandado de segurança, conforme súmula do Supremo Tribunal Federal, é correto afirmar que:

a) a existência de recurso administrativo com efeito suspensivo não impede o uso do mandado de segurança contra omissão da autoridade.

b) cabe mandado de segurança contra a lei em tese.

c) cabe mandado de segurança contra decisão judicial com trânsito em julgado.

CAPÍTULO 11 - DIREITO PROCESSUAL CONSTITUCIONAL

STF 209

d) cabe mandado de segurança contra ato judicial passível de recurso ou correição.

e) o mandado de segurança presta-se como substituto de ação de cobrança.

> **Súmula STF 267.** *Não cabe mandado de segurança contra ato judicial passível de recurso ou correição.*

641. **(Cespe/Detran/ES/Advogado/2010)** Não se concederá mandado de segurança quando se tratar de ato do qual caiba recurso administrativo com efeito suspensivo, independentemente de caução; de decisão judicial da qual caiba recurso com efeito suspensivo; e de decisão judicial transitada em julgado.

642. **(Funcab/IDAF/Advogado/2010)** Acerca do mandado de segurança, disciplinado pela Lei n. 12.016/09, assinale a alternativa correta.

a) Admite-se a concessão de mandado de segurança de decisão judicial da qual caiba recurso com efeito suspensivo.

b) Da decisão do juiz de primeiro grau que conceder ou denegar a liminar caberá apelação por instrumento.

c) A sentença que concede a segurança está sujeita, obrigatoriamente, ao duplo grau de jurisdição.

d) É sempre vedada a execução provisória da sentença que concede o mandado de segurança.

e) O direito de requerer mandado de segurança se extingue depois de 30 (trinta) dias, contados da ciência, pelo interessado, do ato impugnado.

643. **(FCC/TJ/PE/Cartórios/Ingresso/2013)** A respeito do mandado de segurança, considere:

I. Quando o ato impugnado tiver sido praticado com base em ato normativo, de caráter abstrato e geral, a autoridade coatora é quem executa o comando que emerge do ato normativo e não quem o editou.

II. Não cabe mandado de segurança contra ato judicial passível de recurso ou correição.

III. A sentença que concede ou denega mandado de segurança fica sujeita ao duplo grau de jurisdição e, assim, a reexame necessário.

Está correto o que se afirma apenas em:

a) I e II.

b) I e III.

c) II e III.

d) I.

e) III.

> **Súmula STF 268.** *Não cabe mandado de segurança contra decisão judicial com trânsito em julgado.*

644. **(Cetro/TJ/RJ/Cartórios/2012)** Sobre mandado de segurança, assinale a alternativa incorreta.

a) Não cabe contra atos de gestão comercial.

b) Não cabe quando se tratar de decisão judicial transitada em julgado.

c) O ingresso de litisconsorte ativo será admitido mesmo depois do despacho da petição inicial.

d) O direito de requerer mandado de segurança extinguir-se-á decorridos 120 (cento e vinte) dias, contados da ciência, pelo interessado, do ato impugnado.

e) Não cabe, no processo de mandado de segurança, a interposição de embargos infringentes.

645. **(FCC/TRT/16R/Analista/2009)** Considere as seguintes assertivas a respeito do mandado de segurança no âmbito do processo do trabalho:

I. Caberá mandado de segurança da decisão que cerceia direito de defesa da parte.

II. Não cabe mandado de segurança de decisão transitada em julgado.

III. Caberá mandado de segurança em face do deferimento de reintegração no emprego em ação cautelar.

IV. Fere direito líquido e certo a concessão de tutela antecipada para reintegração de empregado protegido por estabilidade provisória decorrente de norma coletiva.

É correto o que se afirma apenas em:

a) II e III.

b) I, III e IV.

c) I e II.

d) II, III e IV.

e) I, II e III.

646. **(FCC/PGE/AM/Procurador/2010)** O mandado de segurança:

a) não é cabível contra os atos de gestão comercial praticados pelos administradores de empresas públicas, de sociedades de economia mista e de concessionárias de serviço público.

b) não cabe de nenhuma decisão judicial, mesmo que terceiro seja prejudicado, podendo este apenas interpor o recurso cabível, antes de transitar em julga do a sentença, ou propor ação rescisória.

c) não é cabível contra ato de representantes ou órgãos de partidos políticos.

d) é cabível de decisão judicial transitada em julgado proferida a favor da Fazenda Pública, como sucedâneo da ação rescisória.

e) é cabível contra atos de dirigentes de entidades de proteção ao crédito, para liberação ou esclarecimento de dados, que constarem de seus assentamentos, negativos a respeito de consumidor.

647. (FMP/TCE/RS/Auditor/2011) Assinale a assertiva correta.

a) Conceder-se-á mandado de segurança para proteger direito líquido e certo, não amparado por "habeas corpus" ou "habeas data", sempre que, ilegalmente ou com abuso de poder, qualquer pessoa física ou jurídica sofrer violação ou houver justo receio de sofrê-la por parte de autoridade, seja de que categoria for e sejam quais forem as funções que exerça.

b) Não se concederá mandado de segurança quando se tratar de ato do qual caiba recurso administrativo sem efeito suspensivo, independentemente de caução, e de decisão judicial transitada em julgado. Porém é possível a concessão, quando se tratar de decisão judicial da qual caiba recurso com efeito suspensivo.

c) O pedido de mandado de segurança poderá ser renovado dentro do prazo decadencial, independentemente de a decisão denegatória ter apreciado o mérito, pois se trata de proteger direito líquido e certo.

d) Da decisão do juiz de primeiro grau que conceder ou denegar a liminar caberá agravo retido. Do indeferimento da petição inicial do mandado de segurança pelo juiz de primeiro grau caberá apelação e, quando a competência para o julgamento do mandado de segurança couber originariamente a um dos tribunais, do ato do relator caberá agravo para o órgão competente do tribunal que integre.

e) Da sentença, denegando ou concedendo o mandado de segurança, cabe apelação, sendo que denegada ou concedida a segurança, a sentença estará sujeita obrigatoriamente ao duplo grau de jurisdição.

Súmula STF 269. O mandado de segurança não é substitutivo de ação de cobrança.

648. (Vunesp/SPTrans/Advogado/2012) Acerca do mandado de segurança, conforme súmula do Supremo Tribunal Federal, é correto afirmar que:

a) a existência de recurso administrativo com efeito suspensivo não impede o uso do mandado de segurança contra omissão da autoridade.

b) cabe mandado de segurança contra a lei em tese.

c) cabe mandado de segurança contra decisão judicial com trânsito em julgado.

d) cabe mandado de segurança contra ato judicial passível de recurso ou correição.

e) o mandado de segurança presta-se como substituto de ação de cobrança.

Súmula STF 270. Não cabe mandado de segurança para impugnar enquadramento da Lei 3.780, de 12 de julho de 1960, que envolva exame de prova ou de situação funcional complexa.

649. (Cespe/TRE/MS/Analista/2013) A respeito do mandado de segurança, assinale a opção correta.

a) A competência funcional para processar e julgar o mandado de segurança é fixado no momento da propositura da ação, sendo indiferente a posterior modificação da natureza do status funcional da autoridade coatora.

b) Cabe mandado de segurança contra os atos de gestão comercial praticado pelos administradores de empresas públicas, de sociedades de economia mista e de concessionárias de serviço público.

c) O juiz pode alegar complexidade para não conhecer do mandado de segurança, ou mesmo para não concedê-lo.

d) Embora a regra seja a exigência de prova pré-constituída para a impetração do mandado de

CAPÍTULO 11 - DIREITO PROCESSUAL CONSTITUCIONAL

STF 211

segurança, em situações excepcionais previstas em lei, é possível a dilação probatória.

e) Exige-se o efetivo pronunciamento do Ministério Público nos mandados de segurança, não bastando a sua mera intimação.

> **Súmula STF 429.** *A existência de recurso administrativo com efeito suspensivo não impede o uso do mandado de segurança contra omissão da autoridade.*

650. **(Copese/DPE/TO/Analista/2012)** Com relação ao mandado de segurança, disciplinado pela Lei n. 12.016/09, considerando as assertivas abaixo:

I. conceder-se-á mandado de segurança de ato do qual caiba recurso administrativo com efeito suspensivo, independentemente de caução.

II. não será concedida medida liminar que tenha por objeto a reclassificação ou equiparação de servidores públicos e a concessão de aumento ou a extensão de vantagens ou pagamento de qualquer natureza.

III. o direito de requerer mandado de segurança extinguir-se-á decorridos 120 (cento e vinte) dias, contados da ciência, pelo interessado, do ato impugnado.

IV. o pedido de mandado de segurança não poderá ser renovado dentro do prazo decadencial, ainda que a decisão denegatória não lhe houver apreciado o mérito.

Assinale a opção correta:

a) Apenas os itens I e II estão corretos.

b) Apenas os itens II e III estão corretos.

c) Apenas os itens III e IV estão corretos.

d) Apenas os itens I e IV estão corretos.

651. **(FCC/PGE/SP/Procurador/2009-1)** Em caso de omissão do Poder Público:

a) cabe a impetração de mandado de segurança, apontando-se como coatora a autoridade que a lei indica como competente para praticar o ato.

b) não cabe a impetração de mandado de segurança porque não existe ato de autoridade a ser contestado.

c) a impetração de mandado de segurança deve ser antecedida do prévio esgotamento das vias administrativas, se cabível recurso administrativo com efeito suspensivo, independentemente de caução.

d) cabe a impetração de mandado de segurança, apontando-se como coatora a maior autoridade do órgão.

e) não cabe a impetração de mandado de segurança porque não há sujeito ativo do ato coator.

652. **(TJ/DFT/Juiz/2012)** Sobre o tema do controle da Administração Pública, é correto afirmar

a) O ombudsman tem origem na Inglaterra, sua designação se efetua mediante ato da Coroa e sua principal função diz respeito à proteção dos direitos fundamentais.

b) No plano federal, incide sobre as entidades da administração indireta o controle financeiro oriundo da Secretaria Federal de Controle Interno, integrante do Sistema de Controle Interno do Poder Executivo.

c) O Tribunal de Contas foi criado por iniciativa de Ruy Barbosa, no Governo Provisório do qual era Ministro da Fazenda, e o Tribunal de Contas da União – TCU, de acordo com o que se contém no texto constitucional de 1988, detém entre as suas atribuições a de sustar os atos normativos do Poder Executivo que exorbitem do poder regulamentar ou dos limites de delegação legislativa.

d) De acordo com a jurisprudência predominante do Supremo Tribunal Federal, a existência de recurso administrativo, com efeito suspensivo, independentemente de caução, impede o uso do mandado de segurança contra omissão da autoridade.

653. **(FCC/TCE/AM/AnalistaMP/2013)** Considerando as disposições legais sobre mandado de segurança, é incorreto afirmar que:

a) cabe mandado de segurança contra ato praticado pelos administradores de concessionárias de serviço público, ainda que sejam atos de gestão comercial.

b) após o despacho da petição inicial é vedada eventual intervenção litisconsorcial voluntária.

c) o presidente do tribunal ao qual couber o conhecimento de eventual recurso contra decisão liminar poderá suspender sua execução, a requerimento da pessoa jurídica de direito público interessada ou do Ministério Público, a fim de evitar grave lesão à ordem, à saúde, à segurança e à economia públicas.

d) não se concederá mandado de segurança contra ato do qual caiba recurso administrativo com efeito suspensivo, independentemente de caução.

e) para que seja cabível o mandado de segurança, a ilegalidade ou o abuso de poder deve ser praticado por autoridade, sendo irrelevante a categoria ou as funções que exerça.

> **Súmula STF 625.** *Controvérsia sobre matéria de direito não impede concessão de mandado de segurança.*

654. **(Cespe/AGU/Advogado/2009)** O mandado de segurança é instrumento constitucional de defesa do direito líquido e certo violado ou ameaçado por autoridade pública, ou até mesmo por pessoa natural no exercício de função delegada, o que, apesar de o tornar incompatível com a produção de prova oral ou pericial, não impede o exame de matéria jurídica controversa nos tribunais e a eventual concessão da segurança pleiteada.

655. **(Cespe/MPE/RN/Promotor/2009)** A respeito do mandado de segurança criminal, assinale a opção correta.

a) O MP não tem legitimidade para impetrar mandado de segurança criminal, uma vez que se trata de prerrogativa exclusiva da defesa.

b) Nos casos urgentes, segundo jurisprudência sumulada do STF, é cabível mandado de segurança contra ato judicial passível de recurso ou correição.

c) A competência para processar e julgar mandado de segurança contra decisões emanadas dos juizados especiais criminais estaduais é dos respectivos tribunais de justiça.

d) É inadmissível a interposição de mandado de segurança criminal nas hipóteses em que haja controvérsia acerca da matéria de direito.

e) O mandado de segurança em matéria penal deve ser julgado por autoridade judicial com competência criminal.

656. **(MPE/SP/Promotor/2011)** É correto afirmar que, na ação civil constitucional de mandado de segurança,

a) pode ser impetrado coletivamente, por entidade de classe ou associação legalmente constituída e em funcionamento há menos de 1 (um) ano, em defesa dos interesses de seus membros ou associados.

b) a controvérsia sobre matéria de direito não impede a sua concessão.

c) a ação mandamental coletiva induz litispendência para as impetrações individuais.

d) a controvérsia sobre matéria de fato não impede a sua concessão.

e) no mandado de segurança coletivo, a medida liminar pode ser concedida "inaudita altera pars".

657. **(Cespe/DPE/AC/Defensor/2012)** A respeito do entendimento sumulado do STF no que se refere a mandado de segurança, assinale a opção correta.

a) Controvérsia sobre matéria de direito impede a concessão de mandado de segurança, instituto de defesa de direito certo e incontestável.

b) A impetração de mandado de segurança coletivo por entidade de classe em favor de seus associados independe da autorização destes.

c) É cabível a condenação em honorários de advogado em ações de mandado de segurança.

d) É inconstitucional a estipulação de prazo de decadência para a impetração de mandado de segurança.

e) As entidades de classe não têm legitimidade para impetrar mandado de segurança caso a pretensão veiculada interesse apenas a parte da categoria representada.

1.4.5. Legitimidade Ativa/Passiva

> **Súmula STF 510.** *Praticado o ato por autoridade, no exercício de competência delegada, contra ela cabe o mandado de segurança ou a medida judicial.*

658. **(Cespe/AGU/Advogado/2009)** O mandado de segurança é instrumento constitucional de defesa do direito líquido e certo violado ou ameaçado por autoridade pública, ou até mesmo por pessoa natural no exercício de função delegada, o que, apesar de o tornar incompatível com a produção de prova oral ou pericial, não impede o exame de matéria jurídica controversa nos tribunais e a eventual concessão da segurança pleiteada.

659. **(Cespe/MJ/Analista/2013)** O mandado de segurança é uma das mais importantes ações judiciais de controle dos atos da administração pública. Quando o ato for praticado por autoridade no exercício de competência delegada, o mandado de segurança caberá contra a autoridade delegante.

660. **(FCC/PGM/Campinas/Procurador/2016)** Ao cabo de processo administrativo disciplinar, é aplicada pena de demissão a servidor público federal, por ato de Ministro de Estado, no exercício de competência delegada por Decreto do Presidente da República. O servidor em questão impetra mandado de segurança, perante o Superior Tribunal de Justiça, com vistas à anulação do processo em questão, por considerar que o Decreto de delegação de competência do Presidente da República é inconstitucional. Nessa hipótese, em tese, à luz da Constituição da República, o mandado de segurança:

a) não é cabível, embora, no mérito, a alegação seja procedente.

b) é cabível, mas o STJ não é o órgão competente para o julgamento e a alegação de mérito é improcedente.

c) é cabível e o STJ, o órgão competente para o julgamento, mas a alegação de mérito é improcedente.

d) é cabível e a alegação de mérito, procedente, mas o STJ não é o órgão competente para o julgamento.

e) é cabível e o STJ, o órgão competente para o julgamento, sendo a alegação de mérito procedente.

661. **(Cespe/Câmara_Deputados/Analista/2014)** Caso determinada autoridade aja no exercício de competência delegada, eventual mandado de segurança que questione o ato praticado deve ser impetrado contra essa autoridade, e não contra a que tenha delegado a prática do ato.

662. **(Cespe/PGE/PI/Procurador/2014)** Acerca dos serviços públicos e dos atos administrativos, assinale a opção correta.

a) Conforme o STJ, ato administrativo com vício sanável não poderá ser convalidado se tiver sido impugnado judicialmente, mas poderá sê-lo no bojo de impugnação administrativa.

b) Nos termos da jurisprudência do STJ, caso o procurador-geral do estado do Piauí delegue determinada função para o subprocurador-geral, e este, no exercício da função delegada, pratique ato ilegal, a responsabilidade pela ilegalidade

desse ato deverá recair apenas sobre a autoridade delegada.

c) Ao contrário das permissões de serviços públicos, que possuem caráter precário e não demandam prévio procedimento licitatório, nas concessões para a prestação de serviços públicos, a licitação é a regra.

d) Se a prefeitura de Teresina – PI, por meio de uma política pública de urbanização, vier a pavimentar uma avenida de determinado bairro, tal serviço será classificado como serviço público singular, tendo em vista a unicidade do empreendimento.

e) De acordo com o entendimento do STJ, não existe a possibilidade de convalidação de ato administrativo cuja motivação seja obrigatória, depois de emitido. Nesse caso, a administração deverá anular o ato e emitir um novo, instruído com as razões de decidir.

> **Súmula STF 627.** *No mandado de segurança contra a nomeação de magistrado da competência do Presidente da República, este é considerado autoridade coatora, ainda que o fundamento da impetração seja nulidade ocorrida em fase anterior do procedimento.*

663. **(TRT/14R/Juiz/2008)** Assinale a alternativa incorreta:

a) Não compete ao Supremo Tribunal Federal conhecer originariamente de mandado de segurança impetrado contra atos de outros tribunais.

b) No mandado de segurança contra a nomeação de magistrado da competência do Presidente da República, este é considerado autoridade coatora, ainda que o fundamento da impetração seja nulidade ocorrida em fase anterior do procedimento alegadamente viciado.

c) A entidade de classe tem legitimidade para o mandado de segurança ainda quando a pretensão veiculada interesse apenas a uma parte da respectiva categoria.

d) É constitucional lei que fixa o prazo de decadência para impetração de mandado de segurança.

e) Extingue-se o processo de mandado de segurança se o impetrante não promove, no prazo assinado, a citação do litisconsorte passivo facultativo.

> **Súmula STF 628.** *Integrante de lista de candidatos a determinada vaga da composição de tribunal é parte legítima para impugnar a validade da nomeação de concorrente.*

Súmula anotada em Direito Constitucional – Da Organização dos Poderes – Do Poder Judiciário – Disposições Gerais.

1.4.6. Liminares

> **Súmula STF 405.** *Denegado o mandado de segurança pela sentença, ou no julgamento do agravo, dela interposto, fica sem efeito a liminar concedida, retroagindo os efeitos da decisão contrária.*

664. (FCC/TRF/2R/Analista/2007) Interposto um mandado de segurança, foi concedida a liminar. Porém, afinal, a sentença denegou a segurança impetrada. Inconformado, o impetrante interpôs recurso de apelação. Nesse caso:

a) cessam os efeitos da liminar anteriormente concedida, a partir da publicação da sentença denegatória.

b) fica sem efeito a liminar anteriormente concedida, retroagindo os efeitos da decisão.

c) cessam os efeitos da liminar anteriormente concedida, a partir da data de interposição do recurso de apelação.

d) permanecem os efeitos da liminar anteriormente concedida até o julgamento da apelação.

e) permanecem os efeitos da liminar anteriormente concedida até o trânsito em julgado da decisão final.

> **Súmula STF 626.** *A suspensão da liminar em mandado de segurança, salvo determinação em contrário da decisão que a deferir, vigorará até o trânsito em julgado da decisão definitiva de concessão da segurança ou, havendo recurso, até a sua manutenção pelo Supremo Tribunal Federal, desde que o objeto da liminar deferida coincida, total ou parcialmente, com o da impetração.*

665. (Cespe/PGE/AL/Procurador/2009) Quanto ao pedido de suspensão de segurança, assinale a opção correta.

a) Por suas características e, principalmente, por sua eficácia voltada à reforma de uma decisão, o pedido de suspensão de segurança é recurso.

b) Da decisão que decide o pedido de suspensão da segurança cabe recurso especial se houver, por exemplo, contrariedade a lei federal.

c) Por ter natureza política, a suspensão de segurança na hipótese de grave lesão à ordem, saúde, segurança e economia públicas pode ser realizada de ofício.

d) A suspensão da segurança vigorará até o trânsito em julgado da decisão definitiva de concessão da segurança, salvo determinação em contrário da decisão que a deferir.

e) Apesar de não ser propriamente um recurso, o pedido de suspensão da segurança deve ser realizado no prazo de 10 dias a contar da publicação da decisão que deferir a segurança.

666. (MPE/MS/Promotor/2011) Analise as seguintes afirmações e assinale a alternativa correta:

I. O inadimplemento de obrigação alimentícia assumida pelo cônjuge varão quando da separação judicial impede a transformação em divórcio.

II. A lei adotou procedimento semelhante ao do mandado de segurança, exigindo, para o cabimento do "habeas data", prova pré-constituída do direito do impetrante. Não cabe, portanto, dilação probatória. Em razão da necessidade de comprovação de plano do direito do demandante, mostra-se inviável a pretensão de que, em um mesmo "habeas data", se assegure o conhecimento de informações e se determine a sua retificação.

III. Pode o magistrado deixar de encaminhar ao Supremo Tribunal Federal o agravo de instrumento interposto da decisão que não admitiu o recurso extraordinário manejado contra sentença proferida no âmbito dos juizados especiais.

IV. O mandado de segurança não se qualifica como sucedâneo da ação direta de inconstitucionalidade, não podendo ser utilizado, em consequência, como instrumento de controle abstrato da validade constitucional das leis e dos atos normativos em geral.

V. O titular de direito líquido e certo decorrente de direito, em condições idênticas, de terceiro não poderá impetrar mandado de segurança a

CAPÍTULO 11 - DIREITO PROCESSUAL CONSTITUCIONAL

favor do direito originário, se o seu titular não o fizer no prazo legal, quando notificado. E, isso acontece, porque na legislação do mandado de segurança não se permite a figura da substituição processual.

VI. A suspensão da liminar em mandado de segurança, salvo determinação em contrário da decisão que a deferir, vigorará até o trânsito em julgado da decisão definitiva de concessão da segurança ou, havendo recurso, até a sua manutenção pelo Supremo Tribunal Federal, desde que o objeto da liminar deferida coincida, total ou parcialmente, com o da impetração.

a) As alternativas I, IV e V estão corretas.
b) Todas as alternativas estão corretas.
c) Somente as alternativas I e III estão corretas.
d) As alternativas II, IV e VI estão corretas.
e) Nenhuma das alternativas estão corretas.

667. (UEPA/PGE/PA/Procurador/2012) Analise as proposições a seguir:

I. A decisão do Ministro Presidente do Supremo Tribunal Federal que suspende a eficácia de liminar em mandado de segurança, salvo determinação em contrário no provimento que a deferir, produz efeitos até o trânsito em julgado da decisão de mérito a ser proferida no processo principal, não havendo razão para a reiteração de pedido de suspensão, enquanto houver recurso ainda pendente de apreciação.

II. Nos termos da Súmula 506 do Supremo Tribunal Federal, não cabe agravo contra a decisão do Ministro Presidente do STF que indefere pedido de suspensão de liminar em sede de mandado de segurança.

III. Havendo confirmação pelo Tribunal de Justiça Estadual, da decisão de seu Presidente que indeferir o pedido de suspensão de liminar formulado, caberá a renovação do requerimento ao Presidente do Superior Tribunal de Justiça, independentemente da natureza da matéria em debate.

IV. Existindo liminares com conteúdo idêntico, poderá o Presidente do Tribunal deferir a suspensão de maneira coletiva, em única decisão, bem ainda estender o efeitos da suspensão a liminares supervenientes, mediante aditamento ao pedido original.

De acordo com as proposições apresentadas, assinale a alternativa correta:

a) todas estão corretas.
b) II e III estão corretas.
c) apenas a III está correta.
d) I e IV estão corretas.
e) todas estão incorretas.

1.4.7. Mandado de Segurança Coletivo

> **Súmula STF 629.** *A impetração de mandado de segurança coletivo por entidade de classe em favor dos associados independe da autorização destes.*

668. (FCC/PGE/SP/Procurador/2012) O sindicato de determinada categoria de servidores públicos impetrou mandado de segurança coletivo para obstar a alteração da base de cálculo de determinada gratificação funcional que beneficiava parte de seus associados. O juiz concedeu a liminar e determinou a reunião de todos os processos de natureza individual na sua jurisdição, bem como determinou que o sindicato demonstrasse funcionamento há mais de um ano e apresentasse a autorização para o ajuizamento da ação. Nesse contexto:

a) a demonstração de tempo de funcionamento ou de autorização dos associados para a entidade de classe impetrar mandado de segurança coletivo não deveria ser exigida.

b) o juiz, para conceder a liminar, não depende da oitiva prévia do representante judicial da pessoa jurídica de direito público.

c) a reunião dos processos foi bem determinada diante da litispendência que se opera entre a ação coletiva e as ações individuais.

d) a exigência de autorização dos associados é indevida, mesmo quando a pretensão abranja apenas parte da categoria.

e) a pertinência entre o objeto do litígio e os fins institucionais da entidade não é exigida no mandado de segurança coletivo e, consequentemente, para concessão da liminar.

669. (Vunesp/MP/ES/Promotor/2013) São legitimados para propor mandado de segurança coletivo, nos termos da lei:

a) organização sindical, entidade de classe ou associação, sendo esta última legalmente constituída e em funcionamento há, pelo menos, um ano, em defesa dos direitos líquidos e certos de seus membros ou associados, na forma de seus estatutos, devendo haver pertinência temática e tratar apenas de direitos coletivos e individuais homogêneos, sendo dispensada autorização especial de seus membros.

b) partido político com representação no Congresso Nacional e organização sindical desde que legalmente constituída e em funcionamento há, pelo menos, um ano, em defesa dos direitos líquidos e certos de seus membros ou associados, na forma de seus estatutos, devendo haver pertinência temática e tratar de direitos difusos, coletivos e individuais homogêneos, sendo dispensada autorização especial de seus membros.

c) partido político com representação no Congresso Nacional, na defesa de seus interesses legítimos, e associações desde que legalmente constituídas e em funcionamento há, pelo menos, um ano, em defesa dos direitos líquidos e certos de seus membros ou associados, na forma de seus estatutos, devendo haver pertinência temática e tratar apenas de direitos coletivos e individuais homogêneos, exigindo-se autorização especial de seus membros.

d) partido político com representação no Congresso Nacional e entidade de classe legalmente constituída e em funcionamento há, pelo menos, um ano, em defesa dos direitos líquidos e certos de seus membros ou associados, na forma de seus estatutos, devendo haver pertinência temática e tratar apenas de direitos coletivos e individuais homogêneos, mediante autorização especial de seus membros.

e) organização sindical, entidade de classe e associação, exigindo-se que todas sejam legalmente constituídas e estejam em funcionamento há, pelo menos, um ano, em defesa dos direitos líquidos e certos de seus membros ou associados, na forma de seus estatutos, devendo haver pertinência temática e tratar apenas de direitos coletivos e individuais homogêneos, sendo dispensada autorização especial de seus membros.

670. (TRT/15R/Juiz/2011) Assinale a alternativa incorreta:

a) conforme entendimento sumulado pelo Supremo Tribunal Federal, a impetração de mandado de segurança coletivo por entidade

de classe em favor de seus associados não depende de autorização destes.

b) qualquer cidadão é parte legítima para propor ação popular que vise anular ato lesivo ao meio ambiente, assegurando-se ao autor a isenção de custas judiciais e do ônus da sucumbência, salvo em caso de comprovada má-fé.

c) na forma da lei, são gratuitos os atos necessários ao exercício da cidadania.

d) a todos, no âmbito administrativo, são assegurados a razoável duração do processo e os meios que garantam a celeridade de sua tramitação.

e) a pequena propriedade rural, assim definida em lei, desde que trabalhada pela família, não será objeto de penhora, salvo para pagamento de débitos decorrentes de sua atividade produtiva.

671. (Cespe/DPE/AC/Defensor/2012) A respeito do entendimento sumulado do STF no que se refere a mandado de segurança, assinale a opção correta.

a) Controvérsia sobre matéria de direito impede a concessão de mandado de segurança, instituto de defesa de direito certo e incontestável.

b) A impetração de mandado de segurança coletivo por entidade de classe em favor de seus associados independe da autorização destes.

c) É cabível a condenação em honorários de advogado em ações de mandado de segurança.

d) É inconstitucional a estipulação de prazo de decadência para a impetração de mandado de segurança.

e) As entidades de classe não têm legitimidade para impetrar mandado de segurança caso a pretensão veiculada interesse apenas a parte da categoria representada.

672. (PUC-PR/PGE/PR/Procurador/2015) À medida que a sociedade contemporânea presenciou a emergência de relações jurídicas massificadas e a expansão do direito material para alcançar a categoria dos direitos coletivos, o direito processual desenvolveu instrumentos para a tutela de direitos difusos e coletivos, bem como mecanismos voltados às ações multitudinárias. Sobre o tema, com base na jurisprudência recente do Superior Tribunal de Justiça e do Supremo Tribunal Federal, assinale a alternativa correta.

a) Com base no art. 5º, XXI, da Constituição Federal, as entidades associativas têm legitimidade

CAPÍTULO 11 - DIREITO PROCESSUAL CONSTITUCIONAL

STF 217

para representar seus filiados judicial ou extra-judicialmente, sendo suficiente para o exercício da representação judicial a autorização estatutária genérica da entidade associativa.

b) Em se tratando de lesividade à moralidade administrativa, não é cabível a ação popular se não for demonstrado efetivo dano material ao patrimônio público.

c) Em mandado de segurança coletivo, dispensa-se a autorização expressa pelos substituídos para a legitimidade de sindicato, que atua na qualidade de substituto processual.

d) Ações de pretensão de cessação dos danos ambientais, em virtude do seu caráter continuado, estão sujeitas ao prazo prescricional legal.

e) A ação popular é um importante instrumento processual de tutela do meio ambiente, ainda que a defesa do meio ambiente não conste expressamente como uma de suas finalidades na Constituição de 1988.

673. (FCC/PGE/MT/Procurador/2016) De acordo com a jurisprudência dominante nos Tribunais Superiores a respeito do mandado de segurança e de ações coletivas:

a) o termo inicial do prazo decadencial para a impetração de mandado de segurança, na hipótese de exclusão do candidato do concurso público nas hipóteses em que causa de pedir envolva questionamento de critério do edital, é contado a partir da publicação de referido edital.

b) é competente o Tribunal de Justiça para conhecer de mandado de segurança contra ato do juizado especial.

c) a impetração de segurança por terceiro, contra ato judicial, é condicionada a interposição de recurso.

d) a legitimidade das associações para representar os interesses dos associados em ações coletivas depende de autorização expressa dos associados, salvo no que diz respeito ao mandado de segurança coletivo, que independe de autorização.

e) ajuizada ação coletiva atinente a macrolide geradora de processos multitudinários, não se suspendem as ações individuais no aguardo do julgamento da ação coletiva.

674. (FGV/TCE/RJ/Auditor/2015) Considerando a jurisprudência do Supremo Tribunal Federal e do Superior Tribunal de Justiça

sobre as ações constitucionais, os mandados de segurança individual e coletivo, e a ação civil pública, é correto afirmar que:

a) o Ministério Público detém legitimidade ativa "ad causam" para ajuizar ação civil pública no interesse dos cidadãos lesados por exação tributária indevida.

b) as entidades associativas, quando expressamente autorizadas, têm legitimidade para, em caráter coletivo ou individual, representar seus filiados judicialmente.

c) os sindicatos têm legitimidade extraordinária para defender em juízo os direitos e interesses coletivos ou individuais dos integrantes da categoria que representam, sendo desnecessária qualquer autorização destes.

d) o objeto do mandado de segurança coletivo impetrado por organização sindical deve ser um direito dos associados que guarde vínculo com os fins próprios da entidade impetrante do "writ".

e) a execução individual de título judicial decorrente de ação civil pública ajuizada por entidade associativa pode ser promovida por qualquer dos seus associados, tenham ou não expressamente autorizado a propositura da demanda coletiva, bastando a previsão estatutária.

675. (Cespe/PGM/Salvador/Procurador/2015) A respeito do perfil constitucional do mandado de segurança, assinale a opção correta.

a) Prefeito tem legitimidade ativa para ajuizar mandado de segurança contra ato praticado no processo de aprovação de lei pela câmara municipal que não se compatibiliza com o processo legislativo constitucional.

b) Deputado federal tem legitimidade ativa para impetrar mandado de segurança contra ato que considera infringente de prerrogativa da Câmara dos Deputados, visto que os parlamentares exercem parcela de poder do próprio órgão que integram.

c) A impetração de mandado de segurança coletivo por entidade de classe em favor dos associados independe da autorização destes.

d) É pacífica a orientação jurisprudencial segundo a qual não se admite mandado de segurança contra lei em tese; essa compreensão, todavia, não impede a impetração contra atos infralegais, tais como regulamentos e portarias, ainda que estes sejam dotados de abstração e generalidade.

e) Caberá recurso ordinário para o STJ contra a decisão final proferida pelo TJ estadual que conceda mandado de segurança.

> *Súmula STF 630. A entidade de classe tem legitimação para o mandado de segurança ainda quando a pretensão veiculada interesse apenas a uma parte da respectiva categoria.*

676. **(Cespe/Detran/ES/Advogado/2010)** Considere que a associação dos servidores do Detran/ES pretenda impetrar mandado de segurança contra ato da autoridade responsável, que suprimiu determinada gratificação do contracheque de parte de seus associados. Nesse caso, segundo a jurisprudência do STF, como a pretensão interessa apenas a uma parte da categoria, a associação em questão não tem legitimidade para impetrar a ação mandamental.

677. **(FCC/MPE/AL/Promotor/2012)** A respeito do mandado de segurança, é correto afirmar:

a) A impetração de mandado de segurança coletivo por entidade de classe em favor dos associados depende da expressa autorização destes.

b) Da sentença que conceder ou negar o mandado de segurança caberá apelação.

c) Cabe mandado de segurança contra decisão judicial que comporta recurso com efeito suspensivo.

d) Cabe mandado de segurança contra decisão judicial transitada em julgado.

e) O direito de requerer mandado de segurança extinguir-se-á decorridos cento e oitenta dias contados da ciência, pelo interessado, do ato impugnado.

678. **(Cespe/TJ/DFT/Cartórios/2014)** No que se refere às ações constitucionais, assinale a opção correta.

a) De acordo com a jurisprudência do STF, a entidade de classe tem legitimidade ativa para impetrar mandado de segurança, mesmo que apenas parte da categoria tenha interesse no objeto da demanda

b) No rito da ACP, se o MP não intervier como parte, atuará facultativamente como fiscal da lei.

c) Segundo entendimento sumulado do STJ, em mandado de segurança, são incabíveis os embargos infringentes, mas os honorários advocatícios serão devidos pela parte sucumbente.

d) As coisas julgadas formadas na ACP e na ação popular têm as mesmas abrangências, com eficácias oponíveis contra todos erga omnes, nos limites da competência territorial dos respectivos órgãos prolatores, exceto nos casos de julgamento de improcedência por insuficiência de provas.

e) Segundo entendimento mais recente do STF, cabe mandado de segurança contra decisões interlocutórias preferidas no âmbito do juizado especial, por inexistir previsão de interposição de agravo de instrumento na Lei n. 9.099/1995

1.4.8. Prazo de Impetração

> *Súmula STF 430. Pedido de reconsideração na via administrativa não interrompe o prazo para o mandado de segurança.*

679. **(FGV/TJ/PA/Juiz/2009)** A respeito da ação constitucional de mandado de segurança, assinale a alternativa que não expressa a jurisprudência firmada pelo Supremo Tribunal Federal.

a) Controvérsia sobre matéria de direito não impede concessão de mandado de segurança.

b) É constitucional lei que fixa prazo de decadência para impetração de mandado de segurança.

c) Não cabe mandado de segurança enquanto não for apreciado pedido de reconsideração do ato feito em via administrativa.

d) A impetração de mandado de segurança coletivo por entidade de classe em favor dos associados independe da autorização destes.

e) A entidade de classe tem legitimação para o mandado de segurança ainda quando a pretensão veiculada interesse apenas a uma parte da respectiva categoria.

680. **(PUC-PR/PGE/PR/Procurador/2015)** Acerca do mandado de segurança, na esteira da jurisprudência atual do Supremo Tribunal Federal, assinale a alternativa correta.

CAPÍTULO 11 - DIREITO PROCESSUAL CONSTITUCIONAL

STF 219

a) É admissível o controle jurisdicional preventivo de constitucionalidade material de projeto de lei pela via do mandado de segurança.

b) Por não ter personalidade jurídica própria, o Ministério Público não tem legitimidade ativa para impetrar mandado de segurança.

c) É admissível a impetração de mandado de segurança como substitutivo de ação de cobrança.

d) O pedido de reconsideração na via administrativa não interrompe o prazo para o mandado de segurança.

e) Após a prolação da sentença de mérito, o impetrante não pode desistir de mandado de segurança sem a anuência do impetrado.

> **Súmula STF 632.** *É constitucional lei que fixa o prazo de decadência para a impetração de mandado de segurança.*

681. **(FGV/TJ/PA/Juiz/2009)** A respeito da ação constitucional de mandado de segurança, assinale a alternativa que não expressa a jurisprudência firmada pelo Supremo Tribunal Federal.

a) Controvérsia sobre matéria de direito não impede concessão de mandado de segurança.

b) É constitucional lei que fixa prazo de decadência para impetração de mandado de segurança.

c) Não cabe mandado de segurança enquanto não for apreciado pedido de reconsideração do ato feito em via administrativa.

d) A impetração de mandado de segurança coletivo por entidade de classe em favor dos associados independe da autorização destes.

e) A entidade de classe tem legitimação para o mandado de segurança ainda quando a pretensão veiculada interesse apenas a uma parte da respectiva categoria.

682. **(Vunesp/CM/Sertãozinho/Procu-rador/2014)** Com relação à Lei n. 12.016/2009, que disciplina o mandado de segurança, bem como entendimento jurisprudencial a respeito do tema, assinale a alternativa correta.

a) Em caso de decisão denegatória, o mandado de segurança não poderá ser renovado, ainda que a decisão não tenha apreciado o mérito.

b) É inconstitucional a fixação de prazo decadencial, por lei, para impetração de mandado de segurança.

c) Concedida ou denegada a segurança, a sentença estará sujeita ao reexame necessário.

d) Cabem embargos infringentes contra o acórdão que, em julgamento de recurso de apelação, reformar, por maioria de votos, a sentença de mérito do mandado de segurança

e) É obrigatória a intimação do Ministério Público para que participe do mandado de segurança.

683. **(Cespe/TJ/DFT/Juiz/2016)** Em atenção aos direitos e garantias fundamentais e às ações constitucionais, assinale a opção correta.

a) É consolidado no STF o entendimento de que, presente a dúvida sobre o real interesse do paciente na impetração do "habeas corpus", deve o juiz intimá-lo para que manifeste sua vontade em prosseguir ou não com a impetração.

b) O direito ao duplo grau de jurisdição é assegurado expressamente na CF, decorre da proteção judiciária efetiva e não admite ressalvas, salvo a preclusão decorrente da própria inação processual.

c) A arbitragem, alheia à jurisdição estatal no que se refere ao compromisso arbitral firmado, tem sua sentença sujeita à revisão judicial, por meio de recurso próprio, em atenção ao princípio da universalidade da jurisdição do Poder Judiciário.

d) Atos ou decisões de natureza política são indenes à jurisdição, ainda que violadoras de direitos individuais, conforme jurisprudência consolidada do STF.

e) O STF possui orientação pacífica segundo a qual a fixação de prazo decadencial para impetração de mandado de segurança ou de "habeas corpus" é compatível com a ordem constitucional.

1.4.9. Recursos

> **Súmula STF 272.** *Não se admite como ordinário recurso extraordinário de decisão denegatória de mandado de segurança.*

Súmula anotada em Direito Processual Civil – Dos Processos nos Tribunais e dos Meios de Impugnação das Decisões Judiciais – Do Recurso Extraordinário – Fungibilidade.

> **Súmula STF 299.** *O recurso ordinário e o extraordinário interpostos no mesmo processo de mandado de segurança, ou de "habeas corpus", serão julgados conjuntamente pelo Tribunal Pleno.*

➲ Súmula não abordada em concursos recentes.

> **Súmula STF 392.** *O prazo para recorrer de acórdão concessivo de segurança conta-se da publicação oficial de suas conclusões, e não da anterior ciência à autoridade para cumprimento da decisão.*

684. **(Cespe/AGU/Advogado/2004)** O prazo para recorrer de acórdão concessivo de segurança é contado a partir da ciência dada à autoridade coatora para cumprimento da decisão, e não da publicação oficial de suas conclusões.

2. COMPETÊNCIA CÍVEL ORIGINÁRIA DO STF

> **Súmula STF 503.** *A dúvida, suscitada por particular, sobre o direito de tributar, manifestado por dois Estados, não configura litígio da competência originária do Supremo Tribunal Federal.*

➲ Súmula não abordada em concursos recentes.

> **Súmula STF 731.** *Para fim da competência originária do Supremo Tribunal Federal, é de interesse geral da magistratura a questão de saber se, em face da Loman, os juízes têm direito à licença-prêmio.*

➲ Súmula não abordada em concursos recentes.

CAPÍTULO 12 –
DIREITO PROCESSUAL DO TRABALHO

1. DA JUSTIÇA DO TRABALHO

1.1. Da Competência da Justiça do Trabalho

> *Súmula STF Vinculante 22. A justiça do trabalho é competente para processar e julgar as ações de indenização por danos morais e patrimoniais decorrentes de acidente de trabalho propostas por empregado contra empregador, inclusive aquelas que ainda não possuíam sentença de mérito em primeiro grau quando da promulgação da Emenda Constitucional nº 45/04.*

685. **(Cespe/TRE/BA/Analista/2010)** Cuidando-se de ação de indenização por acidente de trabalho fundada na culpa do empregador, compete à justiça do trabalho o julgamento da lide. A competência da justiça comum estadual remanesce apenas nos casos em que haja sentença de mérito exarada em data anterior à vigência da Emenda Constitucional n. 45.

686. **(Esaf/PFN/Procurador/2006)** A Justiça do Trabalho é competente para processar e julgar:

a) as ações oriundas da relação de emprego, abrangidos os entes de Direito Público externo e da Administração direta e indireta da União, dos Estados, do Distrito Federal e dos Municípios, e outras controvérsias decorrentes da relação de trabalho, na forma da lei.

b) as ações relativas às penalidades administrativas impostas pelos órgãos de fiscalização das relações de trabalho, salvo quando inscritas em dívida ativa, sendo da Justiça Federal a competência para a execução fiscal das mesmas.

c) a execução, de ofício, das contribuições sociais previstas no artigo 195, I, "a" e II, e seus acréscimos legais, decorrentes das sentenças que proferir, inclusive as devidas no curso da relação de emprego reconhecido em juízo.

d) as ações de indenização por dano moral ou patrimonial decorrentes da relação de trabalho, salvo quando o dano tiver origem em acidente de trabalho, sendo da Justiça Estadual a competência nessa hipótese.

e) os conflitos de competência entre quaisquer órgãos com jurisdição trabalhista.

687. **(Esaf/PFN/Procurador/2007-1)** Assinale a opção correta.

a) No caso das súmulas vinculantes, a aprovação, revisão ou cancelamento dependem da provocação da maioria qualificada dos Ministros do Supremo Tribunal Federal, considerando para tanto decisão que seja tomada por 2/3 dos votos dos seus membros, figurando como requisito para sua edição a existência de reiteradas decisões do Supremo Tribunal Federal sobre matérias que constitucionalmente lhe são afetas.

b) Compete à Justiça do Trabalho apreciar e julgar pedidos concernentes a perdas e danos morais e/ou materiais, deduzidos em face do (ex) empregador, decorrentes de acidente do trabalho.

c) De acordo com a atual jurisprudência do Supremo Tribunal Federal, a ele compete originariamente julgar o "habeas corpus" contra decisão denegatória de turma recursal dos juizados especiais criminais.

d) No caso de mandado de segurança de competência originária de Tribunal Regional Federal, o recurso adequado contra o acórdão que o julgar será o recurso extraordinário ou o recurso especial, dependendo de o fundamento da decisão ter sido, respectivamente, constitucional ou infraconstitucional.

e) Compete ao Supremo Tribunal Federal processar e julgar, originariamente, a homologação das sentenças estrangeiras e a concessão do "exequatur" às cartas rogatórias, que podem ser conferidas pelo regimento interno ao seu Presidente.

> *Súmula STF Vinculante 23. A justiça do traba-lho é competente para processar e julgar ação possessória ajuizada em decorrência do exer-cício do direito de greve pelos trabalhadores da iniciativa privada.*

688. **(Cespe/TRT/1R/Juiz/2010)** Assinale a opção correta acerca da organização, da composição, do funcionamento, da jurisdição e da competência da justiça do trabalho.

a) Considerando-se a ampliação da competência da justiça do trabalho, não cabe falar de execu-ção de ofício das contribuições sociais devidas por empregadores e empregados e seus acrés-cimos legais decorrentes das sentenças que proferir.

b) Somente se provocado pelas partes interes-sadas, o CSJT pode apreciar decisões adminis-trativas dos tribunais que contrariem as nor-mas gerais de procedimento por ele expedi-das, relacionadas com sistemas de informática, recursos humanos, planejamento e orçamento, administração financeira, material e patrimônio.

c) Em que pese ser a justiça do trabalho compe-tente para processar e julgar ações que digam respeito à greve, no que concerne à observân-cia das regras estabelecidas na Lei de Greve, essa competência não abrange o julgamento de ação possessória ajuizada em decorrência do exercício do direito de greve pelos trabalhado-res da iniciativa privada.

d) Compete ao órgão especial do TST, em maté-ria administrativa, propor ao Poder Legislativo, após deliberação do CSJT, a criação, a extinção ou a modificação de tribunais regionais do tra-balho e varas do trabalho, assim como a altera-ção de jurisdição e de sede desses tribunais e varas.

e) Nas ausências temporárias, por período supe-rior a trinta dias, e nos afastamentos definiti-vos, os ministros do TST são substituídos por juízes de TRT, escolhidos pelo plenário do TST, mediante escrutínio secreto e pelo voto da maioria absoluta dos seus membros.

689. **(UEPA/PGE/PA/Procurador/2012)** Sobre as ações cíveis admissíveis no pro-cesso do trabalho, assinale a alternativa correta:

a) Segundo jurisprudência do Tribunal Superior do Trabalho (RR-8300400-42.2006.5.09.0089, p. ex.), na apreciação de caso envolvendo o cabimento

de mandado de segurança impetrado contra ato de Prefeito que dispensa por justa causa servidor público celetista, importa preliminar-mente distinguir entre atos de império ou de autoridade, sindicáveis por meio de ação man-damental, e atos de mera gestão. A decisão do TST está assentada na tese de que quando o Estado contrata sob o regime da CLT não pratica ato de império, mas, sim, ato de gestão, pelo que se nivela ao particular e, desse modo, não pode ser tido como autoridade coatora para os efeitos do artigo 1º da Lei n. 12.016/2009 (e antes dela do art. 1º da Lei 1.533/51). O mandado de segurança, portanto, não pode ser manejado por servidor público celetista para questionar ato de seu empregador relativo ao contrato de trabalho.

b) Na redação atual do item I da Súmula 100 do Tribunal Superior do Trabalho, o prazo de deca-dência, na ação rescisória, conta-se, em regra, do dia imediatamente subsequente ao trânsito em julgado da última decisão de mérito profe-rida na causa.

c) Nos termos da Súmula Vinculante 23 do STF, a Justiça do Trabalho é competente para pro-cessar e julgar ação possessória ajuizada em decorrência do exercício do direito de greve pelos trabalhadores da iniciativa privada e ser-vidores públicos civis, entendimento adotado também na Rcl 6.568/SP.

d) A ação civil pública é francamente admissível na Justiça do Trabalho, servindo à tutela de direitos sociais difusos ou coletivos, podendo ser mane-jada, prioritariamente, pelo Ministério Público do Trabalho, e, no âmbito da legitimação dos Entes federados, diretamente pelos Estados, suas autarquias e fundações, e também pelas empresas públicas e sociedades de economia mista, desde que não explorem atividade eco-nômica, de acordo a Lei Federal n. 7347/1985, sendo obrigatória, em qualquer caso, a atuação do Ministério Público como fiscal da lei.

e) À luz da Súmula 259 do Tribunal Superior do Trabalho, só por ação anulatória é impugnável o termo de conciliação de que trata o parágrafo único do artigo 831 da Consolidação das Leis do Trabalho.

690. **(FCC/TRT/1R/Juiz/2015)** Após o fracasso das negociações entre o Sindicato dos Bancários e o Banco Multivalor, foi realizada Assembleia na forma estatutária, ocasião em que

CAPÍTULO 12 - DIREITO PROCESSUAL DO TRABALHO

se decidiu pela greve. Apesar de informado do resultado da deliberação coletiva com 72 horas de antecedência, o Banco optou por manter suas agências abertas, franqueando-as aos empregados que não aderissem ao movimento paredista e aos seus clientes. Entretanto, depois de enfrentar graves problemas em um de seus estabelecimentos, onde houve agressão aos empregados que foram trabalhar e o impedimento da entrada de alguns clientes, o banco ajuizou ação de interdito proibitório perante a Justiça do Trabalho, fundamentando sua pretensão no justo receio de ver ameaçado o seu patrimônio e a integridade física dos empregados e consumidores. Com base nos elementos dos autos, o juiz deferiu liminar "inaudita altera pars", a fim de que o Sindicato e seus manifestantes mantivessem distância mínima de 500 metros das agências bancárias, sob pena de multa de R\$ 50.000,00. No caso hipotético:

I. o direito de greve é um direito fundamental social positivado no art. 9º da Constituição Federal de 1988, cujo exercício não pode ser restringido judicialmente, em nenhuma hipótese.

II. a ação de interdito proibitório é uma espécie de ação possessória e, como tal, deve ser dirigida à Justiça Estadual, haja vista a incompetência material da Justiça do Trabalho para dirimir conflitos desta natureza, conforme o teor da Súmula vinculante n. 23 do STF.

III. estavam em colisão o direito fundamental de greve dos bancários com o direito fundamental ao trabalho dos empregados que não aderiram e o direito fundamental à livre iniciativa do empregador.

Está correto o que se afirma apenas em

a) III.

b) I.

c) II e III.

d) II.

e) I e II.

691. (FCC/TRT/16R/Analista/2014) Os funcionários de uma grande empresa situada na cidade de São Luis entram em greve e acabam invadindo a sede da empresa durante o movimento e ali permanecem até a solução definitiva do impasse. Insatisfeita a empresa, por intermédio de seu departamento jurídico, resolve ajuizar na Justiça Comum Estadual uma Ação de Reintegração de Posse, que acaba sendo julgada procedente em primeira instância, confirmada pelo Tribunal

de Justiça. Os trabalhadores grevistas, através do advogado contratado, vislumbrando violação à Súmula Vinculante n. 23, editada pelo Supremo Tribunal Federal ("A Justiça do Trabalho é competente para processar e julgar ação possessória ajuizada em decorrência do exercício do direito de greve pelos trabalhadores da iniciativa privada"), nos termos estabelecidos pela Constituição federal, com o escopo de cassar a decisão judicial proferida pela Justiça Comum Estadual do Estado do Maranhão, deverão apresentar, neste caso:

a) Recurso Ordinário ao Supremo Tribunal Federal.

b) Reclamação ao Supremo Tribunal Federal.

c) Agravo de Instrumento ao Supremo Tribunal Federal.

d) Correição Parcial ao Supremo Tribunal Federal.

e) Representação ao Conselho Nacional de Justiça.

692. (FCC/TRT/6R/Juiz/2015) Em 11 de dezembro de 2009, foi editada a Súmula Vinculante n. 23, com o seguinte verbete: A Justiça do Trabalho é competente para processar e julgar ação possessória ajuizada em decorrência do exercício do direito de greve pelos trabalhadores da iniciativa privada. Esse enunciado

a) não surte efeitos sobre o Legislativo estadual, não constituindo impedimento jurídico à aprovação de novo diploma que altere a legislação de organização judiciária para reconhecer a competência da primeira instância da Justiça Estadual para processar e julgar as ações possessórias ajuizadas em face do exercício do direito de greve pelos trabalhadores da iniciativa privada.

b) surte efeitos sobre o Poder Executivo, constituindo óbice jurídico a que o Presidente da República sancione novo diploma legal que, alterando a legislação processual, negue competência à Justiça do Trabalho para processar e julgar ação possessória ajuizada em decorrência do exercício do direito de greve pelos trabalhadores da iniciativa privada.

c) enseja o cabimento de reclamação em face da rejeição congressual a veto presidencial contrário a projeto de lei que reconheça a incompetência da Justiça do Trabalho para processar e julgar ação possessória ajuizada em decorrência do exercício do direito de greve pelos trabalhadores da iniciativa privada.

d) tem cessados os seus efeitos logo após a publicação de julgado posterior do STF, proferido em sede de ação direta de inconstitucionalidade, que declare, por maioria de seis votos, a inconstitucionalidade material de preceito constante de lei federal que reconheça competência à Justiça do Trabalho para processar e julgar ação possessória ajuizada em decorrência do exercício do direito de greve pelos trabalhadores da iniciativa privada.

e) não surte efeitos sobre os órgãos da Justiça do Trabalho, não gerando impedimento jurídico a que julgamentos futuros reconheçam a competência da Justiça Comum para processar e julgar ação possessória ajuizada em decorrência do exercício do direito de greve pelos trabalhadores da iniciativa privada.

693. (FCC/TRT/23R/Analista/2016) Empresa privada ajuizou ação possessória perante a Justiça Comum, objetivando a obtenção de decisão judicial que determinasse que seus trabalhadores desocupassem o edifício sede da empresa, utilizado pelos empregados durante movimento grevista. O Juiz de primeiro grau entendeu ser competente para a causa, julgando o pedido procedente. Considerando o texto constitucional e a jurisprudência do Supremo Tribunal Federal, a ação possessória

a) poderia ter sido julgada pela Justiça Comum, uma vez que a relação jurídica que ensejou a ação judicial é de direito civil e não de direito do trabalho.

b) poderia ter sido julgada pela Justiça Comum, uma vez que a ação possessória, ainda que ajuizada em decorrência do exercício do direito de greve, não se insere no âmbito de competência da Justiça do Trabalho.

c) não poderia ter sido julgada pela Justiça Comum, podendo a sentença ser impugnada apenas mediante a interposição do recurso cabível, mas não por reclamação constitucional.

d) não poderia ter sido julgada pela Justiça Comum, podendo a sentença ser impugnada mediante reclamação constitucional perante o Supremo Tribunal Federal, sem prejuízo da interposição do recurso cabível.

e) não poderia ter sido julgada pela Justiça Comum, podendo a sentença ser impugnada mediante reclamação ao Tribunal ao qual está vinculado o Juiz de primeiro grau, sem prejuízo da interposição do recurso cabível.

694. (TRT/21R/Juiz/2015) Considerando os Procedimentos Especiais na Justiça do Trabalho, avalie os seguintes itens e assinale a alternativa correta:

a) A lei trabalhista permite que o inquérito para apuração de falta grave torne-se facultativo para as dispensas de trabalhadores com estabilidade se norma coletiva prever procedimento de justificação prévio à dispensa em que seja respeitada ampla defesa e contraditório.

b) Após intenso debate jurisprudencial, o Tribunal Superior do Trabalho sumulou entendimento de que a ação monitória é ação de rito especial incompatível com o processo do trabalho.

c) Interditos proibitórios são admissíveis no âmbito trabalhista, particularmente no contexto de movimentos grevistas na iniciativa privada, seja de forma preventiva ou repressiva.

d) Admissível o sequestro de verbas públicas para o pagamento de precatórios trabalhistas se, por inércia, injustificada da administração, não houver a inclusão da despesa no orçamento ou o não pagamento do precatório até o final do exercício, quando incluído no orçamento.

e) A ação de consignação em pagamento só admite natureza dúplice, se ocorrer reconvenção pela parte consignada, de modo a permitir provimento de natureza condenatória para complementação do valor devido, caso o Juízo conclua pela insuficiência do depósito.

Súmula STF Vinculante 53. A competência da justiça do trabalho prevista no artigo 114, inciso VIII, da Constituição Federal alcança a execução de ofício das contribuições previdenciárias relativas ao objeto da condenação constante das sentenças que proferir e acordos por ela homologados.

➲ Súmula não abordada em concursos recentes.

Súmula STF 736. Compete à justiça do trabalho julgar as ações que tenham como causa de pedir o descumprimento de normas trabalhistas relativas à segurança, higiene e saúde dos trabalhadores.

Súmula anotada em Direito do Trabalho – Das Normas Gerais de Tutela do Trabalho – Da Segurança e da Medicina do Trabalho.

1.2. Da Competência da Justiça Estadual

Súmula STF 501. Compete à justiça ordinária estadual o processo e o julgamento, em ambas as instâncias, das causas de acidente do trabalho, ainda que promovidas contra a União, suas autarquias, empresas públicas ou sociedades de economia mista.

Súmula anotada em Direito Processual Civil – Da Função Jurisdicional – Da Competência Interna – Da Competência da Justiça Estadual.

2. DO PROCESSO JUDICIÁRIO DO TRABALHO

2.1. Do Processo em Geral

2.1.1. Das Custas e Emolumentos

Súmula STF 223. Concedida isenção de custas ao empregado, por elas não responde o sindicato que o representa em juízo.

Súmula anotada em Direito do Trabalho – Da Organização Sindical – Da Instituição Sindical.

2.1.2. Das Partes e dos Procuradores

Súmula STF 234. São devidos honorários de advogado em ação de acidente do trabalho julgada procedente.

↪ Súmula não abordada em concursos recentes.

Súmula STF 633. É incabível a condenação em verba honorária nos recursos extraordinários interpostos em processo trabalhista, exceto nas hipóteses previstas na Lei 5.584/70.

↪ Súmula não abordada em concursos recentes.

2.2. Da Execução

Súmula STF 227. A concordata do empregador não impede a execução de crédito nem a reclamação de empregado na justiça do trabalho.

695. (AOCP/TRT/9R/Juiz/2004) Assinale a alternativa incorreta:

a) para o Direito do Trabalho, é sustentável afirmar que na sucessão trabalhista, o sucessor responde pelos encargos trabalhistas e o empregador sucedido somente será responsabilizado pelos mesmos quando assim for convencionado com o sucedido.

b) para o Direito do Trabalho é sustentável afirmar que é irrelevante e inoperante a cláusula de não-responsabilidade inserida nos instrumentos jurídicos nos quais se opera a transferência na sucessão trabalhista.

c) prevalece para o Direito do Trabalho que a transferência de bens singulares e desintegrados, sem que ocorra a transferência unidade econômico-jurídica não configura sucessão trabalhista.

d) segundo a CLT, a mudança na propriedade da empresa não afetará os contratos de trabalho dos respectivos empregados.

e) os direitos oriundos do contrato de trabalho subsistirão em caso de falência, concordata ou dissolução da empresa.

696. (TRT/12R/Juiz/2004) Assinale a alternativa incorreta:

a) é direta a execução por crédito trabalhista contra empresa em liquidação extrajudicial.

b) a concordata do empregador não impede a execução de crédito nem a reclamação de empregado na Justiça do Trabalho.

c) não está a massa falida obrigada ao recolhimento de custas e realização de depósito recursal.

d) na falência prefere a todos os créditos admitidos a indenização por acidente do trabalho.

e) n.d.a.

Súmula STF 327. O direito trabalhista admite a prescrição intercorrente.

697. (TRT/3R/Juiz/2014) A partir, exclusivamente, das súmulas do STF, não é correto afirmar que:

a) O vendedor pracista, remunerado mediante comissão, não tem direito ao repouso semanal remunerado.

b) O empregado com representação sindical só pode ser despedido mediante inquérito em que se apure falta grave.

c) O direito trabalhista não admite a prescrição intercorrente.

d) Na equiparação de salário, em caso de trabalho igual, toma-se em conta o tempo de serviço na função, e não no emprego.

e) A simples adesão à greve não constitui falta grave.

> **Súmula STF 458.** *O processo da execução trabalhista não exclui a remição pelo executado.*

698. (FCC/TRT/7R/Analista/2009) Joana teve a sua residência penhorada em processo trabalhista no qual não é parte, não sendo sócia, ex-sócia, proprietária e nem parente de proprietário da empresa reclamada. Assim, pretende interpor Embargos de Terceiro. Neste caso, considerando que o processo já transitou em julgado, encontrando-se em fase de execução, Joana poderá interpor os referidos Embargos no prazo de:

a) oito dias, após a arrematação, adjudicação ou remição, independentemente da assinatura da respectiva carta, sendo que, recebidos os Embargos, o embargado será intimado para contestá-los no mesmo prazo.

b) oito dias, contados da data da ciência da penhora de seu imóvel, sendo que, recebidos os Embargos, o embargado será intimado para contestá-los no mesmo prazo.

c) até dez dias após a arrematação, adjudicação ou remição, mas sempre antes da assinatura da respectiva carta, sendo que, recebidos os Embargos, o embargado será intimado para contestá-los no mesmo prazo.

d) até cinco dias após a arrematação, adjudicação ou remição, mas sempre antes da assinatura da respectiva carta, sendo que, recebidos os Embargos, o embargado será intimado para contestá-los no mesmo prazo.

e) até cinco dias após a arrematação, adjudicação ou remição, mas sempre antes da assinatura da respectiva carta, sendo que, recebidos os Embargos, o embargado será intimado para contestá-los no prazo de dez dias.

699. (FCC/TRT/15R/Analista/2009) Considere as seguintes assertivas a respeito dos embargos de terceiros:

I. No processo de execução, os embargos de terceiros somente podem ser opostos até cinco dias depois da arrematação, adjudicação ou remição, mas sempre antes da assinatura da respectiva carta.

II. Aquele que não é proprietário, mas é detentor da posse de determinado imóvel é parte legítima para propor embargos de terceiros.

III. Em regra, na execução por carta precatória, os embargos de terceiros serão oferecidos no juízo deprecante, mas a competência para julgá-lo é do juízo deprecado.

IV. O prazo para o embargado oferecer sua resposta é de cinco dias, contados da intimação.

Está correto o que se afirma somente em:

a) II e III.

b) I, II e III.

c) II, III e IV.

d) I, II e IV.

e) I e II.

700. (TRT/8R/Juiz/2009) Em consonância com a legislação, é incorreto afirmar:

a) Quando o valor fixado para a causa pelo Juiz não for superior a dois salários mínimos, será dispensável o resumo dos depoimentos, devendo constar da ata a conclusão quanto à matéria de fato. Nesses casos, nenhum recurso caberá das sentenças proferidas, salvo se versarem sobre matéria constitucional.

b) No processo do trabalho, em qualquer hipótese, a remição somente será deferida quando o executado oferecer preço igual ao valor total da condenação, incluídos os créditos da União.

c) A decisão sobre novas condições de trabalho poderá ser estendida a todos os integrantes da categoria profissional, compreendida na jurisdição do Tribunal, a pedido de um ou mais empregadores ou de qualquer sindicato destes e por solicitação de um ou mais sindicatos de empregados. Em qualquer caso, é necessário que três quintos dos empregados e três quintos dos empregadores concordem com a extensão da decisão.

d) Nos dissídios coletivos de natureza econômica de competência originária ou recursal da seção normativa do Tribunal Superior do Trabalho, a sentença poderá ser objeto de ação de cumprimento com a publicação da certidão de julgamento.

CAPÍTULO 12 - DIREITO PROCESSUAL DO TRABALHO

e) Havendo falência da empresa, a competência da Justiça do Trabalho se estende até o momento em que é definido o crédito devido ao trabalhador, o qual deverá ser inscrito no quadro geral de credores.

2.3. Dos Recursos

> *Súmula STF 315. Indispensável o traslado das razões da revista, para julgamento, pelo Tribunal Superior do Trabalho, do agravo para sua admissão.*

➦ Súmula não abordada em concursos recentes.

> *Súmula STF 457. O Tribunal Superior do Trabalho, conhecendo da revista, julgará a causa, aplicando o direito à espécie.*

701. (OAB/GO/2005-1) Marque a alternativa correta:

a) O Tribunal Superior do Trabalho conhecendo da revista, julgará a causa, aplicando o direito em espécie.

b) O Tribunal Superior do Trabalho conhecendo da revista, devolverá os autos ao Tribunal de origem, que julgará a causa aplicando o direito em espécie.

c) O Tribunal Superior do Trabalho conhecendo da revista, devolverá os autos ao Tribunal a quo, que o enviará à Vara de origem para julgar a causa aplicando o direito em espécie.

d) Todas as anteriores são falsas.

702. (TRT/24R/Juiz/2006) Quanto aos efeitos dos recursos indique a alternativa incorreta:

a) O efeito devolutivo é desdobramento do princípio dispositivo, visto que impede o tribunal de conhecer matéria que não faz parte do recurso, ou seja, o recurso devolve ao tribunal somente a análise dos itens impugnados.

b) O efeito suspensivo do recurso inibe a decisão impugnada de produzir efeitos, impedindo, por exemplo, a sua execução provisória.

c) O efeito translativo autoriza que o tribunal conheça de certas matérias, ainda que não impugnadas, como as questões de ordem pública.

d) Pelo efeito substitutivo a decisão que acolhe o recurso substitui, nos limites da matéria devolvida, a sentença recorrida. Uma vez conhecido e rejeitado o recurso não se verifica o efeito substitutivo, visto que neste caso manteve-se incólume a sentença atacada.

e) Exceção ao efeito devolutivo ocorre com a possibilidade de o tribunal conhecer de questões discutidas e debatidas no processo, ainda que a sentença não as tenha julgado por inteiro, bem como de todos os fundamentos da ação ou da defesa.

> *Súmula STF 505. Salvo quando contrariarem a Constituição, não cabe recurso para o Supremo Tribunal Federal, de quaisquer decisões da justiça do trabalho, inclusive dos presidentes de seus tribunais.*

Súmula anotada em Direito Processual Civil - Dos Processos nos Tribunais e dos Meios de Impugnação das Decisões Judiciais - Do Recurso Extraordinário - Hipóteses de Cabimento.

> *Súmula STF 633. É incabível a condenação em verba honorária nos recursos extraordinários interpostos em processo trabalhista, exceto nas hipóteses previstas na Lei 5.584/70.*

Súmula anotada em Direito Processual do Trabalho - Do Processo Judiciário do Trabalho - Das Partes e dos Procuradores.

CAPÍTULO 13 –
DIREITO PROCESSUAL PENAL

1. DO INQUÉRITO POLICIAL

> **Súmula STF 524.** *Arquivado o inquérito policial, por despacho do juiz, a requerimento do Promotor de Justiça, não pode a ação penal ser iniciada, sem novas provas.*

703. **(FCC/TJ/PE/Juiz/2013)** Em relação ao inquérito policial, é correto afirmar que:

a) uma vez relatado o inquérito policial, não poderá ser devolvido à autoridade policial, a requerimento do Ministério Público.

b) o sigilo total do inquérito policial pode ser oposto ao indiciado, de acordo com entendimento sumulado do Supremo Tribunal Federal.

c) depois de ordenado seu arquivamento pela autoridade judiciária, por falta de base para a denúncia, a autoridade policial poderá proceder a novas pesquisas, se de outras provas tiver notícia.

d) nos crimes de ação penal privada, a autoridade policial pode iniciar o inquérito policial mediante notícia de crime formulada por qualquer do povo.

e) a autoridade policial poderá mandar arquivar autos de inquérito, quando se convencer acerca da atipicidade da conduta investigada.

704. **(Funiversa/PC/DF/Delegado/2009)** Nos termos da Constituição Federal, ressalvada a competência da União, incumbem às polícias civis, dirigidas por delegados de polícia de carreira, as funções de polícia judiciária e a apuração de infrações penais, exceto as militares. Portanto, com as ressalvas constitucionais, cabe à polícia civil conduzir as investigações necessárias, colhendo provas pré-constituídas e formar o inquérito, que servirá de base de sustentação a uma futura ação penal. Acerca do tema inquérito policial, e com fundamento na orientação jurisprudencial do Supremo Tribunal Federal, assinale a alternativa incorreta.

a) Arquivado o inquérito policial por despacho do juiz, a requerimento do promotor de justiça, não pode a ação penal ser iniciada, sem novas provas.

b) Pode o Ministério Público, como titular da ação penal pública, proceder a investigações e presidir o inquérito policial.

c) Constitui direito do investigado e do respectivo defensor o acesso aos elementos coligidos no inquérito policial, ainda que este tramite sob segredo de justiça.

d) A autoridade policial não poderá mandar arquivar autos de inquérito.

e) O inquérito policial é dispensável, já que o Ministério Público pode embasar seu pedido em peças de informação que concretizem justa causa para a denúncia.

705. **(FGV/TJ/RJ/Analista/2014)** Foi instaurado inquérito policial para investigar a prática de um crime de homicídio que teve como vítima Ana. Apesar de Wagner, seu marido, ter sido indiciado, não foi reunida justa causa suficiente para oferecimento da denúncia, razão pela qual foi o procedimento arquivado na forma prevista em lei. Três meses após o arquivamento, a mãe de Ana descobriu que a filha havia lhe deixado uma mensagem de voz no celular uma hora antes do crime, afirmando que temia por sua integridade física, pois estava sozinha com seu marido em casa e prestes a contar que teria uma relação extraconjugal. Diante desses fatos, de acordo com a jurisprudência majoritária dos Tribunais Superiores, é correto afirmar que:

a) nada poderá ser feito, tendo em vista que o arquivamento do inquérito policial fez coisa julgada material.

b) poderá ser oferecida denúncia, apesar de o inquérito não poder ser desarquivado em virtude da coisa julgada material que fez seu arquivamento.

c) caberá desarquivamento do inquérito policial pela autoridade competente diante do surgimento de provas novas.

d) nada poderá ser feito, pois a gravação de voz existia antes do arquivamento do inquérito, logo não pode ser incluída no conceito de prova nova.

e) poderá a autoridade policial realizar o desarquivamento a qualquer momento, assim como pode por ato próprio determinar o arquivamento do inquérito.

2. DA AÇÃO PENAL

> *Súmula STF 554.* *O pagamento de cheque emitido sem provisão de fundos, após o recebimento da denúncia, não obsta ao prosseguimento da ação penal.*

706. (Funiversa/PC/DF/Delegado/2009) A respeito dos crimes contra o patrimônio, assinale a alternativa correta.

a) Pratica apropriação indébita, e não furto, quem preenche e desconta cheques que lhe tenham sido confiados para pagamento a terceiros, apropriando-se das quantias correspondentes.

b) O crime de extorsão mediante restrição da liberdade da vítima possui o mesmo elemento subjetivo do crime de extorsão mediante sequestro.

c) O pagamento de cheque emitido sem provisão de fundos, após o recebimento da denúncia, não obsta o prosseguimento da ação penal.

d) Aquele que exige ou recebe, como garantia de dívida, abusando da situação de alguém, documento que pode dar causa a procedimento criminal contra a vítima ou contra terceiro, comete o crime de extorsão.

e) Há estelionato, e não furto mediante fraude, na conduta do agente que subtrai veículo posto à venda, mediante solicitação ardil de teste experimental ou mediante artifício que leve a vítima a descer do carro.

707. (MPE/SP/Promotor/2010) Assinale a alternativa correta:

a) no crime de estelionato, na modalidade fundamental, a obtenção da vantagem, a decorrer da fraude, deve sucedê-la ou, ao menos, ser com ela concomitante.

b) no crime de apropriação indébita, constitui causa de aumento de pena (art. 168, § 1º, do Código Penal) o fato de o agente ter recebido a coisa na qualidade de ascendente ou descendente.

c) no crime de estelionato, na modalidade de fraude no pagamento por meio de cheque, o pagamento do título após o recebimento da denúncia impossibilita o prosseguimento da ação penal.

d) para a caracterização do crime de apropriação indébita, constitui expressa disposição legal a exigência de prévia prestação de contas, na hipótese de relação contratual entre acusado e vítima.

e) o crime de estelionato diferencia-se do crime de furto qualificado pela fraude porque neste a vítima entrega o bem após ser ludibriada pelo agente.

708. (MPE/GO/Promotor/2012) Em relação ao arrependimento posterior é correto afirmar:

a) Considerando que a voluntariedade prevista no artigo 16 do CP não pressupõe espontaneidade, poderá ser beneficiado o autor do delito de furto mesmo que já tenha sido descoberto pela autoridade policial ser beneficiado com a causa geral de aumento de pena caso restitua a coisa ou repare o dano por ele causado à vítima no prazo previsto em lei.

b) Mesmo depois de encerrado o inquérito policial, com a consequente remessa à justiça, pode o agente, ainda, valer-se do arrependimento posterior, desde que restitua a coisa ou repare o dano por ele causado à vítima até o oferecimento da denúncia.

c) O agente do crime previsto no artigo 155, § 4º, inciso I (furto qualificado mediante rompimento de obstáculo) não pode ser beneficiado pela causa geral de diminuição de pena, posto que a reparação do dano ou a restituição da coisa só pode se feita nas hipóteses da não ocorrência de violência ou grave ameaça.

d) O pagamento do cheque antes do recebimento da denúncia, nos termos da Súmula 554 do STF, tem força para obstruir a ação penal.

709. (FMP/DPE/PA/Defensor/2015) Assinale a alternativa correta.

a) Conforme entendimento sumulado pelo Superior Tribunal de Justiça, quando o falso se exaure

CAPÍTULO 13 - DIREITO PROCESSUAL PENAL

no estelionato, sem mais potencialidade lesiva, configura-se concurso material de crimes.

b) O pagamento de cheque emitido sem suficiente provisão de fundos, após o recebimento da denúncia, não obsta ao prosseguimento da ação penal.

c) O crime de estelionato se consuma com a simples indução ou manutenção da vítima em erro, independentemente da efetiva obtenção de vantagem indevida.

d) No crime de estelionato, sendo o autor primário e de pequeno valor o prejuízo, o juiz pode deixar de aplicar a pena.

e) Se a vítima efetua o pagamento do cheque emitido sem suficiente provisão de fundos, antes do recebimento da denúncia, incide a circunstância atenuante genérica da pena, pelo fato de o agente ter procurado, por sua espontânea vontade, e com eficiência, logo após o crime, evitar-lhe ou lhe minorar as consequências.

710. (FCC/MPE/PA/Promotor/2014) Aprovada em Sessão Plenária de 15 de dezembro de 1976, a Súmula 554 do Supremo Tribunal Federal enuncia que O pagamento de cheque emitido sem suficiente previsão de fundos, após o recebimento da denúncia, não obsta o prosseguimento da ação penal. Com o advento da reforma da Parte Geral do Código Penal pela Lei n. 7.209/1984, o sentido normativo dessa súmula passou a ser, no entanto, tensionado por importantes segmentos da doutrina brasileira, notadamente à luz do instituto denominado

a) insignificância penal.

b) desistência voluntária.

c) arrependimento eficaz.

d) arrependimento posterior.

e) crime impossível.

711. (IBFC/TJ/PR/Cartórios/2014) Em relação às Súmulas do Supremo Tribunal Federal, em matéria penal, assinale a incorreta:

a) Não há crime quando a preparação do flagrante pela polícia torna impossível a sua consumação.

b) O pagamento de cheque emitido sem provisão de fundos, mesmo após o recebimento da denúncia, obsta o prosseguimento da ação penal.

c) Não se admite a continuidade delitiva nos crimes contra a vida.

d) Há crime de latrocínio, quando o homicídio se consuma, ainda que não realize o agente a subtração de bens da vítima.

> *Súmula STF 594. Os direitos de queixa e de representação podem ser exercidos, independentemente, pelo ofendido ou por seu representante legal.*

712. (FGV/SSP/AP/Delegado/2010) Relativamente ao tema ação penal, analise as afirmativas a seguir:

I. Diz-se que a parte tem interesse juridicamente tutelado para propor a ação, quando poderá obter uma melhora concreta na sua situação jurídica em decorrência do acolhimento do seu pedido (utilidade) e quando não lhe seja possível atingir tal melhora a não ser que recorra ao Judiciário (necessidade).

II. O conceito de legitimidade ativa no processo penal significa que, sendo certo que determinados crimes são processados mediante ação pública e outros mediante ação privada, somente pode ajuizar a respectiva ação aquele que tiver legitimidade (MP ou querelante).

III. A denúncia ou queixa será rejeitada quando faltar justa causa para o exercício da ação penal.

Assinale:

a) se somente a afirmativa I estiver correta.

b) se somente a afirmativa II estiver correta.

c) se somente a afirmativa III estiver correta.

d) se somente as afirmativas II e III estiverem corretas.

e) se todas as afirmativas estiverem corretas.

> *Súmula STF 608. No crime de estupro, praticado mediante violência real, a ação penal é pública incondicionada.*

713. (Cespe/DPE/ES/Defensor/2009) Segundo entendimento sumulado do STF, nos crimes de estupro, por ser este hediondo em todas as suas modalidades, a ação penal respectiva é pública incondicionada.

714. (FCC/DPE/SP/Defensor/2010) Analise as assertivas abaixo:

I. A prática de atos libidinosos sem o consentimento da vítima de quinze anos de idade configura estupro qualificado.

II. Após a Lei n. 12.015/09, a regra geral para as ações penais em crimes contra a liberdade sexual passou a ser a de ação pública incondicionada.

III. A prática de conjunção carnal com menor de quatorze anos em situação de exploração sexual configura crime de favorecimento à prostituição de vulnerável.

IV. Para a tipificação do crime de lenocínio, exige-se que a conduta seja dirigida a pessoa determinada.

Está correto somente o que se afirma em:

a) I e IV.

b) II e III.

c) II.

d) III.

e) IV.

715. (FCC/TRF/3R/Analista/2007) No crime complexo, a ação penal é

a) pública incondicionada, se qualquer dos crimes componentes do tipo deva ser apurado por iniciativa do Ministério Público.

b) pública condicionada, mesmo que qualquer dos crimes componentes do tipo deva ser apurado por iniciativa do Ministério Público, desde que em relação a outro ou outros a sua ação dependa de representação.

c) pública incondicionada em relação aos crimes componentes do tipo que são dessa natureza e privada ou pública condicionada em relação a outro ou outros que sejam de iniciativa privada ou sujeito a representação.

d) pública ou privada, dependendo de acordo entre o Ministério Público e o ofendido ou seu representante legal.

e) privada, se um dos crimes componentes do tipo for dessa natureza, mesmo que outro ou outros devam ser apurados por iniciativa do Ministério Público.

> **Súmula STF 609.** *É pública incondicionada a ação penal por crime de sonegação fiscal.*

Súmula anotada em Direito Penal – Leis Penais Especiais – Lei dos Crimes contra a Ordem Tributária/Econômica/Consumo (Lei 8.137/90).

> **Súmula STF 709.** *Salvo quando nula a decisão de primeiro grau, o acórdão que provê o recurso contra a rejeição da denúncia vale, desde logo, pelo recebimento dela.*

716. (Cespe/MP/AM/Promotor/2007) A respeito de denúncia, assinale a opção correta.

a) Denúncia alternativa é aquela que omite a descrição de comportamento típico e sua atribuição a cada autor individualizado.

b) Se o promotor denuncia o autor de crime de homicídio por crime qualificado por motivo fútil ou torpe, trata-se de denúncia genérica.

c) O acórdão que provê recurso contra rejeição da denúncia vale, desde logo, por seu recebimento, se não for nula a decisão de primeiro grau.

d) É inepta a denúncia que, nos crimes societários, não descreve e individualiza a conduta de cada um dos sócios.

e) Rejeitada a denúncia por falta de condição da ação, fica obstado posterior exercício da ação penal, em face da coisa julgada material.

717. (Vunesp/TJ/RJ/Juiz/2012) Assinale a assertiva que contempla entendimento sumulado pelo Supremo Tribunal Federal acerca dos recursos e ações autônomas de impugnação.

a) Salvo quando nula a decisão de primeiro grau, o acórdão que provê o recurso contra a rejeição da denúncia vale, desde logo, pelo recebimento dela.

b) A renúncia do réu ao direito de apelação, ainda que manifestada sem a assistência do defensor, impede o conhecimento da apelação por este interposta.

c) Cabe "habeas corpus" contra decisão condenatória a pena de multa, ou relativo a processo em curso por infração penal a que a pena pecuniária seja a única cominada.

d) No mandado de segurança impetrado pelo Ministério Público contra decisão proferida em processo penal, não é obrigatória a citação do réu como litisconsorte passivo.

CAPÍTULO 13 - DIREITO PROCESSUAL PENAL

STF 233

> **Súmula STF 714.** É concorrente a legitimidade do ofendido, mediante queixa, e do Ministério Público, condicionada à representação do ofendido, para a ação penal por crime contra a honra de servidor público em razão do exercício de suas funções.

718. (Cespe/TJ/PI/Juiz/2007) Considerando o entendimento do STF a respeito de temas relativos ao processo penal, assinale a opção correta.

a) A renúncia do réu ao direito de apelação impede o conhecimento do recurso por este interposto, ainda que no ato da renúncia o réu esteja sem a assistência do defensor.

b) No processo penal, diferentemente do que ocorre no processo civil, a nulidade decorrente da inobservância da competência por prevenção é absoluta.

c) Nos processos de competência do júri, o efeito devolutivo da apelação não fica adstrito aos fundamentos da sua interposição.

d) Caso o réu esteja em prisão especial e a sentença penal condenatória não tenha transitado em julgado, não há como se falar em progressão de regime de execução da pena.

e) É concorrente a legitimidade do ofendido, mediante queixa, e do Ministério Público, condicionada à representação do ofendido, para a ação penal por crime contra a honra de servidor público em razão do exercício de suas funções.

719. (Esaf/PGDF/Procurador/2007-1) Com relação à jurisprudência do Supremo Tribunal Federal e do Superior Tribunal de Justiça em matéria penal e processual penal, marque a opção correta.

a) É concorrente a legitimidade do ofendido, mediante queixa, e do Ministério Público, condicionada à representação do ofendido, para a ação penal por crime contra a honra de servidor público em razão do exercício de suas funções.

b) De acordo com a atual jurisprudência do Superior Tribunal de Justiça, a multa aplicada no processo penal não é considerada dívida de valor, razão pela qual não pode ser cobrada por meio de execução fiscal.

c) No processo penal, contam-se os prazos da data da juntada aos autos do mandado ou da carta precatória ou de ordem e, não, da data do recebimento da intimação.

d) Nos crimes societários, é, em regra, dispensável que a denúncia descreva exata e detalhadamente a medida da participação de cada corréu que exerça a função de gerência ou administração.

e) Não se admite a progressão de regime de cumprimento da pena ou a aplicação imediata de regime menos severo nela determinada, antes do trânsito em julgado da sentença condenatória.

720. (FCC/MPE/PE/Promotor/2008) Na ação penal por crime contra a honra praticado contra funcionário público no exercício de suas funções, de acordo com o entendimento do Supremo Tribunal Federal, a legitimidade é

a) do Ministério Público, apenas.

b) apenas do ofendido, mediante queixa-crime.

c) concorrente, isto é, do Ministério Público mediante representação, ou do ofendido, mediante queixa-crime, a critério deste.

d) do Ministério Público, mediante representação, apenas.

e) do Ministério Público, de ofício, ou do ofendido.

721. (FCC/TJ/AL/Juiz/2007) Corresponde a uma súmula do Supremo Tribunal Federal, a seguinte afirmação:

a) Admite-se a suspensão condicional do processo por crime continuado, se, em relação a cada crime, a pena não é superior a um ano.

b) A opinião do julgador sobre a gravidade em abstrato do crime pode ser motivação idônea para a imposição de regime mais severo do que o permitido segundo a pena aplicada.

c) Não se admite a progressão de regime de cumprimento de pena ou a aplicação imediata de regime menos severo nela determinado, antes do trânsito em julgado da sentença condenatória.

d) Pode ser determinado o desaforamento de processo de competência do Júri sem a audiência da defesa.

e) É concorrente a legitimidade do ofendido mediante queixa, e do Ministério Público, condicionada à representação do ofendido, para a ação penal por crime contra a honra de servidor público em razão do exercício de suas funções.

722. (FMP/DPE/PA/Defensor/2015) Assinale a alternativa correta.

a) Em razão de preceito constitucional, o Ministério Público é o único legitimado a ajuizar ação civil "ex delicto" em favor do titular do direito à reparação do dano, desde que ele seja pobre e requeira tal providência.

b) O despacho de arquivamento do inquérito policial e a sentença absolutória que decidir que o fato imputado não constitui crime são situações que impedem a propositura da ação civil "ex delicto".

c) De acordo com a jurisprudência consolidada do Supremo Tribunal Federal, nos crimes praticados contra funcionários públicos em razão do exercício da função, a legitimidade para o exercício da ação penal é concorrente para o ofendido, mediante queixa, e para o Ministério Público, condicionada à representação do ofendido.

d) A ação penal privada personalíssima depende de queixa do contraente enganado e somente poderá ser intentada depois de proferida a sentença que, por motivo de erro ou impedimento, anule o casamento.

e) No processo penal atinente aos crimes previstos na Lei n. 8.078/1990, poderão propor ação penal privada subsidiária, entre outros legitimados, as associações legalmente constituídas há pelo menos um ano, e que incluam, entre seus fins institucionais, a defesa dos interesses e direitos protegidos por aquela lei, dispensada a autorização assemblear.

723. (Vunesp/TJ/SP/Juiz/2014) Assinale a opção falsa. O C. Supremo Tribunal Federal, recentemente, assentou, por meio de Súmula, o seguinte entendimento:

a) A lei penal mais grave só se aplica ao crime continuado ou ao crime permanente, se a sua vigência é anterior ao início da continuidade ou da permanência.

b) É concorrente a legitimidade do ofendido, mediante queixa, e do Ministério Público, condicionada à representação do ofendido, para a ação penal por crime contra a honra de servidor público em razão do exercício de suas funções.

c) Não se admite a suspensão condicional do processo por crime continuado, se a soma da pena mínima da infração mais grave com o aumento mínimo de um sexto for superior a um ano.

d) O art. 309 do Código de Trânsito Brasileiro, que reclama decorra do fato perigo de dano, derrogou o art. 32 da Lei das Contravenções Penais no tocante à direção sem habilitação em vias terrestres.

724. (UFMT/MPE/MT/Promotor/2014) Em matéria de ação penal, é incorreto afirmar:

a) O Supremo Tribunal Federal, no julgamento da Ação de Descumprimento de Preceito Fundamental (ADPF) N. 130/DF, julgou pela recepção do art. 44, § 2º, da Lei N. 5.250/1967, asseverando que, contra a decisão de rejeição da denúncia por crime de imprensa, é previsto o recurso de apelação.

b) Ação de prevenção penal é aquela deflagrada com a finalidade de aplicar exclusivamente ao acusado inimputável, na forma do art. 26 do Código Penal, medida de segurança, na chamada sentença absolutória imprópria.

c) Ação penal adesiva é a possibilidade de figurar no polo ativo o Ministério Público e o querelante, nas hipóteses em que houver conexão e continência entre crimes de ação penal pública e ação penal privada.

d) Os crimes de injúria qualificada ou injúria real serão objeto de ação penal pública condicionada à representação do ofendido.

e) A Súmula n. 714 do STF afirma que haverá legitimidade concorrente nos crimes contra a honra de funcionário público praticados no exercício de suas funções ("propter officium"), podendo o próprio funcionário público ingressar com a ação penal privada, sem prejuízo da legitimidade conferida ao Ministério Público para oferecer a denúncia condicionada à representação do ofendido.

725. (MPE/SC/Promotor/2014) Conforme Súmula do Supremo Tribunal Federal, é concorrente a legitimidade do ofendido, mediante queixa, e do Ministério Público, condicionada à representação do ofendido, para a ação penal por crime contra a honra de servidor público em razão do exercício de suas funções.

CAPÍTULO 13 - DIREITO PROCESSUAL PENAL

STF 235

726. (MPE/GO/Promotor/2016) Acerca da ação penal, julgue as alternativas abaixo e marque a incorreta:

a) A teor do que estabelece o Código Penal, o estupro (definido no art. 213, CP) é crime de ação penal pública condicionada à representação. Essa regra é excepcionada apenas em se tratando de vítima menor de 18 anos, hipótese em que a ação passa a ser incondicionada. Consequentemente, a persecução penal depende do oferecimento da representação nos casos de estupro simples (art. 213, caput, CP), estupro qualificado pela lesão corporal de natureza grave (art. 213, § 1º, 1ª parte, CP) e estupro qualificado pela morte (art. 213, § 2º, CP).

b) Havendo ofensa à honra do funcionário público que diga respeito ao exercício das funções, segundo a parte final do parágrafo único do art. 145 do Código Penal, tem-se crime de ação penal pública condicionada à representação. O STF (Súmula n. 714), contudo, objetivando respaldar ao máximo a tutela da honra do" intraneus", consolidou entendimento de que, além da ação penal pública condicionada à representação, pode o ofendido, "in casu", optar pela ação penal privada. A essa situação de legitimação secundária, em sede doutrinária, dá-se o nome de ação penal secundária.

c) A necessidade de o réu recobrar sua higidez mental nas hipóteses de insanidade superveniente é uma condição de prosseguibilidade do processo, haja vista que, sem o seu implemento, a marcha processual fica paralisada, com a prescrição correndo normalmente, circunstância essa doutrinariamente chamada de crise de instância.

d) Em sede doutrinária, diz-se pública subsidiária da pública a ação penal intentada pelo Ministério Público Federal frente à inércia do Ministério Público Estadual nos crimes definidos no Decreto-lei n. 201/67 (art. 2º, § 2º).

3. DA COMPETÊNCIA

3.1. Da Competência pelo Lugar da Infração

> **Súmula STF 521.** *O foro competente para o processo e julgamento dos crimes de estelionato, sob a modalidade da emissão dolosa de cheque sem provisão de fundos, é o do local onde se deu a recusa do pagamento pelo sacado.*

727. (Esaf/CGU/AFC/2006) A competência para processar e julgar emissão de cheque sem fundos é do:

a) lugar da emissão do título.

b) lugar da recusa do pagamento.

c) lugar do domicílio do emitente.

d) lugar do domicílio do beneficiário.

e) lugar da residência do emitente.

3.2. Da Competência pela Natureza da Infração

> **Súmula STF Vinculante 36.** *Compete à justiça federal comum processar e julgar civil denunciado pelos crimes de falsificação e de uso de documento falso quando se tratar de falsificação da caderneta de inscrição e registro (CIR) ou de carteira de habilitação de amador (CHA), ainda que expedidas pela Marinha do Brasil.*

↪Súmula não abordada em concursos recentes.

> **Súmula STF 498.** *Compete à justiça dos Estados, em ambas as instâncias, o processo e o julgamento dos crimes contra a economia popular.*

728. (Cespe/AGU/Procurador/2007) Competem à justiça estadual o processo e o julgamento dos crimes contra a economia popular.

> **Súmula STF 522.** *Salvo ocorrência de tráfico com o exterior, quando, então, a competência será da justiça federal, compete à justiça dos Estados o processo e o julgamento dos crimes relativos a entorpecentes.*

729. **(Vunesp/TJ/RJ/Juiz/2014)** De acordo com entendimento sumulado pelo STF, é de competência da Justiça Federal processar e julgar crimes de tráfico de drogas, desde que haja remessa do entorpecente para o:

a) exterior.

b) exterior, ou entre Estados dentro do país.

c) exterior, ou entre Estados dentro do país, ou entre Municípios.

d) exterior, e desde que seja praticado por associação transnacional.

3.3. Da Competência por Prevenção

> **Súmula STF 706.** *É relativa a nulidade decorrente da inobservância da competência penal por prevenção.*

730. **(FCC/TCE/AP/Procurador/2010)** Segundo entendimento sumulado dos Tribunais Superiores, é incorreto afirmar:

a) A nulidade por ilegitimidade do representante da parte poderá ser a todo tempo sanada, mediante ratificação dos atos processuais.

b) É relativa a nulidade decorrente da inobservância da competência penal por prevenção.

c) Intimada a defesa da expedição de carta precatória, torna-se desnecessária a intimação da data da audiência no juízo deprecado.

d) No processo penal, a falta da defesa constitui nulidade absoluta, mas a sua deficiência só o anulará se houver prova de prejuízo para o réu.

e) Salvo quando nula a decisão de primeiro grau, o acórdão que provê o recurso contra a rejeição da denúncia vale, desde logo, pelo recebimento dela.

731. **(Cespe/PG/DF/Procurador/2013)** De acordo com a jurisprudência do STF, é absoluta a nulidade que decorre da não observância da competência penal por prevenção, sendo

esta passível de arguição em qualquer grau de jurisdição.

3.4. Da Competência pela Prerrogativa da Função

> **Súmula STF 451.** *A competência especial por prerrogativa de função não se estende ao crime cometido após a cessação definitiva do exercício funcional.*

732. **(FGV/SSP/AP/Delegado/2010)** Após surpreender Manoel Cunha mantendo relações sexuais com sua esposa, o deputado federal Paulo Soares persegue Manoel até uma cidade vizinha. Nessa cidade, dá três tiros em Manoel, que vem a falecer em decorrência das lesões provocadas pela ação de Paulo. No curso do inquérito policial instaurado para apurar os fatos, o mandato de Paulo chega ao fim e o mesmo não consegue se reeleger. Considerada tal narrativa, assinale a alternativa que indique quem tem competência para processar e julgar Paulo por homicídio.

a) o Supremo Tribunal Federal, já que na época dos fatos o mesmo era deputado federal.

b) o tribunal de júri da comarca em que a vítima faleceu.

c) o tribunal de júri federal com jurisdição na comarca em que a vítima faleceu.

d) o Superior Tribunal de Justiça, já que na época dos fatos o mesmo era deputado federal.

e) o tribunal de júri da comarca em que a vítima residia.

733. **(FCC/ALE/PB/Procurador/2013)** No tocante à competência no processo penal, é correto afirmar que:

a) se o réu não tiver residência certa ou for ignorado o seu paradeiro, será competente o juiz que primeiro tomar conhecimento do fato.

b) nos casos de exclusiva ação privada, o querelante poderá preferir o foro de domicílio ou residência do réu, somente se desconhecido o lugar da infração.

c) a competência especial por prerrogativa de função, relativa a atos administrativos do agente, prevalece ainda que o inquérito ou a ação judicial sejam iniciados após a cessação do exercício da função pública.

CAPÍTULO 13 - DIREITO PROCESSUAL PENAL

STF 237

d) na determinação da competência por conexão ou continência, no concurso entre a jurisdição especial e a comum, prevalecerá esta.

e) a competência será, de regra, determinada pelo lugar em que se consumar a infração, ou, caso de tentativa, pelo lugar em que for praticado o maior número de atos de execução.

> *Súmula STF 702. A competência do tribunal de justiça para julgar prefeitos restringe-se aos crimes de competência da justiça comum estadual; nos demais casos, a competência originária caberá ao respectivo tribunal de segundo grau.*

734. **(Cespe/PGM/BoaVista/Procurador/2010)** Caso um prefeito municipal cometa crimes contra bens, interesses ou serviços da União, ele somente poderá ser processado criminalmente mediante ação penal instaurada no tribunal de justiça do estado.

735. **(Cespe/TJ/SE/Juiz/2008)** Segundo entendimento dos tribunais superiores sobre competência, assinale a opção correta.

a) Viola as garantias do juiz natural, da ampla defesa e do devido processo legal a atração por continência do processo do corréu ao foro por prerrogativa de função do outro denunciado.

b) A competência do tribunal de justiça para julgar prefeitos restringe-se aos crimes de competência da justiça comum estadual.

c) A competência constitucional do tribunal do júri não prevalece sobre o foro por prerrogativa de função estabelecida exclusivamente pela Constituição estadual.

d) O processo e julgamento dos crimes conexos de competência federal, eleitoral e estadual compete à justiça federal, uma vez que prevalece a justiça especial em relação à comum.

e) O processo por contravenção penal praticada em detrimento de bens da União compete à justiça federal.

736. **(Esaf/RFB/ATRF/2006)** Sobre organização e competências da União, Estados, Distrito Federal e Municípios, marque a única opção correta.

a) O subsídio dos Vereadores, fixado por ato da Câmara Municipal, nos termos da Constituição Federal, só entrará em vigência no ano seguinte ao da publicação do ato, observados os critérios estabelecidos na respectiva Lei Orgânica e os limites máximos estabelecidos no texto constitucional.

b) Para fins de verificação da adequação do total da despesa do Poder Legislativo municipal com o limite estabelecido no texto constitucional, os gastos com os subsídios dos Vereadores devem ser incluídos no valor total da despesa e os gastos com inativos, excluídos.

c) A eleição do Prefeito e do Vice-Prefeito de um município só terá segundo turno se, simultaneamente, nenhum dos candidatos obtiver a maioria absoluta dos votos válidos e o município tiver mais de duzentos mil habitantes.

d) Os prefeitos serão julgados, em razão de ilícitos penais e cíveis, pelo Tribunal de Justiça do Estado.

e) O município não possui competência para suplementar a legislação federal, cabendo-lhe, tão-somente, a suplementação da legislação estadual.

737. **(FGV/OAB/2010-3)** Tendo como referência a competência "ratione personae", assinale a alternativa correta.

a) Caio, vereador de um determinado município, pratica um crime comum previsto na parte especial do Código Penal. Será, pois, julgado no Tribunal de Justiça do Estado onde exerce suas funções, uma vez que goza do foro por prerrogativa de função.

b) Tício, juiz estadual, pratica um crime eleitoral. Por ter foro por prerrogativa de função, será julgado no Tribunal de Justiça do Estado onde exerce suas atividades.

c) Mévio é governador do Distrito Federal e pratica um crime comum. Por uma questão de competência originária decorrente da prerrogativa de função, será julgado pelo Superior Tribunal de Justiça.

d) Terêncio é prefeito e pratica um crime comum, devendo ser julgado pelo Tribunal de Justiça do respectivo Estado. Segundo entendimento do STF, a situação não se alteraria se o crime praticado por Terêncio fosse um crime eleitoral.

738. **(Cespe/TRE/PI/Analista/2016)** Com relação a jurisdição e competência, assinale a opção correta.

a) Prefeito municipal do estado do Rio Grande do Sul que cometa o delito de porte ilegal de arma em cidade do estado de São Paulo será processado e julgado pelo Tribunal de Justiça do Estado de São Paulo.

b) Caso parlamentar federal cometa crimes de licitações fraudulentas e obras superfaturadas, apurados por inquérito civil durante o exercício funcional, o foro por prerrogativa de função persistirá mesmo após o encerramento do mandato, pois o STF assegura tal prerrogativa nos casos de crimes de improbidade administrativa.

c) Parlamentar estadual que cometa crime contra bens e interesses da União deverá ser processado e julgado pelo tribunal de justiça com jurisdição no local do delito.

d) Prefeito municipal que cometa homicídio doloso será processado e julgado pelo tribunal de justiça local, e não pelo tribunal do júri.

e) Ocorrerá a separação de processos quando um parlamentar federal praticar homicídio doloso em concurso com outro parlamentar estadual, pois, no caso deste, o foro especial é estabelecido pela Constituição estadual.

> **Súmula STF 703.** *A extinção do mandato do prefeito não impede a instauração de processo pela prática dos crimes previstos no art. 1º do DL 201/67.*

739. **(Cespe/Cehap/Advogado/2009)** Quanto aos crimes de responsabilidade dos prefeitos, assinale a opção correta.

a) Compete à justiça federal processar e julgar prefeito municipal por desvio de verba sujeita a prestação de contas perante órgão federal e de verba transferida e incorporada ao patrimônio municipal.

b) A extinção do mandato do prefeito impede a instauração de processo pela prática dos crimes de responsabilidade, mas não prejudica a ação penal por crime contra a administração pública.

c) Comete crime de responsabilidade e se sujeita ao julgamento do Poder Judiciário o prefeito que inverte a ordem de pagamento a credores do município, sem que haja vantagem para o erário.

d) A conduta do prefeito que capta recursos a título de antecipação de receita de tributo cujo fato gerador ainda não tenha ocorrido não caracteriza crime de responsabilidade, mas

obriga a justificação do ato junto à câmara municipal.

> **Súmula STF 704.** *Não viola as garantias do juiz natural, da ampla defesa e do devido processo legal a atração por continência ou conexão do processo do corréu ao foro por prerrogativa de função de um dos denunciados.*

740. **(Fumarc/TJ/MG/2012)** A atração por continência ou conexão do processo do corréu ao foro por prerrogativa de função de um dos denunciados por prática criminosa

a) é incabível, segundo a ordem jurídica pátria.

b) será cabível, ainda que concurso haja entre a jurisdição comum e a militar.

c) não viola, quando cabível e segundo orientação sumulada do Supremo Tribunal Federal, as garantias do juiz natural, da ampla defesa e do devido processo legal.

d) deverá ocorrer sempre, em razão do princípio da unidade e coerência das decisões judiciais, ainda que praticado crime doloso contra a vida por quem não detém o foro por prerrogativa de função.

741. **(FCC/DPE/RS/Defensor/2014)** Considere as seguintes assertivas sobre competência penal:

I. Salvo ocorrência de tráfico interestadual ou para o exterior, quando então a competência será da Justiça Federal, compete à Justiça dos Estados o processo e o julgamento dos crimes relativos a entorpecentes.

II. Compete à Justiça Federal, em ambas as instâncias, o processo e o julgamento dos crimes contra a economia popular.

III. A competência constitucional do Tribunal do Júri prevalece sobre o foro por prerrogativa de função estabelecido exclusivamente pela Constituição Estadual.

IV. A competência do Tribunal de Justiça para julgar prefeitos restringe-se aos crimes de competência da Justiça comum estadual, nos demais casos, a competência originária caberá ao respectivo tribunal de segundo grau.

V. Viola as garantias do Juiz natural, da ampla defesa e do devido processo legal a atração por continência ou conexão do processo do corréu ao foro por prerrogativa de função de um dos denunciados.

Correspondem a entendimentos sumulados pelo Supremo Tribunal Federal, apenas

a) III e IV.
b) I, II e IV.
c) I, III e V.
d) III e V.
e) II, IV e V.

742. (MPE/SC/Promotor/2016) A Súmula 704 do Supremo Tribunal Federal, dispõe que viola as garantias do juiz natural, da ampla defesa e do devido processo legal a atração por continência ou conexão do processo do corréu ao foro por prerrogativa de função de um dos denunciados. Já Súmula 705, da mesma corte, estabelece que a renúncia do réu ao direito de apelação, manifestada sem a assistência do defensor, não impede o conhecimento da apelação por este interposta.

4. DAS QUESTÕES E PROCESSOS INCIDENTES

4.1. Do Conflito de Jurisdição

> **Súmula STF 555.** *É competente o tribunal de justiça para julgar conflito de jurisdição entre juiz de direito do Estado e a justiça militar local.*

➲ Súmula não abordada em concursos recentes.

5. DA PRISÃO, DAS MEDIDAS CAUTELARES E DA LIBERDADE PROVISÓRIA

5.1. Da Liberdade Provisória com ou sem Fiança

> **Súmula STF 697.** *A proibição de liberdade provisória nos processos por crimes hediondos não veda o relaxamento da prisão processual por excesso de prazo.*

743. (Cespe/MPE/TO/Promotor/2006) Considerando o entendimento sumulado do STF acerca dos assuntos a seguir abordados, assinale a opção correta.

a) É possível a imposição, pelo juiz, de regime de cumprimento mais severo do que a pena aplicada permitir, sendo a opinião do julgador, devidamente fundamentada, sobre a gravidade em abstrato do crime, motivação idônea para tanto.

b) Se houver dúvida sobre a imparcialidade do júri, o tribunal de justiça, por intermédio de representação feita de ofício pelo juiz, poderá desaforar o julgamento para comarca ou termo próximo, onde não subsista aquele motivo, ouvido o procurador-geral de justiça, sem necessidade de audiência da defesa.

c) Em procedimento do juizado especial criminal, se estiverem presentes os pressupostos legais para a suspensão condicional do processo, mas o promotor de justiça se recusar a fazer a proposta respectiva, deverá o juiz, por se tratar de direito público subjetivo do réu, efetuar a proposta de suspensão condicional do processo, deixando consignada a recusa do representante do MP.

d) A proibição de liberdade provisória nos processos por crimes hediondos não veda o relaxamento da prisão processual por excesso de prazo.

6. DAS CITAÇÕES E INTIMAÇÕES

6.1. Das Citações

> **Súmula STF 351.** *É nula a citação por edital de réu preso na mesma unidade da federação em que o juiz exerce a sua jurisdição.*

744. (FCC/TJ/PE/Juiz/2011) A citação

a) é admissível por hora certa, estabelecendo a legislação processual penal forma específica e determinada.

b) do réu preso é dispensável, bastando a requisição.

c) procedida por edital de réu preso em outra unidade da federação é nula, segundo entendimento sumulado do Supremo Tribunal Federal.

d) procedida pessoalmente não conduz à suspensão do processo se o réu deixar de comparecer a algum ato.

e) é inadmissível por carta precatória.

> **Súmula STF 366.** *Não é nula a citação por edital que indica o dispositivo da lei penal, embora não transcreva a denúncia ou queixa, ou não resuma os fatos em que se baseia.*

745. **(Cespe/OAB/2009-3)** No que se refere a citações e intimações, assinale a opção correta.

a) Tratando-se de processo penal, não se admite a citação de acusado por edital.

b) O réu preso deve ser citado pessoalmente.

c) É inadmissível no processo penal a citação por hora certa.

d) Tratando-se de processo penal, a citação inicial deve ser feita pelo correio.

746. **(Cespe/STM/Analista/2011)** Conforme entendimento do Supremo Tribunal Federal (STF), não é nula a citação por edital que se limita a indicar o dispositivo da lei penal, não transcrevendo o inteiro teor da denúncia ou queixa, inexistindo violação ao princípio do contraditório e da ampla defesa.

747. **(FCC/ALE/PB/Procurador/2013)** Em relação à citação no processo penal, é correto afirmar que:

a) o processo terá completada a sua formação quando realizada a citação do acusado.

b) é nula a citação por edital que apenas indique o dispositivo de lei penal e não transcreva a denúncia ou queixa ou não resuma os fatos em que se baseia.

c) se o acusado, citado por edital, não comparecer, nem constituir advogado, ficará suspenso o processo, mas não o curso do prazo prescricional.

d) verificando que o réu se oculta para não ser citado, o oficial de justiça certificará a ocorrência e o juiz determinará a citação por edital, com prazo de 15 (quinze) dias.

e) se o réu estiver preso, não precisa ser pessoalmente citado.

748. **(Cespe/TRE/MT/Analista/2015)** De acordo com o entendimento dos tribunais superiores a respeito das comunicações dos atos processuais, assinale a opção correta em relação a citações e intimações.

a) A citação por edital será válida, ainda que não transcreva a denúncia, bastando indicar o dispositivo da lei penal.

b) Em se tratando de processo penal, a contagem dos prazos inicia-se na data da juntada do mandado aos autos.

c) Publicado ato processual com efeito de intimação em uma sexta-feira, nessa mesma data se iniciará a contagem do prazo judicial.

d) É nula a citação editalícia de réu preso em unidade da Federação diversa daquela onde o magistrado que a tenha determinado exerce a sua jurisdição.

e) A falta de intimação da expedição de precatória para inquirição de testemunha implica nulidade absoluta do processo.

6.2. Das Intimações

> *Súmula STF 155. É relativa a nulidade do processo criminal por falta de intimação da expedição de precatória para inquirição de testemunha.*

749. **(TRF/2R/Juiz/2014)** Assinale a alternativa correta:

a) Na oitiva de testemunha por carta precatória, a presença do réu será indispensável, sendo facultativa a presença de defensor.

b) A defesa deve ser intimada da expedição de carta precatória e da data da audiência no Juízo deprecado, sob pena de nulidade.

c) A expedição da carta precatória não suspende a instrução criminal, que pode prosseguir em seus ulteriores termos até a sentença; cumprida e devolvida a carta após a oitiva das testemunhas de defesa, ela não poderá ser juntada aos autos.

d) É absoluta a nulidade decorrente de falta de intimação de expedição de carta precatória para intimação de testemunha, nos termos da jurisprudência sumulada do Egrégio Supremo Tribunal Federal.

e) Quando a testemunha residir fora da jurisdição, poderá o juiz que preside o feito ouvi-la, diretamente, por videoconferência ou qualquer outro meio tecnológico de transmissão de sons e imagens, podendo tal oitiva se dar dentro da audiência una de instrução e julgamento.

750. **(Fundep/DPE/MG/Defensor/2014)** A respeito da prova no processo penal e temas correlatos, analise as afirmativas a seguir.

I. A expedição de carta precatória para oitiva de testemunha não suspenderá a instrução criminal e, de acordo com a jurisprudência dominante do Supremo Tribunal Federal, a ausência

CAPÍTULO 13 - DIREITO PROCESSUAL PENAL

STF 241

de intimação da expedição da referida precatória é causa de nulidade relativa do processo criminal.

II. Segundo entendimento sumulado do Superior Tribunal de Justiça, o mero decurso de tempo é fundamento idôneo para justificar a decisão que determina a produção antecipada de provas com base no artigo 366 do CPP.

III. A vedação constitucional da prova ilícita não é absoluta no processo penal, já que é possível ser afastada em favor do acusado, quando tiver por fim a prova da inocência com fundamento no princípio da proporcionalidade.

IV. De acordo com o código de processo penal, sempre são inadmissíveis as provas derivadas das ilícitas, devendo ser desentranhadas do processo e inutilizadas por decisão judicial, facultando às partes acompanhar o incidente.

Estão corretas as afirmativas

a) I e III apenas.

b) I, II, III e IV.

c) I, II e IV apenas.

d) II e IV apenas.

> *Súmula STF 707. Constitui nulidade a falta de intimação do denunciado para oferecer contrarrazões ao recurso interposto da rejeição da denúncia, não a suprindo a nomeação de defensor dativo.*

751. (Cespe/TJ/PA/Analista/2006) Com base no entendimento sumulado do Supremo Tribunal Federal, assinale a opção incorreta.

a) Viola as garantias do juiz natural, da ampla defesa e do devido processo legal a atração por continência ou conexão do processo do corréu ao foro por prerrogativa de função de um dos denunciados.

b) Não cabe "habeas corpus" contra decisão condenatória a pena de multa, ou relativo a processo em curso por infração penal a que a pena pecuniária seja a única cominada.

c) No processo penal, contam-se os prazos da data da intimação, e não da juntada aos autos do mandato ou da carta precatória ou de ordem.

d) Constitui nulidade a falta de intimação do denunciado para oferecer contrarrazões ao recurso interposto da rejeição da denúncia, não a suprindo a nomeação de defensor dativo.

752. (FCC/DPE/SP/Defensor/2010) Assinale a alternativa correta em relação aos recursos no processo penal.

a) Contra a decisão do magistrado que rejeita a denúncia ou a queixa é cabível recurso em sentido estrito pelo Ministério Público ou pelo querelante, constituindo nulidade a falta de intimação pessoal do denunciado.

b) Em função do princípio da presunção de inocência, o recurso da sentença condenatória impede a concessão de progressão de regime segundo a quantidade de pena provisoriamente aplicada.

c) O duplo grau de jurisdição não consiste em direito fundamental por falta de previsão expressa do direito de recorrer do acusado na Constituição Federal.

d) A manifestação do acusado no sentido de não desejar recorrer da condenação impede que a defesa técnica interponha e arrazoe a apelação em razão do princípio da prevalência da autodefesa no processo penal.

e) No procedimento do tribunal do júri, por ser a apelação recurso de fundamentação vinculada, o Tribunal não pode declarar a nulidade da sentença condenatória quando o recurso atacar exclusivamente a decisão dos jurados manifestamente contrária à prova dos autos.

753. (Vunesp/TJ/RJ/Juiz/2013) Assinale a alternativa correta relativamente aos recursos no processo penal.

a) Entende o Supremo Tribunal Federal que constitui nulidade a falta de intimação do denunciado para oferecer contrarrazões ao recurso interposto da rejeição da denúncia, salvo se houver nomeação de defensor dativo.

b) Quatro são os possíveis efeitos recursais: devolutivo, suspensivo, regressivo e extensivo.

c) De acordo com o Código de Processo Penal, não poderá ser usado o recurso em sentido estrito quando cabível a apelação, salvo se somente de parte da decisão se recorra.

d) As partes podem apresentar embargos infringentes, em dez dias, quando não for unânime a decisão de segundo grau.

754. **(Cespe/TJ/RR/Cartórios/2013)** Considerando os princípios do direito processual penal, assinale a opção correta.

a) O princípio da vedação de revisão pro societate impede que o inquérito policial ou a ação penal voltem a tramitar caso haja sentença declaratória de extinção da punibilidade pela morte do autor do fato, ainda que posteriormente seja comprovada a falsidade da certidão de óbito.

b) É ilícita a prova de crime obtida por meio de interceptação telefônica judicialmente autorizada nos autos de inquérito policial destinado à apuração de outro crime.

c) Pelo princípio constitucional da publicidade, que rege as decisões proferidas pelo Poder Judiciário, os atos processuais deverão ser públicos, sendo absolutamente vedada a restrição de sua ciência por terceiros que não participem da relação processual.

d) Ainda que seja nomeado defensor dativo pelo juiz, o denunciado deve ser intimado para oferecer contrarrazões ao recurso interposto pelo MP contra a decisão que tenha rejeitado a denúncia, sob pena de nulidade.

e) O interrogatório do acusado, por constituir exercício do direito de defesa, não pode ser por ele dispensado, sob pena de nulidade.

755. **(Vunesp/TJ/PA/Juiz/2014)** Acusado não é intimado para contrarrazoar recurso interposto pelo Ministério Público contra decisão que rejeitou a denúncia. De acordo com o entendimento sumulado pelo STF (Súmula 707):

a) deve-se aguardar o julgamento do recurso e, somente em caso de procedência e prejuízo, há de ser decretada nulidade.

b) a ausência de intimação constitui nulidade, mesmo que tenha sido nomeado defensor dativo.

c) não há nulidade, uma vez que a relação processual só se aperfeiçoa com o recebimento da denúncia e a citação do acusado.

d) apenas haverá nulidade se constatado prejuízo, sendo este presumido se o recurso ministerial for julgado procedente.

e) não há nulidade se houver nomeação de defensor dativo, sendo que eventual deficiência da defesa apenas gera nulidade se causar prejuízo.

756. **(MPE/GO/Promotor/2016)** "Fenício" foi denunciado pela prática de furto

simples e o Juiz rejeitou de plano a peça inaugural da "persecutio criminis, entendendo, "in casu", que se aplica o princípio da insignificância. Houve interposição de recurso pelo Ministério Público. O Juiz de primeiro grau nomeou defensor dativo ao recorrido para contrarrazoar o recurso. O réu não foi citado da ação penal interposta, devido ao fato de ter sido a Denúncia rejeitada. Diante do texto e do que dispõe o entendimento sumulado pelo STF:

a) Mesmo não tendo sido o réu intimado pessoalmente para oferecer contrarrazões, havendo nomeação de advogado dativo que ofereça a peça apropriada, refutando os termos do recurso do Ministério Público, não há prejuízo ao recorrido e, portanto, não há nulidade absoluta ou relativa.

b) A nulidade existe, mas é relativa, somente se configurando se houver desídia do defensor dativo, se mostrando ineficiente na defesa do recorrido.

c) Constitui nulidade a falta de intimação do denunciado para oferecer contrarrazões ao recurso interposto da rejeição da denúncia, não a suprindo a nomeação de defensor dativo.

d) Constitui nulidade a falta de citação do denunciado para apresentar defesa à denúncia ofertada. Restará suprida tal nulidade com a nomeação de defensor dativo se a atuação do causídico no feito for sem desídia. Caso contrário, havendo desídia do defensor, a nulidade será absoluta e não relativa.

7. DA SENTENÇA

> **Súmula STF 453.** *Não se aplicam à segunda instância o art. 384 e parágrafo único do Código de Processo Penal, que possibilitam dar nova definição jurídica ao fato delituoso, em virtude de circunstância elementar não contida, explícita ou implicitamente, na denúncia ou queixa.*

757. **(FGV/OAB/2010-2)** João foi denunciado pela prática do crime de furto (CP, art. 155), pois segundo narra a denúncia ele subtraiu colar de pedras preciosas da vítima. No decorrer da instrução processual, a testemunha Antônio relata fato não narrado na denúncia: a subtração do objeto furtado se deu mediante "encontrão" dado por João no corpo da vítima. Na fase de sentença, sem antes tomar qualquer providência, o

Juiz decide, com base no sobredito testemunho de Antônio, condenar João nas penas do crime de roubo (CP, art. 157), por entender que o "encontrão" relatado caracteriza emprego de violência contra a vítima. A sentença condenatória transita em julgado para o Ministério Público. O Tribunal, ao julgar apelo de João com fundamento exclusivo na insuficiência da prova para a condenação, deve:

a) anular a sentença.

b) manter a condenação pela prática do crime de roubo.

c) abrir vista ao Ministério Público para aditamento da denúncia.

d) absolver o acusado.

758. (Cespe/MPE/RO/Promotor/2013) Com base no entendimento dos tribunais superiores, assinale a opção correta acerca do princípio da vedação de revisão pro societate, da "mutatio libelli" e da "emendatio libelli", bem como da competência para decidir conflito de atribuição entre órgãos do MPE e do MPF.

a) Cabe ao procurador-geral da República resolver eventual conflito de atribuição estabelecido entre órgãos do MPE e do MPF.

b) A "mutatio libelli" não pode ser aplicada em segunda instância; coisa diversa seria admitir que o tribunal pudesse prover apelação do MP contra sentença condenatória, para o fim de possibilitar, na instância originária, o aditamento da denúncia que havia sido rejeitado pelo juízo prolator da decisão recorrida.

c) Em segunda instância, é sempre possível a aplicação da "emendatio libelli", com todas as suas consequências, tendo ou não havido recurso da acusação.

d) É pacificado o entendimento dos tribunais superiores acerca da possibilidade de instauração de ação penal fundada na existência de novas provas, mesmo no caso em que o inquérito policial tenha sido arquivado a pedido do MP, com base na atipicidade dos fatos, desde que o arquivamento tenha sido ordenado por juiz absolutamente incompetente.

e) Segundo entendimento do STF e do STJ, mesmo que o juiz tenha reconhecido a extinção da punibilidade do acusado com base em falso atestado de óbito, não são possíveis a revogação da decisão e o prosseguimento da ação penal, sob pena de ofensa ao princípio da vedação de revisão "pro societate".

759. (Fundep/DPE/MG/Defensor/2014) A respeito da decisão judicial e institutos correlatos, analise as afirmativas a seguir.

I. De acordo com a jurisprudência dominante do Supremo Tribunal Federal, aplica-se em segunda instância, a "mutatio libelli" prevista no artigo 384 do Código de Processo Penal.

II. Nos crimes de ação pública, o juiz poderá proferir sentença condenatória, ainda que o Ministério Público tenha opinado pela absolvição, bem como reconhecer agravantes, embora nenhuma tenha sido alegada.

III. O princípio da congruência é uma das garantias ao exercício do direito de defesa.

IV. Em razão da "mutatio libelli", o juiz, sem modificar a descrição do fato contida na denúncia ou queixa, poderá atribuir-lhe definição jurídica diversa, ainda que, em consequência, tenha de aplicar pena mais grave.

Estão corretas as afirmativas

a) I e III apenas.

b) I e IV apenas.

c) II e III apenas.

d) II e IV apenas.

8. DO PROCESSO COMUM

8.1. Do Procedimento Relativo aos Processos da Competência do Tribunal do Júri

> *Súmula STF Vinculante 45. A competência constitucional do tribunal do júri prevalece sobre o foro por prerrogativa de função estabelecido exclusivamente pela constituição estadual.*

760. (Cespe/TRE/ES/Analista/2011) Conforme entendimento sumulado do STF, quando o foro por prerrogativa de função for estabelecido exclusivamente pela constituição estadual, prevalecerá o juízo natural previsto na CF, ou seja, a competência do tribunal do júri, para os crimes dolosos contra a vida, por exemplo.

761. (Cespe/MPU/Analista/2013) Deputado estadual que pratique crime doloso contra a vida deve ser julgado, dada a prerrogativa de foro especial, pelo tribunal de justiça do estado em que tenha sido eleito.

762. (FGV/Senado/Advogado/2008) Relativamente à competência no processo penal, analise as afirmativas a seguir:

I. Na determinação da competência por conexão, em caso de concurso de jurisdições da mesma categoria, observa-se a regra da preponderância da jurisdição em que houver ocorrido o maior número de infrações, se as respectivas penas forem de igual gravidade.

II. A competência prevista na Constituição Estadual de foro por prerrogativa de função para procurador do estado não prevalece sobre a competência prevista na Constituição Federal do julgamento pelo tribunal do júri para crimes dolosos contra a vida.

III. É possível a separação de processos em razão do número excessivo de acusados.

IV. A competência prevista na Constituição Federal de foro por prerrogativa de função para juiz de direito prevalece sobre a competência prevista na Constituição Federal do julgamento pelo tribunal do júri para crimes dolosos contra a vida.

Assinale:

a) se apenas as afirmativas I e II estiverem corretas.

b) se apenas as afirmativas II e III estiverem corretas.

c) se apenas as afirmativas III e IV estiverem corretas.

d) se todas as afirmativas estiverem corretas.

e) se nenhuma afirmativa estiver correta.

763. (TJ/DFT/Juiz/2012) Responda a questão considerando as assertivas abaixo:

I. Ao magistrado cabe, principalmente, a tarefa de interpretar a norma, buscando identificar o sentido e o alcance da mesma. Todavia, diante de norma infraconstitucional com diferentes possibilidades de interpretação, deve optar pelo sentido que seja compatível com a constituição, já que não se declara inconstitucional uma norma à qual possa ser atribuída uma interpretação constitucional.

II. Ferdinand Lassale, que era defensor da teoria "decisionista", sustentou que a constituição é fruto de uma decisão política fundamental. Para ele, somente são constitucionais as normas que organizam o Estado e limitam o poder, sendo as demais meras "leis constitucionais".

III. A competência constitucional do Tribunal do Júri prevalece sobre a prerrogativa de foro

atribuída aos Deputados Federais e Senadores para a hipótese de processo e julgamento dos crimes dolosos contra a vida.

a) se somente a assertiva I for correta.

b) se somente a assertiva II for correta.

c) se somente a assertiva III for correta.

d) se nenhuma das assertivas for correta.

764. (FCC/DPE/RS/Defensor/2014) Considere as seguintes assertivas sobre competência penal:

I. Salvo ocorrência de tráfico interestadual ou para o exterior, quando então a competência será da Justiça Federal, compete à Justiça dos Estados o processo e o julgamento dos crimes relativos a entorpecentes.

II. Compete à Justiça Federal, em ambas as instâncias, o processo e o julgamento dos crimes contra a economia popular.

III. A competência constitucional do Tribunal do Júri prevalece sobre o foro por prerrogativa de função estabelecido exclusivamente pela Constituição Estadual.

IV. A competência do Tribunal de Justiça para julgar prefeitos restringe-se aos crimes de competência da Justiça comum estadual, nos demais casos, a competência originária caberá ao respectivo tribunal de segundo grau.

V. Viola as garantias do Juiz natural, da ampla defesa e do devido processo legal a atração por continência ou conexão do processo do corréu ao foro por prerrogativa de função de um dos denunciados.

Correspondem a entendimentos sumulados pelo Supremo Tribunal Federal, apenas

a) III e IV.

b) I, II e IV.

c) I, III e V.

d) III e V.

e) II, IV e V.

765. (Cespe/TJ/ES/Cartórios/2013) Com fundamento na jurisprudência dominante nos tribunais superiores, assinale a opção correta em relação à competência.

a) Compete à justiça federal processar e julgar o agente acusado da prática de crime de falsificação de documento público emitido pela União, ainda que a pessoa efetivamente lesada com a suposta prática delituosa seja um particular.

CAPÍTULO 13 - DIREITO PROCESSUAL PENAL

b) Compete à justiça federal processar e julgar os acusados da prática de delitos contra a propriedade intelectual.

c) Compete à justiça estadual o julgamento dos acusados da prática de contravenções penais, ainda que praticadas em desfavor da União, de suas autarquias ou empresas públicas, salvo se houver conexão entre a prática da contravenção penal e a prática de delitos cujo agente deva ser julgado pela justiça federal, a quem caberá o julgamento de ambos os fatos.

d) A competência do tribunal do júri prevista na CF prevalece sobre o foro por prerrogativa de função estabelecido exclusivamente em constituição estadual.

e) Compete à justiça militar processar e julgar militar pela prática, em serviço, do crime de abuso de autoridade.

766. (Cespe/PGM/Salvador/Procurador/2015) Ainda com relação aos direitos e às garantias individuais, assinale a opção correta com base na jurisprudência do STF.

a) A competência do júri para o julgamento de crimes dolosos contra a vida não é absoluta e pode ser excepcionada por regra da própria CF, como, por exemplo, o julgamento de prefeitos pelo TJ.

b) Desde que prevista em lei, é constitucional, em processo administrativo, a exigência de depósito ou de arrolamento prévio de bens e de direitos como pressuposto de admissibilidade de recurso administrativo.

c) O princípio da inafastabilidade da jurisdição impede o estabelecimento, no ordenamento jurídico brasileiro, de cláusulas compromissórias de arbitragem em contratos, ainda que estes sejam relativos a direito disponível.

d) O julgamento, pelo Senado Federal, de crime de responsabilidade praticado por presidente ou vice-presidente da República constitui ato de conteúdo político, razão por que não está sujeito a controle jurisdicional.

e) Como as relações entre os servidores públicos e a administração pública são estatutárias, lei posterior poderá revogar vantagem pessoal que esteja incorporada ao patrimônio do servidor, sem que seja cabível a alegação de ofensa a direito adquirido.

767. (Cespe/MPE/AC/Promotor/2014) Acerca dos direitos individuais, assinale a opção correta.

a) A condenação, em âmbito civil, de cidadão italiano residente no Brasil por período superior a quinze anos ininterruptos impede a aquisição da nacionalidade brasileira.

b) Constitui violação do direito à intimidade e à proibição constitucional de obtenção de provas por meio ilícito a gravação ambiental realizada por um dos interlocutores sem o conhecimento do outro, ainda que a gravação seja feita para fins de legítima defesa no caso de prática de crime.

c) Segundo atual jurisprudência do STF, os tratados internacionais de direitos humanos possuem status constitucional, sendo possível, portanto, o controle judicial de constitucionalidade a partir de norma parâmetro prevista na Convenção Americana de Direitos Humanos, tratado ratificado pelo Brasil

d) A norma constitucional segundo a qual a prática de tortura é considerada crime inafiançável e insuscetível de graça ou anistia é de eficácia limitada, sendo necessária a atuação legislativa dos estados da Federação para que produza efeitos.

e) Autoridade detentora de foro por prerrogativa de função estabelecido exclusivamente na constituição estadual que praticar crime doloso contra vida deverá ser julgada pelo tribunal do júri.

> *Súmula STF 156. É absoluta a nulidade do julgamento, pelo júri, por falta de quesito obrigatório.*

768. (MPE/SP/Promotor/2005) Assinale a alternativa incorreta.

a) A nulidade relativa pode ser reconhecida pelo juiz, de ofício, a qualquer tempo do processo.

b) A nulidade pode atingir todo o processo, desde o seu início, parte do processo ou apenas um ato, sem reflexo em qualquer outro.

c) A nulidade relativa considera-se sanada pelo silêncio das partes, pela efetiva consecução do escopo visado pelo ato não obstante sua irregularidade e pela aceitação, ainda que tácita, dos efeitos do ato irregular.

d) O princípio da instrumentalidade das formas não admite o reconhecimento da nulidade que não tenha influído na apuração da verdade substancial ou na decisão da causa.

e) Nos termos da Súmula 156 do Supremo Tribunal Federal, é absoluta a nulidade do julgamento, pelo Júri, por falta de quesito obrigatório.

> *Súmula STF 206. É nulo o julgamento ulterior pelo júri com a participação de jurado que funcionou em julgamento anterior do mesmo processo.*

769. **(TJ/DFT/Juiz/2007)** Assinale a alternativa correta:

a) Faz jus ao benefício previsto no art. 607 do CPP (protesto por novo júri) o condenado a pena que somente supera o limite de 20 (vinte) anos em razão do concurso material de crimes.

b) Não é nulo o julgamento ulterior pelo Tribunal do Júri com a participação de jurado que funcionou em julgamento anterior do mesmo processo.

c) A súmula guarda caráter vinculativo, servindo, sempre, como uma obrigação para o Tribunal. De qualquer forma, a adequação do fato ao enunciado não impõe o seu acatamento.

d) Imprecisão na notícia do julgamento não invalida a intimação do acórdão corretamente publicado no Diário da Justiça.

> *Súmula STF 603. A competência para o processo e julgamento de latrocínio é do juiz singular e não do tribunal do júri.*

770. **(Cespe/TRE/PA/Analista/2005)** Acerca dos critérios de determinação de competência, julgue os itens abaixo.

I. Se o presidente da República Federativa do Brasil, na condução de seu carro particular, por imprudência, causasse um acidente de trânsito que resultasse na morte do motorista do outro veículo envolvido, diante da prática de um homicídio culposo, o presidente da República seria processado e julgado pelo Senado Federal.

II. Não sendo conhecido o lugar da infração penal, a competência para o processo e julgamento do crime regular-se-á pelo domicílio ou residência do réu.

III. Havendo mais de um juiz competente no foro do processo, a decretação de prisão preventiva, a concessão de fiança, bem como a prévia determinação judicial de qualquer diligência, tornam o juízo competente para a futura ação penal.

IV. Compete ao tribunal do júri o julgamento dos crimes dolosos contra a vida, incluindo-se na competência daquele colegiado os crimes de latrocínio e extorsão qualificada pelo resultado morte.

V. Tratando-se de crime funcional praticado por servidor público estadual contra a administração estadual, o processo e o julgamento competem à justiça federal, uma vez que os crimes relacionados com o exercício de função pública são da exclusiva competência da jurisdição federal.

A quantidade de itens certos é igual a

a) 1.

b) 2.

c) 3.

d) 4.

e) 5.

> *Súmula STF 712. É nula a decisão que determina o desaforamento de processo da competência do júri sem audiência da defesa.*

771. **(Vunesp/TJ/SP/Juiz/2011)** Assinale as proposições corretas, inclusive, se o caso, consoante jurisprudência sumulada dos Tribunais Superiores (STJ e STF).

I. É nula a decisão que determina o desaforamento de processo da competência do Júri sem audiência da defesa.

II. A deficiência da defesa no processo penal constitui nulidade absoluta.

III. É nula a decisão do Tribunal que acolhe, contra o réu, nulidade não arguida no recurso da acusação, exceto nos casos de recurso de ofício.

IV. A falta ou a nulidade da citação fica sanada quando o réu comparece antes de o ato consumar-se, mesmo que o faça, expressamente, para o único fim de arguir a falta ou a nulidade.

V. É absoluta a nulidade do processo penal por falta de intimação da expedição de carta precatória para inquirição de testemunha.

a) I, III e V.

b) II, IV e V.

CAPÍTULO 13 - DIREITO PROCESSUAL PENAL

STF 247

c) I, III e IV.

d) I, II e III.

e) I, IV e V.

772. (Cespe/MPE/RO/Promotor/2013) Acerca do desaforamento e de outras regras relativas ao procedimento do tribunal do júri, assinale a opção correta.

a) É nula a decisão que determina o desaforamento de processo de competência do júri sem audiência da defesa.

b) Se o julgamento não puder ser realizado no prazo de seis meses, contado do trânsito em julgado da decisão de pronúncia, o desaforamento será obrigatório.

c) A recusa imotivada ou peremptória de jurados, quando houver dois ou mais réus em julgamento, deverá ser feita pelos defensores de cada um dos réus, estando limitado, de qualquer modo, ao máximo de três o número de jurados por acusado.

d) De acordo com as regras processuais em vigor, não se exige o adiamento da sessão de julgamento do tribunal do júri na hipótese de não comparecimento do número mínimo de quinze jurados.

e) Em regra, o julgamento pelo plenário do júri não será adiado se a testemunha não comparecer, exceção feita à testemunha indicada como imprescindível, ainda que a parte não tenha requerido sua intimação por mandado.

773. (Cespe/TJ/PB/Juiz/2015) A respeito de nulidades, assinale a opção correta à luz da jurisprudência do STF e do STJ.

a) Haverá nulidade absoluta no caso de ações penais referentes a crimes praticados por funcionários públicos contra a administração pública instruídas por inquérito policial, caso o juízo não permita ao denunciado apresentar resposta preliminar antes do recebimento da peça acusatória.

b) O cerceamento de defesa resultante da rejeição, por parte do juízo, de pedido de réu preso para ser entrevistado por defensor público para subsidiar a elaboração da resposta à acusação acarreta nulidade processual

c) No processo penal, a falta e a deficiência de defesa constituem nulidade processual absoluta; portanto, o prejuízo é presumido e independe de prova.

d) A ausência de intimação do acusado para apresentar contrarrazões ao recurso interposto da rejeição da denúncia constitui nulidade que não pode ser suprida pelo juízo por meio de nomeação de defensor dativo.

e) A decisão que determina o desaforamento do processo da competência do tribunal do júri sem audiência da defesa caracteriza mera irregularidade.

774. (IBFC/PC/RJ/Papiloscopista/2014) A respeito das nulidades processuais, assinale a alternativa que não corresponde ao entendimento sumulado pelo Supremo Tribunal Federal:

a) No processo penal, a falta de defesa constitui nulidade absoluta, sendo que a deficiência de defesa também anulará o processo, independentemente de haver prejuízo para o réu.

b) É relativa a nulidade decorrente da inobservância da competência penal por prevenção.

c) Constitui nulidade a falta de intimação do denunciado para oferecer contrarrazões ao recurso interposto da rejeição da denúncia, não a suprindo a nomeação de defensor dativo.

d) É nulo o julgamento da apelação se, após a manifestação nos autos da renúncia do único defensor, o réu não foi previamente intimado para constituir outro.

e) É nula a decisão que determina o desaforamento de processo da competência do júri sem audiência da defesa.

9. DAS NULIDADES E DOS RECURSOS EM GERAL

9.1. Das Nulidades

> ***Súmula STF 155.*** *É relativa a nulidade do processo criminal por falta de intimação da expedição de precatória para inquirição de testemunha.*

Súmula anotada em Direito Processual Penal – Das Citações e Intimações – Das Citações.

> ***Súmula STF 160.*** *É nula a decisão do tribunal que acolhe, contra o réu, nulidade não arguida no recurso da acusação, ressalvados os casos de recurso de ofício.*

775. (FGV/OAB/2010-2) João foi denunciado pela prática do crime de furto (CP, art. 155), pois segundo narra a denúncia ele subtraiu colar de pedras preciosas da vítima. No decorrer da instrução processual, a testemunha Antônio relata fato não narrado na denúncia: a subtração do objeto furtado se deu mediante "encontrão" dado por João no corpo da vítima. Na fase de sentença, sem antes tomar qualquer providência, o Juiz decide, com base no sobredito testemunho de Antônio, condenar João nas penas do crime de roubo (CP, art. 157), por entender que o "encontrão" relatado caracteriza emprego de violência contra a vítima. A sentença condenatória transita em julgado para o Ministério Público. O Tribunal, ao julgar apelo de João com fundamento exclusivo na insuficiência da prova para a condenação, deve:

a) anular a sentença.

b) manter a condenação pela prática do crime de roubo.

c) abrir vista ao Ministério Público para aditamento da denúncia.

d) absolver o acusado.

776. (Vunesp/PGE/SP/Procurador/2005) Diz a súmula 160 do STF: "é nula a decisão do Tribunal que acolhe, contra o réu, nulidade não arguida no recurso da acusação, ressalvados os casos de recurso de ofício." Dentre os princípios gerais dos recursos, pode-se afirmar que tal entendimento relaciona-se ao princípio da

a) variabilidade.

b) unirrecorribilidade.

c) personalidade.

d) fungibilidade.

e) taxatividade.

777. (MPE/PR/Promotor/2012) Sobre recursos e ações autônomas de impugnação em processo penal, examine as afirmativas abaixo e responda:

I. Os embargos de declaração interrompem o prazo para a interposição de outros recursos, por qualquer das partes, exceto quando opostos em face de sentença exarada em procedimento perante o juizado especial criminal.

II. Contra a decisão que não recebe a denúncia cabe recurso em sentido estrito, inclusive quando se tratar de infração de menor potencial ofensivo, em procedimento perante o Juizado Especial Criminal.

III. Segundo o entendimento sumulado do Supremo Tribunal Federal, é nula a decisão do tribunal que acolhe, contra o réu, nulidade não arguida no recurso da acusação.

IV. Se o Tribunal de Justiça, em recurso interposto pela defesa, por maioria de votos, absolve o apelante, o Ministério Público pode, em desfavor do acusado, prequestionar eventual matéria infraconstitucional por meio da oposição de embargos infringentes, antes de interpor recurso especial, esgotando, assim, os recursos cabíveis no tribunal a quo.

V. O Ministério Público pode manejar recurso ordinário constitucional, dirigido ao Superior Tribunal de Justiça, contra decisão de única instância de tribunal estadual, que concede a ordem de "habeas corpus".

a) Apenas as alternativas I e III são corretas.

b) Todas as alternativas estão corretas.

c) Apenas as alternativas II, III e V são corretas.

d) Apenas as alternativas I, III, V são corretas.

e) Apenas as alternativas II e IV são corretas.

778. (FCC/TJ/RR/Juiz/2015) Sobre os recursos e as ações de impugnação, é correto afirmar:

a) Como regra, não é cabível a "reformatio in pejus", mas segundo entendimento sumulado pelo STF, o tribunal poderá reconhecer nulidade mesmo que não arguida em recurso da acusação.

b) A proibição da "reformatio in pejus" não impede que o tribunal, mesmo em recurso da defesa, corrija erro material na sentença consistente em erro na somatória dos fatores considerados no processo de individualização, conforme já decidido pelo STF.

c) O recurso de apelação, quando utilizado das decisões do tribunal do júri, devolve toda a matéria ao tribunal, regulando-se o efeito devolutivo pelo conteúdo das razões.

d) A revisão criminal pode desconstituir uma sentença penal condenatória transitada em julgado, não havendo prazo determinado para sua impetração, que deverá ocorrer perante o juízo da condenação.

e) Os tribunais estaduais, obedecendo-se a cláusula de reserva de plenário, poderão declarar a inconstitucionalidade de lei ou ato normativo em recurso de apelação.

PARTE I – SÚMULAS DO SUPREMO TRIBUNAL FEDERAL

CAPÍTULO 13 - DIREITO PROCESSUAL PENAL

Súmula STF 351. *É nula a citação por edital de réu preso na mesma unidade da federação em que o juiz exerce a sua jurisdição.*

Súmula anotada em Direito Processual Penal – Das Citações e Intimações – Das Citações.

Súmula STF 361. *No processo penal, é nulo o exame realizado por um só perito, considerando-se impedido o que tiver funcionando anteriormente na diligência de apreensão.*

779. **(Cespe/TRF/5R/Juiz/2007)** É nulo o exame realizado por um só perito, considerando-se impedido o que tiver funcionado, anteriormente, na diligência de apreensão.

Súmula STF 366. *Não é nula a citação por edital que indica o dispositivo da lei penal, embora não transcreva a denúncia ou queixa, ou não resuma os fatos em que se baseia.*

Súmula anotada em Direito Processual Penal – Das Citações e Intimações – Das Citações.

Súmula STF 523. *No processo penal, a falta da defesa constitui nulidade absoluta, mas a sua deficiência só o anulará se houver prova de prejuízo para o réu.*

780. **(FCC/MPE/CE/Promotor/2009)** Em relação ao sistema de nulidades no processo penal, pode-se afirmar que a

a) falha na procuração para apresentação de queixa não poderá ser suprida.

b) falta de defesa constitui nulidade absoluta, mas a sua deficiência só anulará o processo se houver prova de prejuízo para o réu.

c) falta do exame de corpo de delito direto nos crimes que deixam vestígios causará nulidade absoluta, não se admitindo suprimento por qualquer outro meio de prova.

d) declaração de nulidade por vício na inquirição de uma testemunha sempre causará a dos atos de inquirição posteriores de outras testemunhas.

e) realização de citação por hora certa causará nulidade do processo, por não ser admitida.

781. **(Vunesp/TJ/SP/Juiz/2011)** Assinale as proposições corretas, inclusive, se o caso, consoante jurisprudência sumulada dos Tribunais Superiores (STJ e STF).

I. É nula a decisão que determina o desaforamento de processo da competência do Júri sem audiência da defesa.

II. A deficiência da defesa no processo penal constitui nulidade absoluta.

III. É nula a decisão do Tribunal que acolhe, contra o réu, nulidade não arguida no recurso da acusação, exceto nos casos de recurso de ofício.

IV. A falta ou a nulidade da citação fica sanada quando o réu comparece antes de o ato consumar-se, mesmo que o faça, expressamente, para o único fim de arguir a falta ou a nulidade.

V. É absoluta a nulidade do processo penal por falta de intimação da expedição de carta precatória para inquirição de testemunha.

a) I, III e V.

b) II, IV e V.

c) I, III e IV.

d) I, II e III.

e) I, IV e V.

782. **(FCC/TJ/PE/Cartórios/Ingresso/2013)** Sobre a nulidade do processo penal, é correto afirmar:

a) No processo penal, a falta de defesa constitui nulidade absoluta, mas a sua deficiência só o anulará se houver prova de prejuízo para o réu.

b) As partes poderão arguir nulidade a que tenham dado causa ou de qualquer forma concorrido.

c) Configura causa de nulidade a não intimação da defesa da data da audiência no juízo deprecado, ainda que haja sido intimada da expedição da carta precatória.

d) A incompetência do juízo anula os atos instrutórios e decisórios, devendo o processo, quando for declarada a nulidade, ser remetido ao juiz competente.

e) A nulidade por ilegitimidade do representante da parte poderá ser suprida a todo o tempo, antes da sentença final, mediante ratificação dos atos processuais.

783. **(Cespe/TJ/PB/Juiz/2015)** A respeito de nulidades, assinale a opção correta à luz da jurisprudência do STF e do STJ.

a) Haverá nulidade absoluta no caso de ações penais referentes a crimes praticados por funcionários públicos contra a administração pública instruídas por inquérito policial, caso o juízo não permita ao denunciado apresentar resposta preliminar antes do recebimento da peça acusatória.

b) O cerceamento de defesa resultante da rejeição, por parte do juízo, de pedido de réu preso para ser entrevistado por defensor público para subsidiar a elaboração da resposta à acusação acarreta nulidade processual

c) No processo penal, a falta e a deficiência de defesa constituem nulidade processual absoluta; portanto, o prejuízo é presumido e independe de prova.

d) A ausência de intimação do acusado para apresentar contrarrazões ao recurso interposto da rejeição da denúncia constitui nulidade que não pode ser suprida pelo juízo por meio de nomeação de defensor dativo.

e) A decisão que determina o desaforamento do processo da competência do tribunal do júri sem audiência da defesa caracteriza mera irregularidade.

784. (FMP/TJ/MT/Juiz/2014) No tocante às nulidades, assinale a afirmativa correta.

a) O princípio que proíbe ao juiz ou tribunal declarar qualquer nulidade arguida pela parte interessada é absoluto, isto é, não comporta exceções, mesmo quando a declaração puder beneficiar a defesa.

b) Apreciando recurso de ofício, o tribunal poderá reconhecer e declarar nulidade absoluta em prejuízo da acusação ou da defesa, ainda que as partes tenham-se conformado com a decisão recorrida.

c) O Código de Processo Penal adotou um sistema formalista segundo o qual basta o desrespeito às exigências legais inerentes à forma para que o processo ou o ato processual seja necessariamente anulado.

d) A regra que proíbe à parte arguir nulidade a que haja dado causa não se estende à parte que tiver apenas concorrido para com o advento da nulidade.

e) Enunciado da Súmula do STF define como absoluta a nulidade tanto por ausência quanto por deficiência de defesa.

785. (Cespe/TJ/DFT/Juiz/2015) Em relação à disciplina normativa e ao entendimento dos tribunais superiores acerca dos sujeitos da relação processual penal, assinale a opção correta.

a) Se ficar comprovado que o defensor agiu com desídia e que essa conduta foi determinante para a condenação do réu, a sentença poderá ser anulada.

b) Na ação penal privada personalíssima, caso o querelado recorra, o MP não terá legitimidade para interpor recurso contra sentença condenatória.

c) Se processos forem reunidos em razão da continência por concurso de pessoas, um corréu poderá atuar como assistente do MP no mesmo processo.

d) Conforme entendimento do STJ, o MP tem competência para aplicar medida socioeducativa a adolescente que tenha praticado ato infracional.

e) Caso não se tenha habilitado como assistente de acusação até a prolação da sentença no tribunal do júri, a vítima ficará impedida de interpor recurso, ainda que o MP não recorra da sentença absolutória.

> **Súmula STF 706.** *É relativa a nulidade decorrente da inobservância da competência penal por prevenção.*

Súmula anotada em Direito Processual Penal – Da Competência – Da Competência por Prevenção.

> **Súmula STF 707.** *Constitui nulidade a falta de intimação do denunciado para oferecer contrarrazões ao recurso interposto da rejeição da denúncia, não a suprindo a nomeação de defensor dativo.*

Súmula anotada em Direito Processual Penal – Das Citações e Intimações – Das Intimações.

> **Súmula STF 708.** *É nulo o julgamento da apelação se, após a manifestação nos autos da renúncia do único defensor, o réu não foi previamente intimado para constituir outro.*

786. (Cespe/TJ/SE/Juiz/2008) Acerca das nulidades no processo penal, assinale a opção correta.

CAPÍTULO 13 - DIREITO PROCESSUAL PENAL

a) É nula a decisão do tribunal que acolhe, contra o réu, nulidade não arguida no recurso da acusação ou em recurso de ofício.

b) No julgamento pelo júri, ocorre mera irregularidade quando os quesitos da defesa não precedem aos das circunstâncias agravantes.

c) É anulável o julgamento ulterior pelo júri com a participação de jurado que funcionou em julgamento anterior do mesmo processo.

d) É nulo o julgamento da apelação se, após a manifestação nos autos da renúncia do único defensor, o réu não foi previamente intimado para constituir outro.

e) Constitui nulidade a falta de intimação do denunciado para oferecer contrarrazões ao recurso interposto contra a rejeição da denúncia, podendo ser suprida pela nomeação de defensor dativo.

787. **(Cespe/DPU/Defensor/2015)** Conforme posição do STF, será anulável o julgamento da apelação se, após a renúncia do defensor, o réu não tiver sido previamente intimado para constituir outro.

788. **(IBFC/PC/RJ/Papiloscopista/2014)** A respeito das nulidades processuais, assinale a alternativa que não corresponde ao entendimento sumulado pelo Supremo Tribunal Federal:

a) No processo penal, a falta de defesa constitui nulidade absoluta, sendo que a deficiência de defesa também anulará o processo, independentemente de haver prejuízo para o réu.

b) É relativa a nulidade decorrente da inobservância da competência penal por prevenção.

c) Constitui nulidade a falta de intimação do denunciado para oferecer contrarrazões ao recurso interposto da rejeição da denúncia, não a suprindo a nomeação de defensor dativo.

d) É nulo o julgamento da apelação se, após a manifestação nos autos da renúncia do único defensor, o réu não foi previamente intimado para constituir outro.

e) É nula a decisão que determina o desaforamento de processo da competência do júri sem audiência da defesa.

> **Súmula STF 712.** *É nula a decisão que determina o desaforamento de processo da competência do júri sem audiência da defesa.*

Súmula anotada em Direito Processual Penal – Do Processo Comum – Do Procedimento Relativo aos Processos da Competência do Tribunal do Júri.

9.2. Dos Recursos em Geral

9.2.1 Disposições Gerais

> **Súmula STF 210.** *O assistente do Ministério Público pode recorrer, inclusive extraordinariamente, na ação penal, nos casos dos arts. 584, § 1º e 598 do Código de Processo Penal.*

789. **(Cespe/PC/ES/Delegado/2011)** Se o MP competente não interpuser recurso de apelação no prazo legal, o assistente da acusação poderá interpor apelação, que, como regra geral, não tem efeito suspensivo. Caso persista a irresignação do assistente após acórdão denegatório da apelação, a jurisprudência do STF veda a interposição de recursos, pela assistência da acusação, perante as instâncias extraordinárias.

790. **(MPE/SP/Promotor/2010)** Assinale a afirmativa incorreta, em relação ao recurso de apelação no processo penal:

a) o assistente da acusação pode interpor apelação, mesmo se o Ministério Público não recorreu.

b) o Promotor de Justiça pode desistir parcialmente do seu inconformismo nas razões recursais, mudando o seu entendimento firmado no ato de interposição do recurso.

c) no caso de concurso de agentes, a decisão favorável ao réu apelante pode aproveitar o corréu, se fundada em motivos que não sejam de caráter exclusivamente pessoal.

d) a interposição da apelação admite os efeitos devolutivo, suspensivo, e extensivo.

e) no procedimento sumaríssimo, cabe o recurso de apelação da decisão que rejeitar a denúncia ou a queixa.

791. **(MPE/GO/Promotor/2009)** Sobre os recursos em geral:

I. Não cabe recurso contra decisão que recebe denúncia.

II. Cabe recurso em sentido estrito contra decisão do Tribunal de Justiça que recebe denúncia contra Prefeito.

III. Com exceção do que dispõe o artigo 6º, parágrafo único, da Lei 1.508/51, não há recurso cabível contra decisão de arquivamento de inquérito ou peças de informação.

IV. Se o ofendido estiver habilitado nos autos, uma vez intimado, deve respeitar o prazo regular de cinco dias para apelar. Inexiste razão para o prazo de quinze dias, previsto no parágrafo único do artigo 598 do Código de Processo Penal, pois a vítima já é parte no processo, tomando ciência mais facilmente das decisões nele proferidas. O prazo de quinze dias para o assistente de acusação apelar dá-se quando o recurso é supletivo, sendo este entendimento sumulado pelo Supremo Tribunal Federal.

V. Se no recurso exclusivo da defesa, esta pedir apenas a retirada de uma causa de aumento de pena, nada obsta ao Tribunal reconhecer pelo princípio do Favor Rei a aplicação de uma atenuante genérica não observada pelo juízo a quo.

a) Somente as afirmativas I e V são verdadeiras.

b) Somente as afirmativas II e III são falsas.

c) Somente a afirmativa II é falsa.

d) Somente as alternativas IV e V são verdadeiras.

792. **(Cespe/PGE/BA/Procurador/2014)** O assistente de acusação, de acordo com a jurisprudência do STJ, não tem direito a manejar recurso de apelação que objetive o aumento da pena do sentenciado.

> **Súmula STF 431.** *É nulo o julgamento de recurso criminal, na segunda instância, sem prévia intimação, ou publicação da pauta, salvo em "habeas corpus".*

793. **(FCC/MPE/SE/Analista/2009)** Não constitui nulidade:

a) a falta de intimação do advogado dativo para os atos instrutórios.

b) a não apreciação na sentença de tese subsidiária constante das alegações finais defensivas.

c) o patrocínio de defesas colidentes pelo mesmo advogado constituído.

d) o julgamento de "habeas corpus" em segunda instância, sem prévia intimação ou publicação de pauta.

e) a citação por edital de réu preso na mesma unidade da Federação.

> **Súmula STF 448.** *O prazo para o assistente recorrer, supletivamente, começa a correr imediatamente após o transcurso do prazo do Ministério Público.*

794. **(MPE/GO/Promotor/2009)** Sobre os recursos em geral:

I. Não cabe recurso contra decisão que recebe denúncia.

II. Cabe recurso em sentido estrito contra decisão do Tribunal de Justiça que recebe denúncia contra Prefeito.

III. Com exceção do que dispõe o artigo 6º, parágrafo único, da Lei 1.508/51, não há recurso cabível contra decisão de arquivamento de inquérito ou peças de informação.

IV. Se o ofendido estiver habilitado nos autos, uma vez intimado, deve respeitar o prazo regular de cinco dias para apelar. Inexiste razão para o prazo de quinze dias, previsto no parágrafo único do artigo 598 do Código de Processo Penal, pois a vítima já é parte no processo, tomando ciência mais facilmente das decisões nele proferidas. O prazo de quinze dias para o assistente de acusação apelar dá-se quando o recurso é supletivo, sendo este entendimento sumulado pelo Supremo Tribunal Federal.

V. Se no recurso exclusivo da defesa, esta pedir apenas a retirada de uma causa de aumento de pena, nada obsta ao Tribunal reconhecer pelo princípio do Favor Rei a aplicação de uma atenuante genérica não observada pelo juízo a quo.

a) Somente as afirmativas I e V são verdadeiras.

b) Somente as afirmativas II e III são falsas.

c) Somente a afirmativa II é falsa.

d) Somente as alternativas IV e V são verdadeiras.

795. **(FCC/TJ/CE/Juiz/2014)** Quanto à assistência da acusação, é correto afirmar que

a) do despacho que admitir, ou não, o assistente, não caberá impugnação por qualquer meio, segundo a doutrina e a jurisprudência.

b) pode propor meios de prova, dispensada a oitiva do Ministério Público acerca de sua realização.

c) o corréu pode intervir como assistente.

CAPÍTULO 13 - DIREITO PROCESSUAL PENAL

STF 253

d) o assistente receberá a causa no estado em que se achar, mesmo após o trânsito em julgado.

e) o prazo para o assistente recorrer supletivamente começa a correr imediatamente após o transcurso do prazo do Ministério Público.

> *Súmula STF 699. O prazo para interposição de agravo, em processo penal, é de cinco dias, de acordo com a Lei 8.038/90, não se aplicando o disposto a respeito nas alterações da Lei 8.950/94 ao Código de Processo Civil.*

796.
(Cespe/MPE/RO/Promotor/2013) No que se refere aos recursos, aos prazos, à citação e à intimação no processo penal, assinale a opção correta.

a) No processo penal, salvo disposição em contrário, os prazos começam a correr da intimação, do dia em que a parte manifestar, nos autos, ciência inequívoca do ato e da audiência ou sessão em que a decisão for proferida.

b) No que concerne à contagem do prazo recursal, a publicação do resultado do julgamento tem o mesmo efeito que a publicação do acórdão.

c) O réu preso deve ser citado pessoalmente por mandado, ou por edital, se estiver preso em local diverso do local do juízo do processo.

d) No processo penal, é de dois dias o prazo para a interposição de agravo contra a decisão que negar seguimento ao recurso especial ou extraordinário.

e) A oposição de embargos declaratórios interrompe o prazo para interposição de outros recursos.

9.2.2. Da Apelação

> *Súmula STF 705. A renúncia do réu ao direito de apelação, manifestada sem a assistência do defensor, não impede o conhecimento da apelação por este interposta.*

797.
(Cespe/MPE/RO/Promotor/2010) Assinale a opção correta tendo como referência o posicionamento do STF e a legislação em vigor.

a) A pena unificada para atender ao limite legal de trinta anos de cumprimento não é considerada para a concessão de outros benefícios, como o livramento condicional ou regime mais favorável de execução.

b) É mera irregularidade a falta de intimação do denunciado para oferecer contrarrazões ao recurso interposto contra a rejeição da denúncia, podendo supri-la a nomeação de defensor dativo.

c) É vedado o relaxamento de prisão processual por excesso de prazo nos processos por crimes hediondos.

d) A admissibilidade de progressão no regime de execução da pena somente se aplica ao crime de tortura em face de expressa previsão legal, não se estendendo aos demais crimes hediondos.

e) A renúncia do réu ao direito de apelação, manifestada sem a assistência do defensor, impede o conhecimento da apelação por este interposta.

798.
(FCC/DPE/AM/Defensor/2013) De acordo com entendimento sumulado:

a) cabe "habeas corpus" ainda quando extinta a pena privativa de liberdade.

b) reunidos os pressupostos legais permissivos da suspensão condicional do processo, mas se recusando o Promotor de Justiça a propô-la, o Juiz, dissentindo, poderá propô-la de ofício.

c) a decisão que determina a produção antecipada de provas com base no artigo 366 do Código de Processo Penal deve ser fundamentada, justificando-a unicamente o decurso do tempo.

d) não cabe "habeas corpus" contra decisão condenatória a pena de multa, ou relativo a processo em curso por infração penal a que a pena pecuniária seja a única cominada.

e) a renúncia do réu ao direito de apelação, manifestada sem a assistência do defensor, impede o conhecimento da apelação por este interposta.

799.
(FCC/MPE/SE/Técnico/2013) Em relação aos recursos no processo penal, é incorreto afirmar:

a) Não se admitirá recurso da parte que não tiver interesse na reforma ou modificação da decisão.

b) Salvo a hipótese de má-fé, a parte não será prejudicada pela interposição de um recurso por outro.

c) No caso de concurso de agentes, a decisão do recurso interposto por um dos réus, se fundado em motivos que não sejam de caráter exclusivamente pessoal, aproveitará aos outros.

d) O Ministério Público poderá desistir do recurso que haja interposto.

e) A renúncia do réu ao direito de apelação, manifestada sem a assistência do defensor, não impede o conhecimento da apelação por este interposta.

800. (FCC/MPE/AL/Promotor/2012) À luz do direito de defesa, e segundo entendimento sumulado, é incorreto afirmar que:

a) a deficiência ou a falta de defesa, no processo penal, constituem nulidade absoluta, independentemente da prova de prejuízo para o réu.

b) a renúncia do réu ao direito de apelação, manifestada sem assistência do defensor, não impede o conhecimento da apelação por este interposta.

c) é nula a decisão que determina o desaforamento de processo da competência do júri sem audiência da defesa.

d) não viola as garantias do juiz natural, da ampla defesa e do devido processo legal a atração por continência ou conexão do processo do corréu ao foro por prerrogativa de função de um dos denunciados.

e) no mandado de segurança impetrado pelo Ministério Público contra decisão proferida em processo penal, é obrigatória a citação do réu como litisconsorte passivo.

801. (Vunesp/MP/ES/Promotor/2013) Encerrando a discussão sobre a renúncia ao direito de apelação, a matéria foi tratada por uma das súmulas do Supremo Tribunal Federal (Súmula n. 705). Assinale a alternativa correta com relação ao tema.

a) A renúncia do réu ao direito de apelação, manifestada sem a assistência do defensor, não impede o conhecimento da apelação por este interposta.

b) A renúncia do réu ao direito de apelação, manifestada sem a assistência do defensor, impede o conhecimento da apelação por este interposta.

c) A apelação interposta por defensor dativo será conhecida ainda que dela discorde o réu. Todavia, a mesma hipótese processual não ocorre se se tratar de defensor constituído.

d) A apelação interposta pelo réu, seu procurador ou defensor será admitida desde que não haja colidência nas teses apresentadas pela defesa.

e) Com fundamento na ampla defesa, concede-se legitimação especial ao réu para arrazoar pessoalmente recurso de apelação para suprir a omissão de seu advogado.

802. (Vunesp/TJ/RJ/Juiz/2012) Assinale a assertiva que contempla entendimento sumulado pelo Supremo Tribunal Federal acerca dos recursos e ações autônomas de impugnação.

a) Salvo quando nula a decisão de primeiro grau, o acórdão que provê o recurso contra a rejeição da denúncia vale, desde logo, pelo recebimento dela.

b) A renúncia do réu ao direito de apelação, ainda que manifestada sem a assistência do defensor, impede o conhecimento da apelação por este interposta.

c) Cabe "habeas corpus" contra decisão condenatória a pena de multa, ou relativo a processo em curso por infração penal a que a pena pecuniária seja a única cominada.

d) No mandado de segurança impetrado pelo Ministério Público contra decisão proferida em processo penal, não é obrigatória a citação do réu como litisconsorte passivo.

803. (Faurgs/TJ/RS/Juiz/2016) Acerca dos defeitos processuais, do sistema recursal criminal e dos remédios impugnativos autônomos, assinale a alternativa incorreta.

a) Segundo a jurisprudência do Supremo Tribunal Federal, o magistrado está autorizado a atribuir ao fato delituoso, ao sentenciar, uma qualificação jurídica diversa daquela contida na incoação, sem ofensa à defesa, sempre que a nova capitulação encontre apoio em circunstâncias elementares que estejam contidas, de modo explícito ou implícito, na denúncia ou queixa.

b) Na fase preliminar do processo penal, o contraditório, na forma de poder participar, requerer, ser ouvido e informado, é inafastável, embora o cerceamento do contraditório no inquérito não produza os mesmos efeitos dos verificados na fase judicial. Inafastável, também, é o direito ao acesso, pelo defensor do investigado, aos elementos de investigação documentados, salvo o sigilo constitucional e legal. Sua obstacularização poderá ser remediada por meio de

CAPÍTULO 13 - DIREITO PROCESSUAL PENAL

reclamação ao Supremo Tribunal Federal ou por mandado de segurança.

c) A renúncia do réu ao direito de apelação, manifestada ainda que sem a assistência de seu defensor, é causa de inadmissibilidade do recurso de apelação interposto, porque o direito constitucional de liberdade e de acesso ao duplo grau de jurisdição é pessoal e indelegável.

d) Quando a Câmara do Tribunal de Justiça decide aumentar a pena do acusado para evitar a impunidade e a injustiça da sentença, mesmo diante da ausência de recurso da acusação, estar-se-á diante de nulidade absoluta, em face do princípio de ne reformatio in pejus.

e) É obrigatória a defesa técnica em todo o processo penal, tendo o Supremo Tribunal Federal entendido ser nulo o julgamento da apelação se, após a manifestação nos autos da renúncia do único defensor, o réu não tenha sido previamente intimado para constituir outro.

> *Súmula STF 708. É nulo o julgamento da apelação se, após a manifestação nos autos da renúncia do único defensor, o réu não foi previamente intimado para constituir outro.*

Súmula anotada em Direito Processual Penal – Das Nulidades e dos Recursos em Geral – Das Nulidades.

> *Súmula STF 713. O efeito devolutivo da apelação contra decisões do júri é adstrito aos fundamentos da sua interposição.*

804. (FCC/MPE/CE/Promotor/2009) Assinale a alternativa que não corresponde a súmula do Superior Tribunal de Justiça ou do Supremo Tribunal Federal.

a) O efeito devolutivo da apelação contra decisões do Júri é adstrito aos fundamentos da interposição.

b) Intimada a defesa da expedição da carta precatória, torna-se desnecessária intimação da data da audiência no juízo deprecado.

c) Compete ao foro do local da emissão julgar o crime de estelionato mediante emissão de cheque sem fundos.

d) Compete ao juízo do local da obtenção da vantagem ilícita processar e julgar crime de

estelionato cometido mediante falsificação de cheque.

e) É concorrente a legitimidade do ofendido, mediante queixa e do Ministério Público, condicionada à representação do ofendido, para a ação penal por crime contra a honra de servidor público em razão do exercício de suas funções.

805. (Fundep/DPE/MG/Defensor/2014) A respeito dos recursos, analise as proposições a seguir.

I. Segundo o Código de Processo Penal, contra a sentença de impronúncia ou de absolvição sumária caberá apelação, já contra a decisão que concluir pela competência do juízo e que pronunciar o réu caberá recurso em sentido estrito.

II. Em razão do efeito iterativo, no caso de concurso de agentes, a decisão do recurso interposto por um dos réus, se fundado em motivos que não sejam de caráter exclusivamente pessoal, aproveitará aos outros.

III. No julgamento das apelações poderá o tribunal, câmara ou turma proceder a novo interrogatório do acusado, reinquirir testemunhas ou determinar outras diligências.

IV. De acordo com a jurisprudência predominante do Supremo Tribunal Federal, o efeito devolutivo da apelação contra decisões do júri é adstrito aos fundamentos da sua interposição.

Estão corretas as proposições

a) I e II apenas.

b) I e IV apenas.

c) III e IV apenas.

d) II e IV apenas.

9.2.3. Da Revisão

> *Súmula STF 393. Para requerer revisão criminal, o condenado não é obrigado a recolher-se à prisão.*

806. (FCC/TJ/GO/Juiz/2009) A revisão criminal:

a) é inadmissível no caso de sentença condenatória irrecorrível do Tribunal do Júri.

b) apenas é cabível em processos findos em que tenha sido denegada apelação interposta contra sentença condenatória.

c) não pode ser conhecida se não houver recolhimento do condenado à prisão.

d) admite alteração de classificação da infração, modificação da pena ou anulação do processo.

e) pode ser requerida pelo Ministério Público por força de expressa previsão legal.

807. (FCC/DPE/MT/Defensor/2009) A revisão criminal:

a) poderá ensejar ao Tribunal o agravamento da pena imposta pela decisão revista.

b) não pode ser requerida pelo condenado sem recolher-se à prisão.

c) será admitida quando, após a sentença, se descobrirem novas provas de circunstância que determine ou autorize diminuição especial da pena.

d) pode ser requerida pelo Ministério Público face à prova posterior à sentença absolutória.

e) poderá ser requerida até a extinção da pena.

808. (FCC/TJ/PI/Assessor/2010) A revisão criminal:

a) não pode ser requerida pelo próprio condenado.

b) é inadmissível no caso de sentença condenatória do Tribunal do Júri.

c) é cabível contra sentença absolutória imprópria transitada em julgado.

d) admite agravamento da pena.

e) exige, para ser conhecida, recolhimento do condenado à prisão.

809. (Vunesp/TJ/SP/Juiz/2009) Em tema de revisão criminal, é correto afirmar que:

a) se vier a ocorrer o falecimento da pessoa cuja condenação tiver de ser revista, deverá ser julgada extinta a punibilidade, com subsequente arquivamento dos autos.

b) o pedido pode ser ajuizado pelo Ministério Público em favor do condenado.

c) para requerer revisão criminal, o condenado é obrigado a recolher-se à prisão, caso ainda não tenha cumprido a pena.

d) o pedido pode ser ajuizado pelo cônjuge supérstite no caso de falecimento do condenado.

810. (MPE/PR/Promotor/2014) Acerca de revisão criminal é incorreto afirmar:

a) Cabe revisão criminal de processo findo para ser excluída a majoração da pena pela reincidência, se o processo que gerou esta, é anulado por inteiro, com sentença irrecorrível, pelo reconhecimento de prova ilícita.

b) O Tribunal de Justiça, em sede de revisão criminal, pode fixar valor mínimo para reparação dos prejuízos sofridos pelo sentenciado, desde que haja requerimento específico.

c) O Superior Tribunal de Justiça é competente para julgar revisão criminal visando à desconstituição da condenação, com trânsito em julgado e sem recurso extraordinário, de deputado federal em ação penal originária.

d) Conforme Súmula do Supremo Tribunal Federal, o réu não precisa se recolher à prisão para requerer a revisão criminal.

e) Se prova substancialmente nova de inocência do acusado é descoberta após sua morte, a condenação dele por roubo, com trânsito em julgado, por ser questionada por intermédio da revisão criminal proposta pelo cônjuge.

10. DISPOSIÇÕES GERAIS

> **Súmula STF 710.** *No processo penal, contam-se os prazos da data da intimação, e não da juntada aos autos do mandado ou da carta precatória ou de ordem.*

811. (Cespe/DPE/AL/Defensor/2009) No processo penal, contam-se os prazos da data da intimação, e não da juntada aos autos do mandado ou da carta precatória ou de ordem.

812. (FGV/SSP/AP/Delegado/2010) Com relação ao tema intimação, assinale a afirmativa incorreta.

a) A intimação do defensor constituído feita por publicação no órgão incumbido da publicidade dos atos judiciais da comarca deve, necessariamente, conter o nome do acusado, sob pena de nulidade.

b) A intimação do Ministério Público e do defensor nomeado será pessoal.

c) No processo penal, contam-se os prazos da juntada aos autos do mandado ou da carta precatória ou de ordem , e não da data da intimação.

d) Quando não houver órgão de publicação dos atos judiciais na comarca, a intimação far-se-á diretamente pelo escrivão, por mandado, ou via postal com comprovante de recebimento, ou por qualquer outro meio idôneo.

e) Adiada, por qualquer motivo, a instrução criminal, o juiz marcará desde logo, na presença das partes e testemunhas, dia e hora para seu prosseguimento, do que se lavrará termo nos autos.

813. **(Cespe/DPDF/Defensor/2013)** No processo penal, os prazos são contados a partir da data da juntada aos autos do mandado de intimação, da carta precatória ou da carta de ordem, devidamente cumpridos.

814. **(Cespe/PG/DF/Procurador/2013)** Segundo entendimento consagrado no STF, no processo penal, contam-se os prazos da data da intimação, e não da juntada aos autos da carta precatória.

11. LEIS PROCESSUAIS PENAIS ESPECIAIS

11.1. Lei dos Juizados Especiais (Lei 9.099/95)

> *Súmula STF Vinculante 35. A homologação da transação penal prevista no artigo 76 da Lei 9.099/1995 não faz coisa julgada material e, descumpridas suas cláusulas, retoma-se a situação anterior, possibilitando-se ao Ministério Público a continuidade da persecução penal mediante oferecimento de denúncia ou requisição de inquérito policial.*

815. **(IBFC/PC/SE/Escrivão/2014)** A respeito da transação penal, prevista no artigo 76 da Lei 9.099/1995, assinale a alternativa que corresponde ao entendimento do Supremo Tribunal Federal sobre o tema.

a) A homologação da transação penal faz coisa julgada material e, descumpridas suas cláusulas, somente pode ser retomada a situação anterior mediante instauração de inquérito policial para apurar novos fatos, sem prejuízo da ocorrência de crime de desobediência.

b) A homologação da transação penal faz coisa julgada material e, descumpridas suas cláusulas, cabe ao Ministério Público remeter os autos para Delegacia de origem para lavratura de novo Termo Circunstanciado.

c) A homologação da transação penal não faz coisa julgada material e, descumpridas suas cláusulas, retoma-se a situação anterior, possibilitando-se ao Ministério Público a continuidade da persecução penal mediante novo Termo Circunstanciado.

d) A homologação da transação penal não faz coisa julgada material e, descumpridas suas cláusulas, retoma-se a situação anterior, possibilitando-se ao Ministério Público a continuidade da persecução penal mediante oferecimento de denúncia ou requisição de inquérito policial.

816. **(Cespe/TJ/DFT/Juiz/2015)** No que diz respeito à nulidade, à sentença e à coisa julgada no processo penal, assinale a opção correta.

a) A homologação de transação penal realizada no âmbito de juizado especial criminal faz coisa julgada material, motivo pelo qual o descumprimento de suas cláusulas impossibilita o oferecimento de denúncia.

b) A sentença penal absolutória que reconhece a extinção da punibilidade em razão da decadência não faz coisa julgada no juízo cível.

c) Proferida sentença determinando a extinção de processo pelo reconhecimento da perempção, é prevista na legislação a possibilidade de intentar nova ação penal pelo mesmo fato no prazo de até seis meses, contados do dia em que o querelante tomar conhecimento de quem seja o autor do crime.

d) Não é possível arguir nulidade de sessão de julgamento do tribunal do júri em que o advogado do acusado abandone o plenário após a sustentação oral firmada pela acusação.

e) Anulado o julgamento do tribunal do júri em razão de a decisão ser manifestamente contrária às provas dos autos, jurados da sessão anterior poderão participar da sessão ulteriormente convocada.

817. **(Cespe/TJ/DFT/Juiz/2016)** Assinale a opção correta, em que o magistrado agiu em consonância com a jurisprudência sumulada do STF ou do STJ.

a) Um réu em processo penal renunciou ao direito de apelação interposta pela defesa técnica, tendo manifestado sua vontade sem a assistência de seu defensor, caso em que o magistrado não conheceu da apelação, fundamentando sua decisão na supremacia da vontade do réu sobre a vontade de seu defensor.

b) O juiz de direito substituto, ao tomar conhecimento da prática de falta disciplinar no âmbito da execução penal, por comunicação do diretor do estabelecimento prisional, reconheceu a falta disciplinar, mesmo sem a instauração de procedimento administrativo pelo diretor, fundamentando sua decisão no fato de se tratar de falta flagrante cometida nas dependências do estabelecimento prisional.

c) O juiz de direito substituto, ao tomar conhecimento da falta de intimação do denunciado para oferecer contrarrazões ao recurso interposto da rejeição da denúncia, proferiu decisão suprindo a falta por meio da nomeação de defensor dativo, fundamentada na facultatividade da intimação.

d) Após a homologação da transação penal prevista no artigo 76 da Lei n. 9.099/1995, sobreveio o descumprimento de suas cláusulas, razão pela qual o magistrado acolheu o pedido da acusação, retomando-se a situação anterior, e possibilitando ao MP a continuidade da persecução penal mediante oferecimento de denúncia ou requisição de inquérito policial, ao fundamento de que a homologação não faz coisa julgada material.

e) O juiz de direito substituto, ao julgar crime sujeito ao rito da Lei Maria da Penha, cometido por João contra Maria, sua esposa, acolheu pedido da defesa de João e aplicou a suspensão condicional do processo, sob o fundamento de que houve pacificação da situação fática entre os envolvidos.

> **Súmula STF 696.** *Reunidos os pressupostos legais permissivos da suspensão condicional do processo, mas se recusando o promotor de justiça a propô-la, o juiz, dissentindo, remeterá a questão ao procurador-geral, aplicando-se por analogia o art. 28 do Código de Processo Penal.*

818. (FGV/TJ/PA/Juiz/2009) O Ministério Público oferece denúncia contra Paulo Souza, pelos fatos a seguir: "No dia 8 de outubro de 2008, às 10h30min da manhã, utilizando uma chave falsa, o réu ingressou na residência de Pedro Pereira e, aproveitando-se da ausência do morador, apropriou-se de joias e de dez mil dólares,

que estavam guardados no armário do quarto da vítima. Ao sair do local com a res furtiva, Paulo Souza deparou-se com o policial militar Sargento Cruz, o qual, desconfiado de seu comportamento, o abordou. Paulo, contudo, empreendeu fuga, tendo sido perseguido pelo policial e preso em flagrante alguns minutos depois. Em vista do exposto, Paulo Souza está incurso no art. 155, § 4º, III, do Código Penal, com pena cominada de 2 a 8 anos de reclusão e multa". Examinando a denúncia, o juiz diverge da classificação típica dada pelo promotor, entendendo que a narrativa da denúncia corresponde ao crime de furto qualificado pelo uso de chave falsa na modalidade tentada, incidindo o art. 14, II, do Código Penal. Considerando a narrativa acima, assinale a alternativa correta.

a) O juiz poderá desde logo modificar a classificação dada aos fatos na denúncia e, em razão disso, oferecer ao réu, de ofício, o benefício da suspensão condicional do processo.

b) O juiz poderá desde logo modificar a classificação dada aos fatos na denúncia e, em razão disso, instar o promotor de justiça a oferecer ao réu proposta de suspensão condicional do processo. Eventual divergência entre o juiz e o promotor sobre o cabimento da suspensão deve ser resolvida por órgão superior do Ministério Público.

c) O juiz não poderá modificar a classificação dada aos fatos na denúncia, em razão do princípio acusatório.

d) O juiz só poderá modificar a classificação dada aos fatos na denúncia quando estiver encerrada a instrução, no momento da prolação da sentença, ocasião em que estará preclusa a possibilidade de oferecimento da proposta de suspensão condicional do processo.

e) Independentemente da alteração da classificação constante na denúncia, é cabível a suspensão condicional do processo, devendo o juiz instar o promotor a formular a proposta antes de receber a denúncia. Eventual divergência entre o juiz e o promotor sobre o cabimento da suspensão deve ser resolvida por órgão superior do Ministério Público.

> **Súmula STF 723.** *Não se admite a suspensão condicional do processo por crime continuado, se a soma da pena mínima da infração mais grave com o aumento mínimo de um sexto for superior a um ano.*

CAPÍTULO 13 - DIREITO PROCESSUAL PENAL

819. **(Cespe/TJ/TO/Juiz/2007)** Assinale a opção correta no que se refere a entendimento consolidado em súmula do STF.

a) A lei penal mais grave não se aplica ao crime continuado, se a sua vigência é anterior à cessação da continuidade.

b) Havendo dúvida fundada quanto à imparcialidade do júri, o juiz pode determinar o desaforamento de ofício, independentemente de oitiva da defesa ou do Ministério Público.

c) Suponha que a Constituição do Estado do Tocantins preveja que os delegados de polícia possuam foro por prerrogativa de função, incumbindo ao TJ/TO processá-los e julgá-los por crimes comuns. Nessa situação, praticando um delegado crime de homicídio simples, deve ele ser julgado pelo TJ/TO e não, pelo júri.

d) Considere que um indivíduo maior de idade tenha sido denunciado pelo Ministério Público como incurso em crime de furto simples, em continuidade delitiva. Nessa situação, não se admite a concessão do benefício da suspensão condicional do processo a tal pessoa.

820. **(FCC/DPE/SP/Defensor/2010)** Quando a denúncia do Ministério Público imputar a prática de delitos praticados, em tese, em continuidade delitiva, a suspensão condicional do processo

a) não será admissível.

b) será admissível quando a soma da pena mínima de qualquer das infrações imputadas e do aumento de 1/6 não superar 1 (um) ano.

c) será admissível quando a soma da pena mínima da infração mais grave imputada e do aumento de 1/6 não superar 1 (um) ano.

d) será admissível quando a pena para cada um dos crimes não superar 1 (um) ano, computando-as isoladamente.

e) somente será admissível se a soma das penas mínimas de todas as infrações imputadas não superar 1 (um) ano.

821. **(FCC/TJ/PE/Juiz/2011)** A suspensão condicional do processo prevista no art. 89 da Lei n. 9.099/95

a) é aplicável tão-somente às infrações de menor potencial ofensivo.

b) é cabível na desclassificação do crime e na procedência parcial da pretensão punitiva, segundo entendimento sumulado do Superior Tribunal de Justiça.

c) exige necessariamente a reparação do dano.

d) é cabível no crime continuado, ainda que a soma da pena mínima da infração mais grave com o aumento mínimo de um sexto seja superior a um ano, conforme súmula do Supremo Tribunal Federal.

e) conduz à absolvição se expirado o prazo sem revogação.

822. **(FCC/TJ/GO/Juiz/2009)** Em relação ao crime continuado:

a) é inaplicável a lei penal mais grave, ainda que a sua vigência seja anterior à cessação da continuidade, consoante posição do Superior Tribunal de Justiça.

b) é cabível a suspensão condicional do processo, ainda que a soma da pena mínima da infração mais grave com o aumento mínimo de um sexto seja superior a um ano, de acordo com entendimento sumulado do Superior Tribunal de Justiça.

c) é possível a identificação de sua modalidade específica, prevista no art. 71, parágrafo único, do Código Penal, com o aumento da pena de uma das infrações até o triplo, se cometidas contra a mesma vítima.

d) o aumento da pena, no caso do art. 71, caput, do Código Penal, deve levar em conta o número de infrações cometidas, segundo majoritário entendimento jurisprudencial.

e) é inadmissível o seu reconhecimento nos crimes dolosos contra a vida.

823. **(FCC/DPE/RS/Defensor/2011)** Sobre o procedimento dos juizados especiais criminais, considere as seguintes assertivas:

I. A transação penal poderá ser ofertada em relação aos delitos cuja pena máxima não seja superior a 2 (dois) anos, e a suspensão do processo nos delitos cuja pena mínima for igual ou inferior a 1 (um) ano.

II. Segundo entendimento sumulado do Supremo Tribunal Federal, admite-se a suspensão condicional do processo por crime continuado, se a soma da pena mínima da infração mais grave com o aumento mínimo de um sexto for superior a um ano.

III. Embora se aplique o procedimento previsto na Lei no 9.099/95 aos crimes previstos no Estatuto do Idoso nas hipóteses em que a pena máxima privativa de liberdade não ultrapasse a

4 (quatro) anos, a transação penal e a suspensão do processo não lhes são aplicáveis.

a) I.
b) I e II.
c) III.
d) I e III.
e) II e III.

824. (Vunesp/TJ/SP/Juiz/2014) Assinale a opção falsa. O C. Supremo Tribunal Federal, recentemente, assentou, por meio de Súmula, o seguinte entendimento:

a) A lei penal mais grave só se aplica ao crime continuado ou ao crime permanente, se a sua vigência é anterior ao início da continuidade ou da permanência.

b) É concorrente a legitimidade do ofendido, mediante queixa, e do Ministério Público, condicionada à representação do ofendido, para a ação penal por crime contra a honra de servidor público em razão do exercício de suas funções.

c) Não se admite a suspensão condicional do processo por crime continuado, se a soma da pena mínima da infração mais grave com o aumento mínimo de um sexto for superior a um ano.

d) O art. 309 do Código de Trânsito Brasileiro, que reclama decorra do fato perigo de dano, derrogou o art. 32 da Lei das Contravenções Penais no tocante à direção sem habilitação em vias terrestres.

825. (FMP/TJ/MT/Juiz/2014) De acordo com entendimento sumulado do Supremo Tribunal Federal, assinale a afirmativa correta.

a) A pena unificada para atender ao limite de trinta anos de cumprimento, determinado pelo art. 75 do Código Penal, é considerada, para concessão de outros benefícios, como livramento condicional ou regime mais favorável de execução.

b) A lei penal mais grave aplica-se ao crime continuado ou ao crime permanente, se sua vigência é anterior à cessação da continuidade ou da permanência.

c) Impede a progressão de regime de execução de pena, fixada em sentença não transitada em julgado, o fato de o réu se encontrar em prisão especial.

d) A imposição do regime de cumprimento mais severo do que a pena aplicada permitir não exige motivação idônea.

e) Admite-se a suspensão condicional do processo por crime continuado, se a soma da pena mínima da infração mais grave com o aumento mínimo de um sexto for superior a um ano.

826. (Cespe/TJ/SE/Cartórios/2014) Acerca da produção de provas, dos atores processuais e dos juizados especiais criminais, assinale a opção correta com base nos entendimentos sumulados pelos tribunais superiores.

a) Não se admite a suspensão condicional do processo por crime continuado se a soma da pena mínima da infração mais grave com o aumento máximo de dois terços for superior a um ano.

b) A participação de promotor de justiça na investigação criminal não acarreta seu impedimento ou suspeição para oferecer a denúncia.

c) O benefício da suspensão condicional do processo é cabível para os casos de concurso material em que a pena mínima cominada a cada um deles seja inferior a um ano, ainda que a soma das referidas penas mínimas ultrapasse esse patamar.

d) O reconhecimento da menoridade do réu no processo penal pode ser obtido pela simples declaração de alguém que o conheça e ateste verbalmente a sua idade.

e) É direito do defensor, no interesse do representado, ter acesso amplo aos elementos de prova, inclusive interceptações telefônicas em curso e não documentadas no bojo dos autos da investigação.

827. (Cespe/TRE/PI/Analista/2016) Assinale a opção correta, no que se refere ao concurso de crimes.

a) Não se admite a suspensão condicional do processo se a soma da pena mínima com o aumento mínimo de um sexto for superior a um ano.

b) Não se aplica a continuidade delitiva quando os delitos atingirem bens jurídicos personalíssimos de pessoas diversas, segundo o entendimento do Supremo Tribunal Federal.

c) O Supremo Tribunal Federal admite a continuidade delitiva entre os crimes de furto e roubo.

d) Configura-se concurso material a ação única lesiva ao patrimônio de diversas pessoas.

e) Conforme o entendimento do Superior Tribunal de Justiça, não se aplica o princípio da consunção entre os crimes de falsidade e estelionato, por se tratar de caso de aplicação do concurso formal.

CAPÍTULO 14 –
DIREITO TRIBUTÁRIO

1. CRÉDITO TRIBUTÁRIO

1.1. Extinção do Crédito Tributário

Súmula STF Vinculante 8. São inconstitucionais o parágrafo único do artigo 5° do Decreto-lei n° 1.569/1977 e os artigos 45 e 46 da Lei n° 8.212/1991, que tratam de prescrição e decadência de crédito tributário.

828. (Cespe/TRT/1R/Juiz/2010) Quanto à prescrição e à decadência em matéria previdenciária, assinale a opção correta.

a) O prazo de decadência de todo e qualquer direito ou ação do segurado para a revisão do ato de concessão de benefício é de dez anos, a contar do dia primeiro do mês seguinte ao do recebimento da primeira prestação.

b) A ação para haver prestações devidas pela previdência social prescreve em dez anos, a contar da data em que deveriam ter sido pagas.

c) O direito da seguridade social de apurar e constituir seus créditos extingue-se após dez anos, contados da data em que se tornar definitiva a decisão que houver anulado, por vício formal, a constituição de crédito anteriormente efetuado.

d) Adequadamente constituído, o direito de cobrar o crédito apurado devido à seguridade social expirará em quinze anos.

e) Apenas na hipótese de ocorrência de dolo, a seguridade social poderá apurar e constituir seus créditos nos prazos de prescrição estabelecidos na legislação penal para o crime correspondente.

829. (Esaf/RFB/AFRF/2009) A arrecadação e o recolhimento das contribuições destinadas à seguridade social constituem uma das principais tarefas de gestão tributária. Sobre elas o tempo decorrido mostra-se importante, considerando a jurisprudência dos Tribunais Superiores sobre a legislação previdenciária de custeio. Entre as assertivas a seguir indicadas, assinale a correta.

a) Prazos de prescrição e decadência podem ser definidos em lei ordinária.

b) O prazo decadencial das contribuições da seguridade social é de 5 anos.

c) A arrecadação e o recolhimento das contribuições podem ser feitos em qualquer momento.

d) Valores recolhidos pelo fisco antes do julgamento de recursos extraordinários que discutiam o prazo de prescrição deverão ser devolvidos se forem superiores ao prazo de 5 anos do lançamento.

e) A ação de cobrança do crédito tributário oriundo de contribuição social pode ser impetrada em qualquer momento.

830. (PUC-PR/TJ/RO/Juiz/2011) Considere as assertivas abaixo:

I. O prazo de 10 anos para o lançamento das contribuições previdenciárias foi objeto da primeira súmula vinculante do STF sobre questão tributária.

II. O prazo prescricional previsto para a autoridade fiscal constituir o crédito tributário para os impostos lançáveis por declaração começa no primeiro dia útil do exercício seguinte à ocorrência do fato gerador do tributo.

III. Na repetição do indébito tributário, deve observar o prazo de 5 anos do efetivo pagamento; e os juros só se contam a partir do trânsito em julgado da decisão e a correção monetária, a partir do pagamento efetuado.

IV. A prescrição intercorrente tem como termo inicial de contagem de seu quinquídio um ano após o arquivamento do processo fiscal por não terem sido encontrados bens passíveis de penhora, ou mesmo o devedor, e poderá ser decretada de ofício pelo magistrado, depois de ouvida a Fazenda Pública.

V. Suspende-se o prazo prescricional da Fazenda Pública por mera confissão da dívida tributária.

Estão corretas:

a) Somente as assertivas I, III e V.

b) Somente as assertivas II e IV.

c) Somente as assertivas III e IV.

d) Somente as assertivas IV e V.

e) Somente as assertivas I, III e IV.

831. (TJ/PR/Juiz/2010) Considerando as assertivas abaixo, assinale a alternativa correta:

I. Quanto à prescrição e à decadência do crédito tributário, podem-se identificar diversos prazos de um lustro previstos no Código Tributário Nacional.

II. O prazo de 10 (dez) anos para a cobrança das contribuições previdenciárias foi julgado inconstitucional pelo Supremo Tribunal Federal, resultando em súmula vinculante.

III. O prazo decadencial previsto para a autoridade fiscal constituir o crédito tributário para os impostos lançáveis por declaração começa no 1º (primeiro) dia útil do exercício seguinte à ocorrência do fato gerador do tributo.

IV. O prazo prescricional para a Fazenda Pública buscar a tutela jurisdicional, exigindo o crédito tributário não satisfeito, inicia-se com a constituição definitiva do crédito e se interrompe com o despacho do juiz em execução fiscal.

V. Na repetição do indébito tributário, os juros só se contam a partir do trânsito em julgado da decisão e a correção monetária, a partir do pagamento efetuado.

VI. A prescrição intercorrente tem como termo inicial de contagem de seu quinquídio 1 (um) ano após o arquivamento do processo fiscal por não terem sido encontrados bens passíveis de penhora, ou mesmo o devedor, e poderá ser decretada de ofício pelo magistrado, depois de ouvida a Fazenda Pública.

a) Somente as assertivas I, III e IV estão erradas.

b) Somente as assertivas I, II e V estão corretas.

c) Somente as assertivas III e IV estão corretas.

d) Somente as assertivas IV e VI estão erradas.

832. (TRT/3R/Juiz/2009) Assinale a assertiva correta em relação aos enunciados de I a V, observadas a legislação pertinente, a consolidação jurisprudencial e a Constituição da República:

I. Constituem objetivos da seguridade social, além de outros: irredutibilidade do valor dos benefícios; diversidade da base de financiamento; uniformidade e equivalência dos benefícios e serviços às populações urbanas e rurais.

II. É vedada a concessão de remissão ou anistia das contribuições sociais devidas pelos empregadores e trabalhadores.

III. Nos termos do regulamento da Previdência Social, o segurado e o dependente, após dezesseis anos de idade, poderão firmar recibo de benefício independentemente da presença dos pais ou do tutor.

IV. Não se considera como remuneração direta ou indireta para os efeitos do plano de custeio da Seguridade Social, os valores despendidos pelas entidades religiosas e instituições de ensino vocacional com ministro de confissão religiosa, membros de instituto de vida consagrada, de congregação ou de ordem religiosa, em face de seu mister religioso ou para sua subsistência desde que fornecidos em condições que independam da natureza e da quantidade do trabalho executado.

V. O Supremo Tribunal Federal por meio de súmula vinculante declarou inconstitucionais o parágrafo único do art. 5º do Decreto-Lei n. 1569/1977 e os artigos 45 e 46 da Lei n. 8.212/1991, que tratam de prescrição e decadência de crédito tributário.

a) somente um enunciado é verdadeiro

b) somente dois enunciados são verdadeiros

c) somente três enunciados são verdadeiros

d) somente quatro enunciados são verdadeiros

e) todos os enunciados são verdadeiros

833. (TRT/15R/Juiz/2010) Analise as afirmações contidas nos itens "I", "II" e "III" e assinale a alternativa correta:

I. A Seguridade Social compreende um conjunto integrado de ações de iniciativa dos Poderes Públicos e da sociedade, destinadas a assegurar os direitos relativos à saúde, à previdência e à educação.

II. A pessoa jurídica em débito com o sistema da seguridade social, como estabelecido em lei, não poderá contratar com o Poder Público nem dele receber benefícios ou incentivos fiscais ou creditícios.

III. O Supremo Tribunal Federal considera inconstitucionais os artigos 45 e 46 da Lei 8.212, de 24/7/1991.

a) somente as afirmações contidas nas alíneas "I" e "II" são corretas.

CAPÍTULO 14 - DIREITO TRIBUTÁRIO

STF 263

b) somente as afirmações contidas nas alíneas "I" e "III" são corretas.

c) as afirmações contidas nas alíneas "I", "II" e "III" são corretas.

d) somente as afirmações contidas nas alíneas "II" e "III" são corretas.

e) todas as afirmações são incorretas.

834. (Cespe/CPRM/Advogado/2013) Segundo entendimento pacífico do STF, a prescrição e a decadência das contribuições previdenciárias, devido a sua natureza tributária, devem ser disciplinadas por meio de lei complementar.

835. (FCC/PGM/Cuiabá/Procurador/2014) Considere o teor da Súmula Vinculante n. 8: "São inconstitucional o parágrafo único do artigo 5º do Decreto-Lei n. 1.569/1977 e os artigos 45 e 46 da Lei n. 8.212/1991, que tratam de prescrição e decadência de crédito tributário". Analise as seguintes afirmações a esse respeito, à luz da disciplina constitucional e legal da matéria:

I. É pressuposto da edição de súmula vinculante que a matéria que esta tenha por objeto diga respeito a normas acerca das quais exista, entre órgãos judiciários ou entre esses e a administração pública, controvérsia que acarrete grave insegurança jurídica e relevante multiplicação de processos sobre idêntica questão.

II. A Súmula Vinculante n. 8 tem, desde sua publicação, efeito vinculante em relação aos demais órgãos do Poder Judiciário e à administração pública direta e indireta, mas, por dizer respeito a normas inseridas na legislação federal, restrito a essa esfera da federação.

III. Se revogada ou modificada a lei em que se fundou a edição da Súmula Vinculante n. 8, o Supremo Tribunal Federal, de ofício ou por provocação, poderá proceder à sua revisão ou cancelamento, conforme o caso.

IV. Contra ato administrativo que aplique os dispositivos legais considerados inconstitucionais a teor da Súmula Vinculante n. 8, caberá reclamação para o Supremo Tribunal Federal, exigindo-se para seu uso, contudo, o esgotamento prévio das vias administrativas.

Está correto o que se afirma apenas em

a) II e III.

b) I, III e IV.

c) II, III e IV.

d) I e III.

e) I, II e IV.

> **Súmula STF 546.** *Cabe a restituição do tributo pago indevidamente, quando reconhecido por decisão, que o contribuinte "de jure" não recuperou do contribuinte "de facto" o "quantum" respectivo.*

836. (Esaf/RFB/AFRF/2005) A restituição de tributos, cujo encargo financeiro possa transferir-se, somente pode ser obtida se o (___) provar que não o transferiu ou que está autorizado pelo (___). No caso do direito ao creditamento do IPI, não se aplica esta regra, porque não se trata de (___).

a) contribuinte/fisco/tributo indireto.

b) sujeito passivo/sujeito ativo/compensação.

c) sujeito passivo/sujeito ativo/restituição do indevido.

d) contribuinte de direito/contribuinte de fato/repetição de indébito.

e) responsável/contribuinte/repetição de indébito.

837. (FGV/TJ/PA/Juiz/2008) Com base na jurisprudência do STF e do STJ, assinale a afirmativa incorreta.

a) A intervenção do Ministério Público nas execuções fiscais é desnecessária.

b) A decisão que reconhece que o contribuinte de jure não recuperou do contribuinte de facto o quantum respectivo, admite a restituição do tributo pago indevidamente.

c) A adoção da teoria do "pentapartite" pelo STF implica a adoção de cinco modalidades de tributos previstos na Constituição Federal. Em consequência, a Súmula 418 do STF, que dispõe que "o empréstimo compulsório não é tributo, e sua arrecadação não está sujeita à exigência constitucional de prévia autorização orçamentária", perdeu sua eficácia.

d) A conjuntura que exija a absorção temporária de poder aquisitivo não pode ensejar a cobrança de empréstimo compulsório pela União, tendo em vista que esse dispositivo do CTN não foi recepcionado pela Constituição Federal.

e) A compensação de créditos tributários pode ser deferida em ação cautelar ou por medida cautelar antecipatória, conforme orientação dominante no STJ.

1.2. Exclusão do Crédito Tributário

Súmula STF 539. É constitucional a lei do Município que reduz o imposto predial urbano sobre imóvel ocupado pela residência do proprietário, que não possua outro.

838. (Esaf/RFB/AFRF/2012) O IPTU – imposto sobre a propriedade predial e territorial urbana, de competência dos Municípios e do Distrito Federal, possui as seguintes características, exceto:

a) pode ser progressivo em razão do valor venal do imóvel, o que permite calibrar o valor do tributo de acordo com índice hábil à mensuração da essencialidade do bem.

b) a progressividade de sua alíquota, com base no valor venal do imóvel, só é admissível para o fim de assegurar o cumprimento da função social da propriedade urbana.

c) é inconstitucional a lei do município que reduz o imposto predial urbano sobre imóvel ocupado pela residência do proprietário, que não possua outro.

d) pode ter diversidade de alíquotas no caso de imóvel edificado, não edificado, residencial ou comercial.

e) não se admite a progressividade fiscal decorrente da capacidade econômica do contribuinte, dada a natureza real do imposto.

839. (Esaf/Sefin/RJ/AuditorFiscal/2010) Consoante decisões do Supremo Tribunal Federal sobre o IPTU – Imposto sobre a Propriedade Territorial Urbana –, na ordem constitucional atual, julgue os itens a seguir. Estão corretos:

I. O efeito extrafiscal ou a calibração do valor do tributo de acordo com a capacidade contributiva não são obtidos apenas pela modulação da alíquota. O escalonamento da base de cálculo pode ter o mesmo efeito. Ao associar o tipo de construção (precário, popular, médio, fino e luxo) ao escalonamento crescente da avaliação do valor venal do imóvel, pode-se graduar o valor do tributo de acordo com índice hábil à mensuração da frivolidade ou da essencialidade do bem, além de lhe conferir mais matizes para definição da capacidade contributiva.

II. É inconstitucional a lei do município que reduz o imposto predial urbano sobre imóvel ocupado

pela residência do proprietário, que não possua outro.

III. A cobrança do Imposto Predial e Territorial Urbano em alíquotas diferenciadas em razão da destinação dos imóveis não afronta a Constituição da República.

a) apenas os itens II e III.

b) apenas os itens I e III.

c) apenas os itens I e II.

d) todos os itens estão corretos.

e) nenhum item está correto.

Súmula STF 544. Isenções tributárias concedidas, sob condição onerosa, não podem ser livremente suprimidas.

840. (Cespe/TRF/5R/Juiz/2013) Ainda com base na CF, nas normas gerais de direito tributário e na jurisprudência do STJ e do STF sobre essa matéria, assinale a opção correta.

a) Ainda que a isenção tenha sido concedida por prazo certo e sob condição onerosa, é possível a sua posterior revogação, com efeitos sobre os contribuintes que tiverem por ela sido beneficiados, já que eles não possuem direito adquirido de usufruir do benefício legalmente estipulado.

b) É devida a correção monetária ao creditamento do IPI quando há oposição ao seu aproveitamento decorrente de resistência legítima do fisco.

c) A simples declaração, pelo contribuinte, do débito tributário lhe dá o direito de obter a certidão negativa ou positiva com efeito de negativa.

d) O inadimplemento da obrigação tributária pela sociedade é suficiente, por si só, para atrair a responsabilidade solidária do sócio-gerente.

e) A imunidade tributária recíproca é princípio garantidor da Federação, motivo pelo qual não pode ser restringida nem mesmo por emenda constitucional.

841. (Esaf/TCE/GO/Procurador/2007) Entre as afirmativas abaixo, relativas à imunidade e isenções tributárias, assinale a correta.

a) Os partidos políticos são entidades imunes, benefício que não se estende às suas fundações.

CAPÍTULO 14 - DIREITO TRIBUTÁRIO

b) A imunidade de entidade educacional sem fins lucrativos não é extensiva aos aluguéis de apartamento de sua propriedade revertidos às suas finalidades institucionais.

c) A imunidade tributária incidente sobre livros só é extensível ao papel nele utilizado se a obra tiver fins didático-educacionais.

d) A isenção por prazo certo e em função de determinadas condições atendidas pelo sujeito passivo gera direito adquirido.

e) A empresa pública Caixa Econômica Federal, que exerce atividade econômica, é abrangida pela imunidade tributária recíproca, não se sujeitando ao pagamento de imposto sobre propriedade de veículos automotores incidentes sobre seus carros.

> *Súmula STF 581.* A exigência de transporte em navio de bandeira brasileira, para efeito de isenção tributária, legitimou-se com o advento do Decreto-lei 666, de 02.7.69.

➲ Súmula não abordada em concursos recentes.

1.3. Garantias e Privilégios do Crédito Tributário

> *Súmula STF 563.* O concurso de preferência a que se refere o parágrafo único, do art. 187, do Código Tributário Nacional, é compatível com o disposto no art. 9º, inciso I, da Constituição Federal.

➲ Súmula não abordada em concursos recentes.

2. ADMINISTRAÇÃO TRIBUTÁRIA

3.1. Fiscalização

> *Súmula STF 70.* É inadmissível a interdição de estabelecimento como meio coercitivo para cobrança de tributo.

842. (Consulplan/TJ/MG/Cartórios/2016) Avalie as afirmações a seguir, considerando posicionamentos sumulados pelo Supremo Tribunal Federal:

I. A apreensão de mercadorias como meio coercitivo para pagamentos de tributos é inadmissível.

II. É admissível a interdição de estabelecimento como meio coercitivo para cobrança de tributo.

III. A exigência de depósito ou arrolamento prévio de dinheiro ou bens para admissibilidade de recurso administrativo tributário tem amparo na Constituição Federal.

IV. O serviço de iluminação pública não pode ser remunerado mediante taxa.

É correto apenas o que se afirma em

a) I e II.

b) II e III.

c) III e IV.

d) I e IV.

843. (FGV/Sefaz/AuditorFiscal/2010) Assinale a afirmativa incorreta.

a) O Código Tributário Nacional, no artigo 195, nega aplicação às disposições legais excludentes ou limitativas do direito de examinar os livros comerciais do contribuinte.

b) A fiscalização tem o seu poder limitado, dentre outras, por força de questões funcionais e territoriais.

c) O sigilo de correspondência não pode ser invocado pelo contribuinte em sua defesa, uma vez que este direito poderá ser afastado no exercício da fiscalização pelas autoridades administrativas, mesmo sem haver autorização judicial.

d) O Supremo Tribunal Federal já pacificou o entendimento no sentido de não ser possível a interdição de estabelecimento como meio coercitivo de cobrança de tributo.

e) Não se admite, segundo entendimento consagrado no Supremo Tribunal Federal, a apreensão de mercadorias como meio coercitivo para pagamento de tributos.

> *Súmula STF 323.* É inadmissível a apreensão de mercadorias como meio coercitivo para pagamento de tributos.

844. (Cespe/TJ/AM/Juiz/2016) Considerando que a fazenda pública deve observar os princípios constitucionais para a legítima cobrança de tributos, assinale a opção correta com base na jurisprudência do STF.

a) Para o STF, é constitucional a apreensão de mercadorias como forma de obrigar o devedor a pagar os tributos devidos.

b) A exigência, pela fazenda pública, de prestação de fiança para a impressão de notas fiscais de contribuintes em débito com o fisco viola as garantias do livre exercício do trabalho, ofício ou profissão, da atividade econômica e do devido processo legal.

c) É constitucional a exigência de depósito prévio como requisito de admissibilidade de ação judicial na qual se pretenda discutir a exigibilidade de crédito tributário.

d) A imunidade tributária dos impostos sobre a renda não alcança as empresas públicas prestadoras de serviços públicos.

e) Norma local que condicione a concessão de regime especial de tributação à apresentação de certidão negativa de débitos tributários não constitui meio indireto de cobrança de tributo.

845. (Cespe/TRF/2R/Juiz/2009) Assinale a opção correta com relação ao procedimento fiscal e à dívida ativa.

a) A autoridade fiscal poderá efetuar apreensão temporária de mercadorias desacompanhadas de documento fiscal idôneo e retê-las até comprovação de legitimidade de sua posse pelo proprietário.

b) Durante fiscalização tributária, poderá o fisco efetivar busca e apreensão de documentos nas dependências e no escritório de sociedade comercial, independentemente de autorização judicial e de seus proprietários, prepostos ou gerentes.

c) Ao tomar conhecimento de contribuições sociais declaradas por empresa na declaração de contribuições e tributos federais, cujos valores não foram recolhidos no prazo estabelecido, deverá a autoridade fiscal notificá-la para efetuar o recolhimento do débito, sob pena de inscrição em dívida ativa, ficando suspenso o prazo prescricional.

d) A autoridade fiscal deverá fazer constar da certidão de inscrição do débito tributário em dívida ativa o nome dos sócios-gerentes, corresponsáveis pela dúvida, pressuposto necessário para viabilizar o redirecionamento do executivo fiscal.

e) A fazenda pública pode substituir a certidão de inscrição do débito fiscal em dívida ativa,

quando aquela apresentar nulidade, apenas até a citação do devedor no executivo fiscal.

> **Súmula STF 439.** *Estão sujeitos à fiscalização tributária ou previdenciária quaisquer livros comerciais, limitado o exame aos pontos objeto da investigação.*

846. (FGV/Sefaz/RJ/AuditorFiscal/2009) Em relação à fiscalização tributária, analise as afirmativas a seguir:

I. Determina o código tributário nacional que a autoridade administrativa que presidir quaisquer diligências de fiscalização deverá, preferencialmente, lavrar termo autônomo de início do respectivo procedimento, cuja cópia será entregue ao sujeito fiscalizado; caso haja recusa de recebimento do aludido termo pelo contribuinte, o início da ação fiscal há de ser certificado em um dos livros fiscais a serem exibidos na forma da legislação.

II. Somente antes do início de qualquer procedimento de fiscalização é possível ao contribuinte se socorrer do benefício da denúncia espontânea, afastando-se a responsabilidade por infrações à legislação tributária, desde que haja o pagamento integral do tributo devido acrescido dos juros de mora.

III. O artigo 195 do CTN reza que "para os efeitos da legislação tributária, não têm aplicação quaisquer disposições legais excludentes ou limitativas do direito de examinar mercadorias, livros, arquivos, documentos, papéis e efeitos comerciais ou fiscais, dos comerciantes industriais ou produtores, ou da obrigação destes de exibi-los". Com base nesse dispositivo, o Supremo Tribunal Federal editou súmula de modo a consolidar o entendimento de que se sujeitam à fiscalização tributária ou previdenciária quaisquer livros comerciais, ilimitadamente, independentemente dos pontos objeto da investigação.

Assinale:

a) se somente a afirmativa I estiver correta.

b) se somente a afirmativa II estiver correta.

c) se somente a afirmativa III estiver correta.

d) se somente as afirmativas I e III estiverem corretas.

e) se todas as afirmativas estiverem corretas.

> *Súmula STF 542. Não é inconstitucional a multa instituída pelo Estado-membro, como sanção pelo retardamento do início ou da ultimação do inventário.*

847.
(PGE/MS/Procurador/2014) Com relação ao imposto sobre transmissão causa mortis e doação (ITCD), assinale a opção correspondente:

I.   As alíquotas do imposto incidente sobre a transmissão causa mortis poderão ser fixadas livremente pelos Estados e pelo Distrito Federal, desde que respeitada a alíquota máxima de oito por cento (8%) fixada pelo Senado Federal.

II. O imposto caberá ao Estado da situação do bem, relativamente a bens imóveis e respectivos direitos, enquanto que com relação aos bens móveis, competirá ao Estado onde se processar o inventário ou arrolamento.

III. O ITCD é devido pela alíquota vigente ao tempo da abertura da sucessão, sendo legítima a multa instituída pelo Estado como sanção pelo retardamento do início ou da ultimação do inventário.

IV. O sujeito passivo da relação jurídico-tributária do ITCD é o inventariado ("de cujus"), representado pelo espólio.

a) Todas estão corretas.

b) Todas estão incorretas.

c) Somente II e IV estão corretas.

d) Somente I, II e IV estão corretas.

e) Somente I, II e III estão corretas.

848.
(Consulplan/TJ/MG/Cartórios/2015) Com relação ao entendimento sumulado no STF a respeito do ITCMD e da multa pelo retardamento do inventário, é correto afirmar que

a) o imposto de transmissão causa mortis é devido pela alíquota vigente ao tempo da abertura da sucessão e pode ser exigível antes da homologação do cálculo.

b) sobre os honorários do advogado contratado pelo inventariante, com a homologação do juiz, incide o imposto de transmissão causa mortis.

c) não é legítima a incidência do imposto de transmissão causa mortis no inventário por morte presumida e não é inconstitucional a multa instituída pelo estado-membro, como sanção pelo retardamento do início ou da ultimação do inventário.

d) o imposto de transmissão "causa mortis" é calculado sobre o valor dos bens na data da avaliação, mas calcula-se o ITCMD sobre o saldo credor da promessa de compra e venda de imóvel no momento da abertura da sucessão do promitente vendedor.

849.
(Serctam/PGM/Quixadá/Advogado/2016) Segundo o entendimento sumulado do Supremo Tribunal Federal, marque a opção correta:

a) não é inconstitucional a multa instituída pelo Estado-Membro, como sanção pelo retardamento do início ou da ultimação do inventário.

b) não é legítima a cobrança da Cofins, do PIS e do Finsocial sobre as operações relativas a energia elétrica, serviços de telecomunicações, derivados de petróleo, combustíveis e minerais do País.

c) não é inconstitucional a exigência de depósito ou arrolamento prévios de dinheiro ou bens para admissibilidade de recurso administrativo.

d) a contribuição confederativa de que trata o art. 8º, IV, da Constituição, não é exigível dos filiados ao sindicato respectivo.

e) não é inconstitucional a lei municipal que tenha estabelecido, antes da Emenda Constitucional 29/2000, alíquotas progressivas para o IPTU, salvo se destinada a assegurar o cumprimento da função social da propriedade urbana.

> *Súmula STF 547. Não é lícito à autoridade proibir que o contribuinte em débito adquira estampilhas, despache mercadorias nas alfândegas e exerça suas atividades profissionais.*

↪ Súmula não abordada em concursos recentes.

3. DO SISTEMA TRIBUTÁRIO NACIONAL

3.1. Dos Princípios Gerais

> *Súmula STF Vinculante 50. Norma legal que altera o prazo de recolhimento da obrigação tributária não se sujeita ao princípio da anterioridade.*

850.
(Cespe/AGU/Procurador/2007) Caso determinada lei estadual modifique o prazo de recolhimento do imposto sobre a propriedade de veículos automotores (IPVA), para que

todos os contribuintes efetuem o pagamento do imposto em diferentes dias do mês de janeiro de cada ano, nesse caso, a referida lei estadual deverá obedecer ao princípio da anterioridade tributária.

851. (MPE/SC/Promotor/2012) Assinale a opção correta:

I. O parcelamento é uma das formas de se suspender a exigibilidade do crédito tributário.

II. O crédito tributário prefere a qualquer outro, seja qual for sua natureza ou o tempo de sua constituição, ressalvados os créditos decorrentes da legislação do trabalho ou do acidente de trabalho.

III. Segundo entendimento sumular do Supremo Tribunal Federal a norma legal que altera o prazo de recolhimento da obrigação tributária não se sujeita ao princípio da anterioridade.

IV. Segundo entendimento sumular do Superior Tribunal de Justiça, a Fazenda Pública pode substituir a certidão de dívida ativa (CDA) até a prolação da sentença de embargos, quando se tratar de correção de erro material ou formal, vedada a modificação do sujeito passivo da execução.

V. Compete privativamente à autoridade administrativa constituir o crédito tributário pelo lançamento, assim entendido o procedimento administrativo tendente a verificar a ocorrência do fato gerador da obrigação correspondente, determinar a matéria tributável, calcular o montante do tributo devido, identificar o sujeito passivo e, sendo caso, propor a aplicação da penalidade cabível. O lançamento é ato administrativo vinculado e obrigatório.

a) Apenas as assertivas I, II, III e V estão corretas.

b) Apenas as assertivas II, III, IV e V estão corretas.

c) Apenas as assertivas I, II, III e IV estão corretas.

d) Apenas as assertivas I, II, IV e V estão corretas.

e) Todas as assertivas estão corretas.

852. (Vunesp/TJ/RJ/Juiz/2016) Com base em súmula do Supremo Tribunal Federal, é correto afirmar que

a) se mostra constitucional a exigência de depósito ou arrolamento prévio de dinheiro ou bens para admissibilidade de recurso administrativo.

b) é constitucional a incidência do Imposto sobre Serviços de Qualquer Natureza – ISS sobre operações de locação de bens móveis, haja vista expressa previsão em lei específica.

c) é inconstitucional a adoção, no cálculo do valor de taxa, de um ou mais elementos da base de cálculo própria de terminado imposto, ainda que não haja integral identidade entre uma base e outra.

d) falsificar ou alterar nota fiscal, fatura, duplicata, nota de venda, ou qualquer outro documento relativo à operação tributável tipifica crime material contra a ordem tributária, mesmo antes do lançamento definitivo do tributo.

e) norma legal que altera o prazo de recolhimento de obrigação tributária não se sujeita ao princípio da anterioridade.

853. (Cespe/TCE/PR/Analista/2016) À luz da jurisprudência do STF, assinale a opção correta acerca das limitações ao poder de tributar.

a) As anuidades exigidas pelos conselhos profissionais, embora ostentem natureza tributária, não se submetem ao princípio da legalidade estrita, podendo sua cobrança ser prevista apenas em ato normativo.

b) Os emolumentos cartorários, por serem destituídos de natureza tributária, podem ser instituídos por atos normativos emanados dos tribunais de justiça dos estados, não se submetendo ao princípio da legalidade estrita.

c) A definição do vencimento das obrigações tributárias não se submete ao princípio da legalidade estrita, podendo ocorrer por decreto do Poder Executivo.

d) É constitucional a concessão de isenções com base na ocupação profissional do contribuinte.

e) O estabelecimento das hipóteses de imunidade tributária é reservado a lei complementar.

854. (Cespe/TCE/PA/Auditor/2016) Qualificado como garantia individual do contribuinte e, por conseguinte, como cláusula pétrea da Constituição Federal de 1988, o princípio da anterioridade não se aplica à norma jurídica que altera o prazo de recolhimento da obrigação tributária.

855. (FCC/TJ/SE/Juiz/2015) À luz da Constituição da República e da jurisprudência do Supremo Tribunal Federal, a alteração do prazo de recolhimento de contribuição social incidente sobre o faturamento da empresa, de modo a antecipá-lo em relação ao vigente:

CAPÍTULO 14 - DIREITO TRIBUTÁRIO

STF 269

a) requer edição de lei complementar, passível de exigência após decorridos noventa dias da data de sua publicação, ainda que no mesmo exercício financeiro.

b) não requer edição de lei complementar, tampouco se sujeita a qualquer anterioridade, sendo passível de exigência imediata.

c) requer edição de lei complementar, passível de exigência no exercício financeiro seguinte, desde que decorridos noventa dias da data de sua publicação.

d) requer edição de lei complementar, mas não se sujeita a qualquer anterioridade, sendo passível de exigência imediata.

e) não requer edição de lei complementar, sendo passível de exigência desde que decorridos noventa dias da data de sua instituição, ainda que no mesmo exercício financeiro.

856. **(TRF/3R/Juiz/2016)** Com relação a jurisprudência dominante, assinale a alternativa correta:

a) STF: isenções tributárias, como favor fiscal que são, podem ser livremente suprimidas mesmo se concedidas sob condição onerosa.

b) STJ: na execução fiscal é necessária a instrução da petição inicial com o demonstrativo do cálculo do débito, para assegurar a ampla defesa do contribuinte.

c) STJ: no caso de sucessão empresarial, a responsabilidade da sucessora abrange os tributos e as multas moratórias devidas pela sucedida referentes aos fatos geradores ocorridos até a sucessão, mas não as multas punitivas dado o caráter pessoal delas.

d) STF: a norma legal que altera o prazo de recolhimento da obrigação tributária não se sujeita ao princípio da anterioridade.

> *Súmula STF 69. A Constituição Estadual não pode estabelecer limite para o aumento de tributos municipais.*

857. **(Serctam/PGM/Quixadá/Assistente_ Jurídico/2016)** Segundo os princípios constitucionais tributários, marque a opção correta:

a) Norma legal que altera o prazo de recolhimento da obrigação tributária se sujeita ao princípio da anterioridade.

b) Viola a garantia constitucional de acesso à jurisdição a taxa judiciária calculada sem limite sobre o valor da causa.

c) Decisão que declara devida a cobrança do imposto em determinado exercício não faz coisa julgada em relação aos posteriores.

d) A Constituição Estadual pode estabelecer limite para o aumento de tributos municipais.

e) É constitucional a exigência de depósito prévio como requisito de admissibilidade de ação judicial na qual se pretenda discutir a exigibilidade de crédito tributário.

> *Súmula STF 239. Decisão que declara indevida a cobrança do imposto em determinado exercício não faz coisa julgada em relação aos posteriores.*

858. **(PGE/PA/Procurador/2007)** Considere as seguintes assertivas e assinale a alternativa correta:

I.   A propositura de ação anulatória de débito fiscal pelo contribuinte importa em renúncia ao poder de recorrer na esfera administrativa, mas não importa em desistência do recurso acaso interposto.

II. Conforme entendimento sumulado do STF, decisão que declara indevida a cobrança de imposto em determinado exercício não faz coisa julgada em relação aos exercícios posteriores.

III. Em sede de tutela de urgência contra a Fazenda Pública em matéria tributária, não se concederá, em caso algum, medida preventiva ou liminar que, direta ou indiretamente, importe na liberação de mercadorias, bens ou coisas procedentes do estrangeiro.

IV. Consoante entendimento sumulado do STJ, na repetição de indébito tributário, a correção monetária incide a partir do pagamento indevido; já os juros moratórios são devidos a partir do trânsito em julgado da sentença.

a) Apenas as alternativas I e IV estão corretas.

b) Apenas as alternativas I e II estão corretas.

c) Apenas as alternativas II, III e IV estão corretas.

d) Todas as alternativas estão corretas.

> *Súmula STF 667. Viola a garantia constitucional de acesso à jurisdição a taxa judiciária calculada sem limite sobre o valor da causa.*

859. (Esaf/PGDF/Procurador/2007-1) Na questão, assinale a opção correta.

a) Sendo os direitos fundamentais cláusulas pétreas, é inadmissível toda emenda à Constituição que sobre eles disponha.

b) É constitucionalmente legítima a taxa judiciária calculada sem limite sobre o valor da causa.

c) É inconstitucional a lei distrital que vincule reajuste de vencimentos de servidores públicos do Distrito Federal a índices federais de correção monetária.

d) É inconstitucional a correção monetária no pagamento com atraso dos vencimentos dos servidores públicos distritais, estaduais ou municipais.

860. (Ipad/Compesa/Advogado/2006) Sobre os direitos e garantias individuais é correto afirmar:

a) O conceito de casa, para fins da inviolabilidade prevista na Constituição, abrangerá qualquer compartimento habitado e qualquer aposento ocupado de habitação coletiva, mas não se projeta sobre compartimento privado onde alguém exerce profissão ou atividade.

b) Escuta e gravação por terceiro de comunicação telefônica alheia, ainda que com a ciência ou mesmo a cooperação de um dos interlocutores, se compreende no âmbito da garantia constitucional do sigilo das comunicações telefônicas e o seu registro só se admitirá como prova se realizada mediante prévia e regular autorização judicial.

c) Não viola a garantia constitucional de acesso à jurisdição a taxa judiciária calculada sem limite sobre o valor da causa.

d) Não ofende a garantia do devido processo legal a exoneração "ad nutum" de servidor público ocupante de cargo efetivo em estágio probatório, diante da edição de decreto que declara a desnecessidade do cargo.

e) Ofende o princípio da igualdade o regulamento de concurso público que, destinado a preencher cargos de vários órgãos da Justiça Federal, sediados em locais diversos, determina que a classificação se faça por unidade da Federação, pois daí resultará que um candidato possa ser classificado, em uma delas, com nota inferior ao que, em outra, não alcance a classificação respectiva.

861. (FGV/ALE/MA/Consultor/2013) A empresa Pedra Polida Ltda. pretende ingressar com ação declaratória de inexistência de relação jurídica tributária. A esse respeito, é correto afirmar que

a) não é devida a taxa judiciária, por se tratar de ação meramente declaratória.

b) é devida a taxa judiciária, que será paga ao final, quando quantificado o pedido.

c) é devida a taxa judiciária, que será compensada se o autor vencer a causa.

d) não é devida a taxa judiciária por ser ação de valor inestimável.

e) é devida a taxa judiciária, com base em percentual sobre o valor da causa.

3.2. Das Limitações do Poder de Tributar

> *Súmula STF Vinculante 52. Ainda quando alugado a terceiros, permanece imune ao IPTU o imóvel pertencente a qualquer das entidades referidas pelo artigo 150, inciso VI, alínea "c", da Constituição Federal, desde que o valor dos aluguéis seja aplicado nas atividades para as quais tais entidades foram constituídas.*

862. (Cesgranrio/CMB/Advogado/2009) Analise as proposições abaixo a respeito de imunidade tributária. Estão corretas apenas as proposições:

I. É possível a cobrança do IPTU em relação aos imóveis alugados a terceiros, de propriedade das entidades religiosas que gozam de imunidade tributária, ainda que a renda obtida com os aluguéis seja destinada às finalidades essenciais de tais entidades.

II. Os papéis necessários à publicação dos jornais e periódicos estão abrangidos pela chamada imunidade tributária recíproca.

III. A imunidade tributária com base no art. 150, VI, c, da Constituição Federal, que alcança as instituições de assistência social sem fins lucrativos, pode ser estendida às entidades fechadas de previdência social, se não houver contribuição dos beneficiários.

IV. As autarquias e fundações instituídas e mantidas pelo Poder Público gozam de imunidade tributária, no que se refere a patrimônio, renda

CAPÍTULO 14 - DIREITO TRIBUTÁRIO **STF** 271

e serviços vinculados às suas finalidades essenciais ou às delas decorrentes.

a) I e II.

b) I e III.

c) II e III.

d) II e IV.

e) III e IV.

863. **(Cespe/Serpro/Advogado/2008)** Uma empresa pública federal, exploradora de atividade econômica em regime de ampla concorrência, possui um imóvel no Rio de Janeiro, o qual está alugado para uma concessionária de veículos. Nessa hipótese, desde que a renda desse imóvel seja aplicável às atividades-fim da referida empresa, haverá imunidade em relação ao imposto sobre propriedade territorial urbana (IPTU).

864. **(TJ/SC/Juiz/2009)** Assinale a alternativa incorreta:

a) Segundo orientação dominante do STF, o imóvel de instituições educacionais permanece imune ao IPTU, ainda que alugado a terceiros, desde que o valor dos aluguéis seja aplicado nas atividades essenciais dessas entidades.

b) Pertencem aos Municípios cinquenta por cento do produto da arrecadação do IPVA de veículos automotores licenciados em seus territórios.

c) Compete à lei complementar definir as alíquotas mínimas e máximas do ISS.

d) A Constituição Federal garante imunidade de impostos sobre renda, patrimônio e serviços nas operações com jornais, livros, periódicos e o papel destinado à sua impressão.

e) A lei que aumenta a base de cálculo do IPTU e IPVA não se submete ao princípio da anterioridade nonagesimal.

865. **(Cespe/Funpresp/Advogado/2016)** Os imóveis de propriedade de entidades de assistência social sem fins lucrativos que gozem de imunidade tributária por força da Constituição Federal alugados a terceiros não gozam da imunidade de IPTU, ainda que o valor dos aluguéis seja inteiramente aplicado nas atividades para as quais a entidade locadora tiver sido constituída.

866. **(FCC/PGM/São Luiz/Procurador/2016)** Fundação instituída por determinado partido político é proprietária de imóvel que, após ser utilizado por muitos anos como sede da entidade, passou a ser alugado, em janeiro deste ano,

para terceiro. O Município em que está localizado o imóvel pretende cobrar o IPTU que alega incidir sobre a propriedade deste, em virtude da mudança em sua utilização, a partir deste exercício. À luz da Constituição da República e da jurisprudência do Supremo Tribunal Federal sobre a matéria:

a) assiste razão ao Município, pois não há que se falar em imunidade incidente sobre o patrimônio quando a destinação deste deixa de ser vinculada às finalidades da instituição, independentemente da destinação que se dê aos aluguéis.

b) não há que se falar em imunidade ao IPTU, nem mesmo antes da mudança de utilização do imóvel, uma vez que a imunidade é assegurada a patrimônio, renda e serviço de partido político, e não à fundação a este vinculada.

c) não assistirá razão ao Município, persistindo a imunidade ao IPTU, desde que o valor dos aluguéis seja aplicado nas atividades para as quais a fundação vinculada ao partido político foi constituída.

d) não assistirá razão ao Município, persistindo a imunidade ao IPTU, desde que o terceiro para o qual foi alugado o imóvel seja entidade que goze de imunidade tributária.

e) assiste razão ao Município, pois imunidade nessas condições somente se aplica à entidade de assistência social, sem fins lucrativos, nos termos da lei.

867. **(Cespe/TCE/PA/Auditor/2016)** A imunidade das entidades de assistência social sem fins lucrativos abrange seu patrimônio, sua renda e seus serviços. Assim, não incide o imposto sobre a propriedade predial e territorial urbana sobre imóvel de sua propriedade alugado a terceiros, ainda que os aluguéis não sejam revertidos a sua finalidade essencial.

> ***Súmula STF 75.*** *Sendo vendedora uma autarquia, a sua imunidade fiscal não compreende o imposto de transmissão "inter vivos", que é encargo do comprador.*

868. **(Consulplan/TJ/MG/Cartórios/2015)** Quanto à imunidade tributária e à isenção tributária, é correto afirmar que

a) é vedado à União, aos Estados, ao Distrito Federal e aos Municípios utilizar tributo com efeito de confisco; todavia, os entes estatais estão autorizados pela Constituição Federal a estabelecerem limitações ao tráfego de pessoas ou bens, por meio de tributos interestaduais ou intermunicipais, inclusive por meio da cobrança de pedágio pela utilização de vias conservadas pelo Poder Público.

b) a imunidade referente à vedação de a União, os Estados, o Distrito Federal e os Municípios instituírem impostos sobre livros, jornais, periódicos e o papel destinado a sua impressão abrange os filmes e papéis fotográficos necessários à publicação de jornais e periódicos.

c) a imunidade ou a isenção tributária do comprador se estende ao produtor, contribuinte do imposto sobre produtos industrializados.

d) sendo vendedora uma autarquia, sua imunidade fiscal compreende o imposto de transmissão "inter vivos", que é encargo do comprador.

869. (Fepese/PGM/Balneário_Camboriú/Procurador/2015) Assinale a alternativa correta.

a) O imposto predial e territorial urbano poderá ser progressivo em função do número de imóveis do contribuinte.

b) É inconstitucional a incidência do Imposto sobre Serviços de Qualquer Natureza sobre operações de locação de bens móveis.

c) O serviço de iluminação pública, por se tratar de serviço público e estar à disposição de todos, pode ser remunerado mediante taxa.

d) Toda a operação de compra e venda de bem imóvel por autarquia é amparada pela imunidade fiscal do imposto de transmissão "inter vivos".

e) O valor venal do imóvel poderá ser utilizado como base de cálculo para a progressividade das alíquotas do imposto de transmissão "inter vivos" de bens imóveis.

> *Súmula STF 76. As sociedades de economia mista não estão protegidas pela imunidade fiscal do art. 31, V, "a", Constituição Federal.*

870. (Cespe/TJ/RJ/Analista/2008) As sociedades de economia mista são imunes aos impostos.

> *Súmula STF 324. A imunidade do art. 31, V, da Constituição Federal não compreende as taxas.*

871. (Cespe/INSS/Analista/2008) A fundação pública mantenedora da Universidade de Brasília tem imunidade tributária em relação a taxa de limpeza pública instituída pelo Distrito Federal.

872. (FCC/PGM/Teresina/Procurador/2010) Em virtude de imunidade, o Município não pode instituir:

a) impostos sobre patrimônio, renda e serviços de empresas públicas exploradoras de atividade econômica.

b) impostos sobre patrimônio não relacionado com atividades essenciais dos templos de qualquer culto.

c) imposto sobre a transmissão de bens ou direitos incorporados ao patrimônio de pessoa jurídica em realização de capital.

d) taxa sobre serviço de coleta de lixo domiciliar prestado para a União relativamente a seus imóveis.

e) contribuição de melhoria por obra pública municipal que gere valorização imobiliária a imóveis de domínio do Estado.

873. (Vunesp/TJ/SP/Cartórios/2011) Assinale a alternativa correta.

a) Autarquia federal não está sujeita ao pagamento de taxa de coleta de lixo instituída pelo Município.

b) À União é defeso cobrar IOF nas operações financeiras realizadas pelo Município.

c) Valorização decorrente de obra pública municipal, de imóvel pertencente ao Estado de São Paulo, não pode ser fato gerador de contribuição de melhoria cobrada pelo município.

d) A imunidade ou a isenção tributária do comprador se estende ao produtor, contribuinte do imposto sobre produtos industrializados.

> *Súmula STF 336. A imunidade da autarquia financiadora, quanto ao contrato de financiamento, não se estende à compra e venda entre particulares, embora constantes os dois atos de um só instrumento.*

⊃ Súmula não abordada em concursos recentes.

CAPÍTULO 14 - DIREITO TRIBUTÁRIO

STF 273

> **Súmula STF 591.** *A imunidade ou a isenção tributária do comprador não se estende ao produtor, contribuinte do imposto sobre produtos industrializados.*

> **Súmula STF 657.** *A imunidade prevista no art. 150, VI, "d", da CF abrange os filmes e papéis fotográficos necessários à publicação de jornais e periódicos.*

874. (UEPA/PGE/PA/Procurador/2012) Analise as afirmativas a seguir:

I. O gozo de imunidade não dispensa o contribuinte do cumprimento de obrigações acessórias nem da sujeição à fiscalização tributária.

II. Para fins de verificação da existência ou não de imunidade, a orientação atual do Supremo Tribunal Federal, na linha da Súmula 591, é a de que importa somente a posição de contribuinte de direito, não sendo alcançado o contribuinte de fato, nem sendo considerada a repercussão econômica do tributo.

III. A imunidade tributária conferida a instituições de assistência social sem fins lucrativos pelo art. 150, VI, c, da Constituição, somente alcança as entidades fechadas de previdência social fechada se não houver contribuição dos beneficiários.

IV. O Supremo Tribunal Federal entende que a imunidade recíproca dos entes políticos alcança as empresas públicas e as sociedades de economia mista prestadoras de serviço público típico em regime de monopólio.

De acordo com as afirmativas apresentadas, estão corretas:

a) somente I, II, e III.

b) somente II e III.

c) I, II, III e IV.

d) somente I, II e IV.

e) somente I, II e IV.

875. (Vunesp/TJ/SP/Cartórios/2011) Assinale a alternativa correta.

a) Autarquia federal não está sujeita ao pagamento de taxa de coleta de lixo instituída pelo Município.

b) À União é defeso cobrar IOF nas operações financeiras realizadas pelo Município.

c) Valorização decorrente de obra pública municipal, de imóvel pertencente ao Estado de São Paulo, não pode ser fato gerador de contribuição de melhoria cobrada pelo município.

d) A imunidade ou a isenção tributária do comprador se estende ao produtor, contribuinte do imposto sobre produtos industrializados.

876. (Cesgranrio/CMB/Advogado/2009) Analise as proposições abaixo a respeito de imunidade tributária. Estão corretas apenas as proposições:

I. É possível a cobrança do IPTU em relação aos imóveis alugados a terceiros, de propriedade das entidades religiosas que gozam de imunidade tributária, ainda que a renda obtida com os aluguéis seja destinada às finalidades essenciais de tais entidades.

II. Os papéis necessários à publicação dos jornais e periódicos estão abrangidos pela chamada imunidade tributária recíproca.

III. A imunidade tributária com base no art. 150, VI, c, da Constituição Federal, que alcança as instituições de assistência social sem fins lucrativos, pode ser estendida às entidades fechadas de previdência social, se não houver contribuição dos beneficiários.

IV. As autarquias e fundações instituídas e mantidas pelo Poder Público gozam de imunidade tributária, no que se refere a patrimônio, renda e serviços vinculados às suas finalidades essenciais ou às delas decorrentes.

a) I e II.

b) I e III.

c) II e III.

d) II e IV.

e) III e IV.

877. (Esaf/PGDF/Procurador/2007-1) Em face da jurisprudência assentada pelo Supremo Tribunal Federal sobre o ICMS, assinale a opção correta.

a) É ilegítima a exigência de fazer incidir ICMS na comercialização de exemplares de obras cinematográficas, gravadas em fitas de videocassete.

b) A imunidade prevista no art. 150, VI, "d", da Constituição Federal não abrange os filmes e papéis fotográficos necessários à publicação de jornais e periódicos, pelo que o ICMS é devido quando da entrada da referida mercadoria no estabelecimento do comprador.

c) Na entrada de mercadoria importada do exterior, é legítima a cobrança do ICMS por ocasião do desembaraço aduaneiro.

d) Na entrada de mercadoria importada dos países que integram o Mercosul, a cobrança do ICMS só pode ser feita por ocasião da entrada da mercadoria no estabelecimento do importador.

e) É assente a jurisprudência do Supremo Tribunal que, em se tratando de regular lançamento de crédito tributário em decorrência de recolhimento do ICMS, haverá incidência de correção monetária no momento da compensação com o tributo devido na saída da mercadoria do estabelecimento.

878. (FGV/TJ/PA/Juiz/2008) Com base na Constituição da República Federativa de 1988 e suas atualizações e na jurisprudência do STF, julgue as afirmativas a seguir:

I. As imunidades recíprocas vedam a União, os Estados, o Distrito Federal e os Municípios de instituírem impostos sobre patrimônio, renda e serviços uns dos outros, e são extensivas aos Correios e à Infraero.

II. Os partidos políticos, entidade sindicais dos trabalhadores, instituições de ensino e entidades assistenciais sem fins lucrativos são imunes ao pagamento de IPTU de imóveis de sua titularidade, ainda que locados a terceiros, desde que o valor dos aluguéis seja aplicado nas respectivas atividades essenciais.

III. A imunidade dos livros, jornais, periódicos e do papel destinado a sua impressão abrange os filmes e papéis fotográficos necessários à publicação de jornais e periódicos.

Assinale:

a) se nenhuma afirmativa estiver correta.

b) se somente as afirmativas I e II estiverem corretas.

c) se somente as afirmativas I e III estiverem corretas.

d) se somente as afirmativas II e III estiverem corretas.

e) se todas as afirmativas estiverem corretas.

> *Súmula STF 730. A imunidade tributária conferida a instituições de assistência social sem fins lucrativos pelo art. 150, VI, "c", da Constituição, somente alcança as entidades fechadas de previdência social privada se não houver contribuição dos beneficiários.*

879. (Esaf/PFN/Procurador/2006) Julgue os itens abaixo segundo o entendimento atualmente dominante no Supremo Tribunal Federal – STF e marque (V) para proposição verdadeira e (F) para a falsa, e a seguir, assinale a opção que apresenta a resposta correta.

I. O Pleno do Tribunal já analisou a constitucionalidade do inciso II do art. 198, acrescentado pela Lei Complementar n. 104/2001, que admite, em certas condições, o fornecimento de informações fiscais submetidas a sigilo, independente de autorização judicial, para uma autoridade administrativa (inciso II do art. 198 do CTN).

II. Ao tempo da edição da Lei Complementar n. 104/2001, que alterou o art. 198 do CTN, o Tribunal entendia imprescindível a autorização judicial para a obtenção das informações fiscais submetidas a sigilo.

III. A imunidade tributária conferida a instituições de assistência social sem fins lucrativos pelo art. 150, VI, "c", da CRFB/1988, alcança as entidades fechadas de previdência social privada, independente de haver ou não contribuições dos beneficiários.

IV. A imunidade prevista no art. 150, VI, "d", da CRFB/1988, abrange os filmes e papéis fotográficos necessários à publicação de jornais e periódicos.

a) V, V, V, F.

b) F, V, V, V.

c) V, V, F, V.

d) V, F, V, F.

e) F, V, F, V.

880. (Esaf/PFN/Procurador/2007-1) À luz da Previdência Social definida na Constituição Federal e na legislação infraconstitucional, julgue os itens abaixo.

I. No Brasil, existe mais de um sistema de previdência. O sistema público caracteriza-se por ter filiação compulsória. O sistema privado caracteriza-se por ter filiação facultativa.

II. O sistema de previdência privada não tem natureza constitucional, estando regulado totalmente em normas infraconstitucionais.

III. As entidades de previdência privada podem sofrer intervenção ou liquidação.

IV. Toda entidade de previdência privada goza de imunidade tributária concedida às instituições de assistência social.

CAPÍTULO 14 - DIREITO TRIBUTÁRIO

STF 275

a) Todos estão corretos.

b) Somente I está incorreto.

c) I e IV estão incorretos.

d) I e III estão corretos.

e) III e IV estão incorretos.

881. (FCC/Sefaz/SP/AgenteFiscal/2013) A imunidade tributária:

a) conferida a instituições de assistência social sem fins lucrativos pela Constituição Federal somente alcança as entidades fechadas de previdência social privada se não houver contribuição dos beneficiários.

b) recíproca é aplicável às autarquias e empresas públicas que prestem inequívoco serviço público, desde que distribuam lucros e tenham por objetivo principal conceder acréscimo patrimonial ao poder público.

c) não abrange renda obtida pela instituição de assistência social, por meio de cobrança de estacionamento de veículos em área interna da entidade, destinada ao custeio das atividades desta.

d) não abrange a renda obtida pelo SESC na prestação de serviços de diversão pública, mediante a venda de ingressos de cinema ao público em geral, e aproveitada em suas finalidades assistenciais.

e) não abrange IPTU de imóvel pertencente a entidades sindicais dos trabalhadores, quando alugado a terceiros, mesmo que o valor dos aluguéis seja aplicado nas atividades essenciais de tais entidades.

3.3. Dos Impostos da União

3.3.1. IOF

> **Súmula STF 664.** *É inconstitucional o inciso V do art. 1º da Lei 8.033/90, que instituiu a incidência do imposto nas operações de crédito, câmbio e seguros. IOF sobre saques efetuados em caderneta de poupança.*

882. (Cespe/AGU/Procurador/2007) Não incide a contribuição provisória sobre a movimentação ou transmissão de valores e de créditos e direitos de natureza financeira (CPMF) sobre saques efetuados em caderneta de poupança, mas a lei admite a incidência do imposto sobre operações de crédito, câmbio e seguro, ou

relativas a títulos ou valores mobiliários (IOF), na hipótese dos referidos saques.

3.3.2. IRPJ/IRPF

> **Súmula STF 93.** *Não está isenta do imposto de renda a atividade profissional do arquiteto.*

⟳ Súmula não abordada em concursos recentes.

> **Súmula STF 584.** *Ao imposto de renda calculado sobre os rendimentos do ano-base, aplica-se a lei vigente no exercício financeiro em que deve ser apresentada a declaração.*

⟳ Súmula não abordada em concursos recentes.

> **Súmula STF 586.** *Incide imposto de renda sobre os juros remetidos para o exterior, com base em contrato de mútuo.*

⟳ Súmula não abordada em concursos recentes.

> **Súmula STF 587.** *Incide imposto de renda sobre o pagamento de serviços técnicos contratados no exterior e prestados no Brasil.*

883. (Esaf/RFB/AFRF/2012) As seguintes hipóteses de rendimentos estão sujeitas ao recolhimento mensal do Imposto sobre a Renda devido pelas pessoas físicas, exceto:

a) os emolumentos e custas dos serventuários da Justiça, como tabeliães, notários, oficiais públicos e outros, quando não forem remunerados exclusivamente pelos cofres públicos.

b) os rendimentos recebidos em dinheiro, a título de alimentos ou pensões, em cumprimento de decisão judicial, ou acordo homologado judicialmente, inclusive alimentos provisionais.

c) os rendimentos recebidos por residentes ou domiciliados no Brasil que prestem serviços a embaixadas, repartições consulares, missões diplomáticas ou técnicas ou a organismos internacionais de que o Brasil faça parte.

d) os ganhos de capital auferidos pela pessoa física na alienação de bens ou direitos de qualquer natureza.

e) os rendimentos de aluguéis recebidos de pessoas físicas.

3.3.3. IPI

> **Súmula STF 591.** *A imunidade ou a isenção tributária do comprador não se estende ao produtor, contribuinte do imposto sobre produtos industrializados.*

Súmula anotada em Direito Tributário – Do Sistema Tributário Nacional – Das Limitações ao Poder de Tributar.

3.4. Dos Impostos dos Estados e do Distrito Federal

3.4.1. ICMS

> **Súmula STF Vinculante** *32. O ICMS não incide sobre alienação de salvados de sinistro pelas seguradoras.*

884. **(Esaf/RFB/AFRF/2012)** Assinale, entre as hipóteses abaixo, a única que constitui hipótese de incidência do ICMS – imposto sobre operações relativas à circulação de mercadorias e sobre prestações de serviços de transporte interestadual e intermunicipal e de comunicação.

a) Fornecimento de alimentação e bebidas em restaurante ou estabelecimento similar, sem a previsão na respectiva lei estadual.

b) Saída física de máquinas, utensílios e implementos a título de comodato.

c) Comercialização de exemplares de obras cinematográficas, gravados em fitas de videocassete.

d) Alienação de salvados de sinistro pelas seguradoras.

e) Operações de industrialização por encomenda de embalagens, destinadas à utilização direta em processo subsequente de industrialização.

885. **(Fumarc/TJ/MG/Cartórios/2012)** Considerando as súmulas vinculantes editadas pelo Supremo Tribunal Federal, é correto afirmar, exceto que:

a) o ICMS não incide sobre alienação de salvados de sinistro pelas seguradoras.

b) é inconstitucional a incidência do Imposto sobre Serviços de Qualquer Natureza – ISS sobre operações de locação de bens móveis.

c) é inconstitucional a exigência de depósito prévio como requisito de admissibilidade de ação judicial na qual se pretenda discutir a exigibilidade de crédito tributário.

d) a taxa cobrada exclusivamente em razão dos serviços públicos de coleta, remoção e tratamento ou destinação de lixo ou resíduos provenientes de imóveis viola o artigo 145, II, da Constituição Federal.

886. **(FCC/TCE/PI/Assessor/2014)** Em 24 de fevereiro de 2011, foi publicada a Súmula Vinculante n. 32, relativamente ao Imposto sobre a Circulação de Mercadorias e Serviços – ICMS, com o seguinte teor: "O ICMS não incide sobre alienação de salvados de sinistro pelas seguradoras". Seu enunciado.

a) não produz efeitos sobre o Legislativo estadual, não constituindo óbice jurídico à aprovação de novo diploma legal que autorize a cobrança de ICMS sobre empresa seguradora em face da venda de bens salvados de sinistros.

b) não produz efeitos sobre o Tribunal de Justiça do Estado, não constituindo óbice jurídico a que novos julgamentos reconheçam a constitucionalidade da cobrança de ICMS sobre empresa seguradora em face da venda de bens salvados de sinistros.

c) produz efeitos sobre o Governo estadual, constituindo óbice jurídico a que o Governador sancione novo diploma legal que autorize a cobrança de ICMS sobre empresa seguradora em face da venda de bens salvados de sinistros.

d) enseja o cabimento de reclamação em face de julgamento superveniente do STF em sede de ação direta de inconstitucionalidade que reconheça, por maioria de seis votos, a constitucionalidade de preceito normativo constante de lei estadual que autoriza a cobrança de ICMS sobre empresa seguradora em face da venda de bens salvados de sinistros.

e) é automaticamente cancelado no caso de julgamento superveniente do STF em sede de ação direta de inconstitucionalidade que reconheça, por maioria de seis votos, a constitucionalidade de preceito normativo constante de lei estadual que autoriza a cobrança de ICMS sobre empresa seguradora em face da venda de bens salvados de sinistros.

Súmula STF Vinculante 48. *Na entrada de mercadoria importada do exterior, é legítima a cobrança do ICMS por ocasião do desembaraço aduaneiro.*

➲ Súmula não abordada em concursos recentes.

Súmula STF 573. *Não constitui fato gerador do imposto de circulação de mercadorias a saída física de máquinas, utensílios e implementos a título de comodato.*

887. (FGV/Sefaz/RJ/AuditorFiscal/2010) Assinale a afirmativa incorreta.

a) É inconstitucional a taxa cobrada exclusivamente em razão dos serviços públicos de coleta, remoção, tratamento e destinação de lixo ou resíduos provenientes de imóveis.

b) É inconstitucional a lei que estabelece alíquotas progressivas para o imposto de transmissão "inter vivos" de bens imóveis – ITBI, com base no valor venal do imóvel.

c) De acordo com o entendimento do Supremo Tribunal Federal não constitui fato gerador do ICMS a saída física de máquinas e utensílios a título de comodato.

d) É inconstitucional a incidência do ISSQN sobre operações de locação de bens móveis.

e) Cabe a restituição do ICMS pago indevidamente quando reconhecido que o contribuinte de direito não recuperou do contribuinte de fato o quantum respectivo.

Súmula STF 575. *À mercadoria importada de país signatário do GATT, ou membro da ALALC, estende-se a isenção do imposto sobre circulação de mercadorias concedida a similar nacional.*

888. (Esaf/RFB/AFRF/2005) Leia cada um dos assertos abaixo e assinale (V) ou (F), conforme seja verdadeiro ou falso. Depois, marque a opção que contenha a exata sequência.

I. Os convênios reclamam o prévio abono da Assembleia Legislativa, por assimilação deles aos tratados internacionais que, pela Constituição, necessitam da aprovação prévia do Congresso Nacional.

II. A lei instituidora da isenção de mercadorias, mesmo que nada diga a respeito, é extensiva às mercadorias estrangeiras, quando haja previsão da lei mais favorecida, porque para não ofender o disposto no art. 98 do CTN ela tem de ser interpretada como aplicável a todos os casos que não os ressalvados, em virtude de extensão de isenção pelos tratados internacionais.

III. Os atos administrativos normativos entram em vigor, em regra, na data da sua publicação.

a) F, F, V

b) F, F, F

c) V, V, V

d) F, V, V

e) V, F, V

889. (Esaf/RFB/AFRF/2005) A adoção da cláusula da nação mais favorecida pelo modelo do Acordo Geral de Tarifas e Comércios (GATT) teve como indicativo e desdobramento a pressuposição da igualdade econômica de todos os participantes do GATT, bem como, no plano fático:

a) a luta contra práticas protecionistas, a exemplo da abolição de acordos bilaterais de preferência.

b) a manutenção de barreiras alfandegárias decorrentes de acordos pactuados entre blocos econômicos, a exemplo do trânsito comercial entre membros do Mercosul e da União Europeia, criando-se vias comerciais preferenciais frequentadas e protagonizadas por atores globais que transcendem o conceito de estado-nação.

c) a liberação da prática de imposição de restrições quantitativas às importações, por parte dos estados signatários que, no entanto, podem manter políticas de restrições qualitativas.

d) a liberalização do comércio internacional, mediante a vedação de quaisquer restrições diretas e indiretas, fulminando-se a tributação na exportação, proibida pelas regras do GATT, que especificamente vedam a incidência de quaisquer exações nos bens e serviços exportados, de acordo com tabela anualmente revista, e que complementa as regras do Acordo.

e) o descontrole do comércio internacional, mediante a aceitação de barreiras tarifárias, permitindo-se a tributação interna, medida extrafiscal que redunda na exportação de tributos, instrumento de incentivo às indústrias internas e de manutenção de níveis ótimos de emprego, evidenciando-se as preocupações da Organização Mundial do Comércio em relação a mercados produtores e consumidores internos.

890. (Esaf/RFB/AFRF/2005) O estado X, principal importador mundial de brocas helicoidais, adquire o produto de vários países, entre eles os estados Y e Z. Alegando questões de ordem interna, o estado X, num dado momento, decide majorar o imposto de importação das brocas helicoidais provenientes de Y, e mantém inalterado o tributo para as brocas helicoidais oriundas de Z. Considerando que os países X, Y e Z fazem parte da Organização Mundial do Comércio, com base em que princípio da Organização o estado Y poderia reclamar a invalidade dessa prática?

a) Princípio da transparência.

b) Princípio do tratamento nacional.

c) Respeito ao compromisso tarifário.

d) Cláusula da nação mais favorecida.

e) Princípio da vedação do desvio de comércio.

891. (Esaf/RFB/Analista/2009) No direito e na jurisprudência brasileiros, pode-se afirmar, sobre a relação entre direito tributário interno e tratados internacionais, que:

a) a isenção de imposto sobre circulação de mercadorias concedida a similar nacional se estende a mercadoria importada de país signatário do GATT.

b) os tratados internacionais devem ser observados pela legislação que lhes sobrevenha; sua inobservância implicará a denúncia tácita dos tratados.

c) os tratados e as convenções internacionais revogam ou modificam a legislação tributária interna, desde que aprovados por maioria absoluta do Congresso Nacional.

d) os acordos do Mercosul revogam normas internas a partir de sua assinatura, pelo Estado Membro em questão, perante a Secretaria Geral do Mercosul.

e) o princípio da prevalência dos tratados internacionais é aplicável a todos os acordos ratificados pelo Brasil após sua adesão ao Mercosul.

892. (MPF/Procurador/2012) Produtos importados de países signatários do GATT (Acordo Geral de Tarifas e Comércio). Quanto ao imposto sobre circulação de mercadorias e serviços – ICMS, é certo afirmar que:

a) a isenção de tributo estadual prevista em tratado internacional firmado pela União, caracteriza-se como isenção heterônoma vedada pela Constituição Federal.

b) a isenção de tributo estadual prevista em tratado internacional firmado pela União não se caracteriza como isenção heterônoma.

c) é cabível a isenção inserida em tratado internacional de ICMS firmado pela União relativa a mercadorias importadas de pais signatário do GATT, mesmo não sendo isento o similar nacional.

d) a isenção, no caso do caput, somente prevalece para os impostos de competência da União.

893. (FGV/ALE/MA/Consultor/2013) O Estado Federal Brasileiro firmou tratado com o Estado Delta, no qual constou uma cláusula concedendo isenção de ICMS. A esse respeito, assinale a afirmativa correta.

a) A cláusula é nula, visto que não há competência do Estado Federal para conceder isenção de imposto de competência de Estado-Membro.

b) A isenção heterônoma é vedada, em todas as hipóteses, pela Constituição Federal Brasileira, em função do pacto federativo.

c) O Estado Federal pratica ato legítimo, inserido dentro de sua prerrogativa de pessoa jurídica de direito internacional público.

d) A cláusula é válida, mas só produzirá efeitos depois que o tratado em questão for aprovado pelo Senado Federal, na qualidade de representante dos Estados-Membros.

e) O Estado Federal não se confunde com a União, sendo pessoa jurídica de direito público interno, pelo que não poderia conceder a isenção.

> *Súmula STF 662. É legítima a incidência do ICMS na comercialização de exemplares de obras cinematográficas, gravados em fitas de videocassete.*

894. (Esaf/PGDF/Procurador/2007-1) A Constituição Federal, em seu art. 155, II, afirma que é da competência dos Estados e do Distrito Federal instituir imposto sobre operações relativas à circulação de mercadorias e sobre prestação de serviços de transporte interestadual e intermunicipal e de comunicação, ainda que as operações e as prestações se iniciem no exterior. Tendo-se como base a interpretação do referido dispositivo constitucional e a jurisprudência do STF a seu respeito, assinale, entre as opções apresentadas a seguir, a que está correta.

CAPÍTULO 14 - DIREITO TRIBUTÁRIO

a) Constitui fato gerador do ICMS a saída física do estabelecimento do comerciante de máquinas, utensílios, e implementos a título de comodato.

b) Incide o ICMS nas operações de comercialização de fitas de videocassete geradas em série por empresas dedicadas a esse tipo de negócio jurídico.

c) O contribuinte de ICMS tem o direito de creditar-se do valor do ICMS, quando pago em razão de operações de consumo de energia elétrica, ou de utilização de serviços de comunicação, ou, ainda, de aquisição de bens destinados ao uso e/ou à integração no ativo fixo do seu próprio estabelecimento.

d) Há ofensa ao princípio da não-cumulatividade do ICMS quando a legislação estadual proíbe a compensação de créditos de ICMS advindos da aquisição de bens destinados ao consumo e ao ativo fixo do contribuinte.

e) Há ofensa ao princípio da não-cumulatividade a exigência feita em legislação estadual de estorno proporcional de crédito do ICMS relativo à entrada de mercadorias que, posteriormente, têm a saída tributada com base de cálculo ou alíquota inferior.

3.4.2. ITCMD

> **Súmula STF 112.** *O imposto de transmissão "causa mortis" é devido pela alíquota vigente ao tempo da abertura da sucessão.*

895. (Cespe/TCE/BA/Procurador/2010) Certa pessoa faleceu em 2/12/2009, deixando bens móveis e imóveis a partilhar entre os herdeiros. Ocorre que o ITCMD só passou a ser cobrado, efetivamente, em maio de 2010, quando sua alíquota já havia sido majorada, em abril de 2010. Nessa situação, o ITCMD será devido pela alíquota vigente ao tempo da abertura da sucessão.

896. (FCC/PGE/SP/Procurador/2009-1) Quanto ao ITCMD, está correto o que se afirma em:

I. Lei estadual pode estabelecer diferenciação de alíquotas do imposto, adotando como critério o grau de parentesco.

II. Na hipótese de a ação de inventário tramitar em uma Comarca do Estado de São Paulo, é devido a este Estado o imposto incidente sobre a transmissão causa mortis de valor depositado em conta corrente do autor da herança, ainda que a agência bancária seja situada em outro Estado da Federação.

III. É devido ao Estado de São Paulo o imposto incidente sobre a transmissão "causa mortis" de imóvel situado no Município de Campinas, ainda que a ação de inventário tramite em outro Estado da Federação.

IV. Considerando a ocorrência de um óbito em 2007, quando estava em vigor a Lei "A", revogada pela Lei "B", que entrou em vigor em 2008, é correto afirmar que a transmissão de bens por sucessão causa mortis será regida pela Lei "A", ainda que a ação de inventário tenha sido ajuizada em 2009 e que a Lei "B" estabeleça uma alíquota inferior à fixada pela Lei "A".

V. É devido ao Estado de São Paulo o imposto incidente sobre a transmissão causa mortis de direitos autorais, se o autor da herança era domiciliado na cidade de São Paulo, ainda que a escritura pública do inventário e da partilha extrajudiciais seja lavrada perante um tabelião de notas de outro Estado da Federação.

a) II e V, apenas.

b) III e IV, apenas.

c) I, II e IV, apenas.

d) I, III e V, apenas.

e) I, II, III, IV e V.

897. (Vunesp/TJ/SP/Cartórios/2011) Acerca do ITCMD incidente nos inventários, é correto afirmar que:

a) para cada falecimento ocorre um fato gerador, independentemente do número de herdeiros ou legatários.

b) o ITCMD é devido pela alíquota vigente ao tempo da abertura do inventário.

c) suas alíquotas mínimas serão fixadas pelo Senado Federal.

d) a escolha do tabelião que lavrará o inventário influencia o elemento espacial do fato gerador.

> **Súmula STF 114.** *O imposto de transmissão "causa mortis" não é exigível antes da homologação do cálculo.*

898. (Cespe/PC/RN/Delegado/2009) Acerca do imposto de transmissão "causa mortis" e doação, de quaisquer bens ou direitos, assinale a opção incorreta.

STF

a) É vedada a atualização de seu valor por índice de correção estadual.

b) Deve ser calculado sobre o valor dos bens na data da avaliação.

c) Não incide sobre os honorários do advogado contratado pelo inventariante.

d) Não é exigível antes da homologação do cálculo do valor devido.

e) É legítima sua incidência no inventário por morte presumida.

> **Súmula STF 115.** *Sobre os honorários do advogado contratado pelo inventariante, com a homologação do juiz, não incide o imposto de transmissão "causa mortis".*

899. **(Cespe/OAB/2009-2)** Assinale a opção correta a respeito do ITCMD.

a) Incidirá ITCMD sobre os honorários do advogado contratado pelo inventariante.

b) A cobrança de ITCMD relativamente aos bens móveis e imóveis competirá ao estado onde se processar o inventário.

c) O ITCMD é estabelecido com base na alíquota vigente ao tempo da abertura da sucessão.

d) Compete ao Senado Federal fixar as alíquotas mínimas e máximas do ITCMD.

> **Súmula STF 331.** *É legítima a incidência do imposto de transmissão "causa mortis" no inventário por morte presumida.*

900. **(Cespe/TCE/ES/Procurador/2009)** Com relação aos tributos estaduais, assinale a opção correta.

a) O ITCMD incide sobre bens móveis, mas não sobre os bens imóveis, haja vista a natureza destes bens.

b) O entendimento do STJ é de que o ICMS incide no serviço de provedores de acesso à Internet.

c) Segundo o STJ, é legítima a cobrança de ICMS sobre operações interestaduais realizadas por empresa de construção civil, quando da aquisição de bens necessários ao desempenho de sua atividade fim.

d) Em caso de inventário por morte presumida, incide o ITCMD.

e) É inconstitucional lei complementar que conceda isenções do ICMS incidente nas operações

com serviços e outros produtos destinados ao exterior, além dos previstos na CF.

901. **(Esaf/RFB/AFRF/2012)** Sobre o imposto de transmissão causa mortis e doação, de quaisquer bens ou direitos, de competência dos Estados e do Distrito Federal, assinale a opção incorreta.

a) Sua incidência é legítima no caso de inventário por morte presumida.

b) Não incide sobre os honorários do advogado contratado pelo inventariante, com a homologação do juiz.

c) Sua existência não obsta que se utilize o valor do monte-mor como base de cálculo da taxa judiciária.

d) Não é exigível antes da homologação do cálculo do valor do bem transmitido.

e) É calculado sobre o valor dos bens na data da avaliação.

> **Súmula STF 590.** *Calcula-se o imposto de transmissão "causa mortis" sobre o saldo credor da promessa de compra e venda de imóvel, no momento da abertura da sucessão do promitente vendedor.*

902. **(Consulplan/TJ/MG/Cartórios/2015)** Com relação ao entendimento sumulado no STF a respeito do ITCMD e da multa pelo retardamento do inventário, é correto afirmar que

a) o imposto de transmissão causa mortis é devido pela alíquota vigente ao tempo da abertura da sucessão e pode ser exigível antes da homologação do cálculo.

b) sobre os honorários do advogado contratado pelo inventariante, com a homologação do juiz, incide o imposto de transmissão causa mortis.

c) não é legítima a incidência do imposto de transmissão causa mortis no inventário por morte presumida e não é inconstitucional a multa instituída pelo estado-membro, como sanção pelo retardamento do início ou da ultimação do inventário.

d) o imposto de transmissão "causa mortis" é calculado sobre o valor dos bens na data da avaliação, mas calcula-se o ITCMD sobre o saldo credor da promessa de compra e venda de imóvel no momento da abertura da sucessão do promitente vendedor.

CAPÍTULO 14 - DIREITO TRIBUTÁRIO

STF 281

903. **(Serctam/PGM/Quixadá/Advogado/2016)** Segundo as regras que regulamentam os impostos estaduais, marque a opção incorreta:

a) o ICMS não incide sobre alienação de salvados de sinistro pelas seguradoras.

b) na entrada de mercadoria importada do exterior, é legítima a cobrança do ICMS por ocasião do desembaraço aduaneiro

c) é legítima a incidência do ICMS na comercialização de exemplares de obras cinematográficas, gravados em fitas de videocassete.

d) calcula-se o imposto de transmissão "causa mortis" sobre o saldo credor da promessa de compra e venda de imóvel, no momento da abertura da sucessão do promitente vendedor.

e) não é legítima a incidência do imposto de transmissão "causa mortis" no inventário por morte presumida.

904. **(Fundatec/PGE/RS/Procurador/2015)** Quanto ao ITCD, analise as assertivas abaixo, considerando o entendimento jurisprudencial:

I. Pode ser progressivo.

II. Sua alíquota máxima, fixada pelo Senado Federal, é de 8%.

III. É cobrado, no Estado do Rio Grande do Sul, com base nas alíquotas de 3% e 4%, aplicáveis, respectivamente, para a sucessão causa mortis e para as doações.

IV. Calcula-se sobre o saldo credor da promessa de compra e venda de imóvel, no momento da abertura da sucessão do promitente vendedor.

Após a análise, pode-se dizer que:

a) Estão corretas apenas as assertivas I e II.

b) Estão corretas apenas as assertivas I e III.

c) Estão corretas apenas as assertivas II e III.

d) Estão corretas apenas as assertivas I, II e IV.

e) Todas as assertivas estão corretas.

3.5. Dos Impostos dos Municípios

3.5.1. IPTU

> **Súmula STF Vinculante 52.** Ainda quando alugado a terceiros, permanece imune ao IPTU o imóvel pertencente a qualquer das entidades referidas pelo artigo 150, inciso VI, alínea "c", da Constituição Federal, desde que o valor dos aluguéis seja aplicado nas atividades para as quais tais entidades foram constituídas.

Súmula anotada em Direito Tributário – Do Sistema Tributário Nacional – Das Limitações ao Poder de Tributar.

> **Súmula STF 539.** É constitucional a lei do município que reduz o imposto predial urbano sobre imóvel ocupado pela residência do proprietário, que não possua outro.

Súmula anotada em Direito Tributário – Crédito Tributário – Exclusão do Crédito Tributário.

> **Súmula STF 583.** Promitente-comprador de imóvel residencial transcrito em nome de autarquia é contribuinte do imposto predial territorial urbano.

905. **(Cespe/AGU/Procurador/2007)** Caso um cidadão firme contrato de promessa de compra e venda de imóvel residencial transcrito em nome de autarquia municipal, nesse caso, tal cidadão será considerado contribuinte do imposto sobre a propriedade predial e territorial urbana (IPTU) incidente sobre o referido imóvel.

906. **(FGV/OAB/2010-2)** A Cia. de Limpeza do Município de Trás os Montes, empresa pública municipal, vendeu um imóvel de sua titularidade situado na rua Dois, da quadra 23, localizado no n. 06. Neste caso, o novo proprietário:

a) não paga o imposto de transmissão de bens imóveis, em função de ser bem público.

b) fica isento do imposto predial e territorial urbano, ante a imunidade do patrimônio público.

c) paga o IPTU, mas não paga o ITBI, uma vez que, nesta última hipótese, quem transmite a propriedade do bem é empresa pública.

d) fica obrigado a pagar todos os tributos que recaiam sobre o bem.

907. (Vunesp/PGM/RibeirãoPreto/Procurador/2008) Acerca do instituto da imunidade genérica, conforme disciplina constitucional, é correto afirmar que

a) estende-se às autarquias e às fundações instituídas e mantidas pelo Poder Público, no que concerne ao patrimônio, renda e aos serviços, relacionados com a exploração de atividades econômicas regidas pelas normas aplicáveis a empreendimentos provados.

b) veda a instituição de tributos sobre o patrimônio, renda ou serviços, uns dos outros, assim considerados reciprocamente os entes tributantes, nas situações em que haja contraprestação ou pagamento de preços ou tarifas pelo usuário.

c) veda a instituição de impostos sobre os templos de qualquer culto, compreendendo-se na vedação somente o patrimônio, a renda e os serviços, relacionados com as finalidades essenciais das entidades que contempla.

d) não se aplica ao patrimônio, renda ou serviços dos partidos políticos, ainda quando relacionadas às suas finalidades essenciais.

e) exonera o promitente comprador de imóvel de propriedade de pessoa jurídica da administração direta ou indireta, da obrigação de pagar imposto relativamente ao bem imóvel.

Súmula STF 589. É inconstitucional a fixação de adicional progressivo do imposto predial e territorial urbano em função do número de imóveis do contribuinte.

908. (Cespe/AGU/Procurador/2007) Visando dar efetividade ao princípio da capacidade contributiva, é lícito que lei municipal fixe adicional progressivo do IPTU em função do número de imóveis do contribuinte.

909. (UFPR/TJ/PR/Juiz/2012) Considere as seguintes afirmativas sobre a jurisprudência do Superior Tribunal de Justiça e do Supremo Tribunal Federal em matéria tributária:

I. É inconstitucional a fixação de adicional progressivo do imposto predial e territorial urbano em função do número de imóveis do contribuinte.

II. É ilegítima a incidência do imposto de transmissão causa mortis no inventário por morte presumida.

III. Promitente comprador de imóvel residencial transcrito em nome de autarquia é contribuinte do Imposto Predial Territorial Urbano.

IV. É inconstitucional a adoção no cálculo do valor de taxa de um ou mais elementos da base de cálculo própria de determinado imposto, desde que não haja integral identidade entre uma base e outra.

Assinale a alternativa correta.

a) Somente a afirmativa IV é verdadeira.

b) Somente as afirmativas II e IV são verdadeiras.

c) Somente as afirmativas I e III são verdadeiras.

d) Somente as afirmativas I, II e III são verdadeiras.

Súmula STF 668. É inconstitucional a lei municipal que tenha estabelecido, antes da Emenda Constitucional 29/2000, alíquotas progressivas para o IPTU, salvo se destinada a assegurar o cumprimento da função social da propriedade urbana.

910. (Cetro/TJ/RJ/Cartórios/2012) Sobre os Impostos Municipais, analise as assertivas abaixo.

I. A lista dos impostos municipais na Constituição da República é exaustiva.

II. É inconstitucional a lei municipal que tenha estabelecido, antes da Emenda Constitucional 29/2000, alíquotas progressivas para o IPTU, salvo se destinada a assegurar o cumprimento da função social da propriedade urbana.

III. É inconstitucional a fixação de adicional progressivo do IPTU em função do número de imóveis do contribuinte. É correto o que se afirma em:

a) I, apenas.

b) II, apenas.

c) III, apenas.

d) I, II e III.

e) II e III, apenas.

911. (Esaf/PFN/Procurador/2006) Acerca do Imposto Sobre a Propriedade Predial e Territorial Urbana – IPTU é correto afirmar que:

a) o posseiro não pode ser considerado contribuinte.

CAPÍTULO 14 - DIREITO TRIBUTÁRIO

b) suas alíquotas podem ser progressivas apenas em função do grau de utilização do imóvel.

c) a base de cálculo é o valor real do imóvel.

d) o STF entendeu inconstitucional lei municipal que tenha estabelecido, antes da Emenda Constitucional 29/2000, alíquotas progressivas, salvo se destinadas a assegurar o cumprimento da função social da propriedade urbana.

e) lei municipal não pode, para efeito da cobrança do tributo, considerar urbanas áreas com urbanização ainda incompleta.

912. (FCC/TJ/GO/Juiz/2012) Um Município alterou sua legislação para instituir o IPTU progressivo em razão do valor venal do imóvel, criando uma tabela com alíquotas variando de 0,5% a 2,5%. Do mesmo modo instituiu também o ITBI progressivo em razão do valor venal do imóvel, com alíquotas variando de 1% a 5%. Nesse caso, a partir dos fatos apresentados e do entendimento do Supremo Tribunal Federal,

a) é constitucional a instituição tanto do IPTU como do ITBI progressivo em razão do valor venal do imóvel como forma de graduação dos impostos segundo a capacidade contributiva.

b) é inconstitucional a instituição de alíquotas progressivas para o IPTU e para o ITBI, pois ambos são impostos reais e, portanto, não podem ter alíquotas progressivas.

c) é inconstitucional a instituição de dois impostos municipais com mesma base de cálculo, qual seja, valor venal do imóvel, pois caracteriza "bis in idem".

d) é constitucional apenas a instituição do IPTU progressivo em razão do valor venal do imóvel, por expressa autorização na Constituição Federal.

e) é constitucional apenas a instituição do ITBI progressivo em razão do valor venal do imóvel, por expressa autorização na Constituição Federal.

913. (Fauel/CM/Marialva/Advogado/2015) A Constituição Federal de 1988 prevê a competência tributária dos entes federativos, atribuindo aos Municípios a competência para a instituição de impostos sobre a propriedade predial e territorial urbana (IPTU). A respeito do IPTU, considerando-se o tratamento legal e a jurisprudência consolidada do Supremo Tribunal Federal sobre o tema, é correto afirmar:

a) A majoração do IPTU não depende de edição de lei em sentido formal, podendo ser realizada por ato do Poder Executivo.

b) A Empresa Brasileira de Correios e Telégrafos (ECT), segundo entendimento do Supremo Tribunal Federal, não goza de imunidade tributária relativa a imposto incidente sobre a propriedade, por se tratar de pessoa jurídica de direito privado.

c) Antes da EC 29/200 apenas era constitucional a tributação progressiva, com fins extrafiscais, baseada na capacidade contributiva ou na seletividade e, após a referida emenda, passou a ser prevista, também, a seletividade com objetivo de cumprimento da função social da propriedade.

d) É inconstitucional a lei municipal que tenha estabelecido, antes da EC 29/2000, alíquotas progressivas para o IPTU, salvo se destinada a assegurar o cumprimento da função social da propriedade urbana.

3.5.2. ISSQN

> *Súmula STF Vinculante 31. É inconstitucional a incidência do Imposto sobre Serviços de Qualquer Natureza. ISS sobre operações de locação de bens móveis.*

914. (Cespe/TCE/BA/Procurador/2010) A pessoa jurídica que atue no ramo de locação de automóveis utilitários e de passeio não estará obrigada a recolher o ISSQN, uma vez que é inconstitucional a incidência do referido imposto sobre operações de locação de bens móveis.

915. (Cespe/TJ/AC/Juiz/2012) A titularidade da competência tributária é outorgada às pessoas políticas de direito público interno, o que resulta em aptidão para criar tributos, tendo sido concedida aos municípios competência para instituir ISS. A esse respeito, assinale a opção correta.

a) A prestação de serviço simultaneamente à venda de mercadorias em restaurantes constitui fato gerador do ISS.

b) O licenciamento ou cessão do direito de uso de software, bem como a circulação e cópias desses programas produzidos em série e comercializados nos estabelecimentos comerciais, podem ser tributados por meio de ISS.

c) Ocorrendo contrato de locação de bens móveis, é possível a instituição de ISS, uma vez que a locação de bens móveis equipara-se à locação de serviços, dada a aplicação extensiva atribuída aos contratos pelo Código Civil brasileiro.

d) O ISS não está condicionado ao efetivo pagamento do preço acordado entre tomador e prestador, restando, uma vez ocorrido o fato gerador, exigível ainda que o pagamento ocorra em várias prestações futuras.

e) É lícito ao município tributar a receita bruta recebida pelos planos de saúde, sempre que os respectivos contratos contiverem cláusula de prestação de serviço e assistência médica ao contratado, ainda que o serviço e a assistência não sejam efetivamente prestados.

916. (PUC-PR/TJ/RO/Juiz/2011) Dadas as assertivas abaixo, assinale a única correta.

a) Porque as dívidas tributárias de pequeno valor não são, em regra, ajuizadas enquanto se mantiverem dentro do limite legal, terão sua prescrição suspensa até que superem esse limite.

b) É inconstitucional a incidência de imposto sobre serviços de qualquer natureza sobre operações de locações de veículos.

c) As taxas cobradas exclusivamente em razão dos serviços públicos de coleta, remoção e tratamento ou destinação de lixo ou resíduos provenientes de imóveis, viola o artigo 145, II da Constituição Federal.

d) A incidência de imposto municipal sobre as operações de leasing foi integralmente julgada inconstitucional pelo STF.

e) Segundo entendimento sumular do STF, as taxas e os preços públicos se diferenciam pelo regime jurídico aplicável a elas.

917. (Cespe/DPDF/Defensor/2013) De acordo com o STF, é constitucional a incidência do ISS sobre operações de locação de bens móveis.

918. (Serctam/PGM/Quixadá/Advogado/2016) Segundo o entendimento sumulado do Supremo Tribunal Federal e do Superior Tribunal de Justiça, marque a opção correta:

a) ainda quando alugado a terceiros, é imune ao IPTU o imóvel pertencente aos partidos políticos, inclusive suas fundações, entidades sindicais dos trabalhadores, das instituições de educação e de assistência social, sem fins lucrativos.

b) é inconstitucional a incidência do imposto sobre serviços de qualquer natureza – ISS sobre operações de locação de bens móveis.

c) não é inconstitucional a lei que estabelece alíquotas progressivas para o imposto de transmissão "inter vivos" de bens imóveis – ITBI com base no valor venal do imóvel.

d) o imposto sobre serviços incide sobre os depósitos, as comissões e taxas de desconto, cobrados pelos estabelecimentos bancários.

e) o contribuinte do IPTU não é notificado do lançamento pelo simples envio do carnê ao seu endereço.

919. (Cespe/PGM/Salvador/Procurador/2015) Assinale a opção correta a respeito do ISSQN, conforme tratamento dado pela CF, pela LC n. 116/2003, pelo CTRMS/2006 e pela interpretação dos tribunais superiores.

a) Quando o serviço prestado por sociedade empresária de trabalho temporário for de intermediação, incidirá ISSQN unicamente sobre a taxa de agenciamento, que é a contraprestação pelo serviço de intermediação de mão de obra, ainda que o valor do contrato englobe os valores dos salários pagos e encargos sociais dos trabalhadores por ela contratados nas hipóteses de fornecimento de mão de obra.

b) O CTRMS/2006 veda expressamente a fixação do valor do imposto a partir de uma base de cálculo estimada, embora o volume ou a modalidade da prestação do serviço dificulte o controle ou a fiscalização. Tal previsão foi motivada pela jurisprudência do STJ, que proíbe a utilização de pautas fiscais.

c) Para fins de incidência do ISSQN no âmbito territorial do município de Salvador, é necessário que o prestador do serviço tenha estabelecimento fixo.

d) Cabe a LC dirimir conflitos de competência entre os entes tributários. Consiste em um típico conflito de competência em matéria tributária saber se o fornecimento de serviços juntamente com mercadorias enseja tributação pelo ISSQN ou pelo ICMS. Nesse caso, a regra é que incide o ICMS, porque se encontra expressamente ressalvada a incidência predominante do fornecimento de mercadorias.

CAPÍTULO 14 - DIREITO TRIBUTÁRIO

STF 285

e) Para a incidência do ISSQN, é necessária a ocorrência de uma prestação de serviços, assim considerada uma prestação de fazer, razão pela qual é inconstitucional a incidência desse imposto para operações de locação de bens móveis, pois o legislador municipal não pode alterar o sentido e o alcance de institutos próprios de direito privado.

> **Súmula STF 588.** *O imposto sobre serviços não incide sobre os depósitos, as comissões e taxas de desconto, cobrados pelos estabelecimentos bancários.*

920. (Cespe/AGU/Procurador/2007) Considerando-se que a pessoa jurídica SL Alimentos Ltda. seja cliente de certa instituição bancária, é lícito que esta instituição cobre da SL Alimentos Ltda. o imposto sobre serviços (ISS) incidente sobre os depósitos, as comissões e as taxas de desconto.

> **Súmula STF 663.** *Os §§ 1º e 3º do art. 9º do DL 406/68 foram recebidos pela Constituição.*

➲ Súmula não abordada em concursos recentes.

3.5.3. ITBI

> **Súmula STF 75.** *Sendo vendedora uma autarquia, a sua imunidade fiscal não compreende o imposto de transmissão "inter vivos", que é encargo do comprador.*

> Súmula anotada em Direito Tributário - Do Sistema Tributário Nacional - Das Limitações ao Poder de Tributar.

> **Súmula STF 110.** *O imposto de transmissão "inter vivos" não incide sobre a construção, ou parte dela, realizada pelo adquirente, mas sobre o que tiver sido construído ao tempo da alienação do terreno.*

921. (MP/DFT/Promotor/2004) No que se refere aos relevantes enunciados tributários das súmulas do STF, em vigor, julgue as alternativas abaixo, selecionando a incorreta:

a) É legítima a incidência do ICMS na comercialização de exemplares de obras cinematográficas, gravados em fitas de videocassete.

b) A imunidade tributária conferida a instituições de assistência social sem fins lucrativos pelo artigo 150, VI, C, da constituição, alcança todas as entidades fechadas de previdência social privada, mesmo se houver contribuição dos beneficiários.

c) A imunidade prevista no artigo 150, VI, d, da CF abrange os filmes e os papéis fotográficos necessários à publicação de jornais e periódicos.

d) É inconstitucional a lei que estabelece alíquotas progressivas para o imposto de transmissão inter vivos sobre bens imóveis (ITBI), com base no valor venal do imóvel.

e) O imposto de transmissão "inter vivos" não incide sobre a construção, ou parte dela, realizada, inequivocamente, pelo promitente comprador, mas sobre o valor do que tiver sido construído antes da promessa de venda.

922. (UFPR/PGM/Curitiba/Procurador/2015) Nos termos da Constituição de 1988, compete aos Municípios instituir imposto sobre transmissão "intervivos", a qualquer título, por ato oneroso, de bens imóveis, por natureza ou acessão física, e de direitos reais sobre imóveis, exceto os de garantia, bem como cessão de direitos a sua aquisição. No âmbito municipal, o ITBI é regido pela Lei Complementar n. 40/2001. Sobre o ITBI, considere as afirmativas a seguir:

I. Nos casos de renúncia translativa da herança de herdeiro em favor de outro herdeiro, será devido o ITBI quando referida transferência for onerosa e tiver por objeto bem imóvel.

II. No Município de Curitiba, o valor venal do imóvel, base de cálculo do ITBI, será determinado pela Administração, mediante avaliação procedida por profissional habilitado, o qual observará, para tanto, as normas da Associação Brasileira de Normas Técnicas (ABNT) relativas à avaliação de imóveis.

III. Em caso de arrematação judicial, deve-se considerar como base de cálculo do ITBI o valor alcançado na hasta pública.

IV. O ITBI não incide sobre a construção, ou parte dela, realizada pelo adquirente, mas sobre o que tiver sido construído ao tempo da alienação do terreno.

Assinale a alternativa correta

a) Somente as afirmativas I e IV são verdadeiras.
b) Somente as afirmativas I, II e III são verdadeiras.
c) Somente as afirmativas I, II e IV são verdadeiras.
d) Somente as afirmativas II, III e IV são verdadeiras.
e) As afirmativas I, II, III e IV são verdadeiras.

> **Súmula STF 470.** *O imposto de transmissão "inter vivos" não incide sobre a construção, ou parte dela, realizada, inequivocamente, pelo promitente comprador, mas sobre o valor do que tiver sido construído antes da promessa de venda.*

923. **(MP/DFT/Promotor/2004)** No que se refere aos relevantes enunciados tributários das súmulas do STF, em vigor, julgue as alternativas abaixo, selecionando a incorreta:

a) É legítima a incidência do ICMS na comercialização de exemplares de obras cinematográficas, gravados em fitas de videocassete.
b) A imunidade tributária conferida a instituições de assistência social sem fins lucrativos pelo artigo 150, VI, C, da constituição, alcança todas as entidades fechadas de previdência social privada, mesmo se houver contribuição dos beneficiários.
c) A imunidade prevista no artigo 150, VI, d, da CF abrange os filmes e os papéis fotográficos necessários à publicação de jornais e periódicos.
d) É inconstitucional a lei que estabelece alíquotas progressivas para o imposto de transmissão "inter vivos" sobre bens imóveis (ITBI), com base no valor venal do imóvel.
e) O imposto de transmissão "inter vivos" não incide sobre a construção, ou parte dela, realizada, inequivocamente, pelo promitente comprador, mas sobre o valor do que tiver sido construído antes da promessa de venda.

924. **(UFPR/PGM/Curitiba/Procurador/2015)** Nos termos da Constituição de 1988, compete aos Municípios instituir imposto sobre transmissão "inter vivos", a qualquer título, por ato oneroso, de bens imóveis, por natureza ou acessão física, e de direitos reais sobre imóveis, exceto os de garantia, bem como cessão de direitos a sua aquisição. No âmbito municipal, o ITBI é regido pela

Lei Complementar nº 40/2001. Sobre o ITBI, considere as afirmativas a seguir:

I. Nos casos de renúncia translativa da herança de herdeiro em favor de outro herdeiro, será devido o ITBI quando referida transferência for onerosa e tiver por objeto bem imóvel.
II. No Município de Curitiba, o valor venal do imóvel, base de cálculo do ITBI, será determinado pela Administração, mediante avaliação procedida por profissional habilitado, o qual observará, para tanto, as normas da Associação Brasileira de Normas Técnicas (ABNT) relativas à avaliação de imóveis.
III. Em caso de arrematação judicial, deve-se considerar como base de cálculo do ITBI o valor alcançado na hasta pública.
IV. O ITBI não incide sobre a construção, ou parte dela, realizada pelo adquirente, mas sobre o que tiver sido construído ao tempo da alienação do terreno.

Assinale a alternativa correta

a) Somente as afirmativas I e IV são verdadeiras.
b) Somente as afirmativas I, II e III são verdadeiras.
c) Somente as afirmativas I, II e IV são verdadeiras.
d) Somente as afirmativas II, III e IV são verdadeiras.
e) As afirmativas I, II, III e IV são verdadeiras.

> **Súmula STF 656.** *É inconstitucional a lei que estabelece alíquotas progressivas para o imposto de transmissão "inter vivos" de bens imóveis. ITBI com base no valor venal do imóvel.*

925. **(Cespe/Detran/DF/Advogado/2009)** Um município do estado do Goiás editou lei estabelecendo alíquotas progressivas para o imposto de transmissão "inter vivos" de bens imóveis, que variam de 2% a 6%, com base no valor de mercado dos imóveis. Nesse caso, a lei municipal contraria jurisprudência do Supremo Tribunal Federal (STF).

926. **(Cespe/AGU/Procurador/2007)** Mediante lei específica, os municípios podem estabelecer alíquotas progressivas para o imposto sobre a transmissão "inter vivos", a qualquer título, por ato oneroso, de bens imóveis (ITBI) com base no valor venal do imóvel.

CAPÍTULO 14 - DIREITO TRIBUTÁRIO

STF 287

927. **(Cespe/AL/ES/Procurador/2011)** Com relação aos impostos de competência dos municípios, assinale a opção correta.

a) O município poderá instituir imposto sobre serviço que incida sobre a locação de automóveis.

b) Incidirá ITBI na extinção do condomínio mediante a divisão da propriedade.

c) A delimitação do campo de competência tributária entre estado e município, relativa à incidência de ICMS e de ISSQN sobre operações que envolvam circulação de mercadoria e serviços, será resolvida em favor do município caso a operação esteja descrita na lista de serviços estabelecida para incidência do ISSQN.

d) É admitida a progressividade do IPTU desde que para fins extrafiscais, em face da sua natureza real, e para garantir a função social da propriedade.

e) O ITBI pode ser progressivo.

928. **(Cetro/TJ/RJ/Cartórios/2012)** Sobre o Imposto de Transmissão "inter vivos" de Bens Imóveis (ITBI), analise as assertivas abaixo.

I. Compete aos Municípios instituir o imposto que incidirá sobre todas as transmissões "inter vivos" que envolvam todos os direitos reais sobre imóveis.

II. O imposto incide sobre a transmissão de bens ou direitos incorporados ao patrimônio de pessoa jurídica em realização de capital.

III. É inconstitucional a lei que estabelece alíquotas progressivas para o Imposto de Transmissão "inter vivos" de Bens Imóveis (ITBI) com base no valor venal do imóvel.

É correto o que se afirma em:

a) I, apenas.

b) I e II, apenas.

c) III, apenas.

d) II e III, apenas.

e) I, II e III.

929. **(FCC/TJ/GO/Juiz/2009)** Dispõe o verbete n. 656 das Súmulas do STF que "é inconstitucional a lei que estabelece alíquotas progressivas para o imposto de transmissão inter vivos de bens imóveis – ITBI com base no valor venal do imóvel". Por sua vez, o verbete n. 668 das Súmulas do STF disciplina que "é inconstitucional a lei municipal que tenha estabelecido, antes da Emenda Constitucional n. 29/2000, alíquotas progressivas para o IPTU, salvo se destinada a assegurar o cumprimento

da função social da propriedade urbana". Considerando estes dois verbetes que expressam o entendimento do STF e a disciplina constitucional das limitações constitucionais ao poder de tributar, é correto afirmar que

a) a progressividade de alíquotas viola o princípio da vedação ao confisco, na medida em que a alíquota vai aumentando gradativamente, independente da base de cálculo, levando em conta apenas critérios pessoais.

b) o STF entende ser possível a aplicação de alíquotas progressivas nos casos expressamente autorizados na Constituição Federal.

c) o STF só admite para o IPTU a progressividade de alíquotas no tempo, como instrumento da política urbana.

d) a progressividade de alíquotas viola o princípio da capacidade contributiva, razão pela qual só pode ser aplicada excepcionalmente.

e) na tributação extrafiscal é permitida a aplicação de alíquotas progressivas em razão da base de cálculo, como forma de estímulo ou desestímulo a determinados comportamentos.

930. **(FGV/TJ/MS/Juiz/2008)** Com base na jurisprudência sumulada pelo STF e pelo STJ, assinale a afirmativa incorreta.

a) É defeso ao Município atualizar o IPTU, mediante Decreto, em percentual superior ao índice oficial de correção monetária.

b) O mandado de segurança constitui ação adequada para a declaração do direito à compensação tributária.

c) Os juros moratórios, na repetição de indébito tributário, são devidos a partir do trânsito em julgado da sentença.

d) Norma legal que altera prazo de recolhimento de obrigação tributária se sujeita ao princípio da anterioridade tributária.

e) É inconstitucional a lei que estabelece alíquotas progressivas para o ITBI – imposto de transmissão "inter vivos" de bens imóveis com base no valor venal do imóvel.

931. **(FMP/DPE/PA/Defensor/2015)** Assinale a alternativa correta.

a) Segundo entendimento do STF não incide o ICMS sobre a importação de mercadorias por pessoas jurídicas não contribuintes do mencionado imposto, mesmo no período posterior à Emenda Constitucional n. 33/2001, ainda que haja a respectiva modificação na legislação complementar e estadual contemplando tal incidência.

b) O Imposto sobre Transmissão causa mortis e doação, de quaisquer bens ou direitos não pode ser progressivo, na esteira do atual entendimento do STF.

c) Conforme decisão do STF, em sede de repercussão geral, é constitucional a exigência do estorno proporcional dos créditos fiscais do ICMS pela entrada de mercadorias cuja saída do estabelecimento ocorra com base de cálculo reduzida.

d) Na esteira da jurisprudência do Superior Tribunal de Justiça, devem ser incluídos na base de cálculo do ICMS os descontos incondicionais concedidos nas operações mercantis.

e) É inconstitucional, de acordo com o entendimento do STF, a legislação estadual instituidora do Imposto sobre a Propriedade de Veículos Automotores, considerando a inexistência de legislação complementar.

3.6. Das Contribuições Especiais

Súmula STF Vinculante 40. *A contribuição confederativa de que trata o artigo 8º, IV, da Constituição Federal, só é exigível dos filiados ao sindicato respectivo.*

932. (Cespe/PGE/PB/Procurador/2008) Com base na CF, na Consolidação das Leis do Trabalho (CLT) e na jurisprudência sumulada do STF e do TST, julgue os itens seguintes, com relação aos sindicatos.

I. A lei não pode exigir autorização estatal para a fundação de sindicato, sem prejuízo do registro perante o Ministério do Trabalho e Emprego, que não pode, sob tal atribuição, interferir ou intervir na organização sindical.

II. A contribuição destinada ao custeio do sistema confederativo de representação sindical deve ser aprovada pela assembleia geral do sindicato e alcança todos os integrantes da categoria profissional, mediante desconto em folha.

III. O sindicato pode atuar como substituto processual na defesa judicial dos interesses da categoria.

IV. Depois de aposentado, o filiado ao sindicato pode, apenas, participar das deliberações que digam respeito aos direitos dos aposentados da categoria.

V. O empregado candidato a cargo de direção ou de representação sindical adquire estabilidade no emprego desde o registro da respectiva candidatura até, se eleito, um ano após o final do mandato, exceto se cometer falta grave que motive a sua demissão por justa causa.

Estão certos apenas os itens:

a) I, II e IV.

b) I, III e V.

c) I, IV e V.

d) II, III e IV.

e) II, III e V.

933. (Esaf/TRT/7R/Juiz/2005) Analise as proposições abaixo e assinale a opção correta.

I. A Convenção n. 87, da OIT, não ratificada pelo Brasil, estabelece que os trabalhadores e as entidades patronais, sem distinção de qualquer espécie, têm o direito, sem autorização prévia, de constituírem organizações da sua escolha, assim como o de se filiarem nessas organizações, com a única condição de se conformarem com os estatutos destas últimas.

II. A contribuição para custeio do sistema confederativo da representação sindical, fixada em assembleia geral, inclusive com autorização para desconto em folha de pagamento, alcança a respectiva categoria, conforme jurisprudência pacificada do Tribunal Superior do Trabalho.

III. A base territorial da organização sindical, representativa da categoria econômica ou profissional, é definida pelos trabalhadores e empregadores interessados. O modelo em vigor no Brasil, contudo, não autoriza a criação de sindicatos distritais.

a) São verdadeiras apenas a primeira e a terceira.

b) Somente a primeira é falsa.

c) Somente a segunda e a terceira são falsas.

d) Não há proposições falsas.

e) Todas as proposições são falsas.

934. (FCC/TRT/11R/Juiz/2007) Considere as seguintes afirmativas:

I. Contrato de trabalho é o negócio jurídico pelo qual uma pessoa física ou jurídica admite e assalaria pessoa física, para a prestação de serviços não eventuais e juridicamente subordinados. No entanto, se os serviços a serem prestados forem altamente especializados, não tendo o empregador o domínio da técnica necessária à execução da atividade, nesse caso não haverá relação de emprego, e sim um contrato civil de prestação de serviço, uma vez que será impossível o exercício do poder diretivo próprio do empregador.

II. O contrato de trabalho pode ser celebrado de forma verbal ou escrita. No entanto, em se tratando de um ato decorrente de uma declaração da vontade, esta sempre terá que ser expressa (ainda que verbal), não se admitindo declaração tácita da vontade.

III. Se o contrato de trabalho for por prazo determinado, a título de experiência e com duração não superior a noventa dias, sua celebração poderá ser de modo tácito, e nesse caso serão dispensáveis as anotações na CTPS.

IV. É nula a cláusula de contrato individual de trabalho que preveja a dispensa de fornecimento de equipamento de proteção individual (EPI) pela empresa, se tal equipamento for necessário à segurança do empregado. A dispensa do fornecimento do EPI só será válida se prevista em norma coletiva, e, mesmo assim, desde que esteja prevista uma compensação financeira para os empregados que deveriam recebê-lo.

Está incorreto o que se afirma em:

a) I, apenas.

b) II, apenas.

c) III, apenas.

d) II e III, apenas.

e) I, II, III e IV.

935. **(MPT/Procurador/2009)** Leia as assertivas abaixo:

I. a liberdade sindical coletiva compreende, dentre outros aspectos, a liberdade de exercício das funções e a liberdade de organização.

II. no modelo sindical brasileiro a base territorial do sindicato é definida pelo Estado.

III. nos termos da jurisprudência sumulada do Supremo Tribunal Federal, a contribuição assistencial só é exigível dos filiados ao respectivo sindicato.

IV. conforme a legislação vigente o exercício de atividade econômica pelo sindicato está vedado, salvo se ocorrer de forma indireta.

De acordo com os itens acima, pode-se afirmar que:

a) todas as assertivas são falsas.

b) as assertivas III e IV são falsas.

c) as assertivas I e II são falsas.

d) apenas as assertivas II e IV são falsas.

e) não respondida.

936. **(TRT/2R/Juiz/2009)** Analise as proposituras abaixo e responda:

I. A Constituição Federal prevê que a assembleia geral fixará contribuição para custeio do sistema confederativo da representação sindical respectiva independentemente daquela prevista em Lei.

II. O Excelso Supremo Tribunal Federal pacificou entendimento através de Súmula de jurisprudência no sentido de que é inconstitucional a fixação de contribuição confederativa aos trabalhadores da categoria, sejam filiados ou não ao sindicato, dada a natureza tributaria desta fixação, de competência exclusiva de ente público ao qual não se equipara o sindicato.

III. Segundo entendimento pacificado pelo Colendo Tribunal Superior do Trabalho em precedente normativo, é lícita a criação de contribuição assistencial a ser paga por todos os empregados da categoria, associados ou não ao sindicato, desde que seja garantido o direito de oposição.

IV. Segundo regramento da Organização Internacional do Trabalho e Princípios Gerais que regem o Direito Coletivo do Trabalho, é facultado aos sindicatos profissionais criar fontes de custeio de sua atuação sindical a ser satisfeita pela classe patronal, desde que tal contribuição seja fixada em Convenção Coletiva de Trabalho ou Contrato Coletivo de Trabalho, vedada apenas a sua criação por Acordo Coletivo de Trabalho.

a) São verdadeiras as proposituras I, III e IV.

b) Apenas a propositura I está correta.

c) Apenas a propositura IV é falsa.

d) São verdadeiras as proposituras I e III.

e) São corretas as proposituras I e II.

937. **(TRT/15R/Juiz/2012)** A Constituição Federal consagra o princípio da liberdade de associação profissional ou sindical. Sobre este tema, levando em conta os textos legais e os entendimentos jurisprudenciais pacificados pelo C. TST e pelo E. STF, aponte a alternativa errada:

a) A assembleia geral do ente sindical fixará a contribuição que, em se tratando de categoria profissional, será descontada em folha, para custeio do sistema confederativo da representação sindical respectiva, independentemente da contribuição prevista em lei.

b) A contribuição confederativa de que trata o art. 8º, IV, da Constituição, só é exigível dos filiados ao sindicato respectivo.

c) A contribuição assistencial será recolhida, de uma só vez, anualmente, e consistirá na importância correspondente à remuneração de um dia de trabalho, para os empregados, qualquer que seja a forma da referida remuneração.

d) A contribuição sindical será recolhida, de uma só vez, anualmente, e consistirá, para os empregadores, numa importância proporcional ao capital social da firma ou empresa, registrado nas respectivas Juntas Comerciais ou órgãos equivalentes, mediante a aplicação de alíquotas, conforme a tabela progressiva prevista no inc. III, do art. 580 da CLT.

e) Excluem-se da regra de recolhimento da contribuição sindical as entidades ou instituições que comprovarem, através de requerimento dirigido ao Ministério do Trabalho, que não exercem atividade econômica com fins lucrativos.

> *Súmula STF 659. É legítima a cobrança da Cofins, do PIS e do Finsocial sobre as operações relativas a energia elétrica, serviços de telecomunicações, derivados de petróleo, combustíveis e minerais do país.*

938. (Cespe/PGE/ES/Procurador/2008) O STF já decidiu que é ilegítima a incidência da contribuição para o financiamento da seguridade social (Cofins) sobre o faturamento das empresas distribuidoras de derivados de petróleo, pois as mesmas gozam de imunidade tributária.

939. (Cespe/TCE/ES/Procurador/2009) Em relação às contribuições destinadas à seguridade social e aos regimes de previdência, assinale a opção correta.

a) As operações relativas a energia elétrica, a serviços de telecomunicações e a derivados de petróleo, combustíveis e minerais são imunes às contribuições representadas pela Cofins, pelo PIS e pelo Finsocial.

b) O STF fixou entendimento no sentido de que a contribuição destinada ao Incra e ao Funrural é devida apenas por empresa rural, porque se destina a cobrir os riscos aos quais está sujeita apenas a coletividade de trabalhadores do campo.

c) O conceito de receita bruta sujeita à incidência da Cofins envolve apenas aquela decorrente da venda de mercadorias e da prestação de serviços, excluindo-se a soma das receitas oriundas do exercício de outras atividades empresariais.

d) A norma constitucional segundo a qual nenhum benefício ou serviço da seguridade social poderá ser criado, majorado ou estendido sem a correspondente fonte de custeio total não se aplica aos planos privados de previdência social.

e) A jurisprudência do STF é firme no sentido de afirmar a inexistência de direito adquirido a regime jurídico, motivo pelo qual não há direito à imunidade relativa a contribuições previdenciárias por prazo indeterminado, exceto quando o beneficiário comprovar as condições legalmente exigidas por três triênios consecutivos.

940. (Cespe/TRF/5R/Juiz/2011) Com relação a taxas e contribuições, assinale a opção correta.

a) É cabível a cobrança de contribuição de melhoria em virtude da construção de estradas de rodagem e do recapeamento de via pública já asfaltada.

b) As contribuições sociais residuais devem ser instituídas por lei complementar, ser não cumulativas e ter bases de cálculo e fatos geradores diferentes dos de outras contribuições sociais.

c) Aplicam-se às contribuições para o fundo de garantia do tempo de serviço as disposições do CTN.

d) Em conformidade com a legislação local aplicável, é legítima a cobrança de taxa de calçamento.

e) É ilegítima a cobrança da contribuição para financiamento da seguridade social (Cofins) sobre as operações relativas a serviços de telecomunicações.

941. (Cespe/RFB/AFRF/2005) Leia cada um dos assertos abaixo e assinale (V) ou (F), conforme seja verdadeiro ou falso. Depois, marque a opção que contenha a exata sequência.

I. É legítima a cobrança da COFINS e do PIS sobre as operações relativas à energia elétrica, serviços de telecomunicações, derivados de petróleo, combustíveis e minerais do País.

CAPÍTULO 14 - DIREITO TRIBUTÁRIO

STF 291

II. A Contribuição para o Financiamento da Seguridade Social – Cofins, com a incidência não-cumulativa, tem como fato gerador o faturamento mensal, assim entendido o total das receitas auferidas pela pessoa jurídica, independentemente de sua denominação ou classificação contábil.

III. Foram instituídas a Contribuição para o PIS/Pasep-Importação e a Contribuição para a Cofins, devida pelo importador de bens estrangeiros ou serviços do exterior.

a) V, V, F.

b) F, V, F.

c) V, F, F.

d) F, F, F.

e) V, V, V.

> **Súmula STF 732.** *É constitucional a cobrança da contribuição do salário-educação, seja sob a Carta de 1969, seja sob a CF/1988, e no regime da Lei 9.424/96.*

942. (Cespe/TRT/1R/Analista/2008) O salário-educação devido pelas empresas

e previsto no art. 212, § 5º, da CF, na forma em que vier a ser disposto em regulamento, é calculado com base na alíquota de 2,5% sobre o total de remunerações pagas ou creditadas, a qualquer título, aos segurados empregados, assim definidos no art. 12, inciso I, da Lei n. 8.212/1991. Com relação ao tema abordado no texto, assinale a opção correta.

a) Com relação ao salário-educação, a CF não define a finalidade nem o sujeito passivo da contribuição, atribuindo à lei essas definições.

b) A expressão "na forma em que vier a ser disposto em regulamento" é meramente expletiva, haja vista a competência privativa do presidente da República para expedir regulamentos para a fiel execução das leis.

c) O salário-educação é contribuição especial de intervenção no domínio econômico.

d) A cobrança do salário-educação é de competência da justiça do trabalho.

e) A cobrança da contribuição do salário-educação, constitucional na Carta de 1969, somente se tornou constitucional na vigência da CF após a entrada em vigor da Lei n. 9.424/1996.

3.7. Das Taxas

> **Súmula STF Vinculante** *12. A cobrança de taxa de matrícula nas universidades públicas viola o disposto no art. 206, IV, da Constituição Federal.*

943. (UEPA/PGE/PA/Procurador/2012) Analise as proposições a seguir:

I. É dever fundamental contribuir para as despesas públicas, sendo que o principal critério para a distribuição do ônus tributário, inspirado no ideal aristotélico da justiça distributiva, é a capacidade contributiva, nos moldes do art. 145, § 1º, da CF 1988.

II. Em atenção ao princípio da justiça distributiva e da capacidade econômica do contribuinte, o STF entende pela constitucionalidade da cobrança de taxa de matrícula nas universidades públicas.

III. Em interpretação do art. 145, § 2º, da CF 1988, o STF tem entendimento consolidado de que, no cálculo do valor de taxa, é constitucional a adoção de um ou mais elementos da base de cálculo própria de determinado imposto, à condição de que não haja plena coincidência entre uma base e outra.

IV. As taxas possuem cunho sinalagmático, com inspiração na ideia de justiça comutativa, destinando-se ao custeio de atividades estatais específicas, divisíveis e realizadas diretamente em face ou para determinado contribuinte que a provoca ou demanda.

De acordo com as proposições apresentadas, estão corretas:

a) somente I e IV.

b) somente I, III e IV.

c) somente II e III.

d) I, II, III e IV.

e) somente II, III e IV.

944. (MPE/SC/Promotor/2010) Assinale a opção correta:

I. A falta de defesa técnica por advogado no processo administrativo disciplinar caracteriza ofensa à Constituição.

II. É inconstitucional a lei ou ato normativo estadual ou distrital que disponha sobre os sistemas de consórcios e sorteios, inclusive bingos e loterias.

III. É constitucional a exigência de depósito ou arrolamento prévios de dinheiro ou bens para a admissibilidade de recurso administrativo.

IV. A cobrança de taxa de matrícula nas universidades públicas viola o disposto no art. 206, IV da Constituição Federal.

V. Viola a cláusula de reserva de plenário a decisão de órgão fracionário de Tribunal que, embora não declare expressamente a inconstitucionalidade de lei ou ato normativo do poder público, afasta sua incidência, no todo ou em parte.

De acordo com as súmulas vinculantes do Supremo Tribunal Federal, estão corretas:

a) Apenas as assertivas I, II e IV.

b) Apenas as assertivas II, IV e V.

c) Todas as assertivas.

d) Apenas as assertivas II e IV.

e) Apenas as assertivas IV e V.

945. (MPE/PR/Promotor/2014) Sobre o direito prestacional à educação, assinale a alternativa incorreta:

a) A Constituição Federal, dentre os princípios basilares do ensino, inseriu o da igualdade de condições para o acesso e permanência na escola. Sobre o tema, o pleno do Supremo Tribunal Federal (ADI n. 3330/DF, de 03/05/2012), decidiu pela constitucionalidade de programa governamental que concede bolsa estudos em universidades privadas para alunos de renda familiar de pequena monta, com cotas para negros, pardos, indígenas e portadores de necessidades especiais.

b) A Constituição Federal, dentre os princípios basilares do ensino, inseriu o da gratuidade do ensino público em estabelecimentos oficiais. Sobre o tema, é posição do Supremo Tribunal Federal, consagrada em súmula vinculante, a impossibilidade de cobrança de taxa de matrícula em Universidades Públicas.

c) Conforme redação conferida pela Emenda Constitucional n. 59/2009 ao art. 208, I, da Constituição de 1988, o dever do Estado com a educação será efetivado, inclusive, mediante a garantia de educação básica obrigatória e gratuita dos 5 (cinco) aos 17 (dezessete) anos de idade, assegurada inclusive sua oferta gratuita para todos os que a ela não tiverem acesso na idade própria.

d) O dever do Estado com a educação será efetivado, inclusive, mediante a garantia de educação infantil, em creche e pré-escola, às crianças até 5 (cinco) anos de idade.

e) Conforme a Constituição Federal, a União aplicará, anualmente, nunca menos de dezoito, e os Estados, o Distrito Federal e os Municípios vinte e cinco por cento, no mínimo, da receita resultante de impostos, compreendida a proveniente de transferências, na manutenção e desenvolvimento do ensino.

946. (Cespe/MEC/Analista/2014) Segundo a jurisprudência do STF, é lícita a cobrança de taxas de matrículas nas universidades públicas, desde que os valores sejam proporcionais aos custos.

947. (Cespe/AGU/Procurador/2013) Tendo em vista que, de acordo com súmula vinculante editada pelo STF, a cobrança de taxa de matrícula nas universidades públicas viola dispositivo da CF, é correto concluir que a cobrança, por instituição pública de ensino superior, de taxa para revalidar diploma de graduação obtido no exterior é inconstitucional.

> **Súmula STF Vinculante 19.** *A taxa cobrada exclusivamente em razão dos serviços públicos de coleta, remoção e tratamento ou destinação de lixo ou resíduos provenientes de imóveis, não viola o artigo 145, II, da Constituição Federal.*

948. (Cespe/DPU/Defensor/2010) Segundo o STF, são específicos e divisíveis os serviços públicos municipais de coleta, remoção e tratamento ou destinação de lixo ou resíduos provenientes de imóveis, desde que essas atividades sejam completamente dissociadas de outros serviços públicos de limpeza realizados em benefício da população em geral e de forma indivisível, a exemplo dos serviços de conservação e limpeza de bens públicos, como praças, calçadas, ruas e bueiros.

949. (Esaf/MDIC/Analista/2012) Sobre as taxas, espécie tributária prevista pelo art. 145, inciso II da Constituição Federal, julgue os itens abaixo e a seguir assinale a opção correta.

I. O texto constitucional diferencia as taxas decorrentes do exercício do poder de polícia daquelas de utilização de serviços específicos

CAPÍTULO 14 - DIREITO TRIBUTÁRIO

STF 293

e divisíveis, facultando apenas a estas a prestação potencial do serviço público.

II. O Supremo Tribunal Federal entende como específicos e divisíveis, e passíveis de tributação por meio de taxa, os serviços públicos de coleta, remoção e tratamento ou destinação de lixo ou resíduos provenientes de imóveis, desde que essas atividades sejam completamente dissociadas de outros serviços públicos de limpeza realizados em benefício da população em geral ("uti universi") e de forma indivisível.

III. Preços de serviços públicos e taxas não se confundem, porque estas, diferentemente daqueles, são compulsórias e têm sua cobrança condicionada à prévia autorização orçamentária, em relação à lei que as instituiu.

IV. A taxa, enquanto contraprestação a uma atividade do Poder Público, não pode superar a relação de razoável equivalência que deve existir entre o custo real da atuação estatal referida ao contribuinte e o valor que o Estado pode exigir de cada contribuinte, considerados, para esse efeito, os elementos pertinentes às alíquotas e à base de cálculo fixadas em lei.

a) Apenas I, II e IV estão corretos.

b) Apenas I, III e IV estão corretos.

c) Apenas II e IV estão corretos.

d) Apenas III e IV estão corretos.

e) Todos os itens estão corretos.

950. (MPE/MG/Promotor/2010) A súmula vinculante tem por objetivo a validade, a interpretação e a eficácia de normas determinadas frente aos ditames Constitucionais, acerca das quais haja controvérsia atual entre órgãos judiciários ou entre esses e a administração pública que acarrete grave insegurança jurídica e relevante multiplicação de processos sobre questão idêntica. O Supremo Tribunal Federal, por meio delas, superou diversas dessas controvérsias, podendo-se afirmar que:

a) a cobrança de taxa de matrícula nas Universidades Públicas viola o princípio da gratuidade do ensino público disposto no art. 206, IV, da Constituição Federal.

b) a taxa cobrada exclusivamente em razão dos serviços públicos de coleta, remoção e tratamento ou destinação de lixo ou resíduos provenientes de imóveis ultrapassa a capacidade do ente público de instituir o referido tributo, ainda que em razão de efetiva ou potencial

prestação de serviços públicos específicos, conforme disposto no artigo 145, II, da Constituição Federal.

c) tipifica crime material contra a ordem tributária a omissão de informações, ou prestar declaração falsa às autoridades fazendárias, antes do lançamento definitivo do tributo.

d) compete à Justiça Estadual julgar causas entre consumidor e concessionária de serviço público de telefonia, mesmo quando a Anatel seja apenas assistente ou oponente.

e) Todas estão incorretas.

951. (Cespe/TJ/DFT/Juiz/2014) À luz da jurisprudência prevalecente no STF, assinale a opção correta.

a) Não incidem juros de mora sobre os precatórios que sejam pagos até o final do exercício seguinte ao da apresentação, desde que esta ocorra até o dia 1º de julho do exercício.

b) É inconstitucional a adoção, no cálculo do valor de taxa, de um ou mais elementos da base de cálculo própria de determinado imposto, por violação direta de determinação constitucional, segundo a qual as taxas não poderão ter base de cálculo própria de impostos.

c) A impetração de mandado de segurança coletivo por entidade de classe em favor de seus associados exige a autorização por escrito de número que constitua maioria absoluta dos associados.

d) É possível a fixação de vencimentos dos servidores públicos por meio de convenção coletiva do diretor do órgão público com os representantes da classe, desde que mediante autorização de lei ordinária.

e) É constitucional a exigência de depósito prévio como requisito de admissibilidade de ação judicial para a discussão de exigibilidade de crédito tributário, visto que a inafastabilidade de jurisdição não é princípio absoluto.

952. (Vunesp/SPUrbanismo/Analista/2014) Depois de algum tempo de divergência doutrinária e jurisprudencial, o Supremo Tribunal Federal consagrou o entendimento de que a coleta, a remoção e o tratamento ou a destinação de lixo ou resíduos provenientes de imóveis

a) são serviços "uti singuli" e por isso as taxas podem ser calculadas individualizadamente.

b) devem ser cobrados por meio de taxa por serem um tipo de serviço "uti universi".

c) devem ser cobrados por meio de imposto do respectivo município.

d) são serviços "uti universi" e devem ser cobrados por meio de contribuição de melhoria.

e) não podem ser cobrados por meio de taxa, devendo sua cobrança ser embutida no valor do IPTU do respectivo imóvel.

> *Súmula STF Vinculante 29. É constitucional a adoção, no cálculo do valor de taxa, de um ou mais elementos da base de cálculo própria de determinado imposto, desde que não haja integral identidade entre uma base e outra.*

953. (FCC/PGE/SP/Procurador/2009) Lei publicada no Diário Oficial do Estado em 21.07.2009 institui, a partir de 01.01.2010, taxa de licenciamento de veículos, fixando como alíquota o percentual de 5% e tomando como base de cálculo o valor venal dos automóveis. Tal norma

a) é inconstitucional, pois institui tributo com efeito confiscatório.

b) é inconstitucional, pois institui taxa, adotando base de cálculo própria de imposto.

c) é inconstitucional, visto que já incide o IPVA sobre veículos, sendo vedada a criação de taxa anual para licenciamento do mesmo bem, pois isto configuraria bitributação.

d) fere o princípio da capacidade contributiva.

e) fere o princípio da estrita legalidade.

954. (UEPA/PGE/PA/Procurador/2012) Analise as proposições a seguir:

I. É dever fundamental contribuir para as despesas públicas, sendo que o principal critério para a distribuição do ônus tributário, inspirado no ideal aristotélico da justiça distributiva, é a capacidade contributiva, nos moldes do art. 145, § 1º, da CF 1988.

II. Em atenção ao princípio da justiça distributiva e da capacidade econômica do contribuinte, o STF entende pela constitucionalidade da cobrança de taxa de matrícula nas universidades públicas.

III. Em interpretação do art. 145, § 2º, da CF 1988, o STF tem entendimento consolidado de que, no cálculo do valor de taxa, é constitucional a adoção de um ou mais elementos da base de cálculo própria de determinado imposto, à condição de que não haja plena coincidência entre uma base e outra.

IV. As taxas possuem cunho sinalagmático, com inspiração na ideia de justiça comutativa, destinando-se ao custeio de atividades estatais específicas, divisíveis e realizadas diretamente em face ou para determinado contribuinte que a provoca ou demanda.

De acordo com as proposições apresentadas, estão corretas:

a) somente I e IV.

b) somente I, III e IV.

c) somente II e III.

d) I, II, III e IV.

e) somente II, III e IV.

955. (Funrio/PGM/Trindade/Procurador/2016) Considerando as Súmulas Vinculantes do STF no que diz respeito à tributação, a alternativa correta é:

a) O serviço de coleta domiciliar de lixo deve ser remunerado por contribuição.

b) O Município poderá instituir ISS incidente sobre o serviço de locação de computadores.

c) Havendo desapropriação pelo Município, sobre o pagamento da indenização incidirá imposto de renda em razão do ganho de capital auferido pelo expropriado.

d) É constitucional a adoção, no cálculo do valor de taxa, de um ou mais elementos da base de cálculo própria de determinado imposto, desde que não haja integral identidade entre uma base e outra.

e) Deve ser reconhecida a nulidade, e devolvido todo o valor do IPTU cobrado progressivamente, em razão de lei municipal anterior à EC 29/2000, administrativamente impugnado e pendente de decisão final, respeitada a prescrição.

> *Súmula STF Vinculante 41. O serviço de iluminação pública não pode ser remunerado mediante taxa.*

956. (Cespe/STJ/Analista/2012) Segundo entendimento do STF, o serviço de iluminação pública não pode ser remunerado mediante taxa.

957. (Funiversa/Adasa/Advogado/2009) Acerca das disposições constitucionais relacionadas ao Sistema Tributário Nacional, assinale a alternativa incorreta.

CAPÍTULO 14 - DIREITO TRIBUTÁRIO

a) Os municípios e o Distrito Federal podem instituir contribuição, na forma das respectivas leis, para o custeio do serviço de iluminação pública.

b) O imposto sobre propriedade rural será fiscalizado e cobrado pelos municípios que assim optarem, na forma da lei, desde que não implique redução do imposto ou qualquer outra forma de renúncia fiscal.

c) O serviço de iluminação pública não pode ser remunerado mediante taxa.

d) As taxas podem ter base de cálculo própria de impostos.

e) Pelo menos cinquenta por cento da arrecadação do imposto territorial pertencem aos municípios em que os imóveis rurais estejam situados.

958. (FCC/TJ/RR/Juiz/2015) Observe a seguinte notícia, do Informativo do STF n. 777: "PSV: remuneração do serviço de iluminação pública (Enunciado 41 da Súmula Vinculante) – O Plenário acolheu proposta de edição de enunciado de súmula vinculante com o seguinte teor: 'O serviço de iluminação pública não pode ser remunerado mediante taxa'. Assim, tornou vinculante o conteúdo do Verbete 670 da Súmula do STF". A vedação mencionada justifica-se porque

a) trata-se de serviço "uti universi", devendo ser custeado por impostos ou pela instituição de contribuição específica para seu custeio, pelos municípios.

b) se trata de "uti singuli", porém de natureza indelegável, devendo por essa razão ser custeado exclusivamente por impostos.

c) caso seja delegada sua prestação ao particular, a remuneração se dará por tarifa, e não por taxa.

d) o serviço de iluminação pública não admite prestação sob nenhum tipo de concessão e, portanto, seria incabível a remuneração de um concessionário privado por meio da cobrança do usuário.

e) embora se trate de serviço público indivisível, o seu custeio já está embutido nos preços públicos pagos aos concessionários de fornecimento de energia elétrica, conforme disposições contratuais padronizadas pela Aneel.

959. (Cespe/TJ/DFT/Juiz/2016) De acordo com a jurisprudência sumulada do STF acerca da legislação tributária, assinale a opção correta.

a) O serviço de iluminação pública não pode ser remunerado mediante taxa.

b) O princípio da anterioridade sujeita norma legal que altera o prazo de recolhimento de obrigação tributária.

c) A lei poderá estabelecer alíquotas progressivas para o imposto de transmissão "inter vivos" de bens imóveis (ITBI) com base no valor venal do imóvel.

d) A ação penal por crime de sonegação fiscal é pública e condicionada, devendo ser comprovada a existência de inscrição na dívida ativa.

e) A adoção, no cálculo do valor de taxa, de um ou mais elementos da base de cálculo própria de determinado imposto pode ser feita, mesmo em caso de identidade integral entre uma base e outra.

> **Súmula STF 595.** *É inconstitucional a taxa municipal de conservação de estradas de rodagem cuja base de cálculo seja idêntica à do imposto territorial rural.*

960. (Cespe/TRF/5R/Juiz/2011) Com relação aos impostos federais, assinale a opção correta.

a) A imunidade tributária conferida aos partidos políticos, às entidades sindicais dos trabalhadores e às instituições de educação e de assistência social, sem fins lucrativos, não abrange o imposto sobre operações de crédito, câmbio e seguro, ou as relativas a títulos ou valores mobiliários.

b) É constitucional a instituição de taxa municipal de conservação de estradas de rodagem cuja base de cálculo seja idêntica à do imposto sobre a propriedade territorial rural.

c) A base de cálculo do imposto sobre a exportação corresponde, quando a alíquota for específica, ao preço normal que o produto ou seu similar alcançaria, ao tempo da exportação, em uma venda em condições de livre concorrência.

d) Considera-se contribuinte do imposto de renda o titular de disponibilidade econômica ou jurídica, podendo a lei atribuir essa condição ao possuidor, a qualquer título, dos bens produtores de renda ou dos proventos tributáveis.

e) O imposto sobre produtos industrializados, que pode ser seletivo, em razão da essencialidade do produto, deve ser não cumulativo e incidir sobre produtos industrializados destinados ao exterior.

961. (OAB/SC/2007-2) Assinale a alternativa correta no tocante às taxas:

a) é inconstitucional a taxa municipal de conservação de estradas de rodagem cuja base de cálculo seja idêntica à do imposto territorial rural.

b) sempre têm características extrafiscais.

c) podem ser arrecadadas pela utilização de qualquer serviço público prestado ao contribuinte.

d) não podem ter sua criação fundamentada na utilização potencial de serviço público.

> **Súmula STF 665.** *É constitucional a taxa de fiscalização dos mercados de títulos e valores mobiliários instituída pela Lei 7.940/89.*

➲ Súmula não abordada em concursos recentes.

> **Súmula STF 667.** *Viola a garantia constitucional de acesso à jurisdição a taxa judiciária calculada sem limite sobre o valor da causa.*

Súmula anotada em Direito Tributário – Do Sistema Tributário Nacional – Das Taxas.

CAPÍTULO 15 -
EXECUÇÃO FISCAL

1. PRAZOS

Súmula STF 507. A ampliação dos prazos a que se refere o artigo 32 do Código de Processo Civil aplica-se aos executivos fiscais.

962. (Cespe/AGU/Procurador/2007) Havendo litisconsórcio passivo entre a fazenda pública e outra pessoa, o prazo para recorrer será em quádruplo, pois o prazo normal em dobro deverá ser dobrado novamente, por conta do peculiar regime de prazo de litisconsortes com procuradores distintos.

2. SUCUMBÊNCIA

Súmula STF 519. Aplica-se aos executivos fiscais o princípio da sucumbência a que se refere o art. 64 do Código de Processo Civil.

➲ Súmula não abordada em concursos recentes.

CAPÍTULO 16 - EXECUÇÃO PENAL

1. DOS ÓRGÃOS DA EXECUÇÃO PENAL

> **Súmula STF 611.** *Transitada em julgado a sentença condenatória, compete ao juízo das execuções a aplicação de lei mais benigna.*

Súmula anotada em Direito Penal – Da Aplicação da Lei Penal.

2. DA EXECUÇÃO DAS PENAS EM ESPÉCIE

2.1. Das Penas Privativas de Liberdade

2.1.1. Dos Regimes

> **Súmula STF Vinculante 26.** *Para efeito de progressão de regime no cumprimento de pena por crime hediondo, ou equiparado, o juízo da execução observará a inconstitucionalidade do art. 2º da Lei n. 8.072, de 25 de julho de 1990, sem prejuízo de avaliar se o condenado preenche, ou não, os requisitos objetivos e subjetivos do benefício, podendo determinar, para tal fim, de modo fundamentado, a realização de exame criminológico.*

963. (Cespe/TCE/BA/Procurador/2010) De acordo com súmula vinculante editada pelo STF, a necessidade de realização de exame criminológico para fins de progressão de regime no cumprimento de pena por crime hediondo é decorrência automática do reconhecimento da inconstitucionalidade do dispositivo legal que vedaria a progressão do regime prisional do art. 2º da Lei n. 8.072/1990.

964. (Cespe/MPE/ES/Promotor/2010) Eduardo foi condenado a 25 anos de reclusão, em regime inicialmente fechado, pela prática do crime de homicídio qualificado com o uso de veneno. Transitada em julgado a condenação, o sentenciado foi recolhido a estabelecimento prisional em Vitória, no Espírito Santo. A partir dessa situação hipotética e com base na legislação aplicável às execuções penais, pode-se afirmar que, caso seja primário e preencha os demais requisitos objetivos e subjetivos exigidos pela legislação, Eduardo poderá progredir ao regime semiaberto após o cumprimento de dez anos de pena privativa de liberdade no regime fechado. De acordo com entendimento sumulado do STF, nesse caso, deve haver a realização automática de exame criminológico no condenado, independentemente de justificativa judicial prévia.

965. (Cespe/DPDF/Defensor/2013) Conforme a mais recente jurisprudência do STF, os condenados por crimes hediondos praticados antes da entrada em vigor da Lei n. 11.464/2007 podem pleitear a progressão de regime após o cumprimento de apenas um sexto da pena aplicada.

966. (MPE/SC/Promotor/2016) A Súmula Vinculante 26 do Supremo Tribunal Federal, dispõe que para efeito de livramento condicional no cumprimento de pena por crime hediondo, ou equiparado, o juízo da execução observará a inconstitucionalidade do art. 2º da Lei n. 8.072/90 (Crimes Hediondos), sem prejuízo de avaliar se o condenado preenche, ou não, os requisitos objetivos e subjetivos do benefício, podendo determinar, para tal fim, de modo fundamentado, a realização de exame criminológico.

967. (Funiversa/SEAP/DF/Agente_Penitenciário/2015) O STF afastou a previsão de obrigatoriedade de imposição de regime inicial fechado aos condenados por crimes hediondos ou a estes equiparados, devendo ser observadas as regras do CP no que se refere à fixação do regime prisional inicialmente previsto para os crimes hediondos e os a estes equiparados.

968. (Cespe/TJ/CE/Analista/2014) Acerca de crimes hediondos, assinale a opção correta à luz da Lei n. 8.072/1990 bem como da jurisprudência e da doutrina.

a) Aquele que dá a conhecer a existência do crime de extorsão mediante sequestro sem indicar dados que permitam a libertação da vítima por ele sequestrada, ainda que coautor ou partícipe, será beneficiado pela delação.

b) É permitida a progressão de regime em crimes hediondos, sendo necessário, para isso, que o juízo da execução avalie se o condenado preenche os requisitos objetivos e subjetivos do benefício, podendo determinar, ainda, a realização de exame criminológico.

c) É admitido o indulto, graça e anistia a agente que praticou crime de natureza hedionda.

d) Os crimes de extorsão mediante sequestro e sequestro são equiparados ao hediondo.

e) Para que possa vir a obter o benefício do livramento condicional, o réu não poderá ser reincidente em qualquer crime, independentemente da natureza do crime anteriormente praticado.

969. (FCC/TJ/AP/Juiz/2014) Desde o advento da Lei n. 8.072/1990, a vedação absoluta de progressão de regime prisional, originalmente instituída para os crimes hediondos ou assemelhados, comportou intenso debate acadêmico e jurisprudencial. Importantes vozes na doutrina desde logo repudiaram o regime integralmente fechado. Mas o Pleno do Supremo Tribunal Federal, então, em dois julgados antológicos, afastou a pecha da inconstitucionalidade (HC 69.603/SP e HC 69.657/SP), posicionamento que se irradiou para as outras Cortes e, desse modo, ditou a jurisprudência do país por mais de 13 anos. Somente em 2006 o STF rediscutiu a matéria, agora para dizer inconstitucional aquela vedação (HC 82.959-7/SP). A histórica reversão da jurisprudência, afinal, fez com que se reparasse o sistema normativo. Editou-se a Lei n. 11.464/2007 que, pese admitindo a progressividade na execução correspondente, todavia lhe estipulou lapsos diferenciados. Todo esse demorado debate mais diretamente fundou-se especialmente em um dado postulado de direito penal que, portanto, hoje mais que nunca estrutura o direito brasileiro no tópico respectivo. Precipuamente, trata-se do postulado da:

a) pessoalidade.

b) legalidade.

c) proporcionalidade.

d) individualização.

e) culpabilidade.

970. (MP/DFT/Promotor/2013) Indique o item correto, nos termos da legislação aplicável e da jurisprudência dos Tribunais Superiores:

a) Para fins de livramento condicional, não poderá o sentenciado valer-se da soma de penas que, isoladamente, não alcancem o patamar de 02 (dois) anos.

b) O condenado por crimes comuns a penas cujo somatório for superior a 30 (trinta) anos preenche requisito objetivo para progressão ao regime semiaberto ao cumprir 05 (cinco) anos de sua reprimenda em regime fechado.

c) A aplicação de lei penal superveniente mais benigna ao agente, após o trânsito em julgado da sentença que o condenou, demanda ajuizamento de revisão criminal.

d) O condenado por crime hediondo praticado no ano de 2006 preenche o requisito objetivo para a progressão, após cumprir, no regime anterior, 1/6 (um sexto) da pena imposta.

e) Após progredir do regime fechado, deverá o sentenciado não reincidente cumprir ao menos 1/6 (um sexto) de pena no regime semiaberto para obter o direito à saída temporária.

971. (Cespe/TJ/BA/Cartórios/2013) Considerando o entendimento consolidado pelo STF relativamente aos institutos de direito processual penal afetos à Lei de Execuções Penais e a suas alterações, assinale a opção correta.

a) É de dez dias o prazo para a interposição de agravo contra decisão do juiz da execução penal.

b) Não se admite a progressão de regime de cumprimento da pena ou a aplicação imediata de regime menos severo nela determinada, antes do trânsito em julgado da sentença condenatória.

c) A pena unificada para atender ao limite de trinta anos de cumprimento da condenação, determinado no CP, deve ser considerada para a concessão de outros benefícios, como o livramento condicional ou regime mais favorável de execução.

d) Para efeito de progressão de regime no cumprimento de pena, o juízo da execução deve avaliar se o condenado preenche os requisitos objetivos e subjetivos do benefício, podendo determinar, para tal fim, de modo fundamentado, a realização de exame criminológico.

CAPÍTULO 16 - EXECUÇÃO PENAL

STF 301

e) O fato de o réu estar em prisão especial impede a progressão de regime de execução da pena fixada em sentença não transitada em julgado.

> **Súmula STF Vinculante** *56. A falta de estabelecimento penal adequado não autoriza a manutenção do condenado em regime prisional mais gravoso, devendo-se observar, nesta hipótese, os parâmetros fixados no Recurso Extraordinário (RE) 641320.*

972. (FCC/DPE/BA/Defensor/2016) Segundo a jurisprudência dominante do STF, é correto:

a) não configura constrangimento ilegal o cumprimento de pena em regime mais gravoso do que o fixado na sentença em virtude da falta de vagas, pois se aplica o princípio da reserva do possível.

b) a hediondez do tráfico de drogas em todas as suas modalidades impede a aplicação do indulto.

c) o delito previsto no artigo 33 da Lei de Drogas, por ser crime de ação múltipla, faz com que o agente que, no mesmo contexto fático e sucessivamente, pratique mais de uma ação típica, responda por crime único em função do princípio da alternatividade.

d) o porte de munição de arma de fogo de uso restrito constitui crime de perigo concreto, necessitando da presença da arma de fogo para sua tipificação.

e) a circunstância judicial da personalidade do agente, por ser própria do direito penal do autor, não foi recepcionada pela Constituição de 1988.

> **Súmula STF 715.** *A pena unificada para atender ao limite de trinta anos de cumprimento, determinado pelo art. 75 do Código Penal, não é considerada para a concessão de outros benefícios, como o livramento condicional ou regime mais favorável de execução.*

973. (FCC/DPE/PA/Defensor/2009) A pena unificada para atender ao limite de trinta anos de cumprimento determinado pelo art. 75 do Código Penal

a) é considerada para a concessão livramento condicional.

b) é considerada para o cálculo da prescrição da pretensão executória em caso de evasão do sentenciado.

c) não é considerada para a concessão de progressão ao regime mais favorável na execução da pena.

d) não deve ser considerada porque este artigo foi declarado inconstitucional pelo Supremo Tribunal Federal e não há limite para o cumprimento de pena privativa de liberdade.

e) obriga o cumprimento integral em regime fechado da pena unificada independentemente do total das penas aplicadas.

974. (FCC/TJ/PE/Juiz/2013) Na aplicação da pena:

a) considera-se circunstância agravante o fato de o crime ser praticado contra pessoa maior de setenta anos.

b) não prevalece a condenação anterior, para efeito de reconhecimento de reincidência, se entre a data do cumprimento ou extinção da pena e a infração posterior tiver decorrido período de tempo superior a cinco anos, descontado o período de prova da suspensão.

c) a incidência de circunstância atenuante pode conduzir à redução da pena abaixo do mínimo legal, segundo entendimento do Superior Tribunal de Justiça.

d) não se impõe o acréscimo decorrente do concurso formal perfeito à pena de multa.

e) o tempo de cumprimento das penas privativas de liberdade não pode ser superior a trinta anos, limite que deve ser considerado para efeito de concessão de livramento condicional, conforme entendimento sumulado do Supremo Tribunal Federal.

975. (MPE/SC/Promotor/2012) Assinale a opção correta:

I. Ao ser aplicado o regime disciplinar diferenciado, segundo a Lei de Execução Penal, o preso provisório ou o condenado terão direito à saída da cela por 2 horas diárias para banho de sol.

II. A Lei de Execução Penal estabelece, exclusivamente, que somente se admitirá o recolhimento do beneficiário de regime aberto em residência particular quando se tratar de condenado maior de 70 (setenta) anos; condenado acometido de doença grave; e condenada gestante.

III. A execução da pena de multa será suspensa quando sobrevier ao condenado doença mental.

IV. Segundo entendimento sumular do STF a pena unificada para atender ao limite de trinta anos de cumprimento, determinado pelo art. 75 do Código Penal, é considerada para a concessão de outros benefícios, como o livramento condicional ou regime mais favorável de execução.

V. Segundo a Lei de Execução Penal, intimado pessoalmente ou por edital com prazo de 20 (vinte) dias, se o réu não comparecer injustificadamente à audiência admonitória, a suspensão condicional ficará sem efeito e será executada imediatamente a pena.

a) Apenas as assertivas I, II, IV e V estão corretas.

b) Apenas as assertivas II, III,IV e V estão corretas.

c) Apenas as assertivas I, III e V estão corretas.

d) Apenas as assertivas I, II, III e IV estão corretas.

e) Todas as assertivas estão corretas.

> **Súmula STF 716.** *Admite-se a progressão de regime de cumprimento da pena ou a aplicação imediata de regime menos severo nela determinada, antes do trânsito em julgado da sentença condenatória.*

976. (TJ/DFT/Juiz/2012) Julgue os itens a seguir:

I. A absolvição criminal não prejudica a medida de segurança, quando couber, desde que não importe privação de liberdade.

II. Proferida sentença que declare a prescrição da pretensão punitiva, o Juiz Criminal fixará medida de segurança na hipótese de verificar a insanidade mental do acusado.

III. O Juiz pode deferir a progressão de regime de cumprimento da pena ou a aplicação imediata de regime menos severo nela determinada, mesmo antes do trânsito em julgado da sentença penal condenatória.

IV. O fato de o réu se encontrar em prisão especial não impede que o Juiz conceda a progressão de regime de execução da pena fixada em sentença não transitada em julgado.

De acordo com o Código Penal Brasileiro e o entendimento pacificado pelos Tribunais Superiores, estão corretos apenas os itens:

a) I e II.

b) I e IV.

c) II e III.

d) III e IV.

977. (FCC/TJ/CE/Juiz/2014) Em matéria de execução penal, não constitui entendimento sumulado dos Tribunais Superiores o seguinte enunciado:

a) É inadmissível a chamada progressão "per saltum" de regime prisional.

b) Admite-se o exame criminológico, desde que em decisão motivada.

c) Admite-se a progressão de regime de cumprimento da pena ou a aplicação imediata de regime menos severo nela determinado, antes do trânsito em julgado da sentença condenatória.

d) Os condenados por crimes hediondos ou assemelhados cometidos antes da vigência da Lei n. 11.464/2007 sujeitam-se ao disposto no art. 112 da Lei de Execução Penal para a progressão de regime prisional.

e) A falta grave não interrompe o prazo para a progressão de regime.

> **Súmula STF 717.** *Não impede a progressão de regime de execução da pena, fixada em sentença não transitada em julgado, o fato de o réu se encontrar em prisão especial.*

978. (TJ/DFT/Juiz/2008) É correto afirmar que, nos termos da Súmula do Supremo Tribunal Federal:

a) A opinião do julgador sobre a gravidade em abstrato do crime não constitui motivação idônea para a imposição de regime mais severo do que o permitido segundo a pena aplicada.

b) A opinião do julgador sobre a gravidade em abstrato do crime não constitui motivação idônea para a imposição de regime mais severo do que o permitido segundo a pena aplicada, se a manifestou nos autos da ação penal.

c) A opinião do julgador sobre a gravidade em abstrato do crime não constitui motivação idônea para a imposição de regime mais severo do que o permitido segundo a pena aplicada, exceto na hipótese de crimes hediondos.

d) A opinião do julgador sobre a gravidade em abstrato do crime não constitui motivação idônea para a imposição de regime mais severo do que o permitido segundo a pena aplicada,

CAPÍTULO 16 - EXECUÇÃO PENAL

desde que não a tenha manifestado através da mídia, estando em curso a ação penal.

979. **(PGR/Procurador/2015)** Em tema de sanções penais, assinale a alternativa incorreta, consoante jurisprudência sumulada do STF:

a) Admite-se a progressão de regime de cumprimento de pena ou a aplicação imediata de regime menos severo nela determinada, antes do trânsito em julgado da sentença condenatória.

b) Impede a progressão de regime de execução da pena, fixada em sentença não transitada em julgado, o fato de o réu se encontrar em prisão especial.

c) A opinião do julgador sobre a gravidade em abstrato do crime não constitui motivação idônea para a imposição de regime mais severo do que o permitido segundo a pena aplicada.

d) A imposição de regime de cumprimento mais severo do que a pena aplicada permitir exige motivação idônea.

980. **(MPE/PR/Promotor/2014)** Analise as assertivas abaixo, de acordo com as súmulas do Supremo Tribunal Federal, e assinale a alternativa correta:

a) O fato de o réu se encontrar em prisão especial impede a progressão de regime de execução da pena, fixada em sentença não transitada em julgado.

b) A imposição de regime de cumprimento de pena mais severo do que a pena aplicada permitir não exige motivação.

c) A pena unificada para atender ao limite de trinta anos de cumprimento, determinada pelo artigo 75 do Código Penal, não é considerada para a concessão de outros benefícios, como o livramento condicional ou regime mais favorável de execução.

d) Não se admite a progressão de regime de cumprimento da pena ou a aplicação imediata de regime menos severo nela determinada, antes do trânsito em julgado da sentença condenatória.

e) A opinião do julgador sobre a gravidade em abstrato do crime constitui motivação idônea para a imposição de regime mais severo que o permitido segundo a pena aplicada.

981. **(MPF/PGR/Procurador/2015)** Em tema de sanções penais assinale a alternativa incorreta, consoante jurisprudência sumulada do STF:

a) Admite-se a progressão de regime de cumprimento de pena ou a aplicação imediata de regime menos severo nela determinada, antes do trânsito em julgado da sentença condenatória.

b) Impede a progressão de regime de execução da pena, fixada em sentença não transitada em julgado, o fato de o réu se encontrar em prisão especial.

c) A opinião do julgador sobre a gravidade em abstrato do crime não constitui motivação idônea para a imposição de regime mais severo do que o permitido segundo a pena aplicada.

d) A imposição de regime de cumprimento mais severo do que a pena aplicada permitir exige motivação idônea.

2.1.2. Da Remição

> *Súmula STF Vinculante 9. O disposto no artigo 127 da Lei n. 7.210/1984 (Lei de Execução Penal) foi recebido pela ordem constitucional vigente, e não se lhe aplica o limite temporal previsto no caput do artigo 58.*

982. **(Cespe/DPU/Defensor/2007)** De acordo com a Lei de Execução Penal e a jurisprudência do STJ e STF, o condenado punido por falta grave sofre a perda da integralidade dos dias remidos.

983. **(FCC/TJ/PI/Assessor/2010)** De acordo com a Lei de Execução Penal:

a) o Ministério Público não pode suscitar incidente de excesso.

b) compete ao diretor do estabelecimento prisional autorizar saídas temporárias.

c) é inconstitucional, segundo entendimento sumulado do STF, a previsão de perda de tempo remido em razão do cometimento de falta grave.

d) o condenado poderá regredir de regime caso pratique duas faltas médias.

e) fica sujeito ao regime disciplinar diferenciado o preso sobre o qual houver suspeita de participação em quadrilha.

984.
(FCC/DPE/SP/Defensor/2009) Serafim, em virtude de dois meses de trabalho em presídio, teve declarados remidos trinta dias de pena. Manuel, em virtude de quatro anos de trabalho em presídio, teve declarados remidos novecentos dias de pena. Os dois praticaram, na mesma data, falta disciplinar de natureza grave apurada em sindicância, reconhecidas em juízo a legalidade do procedimento administrativo e a tipicidade do fato. Considerando que o art. 127 da Lei de Execução Penal afirma que o condenado que for punido por falta grave perderá o direito ao tempo remido, assinale a alternativa correta.

a) Há súmula do STF reconhecendo que o art. 127 da Lei de Execução Penal não é inconstitucional e, portanto, todos os dias de pena remidos pelos dois presos devem ser declarados perdidos.

b) Há súmula do STF reconhecendo que o art. 127 da Lei de Execução Penal, embora não seja inconstitucional, é desproporcional e, portanto, devem ser declarados perdidos apenas os dias remidos em razão do período trabalhado durante o ano em que a falta foi praticada.

c) O art. 127 da Lei de Execução Penal é considerado pela jurisprudência majoritária evidentemente inconstitucional, já que fere os princípios da segurança jurídica e da proporcionalidade e, portanto, só podem ser declarados perdidos, em virtude de prática de falta grave, trinta dias de remição.

d) Há súmula do STF reconhecendo que o art. 127 da Lei de Execução Penal é inconstitucional, por ser a remição instituto de extinção da pena, através do qual o condenado faz com que o trabalho se substitua à privação de liberdade; não se tratando, pois, de benefício, mas, sim, de contraprestação, fruto de opção político-criminal pelo exercício do direito social do trabalho pelo preso.

e) A jurisprudência majoritária é no sentido de que o art. 127 da Lei de Execução Penal é inconstitucional porque é fruto de ultrapassado ideal de ressocialização disciplinadora e correicionalista; pretende fazer do trabalho penal e da remição um instrumento de adestramento forçado, quando a execução hoje está desprovida de tratamento coativo e, consequentemente, não podem ser declarados perdidos os dias remidos antes da prática da falta.

2.1.3. Do Livramento Condicional

> **Súmula STF 715.** *A pena unificada para atender ao limite de trinta anos de cumprimento, determinado pelo art. 75 do Código Penal, não é considerada para a concessão de outros benefícios, como o livramento condicional ou regime mais favorável de execução.*

Súmula anotada em Execução Penal – Da Execução das Penas em Espécie – Das Penas Privativas de Liberdade – Dos Regimes.

2.2. Da Suspensão Condicional

> **Súmula STF 499.** *Não obsta a concessão do "sursis" condenação anterior a pena de multa.*

Súmula anotada em Direito Penal – Das Penas – Da Suspensão Condicional da Pena.

3. DO PROCEDIMENTO JUDICIAL

> **Súmula STF 695.** *Não cabe "habeas corpus" quando já extinta a pena privativa de liberdade.*

Súmula anotada em Direito Processual Constitucional – Ações Constitucionais – "Habeas Corpus".

> **Súmula STF 700.** *É de cinco dias o prazo para interposição de agravo contra decisão do juiz da execução penal.*

985.
(Cespe/MPE/ES/Promotor/2010) A respeito dos incidentes de execução penal, assinale a opção correta.

a) Não há previsão legal para a conversão de pena de limitação de fim de semana em privativa de liberdade.

b) A legitimidade para requerer a concessão de indulto individual foi atribuída por lei apenas ao sentenciado e ao MP.

c) O tratamento ambulatorial pode ser convertido em internação se o agente revelar incompatibilidade com a medida, quando inexiste prazo mínimo de internação.

d) Contra as decisões proferidas pelo juiz das execuções cabe recurso de agravo, sem efeito suspensivo, no prazo de cinco dias.

CAPÍTULO 16 - EXECUÇÃO PENAL

STF 305

e) Quando, no curso da execução da pena privativa de liberdade, sobrevier doença mental ou perturbação da saúde mental do sentenciado, o juiz, de ofício, deverá decretar a extinção da punibilidade.

986. (Cespe/DPE/PI/Defensor/2009)
Segundo entendimento do STF, o prazo para a interposição de agravo contra a decisão do juiz da execução penal é de dez dias.

987. (MPE/GO/Promotor/2016) No que concerne ao recurso de agravo em execução penal, é correto afirmar que:

a) O prazo de interposição é de 3 (três) dias, a contar da ciência da decisão, conforme Súmula 700 do STJ. Admite-se que o réu o faça diretamente, por termo, desde que, em seguida, o juiz determine a abertura de vista ao advogado, para a apresentação de razões, garantindo-se a ampla defesa. A legitimidade estende-se ao defensor e ao Ministério Público. O recurso possui tanto o efeito devolutivo, quanto o suspensivo.

b) O prazo de interposição é de 5 (cinco) dias, a contar da ciência da decisão, conforme Súmula 700 do STF. Admite-se que o réu o faça diretamente, por termo, desde que, em seguida, o juiz determine a abertura de vista ao advogado, para a apresentação de razões, garantindo-se

a ampla defesa. A legitimidade estende-se ao defensor e ao Ministério Público. O efeito do recurso é meramente devolutivo. Inexiste o efeito suspensivo, salvo em um caso: quando o juiz expedir ordem para desinternar ou liberar o indivíduo sujeito à medida de segurança.

c) O prazo de interposição é de 10 (dez) dias, a contar da ciência da decisão, conforme Súmula 700 do STF. Admite-se que o réu o faça diretamente, por termo, desde que, em seguida, o juiz determine a abertura de vista ao advogado, para a apresentação de razões, garantindo-se a ampla defesa. A legitimidade estende-se ao defensor e ao Ministério Público. O efeito do recurso é meramente devolutivo. Inexiste o efeito suspensivo, salvo em um caso: quando o juiz expedir ordem para desinternar ou liberar o indivíduo sujeito à medida de segurança.

d) O prazo de interposição é de 8 (oito) dias, a contar da ciência da decisão, conforme Súmula 700 do STJ. Admite-se que o réu o faça diretamente, por termo, desde que, em seguida, o juiz determine a abertura de vista ao advogado, para a apresentação de razões, garantindo-se a ampla defesa. A legitimidade estende-se ao defensor e ao Ministério Público. O efeito do recurso é meramente devolutivo. Inexiste o efeito suspensivo, sem exceções.

CAPÍTULO 17 - SISTEMA FINANCEIRO NACIONAL

1. JUROS

> **Súmula STF Vinculante 7.** *A norma do pará-grafo 3º do artigo 192 da Constituição, revo-gada pela Emenda Constitucional 40/2003, que limitava a taxa de juros reais a 12% ao ano, tinha sua aplicabilidade condicionada à edição de lei complementar.*

988. **(PUCPR/DPE/PR/Assessor_Jurí-dico/2012)** Sobre a eficácia e a apli-cabilidade das normas constitucionais, seguindo a classificação de José Afonso da Silva, aponte a alternativa correta:

I. As normas constitucionais de eficácia contida são consideradas aquelas que têm aplicabili-dade direta e imediata, porém não integral.

II. Segundo entendimento do Supremo Tribunal Federal, o artigo 192, parágrafo 3º, da Constitui-ção, que fixava as taxas de juros reais no limite máximo de 12% ao ano, era norma constitu-cional de eficácia contida, dependente de lei complementar para sua aplicação prática.

III. As normas constitucionais de eficácia plena pos-suem aplicabilidade direta, imediata e integral, porém é possível que lei complementar poste-rior restrinja seu âmbito de aplicação.

IV. As normas constitucionais declaratórias de prin-cípios programáticos são consideradas normas de eficácia limitada, porquanto veiculam pro-gramas a serem implementados pelo Estado, visando à realização de fins sociais.

a) Apenas as assertivas I, III e IV são verdadeiras.

b) Apenas as assertivas III e IV são verdadeiras.

c) Apenas as assertivas I e IV são verdadeiras.

d) Apenas as assertivas II, III e IV são verdadeiras.

e) Todas as assertivas são verdadeiras.

989. **(UFPR/TJ/PR/Juiz/2012)** Em relação à aplicabilidade e à eficácia das normas constitucionais, assinale a alternativa incorreta.

a) A norma do art. 5º, III da Constituição Federal, segundo a qual "ninguém será submetido a tortura nem a tratamento desumano ou degra-dante", é dotada de eficácia plena.

b) De acordo com o STF, o art. 192, §3º da Constitui-ção Federal, revogado pela Emenda Constitucio-nal nº 40/2003, que limitava a taxa de juros reais a 12% ao ano e estabelecia que "a cobrança acima deste limite será conceituada como crime de usura, punido, em todas as suas modalida-des, nos termos que a lei determinar", veicu-lava norma constitucional de eficácia contida.

c) O art. 7º, XI da Constituição Federal, que institui o direito do trabalhador à "participação nos lucros, ou resultados, desvinculada da remu-neração, e, excepcionalmente, participação na gestão da empresa, conforme definido em lei", veicula norma de eficácia limitada.

d) O art. 5º, XIII da Constituição Federal, que asse-gura a liberdade de "exercício de qualquer tra-balho, ofício ou profissão, atendidas as quali-ficações profissionais que a lei estabelecer", constitui norma de eficácia contida, passível de ser restringida pelo legislador, como no caso da restrição imposta pela exigência de aprovação do exame da OAB para o exercício da profissão de advogado.

> **Súmula STF 121.** *É vedada a capitalização de juros, ainda que expressamente convencio-nada.*

990. **(Cespe/MPE/RR/Promotor/2012)** No que tange ao entendimento do STJ a respeito dos contratos bancários, assinale a opção correta.

a) Nos contratos de mútuo bancário, é vedada a capitalização mensal de juros, mesmo que expressamente pactuada, pois o anatocismo gera prestações excessivamente onerosas ao consumidor.

b) Em contrato de empréstimo bancário, pode-se prever a cobrança cumulativa da comissão de permanência e da correção monetária.

c) Nos contratos bancários assinados após a vigência do CDC, a multa moratória não poderá exceder a 2%.

d) Nos contratos bancários, cabe ao julgador conhecer, de ofício, da abusividade das cláusulas contratuais.

e) É abusiva cláusula contratual que estipule juros remuneratórios superiores a 12% ao ano, ainda que a taxa contratada esteja na média do mercado.

991. (FCC/DPE/MA/Defensor/2015) Em 10.06.2015, o Superior Tribunal de Justiça aprovou a Súmula n. 539, que assim dispõe: "É permitida a capitalização de juros com periodicidade inferior à anual em contratos celebrados com instituições integrantes do Sistema Financeiro Nacional a partir de 31/3/2000 (MP 1.963-17/00, reeditada como MP 2.170-36/01), desde que expressamente pactuada". Na mesma oportunidade, editou a Súmula n. 541, que assim dispõe: "A previsão no contrato bancário de taxa de juros anual superior ao duodécuplo da mensal é suficiente para permitir a cobrança da taxa efetiva anual contratada". Pelo entendimento sumulado do Superior Tribunal de Justiça, conclui-se que

a) o anatocismo é vedado aos não integrantes do Sistema Financeiro Nacional pela Lei de Usura (Decreto n. 22.626/33), que segue vigente mesmo após a edição da Medida Provisória 1.963 e reedição como MP 2.170, mas as instituições financeiras não têm qualquer restrição para a cobrança de juros capitalizados, qualquer que seja a periodicidade.

b) um contrato de financiamento bancário que não tenha cláusula expressa de capitalização mensal de juros e que preveja taxas pré-fixadas de juros de 2% ao mês e 26% ao ano atende à exigência de que a capitalização seja expressamente pactuada e, portanto, poderá ser exigida pela instituição financeira.

c) um contrato de financiamento bancário que não tenha cláusula expressa de capitalização mensal de juros, permite que a instituição financeira cobre somente taxa anual de juros equivalente a doze vezes a taxa de juros mensais, sob pena de configurar anatocismo.

d) a capitalização mensal de juros, que equivale aos juros compostos ou "juros sobre juros",

passou a ser permitida em qualquer relação contratual, pois a MP 1.963-17/2000 revogou o Decreto n.22.626/33 (Lei de Usura).

e) a capitalização de juros é proibida aos particulares e àqueles que não sejam integrantes do Sistema Financeiro Nacional, ainda que a periodicidade seja anual e exista previsão expressa no contrato.

992. (Cespe/TJ/DFT/Juiz/2016) Assinale a opção correta relativa a juros, encargos moratórios e taxas dos contratos bancários.

a) A cobrança de taxa de cadastro só é permitida no primeiro contrato celebrado pelo consumidor com a instituição financeira, não podendo ser cobrada nos posteriores.

b) É abusiva a previsão de cobrança dos juros contratuais incidentes sobre o valor do Imposto Sobre Operações Financeiras (IOF), cujo pagamento tenha sido diluído nas parcelas do contrato bancário.

c) A capitalização de juros simples é proibida no caso da cédula de crédito bancário.

d) A comissão de permanência pode ser cobrada no período de adimplência do mutuante, desde que se limite à taxa de juros prevista no contrato ou à cobrada no momento do pagamento.

e) Em contrato bancário, é permitida a capitalização de juros, desde que nele conste, expressamente, cláusula que mencione tal possibilidade, sendo vedada, por violação ao dever de informação, a menção apenas matemática do fenômeno.

993. (Cespe/TJ/DFT/Juiz/2014) Carlos ajuizou ação revisional contra o banco do qual é cliente, alegando a incidência das normas consumeristas e requerendo a declaração de nulidade das seguintes cláusulas presentes no contrato de empréstimo bancário firmado neste ano com a instituição financeira: juros remuneratórios acima de 12% ao ano; capitalização mensal dos juros; cumulação de comissão de permanência e de correção monetária no período de normalidade e de inadimplência; multa de 10% sobre o valor total da dívida, por atraso do pagamento. Também requereu a revisão de ofício, pelo magistrado, de outras cláusulas que considerava abusivas e a nulidade de cobrança de tarifa de abertura de crédito e de tarifa de emissão de carnê. Em relação a essa situação hipotética, assinale a opção correta conforme o CDC e o entendimento pacificado do STJ.

CAPÍTULO 17 - SISTEMA FINANCEIRO NACIONAL

a) Dada a previsão de norma legal e infralegal, o banco pode cobrar tarifa de abertura de crédito e de emissão de carnê, valores devidos pelo consumidor ao banco, que presta serviços administrativos alheios ao contrato de mútuo remunerado.

b) Em regra, é lícita a cláusula que estipula juros remuneratórios acima de 12% ao ano, pois os bancos não se sujeitam à limitação prevista na lei que trata da usura. Entretanto, o juiz poderá rever a taxa, desde que Carlos prove cabalmente que os juros cobrados o tenham colocado em desvantagem exagerada, como, por exemplo, pela aplicação de taxa muito acima da média de mercado.

c) Atualmente, a capitalização dos juros em periodicidade inferior a um ano é vedada nos contratos bancários, mesmo que pactuada de forma clara e expressa, assim considerada quando prevista a taxa de juros anual em percentual pelo menos doze vezes maior que a mensal.

d) A cláusula que prevê a cobrança da comissão de permanência calculada pela taxa média de mercado apurada pelo Banco Central do Brasil, de acordo com a espécie da operação, tendo como limite máximo o percentual contratado, é abusiva tanto para o período de adimplência quanto de inadimplência.

e) O banco está autorizado por lei a cobrar multa moratória de 10% sobre o valor total da dívida, dada a aplicação ao caso de norma do Código Civil, haja vista a ausência de norma específica no CDC.

> **Súmula STF 596.** *As disposições do Decreto 22.626 de 1933 não se aplicam às taxas de juros e aos outros encargos cobrados nas operações realizadas por instituições públicas ou privadas, que integram o sistema financeiro nacional.*

994. (FCC/DPE/PA/Defensor/2009) Nos contratos de crédito bancário:

a) são livres os juros remuneratórios, limitada a taxa de comissão de permanência, em caso de inadimplência, aos juros contratados, e a multa moratória a 2% mensais nas relações consumeristas.

b) são livres os juros remuneratórios, bem como a taxa de comissão de permanência, limitada a multa a 10% mensais, em qualquer caso.

c) os juros remuneratórios obedecem ao limite de uma taxa diária do Banco Central, bem como a comissão de permanência; a multa moratória não pode ultrapassar 2% mensais, nas relações de consumo.

d) os juros remuneratórios são limitados a 1% ao mês, bem como a comissão de permanência, com multa moratória de 2% mensais nas relações de consumo.

e) os juros remuneratórios são livres, é potestativa a comissão de permanência, que não pode ser cobrada, e a multa moratória limita-se em qualquer caso a 2% mensais.

PARTE II -
SÚMULAS SUPERIOR
TRIBUNAL DE JUSTIÇA

PARTE II
SÚMULAS SUPERIOR
TRIBUNAL DE JUSTIÇA

CAPÍTULO 1 –
DIREITO ADMINISTRATIVO

1. AGENTES PÚBLICOS

1.1. Concurso Público

> **Súmula STJ 266.** *O diploma ou habilitação legal para o exercício do cargo deve ser exigido na posse e não na inscrição para o concurso público.*

995. **(Esaf/PGDF/Procurador/2007-2)** Analise os itens abaixo:

I. O Supremo Tribunal Federal, recentemente, julgou constitucional lei que autoriza a venda individual de área pública ocupada em localização de área de proteção ambiental, que sofreu processo de parcelamento reconhecido pela autoridade pública, dispensando os procedimentos da Lei 8.666/93, uma vez que, com fulcro na Constituição Federal de 1988, a União teria criado verdadeira hipótese de inexigibilidade de licitação.

II. O diploma ou habilitação legal para o exercício do cargo deve ser exigido na inscrição definitiva para o concurso público, consoante jurisprudência do Superior Tribunal de Justiça.

III. O Supremo Tribunal Federal, recentemente, reconheceu a responsabilidade civil do Estado do Ceará, condenando-o a indenizar família de policial de fato, morto em horário em que prestava serviço, não importando os motivos do crime.

IV. O advogado somente poderá ser preso em flagrante, por motivo de exercício da profissão, em caso de crime inafiançável.

V. Verdade sabida, acolhida no ordenamento jurídico pátrio, é o conhecimento pessoal e direto pela autoridade competente para aplicar a pena.

A quantidade de itens corretos é igual a:

a) 3.

b) 2.

c) 1.

d) 4.

e) 5.

996. **(Funcab/Detran/PE/Analista/2010)** Sobre as regras que tratam dos servidores públicos, é correto afirmar que:

a) somente por sentença judicial transitada em julgado poderá o servidor público estável perder o cargo.

b) são estáveis após um ano de efetivo exercício, os servidores nomeados para cargo de provimento efetivo.

c) a avaliação especial de desempenho é facultativa para a aquisição da estabilidade.

d) a fixação de vencimentos dos servidores públicos pode ser objeto de convenção coletiva.

e) o diploma de habilitação legal para o exercício do cargo deve ser exigido na posse, e não na inscrição para o concurso público.

997. **(Cespe/TCE/PR/Analista/2016)** Com base na Constituição Federal de 1988 e na jurisprudência do STF, assinale a opção correta a respeito do concurso público.

a) É incabível o controle judicial do resultado alcançado por avaliação psicológica em etapa eliminatória de concurso público, seja por conta da alta carga do exame, seja por força da presunção de legalidade dos atos administrativos ou, ainda, pela vedação à ingerência judicial no mérito administrativo.

b) As etapas por que passa o concurso público devem ser exaustivamente detalhadas por lei em sentido formal e material.

c) A competência legislativa para a regulamentação do acesso dos estrangeiros aos cargos públicos é dos estados-membros da Federação, e não da União.

d) A demonstração do preenchimento da habilitação legal para ingresso em determinado cargo, aí incluídos o diploma em área de formação e o registro no órgão profissional competente, deve ser feita pelo candidato no momento de sua inscrição no concurso público.

e) É no momento da posse que o candidato deve comprovar o cumprimento do requisito de idade mínima para o cargo, se houver.

> *Súmula STJ 377. O portador de visão monocular tem direito de concorrer, em concurso público, às vagas reservadas aos deficientes.*

998. **(MPE/GO/Promotor/2014)** Em relação à proteção e garantias das pessoas com deficiência, assinale a alternativa correta:

a) Os parques de diversões, públicos e privados, devem adaptar, no mínimo, 10% (dez por cento) de cada brinquedo e equipamento e identificá--lo para possibilitar sua utilização por pessoas com deficiência ou com mobilidade reduzida, tanto quanto tecnicamente possível.

b) A deficiência física, na forma do Decreto n. 5.296 de 2004, consiste na alteração completa ou parcial de um ou mais segmentos do corpo humano, acarretando o comprometimento da função física, incluindo as deformidades estéticas.

c) O candidato portador de deficiência, em razão da necessária igualdade de condições, concorrerá a todas as vagas de concurso público, sendo reservado no mínimo o percentual de cinco por cento em face da classificação obtida, inclusive nos casos de provimento de cargo em comissão

d) De acordo com súmula do Superior Tribunal de Justiça, o portador de visão monocular tem direito de concorrer, em concurso público, às vagas reservadas aos deficientes.

> *Súmula STJ 552. O portador de surdez unilateral não se qualifica como pessoa com deficiência para o fim de disputar as vagas reservadas em concursos públicos.*

⟳ Súmula não abordada em concursos recentes.

1.2. Regras Remuneratórias

> *Súmula STJ 378. Reconhecido o desvio de função, o servidor faz jus às diferenças salariais decorrentes.*

999. **(Ieses/TJ/CE/Cartórios/2011)** Assinale a alternativa correta:

a) Conforme entendimento sumulado, reconhecido o desvio de função, faz jus o servidor público às diferenças salariais decorrentes.

b) Os serviços notariais e de registro são exercidos em caráter privado, por concessão ou permissão do Poder Público.

c) Conforme estatuído na Constituição Federal, o prazo de validade do concurso público será de até três anos, prorrogável uma vez, por igual período.

d) Conforme disciplinado na Constituição Federal, os cargos, empregos e funções públicas são acessíveis aos brasileiros que preencham os requisitos estabelecidos em lei, sendo vedado seu acesso aos estrangeiros, exceto aos nascidos em qualquer dos países integrantes da América Latina, isto com o intuito de facilitar a criação de uma comunidade latino-americana de nações.

1.3. Regras Processuais Correlatas

> *Súmula STJ 97. Compete à justiça do trabalho processar e julgar reclamação de servidor público relativamente a vantagens trabalhistas anteriores à instituição do Regime Jurídico Único.*

1000. **(OAB/RJ/Exame_Ordem/1996)** A competência para processar e julgar reclamação de servidor público, relativamente a vantagens trabalhistas anteriores à instituição do regime jurídico único, é dá:

a) Justiça Federal.

b) Justiça do Trabalho.

c) Vara da Fazenda Pública.

d) Justiça Comum.

1001. **(Ieses/Bahiagás/Analista/2016)** Sobre a competência da Justiça do Trabalho é correto afirmar.

a) O inciso VI do art. 114 da CF diz que compete à Justiça do Trabalho processar e julgar as ações de indenização por dano moral ou patrimonial, decorrentes da relação de trabalho. Assim, o servidor público estatutário que sofrer dano moral em seu ambiente de trabalho poderá propor a ação indenizatória na Justiça do Trabalho.

CAPÍTULO 1 - DIREITO ADMINISTRATIVO

b) O art. 114 da Constituição Federal dispõe sobre a competência material da Justiça do Trabalho, estabelecendo que compete à Justiça do Trabalho processar e julgar, dentre outras ações, as seguintes: ações da relação de trabalho; ações do exercício do direito de greve; ações sobre representação sindical (entre sindicatos, sindicatos e trabalhadores e sindicatos e empregadores); ações de indenização por dano moral ou patrimonial decorrentes da relação de trabalho; ações de penalidades administrativas impostas aos empregadores pelos órgãos fiscalizadores (INSS, Receita Federal, Ministério do Trabalho e etc.).

c) A competência em razão da função diz respeito a distribuição das atribuições cometidas aos diferentes órgãos da Justiça do Trabalho, de acordo com o disposto na Constituição Federal, as leis de processo e os regimentos internos dos tribunais trabalhistas. A competência funcional na Justiça do Trabalho é exercida pelos órgãos judiciais nos quais estejam exercendo suas funções, devendo-se tomar por base os órgãos que compõem a Justiça do Trabalho e que há competência funcional das Varas do trabalho e do Tribunal Superior do Trabalho.

d) A incompetência em razão da matéria e da pessoa, no Direito do Trabalho é de natureza relativa e deve, sempre, ser requerida pela parte.

e) A competência da Justiça do Trabalho, à luz do art. 114, I, da Constituição da República, firma-se, ainda, em razão da matéria (trabalhista), e não em razão da pessoa. Compete-lhe, assim, processar e julgar reclamações trabalhistas contendo pedidos de índole trabalhista, ainda que movidas contra as pessoas jurídicas de direito público interno, mesmo que a relação trabalhista seja fundada em regime jurídico de natureza administrativa.

> *Súmula STJ 137. Compete à justiça comum estadual processar e julgar ação de servidor público municipal, pleiteando direitos relativos ao vínculo estatutário.*

1002. (MPF/Procurador/2008) Sobre o tema da competência, tenha em mente as seguintes afirmações:

I. Proposta a execução fiscal, a posterior mudança de domicílio do executado não desloca a competência fixada.

II. Compete à justiça comum estadual processar e julgar ação de servidor público municipal, pleiteando direitos relativos ao vínculo estatutário.

III. A presença da União ou de qualquer de seus entes, na ação de usucapião especial, não afasta a competência do foro da situação do imóvel.

Diante dessas afirmações, é correto dizer que:

a) A proposição I está correta, enquanto a III está incorreta.

b) A proposição II está correta, mas a I está incorreta.

c) A proposição III está correta, mas a II está incorreta.

d) Todas as proposições estão corretas.

> *Súmula STJ 170. Compete ao juízo onde primeiro for intentada a ação envolvendo acumulação de pedidos, trabalhista e estatutário, decidi-la nos limites da sua jurisdição, sem prejuízo do ajuizamento de nova causa, com o pedido remanescente, no juízo próprio.*

1003. (MPF/Procurador/1999) Assinale a alternativa correta:

a) o conflito de competência entre o Tribunal de Justiça e o Tribunal de Alçada do mesmo Estado é decidido pelo Superior Tribunal de Justiça.

b) compete ao juízo onde primeiro for intentada a ação envolvendo acumulação de pedidos, trabalhista e estatutário, decidi-la nos limites da sua jurisdição, sem prejuízo do ajuizamento de nova causa, com o pedido remanescente, no juízo próprio.

c) não são admissíveis embargos infringentes em processo falimentar.

d) quando a União Federal requer o ingresso como assistente do réu em ação processada perante a Justiça Estadual, o juiz da causa pode indeferir o pedido se não vislumbrar a presença do necessário interesse jurídico.

> *Súmula STJ 173. Compete à justiça federal processar e julgar o pedido de reintegração em cargo público federal, ainda que o servidor tenha sido dispensado antes da instituição do Regime Jurídico Único.*

1004. (Esaf/ANA/Analista/2009) Um servidor público federal estável foi demitido após processo administrativo disciplinar. Inconformado com a decisão, ajuizou uma ação em que requereu a anulação da decisão administrativa. Ao final de seu processamento, o servidor obteve decisão transitada em julgado favorável a seu pedido. Nos termos da Lei n. 8.112, de 11 de dezembro de 1990, a fim de que o servidor retorne a seu cargo de origem, ainda existente, a decisão judicial deverá ter determinado sua

a) readaptação.

b) reversão.

c) reintegração.

d) recondução.

e) disponibilidade.

1005. (FCC/TRE/AP/Analista/2011) Eugênio, servidor público estável, perdeu o cargo por sentença judicial transitada em julgado, cuja vaga foi ocupada por Roberval que também é servidor público estável. Porém, Eugênio obteve novas provas e ingressou com ação apropriada que foi julgada procedente, sendo invalidadas a sentença judicial e a sua demissão. Segundo a Constituição Federal, Eugênio

a) será reintegrado e, por consequência, o Roberval será promovido ao cargo de chefia.

b) não será reintegrado porque sua vaga já está ocupada por Roberval. Eugênio será obrigatoriamente posto em disponibilidade com remuneração proporcional ao tempo de serviço, sem direito a indenização.

c) não será reintegrado porque sua vaga já está ocupada por Roberval e, nesse caso, Eugênio será obrigatoriamente aproveitado em outro cargo, sem direito a indenização.

d) será reintegrado e o Roberval será mantido no mesmo cargo, sendo vedada sua recondução.

e) será reintegrado e o Roberval, ocupante da vaga, por ser estável, será reconduzido ao cargo de origem, sem direito a indenização, aproveitado em outro cargo ou posto em disponibilidade com remuneração proporcional ao tempo de serviço.

1006. (Vunesp/TJ/SP/AgenteFiscalJudiciário/2010) Um funcionário foi demitido do serviço público, mas sua demissão foi posteriormente anulada por meio de decisão judicial transitada em julgado, a qual negou o fato que deu origem à sua demissão. Nesse caso, portanto, esse funcionário público

a) não terá direito a retornar ao seu cargo, mas terá direito à indenização do Estado.

b) não terá direito a retornar ao seu cargo e nem terá direito à indenização, a não ser que o juiz tenha determinado, de ofício, o pagamento de algum valor ao servidor.

c) terá direito de ser reintegrado ao cargo que ocupava, com todos os direitos e vantagens devidas.

d) deverá, posteriormente, ingressar com uma ação cível, postulando a reintegração ao seu cargo público.

e) terá direito a requerer aposentadoria no mesmo cargo que ocupava, mas não terá direito às vantagens que recebia antes da demissão.

> **Súmula STJ 218.** Compete à justiça dos estados processar e julgar ação de servidor estadual decorrente de direitos e vantagens estatutárias no exercício de cargo em comissão.

1007. (Esaf/PGDF/Procurador/2007-2) Assinale a opção incorreta:

a) O Superior Tribunal de Justiça entende que a intimação do Ministério Público se opera com a entrega dos autos à secretaria administrativa do órgão e não por meio do recebimento pessoal do processo pelo membro do parquet.

b) A segunda parte da sentença, a fundamentação, composta pelos motivos de fato e de direito, bem como pela verdade dos fatos estabelecida como premissa para o julgamento, não é atingida pela coisa julgada material, ainda que determinante e imprescindível para se demonstrar o conteúdo da parte dispositiva da sentença.

c) O Superior Tribunal de Justiça assentou o entendimento de que, se a autoridade apontada como coatora no mandado de segurança, em suas informações, não se limita a arguir sua ilegitimidade passiva, defendendo o ato impugnado, aplica-se a teoria da encampação e a autoridade indicada passa a ter legitimidade para a causa.

d) Passada em julgado a sentença de mérito, reputar-se-ão deduzidas e repelidas todas as alegações e defesas, que a parte poderia opor assim ao acolhimento como à rejeição do pedido. A

CAPÍTULO 1 - DIREITO ADMINISTRATIVO

este fenômeno dá-se o nome de coisa julgada soberana.

e) Compete à Justiça dos Estados processar e julgar ação de servidor estadual decorrente de direitos e vantagens estatutárias no exercício de cargo em comissão.

2. AGENTES PÚBLICOS MILITARES

> *Súmula STJ 346. É vedada aos militares temporários, para aquisição de estabilidade, a contagem em dobro de férias e licenças não gozadas.*

1008. (Cespe/TRF/2R/Juiz/2013) À luz da legislação pertinente, bem como da doutrina e da jurisprudência dominante dos tribunais superiores, assinale a opção correta com relação a contratos administrativos, serviços públicos, intervenção do Estado no domínio econômico, poderes da administração pública e agentes e servidores públicos.

a) Não é legítima a cobrança de tarifa de água fixada de acordo com categorias de usuários e faixas de consumo.

b) Segundo a jurisprudência pacífica do STF, é possível a delegação do poder de polícia à sociedade de economia mista.

c) Conforme a jurisprudência pacífica do STJ, será devida indenização ao permissionário de serviço público de transporte coletivo por prejuízos em face de déficit nas tarifas, ausente ou não o procedimento licitatório prévio, uma vez que não se autoriza o enriquecimento sem causa por parte do poder concedente.

d) Inserto no Código Civil, o instituto de intervenção do Estado no domínio econômico segundo o qual o o proprietário poderá ser privado de seu imóvel se este consistir em extensa área, na posse ininterrupta e de boa-fé, por mais de cinco anos, de considerável número de pessoas, e estas nela houverem realizado, em conjunto ou separadamente, obras e serviços considerados pelo juiz de interesse social e econômico relevante é considerado espécie de usucapião coletiva, a qual tem aplicação quando o imóvel não cumpre a sua função social.

e) Para fins de aquisição de estabilidade do militar temporário, não podem ser contadas em dobro as férias e licenças não gozadas.

3. ATOS ADMINISTRATIVOS

3.1. Prescrição Administrativa

> *Súmula STJ 85. Nas relações jurídicas de trato sucessivo em que a Fazenda Pública figure como devedora, quando não tiver sido negado o próprio direito reclamado, a prescrição atinge apenas as prestações vencidas antes do quinquênio anterior à propositura da ação.*

1009. (Cespe/IPAJM/Advogado/2010) Nos casos em que a fazenda pública lesionar o direito de particular, a pretensão à tutela desse mesmo direito poderá ficar impossibilitada em virtude da inércia do seu titular por longos períodos. Em regra, é de cinco anos o prazo prescricional para ajuizamento de ações contra a fazenda pública, sendo que, nas relações de trato sucessivo, quando não tiver sido negado o próprio direito reclamado, a prescrição atingirá apenas as prestações vencidas antes do quinquênio anterior à propositura da ação.

1010. (Cespe/TRF/2R/Juiz/2013) Com relação a bens, negócios jurídicos e obrigações, e às regras de prescrição em favor da fazenda pública, assinale a opção correta à luz do Código Civil e da jurisprudência do STJ.

a) Nas relações de trato sucessivo em que a fazenda pública figure como devedora, quando não tiver sido negado o próprio direito reclamado, a prescrição atingirá apenas as prestações vencidas antes do quinquênio anterior à propositura da ação. Segundo o STJ, todavia, esse entendimento não é aplicável na hipótese de lei de efeitos concretos cuja vigência acarrete lesão ou modificação do status do suposto titular do direito, haja vista que, nesse caso, o prazo prescricional é contado da data da publicação da lei.

b) Há negócios jurídicos que se exteriorizam de maneira obscura e ambígua, sendo necessário interpretá-los a fim de se precisar a intenção neles consubstanciada. Nesse sentido, o Código Civil não proscreve a interpretação extensiva dos negócios jurídicos benéficos e da renúncia.

c) É anulável o negócio concluído pelo representante em conflito de interesses com o representado, se tal fato era ou devia ser do conhecimento de quem com aquele tratou. O prazo decadencial para se pleitear a anulação desse negócio é de um ano, contado de sua conclusão ou da cessação da incapacidade.

d) A fiança prestada sem autorização de um dos cônjuges implica a ineficácia parcial da garantia com relação ao cônjuge que a ela não anuiu.

e) Será considerada uma universalidade de fato a pluralidade de bens singulares que, pertinentes à mesma pessoa, tenham destinação unitária, não sendo possível, todavia, que os bens formadores dessa universalidade possam ser objeto de relações jurídicas próprias.

1011. (Esaf/PGDF/Procurador/2007-1)
Com pertinência à prescrição de ações contra a Fazenda Pública, assinale a opção incorreta.

a) O art. 3º do Decreto-lei n. 4.597/42 estabelece que, ocorrendo a interrupção da prescrição quinquenal das ações contra a Fazenda Pública, o prazo recomeça a correr pela metade.

b) Determina o enunciado da Súmula 85, do Superior Tribunal de Justiça, que, nas relações de trato sucessivo em que a Fazenda Pública figure como devedora, quando não houver sido denegado o próprio direito pleiteado, a prescrição atingirá apenas as prestações vencidas antes do quinquênio anterior à propositura da ação.

c) A interrupção da prescrição das ações contra a Fazenda Pública não pode ocorrer mais de uma vez, nos termos do Decreto-lei n. 4.957/42.

d) Parte da doutrina vem defendendo a aplicação da prescrição de três anos do art. 206, § 3º, V, do Código Civil/2002, em caso de reparação civil contra a Fazenda Pública.

e) Segundo a doutrina majoritária, a regra da prescrição quinquenal do Decreto n. 20.910/32 não se aplica exclusivamente a pretensões protetivas de direitos pessoais em face da Fazenda Pública.

3.2. Processo Administrativo

> *Súmula STJ 373. É ilegítima a exigência de depósito prévio para admissibilidade de recurso administrativo.*

1012. (Vunesp/TJ/SP/Cartórios/2009) Em
processo administrativo:

a) é vedada a impulsão de ofício, respeitando-se o princípio de instância.

b) é legítima a exigência de depósito prévio para admissibilidade de recurso administrativo, em razão do princípio de presunção de legalidade.

c) é assegurado o princípio de reserva legal na prescrição de sanções, não na previsão de infrações nem na criação de condicionamentos aos direitos dos particulares.

d) é necessária a indicação dos pressupostos de fato e de direito que determinam a decisão, em respeito ao princípio de motivação.

> *Súmula STJ 467. Prescreve em cinco anos, contados do término do processo administrativo, a pretensão da Administração Pública de promover a execução da multa por infração ambiental.*

1013. (Cespe/TRF/5R/Juiz/2013) No que
concerne a bens públicos, atos administrativos, processo administrativo e controle da administração, assinale a opção correta com base na doutrina majoritária e na jurisprudência dos tribunais superiores.

a) Segundo entendimento doutrinário no que se refere aos efeitos atípicos do ato administrativo, são considerados efeitos prodrômicos os que atingem terceiros não objetivados pelo ato administrativo.

b) De acordo com a doutrina, são considerados elementos do ato administrativo apenas o conteúdo e a forma – os elementos internos formadores do todo –, devendo os demais ser designados como requisitos extrínsecos ou pressupostos, os quais se classificam em pressupostos de existência e de validade.

c) Segundo a jurisprudência do STF, cargos com atribuições eminentemente técnicas podem ser preenchidos por funcionários públicos não concursados, ocupantes de cargos em comissão de livre nomeação e exoneração.

d) Os registros de propriedade particular de imóveis situados em terrenos de marinha são oponíveis à União.

e) Se determinada empresa madeireira tiver sido autuada em 4.1.2005 pela prática de infração ambiental, a prescrição da pretensão da administração pública de promover a execução da multa por essa infração terá ocorrido em 3.1.2010.

CAPÍTULO 1 - DIREITO ADMINISTRATIVO

1014. (Fumarc/NovaLima/Procura-dor/2011) Leia as afirmativas abaixo:

I. A pretensão da Administração Pública de promover a execução da multa por infração ambiental prescreve em cinco anos, contados do término do processo administrativo.

II. Cumpridas integralmente as obrigações assumidas pelo infrator em termo de compromisso aprovado pela autoridade ambiental competente, a multa será reduzida em noventa por cento do valor atualizado monetariamente.

III. A área de reserva legal deve ser averbada à margem da inscrição de matrícula do imóvel, no registro de imóveis competente, sendo vedada a alteração de sua destinação, nos casos de transmissão, a qualquer título, de desmembramento ou de retificação da área, com as exceções previstas em lei.

IV. Nos loteamentos de propriedades rurais, a área destinada a completar o limite percentual de reserva legal previsto em lei poderá ser agrupada numa só porção em condomínio entre os adquirentes.

Marque a alternativa correta:

a) apenas as afirmativas I e III são verdadeiras.

b) apenas a afirmativa II é falsa.

c) apenas as afirmativas III e IV são verdadeiras.

d) apenas a afirmativa IV é falsa.

4. BENS PÚBLICOS

> **Súmula STJ 103.** *Incluem-se entre os imóveis funcionais que podem ser vendidos os administrados pelas Forças Armadas e ocupados pelos servidores civis.*

⮎ Súmula não abordada em concursos recentes.

> **Súmula STJ 238.** *A avaliação da indenização devida ao proprietário do solo, em razão de alvará de pesquisa mineral, é processada no juízo estadual da situação do imóvel.*

⮎ Súmula não abordada em concursos recentes.

5. ENTES DA ADMINISTRAÇÃO PÚBLICA

5.1. Conselhos Profissionais

> **Súmula STJ 120.** *O oficial de farmácia, inscrito no Conselho Regional de Farmácia, pode ser responsável técnico por drogaria.*

⮎ Súmula não abordada em concursos recentes.

> **Súmula STJ 275.** *O auxiliar de farmácia não pode ser responsável técnico por farmácia ou drogaria.*

⮎ Súmula não abordada em concursos recentes.

> **Súmula STJ 413.** *O farmacêutico pode acumular a responsabilidade técnica por uma farmácia e uma drogaria ou por duas drogarias.*

⮎ Súmula não abordada em concursos recentes.

> **Súmula STJ 561.** *Os Conselhos Regionais de Farmácia possuem atribuição para fiscalizar e autuar as farmácias e drogarias quanto ao cumprimento da exigência de manter profissional legalmente habilitado (farmacêutico) durante todo o período de funcionamento dos respectivos estabelecimentos.*

⮎ Súmula não abordada em concursos recentes.

6. INTERVENÇÃO DO ESTADO NA PROPRIEDADE

6.1. Desapropriação

6.1.1. Atualização Monetária

> **Súmula STJ 67.** *Na desapropriação, cabe a atualização monetária, ainda que por mais de uma vez, independente do decurso de prazo superior a um ano entre o cálculo e o efetivo pagamento da indenização.*

1015. (Vunesp/TJ/MS/Juiz/2015) Assinale a alternativa que corretamente discorre sobre o instituto da desapropriação, tendo

em vista a jurisprudência do Supremo Tribunal Federal e do Superior Tribunal de Justiça.

a) Nas ações de desapropriação não se incluem no cálculo da verba advocatícia as parcelas relativas aos juros compensatórios e moratórios.

b) Em desapropriação, é devida a correção monetária até a data do efetivo pagamento da indenização, devendo proceder-se à atualização do cálculo uma única vez.

c) Os juros compensatórios, na desapropriação indireta, incidem a partir da citação, calculados sobre o valor da indenização, corrigido monetariamente.

d) Na desapropriação, direta ou indireta, a taxa dos juros compensatórios é de 12% (doze por cento) ao ano.

e) A base de cálculo dos honorários de advogado em desapropriação é o valor da causa corrigido monetariamente.

1016. **(Cespe/TJ/RN/Juiz/2013)** Acerca do processo de desapropriação, assinale a opção correta.

a) Não cabe, além dos juros, indenização complementar pela demora no pagamento do preço da desapropriação.

b) Os juros compensatórios, incidentes após a Medida Provisória n. 1.577/1997, devem ser fixados em 12% ao ano até 13 de setembro de 2001, e, a partir de então, em 6% ao ano.

c) A base de cálculo dos honorários de advogado consiste no valor da indenização fixada, corrigida monetariamente.

d) É devida a correção monetária até a data do efetivo pagamento da indenização, sendo a atualização do cálculo devida apenas uma vez, para recompor o valor da indenização.

e) O poder expropriante, imitido na posse de ações de uma sociedade desapropriada, não pode exercer todos os direitos inerentes aos respectivos títulos.

6.1.2. Cálculo de Juros

> *Súmula STJ 12. Em desapropriação, são cumuláveis juros compensatórios e moratórios.*

1017. **(Cespe/Ipojuca/Procurador/2009)** Em desapropriação não são cumuláveis juros compensatórios e moratórios, sendo certo que os honorários de advogado, em desapropriação direta, são calculados sobre a diferença entre a indenização e a oferta, corrigidas monetariamente.

> *Súmula STJ 56. Na desapropriação para instituir servidão administrativa são devidos os juros compensatórios pela limitação de uso da propriedade.*

1018. **(MPE/SC/Promotor/2010)** Analise os enunciados da questão abaixo e assinale a alternativa correta:

I. Extingue-se em 5 (cinco) anos o direito de propor ação de desapropriação indireta.

II. Na desapropriação, direta ou indireta, a taxa dos juros compensatórios é de 12% (doze por cento) ao ano.

III. Na desapropriação para instituir servidão administrativa são devidos os juros compensatórios pela limitação de uso da propriedade.

IV. As margens dos rios navegáveis devem ser incluídas no valor da indenização por desapropriação.

V. Na indenização por desapropriação não se incluem os honorários do advogado do expropriado.

De acordo com a jurisprudência dominante do Supremo Tribunal Federal e do Superior Tribunal de Justiça, estão corretas:

a) Todas as assertivas.

b) Apenas as assertivas I, IV e V.

c) Apenas as assertivas II, IV e V.

d) Apenas as assertivas III, IV e V.

e) Apenas as assertivas II e III.

1019. **(TJ/DFT/Juiz/2007)** Em tema de desapropriação, é correto afirmar:

a) Na desapropriação para instituir servidão administrativa são devidos juros compensatórios pela limitação de uso da propriedade.

b) A desapropriação poderá abranger a área contígua necessária ao desenvolvimento da obra a que se destina, e as zonas que se valorizarem extraordinariamente, em consequência da realização do serviço, independentemente de a declaração de utilidade pública compreendê-las e da discriminação entre as indispensáveis

PARTE II – SÚMULAS SUPERIOR TRIBUNAL DE JUSTIÇA

CAPÍTULO 1 - DIREITO ADMINISTRATIVO — **STJ** 321

à continuação da obra e as que se destinam à revenda.

c) As glebas de qualquer região do País onde forem localizadas culturas ilegais de plantas psicotrópicas serão imediatamente expropriadas, sem qualquer indenização ao proprietário, e reverterão em benefício de instituições e pessoal especializados no tratamento e recuperação de viciados e no aparelhamento e custeio de atividades de fiscalização, controle, prevenção e repressão do crime de tráfico de drogas.

d) Na desapropriação por interesse social, o expropriante tem o prazo de 5 (cinco) anos, a partir da decretação da desapropriação, para iniciar as providências de aproveitamento do bem expropriado.

1020. (FGV/OAB/Exame_X/2013) A fim de permitir o escoamento da produção até uma refinaria, uma empresa pública federal, que explora a prospecção de petróleo em um campo terrestre, inicia a construção de um oleoduto. O único caminho possível para essa construção atravessa a propriedade rural de Josenildo que, em razão do oleoduto, teve que diminuir o espaço de plantio de mamão e, com isso, viu sua renda mensal cair pela metade. Assinale a afirmativa que indica a instrução correta que um advogado deve passar a Josenildo.

a) Não há óbice à constituição da servidão administrativa no caso, mas cabe indenização pelos danos decorrentes dessa forma de intervenção na propriedade.

b) A servidão administrativa é ilegal e Josenildo pode desconstituí-la, pois o instituto só tem aplicação em relação aos bens públicos.

c) A servidão administrativa é ilegal, pois o nosso ordenamento veda a intervenção do Estado sobre propriedades produtivas.

d) Não há óbice à constituição da servidão administrativa e não há de se falar em qualquer indenização.

> *Súmula STJ 69. Na desapropriação direta, os juros compensatórios são devidos desde a antecipada imissão na posse e, na desapropriação indireta, a partir da efetiva ocupação do imóvel.*

1021. (Movens/Manaus/Analista/2010) Sobre o instituto da desapropriação, assinale a opção correta.

a) Nas ações de desapropriação, não se incluem no cálculo da verba advocatícia as parcelas relativas aos juros compensatórios e moratórios.

b) Na desapropriação para instituir servidão administrativa, é devida indenização por parte do poder público, sem incidência, no entanto, de juros compensatórios pela limitação de uso da propriedade.

c) Em ações indenizatórias decorrentes de desapropriação, não são cumuláveis juros compensatórios e moratórios.

d) Na desapropriação direta, os juros compensatórios são devidos desde a antecipada imissão na posse e, na desapropriação indireta, a partir da efetiva ocupação do imóvel.

1022. (IBFC/PC/RJ/Papiloscopista/2014) Segundo o entendimento sumulado pelo Superior Tribunal de Justiça, os juros compensatórios na desapropriação indireta incidem:

a) a partir da imissão na posse.

b) a partir da ocupação.

c) a partir da citação válida.

d) após a sentença de primeiro grau.

e) desde o trânsito em julgado da sentença.

> *Súmula STJ 70. Os juros moratórios, na desapropriação direta ou indireta, contam-se desde o trânsito em julgado da sentença.*

1023. (Cespe/TJ/BA/Cartórios/2013) Assinale a opção correta acerca do usufruto e da perda da propriedade.

a) O Código Civil veda a transferência do usufruto por alienação e, consequentemente, impede que o usufrutuário ceda, a título oneroso, o exercício do direito ao usufruto.

b) Constatada a hipótese de abandono de imóvel urbano prevista no Código Civil, a perda da propriedade é automática.

c) É prevista no Código Civil a extinção do usufruto pelo não uso do bem por dez anos contínuos.

d) Segundo o entendimento sumulado do STJ, na desapropriação indireta, os juros compensatórios são devidos desde a ocupação e os moratórios, somente a partir do trânsito em julgado.

e) O bem gravado com usufruto é inalienável e impenhorável.

1024. (Cespe/MP/RO/Promotor/2008) Acerca do pagamento do valor do preço da desapropriação para fins de reforma agrária, bem como da incidência de juros, assinale a opção correta de acordo com a legislação em vigor.

a) os juros compensatórios somente incidirão se o laudo pericial demonstrar que a propriedade é produtiva, pois eles têm como função ressarcir os possíveis lucros que o desapropriado deixou de auferir com a utilização econômica do bem expropriado.

b) os juros moratórios, por se destinarem a recompor a perda decorrente do atraso no efetivo pagamento da indenização fixada na decisão final de mérito, contam-se, na desapropriação direta ou indireta, desde o trânsito em julgado da sentença que fixar a indenização.

c) Integram o preço do imóvel as florestas naturais, matas nativas e qualquer outro tipo de vegetação natural, pelo que seu valor será pago do mesmo modo que a terra nua, não podendo o preço apurado superar, em qualquer hipótese, o preço de mercado do imóvel.

d) as áreas protegidas por legislação relativa à conservação dos recursos naturais e à preservação do meio ambiente não são consideradas aproveitáveis, pelo que seu preço não integrará o valor da indenização.

e) ocorrendo acordo quanto ao preço, serão necessariamente pagas as benfeitorias em dinheiro e a terra nua em títulos da dívida agrária, que serão escalonados em parcelas anuais, iguais e sucessivas, a partir do segundo ano de sua emissão.

1025. (TJ/PR/Juiz/2010) Em relação ao regime jurídico dos bens públicos e a possibilidade de intervenção na propriedade privada, assinale a alternativa correta:

a) Desapropriação se define como procedimento através do qual o Poder Público compulsoriamente e mediante indenização adquire propriedade privada. As glebas e terras em geral onde se cultivam plantas psicotrópicas também são objeto de desapropriação.

b) São efeitos da declaração de utilidade pública a afetação do bem, submetendo-o à força

expropriatória do Estado, e a possibilidade de o Poder Público penetrar no bem a fim de fazer verificações, transferindo a propriedade do futuro expropriado ao Estado.

c) Bens públicos dominicais são bens próprios do Estado não aplicados nem ao uso comum nem ao uso especial, não afetados a qualquer destino público.

d) Na desapropriação, em relação à indenização, os juros moratórios contam-se a partir do trânsito em julgado da sentença condenatória, na forma estabelecida pela Súmula 70 do STJ.

> *Súmula STJ 102. A incidência dos juros moratórios sobre os compensatórios, nas ações expropriatórias, não constitui anatocismo vedado em lei.*

1026. (TRF/3R/Juiz/2000) Assinale a alternativa correta:

a) os juros compensatórios, na desapropriação indireta, incidem a partir da ocupação, calculados sobre o valor da indenização, corrigido monetariamente.

b) os juros moratórios, na desapropriação direta ou indireta, contam-se, sempre, desde a sentença de primeira instância.

c) a incidência dos juros moratórios sobre os compensatórios, nas ações expropriatórias, constitui anatocismo vedado em lei.

d) os juros compensatórios, na desapropriação direta, incidem a partir do trânsito em julgado da sentença, calculados sobre o valor da indenização, corrigido monetariamente.

> *Súmula STJ 113. Os juros compensatórios, na desapropriação direta, incidem a partir da imissão na posse, calculados sobre o valor da indenização, corrigido monetariamente.*

1027. (Cespe/AGU/Procurador/2010) Os juros compensatórios, na desapropriação para fins de reforma agrária, fluem desde a imissão na posse.

1028. (Cespe/TRF/1R/Juiz/2009) No que concerne às desapropriações, assinale a opção correta.

a) Ao imóvel desapropriado para implantação de parcelamento popular destinado às classes de menor renda não se dará outra utilização, embora seja legalmente cabível a retrocessão.

b) No processo de desapropriação, cabe ao Poder Judiciário decidir se os casos de utilidade pública se verificam ou não.

c) Se a coisa expropriada por necessidade ou utilidade pública ou por interesse social não tiver o destino para que se desapropriou, ou não for utilizada em obras ou serviços públicos, caberá ao expropriado direito de preferência, pelo preço da coisa na época da expropriação.

d) No caso de imissão prévia na posse, na desapropriação por utilidade pública, não serão devidos juros compensatórios quando o imóvel possuir graus de utilização da terra e de eficiência na exploração iguais a zero.

e) De acordo com expressa disposição legal, no processo judicial de desapropriação por utilidade pública, a contestação somente poderá versar sobre vício processual ou impugnação do preço; qualquer outra questão deverá ser decidida por ação direta.

Súmula STJ 114. Os juros compensatórios, na desapropriação indireta, incidem a partir da ocupação, calculados sobre o valor da indenização, corrigido monetariamente.

1029. (FCC/NossaCaixaDesenvolvimento/Advogado/2011) A desapropriação indireta:

a) pode ser obstada por meio de ação possessória.

b) não impede a reivindicação do bem, ainda que já incorporado ao patrimônio público.

c) incide diretamente sobre um bem, impondo-lhe limitações que impedem total ou parcialmente o exercício dos poderes inerentes ao domínio.

d) gera direito à indenização; todavia, não há direito à percepção de juros compensatórios.

e) processa-se com observância do procedimento legal, ou seja, observa os requisitos da declaração – de utilidade pública ou interesse social –, e da indenização prévia.

1030. (Cespe/TJ/RR/Cartórios/2013) Considerando o disposto no ordenamento jurídico, na doutrina e na jurisprudência, assinale a opção correta a respeito do regime das desapropriações.

a) O imóvel gravado com hipoteca não poderá ser desapropriado antes da quitação da dívida com o credor hipotecário.

b) No caso de desapropriação indireta, os juros compensatórios contam-se a partir do trânsito em julgado da sentença.

c) O poder público protegerá o patrimônio cultural brasileiro por meio de inventários, registros, vigilância e tombamento, sendo vedada a desapropriação para esse fim.

d) O município pode desapropriar bens de propriedade de empresa pública federal, desde que autorizado por decreto do presidente da República.

e) O prazo prescricional da ação de desapropriação indireta é de cinco anos.

Súmula STJ 408. Nas ações de desapropriação, os juros compensatórios incidentes após a Medida Provisória nº 1.577, de 11.6.1997, devem ser fixados em 6% ao ano até 13.9.2001, e, a partir de então, em 12% ao ano, na forma da Súmula nº 618 do Supremo Tribunal Federal.

1031. (Cespe/DPU/Defensor/2007) Conforme jurisprudência do STJ, os juros compensatórios, na desapropriação direta, são devidos a partir da imissão provisória na posse pela concessionária do serviço público, no percentual de 12% ao ano, já que o STF suspendeu, por meio de medida cautelar em ADIN, a MP que o fixava em 6% ao ano, independentemente da data em que ocorresse essa imissão na posse.

1032. (Cespe/TRF/5R/Juiz/2013) A respeito do direito de propriedade e de sua função social e de desapropriação, assinale a opção correta.

a) A caracterização de esbulho possessório no imóvel desapropriando não se mostra capaz de suspender o processo expropriatório para fins de reforma agrária.

b) Em ação de desapropriação, direta ou indireta, a taxa dos juros compensatórios incidentes é, atualmente, de 12% ao ano.

c) Visando a criação de reservas, o Estado pode negar o pagamento de indenização ao particular dono de imóvel cuja exploração econômica tenha sido afetada pela finalidade florestal.

d) Restrições administrativas preexistentes à aquisição do terreno justificam, em favor do proprietário, o direito à indenização em face da fazenda pública.

e) Na desapropriação para fins de reforma agrária, é proibido indenizar computando-se o valor da cobertura vegetal, já que tal bem não é passível de exploração econômica.

1033. (Ejef/TJ/MG/Juiz/2008) Quando se trata de desapropriação indireta, os juros compensatórios:

a) não são devidos.

b) devem ser fixados em 0,5% ao mês.

c) devem ser fixados em 12% ao ano.

d) não podem ser fixados no mesmo percentual da desapropriação direta.

1034. (FCC/TJ/PE/Juiz/2011) A Medida Provisória n. 2.183-56/01 introduziu o seguinte artigo no Decreto-Lei n. 3.365/41: "Art. 15-A. No caso de imissão prévia na posse, na desapropriação por necessidade ou utilidade pública e interesse social, inclusive para fins de reforma agrária, havendo divergência entre o preço ofertado em juízo e o valor do bem, fixado na sentença, expressos em termos reais, incidirão juros compensatórios de até seis por cento ao ano sobre o valor da diferença eventualmente apurada, a contar da imissão na posse, vedado o cálculo de juros compostos". Analisando a constitucionalidade do dispositivo, o Supremo Tribunal Federal decidiu cautelarmente suspender a eficácia da expressão:

a) "vedado o cálculo de juros compostos", vez que nada na Constituição Federal veda esse cálculo.

b) "inclusive para fins de reforma agrária", vez que não há pagamento de juros compensatórios nessa hipótese.

c) "no caso de imissão prévia na posse", vez que é instituto incompatível com a ideia de indenização "justa e prévia".

d) "ou utilidade pública", vez que não cabe imissão prévia na posse no caso de desapropriação por mera utilidade pública.

e) "de até seis por cento ao ano", vez que o entendimento jurisprudencial prevalecente é no sentido de serem devidos juros compensatórios à taxa de doze por cento ao ano.

1035. (FCC/TJ/PE/Juiz/2013) Ao julgar a medida cautelar na Ação Direta de Inconstitucionalidade n. 2.332, o Supremo Tribunal Federal suspendeu liminarmente a eficácia da expressão "de até seis por cento ao ano", contida no art. 15-A do Decreto-lei n. 3.365/41. Após essa decisão, a taxa de juros compensatórios, na desapropriação

a) voltou a ser de 12% ao ano, por expressa disposição constitucional.

b) passou a ser variável, dependendo de decisão judicial no caso concreto, a qual deverá levar em conta a política de juros definida pelos órgãos governamentais competentes.

c) manteve-se em 6% ao ano, agora com fundamento em dispositivo do Código Civil.

d) voltou a ser de 12% ao ano, conforme jurisprudência sumulada do próprio Tribunal.

e) manteve-se em 6% ao ano, por expressa disposição constitucional.

6.1.3. Honorários Advocatícios

> **Súmula STJ 131.** *Nas ações de desapropriação incluem-se no cálculo da verba advocatícia as parcelas relativas aos juros compensatórios e moratórios, devidamente corrigidas.*

Súmula anotada em Direito Processual Civil – Dos Sujeitos do Processo – Das Partes e dos Procuradores – Dos Deveres das Partes e de seus Procuradores (Honorários Advocatícios).

> **Súmula STJ 141.** *Os honorários de advogado em desapropriação direta são calculados sobre a diferença entre a indenização e a oferta, corrigidas monetariamente.*

Súmula anotada em Direito Processual Civil – Dos Sujeitos do Processo – Das Partes e dos Procuradores – Dos Deveres das Partes e de seus Procuradores (Honorários Advocatícios).

6.1.4. Procedimento

> **Súmula STJ 354.** *A invasão do imóvel é causa de suspensão do processo expropriatório para fins de reforma agrária.*

1036. (FGV/TJ/PA/Juiz/2009) De acordo com a jurisprudência consolidada pelo Superior Tribunal de Justiça, a invasão de um imóvel rural submetido a processo expropriatório para fins de reforma agrária é causa de:

CAPÍTULO 1 - DIREITO ADMINISTRATIVO

a) mero reconhecimento do fato, irrelevante ao procedimento.

b) julgamento do litígio conforme o estado do processo.

c) nulidade absoluta da desapropriação.

d) suspensão do processo expropriatório.

e) revisão do valor da indenização devida ao proprietário.

1037. (MPE/GO/Promotor/2012) Assinale a alternativa incorreta.

a) A invasão do imóvel é causa de suspensão do processo expropriatório para fins de reforma agrária.

b) O imóvel rural de domínio público ou particular objeto de esbulho possessório ou invasão motivada por conflito agrário ou fundiário de caráter coletivo não será vistoriado, avaliado ou desapropriado nos dois anos seguintes à sua desocupação, ou no dobro desse prazo, em caso de reincidência.

c) As ações concernentes à desapropriação de imóvel rural, por interesse social, para fins de reforma agrária, têm caráter preferencial e prejudicial em relação a outras ações referentes ao imóvel expropriando, e independem do pagamento de preparo ou de emolumentos.

d) A competência para as ações expropriatórias para fins de reforma agrária, proposta por órgão federal executor da reforma agrária no Estado de Goiás, será dos juízes de entrância especial, com competência exclusiva para questões agrárias, designados pelo Tribunal de Justiça de Goiás.

1038. (Cespe/Câmara_Deputados/Analista/2014) Antônio, proprietário da fazenda Rio Bonito, impetrou mandado de segurança questionando decreto presidencial que declarara de interesse social para fins de reforma agrária a referida fazenda. O fazendeiro alegou a existência de esbulho possessório de sua propriedade, considerada de grande porte, motivado por conflito agrário, o que inviabilizaria a desapropriação do imóvel pelo período previsto em lei. A procuradoria do Incra manifestou-se no processo, apresentando documentação comprobatória de que as vistorias que aferiram a produtividade do imóvel foram concluídas antes da invasão. A alegação de Antônio é procedente, visto que, de acordo com a legislação que regula a matéria e com a jurisprudência do Supremo Tribunal Federal (STF), a fazenda objeto de esbulho não poderá ser desapropriada para fins de reforma agrária, independentemente de a vistoria ter ocorrido antes da invasão.

CAPÍTULO 2 - DIREITO CIVIL

1. DAS PESSOAS

Súmula STJ 525. A Câmara de vereadores não possui personalidade jurídica, apenas personalidade judiciária, somente podendo demandar em juízo para defender os seus direitos institucionais.

1039. **(Funcab/CBM/AC/Bombeiro/2015)** No que se refere à organização administrativa do Estado brasileiro, assinale a alternativa correta.

a) As entidades da administração pública indireta são criadas por decreto, por se tratar de uma desconcentração política.

b) As autarquias devem explorar atividade econômica, sendo necessário o registro de seus atos constitutivos.

c) A Câmara Municipal não tem personalidade jurídica e sim judiciária, podendo estar em Juízo defendendo os seus interesses.

d) As sociedades de economia mista gozam de imunidade tributária, porque visam desempenhar uma atividade tipicamente estatal.

e) A empresa pública, por ser pessoa jurídica de direito privado, podem se revestir apenas sob a forma de S.A. (Sociedade Anônima).

1040. **(Fundep/PGM/Uberaba/Procurador/2016)** Em relação ao direito de personalidade, assinale a alternativa incorreta.

a) A decretação da quebra implica extinção da personalidade jurídica do estabelecimento empresarial, vindo a ser sucedido pela massa falida em todos os seus direitos e obrigações.

b) A Câmara de Vereadores não possui personalidade jurídica, mas apenas personalidade judiciária, de modo que somente pode demandar em juízo para defender os seus direitos institucionais, entendidos esses como sendo os relacionados ao funcionamento, autonomia e independência do órgão.

c) O encerramento das atividades da sociedade ou sua dissolução, ainda que irregulares, não são causas, por si sós, para a desconsideração da personalidade jurídica a que se refere o art. 50 do CC.

d) A beneficiária legal de seguro DPVAT que teve a sua gestação interrompida em razão de acidente de trânsito tem direito ao recebimento da indenização prevista no art. 3º, I, da Lei 6.194/1974, devida no caso de morte.

1041. **(IOBV/CM/Barra_Velha/Advogado/2016)** Determinado indivíduo foi contratado como estagiário para trabalhar na Câmara de Vereadores, e findo o prazo de seu contrato, compreendeu pelo ajuizamento de uma ação trabalhista, visto que era compelido por seu superior a trabalhar dez horas diárias. Dentro da situação em comento, é correto afirmar:

a) A ação deverá ser ajuizada na justiça do trabalho, contra a Câmara de Vereadores, pleiteando a aplicação das normas celetistas e não estatutárias.

b) Uma vez que a Câmara de Vereadores foi quem contratou o estagiário, e por possuir orçamento próprio e autonomia de gestão de suas finanças, a ação trabalhista deverá lhe ser dirigida, e ajuizada na justiça do trabalho.

c) A ação deverá ser ajuizada contra o Município ou contra a Câmara, ou contra ambos, visto que ambos possuem orçamento delineado em lei para o pagamento de precatórios trabalhistas, e no caso, responsabilidade solidária.

d) A ação deverá ser ajuizada somente contra o Município, pois a Câmara de Vereadores, mesmo possuindo orçamento próprio, não possui personalidade jurídica autônoma, exceto no que concerne as suas funções constitucionais.

1042. **(Cespe/STF/Analista/2013)** Segundo o entendimento do STJ, a câmara municipal não possui personalidade jurídica, mas apenas personalidade judiciária, de modo que somente pode demandar em juízo para defender os seus direitos institucionais, entendidos estes como sendo os relacionados ao funcionamento, à autonomia e à independência do órgão.

1043. (Vunesp/TJ/SP/Juiz/2014) No que diz respeito à capacidade processual das Câmaras Municipais, assinale a opção incorreta.

a) A Câmara Municipal não tem personalidade jurídica, mas tem personalidade judiciária, podendo, portanto, admitir-se que ela tem capacidade processual para a defesa de suas prerrogativas funcionais, podendo comparecer a Juízo, tanto no polo ativo como no polo passivo, quando tenha direitos próprios a defender.

b) A Câmara Municipal tem autonomia em relação ao Poder Executivo local, podendo, em consequência, agir judicialmente contra o Prefeito Municipal, inclusive, se for o caso, por meio da impetração de mandado de segurança.

c) A Câmara Municipal não pode combater ato ilegal e lesivo ao patrimônio público por meio de ação popular, podendo tal ação, contudo, ser ajuizada por qualquer um de seus vereadores, na qualidade de cidadão (eleitor), eis que tal qualidade não assiste à Câmara, como pessoa jurídica que é.

d) Em que pese ser a Câmara Municipal um órgão despatrimonializado, as vantagens e encargos de ordem pecuniária, decorrentes do julgado, por ela serão suportados, em decorrência da aplicação do princípio dispositivo, descabendo transferir-se tais vantagens e encargos à Fazenda municipal.

2. DOS FATOS JURÍDICOS

2.1. Do Negócio Jurídico

> **Súmula STJ 195.** *Em embargos de terceiro não se anula ato jurídico, por fraude contra credores.*

1044. (Cespe/MP/RO/Promotor/2008) Segundo o entendimento do STJ, os embargos de terceiro não constituem meio

idôneo para o reconhecimento de eventual fraude contra credores.

1045. (Cespe/AGU/Advogado/2008) Considere que o adquirente de determinado bem, visando à proteção de sua posse, tenha ajuizado embargos de terceiro para afastar ato de constrição judicial decorrente de sentença de procedência proferida em ação reivindicatória. Nessa situação hipotética, o embargado poderá, nos próprios embargos e independentemente do ajuizamento de outra ação, demonstrar que a venda ocorreu enquanto pendente a demanda reivindicatória, fato que importa fraude à execução, sendo ineficaz diante do cumprimento do julgado.

1046. (Cespe/TJ/AM/Juiz/2016) Acerca da execução, assinale a opção correta.

a) Iniciada a execução de título extrajudicial, a fraude contra credores poderá ser reconhecida em embargos de terceiro, com a consequente anulação do ato jurídico.

b) Tratando-se de execução de título extrajudicial, a fixação de multa para cumprimento de obrigação específica pelo devedor e a sua conversão em perdas e danos dependem de requerimento do credor.

c) A citação por hora certa, por ser incompatível com o rito, é vedada no processo de execução, consoante entendimento sumulado pelo STJ.

d) A averbação da constrição de bem imóvel no cartório de registro de imóveis, embora prevista na legislação processual civil, não é condição de validade da penhora.

e) As sentenças condenatórias cíveis e penais, ainda que não transitadas em julgado, constituem títulos executivos judiciais.

2.2. Da Prescrição

> **Súmula STJ 11.** *A presença da União ou de qualquer de seus entes, na ação de usucapião especial, não afasta a competência do foro da situação do imóvel.*

Súmula anotada em Direito Processual Civil – Da Função Jurisdicional – Da Competência Interna – Da Competência (Justiça Estadual).

CAPÍTULO 2 - DIREITO CIVIL

STJ 329

> **Súmula STJ 85.** *Nas relações jurídicas de trato sucessivo em que a Fazenda Pública figure como devedora, quando não tiver sido negado o próprio direito reclamado, a prescrição atinge apenas as prestações vencidas antes do quinquênio anterior à propositura da ação.*

Súmula anotada em Direito Administrativo – Atos Administrativos – Prescrição Administrativa.

> **Súmula STJ 101.** *A ação de indenização do segurado em grupo contra a seguradora prescreve em um ano.*

1047. **(Cespe/DPE/ES/Defensor/2012)** Nas ações contra empresa seguradora, caso o segurado vise ao pagamento de indenização de seguro de vida em grupo, será aplicada a prescrição conforme o CDC.

1048. **(TJ/DFT/Juiz/2007)** Analise as proposições e assinale a única alternativa correta.

I. As pretensões perpétuas, que se exercitam mediante ações declaratórias, são imprescritíveis.

II. Consoante entendimento do Superior Tribunal de Justiça, a ação de indenização do segurado em grupo contra a seguradora prescreve em um ano, contado da comunicação do sinistro à seguradora.

III. Negócio jurídico submetido à condição resolutiva só se tem por formado, perfeito, quando verificada a condição.

a) apenas uma das proposições é falsa.

b) apenas uma das proposições é verdadeira.

c) todas as proposições são verdadeiras.

d) todas as proposições são falsas.

1049. **(Vunesp/TJ/SP/Juiz/2013)** Em relação ao contrato de seguro, é correto afirmar que

a) subsistirá a responsabilidade do segurado perante o terceiro, se o segurador for insolvente.

b) a apólice à ordem se transfere por endosso em branco assinado pelo endossante.

c) jurisprudência sumulada do STJ afirma que prescreve em três (3) anos a pretensão do segurado em grupo contra a seguradora.

d) o estipulante representa o segurador perante o grupo segurado.

> **Súmula STJ 106.** *Proposta a ação no prazo fixado para o seu exercício, a demora na citação, por motivos inerentes ao mecanismo da Justiça, não justifica o acolhimento da arguição de prescrição ou decadência.*

Súmula anotada em Direito Processual Civil – Dos Atos Processuais – Da Comunicação dos Atos Processuais – Da Citação.

> **Súmula STJ 193.** *O direito de uso de linha telefônica pode ser adquirido por usucapião.*

1050. **(MPF/Procurador/2005)** Assinale a alternativa correta:

a) o perecimento total ou parcial da coisa implica na perda da propriedade.

b) o direito de uso de linha telefônica pode ser adquirido por usucapião.

c) ao Poder Público, na herança, é reconhecido o direito de "saisine".

d) o endosso-mandato transfere a propriedade do título cambial.

> **Súmula STJ 229.** *O pedido do pagamento de indenização à seguradora suspende o prazo de prescrição até que o segurado tenha ciência da decisão.*

1051. **(FCC/DPE/MT/Defensor/2009)** A ação monitória

a) não é cabível a quem possua contrato de abertura de crédito em conta corrente, que já configura título executivo.

b) pode ser proposta, ainda que o documento a instruí-la tenha emanado exclusivamente do credor.

c) é indicada apenas para as ações que visem ao pagamento de soma em dinheiro.

d) é admissível quando alicerçada em cheque prescrito.

e) não admite a defesa por meio de reconvenção.

> **Súmula STJ 278.** *O termo inicial do prazo prescricional, na ação de indenização, é a data em que o segurado teve ciência inequívoca da incapacidade laboral.*

1052.

(Cespe/MPE/RO/Promotor/2010) Com relação aos institutos do direito de família; do conflito de normas jurídicas no espaço; dos títulos de crédito e da responsabilidade civil; da posse e da prescrição e das várias espécies de contrato, assinale a opção correta.

a) A ação de indenização do segurado em grupo contra a seguradora prescreve em um ano, e a contagem do prazo deve ter início a partir da data em que o segurado tome conhecimento da própria incapacidade laboral, permanecendo suspenso entre a comunicação do sinistro e a recusa do pagamento da indenização.

b) Em ação de investigação de paternidade cumulada com anulação de registro de nascimento, ajuizada no Brasil por cidadã portuguesa em face de cidadão português, com a concepção, o nascimento e o registro ocorridos na República de Portugal, é o ordenamento português que deve ser considerado pelo juiz na solução da lide, ainda que a autora seja domiciliada no Brasil.

c) Para que o protesto de títulos emitidos sem a existência do débito gere direito a indenização por danos morais, é necessária a comprovação dos prejuízos suportados.

d) A constituição de hipoteca sobre imóvel de terceiro caracteriza ato inequívoco de turbação da posse.

e) É revogável o reconhecimento voluntário da maternidade, mesmo que ele esteja isento de vícios na manifestação da vontade e que exista ligação socioafetiva entre mãe e filho, pois tal reconhecimento não pode prevalecer sobre a verdade biológica.

1053.

(MPT/Procurador/2015) Leia e analise as seguintes assertivas:

I. As ações referentes à prestação por acidente de trabalho prescrevem em 2 (dois) anos, com termo inicial a partir da data do acidente, quando dele resultar morte ou a incapacidade temporária, verificada esta em perícia médica a cargo da Previdência Social.

II. Segundo jurisprudência sumulada do STJ, o termo inicial do prazo prescricional na ação de indenização decorrente de acidente de trabalho é a data em que o segurado teve ciência inequívoca da incapacidade laboral.

III. O INSS detém legitimidade ativa para propor ação regressiva objetivando o ressarcimento dos valores referentes aos benefícios que desembolsou em caso de acidente de trabalho causado por negligência do empregador, uma vez que o pagamento destas prestações pela Previdência Social não exclui a responsabilidade civil do causador do infortúnio.

Marque a alternativa correta:

a) as assertivas I e II estão corretas.

b) as assertivas II e III estão corretas.

c) as assertivas I e III estão corretas.

d) apenas a assertiva II está correta.

e) Não respondida.

> **Súmula STJ 412.** *A ação de repetição de indébito de tarifas de água e esgoto sujeita-se ao prazo prescricional estabelecido no Código Civil.*

Súmula anotada em Direito do Consumidor – Da Qualidade de Produtos e Serviços, da Prevenção e da Reparação dos Danos – Da Decadência e da Prescrição.

> **Súmula STJ 547.** *Nas ações em que se pleiteia o ressarcimento dos valores pagos a título de participação financeira do consumidor no custeio de construção de rede elétrica, o prazo prescricional é de vinte anos na vigência do Código Civil de 1916. Na vigência do Código Civil de 2002, o prazo é de cinco anos se houver previsão contratual de ressarcimento e de três anos na ausência de cláusula nesse sentido, observada a regra de transição disciplinada em seu art. 2.028.*

➲ Súmula não abordada em concursos recentes.

CAPÍTULO 2 - DIREITO CIVIL

3. DO DIREITO DAS OBRIGAÇÕES

3.1. Dos Contratos em Geral

> *Súmula STJ 176. É nula a cláusula contratual que sujeita o devedor à taxa de juros divulgada pela Anbid/Cetip.*

Súmula anotada em Sistema Financeiro Nacional – Juros.

> *Súmula STJ 322. Para a repetição de indébito, nos contratos de abertura de crédito em conta corrente, não se exige a prova do erro.*

1054. (Cespe/Bacen/Procurador/2009)
Em relação à jurisprudência do STJ no que concerne a direito empresarial e bancário, assinale a opção correta.

a) O CDC não é aplicável às instituições financeiras.

b) Em demanda relativa a contratos bancários, pode o julgador, de ofício ou a requerimento das partes, conhecer da abusividade das cláusulas.

c) Para a repetição de indébito, nos contratos de abertura de crédito em conta corrente, não se exige a prova do erro.

d) Na notificação do protesto para requerimento de falência da empresa devedora, é desnecessária a identificação da pessoa que a recebeu.

e) A cobrança antecipada do valor residual garantido descaracteriza o contrato de arrendamento mercantil.

1055. (Cespe/DPDF/Defensor/2013)
Em se tratando de contratos de abertura de crédito em conta-corrente, não é necessária a prova do erro para que o consumidor obtenha judicialmente a repetição do indébito.

> *Súmula STJ 380. A simples proposita da ação de revisão de contrato não inibe a caracterização da mora do autor.*

1056. (MPE/SC/Promotor/2011)
Assinale a alternativa correta.

I. O curador especial atuará, além de outras, quando houver incapaz, sem representação

legal e quando o réu, intimado pessoalmente, for considerado revel.

II. A simples propositura da ação de revisão de contrato não inibe a caracterização da mora do autor.

III. Determina-se a competência no momento em que a ação é proposta. São irrelevantes as modificações do estado de fato ou de direito ocorridas posteriormente, salvo quando suprimirem o órgão judiciário ou alterarem a competência em razão do foro ou da hierarquia.

IV. Segundo o STJ, compete à Justiça Estadual processar e julgar execução fiscal promovida por Conselho de fiscalização profissional.

V. Não se admitirá intervenção de terceiros no processo de ação direta de inconstitucionalidade.

a) Apenas as assertivas I, II e V estão corretas.

b) Apenas as assertivas I, III e IV estão corretas.

c) Apenas as assertivas II, III, IV e V estão corretas.

d) Apenas as assertivas II e V estão corretas.

e) Todas as assertivas estão corretas.

> *Súmula STJ 485. A Lei de Arbitragem aplica-se aos contratos que contenham cláusula arbitral, ainda que celebrados antes da sua edição.*

1057. (TJ/SC/Juiz/2013)
Assinale a alternativa incorreta:

a) A dispensa de reexame necessário, quando o valor da condenação ou do direito controvertido for inferior a 60 (sessenta) salários mínimos, não se aplica à sentenças ilíquidas.

b) Reconhecida a continência, devem ser reunidas na Justiça Federal as ações civis públicas propostas nesta e na Justiça Estadual.

c) A Lei de Arbitragem aplica-se aos contratos que contenham cláusula arbitral, ainda que celebrados antes da sua edição.

d) Admite-se que o preparo seja efetuado no primeiro dia útil subsequente, quando a interposição do recurso ocorrer após o encerramento do expediente bancário.

e) A falta de ajuizamento da ação principal no prazo legal acarreta a perda da eficácia da liminar deferida, mas não a extinção do processo cautelar.

3.2. Das Várias Espécies de Contrato

3.2.1. Da Compra e Venda

> **Súmula STJ 76.** *A falta de registro do compromisso de compra e venda de imóvel não dispensa a prévia interpelação para constituir em mora o devedor.*

↪ Súmula não abordada em concursos recentes.

3.2.2. Do Seguro

> **Súmula STJ 61.** *O seguro de vida cobre o suicídio não premeditado.*

1058. **(Cespe/OAB/2006-3)** A respeito de contratos, assinale a opção correta.

a) O contrato preliminar é o compromisso para uma futura declaração de vontade, ou seja, é preparatório para um negócio definitivo. Destina-se a dar segurança às partes que querem celebrar o contrato, por essa razão é vedada a cláusula de arrependimento, assegurando a qualquer das partes o direito potestativo de exigir o cumprimento do pactuado.

b) No seguro de vida para o caso de morte, se ocorrer o suicídio, ainda que não premeditado, do segurado, o segurador poderá recusar o pagamento do capital segurado, alegando que por ter sido a morte voluntária, não se encontraria coberta pela apólice de acidentes pessoais.

c) Em decorrência da regra de que o acessório segue o principal, a fiança, ainda que limitada, abrangerá toda a dívida, com sua parte principal e todos os acessórios. Assim, se o devedor tornar-se inadimplente, caberá o cumprimento da obrigação principal ao fiador.

d) Se o contrato de compra e venda de imóvel não possuir cláusula de arrependimento, no qual foi paga uma determinada quantia como sinal, este deve ser entendido como arras confirmatórias e princípio do pagamento. Logo, o credor as conservará depois de executado o contrato, ao passo que o devedor as deduzirá da prestação quando do pagamento final.

> **Súmula STJ 402.** *O contrato de seguro por danos pessoais compreende os danos morais, salvo cláusula expressa de exclusão.*

1059. **(Cespe/TJ/AC/Juiz/2007)** Segundo o entendimento jurisprudencial do STJ, os contratos de seguro por danos pessoais abrangem automaticamente os danos patrimoniais e morais.

1060. **(TRT/2R/Juiz/2015)** À luz da jurisprudência consolidada do Superior Tribunal de Justiça, em matéria de responsabilidade civil, analise as seguintes proposições:

I. A indenização por publicação não autorizada de imagem de pessoa com fim econômico ou comercial independente de prova do prejuízo.

II. Nas ações de indenização, se o pedido for julgado procedente, é necessária a constituição de capital ou caução fidejussória para a garantia de pagamento de pensão, exceto se o demandado possuir notória condição econômica.

III. A mera apresentação antecipada de cheque "pré-datado" não enseja indenização por dano moral.

IV. Nas indenizações por dano moral, a correção monetária incide desde a data da citação.

V. O contrato de seguro por danos pessoais compreende os danos morais, salvo cláusula expressa de exclusão.

a) Somente as proposições I e III estão incorretas.

b) Somente as proposições I e V estão corretas.

c) Somente as proposições III e IV estão corretas.

d) Somente as proposições II e V estão incorretas.

e) Somente as proposições II e IV estão corretas.

> **Súmula STJ 465.** *Ressalvada a hipótese de efetivo agravamento do risco, a seguradora não se exime do dever de indenizar em razão da transferência do veículo sem a sua prévia comunicação.*

1061. **(TJ/DFT/Juiz/2012)** A respeito dos contratos de seguro, analise as proposições abaixo e assinale a alternativa correta.

I. Conforme entendimento sumulado pelo Superior Tribunal de Justiça, ressalvada a hipótese de efetivo agravamento do risco, a seguradora

CAPÍTULO 2 - DIREITO CIVIL

não se exime do dever de indenizar em razão da transferência do veículo sem a sua prévia comunicação.

II. Conforme entendimento sumulado pelo Superior Tribunal de Justiça, o contrato de seguro por danos pessoais compreende os danos morais, salvo cláusula expressa de exclusão.

III. No seguro de vida para o caso de morte é ilícito estipular-se um prazo de carência.

IV. No seguro de vida ou de acidentes pessoais para o caso de morte, o capital estipulado não está sujeito às dívidas do segurado, nem se considera herança para todos os efeitos de direito.

a) Apenas as proposições I, II e IV estão corretas.

b) Apenas as proposições I e II estão corretas.

c) Apenas a proposição III está correta.

d) As proposições I, II, III e IV estão corretas.

> **Súmula STJ 529.** *No seguro de responsabilidade civil facultativo, não cabe o ajuizamento de ação pelo terceiro prejudicado direta e exclusivamente em face da seguradora do apontado causador do dano.*

> Súmula anotada em Direito Civil – Do Direito das Obrigações – Da Responsabilidade Civil – Seguro Facultativo.

> **Súmula STJ 537.** *Em ação de reparação de danos, a seguradora denunciada, se aceitar a denunciação ou contestar o pedido do autor, pode ser condenada, direta e solidariamente junto com o segurado, ao pagamento da indenização devida à vítima, nos limites contratados na apólice.*

1062. (Cespe/TJ/RR/Analista/2012) Na ação de reparação de danos ajuizada contra segurado, a seguradora denunciada à lide pode ser condenada direta e solidariamente junto com o segurado a pagar a indenização devida à vítima, nos efetivos limites da apólice.

1063. (Officium/TJ/RS/Juiz/2012) Assinale a assertiva incorreta relativamente à intervenção de terceiros.

a) Distribuída a oposição, serão os opostos citados, na pessoa dos seus respectivos advogados, para contestar o pedido no prazo comum de 15 (quinze) dias.

b) É admissível o chamamento ao processo dos outros fiadores, quando para a ação for citado apenas um deles.

c) Em ação de reparação de danos movida em face do segurado, a seguradora denunciada pode ser condenada direta e solidariamente junto com este a pagar indenização à vítima, nos limites contratados da apólice.

d) Em caso de nomeação à autoria, se o nomeado recusar a nomeação, esta ficará sem efeito.

e) Em caso de denunciação à lide pelo autor, o denunciado, comparecendo, assumirá a posição de litisconsorte, mas não poderá aditar a petição inicial.

1064. (FCC/TJ/SE/Juiz/2015) C ajuizou ação contra M no âmbito da qual requereu indenização por danos materiais em razão de acidente veicular. Citado, M denunciou a lide à Seguradora Z, a qual apresentou resposta. De acordo com jurisprudência dominante do Superior Tribunal de Justiça, se o juiz se convencer da existência dos elementos para a responsabilização civil, a Seguradora Z:

a) pode ser condenada apenas subsidiariamente a pagar indenização à vítima C, nos limites contratados na apólice.

b) não pode ser condenada a pagar indenização à vítima C, ainda que subsidiariamente, em razão do princípio da relatividade dos contratos.

c) pode ser condenada direta e solidariamente junto com o segurado M a pagar indenização integral à vítima C, ainda que supere os limites da apólice.

d) pode ser condenada direta e solidariamente junto com o segurado M a pagar indenização à vítima C, nos limites contratados na apólice.

e) pode ser condenada apenas subsidiariamente a pagar indenização integral à vítima C, ainda que supere os limites contratados na apólice.

1065. (FCC/DPE/MA/Defensor/2015) Em razão de acidente de trânsito, Caio ajuizou ação contra Luiz, causador do dano, o qual denunciou à lide seguradora com quem mantém vínculo contratual. Esta, por sua vez, compareceu aos autos e contestou o pedido formulado por Caio. De acordo com súmula do Superior Tribunal de Justiça:

a) eventual condenação deverá recair somente contra Luiz, o qual terá direito de executar a seguradora, independentemente do que constar da apólice, desde que o faça em autos apartados.

b) a seguradora pode ser condenada, direta e solidariamente com Luiz, a pagar indenização a Caio, nos limites contratados na apólice.

c) apenas a seguradora pode ser condenada a pagar indenização a Caio, nos limites contratados na apólice.

d) eventual condenação deverá recair somente contra Luiz, o qual terá direito de executar a seguradora, nos mesmos autos, nos limites contratados na apólice.

e) a seguradora pode ser condenada, subsidiariamente, a pagar indenização a Caio, independentemente do que constar da apólice.

3.2.3. Da Fiança

> **Súmula STJ 332.** *A fiança prestada sem autorização de um dos cônjuges implica a ineficácia total da garantia.*

1066. (Cespe/MP/RO/Promotor/2008) Com base no Código Civil, julgue: de acordo com entendimento do STJ, a fiança prestada sem autorização de um dos cônjuges implica na eficácia parcial da garantia.

1067. (Cespe/TRF/5R/Juiz/2013) À luz da jurisprudência do STJ, assinale a opção correta em relação aos contratos em espécie.

a) No âmbito dos contratos de alienação fiduciária, é possível ao credor promover, concomitantemente, ação de busca e apreensão do bem e processo de execução da nota promissória dada em garantia ao cumprimento do referido contrato.

b) A fiança prestada sem autorização de um dos cônjuges acarreta a invalidade, e não a ineficácia, da garantia.

c) Considere que um dos sócios de determinada sociedade empresária, pretendendo retirar-se da sociedade e exonerar-se da condição de fiador de determinado negócio jurídico celebrado pela empresa, tenha cedido integralmente suas cotas sociais aos demais sócios, conforme previsto no contrato social. Nessa situação, esse sócio poderia livrar-se da condição de fiador apenas procedendo à notificação extrajudicial do credor.

d) A cláusula inserta em contrato de seguro que autorize a seguradora de veículos, nos casos de perda ou furto do bem, a indenizar o segurado pelo valor de mercado do bem na data do sinistro, por si só, não é abusiva.

e) Em contrato de financiamento de automóvel garantido por alienação fiduciária, é inválida a notificação extrajudicial, por cartório de títulos e documentos de comarca diversa daquela em que o devedor é domiciliado, efetivada por via postal no seu endereço.

1068. (Cespe/TRF/2R/Juiz/2013) Com relação a bens, negócios jurídicos e obrigações, e às regras de prescrição em favor da fazenda pública, assinale a opção correta à luz do Código Civil e da jurisprudência do STJ.

a) Nas relações de trato sucessivo em que a fazenda pública figure como devedora, quando não tiver sido negado o próprio direito reclamado, a prescrição atingirá apenas as prestações vencidas antes do quinquênio anterior à propositura da ação. Segundo o STJ, todavia, esse entendimento não é aplicável na hipótese de lei de efeitos concretos cuja vigência acarrete lesão ou modificação do status do suposto titular do direito, haja vista que, nesse caso, o prazo prescricional é contado da data da publicação da lei.

b) Há negócios jurídicos que se exteriorizam de maneira obscura e ambígua, sendo necessário interpretá-los a fim de se precisar a intenção neles consubstanciada. Nesse sentido, o Código Civil não proscreve a interpretação extensiva dos negócios jurídicos benéficos e da renúncia.

c) É anulável o negócio concluído pelo representante em conflito de interesses com o representado, se tal fato era ou devia ser do conhecimento de quem com aquele tratou. O prazo decadencial para se pleitear a anulação desse negócio é de um ano, contado de sua conclusão ou da cessação da incapacidade.

d) A fiança prestada sem autorização de um dos cônjuges implica a ineficácia parcial da garantia com relação ao cônjuge que a ela não anuiu.

e) Será considerada uma universalidade de fato a pluralidade de bens singulares que, pertinentes à mesma pessoa, tenham destinação unitária, não sendo possível, todavia, que os bens formadores dessa universalidade possam ser objeto de relações jurídicas próprias.

PARTE II – SÚMULAS SUPERIOR TRIBUNAL DE JUSTIÇA

CAPÍTULO 2 - DIREITO CIVIL

STJ 335

1069. **(FGV/OAB/Exame_X/2013)** Amélia e Alberto são casados pelo regime de comunhão parcial de bens. Alfredo, amigo de Alberto, pede que ele seja seu fiador na compra de um imóvel. Diante da situação apresentada, assinale a afirmativa correta.

a) A garantia acessória poderá ser prestada exclusivamente por Alberto.

b) A outorga de Amélia se fará indispensável, independente do regime de bens.

c) A fiança, se prestada por Alberto sem o consentimento de Amélia, será anulável.

d) A anulação do aval somente poderá ser pleiteada por Amélia durante o período em que estiver casada.

1070. **(FCC/DPE/CE/Defensor/2014)** André, casado no regime da comunhão parcial de bens com Priscila, obrigou-se, como fiador, a garantir contrato de locação. Contudo, ao celebrar o contrato, não contou com a anuência de Priscila. De acordo com Súmula do Superior Tribunal de Justiça, a fiança prestada por André é:

a) juridicamente inexistente.

b) totalmente ineficaz.

c) parcialmente ineficaz, somente não atingindo os bens particulares de Priscila.

d) parcialmente ineficaz, somente não atingindo os bens adquiridos na constância do casamento.

e) totalmente eficaz.

1071. **(Cespe/TJ/CE/Analista/2014)** No que se refere a aspectos diversos de contratos, direito de família e responsabilidade civil, assinale a opção correta à luz do Código Civil e da jurisprudência.

a) O espólio de genitor do autor de ação de alimentos possui legitimidade para figurar no polo passivo da ação, mesmo que inexista obrigação alimentar assumida pelo genitor por acordo ou decisão judicial antes da sua morte.

b) O direito à prestação de alimentos é recíproco entre pais e filhos, mas não é extensivo aos ascendentes.

c) Ainda que a união estável esteja formalizada por meio de escritura pública, é válida a fiança prestada por um dos conviventes sem a autorização do outro.

d) Ainda que haja expressa e clara previsão contratual da manutenção da fiança prestada em contrato de mútuo bancário, em caso de prorrogação do contrato principal, o pacto acessório não poderá ser prorrogado automaticamente.

e) A pessoa jurídica de direito público e a pessoa jurídica de direito privado têm direito à indenização por danos morais relacionados à violação da honra ou da imagem.

1072. **(Cespe/Câmara_Deputados/Analista/2014)** Segundo o STJ, a fiança prestada sem autorização de um dos cônjuges implica a ineficácia total da garantia, podendo, assim, ser suscitada por qualquer um dos cônjuges a invalidade da garantia fidejussória concedida.

3.3. Da Responsabilidade Civil

3.3.1. Acidente de Trânsito

> **Súmula STJ 132.** *A ausência de registro da transferência não implica a responsabilidade do antigo proprietário por dano resultante de acidente que envolva o veículo alienado.*

1073. **(UEPA/PGE/PA/Procurador/2012)** Analise as proposições a seguir:

I. Na venda "ad mensuram" presume-se de modo absoluto que a referência às dimensões não foi simplesmente enunciativa, quando a diferença encontrada exceder a 5% (cinco por cento) da área total enunciada.

II. Segundo jurisprudência sumulada do Superior Tribunal de Justiça (Súmula 132), a ausência de registro de transferência implica a responsabilidade do antigo proprietário por dano resultante de acidente que envolva o veículo alienado.

III. A prescrição suspensa recomeça a correr da data do ato que a suspendeu, ou do último ato do processo que a suspender.

IV. Havendo capital e juros, o pagamento imputar-se-á primeiro no capital, e depois nos juros vencidos, salvo estipulação em contrário, ou se o credor passar a quitação por conta dos juros.

De acordo com as proposições apresentadas, assinale a alternativa correta:

a) todas as proposições estão corretas.

b) apenas uma das proposições está correta.

c) apenas duas proposições estão corretas.

d) apenas três proposições estão corretas.

e) todas as proposições estão incorretas.

1074. (Cespe/MPE/RO/Promotor/2013) No que concerne à responsabilidade civil, assinale a opção correta.

a) O antigo proprietário de veículo alienado somente será solidariamente responsável por dano resultante de acidente que envolva o veículo no caso de ausência de registro da transferência.

b) Sendo objetiva a responsabilidade dos pais em relação aos filhos menores, caso um adolescente menor de dezesseis anos de idade cause, no período de aulas, dano a aluno da escola onde estuda, têm os pais o dever de indenizá-lo, isentando-se de responsabilidade a escola.

c) Para a vítima de acidente de carro provocado por motorista menor de dezoito anos de idade sem habilitação haver a indenização dos pais do motorista, basta a comprovação da culpa "in vigilando" dos pais.

d) Não havendo, entre locadora e locatário, relação de preposição, uma locadora de veículos não responde pelos danos causados pelo locatário quando da utilização de um veículo.

e) A responsabilidade do proprietário de veículo automotor é solidária à do indivíduo que tome o veículo emprestado e, conduzindo-o, cause danos a terceiros.

> *Súmula STJ 145. No transporte desinteressado, de simples cortesia, o transportador só será civilmente responsável por danos causados ao transportado quando incorrer em dolo ou culpa grave.*

1075. (MPE/MS/Promotor/2011) Assinale a alternativa falsa:

a) As denominadas sociedades em comum, ou sociedades irregulares, ou sociedades de fato ou sociedades sem registro têm natureza de sociedade, porque nelas se identifica a "affectio societatis", mas não são pessoas jurídicas, pois estas adquirem personalidade jurídica quando da inscrição de seus atos constitutivos no registro próprio e na forma da lei.

b) O empresário casado não pode, sem a outorga conjugal, qualquer que seja o regime de bens, alienar os imóveis que integrem o patrimônio da empresa ou gravá-los de ônus real.

c) O sistema geral do CC é o da responsabilidade civil subjetiva, que se funda na teoria da culpa.

Já o sistema subsidiário é o da responsabilidade civil objetiva, que se funda na teoria do risco.

d) No transporte desinteressado, de simples cortesia, o transportador só será civilmente responsável por danos causados ao transportado quando incorrer em dolo ou culpa grave.

e) A cláusula constitutiva de mandato, lançada no endosso, confere ao endossatário o exercício dos direitos inerentes ao título, salvo restrição expressamente estatuída.

3.3.2. Cálculo de Indenização

> *Súmula STJ 43. Incide correção monetária sobre dívida por ato ilícito a partir da data do efetivo prejuízo.*

1076. (PGE/MS/Procurador/2004) Aponte a alternativa correta:

I. Não incide correção monetária sobre dívida por ato ilícito a partir da data do efetivo prejuízo.

II. Não se admite reconvenção em processo de rito ordinário.

III. Não cabe mandado de segurança contra lei em tese.

IV. O brasileiro, embora com os direitos políticos suspensos, pode propor ação popular.

a) Apenas as afirmativas I e II são verdadeiras.

b) Apenas as afirmativas II e IV são falsas.

c) Somente a afirmativa III é verdadeira.

d) Apenas as afirmativas II, III e IV são verdadeiras.

e) Todas as afirmativas são falsas.

> *Súmula STJ 54. Os juros moratórios fluem a partir do evento danoso, em caso de responsabilidade extracontratual.*

1077. (Cespe/PGM/Vitória/Procurador/2007) Se for julgado procedente um pedido de indenização e o réu for condenado ao pagamento de danos morais, a correção monetária deve ser fixada a partir da prolação da decisão que fixou o quantum indenizatório, e os juros moratórios devem incidir a partir do evento danoso.

1078. (Cespe/TRF/1R/Juiz/2009) De acordo com o que dispõe o Código Civil a respeito das obrigações, assinale a opção correta.

CAPÍTULO 2 - DIREITO CIVIL

a) A cláusula penal convencional só pode ser exigida pelo credor quando ele provar prejuízo em razão do inadimplemento da obrigação pelo devedor.

b) Nas obrigações decorrentes de ato ilícito, o qual acarreta responsabilidade extracontratual subjetiva, os juros moratórios deverão ser contados desde o instante em que se praticou o ilícito.

c) É ilícita a convenção pactuada pelas partes em que se estabeleça responsabilidade contratual ainda que os prejuízos resultem de caso fortuito ou força maior.

d) A novação, diferentemente do pagamento, não extingue a obrigação original.

e) Nas obrigações alternativas, se todas as prestações se tornarem impossíveis em razão de força maior, ainda assim subsistirá a obrigação pactuada originariamente.

1079. (Cespe/TRF/5R/Juiz/2013) No que se refere à responsabilidade civil, assinale a opção correta.

a) A jurisprudência do STJ tem afastado a caracterização de assalto ocorrido em estabelecimentos bancários como caso fortuito ou força maior, mantendo o dever de indenizar da instituição bancária, já que a segurança é essencial ao serviço prestado.

b) É devida indenização por lucros cessantes aos dependentes, considerando-se a vida provável do falecido do qual dependam. Segundo a jurisprudência do STJ, a longevidade provável da vítima, para efeito de fixação do tempo de pensionamento, pode ser apurada, no caso concreto, por critério fixado livremente pelo próprio julgador.

c) O início do prazo para a fluência dos juros de mora, nos casos de condenação a indenização por dano moral decorrente de responsabilidade extracontratual, ocorre na data do ajuizamento da ação.

d) Quanto à sua origem, a responsabilidade civil pode ser classificada em contratual ou negocial e extracontratual ou aquiliana. Esse modelo binário de responsabilidades, embora consagrado de modo unânime pela doutrina e pela jurisprudência pátria, não está expressamente previsto no Código Civil, ao contrário do que ocorre no CDC.

e) Com base no Código Civil brasileiro, o abuso de direito pode ser conceituado como ato jurídico de objeto lícito, mas cujo exercício, levado a efeito sem a devida regularidade, acarreta um resultado ilícito. Na codificação atual, portanto, não foi mantida a concepção tridimensional do direito de Miguel Reale, segundo o qual o direito é fato, valor e norma.

Súmula STJ 246. O valor do seguro obrigatório deve ser deduzido da indenização judicialmente fixada.

1080. (TRT/23R/Juiz/2010) Analise os itens abaixo e aponte a alternativa correta:

I. Havendo morte da vítima, a indenização devida a seus familiares abrangerá lucros cessantes.

II. De acordo com Súmula do STJ, o valor do seguro obrigatório deve ser deduzido da indenização judicialmente fixada.

III. Segundo Súmula do STF, é indenizável o acidente que cause a morte de filho menor, ainda que não exerça trabalho remunerado.

IV. Segundo Súmula do STF, no cálculo da indenização por acidente de trabalho, inclui-se, quando devido, o repouso semanal remunerado.

V. O segurador tem ação regressiva contra o causador do dano, pelo que efetivamente pagou, até o limite previsto no contrato.

a) Todas as proposições estão corretas.

b) As proposições II, III e IV estão corretas e as proposições I e V, incorretas.

c) As proposições I, III e IV estão corretas e as proposições II e V, incorretas.

d) As proposições I, IV e V estão corretas e as proposições II e III, incorretas.

e) As proposições I, II e III estão corretas e as proposições IV e V, incorretas.

Súmula STJ 313. Em ação de indenização, procedente o pedido, é necessária a constituição de capital ou caução fidejussória para a garantia de pagamento da pensão, independentemente da situação financeira do demandado.

Súmula anotada em Direito Processual Civil - Do Processo de Conhecimento e do Cumprimento de Sentença - Do Procedimento Comum - Da Liquidação de Sentença.

> **Súmula STJ 362.** *A correção monetária do valor da indenização do dano moral incide desde a data do arbitramento.*

1081. (Cespe/TJ/RR/Cartórios/2013) Com referência à responsabilidade civil, assinale a opção correta com base na jurisprudência do STJ.

a) A correção monetária do valor da indenização do dano moral incide desde a data do arbitramento desse valor.

b) A responsabilidade civil por ato ilícito praticado por oficial de registro não é pessoal; assim, o seu sucessor, ou seja, o atual oficial da serventia, que não praticou o ato, pode responder solidariamente pelo dano por ser delegatário do serviço público.

c) Uma instituição financeira pode ser responsabilizada por assalto sofrido por correntista em via pública, isto é, fora das dependências da agência bancária, após a retirada, na agência, de valores em espécie, mesmo que não tenha havido qualquer falha determinante para a ocorrência do sinistro no sistema de segurança da instituição, fato que caracteriza a responsabilidade objetiva.

d) Em se tratando de transporte desinteressado, de simples cortesia, o transportador será responsabilizado por danos causados ao transportado, ainda que incorrer em culpa leve.

e) A publicação não autorizada, com fins econômicos ou comerciais, de imagem de pessoa dá ensejo ao dano moral "in re ipsa", ou seja, é necessária a prova do prejuízo.

1082. (Vunesp/TJ/SP/Juiz/2015) Em matéria de ilicitude dos atos jurídicos, é correto afirmar que

a) o termo a quo da correção monetária na indenização por ato ilícito é a data do efetivo prejuízo, enquanto que na indenização por dano moral é a data do seu arbitramento.

b) o descumprimento da prática convencional da pós-datação não retira a obrigação do sacado de efetuar o pagamento de título de crédito à vista e não gera indenização por responsabilidade civil do beneficiário.

c) a pessoa jurídica de direito público não tem direito à indenização por dano moral.

d) depende de prova do prejuízo a indenização pela publicação não autorizada de imagem de pessoa com fins econômicos ou comerciais.

1083. (Cespe/MPE/PI/Promotor/2012) Assinale a opção correta no que diz respeito à responsabilidade civil.

a) De acordo com a teoria "perte d'une chance", o agente que frustrar expectativas fluidas e hipotéticas deverá responder por danos emergentes.

b) A indenização pela publicação não autorizada, com fins econômicos ou comerciais, de imagem de pessoa dependerá de prova do prejuízo causado à pessoa.

c) Como os direitos da personalidade são inerentes à pessoa humana, não é juridicamente possível a pretensão de dano moral em relação à pessoa jurídica.

d) A correção monetária do valor da indenização do dano moral incide desde a data do arbitramento.

e) No ordenamento jurídico brasileiro, para que haja responsabilidade civil, é preciso que haja conduta ilícita.

1084. (Cespe/TJ/DFT/Juiz/2014) Assinale a opção correta a respeito da responsabilidade civil.

a) O estado de necessidade exclui o dever de indenizar.

b) Consoante entendimento do STJ, cabe indenização por danos morais em razão de irregular anotação do nome do consumidor em cadastros de proteção ao crédito, ainda que se comprove prévia anotação regular do nome da mesma pessoa no mesmo cadastro, por dívida preexistente.

c) De acordo com entendimento do STJ, o termo inicial da correção monetária, na hipótese de indenização por dano moral, é a data do evento.

d) Em caso de transporte de cortesia, a responsabilidade do transportador é subjetiva.

e) Para o reconhecimento de dano moral decorrente da simples devolução indevida de cheque, é necessário que o autor da ação demonstre violação a direito da personalidade.

1085. (Vunesp/PGM/Poá/Procurador/2014) Na hipótese de condenação ao pagamento de indenização por danos morais decorrente de responsabilidade civil aquiliana:

CAPÍTULO 2 - DIREITO CIVIL

STJ 339

a) os juros de mora incidem a partir da citação e a correção monetária desde o arbitramento da indenização.

b) os juros de mora incidem a partir do trânsito em julgado e a correção monetária desde o arbitramento da indenização.

c) os juros de mora incidem a partir da ocorrência do evento danoso e a correção monetária desde o arbitramento da indenização.

d) os juros de mora incidem desde a citação e a correção monetária a partir do ajuizamento da demanda.

e) os juros de mora e a correção monetária incidem a partir do arbitramento da indenização.

1086. (UEPA/PGE/PA/Procurador/2015) Sobre o inadimplemento das obrigações, analise as afirmativas abaixo.

I. A Súmula nº 362 do STJ estabelece que a correção monetária do valor da indenização do dano moral incide desde a data do arbitramento.

II. A Súmula nº 54 do STJ estabelece que os juros moratórios fluem a partir da citação, em caso de responsabilidade extracontratual.

III. O simples inadimplemento da obrigação, positiva e líquida, no seu termo, é suficiente para constituir de pleno direito em mora "ex re" o devedor.

IV. Nos ilícitos contratuais, os juros de mora contam desde a data do descumprimento do contrato.

A alternativa que contém todas as afirmativas corretas é:

a) I

b) I e II

c) I e III

d) II

e) IV

1087. (TRF/3R/Juiz/2016) Considerando a jurisprudência dominante no Superior Tribunal de Justiça, assinale a alternativa incorreta:

a) A correção monetária do valor da indenização do dano material incide desde a data do arbitramento.

b) São cumuláveis as pretensões ao dano moral, ao dano estético e ao dano material decorrentes do mesmo fato.

c) A simples devolução indevida de cheque caracteriza dano moral.

d) São civilmente responsáveis pelo ressarcimento de dano, decorrente de publicação pela imprensa, tanto o autor do escrito quanto o proprietário do veículo de divulgação.

3.3.3. Dano Moral

> ***Súmula STJ 37.*** *São cumuláveis as indenizações por dano material e dano moral oriundos do mesmo fato.*

1088. (Cespe/TJ/AC/Juiz/2012) Acerca da responsabilidade civil do Estado, assinale a opção correta.

a) A doutrina e a jurisprudência têm reconhecido a obrigatoriedade de o Estado indenizar tanto os danos materiais quanto os danos morais, mas não os danos emergentes e os lucros cessantes.

b) Diferentemente das entidades estatais de direito privado que desempenham serviços públicos, as empresas privadas que prestam serviços públicos por delegação não se submetem ao regime da responsabilidade civil objetiva prevista no texto constitucional.

c) Para que o Estado responda por danos causados por agente seu a particular, é necessário que a pessoa lesada faça prova da culpabilidade direta ou indireta da administração, tanto no caso de ação quanto no de omissão.

d) Em matéria de responsabilidade civil do Estado, é possível a cumulação de indenizações por dano material e dano moral que decorram de um só fato.

e) Como a responsabilidade do poder público só se configura em face de atos lícitos, os atos contrários à lei, à moral ou ao direito podem gerar a responsabilidade penal e civil do agente público, mas não a responsabilidade civil do Estado.

1089. (TRT/2R/Juiz/2000) A indenização por dano moral, segundo a jurisprudência:

a) pode ser cumulada com a indenização por dano material, mas não beneficia pessoa jurídica.

b) não pode ser cumulada com indenização por dano material, mas beneficia pessoa jurídica.

c) não pode ser cumulada com a indenização por dano material e beneficia também pessoa jurídica.

d) pode ser cumulada com a indenização por dano material e beneficia também pessoa jurídica.

Súmula STJ 227. *A pessoa jurídica pode sofrer dano moral.*

1090. **(Cespe/MP/RO/Promotor/2008)** Os direitos humanos na CF têm como função a limitação do poder e a promoção da dignidade da pessoa humana. Nesse contexto, assinale a opção correta a respeito dos direitos consagrados na CF à luz do texto constitucional e da jurisprudência do STF.

a) O art. 5º da CF prevê que ninguém pode ser submetido a tortura nem a tratamento desumano ou degradante. Entretanto, esse dispositivo não tem aplicabilidade imediata devido ao fato de não ter sido regulamentado no plano infraconstitucional.

b) Os direitos à intimidade e à própria imagem formam a proteção constitucional à vida privada. Essa proteção da vida privada não abrange as pessoas jurídicas.

c) O preceito constitucional que consagra a inviolabilidade do domicílio não admite hipóteses de exceção e invasão da cabana dos mais frágeis.

d) A possibilidade de quebra de sigilo bancário diretamente por parte do MP, quando se tratar de envolvimento de dinheiro ou verbas públicas, foi aceita pelo STF com base no poder de requisição ministerial e na publicidade dos atos governamentais.

e) A interceptação telefônica para captação e gravação de conversa telefônica por terceira pessoa, sem o conhecimento de quaisquer dos interlocutores ou da justiça, não afronta o texto constitucional.

1091. **(Cespe/TRE/BA/Analista/2010)** Os partidos políticos são pessoas jurídicas e, nessa qualidade, estão sujeitos a sofrer danos morais em sua denominada honra objetiva, sujeitando o ofensor à reparação civil dos danos causados.

1092. **(FGV/OAB/2009-1)** No tocante às relações de consumo, é correto afirmar que:

a) a pessoa jurídica não sofre dano moral indenizável.

b) é isento de responsabilidade o fornecedor que não tenha conhecimento dos vícios de qualidade por inadequação de produtos e serviços de consumo.

c) a reparação do dano moral coletivo está prevista no Código de Defesa do Consumidor.

d) a interpretação das cláusulas contratuais deve ocorrer de forma a não favorecer nem prejudicar o consumidor.

1093. **(Cespe/MPU/Analista/2013)** A pessoa jurídica pode sofrer dano moral nos casos de violação à sua honra subjetiva.

1094. **(FCC/Sefaz/SP/AgenteFiscal/2013)** No tocante às pessoas naturais e jurídicas:

a) A existência legal das pessoas jurídicas de direito privado começa com o início efetivo de suas atividades civis ou empresariais.

b) As autarquias, União, Estados e Municípios, bem como os partidos políticos, são pessoas jurídicas de direito público interno.

c) As associações, as fundações, as organizações religiosas, os partidos políticos e as empresas individuais de responsabilidade limitada são pessoas jurídicas de direito privado.

d) A personalidade civil da pessoa natural começa do nascimento com vida, evento a partir do qual serão protegidos também os direitos do nascituro.

e) Somente as pessoas naturais possuem atributos da personalidade e, assim, apenas elas podem sofrer danos morais.

1095. **(Cespe/TCU/Auditor/2013)** O dano moral se refere a um prejuízo que atinge o patrimônio incorpóreo de uma pessoa natural, vinculado aos direitos de personalidade, de índole essencialmente subjetiva, razão pela qual não pode atingir a pessoa jurídica.

Súmula STJ 281. *A indenização por dano moral não está sujeita à tarifação prevista na Lei de Imprensa.*

1096. **(Cespe/MPE/PI/Promotor/2013)** Com relação aos direitos da personalidade, assinale a opção correta.

a) Ainda que provoque excepcional angústia em algum dos contratantes, o inadimplemento contratual não constitui argumento justificador de violação de direitos da personalidade.

b) Segundo entendimento do STJ, havendo violação de direito da personalidade por meio de tortura em período de exceção, configura-se

CAPÍTULO 2 - DIREITO CIVIL

hipótese de pretensão indenizatória impres-critível.

c) No Código Civil, adota-se a tese de que os direitos da personalidade são absolutamente indisponíveis.

d) Conforme jurisprudência do STJ, a indenização por dano moral está sujeita à tarifação prevista na Lei de Imprensa.

e) É vedada a cumulação, na mesma condenação, de indenizações por dano estético e dano moral.

> **Súmula STJ 362.** *A correção monetária do valor da indenização do dano moral incide desde a data do arbitramento.*

Súmula anotada em Direito Civil – Do Direito das Obrigações – Da Responsabilidade Civil – Cálculo de Indenização.

> **Súmula STJ 370.** *Caracteriza dano moral a apresentação antecipada de cheque pré-datado.*

1097. (Cespe/Bacen/Procurador/2009)

Os cheques pré-datados são amplamente utilizados no comércio para a realização de pagamentos, mormente operações de compra e venda mercantis. A respeito desse costume, assinale a opção correta.

a) Apesar de os costumes serem considerados fontes indiretas do direito empresarial, a utilização dos cheques pré-datados não é admitida pelo ordenamento jurídico ou pelos tribunais brasileiros, pois, segundo a Lei n. 7.357/1985, o cheque é ordem de pagamento à vista.

b) É entendimento sumulado do STJ que a apresentação antecipada do cheque pré-datado causa dano moral por quebra do acordo entre partes e ofensa à boa-fé objetiva.

c) Durante o prazo de apresentação do cheque, o emitente pode fazer sustar o seu pagamento, manifestando ao sacado (instituição financeira), por escrito, oposição fundada em relevante razão de direito, devendo a instituição julgar como cabível, ou não, a relevância das razões invocadas como motivo da sustação ou oposição.

d) O banco sacado que paga cheque à ordem é obrigado a verificar a regularidade da série de endossos, mas não a autenticidade das assinaturas dos endossantes. Por isso, não responde pelo pagamento do cheque falso, falsificado ou alterado.

e) Prescrito o cheque, o que ocorre após seis meses da expiração do prazo de apresentação, não cabe mais ação cambial e resta como única alternativa a ação de enriquecimento contra o emitente ou outros obrigados, que se locupletaram injustamente com o não pagamento do cheque.

1098. (FCC/DPE/PA/Defensor/2009)

Por ser o cheque uma ordem de pagamento a vista:

a) é ilegal a emissão de cheque pós-datado, que não gera qualquer efeito jurídico ao emitente ou ao beneficiário.

b) embora a pós datação não produza efeito cambial, pode gerar efeitos reparatórios civis se a data futura não foi obedecida pelo beneficiário, por lesão à boa fé objetiva.

c) como a pós datação não produz efeito cambial, também não pode gerar efeitos reparatórios civis se a data futura não for obedecida pelo beneficiário.

d) a pós datação gera efeitos cambiais, por isso sendo obstada a apresentação do título a pagamento antes da data futura aposta.

e) o postulado da questão é parcialmente verdadeiro, pois a natureza do cheque permite que seja tanto uma ordem de pagamento a vista como um título de crédito a prazo.

1099. (TJ/DFT/Juiz/2012)

Julgue os itens a seguir:

I. Sócrates, na qualidade de servidor público, obstou a promoção funcional de Thêmis, por entender que uma pessoa negra não poderia ocupar um cargo de chefia na Administração Indireta. Na hipótese de restar procedente a pretensão punitiva estatal, o Juiz deverá condenar Sócrates por crime resultante de preconceito de raça ou de cor (Lei n. 7.716/89 e suas alterações), decretando a perda de seu cargo ou função pública como efeito automático da condenação.

II. Aristóteles emitiu um cheque "pré-datado" como garantia de dívida, o qual, ao ser depositado por seu credor, foi devolvido por insuficiente provisão de fundos. Na hipótese de restarem comprovados os fatos, o Juiz deverá condenar Aristóteles como incurso nas penas do art. 171, § 2º, inciso VI, do CP (estelionato na modalidade fraude no pagamento por meio de cheque).

III. Platão, brasileiro, maior e capaz, no dia em que seu pai completava 49 (quarenta e nove) anos de idade, subtraiu um "tablet" de propriedade de seu genitor, com o intuito de vendê-lo para pagar uma dívida contraída com sua namorada. Nessa hipótese, Platão será isento de pena.

IV. Afrodite, auxiliar de cozinha, após ser chamada de "cozinheira ridícula de meia-tigela" por alguns de seus colegas de trabalho, ajuizou queixa-crime em desfavor de Medusa, Pandora e Poseidon, todos maiores e capazes. No curso da ação penal, Afrodite iniciou um relacionamento amoroso com Poseidon e, em razão disso, desistiu de prosseguir na ação penal exclusivamente em relação a ele, o qual aceitou formalmente o perdão concedido. Afrodite, no entanto, manifestou interesse em que as demais quereladas fossem efetivamente punidas, mesmo sabendo que elas também concordavam com a desistência no prosseguimento do feito. Nessa hipótese, o Juiz não poderá dar prosseguimento ao feito em desfavor de Medusa e Pandora.

Estão corretos apenas os itens:

a) I e II.

b) I e IV.

c) II e III.

d) III e IV.

1100. (Cespe/CâmaraDeputados/Analista/2014) Conforme a jurisprudência do STJ, a mera apresentação antecipada de cheque pré-datado não configura dano moral.

> ***Súmula STJ 387.*** *É lícita a cumulação das indenizações de dano estético e dano moral.*

1101. (Cespe/PGM/Vitória/Procurador/2008) No campo jurídico, quando algo provoca defeito na aparência da vítima que seja capaz de extrapolar os limites da dor moral, fica caracterizado o dano estético. A indenização por esse dano é vinculada e integra a indenização por dano moral, tornando, assim, licitamente impossível a cumulação de ambos, ainda que esses danos sejam decorrentes do mesmo fato.

1102. (Cespe/Petrobras/Advogado/2007) Na responsabilidade civil por ato ilícito, não se admite a cumulação da indenização por danos moral e estético, ainda que decorrentes do mesmo fato ou de causalidade múltipla ou, ainda, quando tiverem causas autônomas, pois o fundamento do dano moral é o próprio dano estético, que geraria, assim, uma dupla condenação pelo mesmo fato.

1103. (Cespe/TJ/AC/Juiz/2007) O entendimento jurisprudencial do STJ é no sentido de que não são cumuláveis indenizações por danos morais e estéticos.

1104. (FGV/OAB/2011-2) João trafegava com seu veículo com velocidade incompatível para o local e avançou o sinal vermelho. José, que atravessava normalmente na faixa de pedestre, foi atropelado por João, sofrendo vários ferimentos. Para se recuperar, José, trabalhador autônomo, teve que ficar internado por 10 dias, sem possibilidade de trabalhar, além de ter ficado com várias cicatrizes no corpo. Em virtude do ocorrido, José ajuizou ação, pleiteando danos morais, estéticos e materiais. Com base na situação acima, assinale a alternativa correta.

a) José não poderá receber a indenização na forma pleiteada, já que o dano moral e o dano estético são inacumuláveis. Assim, terá direito apenas ao dano moral, em razão do sofrimento e das cicatrizes, e ao dano material, em razão do tempo que ficou sem trabalhar.

b) José terá direito apenas ao dano moral, já que o tempo que ficou sem trabalhar é considerado lucros cessantes, os quais não foram expressamente requeridos, e não podem ser concedidos. Quanto ao dano estético, esse é inacumulável com o dano moral, já estando incluído neste.

c) José terá direito a receber a indenização na forma pleiteada: o dano moral em razão das lesões e do sofrimento por ele sentido, o dano material em virtude do tempo que ficou sem trabalhar e o dano estético em razão das cicatrizes com que ficou.

d) José terá direito apenas ao dano moral, em razão do sofrimento, e ao dano estético, em razão das cicatrizes. Quanto ao tempo em que ficou sem trabalhar, isso se traduz em lucros cessantes, que não foram pedidos, não podendo ser concedidos.

> **Súmula STJ 388.** *A simples devolução indevida de cheque caracteriza dano moral.*

1105. (Cespe/IPAJM/Advogado/2010)

A respeito da responsabilidade civil de bancos e instituições financeiras, assinale a opção correta.

a) Conforme entendimento do STJ, o Código de Defesa do Consumidor não se aplica às instituições financeiras.

b) Falha no sistema informatizado, ainda que comprovada, não desobriga o banco de indenizar o correntista pela indevida devolução de cheque.

c) Em regra, o correntista é responsável pelo pagamento de cheque falso.

d) A responsabilidade pelos bens guardados nos cofres dessas instituições somente será afastada por caso fortuito ou força maior.

e) O banco não é responsável por morte de cliente vítima de tiros desferidos em assalto à agência financeira.

> **Súmula STJ 402.** *O contrato de seguro por danos pessoais compreende os danos morais, salvo cláusula expressa de exclusão.*

Súmula anotada em Direito Civil – Do Direito das Obrigações – Das Várias Espécies de Contrato – Do Seguro.

> **Súmula STJ 403.** *Independe de prova do prejuízo a indenização pela publicação não autorizada de imagem de pessoa com fins econômicos ou comerciais.*

1106. (Cespe/Detran/ES/Advogado/2010)

A indenização decorrente de publicação não autorizada, com fins econômicos ou comerciais, de imagem de pessoa independe de prova do prejuízo.

1107. (Cespe/CEF/Advogado/2010)

Com relação aos atos jurídicos ilícitos, à responsabilidade civil do Estado e do particular, ao direito das obrigações e dos contratos e à responsabilidade civil por dano causado ao meio ambiente, assinale a opção correta.

a) É indevida a transmissão do direito patrimonial de exigir a reparação do dano moral decorrente de ato ilícito já que os herdeiros não sucedem na dor, no sofrimento, na angústia e(ou) no aborrecimento suportados pelo ofendido e, além do mais, os sentimentos não constituem um bem capaz de integrar o patrimônio do de cujus.

b) A embriaguez do segurado, por si só, não enseja a exclusão da responsabilidade da seguradora prevista no contrato de seguro de veículo, ficando condicionada a perda da cobertura à efetiva constatação de que o agravamento do risco foi condição determinante para a ocorrência do sinistro.

c) Não se pode responsabilizar por dano causado ao meio ambiente o novo proprietário de área de reserva florestal legal já desbastada, pois não há nexo de causalidade entre a sua conduta e o resultado danoso.

d) A indenização pela publicação não autorizada de imagem de pessoa, com fins econômicos ou comerciais, depende de prova concreta do prejuízo.

e) O artigo 940 do Código Civil, que trata da responsabilidade civil do credor por dívida já solvida ou por quantia superior à devida, é aplicável independentemente da alegação de ter agido de má-fé.

1108. (Cespe/MC/Direito/2013)

Violado direito da personalidade, configura-se o dano moral, que é, no caso, presumido ante a simples lesão ao bem jurídico tutelado.

1109. (TRT/2R/Juiz/2015)

À luz da jurisprudência consolidada do Superior Tribunal de Justiça, em matéria de responsabilidade civil, analise as seguintes proposições:

I. A indenização por publicação não autorizada de imagem de pessoa com fim econômico ou comercial independente de prova do prejuízo.

II. Nas ações de indenização, se o pedido for julgado procedente, é necessária a constituição de capital ou caução fidejussória para a garantia de pagamento de pensão, exceto se o demandado possuir notória condição econômica.

III. A mera apresentação antecipada de cheque "pré-datado" não enseja indenização por dano moral.

IV. Nas indenizações por dano moral, a correção monetária incide desde a data da citação.

V. O contrato de seguro por danos pessoais compreende os danos morais, salvo cláusula expressa de exclusão.

a) Somente as proposições I e III estão incorretas.

b) Somente as proposições I e V estão corretas.

c) Somente as proposições III e IV estão corretas.

d) Somente as proposições II e V estão incorretas.

e) Somente as proposições II e IV estão corretas.

> **Súmula STJ 420.** *Incabível, em embargos de divergência, discutir o valor de indenização por danos morais.*

Súmula anotada em Direito Processual Civil – Dos Processos nos Tribunais e dos Meios de Impugnação das Decisões Judiciais – Dos Recursos – Dos Embargos de Divergência.

3.3.4. Furto em Estacionamento

> **Súmula STJ 130.** *A empresa responde, perante o cliente, pela reparação de dano ou furto de veículo ocorridos em seu estacionamento.*

1110. **(Cespe/DPE/ES/Defensor/2009)** Se uma empresa de guarda e estacionamento de veículos tiver advertido, previamente, um usuário daquele serviço de que não se responsabilizaria pelos valores ou objetos pessoais deixados no interior do automóvel, não haverá, por parte da empresa, obrigação de indenizar o usuário.

1111. **(FGV/TJ/AM/Juiz/2013)** Chegando ao shopping center, João deixa seu veículo no estacionamento que o estabelecimento disponibiliza para comodidade dos seus clientes, com vigilância terceirizada. Sem nada adquirir, João decide ir embora. Chegando ao estacionamento, descobre que seu veículo foi furtado. Inconformado com o ocorrido, João ingressa com ação judicial imputando responsabilidade civil ao shopping center. Segundo a posição do STJ sobre o tema, assinale a afirmativa correta.

a) João não se enquadra no conceito de consumidor, na forma do Art. 2º do CDC, pois não houve aquisição de qualquer produto ou serviço como destinatário final, durante o período em que esteve no shopping.

b) O shopping não pode ser responsabilizado se houver prévia e expressa comunicação ao proprietário do veículo, no comprovante de estacionamento entregue no momento do ingresso, de cláusula de exoneração de responsabilidade por quaisquer danos ao veículo.

c) A hipótese aborda responsabilidade subjetiva, que depende da verificação da culpa do estabelecimento, porquanto o shopping center, "in casu", não pode ser enquadrado no conceito de fornecedor de que trata o Art. 3º do CDC, §§ 1º e 2º.

d) Embora haja relação de consumo, a responsabilidade civil não pode ser atribuída ao shopping, mas sim à empresa de vigilância terceirizada.

e) A questão da aquisição de bens ou serviços por João, para efeito da responsabilidade civil, é irrelevante, isso porque o shopping, ao oferecer local presumivelmente seguro para estacionamento, assume obrigação de guarda e vigilância, o que o torna civilmente responsável por furto de veículo ali ocorrido.

3.3.5. Lei de Imprensa

> **Súmula STJ 221.** *São civilmente responsáveis pelo ressarcimento de dano, decorrente de publicação pela imprensa, tanto o autor do escrito quanto o proprietário do veículo de divulgação.*

1112. **(TRT/23R/Juiz/2008)** Analise as proposições a assinale a alternativa correta:

I. sendo resolutiva a condição, enquanto esta não se realizar, não se perfectibilizará o negócio jurídico.

II. em relação aos defeitos do negócio jurídico, ocorre a lesão quando uma pessoa, sob premente necessidade, ou por inexperiência, se obriga a prestação manifestamente desproporcional ao valor da prestação oposta.

III. na compra e venda de imóveis, na modalidade "ad mensuram" (por medida), o comprador tem direito a complementação da área ou a redução do preço, se a respectiva área não corresponder às dimensões dadas, ao contrário do que ocorre na modalidade de compra e venda "ad corpus" (coisa certa), que não haverá complemento de área, nem devolução de excesso.

IV. são civilmente responsáveis pelo ressarcimento de dano, decorrente de publicação pela

CAPÍTULO 2 - DIREITO CIVIL

imprensa, tanto o autor do escrito quanto o proprietário do veículo de divulgação.

a) todas as opções estão corretas.

b) apenas três opções estão corretas.

c) apenas duas opções estão corretas.

d) apenas uma opção está correta.

> **Súmula STJ 281.** *A indenização por dano moral não está sujeita à tarifação prevista na Lei de Imprensa.*

Súmula anotada em Direito Civil – Do Direito das Obrigações – Da Responsabilidade Civil – Dano Moral.

3.3.6. Seguro Facultativo

> **Súmula STJ 529.** *No seguro de responsabilidade civil facultativo, não cabe o ajuizamento de ação pelo terceiro prejudicado direta e exclusivamente em face da seguradora do apontado causador do dano.*

1113. **(FCC/PGM/Campinas/Procurador/2016)** Marcel abalroou o veículo de Henrique, que sofreu danos materiais. Visando à reparação do dano, Henrique acionou direta e exclusivamente a seguradora de Marcel. De acordo com o Código Civil e com jurisprudência consolidada do Superior Tribunal de Justiça,

a) não pode Henrique acionar direta e exclusivamente a seguradora.

b) o Juiz deverá, de ofício, incluir no polo passivo da ação a pessoa de Marcel, o qual responderá, solidariamente com a seguradora, pelos danos que houver causado culposamente a Henrique.

c) a obrigação da seguradora é aferida independentemente da responsabilidade civil do segurado.

d) a seguradora responderá de maneira objetiva, no âmbito de referida ação, se ficar comprovado que Marcel agiu com culpa.

e) a seguradora responderá de maneira objetiva, no âmbito de referida ação, independentemente de prova de que Marcel agiu com culpa.

4. DO DIREITO DAS COISAS

4.1. Da Propriedade

> **Súmula STJ 260.** *A convenção de condomínio aprovada, ainda que sem registro, é eficaz para regular as relações entre os condôminos.*

1114. **(Fumarc/TJ/MG/Cartórios/2012)** De acordo com o Código Civil, as disposições da Convenção de Condomínio edilício obrigam a todos os condôminos a respeitá-la. Para ser oponível contra terceiros, o ato convencional deverá ser inscrito, obrigatoriamente, no Cartório

a) de Pessoas Jurídicas.

b) de Registro de Imóveis.

c) de Tabelionato de Notas.

d) de Registro de Títulos e Documentos.

1115. **(FCC/ALE/PB/Procurador/2013)** Quanto ao condomínio em edificações, é correto afirmar:

a) A convenção que constitui o condomínio edilício deve ser subscrita pelos titulares de, no mínimo, três quartos das frações ideais, tornando-se obrigatória contra terceiros a partir do Registro no Cartório Imobiliário.

b) Institui-se o condomínio edilício exclusivamente por ato entre vivos, registrado no Cartório de Registro de Imóveis.

c) A convenção condominial deve necessariamente ser feita por escritura pública.

d) O condômino, ou possuidor, que não cumpre reiteradamente com os seus deveres perante o condomínio poderá, por deliberação de três quartos dos condôminos restantes, ser constrangido a pagar multa correspondente até ao quíntuplo do valor atribuído à contribuição para as despesas condominiais, conforme a gravidade das faltas e a reiteração, independentemente das perdas e danos que se apurem.

e) Não é permitido ao condômino alienar parte acessória de sua unidade imobiliária, seja a outros condôminos, seja a terceiros, pois o acessório vincula-se ao principal.

1116. **(Ieses/TJ/RN/Cartórios/2012)** Do condomínio edilício, assinale a assertiva correta:

a) Para ser oponível contra terceiros, a convenção do condomínio não necessita ser registrada no

Cartório de Registro de Imóveis, necessitando apenas estar disponível aos proprietários de suas unidades imobiliárias.

b) Qualquer unidade imobiliária pode ser privada do acesso ao logradouro público.

c) A convenção de condomínio aprovada, ainda que sem registro, é eficaz para regular as relações entre os condôminos.

d) O terraço de cobertura é parte comum, devendo sempre constar na escritura de constituição do condomínio tal fato.

4.2. Da Hipoteca

> **Súmula STJ 308.** *A hipoteca firmada entre a construtora e o agente financeiro, anterior ou posterior à celebração da promessa de compra e venda, não tem eficácia perante os adquirentes do imóvel.*

1117. **(Cespe/AGU/Procurador/2007)** Segundo a Súmula do STJ, a hipoteca firmada entre a construtora e o agente financeiro, anterior ou posteriormente à celebração da promessa de compra e venda, não tem eficácia perante os adquirentes do imóvel.

1118. **(Vunesp/DPE/MS/Defensor/2008)** José e Maria transferiram o domínio de um terreno à Construtora X por meio de escritura pública, livre e desembaraçado de quaisquer ônus. A construtora, a fim de garantir o financiamento da construção do edifício projetado sobre o terreno, para fins não residenciais, deu o imóvel em garantia ao Banco Y, que liberaria o ônus, assim que quitado o empréstimo. Para o pagamento do terreno, José e Maria receberiam 4 unidades a serem construídas, sendo que ao final, receberam as unidades hipotecadas, em virtude de que a construtora não quitou o débito com o banco. Diante desse fato, indique a alternativa correta.

a) É possível a execução da hipoteca, em razão da inadimplência da construtora.

b) A hipoteca, mesmo posterior, não tem eficácia perante a permuta havida.

c) O ônus hipotecário abrange somente o terreno e não as unidades construídas.

d) A hipoteca não poderá ser extinta, ainda que haja remição do devedor.

1119. **(Vunesp/CâmaraMunicipal/São-Paulo/Procurador/2007)** João Carlos, por compromisso de compra e venda, adquiriu os direitos sobre um apartamento da Construtora Nova Aurora, que por ela estava hipotecado ao Banco São José. Diante desse fato, é correto afirmar que:

a) a hipoteca firmada entre a construtora e o banco não tem eficácia perante João Carlos.

b) o pagamento das prestações importa em exoneração correspondente da garantia.

c) não paga a dívida, poderá o banco ficar com o imóvel dado em garantia, desde que haja cláusula que o autorize.

d) o credor hipotecário não tem direito de sequela, exceto se o contrato declarar ser oponível contra terceiros.

e) João Carlos é o sucessor hipotecário e não pode remir parcialmente a hipoteca, mas apenas em sua integralidade.

1120. **(Cespe/TRE/MS/Analista/2013)** A respeito dos direitos reais, assinale a opção correta.

a) Aquele que, trabalhando em matéria-prima totalmente alheia, obtiver espécie nova a perderá para o dono do material utilizado, ainda que haja boa-fé.

b) De acordo com a jurisprudência do Superior Tribunal de Justiça, a hipoteca firmada entre a construtora e o agente financeiro, anterior ou posteriormente à celebração da promessa de compra e venda, não tem eficácia perante os adquirentes do imóvel.

c) O exercício do usufruto não pode ser transferido a título oneroso.

d) É possível a estipulação de cláusula que proíba o proprietário de alienar o imóvel hipotecado.

e) Os encargos e tributos que incidirem sobre imóvel que esteja sob o regime de exercício do direito de superfície permanecerão a cargo do proprietário e não do superficiário.

5. DO DIREITO DE FAMÍLIA

5.1. Alimentos

> **Súmula STJ 358.** *O cancelamento de pensão alimentícia de filho que atingiu a maioridade está sujeito à decisão judicial, mediante contraditório, ainda que nos próprios autos.*

1121. (InstitutoCidades/DPE/AM/Defensor/2011) Ao Superior Tribunal de Justiça compete uniformizar e interpretar as normas de processo civil. Segundo sua jurisprudência, é incorreto afirmar

a) O prazo decadencial da ação rescisória só se inicia quando não for cabível qualquer recurso do último pronunciamento judicial.

b) A prévia intimação pessoal do devedor não é condição necessária para a cobrança de multa pelo descumprimento de obrigação de fazer ou não fazer.

c) O cancelamento de pensão alimentícia de filho que atingiu a maioridade está sujeito à decisão judicial, mediante contraditório, ainda que nos próprios autos.

d) A competência para processar e julgar as ações conexas de interesse de menor é, em princípio, do foro do domicílio do detentor de sua guarda.

e) Compete à turma recursal processar e julgar o mandado de segurança contra ato de juizado especial.

1122. (Cespe/TJ/SE/Cartórios/2014) A respeito das ações de investigação de paternidade e alimentos, assinale a opção correta com base na jurisprudência dominante do STJ.

a) Transmitem-se aos herdeiros do devedor de alimentos as prestações vencidas e não pagas, na força da herança, extinguindo-se a obrigação alimentar em virtude da morte.

b) O adimplemento da maioridade faz cessar automaticamente a obrigação do genitor de prestar alimentos ao filho.

c) Por tratar de direito personalíssimo, a ação de investigação de paternidade é imprescritível, sendo a sentença de cunho declaratório.

d) O direito próprio e personalíssimo de pleitear a declaração do parentesco não vai além do primeiro grau e, portanto, os netos não podem requerê-la em face do avô, ou dos herdeiros deste.

e) É incabível relativizar a coisa julgada em ação de investigação de paternidade com sentença definitiva, ainda que não tenha sido realizado exame pericial de DNA.

1123. (FCC/DPE/CE/Defensor/2014) Quando João completou 18 anos, Renato, seu pai, parou automaticamente de lhe pagar pensão alimentícia sob o argumento de que

o filho já seria maior de idade, além de possuir condições para trabalhar. De acordo com Súmula do Superior Tribunal de Justiça, a postura de Renato é:

a) incorreta, pois o dever de alimentar cessa, automaticamente, apenas com a conclusão dos estudos universitários.

b) incorreta, pois a menoridade cessa aos 21 anos completos.

c) incorreta, pois, mesmo no caso de atingimento da maioridade, o cancelamento de pensão alimentícia demanda prévia decisão judicial.

d) correta, pois, com a maioridade, cessa o dever alimentar, independentemente de decisão judicial.

e) correta, pois a capacidade para o trabalho desobriga o alimentante de pagar pensão alimentícia, independentemente de prévia decisão judicial.

5.2. Bem de Família

> **Súmula STJ 364.** *O conceito de impenhorabilidade de bem de família abrange também o imóvel pertencente a pessoas solteiras, separadas e viúvas.*

1124. (Ieses/TJ/RO/cartórios/2012) Sobre liquidação de sentença e cumprimento de sentença, assinale a assertiva correta:

a) Far-se-á a liquidação por artigos, determinado pela sentença ou convencionado pelas partes.

b) A sentença arbitral não configura título executivo judicial.

c) O conceito de impenhorabilidade de bem de família abrange também o imóvel pertencente a pessoas solteiras, separadas ou viúvas.

d) Da decisão de liquidação caberá apelação.

1125. (Upenet/PGE/PE/Advogado/2012) Julgue as afirmativas a seguir e assinale a correta:

a) Aquele que exercer, por 5 anos ininterruptamente e sem oposição, posse direta, com exclusividade, sobre imóvel urbano de até 250m² cuja propriedade divida com ex-cônjuge ou ex-companheiro que abandonou o lar, utilizando-o para sua moradia ou de sua família, adquirir-lhe-á o domínio integral, desde que não seja proprietário de outro imóvel urbano ou rural.

b) O conceito de impenhorabilidade de bem de família abrange também o imóvel pertencente a pessoas solteiras, separadas e viúvas.

c) O usufrutuário tem direito à posse, uso, administração, mas não, a percepção dos frutos.

d) É nulo de pleno direito o negócio concluído pelo representante em conflito de interesses com o representado, se tal fato era ou devia ser do conhecimento de quem com aquele tratou.

e) O credor da hipoteca legal, ou quem o represente, não poderá, mesmo provando a insuficiência dos imóveis especializados, exigir do devedor que seja reforçado com outros.

1126. (Vunesp/TJ/SP/Juiz/2013) No que concerne ao bem de família, assinale a resposta correta consoante a Lei n. 8.009 e a jurisprudência do STJ.

a) A vaga de garagem, ainda que possua matrícula própria no registro de imóveis, constitui bem de família para efeito de penhora.

b) O conceito de impenhorabilidade do bem de família abrange as benfeitorias de qualquer natureza, equipamentos, inclusive veículos de transporte, móveis que guarnecem a casa e obras de arte.

c) O conceito de impenhorabilidade do bem de família não abrange o imóvel pertencente a pessoas solteiras, viúvas e separadas.

d) É impenhorável o único imóvel residencial do devedor que esteja locado a terceiros, desde que a renda obtida com a locação seja revertida para a subsistência ou a moradia da sua família.

> *Súmula STJ 449. A vaga de garagem que possui matrícula própria no registro de imóveis não constitui bem de família para efeito de penhora.*

1127. (FCC/TJ/PE/Cartórios/Remoção/2013) Analise as seguintes assertivas sobre os bens de família:

I. O único imóvel residencial do devedor que esteja locado a terceiros é impenhorável, desde que a renda obtida com a locação seja revertida para a subsistência da família ou para o pagamento de outra moradia.

II. O conceito de impenhorabilidade de bem de família abrange também o imóvel pertencente a pessoas solteiras, separadas e viúvas.

III. A vaga de garagem que possui matrícula própria no registro de imóveis não constitui bem de família para efeito de penhora.

De acordo com o entendimento sumulado do Superior Tribunal de Justiça está correto o que se afirma em:

a) II, apenas.

b) I e II, apenas.

c) II e III, apenas.

d) I e III, apenas.

e) I, II e III.

1128. (FCC/TJ/PE/Juiz/2015) De acordo com súmula do STJ sobre matéria processual:

a) a vaga de garagem que possui matrícula própria no registro de imóveis constitui bem de família para efeito de penhora.

b) o Ministério Público tem legitimidade para pleitear, em ação civil pública, a indenização do seguro obrigatório decorrente de acidente de veículo (DPVAT) em benefício do segurado.

c) os honorários sucumbenciais, quando omitidos em decisão transitada em julgado, podem ser cobrados em execução ou ação própria.

d) é ilegítima a penhora da sede do estabelecimento comercial

e) a citação postal, quando autorizada por lei, exige o aviso de recebimento.

1129. (MPE/PR/Promotor/2014) Não é súmula do Superior Tribunal de Justiça:

a) A hipoteca firmada entre a construtora e o agente financeiro, anterior ou posterior à celebração da promessa de compra e venda, não tem eficácia perante os adquirentes do imóvel.

b) O direito à adjudicação compulsória não se condiciona ao registro do compromisso de compra e venda no cartório de imóveis.

c) Caracteriza dano moral a apresentação antecipada de cheque pré-datado.

d) O conceito de impenhorabilidade do bem de família abrange também o imóvel pertencente a pessoas solteiras, separadas e viúvas.

e) A vaga de garagem que possui matrícula própria no registro de imóveis constitui bem de família para efeito de penhora.

CAPÍTULO 2 - DIREITO CIVIL

Súmula STJ 486. *É impenhorável o único imó-vel residencial do devedor que esteja locado a terceiros, desde que a renda obtida com a locação seja revertida para a subsistência ou a moradia da sua família.*

Súmula anotada em Direito Processual Civil – Do Processo de Execução – Das Diversas Espécies de Execução – Da Execução por Quantia Certa.

Súmula STJ 549. *É válida a penhora de bem de família pertencente a fiador de contrato de locação.*

1130. (FCC/PGM/Campinas/Procura-dor/2016) Carlos alugou, tendo como fiador Paulo, imóvel residencial pertencente a Fábio, deixando de honrar o pagamento dos alu-guéis. Em razão do inadimplemento, Fábio ajuizou ação contra ambos, Carlos e Paulo, a qual foi jul-gada procedente. Na fase de cumprimento de sen-tença, Fábio requereu a penhora do único imóvel residencial de Paulo, no qual reside com sua família. Requereu também a penhora do único imóvel resi-dencial de Carlos, o qual este alugou a terceiros para obtenção de renda necessária à moradia e subsistência de sua família. De acordo com jurispru-dência dominante do Superior Tribunal de Justiça, é

a) inválida a penhora de ambos os imóveis, devendo recair sobre a renda do bem de Car-los, em sua totalidade.

b) inválida a penhora do bem de Paulo e válida a do bem de Carlos.

c) válida a penhora de ambos os imóveis.

d) inválida a penhora de ambos os imóveis, não podendo recair nem sequer sobre a renda do bem de Carlos.

e) válida a penhora do bem de Paulo e inválida a do bem de Carlos.

1131. (FCC/TRT/6R/Juiz/2013) Podem os cônjuges ou a entidade familiar destinar parte de seu patrimônio para instituir bem de família, desde que não ultrapasse um terço do patrimônio líquido existente ao tempo da institui-ção.

a) mediante escritura pública ou testamento, que apenas consistirá do imóvel de menor valor, entre os de propriedade do instituidor, compa-tível com o padrão de vida da família, e esse

bem ficará livre de penhora, salvo em execu-ções por dívidas de alimento, débitos traba-lhistas, indenização por responsabilidade civil e para saldar hipoteca ou satisfazer obrigação decorrente de fiança locatícia.

b) apenas por escritura pública, e consistirá em prédio residencial urbano ou rural, com suas pertenças e acessórios, e poderá abranger valores mobiliários, cuja renda será aplicada na conservação do imóvel e no sustento da família.

c) mediante escritura pública ou instrumento par-ticular, sem prejuízo das regras sobre a impe-nhorabilidade do imóvel residencial estabele-cida em lei especial, que consistirá em prédio residencial urbano ou rural, com suas pertenças e acessórios, e poderá abranger valores mobili-ários, cuja renda será aplicada na conservação do imóvel e no sustento da família.

d) mediante escritura pública ou testamento, sem prejuízo das regras sobre a impenhorabili-dade do imóvel residencial estabelecida em lei especial, que consistirá em prédio residencial urbano ou rural, com suas pertenças e aces-sórios, e poderá abranger valores mobiliários, cuja renda será aplicada na conservação do imóvel e no sustento da família.

e) somente por testamento que consistirá em pré-dio residencial urbano ou rural, com suas per-tenças e acessórios, mas não poderá abranger quaisquer bens móveis de elevado valor, nem aplicações financeiras, exceto para, com sua renda, conservar o imóvel.

1132. (Cespe/DPU/Defensor/2007) De acordo com a jurisprudência do STF, considerando o direito a moradia previsto no art. 6º da CF, o fiador, nos contratos de locação, não poderá ter penhorado o único bem imóvel em que reside, declarado bem de família, para satisfazer o crédito do locador no caso de inadimplemento do locatário.

1133. (Cespe/TJ/BA/Cartórios/2013) Considerando que um casal com dois filhos possua diversos imóveis residenciais e comerciais e resida no imóvel residencial de maior valor, assinale a opção correta, em relação à impe-nhorabilidade do referido imóvel.

a) O bem de família é isento de execução por dívi-das posteriores à sua instituição, não sendo possível a penhora por dívidas decorrentes de fiança em contrato de locação.

b) Mediante escritura pública, o casal poderá instituir o imóvel como bem de família e incluir quantia monetária aplicada em poupança, cuja renda será utilizada na sua conservação e no sustento da família, desde que esses valores não ultrapassem um terço do patrimônio líquido existente ao tempo da instituição do bem de família.

c) A impenhorabilidade do referido imóvel somente poderá ser constituída mediante doação do imóvel aos filhos com cláusula de inalienabilidade, que compreende as de impenhorabilidade e incomunicabilidade.

d) Não é possível estabelecer a impenhorabilidade do imóvel de maior valor, pois, para tanto, seria necessário considerá-lo bem de família, o que só é permitido em relação ao imóvel residencial de menor valor.

e) Caso o imóvel de maior valor seja instituído como bem de família, o casal deverá residir no imóvel para que ele seja impenhorável, não sendo mantida tal condição no caso de locação do imóvel a terceiros, mesmo que a renda obtida com a locação seja revertida para a subsistência ou moradia da família.

1134. **(Cespe/TJ/DFT/Juiz/2016)** A respeito da locação dos imóveis urbanos da Lei 8.245/1991, assinale a opção correta.

a) Conforme entendimento consolidado do STJ, o prazo de prorrogação da ação renovatória é igual ao do contrato de locação, sem limitação de interregno máximo.

b) É assente na jurisprudência do STJ que a cláusula de renúncia à indenização por benfeitorias viola a boa-fé objetiva e rende ensejo à nulidade.

c) Nas locações comerciais, exige-se a anuência do locador no trespasse empreendido pelo locatário, conforme jurisprudência prevalente do STJ.

d) Conforme entendimento do STF, a penhora de bem de família do fiador do contrato de locação viola o direito social à moradia.

e) A responsabilidade dos fiadores, no caso de prorrogação da locação por tempo indeterminado, depende de previsão contratual estabelecendo a manutenção da garantia até a entrega das chaves.

1135. **(Cespe/TJ/DFT/Juiz/2014)** Acerca do direito de propriedade, assinale a opção correta.

a) No caso de iminente perigo público, a autoridade competente poderá utilizar-se de propriedade particular, assegurada ao proprietário indenização ulterior.

b) A penhora de bem de família pertencente ao fiador de contrato de locação inadimplido viola o direito de propriedade e o direito de moradia estabelecidos na CF.

c) Ao estabelecer que a propriedade deve atender à sua função social, a CF legitima a imposição de quaisquer restrições, previstas em lei, ao direito do particular em prol do interesse público.

d) Só a perda da propriedade no final da ação de desapropriação – e não a imissão provisória na posse do imóvel – está compreendida na garantia da justa e prévia indenização.

e) Nos casos de desapropriação de imóvel rural, não cabe pagamento de indenização pelas matas que integrem cobertura vegetal sujeita a preservação permanente.

1136. **(Cespe/TJ/AC/Juiz/2012)** No que se refere ao enfrentamento jurisprudencial do bem de família, assinale a opção correta.

a) A vaga de garagem com matrícula própria no registro de imóveis constitui bem de família para efeito de penhora.

b) O terreno não edificado não caracteriza bem de família, pois não serve à moradia familiar.

c) É inconstitucional a penhora de bem de família do fiador em contrato de locação.

d) Não faz jus aos benefícios da lei que regulamenta o bem de família o devedor que não resida no único imóvel que lhe pertença, só utilizando o valor obtido com a locação desse bem para complementar a renda familiar.

e) A execução de dívida oriunda de pensão alimentícia não pode ensejar a penhorabilidade do bem de família.

5.3. Divórcio

> **Súmula STJ 197.** *O divórcio direto pode ser concedido sem que haja prévia partilha dos bens.*

1137. **(Cespe/DPE/ES/Defensor/2009)** É possível que seja decretado o divórcio de casal sem que haja prévia partilha de bens.

CAPÍTULO 2 - DIREITO CIVIL

1138. (FCC/MPU/Analista/2007) Considere as seguintes assertivas a respeito da dissolução da sociedade e do vínculo conjugal:

I. A separação judicial pode ser pedida se um dos cônjuges provar ruptura da vida em comum há mais de um ano e a impossibilidade de sua reconstituição.

II. A separação judicial põe termo aos deveres de coabitação e fidelidade recíproca e ao regime de bens.

III. O divórcio poderá ser requerido, por um ou por ambos os cônjuges, no caso de comprovada separação de fato por mais de dois anos.

IV. O divórcio não pode ser concedido sem que haja prévia partilha de bens, por expressa disposição legal.

Está correto o que se afirma somente em:

a) I e III.

b) I, II e III.

c) I, II e IV.

d) II, III e IV.

e) III e IV.

1139. (FCC/MPE/PE/Promotor/2008) O divórcio:

a) poderá ser requerido pelos ascendentes, descendentes ou irmãos dos cônjuges, ainda que ambos sejam capazes.

b) não poderá ser concedido sem que haja prévia partilha de bens, ainda que móveis de qualquer natureza.

c) poderá ser requerido pelo curador, pelos ascendentes ou pelo irmão se o cônjuge for incapaz para propor a ação.

d) resultante da conversão da separação judicial dos cônjuges será declarado por sentença, da qual deverá constar a causa que o determinou.

e) modificará os direitos e deveres dos pais em relação aos filhos.

1140. (Ieses/TJ/CE/Cartórios/2011) "A" e "B" são casados há seis meses, não possuem filhos nem bens comuns e desejam por fim ao casamento. Como há consenso entre eles, assinale a opção correta para este casal:

a) O casal terá que propor uma separação judicial litigiosa, eis que estão casados há apenas seis meses.

b) O casal terá que propor o divórcio direto judicial, eis que extrajudicialmente não preenchem os requisitos da legislação em vigor (Lei 11441/07).

c) O casal poderá se separar extrajudicialmente para, posteriormente converter em divórcio.

d) O casal poderá proceder ao divórcio direto extrajudicial.

1141. (Ieses/TJ/MA/Cartórios/2008) Assinale a alternativa correta:

a) A habilitação para o casamento poderá ser dispensada, em caso de urgência.

b) Não é possível a escolha de outro regime de bens na união estável, além do regime legal de comunhão parcial, desde que feito por contrato escrito.

c) Não é possível a realização do divórcio sem a partilha dos bens.

d) A união estável independe de declaração ou contrato escrito para seu reconhecimento.

1142. (Cespe/DPDF/Defensor/2013) Considerando que o estado civil de cada pessoa deve refletir sua realidade afetiva, em detrimento das formalidades e valores essencialmente patrimoniais, o STJ entende que não é necessária a prévia partilha de bens para a conversão da separação judicial em divórcio.

5.4. Investigação de Paternidade

> *Súmula STJ 277. Julgada procedente a investigação de paternidade, os alimentos são devidos a partir da citação.*

1143. (Vunesp/TJ/SP/Juiz/2007) Considere as seguintes afirmações. São corretas apenas:

I. súmula do Superior Tribunal de Justiça adota o entendimento de que, julgada procedente a ação de investigação de paternidade, os alimentos são devidos a partir da citação.

II. súmula do Superior Tribunal de Justiça acolhe a orientação de que o débito alimentar que autoriza a prisão do devedor é o que compreende as três prestações anteriores ao ajuizamento da execução e as que se vencerem no curso do processo.

III. o cônjuge declarado culpado pela separação judicial perderá o direito aos alimentos, ainda que deles venha a necessitar e não tenha parentes em condições de os prestar ou aptidão para o trabalho.

IV. os alimentos, na falta de outros obrigados, podem ser exigidos dos tios.

a) I, II e IV.

b) I, III e IV.

c) II e III.

d) I e II.

> **Súmula STJ 301.** *Em ação investigatória, a recusa do suposto pai a submeter-se ao exame de DNA induz presunção "juris tantum" de paternidade.*

1144. (MPE/SP/Promotor/2005) Assinale a alternativa falsa.

a) Se o filho morrer antes de iniciada a ação de investigação de paternidade, seus herdeiros ficarão inibidos para o ajuizamento, salvo se ele morrer menor e incapaz.

b) Se o filho, de maior ou menor idade, falecer após ajuizada a ação de investigação de paternidade, seus herdeiros poderão dar-lhe prosseguimento, salvo se julgado extinto o processo.

c) Se o suposto pai já for falecido, a ação de investigação de paternidade deverá ser dirigida contra o respectivo espólio.

d) Em ação investigatória, a recusa do suposto pai a submeter-se ao exame de DNA induz presunção "juris tantum" de paternidade.

e) É proibido reconhecer o filho na ata do casamento, para evitar referência a sua origem extramatrimonial.

1145. (Vunesp/TJ/MS/Juiz/2015) Assinale a alternativa correta no que tange às provas e seus meios de produção, de acordo com a legislação civil aplicável e entendimento jurisprudencial sobre a matéria.

a) A confissão prevalece sobre os demais meios de prova e a prova documental, em regra, prevalece sobre a prova testemunhal.

b) Os relativamente incapazes podem ser admitidos como testemunhas, desde que não haja outra causa impeditiva.

c) Admite-se a prova exclusivamente testemunhal para os negócios jurídicos cujo valor não ultrapasse o décuplo do maior salário-mínimo

vigente no país, desde que a testemunha não seja única.

d) Não se presume verdadeiro aquilo que consta em ata notarial, pois a fé pública do notário não alcança esse tipo de documento.

e) A recusa do suposto pai a submeter-se ao exame de DNA implica na presunção "juris et de jure" de paternidade.

6. LEIS CIVIS ESPECIAIS

6.1. Lei de Locações (Lei 8.245/91)

> **Súmula STJ 214.** *O fiador na locação não responde por obrigações resultantes de aditamento ao qual não anuiu.*

1146. (FGV/Badesc/Advogado/2010) Semprônio realiza contrato de mútuo com Terêncio, emprestando a quantia de R$ 20.000,00 para pagamento em dez prestações, incidentes juros legais, sem correção monetária. Para garantir a avença, intercede Esculápio, na condição de fiador, pelo período do contrato, renunciando ao benefício de ordem. No curso da avença, o devedor, por motivos de doença da família, deixa de quitar algumas prestações. Após o período de dificuldades, credor e devedor ajustam a prorrogação do contrato, não informando tal situação ao fiador. Diante do exposto, analise as afirmativas a seguir.

I. O contrato de fiança somente estabelece a responsabilidade do fiador no período avençado no contrato.

II. Mediante aquiescência do credor, do devedor e do fiador, a fiança pode se prorrogada.

III. Não concordando o devedor com a fiança, credor e fiador estão proibidos de estabelecer a referida garantia no contrato.

a) somente a afirmativa I está correta.

b) somente a afirmativa II é verdadeira.

c) as afirmativas I e II são verdadeiras.

d) as afirmativas I e III são verdadeiras.

e) todas as afirmativas são verdadeiras.

1147. (FCC/DPE/CE/Defensor/2014) Ana Paula celebrou promessa de compra e venda de imóvel com "Construtora Agia Certo Ltda.". Esta, por sua vez, ofereceu o bem em hipoteca a "Banco da Construção S.A.", agente financiador do empreendimento. De acordo com Súmula

do Superior Tribunal de Justiça, não pago o débito contraído pela construtora perante o agente financiador:

a) a hipoteca não terá eficácia perante Ana Paula, desde que seja posterior à celebração da promessa de compra e venda.

b) deverá ser dada oportunidade para que Ana Paula pague a respectiva cota-parte da dívida ao agente financiador, mesmo que já tenha sido ajuizada ação para excussão do bem.

c) antes da excussão do bem, deverá ser dada oportunidade para que Ana Paula pague a respectiva cota-parte da dívida ao agente financiador.

d) o bem oferecido em hipoteca poderá ser excutido pelo agente financiador, pois os direitos reais produzem efeitos erga omnes.

e) a hipoteca não terá eficácia perante Ana Paula, mesmo que seja anterior à celebração da promessa de compra e venda

> *Súmula STJ 335. Nos contratos de locação, é válida a cláusula de renúncia à indenização das benfeitorias e ao direito de retenção.*

1148. **(Cespe/OAB/2007)** Com relação a contratos e sucessão, assinale a opção incorreta.

a) Nos contratos de locação, é válida a cláusula de renúncia à indenização das benfeitorias e ao direito de retenção.

b) Desde a abertura da sucessão, pertence ao legatário a coisa certa, existente no acervo, salvo se o legado estiver sob condição suspensiva, não se deferindo de imediato a posse da coisa legada nem podendo o legatário nela entrar por autoridade própria.

c) Será sempre judicial a partilha se algum herdeiro for incapaz.

d) Configura a existência de herança vacante o falecimento de alguém sem deixar herdeiro testamentário ou legítimo notoriamente conhecido.

1149. **(MPE/GO/Promotor/2014)** Sobre os princípios dos contratos, assinale a alternativa falsa:

a) O autocontrato é uma exceção ao pressuposto de alteridade dos contratos.

b) A estipulação em favor de terceiros é uma exceção ao princípio da relatividade dos contratos.

c) Como consequência do princípio da função social é possível ao adquirente acionar o alienante remoto e não apenas o imediato pela evicção

d) Não obstante o Enunciado da Súmula STJ 335, o princípio da função social na sua eficácia interna impede a renúncia antecipada do direito de indenização/retenção em contratos de adesão.

6.2. Lei dos Direitos Autorais (Lei 9.610/98)

> *Súmula STJ 63. São devidos direitos autorais pela retransmissão radiofônica de músicas em estabelecimentos comerciais.*

1150. **(Cespe/Câmara_Deputados/Consultor/2002)** Com relação ao som instalado no restaurante, é correto afirmar que são devidos direitos autorais pela retransmissão radiofônica de músicas em estabelecimentos comerciais, mas somente se houver a cobrança obrigatória de couvert artístico.

> *Súmula STJ 228. É inadmissível o interdito proibitório para a proteção do direito autoral.*

1151. **(FCC/TJ/PE/Cartórios/Ingresso/2013)** Em face do entendimento sumulado:

a) o direito de uso de linha telefônica não pode ser usucapido.

b) em embargos de terceiro não se anula ato jurídico por fraude contra credores.

c) o direito a adjudicação compulsória condiciona-se ao registro do compromisso de compra e venda no Cartório Imobiliário.

d) a ausência de registro de transferência implica a responsabilidade do antigo proprietário por dano resultante de acidente que envolva o veículo alienado.

e) é admissível o interdito proibitório para a proteção do direito autoral.

> **Súmula STJ 261.** *A cobrança de direitos autorais pela retransmissão radiofônica de músicas, em estabelecimentos hoteleiros, deve ser feita conforme a taxa média de utilização do equipamento, apurada em liquidação.*

1152. (Cespe/Câmara_Deputados/Consultor/2002) No caso do som instalado nos quartos do hotel, é correto asseverar que a cobrança de direitos autorais pela retransmissão radiofônica de músicas, em estabelecimentos hoteleiros, deve ser feita conforme a taxa média de utilização do equipamento, apurada em liquidação.

6.3. Lei dos Registros Públicos (Lei 6.015/73)

> **Súmula STJ 375.** *O reconhecimento da fraude à execução depende do registro da penhora do bem alienado ou da prova de má-fé do terceiro adquirente.*

1153. (MPE/SP/Promotor/2015) Assinale a alternativa que contém afirmação incorreta, no que respeita à penhora.

a) O registro da penhora faz prova quanto à fraude de qualquer transação posterior.

b) O reconhecimento da fraude à execução depende do registro da penhora do bem alienado ou da prova de má-fé do terceiro adquirente.

c) O registro da penhora não é requisito para caracterização da fraude à execução.

d) A alienação do bem penhorado em fraude à execução é nula de pleno direito.

e) Ausente o registro da penhora que sofre o bem alienado, deve ser presumida a boa-fé do terceiro que o adquire, salvo se demonstrado o contrário pelo credor-exequente.

1154. (Esaf/PGFN/Procurador/2015) Sobre o instituto da fraude à execução fiscal de créditos tributários da União, assinale a opção correta.

a) Na ausência de citação válida no processo judicial, não é possível cogitar-se fraude à execução.

b) O reconhecimento da fraude à execução, em regra, depende da prova de má-fé do terceiro adquirente.

c) O crédito tributário regularmente inscrito como dívida ativa gera presunção de fraude na alienação ou oneração de bens pelo sujeito passivo em débito com a Fazenda Pública, desde que esteja em fase de execução.

d) Existindo registro da penhora na matrícula do imóvel, é da Fazenda Pública o ônus da prova de que o terceiro adquirente tinha conhecimento de demanda capaz de levar o alienante à insolvência.

e) O crédito tributário regularmente inscrito como dívida ativa gera presunção de fraude na alienação ou oneração de bens pelo sujeito passivo em débito com a Fazenda Pública, ainda que não proposta a execução.

1155. (Vunesp/TJ/SP/Cartórios/2012) João da Silva compra, por meio de escritura pública, imóvel de José dos Santos, situado na Comarca de Campinas, com pagamento à vista do preço. Após a lavratura da escritura de compra e venda e recebimento da posse pelo comprador, o imóvel é penhorado em execução de título executivo extrajudicial movida na Comarca de São Paulo contra o vendedor, o qual foi citado antes da venda e não tem outros bens suficientes para a satisfação do débito. O exequente não procedeu à averbação prevista no art. 615-A do CPC, nem o vendedor comunicou ao comprador a existência da execução. De acordo com entendimento sumular do Superior Tribunal de Justiça,

a) não ocorreu fraude à execução, pois o seu reconhecimento depende do registro da penhora do bem alienado ou da prova de má-fé do terceiro adquirente.

b) não ocorreu fraude à execução, pois o seu reconhecimento depende da lavratura do auto ou termo de penhora do bem alienado, independente do respectivo registro, ou da prova de má-fé do terceiro adquirente.

c) ocorreu fraude à execução, pois a escritura de compra e venda é posterior ao ajuizamento da execução.

d) ocorreu fraude à execução, pois a escritura de compra e venda é posterior à citação válida do executado.

1156. (FCC/TRT/23R/Juiz/2015) Considera-se em fraude de execução

a) a alienação de bens quando, ao tempo da alienação, corria contra o devedor demanda capaz de reduzi-lo à insolvência e, conforme

CAPÍTULO 2 - DIREITO CIVIL

jurisprudência consolidada do Superior Tribunal de Justiça, o reconhecimento da fraude à execução independe de registro da penhora do bem alienado ou da prova de má-fé do terceiro adquirente, porque esse requisito é exigível somente para configuração de fraude contra credores.

b) a alienação de bens imóveis, quando, por sua ocasião, não se apresentar certidão negativa de demanda em curso contra o alienante, independentemente do risco de sua insolvência.

c) a alienação de bens apenas quando, ao tempo da alienação, corria contra o devedor execução capaz de reduzi-lo à insolvência, mas conforme jurisprudência consolidada do Superior Tribunal de Justiça, o reconhecimento da fraude à execução depende do registro da penhora do bem alienado ou de prova de má-fé do terceiro adquirente.

d) a alienação de bens quando, ao tempo da alienação, corria contra o devedor demanda capaz de reduzi-lo à insolvência, mas, conforme jurisprudência consolidada do Superior Tribunal de Justiça, o reconhecimento da fraude à execução depende do registro da penhora do bem alienado ou de prova de má-fé do terceiro adquirente.

e) somente a alienação de bens sobre os quais pender ação fundada em direito real.

1157. (TRT/15R/Juiz/2013) A respeito da responsabilidade patrimonial, indique a alternativa incorreta:

a) a ação pauliana é o instrumento próprio para questionamento da fraude contra credores.

b) a fraude de execução é instituto de direito processual e pode ser declarada nos próprios autos da ação executiva.

c) a má fé do adquirente é apontada pela lei civil como requisito da fraude contra credores.

d) o reconhecimento da ocorrência de fraude de execução gera a ineficácia do negócio jurídico fraudulento.

e) conforme orientação jurisprudencial, o reconhecimento da fraude de execução não depende do registro da penhora do bem alienado ou da prova de má fé do terceiro adquirente.

> *Súmula STJ 496. Os registros de propriedade particular de imóveis situados em terrenos de marinha não são oponíveis à União.*

1158. (Cespe/TRF/5R/Juiz/2013) No que concerne a bens públicos, atos administrativos, processo administrativo e controle da administração, assinale a opção correta com base na doutrina majoritária e na jurisprudência dos tribunais superiores.

a) Segundo entendimento doutrinário no que se refere aos efeitos atípicos do ato administrativo, são considerados efeitos prodrômicos os que atingem terceiros não objetivados pelo ato administrativo.

b) De acordo com a doutrina, são considerados elementos do ato administrativo apenas o conteúdo e a forma – os elementos internos formadores do todo –, devendo os demais ser designados como requisitos extrínsecos ou pressupostos, os quais se classificam em pressupostos de existência e de validade.

c) Segundo a jurisprudência do STF, cargos com atribuições eminentemente técnicas podem ser preenchidos por funcionários públicos não concursados, ocupantes de cargos em comissão de livre nomeação e exoneração.

d) Os registros de propriedade particular de imóveis situados em terrenos de marinha são oponíveis à União.

e) Se determinada empresa madeireira tiver sido autuada em 4.1.2005 pela prática de infração ambiental, a prescrição da pretensão da administração pública de promover a execução da multa por essa infração terá ocorrido em 3.1.2010.

CAPÍTULO 3 – DIREITO CONSTITUCIONAL

1. DIREITOS FUNDAMENTAIS

> *Súmula STJ 280. O art. 35 do Decreto-lei nº 7.661, de 1945, que estabelece a prisão administrativa, foi revogado pelos incisos LXI e LXVII do art. 5º da Constituição Federal de 1988.*

1159. (NCE-UFRJ/PC/DF/Delegado/2005) Em matéria de prisão cautelar, pode-se afirmar que:

a) já que vigora o princípio da jurisdicionalidade em todas as prisões cautelares, poderá o juiz, de ofício, decretar a prisão temporária.

b) ultrapassado o prazo máximo da prisão temporária, o indiciado será posto em liberdade pela autoridade policial, necessitando da expedição de alvará de soltura da autoridade judicial.

c) não haverá possibilidade de prisão administrativa, por completa vedação constitucional, salvo nos casos de transgressão militar definidos em lei. Haverá possibilidade de impetração de "habeas corpus" para impugnar a legalidade dessa prisão, não obstante a vedação constitucional.

d) não estando presente o "periculum libertatis" da prisão em flagrante, o juiz deverá revogá-la.

e) na prática de crime de ação penal pública condicionada à representação, a autoridade policial diante de estado flagrancial deverá lavrar o auto de prisão em flagrante, independentemente da manifestação de vontade do ofendido.

1160. (TRF/1R/Juiz/2004) Em face das proposições a seguir, em matéria de prisão processual, assinale a resposta correta:

I. a prisão administrativa, prevista no art. 319, CPP, decretada por autoridade administrativa, não foi recepcionada pela Constituição de 1988.

II. a prisão em flagrante não deve subsistir nos casos de exclusão de ilicitude, tampouco quando não conviver com alguma hipótese que autorize a prisão preventiva.

III. a prisão temporária, em todos os casos legais, somente pode ser decretada por cinco dias, prorrogável por igual período em caso de extrema e comprovada necessidade.

IV. a prisão em virtude de sentença condenatória recorrível (art. 393, I, CPP) não deve ser decretada se o acusado for primário e de bons antecedentes, assim reconhecido na sentença condenatória (art. 594, CPP).

a) somente a I e a III opções estão corretas.

b) todas as opções estão corretas.

c) somente a III opção está incorreta.

d) somente a II e a IV opções estão corretas.

> *Súmula STJ 419. Descabe a prisão civil do depositário judicial infiel.*

1161. (Cespe/TCE/ES/Procurador/2009) No que se refere aos direitos fundamentais assegurados na CF e aos poderes do Estado, assinale a opção correta:

a) De acordo com o STF, a comissão parlamentar de inquérito pode proceder à quebra de sigilo bancário da pessoa investigada, ainda que baseada em fundamentos genéricos, sem a indicação de fatos concretos e precisos.

b) Conforme entendimento do STF, a atual CF recepcionou o dispositivo da Lei de Imprensa que estabelece limitação quanto à indenização devida pela empresa jornalística, a título de dano moral, na hipótese de publicação de notícia inverídica, ofensiva à boa fama da vítima.

c) O STF considera lícita a prisão civil de depositário infiel, qualquer que seja a modalidade do depósito.

d) Compete ao TC do estado, por força do princípio da simetria, reexaminar as decisões lavradas pela fazenda pública estadual, no âmbito de processos administrativos que tenham por objeto matéria de natureza tributária.

e) O direito de resposta proporcional ao agravo constitui instrumento democrático de ampla abrangência, já que é aplicável em relação a todas as ofensas, independentemente de elas configurarem ou não infrações penais.

1162. (Cespe/PGE/AL/Procurador/2009)

O Pacto de San José da Costa Rica estabelece de início, em seu preâmbulo, uma proteção aos direitos humanos fundamentais. Explicita que os direitos essenciais da pessoa humana devem ser observados unicamente com fundamento na própria atribuição de ser humano. Repudia qualquer discriminação em que pese a nacionalidade da pessoa, para que se confiram os direitos essenciais a ela inerentes. O pacto promove a todos o mesmo tratamento de proteção internacional que é estabelecido por parte dos Estados americanos. Reitera que o escopo pela busca da liberdade pessoal e da justiça social está esculpido na Carta da Organização dos Estados Americanos, na Declaração Americana dos Direitos e Deveres do Homem e na Declaração Universal dos Direitos do Homem. Em sua primeira parte, em que são tratados os deveres dos Estados e direitos dos protegidos, os vinte e cinco artigos retratam o panorama equivalente aos quatorze primeiros artigos da nossa Carta Maior. A discussão maior, após a recepção desse tratado, está no conflito entre o art. 5º da CF, cujo inciso LXVII prevê que não haverá prisão civil por dívida, salvo o devedor de pensão alimentícia e o depositário infiel, e o art. 7º, § 7º, do pacto, o qual estabelece que "ninguém deve ser detido por dívidas". Internet: www.parana-online.com.br (com adaptações). A partir do texto acima e com relação aos direitos e garantias fundamentais e à disciplina constitucional dos tratados internacionais de direitos humanos, assinale a opção correta.

a) Sabendo que o § 2º do art. 5º da CF dispõe que os direitos e garantias nela expressos não excluem outros decorrentes do regime e dos princípios por ela adotados, ou dos tratados internacionais em que a República Federativa do Brasil seja parte, então, é correto afirmar que, na análise desse dispositivo constitucional, tanto a doutrina quanto o STF sempre foram unânimes ao afirmar que os tratados internacionais ratificados pelo Brasil referentes aos direitos fundamentais possuem status de norma constitucional.

b) A EC n. 45/2004 inseriu na CF um dispositivo definindo que os tratados e convenções internacionais sobre direitos humanos que forem aprovados no Congresso Nacional com quorum e procedimento idênticos aos de aprovação de lei complementar serão equivalentes às emendas constitucionais.

c) Ao analisar a constitucionalidade da legislação brasileira acerca da prisão do depositário que não adimpliu obrigação contratual, o STF, recentemente, concluiu no sentido da derrogação das normas estritamente legais definidoras da custódia do depositário infiel, prevalecendo, dessa forma, a tese do status de supralegalidade do Pacto de San José da Costa Rica.

d) O STF ainda entende como possível a prisão do depositário judicial quando descumprida a obrigação civil.

e) Caso o Brasil celebre um tratado internacional limitando substancialmente o direito à propriedade, após serem cumpridas todas as formalidades para sua ratificação e integração ao ordenamento pátrio, o Congresso Nacional poderá adotar o procedimento especial para fazer com que esse tratado seja recebido com status de emenda constitucional.

1163. (FCC/PGE/RJ/Técnico/2009) Constitui um direito fundamental expressamente previsto no texto constitucional:

a) Todos podem reunir-se pacificamente, sem armas, em locais abertos ao público, independentemente de autorização, desde que não frustrem outra reunião anteriormente convocada para o mesmo local, sendo apenas exigido prévio aviso à autoridade competente.

b) Não haverá prisão civil por dívida, salvo a do responsável pelo inadimplemento voluntário e inescusável de obrigação alimentícia, a do depositário infiel, bem como a do devedor de encargos trabalhistas.

c) É livre a manifestação do pensamento, sendo permitido o anonimato.

d) A casa é asilo inviolável do indivíduo, ninguém nela podendo penetrar sem consentimento do morador, salvo, durante o dia, em caso de flagrante delito ou desastre, ou para prestar socorro, ou, durante a noite, por determinação judicial.

e) É inviolável o sigilo da correspondência e das comunicações telegráficas, de dados e das comunicações telefônicas, salvo, no último caso, por ordem judicial, nas hipóteses e na forma que a lei estabelecer para fins de investigação criminal, civil ou trabalhista.

CAPÍTULO 3 - DIREITO CONSTITUCIONAL

1164. **(FCC/PGE/AM/Procurador/2010)** Considerando-se a jurisprudência do Supremo Tribunal Federal e a Constituição Federal, é correto afirmar que:

a) é inconstitucional lei federal que estabeleça prazo para a impetração de mandado de segurança.

b) a falta de defesa técnica por advogado no processo administrativo disciplinar não ofende a Constituição.

c) é constitucional a exigência de depósito ou arrolamento prévios de dinheiro ou bens para admissibilidade de recurso administrativo.

d) A prisão civil de depositário infiel é ilícita apenas no caso de depósito judicial.

e) é constitucional a exigência de depósito prévio como requisito de admissibilidade de ação judicial na qual se pretenda discutir a exigibilidade de crédito tributário.

1165. **(Nucepe/Sejus/PI/Agente/2010)** No que se refere aos direitos e garantias fundamentais, previstos na Constituição de 1988, é incorreto afirmar:

a) a casa é o asilo inviolável do indivíduo, ninguém nela podendo entrar sem o consentimento do morador, salvo no caso de flagrante delito ou desastre, ou para prestar socorro, ou por determinação judicial, a qualquer hora.

b) a instituição do júri é reconhecida, com competência para julgamento dos crimes dolosos contra a vida.

c) a ação popular pode ser proposta por qualquer cidadão, ficando o autor, salvo comprovada má-fé, isento de custas judiciais e do ônus da sucumbência.

d) a prisão civil por dívida é admissível somente nos casos do devedor de pensão alimentícia e do depositário infiel.

e) o mandado de injunção será concedido sempre que a falta de norma regulamentadora torne inviável o exercício dos direitos e liberdades constitucionais.

1166. **(Vunesp/Ceagesp/Advogado/2010)** A ação de depósito

a) tem por finalidade promover o depósito de coisa móvel.

b) tem como autor o depositário da coisa.

c) se contestada pelo réu, será observado o procedimento sumário.

d) permite a decretação da prisão do depositário infiel.

e) permite ao autor promover a busca e apreensão da coisa.

2. PRECATÓRIOS

> **Súmula STJ 144.** *Os créditos de natureza alimentícia gozam de preferência, desvinculados os precatórios da ordem cronológica dos créditos de natureza diversa.*

1167. **(PGE/PA/Procurador/2002)** Assinale a alternativa correta:

a) Os créditos de natureza alimentícia gozam de preferência, desvinculados os precatórios da ordem cronológica dos créditos de natureza diversa.

b) Em relação á extinção sem julgamento do mérito, é correto entender que ocorre coisa julgada formal em todas as hipóteses, podendo o autor intentar de novo a ação, exceto se a extinção decorreu por falta de qualquer das condições da ação, como a possibilidade jurídica do pedido, a legitimidade das partes e o interesse processual.

c) A apelação da sentença que julga improcedente embargos do devedor é recebida no duplo efeito.

d) Declarada a incompetência, todos os atos do processo serão nulos, remetendo-se os autos ao autor para manifestar-se.

> **Súmula STJ 311.** *Os atos do Presidente do Tribunal que disponham sobre processamento e pagamento de precatório não têm caráter jurisdicional.*

Súmula anotada em Direito Financeiro – Precatórios.

CAPÍTULO 4 – DIREITO DE TRÂNSITO

1. CRIME DE TRÂNSITO

> **Súmula STJ 575.** *Constitui crime a conduta de permitir, confiar ou entregar a direção de veículo automotor a pessoa que não seja habilitada, ou que se encontre em qualquer das situações previstas no art. 310 do CTB, independentemente da ocorrência de lesão ou de perigo de dano concreto na condução do veículo.*

1168. (TJ/SC/Juiz/2013) Observadas as proposições a seguir expostas, assinale a alternativa correta:

I. A configuração do crime de entregar a direção de veículo a pessoa não habilitada, previsto no art. 310 da Lei n. 9.503/97, exige a demonstração da ocorrência de perigo concreto.

II. A ação penal para o crime de lesão corporal leve praticado contra idoso é pública condicionada à representação da vítima.

III. O agente que, sem autorização do órgão público competente, ou em desacordo com as determinações legais, promove o desmembramento do solo urbano e realiza a venda de terrenos para diversos consumidores pratica crime contra a economia popular previsto na Lei n. 1.521/51.

IV. A ação penal para apurar crimes de responsabilidade dos prefeitos municipais independe de pronunciamento da Câmara de Vereadores.

a) Somente as proposições III e IV estão corretas.

b) Somente as proposições II e IV estão corretas.

c) Somente as proposições II e III estão corretas.

d) Somente as proposições I e IV estão corretas.

e) Todas as alternativas estão incorretas.

2. MULTAS

> **Súmula STJ 127.** *É ilegal condicionar a renovação da licença de veículo ao pagamento de multa da qual o infrator não foi notificado.*

1169. (Vunesp/IPSMI/Procurador/2016) Sobre os poderes administrativos, é correto afirmar que

a) ocorre excesso de poder quando a atuação do agente busca alcançar finalidade diversa do interesse público.

b) é constitucional lei que firma ser de competência de entidades privadas o exercício do serviço de fiscalização das profissões regulamentadas.

c) o poder de polícia permite que a Administração aplique sanções em agentes públicos a ela vinculados quando os servidores incorrem em infrações funcionais.

d) a concessão de poder a um agente público confere sempre a ele a faculdade de exercê-lo de acordo com o juízo de conveniência e oportunidade.

e) não é válida a conduta de condicionar a renovação de licença do veículo ao pagamento de multa quando o agente infrator não foi notificado.

> **Súmula STJ 312.** *No processo administrativo para imposição de multa de trânsito, são necessárias as notificações da autuação e da aplicação da pena decorrente da infração.*

1170. (Funrio/PRF/Policial/2009) Marcos Vinicius, proprietário de veículo automotor, residente em Corumbá, recebeu guia de pagamento referente à infração cometida quando trafegava pela BR-101, entre as Cidades do Rio de Janeiro e Angra dos Reis, no dia 15 de julho de 2009, às 15h30min. A referida guia estabelecia o prazo de 15 dias para a efetivação do pagamento de multa no valor apontado, além da aplicação de 7 pontos, na forma como determina a Lei. Inconformado, recorreu Marcos Vinicius, sustentando não ter recebido notificação da autuação para apresentação de defesa prévia, sendo este apelo recusado. Em face dessa decisão administrativa, Marcos Vinicius ajuizou ação judicial, apresentando todos os documentos cabíveis, satisfazendo todos os pressupostos processuais. Dessa forma, com base na Orientação Jurisprudencial dominante, a decisão a ser proferida deverá ser

a) desfavorável, na medida em que, no processo administrativo, para imposição de multa de trânsito, não são necessárias as notificações da autuação e da aplicação da pena decorrente da infração.

b) favorável, na medida em que, no processo administrativo, para imposição de multa de trânsito, quando o infrator reside em outro Estado da Federação do local de ocorrência, é necessária a notificação da autuação decorrente da infração.

c) desfavorável, na medida em que, no processo fiscal para imposição de multa de trânsito, são somente necessárias as notificações da autuação e da aplicação da pena, decorrente da infração, quando estas implicarem em pontuação inferior a 5 pontos.

d) favorável, na medida em que, no processo administrativo, para imposição de multa de trânsito, são necessárias as notificações da autuação e da aplicação da pena decorrente da infração.

e) favorável, na medida em que, no processo fiscal para imposição de multa de trânsito, é necessária a notificação da autuação, através de servidor especialmente designado, de forma a atestar o seu recebimento.

1171. (TJ/DFT/Juiz/2012) Sobre o poder de polícia administrativa, é correto afirmar:

a) No Estado de Defesa, há possibilidade de restrições à liberdade de imprensa, radiodifusão e televisão.

b) Em razão da autoexecutoriedade, própria do exercício do poder de polícia administrativa, não depende a Administração da intervenção de outro poder para torná-lo efetivo. Por conseguinte, pode a Administração, na via administrativa, levar a afeito a execução de multas.

c) Não ofende o princípio da livre concorrência lei municipal que impede a instalação de estabelecimentos comerciais do mesmo ramo em determinada área.

d) No processo administrativo, para imposição de multa de trânsito, são necessárias as notificações da autuação e da aplicação da pena decorrente da infração.

> *Súmula STJ 434. O pagamento da multa por infração de trânsito não inibe a discussão judicial do débito.*

⮠ Súmula não abordada em concursos recentes.

> *Súmula STJ 510. A liberação de veículo retido apenas por transporte irregular de passageiros não está condicionada ao pagamento de multas e despesas.*

1172. (Cespe/DPE/PE/Defensor/2015) Segundo entendimento já consolidado no âmbito no STJ, a quitação de multas de trânsito vencidas não pode ser condição para a liberação de veículo regularmente apreendido, haja vista que a multa não constitui punição autoexecutória.

> *Súmula STJ 585. A responsabilidade solidária do ex-proprietário, prevista no art. 134 do Código de Trânsito Brasileiro – CTB, não abrange o IPVA incidente sobre o veículo automotor, no que se refere ao período posterior à sua alienação.*

⮠ Súmula não abordada em concursos recentes.

3. SEGURO OBRIGATÓRIO

> *Súmula STJ 246. O valor do seguro obrigatório deve ser deduzido da indenização judicialmente fixada.*

> *Súmula anotada em Direito Civil – Do Direito das Obrigações – Da Responsabilidade Civil – Cálculo de Indenização.*

> *Súmula STJ 257. A falta de pagamento do prêmio do seguro obrigatório de Danos Pessoais Causados por Veículos Automotores de Vias Terrestres (DPVAT) não é motivo para a recusa do pagamento da indenização.*

1173. (FCC/DPE/PR/Defensor/2012) É correto afirmar:

a) A pessoa jurídica, porque não titulariza direitos subjetivos referentes à dignidade da pessoa humana, não é titular de direitos da

CAPÍTULO 4 - DIREITO DE TRÂNSITO

personalidade, embora possa sofrer dano moral.

b) A indenização por dano estético, na qualidade de espécie de dano moral, abarca este, não havendo falar em responsabilização autônoma do agente ofensor com relação aos danos psicológicos.

c) É cabível a recusa do pagamento da indenização acidentária civil baseada na falta de pagamento do prêmio do seguro obrigatório de Danos Pessoais Causados por Veículos Automotores de Vias Terrestres (DPVAT).

d) O absolutamente incapaz não responde pelos danos que causar, tendo em vista a responsabilidade privativa de seus pais ou responsáveis.

e) No caso de deterioração da coisa alheia, provocada para remover perigo iminente provocado por terceiro, assistirá ao proprietário da coisa direito a indenização a ser paga pelo causador direto do dano, ainda que à luz da lei civil este não tenha cometido ato ilícito.

1174. (FCC/DPE/BA/Defensor/2016) De acordo com a jurisprudência dominante no Superior Tribunal de Justiça,

a) o Estado tem responsabilidade civil nos casos de morte de custodiado em unidade prisional, desde que se prove a culpa in vigilando.

b) a operadora de saúde não é responsável por eventuais falhas na prestação de serviços pelo profissional credenciado.

c) a inclusão indevida do nome de consumidor em cadastro de proteção ao crédito gera dano moral indenizável, desde que se comprove efetivo prejuízo extrapatrimonial.

d) as instituições financeiras respondem objetivamente pelos danos gerados por fortuito interno relativo a fraudes e delitos praticados por terceiros no âmbito de operações bancárias.

e) a falta de pagamento do prêmio do seguro obrigatório de Danos Pessoais Causados por Veículos Automotores de Vias Terrestres (DPVAT) justifica a recusa do pagamento da indenização.

> **Súmula STJ 405.** *A ação de cobrança do seguro obrigatório (DPVAT) prescreve em três anos.*

1175. (Cespe/TJ/MA/Juiz/2013) Em relação a fatos jurídicos, provas, prescrição e decadência, assinale a opção correta.

a) Suponha que Tiago, maior e portador de disfunção genética que impeça o seu desenvolvimento mental completo, e Mauro, maior e capaz, sejam credores de Caio, que lhes deva um cavalo. Nessa situação hipotética, a prescrição da pretensão de retomar a coisa devida não corre em relação a Tiago, circunstância que se estende a Mauro.

b) A pretensão de a vítima de acidente automobilístico acionar a seguradora pelo seguro DPVAT prescreve em um ano.

c) Nos casos em que a lei exclui a prova testemunhal, não se admitem as presunções, com exceção das legais, assim como é irrevogável a confissão, que pode ser anulada se decorrer de erro de fato ou de coação.

d) Considere que João, com a intenção de doar um imóvel a seu filho Pedro, tenha firmado contrato de compra e venda do referido bem sem ter havido pagamento da coisa e que, passados quatro anos da transação, Marina, filha de João, pleiteie a anulação do contrato. Nessa situação, de acordo com o Código Civil, o contrato de compra e venda é nulo de pleno direito, devendo o imóvel retornar ao patrimônio de João.

> **Súmula STJ 426.** *Os juros de mora na indenização do seguro DPVAT fluem a partir da citação.*

1176. (Cespe/TJ/MA/Juiz/2013) Com base no entendimento sumulado do STJ, assinale a opção correta.

a) Embora a cobrança de comissão de permanência exclua a exigibilidade dos juros remuneratórios, moratórios e da multa contratual, o valor da referida comissão, quando estabelecidos tais encargos, é limitado pelo somatório dos juros moratórios e remuneratórios.

b) Os juros de mora na indenização do seguro DPVAT fluem a partir da promulgação da sentença.

c) É penhorável o único imóvel residencial do devedor mesmo que o bem esteja locado a terceiros e a renda obtida com a locação seja revertida para a subsistência ou a moradia da família do devedor.

d) Na execução de crédito relativo a cotas condominiais, este não tem preferência sobre o crédito hipotecário.

1177. (Cespe/TJ/DFT/Juiz/2014) Pedro ajuizou ação de indenização, sob o rito sumário, contra a Empresa de Seguros do DF S.A., pleiteando complementação do pagamento referente ao prêmio do seguro obrigatório relativo ao DPVAT, sob o argumento de que o valor recebido administrativamente teria sido aquém do realmente devido. Para tanto, juntou o laudo administrativo do IML, que atestava a invalidez do autor. A ré, em contestação, impugnou todos os argumentos da parte autora e formulou pedido para a inclusão, no polo passivo da demanda, da sociedade responsável pela arrecadação e administração dos recursos do DPVAT, Líder Seguradora S.A. Com base nessa situação hipotética, assinale a opção correta.

a) É imperioso que o autor se submeta a perícia técnica judicial para a verificação da invalidez, visto que, de acordo com a jurisprudência dominante do TJDFT, o laudo do IML, por não ser produzido sob o crivo do contraditório, não é suficiente para a comprovação de invalidez.

b) Deve-se acolher a integração da sociedade Líder Seguradora no feito, ante a solidariedade existente entre todas as empresas conveniadas ao sistema do DPVAT e a necessidade de formação de litisconsórcio passivo necessário.

c) Conforme jurisprudência do TJDFT, o recebimento extrajudicial da indenização, mesmo que parcial, impede que o beneficiário proponha demanda judicial com o propósito de discutir o valor remanescente do seguro obrigatório.

d) Segundo o STJ, em ações como a da hipótese em apreço, pelas quais se busca o complemento de indenização decorrente do DPVAT, os juros de mora devem incidir a partir da citação, e não da data em que tenha sido efetuado o pagamento parcial da indenização, visto que se trata de ilícito contratual.

e) O recurso cabível contra eventual sentença de mérito desfavorável ao autor seria a apelação, no prazo específico de dez dias, conforme a previsão de prazo especial para o rito sumário.

> *Súmula STJ 474. A indenização do seguro DPVAT, em caso de invalidez parcial do beneficiário, será paga de forma proporcional ao grau da invalidez.*

↪ Súmula não abordada em concursos recentes.

> *Súmula STJ 540. Na ação de cobrança do seguro DPVAT, constitui faculdade do autor escolher entre os foros do seu domicílio, do local do acidente ou ainda do domicílio do réu.*

1178. (FCC/DPE/MA/Defensor/2015) Negado pagamento de seguro DPVAT, vítima de acidente de trânsito ajuíza ação de cobrança contra seguradora. De acordo com súmula do Superior Tribunal de Justiça, a competência para julgamento desta ação

a) constitui faculdade do autor, que pode escolher apenas entre os foros de seu domicílio e do local do acidente.

b) é de natureza absoluta, devendo tramitar no foro do domicílio do autor.

c) constitui faculdade do autor, que pode escolher entre os foros de seu domicílio, do local do acidente ou ainda do domicílio do réu.

d) é de natureza absoluta, devendo tramitar no foro do local do acidente.

e) é de natureza relativa, mas, a menos que se prorrogue, deve tramitar no foro do domicílio do réu.

1179. (UFAL/PGM/Inhapi/Procurador/2015) Quanto à competência, é correto afirmar:

a) reconhecida a continência, devem ser reunidas na Justiça Federal as ações civis públicas propostas nesta e na justiça estadual.

b) a incompetência relativa não pode ser declarada de ofício, sendo vedado ao julgador reconhecer de ofício a nulidade de cláusula de eleição de foro.

c) a ação fundada em direito pessoal e a ação fundada em direito real sobre bens móveis serão propostas, em regra, no foro do domicílio do réu; tendo mais de um domicílio, o réu será demandado no foro do domicílio mais antigo.

d) em razão dos princípios da indivisibilidade e da universalidade do juízo falimentar, o juízo da recuperação judicial é competente para decidir sobre a constrição de bens não abrangidos pelo plano de recuperação da empresa.

e) na ação de cobrança do seguro DPVAT, será competente o foro do domicílio do autor ou do local do fato, não podendo tal demanda ser proposta perante o foro do domicílio do réu, pois tem natureza de ação de reparação do

CAPÍTULO 4 - DIREITO DE TRÂNSITO

dano sofrido em razão de delito ou acidente de veículos.

Súmula STJ 544. É válida a utilização de tabela do Conselho Nacional de Seguros Privados para estabelecer a proporcionalidade da indenização do seguro DPVAT ao grau de invalidez também na hipótese de sinistro anterior a 16.12.2008, data da entrada em vigor da Medida Provisória n. 451/2008.

➲ Súmula não abordada em concursos recentes.

Súmula STJ 573. Nas ações de indenização decorrente de seguro DPVAT, a ciência inequívoca do caráter permanente da invalidez, para fins de contagem do prazo prescricional, depende de laudo médico, exceto nos casos de invalidez permanente notória ou naqueles em que o conhecimento anterior resulte comprovado na fase de instrução.

➲ Súmula não abordada em concursos recentes.

Súmula STJ 580. A correção monetária nas indenizações do seguro DPVAT por morte ou invalidez, prevista no § 7° do art. 5° da Lei n. 6.194/1974, redação dada pela Lei n. 11.482/2007, incide desde a data do evento danoso.

➲ Súmula não abordada em concursos recentes.

4. RESPONSABILIDADE CIVIL

Súmula STJ 92. A terceiro de boa-fé não é oponível a alienação fiduciária não anotada no certificado de registro do veículo automotor.

Súmula anotada em Sistema Financeiro Nacional – Contratos Bancários – Alienação Fiduciária.

Súmula STJ 132. A ausência de registro da transferência não implica a responsabilidade do antigo proprietário por dano resultante de acidente que envolva o veículo alienado.

Súmula anotada em Direito Civil – Do Direito das Obrigações – Da Responsabilidade Civil – Acidente de Trânsito.

Súmula STJ 145. No transporte desinteressado, de simples cortesia, o transportador só será civilmente responsável por danos causados ao transportado quando incorrer em dolo ou culpa grave.

Súmula anotada em Direito Civil – Do Direito das Obrigações – Da Responsabilidade Civil – Acidente de Trânsito.

Súmula STJ 246. O valor do seguro obrigatório deve ser deduzido da indenização judicialmente fixada.

Súmula anotada em Direito Civil – Do Direito das Obrigações – Da Responsabilidade Civil – Cálculo de Indenização.

CAPÍTULO 5 –
DIREITO DO CONSUMIDOR

1. DISPOSIÇÕES GERAIS

> *Súmula STJ 297. O Código de Defesa do Consumidor é aplicável às instituições financeiras.*

1180. (Cespe/IPAJM/Advogado/2010) A respeito da responsabilidade civil de bancos e instituições financeiras, assinale a opção correta.

a) Conforme entendimento do STJ, o Código de Defesa do Consumidor não se aplica às instituições financeiras.

b) Falha no sistema informatizado, ainda que comprovada, não desobriga o banco de indenizar o correntista pela indevida devolução de cheque.

c) Em regra, o correntista é responsável pelo pagamento de cheque falso.

d) A responsabilidade pelos bens guardados nos cofres dessas instituições somente será afastada por caso fortuito ou força maior.

e) O banco não é responsável por morte de cliente vítima de tiros desferidos em assalto à agência financeira.

1181. (FCC/TJ/RR/Juiz/2008) Em relação aos seguintes enunciados:

I. O produtor de produtos naturais e agropecuários não estará sujeito à disciplina do Código de Defesa do Consumidor, quando o fornecimento de seus produtos não envolver industrialização.

II. O Código de Defesa do Consumidor pode ser aplicado nas relações entre entidades de previdência privada e seus participantes.

III. O Código de Defesa do Consumidor pode ser aplicado nas relações entre consumidores e instituições financeiras.

IV. A pessoa jurídica integrante da administração pública indireta não está sujeita à disciplina do Código de Defesa do Consumidor.

a) Somente as proposições I e II são corretas.

b) Somente as proposições I e IV são corretas.

c) Somente as proposições II e III são corretas.

d) Somente as proposições III e IV são corretas.

e) As proposições I, II, III e IV são corretas.

> *Súmula STJ 469. Aplica-se o Código de Defesa do Consumidor aos contratos de plano de saúde.*

1182. (Cespe/TJ/PB/Juiz/2011) Assinale a opção correta com base no entendimento sumulado pelo STJ a respeito da aplicação do CDC no que se refere a fornecedor e práticas abusivas.

a) O CDC não é aplicável à relação jurídica entre entidade de previdência privada e seus participantes.

b) O CDC não se aplica aos contratos de plano de saúde.

c) Nos contratos bancários, é possível ao julgador conhecer de ofício a abusividade das cláusulas.

d) Nos contratos bancários posteriores ao CDC, incide a multa moratória nele prevista.

e) Não é abusiva cláusula contratual de plano de saúde que limite no tempo a internação hospitalar do segurado.

1183. (FCC/TJ/PE/Juiz/2013) Não se enquadram ao Código de Defesa do Consumidor

a) o exame dos contratos de cartão de crédito, submetidos apenas às resoluções específicas do Banco Central.

b) as relações jurídicas concernentes aos condôminos, nos condomínios edilícios.

c) as relações jurídicas envolvendo o usuário da rodovia e a concessionária do serviço público.

d) as relações jurídicas entre a entidade de previdência privada e seus participantes.

e) as relações jurídicas decorrentes dos contratos de planos de saúde.

> **Súmula STJ 506.** *A Anatel não é parte legítima nas demandas entre a concessionária e o usuário de telefonia decorrentes de relação contratual.*

1184. **(Ibeg/PGM/Guarapari/Procurador/2016)** Com relação aos serviços públicos, é incorreto afirmar que:

a) Nas hipóteses em que o próprio Estado presta diretamente o serviço público é vedada a cobrança de contrapartida remuneratória pela prestação do serviço.

b) A entrega de carnês de IPTU e ISS pelos municípios sem a intermediação de terceiros no seu âmbito territorial não constitui violação do privilégio da União na manutenção do serviço público postal.

c) A Anatel não é parte legítima nas demandas entre a concessionária e o usuário de telefonia decorrente de relação contratual.

d) É lícita a exigência de parecer favorável de Conselho Municipal de Saúde para o credenciamento de laboratório de propriedade particular no SUS.

e) Não há garantia da manutenção do equilíbrio econômico-financeiro do contrato de permissão de serviço de transporte público realizado sem prévia licitação.

1185. **(UFPR/PGM/Curitiba/Procurador/2015)** Sobre os direitos do consumidor, assinale a alternativa correta.

a) A Anatel é parte legítima nas demandas entre a concessionária e o usuário de telefonia decorrentes de relação contratual.

b) Poderá ser desconsiderada a personalidade jurídica da sociedade sempre que sua personalidade for, de alguma forma, obstáculo ao ressarcimento de prejuízos causados aos consumidores.

c) A ignorância do fornecedor sobre os vícios de qualidade por inadequação dos produtos e serviços o exime de responsabilidade.

d) Enquanto não promover a contrapropaganda exigida, o fornecedor, além de multa diária e outras sanções, ficará impedido de efetuar, por qualquer meio, publicidade de seus produtos e serviços.

e) As instituições financeiras não respondem pelos danos gerados por fortuito interno relativo a fraudes e delitos praticados por terceiros no âmbito de operações bancárias.

1186. **(Vunesp/TJ/MS/Juiz/2015)** Em relação aos contratos de consumo e eventuais lides deles decorrentes, assinale a alternativa correta.

a) A decadência do art. 26 do CDC é aplicável à prestação de contas para obter esclarecimentos sobre cobrança de taxas, tarifas e encargos bancários.

b) O mutuário do SFH pode ser compelido a contratar o seguro habitacional obrigatório com a instituição financeira mutuante ou com a seguradora por ela indicada.

c) A cobrança de comissão de permanência, cujo valor não pode ultrapassar a soma dos encargos remuneratórios e moratórios previstos no contrato, exclui a exigibilidade dos juros remuneratórios, moratórios e da multa contratual.

d) As instituições financeiras no âmbito de operações bancárias, respondem objetivamente pelos danos gerados por fortuito interno relativo a fraudes, e subjetivamente por delitos praticados por terceiros.

e) A Anatel é parte legítima nas demandas entre a concessionária e o usuário de telefonia, decorrentes de relação contratual.

1187. **(Vunesp/TJ/RJ/Juiz/2014)** No que tange às relações de consumo, é correto afirmar que

a) as instituições financeiras respondem objetivamente pelos danos gerados por fortuito interno relativo a fraudes e delitos praticados por terceiros no âmbito de operações bancárias.

b) a decadência sobre o direito de reclamar pelos vícios aparentes ou de fácil constatação é aplicável à prestação de contas para obter esclarecimentos sobre cobrança de taxas, tarifas e encargos bancários.

c) reconhecida a conexão, necessariamente, devem ser reunidas na Justiça Federal as ações civis públicas ou coletivas propostas nesta e na Justiça Estadual.

CAPÍTULO 5 - DIREITO DO CONSUMIDOR

d) a Anatel será sempre parte legítima nas demandas entre a concessionária e o usuário de telefonia decorrentes de relação contratual de consumo.

> **Súmula STJ 563.** *O Código de Defesa do Consumidor é aplicável às entidades abertas de previdência complementar, não incidindo nos contratos previdenciários celebrados com entidades fechadas.*

1188. (Cespe/TCE/SC/Auditor/2016) Conforme o entendimento do STJ, em situações não regulamentadas pela legislação de previdência complementar aplicam-se as normas do Código de Defesa do Consumidor para a relação jurídica entre participantes e entidades fechadas de previdência complementar.

1189. (FCC/DPE/BA/Defensor/2016) De acordo com as disposições legais e jurisprudência dos Tribunais Superiores, o Código de Defesa do Consumidor se aplica

a) às entidades abertas de previdência complementar e aos serviços públicos "uti universi et singuli"; mas não se aplica às entidades fechadas de previdência complementar.

b) às entidades abertas de previdência complementar e aos serviços públicos remunerados prestados "uti universi", mas não se aplica às entidades fechadas de previdência complementar e nem aos serviços públicos "uti singuli".

c) às entidades abertas ou fechadas de previdência complementar e aos serviços públicos "uti universi et singuli".

d) às entidades abertas ou fechadas de previdência complementar e aos serviços públicos remunerados prestados "uti singuli", mas não aos contratos de administração imobiliária firmados entre locador (proprietário do imóvel) e a imobiliária e aos serviços públicos "uti universi".

e) às entidades abertas de previdência complementar e aos serviços remunerados prestados "uti singuli", mas não se aplica às entidades fechadas de previdência complementar e nem aos serviços públicos "uti universi".

2. DA QUALIDADE DE PRODUTOS E SERVIÇOS, DA PREVENÇÃO E DA REPARAÇÃO DOS DANOS

2.1. Da Responsabilidade pelo Fato do Produto e do Serviço

> **Súmula STJ 479.** *As instituições financeiras respondem objetivamente pelos danos gerados por fortuito interno relativo a fraudes e delitos praticados por terceiros no âmbito de operações bancárias.*

1190. (Cespe/TRF/5R/Juiz/2013) No que se refere à responsabilidade civil, assinale a opção correta.

a) A jurisprudência do STJ tem afastado a caracterização de assalto ocorrido em estabelecimentos bancários como caso fortuito ou força maior, mantendo o dever de indenizar da instituição bancária, já que a segurança é essencial ao serviço prestado.

b) É devida indenização por lucros cessantes aos dependentes, considerando-se a vida provável do falecido do qual dependam. Segundo a jurisprudência do STJ, a longevidade provável da vítima, para efeito de fixação do tempo de pensionamento, pode ser apurada, no caso concreto, por critério fixado livremente pelo próprio julgador.

c) O início do prazo para a fluência dos juros de mora, nos casos de condenação a indenização por dano moral decorrente de responsabilidade extracontratual, ocorre na data do ajuizamento da ação.

d) Quanto à sua origem, a responsabilidade civil pode ser classificada em contratual ou negocial e extracontratual ou aquiliana. Esse modelo binário de responsabilidades, embora consagrado de modo unânime pela doutrina e pela jurisprudência pátria, não está expressamente previsto no Código Civil, ao contrário do que ocorre no CDC.

e) Com base no Código Civil brasileiro, o abuso de direito pode ser conceituado como ato jurídico de objeto lícito, mas cujo exercício, levado a efeito sem a devida regularidade, acarreta um resultado ilícito. Na codificação atual, portanto, não foi mantida a concepção tridimensional do direito de Miguel Reale, segundo o qual o direito é fato, valor e norma.

1191. (TJ/DFT/Juiz/2012) Assinale a alternativa correta, com fundamento na legislação em vigor e na doutrina e jurisprudência prevalentes:

a) A fraude bancária, cometida por terceira pessoa, constitui o chamado fortuito interno, hipótese de exclusão da responsabilidade da instituição financeira pelos danos causados ao consumidor.

b) Em se tratando de relação de consumo, a responsabilidade do profissional liberal, pelos danos causados ao consumidor, por ser objetiva, independe da demonstração de culpa.

c) O produto não é considerado defeituoso pelo fato de outro de melhor qualidade ter sido colocado no mercado.

d) O prazo para reclamar pelo vício oculto é decadencial e tem início a partir da entrega efetiva do produto ou do término da execução do serviço.

1192. (FCC/DPE/PB/Defensor/2014) De acordo com a jurisprudência do STJ sobre direito do consumidor,

a) nos contratos bancários, é possível ao julgador conhecer, de ofício, da abusividade das cláusulas.

b) da anotação irregular em cadastro de proteção ao crédito, cabe indenização por dano moral, ainda quando preexistente legítima inscrição.

c) a Defensoria Pública, na tutela coletiva dos consumidores, só tem legitimidade para atuar quando tratar de direitos individuais homogêneos.

d) não se aplica o Código de Defesa do Consumidor quando o serviço prestado pelo banco tratar de política governamental, desfigurando a relação de consumo, como no caso de financiamento estudantil.

e) as instituições financeiras respondem subjetivamente pelos danos gerados por fortuito interno relativo a fraudes e delitos praticados por terceiros no âmbito de operações bancárias.

1193. (Cespe/CâmaraDeputados/Analista/2014) Com relação ao entendimento sumulado pelo STJ a respeito do direito do consumidor, julgue: é subjetiva a responsabilidade das instituições financeiras pelos danos causados

por fortuito interno relativo a fraudes e delitos praticados por terceiros no âmbito de operações bancárias.

1194. (Cespe/Câmara_Deputados/Analista/2014) O nome de João foi inscrito nos serviços de proteção ao crédito em razão da reiterada devolução de cheques que ele nunca havia utilizado. Ao investigar o objeto da inscrição, descobriu, na instituição financeira emissora dos cheques, que havia sido aberta conta corrente por terceiro em seu nome. Diante do prejuízo moral que teve, João acionou o Poder Judiciário visando à reparação civil pelo banco. Em contestação, a instituição financeira defendeu-se com o argumento de que a abertura da conta pelo terceiro tinha ocorrido mediante a apresentação de documentos falsos, configurando caso fortuito, excluindo a responsabilidade civil da instituição. Nessa situação hipotética, conforme entendimento consolidado no STJ, o pedido de João deverá será julgado improcedente.

2.2. Da Decadência e da Prescrição

> *Súmula STJ 412. A ação de repetição de indébito de tarifas de água e esgoto sujeita-se ao prazo prescricional estabelecido no Código Civil.*

1195. (Cespe/TRF/2R/Juiz/2009) Antônio recebeu em sua residência inúmeras cartas de cobrança, emitidas pela concessionária de serviço público de fornecimento de energia elétrica, referente a parcelas que já haviam sido pagas. Ocorre que, apesar da adimplência de Antônio, o serviço de fornecimento de energia elétrica foi interrompido pela concessionária, o que o levou a pagar o débito indevido e ajuizar ação ordinária de repetição de indébito, com pedido de restituição em dobro do valor pago. Antônio pleiteou ainda, nessa mesma ação, declaração de abusividade de aumento tarifário. Com base nessa situação hipotética, julgue: a cobrança não caracteriza vício de serviço, devendo ser afastado o prazo decadencial previsto no CDC para o ajuizamento da ação judicial.

1196. (TRF/4R/Juiz/2012) Dadas as assertivas abaixo, assinale a alternativa correta.

I. Não é aplicável a decadência prevista no art. 26 do Código de Defesa do Consumidor à

CAPÍTULO 5 - DIREITO DO CONSUMIDOR

prestação de contas para obter esclarecimentos sobre a cobrança de taxas, tarifas e encargos bancários.

II. O Código de Defesa do Consumidor é aplicável aos contratos de planos de saúde e às relações jurídicas entre entidades de previdência privada e seus participantes.

III. Não cabe indenização por dano moral em razão de indevida inscrição em cadastro de devedores quando já houver legítima inscrição anterior do nome do consumidor.

IV. Os contratos firmados no âmbito do Programa de Financiamento Estudantil (Fies) estão relacionados à política governamental de fomento à educação, de modo que não se subsumem às regras do Código de Defesa do Consumidor.

V. Não é aplicável o prazo de prescrição de cinco anos previsto pelo art. 27 do Código de Defesa do Consumidor na hipótese de ação de restituição de taxa de água e esgoto cobrada indevidamente, pois não se trata de ação de reparação de danos causados por defeitos na prestação de serviços, aplicando-se o prazo prescricional estabelecido pela regra geral do Código Civil.

a) Estão corretas apenas as assertivas I e II.

b) Estão corretas apenas as assertivas II e IV.

c) Estão corretas apenas as assertivas I, III e V.

d) Estão corretas apenas as assertivas III, IV e V.

e) Estão corretas todas as assertivas.

1197. (UEPA/PGE/PA/Procurador/2012) Analise as proposições a seguir:

I. Na Súmula 545, o Supremo Tribunal Federal proclamou a distinção entre taxas e preços públicos utilizando o critério da compulsoriedade.

II. Os serviços de fornecimento de água e energia elétrica têm sido considerados pelo STF e pelo STJ como sujeitos a preço público.

III. No entendimento consolidado do STJ, o prazo prescricional para o ajuizamento de ação de repetição de indébito de tarifas de água e esgoto é o estabelecido no Código Civil.

IV. Configurada determinada contraprestação de serviços como preço público, passará a ser regida pelas regras que regulamentam o respectivo setor, conforme o regime legal, mas não se sujeitará às limitações e institutos próprios do regime jurídico tributário.

De acordo com as proposições apresentadas, estão corretas:

a) somente I, II e IV.

b) somente I, II e III.

c) somente II e III.

d) I, II, III e IV.

e) somente II, III e IV.

> **Súmula STJ 477.** *A decadência do art. 26 do CDC não é aplicável à prestação de contas para obter esclarecimentos sobre cobrança de taxas, tarifas e encargos bancários.*

1198. (Cespe/CâmaraDeputados/Analista/2014) Com relação ao entendimento sumulado pelo STJ a respeito do direito do consumidor, julgue: decai, no prazo de noventa dias, previsto no CDC, o direito de o consumidor exigir da instituição financeira a prestação de contas para obter esclarecimentos sobre a cobrança de taxas, tarifas e encargos bancários.

1199. (TRF/2R/Juiz/2014) As opções abaixo deturpam e contrariam enunciados de súmulas do Superior Tribunal de Justiça, salvo uma delas, que expressa orientação jurisprudencial dominante. Assinale a opção correta:

a) Em regra, a simples devolução indevida de cheque não caracteriza o dano moral.

b) Em regra, ainda quando preexistente legítima inscrição, a anotação irregular em cadastro de proteção ao crédito gera indenização por dano moral, além do direito ao seu cancelamento.

c) Submete-se ao prazo decadencial de noventa dias o direito de obter prestação de contas e esclarecimentos sobre cobrança de taxas, tarifas e encargos bancários.

d) Por serem regidos através de lei especial (Lei n. 9.656/98), os contratos de plano de saúde apenas de modo excepcional sofrem a incidência do Código de Defesa do Consumidor.

e) Ainda que a fraude seja de boa qualidade e difícil de ser percebida, as instituições financeiras respondem, em regra, por danos gerados em virtude de abertura de conta falsa, em nome do inocente lesado, que teve seus documentos furtados.

1200. (Cespe/TJ/RN/Juiz/2013) Assinale a opção correta a respeito da prescrição e da decadência no regime do CDC, à luz da doutrina e da jurisprudência atual.

a) Prescreve em cinco anos a pretensão do consumidor à reparação por danos causados em razão de falha na prestação de serviços advocatícios por ele contratados.

b) O prazo de cinco anos para reclamar a reparação de danos causados por fato do produto ou do serviço é decadencial, iniciando-se a partir do conhecimento do dano e de sua autoria.

c) A prescrição pode ser suspensa ou interrompida, ao passo que a decadência, por sua natureza absoluta, não pode ser obstada.

d) Em se tratando de vício aparente ou de fácil constatação, o prazo para reclamar pelos vícios verificados tem início no momento em que ficar evidenciado o defeito, sendo de trinta dias para produtos não duráveis e de noventa dias para produtos duráveis.

e) Não se aplicam à prestação de contas, para fins de obtenção de esclarecimentos sobre a cobrança de taxas, tarifas e encargos bancários, os prazos decadenciais previstos para a reclamação por vícios em serviços prestados ao consumidor.

3. DAS PRÁTICAS COMERCIAIS

3.1. Das Práticas Abusivas

> *Súmula STJ 356. É legítima a cobrança da tarifa básica pelo uso dos serviços de telefonia fixa.*

1201. (Vunesp/TJ/SP/Juiz/2015) Assinale a alternativa correta.

a) O diploma consumerista é aplicável às instituições financeiras, mas não tem aplicação na relação entre entidade de previdência privada e seus participantes.

b) As instituições financeiras, assim entendidas como prestadoras de serviços, respondem, independentemente da existência de culpa exclusiva de terceiros, pela reparação dos danos causados aos consumidores por defeitos relativos à prestação de serviço.

c) Não vulnera o Código de Defesa do Consumidor a cobrança de tarifa básica de assinatura mensal pelo uso dos serviços de telefonia fixa.

d) Nos contratos bancários posteriores ao Código de Defesa do Consumidor incide multa moratória de até 10% do valor da prestação.

> *Súmula STJ 407. É legítima a cobrança da tarifa de água, fixada de acordo com as categorias de usuários e as faixas de consumo.*

1202. (Cespe/TRF/5R/Juiz/2013) Assinale a opção correta de acordo com a CF, as normas gerais de direito tributário e a jurisprudência do STJ e do STF.

a) Segundo a CF, o IR deve submeter-se à exigência da noventena, mas não necessita obedecer a anterioridade tributária. O IPI, por sua vez, tem o tratamento inverso, visto que está liberado da noventena, mas é obrigado a respeitar a anterioridade tributária.

b) A seletividade implica tributação diferenciada conforme a qualidade do que é objeto da tributação, não se confundindo com a progressividade, que se refere ao simples agravamento do ônus tributário conforme a base de cálculo aumenta.

c) O imposto sobre operações financeiras submete-se ao princípio da anterioridade anual.

d) É possível a utilização da regra de imputação de pagamentos prevista no Código Civil às hipóteses de compensação tributária.

e) É inadmissível a cobrança de tarifa de água fixada de acordo com as categorias de usuários e as faixas de consumo.

> *Súmula STJ 532. Constitui prática comercial abusiva o envio de cartão de crédito sem prévia e expressa solicitação do consumidor, configurando-se ato ilícito indenizável e sujeito à aplicação de multa administrativa.*

1203. (Cespe/TJ/DFT/Juiz/2015) De acordo com as regras e os princípios previstos no CDC e com a jurisprudência do STJ, assinale a opção correta.

a) As cláusulas previstas em contratos de adesão que limitem ou restrinjam direitos do consumidor aderente devem ser consideradas nulas de pleno direito.

b) Não se aplica ao fornecedor de serviços a medida administrativa de cassação da concessão de serviço público por violação reiterada das normas de proteção ao consumidor.

c) O envio de cartão de crédito a consumidor, sem a sua prévia e expressa solicitação, é

CAPÍTULO 5 - DIREITO DO CONSUMIDOR

considerado prática comercial abusiva, situação que caracteriza ato ilícito indenizável e sujeito a aplicação de multa administrativa.

d) Nas compras realizadas pela Internet, o exercício do direito de arrependimento é condicionado à indicação do vício de qualidade pelo consumidor no prazo legal.

e) O CDC deve ser compreendido como um microssistema de função social que tem a finalidade de proteger a parte vulnerável de uma relação jurídica e que é integralmente constituído por normas de direito público.

1204. (FCC/DPE/BA/Defensor/2016) Considere as assertivas abaixo.

I. É abusiva a cláusula prevista em contrato de adesão que impõe ao consumidor em mora a obrigação de pagar honorários advocatícios decorrentes de cobrança extrajudicial.

II. A estipulação de juros remuneratórios superiores a 12% ao ano constitui abusividade.

III. Constitui prática comercial abusiva o envio de cartão de crédito sem prévia e expressa solicitação do consumidor, configurando-se ato ilícito indenizável e sujeito à aplicação de multa administrativa.

IV. Caracteriza prática abusiva no mercado de consumo a diferenciação do preço do produto em função de o pagamento ocorrer em dinheiro, cheque ou cartão de crédito.

Está de acordo com a jurisprudência do Superior Tribunal de Justiça, apenas o que se afirma em:

a) II e IV.

b) III e IV.

c) I, II e IV.

d) II, III e IV.

e) II e III.

1205. (Cespe/PGM/Salvador/Procurador/2015) Acerca da oferta, das práticas abusivas, do contrato de adesão e das sanções administrativas, assinale a opção correta à luz do CDC e da jurisprudência do STJ.

a) As multas aplicadas por órgãos diversos de proteção ao consumidor, de unidades federativas diferentes, em virtude de um mesmo fato não configuram bis in idem.

b) O envio de cartão de crédito sem prévia solicitação do consumidor configura ato ilícito indenizável, sem prejuízo da sanção administrativa correspondente.

c) As cláusulas contratuais que restrinjam direitos dos consumidores serão nulas de pleno direito.

d) Não configura a prática da chamada venda casada o fato de o fornecedor condicionar a possibilidade de pagamento parcelado à aquisição de outra mercadoria pelo consumidor.

e) O anunciante pode recusar-se ao cumprimento da oferta veiculada caso constate, posteriormente, erro em sua divulgação.

1206. (Vunesp/CRO/SP/Advogado/2015) Josué é cliente da instituição financeira Mais Valor S/A. Na semana passada recebeu um cartão de crédito em sua casa, sem que o houvesse solicitado ou consentido. Diante dessa situação hipotética, dentro da atual interpretação jurisprudencial acerca da matéria, é correto afirmar que

a) a atitude da instituição financeira é totalmente lícita, sendo que, valendo-se da liberdade de escolha, Josué optará em usar ou não o cartão recebido.

b) a prática da instituição financeira é abusiva, pois Josué não solicitou tal produto, configurando-se ato ilícito indenizável e sujeito à aplicação de multa administrativa.

c) a prática descrita é considerada publicidade abusiva, passível de punições administrativas, com a imposição de contrapropaganda.

d) a instituição financeira agiu com acerto, respeitando o princípio da livre iniciativa de mercado, em que, para atingir os consumidores, tem liberdade de oferecer seus produtos e serviços de qualquer forma no mercado de consumo.

e) a prática da instituição financeira é abusiva, pois Josué não solicitou tal produto, mas tal ato não se configura como ilícito, estando, porém, sujeito à aplicação de multa administrativa.

3.2. Dos Bancos de Dados e Cadastros de Consumidores

> *Súmula STJ 323. A inscrição do nome do devedor pode ser mantida nos serviços de proteção ao crédito até o prazo máximo de cinco anos, independentemente da prescrição da execução.*

1207. (FGV/TJ/PA/Juiz/2008) Segundo o Código de Defesa do Consumidor (Lei 8.078, de 1990), é errado afirmar que:

a) a inversão do ônus da prova, a favor do consumidor, se dará quando, a critério do juiz, for verossímil a alegação ou quando for ele hipossuficiente, segundo as regras ordinárias de experiência.

b) as sociedades integrantes dos grupos societários e as sociedades controladas são solidariamente responsáveis pelas obrigações decorrentes do Código de Defesa do Consumidor.

c) o juiz poderá desconsiderar a personalidade jurídica da sociedade, sempre que sua personalidade for, de alguma forma, obstáculo ao ressarcimento de prejuízos causados aos consumidores.

d) as sociedades consorciadas são solidariamente responsáveis pelas obrigações decorrentes do Código de Defesa do Consumidor.

e) é entendimento sumulado que a inscrição de inadimplente pode ser mantida nos serviços de proteção ao crédito por, no máximo, cinco anos.

1208. (Cespe/TJ/BA/Cartórios/2013) Considerando a jurisprudência do STJ acerca das relações de consumo e dos direitos do consumidor, assinale a opção correta.

a) Por ser absoluta a proteção ao consumidor, a abusividade de cláusula inserida em contrato bancário pode ser reconhecida de ofício pelo julgador.

b) Afastar-se-á a aplicação do CDC quando o produto for adquirido para a implementação de atividade econômica, sendo irrelevante o fato de eventualmente estar caracterizada a hipossuficiência econômica do adquirente.

c) Cabe ao órgão mantenedor do cadastro de proteção ao crédito enviar ao consumidor carta, com aviso de recebimento, acerca da negativação de seu nome em bancos de dados e cadastros.

d) Independentemente da prescrição da pretensão executória, a inscrição do nome do devedor pode ser mantida nos serviços de proteção ao crédito até o prazo de cinco anos.

e) Ainda que preexista anotação legítima, o consumidor tem direito à indenização por dano moral decorrente de anotação irregular em cadastro de proteção ao crédito.

Súmula STJ 359. Cabe ao órgão mantenedor do Cadastro de Proteção ao Crédito a notificação do devedor antes de proceder à inscrição.

1209. (PGE/PA/Procurador/2011) Acerca dos bancos de dados e cadastro de consumidores, assinale a alternativa correta:

a) A anotação irregular em cadastro de proteção ao crédito gera dano moral ao consumidor, ainda que ele detenha legítima inscrição preexistente.

b) Observado o prazo relativo à prescrição da execução do débito existente, poderá o consumidor permanecer inscrito em órgãos de proteção ao crédito por mais de cinco anos em razão de única anotação.

c) Cabe ao órgão mantenedor do Cadastro de Proteção ao Crédito a notificação do devedor antes de proceder à inscrição.

d) É dispensável o aviso de recebimento (AR) na carta de comunicação ao consumidor sobre a negativação de seu nome em bancos de dados e cadastros.

e) Os bancos de dados e cadastros relativos a consumidores, os serviços de proteção ao crédito e congêneres são considerados entidades de caráter privado.

1210. (Vunesp/TJ/SP/Juiz/2015) É correto afirmar que:

a) quem já é registrado como mau pagador não pode se sentir moralmente ofendido pela inscrição de seu nome nos cadastros de proteção ao crédito, mesmo sem a prévia notificação do interessado acerca das notificações anteriores.

b) na comunicação ao consumidor sobre a negativação de seu nome em bancos de dados e cadastros de inadimplentes é dispensável o aviso de recepção.

c) a inscrição do nome do devedor pode ser mantida nos cadastros de inadimplentes pelo prazo máximo de cinco anos, independentemente da prescrição da execução ou da ação de conhecimento para cobrança da dívida.

d) compete ao credor ou à instituição financeira a notificação do devedor antes de se proceder à inscrição no cadastro de proteção ao crédito.

1211. (FCC/DPE/MA/Defensor/2015) Sobre bancos de dados e cadastros de consumidores, é correto afirmar:

a) É indispensável o aviso de recebimento (AR) na carta de comunicação ao consumidor sobre a negativação de seu nome em bancos de dados e cadastros, sob pena de responsabilização por danos morais.

CAPÍTULO 5 - DIREITO DO CONSUMIDOR

b) O direito brasileiro não admite o cadastro positivo de consumidores que permita a avaliação do risco na concessão de crédito, por ferir as normas protetivas do CDC.

c) Os bancos de dados, a fonte e o consulente são responsáveis objetiva e solidariamente pelos danos materiais e morais que causarem ao cadastrado.

d) Cabe indenização por danos morais sempre que inserida anotação irregular no cadastro de proteção de crédito.

e) Os bancos de dados de órgão de proteção ao crédito não podem manter informações dos cartórios de distribuição judicial sem o consentimento do consumidor.

1212. **(Cespe/Câmara_Deputados/Analista/2014)** Com relação ao entendimento sumulado pelo STJ a respeito do direito do consumidor, julgue o item. É dever do órgão mantenedor do Cadastro de Proteção ao Crédito notificar o devedor antes de proceder à inscrição de seu nome em bancos de dados e cadastros, no entanto é dispensável o aviso de recebimento (AR) na carta de comunicação ao consumidor sobre a sua efetiva negativação.

1213. **(MPE/SC/Promotor/2016)** Cabe ao órgão mantenedor do Cadastro de Proteção ao Crédito notificar o devedor antes de proceder à inscrição, sendo indispensável o aviso de recebimento (AR) na carta de comunicação ao consumidor sobre a negativação de seu nome em bancos de dados e cadastros.

1214. **(Cespe/TJ/DFT/Juiz/2016)** De acordo com o entendimento adotado, de forma atual e prevalente, pelo STJ, assinale a opção correta.

a) A utilização dos dados extraídos dos registros do cartório de protesto, por órgão cadastral de proteção ao crédito, desde que se trate de reprodução fiel, atualizada, objetiva e clara, não gera o dever de reparar os danos causados ao consumidor, ainda que não tenha este sido previamente cientificado da inclusão de tais informações na base de dados do órgão de proteção.

b) Cabe ao órgão responsável pelo cadastro de proteção ao crédito, e não ao credor, a notificação do devedor, antes de proceder à inscrição desabonadora, exigindo-se, para o fiel atendimento da exigência legal, a prova de efetiva

notificação do devedor, por meio de carta com aviso de recebimento.

c) Para a lícita utilização de escore de crédito, método estatístico de avaliação de risco que não constitui banco de dados, exige-se o consentimento do consumidor, que terá o direito de solicitar esclarecimentos sobre as informações pessoais valoradas e as fontes dos dados considerados no respectivo cálculo.

d) A inclusão do nome do consumidor em base de dados do órgão de proteção ao crédito, quando fundada em informação verdadeira, extraída do cartório de distribuição judicial, não tem o condão de ensejar a obrigação de reparar danos, desde que seja observado o dever de prévia notificação do devedor.

e) Verificada, ao tempo em que fora realizada, a legítima inscrição do nome do devedor em cadastro de proteção ao crédito, e, uma vez operado, em momento ulterior, o integral pagamento da dívida, cabe ao devedor interessado postular a exclusão do registro desabonador, posto que a negativação teve origem em ato realizado no exercício regular de um direito do credor.

1215. **(Cespe/DPE/ES/Defensor/2009)** O Banco Alfa solicitou a inscrição do nome de Wagner em determinada entidade de proteção ao crédito, informando a existência de dívida contraída em razão de um empréstimo. A inscrição foi efetuada sem a notificação prévia de Wagner. O banco Alfa, por ter solicitado a referida inscrição, deveria ter providenciado a notificação de Wagner.

1216. **(Cespe/DPE/AL/Defensor/2009)** É dever do órgão que mantém cadastro de devedores inadimplentes, e não do credor, a comunicação ao consumidor quanto à inscrição de seu nome no mencionado cadastro, e o simples erro no valor inscrito da dívida não causa dano moral ao devedor.

> *Súmula STJ 385. Da anotação irregular em cadastro de proteção ao crédito, não cabe indenização por dano moral, quando preexistente legítima inscrição, ressalvado o direito ao cancelamento.*

1217. **(FCC/DPE/PR/Defensor/2012)** De acordo com o Código de Defesa do Consumidor:

a) cabe ao fornecedor a notificação do devedor antes de proceder à inscrição.

b) da anotação irregular em cadastro de proteção ao crédito, não cabe indenização por dano moral, quando preexistente legítima inscrição.

c) a inscrição de inadimplente pode ser mantida nos serviços de proteção ao crédito por, no máximo, três anos.

d) é desnecessária a comunicação ao consumidor da abertura de cadastro, ficha, registro e dados pessoais e de consumo.

e) os bancos de dados e cadastros relativos aos consumidores e os serviços de proteção ao crédito são considerados entidades de caráter privado.

1218. (PGR/Procurador/2012) Considerando os artigos 43 e 44 da Lei 8.078/90, Código de Defesa do Consumidor, que tratam dos bancos de dados e cadastros de consumidores, é correto afirmar que:

a) Os bancos de dados sobre endividamento dos consumidores têm caráter privado de auxiliar do comércio e devem ser mantidos por entidades privadas que têm seu funcionamento autorizado e controlado pelo Banco Central – Bacen.

b) O Sistema Nacional de Informações e Defesa do Consumidor – Sindec é o cadastro nacional que integra em rede as ações e informações da defesa do consumidor. Ele representa o trabalho do Sistema Nacional de Defesa do Consumidor e dos Procons, e estabelece a base tecnológica necessária para a elaboração do Cadastro Nacional de Reclamações Fundamentadas que indica se as reclamações dos consumidores foram atendidas, ou não, pelos fornecedores. Aplicam-se ao Sindec, no que couberem, as mesmas regras impostas aos cadastros de consumidores.

c) A orientação sumular do Superior Tribunal de Justiça – STJ prevê que a anotação irregular do nome do consumidor no cadastro de proteção ao crédito por erro do fornecedor gera indenização por dano moral, independente de haver inscrição preexistente.

d) É dever do estabelecimento comercial credor a notificação pessoal do consumidor devedor, por meio de carta de comunicação com aviso de recebimento, antes de proceder a inscrição de seu nome no cadastro de proteção ao crédito.

1219. (FCC/DPE/PB/Defensor/2014) De acordo com a jurisprudência do STJ sobre direito do consumidor:

a) nos contratos bancários, é possível ao julgador conhecer, de ofício, da abusividade das cláusulas.

b) da anotação irregular em cadastro de proteção ao crédito, cabe indenização por dano moral, ainda quando preexistente legítima inscrição.

c) a Defensoria Pública, na tutela coletiva dos consumidores, só tem legitimidade para atuar quando tratar de direitos individuais homogêneos.

d) não se aplica o Código de Defesa do Consumidor quando o serviço prestado pelo banco tratar de política governamental, desfigurando a relação de consumo, como no caso de financiamento estudantil.

e) as instituições financeiras respondem subjetivamente pelos danos gerados por fortuito interno relativo a fraudes e delitos praticados por terceiros no âmbito de operações bancárias.

1220. (Cespe/DPE/PE/Defensor/2015) Segundo o entendimento do STJ, caso preexistam outras inscrições regularmente realizadas, a ausência de prévia comunicação ao consumidor da inscrição do seu nome em órgão de proteção ao crédito não ensejará indenização por danos morais.

1221. (TRF/4R/Juiz/2014) Relativamente à interpretação e à aplicação das normas de proteção do consumidor positivadas no direito pátrio vigente, é correto afirmar:

a) Conforme jurisprudência sumulada pelo Superior Tribunal de Justiça, a anotação irregular em cadastro de proteção ao crédito dá ensejo à indenização por dano moral, mesmo quando preexistente legítima inscrição.

b) A jurisprudência predominante do Superior Tribunal de Justiça admite a legitimidade das decisões dos órgãos de defesa do consumidor que, pretendendo dirimir conflitos nas relações de consumo, determinam ao fornecedor de produtos ou serviços a restituição de valores ao consumidor.

c) A orientação predominante do Superior Tribunal de Justiça tem abrandado o conceito finalista de consumidor (destinatário final e econômico) para autorizar a incidência do Código de Defesa do Consumidor mesmo nas hipóteses em que o consumidor-empresário (pessoa física ou jurídica), embora não seja tecnicamente o destinatário final do produto ou do serviço, se apresenta em situação de vulnerabilidade em face do fornecedor.

d) Conforme jurisprudência pacificada no âmbito do Superior Tribunal de Justiça, a responsabilidade civil do transportador aéreo pelo extravio de bagagem ou de carga rege-se pelas normas especiais do Código Brasileiro de Aeronáutica e da Convenção de Varsóvia, afastando-se as normas do Código de Defesa do Consumidor – CDC.

e) Nenhuma das alternativas anteriores está correta.

1222. (TRF/2R/Juiz/2014) As opções abaixo deturpam e contrariam enunciados de súmulas do Superior Tribunal de Justiça, salvo uma delas, que expressa orientação jurisprudencial dominante. Assinale a opção correta:

a) Em regra, a simples devolução indevida de cheque não caracteriza o dano moral.

b) Em regra, ainda quando preexistente legítima inscrição, a anotação irregular em cadastro de proteção ao crédito gera indenização por dano moral, além do direito ao seu cancelamento.

c) Submete-se ao prazo decadencial de noventa dias o direito de obter prestação de contas e esclarecimentos sobre cobrança de taxas, tarifas e encargos bancários.

d) Por serem regidos através de lei especial (Lei n. 9.656/98), os contratos de plano de saúde apenas de modo excepcional sofrem a incidência do Código de Defesa do Consumidor.

e) Ainda que a fraude seja de boa qualidade e difícil de ser percebida, as instituições financeiras respondem, em regra, por danos gerados em virtude de abertura de conta falsa, em nome do inocente lesado, que teve seus documentos furtados.

1223. (FGV/TJ/BA/Analista/2015) Claudio propôs uma demanda em face do Banco SSD pleiteando a compensação por danos extrapatrimoniais experimentados em razão da inclusão indevida de seu nome nos cadastros de maus pagadores. Ocorre que Claudio reconheceu na própria petição inicial que seu nome já estava devidamente negativado por outro credor. Nesse caso, ao receber a petição inicial, o juiz pode:

a) determinar a sua emenda, para incluir expressamente o pedido de retirada do nome de Claudio do cadastro de maus pagadores.

b) determinar a sua emenda, para incluir na demanda o outro credor que também negativou o nome de Claudio no cadastro de maus pagadores.

c) julgar procedente o pedido, caso exista jurisprudência favorável à tese defendida por Claudio nos tribunais superiores.

d) julgar improcedente o pedido, caso exista jurisprudência consolidada no juízo e nos tribunais superiores sobre o tema, refutando a tese autoral.

e) deferir tutela antecipada, de ofício, para determinar a imediata retirada do nome de Claudio do cadastro de maus pagadores.

1224. (Cespe/TJ/RN/Juiz/2013) O nome de César foi incluído, de forma indevida, em cadastro de proteção ao crédito, por iniciativa de instituição financeira com quem jamais César contratou. No momento em que foi inserida a inscrição irregular, César já ostentava, no mesmo cadastro, anotação restritiva legítima, fundada em dívida que realmente contraíra com outra instituição e cuja validade não se contesta. Nessa situação hipotética, conforme entendimento jurisprudencial dominante:

a) os danos morais são devidos e independem de prova, cabendo, ainda, a determinação judicial de cancelamento da inscrição indevida.

b) não cabe indenização por dano moral, tendo, entretanto, César o direito ao cancelamento da inscrição indevida.

c) César terá direito a indenização pelos danos morais experimentados em razão da negativação indevidamente inserida, devendo a instituição financeira responder objetivamente pelo fortuito interno.

d) a condenação da instituição financeira ficará condicionada à comprovação da existência dos danos morais efetivamente causados a César.

e) a reclamação de César deve embasar-se no Código Civil, não se aplicando as disposições do CDC às relações mantidas com instituições financeiras.

> **Súmula STJ 404.** *É dispensável o aviso de recebimento (AR) na carta de comunicação ao consumidor sobre a negativação de seu nome em bancos de dados e cadastros.*

1225.
(TJ/DFT/Juiz/2012) Assinale a alternativa correta, com fundamento na legislação em vigor e na doutrina e jurisprudência prevalentes:

a) Por ostentar regramento específico, a relação jurídica entre a entidade de previdência privada e seus participantes não se submete à aplicação do Código de Defesa do Consumidor.

b) É indispensável o aviso de recebimento na carta de comunicação ao consumidor sobre a negativação de seu nome em bancos de dados e cadastros restritivos.

c) A instauração de inquérito civil não obsta a fluência do prazo decadencial para o exercício do direito de reclamar pelos vícios aparentes ou de fácil constatação de produto adquirido pelo consumidor.

d) Nos contratos bancários, é vedado ao julgador conhecer, de ofício, da abusividade das cláusulas.

1226.
(Cespe/MPE/PI/Promotor/2012) Conforme o CDC, é garantido ao consumidor o acesso às informações sobre ele existentes em cadastros, fichas, registros e dados pessoais e de consumo arquivados, bem como as referentes às suas respectivas fontes. Considerando essa informação, assinale a opção correta no que se refere aos bancos de dados e cadastros de consumidores.

a) Impedir ou dificultar o acesso do consumidor às informações que sobre ele constem em cadastros, banco de dados, fichas e registros constitui infração penal.

b) O mandado de segurança é o instrumento jurídico adequado para assegurar o conhecimento de informações relativas ao consumidor constantes de registro ou banco de dados de entidades governamentais ou de caráter público.

c) Os bancos de dados e cadastros relativos a consumidores, os serviços de proteção ao crédito e congêneres devem ser instituídos e mantidos por entidades públicas.

d) É imprescindível o aviso de recebimento na carta de comunicação enviada ao consumidor

que o avise sobre a inclusão de seu nome em bancos de dados e cadastros de maus pagadores.

e) Segundo a jurisprudência sumulada do STJ, compete ao fornecedor notificar o devedor antes de proceder à inscrição de seu nome no cadastro de proteção ao crédito.

1227.
(Cespe/CâmaraDeputados/Analista/2014) É dever do órgão mantenedor do Cadastro de Proteção ao Crédito notificar o devedor antes de proceder à inscrição de seu nome em bancos de dados e cadastros, no entanto é dispensável o aviso de recebimento (AR) na carta de comunicação ao consumidor sobre a sua efetiva negativação.

> **Súmula STJ 548.** *Incumbe ao credor a exclusão do registro da dívida em nome do devedor no cadastro de inadimplentes no prazo de cinco dias úteis, a partir do integral e efetivo pagamento do débito.*

1228.
(Cespe/DPE/PE/Defensor/2015) No item a seguir, é apresentada uma situação hipotética, seguida de uma assertiva a ser julgada com base nas regras previstas no CDC e no entendimento do STJ a respeito de cobrança de dívidas, bancos de dados e cadastros de consumidores. A fim de promover a exclusão de seu nome do banco de dados de órgão de proteção ao crédito, Fernando pagou integralmente o montante da dívida inscrita no referido banco de dados. Nessa situação, a obrigação de promover a baixa do registro será do órgão mantenedor e o prazo para a efetivação dessa obrigação será de cinco dias úteis, a contar do primeiro dia útil subsequente à completa disponibilização do numerário necessário à quitação do débito vencido.

1229.
(Cespe/PGM/Salvador/Procurador/2015) Laura, proprietária de uma ótica, dirigiu-se até Jorge, que estava no interior de outro estabelecimento comercial, e cobrou-lhe a quantia de R$ 1.500,00, referente a uma nota promissória por ele emitida para a compra de óculos. Laura afirmou, na presença dos empregados do local em que Jorge se encontrava, que ele era mau pagador e recomendou que não lhe vendessem qualquer produto, argumentando que ele não cumpriria a obrigação. Ela afirmou, ainda, que o nome de Jorge fora incluído no banco de dados de consumidores inadimplentes e que ele possuía

CAPÍTULO 5 - DIREITO DO CONSUMIDOR

inscrições anteriores solicitadas por outros fornecedores. Jorge, por sua vez, informou que quitara o título, embora este já estivesse prescrito, e acrescentou que iria ingressar com ação condenatória requerendo indenização por danos emergentes e compensação por danos morais. Laura, após retornar ao seu estabelecimento, constatou o equívoco da cobrança e retratou-se do ocorrido. A propósito dessa situação hipotética, à luz da jurisprudência do STJ e de acordo com a legislação aplicável, assinale a opção correta.

a) Compete ao estabelecimento comercial de Laura, após o pagamento efetivo do débito, requerer ao banco de dados a exclusão do nome de Jorge dessa base de registros.

b) A prescrição do título não veda que o banco de dados forneça informações que impeçam ou dificultem o crédito de outros fornecedores ao emitente do título prescrito.

c) As inscrições preexistentes no cadastro de proteção ao crédito em nome de Jorge afastam o dever de indenizar da ótica de Laura em relação ao dano moral.

d) O fato de Laura retratar-se após constatar o equívoco de sua conduta afasta o ilícito civil da cobrança vexatória.

e) Uma vez demonstrado o pagamento do título por Jorge, este fará jus à restituição em dobro do valor pago pelos óculos.

> *Súmula STJ 550. A utilização de escore de crédito, método estatístico de avaliação de risco que não constitui banco de dados, dispensa o consentimento do consumidor, que terá o direito de solicitar esclarecimentos sobre as informações pessoais valoradas e as fontes dos dados considerados no respectivo cálculo.*

1230. (MPF/PGR/Procurador_República/2015) Com relação aos contratos bancários e a proteção do consumidor, a jurisprudência do superior tribunal de justiça – STJ se consolidou no seguinte sentido:

a) A existência de cadastro de consumidores com base em notas ("scoring"), de acordo com a probabilidade de inadimplência de cada um, é ilegal e da ensejo a dano moral.

b) A cobrança da comissão de permanência exclui a exigibilidade dos juros remuneratórios, moratórios e da multa contratual e seu valor não

pode ultrapassar a soma dos encargos remuneratórios e moratórios previstos no contrato.

c) As instituições financeiras não respondem objetivamente pelos danos gerados por especialistas em computação (hackers) que pratiquem fraudes e delitos no âmbito das operações bancárias.

d) A simples devolução indevida de cheque e considerada mero aborrecimento da vida civil/comercial e não caracteriza o dano moral indenizável.

1231. (UEPA/PGE/PA/Procurador/2015) Sobre os Cadastros de Crédito de Consumidores, analise as afirmativas abaixo e assinale a alternativa correta.

I. A reprodução objetiva fiel, atualizada e clara de informações constantes dos registros de cartório de distribuição judicial, face à presunção legal de veracidade dos mesmos, não tem o condão de ensejar obrigação de reparar danos, ainda que promovida sem a ciência do consumidor.

II. De acordo com as regras previstas no Código de Defesa do Consumidor, sendo regular a inscrição em cadastro de proteção ao crédito, caberá ao devedor praticar os atos necessários à baixa do registro desabonador, após o pagamento do débito.

III. A ausência de prévia comunicação ao consumidor da inscrição do seu nome em cadastros de proteção ao crédito, prevista no art. 43, § 2º do CDC, enseja o direito à compensação por danos morais, mesmo que preexista inscrição desabonadora regularmente realizada.

IV. De acordo com o Superior Tribunal de Justiça, o sistema "credit scoring" é permitido no ordenamento jurídico brasileiro, desde que respeitados os limites estabelecidos pelo sistema de proteção do consumidor no sentido da tutela da privacidade e da máxima transparência nas relações negociais, na forma do CDC.

A alternativa que contém todas as afirmativas corretas é:

a) I e II

b) II e IV

c) II e III

d) I e III

e) I e IV

1232. (Cespe/TJ/DFT/Juiz/2016) De acordo com o entendimento adotado, de forma atual e prevalente, pelo STJ, assinale a opção correta.

a) A utilização dos dados extraídos dos registros do cartório de protesto, por órgão cadastral de proteção ao crédito, desde que se trate de reprodução fiel, atualizada, objetiva e clara, não gera o dever de reparar os danos causados ao consumidor, ainda que não tenha este sido previamente cientificado da inclusão de tais informações na base de dados do órgão de proteção.

b) Cabe ao órgão responsável pelo cadastro de proteção ao crédito, e não ao credor, a notificação do devedor, antes de proceder à inscrição desabonadora, exigindo-se, para o fiel atendimento da exigência legal, a prova de efetiva notificação do devedor, por meio de carta com aviso de recebimento.

c) Para a lícita utilização de escore de crédito, método estatístico de avaliação de risco que não constitui banco de dados, exige-se o consentimento do consumidor, que terá o direito de solicitar esclarecimentos sobre as informações pessoais valoradas e as fontes dos dados considerados no respectivo cálculo.

d) A inclusão do nome do consumidor em base de dados do órgão de proteção ao crédito, quando fundada em informação verdadeira, extraída do cartório de distribuição judicial, não tem o condão de ensejar a obrigação de reparar danos, desde que seja observado o dever de prévia notificação do devedor.

e) Verificada, ao tempo em que fora realizada, a legítima inscrição do nome do devedor em cadastro de proteção ao crédito, e, uma vez operado, em momento ulterior, o integral pagamento da dívida, cabe ao devedor interessado postular a exclusão do registro desabonador, posto que a negativação teve origem em ato realizado no exercício regular de um direito do credor.

> *Súmula STJ 572. O Banco do Brasil, na condição de gestor do Cadastro de Emitentes de Cheques sem Fundos (CCF), não tem a responsabilidade de notificar previamente o devedor acerca da sua inscrição no aludido cadastro, tampouco legitimidade passiva para as ações de reparação de danos fundadas na ausência de prévia comunicação.*

⮑ Súmula não abordada em concursos recentes.

4. DA PROTEÇÃO CONTRATUAL

4.1. Das Cláusulas Abusivas

> *Súmula STJ 285. Nos contratos bancários posteriores ao Código de Defesa do Consumidor incide a multa moratória nele prevista.*

1233. (FCC/TJ/AP/Juiz/2009) Examine as seguintes proposições. É correto afirmar que:

I. As empresas administradoras de cartões de crédito são instituições financeiras e, por isso, os juros remuneratórios por elas cobrados não são limitados pela Lei de Usura.

II. A renegociação de contrato bancário ou a confissão da dívida impedem a possibilidade de discussão sobre eventuais ilegalidades dos contratos anteriores.

III. Nos contratos bancários posteriores ao Código de Defesa do Consumidor incide a multa moratória nele prevista.

a) as proposições I, II e III encontram-se de acordo com a atual jurisprudência sobre os temas.

b) somente a proposição I encontra-se pacificada.

c) somente a proposição III encontra-se pacificada.

d) somente as proposições I e III encontram-se pacificadas.

e) somente as proposições II e III encontram-se pacificadas.

1234. (Vunesp/TJ/SP/Cartórios/2011) Sobre instituições financeiras, é incorreto afirmar:

a) as empresas administradoras de cartão de crédito são instituições financeiras e, por isso, os juros remuneratórios por elas cobrados não sofrem as limitações da Lei de Usura.

b) nos contratos bancários posteriores ao Código de Defesa do Consumidor, incide a multa moratória de 2%, conforme entendimento fixado no Superior Tribunal de Justiça.

c) o Superior Tribunal de Justiça firmou entendimento de que a renegociação de contrato bancário impede a discussão sobre ilegalidades de contratos anteriores.

d) estão sujeitas à aplicação do Código de Defesa do Consumidor.

> **Súmula STJ 302.** *É abusiva a cláusula contratual de plano de saúde que limita no tempo a internação hospitalar do segurado.*

1235. **(Cespe/TJ/PI/Juiz/2007)** Desde que expressamente consignada em contrato, de maneira clara, que permita sua imediata compreensão, não é considerada abusiva a cláusula contratual de plano de saúde que limite no tempo a internação hospitalar do segurado.

1236. **(FCC/TJ/RR/Juiz/2008)** Em relação aos seguintes enunciados:

I. É legalmente permitida a inscrição de consumidores inadimplentes nos serviços de proteção ao crédito enquanto permanecer o inadimplemento, observado o prazo máximo de cinco anos.

II. Pode ser considerada abusiva a cláusula contratual de plano de saúde que limita no tempo a internação hospitalar do segurado.

III. A limitação de multa de mora prevista no Código de Defesa do Consumidor não se aplica às cédulas de crédito comercial emitidas anteriormente à sua vigência.

IV. É possível a desconsideração da pessoa jurídica sempre que sua personalidade representar obstáculo ao ressarcimento dos prejuízos causados aos consumidores.

a) Somente as proposições I e II são corretas.

b) Somente as proposições I e IV são corretas.

c) Somente as proposições II e III são corretas.

d) Somente as proposições III e IV são corretas.

e) As proposições I, II, III e IV são corretas.

1237. **(Vunesp/TJ/SP/Juiz/2013)** Acerca dos planos e seguros privados de assistência à saúde, considerada a Lei n. 9.656/98 e a jurisprudência do STJ, é correto dizer que

a) as doenças e lesões preexistentes devem ser cobertas após prazo de carência de 24 meses, a menos que depois desse prazo a operadora faça prova do conhecimento prévio do consumidor.

b) é lícito ser excluída a cobertura de tratamentos estéticos, inseminação artificial e de doenças sexualmente transmissíveis.

c) é considerada abusiva a cláusula que limita internação hospitalar do segurado a período superior a 90 dias, admitida a limitação acima desse período.

d) é vedado estabelecer carência superior a 24 horas para a cobertura de tratamento de casos de urgência e emergência.

1238. **(FCC/DPE/CE/Defensor/2014)** Em razão de grave pneumonia, José foi internado em Unidade de Terapia Intensiva, onde permanece há 30 dias. No trigésimo dia, o plano de saúde ao qual é conveniado informou que José teria que deixar a Unidade de Terapia Intensiva porque o contrato assinado entre ele e o plano de saúde previa cobertura de apenas 30 dias para este tipo de tratamento. De acordo com Súmula do Superior Tribunal de Justiça, a postura do plano de saúde é

a) válida apenas se houver alternativa menos custosa à manutenção da vida do segurado.

b) inválida, devendo manter José na UTI, mas podendo o plano cobrar pelos dias excedentes.

c) válida, pois o contrato faz lei entre as partes.

d) inválida, pois é abusiva a cláusula contratual de plano de saúde que limita no tempo a internação hospitalar do segurado.

e) válida, exceto se se tratar de pessoa idosa.

> **Súmula STJ 543.** *Na hipótese de resolução de contrato de promessa de compra e venda de imóvel submetido ao Código de Defesa do Consumidor, deve ocorrer a imediata restituição das parcelas pagas pelo promitente comprador – integralmente, em caso de culpa exclusiva do promitente vendedor/construtor, ou parcialmente, caso tenha sido o comprador quem deu causa ao desfazimento.*

1239. **(Cespe/TJ/RN/Juiz/2013)** Acerca da proteção contratual do consumidor prevista no CDC, assinale a opção correta à luz da doutrina e da jurisprudência atual do STJ.

a) É valida cláusula contratual que disponha, por convenção das partes, a inversão do ônus da prova em favor do fornecedor.

b) Não se considera abusiva cláusula contratual que determine, em caso de rescisão de promessa de compra e venda de imóvel na planta, a restituição das parcelas pagas somente ao término da obra.

c) O prazo de reflexão legalmente conferido ao consumidor para desistir do contrato, estipulado em sete dias, somente se mostra aplicável quando a contratação do fornecimento de produtos ou serviços ocorrer fora do estabelecimento comercial.

d) Não se considera abusiva cláusula contratual de plano de saúde que estabeleça, com a anuência do consumidor, limites para o tempo de internação hospitalar do segurado.

e) A inserção de cláusula no formulário de contratos de adesão desfigura a natureza do contrato.

1240. (Vunesp/TJ/RJ/Juiz/2016) Carlos dos Santos mora em um apartamento alugado e pretendendo tornar-se proprietário de sua própria moradia, assinou um contrato de promessa de compra e venda com uma empresa construtora para aquisição de um apartamento. O contrato foi celebrado com cláusula contratual que determina a restituição dos valores devidos somente ao término da obra, ou de forma parcelada na hipótese de resolução de contrato de promessa de compra e venda do imóvel, por culpa de quaisquer contratantes. A partir desses fatos, assinale a alternativa correta.

a) Se a resolução contratual for unilateral do promissário comprador, este terá direito à devolução das parcelas pagas, mas a devolução não precisa ser imediata, pois inexiste disposição expressa nesse sentido no Código de Defesa do Consumidor.

b) Se houver resolução do contrato de promessa de compra e venda do imóvel por vontade de ambas as partes, em conformidade com o avençado no contrato, a restituição dos valores devidos deve ocorrer de forma parcelada ou ao término da obra.

c) Se houver a resolução do contrato de promessa de compra e venda do imóvel em decorrência de vontade exclusiva do promitente vendedor, caberá a este a imediata restituição integral das parcelas pagas pelo promitente comprador em aplicação da legislação consumerista.

d) Esse contrato não se submete ao Código de Defesa do Consumidor, regendo-se integralmente pelas normas do Código Civil, devendo ser observado o princípio pacta sunt servanda.

e) Se houver resolução do contrato de promessa de compra e venda do imóvel por vontade unilateral e exclusiva do promissário comprador, em observação à legislação consumerista, Carlos dos Santos terá direito à restituição integral das parcelas pagas.

CAPÍTULO 6 – DIREITO DO TRABALHO

1. DA ORGANIZAÇÃO SINDICAL

1.1. Da Contribuição Sindical

Súmula STJ 396. *A Confederação Nacional da Agricultura tem legitimidade ativa para a cobrança da contribuição sindical rural.*

➲ Súmula não abordada em concursos recentes.

2. DO MINISTÉRIO PÚBLICO DO TRABALHO

Súmula STJ 226. *O Ministério Público tem legitimidade para recorrer na ação de acidente do trabalho, ainda que o segurado esteja assistido por advogado.*

Súmula anotada em Direito Processual do Trabalho – Leis Especiais – Lei do Seguro de Acidente do Trabalho (Lei 6.367/76).

3. LEIS TRABALHISTAS ESPECIAIS

3.1. Lei do FGTS (Lei 8.036/90)

3.1.1. Cálculos

Súmula STJ 154. *Os optantes pelo FGTS, nos termos da Lei nº 5.958, de 1973, tem direito à taxa progressiva dos juros, na forma do art. 4º da Lei nº 5.107, de 1966.*

➲ Súmula não abordada em concursos recentes.

Súmula STJ 252. *Os saldos das contas do FGTS, pela legislação infraconstitucional, são corrigidos em 42,72% (IPC) quanto às perdas de janeiro de 1989 e 44,80% (IPC) quanto às de abril de 1990, acolhidos pelo STJ os índices de 18,02% (LBC) quanto às perdas de junho de 1987, de 5,38% (BTN) para maio de 1990 e 7,00% (TR) para fevereiro de 1991, de acordo com o entendimento do STF (RE 226.855-7-RS).*

➲ Súmula não abordada em concursos recentes.

Súmula STJ 445. *As diferenças de correção monetária resultantes de expurgos inflacionários sobre os saldos de FGTS têm como termo inicial a data em que deveriam ter sido creditadas.*

➲ Súmula não abordada em concursos recentes.

Súmula STJ 459. *A Taxa Referencial (TR) é o índice aplicável, a título de correção monetária, aos débitos com o FGTS recolhidos pelo empregador mas não repassados ao fundo.*

➲ Súmula não abordada em concursos recentes.

Súmula STJ 571. *A taxa progressiva de juros não se aplica às contas vinculadas ao FGTS de trabalhadores qualificados como avulsos.*

➲ Súmula não abordada em concursos recentes.

Súmula STJ 578. *Os empregados que laboram no cultivo da cana-de-açúcar para empresa agroindustrial ligada ao setor sucroalcooleiro detêm a qualidade de rurícola, ensejando a isenção do FGTS desde a edição da Lei Complementar n. 11/1971 até a promulgação da Constituição Federal de 1988.*

➲ Súmula não abordada em concursos recentes.

3.1.2. Competência

Súmula STJ 82. *Compete à justiça federal, excluídas as reclamações trabalhistas, processar e julgar os feitos relativos à movimentação do FGTS.*

Súmula anotada em Direito do Trabalho – Leis Trabalhistas Especiais – Lei do FGTS (Lei 8.036/90) – Competência.

> **Súmula STJ 349.** *Compete à justiça federal ou aos juízes com competência delegada o julgamento das execuções fiscais de contribuições devidas pelo empregador ao FGTS.*

Súmula anotada em Execução Fiscal – Competência.

3.1.3. Prescrição

> **Súmula STJ 210.** *A ação de cobrança das contribuições para o FGTS prescreve em trinta (30) anos.*

1241. **(Cespe/PGE/CE/Procurador/2008)** É trintenária a prescrição do direito de reclamar contra o não recolhimento da contribuição para o FGTS, observado o prazo de dois anos após o término do contrato de trabalho.

1242. **(Cespe/TST/Analista/2008)** A prescrição do direito de reclamar o Fundo de Garantia por Tempo de Serviço (FGTS) não-recolhido é trintenária, observado o biênio a partir do término do contrato de trabalho.

1243. **(Cespe/OAB/2009-2)** Segundo grande parte da doutrina, prescrição consiste na perda do direito de ação pelo não exercício desse direito no prazo determinado por lei. A esse respeito, assinale a opção correta.

a) Para ações em que se questionem créditos resultantes das relações empregatícias, prevê-se prazo prescricional de dois anos no curso da relação de emprego e de cinco anos após a extinção do contrato de trabalho.

b) Para a ação em que se pleiteie apenas anotação da carteira de trabalho e previdência social, conta-se o prazo prescricional a partir da extinção do contrato de trabalho.

c) No caso de ação ajuizada em razão do não recolhimento da contribuição para o FGTS, a prescrição é de trinta anos, respeitado o biênio posterior ao término do contrato de trabalho.

d) A prescrição da pretensão relativa às parcelas remuneratórias não alcança o respectivo recolhimento da contribuição para o FGTS.

1244. **(Cespe/Secont/ES/Auditor/2009)** A prescrição do direito de ação quanto ao não recolhimento da contribuição para o

FGTS é sempre trintenária, independentemente da época que se deu o término do vínculo, conforme entendimento do TST.

1245. **(FCC/NossaCaixaDesenvolvimento/Advogado/2011)** A prescrição do direito de reclamar contra o não recolhimento da contribuição para o FGTS é:

a) trintenária, observado o prazo de dois anos após o término do contrato de trabalho.

b) vintenária, observado o prazo de dois anos após o término do contrato de trabalho.

c) de cinco anos, observado o prazo de dois anos após o término do contrato de trabalho.

d) trintenária, independentemente do término do contrato de trabalho, tendo em vista que o prazo constitucional de dois anos não se aplica a prescrição relacionada ao FGTS.

e) vintenária, independentemente do término do contrato de trabalho, tendo em vista que o prazo constitucional de dois anos não se aplica a prescrição relacionada ao FGTS.

1246. **(Cesgranrio/BNDES/Advogado/2013)** O fenômeno da prescrição é importante para trazer paz jurídica ao devedor, em função do decurso do tempo aliado à inércia de um possível credor. No processo do trabalho, o prazo prescricional:

a) é de 5 anos para os trabalhadores urbanos e de 3 anos para os trabalhadores rurais, até o limite de 2 anos após a extinção do contrato de trabalho para ambos.

b) é de 30 anos, para reclamar contra o não recolhimento do FGTS, observado o prazo de 2 anos após o término do contrato de trabalho.

c) é suspenso nas hipóteses de suspensão contratual por percepção de auxílio doença ou aposentadoria por invalidez.

d) pode ser interrompido uma única vez com o ajuizamento de ação trabalhista anterior, ainda que arquivada, para todo e qualquer pleito derivado do contrato de trabalho.

e) conta-se, para a prescrição quinquenal, da data do encerramento do contrato, retroagindo aos últimos cinco anos do pacto laboral.

1247. **(Cespe/CPRM/Advogado/2013)** A prescrição do direito de reclamar contra o não recolhimento da contribuição para o FGTS é vintenária, observado o prazo de dois anos após o término do contrato de trabalho.

CAPÍTULO 6 - DIREITO DO TRABALHO

Súmula STJ 398. *A prescrição da ação para pleitear os juros progressivos sobre os saldos de conta vinculada do FGTS não atinge o fundo de direito, limitando-se às parcelas vencidas.*

➫ Súmula não abordada em concursos recentes.

3.1.4. Outros Temas

Súmula STJ 249. *A Caixa Econômica Federal tem legitimidade passiva para integrar processo em que se discute correção monetária do FGTS.*

➫ Súmula não abordada em concursos recentes.

Súmula STJ 353. *As disposições do Código Tributário Nacional não se aplicam às contribuições para o FGTS.*

1248. **(MSConcursos/Cientec/Advogado/2010)** Sobre o Sistema Tributário Nacional, assinale a alternativa incorreta:

a) De acordo com a definição legal do Código Tributário Nacional, o tributo é toda prestação pecuniária compulsória, em moeda ou cujo valor nela se possa exprimir, que não constitua sanção de ato ilícito, instituída em lei e cobrada mediante atividade administrativa plenamente vinculada.

b) Os tributos são os impostos, taxas e contribuições de melhoria, conforme o Código Tributário Nacional.

c) A natureza jurídica específica do tributo é determinada pelo fato gerador da respectiva obrigação, sendo irrelevantes para qualificá-la a denominação e demais características formais adotadas pela lei, bem como a destinação legal do produto da sua arrecadação.

d) O Código Tributário Nacional adota a concepção da teoria bipartida ou bipartite para as espécies tributárias.

e) As disposições do Código Tributário Nacional não se aplicam às contribuições para o Fundo de Garantia de Tempo de Serviço – FGTS.

Súmula STJ 466. *O titular da conta vinculada ao FGTS tem o direito de sacar o saldo respectivo quando declarado nulo seu contrato de trabalho por ausência de prévia aprovação em concurso público.*

1249. **(Cespe/PGE/CE/Procurador/2008)** Ainda quando anulado o contrato de trabalho de servidor público por falta de prévia aprovação em concurso público, são devidos os valores referentes aos depósitos do FGTS.

1250. **(Cespe/PGE/PB/Procurador/2008)** A contratação de empregado público, após a Constituição de 1988, sem prévia aprovação em concurso público, resulta na nulidade do contrato e no direito do trabalhador a receber as verbas rescisórias decorrentes e o FGTS.

Súmula STJ 514. *A CEF é responsável pelo fornecimento dos extratos das contas individualizadas vinculadas ao FGTS dos Trabalhadores participantes do Fundo de Garantia do Tempo de Serviço, inclusive para fins de exibição em juízo, independentemente do período em discussão.*

➫ Súmula não abordada em concursos recentes.

3.2. Lei do Seguro de Acidente do Trabalho (Lei 6.367/76)

Súmula STJ 15. *Compete à justiça estadual processar e julgar os litígios decorrentes de acidente do trabalho.*

Súmula anotada em Direito Processual Civil – Da Função Jurisdicional – Da Competência Interna – Da Competência (Justiça Estadual).

Súmula STJ 89. *A ação acidentária prescinde do exaurimento da via administrativa.*

Súmula anotada em Direito do Trabalho – Leis Trabalhistas Especiais – Lei do Seguro de Acidente do Trabalho (Lei 6.367/76).

Súmula STJ 226. *O Ministério Público tem legitimidade para recorrer na ação de acidente do trabalho, ainda que o segurado esteja assistido por advogado.*

1251. (FCC/MPE/CE/Promotor/2009) Em ação acidentária, o segurado, assistido por advogado, celebrou transação com o INSS, fixando o valor do benefício mensal a ser recebido pelo segurado. A transação foi homologada judicialmente. Dessa decisão apelou o Ministério Público. Nesse caso, a apelação do Ministério Público

a) somente poderá ser conhecida se for interposta na forma adesiva ao recurso interposto pelo segurado, por meio de seu advogado.

b) não deverá ser conhecida, por falta de legitimidade recursal, porque o segurado está assistido por advogado.

c) não deverá ser conhecida, por falta de interesse recursal, porque houve transação livremente celebrada e homologada judicialmente.

d) deverá ser conhecida, porque o Ministério Público tem legitimidade e interesse recursais, ainda que o segurado esteja assistido por advogado.

e) somente poderá ser conhecida se o segurado, por meio de seu advogado, não recorrer.

1252. (FCC/MPE/CE/Promotor/2009) A atuação do Ministério Público do Estado nas ações acidentárias implica em:

a) exarar parecer acerca da legalidade ou da constitucionalidade da postulação.

b) assistir o trabalhador, em razão de sua hipossuficiência em face do empregador, contra quem postula indenização decorrente de dolo ou culpa grave.

c) acompanhar os procedimentos em que o autor beneficia-se da gratuidade da justiça, mesmo que assistido por advogado particular, na condição de coautor.

d) atuar na assistência do polo ativo, sempre que houver interesse de menores ou incapazes.

e) supervisionar os atos diligenciais da perícia médica e a fase de implantação do benefício, sem, no entanto, atuar nos autos.

Súmula STJ 351. *A alíquota de contribuição para o Seguro de Acidente do Trabalho (SAT) é aferida pelo grau de risco desenvolvido em cada empresa, individualizada pelo seu CNPJ, ou pelo grau de risco da atividade preponderante quando houver apenas um registro.*

Súmula anotada em Direito Previdenciário – Outros Temas – Seguro de Acidente do Trabalho.

CAPÍTULO 7 –
DIREITO EDUCACIONAL

1. COMPETÊNCIA

> **Súmula STJ 570.** Compete à justiça federal o processamento e julgamento de demanda em que se discute a ausência de ou o obstáculo ao credenciamento de instituição particular de ensino superior no Ministério da Educação como condição de expedição de diploma de ensino a distância aos estudantes.

➲ Súmula não abordada em concursos recentes.

CAPÍTULO 8 –
DIREITO ELEITORAL

1. COMPETÊNCIA

> *Súmula STJ 368. Compete à justiça comum estadual processar e julgar os pedidos de retificação de dados cadastrais da justiça eleitoral.*

1253. (Cespe/TRE/RS/Técnico/2015) No tocante ao Poder Judiciário, assinale a opção correta.

a) Compete à justiça comum estadual processar e julgar os pedidos de retificação de dados cadastrais da justiça eleitoral.

b) Salvo quando contrariarem a CF ou súmulas do STF, vinculantes ou não, as decisões proferidas pelo Tribunal Superior Eleitoral são irrecorríveis.

c) As sessões de julgamento administrativas dos tribunais serão realizadas em caráter fechado ao público, podendo estar presentes apenas as partes e seus patronos.

d) Desembargador de tribunal regional eleitoral que cometer crime comum ou de responsabilidade será processado e julgado originalmente pelo STF.

e) São órgãos da justiça eleitoral o Tribunal Superior Eleitoral, os tribunais regionais eleitorais e os juízes eleitorais, sendo estes nomeados após aprovação em concurso específico para o respectivo cargo.

1254. (Fapec/MPE/MS/Promotor/2015) Conforme o entendimento jurisprudencial consolidado, é incorreto afirmar que:

a) Compete à justiça estadual julgar as causas em que for parte o Banco do Brasil S.A.

b) A competência para processar e julgar as ações conexas de interesse de menor é, em princípio, do foro do domicílio do detentor de sua guarda.

c) Compete à Justiça Federal processar e julgar os pedidos de retificação de dados cadastrais da Justiça Eleitoral.

d) O foro do domicílio ou da residência do alimentando é competente para a ação de investigação de paternidade, quando cumulada com a de alimentos.

e) Reconhecida a continência, devem ser reunidas na Justiça Federal as ações civis públicas propostas nesta e na Justiça Estadual.

> *Súmula STJ 374. Compete à justiça eleitoral processar e julgar a ação para anular débito decorrente de multa eleitoral.*

⊃ Súmula não abordada em concursos recentes.

CAPÍTULO 9 –
DIREITO EMPRESARIAL

1. CONTRATOS MERCANTIS

1.1. Arrendamento Mercantil

> **Súmula STJ 138.** *O ISS incide na operação de arrendamento mercantil de coisas móveis.*

Súmula anotada em Direito Tributário – Do Sistema Tributário Nacional – Dos Impostos dos Municípios – ISSQN.

> **Súmula STJ 293.** *A cobrança antecipada do valor residual garantido (VRG) não descaracteriza o contrato de arrendamento mercantil.*

1255. (Ejef/TJ/MG/Juiz/2007) São entendimentos sumulados pelo Superior Tribunal de Justiça, exceto:

a) o contrato de abertura de crédito, ainda que acompanhado de extrato da conta-corrente, não é título executivo.

b) a cobrança antecipada do valor residual garantido (VRG) não descaracteriza o contrato de arrendamento mercantil.

c) não é potestativa a cláusula contratual que prevê a comissão de permanência, calculada pela taxa média de mercado apurada pelo Banco Central do Brasil, limitada à taxa do contrato.

d) as empresas administradoras de cartão de crédito não são instituições financeiras e, por isso, os juros remuneratórios por elas cobrados sofrem as limitações da Lei de Usura.

1256. (Esaf/PFN/Procurador/2006) Com base no que dispõe a legislação e considerando o entendimento da jurisprudência pátria, julgue os itens a seguir e assinale o item que contenha a opção correta.

I. O Código Civil de 2002 não prevê a possibilidade de aquisição de cotas do sócio pela própria sociedade limitada, mas a opção existirá para os contratos sociais que adotarem a legislação das sociedades anônimas supletivamente.

II. Há Súmula do Superior Tribunal de Justiça que considera que a cobrança antecipada do Valor Residual Garantido nos contratos de leasing os descaracteriza.

III. Pelo entendimento predominante nos tribunais pátrios, na falta de pagamento das prestações do contrato de "leasing", a ação cabível para a retomada do bem é a reintegração de posse, não se admitindo a equiparação do arrendatário à depositário infiel.

IV. Em regra, o trespasse importa em sub-rogação do adquirente nos contratos estipulados para exploração do estabelecimento, respondendo o adquirente também pelo pagamento dos débitos contabilizados anteriores à transferência.

V. Com o trespasse, o alienante não pode fazer concorrência ao adquirente pelo prazo de três anos subsequentes à transferência.

a) Apenas os itens II e III estão corretos.

b) Apenas os itens III e IV estão corretos.

c) Apenas o item II está errado.

d) Apenas os itens II e V estão errados.

e) Apenas os itens I e III estão corretos.

1257. (Vunesp/TJ/SP/Juiz/2013) A jurisprudência do Superior Tribunal de Justiça, em relação ao contrato de arrendamento mercantil, tem, atualmente, como entendimento sumulado:

a) no contrato de arrendamento mercantil com cláusula resolutiva expressa, é desnecessária a notificação prévia do arrendatário para constituí-lo em mora.

b) a cobrança antecipada do valor residual garantido (VRG) não descaracteriza o contrato de arrendamento mercantil.

c) a cobrança antecipada do valor residual (VRG) descaracteriza o contrato de arrendamento mercantil, transformando-o em compra e venda à prestação.

d) a simples propositura de ação revisional do contrato de arrendamento mercantil inibe a caracterização da mora do autor.

> *Súmula STJ 369. No contrato de arrendamento mercantil (leasing), ainda que haja cláusula resolutiva expressa, é necessária a notificação prévia do arrendatário para constituí-lo em mora.*

1258. **(Cespe/TRF/5R/Juiz/2009)** Acerca de aspectos diversos do direito civil e do direito empresarial, assinale a opção incorreta.

a) Encontra-se já sedimentado na jurisprudência do STJ que, nos contratos garantidos por alienação fiduciária, não há depósito típico, razão pela qual não há que se falar em imposição de prisão civil, possibilidade presente apenas para o devedor de pensão alimentícia.

b) Nos contratos de leasing, caso conste cláusula resolutiva expressa, não se exige a notificação prévia do arrendatário para que o contrato seja considerado em mora.

c) Os contratos de colaboração empresarial são aqueles que se definem por uma obrigação particular, em que um dos contratantes (o colaborador) assume, em relação aos produtos ou serviços do outro (o fornecedor), a criação ou ampliação do mercado.

d) De acordo com a jurisprudência, as administradoras de cartões de crédito são consideradas instituições financeiras.

e) A bandeira de um país não é registrável como uma marca.

1259. **(Cespe/Sefin/Ipojuca/Auditor/2009)** Suponha que Silas tenha firmado contrato de arrendamento mercantil com certa instituição financeira, com vistas a adquirir um veículo automotor, tendo, após alguns meses, deixado de pagar algumas parcelas. Nessa situação, conforme entendimento jurisprudencial do STJ, ainda que haja cláusula resolutiva expressa no contrato, para constituí-lo em mora, é necessária a notificação prévia de Silas.

1260. **(FGV/Sefaz/AP/AuditorFiscal/2010)** A respeito dos contratos de arrendamento mercantil ("leasing") é correto afirmar que:

a) ainda que haja cláusula resolutiva expressa no instrumento contratual, é necessária a notificação prévia do arrendatário para constituí-lo em mora.

b) a previsão de cláusula resolutiva expressa no instrumento contratual exclui a necessidade de notificação do arrendatário para constituí-lo em mora.

c) é nula de pleno direito a cláusula resolutiva expressa.

d) a cláusula que determina a obrigatoriedade da compra do bem pelo arrendatário ao final do prazo contratual é essencial para configurar contrato como de arrendamento mercantil.

e) apenas pessoas jurídicas podem figurar como partes neste tipo contratual.

1261. **(FGV/TJ/AM/Juiz/2013)** O empresário pode se valer de diversos contratos para exploração da empresa. Em relação aos contratos empresariais, assinale a afirmativa correta.

a) No contrato de franquia empresarial, de acordo com a Lei n. 8.955/1994, o franqueador deve entregar a Circular de Oferta de Franquia ao candidato a ingressar na rede, com 30 dias de antecedência à assinatura do contrato, mas a ausência de cumprimento desta regra não é suficiente para a declaração de anulabilidade da relação contratual.

b) No contrato de representação comercial é vedada a inclusão de cláusulas "del credere".

c) No contrato de comissão mercantil será admitida a inclusão da cláusula "del credere" e, nesse caso, o comissário tem direito a remuneração mais elevada, para compensar o ônus assumido, sendo abusiva disposição contratual em contrário.

d) No contrato de alienação fiduciária regido pelo Decreto-Lei n. 911/1969, após apreensão e venda do bem objeto do contrato, o credor fiduciário não poderá cobrar eventual saldo remanescente em processo monitório, pois o contrato de alienação fiduciária é considerado um título executivo.

e) No contrato de arrendamento mercantil (leasing), caso haja cláusula resolutiva expressa, não será necessária a notificação prévia do arrendatário para constituí-lo em mora.

CAPÍTULO 9 - DIREITO EMPRESARIAL

Súmula STJ 564. *No caso de reintegração de posse em arrendamento mercantil financeiro, quando a soma da importância antecipada a título de valor residual garantido (VRG) com o valor da venda do bem ultrapassar o total do VRG previsto contratualmente, o arrendatário terá direito de receber a respectiva diferença, cabendo, porém, se estipulado no contrato, o prévio desconto de outras despesas ou encargos pactuados.*

1262.
(TRF/4R/Juiz/2016) Dadas as assertivas abaixo, assinale a alternativa correta. A propósito dos contratos empresariais:

I. Nos contratos de alienação fiduciária em garantia firmados na vigência da Lei n. 10.931/2004, compete ao devedor, no prazo de 5 (cinco) dias após a execução da liminar na ação de busca e apreensão, pagar a integralidade da dívida – entendida esta como os valores apresentados e comprovados pelo credor na inicial –, sob pena de consolidação da propriedade do bem móvel objeto de alienação fiduciária.

II. Nas ações de reintegração de posse motivadas por inadimplemento de arrendamento mercantil financeiro, quando o produto da soma do "valor residual garantido" quitado com o valor da venda do bem for maior que o total pactuado como "valor residual garantido" na contratação, será direito do arrendatário receber a diferença, cabendo, porém, se estipulado no contrato, o prévio desconto de outras despesas ou encargos contratuais.

III. A cobrança antecipada do "valor residual garantido" descaracteriza o contrato de arrendamento mercantil.

IV. Constitui prática comercial abusiva o envio de cartão de crédito sem prévia e expressa solicitação do consumidor, configurando-se ato ilícito indenizável e sujeito à aplicação de multa administrativa.

a) Estão corretas apenas as assertivas I, II e III.

b) Estão corretas apenas as assertivas I, II e IV.

c) Estão corretas apenas as assertivas I, III e IV.

d) Estão corretas apenas as assertivas II, III e IV.

e) Estão corretas todas as assertivas.

1.2. Transporte Mercantil

Súmula STJ 109. *O reconhecimento do direito a indenização, por falta de mercadoria transportada via marítima, independe de vistoria.*

1263.
(Vunesp/TJ/SP/Juiz/2014) Assinale a opção incorreta.

a) O transportador não pode ser responsabilizado pelos danos decorrentes de fatos de terceiros que possam ser caracterizados como fortuito externo.

b) O transportador só responde pelos danos resultantes de fatos conexos com o serviço que presta.

c) O reconhecimento do direito a indenização, por falta de mercadoria transportada por via marítima, independe de vistoria.

d) Na atividade empresarial de transporte aéreo, a ocorrência de problemas técnicos é considerada hipótese de caso fortuito ou força maior a afastar a responsabilidade da empresa de aviação.

2. DIREITO ACIONÁRIO

Súmula STJ 371. *Nos contratos de participação financeira para a aquisição de linha telefônica, o Valor Patrimonial da Ação (VPA) é apurado com base no balancete do mês da integralização.*

➲ Súmula não abordada em concursos recentes.

Súmula STJ 551. *Nas demandas por complementação de ações de empresas de telefonia, admite-se a condenação ao pagamento de dividendos e juros sobre capital próprio independentemente de pedido expresso. No entanto, somente quando previstos no título executivo, poderão ser objeto de cumprimento de sentença.*

➲ Súmula não abordada em concursos recentes.

3. DIREITO FALIMENTAR

3.1. Direito Processual

> **Súmula STJ 25.** *Nas ações da Lei de Falências, o prazo para a interposição de recurso conta-se da intimação da parte.*

➦ Súmula não abordada em concursos recentes.

> **Súmula STJ 264.** *É irrecorrível o ato judicial que apenas manda processar a concordata preventiva.*

1264. (Cespe/PGE/PE/Procurador/2009) Tendo em vista o instituto da recuperação judicial da empresa, assinale a opção correta.

a) O despacho que determina o processamento da recuperação judicial suspende as ações e execuções dos credores a ela submetidos pelo prazo mínimo de cento e oitenta dias.

b) O administrador judicial é nomeado pelo despacho que concede a recuperação judicial.

c) Não é possível a desistência do pedido de recuperação judicial pelo devedor-requerente antes da publicação do despacho que defere o seu processamento sem a autorização da assembleia geral de credores.

d) O peso do voto nas deliberações da classe de credores trabalhistas para aprovação do plano de recuperação será apurado pelo valor proporcional dos créditos.

e) Contra a decisão que concede a recuperação judicial é possível a interposição de agravo de instrumento.

> **Súmula STJ 480.** *O juízo da recuperação judicial não é competente para decidir sobre a constrição de bens não abrangidos pelo plano de recuperação da empresa.*

1265. (TRT/8R/Juiz/2014) Em termos de jurisprudência sumulada do STJ aplicável à execução no âmbito da Justiça do Trabalho, assinale a alternativa correta:

a) Proposta a execução fiscal, a posterior mudança de domicílio do executado implica no deslocamento da competência então fixada.

b) É necessária a intervenção do Ministério Público nas execuções fiscais como "custo legis".

c) A Fazenda Pública pode substituir a certidão de dívida ativa (CDA) até a prolação da sentença de embargos, quando se tratar de correção de erro material ou formal, vedada a modificação do sujeito passivo da execução.

d) O reconhecimento da fraude à execução não depende do registro da penhora do bem alienado, mas exige a prova de má-fé do terceiro adquirente.

e) O juízo da recuperação judicial é competente para decidir sobre a constrição de bens, ainda que não abrangidos pelo plano de recuperação da empresa.

> **Súmula STJ 581.** *A recuperação judicial do devedor principal não impede o prosseguimento das ações e execuções ajuizadas contra terceiros devedores solidários ou coobrigados em geral, por garantia cambial, real ou fidejussória.*

1266. (TRF/4R/Juiz/2016) Assinale a alternativa correta. Acerca da recuperação judicial no direito brasileiro:

a) A recuperação judicial do devedor principal não impede o prosseguimento das execuções nem induz suspensão ou extinção de ações ajuizadas contra terceiros devedores solidários ou coobrigados em geral, por garantia cambial, real ou fidejussória.

b) A regra da soberania da assembleia geral de credores pode ser excepcionada por decisão judicial proferida liminarmente, para sua suspensão ou adiamento, em razão de pendência de discussão acerca da existência, da quantificação ou da classificação de créditos.

c) Microempresas e empresas de pequeno porte não podem apresentar plano de recuperação judicial, pois são sujeitas a regime jurídico especial e protetivo.

d) Microempresas e empresas de pequeno porte podem apresentar plano especial de recuperação judicial, o qual, entre outras condições, preverá pagamento em até 48 (quarenta e oito) parcelas mensais, iguais e sucessivas, as quais não poderão ser acrescidas de juros, tampouco conter proposta de abatimento do valor das dívidas.

CAPÍTULO 9 - DIREITO EMPRESARIAL

e) Pode requerer recuperação judicial o devedor que, no momento do pedido, exerça regularmente suas atividades há mais de um ano e atenda aos demais requisitos legais.

3.2. Falência

> **Súmula STJ 29.** *No pagamento em juízo para elidir falência, são devidos correção monetária, juros e honorários de advogado.*

1267. (MPE/SP/Promotor/2006) Considere os seguintes enunciados:

I. A decretação da falência das concessionárias de serviços públicos implica extinção da concessão, na forma da lei.

II. O devedor poderá requerer a homologação em juízo do plano de recuperação extrajudicial que obriga a todos os credores por ele abrangidos, desde que assinado por credores que representem mais de 3/5 de todos os créditos de cada espécie por ele abrangidos.

III. No procedimento para a decretação de falência, citado, o devedor poderá apresentar contestação no prazo de 15 dias, podendo, ainda, no mesmo prazo, depositar o valor correspondente ao total do crédito, acrescido de correção monetária, juros e honorários advocatícios, hipótese em que a falência não será decretada.

IV. Os créditos derivados de legislação trabalhista, ainda que cedidos a terceiros, terão preferência sobre os demais, limitados os valores, porém, a 150 salários mínimos por credor.

V. Na falência, as cláusulas penais dos contratos unilaterais não serão atendidas se as obrigações neles estipuladas se vencerem em virtude da quebra.

a) São verdadeiros os enunciados I e II, mas o enunciado V é falso.

b) São verdadeiros os enunciados I, II e IV.

c) São falsos os enunciados III e IV.

d) São falsos os enunciados I, IV e V.

e) São verdadeiros os enunciados II, III e IV.

> **Súmula STJ 248.** *Comprovada a prestação dos serviços, a duplicata não aceita, mas protestada, é título hábil para instruir pedido de falência.*

1268. (Ejef/TJ/MG/Juiz/2008) Quanto às duplicatas, é correto afirmar que:

a) Comprovada a prestação dos serviços, a duplicata não aceita, mas protestada, é título hábil para instruir pedido de falência.

b) A duplicata mercantil sem aceite e sem o comprovante de entrega da mercadoria, por si só, enseja ação monitória em desfavor do sacado.

c) O endosso datado realizado pelo sacador três dias após o vencimento da duplicata se afigurará como endosso póstumo.

d) Caso não corresponda a uma compra e venda mercantil efetiva, a duplicata será nula, ainda que tenha circulado por endosso.

> **Súmula STJ 361.** *A notificação do protesto, para requerimento de falência da empresa devedora, exige a identificação da pessoa que a recebeu.*

1269. (Cespe/Bacen/Procurador/2009) Em relação à jurisprudência do STJ no que concerne a direito empresarial e bancário, assinale a opção correta.

a) O CDC não é aplicável às instituições financeiras.

b) Em demanda relativa a contratos bancários, pode o julgador, de ofício ou a requerimento das partes, conhecer da abusividade das cláusulas.

c) Para a repetição de indébito, nos contratos de abertura de crédito em conta corrente, não se exige a prova do erro.

d) Na notificação do protesto para requerimento de falência da empresa devedora, é desnecessária a identificação da pessoa que a recebeu.

e) A cobrança antecipada do valor residual garantido descaracteriza o contrato de arrendamento mercantil.

3.3. Restituição de Adiantamento de Contrato de Câmbio

> **Súmula STJ 36.** *A correção monetária integra o valor da restituição, em caso de adiantamento de câmbio, requerida em concordata ou falência.*

➲ Súmula não abordada em concursos recentes.

> **Súmula STJ 133.** *A restituição da importância adiantada, a conta de contrato de câmbio, independe de ter sido a antecipação efetuada nos quinze dias anteriores ao requerimento da concordata.*

1270. (FCC/PGE/AM/Procurador/2010) Podem ser objeto de pedido de restituição, nos termos da legislação falimentar,

a) o bem alienado fiduciariamente que esteja em posse do falido; o bem empenhado pelo falido; e o bem objeto de arrendamento mercantil em posse do falido.

b) os valores adiantados em razão de adiantamento de contrato de câmbio; o bem empenhado pelo falido; e o bem em posse do falido que seja objeto de arrendamento mercantil.

c) o bem alienado fiduciariamente que esteja em posse do falido; a safra empenhada pelo falido, ainda não colhida; e o bem objeto de arrendamento mercantil em posse do falido.

d) a safra empenhada pelo falido, ainda não colhida; o bem objeto de arrendamento mercantil em posse do falido; e os valores adiantados em razão de adianta mento de contrato de câmbio.

e) o bem alienado fiduciariamente que esteja em posse do falido; o bem objeto de arrendamento mercantil em posse do falido; e os valores adiantados em razão de adiantamento de contrato de câmbio.

> **Súmula STJ 307.** *A restituição de adiantamento de contrato de câmbio, na falência, deve ser atendida antes de qualquer crédito.*

1271. (Esaf/RFB/AFRF/2005) Consoante o caput do art. 186 do Código Tributário Nacional, o crédito tributário prefere a qualquer outro, seja qual for a natureza ou o tempo da sua constituição, ressalvados os créditos decorrentes da legislação do trabalho ou do acidente de trabalho. Entretanto, por força de alteração legislativa havida recentemente no referido artigo, e de súmula editada pelo Superior Tribunal de Justiça, pode-se afirmar que, na falência, o crédito tributário:

a) Prefere aos créditos com garantia real, no limite do bem gravado.

b) Para que possam preferir ao crédito tributário, os créditos decorrentes da legislação do trabalho serão limitados à quantia equivalente a 100 (cem) salários-mínimos.

c) A cobrança judicial do crédito tributário é sujeita a habilitação em processo de falência.

d) Não prefere à restituição de adiantamento de contrato de câmbio, que deve ser atendida antes de qualquer crédito.

e) A multa tributária não prefere aos créditos subordinados.

1272. (FGV/Sefaz/RJ/AuditorFiscal/2009) ABS Agroindustrial S.A. é empresa exportadora de produtos relacionados com o plantio de cana de açúcar. Para viabilizar a próxima safra, em 01 de junho de 2009, contratou adiantamento de contrato de câmbio com o Banco XPTO S.A. no valor de R$ 800.000,00 (oitocentos mil reais). Em 15 de julho de 2009, foi decretada a falência da ABS Agroindustrial S.A. Considerando os fatos acima, assinale a alternativa correta.

a) O Banco XPTO deverá habilitar o seu crédito na falência, tendo prioridade sobre todos os demais créditos.

b) O Banco XPTO deverá habilitar o seu crédito na falência, tendo prioridade sobre os credores, salvo sobre os créditos de natureza trabalhista.

c) O Banco XPTO deverá habilitar o seu crédito na falência, tendo prioridade sobre os credores, salvo sobre os créditos de natureza trabalhista e tributária.

d) O Banco XPTO tem direito à restituição em dinheiro da quantia entregue ao devedor, decorrente do adiantamento do contrato de câmbio.

e) O Banco XPTO deverá esperar a colheita da próxima safra e a sua comercialização para receber a quantia que lhe cabe.

4. PROPRIEDADE INDUSTRIAL

> **Súmula STJ 143.** *Prescreve em cinco anos a ação de perdas e danos pelo uso de marca comercial.*

1273. (Cespe/TJ/AC/Juiz/2012) A empresa A ajuizou, contra a empresa B, ação ordinária indenizatória por perdas e danos, com o propósito de abstenção do uso da marca comercial Y, alegando ocorrência de prática de

concorrência desleal. Com relação à situação hipotética acima apresentada e ao uso da marca em geral, assinale a opção correta.

a) Nos termos da interpretação jurisprudencial, a ação para reparação de danos causados pelo uso indevido de marca prescreve em vinte anos.

b) A declaração de nulidade da marca tem efeitos "ex nunc" no caso de registro deferido em desacordo com a lei.

c) A reprodução da marca registrada sem autorização do titular é crime de concorrência desleal, podendo o prejudicado ajuizar ação civil indenizatória somente após a decisão criminal condenatória.

d) De acordo com a jurisprudência, caracteriza-se violação à marca quando a imitação reflete na formação cognitiva do consumidor, que é induzido, por erro, a perceber identidade em dois produtos de fabricações diferentes, presumindo-se sempre prejudicial a quem a lei confere a titularidade o uso indevido de marca alheia.

e) Em termos legais, o juiz deve determinar a sustação da violação de todas as mercadorias que contenham imitação flagrante da marca registrada.

5. TÍTULOS DE CRÉDITO

5.1. Aval

> **Súmula STJ 26.** *O avalista do título de crédito vinculado a contrato de mútuo também responde pelas obrigações pactuadas, quando no contrato figurar como devedor solidário.*

1274. (MPE/SP/Promotor/2006) Assinale a alternativa incorreta.

a) O comprador só poderá deixar de aceitar a duplicata por motivo de avaria ou não recebimento das mercadorias, quando não expedidas ou não entregues por sua conta e risco; vícios, defeitos e diferenças na qualidade ou na quantidade das mercadorias, devidamente comprovados; divergência nos prazos ou nos preços ajustados.

b) Uma letra de câmbio pode ser sacada à vista, a um certo termo de vista, a um certo termo de data e pagável num dia fixado, com vencimentos diferentes e vencimentos sucessivos.

c) A nota promissória vinculada a contrato de abertura de crédito não goza de autonomia em razão da iliquidez do título que a originou.

d) O avalista do título de crédito vinculado a contrato de mútuo também responde pelas obrigações pactuadas, quando no contrato figurar como devedor solidário.

e) O contrato de abertura de crédito, ainda que acompanhado de extrato da conta corrente, não é título executivo.

5.2. Obrigação Cambial

> **Súmula STJ 60.** *É nula a obrigação cambial assumida por procurador do mutuário vinculado ao mutuante, no exclusivo interesse deste.*

1275. (TJ/SP/Cartórios/1999) Considere as afirmações sobre o contrato de mandato.

I. É nula a obrigação cambial assumida por procurador do mutuário vinculado ao mutuante, no exclusivo interesse deste.

II. Havendo mais de um mandatário, nomeados no mesmo instrumento, presume-se sejam solidários, no silêncio do contrato.

III. A procuração em causa própria dispensa o mandatário da prestação de contas, sobrevive à morte do mandante e se contiver os requisitos e formalidades do negócio visado, vale por ele.

IV. No caso de morte do mandante, são válidos os atos praticados pelo mandatário enquanto este ignorar o fato, em relação aos contraentes de boa fé.

Pode-se dizer que são corretas somente as afirmações:

a) I e II.

b) I, III e IV.

c) I, II e III.

d) III e IV.

5.3. Protesto

> **Súmula STJ 248.** *Comprovada a prestação dos serviços, a duplicata não aceita, mas protestada, é título hábil para instruir pedido de falência.*

Súmula anotada em Direito Empresarial – Direito Falimentar – Falência.

> **Súmula STJ 361.** *A notificação do protesto, para requerimento de falência da empresa devedora, exige a identificação da pessoa que a recebeu.*

Súmula anotada em Direito Empresarial – Direito Falimentar – Falência.

> **Súmula STJ 475.** *Responde pelos danos decorrentes de protesto indevido o endossatário que recebe por endosso translativo título de crédito contendo vício formal extrínseco ou intrínseco, ficando ressalvado seu direito de regresso contra os endossantes e avalistas.*

1276. (Cespe/TJ/DFT/Cartórios/2014)
Assinale a opção correta acerca dos títulos de crédito, de acordo com a jurisprudência do STF e do STJ.

a) É permitido ao credor de contrato de mútuo garantido por nota promissória avalizada buscar a responsabilização do avalista pelos encargos contratuais, ainda que esses encargos não constem na nota promissória e o avalista não haja firmado o contrato de mútuo como devedor solidário.

b) Em razão da natureza do contrato de mandato, em nenhuma hipótese, o endossatário que receber o título de crédito com endosso-mandato será responsabilizado pelos danos decorrentes do protesto indevido da cártula.

c) O endossatário que receber por endosso translativo título de crédito formalmente viciado responderá pelos danos decorrentes do protesto indevido da cártula, podendo exercer seu direito de regresso contra os demais coobrigados no título.

d) Não se admite que o credor, ainda que de boa-fé, complete uma nota promissória emitida com omissões ou em branco antes do protesto, sob pena de desnaturação do título de crédito, uma vez que incumbe exclusivamente ao emitente da nota promissória o seu preenchimento.

e) O credor de cheque sem força executiva tem prazo de dez anos, contatos do dia seguinte ao do vencimento do título, para ajuizamento da ação monitória contra o emitente do documento.

1277. (Funrio/PGM/Trindade/Procurador/2016)
Em atenção à jurisprudência sedimentada do Superior Tribunal de Justiça em relação aos títulos de crédito, é incorreto afirmar que:

a) A legislação sobre cédulas de crédito rural admite pacto de capitalização de juros em periodicidade inferior à semestral.

b) É possível que a duplicata sem aceite seja protestada por falta de pagamento, pois o fato de não ter sido exercida a faculdade de protestar o título, por falta de aceite ou de devolução, não elide a possibilidade de protesto por falta de pagamento.

c) Endossatário que recebe, por endosso translativo, título de crédito contendo vício formal, sendo inexistente a causa para conferir lastro à emissão de duplicata, não responde pelos danos causados diante de protesto indevido, ressalvado seu direito de regresso contra os endossantes e avalistas.

d) A cédula de crédito bancário é título executivo extrajudicial, representativo de operações de crédito de qualquer natureza, circunstância que autoriza sua emissão para documentar a abertura de crédito em conta-corrente, nas modalidades de crédito rotativo ou cheque especial.

e) A emissão de cheques pós-datados, ainda que seja prática costumeira, não encontra previsão legal, pois admitir que do acordo extracartular decorra a dilação do prazo prescricional importaria na alteração da natureza do cheque como ordem de pagamento à vista e infringência do art. 192 do CC, além de violação dos princípios da literalidade e abstração.

> **Súmula STJ 476.** *O endossatário de título de crédito por endosso-mandato só responde por danos decorrentes de protesto indevido se extrapolar os poderes de mandatário.*

1278. (Cespe/TJ/DFT/Cartórios/2014)
Assinale a opção correta com base em contratos bancários e títulos de crédito.

a) O processo de anulação de letra de câmbio visa proteger o sacador contra eventual responsabilização por adulterações que tenham sido realizadas no título.

b) A cédula de crédito bancário é título de crédito emitido pelo estabelecimento bancário e representa promessa de pagamento em dinheiro,

CAPÍTULO 9 - DIREITO EMPRESARIAL

decorrente de operação de crédito, de qualquer modalidade.

c) É característica do desconto bancário a ausência de responsabilidade do descontário, ou mutuário, pela solvabilidade do devedor principal do título descontado.

d) O STJ tem jurisprudência consolidada no sentido de que, dadas as características e a natureza do contrato de mandato, não é possível responsabilizar a instituição financeira que leva a protesto um título com vício formal recebido por endosso-mandato.

e) O endosso da Letra de Arrendamento Mercantil, emitida por sociedades de arrendamento mercantil, não cria para o endossante responsabilidade pelo pagamento do título, salvo estipulação em contrário.

1279. (TRT/14R/Juiz/2014) Das afirmativas abaixo, relativas a questões que envolvem o direito empresarial, qual delas está incorreta, considerando-se o entendimento sumulado pelo Superior Tribunal de Justiça:

a) Presume-se dissolvida irregularmente a empresa que deixar de funcionar no seu domicílio fiscal, sem comunicação aos órgãos competentes, legitimando o redirecionamento da execução fiscal para o sócio gerente.

b) O endossatário de título de crédito por endosso mandato só responde por danos decorrentes de protesto indevido se extrapolar os poderes de mandatário.

c) Faz jus ao benefício da justiça gratuita a pessoa jurídica com ou sem fins lucrativos que demonstrar sua incapacidade de arcar com os encargos processuais.

d) O prazo para ajuizamento de ação monitória em face do emitente de cheque sem força executiva é quinquenal, a contar do dia seguinte à data de apresentação do título à instituição bancária para compensação.

e) Nenhuma das anteriores.

1280. (FCC/PGM/Campinas/Procurador/2016) Banco Z recebeu título de crédito por endosso-mandato e o levou a protesto. Porque indevido o protesto, o prejudicado ajuizou ação contra o Banco Z requerendo compensação por danos morais. De acordo com jurisprudência consolidada do Superior Tribunal de Justiça, o Banco Z

a) responde por danos morais nas mesmas hipóteses em que o credor da cártula.

b) responde por danos morais, independentemente de culpa, se for inexistente o negócio jurídico subjacente à cártula.

c) é parte ilegítima para figurar no polo passivo, porque o endossatário, na hipótese de endosso-mandato, jamais responde por danos decorrentes de protesto indevido.

d) responde por danos morais se houver extrapolado os poderes de mandatário ou agido com culpa, como no caso de apontamento depois da ciência acerca do pagamento ou de falta de higidez da cártula.

e) é parte ilegítima para figurar no polo passivo, porque o endossatário, em qualquer espécie de endosso, jamais responde por danos decorrentes de protesto indevido.

1281. (TRF/2R/Juiz/2014) Assinale a opção correta:

a) O endosso póstumo libera o avalista e, em regra, apenas obriga, perante o endossatário, o emitente do título.

b) No endosso para cobrança, com a cláusula "por procuração", tendo agido nos limites dos poderes, o endossatário não é responsável pelo dano gerado a partir do indevido protesto do título.

c) O protesto de certidão de dívida ativa, antes admitido pela jurisprudência, passou a ser medida inviável em virtude de modificação legislativa operada no ano 2012.

d) O aval póstumo é vedado pela Lei Uniforme de Genebra (LUG) e pela legislação interna nacional.

e) O endosso em preto produz mero efeito de cessão civil.

5.4. Títulos de Crédito em Espécie

5.4.1. Cédula de Crédito Rural

> ***Súmula STJ 16.*** *A legislação ordinária sobre crédito rural não veda a incidência da correção monetária.*

↪ Súmula não abordada em concursos recentes.

> **Súmula STJ 93.** *A legislação sobre cédulas de crédito rural, comercial e industrial admite o pacto de capitalização de juros.*

1282. (PUC-PR/TJ/RO/Juiz/2011) Sobre as cédulas de crédito comercial, industrial e rural, avalie as assertivas abaixo:

I. Não são consideradas títulos de crédito.

II. São ordens de pagamento, e não promessas de pagamento.

III. Não admitem aval nem garantia pignoratícia ou hipotecária.

IV. Admitem o pacto de capitalização dos juros remuneratórios.

V. O credor endossatário fica coobrigado perante o devedor endossante.

Está(ão) correta(s):

a) Somente as assertivas I e III.

b) Somente as assertivas II e IV

c) Somente a assertiva IV.

d) Somente as assertivas IV e V.

e) Todas as assertivas.

1283. (Cespe/Telebras/Advogado/2013) Tendo em consideração a jurisprudência do STJ a respeito das cédulas de crédito rural é correto afirmar que ditos títulos admitem o pacto de capitalização de juros.

1284. (Cespe/TJ/DFT/Cartórios/2014) Assinale a opção correta relativamente aos títulos de crédito.

a) Com o objetivo de proteger a confiança dos credores que adquirirem o título de crédito, a legislação brasileira veda a concessão de aval em data posterior à do vencimento da cártula.

b) De acordo com a jurisprudência do STJ, o empresário que apresente cheque pós-datado antes da data acordada com o emitente não estará sujeito ao pagamento de indenização por danos morais, devido ao fato de o cheque constituir ordem de pagamento à vista.

c) O STJ admite que o credor de nota promissória sem força executiva ajuíze, em até dez anos após a data de vencimento do título, ação monitória em face do emitente.

d) A jurisprudência do STJ admite que, nas cédulas de crédito rural, comercial e industrial, seja pactuada a capitalização de juros.

e) A abstração é um princípio característico dos títulos de crédito, segundo o qual as diferentes obrigações assumidas no título não são vinculadas, ou seja, são independentes entre si.

5.4.2. Cheque

> **Súmula STJ 299.** *É admissível a ação monitória fundada em cheque prescrito.*

1285. (Cespe/OAB/2009-3) Daniela adquiriu, na Loja Z, um televisor e efetuou o pagamento por meio de cheque. Como o cheque foi devolvido pelo banco, a referida loja tentou obter o pagamento por tratativas extrajudiciais e o cheque terminou prescrevendo. A loja Z, então, não tendo logrado êxito em receber a dívida, ajuizou ação monitória em face de Daniela. Considerando a situação hipotética apresentada, assinale a opção correta.

a) A Loja Z deverá deixar explícita a causa da dívida, sob pena de indeferimento da inicial.

b) Sendo apta a petição inicial, o juiz deferirá a expedição do mandado de pagamento sem ouvir Daniela.

c) Se Daniela pretender opor-se por meio de embargos, deverá segurar o juízo.

d) Os embargos porventura opostos por Daniela seguirão o procedimento da monitória.

1286. (FCC/TRT/22R/Analista/2010) Paulo é credor de Pedro, através de cheque devolvido pelo estabelecimento bancário por insuficiência de fundos. Após o decurso do prazo prescricional do cheque, pode este ser usado para ajuizar:

a) embargos de terceiro.

b) execução por quantia certa contra devedor solvente.

c) ação rescisória.

d) ação de consignação em pagamento.

e) ação monitória.

1287. (FCC/TRT/20R/Analista/2011) A respeito da ação monitória, é incorreto afirmar:

a) o titular de prova escrita não é obrigado a utilizar a ação monitória, podendo optar pelo procedimento comum.

b) cabe citação por edital em ação monitória.

c) é admissível ação monitória fundada em cheque prescrito.

d) cabe citação com hora certa em ação monitória.

e) é incabível ação monitória contra a fazenda pública.

1288. (TJ/DFT/Juiz/2007) Prescrito o cheque, e não decorrido o prazo de dois anos da ação de locupletamento, prevista no artigo 61 da Lei do Cheque:

a) admite-se ação monitória ajuizada pelo credor, instruída com o cheque prescrito, desde que indique a causa da sua emissão.

b) admite-se ação monitória ajuizada pelo credor, instruída com o cheque prescrito, dispensada a indicação da causa da sua emissão.

c) não se admite ação monitória ajuizada pelo credor, instruída com o cheque prescrito, enquanto não decorrido o prazo de dois anos da ação de locupletamento.

d) não se admite, em qualquer caso, ação monitória instruída com cheque prescrito.

> **Súmula STJ 370.** *Caracteriza dano moral a apresentação antecipada de cheque pré-datado.*

> *Súmula anotada em Direito Civil – Do Direito das Obrigações – Da Responsabilidade Civil – Dano Moral.*

> **Súmula STJ 388.** *A simples devolução indevida de cheque caracteriza dano moral.*

> *Súmula anotada em Direito Civil – Do Direito das Obrigações – Da Responsabilidade Civil – Dano Moral.*

> **Súmula STJ 503.** *O prazo para ajuizamento de ação monitória em face do emitente de cheque sem força executiva é quinquenal, a contar do dia seguinte à data de emissão estampada na cártula.*

1289. (Cespe/TJ/DFT/Cartórios/2014) Assinale a opção correta acerca dos títulos de crédito, de acordo com a jurisprudência do STF e do STJ.

a) É permitido ao credor de contrato de mútuo garantido por nota promissória avalizada buscar a responsabilização do avalista pelos encargos contratuais, ainda que esses encargos não constem na nota promissória e o avalista não haja firmado o contrato de mútuo como devedor solidário.

b) Em razão da natureza do contrato de mandato, em nenhuma hipótese, o endossatário que receber o título de crédito com endosso-mandato será responsabilizado pelos danos decorrentes do protesto indevido da cártula.

c) O endossatário que receber por endosso translativo título de crédito formalmente viciado responderá pelos danos decorrentes do protesto indevido da cártula, podendo exercer seu direito de regresso contra os demais coobrigados no título.

d) Não se admite que o credor, ainda que de boa-fé, complete uma nota promissória emitida com omissões ou em branco antes do protesto, sob pena de desnaturação do título de crédito, uma vez que incumbe exclusivamente ao emitente da nota promissória o seu preenchimento.

e) O credor de cheque sem força executiva tem prazo de dez anos, contatos do dia seguinte ao do vencimento do título, para ajuizamento da ação monitória contra o emitente do documento.

1290. (PUCPR/TJ/PR/Juiz/2014) A respeito do cheque, é correto afirmar:

a) Cheque prescrito não pode, em hipótese alguma, ser protestado no cartório de protesto de títulos de crédito, sob pena de o apresentante responder civilmente por ato ilícito, podendo, assim, ser obrigado a reparar danos materiais e morais do emitente.

b) Cabe ao tabelião de protesto, devendo ele investigar a ocorrência da prescrição do cheque lhe apresentado a protesto, a fim de evitar a ocorrência de danos ao emitente e de responder, solidariamente, pela sua reparação.

c) Tendo em vista que o cheque é ordem de pagamento à vista, sendo considerada não escrita qualquer menção ou cláusula contratual em contrário (Lei n. 7.357, de 02 de setembro de 1985), nenhum dano sofrerá o emitente, caso o beneficiário apresente o cheque pré-datado (ou pós-datado, como preferem alguns) à cobrança antes da data nele prevista para pagamento.

d) De acordo com o enunciado 503 da Súmula do Superior Tribunal de Justiça, o prazo para ajuizamento de ação monitória em face do emitente de cheque sem força executiva é quinquenal, a contar do dia seguinte à data de emissão estampada na cártula.

1291. (FCC/DPE/CE/Defensor/2014) Luiz emitiu, em Quixeramobim, cheque que deveria ser pago, a Henrique, por agência situada em Juazeiro do Norte. O cheque não foi pago, por ausência de provisão de fundos, além de ter perdido força executiva, em razão da prescrição. De acordo com Súmula do Superior Tribunal de Justiça, o prazo para ajuizamento de ação monitória contra Luiz é de cinco anos, contados do

a) dia da data de emissão estampada na cártula.

b) dia seguinte ao sexagésimo dia posterior à data de emissão estampada na cártula.

c) trigésimo dia posterior à data de emissão estampada na cártula.

d) dia seguinte à data de emissão estampada na cártula.

e) sexagésimo dia posterior à data de emissão estampada na cártula.

> **Súmula STJ 531.** *Em ação monitória fundada em cheque prescrito, ajuizada contra o emitente, é dispensável a menção ao negócio jurídico subjacente à emissão da cártula.*

Súmula anotada em Direito Processual Civil – Do Processo de Conhecimento e do Cumprimento de Sentença – Dos Procedimentos Especiais – Da Ação Monitória.

5.4.3. Duplicata

> **Súmula STJ 248.** *Comprovada a prestação dos serviços, a duplicata não aceita, mas protestada, é título hábil para instruir pedido de falência.*

Súmula anotada em Direito Empresarial – Direito Falimentar – Falência.

5.4.4. Nota Promissória

> **Súmula STJ 258.** *A nota promissória vinculada a contrato de abertura de crédito não goza de autonomia em razão da iliquidez do título que a originou.*

1292. (Ejef/TJ/MG/Juiz/2009) Segundo a jurisprudência sumulada do Superior Tribunal de Justiça, é correta a seguinte afirmação:

a) A nota promissória vinculada a contrato de abertura de crédito não perde as suas características de título representativo de dívida líquida e certa, apta a fundamentar uma ação de execução por título extrajudicial.

b) A nota promissória vinculada a contrato de abertura de crédito não goza de autonomia em razão da iliquidez do título que a originou.

c) O título vinculado a contrato bancário para a garantia do seu cumprimento não perde as características de título cambial.

d) Nenhuma das afirmações é correta.

1293. (FGV/TJ/MS/Juiz/2008) Assinale a afirmativa correta.

a) De acordo com entendimento consolidado do STJ, a nota promissória vinculada a contrato de abertura de crédito goza de autonomia em razão da liquidez do título que a originou.

b) De acordo com entendimento sumulado, o instrumento de confissão de dívida, ainda que originário de contrato de abertura de crédito, constitui título executivo extrajudicial.

c) De acordo com o Código Civil, o endossante responde pelo cumprimento da prestação constante do título, ressalvada cláusula expressa em contrário.

d) No cheque cruzado o cruzamento especial pode ser convertido em geral.

e) O art. 23 da Lei 5.474/68 autoriza a emissão de triplicata nas hipóteses de perda, extravio ou retenção indevida do título pelo sacado.

1294. (Vunesp/TJ/SP/Juiz/2013) Considerada a lei e a jurisprudência do STJ sobre execução, é correto afirmar que

a) os contratos de mútuo com garantia real ou pessoal são títulos executivos extrajudiciais, independentemente de outras formalidades.

b) a nota promissória vinculada a contrato de abertura de crédito não goza de autonomia e por isso não pode embasar a ação de execução.

c) contra a Fazenda Pública não cabe a execução de título extrajudicial.

d) o prévio protesto é requisito para a execução da debênture.

> **Súmula STJ 504.** *O prazo para ajuizamento de ação monitória em face do emitente de nota promissória sem força executiva é quinquenal, a contar do dia seguinte ao vencimento do título.*

Súmula anotada em Direito Processual Civil – Do Processo de Conhecimento e do Cumprimento de Sentença – Dos Procedimentos Especiais – Da Ação Monitória.

CAPÍTULO 10 –
DIREITO FINANCEIRO

1. PRECATÓRIOS

Súmula STJ 144. Os créditos de natureza alimentícia gozam de preferência, desvinculados os precatórios da ordem cronológica dos créditos de natureza diversa.

Súmula anotada em Direito Constitucional – Precatórios.

Súmula STJ 311. Os atos do Presidente do Tribunal que disponham sobre processamento e pagamento de precatório não têm caráter jurisdicional.

1295. (Cespe/AGU/Procurador/2007) Os atos de determinado presidente de tribunal de justiça que versem sobre o processamento e pagamento de precatórios judiciais não têm caráter jurisdicional.

CAPÍTULO 11 – DIREITO PENAL

1. DA APLICAÇÃO DA LEI PENAL

> **Súmula STJ 501.** *É cabível a aplicação retroativa da Lei n. 11.343/2006, desde que o resultado da incidência das suas disposições, na íntegra, seja mais favorável ao réu do que o advindo da aplicação da Lei n. 6.368/1976, sendo vedada a combinação de leis.*

1296. **(FCC/MPE/PA/Promotor/2014)** Consoante entendimento sumulado do Superior Tribunal de Justiça:

a) é cabível a aplicação retroativa, desde que integral, das disposições da vigente lei de drogas, se mais favoráveis ao réu, vedada a combinação de leis.

b) são irretroativas as disposições da vigente lei de drogas, ainda que mais favoráveis ao réu, pois inadmissível a combinação de leis.

c) são retroativas as disposições da vigente lei de drogas, se mais favoráveis ao réu, permitida a combinação de leis.

d) é cabível a aplicação retroativa, ainda que parcial, das disposições da vigente lei de drogas, se mais favoráveis ao réu, vedada a combinação de leis.

e) são retroativas as disposições da vigente lei de drogas, mesmo que desfavoráveis ao réu, vedada a combinação de leis.

1297. **(IBFC/PC/RJ/Papiloscopista/2014)** Suponha que um indivíduo primário, de bons antecedentes e não dedicado a atividades criminosas tenha praticado um tráfico ilícito de entorpecentes no mês de julho de 2006, quando estava em vigor a Lei n. 6.368/76, que previa a pena de reclusão de 3 (três) a 15 (quinze) anos para o referido delito. Na data de seu julgamento já vigora a Lei n. 11.343/06, que prevê, para o referido crime, pena de reclusão de 5 (cinco) a 15 (quinze) anos e uma causa de diminuição de 1/6 (um sexto) a

2/3 (dois terços) para o agente primário, de bons antecedentes, que não se dedique a atividades criminosas e que não integre organização criminosa. Levando em consideração a situação hipotética narrada e o entendimento sumulado pelo Superior Tribunal de Justiça, assinale a alternativa correta em relação à aplicação da lei penal neste caso:

a) É incabível a aplicação retroativa da Lei n. 11.343/06, mesmo que mais benéfica ao réu, pois o fato ocorreu quando estava em vigor a Lei n. 6.368/76.

b) É cabível a aplicação da pena prevista na Lei n. 6.368/76, com incidência da causa de diminuição prevista na Lei n. 11.343/06, pois o julgador deve alcançar o maior benefício para o réu.

c) É cabível a aplicação retroativa da Lei n. 11.343/06, desde que o resultado da incidência das suas disposições, na íntegra, seja mais favorável ao réu do que o advindo da aplicação da Lei n. 6.368/76, sendo vedada a combinação de leis penais.

d) É cabível a aplicação retroativa da Lei n. 11.343/06, desde que o réu não possua contra si inquéritos policiais e ações penais em curso, pois isso lhe retiraria a primariedade e os bons antecedentes.

e) É cabível a aplicação retroativa da Lei n. 11.343/06, ainda que mais prejudicial ao réu, pois a função do Direito Penal é conferir maior rigor punitivo naquelas infrações que a Constituição Federal considera equiparadas às hediondas.

2. DAS PENAS

2.1. Das Espécies de Pena

> **Súmula STJ 269.** *É admissível a adoção do regime prisional semiaberto aos reincidentes condenados a pena igual ou inferior a quatro anos se favoráveis as circunstâncias judiciais.*

1298. (FCC/DPE/MA/Defensor/2009) Em um crime de roubo, o réu, reincidente, teve aplicada uma pena de quatro anos de reclusão em regime semiaberto levando-se em consideração as circunstâncias judiciais. A decisão do juiz

a) afronta dispositivo legal penal sobre a fixação do regime de pena que determina a imposição de seu cumprimento em regime semiaberto e aberto a não reincidentes.

b) afronta dispositivo legal penal sobre a fixação do regime de pena que determina a imposição de seu cumprimento apenas no regime aberto a não reincidentes.

c) não afronta dispositivo legal penal a teor da Súmula 269 do Superior Tribunal de Justiça.

d) não afronta dispositivo legal desde que fundamente as circunstâncias legais.

e) não afronta dispositivo legal penal desde que o apenado apresente, de imediato, o exame criminológico.

1299. (FCC/TJ/MS/Juiz/2010) De acordo com entendimento sumulado dos Tribunais Superiores:

a) é admissível a adoção do regime prisional semiaberto aos reincidentes condenados a pena igual ou inferior a 4 (quatro) anos, ainda que desfavoráveis as circunstâncias judiciais.

b) a pena unificada para atender ao limite de 30 (trinta) anos de cumprimento, determinado pelo art. 75 do Código Penal, deve ser considerada para a concessão de outros benefícios, como o livramento condicional ou regime mais favorável de execução.

c) a reincidência penal não pode ser considerada como circunstância agravante e, simultaneamente, como circunstância judicial.

d) não se admite a progressão de regime de cumprimento de pena ou a aplicação imediata de regime menos severo nela determinado, antes do trânsito em julgado da sentença condenatória.

e) a incidência da circunstância atenuante pode conduzir à redução da pena abaixo do mínimo legal.

1300. (PGR/ProcuradordaRepública/2015) Em tema de sanções penais assinale a alternativa incorreta, consoante jurisprudência sumulada do STJ:

a) É admissível a adoção do regime prisional semiaberto aos reincidentes condenados a pena igual ou inferior a quatro anos se favoráveis as circunstancias judiciais.

b) Fixada a pena-base no mínimo legal, e vedado o estabelecimento de regime prisional mais gravoso do que o cabível em razão da sanção imposta, com base apenas na gravidade abstrata do delito.

c) E inadmissível a fixação de pena substitutiva (art. 44 do CP) com condição especial ao regime aberto.

d) A falta grave interrompe o prazo para a obtenção de livramento condicional.

1301. (Cespe/DPU/Defensor/2015) No que tange ao entendimento sumulado do STJ a respeito das espécies, da cominação e da aplicação de penas e do regime de execução de penas em espécie, julgue: se as circunstâncias judiciais forem favoráveis, o reincidente condenado à pena de quatro anos poderá ser submetido ao regime prisional semiaberto.

1302. (IBFC/PC/RJ/Papiloscopista/2014) A respeito das penas, assinale a alternativa que não corresponde ao entendimento sumulado pelo Superior Tribunal de Justiça:

a) Para efeitos penais, o reconhecimento da menoridade do réu independe de prova por documento hábil.

b) É admissível a adoção do regime prisional semiaberto aos reincidentes condenados a pena igual ou inferior a quatro anos, se favoráveis as circunstâncias judiciais.

c) A reincidência penal não pode ser considerada como circunstância agravante e, simultaneamente, como circunstância judicial.

d) A incidência da circunstância atenuante não pode conduzir à redução da pena abaixo do mínimo legal.

e) Cominadas cumulativamente, em lei especial, pena privativa de liberdade e pena pecuniária, é defeso a substituição da prisão por multa.

> *Súmula STJ 440. Fixada a pena-base no mínimo legal, é vedado o estabelecimento de regime prisional mais gravoso do que o cabível em razão da sanção imposta, com base apenas na gravidade abstrata do delito.*

CAPÍTULO 11 - DIREITO PENAL

1303. (FCC/TJ/PE/Juiz/2011) No tocante às penas privativas de liberdade,

a) é possível a fixação do regime fechado para cumprimento de pena de detenção, se reincidente o condenado e a agravante decorrer da prática da mesma infração.

b) é inadmissível a adoção do regime prisional semiaberto ao reincidente condenado a pena igual ou inferior a quatro anos, ainda que favoráveis as circunstâncias judiciais.

c) a prática de falta grave não interrompe o prazo para obtenção de livramento condicional, segundo posição do Superior Tribunal de Justiça.

d) é incabível a determinação de exame criminológico para análise de pedido de progressão, mesmo que motivada a decisão, consoante entendimento dos Tribunais Superiores.

e) a gravidade abstrata do delito permite o estabelecimento de regime mais gravoso do que o cabível em razão da sanção imposta, conforme jurisprudência do Superior Tribunal de Justiça.

1304. (Cespe/TJ/RR/Cartórios/2013) A respeito das espécies, da aplicação e da execução de penas, assinale a opção correta.

a) Em situações excepcionais, é possível que o juiz determine a progressão do regime de cumprimento de pena "per saltum", ou seja, diretamente do regime fechado para o regime aberto, mesmo que o lapso temporal exigido pela lei não tenha decorrido.

b) Somente as condenações criminais transitadas em julgado antes da prática do delito em análise são consideradas para a caracterização da reincidência, podendo, entretanto, inquéritos policiais e ações penais em curso ser considerados maus antecedentes para fins de fixação de pena.

c) Ainda que a pena-base seja fixada no mínimo legal, é possível o estabelecimento de regime prisional mais gravoso do que o cabível em razão da sanção imposta, desde que o juiz fundamente sua decisão na gravidade abstrata do delito.

d) Tratando-se do crime de roubo circunstanciado, para que o juiz aumente a pena de um terço até a metade na terceira fase de sua aplicação, é suficiente que ele fundamente sua decisão na indicação do número de majorantes.

e) Na segunda fase de fixação da pena, o juiz deve compensar integralmente o aumento decorrente da agravante da reincidência por meio da diminuição decorrente da atenuante consistente na confissão espontânea da autoria.

1305. (Cespe/DPU/Defensor/2015) No que tange ao entendimento sumulado do STJ a respeito das espécies, da cominação e da aplicação de penas e do regime de execução de penas em espécie, julgue: A gravidade abstrata do delito justifica o estabelecimento de regime prisional mais gravoso do que o cabível em razão da sanção imposta, independentemente de a pena-base ter sido fixada no mínimo legal.

1306. (FCC/TJ/CE/Juiz/2014) Na aplicação das penas:

a) é aceito pela jurisprudência que, incidindo duas qualificadoras, uma sirva de circunstância agravante, se assim prevista.

b) a diminuição pela atenuante da confissão espontânea deve incidir depois do acréscimo pelo concurso formal.

c) pode o juiz limitar-se a um só aumento ou a uma só diminuição no caso de concurso de causas de aumento ou de diminuição previstas na parte geral do Código Penal, sempre prevalecendo a que mais diminua.

d) o acréscimo pelo concurso formal não pode conduzir a pena superior à que seria cabível pela regra do concurso material, diversamente do que se verifica em relação ao crime continuado.

e) é possível o estabelecimento de regime prisional mais gravoso do que o cabível em razão da sanção imposta, ainda que fixada a pena-base no mínimo legal, ante a gravidade abstrata do delito, segundo entendimento sumulado do Superior Tribunal de Justiça.

1307. (Cespe/TJ/DFT/Analista/2015) Segundo o entendimento jurisprudencial dominante, ainda que fixada a pena base no mínimo legal, a gravidade abstrata do delito pode justificar o estabelecimento de regime prisional mais gravoso que o previsto em lei em razão da sanção imposta.

> *Súmula STJ 493. É inadmissível a fixação de pena substitutiva (art. 44 do CP) como condição especial ao regime aberto.*

1308. (FCC/TJ/CE/Juiz/2014) No tocante às penas restritivas de direitos:

a) há conversão em privativa de liberdade quando ocorrer o descumprimento injustificado da restrição imposta, sem dedução do tempo cumprido da sanção substitutiva.

b) é possível a imposição de interdição temporária de direitos consistente em proibição de inscrever-se em concurso, avaliação ou exame públicos.

c) é admissível a fixação de pena substitutiva como condição especial ao regime aberto, conforme entendimento sumulado do Superior Tribunal de Justiça.

d) é obrigatória a conversão, se sobrevier condenação à pena privativa de liberdade.

e) a perda de bens e valores pertencentes ao condenado dar-se-á, preferencialmente, em favor da vítima ou de seus sucessores.

1309. (PGR/Procurador/2015) Em tema de sanções penais, assinale a alternativa incorreta, consoante jurisprudência sumulada do STJ:

a) É admissível a adoção do regime prisional semiaberto aos reincidentes condenados a pena igual ou inferior a quatro anos se favoráveis as circunstancias judiciais.

b) Fixada a pena-base no mínimo legal, e vedado o estabelecimento de regime prisional mais gravoso do que o cabível em razão da sanção imposta, com base apenas na gravidade abstrata do delito.

c) E inadmissível a fixação de pena substitutiva (art. 44 do CP) com condição especial ao regime aberto.

d) A falta grave interrompe o prazo para a obtenção de livramento condicional.

1310. (Vunesp/TJ/SP/Juiz/2014) Assinale a opção falsa. O C. Superior Tribunal de Justiça, recentemente, assentou, por meio de Súmula, o seguinte entendimento:

a) A aplicação da causa de diminuição de pena prevista no art. 33, § 4º, da Lei n. 11.343/2006 não afasta a hediondez do crime de tráfico de drogas.

b) A falta grave interrompe o prazo para obtenção de livramento condicional.

c) É inadmissível a fixação de pena substitutiva (art. 44 do Código Penal) como condição especial ao regime aberto.

d) A configuração do crime do art. 244-B do Estatuto da Criança e do Adolescente independe da prova da efetiva corrupção do menor, por se tratar de delito formal.

1311. (Cespe/TJ/DFT/Juiz/2014) Com fundamento nas súmulas dos tribunais superiores, assinale a opção correta.

a) O juiz não pode declarar extinta a pena, enquanto não passar em julgado a sentença em processo a que responda o liberado, por crime ou contravenção praticados na vigência do livramento condicional.

b) É possível a aplicação retroativa de lei penal vigente em combinação com a lei penal revogada, desde que o resultado da incidência de leis penais combinadas seja favorável ao acusado.

c) A pena substitutiva de prestação de serviços à comunidade pode figurar como condição especial ao regime aberto.

d) A lei penal mais grave aplicar-se-á ao crime continuado ou ao crime permanente, se a sua vigência for anterior à cessação da continuidade ou da permanência.

e) O ato infracional análogo ao tráfico de drogas conduz obrigatoriamente à imposição de medida socioeducativa de internação do adolescente.

1312. (Cespe/TJ/DFT/Juiz/2016) À luz da jurisprudência sumulada do STJ, assinale a opção correta referente à aplicação da pena.

a) Em decorrência do princípio da individualização da pena, é possível aplicar a majorante do roubo ao delito de furto qualificado pelo concurso de agentes, desde que essa ação seja fundamentada nas circunstâncias do caso concreto.

b) Ainda que a pena-base tenha sido fixada no mínimo legal, é admissível a fixação de regime prisional mais gravoso que o cabível, em razão da sanção imposta, com fundamento na gravidade concreta ou abstrata do delito.

c) Embora seja vedada a utilização de inquéritos policiais em andamento para aumentar a pena-base, é possível a utilização de ações penais

CAPÍTULO 11 - DIREITO PENAL

em curso para requerer o aumento da referida pena.

d) É inadmissível a fixação de pena restritiva de direitos substitutiva da pena privativa de liberdade como condição judicial especial ao regime aberto.

e) O número de majorantes referentes ao delito de roubo circunstanciado pode ser utilizado como critério para a exasperação da fração incidente pela causa de aumento da pena.

1313. **(FCC/TJ/AL/Juiz/2015)** Segundo entendimento sumulado dos Tribunais Superiores acerca das penas privativas de liberdade:

a) é admissível a chamada progressão "per saltum" de regime prisional.

b) a falta grave interrompe o prazo para a obtenção de livramento condicional.

c) é admissível a adoção do regime prisional semiaberto aos reincidentes condenados a pena igual ou inferior a quatro anos, ainda que desfavoráveis as circunstâncias judiciais.

d) é inadmissível a fixação de pena substitutiva como condição especial ao regime aberto.

e) é admissível o exame criminológico pelas peculiaridades do caso, independentemente de motivação da determinação.

1314. **(Cespe/MPE/AC/Promotor/2014)** A respeito da execução das penas e das medidas de segurança, assinale a opção correta

a) O cometimento de falta disciplinar de natureza grave pelo executando interrompe tanto o prazo para a obtenção da progressão de regime, quanto para fins de concessão de livramento condicional.

b) O agente inimputável desinternado poderá ser novamente internado antes do decurso de um ano, desde que pratique conduta típica e antijurídica.

c) Atualmente, a remissão de parte do tempo de execução da pena sob regime fechado ou semiaberto, em razão de frequência a curso de ensino formal, só é possível em virtude de construção jurisprudencial, dada a falta de expressa previsão legal acerca da matéria.

d) A Lei de Execuções Penais autoriza o trabalho externo ao preso provisório somente em

serviço ou obras públicas realizadas por órgãos da administração direta ou indireta.

e) Segundo o STJ, é inadmissível a fixação de pena restritiva de direitos substitutiva da privativa de liberdade como condição especial ao regime aberto

2.2. Da Cominação das Penas

> *Súmula STJ 171. Cominadas cumulativamente, em lei especial, penas privativa de liberdade e pecuniária, é defeso a substituição da prisão por multa.*

1315. **(TJ/DFT/Juiz/2008)** Dentre as alternativas abaixo, assinale a correta:

a) Cominadas cumulativamente, em lei especial, penas privativa de liberdade e pecuniária, é defeso a substituição da primeira por multa.

b) O crime de extorsão consuma-se somente com a obtenção da vantagem indevida.

c) As penas restritivas de direitos substituem as privativas de liberdade, e podem ser aplicadas cumulativamente, em caso de reincidência específica do réu em crime doloso.

d) A reincidência genérica em crime doloso é causa impeditiva da substituição da pena privativa de liberdade por restritiva de direitos.

1316. **(MPE/PR/Promotor/2016)** Considerando o entendimento sumulado dos Tribunais Superiores, analise as assertivas abaixo e indique a alternativa:

I. A opinião do julgador sobre a gravidade em abstrato do crime não constitui motivação idônea para a imposição de regime mais severo do que o permitido segundo a pena aplicada.

II. Cominadas cumulativamente, em lei especial, penas privativas de liberdade e pecuniária, é defeso a substituição da prisão por multa.

III. É admissível a adoção do regime prisional semiaberto aos reincidentes condenados a pena igual ou inferior a quatro anos se favoráveis as circunstâncias judiciais.

IV. Fixada a pena-base no mínimo legal, é vedado o estabelecimento de regime prisional mais gravoso do que o cabível em razão da sanção imposta, com base apenas na gravidade abstrata do delito.

a) Todas as assertivas estão corretas.

b) Apenas as assertivas I e III estão incorretas.

c) Apenas as assertivas I, II e IV estão corretas.

d) Apenas a assertiva II está incorreta.

e) Apenas as assertivas I e III estão corretas.

2.3. Da Aplicação da Pena

> **Súmula STJ 74.** *Para efeitos penais, o reconhecimento da menoridade do réu requer prova por documento hábil.*

1317. **(Cespe/TCE/BA/Procurador/2010)** Nos termos de entendimento sumulado do STJ, para efeitos penais, o reconhecimento da menoridade do réu prescinde de prova documental hábil.

1318. **(Vunesp/PC/CE/Delegado/2015)** Em matéria de prova, vige no processo penal o livre convencimento motivado. Todavia, o STJ fixou entendimento (Súmula 74) estabelecendo que

a) para a decretação da extinção da punibilidade pela morte do acusado, é necessário que venha aos autos original ou cópia autenticada de certidão de óbito.

b) a prova de idade de acusado maior de 70 anos, a fim de obter o benefício da prescrição pela metade, faz-se apenas por documento oficial válido e original.

c) o reconhecimento da menoridade do acusado requer prova por documento hábil.

d) a renúncia ao direito de queixa deve ser feita por escrito e na presença de testemunhas numerárias.

e) a delação premiada só é válida se colhida na presença de órgão do Ministério Público e advogado constituído.

1319. **(Cespe/TJ/SE/Cartórios/2014)** Acerca da produção de provas, dos atores processuais e dos juizados especiais criminais, assinale a opção correta com base nos entendimentos sumulados pelos tribunais superiores.

a) Não se admite a suspensão condicional do processo por crime continuado se a soma da pena mínima da infração mais grave com o aumento máximo de dois terços for superior a um ano.

b) A participação de promotor de justiça na investigação criminal não acarreta seu impedimento ou suspeição para oferecer a denúncia.

c) O benefício da suspensão condicional do processo é cabível para os casos de concurso material em que a pena mínima cominada a cada um deles seja inferior a um ano, ainda que a soma das referidas penas mínimas ultrapasse esse patamar.

d) O reconhecimento da menoridade do réu no processo penal pode ser obtido pela simples declaração de alguém que o conheça e ateste verbalmente a sua idade.

e) É direito do defensor, no interesse do representado, ter acesso amplo aos elementos de prova, inclusive interceptações telefônicas em curso e não documentadas no bojo dos autos da investigação.

> **Súmula STJ 231.** *A incidência da circunstância atenuante não pode conduzir à redução da pena abaixo do mínimo legal.*

1320. **(Ejef/TJ/MG/Juiz/2007)** Sobre a aplicação da pena, assinale a alternativa incorreta.

a) As circunstâncias agravantes ou atenuantes não devem influir na fixação da pena-base.

b) Verifica-se a agravante da reincidência quando o agente comete novo crime, mesmo que a condenação anterior já transitada em julgado tenha ocorrido no estrangeiro.

c) Segundo o entendimento majoritário, inclusive sumulado pelo Colendo STJ, a incidência da circunstância atenuante não pode conduzir à redução da pena abaixo do mínimo legal cominado.

d) No concurso de causas de aumento ou de diminuição de pena, previsto na Parte Especial do Código Penal, o juiz deve levar em conta todos os aumentos e/ou diminuições, não podendo limitar-se à causa que mais aumente ou diminua a pena.

1321. **(Vunesp/TJ/SP/Juiz/2011)** Analise as proposições que seguem e assinale a correta, inclusive, se o caso, consoante jurisprudência sumulada dos Tribunais Superiores (STJ e STF).

a) Para praticar o aborto necessário, o médico não necessita do consentimento da gestante.

CAPÍTULO 11 - DIREITO PENAL

b) No caso do crime continuado, a prescrição é regulada pela pena imposta, computando-se o aumento decorrente da continuidade.

c) A existência de circunstância atenuante autoriza a fixação da pena abaixo do mínimo legal.

d) Na fixação da pena, o juiz deve considerar condenação, ainda não transitada em julgado para o réu, como circunstância judicial desfavorável, a título de maus antecedentes.

e) O agente que imputa a alguém fato ofensivo à sua reputação comete o crime de injúria.

1322. (FCC/TJ/PE/Juiz/2013) Na aplicação da pena:

a) considera-se circunstância agravante o fato de o crime ser praticado contra pessoa maior de setenta anos.

b) não prevalece a condenação anterior, para efeito de reconhecimento de reincidência, se entre a data do cumprimento ou extinção da pena e a infração posterior tiver decorrido período de tempo superior a cinco anos, descontado o período de prova da suspensão.

c) a incidência de circunstância atenuante pode conduzir à redução da pena abaixo do mínimo legal, segundo entendimento do Superior Tribunal de Justiça.

d) não se impõe o acréscimo decorrente do concurso formal perfeito à pena de multa.

e) o tempo de cumprimento das penas privativas de liberdade não pode ser superior a trinta anos, limite que deve ser considerado para efeito de concessão de livramento condicional, conforme entendimento sumulado do Supremo Tribunal Federal.

1323. (FCC/DPE/CE/Defensor/2014) As circunstâncias atenuantes:

a) sempre preponderam sobre as circunstâncias agravantes, no caso de concurso entre umas e outras.

b) constituem fatores de redução da pena estabelecidos em quantidades fixas.

c) não devem ser consideradas na fixação da pena-base.

d) podem ser reconhecidas ainda que não previstas expressamente em lei, mas apenas se anteriores ao crime.

e) permitem a redução da pena abaixo do mínimo legal, segundo entendimento sumulado.

1324. (FCC/TJ/AP/Juiz/2014) Com relação à atenuante genérica da menoridade etária do agente, é correto afirmar:

a) Não incide em crimes cometidos contra criança (Código Penal, art. 61, inc. II, alínea "h", primeira hipótese).

b) Segundo a atual jurisprudência do Superior Tribunal de Justiça, prepondera sobre a agravante da reincidência.

c) Segundo o atual entendimento do Superior Tribunal de Justiça, sua prova não necessariamente será documental.

d) Segundo o atual entendimento do Superior Tribunal de Justiça, pode eventualmente reduzir a pena final abaixo do mínimo legal abstratamente cominado.

e) Segundo posicionamento doutrinário dominante, a norma penal em referência foi derrogada em 2002 pelo advento da plena capacidade civil aos 18 anos de idade.

1325. (FCC/TRT/18R/Juiz/2014) No tocante às circunstâncias atenuantes, é correto afirmar que

a) permitem a redução da pena abaixo do mínimo previsto na lei, segundo entendimento sumulado do Superior Tribunal de Justiça.

b) incidem na terceira etapa do cálculo da pena.

c) são inaplicáveis se não previstas expressamente em lei.

d) o desconhecimento da lei, embora inescusável, pode ser empregado para atenuar a pena.

e) a reparação do dano não a configura, constituindo apenas causa geral de diminuição da pena.

> **Súmula STJ 241.** *A reincidência penal não pode ser considerada como circunstância agravante e, simultaneamente, como circunstância judicial.*

1326. (Faurgs/TJ/RS/Juiz/2016) Sobre aplicação e execução de penas, considere as afirmações abaixo.

I. Consoante o entendimento consolidado do Superior Tribunal de Justiça, a reincidência penal pode ser considerada como circunstância agravante e, simultaneamente, como circunstância judicial.

II. De acordo com a jurisprudência recente do Superior Tribunal de Justiça, a inexistência de casa de albergado na localidade da execução da pena não gera o reconhecimento de direito ao benefício da prisão domiciliar quando o apenado estiver cumprindo a reprimenda em local compatível com as regras do regime aberto.

III. A jurisprudência do Supremo Tribunal Federal consolidou entendimento segundo o qual a hediondez ou a gravidade abstrata do delito não obriga, por si só, o regime prisional mais gravoso, pois o juízo, em atenção aos princípios constitucionais da individualização da pena e da obrigatoriedade de fundamentação das decisões judiciais, deve motivar o regime imposto, observando a singularidade do caso concreto.

Quais estão corretas?

a) Apenas I.

b) Apenas II.

c) Apenas III.

d) Apenas I e II.

e) Apenas II e III.

1327. (FCC/TJ/MS/Juiz/2010) De acordo com entendimento sumulado dos tribunais superiores:

a) a pena unificada para atender ao limite de 30 (trinta) anos de cumprimento, determinado pelo art. 75 do Código Penal, deve ser considerada para a concessão de outros benefícios, como o livramento condicional ou regime mais favorável de execução.

b) a reincidência penal não pode ser considerada como circunstância agravante e, simultaneamente, como circunstância judicial.

c) não se admite a progressão de regime de cumprimento de pena ou a aplicação imediata de regime menos severo nela determinado, antes do trânsito em julgado da sentença condenatória.

d) a incidência da circunstância atenuante pode conduzir à redução da pena abaixo do mínimo legal.

e) é admissível a adoção do regime prisional semiaberto aos reincidentes condenados a pena igual ou inferior a 4 (quatro) anos, ainda que desfavoráveis as circunstâncias judiciais.

1328. (MPE/SP/Promotor/2005) Aponte a única alternativa que não constitui

entendimento jurisprudencial objeto de súmula do Superior Tribunal de Justiça, envolvendo circunstâncias agravantes ou atenuantes.

a) Para efeitos penais, o reconhecimento da menoridade do réu requer prova por documento hábil.

b) A reincidência não influi no prazo da prescrição da pretensão punitiva.

c) A incidência de circunstância atenuante não pode conduzir à redução da pena para abaixo do mínimo legal.

d) A confissão perante a autoridade policial configura circunstância atenuante mesmo quando retratada em Juízo.

e) A reincidência penal não pode ser considerada como circunstância agravante e, simultaneamente, como circunstância judicial.

1329. (IBFC/PC/RJ/Papiloscopista/2014) A respeito das penas, assinale a alternativa que não corresponde ao entendimento sumulado pelo Superior Tribunal de Justiça:

a) Para efeitos penais, o reconhecimento da menoridade do réu independe de prova por documento hábil.

b) É admissível a adoção do regime prisional semiaberto aos reincidentes condenados a pena igual ou inferior a quatro anos, se favoráveis as circunstâncias judiciais.

c) A reincidência penal não pode ser considerada como circunstância agravante e, simultaneamente, como circunstância judicial.

d) A incidência da circunstância atenuante não pode conduzir à redução da pena abaixo do mínimo legal.

e) Cominadas cumulativamente, em lei especial, pena privativa de liberdade e pena pecuniária, é defeso a substituição da prisão por multa.

> *Súmula STJ 443. O aumento na terceira fase de aplicação da pena no crime de roubo circunstanciado exige fundamentação concreta, não sendo suficiente para a sua exasperação a mera indicação do número de majorantes.*

1330. (FCC/TJ/PE/Juiz/2011) De acordo com entendimento sumulado do Superior Tribunal de Justiça, o aumento na terceira fase de aplicação da pena no crime de roubo circunstanciado exige fundamentação concreta e não pode decorrer unicamente da indicação

CAPÍTULO 11 - DIREITO PENAL

a) da gravidade abstrata do delito.

b) da circunstância de o acusado responder a outras ações penais.

c) da reincidência do réu.

d) da consumação ou não do delito.

e) do número de majorantes.

1331. (Cespe/TJ/RR/Cartórios/2013) A respeito das espécies, da aplicação e da execução de penas, assinale a opção correta.

a) Em situações excepcionais, é possível que o juiz determine a progressão do regime de cumprimento de pena "per saltum", ou seja, diretamente do regime fechado para o regime aberto, mesmo que o lapso temporal exigido pela lei não tenha decorrido.

b) Somente as condenações criminais transitadas em julgado antes da prática do delito em análise são consideradas para a caracterização da reincidência, podendo, entretanto, inquéritos policiais e ações penais em curso ser considerados maus antecedentes para fins de fixação de pena.

c) Ainda que a pena-base seja fixada no mínimo legal, é possível o estabelecimento de regime prisional mais gravoso do que o cabível em razão da sanção imposta, desde que o juiz fundamente sua decisão na gravidade abstrata do delito.

d) Tratando-se do crime de roubo circunstanciado, para que o juiz aumente a pena de um terço até a metade na terceira fase de sua aplicação, é suficiente que ele fundamente sua decisão na indicação do número de majorantes.

e) Na segunda fase de fixação da pena, o juiz deve compensar integralmente o aumento decorrente da agravante da reincidência por meio da diminuição decorrente da atenuante consistente na confissão espontânea da autoria.

1332. (MPE/SC/Promotor/2016) Em relação à dosimetria, segundo consta no entendimento da Súmula 443 do Superior Tribunal de Justiça, o aumento na terceira fase de aplicação da pena no crime de roubo circunstanciado não exige fundamentação efetiva, sendo suficiente para sua exasperação a indicação da quantidade de majorantes.

> **Súmula STJ 444.** *É vedada a utilização de inquéritos policiais e ações penais em curso para agravar a pena-base.*

1333. (FCC/TJ/PE/Juiz/2011) Na aplicação da pena:

a) pode o juiz limitar-se a uma só diminuição se, no caso, concorrerem as causas de diminuição da tentativa e da semi-imputabilidade do agente.

b) é possível a utilização de inquéritos policiais e ações penais em curso para agravar a pena-base, segundo entendimento sumulado do Superior Tribunal de Justiça.

c) o aumento pelo crime continuado deve preceder a diminuição pela confissão espontânea.

d) é admissível o reconhecimento de atenuante em razão de circunstância relevante, posterior ao crime, embora não prevista expressamente em lei.

e) a reincidência pode ser considerada como circunstância agravante e, simultaneamente, como circunstância judicial, conforme entendimento do Superior Tribunal de Justiça.

1334. (FCC/TJ/PE/Cartórios/Ingresso/2013) Entendimento sumular vigente no Superior Tribunal de Justiça dispõe que a existência, em desfavor do réu, de outro processo criminal ainda pendente de julgamento caracteriza:

a) mau antecedente.

b) personalidade antissocial.

c) culpabilidade acentuada.

d) conduta social reprovável.

e) fator irrelevante à pena-base.

1335. (FCC/TJ/SC/Juiz/2015) Sobre a utilização de inquéritos policiais ou as ações penais em curso como fundamento para aumentar a pena, é correto afirmar:

a) É cabível na segunda fase e terceira fase de individualização da pena, mas não pode intervir sobre a fixação da pena-base.

b) Embora não esteja expressamente prevista como circunstância agravante, pode ser considerada agravante genérica com especial permissão de emprego no processo individualizador da pena.

c) Integra espectro compreendido no chamado princípio do livre convencimento do juiz que pode utilizá-la como causa geral de aumento de pena.

d) É considerada circunstância agravante expressamente prevista no art. 61 do Código Penal.

e) Não é reconhecida pela jurisprudência do Superior Tribunal de Justiça que editou, inclusive, súmula sobre o tema.

1336. (FCC/TJ/PE/Cartórios/2013) Entendimento sumular vigente no Superior Tribunal de Justiça dispõe que a existência, em desfavor do réu, de outro processo criminal ainda pendente de julgamento caracteriza:

a) mau antecedente.

b) personalidade antissocial.

c) culpabilidade acentuada.

d) conduta social reprovável.

e) fator irrelevante à pena-base.

> **Súmula STJ 545.** *Quando a confissão for utilizada para a formação do convencimento do julgador, o réu fará jus à atenuante prevista no art. 65, III, d, do Código Penal.*

1337. (Cespe/TRE/MT/Analista/2015) No tocante a aplicação da pena, concurso de crimes e causas de exclusão de ilicitude e de culpabilidade, assinale a opção correta.

a) A legítima defesa sucessiva é inadmissível como causa excludente de ilicitude da conduta.

b) A coação física irresistível configura causa excludente da culpabilidade.

c) No que se refere ao concurso de pessoas, configuram exceções à teoria dualista a previsão expressa de conduta de cada concorrente em tipo penal autônomo e a cooperação dolosamente distinta.

d) Conforme o STJ, aquele que, ao juiz, admite a autoria de um crime, ainda que alegue, em seu favor, a existência de causa excludente de ilicitude, pode se beneficiar da atenuante genérica relativa à confissão espontânea.

e) De acordo com a jurisprudência do STJ, em se tratando de delitos ocorridos em comarcas limítrofes ou próximas, não se admite a continuidade delitiva.

2.4. Do Livramento Condicional

> **Súmula STJ 441.** *A falta grave não interrompe o prazo para obtenção de livramento condicional.*

1338. (Vunesp/TJ/SP/Juiz/2011) Assinale a alternativa correta, relativa à execução penal, inclusive, se o caso, consoante jurisprudência sumulada dos Tribunais Superiores (STJ e STF).

a) A falta grave interrompe o lapso temporal aquisitivo do livramento condicional.

b) É inadmissível o trabalho externo para presos em regime fechado.

c) A tentativa de falta disciplinar é punida com a sanção correspondente à falta consumada, reduzida de um a dois terços, por aplicação analógica do art. 14, parágrafo único, do Código Penal.

d) O trabalho do preso será remunerado mediante prévia tabela, não inferior a três quartos do salário-mínimo, inclusive quanto às tarefas prestadas a título de prestação de serviços à comunidade.

e) A frequência a curso de ensino formal é causa de remição de parte do tempo de execução de pena, sob regime fechado ou semiaberto.

1339. (Cespe/DPDF/Defensor/2013) É pacificado, na jurisprudência do STJ, o entendimento de que o cometimento de falta disciplinar de natureza grave pelo condenado que cumpre pena privativa de liberdade interrompe o prazo para a obtenção do livramento condicional.

1340. (FCC/TJ/PE/Juiz/2013) No que se refere à execução penal:

a) a frequência a curso de ensino formal é causa de remição de parte do tempo de execução sob regime semiaberto, unicamente.

b) segundo entendimento majoritário do Superior Tribunal de Justiça, é cabível mandado de segurança pelo Ministério Público para conferir efeito suspensivo ao agravo de execução.

c) o regime disciplinar diferenciado tem duração máxima de 360 (trezentos e sessenta) dias, podendo ser aplicado uma única vez.

d) a falta grave interrompe o prazo para obtenção de livramento condicional.

CAPÍTULO 11 - DIREITO PENAL

e) o juiz poderá definir a fiscalização por meio da monitoração eletrônica quando autorizar a saída temporária no regime semiaberto.

1341. (MPE/PR/Promotor/2012) Sobre livramento condicional, indique a opção correta:

a) Para obtê-lo, entre outros requisitos, o condenado por crime hediondo, prática de tortura ou tráfico ilícito de drogas deverá cumprir mais de 2/3 (dois terços) da reprimenda, caso seja reincidente específico em crimes dessa natureza.

b) Segundo a orientação sumular do Supremo Tribunal Federal, a pena unificada a fim de atender ao limite máximo de trinta anos de cumprimento, deve ser considerada como base de cálculo à concessão do livramento condicional.

c) Conforme entendimento sumulado do Superior Tribunal de Justiça, a falta grave não interrompe o prazo para obtenção do livramento condicional.

d) A revogação do livramento condicional somente é cabível, atendidos os demais requisitos legais, quando o crime, cometido durante a vigência do benefício, for doloso.

e) É vedada a realização de exame criminológico para fins de concessão de livramento condicional.

1342. (FCC/TJ/GO/Juiz/2012) No que concerne ao livramento condicional, é correto afirmar que

a) somente poderá ser concedido ao condenado a pena de reclusão igual ou superior a dois anos.

b) a prática de falta grave não interrompe o prazo para a sua concessão, segundo entendimento sumulado.

c) é cabível a revogação, mas não a suspensão.

d) a condenação irrecorrível por crime ou contravenção, independentemente da pena imposta, constitui causa de revogação obrigatória.

e) é inadmissível, para a sua concessão, a determinação de prévia realização de exame criminológico, independentemente das peculiaridades do caso.

1343. (Vunesp/TJ/SP/Juiz/2014) Assinale a opção falsa. O C. Superior Tribunal de Justiça, recentemente, assentou, por meio de Súmula, o seguinte entendimento:

a) A aplicação da causa de diminuição de pena prevista no art. 33, § 4º, da Lei n. 11.343/2006

não afasta a hediondez do crime de tráfico de drogas.

b) A falta grave interrompe o prazo para obtenção de livramento condicional.

c) É inadmissível a fixação de pena substitutiva (art. 44 do Código Penal) como condição especial ao regime aberto.

d) A configuração do crime do art. 244-B do Estatuto da Criança e do Adolescente independe da prova da efetiva corrupção do menor, por se tratar de delito formal.

1344. (Cespe/DP/DF/Defensor/2013) É pacificado, na jurisprudência do STJ, o entendimento de que o cometimento de falta disciplinar de natureza grave pelo condenado que cumpre pena privativa de liberdade interrompe o prazo para a obtenção do livramento condicional.

3. DAS MEDIDAS DE SEGURANÇA

Súmula STJ 527. O tempo de duração da medida de segurança não deve ultrapassar o limite máximo da pena abstratamente cominada ao delito praticado.

1345. (MP/DFT/Promotor/2015) Sobre a aplicação da sanção penal e os efeitos da condenação penal, assinale a opção correta:

a) A retratação, em juízo, da anterior confissão na fase de investigação, obsta a aplicação da atenuante da confissão espontânea, a não ser que a confissão retratada venha a ser considerada na fundamentação da sentença.

b) A perda de cargo público, nos casos em que for aplicada pena privativa de liberdade por tempo superior a quatro anos, em caso de homicídio, é um efeito automático da sentença condenatória, não havendo necessidade de declaração motivada do juiz na sentença.

c) O tempo de duração da medida de segurança, por não se tratar de pena criminal, pode ultrapassar o limite máximo da pena abstratamente cominada ao delito praticado, de acordo com o entendimento do Superior Tribunal de Justiça.

d) O agente que pratica contravenção penal, sendo condenado com trânsito em julgado, e depois pratica crime, sendo novamente condenado com trânsito em julgado, é reincidente.

e) O receptador de aparelhos de televisão que carrega sistematicamente o produto do crime em seu veículo, licitamente adquirido, pode perder referido instrumento em favor da União, como efeito da condenação penal.

1346. (Cespe/PC/AL/Delegado/2012) Tratando-se de sentença na qual é imposta medida de segurança ao acusado inimputável, o tempo de seu cumprimento, independentemente da cessação da periculosidade, não poderá ultrapassar o limite máximo da pena abstratamente aplicada ao crime.

1347. (Cespe/DP/DF/Defensor/2013) De acordo com a jurisprudência mais recente do STJ, a medida de segurança aplicada, no curso da execução da pena privativa de liberdade, em razão de superveniência de doença ou perturbação da saúde mental do condenado terá duração determinada, não superior ao tempo restante de cumprimento da pena privativa de liberdade.

1348. (Cespe/TJ/BA/Cartórios/2013) À luz do regramento constitucional e legal e da jurisprudência do STF, assinale a opção correta acerca das medidas de segurança.

a) As medidas de segurança estão submetidas aos ditames da prescrição penal, conforme entendimento do STF. A prescrição da pretensão punitiva da medida de segurança será calculada com base na pena máxima cominada ao tipo penal imputado ao agente.

b) No curso do tratamento ambulatorial, o juiz da execução não poderá convertê-lo em internação, ainda que esta seja imprescindível para fins curativos, uma vez que isso corresponderia à imposição de medida mais gravosa do que a estabelecida pela sentença do juízo de conhecimento.

c) Conforme a jurisprudência do STF, a contagem do prazo para prescrição da pretensão executória de medida de segurança será calculada com base no período mínimo de internação previsto em lei, ou seja, um ano.

d) Se o agente for inimputável, o juiz deverá determinar sua internação, ainda que o fato previsto como crime seja punível com detenção, vedada a imposição de tratamento ambulatorial.

e) A medida de segurança não está submetida à limitação de prazo máximo de trinta anos, por não ter natureza jurídica de pena, conforme entendimento do STF.

1349. (Cespe/TJ/PI/Cartórios/2013) No que se refere à medida de segurança e à sua execução, assinale a opção correta

a) A duração máxima do cumprimento da medida de segurança aplicada por sentença transitada em julgado é de trinta anos.

b) Aplicada a medida de segurança, o prazo mínimo de internação deve ser de três anos, devendo a perícia médica realizar-se ao termo do prazo mínimo fixado e repetir-se a cada ano, ou a qualquer tempo, se o determinar o juiz da execução.

c) A medida de segurança que substitui a pena privativa de liberdade aplicada em condenação transitada em julgado, em razão de ser o condenado acometido de doença mental no curso da execução penal, terá como limite de duração a pena máxima prevista em lei para o crime praticado.

d) A prescrição da pretensão punitiva da medida de segurança é calculada com base na pena mínima cominada ao tipo penal atribuído ao agente.

e) A prescrição da pretensão executória da medida de segurança é calculada com base na pena máxima cominada ao tipo penal atribuído ao agente.

1350. (Cespe/PC/PE/Delegado/2016) Nos últimos tempos, os tribunais superiores têm sedimentado seus posicionamentos acerca de diversos institutos penais, criando, inclusive, preceitos sumulares. Acerca desse assunto, assinale a opção correta segundo o entendimento do STJ.

a) É possível a consumação do furto em estabelecimento comercial, ainda que dotado de vigilância realizada por seguranças ou mediante câmara de vídeo em circuito interno.

b) A conduta de atribuir-se falsa identidade perante autoridade policial é considerada típica apenas em casos de autodefesa.

c) O tempo máximo de duração da medida de segurança pode ultrapassar o limite de trinta anos, uma vez que não constitui pena perpétua.

d) No que diz respeito à progressão de regime prisional de condenado por crime hediondo cometido antes ou depois da vigência da Lei 11.464/2007, é necessária a observância, além de outros requisitos, do cumprimento de dois

CAPÍTULO 11 - DIREITO PENAL

quintos da pena, se primário, e, de três quintos, se reincidente, para a obtenção do benefício.

e) A incidência da causa de diminuição de pena prevista no tipo penal de tráfico de drogas implica o afastamento da equiparação existente entre o delito de tráfico ilícito de drogas e os crimes hediondos, por constituir novo tipo penal, sendo, portanto, o tráfico privilegiado um tipo penal autônomo, não equiparado a hediondo.

1351. (Faurgs/TJ/RS/Juiz/2016) Sobre as penas e medidas de segurança, considere as afirmações abaixo.

I. Segundo a orientação jurisprudencial dominante no Superior Tribunal de Justiça, processos criminais em andamento não poderão ser valorados como prova de antecedentes criminais, salvo na hipótese de já terem sido objeto de sentença condenatória sobre a qual se aguarda o julgamento de recursos defensivos.

II. Segundo a orientação jurisprudencial dominante no Superior Tribunal de Justiça, quando da aplicação do método trifásico da pena, o juiz poderá aplicá-la abaixo do mínimo legal apenas no momento de fixação da pena definitiva, não sendo possível diminuí-la em momento anterior, ainda que reconhecida alguma circunstância atenuante.

III. Segundo a orientação jurisprudencial dominante no Superior Tribunal de Justiça, o tempo de duração da medida de segurança não poderá ser superior ao tempo máximo de pena abstratamente cominado ao crime praticado pelo agente.

Quais estão corretas?

a) Apenas I.

b) Apenas II.

c) Apenas III.

d) Apenas II e III.

e) I, II e III.

1352. (FCC/DPE/CE/Defensor/2014) A medida de segurança

a) consistente em internação só pode ser cumprida em hospital de custódia e tratamento psiquiátrico.

b) consistente em tratamento ambulatorial pode ser aplicada, se favorável o parecer médico, ao autor de fato típico punido com reclusão, segundo entendimento jurisprudencial.

c) pode ser imposta por tempo indeterminado, em substituição da pena privativa de liberdade, se sobrevier doença mental no curso da execução.

d) não pode ser imposta se extinta a punibilidade apenas na hipótese de prescrição.

e) pode ser imposta ao autor de fato típico que tenha atuado sob o amparo de excludente da ilicitude.

1353. (Cespe/TJ/DFT/Analista/2015) Segundo o entendimento pacificado do STJ, a execução de medida de segurança perdurará enquanto não cessar a periculosidade do inimputável, sujeitando-se, independentemente do delito, ao tempo máximo de duração de trinta anos.

4. DA EXTINÇÃO DA PUNIBILIDADE

4.1. Da "Abolitio Criminis"

> **Súmula STJ 513.** A "abolitio criminis" temporária prevista na Lei n. 10.826/2003 aplica-se ao crime de posse de arma de fogo de uso permitido com numeração, marca ou qualquer outro sinal de identificação raspado, suprimido ou adulterado, praticado somente até 23.10.2005.

1354. (Cespe/TJ/DFT/Juiz/2015) Cada uma das próximas opções apresenta uma situação hipotética sobre crimes previstos no Estatuto do Desarmamento, seguida de uma assertiva a ser julgada. Assinale a opção que apresenta a assertiva correta.

a) Carlos foi preso em flagrante, durante o período de vigência da Lei 10.826/2003 (prorrogada pela Lei 11.922/2009), devido ao fato de a polícia ter encontrado, em um armário de sua residência, uma arma de fogo de uso restrito. Nessa situação, a conduta de Carlos caracterizou-se como atípica em razão da incidência de abolitio criminis temporária.

b) Bruno, militar da Aeronáutica, em um dia de folga, atirou com sua arma de fogo na rua onde residia e assustou moradores e transeuntes que passavam pelo local. Nessa situação, devido ao fato de Bruno ter praticado crime de disparo com arma de fogo, a causa do aumento de pena, prevista no Estatuto do Desarmamento, deverá ser aplicada na sentença durante a terceira fase da dosimetria.

c) André guardou em sua residência, de janeiro de 2015 até sua prisão em flagrante na presente data, uma arma de fogo de uso permitido, devidamente municiada, mas com numeração de série suprimida. Nessa situação, André praticou o crime de posse irregular de arma de fogo de uso permitido e, por isso, deve ser punido com pena de detenção.

d) Ronaldo foi preso em flagrante imediatamente após efetuar – com intenção de matar, mas sem conseguir atingir a vítima – disparos de arma de fogo na direção de José. Nessa situação, Ronaldo cometeu homicídio na forma tentada e disparo de arma de fogo em concurso formal.

e) Júlio, detentor de porte de arma e proprietário de arma de fogo devidamente registrada, vendeu para Tiago, de quatorze anos de idade, uma arma, devidamente municiada, acompanhada do seu documento de registro. Nessa situação, ao permitir que o adolescente se apoderasse da arma de fogo, Júlio praticou o delito de omissão de cautela, previsto no Estatuto do Desarmamento.

1355. (FCC/DPE/PB/Defensor/2014) Segundo o Superior Tribunal de Justiça, tratando-se de arma de fogo de uso permitido, com numeração íntegra ou raspada, a chamada abolitio criminis temporária teve seu prazo temporal respectivamente findo em

a) 31 de dezembro de 2010 e 23 de junho de 2004.

b) 31 de dezembro de 2010 e 23 de junho de 2005.

c) 31 de dezembro de 2010 e 23 de junho de 2006.

d) 31 de dezembro de 2009 e 23 de outubro de 2005.

e) 31 de dezembro de 2009 e 23 de outubro de 2006.

1356. (FCC/MPE/PE/Promotor/2014) Segundo entendimento hoje pacificado no Superior Tribunal de Justiça, a abolitio criminis temporária prevista no estatuto do desarmamento,

a) abrangeu, por certo período, aqueles que portassem armas de fogo de uso restrito.

b) abrangia os crimes de porte ilegal de arma de uso permitido.

c) vigorou por período maior apenas para os possuidores de arma de fogo e de munição de uso permitido

d) ainda vigora para aqueles que possuírem e portarem armas de fogo de uso permitido.

e) nunca alcançou os possuidores de armas de uso restrito com numeração raspada.

1357. (Cespe/MPE/RO/Promotor/2013) Com fundamento na Lei 10.826/2003 e no entendimento do STJ a respeito da matéria, assinale a opção correta.

a) Para a configuração do crime de porte ilegal de arma de fogo de uso permitido, é necessária a comprovação pericial da potencialidade lesiva da arma

b) Segundo a jurisprudência do STJ, desde 2005, não é possível conceder o benefício da extinção da punibilidade aos detentores de arma com numeração raspada ou suprimida, mesmo que voluntariamente façam a entrega do artefato.

c) Para a configuração do crime de posse ilegal de arma de fogo de uso restrito, é suficiente o porte de arma de fogo com numeração raspada, independentemente de ser a arma de uso restrito ou proibido.

d) É atípica a conduta de porte ilegal de munição de uso permitido, em razão de ausência de ofensividade a bem jurídico tutelado.

e) Conforme jurisprudência sedimentada no STJ, a posse e o porte ilegal de arma de fogo foram abarcados, temporariamente, pela abolitio criminis.

1358. (FCC/MPE/PA/Promotor/2014) Com relação à legislação das armas de fogo,

a) a chamada "abolitio criminis" temporária, no entender hoje pacificado do Superior Tribunal de Justiça, teve como limite a data de 23 de outubro de 2005, após o que não ampara mais a conduta do possuidor de qualquer arma de fogo.

b) a chamada abolitio criminis temporária, no entender hoje pacificado do Superior Tribunal de Justiça, abrangeu as condutas de posse e de porte ilegal de arma de fogo.

c) a chamada abolitio criminis temporária, no entender hoje pacificado do Superior Tribunal de Justiça, aplica-se aos ilícitos de posse ilegal de arma de fogo, inclusive de uso restrito, que

CAPÍTULO 11 - DIREITO PENAL

tenham sido cometidos até 31 de dezembro de 2010.

d) a chamada abolitio criminis temporária, no entender hoje pacificado do Superior Tribunal de Justiça, aplica-se aos ilícitos de posse ilegal de arma de fogo, desde que de uso permitido e de numeração, marca ou outro sinal de identificação não raspado, nem suprimido ou alterado que tenham sido cometidos até 31 de dezembro de 2011.

e) o desmuniciamento da arma não afasta os crimes do Estatuto do Desarmamento, no entender hoje pacificado do Supremo Tribunal Federal.

4.2. Da Prescrição

> **Súmula STJ 74.** *Para efeitos penais, o reconhecimento da menoridade do réu requer prova por documento hábil.*

Súmula anotada em Direito Penal – Das Penas – Da Aplicação da Pena.

> **Súmula STJ 191.** *A pronúncia é causa interruptiva da prescrição, ainda que o Tribunal do Júri venha a desclassificar o crime.*

1359. (FCC/TJ/AP/Juiz/2009) É incorreto afirmar:

a) O procedimento comum será ordinário, sumário ou sumaríssimo.

b) Na determinação da competência por conexão ou continência, no concurso de jurisdições da mesma categoria, utiliza-se como critério principal o da preponderância do lugar da infração, à qual for cominada a pena mais grave.

c) A pronúncia é causa interruptiva da prescrição, mas não haverá a interrupção em caso de desclassificação do crime pelo Tribunal do Júri para outro de competência do juiz singular.

d) Qualquer das partes poderá, no prazo de 2 (dois) dias, pedir ao juiz que declare a sentença, sempre que nela houver obscuridade, ambiguidade, contradição ou omissão.

e) Nos casos de prisão em flagrante pela prática de crime contra a economia popular ou de crime de sonegação fiscal, a liberdade provisória somente poderá ser concedida mediante fiança, por decisão do juiz competente e após a lavratura do auto de prisão em flagrante.

1360. (FCC/TJ/MS/Juiz/2010) Constitui causa interruptiva da prescrição

a) a decisão de pronúncia, ainda que o Tribunal do Júri venha a desclassificar o crime, segundo entendimento sumulado do Superior Tribunal de Justiça.

b) a reincidência do acusado, mas apenas na modalidade de prescrição da pretensão punitiva.

c) o recebimento da denúncia, ainda que posteriormente anulado.

d) o aditamento à inicial quando supre omissão referente ao mesmo fato.

e) os embargos de declaração.

1361. (FMP/TJ/MT/Juiz/2014) De acordo com entendimento sumulado do Superior Tribunal de Justiça, assinale a afirmativa correta:

a) A prescrição não é aplicável nas medidas socioeducativas.

b) O período de suspensão do prazo prescricional não é regulado pelo máximo da pena cominada.

c) É admissível a extinção da punibilidade pela prescrição da pretensão punitiva com fundamento em pena hipotética.

d) A reincidência não influi no prazo da prescrição da pretensão punitiva.

e) A pronúncia não é causa interruptiva da prescrição, ainda que o Tribunal do Júri venha a desclassificar o crime.

1362. (MPE/PR/Promotor/2013) Segundo entendimentos sumulados do Superior Tribunal de Justiça, assinale a alternativa incorreta:

a) A reincidência não influi no prazo da prescrição da pretensão punitiva.

b) Em caso de desclassificação do crime de homicídio para o de lesões corporais pelo Tribunal do Júri, a decisão de pronúncia deixa de ser considerada causa interruptiva da prescrição.

c) É vedada a utilização de inquéritos policiais e ações penais em curso para agravar a pena-base.

d) A sentença concessiva do perdão judicial é declaratória da extinção da punibilidade, não subsistindo qualquer efeito condenatório.

e) É inadmissível a fixação de pena substitutiva (art. 44 do CP) como condição especial ao regime aberto.

> **Súmula STJ 220.** *A reincidência não influi no prazo da prescrição da pretensão punitiva.*

1363. (Cespe/PC/RN/Delegado/2009)
Assinale a opção correta com relação à interpretação da lei penal, dos crimes contra a pessoa e a paz pública.

a) Na legislação brasileira, não se mostra possível a existência de um homicídio qualificado-privilegiado, uma vez que as causas qualificadoras, por serem de caráter subjetivo, tornam-se incompatíveis com o privilégio. Além disso, a própria posição topográfica da circunstância privilegiadora parece indicar que ela não se aplicaria aos homicídios qualificados.

b) Considere a seguinte situação hipotética. Diego e Márcio, adultos, resolveram testar suas respectivas sortes, instigando, um ao outro, a participar de roleta russa. Em hora e local combinados, diante de um revólver municiado com apenas um projétil, cada qual começou a puxar o gatilho contra sua própria cabeça, até que Márcio findou por se suicidar. Nessa situação, Diego não responderá por nada, pois não se pune a autoeliminação da vida.

c) A reincidência penal não pode ser considerada como circunstância agravante e, simultaneamente, como circunstância judicial.

d) A reincidência, prevista no CP como agravante genérica, influi no prazo da prescrição da pretensão punitiva.

e) O crime de quadrilha ou bando é formal e autônomo, mas sua consumação depende da realização dos crimes ulteriores visados.

1364. (FMP/MPE/MT/Promotor/2008)
Assinale a alternativa correta.

a) Segundo o Superior Tribunal de Justiça, a reincidência influi no prazo de prescrição da pretensão punitiva.

b) Consoante entendimento do Superior Tribunal de Justiça, a sentença concessiva do perdão judicial é declaratória da extinção da punibilidade, mas subsistem certos efeitos condenatórios.

c) A pronúncia deve ser considerada como causa interruptiva da prescrição, ainda que haja desclassificação do crime pelo Tribunal do Júri.

d) A cominação cumulativa, em lei especial, de penas privativas de liberdade e pecuniária, não impede a substituição da prisão por multa.

e) O erro de tipo corresponde ao antigo erro de fato.

1365. (MPE/SP/Promotor/2005) Aponte
a única alternativa que não constitui entendimento jurisprudencial objeto de súmula do Superior Tribunal de Justiça, envolvendo circunstâncias agravantes ou atenuantes.

a) Para efeitos penais, o reconhecimento da menoridade do réu requer prova por documento hábil.

b) A reincidência não influi no prazo da prescrição da pretensão punitiva.

c) A incidência de circunstância atenuante não pode conduzir à redução da pena para abaixo do mínimo legal.

d) A confissão perante a autoridade policial configura circunstância atenuante mesmo quando retratada em Juízo.

e) A reincidência penal não pode ser considerada como circunstância agravante e, simultaneamente, como circunstância judicial.

1366. (FCC/DPE/AM/Defensor/2013) A
reincidência:

a) sempre impede a substituição da pena privativa de liberdade por restritiva de direitos.

b) pode ser considerada como circunstância agravante e, simultaneamente, como circunstância judicial.

c) não influi no prazo da prescrição da pretensão punitiva.

d) obsta a suspensão condicional da pena, ainda que a condenação anterior tenha imposto tão somente a pena de multa.

e) fica excluída automaticamente pela reabilitação.

1367. (FCC/TJ/RR/Juiz/2015) Segundo
entendimento sumulado dos Tribunais Superiores:

a) o período de suspensão do prazo prescricional, no caso do art. 366 do CPP, é regulado pelo máximo da pena cominada.

CAPÍTULO 11 - DIREITO PENAL

b) a prescrição pela pena em concreto é somente da pretensão punitiva.

c) a prescrição da ação penal regula-se pelo máximo da pena cominada, quando não há recurso da acusação.

d) a reincidência influi no prazo da prescrição da pretensão punitiva.

e) admissível a extinção da punibilidade pela prescrição da pretensão punitiva com fundamento em pena hipotética, independentemente da existência ou sorte do processo penal.

1368. **(Cespe/TJ/DFT/Juiz/2014)** Acerca de prescrição, classificação jurídica dos crimes e aspectos da teoria do delito, assinale a opção correta.

a) O termo inicial de contagem do prazo da prescrição da pretensão executória é a data em que a sentença condenatória transita em julgado para a acusação.

b) Inimputável o agente, dispensa-se a análise dos demais elementos da culpabilidade, potencial consciência da ilicitude e exigibilidade de comportamento diverso.

c) O furto somente se compatibiliza com a desistência voluntária antes de iniciada a fase de execução.

d) Conforme entendimento sumulado do STJ, a reincidência influi no prazo da prescrição da pretensão punitiva.

e) Delito de resultado cortado e delito mutilado de dois atos são conceitos sinônimos, ambos espécies do gênero delito de tendência interna transcendente.

1369. **(Cespe/TJ/DFT/Juiz/2014)** Com base em súmulas do STF, STJ e TJDFT, assinale a opção correta.

a) Mesmo quando a pena base for fixada no mínimo legal, a gravidade abstrata do delito determinará regime prisional mais gravoso que o cabível em decorrência da pena aplicada.

b) Ao réu que responda por crime continuado é vedada a aplicação do benefício da suspensão condicional do processo.

c) Ainda que apenas a defesa tenha recorrido de sentença condenatória, poderá ser aplicada, em segunda instância, medida de segurança.

d) Ao ser proferida sentença concessiva do perdão judicial, será extinta a punibilidade do agente,

mas subsistirão os efeitos condenatórios da sentença.

e) O prazo de prescrição da pretensão punitiva não é afetado pelo fato de o réu em questão ser reincidente.

> **Súmula STJ 338.** *A prescrição penal é aplicável nas medidas socioeducativas.*

1370. **(Cespe/DPE/AL/Defensor/2009)** Em razão da prática de ato infracional análogo ao crime de furto, um juiz concedeu a um adolescente a remissão, aplicando-lhe, ainda, a medida de prestação de serviços à comunidade pelo prazo de dois meses. O MP, que tomou ciência da sentença em 10/3/2008, não recorreu. Com base na situação hipotética descrita acima, julgue: a prescrição penal não se aplica a medidas socioeducativas, consoante entendimento jurisprudencial do STJ.

1371. **(FCC/TJ/GO/Juiz/2009)** A prescrição da pretensão estatal de impor ou executar medida socioeducativa em face de adolescente:

a) por conta da natureza não penal da medida, segundo entendimento majoritário dos tribunais superiores, não pode ser reconhecida em nenhuma hipótese.

b) segundo regra prevista na legislação, ocorre em três anos para qualquer ato infracional.

c) ainda que não prevista no Estatuto da Criança e do Adolescente, é admitida, em alguns casos, por súmula de jurisprudência editada pelo Supremo Tribunal Federal.

d) por imposição legal, depende, para ser reconhecida, de avaliação psicossocial declarando, em cada caso concreto, inexistência de necessidades pedagógicas por parte do adolescente.

e) é admitida por jurisprudência sumulada do Superior Tribunal de Justiça no sentido de que se aplica a prescrição penal nas medidas socioeducativas.

> **Súmula STJ 415.** *O período de suspensão do prazo prescricional é regulado pelo máximo da pena cominada.*

1372. **(Cespe/TCE/BA/Procurador/2010)** Segundo disposição sumulada do STJ, no âmbito criminal, o período de suspensão do prazo prescricional é regulado pelo máximo da pena cominada.

1373. (FGV/TJ/AM/Juiz/2013) Com relação ao instituto da prescrição, causa de extinção da punibilidade, assinale a afirmativa correta.

a) O prazo da prescrição é interrompido com o oferecimento da denúncia ou queixa.

b) Segundo a jurisprudência majoritária dos Tribunais Superiores, é possível o reconhecimento da prescrição pela pena hipotética.

c) O reconhecimento da prescrição da pretensão punitiva e da prescrição executória apaga todos os efeitos secundários do crime.

d) As circunstâncias agravantes e atenuantes previstas no Código Penal, sejam elas quais forem, não interferem de qualquer forma no prazo prescricional, ao contrário das causas de aumento e de diminuição de pena que devem ser observadas no cálculo respectivo.

e) De acordo com o Superior Tribunal de Justiça, o período de suspensão do prazo prescricional é regulado pelo máximo da pena cominada.

1374. (FCC/DPE/AM/Defensor/2013) Segundo entendimento sumulado do Superior Tribunal de Justiça, o período de suspensão do prazo prescricional é:

a) regulado pelo máximo da pena cominada.

b) sempre o máximo previsto de vinte anos.

c) regulado pela pena aplicada.

d) regulado pelo mínimo da pena cominada.

e) sempre o mínimo previsto de três anos.

1375. (FCC/TJ/CE/Juiz/2014) Se o acusado, citado por edital, não comparecer, nem constituir advogado, o juiz

a) poderá determinar a antecipação da prova testemunhal, produzindo-a apenas na presença do Ministério Público.

b) poderá tomar o depoimento antecipado de testemunha nos casos de enfermidade ou velhice, mas não no de necessidade dela se ausentar.

c) poderá determinar a produção antecipada das provas, fundamentando a necessidade da medida no decurso do tempo.

d) deverá ordenar a suspensão do processo e do curso do prazo prescricional, este regulado pelo máximo da pena cominada, segundo entendimento sumulado.

e) deverá decretar a prisão preventiva.

1376. (Vunesp/TJ/RJ/Juiz/2014) De acordo com entendimento sumulado pelo STJ, a suspensão do prazo prescricional na hipótese do acusado citado por edital que não comparece ao processo e nem constitui defensor:

a) é de 20 (vinte) anos.

b) é indeterminada.

c) regula-se pelo máximo da pena cominada.

d) deve ser definida caso a caso, ao prudente arbítrio do magistrado.

1377. (FCC/TRE/AP/Analista/2015) Paulo é denunciado pelo Ministério Público como incurso nas penas do artigo 334-A, do Código Penal (contrabando). Recebida a denúncia o réu não é localizado para citação pessoal, sendo determinada a sua citação por edital. Consumada a citação ficta o réu não comparece nem constitui advogado. Murilo, o Magistrado que preside a ação penal, determina a suspensão do processo e do curso do prazo prescricional. Neste caso, conforme Súmula do Superior Tribunal de Justiça, o período de suspensão do prazo prescricional é

a) indeterminado.

b) regulado pelo máximo da pena cominada ao delito imputado ao réu.

c) de no máximo 20 anos.

d) de no máximo 10 anos.

e) estabelecido pelo Supremo Tribunal Federal por meio de resolução.

1378. (Cespe/Bacen/Procurador/2013) Acerca da prescrição penal e da extinção de punibilidade, assinale a opção correta.

a) Segundo orientação jurisprudencial, o período de suspensão do prazo prescricional relacionado aos crimes de quebra de sigilo bancário é regulado pelo máximo da pena cominada.

b) Por serem matérias de ordem pública, as causas de extinção de punibilidade sempre se comunicam ao coautor ou partícipe.

c) A anistia rescinde a condenação e extingue totalmente a punibilidade, com a anulação de todos os efeitos da condenação.

d) Em razão do princípio da especialidade, o prazo prescricional relativo aos crimes falimentares não é regido pelo Código Penal, mas por lei especial.

CAPÍTULO 11 - DIREITO PENAL

e) Instaurado o processo administrativo fiscal relacionado a crime contra o sistema financeiro nacional, suspende-se o prazo prescricional.

> **Súmula STJ 438.** *É inadmissível a extinção da punibilidade pela prescrição da pretensão punitiva com fundamento em pena hipotética, independentemente da existência ou sorte do processo penal.*

1379.
(FCC/TJ/PE/Juiz/2011) Em matéria de extinção da punibilidade, é possível assegurar que:

a) as causas de aumento ou de diminuição, com exceção do concurso material, do concurso formal e do crime continuado, devem ser computadas no prazo prescricional.

b) as medidas de segurança não se sujeitam à prescrição.

c) a reincidência não interfere na prescrição da pretensão executória.

d) a prescrição admite interrupção, mas não suspensão.

e) é admissível pela prescrição da pretensão punitiva com fundamento em pena hipotética, independentemente da existência ou sorte do processo penal, segundo súmula do Superior Tribunal de Justiça.

1380.
(Vunesp/TJ/SP/Juiz/2009) Assinale a alternativa correta, de acordo com orientação doutrinária e jurisprudencial expressivamente majoritária nos dias atuais.

a) A prescrição retroativa antecipada, também denominada prescrição virtual, sempre pode servir de fundamento para a extinção da punibilidade.

b) A extinção da punibilidade com base no reconhecimento da prescrição retroativa antecipada ou em perspectiva, também denominada prescrição virtual, carece de embasamento legal.

c) A aplicação da prescrição retroativa antecipada não viola o princípio da legalidade.

d) A prescrição, com base na pena a ser aplicada em futura sentença, eventualmente condenatória, pode ser reconhecida de acordo com o prudente arbítrio do magistrado para julgar extinta a punibilidade do acusado.

1381.
(FCC/TRF/3R/Técnico/2014) Segundo o entendimento

jurisprudencial dominante, não tem como extinguir a punibilidade.

a) a morte do agente ocorrida após o trânsito em julgado da condenação.

b) a morte do agente ocorrida antes do trânsito em julgado da condenação.

c) o indulto natalino.

d) a prescrição antecipada.

e) o perdão judicial, em crime culposo.

1382.
(FCC/TJ/RR/Juiz/2015) Segundo entendimento sumulado dos Tribunais Superiores,

a) o período de suspensão do prazo prescricional, no caso do art. 366 do CPP, é regulado pelo máximo da pena cominada.

b) a prescrição pela pena em concreto é somente da pretensão punitiva.

c) a prescrição da ação penal regula-se pelo máximo da pena cominada, quando não há recurso da acusação.

d) a reincidência influi no prazo da prescrição da pretensão punitiva.

e) admissível a extinção da punibilidade pela prescrição da pretensão punitiva com fundamento em pena hipotética, independentemente da existência ou sorte do processo penal.

1383.
(Cespe/TJ/PB/Juiz/2015) Com base na jurisprudência do STJ e nas disposições legais acerca de causas extintivas da punibilidade, assinale a opção correta.

a) É admissível a extinção da punibilidade em razão da prescrição da pretensão punitiva com fundamento em pena hipotética.

b) A sentença concessiva do perdão judicial obsta o cumprimento de pena privativa de liberdade, mas não extingue a punibilidade do réu.

c) Mantém-se a punibilidade do condenado mesmo que haja indulto, visto que este benefício não alcança eventual pena de multa imposta concomitantemente à pena privativa de liberdade.

d) Conforme o CP, a decadência, a perempção e o livramento condicional são causas de extinção da punibilidade.

e) A reincidência não influi no prazo da prescrição da pretensão punitiva, mas impõe a majoração do lapso prescricional no que se refere à prescrição executória.

1384.
(IBFC/PC/RJ/Papiloscopista/2014) Acerca da prescrição, assinale a alternativa que não corresponde ao entendimento sumulado pelo Superior Tribunal de Justiça:

a) É admissível a extinção da punibilidade pela prescrição da pretensão punitiva com fundamento em pena hipotética, independentemente da existência ou sorte do processo penal.

b) A pronúncia é causa interruptiva da prescrição, ainda que o Tribunal do Júri venha a desclassificar o crime.

c) A reincidência não influi no prazo da prescrição da pretensão punitiva.

d) A prescrição penal é aplicável às medidas socioeducativas impostas aos adolescentes infratores.

e) O período de suspensão do prazo prescricional é regulado pelo máximo de pena cominada em abstrato no tipo penal incriminador.

1385.
(MPE/GO/Promotor/2016) A prescrição da pretensão punitiva com fundamento em pena hipotética, independentemente da existência ou sorte do processo penal é:

a) Inadmissível conforme entendimento sumulado do STF.

b) Admissível conforme entendimento majoritário do STJ, embora não sumulado.

c) Inadmissível conforme entendimento sumulado do STJ.

d) Admissível conforme entendimento majoritário do STF, embora não sumulado.

1386.
(Vunesp/TJ/SP/Juiz/2015) Segundo a jurisprudência consolidada do Superior Tribunal de Justiça, assinale a alternativa correta.

a) O tempo de duração da medida de segurança pode ultrapassar o máximo da pena abstratamente cominada ao delito praticado.

b) A conduta de atribuir-se falsa identidade perante autoridade policial é atípica, ainda que em situação de alegada autodefesa.

c) É inadmissível a extinção da punibilidade pela prescrição da pretensão punitiva com fundamento em pena hipotética, independentemente da existência ou sorte do processo penal.

d) É admissível aplicar, no furto qualificado, pelo concurso de agentes, a majorante de roubo.

1387.
(MPE/SP/Promotor/2013) Assinale a alternativa que segue a Jurisprudência da Suprema Corte sobre a prescrição.

a) É inadmissível a prescrição em perspectiva ou virtual, fundada na futura e incerta pena a ser aplicada, à míngua de previsão legal.

b) Se o sentenciado está evadido, suspende-se o curso da prescrição da pretensão executória, a qual é calculada pelo tempo que resta da pena a cumprir e deve ter seu curso reiniciado quando da captura.

c) A prescrição intercorrente é calculada com base no montante imposto na sentença e extingue a pena aplicada em concreto, remanescendo os demais efeitos da condenação.

d) É irrelevante para a contagem da prescrição da pretensão punitiva o fato de o delito ter sido tentado, em face da teoria subjetiva ou voluntarística.

e) No crime continuado, a prescrição retroativa é calculada com base em cada pena concreta para cada delito, observado o acréscimo pela continuidade, devendo os períodos ser medidos, dentre os seguintes marcos: data do fato, data do oferecimento da denúncia e data da publicação da sentença condenatória.

4.3. Do Perdão Judicial

> **Súmula STJ 18.** *A sentença concessiva do perdão judicial é declaratória da extinção da punibilidade, não subsistindo qualquer efeito condenatório.*

1388.
(TJ/DFT/Juiz/2012) Julgue os itens a seguir:

I. De acordo com o Código Penal, o indulto, a perempção e a retroatividade de lei que não mais considera o fato como criminoso são causas extintivas da punibilidade.

II. De acordo com o Código Penal e o entendimento pacificado pelo Superior Tribunal de Justiça, o Juiz deve considerar a sentença que conceder perdão judicial exclusivamente para efeitos de reincidência.

III. De acordo com o Código Penal, o Juiz poderá conceder perdão judicial em algumas hipóteses relacionadas aos crimes de injúria, outras fraudes e receptação culposa.

CAPÍTULO 11 - DIREITO PENAL

IV. A Lei de Contravenções Penais (Decreto-Lei n. 3.688/41) não prevê qualquer hipótese de concessão de perdão judicial.

Estão corretos apenas os itens:

a) I e II.

b) I e III.

c) II e IV.

d) III e IV.

1389. **(Cespe/TRT/10R/Analista/2013)** Sobre o crime de homicídio, é correto afirmar:

a) a natureza jurídica da sentença concessiva do perdão judicial, no homicídio culposo, segundo orientação sumulada do Superior Tribunal de Justiça, é condenatória, não subsistindo efeitos secundários.

b) existe a possibilidade da coexistência entre o homicídio praticado por motivo de relevante valor moral e o homicídio praticado com emprego de veneno.

c) a conexão teleológica que qualifica o homicídio ocorre quando é praticado para ocultar a prática de outro delito ou para assegurar a impunidade dele.

d) a futilidade para qualificar o homicídio deve ser apreciada subjetivamente, ou seja, pela opinião do sujeito ativo

1390. **(Cespe/TJ/PB/Juiz/2015)** Com base na jurisprudência do STJ e nas disposições legais acerca de causas extintivas da punibilidade, assinale a opção correta.

a) É admissível a extinção da punibilidade em razão da prescrição da pretensão punitiva com fundamento em pena hipotética.

b) A sentença concessiva do perdão judicial obsta o cumprimento de pena privativa de liberdade, mas não extingue a punibilidade do réu.

c) Mantém-se a punibilidade do condenado mesmo que haja indulto, visto que este benefício não alcança eventual pena de multa imposta concomitantemente à pena privativa de liberdade.

d) Conforme o CP, a decadência, a perempção e o livramento condicional são causas de extinção da punibilidade.

e) A reincidência não influi no prazo da prescrição da pretensão punitiva, mas impõe a majoração do lapso prescricional no que se refere à prescrição executória.

1391. **(MPE/GO/Promotor/2016)** A sentença autofágica ou de efeito autofágico, como podemos observar em uma das Súmulas do STJ é:

a) Aquela em que o juiz reconhece que o fato é típico e antijurídico, porém não culpável, ou seja, o crime existe, mas não pode ser reprovado, não se aplicando pena ao réu.

b) Aquela em que o juiz reconhece a tipicidade formal do delito, mas observa a existência de excludente(s) de antijuridicidade, absolvendo o réu, não existindo o crime.

c) Aquela em que o juiz reconhece o crime e a culpabilidade do réu, mas julga extinta a punibilidade concreta.

d) Aquela em que o juiz reconhece a nulidade do processo sem julgamento do mérito, anulando os atos processuais, determinando que se reinicie a instrução processual.

1392. **(MPE/PR/Promotor/2016)** Considerando o entendimento sumulado dos tribunais superiores, analise as assertivas abaixo e indique a alternativa:

I. A pronúncia é causa interruptiva da prescrição, ainda que o Tribunal do Júri venha a desclassificar o crime.

II. A sentença concessiva do perdão judicial é declaratória da extinção da punibilidade, não subsistindo qualquer efeito condenatório.

III. A reincidência interrompe o prazo da prescrição da pretensão punitiva.

IV. É inadmissível a extinção da punibilidade pela prescrição da pretensão punitiva com fundamento em pena hipotética, independentemente da existência ou sorte do processo penal.

a) Todas as assertivas estão corretas.

b) Apenas as assertivas I e III estão incorretas.

c) Apenas as assertivas I, II e IV estão corretas.

d) Apenas as assertivas II, III e IV estão incorretas.

e) Apenas as assertivas III e IV estão corretas.

1393. **(FCC/TRT/1R/Juiz/2013)** No crime de apropriação indébita previdenciária (art. 168-A do Código Penal).

a) a jurisprudência dos tribunais superiores não admite falar em inexigibilidade de conduta diversa como fundamento de exclusão de culpabilidade do agente do crime.

b) o pagamento subsequente ao lançamento e ao oferecimento da denúncia não tem qualquer efeito na esfera penal.

c) a sentença de perdão judicial não gera reincidência específica para qualquer de seus efeitos legais.

d) o pagamento não tem como extinguir a punibilidade.

e) admite-se a tentativa na forma simples da conduta.

5. DOS CRIMES TIPIFICADOS NO CÓDIGO PENAL

5.1. Dos Crime contra o Patrimônio

5.1.1. Do Furto

> *Súmula STJ 442. É inadmissível aplicar, no furto qualificado, pelo concurso de agentes, a majorante do roubo.*

1394. **(Cespe/TJ/CE/Juiz/2012)** A respeito do entendimento dos tribunais superiores acerca dos diversos institutos de direito penal, assinale a opção correta.

a) O benefício da suspensão do processo é aplicável em relação às infrações penais cometidas em concurso material, ainda que a pena mínima cominada, seja pelo somatório, seja pela incidência da majorante, ultrapasse o limite de um ano.

b) É inadmissível a adoção do regime prisional semiaberto aos reincidentes condenados a pena igual ou inferior a quatro anos, ainda que favoráveis as circunstâncias judiciais.

c) Conforme entendimento sumulado do STJ, a falta grave não interrompe o prazo para obtenção de livramento condicional.

d) Tratando-se de furto qualificado, é admissível a aplicação, pelo concurso de agentes, da majorante do roubo, em razão do princípio da razoabilidade, segundo entendimento do STJ.

e) Cominadas cumulativamente, em lei especial, as penas privativa de liberdade e pecuniária, é permitida a substituição da prisão por multa.

1395. **(Cespe/TJ/DFT/Juiz/2015)** No que se refere aos crimes contra o

patrimônio, assinale a opção correta à luz da jurisprudência do STJ e do STF.

a) Caso haja concurso de agentes em crime de furto qualificado, deve ser aplicada, por analogia, a causa de aumento de pena referente ao crime de roubo.

b) No crime de roubo, para que seja aplicado o aumento de pena por emprego de arma de fogo, é imprescindível que tenham sido realizadas a apreensão e a perícia no artefato utilizado no crime.

c) Se o agente for primário, a coisa for de valor reduzido e a qualificadora incidente for de ordem objetiva, será permitido o reconhecimento de furto privilegiado nos casos de crime de furto qualificado.

d) O crime de uso de documento falso será absorvido pelo crime de estelionato sempre que ambos forem praticados no mesmo contexto, ainda que o dano provocado ao patrimônio da vítima também alcance outros bens jurídicos.

e) Pode ocorrer o reconhecimento da insignificância da conduta em furto praticado com o rompimento de obstáculo.

1396. **(Cespe/DPU/Defensor/2015)** No que tange ao entendimento sumulado do STJ a respeito das espécies, da cominação e da aplicação de penas e do regime de execução de penas em espécie, julgue: o agente considerado primário que furta coisa de pequeno valor faz jus a causa especial de diminuição de pena ou furto privilegiado, ainda que esteja presente qualificadora consistente no abuso de confiança.

> *Súmula STJ 511. É possível o reconhecimento do privilégio previsto no § 2º do art. 155 do CP nos casos de crime de furto qualificado, se estiverem presentes a primariedade do agente, o pequeno valor da coisa e a qualificadora for de ordem objetiva.*

1397. **(Cespe/TJ/DFT/Juiz/2015)** No que se refere aos crimes contra o patrimônio, assinale a opção correta à luz da jurisprudência do STJ e do STF.

a) Caso haja concurso de agentes em crime de furto qualificado, deve ser aplicada, por analogia, a causa de aumento de pena referente ao crime de roubo.

CAPÍTULO 11 - DIREITO PENAL

b) No crime de roubo, para que seja aplicado o aumento de pena por emprego de arma de fogo, é imprescindível que tenham sido realizadas a apreensão e a perícia no artefato utilizado no crime.

c) Se o agente for primário, a coisa for de valor reduzido e a qualificadora incidente for de ordem objetiva, será permitido o reconhecimento de furto privilegiado nos casos de crime de furto qualificado.

d) O crime de uso de documento falso será absorvido pelo crime de estelionato sempre que ambos forem praticados no mesmo contexto, ainda que o dano provocado ao patrimônio da vítima também alcance outros bens jurídicos.

e) Pode ocorrer o reconhecimento da insignificância da conduta em furto praticado com o rompimento de obstáculo.

1398. (IBFC/PC/RJ/Papiloscopista/2014)
Acerca do crime de furto privilegiado, assinale a alternativa que corresponde ao entendimento sumulado pelo Superior Tribunal de Justiça:

a) É possível o reconhecimento do privilégio previsto no § 2º do art. 155 do Código Penal apenas nos casos de crime de furto simples, se estiverem presentes a primariedade do agente e o pequeno valor da coisa.

b) É possível o reconhecimento do privilégio previsto no § 2º do art. 155 do Código Penal nos casos de crime de furto qualificado, se estiverem presentes a primariedade do agente, o pequeno valor da coisa e a qualificadora for de ordem objetiva.

c) É possível o reconhecimento do privilégio previsto no § 2º do art. 155 do Código Penal apenas nos casos de crime de furto simples, sendo a coisa de pequeno valor, independentemente da primariedade do agente.

d) É possível o reconhecimento do privilégio previsto no § 2º do art. 155 do Código Penal nos casos de crime de furto qualificado, se estiverem presentes a primariedade do agente, o pequeno valor da coisa e a qualificadora for de ordem subjetiva.

e) É possível o reconhecimento do privilégio previsto no § 2º do art. 155 do Código Penal nos casos de crime de furto qualificado, sendo a coisa de pequeno valor, independentemente da primariedade do agente e da característica da qualificadora.

1399. (Ieses/TJ/MS/Cartórios/2014)
Com relação aos crimes contra o patrimônio, assinale a assertiva verdadeira:

a) Nos crimes de Furto, Estelionato e Apropriação Indébita, se o criminoso é primário, e é de pequeno valor a coisa furtada, o Juiz pode substituir a pena de reclusão pela de detenção, diminuí-la de um a dois terços, ou aplicar somente a pena de multa.

b) A norma do art. 155, § 1º do Código Penal, conhecida na doutrina como furto noturno, fixou uma causa de aumento de pena nos casos em que o furto seja praticado durante o repouso noturno. A aplicação deste aumento será realizada pelo Juiz na segunda fase da dosimetria penal.

c) É entendimento pacificado no Supremo Tribunal Federal que no crime de roubo e furto pode haver concurso formal, pois ambos são crimes contra o patrimônio.

d) No crime de latrocínio, mesmo não havendo a subtração do bem, mas a vítima vindo a falecer em virtude da violência para a concretização da subtração entende o Supremo Tribunal Federal, baseado na Súmula 610, que há latrocínio consumado.

1400. (Cespe/DPE/PE/Defensor/2015)
José, réu primário, após subtrair para si, durante o repouso noturno, mediante rompimento de obstáculo, um botijão de gás avaliado em R$ 50,00 do interior de uma residência habitada, foi preso em flagrante delito. Na tipificação do crime praticado por José, admite-se o reconhecimento da figura do furto privilegiado.

> **Súmula STJ 567.** *Sistema de vigilância realizado por monitoramento eletrônico ou por existência de segurança no interior de estabelecimento comercial, por si só, não torna impossível a configuração do crime de furto.*

1401. (Cespe/DPE/RO/Defensor/2012)
Assinale a opção correta com relação aos crimes contra o patrimônio.

a) Considera-se chave falsa qualquer instrumento que, sob a forma de chave, possa ser utilizado como dispositivo para abrir fechadura, incluindo-se mixas.

b) No furto com fraude, o comportamento ardiloso, insidioso do agente é utilizado para facilitar a subtração dos bens pertencentes à vítima;

no crime de estelionato, o artifício, o ardil, o engodo são utilizados pelo agente para que, induzida ou mantida em erro, a própria vítima possa entregar-lhe a vantagem ilícita. Há, portanto, dissenso da vítima no primeiro caso e consenso, no segundo.

c) Para a incidência da causa especial de aumento de pena para o crime previsto no art. 155 do CP, é suficiente que a infração ocorra durante o repouso noturno, período de maior vulnerabilidade para as residências, lojas e veículos; entretanto, se o furto for praticado em estabelecimento comercial que se encontre fechado, segundo o STJ, a qualificadora do repouso noturno não pode ser reconhecida, por estar ausente maior grau de reprovabilidade da conduta.

d) De acordo com a jurisprudência do STJ, não é possível o reconhecimento da figura do furto qualificado-privilegiado, ainda que exista compatibilidade entre as qualificadoras e o privilégio.

e) A vigilância exercida no interior de estabelecimento comercial, seja por seguranças, seja pela existência de circuito interno de monitoramento, afasta a potencialidade lesiva de condutas que visem à subtração ou dano do patrimônio de estabelecimentos com esta característica, o que possibilita o reconhecimento da figura relativa ao crime impossível nesses casos.

1402. (TRF/4R/Juiz/2014) Dadas as assertivas abaixo, assinale a alternativa correta.

I. Segundo o Código Penal, o crime é complexo quando elemento ou circunstância do tipo legal, por si mesmo, constituir crime.

II. A lei brasileira sobre lavagem de dinheiro (Lei n. 9.613/98), a exemplo de legislações europeias, não contemplou a "autolavagem", ou seja, a possibilidade de o autor do crime antecedente responder também, em concurso de crimes, por lavagem de dinheiro.

III. Em apertada síntese, segundo a teoria do domínio do fato, o autor de um delito é quem tem o poder de decisão sobre a realização do fato. Explica, assim, a figura do autor mediato, ou seja, o "autor atrás de outro autor". Na prática, essa teoria se aplica nas hipóteses em que não se logra obter elementos probatórios que vinculem, por exemplo, um superior hierárquico,

que se utiliza de um subordinado para a execução da conduta típica.

IV. De acordo com a jurisprudência do Superior Tribunal de Justiça, o monitoramento por câmeras de vigilância e por sistema de alarmes ou mesmo a existência de seguranças no estabelecimento tornam impossível a consumação do furto, incidindo, assim, a regra do art. 17 do Código Penal.

a) Está correta apenas a assertiva I.

b) Está correta apenas a assertiva II.

c) Está correta apenas a assertiva III.

d) Estão corretas todas as assertivas.

e) Nenhuma assertiva está correta.

1403. (Cespe/DPE/RN/Defensor/2015) A respeito de arrependimento posterior, crime impossível, circunstâncias judiciais, agravantes e atenuantes, assinale a opção correta à luz da legislação e da jurisprudência do STJ.

a) Existindo duas qualificadoras ou causas de aumento de pena, uma delas implica o tipo qualificado ou a majorante na terceira fase da dosimetria, enquanto a outra pode ensejar, validamente, a valoração negativa de circunstância judicial e a exasperação da pena-base.

b) O arrependimento posterior, por ser uma circunstância subjetiva, não se estende aos demais corréus, uma vez reparado o dano integralmente por um dos autores do delito até o recebimento da denúncia.

c) A existência de sistema de segurança ou de vigilância eletrônica torna impossível, por si só, o crime de furto cometido no interior de estabelecimento comercial.

d) Condenações anteriores transitadas em julgado alcançadas pelo prazo depurador de cinco anos previsto no art. 64, I, do CP, além de afastarem os efeitos da reincidência, também impedem a configuração de maus antecedentes.

e) Na hipótese de o autor confessar a autoria do crime, mas alegar causa excludente de ilicitude ou culpabilidade, não se admite a incidência da atenuante da confissão espontânea, descrita no art. 65, III, d, CP.

1404. (Cespe/DPU/Defensor/2010) A presença de sistema eletrônico de vigilância em estabelecimento comercial torna crime impossível a tentativa de furto de um produto

CAPÍTULO 11 - DIREITO PENAL

desse estabelecimento, por absoluta ineficácia do meio, conforme entendimento consolidado do STJ.

1405. (Cespe/MPE/PI/Analista/2012) A jurisprudência dos tribunais superiores consolidou-se no sentido de reconhecer no delito de furto a hipótese de crime impossível, por ineficácia absoluta do meio, quando o agente estiver sendo vigiado por fiscal do estabelecimento comercial ou existir sistema eletrônico de vigilância.

1406. (Cespe/TJ/TO/Juiz/2007) Quanto ao crime impossível, assinale a opção correta.

a) A presença de sistema eletrônico de vigilância em estabelecimento comercial torna o crime de furto impossível, mediante a absoluta ineficácia do meio, conforme orientação do STJ.

b) A gravação de conversa realizada por um dos interlocutores e posterior prisão em flagrante configura hipótese do chamado flagrante esperado, de forma que o crime confessado na conversa gravada é tido por impossível.

c) Considere que Roberto exiba a agente de polícia carteira de habilitação falsificada, sendo que este, imediatamente e a olho nu, constata a falsidade. Nessa situação, a conduta de Roberto configura crime impossível

d) Se a ineficácia do meio utilizado para a prática do crime for relativa, a pena do agente deverá ser diminuída de um sexto a dois terços.

1407. (Cespe/PC/PE/Delegado/2016) Nos últimos tempos, os tribunais superiores têm sedimentado seus posicionamentos acerca de diversos institutos penais, criando, inclusive, preceitos sumulares. Acerca desse assunto, assinale a opção correta segundo o entendimento do STJ.

a) É possível a consumação do furto em estabelecimento comercial, ainda que dotado de vigilância realizada por seguranças ou mediante câmara de vídeo em circuito interno.

b) A conduta de atribuir-se falsa identidade perante autoridade policial é considerada típica apenas em casos de autodefesa.

c) O tempo máximo de duração da medida de segurança pode ultrapassar o limite de trinta anos, uma vez que não constitui pena perpétua.

d) No que diz respeito à progressão de regime prisional de condenado por crime hediondo cometido antes ou depois da vigência da Lei n.

11.464/2007, é necessária a observância, além de outros requisitos, do cumprimento de dois quintos da pena, se primário, e, de três quintos, se reincidente, para a obtenção do benefício.

e) A incidência da causa de diminuição de pena prevista no tipo penal de tráfico de drogas implica o afastamento da equiparação existente entre o delito de tráfico ilícito de drogas e os crimes hediondos, por constituir novo tipo penal, sendo, portanto, o tráfico privilegiado um tipo penal autônomo, não equiparado a hediondo.

1408. (FGV/MPE/RJ/Analista/2016) Maria, multireincidente em crimes patrimoniais, quando em gozo de livramento condicional, convida sua filha Julia, de 15 anos de idade, com anterior passagem pelo juízo da Infância e Juventude, para juntas subtraírem protetores solares de um supermercado no bairro em que residem, objetivando posterior venda no final de semana ensolarado que se avizinhava. Após ingressarem no estabelecimento comercial, de forma disfarçada, retiraram da prateleira e esconderam em suas vestes diversos potes daquela mercadoria, no que foram flagradas pelo sistema de monitoramento existente. Quando já haviam saído do supermercado, estando distante cerca de 300 metros, foram alcançadas por seguranças que efetuaram a abordagem e recuperaram as coisas subtraídas, posteriormente avaliadas em 250 reais. Diante do fato narrado, atento à jurisprudência majoritária dos Tribunais Superiores, é correto afirmar que Maria deverá ser:

a) absolvida da imputação relativa ao crime patrimonial, eis que, em razão do sistema de monitoramento existente, impossível se mostrava a consumação do delito, devendo somente responder pelo crime de corrupção de menores.

b) condenada pelo crime de furto qualificado pelo concurso de agentes, sendo absolvida do crime de corrupção de menores, em razão de Julia já estar corrompida anteriormente.

c) condenada pelos crimes de furto qualificado pelo concurso de agentes e corrupção de menores.

d) absolvida do crime patrimonial, por força da atipicidade material em razão do princípio da insignificância, e condenada pelo crime de corrupção de menores.

e) condenada pelo crime de furto qualificado pelo concurso de agentes, admitida a forma privilegiada pelo pequeno valor da coisa subtraída, e pelo delito de corrupção de menores.

5.1.2. Do Roubo e da Extorsão

Súmula STJ 96. O crime de extorsão consuma-se independentemente da obtenção da vantagem indevida.

1409. **(Cespe/OAB/2009-1)** Acerca dos crimes contra o patrimônio, assinale a opção correta.

a) O crime de latrocínio só se consuma quando o agente, após matar a vítima, realiza a subtração dos bens visados no início da ação criminosa.

b) O crime de extorsão é consumado quando o agente, mediante violência ou grave ameaça, obtém, efetivamente, vantagem econômica indevida, constrangendo a vítima a fazer alguma coisa ou a tolerar que ela seja feita.

c) Quem falsifica determinado documento exclusivamente para o fim de praticar um único estelionato não responderá pelos dois delitos, mas apenas pelo crime contra o patrimônio.

d) O crime de apropriação indébita de contribuição previdenciária é delito material, exigindo-se, para a consumação, o fim específico de apropriar-se da coisa para si ("animus rem sibi habendi").

1410. **(Cespe/PC/ES/Delegado/2011)** Em 2009, Lauro, mediante grave ameaça e com o intuito de obter para si indevida vantagem econômica, constrangeu César ao pagamento de importância correspondente a R$ 5.000,00. César, diante dessa situação de constrangimento, houve por bem denunciar a conduta de Lauro antes mesmo de efetuar o pagamento da quantia exigida. Em sede de recurso especial, a defesa de Lauro argumentou que, segundo o entendimento sumulado do STJ, a legislação penal aplicável subordina a consumação do delito em questão à efetiva consecução do proveito econômico. Nessa situação, a tese da defesa de Lauro está em consonância com a jurisprudência da mencionada Corte Superior.

1411. **(EJEF/TJ/MG/Juiz/2005)** Com relação aos fatos delituosos e a sua classificação, é incorreto afirmar que:

a) mãe que deseja matar o filho recém-nascido, negando-lhe alimento, pratica crime omissivo impróprio, pois produz pela omissão um resultado definido na lei como delituoso.

b) na extorsão não é possível falar-se em exaurimento, pois se exige, para a inteira realização do tipo penal, a obtenção da vantagem econômica indevida.

c) a calúnia é um crime formal, pois não há pretender destacar da conduta um resultado a ser tomado em consideração pelo Direito.

d) o furto é um crime instantâneo de efeito permanente, pois a situação criada pelo fato criminoso prolonga-se depois da consumação.

1412. **(FMP/MPE/MT/Promotor/2008)** Assinale a alternativa correta.

a) A impunidade do menor de 18 anos atende ao critério biopsicológico.

b) A punição do intermediador, no jogo do bicho, independe da identificação do "apostador" ou do "banqueiro".

c) O erro de proibição exclui o dolo, mas permite a punição por culpa.

d) O crime de extorsão não se consuma independentemente da obtenção da vantagem indevida.

e) A tentativa de contravenção penal segue a mesma regra da tentativa de crime.

1413. **(FCC/TJ/PE/Juiz/2013)** Quanto aos crimes contra o patrimônio, é correto afirmar que

a) equiparável à atividade comercial, para efeito de configuração da receptação qualificada, qualquer forma de comércio irregular ou clandestino, excluído o exercido em residência.

b) configura o delito de extorsão indireta o ato de exigir, como garantia de dívida, abusando da situação de alguém, documento que pode dar causa a procedimento civil contra a vítima ou contra terceiro.

c) a consumação do crime de extorsão independe da obtenção da vantagem indevida, segundo entendimento sumulado do Superior Tribunal de Justiça.

d) cabível a diminuição da pena na extorsão mediante sequestro para o coautor que denunciá-la à autoridade, facilitando a libertação do sequestrado, apenas se o crime é cometido por quadrilha ou bando.

e) independe de comprovação de fraude o delito de estelionato na modalidade de emissão de

CAPÍTULO 11 - DIREITO PENAL

cheque sem suficiente provisão de fundos em poder do sacado.

1414. **(FCC/TJ/GO/Juiz/2015)** Segundo entendimento sumulado do Superior Tribunal de Justiça, os crimes de extorsão e de corrupção de menores são de natureza:

a) material e de mera conduta, respectivamente.

b) formal.

c) formal e material, respectivamente.

d) material e formal, respectivamente.

e) material.

1415. **(FCC/DPE/CE/Defensor/2014)** Constitui entendimento sumulado do Superior Tribunal de Justiça acerca de crimes contra o patrimônio o seguinte enunciado:

a) É inadmissível aplicar, no furto qualificado, pelo concurso de agentes, a majorante do roubo.

b) O crime de extorsão consuma-se com a obtenção da vantagem indevida.

c) É possível o reconhecimento do privilégio previsto no Código Penal § 2º do art. 155 do CP nos casos de crime de furto qualificado, se estiverem presentes a primariedade do agente, o pequeno valor da coisa e a qualificadora for de ordem subjetiva.

d) O aumento na terceira fase de aplicação da pena no crime de roubo circunstanciado exige fundamentação concreta com base na indicação do número de majorantes verificadas.

e) No crime de roubo, a intimidação feita com arma de brinquedo não autoriza o aumento da pena.

> **Súmula STJ 442.** *É inadmissível aplicar, no furto qualificado, pelo concurso de agentes, a majorante do roubo.*

Súmula anotada em Direito Penal – Dos Crimes Tipificados no Código Penal – Dos Crime contra o Patrimônio – Do Furto.

> **Súmula STJ 443.** *O aumento na terceira fase de aplicação da pena no crime de roubo circunstanciado exige fundamentação concreta, não sendo suficiente para a sua exasperação a mera indicação do número de majorantes.*

Súmula anotada em Direito Penal – Das Penas – Da Aplicação da Pena.

> **Súmula STJ 582.** *Consuma-se o crime de roubo com a inversão da posse do bem mediante emprego de violência ou grave ameaça, ainda que por breve tempo e em seguida à perseguição imediata ao agente e recuperação da coisa roubada, sendo prescindível a posse mansa e pacífica ou desvigiada.*

1416. **(Funiversa/PC/GO/Papiloscopista/2015)** Pedro subtraiu o veículo de Eduardo mediante grave ameaça, exercida com emprego de arma de fogo, e empreendeu fuga. Pouco tempo depois, foi capturado em busca efetuada pelos policiais. Considerando esse caso hipotético, assinale a alternativa correta.

a) Pedro praticou roubo tentado, considerando que não se tornou possuidor do veículo, uma vez que foi capturado pouco tempo depois do crime.

b) Segundo o STJ, que adota a teoria da "contrectatio", Pedro praticou roubo consumado.

c) Segundo o STJ, que adota a teoria da "apprehensio", também denominada de "amotio", Pedro praticou roubo consumado.

d) Segundo o STJ, que adota a teoria da "ablatio", Pedro praticou roubo consumado.

e) Pedro praticou roubo tentado, pois não teve a posse mansa, pacífica, tranquila e(ou) desvigiada do veículo.

1417. **(TRT/15R/Juiz/2012)** Analise as seguintes assertivas, assinalando a alternativa incorreta:

a) O crime de furto (art. 155, CP) é um crime comum, tanto com relação ao sujeito ativo quanto ao sujeito passivo; doloso; material; de dano; permanente e monossubjetivo.

b) Segundo posição majoritária do STF e STJ, considera-se consumado o crime de furto com a simples posse, ainda que breve, do bem subtraído, não sendo necessária que a mesma se dê de forma mansa e pacífica, bastando que cesse a clandestinidade, ainda que por curto espaço de tempo.

c) Presente o "animus furandi" e sendo demonstrada a intenção de restituir o bem, descabe falar em furto de uso.

d) O objeto material do roubo é a coisa alheia móvel, bem como a pessoa. sobre a qual recai a conduta praticada pelo agente, em face de sua pluralidade ofensiva.

e) O crime de roubo somente pode ser praticado dolosamente, não havendo previsão legal para modalidade culposa. Além do dolo, a doutrina majoritária aponta outro elemento subjetivo, que lhe é transcendente, chamado especial fim de agir , caracterizado na expressão "para si ou para outrem", constante do art. 157 do Código Penal.

5.1.3. Do Estelionato e Outras Fraudes

> **Súmula STJ 17.** *Quando o falso se exaure no estelionato, sem mais potencialidade lesiva, é por este absorvido.*

1418. (FCC/TCE/RO/Procurador/2010) Segundo entendimento sumulado do Superior Tribunal de Justiça, se o agente, para obter vantagem ilícita em prejuízo alheio, falsifica documento público, responderá por

a) estelionato.

b) estelionato e falsificação de documento público, em concurso material.

c) falsificação de documento público.

d) estelionato e falsificação de documento público, em concurso formal.

e) estelionato e falsificação de documento público, em continuidade delitiva.

1419. (FCC/Sefaz/SP/AgenteFiscal-GT/2013) Em relação ao delito de falsificação de documento público, é correto afirmar que:

a) também o configura a falsificação do conteúdo do documento, embora verdadeira a forma.

b) os títulos transmissíveis por endosso podem ser objeto material da infração.

c) a pena deve ser aumentada da sexta parte se o agente é funcionário público, mesmo que não se prevaleça do cargo.

d) admite a forma culposa.

e) não é absorvido pelo estelionato, ainda que nele se exaure, sem mais potencialidade lesiva, segundo entendimento sumulado do Superior Tribunal de Justiça.

1420. (FGV/PC/MA/Delegado/2012) Com o escopo de obter indevida vantagem econômica, Jorgina adquire mercadorias em um supermercado e efetua o pagamento com um cheque roubado, ocasião em que apresentou uma carteira de identidade falsa, eis que houve troca de fotografia, em nome do titular do cheque. O fato foi descoberto pelo caixa do estabelecimento comercial que desconfiou do nervosismo apresentado pela "cliente". Com base no exposto, assinale a alternativa que capitule o fato.

a) Artigo 171, c/c 14, II, do CP (estelionato tentado), de acordo com a Súmula 17, do STJ.

b) Artigo 304, c/c 297, do CP (uso de documento público falso), devendo o crime mais grave prevalecer sobre o crime fim de menor gravidade.

c) Artigos 171, c/c 14, II, 297 (falsificação de documento público) e 304 (o uso de documento falso), na forma do Art. 69, (concurso material) todos do CP.

d) Artigos 171, c/c 14, II, 304 c/c 297, na forma do Art. 70 (concurso formal), todos do CP.

e) Artigos 171, c/c 14, II, 297 e 304 c/c 297, na forma do Art. 70 (concurso formal), todos do CP.

1421. (FCC/TRT/20R/Juiz/2012) No que concerne aos crimes de falsidade documental, é correto afirmar que

a) a falsificação de testamento particular tipifica o delito de falsificação de documento público e a de duplicata o crime de falsificação de documento particular.

b) na falsidade ideológica é fraudada a própria forma do documento, alterada no todo ou em parte.

c) o estelionato se exaure no falso e é por este absorvido quando não revele mais potencialidade lesiva, segundo entendimento sumulado do Superior Tribunal de Justiça.

d) há concurso material de infrações se o agente, além de falsificar, também usar o documento fraudado, consoante pacífico entendimento dos Tribunais Superiores.

e) configura causa de aumento da pena nos delitos de falsificação de documento público e falsidade ideológica a circunstância de o agente ser funcionário público e cometer o crime prevalecendo-se do cargo.

1422. (FCC/TRT/6R/Juiz/2015) Segundo entendimento sumulado dos Tribunais Superiores:

CAPÍTULO 11 - DIREITO PENAL

a) não se aplica ao crime de estelionato, em que figure como vítima entidade autárquica da Previdência Social, a qualificadora de o delito ser cometido em detrimento de entidade de direito público ou de instituto de economia popular, assistência social ou beneficência.

b) o pagamento do cheque emitido sem provisão de fundos, após o recebimento da denúncia, obsta o prosseguimento da ação penal.

c) configura-se o crime de estelionato na modalidade de emissão de cheque sem fundos ainda que não demonstrada fraude.

d) a utilização de papel-moeda grosseiramente falsificado não configura, nem mesmo em tese, o crime de estelionato.

e) quando o falso se exaure no estelionato, sem mais potencialidade lesiva, é por este absorvido.

1423. **(FMP/MPE/AC/Analista/2013)** De acordo com o Superior Tribunal de Justiça, assinale a afirmativa correta.

a) A utilização de papel moeda falsificado configura crime de moeda falsa, em qualquer hipótese.

b) As ações penais em curso podem ser utilizadas como antecedentes criminais para agravar a pena-base.

c) Quando o falso se exaure no estelionato, sem mais potencialidade lesiva, é pelo estelionato absorvido.

d) É admissível a extinção da punibilidade pela prescrição da pretensão punitiva com fundamento em pena hipotética.

e) O crime de extorsão consuma-se no momento da obtenção da vantagem indevida.

> **Súmula STJ 24.** *Aplica-se ao crime de estelionato em que figure como vítima entidade autárquica da Previdência Social a qualificadora do § 3º do art. 171 do Código Penal.*

1424. **(Cespe/DPU/Defensor/2010)** Considere a seguinte situação hipotética: João A., com 57 anos de idade, trabalhador rural, analfabeto, incapacitado permanente para o trabalho, em razão de acidente, residente em zona urbana há mais de cinco anos, foi convencido por Jofre R. e Saulo F. a solicitar benefício previdenciário. Após análise da solicitação, cientificou-se a João

que não haviam sido atendidos os requisitos para a obtenção de benefício. Jofre e Saulo prometeram resolver a situação, contanto que João assinasse e apresentasse diversos documentos, entre os quais, procurações, carteira de trabalho e declarações. Ajustaram que os valores relativos aos seis primeiros meses de pagamento do benefício previdenciário e eventuais valores retroativos a serem recebidos por João seriam dados em pagamento a Jofre e Saulo, que os repartiriam em iguais partes. Meses depois, João passou a perceber aposentadoria por tempo de contribuição e levantou a quantia de R$ 5.286,00, referente aos valores retroativos. Entregou-a a Jofre e Saulo, conforme ajustado. Após dois anos de recebimento desse benefício por João, no valor máximo legal, o INSS constatou fraude e, prontamente, suspendeu o pagamento do benefício. Nessa situação, João A., por sua condição pessoal e circunstâncias apresentadas, deve responder pelo crime de estelionato qualificado, na forma culposa, sendo o crime de estelionato contra a previdência social instantâneo de efeitos permanentes e consumando-se no recebimento indevido da primeira prestação do benefício, contando-se daí o prazo da prescrição da pretensão punitiva.

> **Súmula STJ 48.** *Compete ao juízo do local da obtenção da vantagem ilícita processar e julgar crime de estelionato cometido mediante falsificação de cheque.*

1425. **(FCC/MPE/CE/Promotor/2009)** Assinale a alternativa que não corresponde a súmula do Superior Tribunal de Justiça ou do Supremo Tribunal Federal.

a) O efeito devolutivo da apelação contra decisões do Júri é adstrito aos fundamentos da interposição.

b) Intimada a defesa da expedição da carta precatória, torna-se desnecessária intimação da data da audiência no juízo deprecado.

c) Compete ao foro do local da emissão julgar o crime de estelionato mediante emissão de cheque sem fundos.

d) Compete ao juízo do local da obtenção da vantagem ilícita processar e julgar crime de estelionato cometido mediante falsificação de cheque.

e) É concorrente a legitimidade do ofendido, mediante queixa e do Ministério Público, condicionada à representação do ofendido, para a ação penal por crime contra a honra de servidor público em razão do exercício de suas funções.

> *Súmula STJ 73. A utilização de papel moeda grosseiramente falsificado configura, em tese, o crime de estelionato, da competência da justiça estadual.*

1426.
(Cespe/TRE/MA/Analista/2009) A respeito dos crimes contra a fé pública, assinale a opção correta.

a) A utilização de papel moeda grosseiramente falsificado configura, em tese, o crime de moeda falsa, de competência da justiça federal.

b) Em se tratando de concurso de crimes em que um deles tutela a fé pública, a jurisprudência do STJ inadmite a absorção de um delito de pena mais grave por outro de pena menor.

c) A substituição de fotografia no documento de identidade verdadeiro caracteriza, em tese, o delito de falsa identidade.

d) Aquele que, por solicitação de um policial, apresenta carteira de habilitação falsa não comete o crime de uso de documento falso, uma vez que a conduta não foi espontânea.

e) No delito de falsidade ideológica, o documento é formalmente perfeito, sendo, no entanto, falsa a ideia nele contida.

1427.
(FCC/TJ/PE/Juiz/2013) No que se refere à competência no processo penal, segundo entendimento sumulado:

a) a utilização de papel moeda grosseiramente falsificado configura, em tese, o crime de estelionato, da competência da justiça estadual.

b) a competência do tribunal do júri prevalece sempre sobre o foro por prerrogativa de função.

c) compete ao foro do local da emissão do cheque sem provisão de fundos processar e julgar o crime de estelionato.

d) compete à justiça comum estadual processar e julgar crime em que o indígena figura como autor ou vítima.

e) compete à justiça comum estadual processar e julgar crime de falso testemunho cometido no processo trabalhista.

1428.
(FMP/MPE/MT/Promotor/2008) Assinale a alternativa correta.

a) No que diz respeito ao crime de perigo de dano, previsto no art. 309 do Código de Trânsito Brasileiro, houve derrogação do art. 32 da Lei das Contravenções Penais.

b) Constitui crime de moeda falsa a utilização de papel-moeda grosseiramente falsificado.

c) Para obtenção do benefício de saída temporária, e somente neste caso, considera-se o tempo de cumprimento da pena no regime fechado.

d) Não se aplica o § 3º do art. 171 do CP em hipótese de crime contra entidade autárquica, por ausência de previsão expressa.

e) Crime contra o patrimônio de ascendente praticado sem violência e grave ameaça, quando praticado contra ascendente, sempre isenta o agente de pena.

> *Súmula STJ 107. Compete à justiça comum estadual processar e julgar crime de estelionato praticado mediante falsificação das guias de recolhimento das contribuições previdenciárias, quando não ocorrente lesão à autarquia federal.*

1429.
(Cespe/PC/PB/Delegado/2009) Acerca da ordem social, assinale a opção correta.

a) Se um indivíduo praticar crime de estelionato contra diversas clínicas e hospitais de determinado estado, integrantes do Sistema Único de Saúde, que é administrado pela União, a competência para instaurar o inquérito será da Polícia Federal.

b) Os crimes praticados contra o meio ambiente são de competência da justiça federal.

c) O Estado deve interferir no planejamento familiar quando o casal não tiver condições econômicas de criar os seus filhos.

d) Se alguém falsificar guias de recolhimento de contribuições previdenciárias, e isso causar prejuízo econômico à seguridade social, a competência para instaurar o inquérito policial será da Polícia Federal.

e) Compete à lei municipal regular as diversões e espetáculos públicos, cabendo ao poder público municipal informar acerca da natureza deles, as faixas etárias a que não se recomendam, além de locais e horários em que sua apresentação se mostre inadequada.

CAPÍTULO 11 – DIREITO PENAL

1430.
(FAE/TJ/PR/Juiz/2008) Quanto o conteúdo de Competência assinale a alternativa correta:

a) O crime de falsidade ideológica por falsa anotação de tempo de serviço em Carteira de Trabalho e Previdência Social, atribuída à empresa privada é de competência da Justiça Estadual por não haver lesão direta a direitos e interesses da União.

b) O crime de falsificação e uso de documento relativamente a estabelecimento de ensino particular é de competência da Justiça Federal, pois viola direitos e interesses da União.

c) Nos casos de conexão entre competência de Justiça Estadual e Federal, predomina a competência Estadual na hipótese de processamento e julgamento do crime de sua competência ser o mais grave, na forma do artigo 78, II, 'a', do CPP.

d) Compete a Justiça Federal processar e julgar crime de estelionato praticado mediante falsificação das guias de recolhimento das contribuições previdenciárias, ainda que não ocorra lesão direta à autarquia Federal.

> **Súmula STJ 244.** *Compete ao foro do local da recusa processar e julgar o crime de estelionato mediante cheque sem provisão de fundos.*

1431.
(FCC/TJ/AL/Juiz/2007) Não corresponde a uma súmula do Superior Tribunal de Justiça, a seguinte afirmação:

a) Pronunciado o réu, fica superada a alegação do constrangimento ilegal da prisão por excesso de prazo na instrução.

b) A exigência de prisão provisória, para apelar, ofende a garantia constitucional de inocência.

c) Intimada a defesa da expedição da carta precatória, torna-se desnecessária intimação da data da audiência no juízo deprecado.

d) A interposição de recurso, sem efeito suspensivo, contra decisão condenatória não obsta a expedição de mandado de prisão.

e) Compete ao foro do local da recusa processar e julgar crime de estelionato mediante emissão de cheque sem provisão de fundos.

1432.
(Vunesp/TJ/RJ/Juiz/2013) Após analisar as alternativas a respeito da competência processual penal, assinale a correta.

a) João, de sua residência em São Paulo/SP, por meio da internet subtrai fraudulentamente dinheiro da conta corrente que José mantém no Rio de Janeiro/RJ, onde reside. O foro competente é o do Rio de Janeiro/RJ.

b) Enquanto as competências "ratione personae" e "ratione loci" são absolutas, a "ratione materiae" é relativa.

c) Quando incerto o limite territorial entre duas ou mais jurisdições, a competência regular-se-á pelo domicílio ou residência do réu.

d) Compete ao foro do local da emissão processar e julgar o crime de estelionato mediante cheque sem provisão de fundos.

1433.
(IBFC/TJ/PR/Cartórios/2014) Em relação às Súmulas do Superior Tribunal de Justiça, em matéria de direito processual penal, assinale a incorreta:

a) Intimada a defesa da expedição da carta precatória, torna-se se desnecessária intimação da data da audiência no juízo deprecado.

b) Encerrada a instrução criminal, fica superada a alegação de constrangimento por excesso de prazo.

c) A participação de membro do Ministério Público na fase investigatória criminal acarreta o seu impedimento ou suspeição para o oferecimento da denúncia.

d) Compete ao foro do local da recusa processar e julgar o crime de estelionato mediante cheque sem provisão de fundos.

5.2. Dos Crimes contra a Propriedade Imaterial

> **Súmula STJ 502.** *Presentes a materialidade e a autoria, afigura-se típica, em relação ao crime previsto no artigo 184, § 2°, do CP, a conduta de expor à venda CDs e DVDs piratas.*

1434.
(Cespe/MPE/RO/Promotor/2013) Em relação ao entendimento dos tribunais superiores acerca dos institutos aplicáveis ao direito penal, assinale a opção correta.

a) O instituto da detração penal não pode ser aplicado em processos distintos, ainda que os crimes praticados pelo réu sejam de mesma natureza.

b) Não se aplica o princípio da insignificância ao furto de objeto de pequeno valor, considerando-se a lesividade a bem jurídico tutelado.

c) Configura crime de desobediência o fato de várias notificações do responsável pelo cumprimento da ordem terem sido encaminhadas, por via postal, ao endereço por ele fornecido, tendo os recebimentos sido subscritos por terceiros.

d) Aplica-se o princípio da adequação social ao crime tipificado como expor à venda CDs falsificados, considerando-se a tolerância das autoridades públicas.

e) Afasta-se a majorante da ameaça exercida com o emprego de arma de fogo na prática de roubo, ao se constatar, posteriormente, a inaptidão da arma para efetuar disparos, caso em que a conduta deve ser tipificada como furto.

1435. (Cespe/TJ/RR/Cartórios/2013) A respeito dos princípios aplicáveis ao direito penal, assinale a opção correta.

a) O princípio da irrelevância penal do fato diz respeito à teoria da pena, sendo causa de exclusão da punição concreta do fato.

b) De acordo com o entendimento pacificado no STJ e no STF, a venda de CDs e DVDs piratas é conduta atípica, devido à incidência do princípio da adequação social.

c) Dado o princípio da fragmentariedade, o direito penal só deve ser utilizado quando insuficientes as outras formas de controle social.

d) Decorre do princípio da ofensividade a vedação ao legislador de criminalizar condutas que causem potencial lesão a bem jurídico relevante.

e) De acordo com o entendimento do STF, para a incidência do princípio da insignificância, basta que a conduta do agente tenha mínima ofensividade.

1436. (Cespe/TJ/PB/Juiz/2015) Acerca dos princípios e fontes do direito penal, assinale a opção correta.

a) Segundo a jurisprudência do STJ, o princípio da insignificância deve ser aplicado a casos de furto qualificado em que o prejuízo da vítima tenha sido mínimo.

b) Conforme entendimento do STJ, o princípio da adequação social justificaria o arquivamento de inquérito policial instaurado em razão da venda de CDs e DVDs.

c) Depreende-se do princípio da lesividade que a autolesão, via de regra, não é punível.

d) Depreende-se da aplicação do princípio da insignificância a determinado caso que a conduta em questão é formal e materialmente atípica.

e) As medidas provisórias podem regular matéria penal nas hipóteses de leis temporárias ou excepcionais.

1437. (IBFC/PC/RJ/Papiloscopista/2014) Segundo o entendimento sumulado pelo Superior Tribunal de Justiça, aquele que expõe à venda CDs e DVDs piratas pratica:

a) Crime de violação de direito autoral, previsto no art. 184, § 2º, do Código Penal.

b) Contravenção Penal de exercício irregular da profissão, prevista no artigo 47 da Lei de Contravenções Penais.

c) Crime de concorrência desleal, previsto no artigo 195, da Lei n. 9.279/96.

d) Crime contra as relações de consumo, previsto no artigo 7º da Lei n. 8.137/90.

e) Não pratica crime algum, pois a conduta caracteriza livre exercício de trabalho ou profissão.

> *Súmula STJ 574. Para a configuração do delito de violação de direito autoral e a comprovação de sua materialidade, é suficiente a perícia realizada por amostragem do produto apreendido, nos aspectos externos do material, e é desnecessária a identificação dos titulares dos direitos autorais violados ou daqueles que os representem.*

↪ Súmula não abordada em concursos recentes.

5.3. Dos Crimes contra a Fé Pública

5.3.1. Da Moeda Falsa

> *Súmula STJ 73. A utilização de papel moeda grosseiramente falsificado configura, em tese, o crime de estelionato, da competência da justiça estadual.*

Súmula anotada em Direito Penal – Dos Crimes Tipificados no Código Penal – Dos Crime contra o Patrimônio – Do Estelionato e Outras Fraudes.

5.3.2. Da Falsidade Documental

Súmula STJ 17. Quando o falso se exaure no estelionato, sem mais potencialidade lesiva, é por este absorvido.

Súmula anotada em Direito Penal – Dos Crimes Tipificados no Código Penal – Dos Crime contra o Patrimônio – Do Estelionato e Outras Fraudes.

Súmula STJ 62. Compete à justiça estadual processar e julgar o crime de falsa anotação na carteira de trabalho e previdência social, atribuído a empresa privada.

1438. (UFMT/MPE/MT/Promotor/2014) Consoante entendimento do Superior Tribunal de Justiça, analise as assertivas.

I. Compete à Justiça Estadual processar e julgar o crime de falsa anotação na Carteira de Trabalho e Previdência Social, atribuído à empresa privada.

II. A utilização de papel-moeda grosseiramente falsificado configura, em tese, o crime de estelionato, da competência da Justiça Estadual.

III. Compete à Justiça Federal o processo e julgamento dos crimes de falsificação e uso de documento falso relativo a estabelecimento particular de ensino.

IV. Compete à Justiça Estadual processar e julgar crime de falso testemunho cometido no processo trabalhista.

Está correto o que se afirma em:

a) I, apenas.

b) II e III, apenas.

c) IV, apenas.

d) I, III e IV, apenas.

e) I e II, apenas.

1439. (FAE/TJ/PR/Juiz/2008) Quanto o conteúdo de Competência assinale a alternativa correta:

a) O crime de falsidade ideológica por falsa anotação de tempo de serviço em Carteira de Trabalho e Previdência Social, atribuída à empresa privada é de competência da Justiça Estadual por não haver lesão direta a direitos e interesses da União.

b) O crime de falsificação e uso de documento relativamente a estabelecimento de ensino

particular é de competência da Justiça Federal, pois viola direitos e interesses da União.

c) Nos casos de conexão entre competência de Justiça Estadual e Federal, predomina a competência Estadual na hipótese de processamento e julgamento do crime de sua competência ser o mais grave, na forma do artigo 78, II, 'a', do CPP.

d) Compete a Justiça Federal processar e julgar crime de estelionato praticado mediante falsificação das guias de recolhimento das contribuições previdenciárias, ainda que não ocorra lesão direta à autarquia Federal.

1440. (TRT/21R/Juiz/2015) Analise as assertivas abaixo, e assinale a alternativa correta, à luz da legislação pátria e jurisprudência sumulada pelo Superior Tribunal de Justiça (STJ):

I. Compete à Justiça Comum processar e julgar o crime de falsa anotação da Carteira de Trabalho por empresa privada.

II. O registro em Carteira de Trabalho e Previdência Social (CTPS) de remuneração abaixo da efetivamente paga ao empregado se equipara à falsificação de documento público, pois possibilita o pagamento a menor de férias, gratificação natalina, FGTS e INSS, dentre outras verbas.

III. A retenção da CTPS do trabalhador por seu empregador constitui ilícito penal, podendo gerar, ainda, ressarcimentos de ordem civil ao empregado.

IV. A retenção dolosa do salário do empregado é crime previsto na Constituição Federal, ficando o empregador sujeito a pena de reclusão de 2 (dois) a 5 (cinco) anos e multa.

V. Incorre em crime de apropriação indébita previdenciária aquele que deixar de repassar à previdência social as contribuições recolhidas dos contribuintes, no prazo e forma legal ou convencional, sendo extinta a punibilidade, no entanto, se o agente espontaneamente, declara, confessa e efetua o pagamento das contribuições, importâncias ou valores e presta as informações devidas à previdência social, na forma definida em lei ou regulamento, antes do início da ação fiscal.

a) apenas as assertivas I, II e IV estão corretas.

b) apenas as assertivas I, II, e V estão corretas.

c) apenas as assertivas III e IV estão corretas.

d) apenas as assertivas III e V estão corretas.

e) apenas as assertivas I, III, IV e V estão corretas.

1441. **(Acafe/PC/SC/Delegado/2008)** Analise as alternativas a seguir e assinale a correta.

a) Compete à justiça militar processar e julgar o crime de abuso de autoridade praticado por policial militar em serviço.

b) Compete à justiça comum federal processar e julgar o crime de falsificação e uso de documento relativo a estabelecimento particular de ensino.

c) Compete ao juízo do local da obtenção da vantagem ilícita processar e julgar crime de estelionato cometido mediante falsificação de cheque.

d) Compete à justiça federal processar e julgar o crime de falsa anotação de carteira de trabalho e Previdência Social, atribuído à entidade privada.

1442. **(FCC/TRT/3R/Analista/2015)** Compete à Justiça do Trabalho

a) a execução, de ofício, da contribuição referente ao Seguro de Acidente de Trabalho – SAT, que tem natureza de contribuição para a seguridade social.

b) o julgamento de reclamação trabalhista de funcionário público concursado sob o regime estatutário proposta contra uma autarquia municipal.

c) o julgamento de ação promovida por um segurado do Instituto Nacional de Seguro Social – INSS, que sofreu um acidente de trabalho e pede o restabelecimento do benefício previdenciário.

d) a execução de cheque sem fundos passado pelo empregador ao empregado para o pagamento de verbas salariais.

e) o julgamento de crime contra a organização do trabalho atribuído à empresa privada, relativo à falsa anotação na Carteira de Trabalho e Previdência Social.

1443. **(TRT/22R/Juiz/2013)** Com relação à competência da justiça do trabalho, analise as proposições:

I. Compete ao TRT o julgamento do conflito de competência envolvendo juízes do trabalho e juízes de direito investidos na jurisdição trabalhista na mesma região. Quando, todavia, o conflito for suscitado entre o próprio TRT e juiz do trabalho a ele subordinado, a competência para julgamento é do TST.

II. A justiça do trabalho é competente para determinar o recolhimento das contribuições fiscais. Quanto à execução das contribuições previdenciárias, sua competência limita-se às sentenças condenatórias em pecúnia que proferir e aos valores, objeto de acordo homologado, mesmo após o trânsito em julgado da sentença e, neste caso, sempre calculadas sobre as verbas salariais definidas no acordo, que integrem o salário contribuição.

III. A justiça do Trabalho tem competência para julgar o crime de falsa anotação na carteira de trabalho e previdência social, atribuído à empresa privada. Contudo, não goza de competência para julgar crimes contra a organização do trabalho quando a ofensa atingir uma coletividade de trabalhadores, os quais serão decididos pela Justiça Federal.

IV. Quando for parte no dissídio agente ou viajante comercial, a competência sempre será do juízo da localidade em que a empresa tenha agência ou filial e a esta o empregado esteja subordinado.

V. É de competência funcional do juízo trabalhista do local onde ocorreu a lesão ou ameaça a interesses ou direitos metaindividuais processar e julgar ação civil pública movida pelo Ministério Público do Trabalho ou por Associação Sindical.

Assinale a alternativa correta:

a) as alternativas I a V são falsas.

b) todas as alternativas são corretas.

c) as alternativas II, IV e V são falsas.

d) a alternativa V é verdadeira.

e) a alternativa III é verdadeira.

> **Súmula STJ 104.** *Compete à justiça estadual o processo e julgamento dos crimes de falsificação e uso de documento falso relativo a estabelecimento particular de ensino.*

1444. **(FCC/TJ/GO/Juiz/2009)** De acordo com entendimento sumulado do Superior Tribunal de Justiça, não compete à justiça comum estadual processar e julgar

a) o crime de falsa anotação na Carteira de Trabalho e Previdência Social, atribuído à empresa privada.

b) o crime de falso testemunho cometido no processo trabalhista.

CAPÍTULO 11 - DIREITO PENAL

c) os crimes de falsificação e uso de documento falso relativo a estabelecimento particular de ensino.

d) o crime em que indígena figure como autor ou vítima.

e) o crime praticado em detrimento de sociedade de economia mista.

> **Súmula STJ 200.** *O juízo federal competente para processar e julgar acusado de crime de uso de passaporte falso é o do lugar onde o delito se consumou.*

1445. (OAB/MG/2007-3) Em tema de competência penal é correto afirmar que:

a) Sendo o uso de passaporte falso crime de mera conduta, o fato criminoso consuma-se na localidade em que foi utilizado, e, dessa forma, é competente o juiz estadual daquele local.

b) Embora conhecido o lugar da infração, a competência regular-se-á pelo domicílio ou residência do réu.

c) A competência especial por prerrogativa de função se estende ao crime cometido após a cessação definitiva do exercício funcional.

d) Compete ao foro do local da recusa processar e julgar o crime de estelionato mediante cheque sem provisão de fundos.

> **Súmula STJ 522.** *A conduta de atribuir-se falsa identidade perante autoridade policial é típica, ainda que em situação de alegada autodefesa.*

1446. (Cespe/TCE/PA/Auditor/2016) A conduta de atribuir-se falsa identidade perante autoridade policial é típica, ainda que em situação de alegada autodefesa.

1447. (MPE/MG/Promotor/2014) São entendimentos sumulados pelo Supremo Tribunal Federal e/ou Superior Tribunal de Justiça (3º Seção, Competência Criminal), ou decididos em recurso extraordinário com repercussão geral ou em recurso especial repetitivo, exceto:

a) A caracterização da majorante prevista no art. 157, § 2º, inciso I do Código Penal, prescinde-se da apreensão e realização de perícia em arma utilizada na prática do crime de roubo, se por outros meios de prova restar evidenciado o seu emprego.

b) A circunstância atenuante genérica não pode conduzir à redução da pena abaixo do mínimo legal.

c) No crime de falsa identidade (artigo 307 do CPB), a arguição do princípio da autodefesa torna atípica a conduta, com o intento de ocultação de maus antecedentes.

d) Para a configuração do crime de corrupção de menores, atual artigo 244-B do Estatuto da Criança e do Adolescente, não se faz necessária a prova da efetiva corrupção do menor, uma vez que se trata de delito formal.

1448. (Cespe/TCE/SC/Auditor/2016) De acordo com o STJ, a conduta do agente que se atribui falsa identidade perante autoridade policial é típica, ainda que em situação de alegada autodefesa.

1449. (FCC/CM/SãoPaulo/Procurador/2014) Para ocultar condenações criminais anteriores, ao ser qualificado pela Autoridade Policial, Caio fez uso de documento falso para identificar-se como seu irmão primário Tício. Consultado como parecerista sobre as razões normativas aplicáveis a esse caso, a alternativa que serviria para fundamentar o parecer técnico apresentado à autoridade consulente é:

a) A jurisprudência do Superior Tribunal de Justiça vem entendendo que, em tese, não há o crime de uso de documento falso, eis que a conduta de Caio não extrapolou os limites da garantia constitucional da autodefesa.

b) A jurisprudência do Superior Tribunal de Justiça e do Supremo Tribunal Federal vem entendendo que, em tese, há o crime de uso de documento falso, eis que a conduta não se ampara na garantia constitucional de autodefesa.

c) A doutrina brasileira vem entendendo que, em tese, a conduta de Caio não foi criminosa, eis que amparada na garantia constitucional da autodefesa.

d) A jurisprudência brasileira vem entendendo que, em tese, não há crime na conduta enfocada, eis que não extrapola os limites do direito constitucional de autodefesa.

e) A jurisprudência do Tribunal de Justiça de São Paulo vem entendendo que, em tese, não há o crime de uso de documento falso na conduta enfocada, eis que não extrapolados os limites do direito constitucional de autodefesa.

1450. (Cespe/TCE/RN/Auditor/2015) De acordo com a jurisprudência consolidada do STF e do STJ, não pratica o crime de falsa identidade o agente que, no momento da prisão em flagrante, atribuir para si falsa identidade, visto que essa é uma situação de autodefesa.

> **Súmula STJ 546.** *A competência para processar e julgar o crime de uso de documento falso é firmada em razão da entidade ou órgão ao qual foi apresentado o documento público, não importando a qualificação do órgão expedidor.*

Súmula anotada em Direito Processual Penal – Da Competência – Da Competência pela Natureza da Infração – Competência da Justiça Comum.

5.4. Dos Crimes contra a Administração Pública

5.4.1. Dos Crimes Praticados por Particular contra a Administração em Geral

> **Súmula STJ 147.** *Compete à justiça federal processar e julgar os crimes praticados contra funcionário público federal, quando relacionados com o exercício da função.*

1451. (FCC/TJ/AP/Juiz/2009) Considere as seguintes assertivas sobre competência no processo penal:

I. Crime cometido no Estado do Paraná, por juiz que exerce suas funções no Amapá, será julgado pelo Tribunal de Justiça do Amapá.

II. Civil que comete crime militar contra instituição militar estadual será julgado pela Justiça militar estadual.

III. O julgamento de crime praticado ou sofrido por indígena compete à Justiça Federal.

IV. O crime de estelionato consistente em emissão de cheque sem fundos será julgado no local onde se situar o banco que recusou o seu pagamento.

V. O crime praticado contra servidor federal em razão de suas funções será de competência da Justiça Federal.

Estão corretas:

a) III, IV e V.
b) I, II e III.
c) I, III e V.
d) I, IV e V.
e) II, III e IV.

> **Súmula STJ 151.** *A competência para o processo e julgamento por crime de contrabando ou descaminho define-se pela prevenção do juízo federal do lugar da apreensão dos bens.*

1452. (Cespe/OAB/2010-1) Acerca da competência no âmbito do direito processual penal, assinale a opção correta.

a) Caso um policial militar cometa, em uma mesma comarca, dois delitos conexos, um cujo processo e julgamento seja de competência da justiça estadual militar e o outro, da justiça comum estadual, haverá cisão processual.

b) Os desembargadores dos tribunais de justiça dos estados e dos tribunais regionais federais possuem prerrogativa de foro especial, devendo ser processados e julgados criminalmente no STF.

c) A competência para processo e julgamento por crime de contrabando ou descaminho define-se pela prevenção do juízo federal do local por onde as mercadorias sejam indevidamente introduzidas no Brasil.

d) Caso um indivíduo tenha cometido, em uma mesma comarca, dois delitos conexos, um cujo processo e julgamento seja da competência da justiça federal e o outro, da justiça comum estadual, a competência para o julgamento unificado dos dois crimes será determinada pelo delito considerado mais grave.

5.4.2. Dos Crimes contra a Administração da Justiça

> **Súmula STJ 75.** *Compete à justiça comum estadual processar e julgar o policial militar por crime de promover ou facilitar a fuga de preso de estabelecimento penal.*

Súmula anotada em Direito Processual Penal – Da Competência – Da Competência pela Natureza da Infração – Competência da Justiça Comum Estadual.

CAPÍTULO 11 - DIREITO PENAL

STJ 443

> **Súmula STJ 165.** *Compete à justiça federal processar e julgar crime de falso testemunho cometido no processo trabalhista.*

1453. **(Cespe/TRF/1R/Juiz/2009)** Ainda que seja empregada falsidade como meio de prova na justiça do trabalho, o interesse violado não escapa da esfera individual dos litigantes na ação trabalhista, pois, mesmo diante da intenção de induzir a erro a justiça trabalhista, é de se reconhecer a competência da justiça estadual. Não se aplica, por analogia, o entendimento sumulado do STJ segundo o qual compete à justiça federal processar e julgar crime de falso testemunho cometido no processo trabalhista.

6. LEIS PENAIS ESPECIAIS

> **Súmula STJ 51.** *A punição do intermediador, no jogo do bicho, independe da identificação do "apostador" ou do "banqueiro".*

1454. **(Ieses/TJ/RO/Cartórios/2012)** É certo afirmar:

I. É admissível a adoção do regime prisional semiaberto aos reincidentes condenados a pena igual ou inferior a 4 (quatro) anos se favoráveis às circunstâncias judiciais.

II. A punição do intermediador, no jogo do bicho, depende da identificação do "apostador" ou do "banqueiro".

III. Quando o falso se exaure no estelionato, sem mais potencialidade lesiva, é por esse absorvido.

IV. Para efeitos penais, o reconhecimento da menoridade do réu, prescinde de prova documental hábil.

Analisando as proposições, pode-se afirmar:

a) Somente as proposições II e III estão corretas.

b) Somente as proposições II e IV estão corretas.

c) Somente as proposições I e III estão corretas.

d) Somente as proposições I e IV estão corretas.

> **Súmula STJ 172.** *Compete à justiça comum processar e julgar militar por crime de abuso de autoridade, ainda que praticado em serviço.*

Súmula anotada em Direito Processual Penal – Da Competência – Da Competência pela Natureza da Infração – Competência da Justiça Comum.

> **Súmula STJ 500.** *A configuração do crime previsto no artigo 244-B do ECA independe da prova da efetiva corrupção do menor, por se tratar de delito formal.*

Súmula anotada em Direito da Criança e do Adolescente – Dos Crimes e das Infrações Administrativas – Dos Crimes – Dos Crimes em Espécie.

> **Súmula STJ 513.** *A "abolitio criminis" temporária prevista na Lei n. 10.826/2003 aplica-se ao crime de posse de arma de fogo de uso permitido com numeração, marca ou qualquer outro sinal de identificação raspado, suprimido ou adulterado, praticado somente até 23.10.2005.*

Súmula anotada em Direito Penal – Da Extinção da Punibilidade – Da "Abolitio Criminis".

> **Súmula STJ 528.** *Compete ao juiz federal do local da apreensão da droga remetida do exterior pela via postal processar e julgar o crime de tráfico internacional.*

Súmula anotada em Direito Processual Penal – Da Competência – Da Competência pelo Lugar da Infração.

> **Súmula STJ 575.** *Constitui crime a conduta de permitir, confiar ou entregar a direção de veículo automotor a pessoa que não seja habilitada, ou que se encontre em qualquer das situações previstas no art. 310 do CTB, independentemente da ocorrência de lesão ou de perigo de dano concreto na condução do veículo.*

Súmula anotada em Direito de Trânsito – Crime de Trânsito.

CAPÍTULO 12 –
DIREITO PREVIDENCIÁRIO

1. DO FINANCIAMENTO DA SEGURIDADE SOCIAL

1.1. Das Contribuições

> *Súmula STJ 458. A contribuição previdenciária incide sobre a comissão paga ao corretor de seguros.*

➲ Súmula não abordada em concursos recentes.

> *Súmula STJ 468. A base de cálculo do PIS, até a edição da MP nº 1.212/1995, era o faturamento ocorrido no sexto mês anterior ao do fato gerador.*

➲ Súmula não abordada em concursos recentes.

> *Súmula STJ 584. As sociedades corretoras de seguros, que não se confundem com as sociedades de valores mobiliários ou com os agentes autônomos de seguro privado, estão fora do rol de entidades constantes do art. 22, § 1º, da Lei n. 8.212/1991, não se sujeitando à majoração da alíquota da Cofins prevista no art. 18 da Lei n. 10.684/2003.*

➲ Súmula não abordada em concursos recentes.

2. DO REGIME GERAL DE PREVIDÊNCIA SOCIAL

2.1. Das Prestações em Geral

2.1.1. Do Cálculo do Valor dos Benefícios

> *Súmula STJ 146. O segurado, vítima de novo infortúnio, faz jus a um único benefício somado ao salário de contribuição vigente no dia do acidente.*

1455. (TRT/5R/Juiz/2006) Assinale a opção cujo enunciado se opõe à jurisprudência do Superior Tribunal de Justiça.

a) Para efeito da obtenção de benefício previdenciário, a prova exclusivamente testemunhal não basta para a comprovação da atividade rurícola.

b) O auxílio-creche integra o salário-de-contribuição.

c) O segurado vítima de novo infortúnio faz jus a um único benefício somado ao salário de contribuição vigente no dia do acidente.

d) O trabalhador rural, na condição de segurado especial, sujeito à contribuição obrigatória sobre a produção rural comercializada, somente faz jus à aposentadoria por tempo de serviço se recolher contribuições facultativas.

e) Tem direito de retornar ao emprego, ou ser indenizado em caso de recusa do empregador, o aposentado que recupera a capacidade de trabalho dentro de cinco anos, a contar da aposentadoria, que se torna definitiva após esse prazo.

> *Súmula STJ 148. Os débitos relativos a benefício previdenciário, vencidos e cobrados em juízo após a vigência da Lei nº 6.899/1981, devem ser corrigidos monetariamente na forma prevista nesse diploma legal.*

1456. (Esaf/RFB/AFRF/2005) Segundo a orientação uniformizadora do Superior Tribunal de Justiça (Súmula 148), "Os débitos relativos a benefício previdenciário, vencidos e cobrados em juízo após a vigência da Lei n. 6.899/81, devem ser corrigidos monetariamente na forma prevista nesse diploma legal", isso significa dizer, quanto ao termo inicial da atualização do débito, que, se posterior a vigência do referido diploma legal, de modo geral:

a) conta-se a partir do ajuizamento da ação.

b) conta-se a partir do momento em que era devida a dívida.

c) conta-se a partir da citação válida.

d) conta-se a partir da sentença.

e) conta-se a partir do trânsito em julgado da sentença.

Súmula STJ 204. *Os juros de mora nas ações relativas a benefícios previdenciários incidem a partir da citação válida.*

1457. (Esaf/RFB/AFRF/2005) No âmbito da orientação sumulada dos Tribunais Superiores em matéria previdenciária, é correto afirmar, exceto:

a) Cabe ação declaratória para reconhecimento de tempo de serviço para fins previdenciários.

b) Os débitos relativos a benefício previdenciário, vencidos e cobrados em juízo após a vigência da Lei 6.899/81, devem ser corrigidos monetariamente na forma prevista nesse diploma legal.

c) Os juros de mora nas ações relativas a benefícios previdenciários incidem a partir da citação válida.

d) A prova exclusivamente testemunhal basta à comprovação da atividade rurícola, para efeito da obtenção de benefício previdenciário.

e) A revisão de que trata o art. 58 do ADCT/88 não se aplica aos benefícios previdenciários concedidos após a promulgação de 1988.

Súmula STJ 310. *O auxílio-creche não integra o salário-de-contribuição.*

1458. (MPT/Procurador/2012) Em relação ao custeio do sistema de Seguridade Social, assinale a alternativa incorreta:

a) O décimo-terceiro salário integra o salário de contribuição, mas seu valor não será computado para cálculo de benefício, na forma estabelecida em regulamento.

b) Consoante a jurisprudência uniformizada do Tribunal Superior do Trabalho, nos acordos homologados em juízo, sem o reconhecimento de relação empregatícia, é devido o recolhimento da contribuição previdenciária mediante a alíquota de 20% a cargo do tomador de serviços, e de 8 a 11% por parte do prestador de serviços, sobre o valor do acordo, respeitado o teto de contribuição.

c) A empresa deve pagar contribuição social sobre o total das remunerações pagas, devidas ou creditadas a qualquer título aos segurados empregados e trabalhadores avulsos que lhe prestem serviços durante o mês, para retribuir trabalho em qualquer forma, inclusive as gorjetas, os ganhos habituais na forma de utilidades e os adiantamentos.

d) Consoante a jurisprudência uniformizada do Superior Tribunal de Justiça, o auxílio-creche não integra o salário-de-contribuição

1459. (TRT/5R/Juiz/2006) Assinale a opção cujo enunciado se opõe à jurisprudência do Superior Tribunal de Justiça.

a) Para efeito da obtenção de benefício previdenciário, a prova exclusivamente testemunhal não basta para a comprovação da atividade rurícola.

b) O auxílio-creche integra o salário-de-contribuição.

c) O segurado vítima de novo infortúnio faz jus a um único benefício somado ao salário de contribuição vigente no dia do acidente.

d) O trabalhador rural, na condição de segurado especial, sujeito à contribuição obrigatória sobre a produção rural comercializada, somente faz jus à aposentadoria por tempo de serviço se recolher contribuições facultativas.

e) Tem direito de retornar ao emprego, ou ser indenizado em caso de recusa do empregador, o aposentado que recupera a capacidade de trabalho dentro de cinco anos, a contar da aposentadoria, que se torna definitiva após esse prazo.

Súmula STJ 456. *É incabível a correção monetária dos salários de contribuição considerados no cálculo do salário de benefício de auxílio-doença, aposentadoria por invalidez, pensão ou auxílio-reclusão concedidos antes da vigência da CF/1988.*

1460. (FCC/TRT/1R/Juiz/2016) Em relação ao sistema de custeio e benefícios previdenciários, sumulada pelo Superior Tribunal de Justiça, considere:

I. O trabalhador rural, na condição de segurado especial, sujeito à contribuição obrigatória sobre a produção rural comercializada, somente faz jus à aposentadoria por tempo de serviço, se recolher contribuição facultativa.

CAPÍTULO 12 - DIREITO PREVIDENCIÁRIO

II. É devida a pensão por morte aos dependentes do segurado que, apesar de ter perdido essa qualidade, preencheu os requisitos legais para a obtenção de aposentadoria até a data do seu óbito.

III. É incabível a correção monetária dos salários de contribuição considerados no cálculo do salário de benefício de auxílio-doença, aposentadoria por invalidez, pensão ou auxílio-reclusão concedidos antes da vigência da CF/1988.

IV. A acumulação de auxílio-acidente com aposentadoria pressupõe que a lesão incapacitante e a aposentadoria sejam anteriores a 11/11/1997, observado o critério do art. 23 da Lei 8.213/1991 para definição do momento da lesão nos casos de doença profissional ou do trabalho.

Está correto o que se afirma em

a) I, II, III e IV.

b) I, II e III, apenas.

c) III e IV, apenas.

d) I e IV, apenas.

e) I, II e IV, apenas.

> **Súmula STJ 557.** *A renda mensal inicial (RMI) alusiva ao benefício de aposentadoria por invalidez precedido de auxílio-doença será apurada na forma do art. 36, § 7º, do Decreto n. 3.048/1999, observando-se, porém, os critérios previstos no art. 29, § 5º, da Lei n. 8.213/1991, quando intercalados períodos de afastamento e de atividade laboral.*

➲ Súmula não abordada em concursos recentes.

2.1.2. Dos Benefícios (Geral)

> **Súmula STJ 44.** *A definição, em ato regulamentar, de grau mínimo de disacusia, não exclui, por si só, a concessão do benefício previdenciário.*

1461. **(MPE/PB/Promotor/2003)** Considerando a orientação dos Tribunais Superiores sobre a legislação previdenciária, assinale a assertiva incorreta.

a) A definição, em ato regulamentar, de grau mínimo de disacusia, não exclui, por si só, a concessão do benefício previdenciário.

b) Não é inconstitucional a inclusão de sócios e administradores como contribuintes obrigatórios da Previdência Social.

c) Compete à justiça estadual processar e julgar os litígios decorrentes de acidente do trabalho.

d) Em caso de acidente de trabalho ou de transporte, a companheira tem direito a ser indenizada pela morte do amásio, se entre eles havia impedimento para o matrimônio.

e) A ação acidentária prescinde do exaurimento da via administrativa.

2.1.3. Dos Benefícios (Aposentadorias)

> **Súmula STJ 149.** *A prova exclusivamente testemunhal não basta à comprovação da atividade rurícola, para efeito da obtenção de benefício previdenciário.*

1462. **(FAE/TRT/9R/Juiz/2006)** A jurisprudência do Superior Tribunal de Justiça – STJ diz que: "A prova exclusivamente testemunhal não basta para a comprovação da atividade rurícola, para efeito da obtenção de benefício previdenciário" (Súmula 149). Esse entendimento jurisprudencial significa que:

a) O cômputo do tempo de serviço do trabalhador rural depende sempre de prova documental da respectiva contribuição efetuada em favor da Previdência Social.

b) Para comprovação do exercício de atividade rural, o trabalhador deve apresentar início razoável de prova material, que pode ser corroborada por prova testemunhal.

c) Essa orientação é aplicável apenas para os processos de justificação administrativa de tempo de serviço do trabalhador rural, não podendo ser invocada em casos de processos judiciais.

d) A prova testemunhal não tem qualquer valor no processo administrativo previdenciário.

e) Nenhuma das alternativas está correta.

> **Súmula STJ 272.** *O trabalhador rural, na condição de segurado especial, sujeito à contribuição obrigatória sobre a produção rural comercializada, somente faz jus à aposentadoria por tempo de serviço, se recolher contribuições facultativas.*

1463. (TRF/1R/Juiz/2005) O trabalhador rural, na condição de segurado especial, sujeito à contribuição obrigatória sobre a produção rural comercializada, somente fará jus à aposentadoria por tempo de serviço se provar que:

a) recolheu contribuições facultativas.

b) tem tempo de serviço, passado por certidão do INSS.

c) trabalhou, comprovadamente, em regime de economia familiar.

d) sua produção está escriturada e à disposição do INSS.

> *Súmula STJ 507. A acumulação de auxílio-acidente com aposentadoria pressupõe que a lesão incapacitante e a aposentadoria sejam anteriores a 11.11.1997, observado o critério do art. 23 da Lei n. 8.213/1991 para definição do momento da lesão nos casos de doença profissional ou do trabalho.*

1464. (Cespe/TRF/5R/Juiz/2013) Com relação aos serviços da previdência social, aos benefícios previdenciários e à forma como são calculados, assinale a opção correta.

a) De acordo com a CF, nenhum benefício pago pela previdência social pode ter valor inferior a um salário mínimo.

b) Tratando-se de mulher, para aplicação do fator previdenciário, cujo cálculo baseia-se na idade, na expectativa de sobrevida e no tempo de contribuição do segurado ao se aposentar, adicionam-se ao tempo de contribuição cinco anos.

c) O segurado pelo regime geral de previdência social faz jus ao recebimento de auxílio-doença e auxílio-reclusão.

d) Havendo perda da qualidade de segurado, as contribuições anteriores a essa data não poderão ser computadas para efeito de carência.

e) Veda-se a acumulação de auxílio-acidente com proventos de aposentadoria, mesmo nos casos em que a manifestação da lesão incapacitante, ensejadora da concessão do auxílio, e o início da aposentadoria sejam anteriores ao ano de 1997.

1465. (Cespe/DPU/Defensor/2015) A lei vigente veda a cumulação de auxílio-acidente com aposentadoria.

1466. (FCC/TRT/1R/Juiz/2016) Em relação ao sistema de custeio e benefícios previdenciários, sumulada pelo Superior Tribunal de Justiça, considere:

I. O trabalhador rural, na condição de segurado especial, sujeito à contribuição obrigatória sobre a produção rural comercializada, somente faz jus à aposentadoria por tempo de serviço, se recolher contribuição facultativa.

II. É devida a pensão por morte aos dependentes do segurado que, apesar de ter perdido essa qualidade, preencheu os requisitos legais para a obtenção de aposentadoria até a data do seu óbito.

III. É incabível a correção monetária dos salários de contribuição considerados no cálculo do salário de benefício de auxílio-doença, aposentadoria por invalidez, pensão ou auxílio-reclusão concedidos antes da vigência da CF/1988.

IV. A acumulação de auxílio-acidente com aposentadoria pressupõe que a lesão incapacitante e a aposentadoria sejam anteriores a 11/11/1997, observado o critério do art. 23 da Lei n. 8.213/1991 para definição do momento da lesão nos casos de doença profissional ou do trabalho.

Está correto o que se afirma em

a) I, II, III e IV.

b) I, II e III, apenas.

c) III e IV, apenas.

d) I e IV, apenas.

e) I, II e IV, apenas.

> *Súmula STJ 576. Ausente requerimento administrativo no INSS, o termo inicial para a implantação da aposentadoria por invalidez concedida judicialmente será a data da citação válida.*

1467. (Cespe/TCE/PR/Auditor/2016) Em abril de 2013, Jeane sofreu um acidente de trabalho, e o médico da empresa na qual ela trabalhava considerou-a incapaz para retornar a suas atividades e aconselhou-a a solicitar sua aposentadoria por invalidez. Representada por um advogado, Jeane ingressou diretamente em juízo com ação previdenciária, pleiteando a aposentadoria por invalidez. Nessa situação hipotética,

CAPÍTULO 12 - DIREITO PREVIDENCIÁRIO

a) segundo o STJ, o prévio requerimento administrativo é prescindível para a admissibilidade da ação previdenciária interposta por Jeane.

b) a data de início do benefício da aposentadoria por invalidez será a data da juntada aos autos do laudo pericial em juízo.

c) caso Jeane necessite de assistência permanente de outra pessoa, o valor da aposentadoria será acrescido de 25%, ainda que o valor do benefício atinja o limite máximo.

d) se for considerada apta para outro tipo de trabalho pela previdência social, a despeito de sua situação cultural e econômica, Jeane não terá direito à aposentadoria por invalidez.

e) a aposentadoria por invalidez requerida por Jeane poderá ser cumulada com o auxílio-acidente.

> *Súmula STJ 577. É possível reconhecer o tempo de serviço rural anterior ao documento mais antigo apresentado, desde que amparado em convincente prova testemunhal colhida sob o contraditório.*

➲ Súmula não abordada em concursos recentes.

2.1.4. Dos Benefícios (Pensão por Morte)

> *Súmula STJ 336. A mulher que renunciou aos alimentos na separação judicial tem direito à pensão previdenciária por morte do ex-marido, comprovada a necessidade econômica superveniente.*

1468.
(Cespe/MPE/RO/Promotor/2008) Quanto ao casamento e à união estável, assinale a opção correta.

a) Na vigência do regime matrimonial, o direito à meação do cônjuge não é passível de renúncia ou cessão.

b) De acordo com entendimento do STJ, a cláusula do pacto antenupcial que exclui a comunicação dos aquestos não impede o reconhecimento de uma sociedade de fato entre marido e mulher para o efeito de dividir os bens adquiridos depois do casamento.

c) De acordo com o entendimento sumulado pelo STJ, a mulher que renunciou aos alimentos na

separação judicial não tem direito à pensão previdenciária por morte do ex-marido, ainda que comprovada a necessidade econômica superveniente.

d) De acordo com jurisprudência pacificada no âmbito do STJ, na união estável a partilha de bens exige prova do esforço comum.

e) De acordo com o entendimento do STJ, a meação do cônjuge responde pelo ato ilícito ainda quando o credor, na execução fiscal, provar que o enriquecimento dele resultante não aproveitou ao casal.

> *Súmula STJ 340. A lei aplicável à concessão de pensão previdenciária por morte é aquela vigente na data do óbito do segurado.*

1469.
(Cespe/DPU/Defensor/2010) A jurisprudência consolidou o entendimento de que a concessão da pensão por morte é regida pela norma vigente ao tempo da implementação da condição fática necessária à concessão do benefício, qual seja, a data do óbito do segurado.

1470.
(Cespe/TRF/5R/Juiz/2009) Em relação aos diversos institutos de direito previdenciário, assinale a opção correta.

a) A CF não exige que o regime de previdência complementar seja regulado por lei complementar..

b) O segurado incorporado às Forças Armadas para prestar serviço militar mantém a qualidade de segurado, independentemente de contribuições, até 6 meses após o licenciamento.

c) Em regra, independe de carência a concessão das seguintes prestações: pensão por morte, auxílio-reclusão, aposentadoria por invalidez e auxílio-acidente.

d) A dispensa de trabalhador reabilitado ou de deficiente habilitado ao final de contrato por prazo determinado de mais de noventa dias, e a imotivada, no contrato por prazo indeterminado, só poderá ocorrer após a contratação de substituto de condição semelhante.

e) A lei aplicável à concessão de pensão previdenciária por morte é a que esteja vigente na data do requerimento administrativo formulado pelos beneficiários, e não a vigente à data do óbito do segurado.

Súmula STJ 416. *É devida a pensão por morte aos dependentes do segurado que, apesar de ter perdido essa qualidade, preencheu os requisitos legais para a obtenção de aposentadoria até a data do seu óbito.*

1471. **(Cespe/TRF/5R/Juiz/2011)** Com relação aos segurados da previdência social e a seus dependentes, assinale a opção correta.

a) É segurado obrigatório da previdência social na qualidade de empregado aquele que presta serviço no Brasil a missão diplomática ou a repartição consular de carreira estrangeira e a órgãos a ela subordinados ou a membros dessas missões e repartições, ainda que o prestador desse tipo de serviço seja estrangeiro sem residência permanente no Brasil.

b) No que se refere à concessão de benefícios previdenciários, a condição de dependente é autônoma em relação à de segurado, de forma que, tendo o falecido, na data do óbito, perdido a condição de segurado e não tendo cumprido os requisitos necessários para a aposentadoria, seus dependentes farão jus à pensão por morte, em valor proporcional ao tempo de contribuição do instituidor do benefício.

c) Para a caracterização de segurado especial, considera-se regime de economia familiar a atividade laboral dos membros de uma família e, ainda, que a referida atividade seja indispensável à subsistência e ao desenvolvimento socioeconômico do núcleo familiar e exercida em condições de mútua dependência e colaboração, sem a utilização de empregados permanentes. O exercício de atividade remunerada por um membro da família, ainda que urbana, não descaracteriza a condição de segurado especial.

d) Entre os requisitos da condição de segurado obrigatório do RGPS, incluem-se o de ser o segurado pessoa física – sendo legalmente inaceitável a existência de segurado pessoa jurídica – e o de ele exercer atividade laboral, lícita ou ilícita, pois as contribuições ao sistema previdenciário são, de acordo com a jurisprudência do STF, espécies do gênero tributo.

e) Tratando-se de trabalhador rural informal, a exigência de início de prova material para a comprovação do exercício da atividade agrícola deve ser interpretada com temperamento, mas

não pode ser dispensada, ainda que em casos extremos, sob pena de se contrariar o princípio do equilíbrio financeiro-atuarial do sistema previdenciário.

1472. **(TRF/4R/Juiz/2010)** Dadas as assertivas referentes aos benefícios devidos aos segurados e dependentes no âmbito do Regime Geral de Previdência Social, assinale a alternativa correta.

I. A aposentadoria por idade será devida ao segurado que, cumprida a carência exigida na Lei 8.213/91, completar 65 (sessenta e cinco) anos de idade, se homem, e 60 (sessenta), se mulher, reduzidos os limites etários para 60 (sessenta) e 55 (cinquenta e cinco) anos no caso de trabalhadores rurais, respectivamente homens e mulheres.

II. É assegurada aposentadoria no Regime Geral de Previdência Social, nos termos da lei, aos trinta e cinco anos de contribuição, se homem, e trinta anos de contribuição, se mulher.

III. Trata-se a aposentadoria por invalidez de benefício definitivo. Assim, seu cancelamento somente pode ocorrer na hipótese de o aposentado por invalidez retornar voluntariamente à atividade laborativa, caso em que terá sua aposentadoria automaticamente cancelada a partir da data do retorno.

IV. É devida a pensão por morte ao filho menor de segurado que, apesar de ter perdido essa qualidade, preencheu os requisitos legais para a obtenção de aposentadoria até a data do seu óbito, mas extingue-se o direito ao benefício assim que o dependente atinge 21 anos, ainda que estudante de curso superior.

V. O auxílio-doença será devido ao segurado que, havendo cumprido, quando for o caso, o período de carência exigido na Lei 8.213/91, ficar incapacitado para o seu trabalho ou para a sua atividade habitual. Não será devido, contudo, ao segurado que se filiar ao Regime Geral de Previdência Social já portador da doença ou da lesão invocada como causa para o benefício, salvo quando a incapacidade sobrevier por motivo de progressão ou agravamento dessa doença ou lesão.

a) Estão corretas apenas as assertivas I, II e V.

b) Estão corretas apenas as assertivas II, III e IV.

c) Estão corretas apenas as assertivas I, II, III e V.

d) Estão corretas apenas as assertivas I, II, IV e V.

e) Estão corretas todas as assertivas.

2.1.5. Dos Benefícios (Auxílio-Acidente)

> **Súmula STJ 507.** *A acumulação de auxílio-acidente com aposentadoria pressupõe que a lesão incapacitante e a aposentadoria sejam anteriores a 11.11.1997, observado o critério do art. 23 da Lei n. 8.213/1991 para definição do momento da lesão nos casos de doença profissional ou do trabalho.*

Súmula anotada em Direito Previdenciário – Do Regime Geral de Previdência Social – Das Prestações em Geral – Dos Benefícios (Aposentadorias).

3. DA PREVIDÊNCIA COMPLEMENTAR

> **Súmula STJ 289.** *A restituição das parcelas pagas a plano de previdência privada deve ser objeto de correção plena, por índice que recomponha a efetiva desvalorização da moeda.*

➲ Súmula não abordada em concursos recentes.

> **Súmula STJ 290.** *Nos planos de previdência privada, não cabe ao beneficiário a devolução da contribuição efetuada pelo patrocinador.*

1473. (Cespe/PGE/AL/Procurador/2009) A respeito do regime previdenciário complementar, assinale a opção correta.

a) Entidade fechada de previdência privada é aquela constituída sob a forma de sociedade anônima, sem fins lucrativos, e que é acessível exclusivamente a empregados de uma empresa ou grupo de empresas, aos servidores dos entes públicos da administração e aos associados ou membros de pessoas jurídicas de caráter profissional, classista ou setorial.

b) Entidade aberta de previdência privada é aquela que explora economicamente o ramo de infortúnios do trabalho, cujo objetivo é a instituição e operação de planos de benefícios de caráter previdenciário em forma de renda continuada ou pagamento único, constituídas sob a forma de fundação ou sociedade civil.

c) No desempenho das atividades de fiscalização das entidades de previdência complementar, os servidores do órgão regulador e fiscalizador

terão livre acesso às respectivas entidades, delas podendo requisitar e apreender livros, notas técnicas e quaisquer documentos.

d) Nos planos de previdência privada, em caso de desligamento, cabe ao beneficiário a devolução da contribuição efetuada pelo patrocinador.

e) A ação de cobrança de parcelas de complementação de aposentadoria pela previdência privada prescreve em dez anos.

> **Súmula STJ 291.** *A ação de cobrança de parcelas de complementação de aposentadoria pela previdência privada prescreve em cinco anos.*

1474. (Cespe/PGE/AL/Procurador/2009) A respeito do regime previdenciário complementar, assinale a opção correta.

a) Entidade fechada de previdência privada é aquela constituída sob a forma de sociedade anônima, sem fins lucrativos, e que é acessível exclusivamente a empregados de uma empresa ou grupo de empresas, aos servidores dos entes públicos da administração e aos associados ou membros de pessoas jurídicas de caráter profissional, classista ou setorial.

b) Entidade aberta de previdência privada é aquela que explora economicamente o ramo de infortúnios do trabalho, cujo objetivo é a instituição e operação de planos de benefícios de caráter previdenciário em forma de renda continuada ou pagamento único, constituídas sob a forma de fundação ou sociedade civil.

c) No desempenho das atividades de fiscalização das entidades de previdência complementar, os servidores do órgão regulador e fiscalizador terão livre acesso às respectivas entidades, delas podendo requisitar e apreender livros, notas técnicas e quaisquer documentos.

d) Nos planos de previdência privada, em caso de desligamento, cabe ao beneficiário a devolução da contribuição efetuada pelo patrocinador.

e) A ação de cobrança de parcelas de complementação de aposentadoria pela previdência privada prescreve em dez anos.

> **Súmula STJ 427.** *A ação de cobrança de diferenças de valores de complementação de aposentadoria prescreve em cinco anos contados da data do pagamento.*

1475. (FCC/Manausprev/Procurador/2015) No tocante às súmulas concernentes ao direito processual, é incorreto afirmar:

a) O contribuinte pode optar por receber, por meio de precatório ou por compensação, o indébito tributário certificado por sentença declaratória transitada em julgado.

b) Os créditos das autarquias federais preferem aos créditos da Fazenda estadual, coexistindo ou não penhoras sobre o mesmo bem.

c) Viola cláusula de reserva de plenário a decisão de órgão fracionário de Tribunal que, embora não declare expressamente a inconstitucionalidade de lei ou ato normativo do poder público, afasta sua incidência, no todo ou em parte.

d) A ação de cobrança de diferenças de valores de complementação de aposentadoria prescreve em cinco anos contados da data do pagamento.

e) O INSS não está obrigado a efetuar depósito prévio do preparo por gozar das prerrogativas e privilégios da Fazenda Pública.

> **Súmula STJ 505.** *A competência para processar e julgar as demandas que têm por objeto obrigações decorrentes dos contratos de planos de previdência privada firmados com a Fundação Rede Ferroviária de Seguridade Social – Refer é da justiça estadual.*

Súmula anotada em Direito Processual Civil – Da Função Jurisdicional – Da Competência Interna – Da Competência (Justiça Estadual).

4. OUTROS TEMAS

4.1. Certificado de Entidade Beneficente de Assistência Social

> **Súmula STJ 352.** *A obtenção ou a renovação do Certificado de Entidade Beneficente de Assistência Social (Cebas) não exime a entidade do cumprimento dos requisitos legais supervenientes.*

1476. (MPF/Procurador/2009) Para que a pessoa jurídica de direito privado beneficente de assistência social possa gozar de isenção das contribuições previdenciárias

deverá preencher cumulativamente alguns requisitos, dentre os quais estão:

I. ser reconhecida como de utilidade pública federal e estadual ou do distrito federal ou municipal e portadora do certificado e do registro de entidade beneficente de assistência social, fornecidos pelo Conselho Nacional de Assistência Social, renovado a cada três anos.

II. promover gratuitamente e em caráter exclusivo a assistência social beneficente a pessoas carentes, em especial a crianças, adolescentes, pessoas idosas e pessoas com deficiência.

III. apresentar semestralmente ao órgão do INSS relatório circunstanciado de suas atividades, cuidando para que seus diretores, conselheiros, sócios, instituidores ou benfeitores, não recebam qualquer remuneração ou usufruam de vantagens ou benefícios a qualquer título.

Marque a alternativa correta:

a) todos os itens são incorretos.

b) apenas os itens I e II são corretos.

c) apenas os itens I e III são corretos.

d) apenas os itens II e III são corretos.

e) não respondida.

4.2. Débito Previdenciário

> **Súmula STJ 65.** *O cancelamento, previsto no art. 29 do Decreto-lei 2.303, de 21.11.86, não alcança os débitos previdenciários.*

➲ Súmula não abordada em concursos recentes.

4.3. Seguro de Acidente do Trabalho

> **Súmula STJ 351.** *A alíquota de contribuição para o Seguro de Acidente do Trabalho (SAT) é aferida pelo grau de risco desenvolvido em cada empresa, individualizada pelo seu CNPJ, ou pelo grau de risco da atividade preponderante quando houver apenas um registro.*

1477. (Cespe/AGU/Procurador/2010) A alíquota da contribuição para o SAT deve corresponder ao grau de risco da atividade desenvolvida em cada estabelecimento da empresa, individualizado por seu CNPJ. Possuindo esta um único CNPJ, a alíquota da referida exação deve corresponder à atividade preponderante por ela desempenhada.

CAPÍTULO 13 –
DIREITO PROCESSUAL CIVIL

1. DA FUNÇÃO JURISDICIONAL

1.1. Da Jurisdição e da Ação

> *Súmula STJ 181.* É admissível ação declaratória, visando a obter certeza quanto à exata interpretação de cláusula contratual.

1478. **(FCC/TCE/RO/Auditor/2010)** Em matéria de ação declaratória, considere:

I. É admissível a ação declaratória, ainda que tenha ocorrido a violação do direito.

II. Os únicos fatos que podem ser objeto da ação declaratória são a autenticidade e a falsidade documental.

III. A ação declaratória está sujeita a prazos prescricionais.

IV. É inadmissível ação declaratória visando a obter certeza quanto à exata interpretação de cláusula contratual.

Está correto o que se afirma apenas em:

a) I e II.

b) I e III.

c) II e III.

d) II e IV.

e) III e IV.

> *Súmula STJ 242.* Cabe ação declaratória para reconhecimento de tempo de serviço para fins previdenciários.

Súmula anotada em Direito Processual Previdenciário – Da Função Jurisdicional – Da Jurisdição e da Ação.

1.2. Da Competência Interna

1.2.1-A. Da Competência (Disposições Gerais)

> *Súmula STJ 224.* Excluído do feito o ente federal cuja presença levara o juiz estadual a declinar da competência, deve o juiz federal restituir os autos e não suscitar conflito.

1479. **(MPF/Procurador/2012)** Conforme a jurisprudência prevalente no STJ, assinale a alternativa falsa:

a) Não é cabível a suspensão condicional do processo na desclassificação do crime e na procedência parcial da pretensão punitiva:

b) Intimada a defesa da expedição de carta precatória, torna-se desnecessária a intimação da data da audiência no juízo deprecado:

c) A conexão não determina a reunião dos processos se um deles já foi julgado.

d) Excluído do feito o ente federal, cuja presença levara o Juiz Estadual a declinar da competência, deve o Juiz Federal restituir os autos e não suscitar conflito.

> *Súmula STJ 254.* A decisão do juízo federal que exclui da relação processual ente federal não pode ser reexaminada no juízo estadual.

1480. **(TRF/4R/Juiz/2010)** Assinale a alternativa incorreta.

a) A citação por edital na execução fiscal é cabível quando frustradas as demais modalidades.

b) A exceção de pré-executividade é admissível na execução fiscal relativamente às matérias conhecíveis de ofício que não demandem dilação probatória.

c) A decisão do Juízo Federal que exclui da relação processual ente federal não pode ser reexaminada pela Justiça Estadual.

d) A extinção do processo por abandono da causa pelo autor independe de requerimento do réu.

e) Todas as alternativas anteriores estão incorretas.

1.2.1-B. Da Competência (Justiça Estadual)

Súmula STJ 1. O foro do domicílio ou da residência do alimentando é o competente para a ação de investigação de paternidade, quando cumulada com a de alimentos.

1481. (Cespe/MPE/TO/Promotor/2006) A respeito da competência no processo civil, assinale a opção correta.

a) É absoluta a competência do órgão jurisdicional estabelecida segundo o critério funcional, portanto, inderrogável. Por isso, o desmembramento da comarca ou a criação de uma vara especializada na comarca em cujo território se situe imóvel objeto de ação reivindicatória não altera a competência funcional exercida pelo juízo da comarca originária. Trata-se da aplicação do princípio de que a competência absoluta do juízo deve prevalecer sobre a competência relativa fixada pela situação do imóvel.

b) A execução de sentença prolatada em ação de separação judicial que tenha determinado o pagamento do ressarcimento de determinada quantia a título de meação deve ser processada no juízo cível. No caso, por constituir o ressarcimento a título de meação matéria de natureza cível, o juízo de família – sede em que se constitui o título executivo judicial é absolutamente incompetente, em razão da matéria, para processar a referida execução.

c) É competente para a ação de alimentos o foro do domicílio ou da residência do alimentando. Assim, quando os autores forem menores impúberes hipossuficientes, considerando-se que a lei deve ser aplicada com vistas aos fins sociais a que se dirige e por conveniência, a mudança de domicílio do menor e de seu representante legal depois de configurada a relação processual modifica a competência firmada no momento em que a ação é proposta.

d) O foro do domicílio ou da residência do alimentando é o competente para a ação de investigação de paternidade, quando cumulada com a de alimentos, ainda que no curso da lide sobrevenha a maioridade do autor, momento a partir do qual cessa, como regra, a obrigação de o suposto pai prestar alimentos.

Súmula STJ 11. A presença da União ou de qualquer de seus entes, na ação de usucapião especial, não afasta a competência do foro da situação do imóvel.

1482. (Cespe/MPE/RR/Promotor/2012) No que se refere a terras devolutas, usucapião, parcelamento e ITR, assinale a opção correta.

a) Para o reconhecimento do direito à isenção do ITR, é necessária, conforme o entendimento do STJ, a apresentação do ato declaratório ambiental.

b) A presença da União ou de qualquer de seus entes na ação de usucapião especial afasta a competência do foro da situação do imóvel.

c) São equivalentes os conceitos de módulo rural e módulo fiscal estabelecidos pelo Estatuto da Terra para fins da impenhorabilidade da pequena propriedade rural, segundo o entendimento do STJ.

d) As concessões de terras devolutas situadas na faixa de fronteira, feitas pelos estados, autorizam, apenas, o uso, permanecendo o domínio com a União, ainda que se mantenha inerte ou tolerante em relação aos possuidores.

e) A ação discriminatória pode ser utilizada para a individualização e demarcação de quaisquer bens públicos territoriais.

1483. (TRT/2R/Juiz/2012) Observe as assertivas e ao final responda.

I. Sentença proferida por juiz absolutamente incompetente, desde que transitada em julgado e contra a qual não se tenha interposto ação rescisória, opera todos os efeitos, ou seja, será plenamente válida e eficaz.

II. A competência da autoridade judiciária brasileira para julgar o réu domiciliado no Brasil, qualquer que seja a sua nacionalidade, é exclusiva.

III. A ação intentada perante tribunal estrangeiro, com competência concorrente com a autoridade judiciária brasileira, induz litispendência, obstando que a autoridade judiciária brasileira conheça da mesma causa e das que lhe são conexas.

CAPÍTULO 13 - DIREITO PROCESSUAL CIVIL

IV. Segundo a jurisprudência sumulada, a presença da União ou de qualquer de seus entes, na ação de usucapião especial, não afasta a competência do foro da situação do imóvel.

V. Segundo a jurisprudência sumulada, ainda, não compete ao Supremo Tribunal Federal conceder medida cautelar para dar efeito suspensivo a recurso extraordinário que ainda não foi objeto de juízo de admissibilidade na origem.

Estão corretas apenas as assertivas:

a) I, II e III.

b) II, III, IV e V.

c) I, IV e V.

d) III, IV e V.

e) II, III e IV.

1484. (TRF/2R/Juiz/2014) Ajuizada ação objetivando o reconhecimento de usucapião de imóvel urbano perante a Justiça Estadual, verificou-se que a União é titular de domínio sobre imóvel confinante ao bem objeto do processo. Assinale a alternativa correta:

a) Considerando que cabe ao juiz federal aferir o interesse dos entes mencionados no art. 109, I, da Lei Maior, deverá o magistrado estadual encaminhar os autos à Justiça Federal para exame do interesse concreto da União em intervir no processo e, caso este delibere pela sua inexistência, devolverá os autos ao juízo estadual, independentemente de conflito, com base no enunciado sumular n. 150 do Superior Tribunal de Justiça.

b) Remetidos os autos à Justiça Federal para que esta afira o ingresso da União, caso o juiz federal delibere no sentido da ausência de interesse deste ente, deve ele suscitar conflito de competência com o juízo estadual e não simplesmente excluir a União e devolver os autos.

c) O juiz estadual deverá declinar, por força de sua incompetência, em favor da Justiça Federal, tendo em vista que o confinante (União) é litisconsorte passivo necessário e, portanto, não pode ser excluído da relação processual.

d) Em que pese haver litisconsórcio passivo, este é facultativo, motivo pelo qual o juiz federal pode aplicar analogicamente o enunciado sumular n. 150 do Superior Tribunal de Justiça para excluir a União, com devolução dos autos ao juízo estadual, resguardando seu direito de eventual ação em caso de prejuízo ao ente no julgamento.

e) Como a União Federal é mera confinante do terreno objeto da lide, o juiz estadual pode processar a demanda, já que todos os entes públicos federativos serão notificados, e não há qualquer possibilidade de prejuízo ou afetação de interesse da União.

1485. (Cespe/DPE/PE/Defensor/2015) De acordo com a jurisprudência do STJ, a presença da União na ação de usucapião especial, não afasta a competência do foro da situação do imóvel, de modo que, se não existir vara federal no referido foro, o processamento do feito caberá à justiça estadual.

> **Súmula STJ 15.** *Compete à justiça estadual processar e julgar os litígios decorrentes de acidente do trabalho.*

1486. (TRT/4R/Juiz/2016) Considere as assertivas abaixo sobre competência em casos de acidente de trabalho.

I. Compete à Justiça do Trabalho julgar as ações que tenham como causa de pedir o descumprimento de normas trabalhistas relativas à segurança, higiene e saúde dos trabalhadores.

II. A ação indenizatória proposta pelos sucessores do trabalhador vítima de acidente de trabalho fatal é de competência da Justiça Estadual, já que se trata de questão de direito civil.

III. A ação indenizatória proposta por servidor público estatutário em razão de acidente de trabalho será de competência da Justiça do Trabalho.

Quais são corretas?

a) Apenas I

b) Apenas II

c) Apenas III

d) Apenas I e II

e) I, II e III

> **Súmula STJ 34.** *Compete à justiça estadual processar e julgar causa relativa a mensalidade escolar, cobrada por estabelecimento particular de ensino.*

1487. (TRT/22R/Juiz/2000) Em relação ao Mandado de Segurança é incorreto afirmar-se:

a) compete à Justiça Estadual processar e julgar mandado de segurança impetrado contra ato de autoridade previdenciária, quando localizada em comarca do interior.

b) compete à Justiça Federal julgar mandado de segurança contra ato que diga respeito ao ensino superior, praticado por dirigente de estabelecimento particular.

c) compete à Justiça estadual processar e julgar causa relativa a mensalidade escolar, cobrada por estabelecimento particular de ensino.

d) decisão denegatória de mandado de segurança, não fazendo coisa julgada contra o impetrante, não impede o uso de ação própria.

e) pedido de reconsideração na via administrativa não interrompe o prazo para o Mandado de Segurança.

Súmula STJ 42. Compete à justiça comum estadual processar e julgar as causas cíveis em que é parte sociedade de economia mista e os crimes praticados em seu detrimento.

1488.

(MPE/SC/Promotor/2014) Súmulas do Superior Tribunal de Justiça estabelecem: (i) Compete à Justiça Comum Estadual processar e julgar crime praticado contra sociedade de economia mista; (ii) Compete à Justiça Federal processar e julgar crime em que indígena figure como autor ou vítima.

Súmula STJ 206. A existência de vara privativa, instituída por lei estadual, não altera a competência territorial resultante das leis de processo.

1489.

(FCC/TRT/11R/Juiz/2007) Em matéria de competência, é correto afirmar:

a) Nas causas envolvendo sociedade de economia mista é competente para o seu julgamento o juízo especializado da Fazenda Pública.

b) A existência de vara privativa instituída por lei estadual não altera a competência territorial resultante das leis de processo.

c) A parte que oferecer exceção de incompetência não ficará impedida de suscitar conflito de competência.

d) A instalação de vara do trabalho não cessa a competência do juiz de direito para conhecer de matéria trabalhista.

e) Compete à Justiça Federal decidir sobre a existência de interesse jurídico que justifique a presença da União nos processos de insolvência.

Súmula STJ 238. A avaliação da indenização devida ao proprietário do solo, em razão de alvará de pesquisa mineral, é processada no juízo estadual da situação do imóvel.

Súmula anotada em Direito Administrativo – Bens Públicos.

Súmula STJ 270. O protesto pela preferência de crédito, apresentado por ente federal em execução que tramita na justiça estadual, não desloca a competência para a justiça federal.

1490.

(TRF/3R/Juiz/2008) Leia os enunciados:

I. A ação de cobrança das contribuições para o FGTS prescreve em 05 (cinco) anos.

II. O protesto pela preferência de crédito, apresentado por ente federal em execução que tramita na justiça estadual, desloca a competência para a justiça federal.

III. A redução da alíquota do imposto sobre produtos industrializados ou do imposto de importação não implica redução do ICMS.

IV. Proposta a execução fiscal, a posterior mudança de domicílio do executado desloca a competência já fixada.

Em termos de fidelidade dos enunciados das Súmulas do Superior Tribunal de Justiça, é exato dizer:

a) um enunciado está incorreto.

b) dois enunciados estão incorretos.

c) três enunciados estão incorretos.

d) todos os enunciados estão incorretos.

Súmula STJ 363. Compete à justiça estadual processar e julgar a ação de cobrança ajuizada por profissional liberal contra cliente.

CAPÍTULO 13 - DIREITO PROCESSUAL CIVIL

1491. (Cespe/Bacen/Procurador/2009)
Com relação à justiça do trabalho, julgue os seguintes itens.

I. As ações de cobrança de contribuições para o FGTS devidas pelos empregadores devem ser propostas na justiça do trabalho.

II. Os crimes contra a organização do trabalho serão julgados na justiça federal.

III. As demandas referentes à prestação de serviços de trabalhadores autônomos serão julgadas na justiça comum estadual.

IV. As ações de acidente do trabalho propostas pelo beneficiário contra o INSS, em que se discuta controvérsia acerca de benefício previdenciário, serão julgadas na justiça federal.

Estão certos apenas os itens:

a) I e III.

b) I e IV.

c) II e III.

d) I, II e IV.

e) II, III e IV.

1492. (MPT/Procurador/2012) Marque a alternativa incorreta:

a) No caso de capitulação errônea na petição inicial da ação rescisória de um dos fundamentos de rescindibilidade, não padecerá de inépcia a petição inicial; todavia esta se apresentará inepta caso não seja indicado nenhum fundamento de fato como causa de pedir. É lícito ao tribunal emprestar a adequada qualificação jurídica ("iura novit curia"), desde que haja fundamento fático.

b) O instituto da litigância de má fé tem por base a lealdade processual, sendo que, uma vez aplicada a multa sob essa circunstância, o recolhimento do seu valor é pressuposto objetivo para interposição dos recursos de natureza trabalhista.

c) A Justiça do Trabalho detém competência para as ações possessórias que tenham origem, direta ou indireta, nas relações de trabalho, como na situação em que o empregador pretende a devolução do imóvel cedido em comodato ao empregado para sua moradia durante o contrato de trabalho, bem como para reaver bens, equipamentos e materiais em poder do empregado.

d) Consoante súmula do Superior Tribunal de Justiça, não compete à Justiça do Trabalho processar e julgar ação de cobrança ajuizada por profissional liberal em face do cliente.

1493. (TRT/15R/Juiz/2013) Assinale dentre as alternativas abaixo aquela em que todos os tipos de ações relacionados estejam fora da competência da Justiça do Trabalho, de acordo com a jurisprudência dominante do Supremo Tribunal Federal e do Superior Tribunal de Justiça:

a) ações de cobrança de honorários de profissionais liberais, ações relativas à previdência complementar decorrente de contratos de trabalho e ações relativas a servidores públicos estatutários.

b) ações relativas a servidores públicos estatutários, ações penais condenatórias em matéria penal-laboral e ações liberatórias(habeas corpus).

c) ações relativas a tutelas inibitórias em sede de labor-ambiental (meio ambiente do trabalho) e ações em que se pede a nulidade ou a anulação de eleições sindicais.

d) ações relativas a servidores públicos estatutários, ações penais condenatórias em matéria penal-laboral e ações de indenização por danos morais ou materiais ajuizadas pelo cônjuge supérstite em caso de acidente de trabalho fatal.

e) ações relativas a tutelas inibitórias em sede de labor-ambiental (meio ambiente do trabalho), ações de consignação em pagamento e ações de indenização por danos morais e materiais ajuizadas pelo cônjuge supérstite em caso de acidente de trabalho fatal.

Súmula STJ 368. Compete à justiça comum estadual processar e julgar os pedidos de retificação de dados cadastrais da justiça eleitoral.

Súmula anotada em Direito Eleitoral – Competência.

Súmula STJ 505. A competência para processar e julgar as demandas que têm por objeto obrigações decorrentes dos contratos de planos de previdência privada firmados com a Fundação Rede Ferroviária de Seguridade Social – Refer é da justiça estadual.

1494. (TRT/3R/Juiz/2014) Em matéria de competência, a partir das súmulas dos Tribunais Superiores (TST e STJ), não é correto afirmar que:

a) Na execução por carta precatória, os embargos de terceiro serão oferecidos no juízo deprecante ou no juízo deprecado, mas a competência para julgá-los é do juízo deprecante, salvo se versarem, unicamente, sobre vícios ou irregularidades da penhora, avaliação ou alienação dos bens, praticados pelo juízo deprecado, em que a competência será deste último.

b) A competência para processar e julgar as demandas que tem por objeto obrigações decorrentes dos planos de previdência privada firmados com a Fundação Rede Ferroviária de Seguridade Social – REFER é da Justiça Federal.

c) Nos termos do art. 114, inc. VI, da Constituição da República, a Justiça do Trabalho é competente para processar e julgar ações de indenização por dano moral e material, decorrentes da relação de trabalho, inclusive as oriundas de acidente de trabalho e doenças a ele equiparadas.

d) Compete à Justiça do Trabalho processar e julgar ações ajuizadas por empregados em face de empregadores relativas ao cadastramento no Programa de Integração Social (PIS).

e) Compete à Justiça estadual processar e julgar a ação de cobrança ajuizada por profissional liberal contra cliente.

> **Súmula STJ 553.** *Nos casos de empréstimo compulsório sobre o consumo de energia elétrica, é competente a justiça estadual para o julgamento de demanda proposta exclusivamente contra a Eletrobrás. Requerida a intervenção da União no feito após a prolação de sentença pelo juízo estadual, os autos devem ser remetidos ao tribunal regional federal competente para o julgamento da apelação se deferida a intervenção.*

Súmula anotada em Direito Processual Civil – Dos Processos nos Tribunais e dos Meios de Impugnação das Decisões Judiciais – Dos Recursos – Da Apelação.

1.2.1-C. Da Competência (Justiça Federal)

> **Súmula STJ 32.** *Compete à justiça federal processar justificações judiciais destinadas a instruir pedidos perante entidades que nela têm exclusividade de foro, ressalvada a aplicação do art. 15, II, da Lei 5.010/1966.*

1495. (Cespe/TRF/5R/Juiz/2009) No que se refere às questões previdenciárias atinentes aos juizados especiais federais e à jurisprudência aplicável à espécie, assinale a opção correta.

a) É vedada a cumulação do recebimento de pensão por morte de trabalhador rural com o de benefício de aposentadoria por invalidez.

b) Exceto para efeito de carência, o tempo de serviço de segurados trabalhadores rurais anterior ao advento da Lei 8.213/1991, sem o recolhimento de contribuições previdenciárias, pode ser considerado para a concessão de benefício previdenciário do RGPS.

c) Em respeito ao critério objetivo, o simples fato de um imóvel ser superior a um módulo rural afasta a qualificação do proprietário desse imóvel como segurado especial, ainda que ele o explore em regime de economia familiar.

d) Para fins de competência, o simples fato de a demanda ter sido ajuizada no juizado especial federal presume a renúncia tácita dos valores excedentes à quantia de sessenta salários mínimos.

e) A justificação judicial destinada a instruir pedido perante órgãos da União deve ser processada e julgada perante juizado especial federal da capital do estado quando a comarca não for sede de vara federal.

1496. (Cespe/TRF/5R/Juiz/2011) Em relação aos institutos de direito previdenciário, assinale a opção correta.

a) Não há inconstitucionalidade formal ou material em lei ordinária que vincule a simples condição de sócio à obrigação de responder solidariamente pelos débitos da sociedade limitada perante a seguridade social, visto que tal matéria não se inclui entre as normas gerais de direito tributário; além disso, unificar os patrimônios das pessoas jurídica e física, nesse caso,

CAPÍTULO 13 - DIREITO PROCESSUAL CIVIL

não compromete a garantia constitucional da livre iniciativa.

b) A justiça comum estadual não tem competência para processar e julgar ação de justificação judicial para habilitação de benefício previdenciário, mesmo na hipótese de o domicílio do justificante não ser sede de vara federal, uma vez que se trata de competência indelegável dos juízes federais.

c) É possível a aplicação imediata de novo teto previdenciário fixado por emenda constitucional aos benefícios pagos com base em limitador anterior, considerados os salários de contribuição utilizados para os cálculos iniciais, pois não se trata de majoração do valor do benefício sem a correspondente fonte de custeio, mas apenas da declaração do direito de o segurado ter a sua renda mensal de benefício calculada com base em limitador mais alto.

d) É de dez contribuições mensais o período de carência exigido para a concessão de salário-maternidade à empregada doméstica; à segurada da previdência social que adotar criança até um ano de idade será devido esse benefício por cento e vinte dias, à que adotar criança com idade entre um e quatro anos, por sessenta dias, e à que adotar criança com idade entre quatro a oito anos, por trinta dias.

e) No que se refere à concessão de benefícios, a legislação previdenciária deve ser interpretada de forma restrita, razão pela qual não é possível o reconhecimento do exercício de atividade especial em data anterior à legislação que a teria incluído no mundo jurídico, o que representaria a possibilidade de aplicação retroativa de lei nova, em violação ao princípio tempus regit actum.

> **Súmula STJ 150.** *Compete à justiça federal decidir sobre a existência de interesse jurídico que justifique a presença, no processo, da União, suas autarquias ou empresas públicas.*

1497. (Cespe/TJ/DFT/Analista/2008)

Compete à justiça federal decidir sobre a existência de interesse jurídico que justifique a presença, no processo, da União, suas autarquias ou empresas públicas.

1498. (TRF/2R/Juiz/2014)

Ajuizada ação objetivando o reconhecimento de usucapião de imóvel urbano perante a Justiça Estadual, verificou-se que a União é titular de domínio sobre imóvel confinante ao bem objeto do processo. Assinale a alternativa correta:

a) Considerando que cabe ao juiz federal aferir o interesse dos entes mencionados no art. 109, I, da Lei Maior, deverá o magistrado estadual encaminhar os autos à Justiça Federal para exame do interesse concreto da União em intervir no processo e, caso este delibere pela sua inexistência, devolverá os autos ao juízo estadual, independentemente de conflito, com base no enunciado sumular n. 150 do Superior Tribunal de Justiça.

b) Remetidos os autos à Justiça Federal para que esta afira o ingresso da União, caso o juiz federal delibere no sentido da ausência de interesse deste ente, deve ele suscitar conflito de competência com o juízo estadual e não simplesmente excluir a União e devolver os autos.

c) O juiz estadual deverá declinar, por força de sua incompetência, em favor da Justiça Federal, tendo em vista que o confinante (União) é litisconsorte passivo necessário e, portanto, não pode ser excluído da relação processual.

d) Em que pese haver litisconsórcio passivo, este é facultativo, motivo pelo qual o juiz federal pode aplicar analogicamente o enunciado sumular n. 150 do Superior Tribunal de Justiça para excluir a União, com devolução dos autos ao juízo estadual, resguardando seu direito de eventual ação em caso de prejuízo ao ente no julgamento.

e) Como a União Federal é mera confinante do terreno objeto da lide, o juiz estadual pode processar a demanda, já que todos os entes públicos federativos serão notificados, e não há qualquer possibilidade de prejuízo ou afetação de interesse da União.

1499. (MPE/GO/Promotor/2014)

Julgue, com base na mais recente jurisprudência do Supremo Tribunal Federal, as assertivas abaixo, assinalando, após, a alternativa correta:

I. Os conflitos negativos de atribuição entre membro do Ministério Público Federal e de Ministério Público de Estado-membro devem ser resolvidos, em analogia com a forma prevista na Súmula 150 do Superior Tribunal de Justiça, pois, dado o princípio federativo, somente o Ministério Público da União pode dizer do interesse ou não dessa pessoa política no tocante à situação objeto do dissídio.

II. O Ministério Público de Estado-membro não dispõe de legitimação para interpor recursos e sustentar oralmente no âmbito da Suprema Corte, pois, quando da apreciação executiva do projeto que veio a converter-se na Lei 8.625/1993, houve veto sobre o texto do inciso IV do art. 29, em que se previa que o Procurador-Geral de Justiça poderia ocupar a tribuna nas sessões do Supremo Tribunal Federal.

III. Conquanto autônomo, sujeita-se o Ministério Público à fiscalização externa do Poder Legislativo, com o auxílio do Tribunal de Contas, e, também, ao controle jurisdicional, além de ao controle interno do Poder Executivo.

IV. Não incorre em inconstitucionalidade, sequer por ofensa ao princípio do promotor natural e à competência privativa da União para legislar em matéria de processo, a Lei Orgânica Estadual que atribua ao Procurador-Geral de Justiça o ajuizamento de ação civil pública em desfavor de membros do Poder Judiciário e de membros do próprio Ministério Público

a) Todas as assertivas são incorretas.
b) As assertivas I, II e III são incorretas.
c) As assertivas I, III e IV são incorretas
d) As assertivas II, III e IV são incorretas.

> **Súmula STJ 324.** *Compete à justiça federal processar e julgar ações de que participa a Fundação Habitacional do Exército, equiparada à entidade autárquica federal, supervisionada pelo Ministério do Exército.*

⮑ Súmula não abordada em concursos recentes.

> **Súmula STJ 365.** *A intervenção da União como sucessora da Rede Ferroviária Federal S/A (RFFSA) desloca a competência para a justiça federal ainda que a sentença tenha sido proferida por juizo estadual.*

1500. (FCC/TRT/9R/Analista/2010) No que concerne ao tema sociedades de economia mista e empresas públicas, é incorreto afirmar:

a) O pessoal das empresas públicas e das sociedades de economia mista são considerados agentes públicos, para os fins de incidência das sanções previstas na Lei de Improbidade Administrativa.

b) As sociedades de economia mista apenas têm foro na Justiça Federal quando a União intervém como assistente ou opoente ou quando a União for sucessora da referida sociedade.

c) Ambas somente podem ser criadas se houver autorização por lei específica, cabendo ao Poder Executivo as providências complementares para sua instituição.

d) No capital de empresa pública, não se admite a participação de pessoa jurídica de direito privado, ainda que integre a Administração Indireta.

e) As empresas públicas podem adotar qualquer forma societária, inclusive a forma de sociedade "unipessoal".

1.2.1-D. Da Competência (Modificação)

> **Súmula STJ 235.** *A conexão não determina a reunião dos processos, se um deles já foi julgado.*

1501. (FGV/Senado/Advogado/2008) Havendo processo que está em fase recursal (apelação) pretende a parte apelante distribuir demanda que reputa conexa, por dependência, antes da subida dos autos ao tribunal. No caso a pretensão:

a) é possível, desde que a segunda demanda guarde efetiva identidade com a primeira.
b) necessita que o recurso não tenha sido encaminhado à Câmara.
c) é permitida desde que exista identidade de causa de pedir entre as ações.
d) é inviável, em função de já ter sido produzida a prova na ação que foi julgada.
e) é incabível, por não haver conexão em processos que estejam em instâncias distintas.

1502. (TRT/2R/Juiz/2012) Observe as assertivas e ao final responda.

I. A prevenção ocorre entre juízes de igual competência, constituindo-se, portanto, em critério de fixação da competência dentre os órgãos cuja competência em abstrato é a mesma. Correndo em separado ações conexas perante juízes que têm a mesma competência territorial, considera-se prevento aquele que despachou em primeiro lugar. A conexão, segundo a

CAPÍTULO 13 - DIREITO PROCESSUAL CIVIL

jurisprudência sumulada, não determina a reunião dos processos, se um deles já foi julgado.

II. Distribuir-se-ão por dependência as causas de qualquer natureza quando, tendo sido extinto o processo, sem julgamento de mérito, for reiterado o pedido, ainda que em litisconsórcio com outros autores, desde que os réus da demanda permaneçam os mesmos.

III. Constituem-se exceção da regra do "perpetuatio iurisdictionis" a supressão do órgão judiciário ou a alteração da competência em razão da matéria, em razão do valor da causa ou em razão da hierarquia.

IV. Os prazos peremptórios podem ser prorrogados pelo juiz nas comarcas onde for difícil o transporte até sessenta dias, a menos que haja calamidade pública, quando então poderá ser excedido tal limite.

V. As partes podem, de comum acordo, modificar os prazos dilatórios, mesmo que se tratem de prazos impróprios.

Estão corretas apenas as assertivas:

a) I e III.

b) I e IV.

c) III, IV e V.

d) II, III e V.

e) III e V.

> **Súmula STJ 489.** *Reconhecida a continência, devem ser reunidas na justiça federal as ações civis públicas propostas nesta e na justiça estadual.*

1503. (OAB/SP/1998) O Ministério Público do Estado de São Paulo propõe demanda em relação a Tibúrcio, alegando que este desmatou, indevidamente, área de proteção ambiental. Anteriormente, Tibúrcio já havia sido autuado pelo Ibama, sob esse argumento. Antes do ajuizamento da ação civil pública, Tibúrcio propôs na Justiça Federal ação anulatória do auto de infração lavrado pelo Ibama:

a) as duas demandas, tendo em vista sua conexão, deverão ser reunidas perante a Justiça Federal, assumindo como autor da ação civil pública o Ministério Público Federal.

b) as duas demandas, tendo em vista a continência, deverão ser reunidas perante a Justiça Estadual para processamento e julgamento.

c) as duas demandas prosseguirão separadamente, na medida em que inexiste a possibilidade de conexão ou continência neste caso.

d) as duas demandas, tendo em vista a continência, deverão ser reunidas perante a Justiça Federal, assumindo como autor da ação civil pública o Ministério Público Federal.

1504. (Cespe/MPE/RO/Promotor/2013) No que concerne a conexão, competência relativa e conflito de competência, assinale a opção correta.

a) De acordo com o entendimento do STJ, reconhecida a continência entre duas ações civis públicas propostas pelo MPE e pelo MPF, uma na justiça estadual, outra na justiça federal, ambas deverão ser reunidas na justiça federal.

b) As partes podem, no caso concreto, afastar a aplicação da regra de competência relativa por meio de celebração de acordo para a escolha de determinado foro para futuras e possíveis demandas, caso em que a chamada cláusula de eleição de foro não obriga os herdeiros e sucessores das partes.

c) De acordo com o entendimento do STJ, não é suficiente para caracterizar o conflito de competência a mera possibilidade ou risco de que sejam proferidas decisões conflitantes por juízos distintos.

d) O MP não tem legitimidade para suscitar conflito de competência.

e) São conexas duas ou mais ações quando lhes for comum o objeto ou a causa de pedir, exigindo-se, consoante o STJ, em relação à causa de pedir, que a identidade entre as ações seja total, condição sem a qual não se configura a conexão.

1.2.1-E. Da Competência (Incompetência)

> **Súmula STJ 3.** *Compete ao tribunal regional federal dirimir conflito de competência verificado, na respectiva região, entre juiz federal e juiz estadual investido de jurisdição federal.*

1505. (TRT/22R/Juiz/2006) Assinale a alternativa correta:

a) Compete ao Tribunal Regional do Trabalho dirimir conflito de competência, verificado na respectiva Região, entre Juiz do Trabalho e Juiz Estadual investido de jurisdição do trabalho.

b) Compete ao Superior Tribunal de Justiça dirimir conflito de competência, verificado em determinada Região, entre Juiz Federal e Juiz Estadual investido de jurisdição federal.

c) Compete ao Superior Tribunal de Justiça dirimir conflito de competência entre juízos trabalhistas vinculados a Tribunais Regionais do Trabalho diversos.

d) Compete ao Tribunal Superior do Trabalho dirimir conflito de competência, verificado em determinada Região, entre o Tribunal Regional do Trabalho e o Juiz Estadual investido da jurisdição do trabalho.

e) Compete ao Supremo Tribunal Federal dirimir conflito de competência entre Tribunal Superior do Trabalho e Tribunal Regional do Trabalho.

> **Súmula STJ 33.** *A incompetência relativa não pode ser declarada de ofício.*

1506. (Esaf/PGDF/Procurador/2007-1)
Sobre o tema "competência interna", assinale a afirmativa incorreta.

a) Competência material é absoluta; competência territorial é relativa.

b) Pelo princípio da "perpetuatio jurisditionis", uma vez proposta a ação e definida a competência, são irrelevantes as modificações do estado de fato ou de direito ocorridas posteriormente, salvo quando suprimirem o órgão judiciário ou alterarem a competência em razão da matéria ou da hierarquia.

c) A incompetência absoluta deve ser arguida por meio de exceção.

d) A ação fundada em direito pessoal deve ser proposta, em regra, no foro do domicílio do réu.

e) A nulidade da cláusula de eleição de foro, em contrato de adesão, pode ser declarada de ofício pelo juiz, que declinará de competência para o foro do domicílio do réu.

1507. (TRT/15R/Juiz/2012) Sobre competência é incorreto afirmar:

a) A ação intentada perante tribunal estrangeiro não induz litispendência, porém obsta a que a autoridade judiciária brasileira conheça da mesma causa e das que lhe são conexas.

b) Prevenção é critério para exclusão dos demais juízos competentes de um mesmo foro ou tribunal. Ocorre tanto na hipótese de competência relativa, prorrogável como nos casos de juízos de mesma competência absoluta. Como acontece com a distribuição, a prevenção tem por finalidade também fixar a competência do juízo.

c) Apenas quando o domicílio do réu for desconhecido ou incerto é que existe, para o autor a regra do foro subsidiário (e não concorrente) pode demandar onde for encontrado o réu ou, em última análise, no foro do domicílio dele mesmo autor.

d) Conforme matéria já sumulada pelo STJ, é vedado ao juiz adiantar-se ao direito disponível da parte e proclamar, "ex officio", sua incompetência relativa.

e) É competente o foro do lugar onde exerce a sua atividade principal, para a ação em que for ré a sociedade, que carece de personalidade jurídica.

> **Súmula STJ 59.** *Não há conflito de competência se já existe sentença com trânsito em julgado, proferida por um dos juízos conflitantes.*

1508. (FCC/MPE/AL/Promotor/2012)
Segundo entendimento sumulado do Superior Tribunal de Justiça:

a) compete à Justiça Estadual o processo e julgamento unificado dos crimes conexos de competência federal e estadual, aplicando-se a regra do artigo 78, inciso II, alínea a, do Código de Processo Penal.

b) a utilização de papel moeda grosseiramente falsificado configura, em tese, o crime de estelionato, da competência da Justiça Estadual.

c) subsiste conflito de competência ainda que haja sentença com trânsito em julgado, proferida por um dos juízos conflitantes.

d) é absoluta a nulidade decorrente da inobservância da competência penal por prevenção.

e) a competência do Tribunal de Justiça para julgar prefeitos não se restringe aos crimes da Justiça Comum Estadual.

CAPÍTULO 13 - DIREITO PROCESSUAL CIVIL

1509. (OAB/SP/2005-1) Entre as alternativas abaixo, assinale a que não corresponde à Súmula do Superior Tribunal de Justiça.

a) A sentença concessiva do perdão judicial é declaratória de extinção de punibilidade, não subsistindo qualquer efeito condenatório.

b) Não se concede fiança quando, em concurso material, a soma das penas cominadas for superior a dois anos de reclusão.

c) A participação do membro do Ministério Público na fase investigatória criminal não acarreta o seu impedimento ou suspeição para o oferecimento da denúncia.

d) Há conflito de competência ainda que exista sentença com trânsito em julgado proferida por um dos juízos conflitantes.

1510. (TRF/3R/Juiz/2003) Assinale a alternativa que não corresponde, em todos os seus termos, a entendimento sumulado pelo Superior Tribunal de Justiça:

a) não há conflito de competência se já existe sentença com trânsito em julgado proferida por um dos Juízos conflitantes.

b) compete à Justiça Estadual processar e julgar o crime de falsa anotação na Carteira de Trabalho e Previdência Social, atribuído à empresa privada.

c) a conexão não determina a reunião dos processos, se um deles já foi julgado.

d) compete à Justiça Federal processar e julgar crime em que o indígena figure como autor ou vítima.

> **Súmula STJ 428.** *Compete ao tribunal regional federal decidir os conflitos de competência entre juizado especial federal e juízo federal da mesma seção judiciária.*

1511. (Cespe/TRF/5R/Juiz/2007) O STJ é competente para dirimir conflito de competência estabelecido entre o juizado especial federal e o juízo de vara federal na mesma seção judiciária.

2. DOS SUJEITOS DO PROCESSO

2.1. Das Partes e dos Procuradores

2.1.1. Da Capacidade Processual

> **Súmula STJ 525.** *A Câmara de vereadores não possui personalidade jurídica, apenas personalidade judiciária, somente podendo demandar em juízo para defender os seus direitos institucionais.*

Súmula anotada em Direito Civil – Das Pessoas.

2.1.2-A. Dos Deveres das Partes e de seus Procuradores (Custas Processuais)

> **Súmula STJ 462.** *Nas ações em que representa o FGTS, a CEF, quando sucumbente, não está isenta de reembolsar as custas antecipadas pela parte vencedora.*

➲ Súmula não abordada em concursos recentes.

2.1.2-B. Dos Deveres das Partes e de seus Procuradores (Honorários Advocatícios)

> **Súmula STJ 14.** *Arbitrados os honorários advocatícios em percentual sobre o valor da causa, a correção monetária incide a partir do respectivo ajuizamento.*

1512. (TRF/4R/Juiz/2001) Assinalar a alternativa correta.

a) A condenação do litigante de má-fé ao pagamento de multa, honorários advocatícios e despesas processuais pressupõe pedido expresso da parte contrária.

b) Os honorários advocatícios devem corresponder a percentual sobre o valor da causa, admitindo-se, porém, a fixação em quantia determinada ou em salários mínimos.

c) Arbitrados os honorários advocatícios em percentual sobre o valor da causa, a correção monetária incide a partir do respectivo ajuizamento.

d) No julgamento da exceção de incompetência, o juiz condenará o vencido a pagar as despesas da parte contrária e os honorários advocatícios proporcionais ao incidente.

> **Súmula STJ 105.** *Na ação de mandado de segurança, não se admite condenação em honorários advocatícios.*

1513. **(NCE-UFRJ/PC/DF/Agente/2004)** Sobre as normas relativas aos direitos e garantias fundamentais, é correto afirmar que:

a) o direito a obtenção de certidão e de atestado junto às repartições públicas encontra-se expressamente previsto na Constituição, junto com o direito de petição.

b) não há lei regulamentando o processo de mandado de injunção, o que impede a sua utilização.

c) poderá ser usado o mandado de segurança ou o "habeas data" quando uma autoridade não permitir o acesso de interessado ao conteúdo das informações a seu respeito existentes em banco de dados público.

d) a Constituição isentou o impetrante do mandado de segurança e da ação popular do pagamento de custas e honorários advocatícios, salvo comprovada má-fé.

e) a lei pode criar outras hipóteses de "habeas data" além das que estão previstas na Constituição.

1514. **(Fundep/DPE/MG/Defensor/2014)** Sobre mandado de segurança, com base na lei e na jurisprudência sumulada dos tribunais superiores, assinale a alternativa correta.

a) A controvérsia sobre matéria de direito impede a concessão de mandado de segurança, instituto de defesa de direito certo e incontestável.

b) É inconstitucional a estipulação de prazo decadencial para a impetração de mandado de segurança.

c) Não é cabível a condenação em honorários advocatícios em ações de mandado de segurança.

d) A impetração de mandado de segurança coletivo por entidade de classe em favor de seus associados depende da autorização prévia destes.

> **Súmula STJ 131.** *Nas ações de desapropriação incluem-se no cálculo da verba advocatícia as parcelas relativas aos juros compensatórios e moratórios, devidamente corrigidas.*

1515. **(TRF/4R/Juiz/2010)** Assinale a alternativa incorreta em matéria de desapropriação.

a) Os juros compensatórios, na desapropriação indireta, incidem a partir da ocupação, calculados sobre o valor da indenização, corrigido monetariamente.

b) Os juros compensatórios, na desapropriação direta, incidem a partir da imissão na posse, calculados sobre o valor da indenização, corrigido monetariamente.

c) Nas ações de desapropriação, os juros compensatórios são sempre fixados em 12% (doze por cento) ao ano a partir da ocupação.

d) A base de cálculo de honorários de advogado em desapropriação é a diferença entre a oferta e a indenização, corrigidas ambas monetariamente.

e) Nas ações de desapropriação, incluem-se no cálculo da verba advocatícia as parcelas relativas aos juros compensatórios e moratórios, devidamente corrigidas.

> **Súmula STJ 141.** *Os honorários de advogado em desapropriação direta são calculados sobre a diferença entre a indenização e a oferta, corrigidas monetariamente.*

1516. **(Cespe/Ipojuca/Procurador/2009)** Em desapropriação não são cumuláveis juros compensatórios e moratórios, sendo certo que os honorários de advogado, em desapropriação direta, são calculados sobre a diferença entre a indenização e a oferta, corrigidas monetariamente.

1517. **(Cespe/DPE/PI/Defensor/2009)** Acerca da desapropriação por utilidade pública, assinale a opção correta.

a) Podem executar a desapropriação as concessionárias e permissionárias de serviços públicos, assim como autarquias, fundações instituídas e mantidas pelo poder público, empresas públicas e sociedades de economia mista, mediante

CAPÍTULO 13 - DIREITO PROCESSUAL CIVIL

autorização expressa, constante de lei ou contrato.

b) O termo inicial para o prazo de caducidade da declaração emitida pelo poder público é de dois anos, contados da data de expedição do respectivo decreto.

c) Segundo o STF, a imissão provisória na posse dos bens, mesmo que precedido do depósito do valor correspondente ao valor cadastral do imóvel e independentemente da citação do réu, contraria o princípio da justa e prévia indenização em dinheiro estipulado na CF.

d) Segundo o STF, a base de cálculo dos honorários advocatícios na desapropriação é o valor da condenação.

e) O Poder Judiciário poderá decidir, no processo de desapropriação, se ocorrem ou não os casos de utilidade pública.

1518. **(FCC/TCE/GO/Analista/2009)** Considerando a disciplina atualmente vigente quanto às desapropriações por necessidade ou utilidade pública, incluindo decisões do Supremo Tribunal Federal, é correto afirmar:

a) não é possível a imissão provisória na posse do imóvel desapropriando.

b) a imissão provisória na posse do imóvel desapropriando é condicionada ao prévio pagamento integral da indenização.

c) não fluem juros moratórios nem compensatórios nas ações de desapropriação indireta ou desapossamento administrativo.

d) os juros compensatórios são calculados à taxa máxima de 6% ao ano.

e) os juros compensatórios incidirão sobre a diferença entre o valor da indenização, de um lado, e o levantado pelo proprietário, por ocasião da imissão provisória na posse, de outro.

1519. **(TJ/DFT/Juiz/2012)** Julgue as três proposições que se seguem e assinale a única alternativa correta.

I. Em ação de desapropriação por utilidade pública, alegada a urgência pelo expropriante, e desde que efetivado o depósito da quantia arbitrada, pode o juiz deferir a imissão provisória na posse do bem, independentemente de citação. Tal procedimento não ofende a Constituição.

II. Os honorários advocatícios em ação de desapropriação por utilidade pública devem ser

fixados em 5% sobre a diferença entre os valores da oferta e da indenização ao final definidos, ambos corrigidos monetariamente.

III. O proprietário pode valer-se da ação reivindicatória para recuperar a faculdade de usar livremente de seu imóvel, faculdade essa perdida por ato clandestino do réu.

a) Somente a proposição III está correta.

b) Somente a proposição I está correta.

c) Nenhuma das proposições está correta.

d) Somente as proposições I e II estão corretas.

1520. **(Vunesp/DPE/MS/Defensor/2014)** Em relação à desapropriação, tendo em vista a jurisprudência do Superior Tribunal de Justiça e do Supremo Tribunal Federal, é correto afirmar que

a) a invasão do imóvel é causa de extinção do processo expropriatório para fins de reforma agrária.

b) na desapropriação direta ou indireta, a taxa dos juros compensatórios é de 6% (seis por cento) ao ano.

c) os honorários de advogado em desapropriação direta são calculados sobre a diferença entre a indenização e a oferta, corrigidas monetariamente.

d) a previsão do Decreto-lei n 3.365/41, que permite que a imissão provisória seja feita independente da citação do réu, mediante depósito, é inconstitucional.

> **Súmula STJ 201.** *Os honorários advocatícios não podem ser fixados em salários-mínimos.*

➲ Súmula não abordada em concursos recentes.

> **Súmula STJ 303.** *Em embargos de terceiro, quem deu causa à constrição indevida deve arcar com os honorários advocatícios.*

1521. **(Cespe/TRF/5R/Juiz/2009)** No que se refere aos embargos de terceiro, assinale a opção correta.

a) Os honorários advocatícios devidos ao embargante serão pagos por ambas as partes do processo em que tenha ocorrido a penhora, independentemente de quem tenha dado causa à constrição indevida.

b) Os embargos de terceiro, forma de intervenção de terceiros, permitem a qualquer pessoa estranha ao processo discutir a titularidade dos direitos disputados pelas partes.

c) Será sempre do juízo deprecado a competência para processar os embargos de terceiro opostos à penhora realizada sob sua jurisdição.

d) Ainda que intimado da penhora, o cônjuge poderá opor embargos de terceiro em defesa de sua meação no bem penhorado de propriedade do casal.

e) Não existe hipótese em que um terceiro não possuidor possa utilizar os embargos de terceiro, dado o nítido caráter possessório dessa ação.

1522. (Vunesp/TJ/SP/Juiz/2014) A respeito dos embargos de terceiro, é correto afirmar:

a) Os embargos de terceiro podem ser manejados por aquele que não faz parte do processo para retirar constrição indevida do bem em virtude de fraude à execução, mas não para se anular ato jurídico por fraude contra credores.

b) É admissível a oposição de embargos de terceiro fundados em alegação de posse advinda do compromisso de compra e venda de imóvel, contanto que devidamente registrado.

c) Em embargos de terceiro, pouco importa quem deu causa à constrição indevida para fins de suportar a condenação em honorários advocatícios.

d) Não é dado ao cônjuge ajuizar embargos de terceiro para a defesa de sua meação, ainda que tenha sido intimado da penhora em imóvel pertencente ao casal.

> **Súmula STJ 325.** *A remessa oficial devolve ao tribunal o reexame de todas as parcelas da condenação suportadas pela Fazenda Pública, inclusive dos honorários de advogado.*

↪ Súmula não abordada em concursos recentes.

> **Súmula STJ 345.** *São devidos honorários advocatícios pela Fazenda Pública nas execuções individuais de sentença proferida em ações coletivas, ainda que não embargadas.*

1523. (Cespe/TRF/1R/Juiz/2015) A respeito do entendimento do STJ

sobre a legislação federal referente à execução contra a fazenda pública, assinale a opção correta.

a) Ao fixar verba honorária, seja a execução embargada ou não, o juiz não pode eleger como base de cálculo o valor da causa, mas deve arbitrar valor fixo e valer-se da equidade.

b) Não é cabível a condenação da fazenda pública em honorários advocatícios nas execuções individuais de sentença proferida em ação coletiva, caso elas não tenham sido embargadas.

c) Se o crédito principal observar o regime dos precatórios, os honorários advocatícios não poderão ser executados mediante requisições de pequeno valor, ainda que se restrinjam ao valor limite dessas requisições.

d) A compensação, ainda que não seja alegada no processo de conhecimento, pode ser objeto dos embargos à execução, a fim de se evitar o enriquecimento sem causa por parte do credor.

e) Não há incidência de juros moratórios entre a data da elaboração da conta em execução e a da expedição do precatório ou da requisição de pequeno valor.

1524. (Vunesp/TJ/SP/Juiz/2014) Nas hipóteses em que o Poder Público figura em juízo, é incorreto afirmar:

a) São devidos honorários advocatícios pela Fazenda Pública nas execuções individuais de sentença proferida em ações coletivas somente se tiverem sido embargadas.

b) Na remessa necessária, é vedado ao Tribunal, como regra, agravar a condenação imposta à Fazenda Pública.

c) A remessa oficial devolve ao Tribunal o reexame de todas as parcelas da condenação suportadas pela Fazenda Pública, inclusive dos honorários de advogado.

d) A Fazenda Pública, quando parte no processo, fica sujeita à exigência do depósito prévio dos honorários do perito.

1525. (Vunesp/TJ/SP/Juiz/2015) A jurisprudência do Superior Tribunal de Justiça, com relação a honorários advocatícios, estabelece que

a) os honorários sucumbenciais, quando omitidos em decisão transitada em julgado, podem ser cobrados em ação própria.

b) os honorários advocatícios devem ser compensados quando houver sucumbência recíproca, assegurado o direito autônomo do advogado à execução do saldo sem exclusão da legitimidade da própria parte.

c) arbitrados os honorários advocatícios em percentual sobre o valor da causa, a correção monetária incide a partir da sentença.

d) são devidos honorários advocatícios pela Fazenda Pública nas execuções individuais de sentença proferida em ações coletivas, ainda que não embargadas.

> *Súmula STJ 421. Os honorários advocatícios não são devidos à Defensoria Pública quando ela atua contra a pessoa jurídica de direito público à qual pertença.*

1526. (FCC/PGE/SP/Procurador/2009)
Nas demandas onde a Fazenda Pública do Estado for parte, é incorreto afirmar que:

a) nas condenações de obrigação de pagar que lhe forem impostas, independentemente de sua natureza e para fins de atualização monetária, remuneração do capital e compensação da mora, haverá a incidência uma única vez, até o efetivo pagamento, dos índices oficiais de remuneração básica e juros aplicados à caderneta de poupança.

b) a ação de ressarcimento do erário por danos decorrentes de atos de improbidade administrativa é imprescritível.

c) nas ações movidas por servidor público pleiteando a concessão de gratificação não é possível a concessão de antecipação de tutela.

d) se sucumbente, não são devidos honorários advocatícios à Defensoria Pública Estadual, quando esta patrocina parte adversa hipossuficiente financeiramente.

e) cabe agravo, no prazo de 10 (dez) dias, do despacho do Presidente do Tribunal que conceder a suspensão da execução de liminar, para evitar grave lesão à ordem, à saúde, à segurança e à economia públicas.

1527. (Cespe/DPE/AC/Defensor/2012)
Com relação à capacidade postulatória e aos atos processuais, assinale a opção correta.

a) O julgamento de recurso interposto por defensor público estadual deve ser acompanhado no STJ exclusivamente pela DPU, que deve ser intimada das decisões e acórdãos proferidos, constituindo a atuação da DPU impedimento à ação da respectiva DPE.

b) Outorgado mandato por menor devidamente representado, o instrumento permanece válido até que o mandante atinja a maioridade e, se ainda em curso o processo após o aniversário de dezoito anos do mandante, nova procuração deverá ser juntada aos autos, sob pena de se considerar inadmissível eventual recurso interposto.

c) O pleito de fornecimento de medicamentos a menor carente deve ser postulado pela DP, em ação individual, ou pelo MP, em ação civil pública.

d) O pedido de assistência judiciária gratuita formulado no curso da ação deve ser deduzido em petição a ser proposta em separado e autuada em apenso aos autos principais, podendo a proposição no corpo de petição de recurso ser considerada erro grosseiro.

e) Conforme súmula do STJ, os honorários advocatícios não são devidos à DP quando ela atua contra qualquer pessoa jurídica de direito público.

1528. (Cespe/DPE/PE/Defensor/2015)
De acordo com entendimento sumulado do STJ, não são devidos honorários advocatícios à DP quando esta atuar em processo contra a pessoa jurídica de direito público à qual pertença. A referida Corte fixou entendimento recente, em consonância com a referida jurisprudência, de que são devidos honorários advocatícios sucumbenciais em favor da DP, quando se tratar de demanda ajuizada em face de ente federativo diverso do qual pertença.

> *Súmula STJ 488. O § 2º do art. 6º da Lei n. 9.469/1997, que obriga à repartição dos honorários advocatícios, é inaplicável a acordos ou transações celebrados em data anterior à sua vigência.*

1529. (Funcab/Faceli/Professor/2015)
Assinale a alternativa em desacordo com os entendimentos consolidados em enunciados de súmula do Superior Tribunal de Justiça.

a) A dispensa de reexame necessário, quando o valor da condenação ou do direito controvertido for inferior a sessenta salários mínimos, se aplica a sentenças ilíquidas.

b) Reconhecida a continência, devem ser reunidas na Justiça Federal as ações civis públicas propostas nesta e na Justiça Estadual.

c) O § 2º do art. 6º da Lei 9.469/1997, que obriga à repartição dos honorários advocatícios, é inaplicável a acordos ou transações celebrados em data anterior à sua vigência.

d) O parágrafo único do art. 741 do CPC não se aplica às sentenças transitadas em julgado em data anterior à da sua vigência.

e) A falta de ajuizamento da ação principal no prazo do art. 806 do CPC acarreta a perda da eficácia da liminar deferida e a extinção do processo.

> *Súmula STJ 517. São devidos honorários advocatícios no cumprimento de sentença, haja ou não impugnação, depois de escoado o prazo para pagamento voluntário, que se inicia após a intimação do advogado da parte executada.*

1530. (FCC/TJ/PI/Juiz/2015) Está de acordo com o entendimento sumular do Superior Tribunal de Justiça:

a) São devidos honorários advocatícios no cumprimento de sentença, desde que haja impugnação, após escoado prazo para pagamento voluntário, que se inicia após a intimação do advogado da parte contrária.

b) É obrigatória ao juiz a reunião de execuções fiscais contra o mesmo devedor.

c) Em ação monitória fundada em cheque prescrito ajuizada contra o emitente, é indispensável a menção ao negócio jurídico subjacente à emissão da cártula.

d) No seguro de responsabilidade civil facultativo, é cabível o ajuizamento de ação pelo terceiro prejudicado, direta e exclusivamente em face da seguradora do apontado causador do dano.

e) Na hipótese de rejeição da impugnação ao cumprimento de sentença, não são cabíveis honorários advocatícios.

> *Súmula STJ 519. Na hipótese de rejeição da impugnação ao cumprimento de sentença, não são cabíveis honorários advocatícios.*

1531. (Esaf/PGFN/Procurador/2015) Vencedora a Fazenda Nacional em demanda antiexacional, o autor foi condenado ao pagamento de R$ 20.000,00 a título de honorários advocatícios. Sobre o tema, indique a opção correta.

a) Deve a União propor demanda autônoma de execução dos honorários, pois não se aplica à Fazenda Pública o sincretismo processual.

b) O cumprimento de sentença dos honorários se dará independentemente de requerimento da Fazenda Nacional, tendo em vista que se trata de apenas uma nova fase processual.

c) É cabível nova condenação em honorários advocatícios, na hipótese de rejeição da impugnação ao cumprimento de sentença.

d) É possível o reconhecimento da prescrição da pretensão executória na fase de cumprimento de sentença, não havendo qualquer óbice da eficácia preclusiva da coisa julgada formada na fase de conhecimento.

e) No cumprimento de sentença proposto pela Fazenda Nacional, não se aplica a multa de 10% decorrente do inadimplemento do devedor.

2.1.2-C. Dos Deveres das Partes e de seus Procuradores (Honorários Periciais)

> *Súmula STJ 232. A Fazenda Pública, quando parte no processo, fica sujeita à exigência do depósito prévio dos honorários do perito.*

1532. (Esaf/PGDF/Procurador/2007-2) Assinale a opção incorreta.

a) A Fazenda Pública, quando parte no processo, não fica sujeita à exigência do depósito prévio dos honorários do perito.

b) O juiz poderá determinar, de ofício ou a requerimento da parte, a realização de nova perícia, quando a matéria não lhe parecer suficientemente esclarecida. A segunda perícia não substitui a primeira, cabendo ao juiz apreciar livremente o valor de uma e outra.

c) Compete ao autor adiantar as despesas relativas a atos, cuja realização o juiz determinar de ofício, a menos que, na realidade, a prova, embora determinada pelo juiz, somente interesse ao réu, hipótese em que este é que deve adiantar as despesas correspondentes.

CAPÍTULO 13 - DIREITO PROCESSUAL CIVIL

d) Quem arrolou uma determinada testemunha pode desistir de ouvi-la, não sendo lícito à parte contrária impugnar essa desistência a pretexto de que não a arrolou porque já o fora anteriormente pelo adversário.

e) Quanto ao sistema de valoração das provas, o Código de Processo Civil brasileiro adotou o princípio da persuasão racional.

2.1.3. Da Gratuidade da Justiça

> **Súmula STJ 481.** *Faz jus ao benefício da justiça gratuita a pessoa jurídica com ou sem fins lucrativos que demonstrar sua impossibilidade de arcar com os encargos processuais.*

1533. **(Cespe/DPE/AC/Defensor/2012)** Com referência à DP e à justiça gratuita, a presunção de hipossuficiência e o patrocínio de pessoas jurídicas pela DP, assinale a opção correta.

a) Apesar de não haver previsão legal expressa, admite-se o patrocínio de pessoa jurídica pela DP, desde que comprovada a sua hipossuficiência.

b) Por suas características e natureza, as pessoas jurídicas sem fins lucrativos não necessitam comprovar a insuficiência econômica para gozar da benesse da gratuidade da justiça.

c) Presume-se hipossuficiente a pessoa natural cuja renda familiar seja inferior a dois salários mínimos vigentes.

d) A pessoa natural ou jurídica, quando patrocinada pela DP, goza automaticamente dos benefícios da justiça gratuita.

e) O pedido de justiça gratuita, quando formulado por ocasião da interposição de recurso especial, deve, necessariamente, ser feito em petição avulsa.

1534. **(Cespe/DPE/PE/Defensor/2015)** Pessoas jurídicas podem ser atendidas pela DP, portanto, de acordo com a jurisprudência, podem ser beneficiárias da justiça gratuita, porém a mera declaração acerca da insuficiência de recursos não gera presunção "juris tantum", que tem de ser comprovada conforme matéria sumulada pelo STJ.

1535. **(Cespe/DPU/Defensor/2015)** A assistência jurídica integral e gratuita é garantida aos que comprovarem insuficiência de recursos, sejam eles pessoas naturais ou jurídicas. No caso de pessoas jurídicas de direito privado, é pacífica a jurisprudência do STJ no sentido de que a concessão desse benefício somente será possível quando for efetivamente comprovado seu estado de miserabilidade ou a precariedade de sua situação financeira, não bastando a simples declaração de pobreza.

2.2. Do Ministério Público

> **Súmula STJ 99.** *O Ministério Público tem legitimidade para recorrer no processo em que oficiou como fiscal da lei, ainda que não haja recurso da parte.*

1536. **(Esaf/PGDF/Procurador/2007-2)** Assinale a opção incorreta.

a) Ao réu assiste interesse em apelar da sentença que extingue o processo sem julgamento do mérito, objetivando obter a sentença de improcedência.

b) São cabíveis embargos de divergência no âmbito do agravo de instrumento, que não admite o recurso especial.

c) Cabem embargos infringentes, quando o acórdão não unânime houver reformado, em grau de apelação, a sentença de mérito, ou houver julgado procedente a ação rescisória.

d) O Ministério Público tem legitimidade para recorrer no processo que oficiou como fiscal da lei, ainda que não haja recurso da parte.

e) É inadmissível recurso especial quando cabíveis embargos infringentes contra acórdão proferido no tribunal de origem.

1537. **(FCC/TRT/1R/Juiz/2013)** Compete ao Ministério Público do Trabalho, nos termos da lei:

a) promover ou participar da instrução e conciliação em dissídios decorrentes da paralisação de serviços de qualquer natureza, oficiando obrigatoriamente nos processos, manifestando sua concordância ou discordância, em eventuais acordos firmados antes da homologação, não lhe sendo resguardado, nestes casos, o direito de recorrer.

b) intervir facultativamente em todos os feitos, em quaisquer graus de jurisdição da Justiça do Trabalho, quando a parte for pessoa jurídica de Direito Público, Estado estrangeiro ou organismo internacional.

c) recorrer das decisões da Justiça do Trabalho, quando entender necessário, apenas nos processos em que for parte.

d) atuar como árbitro, desde que requisitado pelo juiz do trabalho, nos dissídios de competência da Justiça do Trabalho.

e) pedir revisão dos Enunciados da Súmula de Jurisprudência do Tribunal Superior do Trabalho.

> **Súmula STJ 116.** *A Fazenda Pública e o Ministério Público têm prazo em dobro para interpor agravo regimental no Superior Tribunal de Justiça.*

1538. (Cespe/MP/RO/Promotor/2008) A prerrogativa que confere ao MP o prazo em dobro para recorrer abrange inclusive a interposição de agravo regimental no âmbito do STJ.

3. DOS ATOS PROCESSUAIS

3.1. Da Forma, do Tempo e do Lugar dos Atos Processuais

3.1.1. Dos Prazos

> **Súmula STJ 116.** *A Fazenda Pública e o Ministério Público têm prazo em dobro para interpor agravo regimental no Superior Tribunal de Justiça.*

Súmula anotada em Direito Processual Civil – Dos Sujeitos do Processo – Do Ministério Público.

3.2. Da Comunicação dos Atos Processuais

3.2.1. Da Citação

> **Súmula STJ 106.** *Proposta a ação no prazo fixado para o seu exercício, a demora na citação, por motivos inerentes ao mecanismo da Justiça, não justifica o acolhimento da arguição de prescrição ou decadência.*

1539. (TRF/3R/juiz/2003) Tendo em vista a posição sumulada pelos tribunais superiores pátrios, assinale a alternativa correta:

a) prescreve a execução de sentença em cinco anos, independendo do prazo de prescrição da ação de conhecimento.

b) ainda que proposta a ação no prazo fixado para o seu exercício, a demora da citação por motivos inerentes ao mecanismo da Justiça, justifica o acolhimento de arguição de prescrição ou de decadência.

c) prescreve em vinte anos a ação de cobrança de crédito previdenciário contra a Fazenda Pública.

d) a ação de desapropriação indireta prescreve em vinte anos.

> **Súmula STJ 429.** *A citação postal, quando autorizada por lei, exige o aviso de recebimento.*

1540. (Esaf/PGDF/Procurador/2007-1) Assinale a opção correta.

a) A citação pessoal nas execuções fiscais só será realizada se a citação postal for frustrada.

b) A citação postal se aperfeiçoa com a juntada do aviso de recebimento do correio (AR) aos autos da execução fiscal.

c) A citação por edital nas execuções fiscais tem prazo de 30 dias e a divulgação se faz com a publicação no órgão oficial e na imprensa local, apenas uma vez.

d) O despacho do juiz que defere a inicial da execução fiscal importa em ordem para citação, penhora, arresto, registro da penhora ou do arresto, e avaliação dos bens penhorados ou arrestados.

e) O despacho do juiz que ordenar a citação suspende a prescrição.

4. DA TUTELA PROVISÓRIA

4.1. Da Tutela de Urgência

4.1.1. Do Procedimento da Tutela Cautelar Requerida em Caráter Antecedente

> **Súmula STJ 482.** *A falta de ajuizamento da ação principal no prazo do art. 806 do CPC acarreta a perda da eficácia da liminar deferida e a extinção do processo cautelar.*

CAPÍTULO 13 - DIREITO PROCESSUAL CIVIL

1541. (TRT/8R/Juiz/2008) Assinale a alternativa incorreta a respeito do processo cautelar:

a) Somente em casos excepcionais, expressamente autorizados por lei, determinará o juiz medidas cautelares sem a audiência das partes.

b) A petição inicial da medida cautelar em procedimento preparatório dispensa o requisito da lide e seu fundamento.

c) O requerido será citado, qualquer que seja o procedimento cautelar, para, no prazo de 5 (cinco) dias, contestar o pedido, indicando as provas que pretende produzir. Conta-se o prazo da juntada aos autos do mandado de citação devidamente cumprido ou da execução da medida cautelar, quando concedida liminarmente ou após justificação prévia.

d) Salvo decisão judicial em contrário, a medida cautelar conservará a eficácia durante o período de suspensão do processo.

e) Cessa a eficácia da medida cautelar concedida em procedimento preparatório se a parte não intentar a ação principal no prazo de 30 (trinta) dias; se não for executada dentro de 30 (trinta) dias e se o juiz declarar extinto o processo principal, com ou sem julgamento do mérito. Se por qualquer motivo cessar a medida, é defeso à parte repetir o pedido, salvo por novo fundamento.

1542. (Cespe/TRF/5R/Juiz/2015) Com relação à tutela antecipada e à tutela cautelar, assinale a opção correta.

a) A prova produzida em cautelar de produção antecipada de provas, devidamente homologada por sentença, continua válida mesmo que a ação principal não seja ajuizada dentro do prazo legal

b) A medida cautelar de sequestro tem por finalidade garantir a penhora de bens para a futura execução por quantia certa.

c) De acordo com o entendimento sumulado do STJ, a falta de ajuizamento da ação principal no prazo decadencial de trinta dias não prejudicará o prosseguimento da ação cautelar, mas acarretará a perda da eficácia da liminar concedida.

d) A tutela antecipada, no caso de não haver controvérsia quanto à parcela dos pedidos, pode ser deferida de ofício pelo julgador.

e) Segundo jurisprudência do STJ, não cabe antecipação de tutela contra a fazenda pública, para nomeação de servidor público, tendo em vista tratar-se de hipótese que aumentaria as despesas do erário.

1543. (FCC/PGE/RN/Procurador/2014) Pedro ajuizou ação cautelar preparatória no âmbito da qual requereu, liminarmente, a suspensão de crédito tributário, o que foi deferido. De acordo com o Código de Processo Civil e com Súmula do Superior Tribunal de Justiça, Pedro deverá propor ação principal no prazo de 30 dias, contados da data da

a) concessão da liminar, sob pena de extinção do processo principal sem resolução de mérito.

b) efetivação da medida, sob pena de extinção do processo principal sem resolução de mérito.

c) efetivação da medida, sob pena de perda da eficácia da liminar e de extinção do processo cautelar.

d) propositura da ação cautelar, sob pena de perda da eficácia da liminar e de extinção do processo cautelar.

e) concessão da liminar, sob pena de perda de sua eficácia e de extinção do processo cautelar.

5. DA FORMAÇÃO, DA SUSPENSÃO E DA EXTINÇÃO DO PROCESSO

5.1. Da Extinção do Processo

> **Súmula STJ 240.** *A extinção do processo, por abandono da causa pelo autor, depende de requerimento do réu.*

1544. (MPE/PR/Promotor/2008) Assinale a alternativa correta:

a) É facultado às partes, consensualmente, modificarem os prazos prescricionais.

b) Segundo jurisprudência do Superior Tribunal de Justiça, a extinção do processo, por abandono da causa pelo autor, depende de requerimento do réu.

c) O mandado de segurança não se constitui na ação adequada para a defesa do direito à compensação tributária.

d) A sentença que conceder o mandado de segurança fica sujeita ao duplo grau de jurisdição, sendo vedada a execução provisória.

e) A sentença de procedência da ação popular decretará, tão somente, a invalidade do ato impugnado, facultando-se a busca de eventual ressarcimento em ação própria.

6. DO PROCESSO DE CONHECIMENTO E DO CUMPRIMENTO DE SENTENÇA

6.1. Do Procedimento Comum

6.1.1. Das Provas

> **Súmula STJ 389.** *A comprovação do pagamento do "custo do serviço" referente ao fornecimento de certidão de assentamentos constantes dos livros da companhia é requisito de procedibilidade da ação de exibição de documentos ajuizada em face da sociedade anônima.*

1545. **(Cespe/TJ/DFT/Juiz/2015)** A respeito das sociedades anônimas, assinale a opção correta.

a) Na ação de exibição da certidão de assentamentos constantes nos livros da companhia, é dispensável a comprovação do pagamento do "custo de serviço" referente ao fornecimento desse documento.

b) O acionista de uma sociedade anônima que votar de forma abusiva com o fim de causar dano deverá responder pelos danos que vierem a ser causados, ainda que seu voto não tenha prevalecido.

c) Para que se aperfeiçoe a constituição de garantia real sobre ação nominal, é bastante a averbação da garantia nos livros da instituição financeira custodiante das ações.

d) Apesar de ser inadmissível a constituição de sociedade anônima unipessoal, considera-se uma exceção a essa regra a constituição de sociedade subsidiária integral por uma só pessoa natural.

e) Em obediência ao princípio da efetividade, uma sociedade anônima deve ter capital social determinado, invariável e único.

6.1.2. Da Sentença e da Coisa Julgada

> **Súmula STJ 45.** *No reexame necessário, é defeso ao tribunal agravar a condenação imposta a Fazenda Pública.*

1546. **(Vunesp/PGM/São_Paulo/Procurador/2014)** Sobre o reexame necessário da sentença proferida contra a Fazenda Pública, é correto afirmar que:

a) no reexame necessário é permitido ao Tribunal agravar a condenação imposta à Fazenda Pública sem que tenha a parte contrária interposto recurso.

b) as decisões por maioria, proferidas em reexame necessário para reformar a sentença de mérito, admitem embargos infringentes.

c) é admissível recurso extraordinário ou especial interposto pela Fazenda Pública contra o acórdão do reexame necessário, mesmo que não tenha havido apelação.

d) as sentenças ilíquidas não se sujeitam ao reexame necessário.

e) é vedado ao relator, nas hipóteses em que poderia fazê-lo em recurso de apelação, julgar monocraticamente o reexame necessário.

1547. **(Vunesp/TJ/SP/Juiz/2014)** Nas hipóteses em que o Poder Público figura em juízo, é incorreto afirmar:

a) São devidos honorários advocatícios pela Fazenda Pública nas execuções individuais de sentença proferida em ações coletivas somente se tiverem sido embargadas.

b) Na remessa necessária, é vedado ao Tribunal, como regra, agravar a condenação imposta à Fazenda Pública.

c) A remessa oficial devolve ao Tribunal o reexame de todas as parcelas da condenação suportadas pela Fazenda Pública, inclusive dos honorários de advogado.

d) A Fazenda Pública, quando parte no processo, fica sujeita à exigência do depósito prévio dos honorários do perito.

> **Súmula STJ 253.** *O art. 557 do CPC, que autoriza o relator a decidir o recurso, alcança o reexame necessário.*

PARTE II – SÚMULAS SUPERIOR TRIBUNAL DE JUSTIÇA

CAPÍTULO 13 – DIREITO PROCESSUAL CIVIL

STJ 473

1548. (Esaf/PGDF/Procurador/2007-2) Assinale a opção incorreta.

a) Além da matéria impugnada pela apelação ("tantum devolutum quantum appellatum"), sobe ao conhecimento do tribunal todas as questões de ordem pública que podem ser reconhecidas de ofício. É o que se denomina efeito translativo do recurso.

b) No reexame necessário, é defeso, ao Tribunal, agravar a condenação imposta à Fazenda Pública.

c) O art. 557 do CPC, que autoriza o relator a decidir o recurso, alcança o reexame necessário.

d) A remessa oficial devolve ao tribunal o reexame das parcelas da condenação suportadas pela fazenda pública. Contudo, não cabe ao Tribunal, na remessa necessária, apreciar questão referente aos honorários sucumbenciais impostos à Fazenda Pública.

e) Se a parte a quem favorece a remessa necessária desistir do recurso voluntário que interpôs, fica prejudicado o recurso adesivo da parte contrária, e o tribunal conhecerá unicamente da remessa necessária.

Súmula STJ 325. A remessa oficial devolve ao tribunal o reexame de todas as parcelas da condenação suportadas pela Fazenda Pública, inclusive dos honorários de advogado.

Súmula anotada em Direito Processual Civil – Dos Sujeitos do Processo – Das Partes e dos Procuradores – Dos Deveres das Partes e de seus Procuradores (Honorários Advocatícios).

Súmula STJ 326. Na ação de indenização por dano moral, a condenação em montante inferior ao postulado na inicial não implica sucumbência recíproca.

1549. (Vunesp/TJ/MT/Juiz/2009) Observe as assertivas a seguir.

I. Em ação de indenização, procedente o pedido, é necessária a constituição de capital ou caução fidejussória para a garantia de pagamento de pensão, independentemente da situação financeira do demandado.

II. Não é lícita a cumulação das indenizações de dano estético e dano moral, visto que se confundem.

III. A correção monetária do valor da indenização do dano moral incide desde a data do arbitramento.

IV. Na ação de indenização por dano moral, a condenação em montante inferior ao postulado na inicial não implica sucumbência recíproca.

V. O valor do seguro obrigatório não deve ser deduzido da indenização judicialmente fixada.

Está correto apenas o que se afirma em

a) I e II.
b) III e V.
c) I, III e IV.
d) II, IV e V.
e) I, II e IV.

1550. (TJ/DFT/Juiz/2011) Tício propõe ação subordinada ao procedimento ordinário contra Caio, pedindo a condenação deste ao pagamento de indenização por dano moral no valor de R$50.000,00 (cinquenta mil reais). O pedido é resolvido por sentença de mérito em que Caio é condenado a pagar a Tício indenização por dano moral no valor de R$20.000,00 (vinte mil reais). Neste caso:

a) a condenação em indenização de valor inferior ao pleiteado na inicial não implica sucumbência recíproca, devendo Caio pagar a totalidade das custas processuais e os honorários advocatícios, estes considerado o valor da condenação.

b) a condenação em indenização de valor inferior ao pleiteado na inicial implica sucumbência recíproca, equivalente, devendo cada parte arcar com os honorários do seu advogado e com metade das custas processuais.

c) a condenação em indenização de valor inferior ao pleiteado na inicial implica sucumbência proporcional, majoritária de Tício, que deverá pagar a maior parte das custas processuais (60%) e os honorários advocatícios, estes considerada a sucumbência havida de 60%.

d) nenhuma das alternativas anteriores (a, b, c) é correta.

Súmula STJ 344. A liquidação por forma diversa da estabelecida na sentença não ofende a coisa julgada.

1551. (Cespe/PGE/PB/Procurador/2008) Quanto à liquidação e ao cumprimento da sentença, assinale a opção correta.

a) A liquidação de sentença por cálculo do credor é feita incidentalmente nos autos da ação principal; quando os elementos contábeis estão em poder do devedor, o juiz determinará a sua apresentação, fixando data e impondo multa diária pelo descumprimento da ordem judicial.

b) A liquidação de sentença deve guardar estrita consonância com o decidido na fase cognitiva, portanto, se a sentença for omissa em relação à condenação em juros moratórios e correção monetária, esses índices não podem ser incluídos na liquidação, por ofensa ao princípio da imutabilidade da coisa julgada.

c) Caso a apuração do montante da dívida ou a individuação do objeto da prestação dependam de alegação e comprovação de fato novo, podem as partes convencionar que a liquidação seja feita por arbitramento, bem como decidir quanto à indicação do perito.

d) A execução provisória da sentença compreende os atos executivos de transferência e adjudicação do bem ou dinheiro penhorado, ficando a satisfação do credor subordinada ao trânsito em julgado da sentença exequenda objeto de recurso.

e) A competência para a execução de decisão judicial de primeiro grau de jurisdição é do juízo que processou a causa, mas admite-se que o credor faça opção pelo foro do domicílio do devedor ou do local onde se encontram bens sujeitos à expropriação.

1552. **(FCC/TCE/RO/Auditor/2010)** Em matéria de coisa julgada material, é correto afirmar:

a) O vício provocado pela falta de citação é abrangido pela eficácia preclusiva da coisa julgada material.

b) A coisa julgada material não alcança decisões interlocutórias.

c) A eficácia subjetiva da coisa julgada material somente pode alcançar o substituto processual e não o substituído.

d) A eficácia preclusiva da coisa julgada material impede o reexame do dispositivo de sentença, ainda que por fundamentos de defesa não deduzidos no processo.

e) A liquidação por forma diversa da estabelecida na sentença ofende a coisa julgada material.

1553. **(Fundep/MPE/MG/Promotor/2011)** No que diz respeito à liquidação de sentença, marque a alternativa incorreta:

a) A liquidação por forma diversa da estabelecida na sentença ofende a coisa julgada.

b) A liquidação por cálculos pode ser realizada com o auxílio do contador judicial quando o credor for beneficiário da assistência judiciária.

c) É defeso na liquidação, em qualquer de suas modalidades, rediscutir a causa ou modificar a sentença que a julgou.

d) A liquidação pode ser feita na pendência de recurso de apelação, mesmo quando este for recebido no efeito suspensivo.

1554. **(FCC/TJ/PE/Cartórios/Remoção/2013)** Paulo ajuizou ação de indenização contra Pedro, julgada procedente em primeiro grau, cuja sentença condenatória determinou que parte do valor da indenização devida seria fixada por meio de liquidação de sentença por arbitramento. A sentença foi confirmada pelo E. Tribunal de Justiça de Pernambuco e transitou em julgado. Com o retorno dos autos à origem, Paulo inicia a fase de liquidação de sentença na forma fixada em sentença e o Magistrado, antes de determinar a intimação da parte contrária na pessoa de seu advogado, determina que a liquidação da sentença seja feita por artigos, argumentando que o vencedor deverá provar fato novo. Neste caso, a:

a) liquidação por forma diversa da estabelecida na sentença não ofende a coisa julgada.

b) decisão do Magistrado é nula, pois ofendeu a coisa julgada.

c) decisão do Magistrado é anulável, pois ofendeu a coisa julgada.

d) decisão do Magistrado é nula, pois foi prolatada de ofício, não havendo requerimento de pelo menos uma das partes.

e) decisão do Magistrado é anulável, pois foi prolatada de ofício, não havendo requerimento de pelo menos uma das partes.

1555. **(MPT/Procurador/2015)** Assinale a alternativa incorreta consoante o entendimento sumular do STJ:

a) Os honorários advocatícios devem ser compensados quando houver sucumbência recíproca, assegurado o direito autônomo do advogado à execução do saldo sem excluir a legitimidade da própria parte.

CAPÍTULO 13 - DIREITO PROCESSUAL CIVIL

b) A liquidação por forma diversa da estabelecida na sentença ofende a coisa julgada.

c) Formulado pedido certo e determinado, somente o autor tem interesse recursal em arguir o vício da sentença ilíquida.

d) Inadmissível recurso especial quanto à questão que, a despeito da oposição de embargos declaratórios, não foi apreciada pelo Tribunal a quo.

e) Não respondida.

> **Súmula STJ 490.** *A dispensa de reexame necessário, quando o valor da condenação ou do direito controvertido for inferior a sessenta salários mínimos, não se aplica a sentenças ilíquidas.*

1556.(Vunesp/CM/Itatiba/Advogado/2015) A dispensa do reexame necessário se aplica a sentença:

a) ilíquida.

b) cujo valor da condenação for igual a 70 salários-mínimos.

c) que julgar improcedente os embargos à execução de dívida ativa da Fazenda Pública.

d) que estiver fundada em jurisprudência do plenário do Supremo Tribunal Federal.

e) de procedência dos embargos do devedor na execução de dívida ativa de valor superior a 70 salários-mínimos.

1557.(Cespe/TJ/DFT/Juiz/2014) Em relação aos recursos processuais e ao reexame necessário, assinale a opção correta.

a) Nem todos os recursos processuais têm efeito devolutivo, devendo o julgador, segundo o seu juízo de admissibilidade, analisar, em cada caso, a viabilidade dessa incidência.

b) A tempestividade, segundo a doutrina, representa pressuposto recursal extrínseco.

c) O juízo positivo de admissibilidade do recurso é irrevogável, não podendo, após a apresentação de contrarrazões, haver o indeferimento do recurso anteriormente recebido.

d) Segundo entendimento sumulado no TJDFT, é desnecessário que o preparo do recurso seja juntado no momento de sua apresentação, podendo ele também ser comprovado no prazo remanescente para o seu exercício, quando houver.

e) Segundo o STJ, caso a sentença contra a fazenda pública seja ilíquida, é possível a adoção do valor atualizado da causa como parâmetro para se aferir a dispensa do reexame necessário.

1558.(FCC/PGE/RN/Procurador/2014) Caio ajuizou, perante a Justiça Comum, ação de indenização em face do Estado. Afirmou que, em razão de colisão com viatura policial, teria tido seu veículo avariado, ficando privado do uso do bem, que empregaria, habitualmente, na profissão de taxista. Requereu a realização de perícia e estimou os danos materiais, emergentes e lucros cessantes, em cerca de 50 salários mínimos. Atribuiu à causa o valor de R$ 36.000,00. O Juízo julgou procedentes os pedidos e determinou que o valor da indenização fosse obtido em liquidação de sentença. De acordo com Súmula do Superior Tribunal de Justiça, a sentença:

a) está sujeita ao duplo grau de jurisdição, por se tratar de sentença ilíquida.

b) estará sujeita ao duplo grau de jurisdição apenas se o particular recorrer buscando a majoração da indenização.

c) não está sujeita ao duplo grau de jurisdição, porque o reexame necessário não se aplica às causas de valor inferior a 60 salários mínimos.

d) está sujeita ao duplo grau de jurisdição, porque o reexame necessário não se sujeita a valor de alçada.

e) não está sujeita ao duplo grau de jurisdição, porque não há reexame necessário quando a ação, em razão da pouca complexidade, poderia ter sido distribuída perante o Juizado Especial.

6.1.3. Da Liquidação de Sentença

> **Súmula STJ 313.** *Em ação de indenização, procedente o pedido, é necessária a constituição de capital ou caução fidejussória para a garantia de pagamento da pensão, independentemente da situação financeira do demandado.*

1559.(Fumarc/BDMG/Advogado/2011) Sobre o Processo cautelar, marque a alternativa incorreta:

a) É lícito ao juiz conceder liminarmente ou após justificação prévia a medida cautelar, sem ouvir o réu, quando verificar que este, sendo citado, poderá torná-la ineficaz; caso em que poderá determinar que o requerente preste caução real ou fidejussória de ressarcir os danos que o requerido possa vir a sofrer.

b) A medida cautelar deverá ser substituída de ofício pela prestação de caução, sempre que adequada e suficiente para evitar a lesão ou repará-la integralmente.

c) Cabe à parte propor a ação, no prazo de 30 (trinta) dias, contados da data da efetivação da medida cautelar, quando esta for concedida em procedimento preparatório.

d) O indeferimento da medida não obsta a que a parte intente a ação, nem influi no julgamento desta, salvo se o juiz, no procedimento cautelar, acolher a alegação de decadência ou de prescrição do direito do autor.

1560. (Vunesp/TJ/MT/Juiz/2009) Observe as assertivas a seguir.

I. Em ação de indenização, procedente o pedido, é necessária a constituição de capital ou caução fidejussória para a garantia de pagamento de pensão, independentemente da situação financeira do demandado.

II. Não é lícita a cumulação das indenizações de dano estético e dano moral, visto que se confundem.

III. A correção monetária do valor da indenização do dano moral incide desde a data do arbitramento.

IV. Na ação de indenização por dano moral, a condenação em montante inferior ao postulado na inicial não implica sucumbência recíproca.

V. O valor do seguro obrigatório não deve ser deduzido da indenização judicialmente fixada.

Está correto apenas o que se afirma em:

a) I e II.
b) III e V.
c) I, III e IV.
d) II, IV e V.
e) I, II e IV.

Súmula STJ 318. *Formulado pedido certo e determinado, somente o autor tem interesse recursal em arguir o vício da sentença ilíquida.*

1561. (TRT/21R/Juiz/2015) À luz da legislação atualmente aplicada e da jurisprudência dominante, assinale a opção incorreta:

a) É requisito essencial da sentença o relatório, que conterá os nomes das partes, a suma do pedido e da resposta do réu, bem como o registro das principais ocorrências havidas no andamento do processo.

b) Eventual vício da sentença ilíquida, quando formulado pedido certo e determinado na inicial, confere interesse recursal às partes.

c) A liquidação por forma diversa da estabelecida na sentença não ofende a coisa julgada.

d) A dispensa de reexame necessário, quando o valor da condenação ou do direito controvertido for inferior a sessenta salários mínimos, não se aplica a sentenças ilíquidas.

e) O juiz proferirá a sentença, acolhendo ou rejeitando, no todo ou em parte, o pedido formulado pelo autor. Nos casos de extinção do processo sem julgamento do mérito, o juiz decidirá de forma concisa.

Súmula STJ 344. *A liquidação por forma diversa da estabelecida na sentença não ofende a coisa julgada.*

Súmula anotada em Direito Processual Civil – Do Processo de Conhecimento e do Cumprimento de Sentença – Do Procedimento Comum – Da Sentença e da Coisa Julgada.

6.2. Dos Procedimentos Especiais

6.2.1. Da Ação de Exigir Contas

Súmula STJ 259. *A ação de prestação de contas pode ser proposta pelo titular de conta corrente bancária.*

1562. (Cespe/MP/RO/Promotor/2008) A ação de prestação de contas pode ser proposta pelo titular de conta corrente bancária.

1563. (Cespe/MPE/RO/Promotor/2008) Acerca dos procedimentos especiais no processo civil, julgue os seguintes itens.

I. Se a causa principal estiver no tribunal, em grau de recurso, a medida cautelar será interposta perante o juízo de segundo grau, e não, perante o juízo a quo que tenha decidido a causa.

II. A ação de prestação de contas pode ser proposta pelo titular de conta corrente bancária.

III. Segundo o entendimento do STJ, a apelação interposta contra sentença que julga embargos à arrematação tem efeito meramente devolutivo.

IV. Segundo o entendimento do STF, é imprescritível a ação de investigação de paternidade, mas o mesmo não ocorre em relação à ação de petição de herança.

V. Segundo o entendimento do STJ, os embargos de terceiro não constituem meio idôneo para o reconhecimento de eventual fraude contra credores.

A quantidade de itens certos é igual a

a) 1.

b) 2.

c) 3.

d) 4.

e) 5.

6.2.2. Dos Embargos de Terceiro

> **Súmula STJ 84.** *É admissível a oposição de embargos de terceiro fundados em alegação de posse advinda do compromisso de compra e venda de imóvel, ainda que desprovido do registro.*

1564. (FCC/DPE/SP/Defensor/2013) No tocante ao direito do compromissário/promitente comprador de bem imóvel, é correto afirmar que:

a) o Código Civil classifica-o como direito real à aquisição do imóvel, oponível erga omnes, desde que não pactuado o direito de arrependimento entre os contratantes, e ainda que a promessa de compra e venda não tenha sido registrada perante o cartório de registro imobiliário.

b) segundo o STJ, o direito à adjudicação compulsória está condicionado ao registro da promessa de compra e venda no cartório de registro imobiliário.

c) é direito de natureza pessoal decorrente de contrato preliminar celebrado, obrigatoriamente, por escritura pública para imóveis de valor superior a trinta vezes o maior salário mínimo vigente no país, gerando a obrigação do vendedor de fazer o contrato definitivo.

d) conforme o STJ, o compromisso de compra e venda tem eficácia frente a terceiros ainda que não levado a registro no cartório imobiliário, como nas hipóteses de posse advinda do próprio compromisso e hipoteca firmada entre a construtora e o agente financeiro.

e) a Lei sobre o parcelamento do solo urbano veda, expressamente, o registro do compromisso de compra e venda como título da propriedade do lote adquirido, mesmo quando acompanhado da respectiva prova de quitação.

1565. (Cespe/OAB/SP/2008) Acerca dos procedimentos especiais, assinale a opção correta.

a) Não é admissível a oposição de embargos de terceiro fundados em alegação de posse advinda do compromisso de compra e venda de imóvel.

b) É imprescritível a ação de petição de herança.

c) Não é admissível ação monitória fundada em cheque prescrito.

d) A usucapião pode ser arguida em defesa.

1566. (Cespe/PGM/Ipojuca/Procurador/2009) Acerca da satisfação de crédito de um município decorrente de sentença judicial transitada em julgado, em processo de conhecimento, e na qual foi reconhecida dívida sem natureza fiscal de pessoa jurídica de direito privado, julgue: recaindo a penhora sobre bem imóvel alienado pela empresa antes da existência da dívida com o município, mas ainda registrado em nome daquela, é admissível a oposição de embargos de terceiro fundados em alegação de posse advinda do compromisso de compra e venda, ainda que desprovido do registro.

1567. (MPE/MS/Promotor/2011) Observe os seguintes enunciados.

I. É admissível a oposição de embargos de terceiro fundados em alegação de posse advinda do compromisso de compra e venda de imóvel, ainda que desprovido do registro.

II. A causa de pedir na ação monitória terá por conteúdo a afirmada relação jurídica de direito material que vincula autor e réu e a situação de inadimplemento decorrente da conduta comissiva do último.

III. A mulher que renunciou aos alimentos na separação judicial tem direito à pensão previdenciária por morte do ex-marido, comprovada a necessidade econômica superveniente.

IV. O testamenteiro tem direito a um prêmio, tendo como base de cálculo o total da herança líquida, ainda que haja herdeiros necessários, e não apenas a metade disponível, ou os bens de que dispôs em testamento o de cujus. Pelo pagamento, entretanto, não responderão as legítimas dos herdeiros necessários, deduzindo-se o prêmio da metade disponível.

V. Para resguardo da boa-fé de terceiros e segurança do comércio jurídico, o reconhecimento da nulidade dos atos praticados anteriormente à sentença de interdição reclama prova inequívoca, robusta e convincente da incapacidade do contratante.

Assinale a alternativa correta.

a) As alternativas III e IV estão incorretas.

b) Todas as alternativas estão incorretas.

c) Somente a questão V está correta.

d) Todas as questões estão corretas.

e) Somente as questões I e II estão incorretas.

1568. (TRT/2R/Juiz/2015) Sobre os embargos de terceiro, à luz da legislação vigente e jurisprudência consolidada dos Tribunais Superiores, aponte a alternativa correta.

a) o compromisso de compra e venda de imóvel, desprovido de registro, não é meio de prova hábil a comprovar a alegação de posse em embargos de terceiro.

b) o arrolamento, o inventário e a partilha não autorizam a discussão da posse por meio de embargos de terceiro, pois se tratam de procedimentos de jurisdição voluntária e que permitem, a todo interessado, pleitear, no próprio procedimento, a inclusão, exclusão ou limitação dos atos de apreensão.

c) Em execução trabalhista, desconsiderada a personalidade jurídica da empresa e apreendidos bens do sócio majoritário, a cônjuge desse sócio, sem relação com a sociedade, não pode alegar, em embargos de terceiro, a proteção de sua meação.

d) Os embargos de terceiro, assim como o mandado de segurança, constituem-se em ação documental pura e, portanto, depende exclusivamente de prova documental para

comprovação da posse, sendo vedada a produção de prova oral.

e) A despeito de se tratar de ação incidental autônoma, a citação nos embargos de terceiro só será pessoal se o embargado não tiver procurador constituído na ação principal.

1569. (TRT/8R/Juiz/2014) Conforme a jurisprudência sumulada do STF, em matéria de execução trabalhista, é incorreto afirmar que:

a) É competente o Tribunal Regional do Trabalho para julgar mandado de segurança contra ato de seu presidente em execução de sentença trabalhista.

b) É provisória a execução na pendência de recurso extraordinário, ou de agravo destinado a fazê-lo admitir.

c) O processo da execução trabalhista não exclui a remição pelo executado.

d) A sentença proferida contra autarquias não está sujeita a reexame necessário, salvo quando sucumbente em execução de dívida ativa.

e) Não enseja embargos de terceiro à penhora a promessa de compra e venda não inscrita no registro de imóveis.

> *Súmula STJ 134. Embora intimado da penhora em imóvel do casal, o cônjuge do executado pode opor embargos de terceiro para defesa de sua meação.*

1570. (Cespe/TCE/TO/Analista/2009) Os embargos de terceiro são ação de procedimento especial que se destinam à proteção da posse atingida por ato de apreensão judicial originado de processo no qual o possuidor atingido não era parte. A respeito de embargos de terceiro, assinale a opção correta.

a) O assistente simples pode ajuizar embargos de terceiro, já que não é propriamente parte, mas interveniente no processo.

b) O cônjuge do executado não pode ajuizar embargos de terceiro em defesa de sua meação porque se presume ciente da dívida pendente em desfavor do patrimônio comum.

c) O assistente litisconsorcial pode ajuizar embargos de terceiro, uma vez que não tenha sido atingido pela coisa julgada ou por qualquer eficácia da sentença proferida no processo em que interveio.

CAPÍTULO 13 - DIREITO PROCESSUAL CIVIL

d) Aquele que podia ter ingressado no feito como litisconsorte facultativo não tem acesso aos embargos porque perdeu a oportunidade de intervir no feito principal no momento oportuno.

e) O opoente está no processo para defender direito próprio em face do autor e do réu, razão pela qual não tem acesso aos embargos de terceiro.

1571. (Cespe/TRF/5R/Juiz/2009) No que se refere aos embargos de terceiro, assinale a opção correta.

a) Os honorários advocatícios devidos ao embargante serão pagos por ambas as partes do processo em que tenha ocorrido a penhora, independentemente de quem tenha dado causa à constrição indevida.

b) Os embargos de terceiro, forma de intervenção de terceiros, permitem a qualquer pessoa estranha ao processo discutir a titularidade dos direitos disputados pelas partes.

c) Será sempre do juízo deprecado a competência para processar os embargos de terceiro opostos à penhora realizada sob sua jurisdição.

d) Ainda que intimado da penhora, o cônjuge poderá opor embargos de terceiro em defesa de sua meação no bem penhorado de propriedade do casal.

e) Não existe hipótese em que um terceiro não possuidor possa utilizar os embargos de terceiro, dado o nítido caráter possessório dessa ação.

> **Súmula STJ 195.** Em embargos de terceiro não se anula ato jurídico, por fraude contra credores.

Súmula anotada em Direito Civil – Dos Fatos Jurídicos – Do Negócio Jurídico.

> **Súmula STJ 303.** Em embargos de terceiro, quem deu causa à constrição indevida deve arcar com os honorários advocatícios.

Súmula anotada em Direito Processual Civil – Dos Sujeitos do Processo – Das Partes e dos Procuradores – Dos Deveres das Partes e de seus Procuradores (Honorários Advocatícios).

6.2.3. Da Ação Monitória

> **Súmula STJ 247.** O contrato de abertura de crédito em conta corrente, acompanhado do demonstrativo de débito, constitui documento hábil para o ajuizamento da ação monitória.

1572. (Ejef/TJ/MG/Juiz/2008) As alternativas abaixo relacionadas aos contratos bancários estão corretas, exceto

a) O contrato de câmbio, desde que protestado por oficial competente para o protesto de títulos, constitui instrumento bastante para requerer a ação executiva.

b) A mora e o inadimplemento de obrigações contratuais garantidas por alienação fiduciária, ou a ocorrência legal ou convencional de algum dos casos de antecipação de vencimento da dívida, facultarão ao credor considerar, de pleno direito, vencidas todas as obrigações contratuais, independentemente de aviso ou notificação judicial ou extrajudicial.

c) O contrato de abertura de crédito em conta corrente, acompanhado do demonstrativo de débito, constitui documento hábil para o ajuizamento da ação monitória, segundo entendimento sumulado do Superior Tribunal de Justiça.

d) O avalista do título de crédito vinculado a contrato de mútuo não responde obrigações pactuadas, ainda que no contrato figure como devedor solidário.

1573. (FCC/DPE/MT/Defensor/2009) A ação monitória:

a) não admite a defesa por meio de reconvenção.

b) não é cabível a quem possua contrato de abertura de crédito em conta corrente, que já configura título executivo.

c) pode ser proposta, ainda que o documento a instruí-la tenha emanado exclusivamente do credor.

d) é indicada apenas para as ações que visem ao pagamento de soma em dinheiro.

e) é admissível quando alicerçada em cheque prescrito.

1574. (FGV/TJ/PA/Juiz/2009) Caio Túlio realiza, no ano de 1996, contrato de abertura de conta corrente com o Banco do Povo S/A, incluído no contrato empréstimo, mediante

concessão de crédito automático, denominado de cheque especial. Durante longos anos, o correntista recebeu o empréstimo e realizou sua quitação. Em fevereiro de 2009, tendo o valor da dívida atingido R$ 20.000,00, não mais quitou a dívida o correntista, tendo se desligado da empresa PEÇAS E PEÇAS Ltda., que depositava o seu pagamento em conta corrente, por ter sido dela dispensado. Baldados foram os esforços no sentido de obter o pagamento da dívida. Diante das circunstâncias, a instituição financeira atualizou o valor da dívida e requereu a execução extrajudicial, postulando a citação do devedor e a realização de penhora "on line". O réu foi regularmente citado e apresentou exceção de pré-executividade. Observados tais fatos, analise as afirmativas a seguir.

I. A dívida originária do denominado cheque especial deve ser cobrada mediante execução baseada em título extrajudicial.

II. O contrato de abertura de crédito é um documento que exprime o valor certo da dívida, permitindo a ação monitória.

III. A ação monitória permite a apresentação de embargos, como ato de resposta, para impugnar o postulado na peça exordial.

IV. Não cabe exceção de pré-executividade em execução lastreada em título extrajudicial.

V. O trâmite da ação monitória ocorre através de procedimento especial de jurisdição contenciosa.

Assinale:

a) se nenhuma afirmativa estiver correta.

b) se somente a afirmativa I estiver correta.

c) se somente as afirmativas III e V estiverem corretas.

d) se somente as afirmativas II, III e V estiverem corretas.

e) se somente as afirmativas II, IV e V estiverem corretas.

> **Súmula STJ 282.** Cabe a citação por edital em ação monitória.

1575. (Esaf/PFN/Procurador/2007-1)
Quanto à citação ficta do réu e aos poderes do curador especial, é incorreto afirmar que:

a) na hipótese de a citação ter sido ordenada por juiz incompetente absolutamente e

relativamente, pode-se afirmar que apenas os efeitos materiais serão produzidos.

b) terá direito ao curador especial o réu revel citado por meio de edital e por hora certa e também na hipótese de réu preso, sendo neste segundo caso irrelevante a modalidade de citação.

c) o curador especial, ao exercer múnus público, tem o dever de apresentar contestação como defesa do réu, não lhe sendo aplicado o ônus de impugnação específica dos fatos, permitindo a controvérsia de todos os fatos apresentados na inicial.

d) apresentada contestação pelo curador especial, mesmo de forma genérica, não há como o magistrado aplicar a regra do julgamento antecipado até porque não ocorreram os efeitos da revelia.

e) é cabível a citação ficta, pela modalidade por edital, na ação monitória.

1576. (FCC/DPE/MA/Defensor/2009) Em ação monitória:

a) é incabível a citação com hora certa.

b) a Fazenda Pública não tem legitimidade passiva.

c) o autor pode pretender a entrega de bem imóvel.

d) cabe a citação do réu por edital.

e) o cheque prescrito não constitui documento hábil para o ajuizamento da ação.

> **Súmula STJ 292.** A reconvenção é cabível na ação monitória, após a conversão do procedimento em ordinário.

1577. (Cespe/TRF/1R/Juiz/2009) Com relação aos procedimentos especiais, assinale a opção correta.

a) A decisão concessiva de medida liminar na ação possessória é irrecorrível.

b) Sob o enfoque da legitimidade, é incabível ao réu postular a antecipação dos efeitos da tutela de mérito em ação possessória.

c) O procedimento extrajudicial para o depósito em consignação previsto na legislação processual civil é válido também para as consignações de débitos fiscais, por se tratar de obrigação em dinheiro.

d) A sentença, nos procedimentos de jurisdição voluntária, assim como na jurisdição

CAPÍTULO 13 - DIREITO PROCESSUAL CIVIL

contenciosa, deve basear-se na estrita legalidade, não sendo facultado ao juiz decidir por equidade, ante a inexistência de previsão legal.

e) Na ação monitória, ao réu é cabível, além dos embargos monitórios, propor ação de reconvenção.

1578. **(FGV/TJ/PA/Juiz/2007)** A tutela diferenciada do procedimento monitório se harmoniza com o pleito:

a) reconvencional.

b) dúplice.

c) contraposto.

d) injuntivo.

e) objetivo-subjetivo.

1579. **(TJ/DFT/Juiz/2007)** Não se admite a reconvenção:

a) na ação monitória.

b) na ação de busca e apreensão fundada em alienação fiduciária.

c) na ação declaratória.

d) na ação popular.

1580. **(Vunesp/TJ/SP/Cartórios/2011)** Sobre a resposta do réu, é correto afirmar:

a) antes de discutir o mérito, o réu poderá discutir pagamento, transação, compensação e fatos que levem à extinção da obrigação.

b) o prazo para contestar é de 15 dias, ainda que vários réus com advogados distintos.

c) a reconvenção é incabível na ação monitória, após a conversão do procedimento em ordinário.

d) antes de discutir o mérito, o réu poderá discutir pressupostos processuais, tais como inexistência de citação e incompetência absoluta.

> **Súmula STJ 299.** *É admissível a ação monitória fundada em cheque prescrito.*

Súmula anotada em Direito Empresarial – Títulos de Crédito – Títulos de Crédito em Espécie – Cheque.

> **Súmula STJ 339.** *É cabível ação monitória contra a Fazenda Pública.*

1581. **(TJ/SC/Juiz/2009)** Em relação aos procedimentos especiais, assinale a alternativa correta:

a) No arrolamento, não serão conhecidas ou apreciadas questões relativas ao lançamento, pagamento ou quitação de tributos incidentes sobre a transmissão da propriedade dos bens do espólio.

b) Admite-se antecipação de tutela em ação possessória apenas quando a agressão à posse deu-se há menos de ano e dia.

c) Os embargos de terceiro podem ser opostos até cinco dias após a assinatura da carta de arrematação.

d) Não se admite a citação editalícia no procedimento monitório.

e) Não é cabível ação monitória contra a Fazenda Pública.

1582. **(FCC/DPE/MA/Defensor/2009)** Em ação monitória:

a) é incabível a citação com hora certa.

b) a Fazenda Pública não tem legitimidade passiva.

c) o autor pode pretender a entrega de bem imóvel.

d) cabe a citação do réu por edital.

e) o cheque prescrito não constitui documento hábil para o ajuizamento da ação.

> **Súmula STJ 384.** *Cabe ação monitória para haver saldo remanescente oriundo de venda extrajudicial de bem alienado fiduciariamente em garantia.*

1583. **(PUC-PR/TJ/RO/Juiz/2011)** Analise as assertivas abaixo. Assinale a única correta.

a) Opostos os embargos de terceiros, tem o embargado o prazo de 15 dias para apresentar a sua contestação.

b) Cabe ação monitória para haver saldo remanescente oriundo de venda extrajudicial de bem alienado fiduciariamente em garantia.

c) Nas demandas possessórias em face das pessoas jurídicas de direito público, poderá ser deferida a manutenção ou reintegração liminar independentemente da audiência dos respectivos representantes judiciais.

d) Na demanda de prestação de contas, tem apenas a legitimidade ativa aquele que tem o direito de exigi-la.

e) Nas demandas demarcatórias, o prazo comum para o réus apresentarem a contestação é de 15 dias a contar da juntada do mandado de citação devidamente cumprido aos autos.

1584. (Vunesp/TJ/SP/Cartórios/2011) Segundo a jurisprudência do Superior Tribunal de Justiça, assinale a alternativa incorreta a respeito de alienação fiduciária.

a) O contrato de alienação fiduciária em garantia pode ter por objeto bem que já integrava o patrimônio do devedor.

b) A notificação destinada a comprovar a mora nas dívidas garantidas por alienação fiduciária deve necessariamente indicar o valor do débito.

c) Cabe ação monitória para haver saldo remanescente oriundo de venda extrajudicial de bem alienado fiduciariamente em garantia.

d) Na falência do devedor alienante, fica assegurado ao credor fiduciário o direito de pedir a restituição do bem alienado fiduciariamente.

> **Súmula STJ 503.** *O prazo para ajuizamento de ação monitória em face do emitente de cheque sem força executiva é quinquenal, a contar do dia seguinte à data de emissão estampada na cártula.*

> Súmula anotada em Direito Empresarial – Títulos de Crédito – Títulos de Crédito em Espécie – Cheque.

> **Súmula STJ 504.** *O prazo para ajuizamento de ação monitória em face do emitente de nota promissória sem força executiva é quinquenal, a contar do dia seguinte ao vencimento do título.*

1585. (Fundep/TJ/MG/Juiz/2014) Com relação à nota promissória, analise as afirmativas, assinalando com V as verdadeiras e com F as falsas.

I. O prazo para ajuizamento de ação monitória em face do emitente de nota promissória sem força executiva é quinquenal, a contar do dia seguinte ao vencimento do título.

II. A ação cambial contra o endossador e o avalista da nota promissória prescreve em trinta e seis meses contados do dia em que ação pode ser proposta.

III. O devedor somente poderá opor ao portador da nota promissória exceção fundada em direito pessoal, na nulidade de sua obrigação e na falta de requisito necessário ao exercício da ação cambial.

IV. Sendo a nota promissória rural, emitida por uma cooperativa em favor de seus cooperados, um título de crédito de natureza causal, a respectiva execução se encontra vinculada à eficácia do negócio jurídico subjacente.

Assinale a alternativa que apresenta sequência correta.

a) F, V, V, F.

b) V, F, V, V.

c) V, V, F, F.

d) F, F, F, V.

1586. (Vunesp/SAEG/Advogado/2015) Assinale a alternativa que traz a correta interpretação sobre o instituto da Ação Monitória.

a) O contrato de abertura de crédito em conta-corrente, mesmo que não acompanhado do demonstrativo de débito, constitui documento hábil para o ajuizamento da ação monitória.

b) O prazo para ajuizamento de ação monitória em face do emitente de cheque sem força executiva é de um decênio a contar do dia seguinte à data de emissão estampada na cártula.

c) A reconvenção não é cabível na ação monitória, mesmo após a conversão do procedimento em ordinário.

d) É incabível ação monitória contra a Fazenda Pública.

e) O prazo para ajuizamento de ação monitória em face do emitente de nota promissória sem força executiva é quinquenal, a contar do dia seguinte ao vencimento do título.

1587. (PUCPR/PGM/Maringá/Procurador/2015) Sobre o regime jurídico dos títulos de crédito, considerando a jurisprudência sumulada do Superior Tribunal de Justiça, assinale a alternativa correta:

a) Conta-se da data do protesto do título o prazo prescricional da pretensão da ação monitória fundada em cheque sem força executiva.

b) Não se admite ação monitória para cobrança de cheque cuja pretensão executiva está prescrita.

c) Em ação monitória fundada em cheque prescrito ajuizada contra o emitente, é dispensável a menção ao negócio jurídico subjacente à emissão da cártula.

d) É decenal o prazo para ajuizamento de ação monitória em face do emitente de nota promissória sem força executiva, a contar da data do protesto da cártula.

e) A simples apresentação antecipada de cheque pré-datado pelo beneficiário não pode acarretar a existência de dano moral, notadamente diante da autonomia e da abstração preponderantes nos títulos de crédito.

1588. (Cespe/TJ/DFT/Cartórios/2014) Assinale a opção correta acerca dos títulos de crédito, de acordo com a jurisprudência do STF e do STJ.

a) É permitido ao credor de contrato de mútuo garantido por nota promissória avalizada buscar a responsabilização do avalista pelos encargos contratuais, ainda que esses encargos não constem na nota promissória e o avalista não haja firmado o contrato de mútuo como devedor solidário.

b) Em razão da natureza do contrato de mandato, em nenhuma hipótese, o endossatário que receber o título de crédito com endosso-mandato será responsabilizado pelos danos decorrentes do protesto indevido da cártula.

c) O endossatário que receber por endosso translativo título de crédito formalmente viciado responderá pelos danos decorrentes do protesto indevido da cártula, podendo exercer seu direito de regresso contra os demais coobrigados no título.

d) Não se admite que o credor, ainda que de boa-fé, complete uma nota promissória emitida com omissões ou em branco antes do protesto, sob pena de desnaturação do título de crédito, uma vez que incumbe exclusivamente ao emitente da nota promissória o seu preenchimento.

e) O credor de cheque sem força executiva tem prazo de dez anos, contatos do dia seguinte ao do vencimento do título, para ajuizamento da ação monitória contra o emitente do documento.

1589. (TRF/4R/Juiz/2014) Dadas as assertivas abaixo, assinale a alternativa correta.

I. O endossatário que recebe, por endosso translativo, título de crédito contendo vício formal, sendo inexistente a causa para conferir lastro à emissão de duplicata, responde pelos danos causados diante de protesto indevido, ressalvado seu direito de regresso contra os endossantes e avalistas.

II. Só responde por danos materiais e morais o endossatário que recebe título de crédito por endosso-mandato e o leva a protesto se extrapola os poderes de mandatário ou em razão de ato culposo próprio, como no caso de apontamento depois da ciência acerca do pagamento anterior ou da falta de higidez da cártula.

III. O prazo para ajuizamento de ação monitória em face do emitente de nota promissória sem força executiva é quinquenal, a contar do dia seguinte ao vencimento do título.

IV. O instrumento de confissão de dívida, ainda que originário de contrato de abertura de crédito, constitui título executivo extrajudicial.

a) Estão corretas apenas as assertivas I e II.

b) Estão corretas apenas as assertivas II e IV.

c) Estão corretas apenas as assertivas I, II e III.

d) Estão corretas apenas as assertivas I, III e IV.

e) Estão corretas todas as assertivas.

> *Súmula STJ 531. Em ação monitória fundada em cheque prescrito, ajuizada contra o emitente, é dispensável a menção ao negócio jurídico subjacente à emissão da cártula.*

1590. (PUCPR/PGM/Maringá/Procurador/2015) Sobre o regime jurídico dos títulos de crédito, considerando a jurisprudência sumulada do Superior Tribunal de Justiça, assinale a alternativa correta:

a) Conta-se da data do protesto do título o prazo prescricional da pretensão da ação monitória fundada em cheque sem força executiva.

b) Não se admite ação monitória para cobrança de cheque cuja pretensão executiva está prescrita.

c) Em ação monitória fundada em cheque prescrito ajuizada contra o emitente, é dispensável a menção ao negócio jurídico subjacente à emissão da cártula.

d) É decenal o prazo para ajuizamento de ação monitória em face do emitente de nota promissória sem força executiva, a contar da data do protesto da cártula.

e) A simples apresentação antecipada de cheque pré-datado pelo beneficiário não pode acarretar a existência de dano moral, notadamente diante da autonomia e da abstração preponderantes nos títulos de crédito.

1591. (FCC/TJ/SE/Juiz/2015) J ajuizou ação monitória, fundada em cheque prescrito, contra B, emitente do cheque. Na petição inicial, J não mencionou o negócio subjacente à emissão da cártula nem a instruiu com demonstrativo de débito atualizado. De acordo com jurisprudência dominante do Superior Tribunal de Justiça, o juiz deverá:

a) indeferir de plano a petição inicial, por ausência de documento indispensável à propositura da ação.

b) assegurar o direito de emendar a inicial para suprir a ausência do demonstrativo de débito atualizado, não sendo necessária menção ao negócio subjacente à emissão da cártula.

c) determinar ao autor que emende a inicial para descrever o negócio jurídico subjacente à cártula, não sendo necessária a juntada de demonstrativo de débito atualizado.

d) determinar ao autor que emende a inicial tanto para suprir a ausência do demonstrativo de débito atualizado como para descrever o negócio jurídico subjacente à cártula.

e) indeferir de plano a petição inicial, por ausência de interesse processual na modalidade adequação.

7. DO PROCESSO DE EXECUÇÃO

7.1. Da Execução em Geral

7.1.1. Das Partes

> *Súmula STJ 268. O fiador que não integrou a relação processual na ação de despejo não responde pela execução do julgado.*

1592. (Cespe/AGU/Advogado/2008) Após o trânsito em julgado da sentença de procedência proferida em ação de despejo cumulada com cobrança de aluguéis na qual foram parte o locador e o locatário, o fiador do contrato de locação regularmente constituído é parte passiva no procedimento de cumprimento dessa sentença quanto aos valores nela apurados.

7.1.2. Dos Requisitos Necessários para Realizar Qualquer Execução

> *Súmula STJ 27. Pode a execução fundar-se em mais de um título extrajudicial relativos ao mesmo negócio.*

1593. (FCC/TRT/20R/Juiz/2012) Na execução:

a) verificando o juiz que a petição inicial está incompleta, deverá indeferi-la de imediato.

b) não pode ela fundar-se em mais de um título extrajudicial relativos ao mesmo negócio.

c) ela se realiza no interesse do credor, que adquire, pela penhora, o direito de preferência sobre os bens penhorados.

d) cumpre ao credor, ao requerê-la, pedir a intimação do devedor, instruindo a inicial com os documentos pertinentes.

e) quando puder ser realizada por vários meios, o juiz mandará que se a promova pelo modo menos gravoso para o credor.

> *Súmula STJ 233. O contrato de abertura de crédito, ainda que acompanhado de extrato da conta corrente, não é título executivo.*

1594. (FCC/DPE/SP/Defensor/2010) Têm força de título executivo extrajudicial, por disposição expressa de lei ou enunciado de súmula do STJ, os documentos abaixo, exceto:

a) instrumento de confissão de dívida assinado por duas testemunhas.

b) instrumento de transação referendado pela Defensoria Pública sem assinatura de duas testemunhas.

c) contrato de abertura de crédito.

d) boleto bancário de despesa condominial originada em contrato verbal de locação, para execução pelo locador.

e) contrato de honorários advocatícios, sem assinatura de duas testemunhas.

> *Súmula STJ 279. É cabível execução por título extrajudicial contra a Fazenda Pública.*

CAPÍTULO 13 - DIREITO PROCESSUAL CIVIL

1595. **(FCC/TRT/11R/Juiz/2007)** Sobre a execução contra a Fazenda Pública, considere as seguintes proposições:

I. A citação da Fazenda Pública poderá ser feita pelo correio.

II. É desnecessária nova citação da Fazenda Pública para oposição de embargos em atualização de cálculos para expedição de precatório complementar.

III. Os atos do presidente do tribunal que disponham sobre o processamento e pagamento de precatório são recorríveis.

IV. É cabível execução lastreada em cheque contra a Fazenda Pública.

Está correto o que se afirma apenas em:

a) I e II.

b) I e III.

c) II e III.

d) II e IV.

e) III e IV.

1596. **(Vunesp/TJ/SP/Juiz/2013)** Considerada a lei e a jurisprudência do STJ sobre execução, é correto afirmar que

a) os contratos de mútuo com garantia real ou pessoal são títulos executivos extrajudiciais, independentemente de outras formalidades.

b) a nota promissória vinculada a contrato de abertura de crédito não goza de autonomia e por isso não pode embasar a ação de execução.

c) contra a Fazenda Pública não cabe a execução de título extrajudicial.

d) o prévio protesto é requisito para a execução da debênture.

1597. **(Cespe/TJ/PB/Juiz/2015)** Acerca do processo de execução, assinale a opção correta com base na legislação e na jurisprudência dos tribunais superiores.

a) O ajuizamento de ação relativa a débito constante de título executivo não impede o credor de promover a execução do título.

b) O espólio responde pelas dívidas do falecido, de modo que, depois de feita a partilha, cada herdeiro responderá solidariamente pelo total.

c) Uma ação de execução deve ter como fundamento um título extrajudicial específico, uma vez que a legislação condena a cumulação de demandas executivas em um mesmo processo.

d) No direito brasileiro, é inadmissível ação de execução contra a fazenda pública ajuizada com base em título extrajudicial.

e) O instrumento de confissão de dívida originado a partir de contrato de abertura de crédito não constitui título executivo extrajudicial.

> **Súmula STJ 300.** *O instrumento de confissão de dívida, ainda que originário de contrato de abertura de crédito, constitui título executivo.*

1598. **(FCC/TRT/11R/Juiz/2007)** Em matéria de títulos executivos judiciais e extrajudiciais, é correto afirmar que:

a) a nota promissória vinculada a contrato de abertura de crédito goza de autonomia e se presta para aparelhar a execução.

b) o contrato de abertura de crédito é título executivo, desde que acompanhado de extrato da conta corrente.

c) o documento que comprova encargos acessórios decorrentes de aluguel de imóvel não constitui título executivo.

d) as decisões do Tribunal de Contas da União de que resulte imputação de débito ou multa não têm eficácia executiva.

e) o instrumento de confissão de dívida, ainda que originário de contrato de abertura de crédito, constitui título executivo.

1599. **(FGV/TJ/MS/Juiz/2008)** Assinale a afirmativa correta.

a) De acordo com entendimento consolidado do STJ, a nota promissória vinculada a contrato de abertura de crédito goza de autonomia em razão da liquidez do título que a originou.

b) De acordo com entendimento sumulado, o instrumento de confissão de dívida, ainda que originário de contrato de abertura de crédito, constitui título executivo extrajudicial.

c) De acordo com o Código Civil, o endossante responde pelo cumprimento da prestação constante do título, ressalvada cláusula expressa em contrário.

d) No cheque cruzado o cruzamento especial pode ser convertido em geral.

e) O art. 23 da Lei 5.474/68 autoriza a emissão de triplicata nas hipóteses de perda, extravio ou retenção indevida do título pelo sacado.

1600. (Cespe/MPE/RO/Promotor/2013)
Com relação ao processo de execução, assinale a opção correta.

a) O instrumento de transação, ainda que referendado pelo MP, não constitui título executivo extrajudicial, por ausência de previsão legal.

b) Nas ações coletivas, a legitimação do MP para a execução depende de sua participação como autor no processo em que tenha sido formado o título.

c) Para a cumulação de duas ou mais execuções pelo credor em face do mesmo devedor, não se exige que a obrigação exequenda tenha a mesma natureza, sendo possível cumular execução de título executivo judicial e de título executivo extrajudicial.

d) Consoante entendimento do STJ, o instrumento de confissão de dívida, ainda que originário de contrato de abertura de crédito, não constitui título executivo.

e) O cessionário pode promover a execução, ou nela prosseguir, quando o direito resultante do título executivo lhe for transferido por ato entre vivos, mesmo que não tenha havido o prévio consentimento do devedor.

1601. (Cespe/TJ/PB/Juiz/2015)
Acerca do processo de execução, assinale a opção correta com base na legislação e na jurisprudência dos tribunais superiores.

a) O ajuizamento de ação relativa a débito constante de título executivo não impede o credor de promover a execução do título.

b) O espólio responde pelas dívidas do falecido, de modo que, depois de feita a partilha, cada herdeiro responderá solidariamente pelo total.

c) Uma ação de execução deve ter como fundamento um título extrajudicial específico, uma vez que a legislação condena a cumulação de demandas executivas em um mesmo processo.

d) No direito brasileiro, é inadmissível ação de execução contra a fazenda pública ajuizada com base em título extrajudicial.

e) O instrumento de confissão de dívida originado a partir de contrato de abertura de crédito não constitui título executivo extrajudicial.

7.1.3. Da Responsabilidade Patrimonial

> **Súmula STJ 375.** O reconhecimento da fraude à execução depende do registro da penhora do bem alienado ou da prova de má-fé do terceiro adquirente.

Súmula anotada em Direito Civil – Leis Civis Especiais – Lei dos Registros Públicos (Lei 6.015/73).

7.2. Das Diversas Espécies de Execução

7.2.1. Da Execução das Obrigações de Fazer ou de Não Fazer

> **Súmula STJ 410.** A prévia intimação pessoal do devedor constitui condição necessária para a cobrança de multa pelo descumprimento de obrigação de fazer ou não fazer.

1602. (Cespe/TJ/CE/Juiz/2012)
Fernando celebrou contrato com Eduardo, prometendo a este a construção e a entrega, em oito meses, a contar da assinatura do contrato, de uma casa de dois quartos, com 80 m2 de área. Passados dez meses da avença, Fernando ainda não havia começado a construção. Com base nessa situação hipotética, assinale a opção correta.

a) A cobrança de multa contratual pelo descumprimento dependerá de prévia intimação de Fernando.

b) Nesse caso, não será possível que Eduardo execute a obra às expensas do devedor.

c) Tal obrigação deverá resolver-se em perdas e danos.

d) Em razão da natureza da obrigação, não será permitida a multa cominatória para o seu cumprimento.

e) Trata-se de inadimplemento absoluto de obrigação de fazer, o que enseja a resolução do contrato.

1603. (Cespe/TRF/5R/Juiz/2015)
Com referência à execução no processo civil, assinale a opção correta.

a) Como resultado da liberdade de contratar protegida pelo direito, não há impedimento para

CAPÍTULO 13 - DIREITO PROCESSUAL CIVIL

que particulares criem título executivo extrajudicial não previsto em lei.

b) A sentença arbitral independe de homologação judicial e, por isso, é considerada título executivo extrajudicial

c) Consoante entendimento sumulado do STJ, é com a intimação do devedor que começa a correr o prazo para cumprimento da obrigação de fazer, não sendo bastante a intimação do advogado constituído.

d) No curso da execução, o juiz somente pode conhecer da impenhorabilidade do bem se houver alegação da parte.

e) O reconhecimento da fraude à execução pode ser feito nos próprios autos do processo em curso e importa em declaração de nulidade da alienação feita.

7.2.2. Da Execução por Quantia Certa

> **Súmula STJ 319.** *O encargo de depositário de bens penhorados pode ser expressamente recusado.*

1604. (PUC-PR/TJ/RO/Juiz/2011) Dadas as assertivas abaixo, assinale a única correta.

a) De acordo com o entendimento do STJ, o contrato de abertura de conta de crédito, acompanhado do extrato da conta corrente, é um título executivo.

b) Não cabe citação por edital no processo de execução.

c) O encargo do depositário de bens penhorados não pode ser recusado.

d) Quando o valor dos bens exceder 60 vezes o valor do salário mínimo vigente na data da avaliação, será dispensada a publicação de editais para a realização da hasta pública.

e) No prazo para embargos, reconhecendo o crédito do exequente e comprovando o depósito de 30% (trinta por cento) do valor em execução, inclusive custas e honorários de advogado, poderá o executado requerer que seja admitido a pagar o restante em até 06 (seis) parcelas mensais, acrescidas de correção monetária e juros de 1% (um por cento) ao mês.

> **Súmula STJ 328.** *Na execução contra instituição financeira, é penhorável o numerário disponível, excluídas as reservas bancárias mantidas no Banco Central.*

↪ Súmula não abordada em concursos recentes.

> **Súmula STJ 364.** *O conceito de impenhorabilidade de bem de família abrange também o imóvel pertencente a pessoas solteiras, separadas e viúvas.*

Súmula anotada em Direito Civil – Do Direito de Família – Bem de Família.

> **Súmula STJ 417.** *Na execução civil, a penhora de dinheiro na ordem de nomeação de bens não tem caráter absoluto.*

1605. (TRT/21R/Juiz/2010) No curso da execução fiscal, o devedor ofereceu, em garantia à execução, crédito de sua titularidade, pendente de satisfação pela Fazenda Pública, mediante precatório judicial já expedido. O credor, instado a se pronunciar, insurgiu-se contra a indicação, com fundamento na gradação legal de bens penhoráveis, insistindo na expedição de ordem de penhora sobre dinheiro, diante da preferência de que desfruta na legislação. Tendo em vista a jurisprudência dominante do Superior Tribunal de Justiça sobre o tema, indique a resposta correta:

a) o credor não tem razão, pois, na execução civil, a penhora de dinheiro, na ordem de nomeação de bens, não tem caráter absoluto.

b) o credor tem razão, pois somente em casos de insolvência a penhora deve ser realizada sobre outro bem que não dinheiro.

c) o credor tem razão, pois o crédito decorrente de precatório judicial não tem previsão legal para ser constritado judicialmente.

d) o credor não tem razão, pois a matéria tem disciplina legal específica para a execução fiscal, permitindo a penhora sobre crédito decorrente de precatório.

e) o credor tem razão, pois a regra da execução menos gravosa não se aplica ao caso.

> *Súmula STJ 486. É impenhorável o único imóvel residencial do devedor que esteja locado a terceiros, desde que a renda obtida com a locação seja revertida para a subsistência ou a moradia da sua família.*

1606. **(Ieses/TJ-RO/Cartórios/2012)** Sobre o bem de família, pode-se afirmar que:

a) É impenhorável o único imóvel residencial do devedor que esteja locado a terceiros, desde que a renda obtida com a locação seja revertida para a subsistência ou a moradia da sua família.

b) O bem de família, instituído por força da lei, torna-se impenhorável, inclusive, por dívidas trabalhistas incidentes sobre o imóvel.

c) O bem de família, instituído por escritura pública, torna-se impenhorável em qualquer hipótese, exceto por dívida tributária.

d) Apenas admite-se a impenhorabilidade de bem imóvel.

1607. **(FCC/TJ/PE/Cartórios/Remoção/2013)** Analise as seguintes assertivas sobre os bens de família:

I. O único imóvel residencial do devedor que esteja locado a terceiros é impenhorável, desde que a renda obtida com a locação seja revertida para a subsistência da família ou para o pagamento de outra moradia.

II. O conceito de impenhorabilidade de bem de família abrange também o imóvel pertencente a pessoas solteiras, separadas e viúvas.

III. A vaga de garagem que possui matrícula própria no registro de imóveis não constitui bem de família para efeito de penhora.

De acordo com o entendimento sumulado do Superior Tribunal de Justiça está correto o que se afirma em:

a) II, apenas.

b) I e II, apenas.

c) II e III, apenas.

d) I e III, apenas.

e) I, II e III.

1608. **(Vunesp/TJ/SP/Juiz/2013)** No que concerne ao bem de família, assinale a resposta correta consoante a Lei n. 8.009 e a jurisprudência do STJ.

a) A vaga de garagem, ainda que possua matrícula própria no registro de imóveis, constitui bem de família para efeito de penhora.

b) O conceito de impenhorabilidade do bem de família abrange as benfeitorias de qualquer natureza, equipamentos, inclusive veículos de transporte, móveis que guarnecem a casa e obras de arte.

c) O conceito de impenhorabilidade do bem de família não abrange o imóvel pertencente a pessoas solteiras, viúvas e separadas.

d) É impenhorável o único imóvel residencial do devedor que esteja locado a terceiros, desde que a renda obtida com a locação seja revertida para a subsistência ou a moradia da sua família.

1609. **(TRT/2R/Juiz/2015)** À luz da legislação vigente e da jurisprudência consolidada dos Tribunais Superiores, aponte a alternativa incorreta.

a) São bens imóveis: o solo e tudo quanto se lhe incorporar natural ou artificialmente, os direitos reais sobre imóveis e as ações que os asseguram e o direito a sucessão aberta. Por sua vez, consideram-se móveis, as energias que tenham valor econômico e os direitos pessoais de caráter patrimonial e respectivas ações.

b) A impenhorabilidade do bem de família se estende ao único imóvel residencial do devedor que se encontre locado a terceiros, desde que a renda obtida com a locação seja revertida para a subsistência ou a moradia da sua família. O conceito de impenhorabilidade de bem de família abrange, ainda, o imóvel pertencente a pessoas solteiras, separadas e viúvas.

c) São anuláveis os negócios jurídicos quando as declarações de vontade emanarem de erro substancial que poderia ser percebido por pessoa de diligência normal em face das circunstâncias do negócio. O erro de cálculo apenas autoriza a retificação da declaração de vontade.

d) Haverá simulação nos negócios jurídicos quando aparentarem conferir ou transmitir direitos a pessoas diversas daquelas às quais realmente se conferem ou transmitem. Ocorre o estado de perigo quando uma pessoa, premida de necessidade, ou por inexperiência, se obriga a prestação manifestamente desproporcional ao valor da prestação oposta.

CAPÍTULO 13 - DIREITO PROCESSUAL CIVIL

e) Prescreve em três anos a pretensão de ressarcimento de enriquecimento sem causa e a pretensão de reparação civil. Não corre o prazo de decadência contra os absolutamente incapazes.

1610. (FGV/TJ/RJ/Analista/2014) De acordo com a jurisprudência prevalente no Supremo Tribunal Federal e no Superior Tribunal de Justiça, pode ser penhorado o único bem imóvel pertencente ao:

a) executado, ainda que alugado para terceiro não integrante do processo.

b) executado, ainda que resida sozinho e não tenha família.

c) executado insolvente, ainda que adquirido de má-fé para transferir a residência familiar de outro imóvel menos valioso.

d) fiador do executado, mesmo que não tenha participado do processo executivo.

e) executado, ainda que suntuoso e avaliado em mais de 300 salários-mínimos

1611. (FMP/PGE/AC/Procurador/2014) Considere as assertivas:

I. É impenhorável o único imóvel residencial do devedor, desde que nele resida ou que esteja locado a terceiro, revertendo tal verba para subsistência ou moradia da família do devedor.

II. A jurisprudência sumulada do Superior Tribunal de Justiça considera que os créditos das autarquias federais preferem aos das Fazendas Públicas estaduais se coexistirem penhoras sobre o mesmo bem.

III. A existência de pluralidade de penhoras se resolve, em primeiro lugar, pela existência de crédito privilegiado em decorrência da previsão legal, em segundo lugar, pela anterioridade da penhora.

Assinale a alternativa correta.

a) Todas as assertivas são verdadeiras.

b) Apenas as assertivas I e III são verdadeiras.

c) Apenas as assertivas I e II são verdadeiras.

d) Apenas as assertivas II e III são verdadeiras

1612. (FMP/PGE/AC/Procurador/2014) Considere as assertivas I, II e III.

I. É impenhorável o único imóvel residencial do devedor, desde que nele resida ou que esteja locado a terceiro, revertendo tal verba para subsistência ou moradia da família do devedor.

II. A jurisprudência sumulada do Superior Tribunal de Justiça considera que os créditos das autarquias federais preferem aos das Fazendas Públicas estaduais se coexistirem penhoras sobre o mesmo bem.

III. A existência de pluralidade de penhoras se resolve, em primeiro lugar, pela existência de crédito privilegiado em decorrência da previsão legal, em segundo lugar, pela anterioridade da penhora.

Assinale a alternativa correta.

a) Todas as assertivas são verdadeiras.

b) Apenas as assertivas I e III são verdadeiras.

c) Apenas as assertivas I e II são verdadeiras.

d) Apenas as assertivas II e III são verdadeiras

> **Súmula STJ 497.** *Os créditos das autarquias federais preferem aos créditos da fazenda estadual desde que coexistam penhoras sobre o mesmo bem.*

1613. (FCC/ManausPrev/Procurador/2015) No tocante às súmulas concernentes ao direito processual, é incorreto afirmar:

a) O contribuinte pode optar por receber, por meio de precatório ou por compensação, o indébito tributário certificado por sentença declaratória transitada em julgado.

b) Os créditos das autarquias federais preferem aos créditos da Fazenda estadual, coexistindo ou não penhoras sobre o mesmo bem.

c) Viola cláusula de reserva de plenário a decisão de órgão fracionário de Tribunal que, embora não declare expressamente a inconstitucionalidade de lei ou ato normativo do poder público, afasta sua incidência, no todo ou em parte.

d) A ação de cobrança de diferenças de valores de complementação de aposentadoria prescreve em cinco anos contados da data do pagamento.

e) O INSS não está obrigado a efetuar depósito prévio do preparo por gozar das prerrogativas e privilégios da Fazenda Pública.

1614. (FMP/PGE/AC/Procurador/2014) Considere as assertivas:

I. É impenhorável o único imóvel residencial do devedor, desde que nele resida ou que esteja locado a terceiro, revertendo tal verba para subsistência ou moradia da família do devedor.

II. A jurisprudência sumulada do Superior Tribunal de Justiça considera que os créditos das autarquias federais preferem aos das Fazendas Públicas estaduais se coexistirem penhoras sobre o mesmo bem.

III. A existência de pluralidade de penhoras se resolve, em primeiro lugar, pela existência de crédito privilegiado em decorrência da previsão legal, em segundo lugar, pela anterioridade da penhora.

Assinale a alternativa correta.

a) Todas as assertivas são verdadeiras.

b) Apenas as assertivas I e III são verdadeiras.

c) Apenas as assertivas I e II são verdadeiras.

d) Apenas as assertivas II e III são verdadeiras

> **Súmula STJ 239.** *O direito à adjudicação compulsória não se condiciona ao registro do compromisso de compra e venda no cartório de imóveis.*

1615. (FGV/OAB/2010-2) Por meio de uma promessa de compra e venda, celebrada por instrumento particular registrada no cartório de Registro de Imóveis e na qual não se pactuou arrependimento, Juvenal foi residir no imóvel objeto do contrato e, quando quitou o pagamento, deparou-se com a recusa do promitente-vendedor em outorgar-lhe a escritura definitiva do imóvel. Diante do impasse, Juvenal poderá

a) requerer ao juiz a adjudicação do imóvel, a despeito de a promessa de compra e venda ter sido celebrada por instrumento particular.

b) usucapir o imóvel, já que não faria jus à adjudicação compulsória na hipótese.

c) desistir do negócio e pedir o dinheiro de volta.

d) exigir a substituição do imóvel prometido à venda por outro, muito embora inexistisse previsão expressa a esse respeito no contrato preliminar.

> **Súmula STJ 478.** *Na execução de crédito relativo a cotas condominiais, este tem preferência sobre o hipotecário.*

1616. (PGE/MS/Procurador/2014) Leia os enunciados:

I. A dispensa de reexame necessário, quando o valor da condenação ou do direito controvertido for inferior a sessenta salários mínimos, não se aplica a sentenças ilíquidas.

II. É impenhorável o único imóvel residencial do devedor que esteja locado a terceiros, desde que a renda obtida com a locação seja revertida para a subsistência ou a moradia da sua família.

III. O Superior Tribunal de Justiça é competente para processar e julgar, originariamente, mandado de segurança contra ato de órgão colegiado presidido por Ministro de Estado.

IV. Faz jus ao benefício da justiça gratuita a pessoa jurídica com ou sem fins lucrativos que demonstrar sua impossibilidade de arcar com os encargos processuais.

V. Na execução de crédito relativo a cotas condominiais, este tem preferência sobre o hipotecário.

Em termos de fidelidade dos enunciados das Súmulas do Superior Tribunal de Justiça, é exato dizer:

a) um enunciado está incorreto.

b) dois enunciados estão incorretos.

c) três enunciados estão incorretos.

d) quatro enunciados estão incorretos.

e) todos os enunciados estão incorretos.

1617. (Cespe/TJ/MA/Juiz/2013) Com base no entendimento sumulado do STJ, assinale a opção correta.

a) Embora a cobrança de comissão de permanência exclua a exigibilidade dos juros remuneratórios, moratórios e da multa contratual, o valor da referida comissão, quando estabelecidos tais encargos, é limitado pelo somatório dos juros moratórios e remuneratórios.

b) Os juros de mora na indenização do seguro DPVAT fluem a partir da promulgação da sentença.

c) É penhorável o único imóvel residencial do devedor mesmo que o bem esteja locado a terceiros e a renda obtida com a locação seja revertida para a subsistência ou a moradia da família do devedor.

d) Na execução de crédito relativo a cotas condominiais, este não tem preferência sobre o crédito hipotecário.

7.2.3. Da Execução de Alimentos

Súmula STJ 309. O débito alimentar que autoriza a prisão civil do alimentante é o que compreende as três prestações anteriores ao ajuizamento da execução e as que se vencerem no curso do processo.

1618. **(Cespe/DPE/RO/Defensor/2012)** Acerca do processo de execução, assinale a opção correta.

a) Na execução fiscal, não cabe citação por edital.

b) Em execução fiscal, a prescrição ocorrida antes da propositura da ação não pode ser decretada de ofício, por ser direito disponível

c) Autoriza a prisão civil do alimentante o débito alimentar que compreenda as três prestações anteriores à citação e as que vencerem no curso do processo.

d) Em execução fiscal, não localizados bens penhoráveis, suspende-se o processo por um ano e, finda a suspensão, inicia-se o prazo da prescrição quinquenal intercorrente

e) Na execução civil, a penhora de dinheiro conforme a ordem de nomeação de bens tem caráter absoluto.

1619. **(FCC/DPE/MT/Defensor/2009)** No tocante à ação de alimentos:

a) somente quando se tratar de alimentos definitivos é cabível a prisão civil do alimentante inadimplente.

b) o débito alimentar que autoriza a prisão civil do alimentante é o relativo às três prestações anteriores ao ajuizamento da ação, mais as que se vencerem no curso do processo.

c) a pena de prisão civil só pode ser aplicada uma vez, ainda que o alimentante volte a inadimplir a obrigação.

d) o cancelamento de pensão alimentícia de filho que atingiu a maioridade dá-se pelo mero implemento da idade.

e) não é mais cabível a prisão civil do inadimplente, em razão do Pacto de San José da Costa Rica, ratificado pelo Brasil.

1620. **(Vunesp/TJ/SP/Juiz/2007)** Considere as seguintes afirmações. São corretas apenas:

I. súmula do Superior Tribunal de Justiça adota o entendimento de que, julgada procedente a ação de investigação de paternidade, os alimentos são devidos a partir da citação.

II. súmula do Superior Tribunal de Justiça acolhe a orientação de que o débito alimentar que autoriza a prisão do devedor é o que compreende as três prestações anteriores ao ajuizamento da execução e as que se vencerem no curso do processo.

III. o cônjuge declarado culpado pela separação judicial perderá o direito aos alimentos, ainda que deles venha a necessitar e não tenha parentes em condições de os prestar ou aptidão para o trabalho.

IV. os alimentos, na falta de outros obrigados, podem ser exigidos dos tios.

a) I, II e IV.

b) I, III e IV.

c) II e III.

d) I e II.

7.3. Dos Embargos à Execução

Súmula STJ 46. Na execução por carta, os embargos do devedor serão decididos no juízo deprecante, salvo se versarem unicamente vícios ou defeitos da penhora, avaliação ou alienação dos bens.

1621. **(Esaf/TRT/7R/Juiz/2005)** Analise as proposições abaixo, conforme sejam verdadeiras (V) ou falsas (F) e assinale a opção correta.

I. Doutrina e jurisprudência consagram a possibilidade de dedução, em sede de embargos, de matérias outras que não as relacionadas com a quitação ou prescrição da dívida e o cumprimento da decisão ou do acordo. Em relação à quitação da dívida, essa deve guardar relação com o período posterior à prolação da sentença.

II. Nas execuções trabalhistas realizadas por carta, competirá ao Juiz Deprecante o julgamento dos embargos à execução, quando a matéria neles versada concernir exclusivamente a questões relacionadas com a penhora.

III. A Fazenda Pública possui a prerrogativa do prazo em dobro para oposição de embargos à execução.

IV. Embargos à Adjudicação, segundo a jurisprudência do Tribunal Superior do Trabalho, é a medida cabível para atacar a decisão do juiz do trabalho que homologa adjudicação com ofensa a lei.

a) V, F, F, V.
b) V, V, V, F.
c) F, F, V, F.
d) F, V, F, V.
e) V, F, F, F.

> **Súmula STJ 196.** *Ao executado que, citado por edital ou por hora certa, permanecer revel, será nomeado curador especial, com legitimidade para apresentação de embargos.*

1622. (Cespe/TJ/AM/Juiz/2016) Acerca da execução, assinale a opção correta.

a) Iniciada a execução de título extrajudicial, a fraude contra credores poderá ser reconhecida em embargos de terceiro, com a consequente anulação do ato jurídico.

b) Tratando-se de execução de título extrajudicial, a fixação de multa para cumprimento de obrigação específica pelo devedor e a sua conversão em perdas e danos dependem de requerimento do credor.

c) A citação por hora certa, por ser incompatível com o rito, é vedada no processo de execução, consoante entendimento sumulado pelo STJ.

d) A averbação da constrição de bem imóvel no cartório de registro de imóveis, embora prevista na legislação processual civil, não é condição de validade da penhora.

e) As sentenças condenatórias cíveis e penais, ainda que não transitadas em julgado, constituem títulos executivos judiciais.

1623. (FCC/TCE/AP/Procurador/2010) Em matéria de embargos do devedor, é correto afirmar:

a) O prazo para embargar será de 30 dias, contados da juntada do último mandado citatório, quando os executados, em litisconsórcio, tiverem diferentes procuradores.

b) Curador especial não tem legitimidade para opor embargos do devedor nas situação em que o executado é citado por hora certa e permanece revel.

c) Quando houver mais de um executado, o prazo para cada um deles embargar conta-se a partir da juntada do último mandado de citação, salvo tratando-se de cônjuges.

d) A citação do executado nas execuções por carta precatória será imediatamente comunicada pelo juiz deprecado ao juiz deprecante, inclusive por meios eletrônicos, contando-se o prazo para embargos a partir da juntada dos autos de tal comunicação.

e) Os embargos serão apresentados no prazo de 15 dias, contados do termo de penhora, depósito ou caução, e instruído com as cópias relevantes do processo de execução.

1624. (FGV/OAB/Exame_X/2013) A respeito da capacidade processual, assinale a afirmativa correta.

a) Os municípios serão representados em juízo, ativa e passivamente, pelo Prefeito ou pelo procurador.

b) O juiz, de plano, deverá extinguir o processo sem resolução do mérito, ao verificar a incapacidade processual ou a irregularidade da representação das partes.

c) O juiz dará curador especial ao réu preso, bem como ao réu citado por hora certa, por edital ou por meio eletrônico.

d) A citação dos cônjuges nas ações que versem sobre direitos reais imobiliários é prescindível.

1625. (FCC/TRT/9R/Analista/2013) No tocante à capacidade processual e postulatória:

a) a herança jacente ou vacante é representada judicialmente pelo inventariante.

b) a citação de um dos cônjuges é sempre suficiente, não havendo hipóteses em que ambos devam ser citados para a demanda.

c) o cônjuge necessitará do consentimento do outro para propor ações que versem sobre direitos pessoais e imobiliários.

d) o juiz dará curador especial ao réu preso, bem como ao revel citado por edital ou com hora certa.

e) dada a igualdade jurídica entre homem e mulher, não existe situação jurídica na qual seja necessária autorização conjugal para qualquer demanda.

CAPÍTULO 13 - DIREITO PROCESSUAL CIVIL

1626. (IBFC/TJ/PR/Cartórios/2014)
Quanto à citação por hora certa, assinale a proposição incorreta:

a) A citação por hora certa é admitida no processo de execução, segundo posição prevalente na doutrina e jurisprudência atuais.

b) Ao réu citado por hora certa não será nomeado curador especial, eis que tal ocorrerá apenas quando o réu for citado por edital ou quando estiver preso, além de quando for incapaz sem representante legal, ou quando seus interesses colidirem com os de seu representante

c) Feita a citação com hora certa, o escrivão enviará ao réu carta, telegrama ou radiograma, dando-lhe de tudo ciência.

d) Somente tem lugar quando houver suspeita de ocultação e após o oficial de justiça ter procurado o réu por três vezes e não o ter encontrado.

> **Súmula STJ 345.** *São devidos honorários advocatícios pela Fazenda Pública nas execuções individuais de sentença proferida em ações coletivas, ainda que não embargadas.*

Súmula anotada em Direito Processual Civil – Dos Sujeitos do Processo – Das Partes e dos Procuradores – Dos Deveres das Partes e de seus Procuradores (Honorários Advocatícios).

> **Súmula STJ 487.** *O parágrafo único do art. 741 do CPC não se aplica às sentenças transitadas em julgado em data anterior à da sua vigência.*

1627. (Funcab/Faceli/Professor/2015)
Assinale a alternativa em desacordo com os entendimentos consolidados em enunciados de súmula do Superior Tribunal de Justiça.

a) A dispensa de reexame necessário, quando o valor da condenação ou do direito controvertido for inferior a sessenta salários mínimos, se aplica a sentenças ilíquidas.

b) Reconhecida a continência, devem ser reunidas na Justiça Federal as ações civis públicas propostas nesta e na Justiça Estadual.

c) O § 2º do art. 6º da Lei 9.469/1997, que obriga à repartição dos honorários advocatícios, é inaplicável a acordos ou transações celebrados em data anterior à sua vigência.

d) O parágrafo único do art. 741 do CPC/73 não se aplica às sentenças transitadas em julgado em data anterior à da sua vigência.

e) A falta de ajuizamento da ação principal no prazo do art. 806 do CPC acarreta a perda da eficácia da liminar deferida e a extinção do processo.

1628. (Esaf/PFN/Procurador/2015)
Uma das hipóteses de supressão da eficácia executiva dos títulos judiciais ocorre quando este título está fundado em lei ou ato normativo declarados inconstitucionais pelo Supremo Tribunal Federal, ou fundado em aplicação ou interpretação da lei ou ato normativo tidas pelo Supremo Tribunal Federal como incompatíveis com a Constituição Federal. De acordo com a jurisprudência do Superior Tribunal de Justiça, indique a opção correta.

a) A ineficácia da "sentença inconstitucional" só pode ser alegada se houver pronunciamento do Supremo Tribunal Federal em controle concentrado de constitucionalidade.

b) É aplicável tal regramento seja quando o Supremo Tribunal Federal declara a constitucionalidade seja quando reconhece a inconstitucionalidade de dispositivo legal.

c) Não se aplica tal regramento às decisões que transitaram em julgado antes do seu advento no direito positivo brasileiro.

d) Para a ineficácia do título executivo, a decisão do Supremo Tribunal Federal deve ter sido publicada após o trânsito em julgado.

e) Só pode ser alegada a ineficácia do título executivo dentro do prazo de dois anos, a exemplo da disciplina da ação rescisória.

8. DOS PROCESSOS NOS TRIBUNAIS E DOS MEIOS DE IMPUGNAÇÃO DAS DECISÕES JUDICIAIS

8.1. Da Ordem dos Processos e dos Processos de Competência Originária dos Tribunais

8.1.1. Da Ordem dos Processos no Tribunal

> **Súmula STJ 117.** *A inobservância do prazo de 48 horas, entre a publicação de pauta e o julgamento sem a presença das partes, acarreta nulidade.*

➔ Súmula não abordada em concursos recentes.

8.1.2. Da Ação Rescisória

> **Súmula STJ 401.** *O prazo decadencial da ação rescisória só se inicia quando não for cabível qualquer recurso do último pronunciamento judicial.*

1629. (Cespe/DPE/RO/Defensor/2012) Assinale a opção correta a respeito da ação rescisória.

a) Cabe ação rescisória contra acórdão proferido em ação direta de inconstitucionalidade.

b) O sistema processual brasileiro não admite o ajuizamento de nova ação rescisória promovida com o objetivo de desconstituir decisão proferida no julgamento de outra ação rescisória.

c) Não se admite ação rescisória contra sentença transitada em julgado quando não se tenha esgotado todos os recursos contra ela.

d) O prazo decadencial da ação rescisória só se inicia quando não for cabível qualquer recurso do último pronunciamento judicial.

e) É necessário o depósito prévio nas ações rescisórias propostas pelo INSS.

1630. (MPE/SC/Promotor/2014) O Ministério Público intervém em todos os processos de ação rescisória, ainda que não tenha intervindo no processo originário. E mais, segundo matéria sumulada, o prazo decadencial da ação rescisória só se inicia quando não for cabível

qualquer recurso do último pronunciamento judicial.

1631. (Cespe/TJ/SE/Analista/2014) Conforme a jurisprudência sumulada do Superior Tribunal de Justiça (STJ), o trânsito em julgado material da sentença ocorre somente no caso de não ser cabível qualquer recurso do último pronunciamento judicial, razão por que é inadmissível o trânsito em julgado parcial.

8.2. Dos Recursos

8.2.1. Disposições Gerais

> **Súmula STJ 55.** *Tribunal regional federal não é competente para julgar recurso de decisão proferida por juiz estadual não investido de jurisdição federal.*

1632. (TRF/5R/Juiz/1999) Assinale a alternativa correta:

I. O Tribunal Regional Federal é competente para julgar recurso de decisão proferida, na área de sua jurisdição, por juiz estadual não investido de jurisdição federal nas causas de interesse da União, autarquia federal ou empresa pública federal.

II. Compete ao Tribunal Regional Federal julgar, em grau de recurso, as causas decididas pelos juízes federais e pelos juízes estaduais no exercício da competência federal da área de sua jurisdição.

III. Compete ao Tribunal Regional Federal dirimir conflito de competência verificado, na respectiva região, entre juiz federal e juiz estadual investido de jurisdição federal.

IV. Quando o juiz estadual está investido de jurisdição federal, suas decisões são submetidas ao Tribunal Regional Federal, como acontece com o juiz federal.

V. Compete ao Superior Tribunal de Justiça dirimir conflito de competência verificado entre juiz federal e juiz estadual investido de jurisdição federal.

a) Somente as proposições I, II e III estão corretas.

b) Somente as proposições I, IV e V estão corretas.

c) Somente as proposições II, III e IV estão corretas.

d) Somente as proposições II, IV e V estão corretas.

e) Somente as proposições III, IV e V estão corretas.

CAPÍTULO 13 - DIREITO PROCESSUAL CIVIL

Súmula STJ 99. *O Ministério Público tem legitimidade para recorrer no processo em que oficiou como fiscal da lei, ainda que não haja recurso da parte.*

Súmula anotada em Direito Processual Civil - Dos Sujeitos do Processo - Do Ministério Público.

Súmula STJ 318. *Formulado pedido certo e determinado, somente o autor tem interesse recursal em arguir o vício da sentença ilíquida.*

Súmula anotada em Direito Processual Civil - Do Processo de Conhecimento e do Cumprimento de Sentença - Do Procedimento Comum - Da Liquidação de Sentença.

Súmula STJ 483. *O INSS não está obrigado a efetuar depósito prévio do preparo por gozar das prerrogativas e privilégios da Fazenda Pública.*

➲ Súmula não abordada em concursos recentes.

Súmula STJ 484. *Admite-se que o preparo seja efetuado no primeiro dia útil subsequente, quando a interposição do recurso ocorrer após o encerramento do expediente bancário.*

1633. (TJ/SC/Juiz/2013) Assinale a alternativa incorreta:

a) A dispensa de reexame necessário, quando o valor da condenação ou do direito controvertido for inferior a 60 (sessenta) salários mínimos, não se aplica à sentenças ilíquidas.

b) Reconhecida a continência, devem ser reunidas na Justiça Federal as ações civis públicas propostas nesta e na Justiça Estadual.

c) A Lei de Arbitragem aplica-se aos contratos que contenham cláusula arbitral, ainda que celebrados antes da sua edição.

d) Admite-se que o preparo seja efetuado no primeiro dia útil subsequente, quando a interposição do recurso ocorrer após o encerramento do expediente bancário.

e) A falta de ajuizamento da ação principal no prazo legal acarreta a perda da eficácia da liminar deferida, mas não a extinção do processo cautelar.

1634. (Cespe/TJ/DFT/Cartórios/2014) Acerca de recursos, assinale a opção correta.

a) A renúncia ao direito de recorrer depende da aceitação da outra parte.

b) Segundo a jurisprudência do STJ, quando a interposição do recurso ocorrer em horário posterior ao do encerramento do expediente bancário, admite-se a juntada da guia de recolhimento do preparo no primeiro dia útil seguinte

c) O recurso na modalidade adesiva será interposto no prazo de que a parte dispõe para responder e, segundo entendimento do STJ, estará condicionado à apresentação das contrarrazões ao recurso principal.

d) De acordo com a jurisprudência do STJ, aplica-se o princípio da fungibilidade recursal, para que se supere a tempestividade com vistas a receber o recurso principal como recurso adesivo.

e) Na hipótese de interposição de recurso de agravo de instrumento, o relator poderá, entre outras providências, converter o recurso em agravo retido. Nessa situação, o agravante poderá, caso deseje reformar de imediato essa decisão, interpor recurso de agravo, no prazo de cinco dias, ao órgão competente para o julgamento do recurso.

Súmula STJ 568. *O relator, monocraticamente e no Superior Tribunal de Justiça, poderá dar ou negar provimento ao recurso quando houver entendimento dominante acerca do tema.*

➲ Súmula não abordada em concursos recentes.

8.2.2. Da Apelação

Súmula STJ 331. *A apelação interposta contra sentença que julga embargos à arrematação tem efeito meramente devolutivo.*

1635. (Cespe/MP/RO/Promotor/2008) Segundo o entendimento do STJ, a apelação interposta contra sentença que julga embargos à arrematação tem efeito meramente devolutivo.

1636. (FGV/TJ/PA/Juiz/2007) Interposto recurso em face de decisão que julga embargos à adjudicação, este será recebido no efeito:

a) regressivo.

b) suspensivo.

c) expansivo.

d) integrativo.

e) devolutivo.

> *Súmula STJ 553. Nos casos de empréstimo compulsório sobre o consumo de energia elétrica, é competente a justiça estadual para o julgamento de demanda proposta exclusivamente contra a Eletrobrás. Requerida a intervenção da União no feito após a prolação de sentença pelo juízo estadual, os autos devem ser remetidos ao tribunal regional federal competente para o julgamento da apelação se deferida a intervenção.*

↻Súmula não abordada em concursos recentes.

8.2.3. Do Agravo de Instrumento

> *Súmula STJ 118. O agravo de instrumento é o recurso cabível da decisão que homologa a atualização do cálculo da liquidação.*

1637. (FCC/DPE/SP/Defensor/2006) Em determinada demanda o autor interpôs agravo de instrumento contra decisão que homologou liquidação de sentença, na modalidade de arbitramento, em valor abaixo do postulado pelo recorrente. Recebido o agravo no Tribunal, o relator denegou seguimento ao recurso sob dois fundamentos: de que não vislumbrara na decisão combatida perigo capaz de causar lesão à parte, e de que o agravo de instrumento era incabível na espécie. O relator agiu

a) corretamente, pois, nessa hipótese, o recurso cabível era o de apelação.

b) incorretamente, pois, na hipótese em exame, o recurso interposto era o cabível.

c) incorretamente, pois deveria converter o recurso em agravo retido.

d) incorretamente, já que a escolha do meio recursal cabe à parte e não ao julgador.

e) corretamente, pois o agravo de instrumento só é cabível em situações de perigo de dano ou nos casos relativos aos efeitos em que a apelação é recebida.

1638. (Vunesp/MP/ES/Assessor/2013) Da decisão de liquidação de sentença

a) caberá o recurso de agravo retido.

b) caberá o recurso de agravo de instrumento.

c) caberá o recurso de apelação.

d) caberá o recurso de embargos infringentes.

e) não caberá recurso.

> *Súmula STJ 223. A certidão de intimação do acórdão recorrido constitui peça obrigatória do instrumento de agravo.*

1639. (Integri/CM/Suzano/Assistente_Jurídico/2016) Com relação ao recurso de agravo de instrumento, está correto afirmar:

a) A petição de agravo de instrumento será instruída obrigatoriamente, com cópias da petição inicial, da contestação, da petição que ensejou a decisão agravada, da própria decisão agravada, da certidão da respectiva intimação ou outro documento oficial que comprove a tempestividade e das procurações outorgadas aos advogados do agravante e do agravado.

b) O agravo de instrumento será dirigido ao juízo que proferiu a decisão recorrida, por meio de petição com os seguintes requisitos os nomes das partes, a exposição do fato e do direito, as razões do pedido de reforma ou de invalidação da decisão e o próprio pedido e o nome e o endereço completo dos advogados constantes do processo.

c) Sem exceção, o agravante requererá a juntada, aos autos do processo, de cópia da petição do agravo de instrumento, do comprovante de sua interposição e da relação dos documentos que instruíram o recurso, no prazo de 3 (três) dias a contar da interposição do agravo de instrumento.

d) Cabe agravo de instrumento contra as decisões interlocutórias que versarem exclusivamente sobre tutelas provisórias, mérito do processo, rejeição da alegação de convenção de arbitragem e incidente de desconsideração da personalidade jurídica.

CAPÍTULO 13 - DIREITO PROCESSUAL CIVIL

8.2.4. Do Agravo Interno

Súmula STJ 116. *A Fazenda Pública e o Ministério Público têm prazo em dobro para interpor agravo regimental no Superior Tribunal de Justiça.*

Súmula anotada em Direito Processual Civil – Dos Sujeitos do Processo – Do Ministério Público.

Súmula STJ 182. *É inviável o agravo do art. 545 do CPC que deixa de atacar especificamente os fundamentos da decisão agravada.*

⟳ Súmula não abordada em concursos recentes.

8.2.5. Dos Embargos de Declaração

Súmula STJ 98. *Embargos de declaração manifestados com notório propósito de prequestionamento não têm caráter protelatório.*

1640. (PUC-PR/TRT/9R/Juiz/2007) Assinale a alternativa correta:

a) O Supremo Tribunal Federal e o Superior Tribunal de Justiça adotam concepções distintas acerca da configuração do prequestionamento, no caso de rejeição dos embargos de declaração interpostos contra acórdão proferido por Tribunal local com o intuito de fazer suprir a omissão relativa a questão constitucional ou federal.

b) A jurisprudência é pacífica em admitir a incidência do princípio da fungibilidade recursal quando, havendo dúvida objetiva e erro grosseiro, a parte interpõe apelação utilizando-se do prazo integral deste recurso, não observando o prazo do recurso de agravo, que é mais reduzido.

c) A decisão que acolhe ou rejeita impugnação à execução de sentença é sempre impugnável por apelação.

d) No caso de embargos de declaração, não deve a parte contrária ser ouvida, ainda que os embargos opostos tenham efeitos infringentes.

e) Deve o juiz indeferir a apelação, quando a sentença apelada estiver em conformidade com súmula do tribunal competente para o julgamento da apelação.

1641. (TRT/21R/Juiz/2010) Assinale a alternativa correta:

a) a jurisprudência sumulada do Superior Tribunal de Justiça não considera protelatórios os embargos de declaração opostos com o notório propósito de prequestionamento.

b) a jurisprudência é pacífica em admitir a incidência do princípio da fungibilidade recursal, mesmo quando presente dúvida objetiva e erro grosseiro.

c) a decisão que acolhe ou rejeita impugnação à execução de sentença é sempre impugnável por apelação, com efeito meramente devolutivo.

d) no caso de embargos de declaração, não deve a parte contrária ser ouvida, ainda que os embargos opostos contenham pedido de modificação da decisão embargada.

e) deve o juiz negar seguimento à apelação, quando a sentença apelada estiver em conformidade com súmula do tribunal competente para o julgamento da apelação.

Súmula STJ 211. *Inadmissível recurso especial quanto à questão que, a despeito da oposição de embargos declaratórios, não foi apreciada pelo tribunal "a quo".*

Súmula anotada em Direito Processual Civil – Dos Processos nos Tribunais e dos Meios de Impugnação das Decisões Judiciais – Dos Recursos – Do Recurso Extraordinário e do Recurso Especial.

Súmula STJ 579. *Não é necessário ratificar o recurso especial interposto na pendência do julgamento dos embargos de declaração, quando inalterado o resultado anterior.*

⟳ Súmula não abordada em concursos recentes.

8.2.6. Do Recurso Extraordinário e do Recurso Especial

Súmula STJ 5. *A simples interpretação de cláusula contratual não enseja recurso especial.*

1642. (Vunesp/PGM/Poá/Procurador/2014) No tocante ao recurso

especial, nos termos da jurisprudência do Superior Tribunal de Justiça:

a) as questões de ordem pública podem ser decididas de ofício, independentemente de prequestionamento ou de conhecimento do recurso.

b) não se admite recuso especial destinado ao reexame ou à revaloração da prova.

c) admite-se recuso especial que importe em interpretação legal ou contratual.

d) admite-se a desistência do recurso representativo da controvérsia, mesmo após iniciado o procedimento de julgamento pelo procedimento dos recursos especiais repetitivos.

e) não se admite recurso especial quanto a questão que, mesmo tendo sido objeto de embargos de declaração, não tenha sido apreciada pelo Tribunal de origem.

Súmula STJ 7. *A pretensão de simples reexame de prova não enseja recurso especial.*

1643. (Cespe/PGE/ES/Procurador/2008)
No recurso especial, não é possível o novo exame da prova da causa, ou seja, a formação de nova convicção sobre os fatos, pois tal recurso tem âmbito restrito, permitindo apenas o reexame da solução que pode ter violado a lei federal.

1644. (UEPA/PGE/PA/Procurador/2015)
Sobre a responsabilidade civil, é correto afirmar que:

a) na responsabilidade civil decorrente do abuso de direito o ofensor não pratica ato ilícito, mas apenas se excede no exercício de um direito respaldado em lei.

b) de acordo com a jurisprudência predominante do STF, a responsabilidade civil das pessoas jurídicas de direito privado, prestadoras de serviços públicos, é objetiva apenas relativamente a terceiros usuários do serviço; não abrangendo os não-usuários, que devem provar a culpa das concessionárias e/ou permissionárias.

c) de acordo com a jurisprudência predominante do STF, a indenização acidentária exclui a de direito comum devida pelo causador do dano resultante de acidente do trabalho, de modo a evitar o bis in idem.

d) de acordo com a jurisprudência predominante do STJ, a anotação irregular em cadastro de proteção ao crédito dá ensejo a indenização por dano moral, mesmo quando preexistente legítima inscrição.

e) não é possível ao STJ rever o valor da indenização por danos morais pelas instâncias ordinárias, por aplicação da Súmula n. 7 daquele Tribunal Superior, ressalvadas as hipóteses em que esse valor se mostrar ínfimo ou exagerado.

Súmula STJ 13. *A divergência entre julgados do mesmo tribunal não enseja recurso especial.*

1645. (MPE/PR/ Promotor/2012)
Não é Súmula do STJ:

a) Reconhecida a continência, devem ser reunidas na Justiça Federal as ações civis públicas propostas nesta e na justiça estadual.

b) O Ministério Público não tem legitimidade para pleitear, em ação civil pública, a indenização decorrente do DPVAT em benefício do segurado.

c) Inadmissível recurso especial quanto à questão que, a despeito da oposição de embargos declaratórios, não foi apreciada pelo tribunal "a quo".

d) A pretensão de simples reexame de prova não enseja recurso especial.

e) A divergência entre julgados do mesmo tribunal enseja recurso especial.

Súmula STJ 83. *Não se conhece do recurso especial pela divergência, quando a orientação do tribunal se firmou no mesmo sentido da decisão recorrida.*

1646. (PUCPR/PGE/PR/Procurador/2015)
Acerca dos recursos especial e extraordinário no processo civil, assinale a alternativa correta.

a) Contra a decisão do presidente do Tribunal de Justiça que não admite recurso extraordinário ou recurso especial cabe agravo de instrumento.

b) O pedido de intervenção, na qualidade de "amicus curiae", em recurso especial submetido à sistemática dos recursos repetitivos pode ser realizado após o início do julgamento pelo órgão colegiado.

CAPÍTULO 13 - DIREITO PROCESSUAL CIVIL

c) Não se conhece do recurso especial quando a orientação do Superior Tribunal de Justiça se firmou no mesmo sentido da decisão recorrida.

d) A existência de repercussão geral no recurso extraordinário será decidida exclusivamente pelo plenário do Supremo Tribunal Federal.

e) A pendência de julgamento no Supremo Tribunal Federal de ação em que se discute a constitucionalidade de lei enseja o sobrestamento dos recursos que tramitam no Superior Tribunal de Justiça.

1647. (MPF/PGR/Procurador_República/2005) Assinale a alternativa incorreta:

a) contra deliberações da turma recursal dos juizados especiais não se admite recurso especial.

b) e inadmissível recurso especial quando cabíveis embargos infringentes contra o acórdão proferido no tribunal de origem.

c) a prescrição, no processo civil, não pode ser conhecida de ofício, salvo quando se tratar de direito não patrimonial.

d) não se conhece do recurso especial fundado em divergência jurisprudencial, quando a orientação do plenário do STJ já se firmou no mesmo sentido da decisão recorrida.

> **Súmula STJ 86.** *Cabe recurso especial contra acórdão proferido no julgamento de agravo de instrumento.*

1648. (FCC/TJ/PE/Cartórios/Ingresso/2013) Cabe recurso especial contra:

a) decisão proferida por órgão de segundo grau dos Juizados Especiais.

b) acórdão proferido no tribunal de origem quando cabíveis embargos infringentes.

c) decisão do relator, que no tribunal de origem, julgou o recurso monocraticamente.

d) decisão da qual couber recurso ordinário.

e) acórdão proferido no julgamento de agravo de instrumento.

1649. (TRT/15R/Juiz/2012) Assinale a alternativa incorreta:

a) O protesto, medida cautelar nominada, não admite defesa nem contraprotesto nos autos; mas o requerido pode contraprotestar em processo distinto.

b) A coisa julgada material se forma sobre a sentença de mérito, mesmo que contenha decisão sobre relações e continuativas.

c) Para a concessão do arresto é essencial pelo menos prova documental de que o devedor que tem domicílio, caindo em insolvência, aliena ou tenta alienar bens que possui.

d) Ainda que o, devedor dê fiador idôneo, não se suspenderá a execução do arresto. Para isso é necessário que preste caução para garantir a dívida, honorários do advogado do requerente e custas.

e) Conforme Súmula 86 do Superior Tribunal de Justiça cabe recurso especial contra acordão proferido no julgamento de agravo de instrumento.

> **Súmula STJ 123.** *A decisão que admite, ou não, o recurso especial deve ser fundamentada com o exame dos seus pressupostos gerais e constitucionais.*

⊃Súmula não abordada em concursos recentes.

> **Súmula STJ 126.** *É inadmissível recurso especial, quando o acórdão recorrido assenta em fundamentos constitucional e infraconstitucional, qualquer deles suficiente, por si só, para mantê-lo, e a parte vencida não manifesta recurso extraordinário.*

1650. (MPT/Procurador/2015) A respeito dos recursos extraordinário e especial, considere as seguintes afirmações, tomando-se por base a jurisprudência sumulada do STF e do STJ:

I. O recurso especial interposto antes do julgamento dos embargos de declaração oferecidos no Tribunal de origem não precisa ser ratificado diante da garantia constitucional do amplo acesso à justiça.

II. Não compete ao STF conceder medida cautelar para dar efeito suspensivo a recurso extraordinário que ainda não foi objeto de juízo de admissibilidade na origem.

III. Admite-se recurso especial, quando o acórdão recorrido assenta em fundamentos constitucional e infraconstitucional, qualquer deles suficiente, por si só, para mantê-lo, e a parte vencida não manifesta recurso extraordinário.

IV. Cabe recurso extraordinário por contrariedade ao princípio constitucional da legalidade, ainda quando a sua verificação pressuponha rever a interpretação dada a normas infraconstitucionais pela decisão recorrida, diante da prevalência da matéria constitucional que atrai a competência do STF.

De acordo com as assertivas propostas, marque a alternativa correta:

a) apenas as assertivas I, III e IV estão incorretas.

b) apenas as assertivas II, III e IV estão incorretas.

c) apenas as assertivas I, II e III estão incorretas.

d) todas as assertivas estão incorretas.

e) Não respondida.

> **Súmula STJ 203.** *Não cabe recurso especial contra decisão proferida por órgão de segundo grau dos juizados especiais.*

1651. (MPE/PR/Promotor/2011) Acerca dos recursos cíveis, assinale a alternativa correta:

a) cabe recurso extraordinário dirigido ao Supremo Tribunal Federal contra a decisão do Tribunal de Justiça que decidir o incidente de declaração de inconstitucionalidade.

b) a autenticação das peças trasladadas não é pressuposto de admissibilidade do agravo de instrumento que ataca decisão interlocutória do juiz de primeiro grau.

c) cabe recurso especial contra a decisão da turma recursal dos juizados especiais cíveis estaduais que contrariar tratado ou lei federal, ou negar-lhes vigência.

d) cabe recurso de embargos infringentes quando o acórdão não unânime houver reformado, em grau de apelação, a sentença de mérito no mandado de segurança.

e) cabe recurso de agravo contra a decisão do Supremo Tribunal Federal que não conhecer do recurso extraordinário por ausência de repercussão geral.

1652. (PUC-PR/TRT/9R/Juiz/2007) Considere as seguintes proposições:

I. O recurso adesivo é espécie de recurso que deve observar os mesmos requisitos de admissibilidade do recurso principal (por exemplo, quanto ao preparo).

II. Embora não caiba recurso especial contra decisão final proferida nos juizados especiais cíveis, contra a mesma decisão é cabível recurso extraordinário (desde que demonstrados os demais requisitos de admissibilidade deste recurso, como, por exemplo, a repercussão geral da questão constitucional).

III. É irrecorrível a decisão que determina a retenção de recurso extraordinário ou especial.

Assinale a alternativa correta:

a) Todas as proposições estão corretas.

b) Apenas as proposições I e II estão corretas.

c) Apenas a proposição II está correta.

d) Apenas as proposições I e III estão corretas.

e) Apenas a proposição I está correta.

> **Súmula STJ 211.** *Inadmissível recurso especial quanto à questão que, a despeito da oposição de embargos declaratórios, não foi apreciada pelo tribunal "a quo".*

1653. (Cespe/STJ/Analista/2008) Considerando que um indivíduo, insatisfeito com acórdão proferido pelo TRF da 1ª Região em sede de apelação, interponha recurso especial para o STJ: de acordo com entendimento sumulado pelo STJ, a despeito de o tribunal "a quo" não ter apreciado questão proposta no recurso especial, deve-se admiti-lo caso tenha havido prévia oposição de embargos de declaração.

1654. (Cespe/STJ/Analista/2008) De acordo com entendimento sumulado pelo STJ, a despeito de o tribunal a quo não ter apreciado questão proposta no recurso especial, deve-se admiti-lo caso tenha havido prévia oposição de embargos de declaração.

1655. (Vunesp/PGM/Poá/Procurador/2014) No tocante ao recurso especial, nos termos da jurisprudência do Superior Tribunal de Justiça:

a) as questões de ordem pública podem ser decididas de ofício, independentemente de prequestionamento ou de conhecimento do recurso.

b) não se admite recuso especial destinado ao reexame ou à revaloração da prova.

c) admite-se recuso especial que importe em interpretação legal ou contratual.

CAPÍTULO 13 - DIREITO PROCESSUAL CIVIL

d) admite-se a desistência do recurso representativo da controvérsia, mesmo após iniciado o procedimento de julgamento pelo procedimento dos recursos especiais repetitivos.

e) não se admite recurso especial quanto a questão que, mesmo tendo sido objeto de embargos de declaração, não tenha sido apreciada pelo Tribunal de origem.

> *Súmula STJ 518. Para fins do art. 105, III, a, da Constituição Federal, não é cabível recurso especial fundado em alegada violação de enunciado de súmula.*

1656. (FCC/DPE/SP/Defensor/2015)

Roberto ajuizou ação visando indenização por danos materiais e morais. Em primeiro grau, o magistrado julgou parcialmente procedente a demanda, para o fim de condenar o requerido a pagar pelos danos materiais, mas negou a existência de danos morais. O requerido resignou-se com a decisão e não recorreu. Roberto, por seu turno, recorreu visando a total procedência do pedido inicial. Cinco anos depois, o Tribunal de Justiça, por maioria de votos, manteve integralmente a decisão de primeiro grau. Diante desta situação, é correto que

a) caso não haja recurso contra esse acórdão, no prazo de dois anos contados do seu trânsito em julgado, o requerido ainda poderá ajuizar ação rescisória questionando inclusive o capítulo da sentença que não foi impugnado na apelação, pois o prazo para a rescisória só teve início após o trânsito em julgado do último provimento judicial; além disso, caso o prazo se encerre em dia não útil, prorroga-se para o primeiro dia útil sequente.

b) caso uma das partes apresente recurso especial desconhecendo que a outra opôs embargos de declaração, sendo este último desprovido, mantido integralmente o acórdão recorrido, após a intimação das partes do julgamento dos embargos, automaticamente será processado o recurso especial, conforme entendimento atual do Superior Tribunal de Justiça.

c) caso o acórdão tenha contrariado expressamente o disposto em Súmula dos Tribunais Superiores, será cabível a interposição de recurso especial com fundamento no artigo 105, inciso III, alínea a, da Constituição Federal, alegando a violação ao enunciado da Súmula.

d) este acórdão desafia embargos infringentes, pois a decisão não foi unânime, razão pela qual antes de interpor recurso especial ou extraordinário os interessados devem esgotar as vias de impugnação ordinária – neste caso, com embargos infringentes.

e) caso o acórdão não tenha analisado a aplicação de um dispositivo da lei federal expressamente suscitado nas razões de apelação, é possível a interposição de recurso especial, sendo desnecessário opor embargos de declaração nesta hipótese, pois houve prequestionamento nas razões recursais.

8.2.7. Dos Embargos de Divergência

> *Súmula STJ 158. Não se presta a justificar embargos de divergência o dissídio com acórdão de turma ou seção que não mais tenha competência para a matéria neles versada.*

1657. (Vunesp/TJ/SP/Juiz/2014)

Quanto aos embargos de divergência em recurso especial, assinale a opção correta.

a) Cabem embargos de Divergência contra decisão de turma do STJ que julgar recurso especial; são incabíveis, todavia, se o acórdão embargado provier de julgamento de embargos de divergência proferido pela Corte Especial desse mesmo tribunal.

b) Cabem embargos de divergência em caso de dissídio com acórdão de Turma ou Seção que não mais tenha competência para a matéria neles versada.

c) Os embargos de divergência são cabíveis ainda que a jurisprudência do STJ se tenha firmado no mesmo sentido do acórdão embargado.

d) Os embargos de divergência são modalidade de recurso de fundamentação livre, podendo-se discutir, em seu bojo, o valor de indenização por danos morais.

> *Súmula STJ 168. Não cabem embargos de divergência, quando a jurisprudência do Tribunal se firmou no mesmo sentido do acórdão embargado.*

1658. (Esaf/PFN/Procurador/2007-1)

Quanto ao recurso de embargos de divergência, é incorreto afirmar que:

a) não cabem embargos de divergência no âmbito do agravo de instrumento que não admite recurso especial.

b) cabem embargos de divergência contra acórdão que, em agravo "regimental", decide recurso especial.

c) cabem embargos de divergência da decisão que deu provimento ao agravo "regimental", afastando-se a possibilidade de julgamento monocrático pelo Ministro Relator por não se enquadrar a hipótese em jurisprudência dominante do Tribunal.

d) cabem embargos de divergência contra acórdão que, em agravo "regimental", decide recurso extraordinário.

e) não cabem embargos de divergência, quando a jurisprudência do tribunal se firmou no mesmo sentido do acórdão embargado.

> **Súmula STJ 316.** *Cabem embargos de divergência contra acórdão que, em agravo regimental, decide recurso especial.*

1659. (Cespe/AGU/Procurador/2007)
Com respeito aos embargos de divergência, conforme a jurisprudência atual, tanto do STF quanto do STJ, esses embargos são oponíveis, respeitados os demais pressupostos de admissibilidade, em face de acórdão proferido em julgamento de agravo interposto contra decisão monocrática em recurso extraordinário e especial, respectivamente.

1660. (Cespe/MPE/RO/Promotor/2008)
No que tange a recursos, assinale a opção correta.

a) É permitida a "reformatio in pejus" no reexame necessário.

b) Segundo o entendimento do STF, admite-se a interposição de embargos infringentes no processo de reclamação constitucional quando a decisão de mérito não for unânime.

c) A apelação interposta contra sentença que julgar procedente o pedido de instituição de arbitragem tem efeito suspensivo.

d) Segundo o entendimento do STJ, não cabem embargos de divergência contra acórdão que, em sede de agravo regimental, decide recurso especial.

e) O acórdão proferido em mandado de segurança, decidido em única ou última instância pelos tribunais regionais federais ou pelos tribunais de justiça dos estados ou do DF, que simplesmente negue o pedido liminar, confirmando a decisão monocrática do relator, em julgamento de agravo regimental, não pode ser impugnado por recurso ordinário.

1661. (Vunesp/TJ/RJ/Juiz/2016) Caberão
embargos de divergência perante o Superior Tribunal de Justiça:

a) no âmbito do agravo de instrumento que não admite recurso especial.

b) contra acórdão que, em agravo regimental, decide recurso especial.

c) para discutir o valor de indenização por danos morais.

d) ainda que jurisprudência do tribunal se firmou no mesmo sentido do acórdão embargado.

e) com base em dissídio em acórdão de turma, ainda que não mais tenha competência para a matéria neles versada.

> **Súmula STJ 420.** *Incabível, em embargos de divergência, discutir o valor de indenização por danos morais.*

1662. (Vunesp/TJ/SP/Juiz/2014) Quanto
aos embargos de divergência em recurso especial, assinale a opção correta.

a) Cabem embargos de divergência contra decisão de turma do STJ que julgar recurso especial; são incabíveis, todavia, se o acórdão embargado provier de julgamento de embargos de divergência proferido pela Corte Especial desse mesmo tribunal.

b) Cabem embargos de divergência em caso de dissídio com acórdão de Turma ou Seção que não mais tenha competência para a matéria neles versada.

c) Os embargos de divergência são cabíveis ainda que a jurisprudência do STJ se tenha firmado no mesmo sentido do acórdão embargado.

d) Os embargos de divergência são modalidade de recurso de fundamentação livre, podendo-se discutir, em seu bojo, o valor de indenização por danos morais.

CAPÍTULO 13 - DIREITO PROCESSUAL CIVIL

9. LEIS PROCESSUAIS CIVIS ESPECIAIS

9.1. Lei de Intervenção da União (Lei 9.469/97)

> *Súmula STJ 452. A extinção das ações de pequeno valor é faculdade da Administração Federal, vedada a atuação judicial de ofício.*

➲ Súmula não abordada em concursos recentes.

9.2. Lei de Impenhorabilidade do Bem de Família (Lei 8.009/90)

> *Súmula STJ 205. A Lei 8.009/1990 aplica-se à penhora realizada antes de sua vigência.*

1663. (PGE/PA/Procurador/2009) Analise as proposições abaixo e assinale a alternativa correta:

I. No caso de pagamento indevido para a obtenção de fim ilícito, imoral ou proibido por lei, a repetição reverterá em favor de entidade local de beneficência.

II. O reivindicante tem a obrigação de indenizar as benfeitorias ao possuidor de má-fé, quer as necessárias, quer as voluptuárias, podendo optar entre o seu valor atual e o seu custo.

III. O devedor pode invocar a proteção ao bem de família legal mesmo se a penhora de seu imóvel residencial houver sido ordenada antes da entrada em vigor da Lei n. 8.009/90.

IV. A contagem do prazo para a entrada em vigor das leis que estabeleçam período de vacância far-se-á com a exclusão da data da publicação e do último dia do prazo, entrando em vigor no dia subsequente à sua consumação integral.

a) I e II estão corretas.

b) III e IV estão corretas.

c) I e III estão corretas.

d) II e IV estão corretas.

1664. (MPT/Procurador/2013) Consoante jurisprudência uniforme do STJ, em relação à caracterização do bem de família para fins de impenhorabilidade na execução, assinale a alternativa incorreta:

a) a Lei n. 8.009/90 não se aplica à penhora realizada antes da sua vigência.

b) é impenhorável o único imóvel residencial do devedor que esteja locado a terceiros, desde que a renda obtida com a locação seja revertida para a subsistência ou a moradia da sua família.

c) a vaga de garagem que possui matrícula própria no registro de imóveis não constitui bem de família para efeito de penhora.

d) o conceito de impenhorabilidade de bem de família abrange também o imóvel pertencente a pessoas solteiras, separadas e viúvas.

e) não respondida.

CAPÍTULO 14 - DIREITO PROCESSUAL CONSTITUCIONAL

1. AÇÃO CIVIL PÚBLICA

> **Súmula STJ 329.** *O Ministério Público tem legitimidade para propor ação civil pública em defesa do patrimônio público.*

1665. (Cespe/PGE/PB/Procurador/2008) A respeito da ação civil pública, assinale a opção correta.

a) Caso ocorra, na ação civil pública, a extinção do processo sem resolução do mérito ou seja julgado improcedente o pedido, mesmo que não conste da sentença revogação expressa da liminar, esta se encontra revogada, ainda que se tenha interposto recurso recebido no efeito suspensivo.

b) O Ministério Público não possui legitimidade para propor ação civil pública visando à proteção do patrimônio de sociedade de economia mista, pois a defesa judicial do patrimônio público é atribuição dos órgãos da advocacia dos entes públicos.

c) O sindicato e a associação civil têm legitimidade ativa para propor ação civil pública que tenha por objeto a cobrança indevida de tributo, taxa ou multa, desde que seja de interesse de seus associados e esteja incluída, entre suas finalidades institucionais, a proteção ao consumidor e à ordem econômica.

d) Caso sejam propostas separadamente duas ações civis públicas em defesa do interesse dos consumidores, com o mesmo pedido, perante juiz federal e juiz estadual, respectivamente, em desfavor de pessoas jurídicas diferentes, estas deverão ser reunidas, perante o juízo prevento, para julgamento conjunto.

e) Se o inquérito civil ou a ação civil pública não forem instaurados pelo Ministério Público, mas por um dos demais legitimados, o compromisso de ajustamento de conduta firmado entre as partes, necessariamente, deverá ser homologado pelo promotor de justiça, e, caso não haja aquiescência do parquet, o acordo deverá ser homologado pelo juiz.

1666. (Cespe/AGU/Advogado/2008) O Ministério Público tem legitimidade para propor ação civil pública em defesa do patrimônio público, cabendo, nessa hipótese, ao poder público, a legitimidade para atuar como litisconsorte apenas no polo ativo da lide, já que não lhe é dado ir de encontro ao interesse cuja defesa se almeja na ação.

1667. (MPE/MG/Promotor/2010) O Membro do Ministério Público, ao tomar conhecimento da prática de improbidade pelo Chefe do Poder Executivo, instaurou inquérito civil, ao longo do qual colheu, no prazo legal, toda a prova documental existente, único meio necessário, no caso específico, para a comprovação do fato e da lesão ao patrimônio público decorrente da ação do agente público investigado. Ao propor a ação civil pública de improbidade administrativa correspondente, deverá, no caso, o autor

I. instruir a inicial com documentos ou justificação que contenham indícios suficientes de existência do ato de improbidade e razões fundamentadas da impossibilidade de apresentação de provas.

II. requerer a notificação do requerido para oferecer manifestação por escrito.

III. requerer o sequestro dos bens do(s) agente(s) político(s) responsável(is) ou de terceiro(s) que tenha(m) causado dano ao patrimônio público.

IV. requerer o afastamento do agente público do exercício do cargo, emprego ou função, sem prejuízo da remuneração, para garantia da instrução processual.

V. requerer o julgamento de procedência de ação e, portanto, a condenação do(s) agente(s) público(s) responsável(eis) ao ressarcimento do dano em favor da pessoa jurídica prejudicada.

Marque a opção correta.

a) I, III, IV e V estão corretas.

b) I, III e IV estão corretas.

c) II, III e V estão corretas.

d) I, IV e V estão corretas.

e) III, IV e V estão corretas.

> **Súmula STJ 489.** *Reconhecida a continência, devem ser reunidas na justiça federal as ações civis públicas propostas nesta e na justiça estadual.*

Súmula anotada em Direito Processual Civil – Da Função Jurisdicional – Da Competência Interna – Da Competência (Modificação).

2. "HABEAS DATA"

> **Súmula STJ 2.** *Não cabe o "habeas data" (CF, art. 5º, LXXII, letra "a") se não houve recusa de informações por parte da autoridade administrativa.*

1668.
(Esaf/RFB/AFRF/2005) Sobre a tutela constitucional das liberdades, marque a única opção correta.

a) Uma organização sindical, desde que em funcionamento há pelo menos um ano, poderá impetrar mandado de segurança coletivo em defesa de seus membros ou associados.

b) Como definido no texto constitucional, o "habeas corpus" poderá ser utilizado para fazer cessar coação à liberdade de locomoção promovida por ato ilegal de particular.

c) O ajuizamento da ação de "habeas data", por ter as hipóteses de cabimento previstas no texto constitucional, dispensa a comprovação da negativa administrativa de fornecimento de informações relativas à pessoa do impetrante ou retificação de dados.

d) Quanto aos efeitos do mandado de injunção, a jurisprudência dominante do Supremo Tribunal Federal filia-se à corrente concretista individual direta.

e) A ação popular, por ter a possibilidade de condenação no ônus da sucumbência no caso de comprovada má-fé, não pode ser proposta por brasileiro com dezessete anos de idade, ainda que ele tenha realizado seu alistamento eleitoral.

1669.
(TRT/8R/Juiz/2005) Considerando os direitos e garantias fundamentais, tais como contidos na Constituição Federal, assinale a alternativa correta.

a) O mandado de segurança coletivo apenas pode ser manejado por partido político com representação no Congresso Nacional ou por entidade sindical.

b) É pressuposto necessário para o manejo do "habeas data", a prévia requisição dos dados à autoridade ou entidade possuidora das informações e sua recusa, expressa ou tácita, em fornecê-las.

c) É condição de legitimidade para ajuizamento da ação popular, possuir personalidade jurídica.

d) O acesso a informações, que poderiam ser prestadas por meio do "habeas data", apenas possui, como restrição, os dados cujo sigilo seja imprescindível para a segurança do Estado e da sociedade.

e) O "habeas corpus", como garantia constitucional da liberdade de circulação, não possui hipótese constitucional de cabimento restrito.

1670.
(Vunesp/Emplasa/Analista/2014) A Lei n. 9.507/97 regula o rito processual do "habeas data". Um dos requisitos objetivos para ajuizamento da ação é a comprovação da recusa ao acesso à informação ou o decurso de mais de 10 (dez) dias sem uma decisão do órgão coator (artigo 8, parágrafo único, inciso I). Nesse contexto, ao constatar que tal requisito não foi cumprido pelo requerente, o órgão julgador deverá, conforme a sistemática implantada para o "habeas data" e tendo em vista orientação sumulada do STJ:

a) presumir que houve recusa, sendo esta justificável por privilegiar o sigilo em prol da segurança pública e social.

b) decretar a extinção do processo, sem julgamento do mérito, por falta de cabimento da ação ante a falta de interesse de agir

c) decretar a extinção do processo, sem julgamento do mérito, por ausência de pressuposto processual de existência e de desenvolvimento válido e regular do processo, traduzido pela perempção

d) determinar que o impetrante possa produzir a prova da recusa do impetrado ao acesso às informações, pelo impetrante, em audiência de instrução e julgamento.

e) decretar a imediata extinção do processo, com julgamento do mérito, julgando manifestamente improcedente o pedido.

1671. **(FCC/PGM/Recife/Procurador/2014)** Sobre o controle judicial da Administração pública, é correto afirmar:

a) Quando a falta de norma regulamentadora tornar inviável o exercício das prerrogativas inerentes à nacionalidade, à soberania e à cidadania, conceder-se-á mandado de segurança coletivo.

b) Consoante súmula do STJ, é cabível o "habeas data" ainda que não tenha havido recusa de informações por parte da autoridade administrativa.

c) Não há que se falar em invasão do mérito quando o Poder Judiciário aprecia fatos precedentes e motivadores da elaboração do ato administrativo discricionário.

d) Os atos políticos são insuscetíveis de apreciação judicial, eis que dizem respeito a interesses superiores da nação.

e) Nas ações específicas de controle da Administração pública não incidem prerrogativas ordinariamente conferidas a esta nas ações comuns, tais como juízo privativo e duplo grau de jurisdição.

3. MANDADO DE SEGURANÇA

> **Súmula STJ 41.** *O Superior Tribunal de Justiça não tem competência para processar e julgar, originariamente, mandado de segurança contra ato de outros tribunais ou dos respectivos órgãos.*

1672. **(Esaf/PGDF/Procurador/2007-2)** Assinale a opção incorreta.

a) A impetração de mandado de segurança coletivo por entidade de classe, em favor dos associados, independe da autorização destes.

b) A suspensão da liminar em mandado de segurança, salvo determinação em contrário da decisão que a deferir, vigorará até o trânsito em julgado da decisão definitiva de concessão da segurança ou, havendo recurso, até sua manutenção pelo Supremo Tribunal Federal, desde que o objeto da liminar deferida coincida, total ou parcialmente, com o da impetração.

c) O Superior Tribunal de Justiça não tem competência para processar e julgar, originariamente, mandado de segurança contra ato de outros tribunais ou dos respectivos órgãos.

d) Compete ao Superior Tribunal de Justiça julgar, em recurso ordinário, os mandados de segurança decididos em única instância pelo Tribunal de Justiça do Distrito Federal, quando denegatória a decisão. Se a decisão for concessiva, pode ser impugnada por Recurso Extraordinário para o Supremo Tribunal Federal ou por Recurso Especial para o Superior Tribunal de Justiça, conforme a hipótese.

e) A autoridade coatora no mandado de segurança tem legitimidade para recorrer da decisão liminar.

> **Súmula STJ 105.** *Na ação de mandado de segurança, não se admite condenação em honorários advocatícios.*

Súmula anotada em Direito Processual Civil – Dos Sujeitos do Processo – Das Partes e dos Procuradores – Dos Deveres das Partes e de seus Procuradores (Honorários Advocatícios).

> **Súmula STJ 177.** *O Superior Tribunal de Justiça é incompetente para processar e julgar, originariamente, mandado de segurança contra ato de órgão colegiado presidido por ministro de Estado.*

1673. **(Cespe/STJ/Analista/2008)** Considere a seguinte situação hipotética. André pretende impetrar mandado de segurança contra ato do conselho curador do Fundo de Garantia por Tempo de Serviço, o qual é presidido pelo ministro de estado do trabalho e emprego. Nessa situação, o STJ é competente para julgar a ação mandamental.

1674. **(Cespe/STF/Analista/2008)** Mandado de segurança contra conselho nacional que seja presidido por ministro de Estado deve ser impetrado no STJ.

> **Súmula STJ 202.** *A impetração de segurança por terceiro, contra ato judicial, não se condiciona à interposição de recurso.*

1675. (Cespe/MP/RO/Promotor/2008)

Admite-se a impetração de mandado de segurança contra atos judiciais, desde que inexista instrumento recursal idôneo e que não haja o trânsito em julgado da decisão impugnada. Nesse contexto, nos casos em que terceiro prejudicado impetra mandado de segurança contra ato judicial, não se exige, segundo o entendimento do STJ, o requisito da inexistência de recurso cabível.

> **Súmula STJ 213.** *O mandado de segurança constitui ação adequada para a declaração do direito à compensação tributária.*

Súmula anotada em Direito Tributário – Crédito Tributário – Extinção do Crédito Tributário – Compensação.

> **Súmula STJ 333.** *Cabe mandado de segurança contra ato praticado em licitação promovida por sociedade de economia mista ou empresa pública.*

1676. (Esaf/CGU/AFC/2012)

Sobre o mandado de segurança, assinale opção correta.

a) Cabe mandado de segurança contra ato praticado em licitação promovida por sociedade de economia mista ou empresa pública.

b) Na ação de mandado de segurança, só se admite condenação em honorários advocatícios nas causas de valor superior a 60 (sessenta) salários mínimos.

c) Compete ao Supremo Tribunal Federal conhecer originariamente de mandado de segurança impetrado contra ato de ministro do Superior Tribunal de Justiça.

d) Pessoa jurídica não tem legitimidade para propor mandado de segurança.

e) É cabível mandado de segurança contra atos de gestão comercial praticados pelos administradores de empresas públicas.

1677. (TJ/DFT/Juiz/2012)

A respeito da chamada Administração Pública Indireta, é correto afirmar:

a) As sociedades de economia mista, de acordo com o Decreto-lei 200/67, podem assumir a forma de sociedades por quotas de responsabilidade limitada.

b) Em nível federal, a eficiência administrativa justifica a chamada supervisão ministerial relativamente aos entes da Administração Indireta.

c) A criação de autarquia independe de lei específica.

d) Não cabe mandado de segurança contra ato praticado em licitação promovida por sociedade de economia mista ou empresa pública.

1678. (Vunesp/TJ/RJ/Juiz/2013)

Na Administração Pública Indireta,

a) as autarquias e as fundações governamentais poderão possuir personalidade jurídica de direito público ou privado.

b) não cabe mandado de segurança contra ato praticado em licitação promovida por empresa pública.

c) as sociedades de economia mista só têm foro na justiça federal quando a união intervém como assistente ou opoente.

d) somente a União poderá criar, por meio de lei, Agências Reguladoras.

> **Súmula STJ 376.** *Compete à turma recursal processar e julgar o mandado de segurança contra ato de juizado especial.*

1679. (Cespe/MPE/RN/Promotor/2009)

A respeito do mandado de segurança criminal, assinale a opção correta.

a) O MP não tem legitimidade para impetrar mandado de segurança criminal, uma vez que se trata de prerrogativa exclusiva da defesa.

b) Nos casos urgentes, segundo jurisprudência sumulada do STF, é cabível mandado de segurança contra ato judicial passível de recurso ou correição.

c) A competência para processar e julgar mandado de segurança contra decisões emanadas dos juizados especiais criminais estaduais é dos respectivos tribunais de justiça.

d) É inadmissível a interposição de mandado de segurança criminal nas hipóteses em que haja controvérsia acerca da matéria de direito.

e) O mandado de segurança em matéria penal deve ser julgado por autoridade judicial com competência criminal.

CAPÍTULO 14 - DIREITO PROCESSUAL CONSTITUCIONAL

1680. (FCC/PGE/SP/Procurador/2009) Em mandado de segurança

a) é cabível a interposição de embargos infringentes.

b) fica dispensado o reexame necessário, quando o direito controvertido for de valor certo não excedente a 60 (sessenta) salários mínimos.

c) pode o Superior Tribunal de Justiça julgar em recurso ordinário o mérito do "mandamus "extinto na origem sem análise de mérito, aplicando a "teoria da causa madura".

d) é cabível a sua impetração para o Tribunal de Justiça, visando o controle sobre a competência dos juizados especiais estaduais, contra decisão de mérito de turma de colégio recursal.

e) a coisa julgada não pode gerar execução de obrigação de pagar, em face do ente político ao qual está vinculada a autoridade coatora.

1681. (FGV/TJ/AM/Juiz/2013) Sobre a competência jurisdicional, assinale a afirmativa correta.

a) a incompetência relativa não pode ser declarada de ofício pelo juiz nem suscitada pelo Ministério Público.

b) a incompetência relativa pode ensejar a extinção do processo sem resolução do mérito ou pode ter efeito meramente dilatório.

c) a competência absoluta em processo individual é improrrogável, salvo se houver conexão, quando incidirá a prevenção.

d) a competência para julgar mandado de segurança contra ato de juizado especial é do respectivo tribunal de justiça.

e) a competência para julgar ações conexas de interesse de criança é, em princípio, o foro do domicílio do réu.

1682. (FCC/PGE/RN/Procurador/2014) Em ação que tramitava perante o Juizado Especial, o Procurador do Estado foi impedido de ter acesso aos autos, sob o argumento de que não teria procuração. Reputando a negativa ilegal, a Procuradoria do Estado impetrou mandado de segurança, que, de acordo com Súmula do Superior Tribunal de Justiça, deverá ser apreciado:

a) pelo Juiz responsável pelo processo.

b) pelo Plenário do Tribunal de Justiça.

c) pelo Juiz Corregedor do Juizado Especial.

d) por uma das Câmaras do Tribunal de Justiça.

e) pela Turma Recursal.

1683. (MPE/SP/Promotor/2013) Sobre a ação de mandado de segurança, assinale a alternativa incorreta:

a) Conceder-se-á mandado de segurança para proteger direito líquido e certo, não amparado por "habeas corpus" ou "habeas data", sempre que, ilegalmente ou com abuso de poder, qualquer pessoa física ou jurídica sofrer violação ou houver justo receio de sofrê-la por parte de autoridade, seja de que categoria for e sejam quais forem as funções que exerça.

b) A jurisprudência dominante do Superior Tribunal de Justiça admite mandado de segurança perante o Tribunal de Justiça respectivo, visando o controle da competência dos Juizados Especiais, exceto na hipótese de trânsito em julgado da decisão objeto da impetração.

c) Quando o direito ameaçado ou violado couber a várias pessoas, qualquer delas poderá requerer o mandado de segurança.

d) O mandado de segurança coletivo, atendidas as demais disposições legais, pode ser impetrado por partido político com representação no Congresso Nacional; organização sindical, entidade de classe ou associação legalmente constituída e em funcionamento há pelo menos um ano, em defesa dos interesses de seus membros ou associados.

e) O mandado de segurança coletivo não induz litispendência para as ações individuais, mas os efeitos da coisa julgada não beneficiarão o impetrante a título individual se não requerer a desistência de seu mandado de segurança no prazo de trinta dias a contar da ciência comprovada da impetração da segurança coletiva.

Súmula STJ 460. É incabível o mandado de segurança para convalidar a compensação tributária realizada pelo contribuinte.

Súmula anotada em Direito Tributário – Crédito Tributário – Extinção do Crédito Tributário – Compensação.

CAPÍTULO 15 – DIREITO PROCESSUAL DO TRABALHO

1. DA COMPETÊNCIA

1.1. Da Competência (Justiça do Trabalho)

> *Súmula STJ 10. Instalada a junta de conciliação e julgamento, cessa a competência do juiz de direito em matéria trabalhista, inclusive para a execução das sentenças por ele proferidas.*

➲ Súmula não abordada em concursos recentes.

> *Súmula STJ 97. Compete à justiça do trabalho processar e julgar reclamação de servidor público relativamente a vantagens trabalhistas anteriores à instituição do Regime Jurídico Único.*

Súmula anotada em Direito Administrativo – Agentes Públicos – Regras Processuais Correlatas.

1.2. Da Competência (Justiça Estadual)

> *Súmula STJ 15. Compete à justiça estadual processar e julgar os litígios decorrentes de acidente do trabalho.*

Súmula anotada em Direito Processual Civil – Da Função Jurisdicional – Da Competência Interna – Da Competência (Justiça Estadual).

> *Súmula STJ 137. Compete à justiça comum estadual processar e julgar ação de servidor público municipal, pleiteando direitos relativos ao vínculo estatutário.*

Súmula anotada em Direito Administrativo – Agentes Públicos – Regras Processuais Correlatas.

> *Súmula STJ 161. É da competência da justiça estadual autorizar o levantamento dos valores relativos ao PIS/Pasep e FGTS, em decorrência do falecimento do titular da conta.*

1684. **(Cespe/TJ/AL/Analista/2012)** Assinale a opção correta com base no direito constitucional.

a) É da competência da justiça estadual autorizar o levantamento dos valores relativos ao PIS/PASEP e ao FGTS quando do falecimento do titular da conta.

b) Cabe recurso especial ao Superior Tribunal de Justiça da decisão da turma recursal dos juizados especiais que julgar o recurso inominado.

c) O ingresso no cargo de ministro do Supremo Tribunal Federal ocorre por nomeação do presidente da República, aprovada a escolha por maioria simples do Senado Federal, entre cidadãos com mais de trinta e cinco anos de idade e menos de sessenta e cinco anos de idade, de notável saber jurídico e ilibada reputação.

d) Constituem princípios institucionais do Ministério Público (MP) a unidade, a indivisibilidade, o promotor natural, mas não a independência funcional, já que o órgão do MP sujeita-se às ordens emanadas do chefe da instituição.

e) Cabe à Advocacia-Geral da União representar judicialmente a União, mas não extrajudicialmente.

> *Súmula STJ 218. Compete à justiça dos estados processar e julgar ação de servidor estadual decorrente de direitos e vantagens estatutárias no exercício de cargo em comissão.*

Súmula anotada em Direito Administrativo – Agentes Públicos – Regras Processuais Correlatas.

1.3. Da Competência (Justiça Federal)

Súmula STJ 82. Compete à justiça federal, excluídas as reclamações trabalhistas, processar e julgar os feitos relativos à movimentação do FGTS.

1685. (MSConcursos/TRT/9R/Juiz/2009) Considere as proposições abaixo:

I. Somente serão admitidas reclamações à Justiça do Trabalho depois de esgotadas, pelo atleta profissional de futebol, as instâncias da Justiça Desportiva.

II. É competente a Justiça do Trabalho para processar e julgar ações entre o trabalhador voluntário e o tomador de seus serviços.

III. É materialmente competente a Justiça do Trabalho para processar e julgar mandado de segurança impetrado contra auditor fiscal do trabalho, quando da aplicação, por este, de multa em razão de fiscalização das relações de trabalho. O mandado de segurança, em tal caso, deverá ser aforado perante o TRT.

IV. É também, presentemente, competente a Justiça do Trabalho, para processar e julgar ações relativas à movimentação do FGTS, quando aforadas por trabalhadores em face da Caixa Econômica Federal.

a) somente a proposição II é correta.

b) somente as proposições II e III são corretas.

c) somente as proposições I, III e IV são corretas.

d) somente as proposições I, II e III são corretas.

e) somente as proposições I e IV são corretas.

Súmula STJ 173. Compete à justiça federal processar e julgar o pedido de reintegração em cargo público federal, ainda que o servidor tenha sido dispensado antes da instituição do Regime Jurídico Único.

Súmula anotada em Direito Administrativo – Agentes Públicos – Regras Processuais Correlatas.

Súmula STJ 349. Compete à justiça federal ou aos juízes com competência delegada o julgamento das execuções fiscais de contribuições devidas pelo empregador ao FGTS.

Súmula anotada em Execução Fiscal – Competência.

2. DO CONFLITO DE COMPETÊNCIA

Súmula STJ 170. Compete ao juízo onde primeiro for intentada a ação envolvendo acumulação de pedidos, trabalhista e estatutário, decidi-la nos limites da sua jurisdição, sem prejuízo do ajuizamento de nova causa, com o pedido remanescente, no juízo próprio.

Súmula anotada em Direito Administrativo – Agentes Públicos – Regras Processuais Correlatas.

Súmula STJ 180. Na lide trabalhista, compete ao tribunal regional do trabalho dirimir conflito de competência verificado, na respectiva região, entre juiz estadual e junta de conciliação e julgamento.

1686. (Cespe/PGM/Aracaju/Procurador/2008) Os conflitos de competência envolvendo juiz de direito investido de jurisdição trabalhista e juiz do trabalho, no âmbito da mesma região da justiça do trabalho, compete ao Superior Tribunal de Justiça.

1687. (FCC/DPE/MA/Defensor/2009) O conflito positivo de jurisdição entre um Juiz do Trabalho e um Juiz de Direito, este no exercício da jurisdição trabalhista, na forma do artigo 668 da Consolidação das Leis do Trabalho, deverá ser julgado pelo

a) Tribunal Superior do Trabalho, em qualquer hipótese.

b) Superior Tribunal de Justiça, em qualquer hipótese.

c) Tribunal Regional do Trabalho, se a competência geográfica de ambos estiver afeta a um mesmo Tribunal Regional do Trabalho.

d) Tribunal de Justiça do Estado em que se situar a Vara Cível.

e) Tribunal Regional Federal em que se situarem as unidades judiciárias conflitantes.

1688. (MPT/Procurador/2007) Quanto à temática da competência da Justiça do Trabalho, assinale a alternativa errada:

a) É da Justiça do Trabalho a competência para julgar os danos materiais e morais provenientes de doença ocupacional, ficando privada, todavia, de apreciar pedidos de benefícios previdenciários decorrentes.

CAPÍTULO 15 - DIREITO PROCESSUAL DO TRABALHO

b) Não se configura conflito de competência entre Tribunal Regional do Trabalho e Vara do Trabalho a ele vinculada.

c) A partir da promulgação da Emenda Constitucional n. 45, compete à Justiça do Trabalho processar e julgar as ações penais exclusivamente e diretamente decorrentes das relações de trabalho.

d) Compete ao Tribunal Regional do Trabalho o julgamento dos conflitos de competência entre juízes do trabalho e juízes de direito investidos de jurisdição trabalhista, na respectiva Região.

e) Não respondida.

1689. **(TRT/2R/Juiz/2010)** Com relação ao procedimento do conflito de competência no Processo do Trabalho não é correto afirmar:

a) O juiz, a parte ou o Ministério Público do Trabalho suscitarão o conflito perante o presidente do Tribunal.

b) Nos Tribunais Regionais do Trabalho, divididos em Turmas, compete ao Pleno o julgamento dos conflitos de competência entre suas Turmas.

c) Havendo conflito de competência entre o Tribunal Superior do Trabalho e o Superior Tribunal de Justiça ou qualquer outro Tribunal, a competência para dirimi-lo será do Supremo Tribunal Federal.

d) Se o conflito de competência ocorrer entre Vara do Trabalho e Juiz de Direito investido da jurisdição trabalhista, a competência para solucioná-lo será do Superior Tribunal de Justiça.

e) No âmbito do TST, compete à Seção Especializada em Dissídios Coletivos julgar os conflitos de competência entre Tribunais Regionais do Trabalho em processos de dissídio coletivo.

> **Súmula STJ 236.** *Não compete ao Superior Tribunal de Justiça dirimir conflitos de competência entre juízes trabalhistas vinculados a tribunais regionais do trabalho diversos.*

1690. **(Cespe/TRT/1R/Analista/2008)** Considerando o direito processual do trabalho, assinale a opção correta.

a) Compete ao STJ dirimir conflitos de competência entre juízes trabalhistas vinculados a tribunais regionais do trabalho diversos.

b) Na lide trabalhista, compete ao TRT dirimir conflito de competência verificado, na respectiva região, entre juiz estadual e juiz do trabalho.

c) A incompetência absoluta de juiz do trabalho para apreciar matéria referente a crime por exemplo, de falso testemunho, a ser julgado perante juiz de direito, na justiça estadual, pode ser declarada pelo respectivo tribunal de justiça .

d) Segundo a jurisprudência do STJ e do STF, a nova regra de competência contida da Emenda Constitucional 45/2004, que alterou o art. 114, da CF, alcança processos em curso, independentemente da existência, ou não, de sentença de mérito.

e) O Código Tributário Nacional coloca o crédito fiscal em situação mais privilegiada que os créditos trabalhistas.

> **Súmula STJ 367.** *A competência estabelecida pela EC n. 45/2004 não alcança os processos já sentenciados.*

1691. **(TRT/2R/Juiz/2010)** Aponte a afirmativa incorreta:

a) A ação intentada perante tribunal estrangeiro não induz litispendência, nem obsta que a autoridade judiciária brasileira conheça da mesma causa e das que lhe são conexas.

b) Havendo dois ou mais réus, com diferentes domicílios, serão demandados no foro de qualquer deles, à escolha do autor.

c) O conflito de competência obsta a que a parte, que não o suscitou, ofereça exceção declinatória do foro.

d) Poderá o relator, quando o conflito for positivo, determinar seja sobrestado o processo, mas nesse caso designará um dos juízes para resolver, em caráter provisório, as medidas urgentes.

e) A competência estabelecida pela Emenda Constitucional n. 45/2004 não alcança os processos já sentenciados pela Justiça Comum Estadual, conforme entendimento sumulado do STJ.

1692. **(TRT/3R/Juiz/2009)** A Emenda Constitucional número 45 (EC 45) aumentou significativamente a competência da Justiça do Trabalho e suscitou controvérsia doutrinária e jurisprudencial quanto aos limites dessa competência. A respeito dela e das questões de competência em geral, leia as afirmações abaixo e, em seguida, assinale a alternativa correta:

I. O Tribunal Superior do Trabalho editou súmula acerca da competência da Justiça do Trabalho para processar e julgar a ação de cobrança ajuizada por profissional liberal contra cliente.

II. O Tribunal Superior do Trabalho editou súmula acerca da competência da Justiça do Trabalho para processar e julgar ação indenizatória proposta por viúva e filhos de empregado falecido em acidente de trabalho.

III. O Tribunal Superior do Trabalho editou súmula acerca da competência da Justiça do Trabalho para dirimir controvérsias referentes à indenização por danos morais, quando decorrente da relação de trabalho.

IV. O Superior Tribunal de Justiça editou súmula no sentido de que a competência estabelecida pela EC 45 não alcança os processos já sentenciados.

V. Na execução por carta precatória, os embargos de terceiro serão oferecidos no juízo deprecante ou no juízo deprecado, mas a competência para julgá-los é do juízo deprecante, salvo se versarem, unicamente, sobre vícios ou irregularidades da penhora, avaliação ou alienação dos bens, praticados pelo juízo deprecado, em que a competência será deste último.

a) Somente uma afirmativa está correta.
b) Somente duas afirmativas estão corretas.
c) Somente três afirmativas estão corretas.
d) Somente quatro afirmativas estão corretas.
e) Todas as afirmativas estão corretas.

3. DOS RECURSOS

Súmula STJ 225. Compete ao tribunal regional do trabalho apreciar recurso contra sentença proferida por órgão de primeiro grau da justiça trabalhista, ainda que para declarar-lhe a nulidade em virtude de incompetência.

➲ Súmula não abordada em concursos recentes.

4. LEIS ESPECIAIS

4.1. Lei do Seguro de Acidente do Trabalho (Lei 6.367/76)

Súmula STJ 15. Compete à justiça estadual processar e julgar os litígios decorrentes de acidente do trabalho.

Súmula anotada em Direito Processual Civil – Da Função Jurisdicional – Da Competência Interna – Da Competência (Justiça Estadual).

Súmula STJ 89. A ação acidentária prescinde do exaurimento da via administrativa.

1693. (MPE/PB/Promotor/2003) Considerando a orientação dos Tribunais Superiores sobre a legislação previdenciária, assinale a assertiva incorreta.

a) A definição, em ato regulamentar, de grau mínimo de disacusia, não exclui, por si só, a concessão do benefício previdenciário.

b) Não é inconstitucional a inclusão de sócios e administradores como contribuintes obrigatórios da Previdência Social.

c) Compete à justiça estadual processar e julgar os litígios decorrentes de acidente do trabalho.

d) Em caso de acidente de trabalho ou de transporte, a companheira tem direito a ser indenizada pela morte do amásio, se entre eles havia impedimento para o matrimônio.

e) A ação acidentária prescinde do exaurimento da via administrativa.

Súmula STJ 226. O Ministério Público tem legitimidade para recorrer na ação de acidente do trabalho, ainda que o segurado esteja assistido por advogado.

Súmula anotada em Direito do Trabalho – Leis Trabalhistas Especiais – Lei do Seguro de Acidente do Trabalho (Lei 6.367/76).

CAPÍTULO 16 –
DIREITO PROCESSUAL PENAL

1. DA AÇÃO PENAL

> **Súmula STJ 542.** *A ação penal relativa ao crime de lesão corporal resultante de violência doméstica contra a mulher é pública incondicionada.*

1694. (Cespe/TJ/RR/Cartórios/2013) À luz do disposto na Lei 11.340/2006 (Lei Maria da Penha), assinale a opção correta.

a) A referida lei não prevê, como forma de violência doméstica e familiar contra a mulher, a violência patrimonial.

b) Na ação relativa à prática de crimes mediante violência doméstica e familiar contra a mulher, independentemente da pena prevista, é vedado o oferecimento de transação penal, sendo permitida, entretanto, a suspensão condicional do processo.

c) Para que seja configurada violência doméstica e familiar contra a mulher, é indispensável que o agressor e a vítima coabitem o mesmo lar.

d) De acordo com o entendimento consolidado do STF e do STJ, o crime de lesão corporal leve ou culposa praticado contra a mulher no âmbito das relações domésticas deve ser processado mediante ação penal pública condicionada à representação da vítima.

e) Conforme entendimento do STJ, embora a Lei Maria da Penha vise à proteção da mulher, o aumento da pena nela prevista para a prática do crime de lesão corporal praticada mediante violência doméstica, tipificado no Código Penal, aplica-se também no caso de a vítima ser do sexo masculino.

1695. (Cespe/TJ/CE/Analista/2014) A respeito dos crimes contra o patrimônio, dos crimes contra a fé pública, da Lei de Crimes Hediondos, da Lei Maria da Penha e da Lei Antidrogas, assinale a opção correta.

a) Aquele que adultera fotocópia não autenticada comete o crime de falsidade ideológica.

b) Aquele que, à noite, subtrai coisa alheia móvel de residência desabitada pratica o crime de furto simples, sem causa de aumento de pena.

c) A pena privativa de liberdade imposta a um condenado primário, portador de bons antecedentes, sentenciado à pena de três anos de reclusão por tráfico ilícito de substâncias entorpecentes, não pode ser substituída por restritiva de direitos.

d) Crime de lesão corporal leve praticado em contexto de violência doméstica contra a mulher é de ação penal pública condicionada à representação da ofendida.

e) Um réu reincidente, condenado à pena de dez anos de reclusão em regime fechado pelo crime de estupro simples, somente poderá progredir de regime depois de cumpridos seis anos de pena.

1696. (FCC/TJ/SC/Juiz/2015) Sobre os crimes de que tratam a Lei 11.340/2006 (cria mecanismos para coibir a violência doméstica e familiar contra a mulher), é incorreto afirmar:

a) As formas de violência doméstica e familiar contra a mulher estão taxativamente previstas no art. 7º da Lei 11.340/2006, não sendo objeto de medidas protetivas de urgência outras senão aquelas elencadas nesse dispositivo

b) Nas ações penais públicas condicionadas à representação da ofendida de que trata a Lei 11.340/2006, só será admitida a renúncia à representação perante o juiz, em audiência especialmente designada com tal finalidade, antes do recebimento da denúncia.

c) O crime de lesão corporal leve ou culposa, praticado mediante violência doméstica (CP, art. 129, § 9º), é de ação penal pública incondicionada.

d) É vedada a aplicação, nos casos de violência doméstica e familiar contra a mulher, de penas de cesta básica ou outras de prestação pecuniária, bem como a substituição de pena que implique o pagamento isolado de multa.

e) Vínculos afetivos que refogem ao conceito de família e de entidade familiar nem por isso deixam de ser marcados pela violência. Assim, namorados e noivos, mesmo que não vivam sob o mesmo teto, mas resultando a situação de violência do relacionamento, faz com que a mulher mereça o abrigo da Lei Maria da Penha.

1697. (MP/DFT/Promotor/2015) "João" e "Maria" namoraram durante três anos, período em que cada um residia com seus pais. Um mês depois do fim do relacionamento, "João" procurou "Maria", na tentativa de retomarem a relação. Diante da negativa, desferiu-lhe um tapa no rosto (lesão corporal leve) e disse que, se ela não fosse dele, não seria de ninguém (ameaça). Examine os itens a seguir:

I. Como não chegaram a morar juntos e o relacionamento já estava encerrado, não se aplica a competência do Juizado de Violência Doméstica e Familiar contra a Mulher.

II. A ação penal nos crimes de lesão corporal leve e ameaça, na hipótese de violência doméstica contra a mulher, é pública incondicionada.

III. Nos casos de violência doméstica contra a mulher, não se admite a aplicação da transação penal, mas se permite a suspensão condicional do processo, conforme entendimento consolidado no Superior Tribunal de Justiça.

IV. Como os crimes não possuem pena cominada máxima superior a 4 anos, na sentença condenatória o juiz poderá substituir a pena por doação de cestas básicas a uma creche credenciada ou fixar outra prestação pecuniária adequada ao fato.

V. Caso "João" queira recorrer da sentença, a apelação será julgada por uma turma recursal, composta por três juízes de primeira instância.

Marque a opção adequada:

a) Estão incorretos apenas os itens II, III e IV.

b) Apenas o item I está correto.

c) Apenas os itens II e V estão incorretos.

d) Estão corretos os itens IV e V.

e) Estão incorretos os itens I, II, III, IV e V.

1698. (Cespe/TJ/RN/Juiz/2013) No que se refere à ação penal, assinale a opção correta.

a) Suponha que, após o oferecimento de denúncia contra Pedro pela prática do crime de furto, tenham sido realizadas novas diligências pela autoridade policial, com a indicação da participação de Túlio na prática delitiva. Nessa hipótese, em face dos princípios da obrigatoriedade e da indivisibilidade da ação penal, o MP deverá promover nova ação penal contra Túlio, devendo, entretanto, ambas as ações imagem-001.jpg a primeira, em fase de defesa preliminar, e a segunda, contra Túlio imagem-002. jpg ter julgamento conjunto, dada a conexão probatória.

b) Segundo o entendimento do STF em julgamento de ADI, nos crimes de lesão corporal praticados contra a mulher em âmbito doméstico, a ação penal deve ser pública incondicionada, permanecendo, quanto ao crime de ameaça, a necessidade da representação da ofendida ou de seu representante legal.

c) Nas hipóteses de crimes de ação penal exclusivamente privada praticados contra sociedades legalmente constituídas, a queixa deverá ser prestada, necessariamente, pelo representante legal que o contrato ou estatuto designar, agindo em nome próprio, vedado o oferecimento de representação pela própria pessoa jurídica.

d) Na ação penal privada, admite-se a possibilidade de renúncia tácita do querelante em relação a alguns dos autores do crime, contra os quais se considerará arquivado o processo, prosseguindo a ação penal contra os demais, sob a fiscalização do MP.

e) Considere que Joana tenha oferecido representação contra sua vizinha Maria por crime de ameaça. Nessa situação, consoante previsão expressa no CPP, a representação oferecida por Joana deve ser considerada retratável até o recebimento da denúncia pela autoridade judicial.

1699. (Faurgs/TJ/RS/Juiz/2016) Assinale a alternativa correta com referência à ação penal.

a) Nos crimes contra a honra cometidos contra funcionário público, em razão de suas funções, bem como em casos de injúria consistente na utilização de elementos referentes a raça, cor, etnia, religião, origem ou a condição de pessoa idosa ou deficiente, a jurisprudência majoritária do Supremo Tribunal Federal confere

CAPÍTULO 16 - DIREITO PROCESSUAL PENAL

exclusivamente ao Ministério Público, mediante representação do ofendido, a legitimidade para a propositura da ação penal.

b) O delito de estupro, previsto no artigo 213, caput, do Código Penal, com a nova redação conferida pela Lei n. 12.015/2009, é de ação penal pública incondicionada, independentemente da condição pessoal da vítima.

c) De acordo com o Supremo Tribunal Federal e com o Superior Tribunal de Justiça, ação penal relativa ao crime de lesão corporal, mesmo que de natureza leve ou culposa, praticado contra a mulher em âmbito doméstico, é pública incondicionada.

d) Os crimes previstos no Estatuto do Idoso são de ação penal pública condicionada à representação, salvo quando um dos elementos ou das circunstâncias do crime constituir delito autônomo, pelo qual cabe ação penal pública incondicionada.

e) Os crimes definidos na Lei de Falências são de ação penal pública incondicionada e, em caso de não oferecimento da denúncia no prazo legal pelo Promotor de Justiça, apenas o administrador judicial possui legitimidade para intentar a ação penal subsidiária da pública.

1700. (Cespe/TJ/DFT/Analista/2015) Segundo o entendimento jurisprudencial dos tribunais superiores, para a persecução penal relativa a crime de lesão corporal praticado no contexto de violência doméstica contra a mulher, é necessária a representação da ofendida.

1701. (FCC/TJ/GO/Juiz/2012) No crime de lesão corporal leve praticado no âmbito de violência doméstica (art. 129, § 9º, do Código Penal), a ação penal é

a) pública incondicionada, se a agressão se der do marido contra a mulher.

b) pública incondicionada, em qualquer hipótese, segundo entendimento sumulado do STF.

c) privada, se a agressão se der de irmão contra irmão.

d) privada, se a agressão se der do filho maior contra o pai.

e) pública condicionada, em qualquer hipótese.

1702. (Cespe/Câmara_Deputados/Analista/2014) Conforme o entendimento do STF, em caso de crime de lesão corporal praticado mediante violência doméstica e familiar

contra a mulher, a ação penal será pública condicionada à representação.

2. DA COMPETÊNCIA

2.1. Da Competência pelo Lugar da Infração

> **Súmula STJ 48.** *Compete ao juízo do local da obtenção da vantagem ilícita processar e julgar crime de estelionato cometido mediante falsificação de cheque.*

Súmula anotada em Direito Penal – Dos Crimes Tipificados no Código Penal – Dos Crime contra o Patrimônio – Do Estelionato e Outras Fraudes.

> **Súmula STJ 200.** *O juízo federal competente para processar e julgar acusado de crime de uso de passaporte falso é o do lugar onde o delito se consumou.*

Súmula anotada em Direito Penal – Dos Crimes Tipificados no Código Penal – Dos Crimes contra a Fé Pública – Da Falsidade Documental.

> **Súmula STJ 244.** *Compete ao foro do local da recusa processar e julgar o crime de estelionato mediante cheque sem provisão de fundos.*

Súmula anotada em Direito Penal – Dos Crimes Tipificados no Código Penal – Dos Crime contra o Patrimônio – Do Estelionato e Outras Fraudes.

> **Súmula STJ 528.** *Compete ao juiz federal do local da apreensão da droga remetida do exterior pela via postal processar e julgar o crime de tráfico internacional.*

1703. (TRF/4R/Juiz/2016) Assinale a alternativa correta.

a) Caso os depoimentos colhidos em audiência sejam registrados por meio audiovisual, a respectiva transcrição deverá ser disponibilizada às partes, no prazo de cinco dias.

b) O trânsito em julgado da sentença homologatória da transação penal impede o Ministério Público de dar continuidade à "persecutio criminis", ainda que o autor do fato haja descumprido as cláusulas do referido documento.

c) O processo e o julgamento do crime de lavagem ou ocultação de bens, direitos e valores dependem do prévio processo e julgamento das respectivas infrações penais antecedentes.

d) Da decisão do juiz singular que não receber a apelação, por considerá-la intempestiva, cabe a interposição de carta testemunhável.

e) Ao juiz federal com jurisdição sobre o local da apreensão da droga remetida do exterior pela via postal compete processar e julgar o crime de tráfico transnacional de substâncias entorpecentes.

2.2. Da Competência pela Natureza da Infração

2.2.1. Competência da Justiça Comum

> **Súmula STJ 172.** *Compete à justiça comum processar e julgar militar por crime de abuso de autoridade, ainda que praticado em serviço.*

1704. (Cespe/Sejus/ES/AgentePenitenciário/2009) Conforme entendimento jurisprudencial e doutrinário dominantes, é da competência da justiça comum o crime de abuso de autoridade praticado por policial militar em desempenho de atividade de policiamento, uma vez que a conduta delituosa encontra-se prevista na lei que disciplina o direito de representação e o processo de responsabilidade nos casos de abuso de autoridade.

1705. (Cespe/PRF/Policial/2008) Compete à justiça militar processar e julgar militar por crime de abuso de autoridade, desde que este tenha sido praticado em serviço.

1706. (MPE/SP/Promotor/2006) Assinale a afirmação incorreta.

a) Compete à Justiça Estadual processar e julgar crime de roubo contra agência do Banco do Brasil estabelecida neste Estado.

b) O desaforamento é causa modificativa da competência.

c) Compete à Justiça Comum Estadual o julgamento de policial militar pelo crime de abuso de autoridade cometido no exercício de função de policiamento civil.

d) Compete ao Tribunal de Justiça o julgamento de crime contra a administração pública imputado a ex-Prefeito Municipal, se proposta a ação penal ainda no curso do mandato eletivo.

e) Os incidentes da execução são julgados pelo juiz competente do local em que está sendo cumprida a pena.

1707. (MPDFT/Promotor/2011) Examine o enunciado e assinale a alternativa correta. O policial militar do Distrito Federal que, em serviço, agindo de forma abusiva, executa medida privativa de liberdade não autorizada por lei e ainda lesiona o cidadão:

a) Deverá responder por crime de abuso de autoridade perante o Juizado Especial Criminal da localidade onde se deu o fato, bem como pelo crime de lesões corporais do artigo 209 do Código Penal Militar, perante a Justiça Militar.

b) Pratica crimes de exercício arbitrário e lesões corporais, devendo responder por ambos perante a Justiça Militar.

c) Deverá ser processado, perante a Vara Criminal da localidade em que se deu o fato, pela prática de tortura.

d) Deverá ser inocentado por agir em estrito cumprimento de dever legal.

e) Tendo agido em coautoria com um particular, deverão ambos ser denunciados pela prática de crimes militares perante a Justiça Militar.

1708. (UESPI/PC/PI/Delegado/2009) Sobre jurisdição e competência, é entendimento jurisprudencial consolidado que:

a) compete à justiça estadual processar e julgar prefeito por desvio de verba transferida e incorporada ao patrimônio municipal.

b) compete à justiça comum estadual processar e julgar militar por crime de abuso de autoridade, exceto quando praticado em serviço, quando então será de competência da justiça militar.

c) tratando-se de infração continuada ou permanente, praticada em território de duas ou mais jurisdições, a competência firmar-se-á pelo lugar em que tiver sido praticado, no Brasil, o último ato de execução.

d) a conexão e a continência importarão unidade de processo e julgamento, salvo se houver denunciado com foro por prerrogativa de função, caso em que a atração do corréu importará violação da garantia do juiz natural e do devido processo legal.

CAPÍTULO 16 - DIREITO PROCESSUAL PENAL

e) na conexão entre crime doloso contra a vida e crimes comuns, deverá haver separação obrigatória de processos, em face do caráter constitucional da competência do Tribunal do Júri.

1709. **(FCC/TRT/18R/Juiz/2014)** No que concerne aos crimes de abuso de autoridade, é correto afirmar que:

a) compete à Justiça Militar processar e julgar militar por crime de abuso de autoridade praticado em serviço, segundo entendimento sumulado do Superior Tribunal de Justiça.

b) é cominada pena privativa de liberdade na modalidade de reclusão.

c) se considera autoridade apenas quem exerce cargo, emprego ou função pública, de natureza civil ou militar, não transitório e remunerado.

d) não é cominada pena de multa.

e) constitui abuso de autoridade qualquer atentado aos direitos e garantias legais assegurados ao exercício profissional.

> **Súmula STJ 546.** *A competência para processar e julgar o crime de uso de documento falso é firmada em razão da entidade ou órgão ao qual foi apresentado o documento público, não importando a qualificação do órgão expedidor.*

➲ Súmula não abordada em concursos recentes.

2.2.2. Competência da Justiça Comum Estadual

> **Súmula STJ 6.** *Compete à justiça comum estadual processar e julgar delito decorrente de acidente de trânsito envolvendo viatura de polícia militar, salvo se autor e vítima forem policiais militares em situação de atividade.*

1710. **(Cespe/TJ/ES/Juiz/2011)** Compete à justiça castrense processar e julgar crime de homicídio culposo decorrente de acidente automobilístico em que acusado e vítima sejam militares, ainda que não se encontrem em serviço nem estejam em local sujeito à administração militar ou atuando em razão da função.

> **Súmula STJ 38.** *Compete à justiça estadual comum, na vigência da Constituição de 1988, o processo por contravenção penal, ainda que praticada em detrimento de bens, serviços ou interesse da União ou de suas entidades.*

1711. **(Cespe/TJ/SE/Juiz/2008)** Segundo entendimento dos tribunais superiores sobre competência, assinale a opção correta.

a) Viola as garantias do juiz natural, da ampla defesa e do devido processo legal a atração por continência do processo do corréu ao foro por prerrogativa de função do outro denunciado.

b) A competência do tribunal de justiça para julgar prefeitos restringe-se aos crimes de competência da justiça comum estadual.

c) A competência constitucional do tribunal do júri não prevalece sobre o foro por prerrogativa de função estabelecida exclusivamente pela Constituição estadual.

d) O processo e julgamento dos crimes conexos de competência federal, eleitoral e estadual compete à justiça federal, uma vez que prevalece a justiça especial em relação à comum.

e) O processo por contravenção penal praticada em detrimento de bens da União compete à justiça federal.

1712. **(Cespe/DPRF/Policial/2013)** Compete à justiça federal processar e julgar a contravenção penal praticada em detrimento de bens e serviços da União.

> **Súmula STJ 42.** *Compete à justiça comum estadual processar e julgar as causas cíveis em que é parte sociedade de economia mista e os crimes praticados em seu detrimento.*

> Súmula anotada em Direito Processual Civil – Da Função Jurisdicional – Da Competência Interna – Da Competência (Justiça Estadual).

> **Súmula STJ 53.** *Compete à justiça comum estadual processar e julgar civil acusado de prática de crime contra instituições militares estaduais.*

1713. **(Cespe/PC/RN/Delegado/2009)** Assinale a opção correta com relação à sentença.

a) O crime de abuso de autoridade é de competência da justiça militar, federal ou estadual, conforme o agente seja, respectivamente, integrante das Forças Armadas, ou da polícia militar ou do corpo de bombeiros militares dos estados.

b) Sentença absolutória imprópria é aquela que condena o réu, impondo-lhe uma sanção a mais, qual seja, a medida de segurança.

c) No rito do júri, o judicium causae fica limitado, fática e juridicamente, à denúncia ou queixa.

d) A justiça militar estadual só julga réus militares. Por isso, o civil que praticar um crime contra as instituições militares estaduais será processado na justiça comum estadual, não na justiça militar.

e) No caso de "mutatio libelli", o MP só aditará a denúncia se a mutação implicar tipificação mais grave.

1714.
(Cespe/DPU/Defensor/2007) Falece competência à justiça militar da União para processar e julgar civis.

1715.
(TRF/3R/Juiz/2007) Assinale a afirmação falsa:

a) É da Justiça Federal a competência para o processo e julgamento de crimes cometidos a bordo de embarcações que sejam de grande calado, mas não há restrições quando o delito é perpetrado em aeronaves.

b) Tramitando na Justiça Federal processo referente a crimes conexos de competência federal e estadual, se o Juiz Federal proferir sentença absolutória com referência ao delito de sua competência originária, transfere-se a Justiça Estadual a competência para a infração remanescente e cujo julgamento a ela caberia.

c) Desaparece a prerrogativa de foro privilegiado quando cessa o exercício da função, devendo o processo ainda não julgado ser remetido ao juízo comum.

d) A Justiça Militar da União tem competência para julgar também os civis, quando praticam – ainda que isoladamente – delitos contra as instalações militares.

> *Súmula STJ 62. Compete à justiça estadual processar e julgar o crime de falsa anotação na carteira de trabalho e previdência social, atribuído a empresa privada.*

Súmula anotada em Direito Penal – Dos Crimes Tipificados no Código Penal – Dos Crimes contra a Fé Pública – Do Falsidade Documental.

> *Súmula STJ 75. Compete à justiça comum estadual processar e julgar o policial militar por crime de promover ou facilitar a fuga de preso de estabelecimento penal.*

1716.
(MPE/PB/Promotor/2011) A Justiça Comum Estadual é incompetente para processar e julgar:

a) Civil acusado de prática de crime contra instituições militares estaduais.

b) Estupro em que o autor e a vítima sejam indígenas.

c) Policial militar em serviço por facilitar a fuga de preso de estabelecimento penal.

d) Lesão corporal de natureza grave produzida por policial militar em serviço contra bombeiro militar reformado.

1717.
(MPE/GO/Promotor/2010) Leia as afirmativas sobre a competência e, após, escolha a alternativa correta:

I. Compete à Justiça Estadual Comum, na vigência da Constituição de 1988, o processo por contravenção penal, ainda que praticada em detrimento de bens, serviços ou interesse da União ou de suas entidades.

II. Compete ao juízo do local da obtenção da vantagem ilícita processar e julgar crime de estelionato cometido mediante falsificação de cheque.

III. Compete à Justiça Comum Estadual processar e julgar civil acusado de prática de crime contra instituições militares estaduais.

IV. Compete à Justiça Militar processar e julgar o policial militar por crime de promover ou facilitar a fuga de preso de estabelecimento penal.

V. Compete à Justiça Estadual Militar processar e julgar o policial militar pela prática do crime militar e do crime comum cometidos simultaneamente.

a) Apenas três afirmativas são verdadeiras.

b) Apenas três afirmativas são falsas.

c) Apenas quatro afirmativas são verdadeiras.

d) Todas afirmativas são verdadeiras.

> *Súmula STJ 90. Compete à justiça estadual militar processar e julgar o policial militar pela prática do crime militar, e à comum pela prática do crime comum simultâneo àquele.*

CAPÍTULO 16 - DIREITO PROCESSUAL PENAL

STJ 521

1718.
(Cespe/TRF/2R/Juiz/2011) Compete à justiça militar processar e julgar, singularmente, os militares das forças estaduais nos crimes militares definidos em lei, bem como julgar as ações judiciais contra atos disciplinares militares, sendo da competência dos juízes federais processar e julgar os crimes militares cometidos contra civis.

1719.
(Cespe/DPU/Defensor/2007) Compete à justiça militar da União processar e julgar crime doloso contra a vida, praticado por militar do Exército Brasileiro contra civil, estando aquele em atividade inerente às funções institucionais das Forças Armadas.

1720.
(MPDFT/Promotor/2011) Assinale o item incorreto:

a) O benefício da suspensão condicional do processo, inscrito no artigo 89 da Lei n. 9.099/95, pode ser oferecido a acusado da prática do delito de inscrição eleitoral fraudulenta, previsto no artigo 289 do Código Eleitoral, cuja pena prevista no preceito secundário é de reclusão até 5 anos e multa.

b) O julgamento do crime de peculato (artigo 312 do Código Penal), consistente no desvio de verbas públicas destinadas à realização das eleições, é da competência da Justiça Eleitoral.

c) Os crimes previstos no Código Eleitoral são todos de ação penal pública incondicionada, mas, segundo entendimento do Tribunal Superior Eleitoral, admite-se queixa crime em ação penal privada subsidiária, caso o representante do Ministério Público Eleitoral não tenha oferecido denúncia, determinado diligências ou promovido o arquivamento do inquérito policial, no prazo legal.

d) O artigo 366 do Código de Processo Penal Comum não se aplica subsidiariamente ao processamento dos crimes militares, eis que, segundo dispositivo expresso do Código de Processo Penal Militar, o processo seguirá à revelia do acusado que, citado ou intimado, deixar de comparecer sem motivo justificado.

e) Compete à Justiça Militar do Distrito Federal o processo e o julgamento dos crimes militares, definidos em lei, praticados por Oficiais e Praças da Polícia Militar do Distrito Federal e do Corpo de Bombeiros Militar do Distrito Federal.

1721.
(MPDFT/Promotor/2011) Em face das seguintes assertivas referentes aos tipos penais mencionados, assinale a alternativa correta:

a) Segundo orientação do Superior Tribunal de Justiça, é legal a prisão em flagrante, sob a acusação de prática de concussão, do agente público quando recebe o valor que exigira da vítima dias antes.

b) Diz-se, da corrupção passiva, que é própria, quando a solicitação ou recebimento da vantagem indevida destina-se à prática de ato lícito, inserido no rol de deveres impostos ao agente em razão de sua função.

c) O delito de corrupção passiva praticado por policial militar no exercício da função é crime militar, devendo conduzir à sua punição no âmbito da Justiça Militar.

d) O julgamento definitivo do procedimento em que foi falseada a verdade não é condição para que, no processo destinado à apuração do crime de falso testemunho, seja prolatada a decisão condenatória.

e) Por se tratar de crime próprio, no peculato-furto não se pode reconhecer a autoria mediata quando o funcionário público vale-se de instrumento não qualificado, tal como o cidadão comum, induzido a erro, para a subtração de bem da Administração Pública.

> ***Súmula STJ 104.*** *Compete à justiça estadual o processo e julgamento dos crimes de falsificação e uso de documento falso relativo a estabelecimento particular de ensino.*

Súmula anotada em Direito Penal – Dos Crimes Tipificados no Código Penal – Dos Crimes contra a Fé Pública – Do Falsidade Documental.

> ***Súmula STJ 107.*** *Compete à justiça comum estadual processar e julgar crime de estelionato praticado mediante falsificação das guias de recolhimento das contribuições previdenciárias, quando não ocorrente lesão à autarquia federal.*

Súmula anotada em Direito Penal – Dos Crimes Tipificados no Código Penal – Dos Crime contra o Patrimônio – Do Estelionato e Outras Fraudes.

> ***Súmula STJ 140.*** *Compete à justiça comum estadual processar e julgar crime em que o indígena figure como autor ou vítima.*

1722. (MPF/PGR/Procurador_República/2008) O crime de genocídio praticado contra grupo indígena

a) é da competência originária do Tribunal Penal Internacional, por se tratar de crime previsto no art. 5º e definido no art. 6º, ambos do Estatuto de Roma, incorporado ao direito brasileiro por força de sua ratificação pela República Federativa do Brasil e do disposto no art. 5.º, § 4 0, da Constituição Federal.

b) é da competência originária do tribunal do júri federal, por se tratar de crime contra a vida e envolver disputa sobre direitos indígenas (art. 109, XI, da Constituição Federal).

c) é da competência originária de juiz singular federal – afastadas as hipóteses de foro por prerrogativa de função – porque, a par de envolver disputa sobre direitos indígenas (art. 109, XI, da Constituição Federal), o bem jurídico tutelado não é a vida do indivíduo considerado em si mesmo, mas sim a vida em comum do grupo de homens ou parte deste, ou seja, da comunidade de povos.

d) é da competência originária da justiça estadual, por incidir a Súmula 140 do STJ, segundo a qual "compete a justiça comum estadual processar e julgar crime em que o indígena figure como autor ou vítima".

1723. (MPE/SC/Promotor/2014) Súmulas do Superior Tribunal de Justiça estabelecem: compete à Justiça Comum Estadual processar e julgar crime praticado contra sociedade de economia mista; compete à Justiça Federal processar e julgar crime em que indígena figure como autor ou vítima.

1724. (Cespe/TRF/2R/Juiz/2009) Acerca de aplicação da lei penal e da competência, assinale a opção correta.

a) Em relação aos crimes de tortura, não há disposição específica relativa à competência; vigora, assim, a regra geral de territorialidade prevista no CPP, não sendo competente a justiça brasileira se o crime for praticado fora do território nacional, ainda que a vítima seja brasileira.

b) Compete à justiça federal o processo e julgamento de quaisquer crimes em que indígena figure como autor ou como vítima.

c) Compete à justiça estadual o processo por contravenção penal, salvo se praticada em detrimento de bens, serviços ou interesse da União

ou de suas entidades, fato que atrai a competência da justiça federal.

d) Compete à justiça federal o processo e julgamento dos crimes conexos de competência federal e estadual, não se aplicando a regra do CPP de preponderância do lugar da infração à qual for cominada pena mais grave.

e) Compete à justiça federal processar e julgar as causas relativas a crimes praticados em detrimento de sociedade de economia mista.

1725. (UFPR/DPE/PR/Defensor/2014) Assinale a alternativa que não corresponde a entendimento sumulado do Superior Tribunal de Justiça.

a) A decisão que determina a produção antecipada de provas com base no artigo 366 do Código de Processo Penal deve ser concretamente fundamentada, não a justificando unicamente o mero decurso do tempo.

b) Compete à turma recursal processar e julgar mandado de segurança contra ato de juizado especial.

c) O conhecimento de recurso de apelação do réu independe de sua prisão.

d) É cabível a suspensão condicional do processo na desclassificação do crime e na procedência parcial da pretensão punitiva.

e) Compete à Justiça Comum Federal processar e julgar crime em que o indígena figura como autor ou vítima.

2.2.3. Competência da Justiça Comum Federal

> **Súmula STJ 122.** Compete à justiça federal o processo e julgamento unificado dos crimes conexos de competência federal e estadual, não se aplicando a regra do art. 78, II, "a", do Código de Processo Penal.

1726. (FCC/TRE/PI/Analista/2009) A respeito da determinação da competência por conexão ou continência, considere:

I. No concurso de jurisdições da mesma categoria, prevalecerá a do lugar em que houver ocorrido o maior número de infrações, independentemente da gravidade das respectivas penas.

II. No concurso entre a jurisdição comum e a especial prevalecerá a comum.

CAPÍTULO 16 - DIREITO PROCESSUAL PENAL

III. Compete à Justiça Federal o processo e julgamento unificado dos crimes conexos de competência federal e estadual.

Está correto o que se afirma apenas em:

a) I.

b) I e II.

c) I e III.

d) II e III.

e) III.

1727. (FCC/DPE/MT/Defensor/2009) A respeito dos critérios de determinação e modificação da competência, é correto afirmar que:

a) o querelante, nos casos de exclusiva ação penal, não poderá preferir o foro do domicílio ou da residência do réu, quando conhecido o lugar da infração.

b) no concurso entre a jurisdição comum e a especial, prevalecerá a competência da jurisdição comum.

c) a competência será determinada pelo lugar em que ocorreu a consumação, quando, iniciada a execução no território nacional, a infração se consumar fora dele.

d) a competência será determinada pelo local em que tiver sido iniciada a continuação quando se tratar de infração continuada praticada em território de duas ou mais jurisdições.

e) compete à Justiça Federal o processo e o julgamento unificado dos crimes conexos de competência federal e estadual.

1728. (PGR/Procurador/2015) Analise os problemas abaixo destacados:

I. Apresentada denúncia pelo fato "X" (crime de competência federal), e facultado ao Juiz Federal, após a concomitante manifestação do Ministério Público Federal no sentido de remessa dos autos ao juízo competente quanto ao fato Y (crime estadual), apurados no mesmo feito, determinar ao requerente do declínio o aditamento da denúncia para incluir na pega acusatória também o fato Y em função de indubitável conexão entre ambos, presente o disposto na Súmula 122, STJ.

II. "X", parlamentar federal, foi denunciado pelo Procurador-Geral da República pela prática do delito previsto no art. 317, CP. O Supremo Tribunal Federal recebeu a denúncia, observado o procedimento previsto na Lei n. 8.038. Após a oitiva de duas testemunhas de acusação, na pendência das demais, houve decisão do Congresso Nacional cassando o mandado do parlamentar. Em razão disso, houve o declínio da competência. Recebidos os autos pelo juiz de primeiro grau, determinou o encaminhamento ao Ministério Público. Neste caso, e necessário o requerimento de ratificação de todos os atos até então realizados para então prosseguir com o regular andamento da ação penal.

III. No curso de investigações que estavam sendo conduzidas em inquérito policial sob supervisão do(a) Procurador(a) da República em primeiro grau, os autos são encaminhados ao Ministério Público para análise da prorrogação da interceptação telefônica já deferida anteriormente. Analisando as interceptações já realizadas, verifica-se a existência de um diálogo entre um dos interceptados com um parlamentar federal, conversa da qual se extrai, naquele momento, a participação do detentor de prerrogativa de foro nas práticas criminosas. Neste caso, e correto dizer que, se preenchidos os requisitos legais, deverá o membro do Ministério Público Federal concordar com a prorrogação da interceptação, mas deverá requerer conjunta e imediatamente a extração de copias dos autos para envio ao Supremo Tribunal Federal para apuração da eventual responsabilidade do parlamentar federal.

IV. "Y" está sendo processado pela pratica do delito de concussão em primeiro grau. Recebida a denúncia e não acolhida a defesa preliminar (em que se postulava a absolvição sumária), o juiz federal determinou o prosseguimento da ação penal. O advogado de "Y" ajuizou "habeas corpus" no Tribunal Regional Federal, defendendo que não haveria justa causa. A ordem foi denegada pelo mérito. Inconformado, interpôs novo "habeas corpus", agora no Superior Tribunal de Justiça. Concedida a ordem para trancar a ação penal, o subprocurador-Geral da República interpôs recurso extraordinário, que, analisado pela 2ª Turma do Supremo Tribunal Federal, foi provido para o fim de permitir o regular processamento, do que foi o juízo monocrático informado imediatamente. Desta decisão, dois dias depois, a defesa interpôs novo "habeas corpus", agora perante o Plenário do Supremo Tribunal Federal, sustentando a mesma tese acolhida anteriormente pelo STJ. Passados seis meses sem que este ultimo "habeas corpus" tenha sido sequer apreciado, não pode o membro do Ministério Público Federal atuante em primeiro grau postular, ao juízo monocrático, a retomada do regular andamento da ação penal.

Analisando as assertivas acima, é correto afirmar que:

a) Estão incorretas apenas as assertivas I e
b) Estão corretas apenas as assertivas I e II.
c) Estão incorretas apenas as assertivas II e III.
d) Todas as assertivas estão incorretas.

1729. (PGR/Procurador/2015) Analise as assertivas abaixo:

I. "A" é preso em flagrante por tráfico internacional de drogas (importação e transporte de 100kg de cocaína oriunda do Paraguai, acondicionada em fundo falso de uma caminhonete) e, no mesmo momento, e encontrada em sua posse, sob o banco do motorista uma arma sem a devida autorização para porte (mas não usada em nenhum momento pelo preso), caracterizada estará, por esta circunstância, no caso concreto, a competência da Justiça Federal para o julgamento de ambos os delitos, presente a conexão probatória (Súmula 122, STJ).

II. Recebida a denúncia contra "A" por crimes de tráfico internacional de entorpecentes conexo com moeda falsa, após a instrução, estando conclusos os autos para sentença, o Juiz Federal se convence que não há provas da internacionalidade do tráfico, desclassificando a conduta para tráfico interno de entorpecentes. Neste caso, achando que não há provas suficientes da autoria do delito de moeda falsa, cuja materialidade e indiscutível, deverá ele, necessariamente, julgar o mérito de ambos os crimes, proferindo sentença quanto ao mérito inclusive no que se refere ao delito desclassificado.

III. É entendimento do Supremo Tribunal Federal que, presente a usurpação de sua competência, porque indevidamente investigado também um parlamentar federal em primeiro grau e presente a coautoria em tese dos demais envolvidos, o provimento da reclamação ajuizada pelo parlamentar não autoriza o deferimento do pedido de extensão de nulidade formulado pelos advogados dos demais investigados.

IV. A jurisprudência vigente admite a invocação da boa-fé objetiva no que tange a atuação das partes no processo penal.

Pode-se afirmar que:

a) As assertivas I, II e IV estão erradas e a assertiva III está correta.
b) As assertivas II e III estão erradas e as assertivas I e IV estão corretas
c) Todas as assertivas estão corretas.
d) A assertiva I está errada e as assertivas II, III e IV estão corretas.

1730. (PGR/Procurador/2015) Em relação as provas no processo penal:

I. É lícita a realização de busca e apreensão em escritório de advocacia quando os fatos que justificam a medida estão lastreados em indícios de autoria e materialidade da prática de crime também de parte do advogado.

II. Deferida a busca e apreensão por Juiz Federal em relação a fatos de competência da Justiça Federal, a apreensão fortuita de outras provas quanto a delito de competência estadual enseja o reconhecimento da conexão probatória, com consequente competência federal para apuração de ambos os delitos, incidindo ao caso a Súmula 122/STJ.

III. É lícita a gravação ambiental realizada por um dos interlocutores sem o conhecimento do outro, podendo ela ser utilizada como prova em processo judicial.

IV. O Supremo Tribunal Federal modificou sua jurisprudência e, atualmente, como condição de validade da prova, exige a transcrição integral dos diálogos gravados em interceptação telefônica.

Diante do exposto acima, é devido afirmar que:

a) Apenas a assertiva IV está incorreta, sendo as demais corretas.
b) Apenas a assertiva III está correta, sendo as demais incorretas.
c) As assertivas II e IV estão incorretas e as assertivas I e III estão corretas.
d) Nenhuma das respostas.

> **Súmula STJ 147.** *Compete à justiça federal processar e julgar os crimes praticados contra funcionário público federal, quando relacionados com o exercício da função.*

Súmula anotada em Direito Penal – Dos Crimes Tipificados no Código Penal – Dos Crimes contra a

CAPÍTULO 16 - DIREITO PROCESSUAL PENAL

Administração Pública - Dos Crimes Praticados por Particular contra a Administração em Geral.

Súmula STJ 165. *Compete à justiça federal processar e julgar crime de falso testemunho cometido no processo trabalhista.*

Súmula anotada em Direito Penal - Dos Crimes Tipificados no Código Penal - Dos Crimes contra a Administração Pública - Dos Crimes contra a Administração da Justiça.

2.2.4. Competência da Justiça Militar

Súmula STJ 6. *Compete à justiça comum estadual processar e julgar delito decorrente de acidente de trânsito envolvendo viatura de polícia militar, salvo se autor e vítima forem policiais militares em situação de atividade.*

Súmula anotada em Direito Processual Penal - Da Competência - Da Competência pela Natureza da Infração - Competência da Justiça Comum Estadual.

Súmula STJ 78. *Compete à justiça militar processar e julgar policial de corporação estadual, ainda que o delito tenha sido praticado em outra unidade federativa.*

➲ Súmula não abordada em concursos recentes.

Súmula STJ 90. *Compete à justiça estadual militar processar e julgar o policial militar pela prática do crime militar, e à comum pela prática do crime comum simultâneo àquele.*

Súmula anotada em Direito Processual Penal - Da Competência - Da Competência pela Natureza da Infração - Competência da Justiça Comum Estadual.

2.3. Da Competência por Conexão ou Continência

Súmula STJ 122. *Compete à justiça federal o processo e julgamento unificado dos crimes conexos de competência federal e estadual, não se aplicando a regra do art. 78, II, "a", do Código de Processo Penal.*

Súmula anotada em Direito Processual Penal - Da Competência - Da Competência pela Natureza da Infração - Competência da Justiça Comum Federal.

2.4. Da Competência por Prevenção

Súmula STJ 151. *A competência para o processo e julgamento por crime de contrabando ou descaminho define-se pela prevenção do juízo federal do lugar da apreensão dos bens.*

Súmula anotada em Direito Penal - Dos Crimes Tipificados no Código Penal - Dos Crimes contra a Administração Pública - Dos Crimes Praticados por Particular contra a Administração em Geral.

2.5. Da Competência pela Prerrogativa da Função

Súmula STJ 164. *O prefeito municipal, após a extinção do mandato, continua sujeito a processo por crime previsto no art. 1º do Decreto-lei nº 201, de 27.2.67.*

1731. **(MPE/SC/Promotor/2014)** De acordo com a jurisprudência do Superior Tribunal de Justiça, extinto o mandato, o Prefeito Municipal não continua sujeito a processo por crime previsto no art. 1º do Decreto-lei n. 201, de 1967.

1732. **(Cespe/TCE/PR/Analista/2016)** De acordo com o Decreto-lei 201/1967 e a jurisprudência dos tribunais superiores, assinale a opção correta.

a) O prazo prescricional referente à pena de perda do cargo decorrente de condenação definitiva de prefeito por crime de responsabilidade previsto no Decreto-lei 201/1967 é distinto do prazo prescricional previsto para a pena privativa de liberdade aplicada ao condenado pelo mesmo crime.

b) Para a configuração de crime de responsabilidade previsto no Decreto-lei 201/1967, é imprescindível que o desvio de rendas públicas tenha ocorrido em proveito do próprio prefeito.

c) É imprescindível a autorização da respectiva câmara municipal para o julgamento, perante o Poder Judiciário, dos acusados da prática dos crimes de responsabilidade previstos no Decreto-lei 201/1967.

d) O prefeito que emprega rendas públicas em proveito próprio para a realização de propagandas autopromocionais comete o crime de peculato-uso.

e) A extinção do mandato impede a condenação do prefeito pela prática de crimes de responsabilidade previstos no Decreto-lei 201/1967.

1733. (Cespe/Cehap/PB/Advogado/2009) Quanto aos crimes de responsabilidade dos prefeitos, assinale a opção correta.

a) Compete à justiça federal processar e julgar prefeito municipal por desvio de verba sujeita a prestação de contas perante órgão federal e de verba transferida e incorporada ao patrimônio municipal.

b) A extinção do mandato do prefeito impede a instauração de processo pela prática dos crimes de responsabilidade, mas não prejudica a ação penal por crime contra a administração pública.

c) Comete crime de responsabilidade e se sujeita ao julgamento do Poder Judiciário o prefeito que inverte a ordem de pagamento a credores do município, sem que haja vantagem para o erário.

d) A conduta do prefeito que capta recursos a título de antecipação de receita de tributo cujo fato gerador ainda não tenha ocorrido não caracteriza crime de responsabilidade, mas obriga a justificação do ato junto à câmara municipal.

1734. (MPF/PGR/Procurador_República/2008) Se um prefeito deixou de prestar contas no devido tempo, ao órgão competente, da aplicação de recursos transferidos pela União:

a) a instauração de processo criminal com base no Dec. Lei n. 201/67 só é cabível enquanto estiver exercendo o mandato.

b) não se admite concurso de pessoas porque o crime é próprio.

c) responde pelo crime de responsabilidade praticado mesmo após a extinção do mandato.

d) não se admite a participação de terceiro porque o crime é omissivo.

1735. (Cespe/TCE/PR/Auditor/2016) Assinale a opção correta à luz do Decreto-lei 201/1967, que dispõe sobre a responsabilidade dos prefeitos e vereadores.

a) Os prefeitos não estão sujeitos aos tipos penais descritos no CP, visto que os crimes funcionais que a eles podem ser imputados estão descritos exclusivamente no decreto-lei em questão.

b) O prefeito municipal, mesmo após a extinção do mandato, pode ser responsabilizado por crime previsto no mencionado decreto-lei, por ato praticado no exercício do referido cargo.

c) O sujeito ativo dos crimes descritos no referido diploma é somente o prefeito, não sendo possível imputá-los ao vice-prefeito e ao presidente da câmara municipal por ato praticado no exercício, em substituição, do cargo de prefeito durante as ausências e afastamentos do titular desse cargo.

d) Em relação aos tipos penais descritos no decreto-lei em apreço, não se admite coautoria ou participação, por serem tais tipos crimes próprios.

e) O referido diploma não trata de crimes comuns (infrações penais), mas somente crimes de responsabilidade (infrações político-administrativas).

1736. (Cespe/Câmara_Deputados/Analista/2014) Considere que, após dois mandatos consecutivos (entre 2005 e 2012), determinado prefeito municipal tenha decidido aposentar-se (no ano de 2013), tendo, pois, deixado de ocupar cargo público. Nessa situação, se, em 2014, esse indivíduo for réu em ação por suposto crime de responsabilidade cometido durante o mandato eletivo, essa ação deverá ser trancada, pois o seu mandato já foi extinto.

> *Súmula STJ 208. Compete à justiça federal processar e julgar prefeito municipal por desvio de verba sujeita a prestação de contas perante órgão federal.*

1737. (Cespe/AGU/Procurador/2007) Compete à justiça federal processar e julgar prefeito municipal por desvio de verba sujeita a prestação de contas perante órgão federal.

CAPÍTULO 16 - DIREITO PROCESSUAL PENAL

Súmula STJ 209. Compete à justiça estadual processar e julgar prefeito por desvio de verba transferida e incorporada ao patrimônio municipal.

1738. (UESPI/PC/PI/Delegado/2009)
Sobre jurisdição e competência, é entendimento jurisprudencial consolidado que:

a) compete à justiça estadual processar e julgar prefeito por desvio de verba transferida e incorporada ao patrimônio municipal.

b) compete à justiça comum estadual processar e julgar militar por crime de abuso de autoridade, exceto quando praticado em serviço, quando então será de competência da justiça militar.

c) tratando-se de infração continuada ou permanente, praticada em território de duas ou mais jurisdições, a competência firmar-se-á pelo lugar em que tiver sido praticado, no Brasil, o último ato de execução.

d) a conexão e a continência importarão unidade de processo e julgamento, salvo se houver denunciado com foro por prerrogativa de função, caso em que a atração do corréu importará violação da garantia do juiz natural e do devido processo legal.

e) na conexão entre crime doloso contra a vida e crimes comuns, deverá haver separação obrigatória de processos, em face do caráter constitucional da competência do Tribunal do Júri.

3. DAS QUESTÕES E PROCESSOS INCIDENTES

3.1. Do Conflito de Jurisdição

Súmula STJ 59. Não há conflito de competência se já existe sentença com trânsito em julgado, proferida por um dos juízos conflitantes.

Súmula anotada em Direito Processual Civil – Da Função Jurisdicional – Da Competência Interna – Da Competência (Incompetência).

4. DA PROVA

Súmula STJ 455. A decisão que determina a produção antecipada de provas com base no art. 366 do CPP deve ser concretamente fundamentada, não a justificando unicamente o mero decurso do tempo.

1739. (MPE/MS/Promotor/2011) Assinale
o enunciado que não corresponde a entendimento sumulado do Supremo Tribunal Federal ou do Superior Tribunal de Justiça:

a) O disposto no artigo 127 da Lei n. 7.210/1984 foi recebido pela ordem constitucional vigente, e não se lhe aplica o limite temporal previsto no caput do artigo 58 da LEP.

b) A decisão que determina a produção antecipada de provas com base no art. 366 do CPP deve ser concretamente fundamentada, não a justificando unicamente o mero decurso do tempo.

c) O crime de extorsão consuma-se independentemente da obtenção da vantagem indevida.

d) A lei penal mais grave aplica-se ao crime continuado ou ao crime permanente, se a sua vigência não é anterior à cessação da continuidade ou da permanência.

e) O art. 309 do Código de Trânsito Brasileiro, que reclama decorra do fato perigo de dano, derrogou o artigo 32 da Lei das Contravenções Penais no tocante à direção sem habilitação em vias terrestres.

1740. (Fundep/DPE/MG/Defensor/2014)
A respeito da prova no processo penal e temas correlatos, analise as afirmativas a seguir.

I. A expedição de carta precatória para oitiva de testemunha não suspenderá a instrução criminal e, de acordo com a jurisprudência dominante do Supremo Tribunal Federal, a ausência de intimação da expedição da referida precatória é causa de nulidade relativa do processo criminal.

II. Segundo entendimento sumulado do Superior Tribunal de Justiça, o mero decurso de tempo é fundamento idôneo para justificar a decisão que determina a produção antecipada de provas com base no artigo 366 do CPP.

III. A vedação constitucional da prova ilícita não é absoluta no processo penal, já que é possível ser afastada em favor do acusado, quando tiver por fim a prova da inocência com fundamento no princípio da proporcionalidade.

IV. De acordo com o código de processo penal, sempre são inadmissíveis as provas derivadas das ilícitas, devendo ser desentranhadas do processo e inutilizadas por decisão judicial, facultando às partes acompanhar o incidente.

Estão corretas as afirmativas

a) I e III apenas.

b) I, II, III e IV.

c) I, II e IV apenas.

d) II e IV apenas.

1741. (Vunesp/TJ/PA/Juiz/2014) Nos termos do quanto determina o art. 366 do CPP, "se o acusado, citado por edital, não comparecer, nem constituir advogado, ficarão suspensos o processo e o curso do prazo prescricional (...)". De acordo com interpretação jurisprudencial sumulada pelo STJ (Súmula 455), pode ser realizada produção antecipada de provas nessas hipóteses?

a) Sim, uma vez que o mero decurso do tempo justifica tal medida.

b) Sim, desde que o defensor dativo nomeado concorde e acompanhe.

c) Não, ainda que nomeado defensor dativo, por ofensa ao direito de autodefesa.

d) Não, pois é direito do acusado acompanhar a prova produzida.

e) Sim, desde que a decisão seja concretamente fundamentada.

5. DOS SUJEITOS DO PROCESSO

> **Súmula STJ 234.** *A participação de membro do Ministério Público na fase investigatória criminal não acarreta o seu impedimento ou suspeição para o oferecimento da denúncia.*

1742. (Cespe/PC/RN/Delegado/2009) Assinale a opção correta em relação ao IP.

a) No sistema processual brasileiro, considerando que o magistrado não pode participar de processo em que se tenha manifestado anteriormente, é defeso a ministro de tribunal superior ser relator de ação penal originária em que tenha presidido o antecedente IP.

b) É possível que o magistrado, em busca da verdade real, determine diligências em IP, mesmo na situação de crime de ação penal pública incondicionada em que o membro do MP já tenha pugnado pelo arquivamento dos autos.

c) Não é possível que autoridade policial, de ofício, investigue e indicie pessoa com foro especial, sem a devida supervisão de magistrado naturalmente competente para julgar tal detentor de prerrogativa funcional.

d) De acordo com a posição do STF, a decisão de arquivamento de IP, em razão de atipicidade, uma vez preclusa, gera coisa julgada material, impedindo a reabertura da causa pelo mesmo fato, salvo se o juiz prolator da decisão for absolutamente incompetente.

e) De acordo com a opinião sumulada do STJ, a participação de membro do MP na fase investigatória criminal acarreta o seu impedimento ou suspeição para o oferecimento da denúncia.

1743. (OAB/SP/2005-1) Entre as alternativas abaixo, assinale a que não corresponde à Súmula do Superior Tribunal de Justiça.

a) A sentença concessiva do perdão judicial é declaratória de extinção de punibilidade, não subsistindo qualquer efeito condenatório.

b) Não se concede fiança quando, em concurso material, a soma das penas cominadas for superior a dois anos de reclusão.

c) A participação do membro do Ministério Público na fase investigatória criminal não acarreta o seu impedimento ou suspeição para o oferecimento da denúncia.

d) Há conflito de competência ainda que exista sentença com trânsito em julgado proferida por um dos juízos conflitantes.

1744. (FMP/DPE/PA/Defensor/2015) Em relação aos sistemas de investigação, é correto afirmar que:

a) de acordo com a jurisprudência consolidada do Superior Tribunal de Justiça, entre as causas de impedimento que afetam o Ministério Público, está o fato de que todo membro, ao atuar na presidência de investigação criminal realizada por aquela instituição, estará impedido de oferecer a ação penal condenatória que derivar dessa apuração.

b) segundo as disposições do Código de Processo Penal, o Delegado de Polícia poderá ser

CAPÍTULO 16 - DIREITO PROCESSUAL PENAL

afastado compulsoriamente da presidência de inquérito policial em que se investigue infração penal cometida por seu amigo íntimo ou inimigo capital, desde que julgada procedente exceção de suspeição contra ele oposta.

c) segundo as disposições do Código de Processo Penal, expirado o prazo legal para o término do inquérito policial em que o investigado estiver preso, deverá o Delegado de Polícia, sempre que o fato for de difícil elucidação, requerer ao juiz a devolução dos autos, para ulteriores diligências, que serão realizadas no prazo marcado pelo magistrado.

d) O Código de Processo Penal exige que o Delegado de Polícia, sempre que estiver na presidência de inquérito policial, conduza a investigação criminal de acordo com seu livre convencimento técnico-jurídico, com isenção e imparcialidade.

e) O Delegado de Polícia poderá determinar a reprodução simulada dos fatos objeto de sua investigação, desde que essa reprodução não contrarie a moralidade ou a ordem pública

1745. **(MPE/SC/Promotor/2014)** De acordo com Súmula do Superior Tribunal de Justiça, a participação de membro do Ministério Público na fase investigatória criminal não acarreta o seu impedimento ou suspeição para o oferecimento da denúncia.

1746. **(Funiversa/PC/DF/Delegado/2015)** Com base na legislação, na jurisprudência e na doutrina majoritária, assinale a alternativa correta acerca do inquérito policial, da prisão temporária e da participação do Ministério Público na investigação criminal.

a) O inquérito policial é um procedimento administrativo, prevalecendo, na doutrina, o entendimento de que se devem observar todas as garantias ínsitas ao contraditório e à ampla defesa durante o inquérito policial, o que concede ao investigado, por exemplo, o direito à dialeticidade processual e à produção de provas.

b) Conforme o STJ, a participação de um membro do Ministério Público na fase de investigação criminal não acarreta o seu impedimento ou a sua suspeição para o oferecimento da denúncia.

c) Em casos teratológicos, o STF e o STJ têm admitido que a autoridade policial que preside o procedimento administrativo promova o arquivamento do inquérito policial perante o juiz.

d) O descumprimento do prazo previsto em lei para concluir o inquérito policial justifica, ipso facto, o relaxamento da prisão por excesso de prazo.

e) Após recente inovação legislativa, o prazo da prisão temporária foi unificado, independentemente de o crime ser hediondo ou a ele equiparado.

1747. **(UFMT/MPE/MT/Promotor/2014)** Assinale a alternativa que se encontra em desacordo com entendimentos doutrinários e jurisprudenciais sobre os princípios e as garantias institucionais do Ministério Público.

a) A instauração de inquérito civil público por Promotor de Justiça do Estado de Mato Grosso, mediante delegação do Procurador-Geral, para investigar suposta prática de ato de improbidade administrativa cometida pelo governador de Estado, adequa-se ao princípio do promotor natural.

b) A obrigatoriedade no cumprimento de medidas estabelecidas no planejamento institucional como prioridade de atuação em determinado ramo do Ministério Público adequa-se ao princípio da independência funcional.

c) A atuação de órgão ministerial desvinculada da Vara Judicial para a qual foi devidamente designado, pautada na organização interna da instituição, adequa-se ao princípio do promotor natural.

d) A atuação do MP Estadual junto aos tribunais superiores, nas causas em que for parte, viola o princípio da unidade, já que cabe ao Procurador-Geral da República representar o Ministério Público perante o STJ e o STF.

e) A participação de membro do Ministério Público na fase investigatória criminal não acarreta o seu impedimento ou suspeição para o oferecimento de denúncia.

1748. **(Cespe/PG/DF/Procurador/2013)** Conforme jurisprudência pacificada no STJ, a participação de membro do MP na fase investigatória criminal acarreta, por esse fato, a sua suspeição para o oferecimento da respectiva denúncia.

6. DA PRISÃO, DAS MEDIDAS CAUTELARES E DA LIBERDADE PROVISÓRIA

> **Súmula STJ 21.** *Pronunciado o réu, fica superada a alegação do constrangimento ilegal da prisão por excesso de prazo na instrução.*

1749. **(FCC/TJ/AL/Juiz/2007)** Não corresponde a uma súmula do Superior Tribunal de Justiça, a seguinte afirmação:

a) Pronunciado o réu, fica superada a alegação do constrangimento ilegal da prisão por excesso de prazo na instrução.

b) A exigência de prisão provisória, para apelar, ofende a garantia constitucional de inocência.

c) Intimada a defesa da expedição da carta precatória, torna-se desnecessária intimação da data da audiência no juízo deprecado.

d) A interposição de recurso, sem efeito suspensivo, contra decisão condenatória não obsta a expedição de mandado de prisão.

e) Compete ao foro do local da recusa processar e julgar crime de estelionato mediante emissão de cheque sem provisão de fundos.

1750. **(TJ/AP/Juiz/2009)** Assinale a alternativa correspondente a entendimento sumulado do Superior Tribunal de Justiça.

a) É necessária a resposta preliminar de que trata o artigo 514 do Código de Processo Penal, mesmo quando a ação penal é instruída por inquérito policial.

b) O conhecimento de recurso de apelação do réu depende de sua prisão.

c) A participação do membro do Ministério Público na fase de investigação criminal acarreta o seu impedimento ou suspeição para o oferecimento da denúncia.

d) Não é cabível a suspensão condicional do processo na desclassificação do crime e na procedência parcial da pretensão punitiva.

e) Pronunciado o réu, fica superada a alegação de constrangimento ilegal da prisão por excesso de prazo na instrução.

1751. **(TJ/SC/Juiz/2009)** Conforme entendimento pacificado no Superior Tribunal de Justiça, assinale a alternativa correta:

a) A pronúncia não supera a alegação do constrangimento ilegal da prisão por excesso de prazo.

b) A incompetência relativa pode ser declarada de ofício.

c) O foro competente para processar e julgar o crime de estelionato mediante emissão de cheques sem fundos é o da emissão do título.

d) O conhecimento do recurso de apelação do réu depende da sua prisão.

e) Não subsiste qualquer efeito condenatório, uma vez extinta a punibilidade pela concessão do perdão judicial.

> **Súmula STJ 52.** *Encerrada a instrução criminal, fica superada a alegação de constrangimento por excesso de prazo.*

1752. **(Cespe/PC/PB/Agente/2009)** Um adolescente foi apreendido no dia 5/8/2008 e tem contra si representação por ato infracional equiparado aos delitos de roubo e extorsão. Desde aquela data, aguarda sentença na unidade de internação. Acerca dessa situação hipotética, assinale a opção correta, segundo o Estatuto da Criança e do Adolescente.

a) O prazo para internação provisória de adolescente é de sessenta dias.

b) São princípios fundamentais do referido diploma legal a excepcionalidade, a brevidade e a observância da condição peculiar do menor, que é pessoa em desenvolvimento.

c) Segundo a jurisprudência do Superior Tribunal de Justiça (STJ), ao se encerrar a instrução criminal, supera-se a alegação de constrangimento ilegal.

d) Segundo a jurisprudência do STJ, a periculosidade abstrata do agente assim como a probabilidade de prática de novos crimes, sem fundamento concreto, servem como embasamento para manutenção da internação provisória do menor por tempo indeterminado.

e) Nos atos infracionais cometidos sem violência ou grave ameaça, também é possível a segregação provisória.

1753. **(Cespe/TJ/PI/Juiz/2007)** Considerando o entendimento mais recente do STF a respeito dos temas prisão preventiva e revelia do acusado, assinale a opção correta.

a) O acusado revel que, citado por edital, não compareceu nem nomeou advogado poderá, nos termos do art. 366 do Código de Processo

CAPÍTULO 16 - DIREITO PROCESSUAL PENAL

Penal, ter sua prisão preventiva decretada, com fundamento na própria revelia.

b) O fato de o réu já ter sido condenado pela prática do mesmo delito não autoriza que lhe seja decretada prisão preventiva.

c) De acordo com o art. 366 do Código de Processo Penal, o período de suspensão do processo é fixado com base no tempo da prescrição em abstrato do crime imputado ao acusado.

d) É inconstitucional a suspensão do processo e do curso do prazo prescricional por tempo indeterminado, conforme o que dispõe o art. 366 do Código de Processo Penal.

e) Em caso de decreto de prisão preventiva fundado em conveniência da instrução criminal, encerrando-se esta, não há que se concluir pela desnecessidade daquela, não havendo, pois, constrangimento ilegal.

1754. (TJ/DFT/Juiz/2007) Assinale a alternativa correta:

a) Compete ao STF processar e julgar "habeas corpus" impetrado contra ato de Turma Recursal do Juizado Especial Criminal.

b) No caso de excesso de prazo de internação provisória de adolescente, aplica-se, por analogia, o enunciado sumular do STJ segundo o qual: "Encerrada a instrução criminal, fica superada a alegação de constrangimento ilegal".

c) Na hipótese de desclassificação do crime doloso praticado por militar contra civil, feita pelo próprio Tribunal do Júri, de acordo com o entendimento do STF, ao invés de o Juiz-Presidente proferir a sentença deverá encaminhar os autos à Justiça Militar, que tem jurisdição para o julgamento do feito.

d) Por estar prescrita em lei complementar, a intimação do Defensor Público, conforme o entendimento do STF, deve ser realizada pessoalmente, mesmo nos processos de competência dos Juizados Especiais Criminais.

> *Súmula STJ 64. Não constitui constrangimento ilegal o excesso de prazo na instrução, provocado pela defesa.*

1755. (Cespe/PGE/CE/Procurador/2008) Acerca das prisões processuais e da liberdade provisória, assinale a opção correta de acordo com o entendimento do STJ.

a) Estipulado o regime inicial semiaberto para cumprimento da pena, mostra-se incompatível com a condenação a manutenção da prisão preventiva, ainda que a acusação tenha recorrido.

b) A nulidade da sentença penal condenatória prolatada pelo juiz de 1º grau e declarada pelo tribunal de justiça respectivo garante ao acusado, automaticamente, a expedição de alvará de soltura em seu favor.

c) É motivo suficiente para a decretação da prisão cautelar o fato de o réu jamais ter sido localizado, tendo sido citado em edital e tendo deixado de comparecer em juízo na data aprazada para seu interrogatório.

d) Se ocorre excesso de prazo na conclusão do processo, que não pode ser atribuído à acusação ou ao juízo porque decorre da complexidade do caso e da necessidade de serem ouvidas testemunhas e cumpridas diligências em outras comarcas, há de ser concedida liberdade provisória ao acusado.

e) A demora na instrução processual devida à instauração de incidente de insanidade mental em benefício da defesa gera constrangimento ilegal, devendo o acusado ser imediatamente posto em liberdade.

1756. (FGV/TJ/AM/Juiz/2013) O princípio da duração razoável do processo está previsto na carta magna, devendo o Juiz zelar no sentido de que a pretensão punitiva seja decidida dentro de um prazo razoável. Nesta linha, segundo a jurisprudência majoritária dos Tribunais Superiores, assinale a afirmativa incorreta.

a) O eventual excesso de prazo da prisão cautelar deve ser analisado de acordo com a razoabilidade, sendo permitido ao juízo, em hipóteses excepcionais, diante das peculiaridades da causa, a extrapolação dos prazos previstos na lei processual penal, não podendo o excesso decorrer de mero cálculo aritmético.

b) O Superior Tribunal de Justiça tem entendimento firmado no sentido de que eventual excesso de prazo no julgamento do recurso de apelação deve ser aferido em face da quantidade da pena imposta na sentença condenatória.

c) Encerrada a instrução criminal, fica superada a alegação de constrangimento ilegal por excesso de prazo da prisão cautelar.

d) Não constitui constrangimento ilegal o excesso de prazo na instrução provocado pela defesa.

e) Não é possível o reconhecimento do excesso de prazo e o constrangimento ilegal após o acusado ter sido pronunciado.

7. DAS CITAÇÕES E INTIMAÇÕES

7.1. Das Intimações

> **Súmula STJ 273.** *Intimada a defesa da expedição da carta precatória, torna-se desnecessária intimação da data da audiência no juízo deprecado.*

1757. **(FCC/TJ/RR/Juiz/2008)** Expedida carta precatória para inquirição de testemunhas, segundo orientação sumulada

a) do Supremo Tribunal Federal, o acusado preso deve ser sempre requisitado, sob pena de nulidade absoluta.

b) do Supremo Tribunal Federal, o acusado solto deve ser intimado da data designada para a audiência no juízo deprecado, sob pena de nulidade absoluta.

c) do Superior Tribunal de Justiça, intimada a defesa da expedição da carta, torna-se desnecessária a intimação da data da audiência no juízo deprecado.

d) do Superior Tribunal de Justiça, a defesa deve ser intimada da expedição da carta precatória e da intimação da data da audiência no juízo deprecado.

e) tanto do Supremo Tribunal Federal como do Superior Tribunal de Justiça, a falta de intimação da data designada causa nulidade absoluta.

1758. **(FCC/TJ/PE/Cartórios/Ingresso/2013)** Sobre a nulidade do processo penal, é correto afirmar:

a) No processo penal, a falta de defesa constitui nulidade absoluta, mas a sua deficiência só o anulará se houver prova de prejuízo para o réu.

b) As partes poderão arguir nulidade a que tenham dado causa ou de qualquer forma concorrido.

c) Configura causa de nulidade a não intimação da defesa da data da audiência no juízo deprecado, ainda que haja sido intimada da expedição da carta precatória.

d) A incompetência do juízo anula os atos instrutórios e decisórios, devendo o processo, quando for declarada a nulidade, ser remetido ao juiz competente.

e) A nulidade por ilegitimidade do representante da parte poderá ser suprida a todo o tempo, antes da sentença final, mediante ratificação dos atos processuais.

1759. **(MPE/SC/Promotor/2012)** Assinale a opção correta:

I. A interceptação telefônica somente será admitida quando os fatos investigados constituírem infração penal punida com pena de reclusão, houver indícios razoáveis de autoria ou de participação e a prova puder ser realizada por outros meios.

II. Segundo a Lei n. 9.807/99 poderá o juiz, de ofício ou a requerimento das partes, conceder o perdão judicial e a consequente extinção da punibilidade a todo acusado que tenha colaborado efetiva e voluntariamente com a investigação e o processo criminal, desde que dessa colaboração tenha resultado: (i) a identificação dos demais coautores ou partícipes da ação criminosa; (ii) a localização da vítima com a sua integridade física preservada; e (ii) a recuperação total ou parcial do produto do crime.

III. As administradoras de cartões de crédito são consideradas instituições financeiras para os fins da Lei Complementar n. 105/2001.

IV. Segundo a Lei n. 11.340/06 é considerada medida protetiva de urgência a determinação da prestação de alimentos provisionais ou provisórios.

V. Entendimento sumulado do Superior Tribunal de Justiça orienta que mesmo intimada a defesa da expedição da carta precatória, torna-se necessária sua intimação da data de audiência no Juízo deprecado.

a) Apenas as assertivas III e IV estão corretas.

b) Apenas as assertivas I, II, III e V estão corretas.

c) Apenas as assertivas I, III e IV estão corretas.

d) Apenas as assertivas II, III e IV estão corretas.

e) Todas as assertivas estão corretas.

1760. **(TRF/2R/Juiz/2014)** Assinale a alternativa correta:

a) Na oitiva de testemunha por carta precatória, a presença do réu será indispensável, sendo facultativa a presença de defensor.

CAPÍTULO 16 - DIREITO PROCESSUAL PENAL

STJ 533

b) A defesa deve ser intimada da expedição de carta precatória e da data da audiência no Juízo deprecado, sob pena de nulidade.

c) A expedição da carta precatória não suspende a instrução criminal, que pode prosseguir em seus ulteriores termos até a sentença; cumprida e devolvida a carta após a oitiva das testemunhas de defesa, ela não poderá ser juntada aos autos.

d) É absoluta a nulidade decorrente de falta de intimação de expedição de carta precatória para intimação de testemunha, nos termos da jurisprudência sumulada do Egrégio Supremo Tribunal Federal.

e) Quando a testemunha residir fora da jurisdição, poderá o juiz que preside o feito ouvi-la, diretamente, por videoconferência ou qualquer outro meio tecnológico de transmissão de sons e imagens, podendo tal oitiva se dar dentro da audiência una de instrução e julgamento.

1761. (Faurgs/TJ/RS/Juiz/2016) Com relação às provas no Processo Penal brasileiro, assinale a alternativa correta.

a) No caso de oitiva de testemunhas por carta precatória, segundo o entendimento do Superior Tribunal de Justiça, torna-se desnecessária a intimação da defesa com relação a data da audiência no juízo deprecado, se houve a sua intimação da expedição da precatória.

b) Na fase policial, o princípio "nemo tenetur se detegere" pode ser relativizado em função do dever-poder do Estado de exercer a investigação preliminar e diante da ausência de nulidades no inquérito policial.

c) A ação controlada, nos termos da Lei n. 12.850/2013, consiste em retardar a intervenção policial ou administrativa relativa à ação praticada por organização criminosa ou a ela vinculada, independentemente de prévia comunicação ao juiz, desde que mantida sob observação e acompanhamento para que a medida legal se concretize no momento mais eficaz à formação de provas e obtenção de informações.

d) Em se tratando de instrução criminal de procedimento comum ordinário no qual quatro acusados respondem, igualmente, por quatro crimes em concurso material, tendo constituído um único advogado, a defesa poderá arrolar até oito testemunhas para cada acusado, não se computando, nesse número, os informantes e as testemunhas referidas.

e) Consoante entendimento do Supremo Tribunal Federal, é possível submeter, coercitivamente, o indiciado a exame grafotécnico e à perícia para extração de DNA com base no princípio da proporcionalidade e razoabilidade, desde que se esteja apurando a prática de crime hediondo ou, ainda, praticado com violência ou grave ameaça à pessoa.

8. DAS NULIDADES E DOS RECURSOS EM GERAL

8.1. Dos Recursos em Geral

> *Súmula STJ 347. O conhecimento de recurso de apelação do réu independe de sua prisão.*

1762. (TJ/AP/Juiz/2009) Assinale a alternativa correspondente a entendimento sumulado do Superior Tribunal de Justiça.

a) É necessária a resposta preliminar de que trata o artigo 514 do Código de Processo Penal, mesmo quando a ação penal é instruída por inquérito policial.

b) O conhecimento de recurso de apelação do réu depende de sua prisão.

c) A participação do membro do Ministério Público na fase de investigação criminal acarreta o seu impedimento ou suspeição para o oferecimento da denúncia.

d) Não é cabível a suspensão condicional do processo na desclassificação do crime e na procedência parcial da pretensão punitiva.

e) Pronunciado o réu, fica superada a alegação de constrangimento ilegal da prisão por excesso de prazo na instrução.

1763. (Vunesp/TJ/SP/Juiz/2011) Antônio respondeu ao processo em liberdade e o juiz decreta, fundamentadamente, a sua prisão na sentença condenatória. Expedido mandado de prisão, o oficial de justiça certifica que Antônio encontra-se em local incerto e não sabido. O defensor constituído, intimado da sentença, interpõe recurso de apelação. Assinale a alternativa correta a respeito da situação, inclusive, se o caso, consoante jurisprudência sumulada dos Tribunais Superiores (STJ e STF).

a) A apelação não pode ser conhecida sem a intimação pessoal do acusado da sentença, ainda que ele se recolha à prisão.

b) A apelação não pode ser conhecida sem o reco- lhimento do acusado à prisão, ainda que ele seja intimado pessoalmente da sentença.

c) A apelação deve ser considerada deserta.

d) A apelação pode ser conhecida independente- mente da intimação pessoal do acusado e do seu recolhimento à prisão.

e) A apelação pode ser conhecida se o defensor assumir o compromisso de apresentar o acu- sado, para o cumprimento da pena, caso seja confirmada a condenação.

1764. (Cespe/MPE/RO/Promotor/2013) Em relação aos recursos e ao pro- cedimento do tribunal do júri, assinale a opção correta.

a) Se a decisão de pronúncia estiver preclusa, não será possível ao MP aditar a denúncia com vistas a incluir circunstância superveniente que modifique a classificação do crime.

b) A apresentação do rol de testemunhas a serem ouvidas no plenário do júri deve ocorrer depois de preclusa a decisão de pronúncia, quando o juiz manda intimar as partes, que terão cinco dias para arrolar até o máximo de oito teste- munhas, podendo, ainda, juntar documentos e requerer diligências.

c) A apelação de sentença condenatória terá efeito suspensivo, salvo nos casos de aplicação provisória de interdição de direitos e de medi- das de segurança, no caso da suspensão condi- cional da pena e se o condenado não prestar fiança, embora possa fazê-lo.

d) A apelação será julgada deserta se o conde- nado fugir depois de haver apelado.

e) O STF tem competência originária para julgar recurso de apelação de decisão proferida pelo tribunal do júri se houver impedimento de mais da metade dos membros do tribunal de justiça ou do tribunal regional federal.

1765. (Cespe/TRF/1R/Juiz/2015) Com base na jurisprudência do STJ e do STF, assinale a opção correta acerca de execução penal, prisão e nulidades.

a) Se houver excesso de prazo na instrução cri- minal em decorrência de demora na apresen- tação de documentos pela defesa, será impo- sitiva a concessão de liberdade provisória ao réu.

b) Na execução penal, é inadmissível a progressão imediata do regime prisional fechado para o aberto.

c) A exigência da prisão provisória para apelar não ofende a garantia da presunção de inocên- cia.

d) Será válida a decisão que autorizar a produção antecipada de provas fundamentada no mero decurso do tempo, quando estiverem suspen- sos o processo penal e a prescrição diante da ausência de citação pessoal do réu.

e) A prática de falta grave acarreta o reinício do prazo para a obtenção do benefício do livra- mento condicional.

1766. (UFPR/DPE/PR/Defensor/2014) Assinale a alternativa que não cor- responde a entendimento sumulado do Superior Tribunal de Justiça:

a) A decisão que determina a produção anteci- pada de provas com base no artigo 366 do Código de Processo Penal deve ser concreta- mente fundamentada, não a justificando unica- mente o mero decurso do tempo.

b) Compete à turma recursal processar e julgar mandado de segurança contra ato de juizado especial.

c) O conhecimento de recurso de apelação do réu independe de sua prisão.

d) É cabível a suspensão condicional do processo na desclassificação do crime e na procedência parcial da pretensão punitiva.

e) Compete à Justiça Comum Federal processar e julgar crime em que o indígena figura como autor ou vítima.

9. DOS PROCESSOS ESPECIAIS

9.1. Do Processo e do Julgamento dos Crimes de Responsabilidade dos Fun- cionários Públicos

> **Súmula STJ 330.** *É desnecessária a resposta preliminar de que trata o artigo 514 do Código de Processo Penal, na ação penal instruída por inquérito policial.*

1767. (Cespe/MP/RR/Promotor/2008) Ana, servidora pública, foi indi- ciada pelo cometimento do crime de prevaricação,

PARTE II – SÚMULAS SUPERIOR TRIBUNAL DE JUSTIÇA

CAPÍTULO 16 - DIREITO PROCESSUAL PENAL

STJ   535

crime afiançável, praticado contra a administração pública. Não sendo cabíveis os benefícios previstos na Lei 9.099/95, foi oferecida a denúncia. O juiz determinou a citação da ré para o interrogatório e não concedeu prazo para a apresentação da resposta prévia, prevista no art. 514 do Código de Processo Penal. Nessa situação, operou-se nulidade absoluta, devendo ser declarada a nulidade de todos os atos decisórios proferidos no processo.

1768. (Cespe/TCE/BA/Procurador/2010) Não obstante a existência de entendimento sumulado do STJ no sentido de que, na ação penal instruída por inquérito policial, é desnecessária a resposta preliminar de que trata o art. 514 do Código de Processo Penal, há precedentes do STF que flexibilizam tal enunciado. Nesse sentido, segundo a atual jurisprudência da Corte Suprema, para o caso de crimes funcionais típicos afiançáveis, a defesa preliminar é indispensável mesmo quando a denúncia é lastreada em inquérito policial.

1769. (FGV/TJ/AM/Juiz/2013) O Código de Processo Penal prevê nos arts. 513/518 um procedimento especial para os crimes de responsabilidade praticados por funcionários públicos. Com relação a esse procedimento é correto afirmar que

a) a primeira manifestação do acusado no processo é feita após o recebimento da denúncia ou queixa.

b) o procedimento especial será aplicável aos crimes praticados por funcionário público contra a Administração, desde que estes sejam inafiançáveis.

c) de acordo com entendimento sumulado pelo Superior Tribunal de Justiça, é desnecessária a resposta preliminar quando a ação penal for instruída por inquérito policial.

d) se o crime praticado por funcionário público for de peculato doloso, o procedimento especial não será aplicável.

e) se não for conhecida a residência do acusado, ou este se achar fora da jurisdição do Juiz, ser-lhe-á nomeado defensor, a quem caberá acompanhar o processo, mas não terá atribuição para apresentar resposta preliminar.

1770. (TRF/2R/Juiz/2014) Assinale a alternativa correta:

a) Na resposta preliminar à acusação, se a defesa não nega os fatos, e apenas controverte a sua qualificação, fica impedido o julgador de absolver sumariamente o acusado, antes da fase probatória.

b) De acordo com a jurisprudência sólida do Superior Tribunal de Justiça, nos crimes praticados por funcionário público, ainda que a ação penal esteja lastreada em inquérito policial, não se dispensa a resposta escrita preliminar de que cuida o artigo 514 do Código de Processo Penal (CPP).

c) Na esteira da jurisprudência dominante, o procedimento de que cuidam os artigos 513 e seguintes do CPP, ao prever a prévia resposta do funcionário, é observável para todos os crimes praticados por funcionário público, e não só quando se trate de crime funcional típico.

d) É exclusiva do Ministério Público, condicionada à representação do ofendido, a legitimidade para a ação penal por crime contra a honra de servidor público em razão do exercício de suas funções.

e) Recebida a resposta do funcionário público, de que cuida o artigo 514 do CPP, o juiz rejeitará a queixa ou denúncia, em despacho fundamentado e independentemente da oitiva do Ministério Público, se convencido, pela resposta apresentada, da inexistência do crime.

10. LEIS PROCESSUAIS PENAIS ESPECIAIS

10.1. Lei dos Juizados Especiais (Lei 9.099/95)

> *Súmula STJ 243. O benefício da suspensão do processo não é aplicável em relação às infrações penais cometidas em concurso material, concurso formal ou continuidade delitiva, quando a pena mínima cominada, seja pelo somatório, seja pela incidência da majorante, ultrapassar o limite de um (01) ano.*

1771. (FCC/TJ/PI/Assessor/2010) Segundo entendimento sumulado do Superior Tribunal de Justiça:

a) o benefício da suspensão do processo não é aplicável em relação às infrações penais cometidas em concurso material, concurso formal ou continuidade delitiva, quando a pena mínima cominada, seja pelo somatório, seja pela majorante, ultrapassar o limite de dois anos.

b) não se aplica transação penal às infrações penais cometidas em concurso formal, quando a pena mínima cominada, pelo somatório, ultrapassar o limite de um ano.

c) para fins de aplicação da suspensão condicional do processo em caso de concurso material, analisa-se a pena de cada uma das infrações, isoladamente, tal como ocorre no caso de extinção da punibilidade.

d) o benefício da suspensão do processo é aplicável às infrações penais cometidas em continuidade delitiva, analisando-se a pena mínima cominada sem a majorante da continuidade.

e) o benefício da suspensão do processo não é aplicável em relação às infrações penais cometidas em concurso material ou concurso formal, quando a pena mínima cominada, seja pelo somatório, seja pela majorante, ultrapassar o limite de um ano.

1772. (Cespe/TJ/CE/Juiz/2012) A respeito do entendimento dos tribunais superiores acerca dos diversos institutos de direito penal, assinale a opção correta.

a) O benefício da suspensão do processo é aplicável em relação às infrações penais cometidas em concurso material, ainda que a pena mínima cominada, seja pelo somatório, seja pela incidência da majorante, ultrapasse o limite de um ano.

b) É inadmissível a adoção do regime prisional semiaberto aos reincidentes condenados a pena igual ou inferior a quatro anos, ainda que favoráveis as circunstâncias judiciais.

c) Conforme entendimento sumulado do STJ, a falta grave não interrompe o prazo para obtenção de livramento condicional.

d) Tratando-se de furto qualificado, é admissível a aplicação, pelo concurso de agentes, da majorante do roubo, em razão do princípio da razoabilidade, segundo entendimento do STJ.

e) Cominadas cumulativamente, em lei especial, as penas privativa de liberdade e pecuniária, é permitida a substituição da prisão por multa.

1773. (MPE/BA/Promotor/2015) Analise as seguintes assertivas acerca das leis penais extravagantes:

I. Configura crime de tortura a conduta de constranger criança, com emprego de grave ameaça, causando-lhe sofrimento mental, em razão de discriminação racial.

II. No tocante à suspensão condicional do processo, prevista na Lei n. 9.099/95 – Lei dos Juizados Especiais Cíveis e Criminais, é entendimento sumulado pelo Supremo Tribunal Federal que o acréscimo de pena referente à continuidade delitiva não deve ser considerado para obtenção da pena efetivamente mínima autorizadora da concessão do benefício.

III. A Lei n. 7.716/89 tipifica e estabelece punição de crimes resultantes de discriminação ou preconceito de raça, cor, etnia, religião ou procedência nacional, estando excluída a discriminação ou preconceito relativo à orientação sexual.

IV. Em relação ao procedimento ditado na Lei n. 9.099/95 – Lei dos Juizados Especiais Cíveis e Criminais, na hipótese de crime de ação penal pública incondicionada, a ocorrência da composição civil entre autor do fato e vítima impede a ocorrência de tentativa de transação penal.

V. Nos termos da Lei n. 9.503/97 – Código de Trânsito Brasileiro, a pena de suspensão da habilitação para dirigir veículo automotor deve durar duas vezes o período da pena privativa de liberdade aplicada, e não é iniciada enquanto o sentenciado, por efeito de condenação penal, estiver recolhido a estabelecimento prisional.

Estão corretas as assertivas:

a) I e III.

b) I e V.

c) II e IV.

d) II e V.

e) III e IV.

1774. (FCC/TJ/RR/Juiz/2015) No concurso formal:

a) aplica-se a mais grave das penas cabíveis ou, se iguais, somente uma delas, mas aumentada, em qualquer caso, de um sexto até a metade, ainda que os crimes concorrentes resultem de desígnios autônomos.

b) a pena poderá exceder a que seria cabível pela regra do concurso material.

c) o agente, mediante uma só ação ou omissão, desde que necessariamente dolosa, pratica dois ou mais crimes.

d) a pena de multa deverá receber o mesmo acréscimo imposto à pena privativa de liberdade.

e) aplicável a suspensão condicional do processo, segundo entendimento sumulado, quando a

CAPÍTULO 16 - DIREITO PROCESSUAL PENAL

pena mínima cominada, seja pelo somatório, seja pela incidência da majorante, não ultrapassar o limite de 1 (um) ano.

1775. **(MPE/SC/Promotor/2014)** Sólida jurisprudência do Superior Tribunal de Justiça, inclusive sumulada, destaca que o benefício da suspensão do processo pode ser aplicado às infrações penais cometidas, em concurso material, concurso formal ou continuidade delitiva, mesmo quando a pena mínima cominada, seja pelo somatório, seja pela incidência da majorante, ultrapassar o limite de 1 (um) ano.

1776. **(FCC/DPE/CE/Defensor/2014)** Em relação à Lei dos Juizados Especiais, é correto afirmar, de acordo com entendimento jurisprudencial dos Tribunais Superiores, que

a) o benefício da suspensão do processo não é aplicável em relação às infrações penais cometidas em concurso material, concurso formal ou continuidade delitiva, quando a pena mínima cominada, seja pelo somatório, seja pela incidência da majorante, ultrapassar o limite de um 01 (um) ano.

b) nos crimes em que a pena mínima cominada for superior a 01 (um) ano, ainda que alternativamente seja prevista pena de multa, não é cabível suspensão condicional do processo.

c) reunidos os pressupostos legais permissivos da suspensão condicional do processo, mas se recusando o Promotor de Justiça a propô-la, o Juiz, dissentindo, poderá propô-la de ofício.

d) não se admite a transação penal em crime continuado, se a soma da pena mínima da infração mais grave com o aumento mínimo de um sexto for superior a 01 (um) ano.

e) a homologação da transação penal prevista no artigo 76 da Lei n. 9.099/1995 faz coisa julgada material e, descumpridas suas cláusulas, não se permite que o Ministério Público dê continuidade à persecução penal mediante oferecimento de denúncia ou requisição de inquérito policial.

> *Súmula STJ 337. É cabível a suspensão condicional do processo na desclassificação do crime e na procedência parcial da pretensão punitiva.*

1777. **(FCC/TJ/PE/Juiz/2011)** A suspensão condicional do processo prevista no art. 89 da Lei n. 9.099/95

a) é aplicável tão-somente às infrações de menor potencial ofensivo.

b) é cabível na desclassificação do crime e na procedência parcial da pretensão punitiva, segundo entendimento sumulado do Superior Tribunal de Justiça.

c) exige necessariamente a reparação do dano.

d) é cabível no crime continuado, ainda que a soma da pena mínima da infração mais grave com o aumento mínimo de um sexto seja superior a um ano, conforme súmula do Supremo Tribunal Federal.

e) conduz à absolvição se expirado o prazo sem revogação.

1778. **(FMP/TJ/MT/Juiz/2014)** De acordo com entendimento sumulado do Superior Tribunal de Justiça, assinale a afirmativa correta:

a) É admissível a fixação de pena substitutiva (art. 44 do CP) como condição ao regime aberto.

b) É admissível a chamada progressão "per saltum" de regime prisional.

c) Os condenados por crimes hediondos ou assemelhados, cometidos antes da vigência da Lei n. 11.464/2007, não se sujeitam a disposto no art. 112 da Lei n. 7.210/1984 (Lei de Execução Penal) para a progressão do regime prisional.

d) É cabível a suspensão condicional do processo na desclassificação do crime e na procedência parcial da pretensão punitiva.

e) Não se admite o exame criminológico pelas peculiaridades do caso, ainda que haja decisão fundamentada.

1779. **(UFPR/DPE/PR/Defensor/2014)** Assinale a alternativa que não corresponde a entendimento sumulado do Superior Tribunal de Justiça:

a) A decisão que determina a produção antecipada de provas com base no artigo 366 do Código de Processo Penal deve ser concretamente fundamentada, não a justificando unicamente o mero decurso do tempo.

b) Compete à turma recursal processar e julgar mandado de segurança contra ato de juizado especial.

c) O conhecimento de recurso de apelação do réu independe de sua prisão.

d) É cabível a suspensão condicional do processo na desclassificação do crime e na procedência parcial da pretensão punitiva.

e) Compete à Justiça Comum Federal processar e julgar crime em que o indígena figura como autor ou vítima.

1780. (FMP/TJ/MT/Juiz/2014) De acordo com entendimento sumulado do Superior Tribunal de Justiça, asssinale a afirmativa correta.

a) É admissível a fixação de pena substitutiva (art. 44 do CP) como condição ao regime aberto.

b) É admissível a chamada progressão "per saltum" de regime prisional.

c) Os condenados por crimes hediondos ou assemelhados, cometidos antes da vigência da Lei n. 11.464/2007, não se sujeitam a disposto no art. 112 da Lei n. 7.210/1984 (Lei de Execução Penal) para a progressão do regime prisional.

d) É cabível a suspensão condicional do processo na desclassificação do crime e na procedência parcial da pretensão punitiva.

e) Não se admite o exame criminológico pelas peculiaridades do caso, ainda que haja decisão fundamentada.

1781. (Cespe/TJ/ES/Cartórios/2013) Em relação à sentença processual penal, assinale a opção correta à luz da legislação de regência e do entendimento jurisprudencial do STJ acerca da matéria.

a) A sentença prolatada em procedimento sumaríssimo dos juizados especiais criminais, diversamente do que ocorre no juízo cível, deve ser precedida de relatório, conforme expressamente previsto na Lei n. 9.099/1995.

b) Tratando-se de ação penal pública, o juiz não pode, em sua sentença, reconhecer agravantes que não tenham sido alegadas pelo MP.

c) Conforme entendimento pacificado do STJ, por ter natureza de norma de direito material a disposição do Código de Processo Penal que determina ao juiz que fixe valor mínimo para reparação dos danos causados na sentença condenatória, seus efeitos retroagem, abrangendo situações anteriores à sua vigência.

d) Se não modificar a descrição do fato contida na denúncia ou queixa, o juiz poderá atribuir-lhe

definição jurídica diversa, desde que tal alteração não resulte em majoração da pena.

e) É cabível a suspensão condicional do processo tanto na sentença, caso o juiz desclassifique o delito, como na procedência parcial da pretensão punitiva, se preenchidos os requisitos relativos ao referido instituto.

10.2. Lei Maria da Penha (Lei 11.340/06)

> *Súmula STJ 536.* *A suspensão condicional do processo e a transação penal não se aplicam na hipótese de delitos sujeitos ao rito da Lei Maria da Penha.*

1782. (FMP/MPE/AM/Promotor/2015) Considere as seguintes assertivas em relação à violência doméstica e familiar:

I. De acordo com a jurisprudência do Supremo Tribunal Federal, os crimes de ameaça e de lesões corporais leves admitem a aplicação dos institutos despenalizadores da Lei 9.099/95.

II. crime de ameaça admite a concessão de transação penal pelo Ministério Público.

III. violência doméstica e familiar pode ser de natureza psicológica.

IV. Aplica-se a Lei Maria da Penha ao homem na condição de sujeito passivo do crime em atenção ao princípio constitucional da igualdade.

V. Não é cabível a concessão da transação penal e da suspensão condicional do processo aos crimes de ameaça e de lesões corporais leves no âmbito da violência doméstica, conforme o entendimento do Supremo Tribunal Federal.

Quais das assertivas acima estão corretas?

a) Apenas a I e II.

b) Apenas a II e III.

c) Apenas a III e IV.

d) Apenas a III e V.

e) Apenas a IV e V.

1783. (Cespe/TJ/RR/Cartórios/2013) À luz do disposto na Lei 11.340/2006 (Lei Maria da Penha), assinale a opção correta.

a) A referida lei não prevê, como forma de violência doméstica e familiar contra a mulher, a violência patrimonial.

b) Na ação relativa à prática de crimes mediante violência doméstica e familiar contra a mulher,

CAPÍTULO 16 - DIREITO PROCESSUAL PENAL

independentemente da pena prevista, é vedado o oferecimento de transação penal, sendo permitida, entretanto, a suspensão condicional do processo.

c) Para que seja configurada violência doméstica e familiar contra a mulher, é indispensável que o agressor e a vítima coabitem o mesmo lar.

d) De acordo com o entendimento consolidado do STF e do STJ, o crime de lesão corporal leve ou culposa praticado contra a mulher no âmbito das relações domésticas deve ser processado mediante ação penal pública condicionada à representação da vítima.

e) Conforme entendimento do STJ, embora a Lei Maria da Penha vise à proteção da mulher, o aumento da pena nela prevista para a prática do crime de lesão corporal praticada mediante violência doméstica, tipificado no Código Penal, aplica-se também no caso de a vítima ser do sexo masculino.

1784. (Cespe/TJ/CE/Analista/2014) Com base no disposto na Lei Maria da Penha (Lei 11.340/2006), assinale a opção correta.

a) O crime de ameaça praticado mediante violência doméstica contra a mulher não admite transação penal.

b) O crime de lesão corporal, mesmo que leve ou culposa, praticado contra a mulher, no âmbito das relações domésticas, deve ser processado mediante ação penal pública condicionada à representação da vítima.

c) O juiz deve decretar a extinção da punibilidade do acusado em virtude de retratação, em audiência, da vítima de violência doméstica.

d) Nos crimes praticados com violência doméstica e familiar contra a mulher, independentemente da pena prevista, admite-se a incidência das penas brandas previstas na Lei 9.099/1995, como a oferta de cestas básicas.

e) A partir da referida Lei, foram ampliadas as hipóteses de custódia preventiva do agente, admitindo-as expressamente quando a permanência do agente em liberdade caracterizar evidente risco ou perigo à vida da vítima.

1785. (MPE/PR/Promotor/2012) Analise as assertivas relacionadas a crimes previstos na legislação penal especial, e assinale a alternativa incorreta:

a) Os crimes de "lavagem" ou ocultação de bens, direitos e valores, previstos na Lei 9.613/98,

podem ter, como infrações penais antecedentes, quaisquer crimes ou contravenções.

b) Conforme entendimento firmado pelo Supremo Tribunal Federal sobre a Lei 11.340/06 (Lei Maria da Penha), o crime de ameaça, praticado mediante violência doméstica contra a mulher, não admite transação penal e/ou suspensão condicional do processo.

c) Os crimes de tortura, definidos na Lei 9.455/97, são imprescritíveis, mas os crimes de abuso de autoridade, definidos na Lei 4.898/65, possuem pena privativa de liberdade abstratamente cominada que prescrevem no prazo mínimo de três anos, na forma prevista no art. 109, inciso VI, do Código Penal.

d) A aplicação do benefício da transação penal ou do benefício da suspensão condicional do processo para crimes ambientais exige a observância dos requisitos da Lei 9.099/95 (Lei dos Juizados Especiais), assim como de disposições especiais da Lei 9.605/98 (Lei de Crimes Ambientais).

e) Conforme entendimento firmado pelo Supremo Tribunal Federal, a condenação por prática do crime de tráfico de drogas, previsto no art. 33, caput, da Lei 11.343/06 (Lei Antidrogas), pode admitir substituição de pena privativa de liberdade por restritiva de direitos, desde que presentes os requisitos previstos no art. 44 do Código Penal.

1786. (UFMT/MPE/MT/Promotor/2014) Considerando os crimes perpetrados com violência doméstica e familiar contra a mulher, observados os termos da Lei 11.340/2006, analise as assertivas abaixo.

I. Em relação ao crime de lesão corporal dolosa de natureza leve, o Supremo Tribunal Federal, ao julgar a ADI 4.424, decidiu que, em tal espécie de delito, a ação é incondicionada.

II. A representação é condição de procedibilidade em alguns crimes cometidos com violência doméstica ou familiar contra a mulher, tais como ameaça, perigo de contágio venéreo, estupro contra vítima maior de idade.

III. A vedação do art. 41 da Lei 11.340/2006, que impede a proposta de transação penal e veda a suspensão condicional do processo, no âmbito dos crimes com violência doméstica e familiar, foi declarada inconstitucional pelo Supremo Tribunal Federal.

IV. De acordo com o art. 17 da denominada Lei Maria da Penha, o Juiz, ao proferir sentença nos crimes abrangidos pela lei, poderá substituir a pena privativa de liberdade pela entrega de cestas básicas ou outras prestações pecuniárias.

Está correto o que se afirma em:

a) I, II e III, apenas.

b) I, II e IV, apenas

c) I e II, apenas.

d) II e III, apenas.

e) I, III e IV, apenas.

1787. (FGV/TJ/SC/Técnico/2015) Visando coibir e prevenir a violência doméstica e familiar contra a mulher, foi promulgada a Lei n. 11.340/06, popularmente conhecida como Lei Maria da Penha. O diploma legal, com o objetivo de conferir tratamento mais rigoroso aos autores de crimes praticados nessa situação, trouxe um procedimento processual penal com algumas peculiaridades. Sobre esse procedimento, de acordo com a jurisprudência majoritária do Superior Tribunal de Justiça, é correto afirmar que:

a) não cabe retratação da representação já ofertada pela vítima mulher.

b) poderá eventual pena privativa de liberdade ser substituída por restritiva de direito de pagamento de cesta básica.

c) caberá retratação perante a autoridade policial da representação já ofertada.

d) preenchidos os requisitos legais, cabe oferecimento de proposta de transação penal.

e) a ação penal do crime de lesão corporal leve praticado no âmbito desta lei será pública incondicionada.

1788. (Cespe/TJ/DFT/Juiz/2016) Assinale a opção correta, em que o magistrado agiu em consonância com a jurisprudência sumulada do STF ou do STJ.

a) Um réu em processo penal renunciou ao direito de apelação interposta pela defesa técnica, tendo manifestado sua vontade sem a assistência de seu defensor, caso em que o magistrado não conheceu da apelação, fundamentando sua decisão na supremacia da vontade do réu sobre a vontade de seu defensor.

b) O juiz de direito substituto, ao tomar conhecimento da prática de falta disciplinar no âmbito da execução penal, por comunicação do diretor do estabelecimento prisional, reconheceu a falta disciplinar, mesmo sem a instauração de procedimento administrativo pelo diretor, fundamentando sua decisão no fato de se tratar de falta flagrante cometida nas dependências do estabelecimento prisional.

c) O juiz de direito substituto, ao tomar conhecimento da falta de intimação do denunciado para oferecer contrarrazões ao recurso interposto da rejeição da denúncia, proferiu decisão suprindo a falta por meio da nomeação de defensor dativo, fundamentada na facultatividade da intimação.

d) Após a homologação da transação penal prevista no artigo 76 da Lei 9.099/1995, sobreveio o descumprimento de suas cláusulas, razão pela qual o magistrado acolheu o pedido da acusação, retomando-se a situação anterior, e possibilitando ao MP a continuidade da persecução penal mediante oferecimento de denúncia ou requisição de inquérito policial, ao fundamento de que a homologação não faz coisa julgada material.

e) O juiz de direito substituto, ao julgar crime sujeito ao rito da Lei Maria da Penha, cometido por João contra Maria, sua esposa, acolheu pedido da defesa de João e aplicou a suspensão condicional do processo, sob o fundamento de que houve pacificação da situação fática entre os envolvidos.

CAPÍTULO 17 –
DIREITO PROCESSUAL PREVIDENCIÁRIO

1. DA FUNÇÃO JURISDICIONAL

1.1. Da Jurisdição e da Ação

> **Súmula STJ 242.** *Cabe ação declaratória para reconhecimento de tempo de serviço para fins previdenciários.*

1789. **(FAE/TRT/9R/Juiz/2006)** Assinala a alternativa incorreta:

a) O valor da pensão por morte é de 100% do salário-de-benefício, pago ao conjunto de dependentes do(a) segurado(a), cuja renda será dividida em partes iguais entre os beneficiários, inclusive os menores.

b) O trabalhador rural, que exerceu atividade em regime de economia familiar até a edição da Lei n. 8.213/91, tem direito à aposentadoria por idade aos 55 e 60 anos de idade, para mulher e homem, respectivamente, no valor de um salário mínimo, independentemente de contribuição ao Regime Previdenciário.

c) O auxílio-reclusão e o salário-família são prestações devidas aos dependentes do(a) segurado(a), pagos até o valor do teto do salário de contribuição da Previdência Social.

d) O auxílio-doença é benefício por incapacidade, devido ao segurado empregado a partir do 16º dia de afastamento, devendo ser comprovada a carência de 12 (doze) contribuições, salvo por motivo de acidente de trabalho, quando não se exige carência.

e) A Carteira de Trabalho e Previdência Social é prova plena de tempo de contribuição perante a Previdência Social. Para período de trabalho informal, o segurado deverá fazer a prova por meio de ação declaratória, justificação administrativa ou justificação judicial.

1.2. Da Competência Interna

> **Súmula STJ 505.** *A competência para processar e julgar as demandas que têm por objeto obrigações decorrentes dos contratos de planos de previdência privada firmados com a Fundação Rede Ferroviária de Seguridade Social – Refer é da justiça estadual.*

Súmula anotada em Direito Processual Civil – Da Função Jurisdicional – Da Competência Interna – Da Competência (Justiça Estadual).

2. DOS SUJEITOS DO PROCESSO

2.1. Das Partes e dos Procuradores

2.1.1. Da Capacidade Processual

> **Súmula STJ 77.** *A Caixa Econômica Federal é parte ilegítima para figurar no polo passivo das ações relativas às contribuições para o fundo PIS/Pasep.*

➲Súmula não abordada em concursos recentes.

2.1.2. Dos Deveres das Partes e de seus Procuradores

> **Súmula STJ 110.** *A isenção do pagamento de honorários advocatícios, nas ações acidentárias, é restrita ao segurado.*

➲Súmula não abordada em concursos recentes.

> **Súmula STJ 111.** *Os honorários advocatícios, nas ações previdenciárias, não incidem sobre as prestações vencidas após a sentença.*

1790. **(TRF/4R/Juiz/2010)** Há em tramitação no Judiciário brasileiro um número muito expressivo de ações de natureza previdenciária, o que deu origem a orientações seguras na jurisprudência acerca de várias questões. Dadas as assertivas, analisando-as à luz do entendimento jurisprudencial predominante no âmbito do Tribunal Regional Federal da 4ª Região e dos Tribunais Superiores, assinale a alternativa correta.

I. Subsiste no novo texto constitucional a opção do segurado para ajuizar ações contra a Previdência Social no foro estadual do seu domicílio ou no do Juízo Federal, devendo a ação, nesse último caso, ser ajuizada necessariamente perante o Juízo Federal do seu domicílio.

II. As parcelas devidas pelo INSS em ações previdenciárias devem ser acrescidas de correção monetária. Os juros, quando cabíveis, também devem ser acrescidos ao montante principal, incidentes a partir da data do ajuizamento da ação.

III. Os honorários advocatícios, nas ações previdenciárias, devem incidir somente sobre as parcelas vencidas até a data da sentença de procedência ou do acórdão que reforme a sentença de improcedência.

IV. A prova exclusivamente testemunhal não basta à comprovação da atividade rurícola, para efeito de obtenção de benefício previdenciário, mas admitem-se como início de prova material do efetivo exercício de atividade rural, em regime de economia familiar, documentos em nome de terceiros, membros do grupo parental.

V. Em matéria de direito intertemporal, a lei aplicável ao pleito de concessão de pensão previdenciária por morte é aquela vigente na data do óbito do segurado.

a) Estão corretas apenas as assertivas I, III e IV.
b) Estão corretas apenas as assertivas II, III e V.
c) Estão corretas apenas as assertivas III, IV e V.
d) Estão corretas apenas as assertivas I, III, IV e V.
e) Estão corretas todas as assertivas.

> *Súmula STJ 175. Descabe o depósito prévio nas ações rescisórias propostas pelo INSS.*

1791. (Cespe/DPE/RO/Defensor/2012) Assinale a opção correta a respeito da ação rescisória.

a) Cabe ação rescisória contra acórdão proferido em ação direta de inconstitucionalidade.

b) O sistema processual brasileiro não admite o ajuizamento de nova ação rescisória promovida com o objetivo de desconstituir decisão proferida no julgamento de outra ação rescisória.

c) Não se admite ação rescisória contra sentença transitada em julgado quando não se tenha esgotado todos os recursos contra ela.

d) O prazo decadencial da ação rescisória só se inicia quando não for cabível qualquer recurso do último pronunciamento judicial.

e) É necessário o depósito prévio nas ações rescisórias propostas pelo INSS.

1792. (TRF/4R/Juiz/2012) A respeito da ação rescisória, assinale a alternativa correta.

a) É devido o depósito prévio pelo Instituto Nacional do Seguro Social (INSS) nas ações rescisórias por ele propostas.

b) A ação rescisória é a única forma de impugnação de sentença proferida em processo de conhecimento em que tenha sido preterida a citação de litisconsórcio passivo necessário.

c) Os vários autores do processo originário cuja decisão se objetive desconstituir em ação rescisória são litisconsortes facultativos na ação rescisória.

d) O prazo decadencial da ação rescisória só se inicia quando for incabível qualquer recurso do último pronunciamento judicial na demanda originária.

e) É inadmissível a ação rescisória contra sentença se, contra ela, não tiver sido interposto recurso de apelação.

> *Súmula STJ 178. O INSS não goza de isenção do pagamento de custas e emolumentos, nas ações acidentárias e de benefícios, propostas na justiça estadual.*

1793. (Cespe/TJ/PA/Juiz/2012) Acerca das limitações ao poder de tributar, assinale a opção correta.

a) O imóvel pertencente a partido político permanece imune ao IPTU, ainda quando alugado a terceiros, desde que o valor dos aluguéis seja aplicado nas atividades essenciais dessa entidade.

b) Nas ações acidentárias propostas na justiça estadual, o INSS goza de isenção de pagamento de custas e emolumentos.

CAPÍTULO 17 - DIREITO PROCESSUAL PREVIDENCIÁRIO

c) A imunidade tributária conferida pela CF a instituições de assistência social sem fins lucrativos somente alcança as entidades fechadas de previdência social privada se houver contribuição dos beneficiários.

d) A imunidade conferida ao livro, prevista na CF, não abrange todo o material necessário à sua confecção.

e) As indenizações de férias proporcionais e o respectivo adicional não estão isentos de imposto de renda.

> **Súmula STJ 483.** *O INSS não está obrigado a efetuar depósito prévio do preparo por gozar das prerrogativas e privilégios da Fazenda Pública.*

Súmula anotada em Direito Processual Civil – Dos Processos nos Tribunais e dos Meios de Impugnação das Decisões Judiciais – Dos Recursos – Disposições Gerais.

3. DOS ATOS PROCESSUAIS

3.1. Da Comunicação dos Atos Processuais

3.1.1. Da Citação

> **Súmula STJ 204.** *Os juros de mora nas ações relativas a benefícios previdenciários incidem a partir da citação válida.*

Súmula anotada em Direito Previdenciário – Do Regime Geral de Previdência Social – Das Prestações em Geral – Do Cálculo do Valor dos Benefícios.

4. DO PROCESSO DE CONHECIMENTO E DO CUMPRIMENTO DE SENTENÇA

4.1. Do Procedimento Comum

4.1.1. Das Provas

> **Súmula STJ 149.** *A prova exclusivamente testemunhal não basta à comprovação da atividade rurícola, para efeito da obtenção de benefício previdenciário.*

Súmula anotada em Direito Previdenciário – Do Regime Geral de Previdência Social – Das Prestações em Geral – Dos Benefícios (Aposentadorias).

5. DOS PROCESSOS NOS TRIBUNAIS E DOS MEIOS DE IMPUGNAÇÃO DAS DECISÕES JUDICIAIS

5.1. Da Ordem dos Processos e dos Processos de Competência Originária dos Tribunais

5.1.1. Da Ação Rescisória

> **Súmula STJ 175.** *Descabe o depósito prévio nas ações rescisórias propostas pelo INSS.*

Súmula anotada em Direito Processual Previdenciário – Dos Sujeitos do Processo – Das Partes e dos Procuradores – Dos Deveres das Partes e de seus Procuradores.

CAPÍTULO 18 – DIREITO TRIBUTÁRIO

1. OBRIGAÇÃO TRIBUTÁRIA

1.1. Responsabilidade Tributária

> *Súmula STJ 251. A meação só responde pelo ato ilícito quando o credor, na execução fiscal, provar que o enriquecimento dele resultante aproveitou ao casal.*

1794. (Cespe/MPE/RO/Promotor/2008) Quanto ao casamento e à união estável, assinale a opção correta.

a) Na vigência do regime matrimonial, o direito à meação do cônjuge não é passível de renúncia ou cessão.

b) De acordo com entendimento do STJ, a cláusula do pacto antenupcial que exclui a comunicação dos aquestos não impede o reconhecimento de uma sociedade de fato entre marido e mulher para o efeito de dividir os bens adquiridos depois do casamento.

c) De acordo com o entendimento sumulado pelo STJ, a mulher que renunciou aos alimentos na separação judicial não tem direito à pensão previdenciária por morte do ex-marido, ainda que comprovada a necessidade econômica superveniente.

d) De acordo com jurisprudência pacificada no âmbito do STJ, na união estável a partilha de bens exige prova do esforço comum.

e) De acordo com o entendimento do STJ, a meação do cônjuge responde pelo ato ilícito ainda quando o credor, na execução fiscal, provar que o enriquecimento dele resultante não aproveitou ao casal.

> *Súmula STJ 360. O benefício da denúncia espontânea não se aplica aos tributos sujeitos a lançamento por homologação regularmente declarados, mas pagos a destempo.*

1795. (Movens/Sefin/Manaus/Analista/2010) Acerca da obrigação tributária, assinale a opção correta.

a) O benefício da denúncia espontânea não se aplica aos tributos sujeitos a lançamento por homologação regularmente declarados, mas pagos a destempo.

b) As pessoas expressamente designadas por lei são solidariamente obrigadas pelas dívidas tributárias, sendo certo que, por não ser um efeito de realidade tributária, a interrupção da prescrição em favor de um dos obrigados não favorece aos demais.

c) A capacidade tributária passiva depende de estar a pessoa jurídica regularmente constituída, não sendo suficiente que esta se configure apenas uma unidade econômica ou profissional.

d) Por ferir o princípio da igualdade, a autoridade administrativa não pode recusar o domicílio tributário eleito pelo contribuinte, ainda quando impossibilite ou dificulte a arrecadação ou a fiscalização do tributo.

1796. (MPF/Procurador/2011) Indique a alternativa correta:

a) com o pagamento, no lançamento por homologação, pode ser considerado definitivamente extinto o crédito tributário.

b) se não houver antecipação de pagamento, não há falar-se em lançamento por homologação, mas, sim, falar-se lançamento de ofício.

c) o pagamento de débito tributário prescrito não propicia direito – à restituição conquanto houvesse perecido a ação, permanece íntegro o direito material subjacente.

d) é admissível o benefício da denúncia espontânea no caso de tributo sujeito a lançamento por homologação quando o contribuinte, declarada a dívida, efetua o pagamento, embora a destempo.

1797. (PGE/RO/Procurador/2011) Empresa Céu Azul realizou a devida apuração do ICMS incidente nas suas operações, efetuou toda a escrituração fiscal, bem como promoveu a regular entrega de suas declarações ao Fisco Estadual. Entretanto, embora venha adotando tal conduta regular, com habitualidade, por falta de recursos financeiros não vem provendo o recolhimento do ICMS. Com o fechamento de um grande contrato com um cliente e o ingresso de receitas, pretende promover a quitação dos valores em atraso, requerendo o benefício denominado "denúncia espontânea". O referido benefício:

a) é cabível uma vez que resta presente a boa-fé do contribuinte.

b) é cabível, uma vez que será promovido o pagamento parcial do tributo.

c) não é cabível, uma vez que este benefício se aplica apenas aos tributos federais.

d) não é cabível uma vez que o contribuinte já havia promovido o lançamento/declaração do tributo devido.

e) é cabível, uma vez que a legislação adota a redução sempre que o contribuinte pretende regularizar sua situação.

1798. (Cespe/TC/DF/Procurador/2013) Consoante a jurisprudência assentada, é lícita a aplicação do benefício da denúncia espontânea aos tributos sujeitos a lançamento por homologação regularmente declarados, mesmo quando estes forem pagos extemporaneamente.

> *Súmula STJ 430. O inadimplemento da obrigação tributária pela sociedade não gera, por si só, a responsabilidade solidária do sócio-gerente.*

1799. (Cespe/TRF/5R/Juiz/2009) A regra, no sistema jurídico brasileiro, é a da divisão patrimonial entre sócio e empresa. No entanto, em termos de obrigação tributária, o sócio-gerente pode ser responsabilizado pessoalmente, bastando a constatação de inadimplemento tributário da empresa.

1800. (Ieses/TJ/RO/Cartórios/2012) Com base nas súmulas do STF e do STJ assinale a alternativa errada:

a) O serviço de iluminação pública não pode ser remunerado mediante taxa.

b) Não são isentas de imposto de renda as indenizações de férias proporcionais e o respectivo adicional.

c) Presume-se dissolvida irregularmente a empresa que deixar de funcionar no seu domicílio fiscal, sem comunicação aos órgãos competentes, legitimando o redirecionamento da execução fiscal para o sócio-gerente.

d) O inadimplemento da obrigação tributária pela sociedade não gera, por si só, a responsabilidade solidária do sócio-gerente.

> *Súmula STJ 435. Presume-se dissolvida irregularmente a empresa que deixar de funcionar no seu domicílio fiscal, sem comunicação aos órgãos competentes, legitimando o redirecionamento da execução fiscal para o sócio-gerente.*

1801. (FCC/PGE/SP/Procurador/2009-1) É correto afirmar:

a) Em obediência aos princípios da ampla defesa e do contraditório, é obrigatório, antes de inscrever um débito no cadastro da dívida ativa, instaurar um procedimento administrativo, ainda que se trate de débito declarado pelo próprio contribuinte e não tenha sido recolhido no prazo legal.

b) O ajuizamento de ação anulatória de débito fiscal impede a sua inscrição no cadastro da dívida ativa, pois tem a aptidão de suspender a exigibilidade do crédito tributário.

c) Por se tratar de medida excepcional, a penhora "on line" de dinheiro em depósito ou aplicação financeira, em execução fiscal, somente pode ser deferida pelo juiz depois de esgotadas todas as possibilidades de localização de outros bens do devedor.

d) Na hipótese de encerramento irregular de sociedade limitada, é possível redirecionar a execução fiscal em face dos sócios que exerciam a gerência à época em que esse fato ocorreu.

e) É facultado ao executado defender-se por meio de 'exceção de pré-executividade', a fim de questionar a legalidade do imposto apurado por auto de infração, que deu origem à execução fiscal.

1802. (Cespe/DPDF/Defensor/2013) De acordo com o STJ, a não localização de determinada sociedade no domicílio fiscal fornecido gera presunção "iuris tantum" de dissolução irregular, sendo possível, nesse caso, o

CAPÍTULO 18 - DIREITO TRIBUTÁRIO

redirecionamento da execução fiscal ao sócio-gerente da sociedade.

1803. (FCC/PGE/RN/Procurador/2014) Considere as situações expostas nas proposições abaixo.

I. Mesmo depois de citada em execução fiscal, empresa regularmente constituída deixa de adimplir obrigação tributária.

II. Depois de ajuizada execução fiscal, empresa regularmente constituída altera domicílio fiscal sem comunicar aos órgãos competentes.

De acordo com Súmulas do Superior Tribunal de Justiça, legitima o redirecionamento da execução fiscal, contra:

a) todos os sócios, a situação exposta na proposição II, apenas.

b) o sócio-gerente, as situações expostas nas proposições I e II.

c) todos os sócios, as situações expostas nas proposições I e II.

d) o sócio-gerente, a situação exposta na proposição II, apenas.

e) o sócio-gerente, a situação exposta na proposição I, apenas.

1804. (Cespe/Anatel/Especialista/2014) A não formalização, perante o fisco, da extinção da pessoa jurídica, atestada por oficial de justiça em diligência, autoriza a presunção de dissolução irregular do ente e autoriza o redirecionamento da execução fiscal para o corresponsável tributário, assim considerado aquele que possui poderes gerenciais na pessoa jurídica.

1805. (Cespe/TCU/Auditor/2013) De acordo com a jurisprudência do STJ, é admitida a presunção de dissolução irregular da pessoa jurídica quando esta deixar de funcionar em seu domicílio fiscal sem a comunicação aos órgãos competentes.

> *Súmula STJ 554. Na hipótese de sucessão empresarial, a responsabilidade da sucessora abrange não apenas os tributos devidos pela sucedida, mas também as multas moratórias ou punitivas referentes a fatos geradores ocorridos até a data da sucessão.*

1806. (TRF/3R/Juiz/2016) Com relação a jurisprudência dominante, assinale a alternativa correta:

a) STF: isenções tributárias, como favor fiscal que são, podem ser livremente suprimidas mesmo se concedidas sob condição onerosa.

b) STJ: na execução fiscal é necessária a instrução da petição inicial com o demonstrativo do cálculo do débito, para assegurar a ampla defesa do contribuinte.

c) STJ: no caso de sucessão empresarial, a responsabilidade da sucessora abrange os tributos e as multas moratórias devidas pela sucedida referentes aos fatos geradores ocorridos até a sucessão, mas não as multas punitivas dado o caráter pessoal delas.

d) STF: a norma legal que altera o prazo de recolhimento da obrigação tributária não se sujeita ao princípio da anterioridade.

1807. (FGV/CGE/MA/Auditor/2014) A companhia Delta S.A., sucessora por incorporação das indústrias Alpha e Beta, impugna a cobrança de multa punitiva que lhe está sendo exigida pelo Fisco Estadual, em decorrência de operações mercantis que foram realizadas pelas companhias incorporadas, em desacordo com a legislação de regência, pelo que foram multadas anteriormente à data da incorporação. Com base no exposto, assinale a afirmativa correta.

a) A multa é devida, mas deve ser cobrada dos gestores das companhias incorporadas, que inadimpliram com a obrigação legal.

b) A multa não é devida, ante o caráter punitivo que possui, já que a pena não pode passar da pessoa do infrator.

c) A multa não é devida pela sucessora. A sociedade incorporadora não cometeu qualquer ilícito com a incorporação.

d) A multa é devida pela companhia sucessora, uma vez que constitui o passivo do patrimônio adquirido pelo sucessor.

e) A multa é devida pela companhia sucessora, desde que os antigos gestores das sociedades incorporadas tenham cessado a atividade empresarial.

2. CRÉDITO TRIBUTÁRIO

2.1. Constituição de Crédito Tributário

Súmula STJ 436. A entrega de declaração pelo contribuinte reconhecendo débito fiscal constitui o crédito tributário, dispensada qualquer outra providência por parte do fisco.

1808. (FCC/PGE/SP/Procurador/2009) É correto afirmar:

a) Em obediência aos princípios da ampla defesa e do contraditório, é obrigatório, antes de inscrever um débito no cadastro da dívida ativa, instaurar um procedimento administrativo, ainda que se trate de débito declarado pelo próprio contribuinte e não tenha sido recolhido no prazo legal.

b) O ajuizamento de ação anulatória de débito fiscal impede a sua inscrição no cadastro da dívida ativa, pois tem a aptidão de suspender a exigibilidade do crédito tributário.

c) Por se tratar de medida excepcional, a penhora "on line" de dinheiro em depósito ou aplicação financeira, em execução fiscal, somente pode ser deferida pelo juiz depois de esgotadas todas as possibilidades de localização de outros bens do devedor.

d) Na hipótese de encerramento irregular de sociedade limitada, é possível redirecionar a execução fiscal em face dos sócios que exerciam a gerência à época em que esse fato ocorreu.

e) É facultado ao executado defender-se por meio de 'exceção de pré-executividade', a fim de questionar a legalidade do imposto apurado por auto de infração, que deu origem à execução fiscal.

1809. (Cespe/PGE/PI/Procurador/2014) No que diz respeito à obrigação principal e acessória, assinale a opção correta com base na jurisprudência atual do STJ.

a) A presunção de legitimidade assegurada à certidão da dívida ativa não afasta a possibilidade de discussão judicial da condição de responsável tributário indicada no título executivo por meio da exceção de pré-executividade, visto que não há, nessa hipótese, a necessidade de dilação probatória.

b) À administração tributária não interessa levar a protesto a certidão da dívida ativa, título executivo extrajudicial que já goza de presunção de certeza e liquidez e confere publicidade à inscrição do débito na dívida ativa.

c) A declaração do contribuinte exigida por lei constitui o próprio crédito tributário, sendo desnecessária qualquer atividade subsequente da administração tributária para a formalização do lançamento fiscal ou a notificação do contribuinte para pagamento.

d) A responsabilidade do sócio-administrador pelos tributos devidos pela pessoa jurídica demanda a comprovação da prática de atos "ultra vires" ou com infração à lei, ou a dissolução irregular da empresa, e, nessa última hipótese, a responsabilização alcança o sócio-administrador que tenha consentido com o ato de dissolução irregular e todos os demais sócios-administradores que, durante o exercício da administração, tenham inadimplido o crédito tributário.

e) Ao comerciante de boa-fé não é permitido o aproveitamento dos créditos de ICMS decorrentes de nota fiscal posteriormente declarada inidônea, ainda que demonstrada a veracidade da compra e venda.

1810. (Fauel/Cismepar/Advogado/2016) Em conformidade com entendimento sumulado do Superior Tribunal de Justiça, acerca da constituição do crédito tributário, é correto dizer que:

a) A constituição do crédito tributário, na hipótese de tributos sujeitos a lançamento por homologação ocorre mediante procedimento a ser realizado pelo fisco.

b) Tratando-se de débito declarado e não pago, sujeito, portanto, a autolançamento, imprescindível se faz a homologação formal e a notificação do sujeito passivo para que se constitua o crédito tributário.

c) A entrega de declaração pelo contribuinte reconhecendo débito fiscal constitui o crédito tributário, dispensada qualquer outra providência por parte do fisco.

d) O lançamento, feito pela autoridade fiscal, é instituto indispensável e sempre presente nos fenômenos tributários e que, ademais, é o único modo para efetivar a constituição do crédito tributário.

CAPÍTULO 18 - DIREITO TRIBUTÁRIO

1811. **(FMP/TJ/MT/Juiz/2014)** O crédito tributário é constituído pelo lançamento, sendo certo, ainda, que há outros modos de formalização do crédito tributário admitidos pela jurisprudência e que dispensam o lançamento, como a declaração do contribuinte em que reconhece o débito fiscal. Sobre a matéria, é correto afirmar:

a) quando a formalização do crédito acontece mediante declaração do contribuinte, a sua inscrição em dívida ativa só será válida, se acompanhada de notificação do contribuinte para opor alguma causa suspensiva ou extintiva do crédito.

b) o lançamento por homologação prescinde de qualquer ato concreto do fisco, porquanto, ocorrendo o pagamento tempestivo por parte do contribuinte, considerar-se-á homologado pelo simples decurso do prazo de cinco anos contados do fato gerador, o que extingue definitivamente o crédito, salvo se comprovada a ocorrência de dolo, fraude ou simulação.

c) estão sujeitos a lançamento por declaração todos os tributos relativamente aos quais a legislação imponha ao contribuinte a obrigação acessória de declarar o seu débito.

d) o lançamento de ofício sempre poderá ser revisto, quando comprovados dolo, fraude ou simulação, independentemente de prazo, pois não decai o direito à revisão nessas hipóteses.

e) o lançamento de ofício sempre estará revestido da forma de auto de infração, de modo que sempre implicará lançamento conjunto de tributo e de multa, invariavelmente.

1812. **(Cespe/TJ/DFT/Juiz/2014)** A administração tributária do DF procedeu à análise dos livros fiscais e registros contábeis da sociedade empresária WYZ Ltda., em diligência de fiscalização realizada entre os dias 1º/5/2014 e 10/5/2014, com notificação à contribuinte, em 1º/5/2014, acerca do início da ação fiscal, tendo verificado o que se segue. Durante os meses de janeiro a junho de 2010, a contribuinte declarou em guia específica as operações de circulação de mercadoria, mas não recolhera ao DF qualquer valor referente ao ICMS. Durante os meses de julho a dezembro de 2010, a contribuinte declarou, em guia específica, as operações de circulação de mercadoria, mas recolhera parcialmente o montante devido de ICMS ao DF. Durante os meses de janeiro a dezembro de 2011, a contribuinte não declarou

nem recolheu o ICMS devido pela realização das operações de circulação de mercadorias. Durante o período de fiscalização que se iniciou em 1º/5/2014, a administração tributária do DF verificou que não fora declarada nem recolhida nenhuma obrigação tributária de ICMS no ano de 2014, razão por que notificou a contribuinte, solicitando esclarecimentos adicionais. Considerando os dados acima apresentados, assinale a opção correta com base no CTN e na jurisprudência do STJ.

a) As diversas obrigações em apreço têm, em comum, o início e o fim do prazo decadencial: início em 1º.5.2014 e término em 30.4.2019.

b) Para evitar a decadência dos diretos referentes às obrigações tributárias geradas entre os meses de janeiro a junho de 2010, o fisco do DF deve lançar o tributo até 31.12.2014, data após a qual começará a correr o prazo de prescrição.

c) Com relação às obrigações tributárias referentes aos meses de julho a dezembro de 2010, o lançamento tributário de ofício é prescindível porque o crédito já foi constituído pelo contribuinte.

d) No que se refere às obrigações tributárias referentes aos meses de janeiro a dezembro de 2011, o fisco deve efetuar o lançamento dentro do prazo decadencial de cinco anos, que se iniciou no dia da ocorrência de cada fato gerador de obrigação fiscal não recolhida.

e) No caso das obrigações tributárias de ICMS referentes aos meses de janeiro a maio de 2014, o fisco do DF deve efetuar o lançamento tributário de todas as obrigações em aberto até 31.12.2019, para evitar a decadência do direito.

> **Súmula STJ 446.** *Declarado e não pago o débito tributário pelo contribuinte, é legítima a recusa de expedição de certidão negativa ou positiva com efeito de negativa.*

1813. **(Fepese/PGM/Florianópolis/Procurador/2011)** Diz-se que a Administração Tributária é o conjunto de órgãos públicos com a incumbência de aplicar a legislação tributária, tendo como atividades principais a fiscalização, a arrecadação e a cobrança. Sobre a matéria, é correto afirmar:

a) A Certidão de Dívida Ativa (CDA) constitui título executivo extrajudicial e tem presunção absoluta de liquidez e certeza.

b) Estão sujeitos à fiscalização tributária todos os livros comerciais do sujeito passivo, cujo exame não se limita apenas aos pontos objeto da investigação.

c) É lícita a recusa de expedição da certidão negativa ou positiva, com efeito de negativa, ao sujeito passivo com débitos fiscais incluídos em parcelamento.

d) A Fazenda Pública pode substituir a Certidão de Dívida Ativa (CDA) até a prolação da sentença de embargos, quando se tratar de correção de erro material ou formal, admitindo-se, inclusive, a modificação do sujeito passivo da execução.

e) Declarado e não pago o débito tributário pelo contribuinte, é legítima a recusa de expedição de certidão negativa ou positiva com efeito de negativa.

1814. **(Fundatec/PGE/RS/Procurador/2015)** Quanto ao entendimento jurisprudencial em matéria tributária, assinale a alternativa correta.

a) Proposta ação anulatória pela Fazenda Estadual, esta fará jus à expedição da certidão positiva com efeitos de negativa apenas naquelas hipóteses em que a expedição seria cabível se a ação fosse ajuizada pelo contribuinte.

b) Declarado e não pago o tributo, é legítima a recusa de expedição da certidão negativa de débito, independentemente de lançamento de ofício ou de inscrição em dívida ativa.

c) A fiança bancária é equiparável ao depósito integral do débito exequendo para fins de suspensão da exigibilidade do crédito tributário, nos termos do art. 151, do CTN.

d) A sentença declaratória que reconhece o direito do contribuinte à compensação tributária não constitui título executivo para a repetição do indébito.

e) É cabível a cobrança de crédito tributário constituído por documento de confissão de dívida tributária, mesmo que o documento tenha sido assinado após a ocorrência da decadência.

1815. **(Consulplan/TJ/MG/Cartórios/2016)** Avalie as afirmações a seguir, considerando posicionamentos sumulados pelo Superior Tribunal de Justiça:

I. Apresenta-se legítima a recusa pelo órgão fazendário de expedição de certidão negativa ou positiva com efeito de negativa, quando declarado e não pago o débito tributário respectivo pelo contribuinte.

II. A entrega de declaração pelo contribuinte reconhecendo débito fiscal constitui o crédito tributário, dispensada qualquer outra providência por parte do fisco.

III. É legítima a exigência de depósito prévio para admissibilidade de recurso administrativo tributário.

IV. Incide imposto de renda sobre a indenização por danos morais.

É correto apenas o que se afirma em:

a) I e II.

b) II e III.

c) III e IV.

d) I e IV.

> **Súmula STJ 555.** *Quando não houver declaração do débito, o prazo decadencial quinquenal para o Fisco constituir o crédito tributário conta-se exclusivamente na forma do art. 173, I, do CTN, nos casos em que a legislação atribui ao sujeito passivo o dever de antecipar o pagamento sem prévio exame da autoridade administrativa.*

➲ Súmula não abordada em concursos recentes.

2.2. Suspensão do Crédito Tributário

> **Súmula STJ 112.** *O depósito somente suspende a exigibilidade do crédito tributário se for integral e em dinheiro.*

1816. **(FGV/Sefaz/AP/Auditor/2010)** Caio Tulio, residente em Oiapoque-AP, é surpreendido pela cobrança do IPTU, na mesma guia da Taxa de Iluminação Pública, esta declarada inconstitucional por decisão transitada em julgado do Supremo Tribunal Federal. Postulou, administrativamente, o pagamento somente do IPTU, o que lhe foi negado, por decisão do chefe da fiscalização do município. Inconformado, procura um advogado que o aconselha a propor ação de consignação em pagamento do valor que entende devido. Feito isto, deposita, integralmente, o valor do IPTU. O município, regularmente citado, apresenta defesa. Foi prolatada sentença julgando procedente o pedido. O município apresentou recurso, improvido.

CAPÍTULO 18 - DIREITO TRIBUTÁRIO

STJ 551

Observadas as circunstâncias acima, analise as afirmativas a seguir:

I. a ação de consignação em pagamento em matéria fiscal foi adequadamente utilizada.

II. o depósito do valor integral do IPTU é necessário, não podendo o contribuinte requerer o pagamento em cotas.

III. a decisão administrativa indeferitória caracteriza a mora da fazenda municipal.

IV. o município poderá cobrar o IPTU, no caso concreto, em execução fiscal.

V. a sentença não tem efeitos imediatos, no caso concreto.

Assinale:

a) se somente a afirmativa I for verdadeira.

b) se somente as afirmativas II e III forem verdadeiras.

c) se somente as afirmativas IV e V forem verdadeiras.

d) se somente as afirmativas III, IV e V forem verdadeiras.

e) se somente as afirmativas I, II, III e V forem verdadeiras.

> **Súmula STJ 373.** *É ilegítima a exigência de depósito prévio para admissibilidade de recurso administrativo.*

Súmula anotada em Direito Administrativo – Atos Administrativos – Processo Administrativo.

2.3. Extinção do Crédito Tributário

2.3.1. Compensação

> **Súmula STJ 212.** *A compensação de créditos tributários não pode ser deferida em ação cautelar ou por medida liminar cautelar ou antecipatória.*

1817.

(Esaf/CGU/AFC/2006) A respeito de Mandado de Segurança é certo afirmar:

a) terceiro é parte legítima para impetrar mandado de segurança em favor de direito originário alheio.

b) o Poder Público pode requerer ao Presidente do Tribunal ao qual competir o conhecimento do recurso a suspensão da liminar concedida em mandado de segurança ou interpor agravo de instrumento.

c) a compensação de créditos tributários pode ser deferida em medida liminar em mandado de segurança.

d) contra acórdão que reforma sentença proferida em mandado de segurança cabe embargos infringentes.

e) a distribuição de mandado de segurança gera a prevenção do juízo.

1818.

(FGV/TJ/PA/Juiz/2008) Com base na jurisprudência do STF e do STJ, assinale a afirmativa incorreta.

a) A intervenção do Ministério Público nas execuções fiscais é desnecessária.

b) A decisão que reconhece que o contribuinte de jure não recuperou do contribuinte de facto o quantum respectivo, admite a restituição do tributo pago indevidamente.

c) A adoção da teoria do "pentapartite" pelo STF implica a adoção de cinco modalidades de tributos previstos na Constituição Federal. Em consequência, a Súmula 418 do STF, que dispõe que "o empréstimo compulsório não é tributo, e sua arrecadação não está sujeita à exigência constitucional de prévia autorização orçamentária", perdeu sua eficácia.

d) A conjuntura que exija a absorção temporária de poder aquisitivo não pode ensejar a cobrança de empréstimo compulsório pela União, tendo em vista que esse dispositivo do CTN não foi recepcionado pela Constituição Federal.

e) A compensação de créditos tributários pode ser deferida em ação cautelar ou por medida cautelar antecipatória, conforme orientação dominante no STJ.

1819.

(Cespe/TCE/RN/Auditor/2015) De acordo com a jurisprudência consolidada do STJ, é possível efetivar a compensação tributária a contribuinte devedor que tenha créditos, por meio de medida liminar obtida na esfera judiciária.

> **Súmula STJ 213.** *O mandado de segurança constitui ação adequada para a declaração do direito à compensação tributária.*

1820.

(Esaf/MDIC/Analista/2012) O Código Tributário Nacional prevê hipóteses de suspensão do crédito tributário, entre elas a concessão de liminar em mandado de segurança. Sobre este, em matéria tributária, podemos afirmar que:

a) no caso de tributos federais administrados pela Secretaria da Receita Federal do Brasil, a autoridade coatora em face de quem deverá ser interposto dependerá de estar o tributo em fase de fiscalização, de julgamento ou já inscrito em dívida ativa.

b) somente se prestará para discussões que exijam dilação probatória nos casos em que seja cabível mandado de segurança coletivo.

c) a liminar, ainda que tenha natureza precária, garante os atos praticados enquanto em vigor, ainda que não venha a ser confirmada ao final, pela decisão meritória.

d) o mandado de segurança não constitui ação adequada para a declaração do direito à compensação tributária.

e) o Juiz pode, em alguns casos, condicionar o deferimento de liminar ao depósito judicial do montante integral do tributo.

1821. **(FCC/TJ/PE/Juiz/2013)** Nas situações a seguir, está correto o que se afirma em:

a) Se o fisco se recusar a realizar compensação entre créditos e débitos, do mesmo sujeito passivo, estando atendidos todos os requisitos legais para a compensação, deverá ser proposta uma consignação em pagamento com pedido de compensação.

b) Se o contribuinte teve negada a repetição do indébito na esfera administrativa terá ele dois anos, a contar da decisão administrava irrecorrível para pleitear judicialmente a anulação desta decisão.

c) Contribuinte de imóvel limítrofe entre dois municípios que venha a receber notificações para pagar Imposto sobre a Propriedade Predial e Territorial Urbana – IPTU dos dois municípios deve fazer o pagamento a apenas um dos municípios, ignorando a outra notificação.

d) Se o fisco subordinar o pagamento do crédito tributário ao cumprimento de obrigação acessória, o contribuinte deverá cumprir a obrigação acessória, já que esta é vinculada e dependente da obrigação principal de pagar.

e) O sujeito passivo tem cinco anos a contar da homologação, expressa ou tácita, para pleitear a restituição de valores que tenha pago indevidamente ou a maior.

1822. **(FGV/TJ/MS/Juiz/2008)** Com base na jurisprudência sumulada pelo STF e pelo STJ, assinale a afirmativa incorreta.

a) É defeso ao Município atualizar o IPTU, mediante Decreto, em percentual superior ao índice oficial de correção monetária.

b) O mandado de segurança constitui ação adequada para a declaração do direito à compensação tributária.

c) Os juros moratórios, na repetição de indébito tributário, são devidos a partir do trânsito em julgado da sentença.

d) Norma legal que altera prazo de recolhimento de obrigação tributária se sujeita ao princípio da anterioridade tributária.

e) É inconstitucional a lei que estabelece alíquotas progressivas para o ITBI – imposto de transmissão "inter vivos" de bens imóveis com base no valor venal do imóvel.

1823. **(TJ/SC/Juiz/2010)** Assinale a alternativa correta:

a) A compensação de créditos tributários poderá ser deferida em ação cautelar ou medida cautelar antecipada.

b) A compensação de créditos tributários não poderá ser deferida em ação cautelar ou por medida liminar cautelar ou antecipatória.

c) A compensação de créditos tributários só poderá ser deferida em medida cautelar antecipada.

d) O mandado de segurança não constitui ação adequada para a declaração de direito à compensação tributária.

e) O direito à compensação tributária depende de prévio processo administrativo para ser apreciada judicialmente.

1824. **(Cespe/PGE/PI/Procurador/2014)** Com relação a mandado de segurança individual e coletivo, assinale a opção correta de acordo com a doutrina, a legislação de regência e a jurisprudência dos tribunais superiores.

a) No mandado de segurança contra ato ilegal praticado em concorrência pública, devem ser indicados como autoridades coatoras os integrantes da comissão de licitação.

b) Se for denegada a ordem no mandado de segurança coletivo, a coisa julgada atingirá os

CAPÍTULO 18 - DIREITO TRIBUTÁRIO

indivíduos que integrem o grupo, que estarão impedidos de reproduzir a demanda individualmente, produzindo coisa julgada "secundum eventum litis".

c) Depois de notificada a autoridade coatora e prestadas as informações, o impetrante só pode desistir do "writ" se houver concordância do impetrado.

d) Uma entidade de classe tem legitimação para impetrar mandado de segurança coletivo apenas quando a pretensão veiculada for de interesse de toda a respectiva categoria.

e) É cabível mandado de segurança quando o objetivo do impetrante é conseguir declaração do direito à compensação tributária.

> **Súmula STJ 460.** *É incabível o mandado de segurança para convalidar a compensação tributária realizada pelo contribuinte.*

1825. (Fumarc/TJMG/Cartórios/2012) Segundo entendimento do Superior Tribunal de Justiça, é correto afirmar que:

a) é cabível o mandado de segurança para convalidar a compensação tributária realizada pelo contribuinte.

b) a entrega de declaração pelo contribuinte reconhecendo débito fiscal constitui o crédito tributário, dispensada qualquer outra providência por parte do fisco.

c) os descontos incondicionais nas operações mercantis se incluem na base de cálculo do ICMS.

d) é legal a cobrança de ICMS com base no valor da mercadoria submetido ao regime de pauta fiscal.

> **Súmula STJ 461.** *O contribuinte pode optar por receber, por meio de precatório ou por compensação, o indébito tributário certificado por sentença declaratória transitada em julgado.*

1826. (FMP/PGE/AC/Procurador/2012) Dadas as assertivas abaixo, assinale a alternativa correta.

I. De acordo com o entendimento do STJ, o contribuinte pode optar por receber, por meio de precatório ou por compensação, o indébito

tributário certificado por sentença declaratória transitada em julgado.

II. Conforme entendimento do STJ é incabível o mandado de segurança para convalidar a compensação tributária realizada pelo contribuinte.

III. O ajuizamento da ação anulatória de auto de lançamento não prescinde do depósito prévio do montante integral do crédito tributário.

IV. O mandado de segurança constitui ação adequada para a declaração do direito à compensação tributária.

a) Estão corretas apenas as assertivas I e II.

b) Estão corretas apenas as assertivas II e III.

c) Estão corretas apenas as assertivas II, III e IV.

d) Estão corretas apenas as assertivas I, II e IV.

1827. (Cespe/PGE/PI/Procurador/2014) Com base na jurisprudência do STJ, assinale a opção correta a respeito de precatório, execução fiscal e execução contra a fazenda pública.

a) Não é cabível a execução por título extrajudicial contra a fazenda pública.

b) Se a empresa não funciona mais no seu domicílio fiscal, a execução fiscal pode ser redirecionada para o sócio-gerente, já que não se admite citação por edital na execução fiscal.

c) Declarado indébito tributário por sentença transitada em julgado, cabe ao contribuinte optar pelo ressarcimento mediante precatório ou compensação tributária.

d) A fazenda pública não pode recusar a substituição de bem penhorado por precatório, eis que tal recusa caracterizaria "venire contra factum proprium".

e) É incabível a condenação da fazenda pública em honorários advocatícios nas execuções individuais de sentenças proferidas em ações coletivas.

> **Súmula STJ 464.** *A regra de imputação de pagamentos estabelecida no art. 354 do Código Civil não se aplica às hipóteses de compensação tributária.*

1828. (Cespe/TRF/5R/Juiz/2013) Assinale a opção correta de acordo com a CF, as normas gerais de direito tributário e a jurisprudência do STJ e do STF.

a) Segundo a CF, o IR deve submeter-se à exigência da noventena, mas não necessita obedecer a anterioridade tributária. O IPI, por sua vez, tem o tratamento inverso, visto que está liberado da noventena, mas é obrigado a respeitar a anterioridade tributária.

b) A seletividade implica tributação diferenciada conforme a qualidade do que é objeto da tributação, não se confundindo com a progressividade, que se refere ao simples agravamento do ônus tributário conforme a base de cálculo aumenta.

c) O imposto sobre operações financeiras submete-se ao princípio da anterioridade anual.

d) É possível a utilização da regra de imputação de pagamentos prevista no Código Civil às hipóteses de compensação tributária.

e) É inadmissível a cobrança de tarifa de água fixada de acordo com as categorias de usuários e as faixas de consumo.

2.3.2. Repetição de Indébito

> **Súmula STJ 162.** *Na repetição de indébito tributário, a correção monetária incide a partir do pagamento indevido.*

1829. **(PGE/PA/Procurador/2007)** Considere as seguintes assertivas e assinale a alternativa correta:

I. A propositura de ação anulatória de débito fiscal pelo contribuinte importa em renúncia ao poder de recorrer na esfera administrativa, mas não importa em desistência do recurso acaso interposto.

II. Conforme entendimento sumulado do STF, decisão que declara indevida a cobrança de imposto em determinado exercício não faz coisa julgada em relação aos exercícios posteriores.

III. Em sede de tutela de urgência contra a Fazenda Pública em matéria tributária, não se concederá, em caso algum, medida preventiva ou liminar que, direta ou indiretamente, importe na liberação de mercadorias, bens ou coisas procedentes do estrangeiro.

IV. Consoante entendimento sumulado do STJ, na repetição de indébito tributário, a correção monetária incide a partir do pagamento indevido; já os juros moratórios são devidos a partir do trânsito em julgado da sentença.

a) Apenas as alternativas I e IV estão corretas.

b) Apenas as alternativas I e II estão corretas.

c) Apenas as alternativas II, III e IV estão corretas.

d) Todas as alternativas estão corretas.

1830. **(TRF/4R/Juiz/2016)** Dadas as assertivas abaixo, assinale a alternativa correta.

I. Segundo entendimento sumulado do Supremo Tribunal Federal, norma legal que altera o prazo de recolhimento da obrigação tributária não se sujeita ao princípio da anterioridade.

II. Segundo entendimento sumulado do Superior Tribunal de Justiça, na repetição do indébito tributário, a correção monetária incide a partir do pagamento indevido, e os juros moratórios, somente após o trânsito em julgado da sentença.

III. Segundo entendimento do Superior Tribunal de Justiça, o Imposto de Renda Pessoa Jurídica e a Contribuição Social sobre o Lucro Líquido não incidem sobre o lucro inflacionário.

IV. Segundo entendimento sumulado do Superior Tribunal de Justiça, não incide o imposto sobre operações financeiras nos depósitos judiciais.

a) Está correta apenas a assertiva III.

b) Estão corretas apenas as assertivas I e IV.

c) Estão corretas apenas as assertivas II e IV.

d) Estão corretas apenas as assertivas I, II e III.

e) Estão corretas todas as assertivas.

> **Súmula STJ 188.** *Os juros moratórios, na repetição do indébito tributário, são devidos a partir do trânsito em julgado da sentença.*

1831. **(Cespe/PGE/ES/Procurador/2008)** Considere que, em virtude de erro na determinação da alíquota do imposto sobre serviços (ISS), certo contribuinte tenha efetuado o pagamento a maior do tributo e, em razão disso, ajuizou ação de repetição de indébito contra a fazenda pública municipal, tendo sido julgado procedente o pedido do contribuinte. Nesse caso, os juros moratórios serão devidos a partir do trânsito em julgado da decisão que conceder a repetição do indébito.

1832. **(Cespe/DPU/Defensor/2010)** Considere que determinado contribuinte tenha ajuizado ação de repetição de indébito contra a fazenda pública municipal, em razão

CAPÍTULO 18 - DIREITO TRIBUTÁRIO

do recolhimento a maior do ISS, e que, após regular trâmite processual, a sentença que julgou procedente o pedido tenha transitado em julgado. Nessa situação, os juros de mora são devidos a partir da data da citação da fazenda pública.

1833. (FGV/Sefaz/RJ/Fiscal/2010) Analise as afirmativas a seguir.

I. O contribuinte de direito poderá postular a repetição do indébito se estiver autorizado por quem tenha assumido o encargo financeiro do tributo.

II. Os juros moratórios são devidos a partir do trânsito em julgado da sentença.

III. A correção monetária incide a partir do pagamento indevido.

Assinale:

a) se somente a afirmativa I estiver correta.

b) se somente as afirmativas I e II estiverem corretas.

c) se somente as afirmativas I e III estiverem corretas.

d) se somente as afirmativas II e III estiverem corretas.

e) se todas as afirmativas estiverem corretas.

> **Súmula STJ 523.** *A taxa de juros de mora incidente na repetição de indébito de tributos estaduais deve corresponder à utilizada para cobrança do tributo pago em atraso, sendo legítima a incidência da taxa Selic, em ambas as hipóteses, quando prevista na legislação local, vedada sua cumulação com quaisquer outros índices.*

1834. (UFPR/PGM/Curitiba/Procurador/2015) O sujeito passivo da obrigação tributária tem direito, independentemente de prévio protesto, à restituição total ou parcial do tributo, em caso de pagamento indevido ou maior do que o devido. Sobre o instituto da repetição de indébito em matéria tributária, assinale a alternativa correta.

a) Nos tributos sujeitos a lançamento por homologação, o prazo prescricional para a ação de repetição de indébito é de 5 (cinco) anos a partir do pagamento antecipado, independentemente da data do ajuizamento.

b) É válida a lei municipal que institui a modalidade de extinção do crédito tributário referente ao ITBI mediante dação em pagamento de bens móveis.

c) A taxa de juros de mora incidente na repetição de indébito de tributos municipais deve corresponder à utilizada para cobrança do tributo pago em atraso, sendo legítima a incidência da taxa Selic, em ambas as hipóteses, quando prevista na legislação local, vedada sua cumulação com quaisquer outros índices.

d) Nos tributos indiretos, carece ao contribuinte de fato, em qualquer hipótese, legitimidade ativa para a ação de repetição de indébito, haja vista que não integra a relação jurídica tributária.

e) Fracassada a tentativa administrativa de restituição de tributo pago indevidamente, terá o contribuinte o prazo de 5 (cinco) anos para ingressar com a ação judicial de repetição de indébito.

2.4. Garantias e Privilégios do Crédito Tributário

> **Súmula STJ 497.** *Os créditos das autarquias federais preferem aos créditos da fazenda estadual desde que coexistam penhoras sobre o mesmo bem.*

Súmula anotada em Direito Processual Civil – Do Processo de Execução – Das diversas Espécies de Execução – Da Execução por Quantia Certa.

> **Súmula STJ 560.** *A decretação da indisponibilidade de bens e direitos, na forma do art. 185-A do CTN, pressupõe o exaurimento das diligências na busca por bens penhoráveis, o qual fica caracterizado quando infrutíferos o pedido de constrição sobre ativos financeiros e a expedição de ofícios aos registros públicos do domicílio do executado, ao Denatran ou Detran.*

1835. (Vunesp/TJ/SP/Juiz/2015) O art. 655-A do CPC/73 ainda em vigor e o art. 11 da Lei n. 6.830/80 indicam o dinheiro, em espécie ou depósito, como preferencial para penhora; de outra parte, o art. 20 do Código de Processo Civil ainda vigente e o art. 185-A do Código Tributário Nacional recomendam, respectivamente, que a execução se faça "pelo modo menos gravoso ao credor" e que, se o devedor não pagar ou indicar bens, deverá ser decretada a indisponibilidade

de seus bens e direitos. Diante de tais disposições, o Superior Tribunal de Justiça tem concluído que

a) o Juiz deve verificar, inicialmente, se foram esgotadas as diligências para localização de bens do devedor antes de determinar a penhora on-line.

b) a penhora de dinheiro em espécie ou depósitos judiciais só é possível após expressa e fundamentada justificativa da Fazenda.

c) indicados bens não poderá ser efetivada a denominada penhora on-line.

d) não pago o valor devido nem indicados bens à penhora, o bloqueio de ativos financeiros do devedor é medida que prescinde de outras diligências prévias por parte do credor.

1836. (FCC/TJ/PE/Juiz/2015) A respeito das Garantias e Privilégios do Crédito Tributário, é correto afirmar:

a) São pagos preferencialmente a quaisquer outros os créditos tributários vencidos ou vincendos, a cargo de pessoas jurídicas de direito privado em liquidação judicial ou voluntária, exigíveis no decurso da liquidação.

b) É vedada a divulgação, por parte da Fazenda Pública ou de seus servidores, de informação obtida em razão do ofício sobre a situação econômica ou financeira do sujeito passivo, como, por exemplo, o montante por ele devido inscrito em Dívida Ativa.

c) Enquanto não julgadas as Ações Diretas de Inconstitucionalidade que discutem a possibilidade de quebra do sigilo bancário diretamente por autoridade administrativa, pode o Poder Executivo disciplinar os critérios segundo os quais as instituições financeiras informarão à administração tributária as operações financeiras efetuadas pelos usuários de seus serviços, inclusive dispondo sobre a necessidade de inserção de elementos que permitam identificar a origem e a natureza dos gastos realizados.

d) A presunção de dissolução irregular que permite o redirecionamento da cobrança do crédito tributário decorre, por exemplo, do retorno sem cumprimento, por mudança de endereço, do Aviso de Recebimento regularmente encaminhado para o domicílio fiscal constante dos cadastros da pessoa jurídica perante a administração tributária.

e) Há esgotamento das diligências para fins de aplicação da indisponibilidade prevista no art.

185-A do Código Tributário Nacional quando comprovado nos autos o acionamento do Bacen Jud, a expedição de ofícios a todos os registros públicos e ao Denatran ou Detran.

3. ADMINISTRAÇÃO TRIBUTÁRIA

3.1. Certidões Negativas

> **Súmula STJ 446.** *Declarado e não pago o débito tributário pelo contribuinte, é legítima a recusa de expedição de certidão negativa ou positiva com efeito de negativa.*

Súmula anotada em Direito Tributário – Crédito Tributário – Constituição de Crédito Tributário.

> **Súmula STJ 569.** *Na importação, é indevida a exigência de nova certidão negativa de débito no desembaraço aduaneiro, se já apresentada a comprovação da quitação de tributos federais quando da concessão do benefício relativo ao regime de drawback.*

↪ Súmula não abordada em concursos recentes.

4. DO SISTEMA TRIBUTÁRIO NACIONAL

4.1. Dos Impostos da União

4.1.1. IOF

> **Súmula STJ 185.** *Nos depósitos judiciais, não incide o imposto sobre operações financeiras.*

1837. (TRF/3R/Juiz/2016) O IOF (imposto sobre operações de crédito, câmbio e seguro, ou relativas a títulos ou valores mobiliários):

a) tem predominante função extrafiscal e não se submete à anterioridade tributaria; o Poder Executivo pode manejar as suas alíquotas para ajustá-lo a objetivos de política monetária indicando o que almeja alcançar com a mudança de alíquota.

b) incide na operação financeira de levantamento de depósitos judiciais destinados a suspender a exigibilidade do crédito tributário ou a garantir a instância executiva.

CAPÍTULO 18 - DIREITO TRIBUTÁRIO

c) pode ser exigido nas operações financeiras dos Estados, DF e Municípios, porque essa tributação não é limitada pela imunidade constitucional recíproca.

d) pode incidir sobre qualquer operação financeira, desde que seja observado o princípio da estrita legalidade, porque as operações enumeradas no CTN são exemplificativas.

1838. **(TRF/4R/Juiz/2016)** Dadas as assertivas abaixo, assinale a alternativa correta.

I. Segundo entendimento sumulado do Supremo Tribunal Federal, norma legal que altera o prazo de recolhimento da obrigação tributária não se sujeita ao princípio da anterioridade.

II. Segundo entendimento sumulado do Superior Tribunal de Justiça, na repetição do indébito tributário, a correção monetária incide a partir do pagamento indevido, e os juros moratórios, somente após o trânsito em julgado da sentença.

III. Segundo entendimento do Superior Tribunal de Justiça, o Imposto de Renda Pessoa Jurídica e a Contribuição Social sobre o Lucro Líquido não incidem sobre o lucro inflacionário.

IV. Segundo entendimento sumulado do Superior Tribunal de Justiça, não incide o imposto sobre operações financeiras nos depósitos judiciais.

a) Está correta apenas a assertiva III.

b) Estão corretas apenas as assertivas I e IV.

c) Estão corretas apenas as assertivas II e IV.

d) Estão corretas apenas as assertivas I, II e III.

e) Estão corretas todas as assertivas.

1839. **(Funcab/Sefaz/BA/Auditor/2014)** Sobre impostos de competência da União, assinale a alternativa correta.

a) A indenização recebida pela adesão a programa de incentivo à demissão voluntária está sujeita à incidência do imposto de renda.

b) Não incide imposto de renda sobre os valores percebidos a título de indenização por horas extraordinárias trabalhadas.

c) Nos depósitos judiciais, incide o imposto sobre operações financeiras.

d) O pagamento de férias não gozadas por necessidade do serviço não está sujeito à incidência do imposto de renda.

e) O pagamento de licença-prêmio não gozada por necessidade do serviço está sujeito ao imposto de renda.

4.1.2. IPI

> **Súmula STJ 411.** *É devida a correção monetária ao creditamento do IPI quando há oposição ao seu aproveitamento decorrentes de resistência ilegítima do Fisco.*

1840. **(Cespe/TRF/5R/Juiz/2013)** Ainda com base na CF, nas normas gerais de direito tributário e na jurisprudência do STJ e do STF sobre essa matéria, assinale a opção correta.

a) Ainda que a isenção tenha sido concedida por prazo certo e sob condição onerosa, é possível a sua posterior revogação, com efeitos sobre os contribuintes que tiverem por ela sido beneficiados, já que eles não possuem direito adquirido de usufruir do benefício legalmente estipulado.

b) É devida a correção monetária ao creditamento do IPI quando há oposição ao seu aproveitamento decorrente de resistência legítima do fisco.

c) A simples declaração, pelo contribuinte, do débito tributário lhe dá o direito de obter a certidão negativa ou positiva com efeito de negativa.

d) O inadimplemento da obrigação tributária pela sociedade é suficiente, por si só, para atrair a responsabilidade solidária do sócio-gerente.

e) A imunidade tributária recíproca é princípio garantidor da Federação, motivo pelo qual não pode ser restringida nem mesmo por emenda constitucional.

1841. **(Esaf/RFB/AFRF/2012)** De acordo com a legislação tributária do Imposto sobre Produtos Industrializados (IPI), julgue os itens abaixo, classificando-os como corretos (C) ou errados (E). Em seguida, escolha a opção adequada às suas respostas.

I. O saldo credor do Imposto sobre Produtos Industrializados – IPI, acumulado em cada trimestre-calendário, decorrente de aquisição de matéria-prima, produto intermediário e material de embalagem, aplicados na industrialização, inclusive de produto isento ou tributado à alíquota zero, que o contribuinte não puder compensar com o IPI devido na saída de outros produtos, poderá ser utilizado na forma prevista em Lei.

II. A incidência do IPI na importação de produtos industrializados depende do título jurídico a que se der a importação. Por isso, a Lei exclui da sujeição passiva do IPI a pessoa física na condição de importadora de produtos industrializados para uso próprio.

III. Segundo entendimento atual do Superior Tribunal de Justiça, é devida a correção monetária ao creditamento do IPI quando há oposição ao seu aproveitamento decorrente de resistência ilegítima do Fisco.

IV. A legislação tributária determina, em observância à não-cumulatividade do tributo, que a entrada de insumos não onerados – seja por força de alíquota zero, de não incidência, de isenção ou de imunidade – gera direito ao crédito de IPI na saída dos produtos industrializados.

a) Apenas os itens I e III estão corretos.

b) Apenas os itens I e IV estão corretos.

c) Apenas o item IV está correto.

d) Apenas os itens II e IV estão corretos.

e) Apenas o item III está errado.

Súmula STJ 494. O benefício fiscal do ressarcimento do crédito presumido do IPI relativo às exportações incide mesmo quando as matérias-primas ou os insumos sejam adquiridos de pessoa física ou jurídica não contribuinte do PIS/Pasep.

↪ Súmula não abordada em concursos recentes.

Súmula STJ 495. A aquisição de bens integrantes do ativo permanente da empresa não gera direito a creditamento de IPI.

1842. (Cespe/TRF/1R/Juiz/2009) A respeito do crédito e do princípio da não cumulatividade do IPI, assinale a opção correta.

a) A indústria não pode creditar-se do valor do IPI relativo à energia elétrica consumida no processo de industrialização, por não se tratar de insumo ou matéria-prima que se incorpore à transformação do produto.

b) Se uma indústria utilizar, no processo de industrialização, diversos bens onerados pelo IPI sobre os quais incidam diferentes alíquotas, quando da saída do produto dessa indústria, deverá ser utilizada a alíquota média, objetivando cumprir o princípio da não cumulatividade.

c) Em razão da seletividade e essencialidade do produto é que poderá o industrial creditar-se do IPI referente aos insumos adquiridos com alíquota zero.

d) A indústria pode creditar-se do IPI pago na aquisição de materiais destinados ao ativo permanente da empresa, para fazer face ao princípio constitucional da não cumulatividade.

e) Não gera crédito do IPI o valor do tributo incidente sobre as embalagens recebidas para emprego em industrialização e acondicionamento.

4.1.3. IRPF/IRPJ

Súmula STJ 125. O pagamento de férias não gozadas por necessidade do serviço não está sujeito à incidência do imposto de renda.

1843. (Cespe/TRF/2R/Juiz/2009) No que se refere ao imposto incidente sobre a renda e proventos de qualquer natureza, assinale a opção correta.

a) As verbas pagas quando da rescisão de contrato de trabalho sem justa causa não estão sujeitas à sua incidência, por terem caráter indenizatório, o que não se dá com a quantia que ultrapassar tais limites por liberalidade do empregador.

b) Não incide sobre o pagamento de horas extras, uma vez que se trata de verba indenizatória.

c) O pagamento de férias não gozadas por necessidade de serviço não é produto de capital, do trabalho ou de combinação de ambos, mas representa acréscimo de capital e sujeita-se à incidência do tributo.

d) O rateio do patrimônio entre os associados, no caso de liquidação de entidade imune, serve de base de cálculo para incidência desse imposto.

e) As verbas recebidas em caráter indenizatório não são passíveis de tributação, o que não ocorre com os juros incidentes sobre elas.

CAPÍTULO 18 - DIREITO TRIBUTÁRIO

Súmula STJ 136. *O pagamento de licença-prê-mio não gozada por necessidade do serviço não está sujeito ao imposto de renda.*

1844. (TRF3/Juiz/2003) Assinale a alternativa correta:

a) as contribuições de intervenção no domínio econômico de que trata o art. 149 da Constituição Federal são de competência exclusiva da União, como instrumento de sua atuação nas respectivas áreas.

b) a licença-prêmio não gozada por necessidade do serviço está sujeita à incidência do imposto de renda.

c) constitui pressuposto de ação anulatória de débito fiscal o depósito preparatório do valor do montante do débito monetariamente corrigido e acrescido de eventuais juros e multa de mora e demais encargos previstos em lei.

d) é legítima a cobrança de imposto de renda com base exclusivamente em extratos bancários.

Súmula STJ 215. *A indenização recebida pela adesão a programa de incentivo à demissão voluntária não está sujeita à incidência do imposto de renda.*

1845. (TRF4/Juiz/2005) Dadas as assertivas abaixo, assinalar a alternativa correta.

I. Em face da desconstituição da pessoa jurídica, albergada expressamente em nosso Direito Tributário, os sócios de uma empresa tornam-se responsáveis, independentemente de haverem praticado atos com excesso de poder ou infração de lei.

II. Em execução fiscal, cientificado pessoalmente o devedor da realização da penhora, o prazo para oposição de embargos inicia-se no dia seguinte àquele em que ocorrida a ciência.

III. O pagamento de licença-prêmio e de férias não gozadas por necessidade de serviço não está sujeito ao imposto de renda.

IV. Em razão de sua natureza evidentemente remuneratória, os valores recebidos a título de incentivo à demissão voluntária sofrem a incidência do imposto de renda.

a) Estão corretas apenas as assertivas I e IV.

b) Estão corretas apenas as assertivas II e III.

c) Estão corretas apenas as assertivas II, III e IV.

d) Todas as assertivas estão corretas.

1846. (TRT/23R/Juiz/2014) Assinale alternativa correta, com base na jurisprudência dominante do Tribunal Superior do Trabalho:

a) O programa de demissão voluntária tem natureza jurídica de transação extrajudicial, implicando a rescisão em quitação do contrato de trabalho com eficácia liberatória geral.

b) A natureza jurídica da vantagem pecuniária do programa de incentivo à demissão voluntária é indenizatória, não havendo incidência do imposto de renda.

c) Juliana aderiu ao programa de incentivo à demissão voluntária da empresa que trabalhava, mas após seu desligamento, por entender que muitos direitos ficaram sem quitação, resolveu propor ação trabalhista para pleiteá-los. Nesse caso, para não incorrer em bis in idem, o valor recebido referente à vantagem pecuniária referente ao PDV deverá ser compensado com os créditos tipicamente trabalhistas que eventualmente venham ser reconhecidos em juízo.

d) Andreia era empregada do Banco Alfa S/A, que não efetuou o pagamento das horas extras devidas. Tendo em vista a posse de má-fé do crédito trabalhista de Andreia, o Banco deve indenizá-la pelos frutos dele decorrentes, no caso, os juros.

e) José é empregado da empresa Sementes Boas Ltda, a qual instituiu juntamente com o sindicato da categoria profissional, o plano de participação nos lucros e resultados da empresa no patamar de 1% sobre o lucro líquido do ano anterior, para os empregados que tiverem trabalhado os doze meses do período de apuração, devendo ainda o contrato de trabalho estar vigente quando do pagamento. Tendo em vista que José foi dispensado imotivadamente quando contava com dez meses de labor do ano de apuração, não preencheu o requisito normativo, não faz jus ao recebimento da parcela.

Súmula STJ 262. *Incide o imposto de renda sobre o resultado das aplicações financeiras realizadas pelas cooperativas.*

1847.(Cespe/AGU/Procurador/2007)

Considere que certa sociedade cooperativa, formada por professores de língua estrangeira, tenha auferido vultosa quantia monetária proveniente de suas aplicações financeiras. Nesse caso, a sociedade cooperativa deve recolher o imposto de renda sobre o resultado das referidas aplicações.

> **Súmula STJ 386.** *São isentas de imposto de renda as indenizações de férias proporcionais e o respectivo adicional.*

1848.(Cespe/DPU/Defensor/2010)

Considere que José tenha trabalhado durante 6 anos em uma empresa de construção civil e tenha sido demitido sem justa causa. Nessa situação, incide o imposto de renda sobre os valores por ele recebidos a título de férias proporcionais e respectivo terço de férias.

1849.(Ieses/TJ/RO/Cartórios/2012)

Com base nas súmulas do STF e do STJ assinale a alternativa errada:

a) O serviço de iluminação pública não pode ser remunerado mediante taxa.

b) Não são isentas de imposto de renda as indenizações de férias proporcionais e o respectivo adicional.

c) Presume-se dissolvida irregularmente a empresa que deixar de funcionar no seu domicílio fiscal, sem comunicação aos órgãos competentes, legitimando o redirecionamento da execução fiscal para o sócio-gerente.

d) O inadimplemento da obrigação tributária pela sociedade não gera, por si só, a responsabilidade solidária do sócio-gerente.

1850.(Cespe/TJ/MA/Juiz/2013)

Assinale a opção correta de acordo com a CF, o CTN e a jurisprudência dos Tribunais superiores.

a) Para a caracterização da capacidade tributária passiva, exige-se que a pessoa jurídica esteja regularmente constituída.

b) São isentos de imposto de renda as indenizações de férias proporcionais e o respectivo adicional.

c) Segundo o STF, a previsão constitucional de adequado tratamento tributário ao ato cooperativo praticado pelas sociedades cooperativas equivale a privilégio ou favorecimento em relação a qualquer tributo.

d) Segundo o CTN, interpreta-se literalmente a legislação tributária que disponha sobre suspensão ou exclusão do crédito tributário e outorga de isenção, sendo expressamente admitida, no entanto, a interpretação extensiva para a dispensa do cumprimento de obrigações tributárias acessórias.

> **Súmula STJ 447.** *Os Estados e o Distrito Federal são partes legítimas na ação de restituição de imposto de renda retido na fonte proposta por seus servidores.*

1851.(FGV/ALE/MA/Consultor/2013)

Maria, servidora pública aposentada do Estado Ômega da Federação, requer a restituição de imposto de renda que lhe foi retido na fonte, e foi descontado a maior. A ação deve ser proposta

a) em face da União somente, eis que o imposto de renda é tributo federal.

b) em face do Estado Ômega unicamente, por ser o destinatário do Imposto de Renda da servidora.

c) em face da União e do Estado Ômega, em função da competência arrecadatória.

d) em face da União ou do Estado Ômega, havendo solidariedade pelo que foi pago a maior.

e) em face do Estado Ômega, se provado que o imposto ficou retido por este.

> **Súmula STJ 463.** *Incide imposto de renda sobre os valores percebidos a título de indenização por horas extraordinárias trabalhadas, ainda que decorrentes de acordo coletivo.*

1852.(Cetro/TJ/RJ/Cartórios/2012)

É correto afirmar que o imposto de renda:

a) se sujeita ao princípio da noventena.

b) possui função predominantemente extrafiscal.

c) tem o seu lançamento por declaração.

d) tem como fato gerador a aquisição da disponibilidade econômica ou jurídica sobre a renda e proventos de qualquer natureza.

e) incide sobre verbas de natureza indenizatória.

> **Súmula STJ 498.** *Não incide imposto de renda sobre a indenização por danos morais.*

CAPÍTULO 18 - DIREITO TRIBUTÁRIO

1853. (Cespe/TRF/5R/Juiz/2013) Assinale a opção correta de acordo com a CF, as normas gerais de direito tributário e a jurisprudência do STJ e do STF sobre essa matéria.

a) Incide IR sobre a indenização por danos morais.

b) É possível a instituição de taxa sobre o serviço de iluminação pública.

c) De acordo com o STF, a não cumulatividade é considerada cláusula pétrea, visto que constitui direito fundamental das pessoas na condição de contribuintes.

d) A edição pela União de norma modificadora alterando o prazo para o recolhimento de determinada obrigação tributária deve respeitar o princípio da anterioridade.

e) Configura-se o caráter confiscatório de determinado tributo sempre que o efeito cumulativo, resultante das múltiplas incidências tributárias estabelecidas pela mesma entidade estatal, afetar, substancialmente e de maneira irrazoável, o patrimônio ou os rendimentos do contribuinte.

1854. (TJ/PR/Juiz/2011) Avalie as assertivas abaixo:

I. É objeto de súmula no Supremo Tribunal Federal, no sentido de que a imunidade do contribuinte de fato não beneficia o contribuinte de direito.

II. As indenizações consideradas como reposição patrimonial, são situações de não incidência tributária quanto ao imposto de renda.

III. Segundo jurisprudência sumulada do STF, os imóveis alugados das entidades de assistência social imunes continuam imunes ao IPTU, desde que o produto dos alugueres sejam integralmente aplicados na sua atividade essencial.

IV. Será imune do ICMS a venda de álcool combustível em operações interestaduais.

Está(ão) correta(s):

a) Somente as assertivas I, II e IV.

b) Somente as assertivas I e IV.

c) Somente as assertivas I, II e III.

d) Somente as assertivas I e II.

> **Súmula STJ 556.** *É indevida a incidência de imposto de renda sobre o valor da complementação de aposentadoria pago por entidade de previdência privada e em relação ao resgate de contribuições recolhidas para referidas entidades patrocinadoras no período de 1º.1.1989 a 31.12.1995, em razão da isenção concedida pelo art. 6º, VII, b, da Lei n. 7.713/1988, na redação anterior à que lhe foi dada pela Lei n. 9.250/1995.*

➲ Súmula não abordada em concursos recentes.

4.2. Dos Impostos dos Estados e do Distrito Federal

4.2.1. ICMS

> **Súmula STJ 20.** *A mercadoria importada de país signatário do GATT é isenta do ICM, quando contemplado com esse favor o similar nacional.*

1855. (MPF/Procurador/2012) Produtos importados de países signatários do GATT (Acordo Geral de Tarifas e Comércio). Quanto ao imposto sobre circulação de mercadorias e serviços – ICMS, é certo afirmar que:

a) a isenção de tributo estadual prevista em tratado interacional firmado pela União, caracteriza-se como isenção heterônoma vedada pela Constituição Federal.

b) a isenção de tributo estadual prevista em tratado internacional firmado pela União não se caracteriza como isenção heterônoma.

c) é cabível a isenção inserida em tratado internacional de ICMS firmado pela União relativa a mercadorias importadas de país signatário do GATT, mesmo não sendo isento o similar nacional.

d) a isenção, no caso do caput, somente prevalece para os impostos de competência da União.

1856. (FGV/ALE/MA/Consultor/2013) O Estado Federal Brasileiro firmou tratado com o Estado Delta, no qual constou uma cláusula concedendo isenção de ICMS. A esse respeito, assinale a afirmativa correta.

a) A cláusula é nula, visto que não há competência do Estado Federal para conceder isenção de imposto de competência de Estado-Membro.

b) A isenção heterônoma é vedada, em todas as hipóteses, pela Constituição Federal Brasileira, em função do pacto federativo.

c) O Estado Federal pratica ato legítimo, inserido dentro de sua prerrogativa de pessoa jurídica de direito internacional público.

d) A cláusula é válida, mas só produzirá efeitos depois que o tratado em questão for aprovado pelo Senado Federal, na qualidade de representante dos Estados-Membros.

e) O Estado Federal não se confunde com a União, sendo pessoa jurídica de direito público interno, pelo que não poderia conceder a isenção.

> **Súmula STJ 68.** *A parcela relativa ao ICM inclui-se na base de cálculo do PIS.*

1857. (Esaf/RFB/AFRF/2002) A assertiva errada, entre as constantes abaixo, é a que afirma que:

a) As contribuições para o PIS/Pasep e a Cofins, devidas pelas pessoas jurídicas, seguirão regime próprio de reconhecimento de receitas e não o previsto na legislação do imposto de renda.

b) uma das alternativas da pessoa jurídica produtora e exportadora de mercadorias nacionais para o exterior é determinar o valor do crédito presumido do Imposto sobre Produtos Industrializados (IPI), como ressarcimento relativo às contribuições para os Programas de Integração Social e de Formação do Patrimônio do Servidor Público (PIS/Pasep) e para a Seguridade Social (Cofins).

c) segundo entendimento sumulado pelo Superior Tribunal de Justiça, a parcela relativa ao ICM inclui-se na base de cálculo do PIS.

d) Aplicam-se à pessoa jurídica adquirente de mercadoria de procedência estrangeira, no caso da importação realizada por sua conta e ordem, por intermédio de pessoa jurídica importadora, as normas de incidência das contribuições para o PIS/Pasep e Cofins sobre a receita bruta do importador.

e) As instituições responsáveis pela retenção e pelo recolhimento da CPMF deverão apurar e registrar os valores devidos, mesmo no período de vigência de decisão judicial impeditiva da retenção e do recolhimento da contribuição.

1858. (FGV/Sefaz/AP/AuditorFiscal/2010) A empresa XPTO Ltda., produtora de móveis para escritórios, obteve uma liminar em Mandado de Segurança impetrado perante a Justiça Federal, autorizando-a a excluir da apuração da base de cálculo do PIS e Cofins o ICMS incidente sobre a venda de mercadorias. Posteriormente à concessão da liminar mencionada, teve início procedimento de fiscalização no qual se apurou o recolhimento das contribuições em questão sobre uma base de cálculo reduzida (sem o ICMS). Embora o contribuinte tenha apresentado, ainda durante o curso da fiscalização, cópia da medida judicial que concedeu a liminar, as autoridades fiscais entenderam por bem lavrar o auto de infração contra a empresa, relativo aos valores que haveriam de ser recolhidos caso a base de cálculo do tributo incluísse o valor do ICMS. Considerando o que foi acima exposto, assinale a alternativa correta.

a) A autoridade fiscal não poderia ter lavrado o auto de infração sob pena de configurar crime de desobediência.

b) A autoridade fiscal somente poderia ter lavrado o auto de infração para evitar os efeitos da prescrição se verificasse a ocorrência de fraude por parte do contribuinte (XPTO Ltda.).

c) A autoridade fiscal poderia ter lavrado o auto de infração impondo, inclusive, multa de ofício fixada em lei.

d) A autoridade fiscal poderia ter lavrado o auto de infração com o objetivo de constituir o crédito tributário e assim evitar a fluência do prazo decadencial, reconhecendo, contudo, a existência de medida liminar a amparar a pretensão da empresa XPTO Ltda. e, ainda, sem aplicar a multa de ofício.

e) O auto de infração somente poderia ser lavrado na hipótese de cassação dos efeitos da medida liminar ou, então, sentença proferida pelo juiz de primeira instância declarando ser devida a inclusão do ICMS na base de cálculo das contribuições ao PIS e Cofins.

> **Súmula STJ 95.** *A redução da alíquota do imposto sobre produtos industrializados ou do imposto de importação não implica redução do ICMS.*

CAPÍTULO 18 - DIREITO TRIBUTÁRIO

STJ 563

1859. **(TRF/3R/Juiz/2008)** Leia os enunciados:

I. A ação de cobrança das contribuições para o FGTS prescreve em 05 (cinco) anos.

II. O protesto pela preferência de crédito, apresentado por ente federal em execução que tramita na justiça estadual, desloca a competência para a justiça federal.

III. A redução da alíquota do imposto sobre produtos industrializados ou do imposto de importação não implica redução do ICMS.

IV. Proposta a execução fiscal, a posterior mudança de domicílio do executado desloca a competência já fixada.

Em termos de fidelidade dos enunciados das Súmulas do Superior Tribunal de Justiça, é exato dizer:

a) um enunciado está incorreto.

b) dois enunciados estão incorretos.

c) três enunciados estão incorretos.

d) todos os enunciados estão incorretos.

> **Súmula STJ 135.** *O ICMS não incide na gravação e distribuição de filmes e videoteipes.*

1860. **(PGE/PA/Procurador/2007)** Considerando a jurisprudência dos Tribunais Superiores, é incorreto afirmar:

a) Segundo a jurisprudência sumulada do STF, é legítima a incidência do ICMS na comercialização de exemplares de obras cinematográficas, gravados em fitas de videocassete.

b) Conforme jurisprudência sumulada do STJ, o ICMS incide na gravação e distribuição de filmes e videoteipes.

c) De acordo com o entendimento do STJ, não constitui fato gerador do ICMS o simples deslocamento de mercadoria de um para outro estabelecimento do mesmo contribuinte.

d) Consoante entendimento sumulado do STJ, o fornecimento de mercadorias com a simultânea prestação de serviços em bares, restaurantes e estabelecimentos similares constitui fato gerador do ICMS a incidir sobre o valor total da operação.

> **Súmula STJ 155.** *O ICMS incide na importação de aeronave, por pessoa física, para uso próprio.*

1861. **(Esaf/Sefaz/SP/Analista/2009)** Sobre os tributos de competência da União, dos Estados, do Distrito Federal e dos Municípios, assinale a opção correta.

a) Incide ICMS na importação de bens, ainda quando realizada por pessoa física ou jurídica que não seja contribuinte regular do imposto.

b) Não exige prévia celebração de convênio entre os Estados membros e o Distrito Federal a instituição, por Lei Complementar Estadual, de Programa de Incentivo destinado a fomentar a implantação, ampliação e modernização de empreendimentos industriais e agroindustriais no Estado mediante concessão de crédito presumido e redução da base de cálculo do ICMS.

c) A imunidade sobre o patrimônio, renda ou serviços instituída em favor das instituições de assistência social não alcança o ICMS incidente sobre os bens por elas fabricados, posto repercutir economicamente no consumidor e não atingir o patrimônio, nem desfalcar as rendas, nem reduzir a eficácia dos serviços dessas entidades.

d) incide IPVA sobre embarcações e aeronaves, por abranger todo e qualquer veículo que tenha propulsão própria e sirva ao transporte de pessoas e coisas.

e) É ilegal a cobrança de ICMS com base em valores previstos em pauta fiscal.

1862. **(FGV/Sefaz/RJ/AuditorFiscal/2010)** Com relação ao ICMS, assinale a alternativa correta.

a) Os serviços de comunicação não estão sujeitos ao ICMS.

b) Não pode haver uma mesma operação comercial, ainda que de natureza mista (com fornecimento de mercadoria e prestação de serviços), que seja tributada tanto pelo ICMS (valor da mercadoria) como pelo ISS (valor do serviço).

c) Incide no caso de transferência de titularidade de bens do ativo fixo ou imobilizado.

d) Não incide quando se tratar de bem ou mercadoria importado por pessoa que não seja contribuinte habitual do imposto, nos termos das Constituição Federal.

e) Será garantida a manutenção e o aproveitamento do montante do imposto cobrado nas operações e prestações anteriores no caso de exportação de mercadorias, mesmo que a Constituição Federal expressamente determine a não incidência do ICMS sobre mercadorias e serviços destinados ao exterior.

> **Súmula STJ 163.** *O fornecimento de mercadorias com a simultânea prestação de serviços em bares, restaurantes e estabelecimentos similares constitui fato gerador do ICMS a incidir sobre o valor total da operação.*

1863. (Cespe/OAB/SP/2008-2) Assinale a opção correta acerca do imposto sobre operações relativas à circulação de mercadorias e sobre prestações de serviços de transporte interestadual e intermunicipal e de comunicação (ICMS).

a) Lei complementar federal determina que o ICMS constitui imposto obrigatoriamente seletivo em razão da essencialidade das mercadorias e dos serviços.

b) A isenção do ICMS em determinada operação jamais acarretará a anulação do crédito relativo às operações anteriores.

c) Incide o ICMS sobre as operações relativas à circulação de mercadorias, inclusive no fornecimento de alimentação e bebidas em bares, restaurantes e estabelecimentos similares.

d) O ICMS não incide sobre operações que destinem mercadorias para o exterior, mas constitui fato gerador do imposto os serviços prestados a destinatários no exterior.

1864. (Esaf/RFB/AFRF/2012) Assinale, entre as hipóteses abaixo, a única que constitui hipótese de incidência do ICMS – imposto sobre operações relativas à circulação de mercadorias e sobre prestações de serviços de transporte interestadual e intermunicipal e de comunicação.

a) Fornecimento de alimentação e bebidas em restaurante ou estabelecimento similar, sem a previsão na respectiva lei estadual.

b) Saída física de máquinas, utensílios e implementos a título de comodato.

c) Comercialização de exemplares de obras cinematográficas, gravados em fitas de videocassete.

d) Alienação de salvados de sinistro pelas seguradoras.

e) Operações de industrialização por encomenda de embalagens, destinadas à utilização direta em processo subsequente de industrialização.

1865. (FCC/Sefaz/RO/Auditor/2010) A base de cálculo do ICMS no fornecimento de alimentação, bebidas e outras mercadorias é:

a) o valor da operação acrescido do imposto sobre produtos industrializados e de quaisquer outras taxas.

b) o valor da prestação de serviço acrescido do imposto sobre produtos industrializados e de quaisquer outras taxas.

c) o valor da operação, compreendendo a mercadoria e o serviço.

d) apenas o valor da mercadoria fornecida.

e) apenas o preço do serviço prestado no fornecimento.

1866. (FGV/OAB/2011-2) A respeito do ICMS, é correto afirmar que:

a) é não cumulativo, significando que, em qualquer hipótese, deverá ser assegurado o crédito para compensação com o montante devido nas operações ou prestações seguintes.

b) incide sobre prestação de serviços de transporte interestadual e intermunicipal e de comunicação, assim como sobre o valor total da operação, quando as mercadorias forem fornecidas com serviços não compreendidos na competência impositiva municipal.

c) sendo de competência tributária do Estado-Membro, somente a legislação estadual pode excluir da incidência do imposto, nas exportações para o exterior, serviços e produtos determinados.

d) tem as suas alíquotas estabelecidas pelo Senado Federal, aplicáveis às operações e prestações internas, interestaduais e de exportação.

> **Súmula STJ 166.** *Não constitui fato gerador do ICMS o simples deslocamento de mercadoria de um para outro estabelecimento do mesmo contribuinte.*

1867. (Cespe/TJ/PB/Juiz/2011) Com relação aos impostos estaduais e federais, assinale a opção correta.

a) O IPVA, cobrado anualmente, submete-se, no que tange à alteração de sua base de cálculo, ao princípio da anterioridade, inclusive a nonagesimal.

CAPÍTULO 18 - DIREITO TRIBUTÁRIO

b) O ITR tem como base de cálculo o valor da terra nua.

c) O IPI é seletivo, em razão da essencialidade do produto, de maneira que, em determinadas circunstâncias, pode ter alíquota zero, caso em que ocorre a isenção, ou imunidade tributária.

d) O ICMS tem como fato gerador o deslocamento de mercadorias, inclusive de um estabelecimento para outro do mesmo contribuinte.

e) Os estados e o DF, nos limites da sua esfera de competência e de acordo com a sistemática constitucional, têm plena liberdade para estabelecer as alíquotas do ICMS.

1868. (FCC/TJ/GO/Juiz/2009) Empresa do ramo de calçados foi autuada pelo Estado de Goiás por não recolher o ICMS sobre a circulação dos sapatos produzidos na fábrica, localizada no município de Rio Verde/GO para o depósito distribuidor, localizado no município de Anápolis/GO. Diante disso, impetrou mandado de segurança para anulação do crédito tributário constituído. Com base na jurisprudência sumulada do STJ

a) a competência para a autuação não é do Estado de Goiás, mas da União, na medida em que o ICMS é um imposto de caráter nacional.

b) não constitui fato gerador do ICMS o simples deslocamento de mercadoria de um para outro estabelecimento do mesmo contribuinte.

c) o imposto que incide é o ISS e não o ICMS.

d) está correta a autuação pelo não recolhimento do ICMS na saída da fábrica, mesmo que a mercadoria seja destinada para outro estabelecimento do mesmo contribuinte.

e) existe imunidade na circulação de mercadorias de um para outro estabelecimento do mesmo contribuinte.

1869. (FMP/PGE/AC/Procurador/2012) Dadas as assertivas abaixo, assinale a alternativa correta.

I. De acordo com a jurisprudência do Superior Tribunal de Justiça, incide o Imposto sobre operações relativas à Circulação de Mercadorias e sobre prestações de Serviços de transporte interestadual e intermunicipal e de comunicação (ICMS) na transferência de mercadorias entre estabelecimentos do mesmo titular.

II. A adoção do regime de substituição tributária em operações interestaduais submetidas ao ICMS depende apenas de previsão em lei estadual.

III. É admitida a transferência de saldo credor do ICMS por estabelecimentos que destinarem mercadorias ao exterior, na proporção que essas saídas representem do total das saídas realizadas pelo estabelecimento.

IV. O ICMS não incide sobre operações de arrendamento mercantil, não compreendida a venda do bem ao arrendatário.

a) Estão corretas apenas as assertivas I e II.

b) Estão corretas apenas as assertivas III e IV.

c) Todas as assertivas estão corretas.

d) Todas as assertivas estão incorretas.

1870. (Vunesp/TJ/SP/Juiz/2008) O Imposto relativo à Circulação de Mercadorias e sobre Prestação de Serviços:

a) é devido nas operações em que há conferência da posse ou propriedade de bens ao capital social.

b) não incidirá sobre a entrada de mercadoria importada, destinada ao ativo fixo do estabelecimento.

c) incide em razão de deslocamento de mercadoria entre estabelecimentos de mesmo contribuinte.

d) todas as alternativas acima são incorretas.

> ***Súmula STJ 198.*** *Na importação de veículo por pessoa física, destinado a uso próprio, incide o ICMS.*

1871. (PGE/RO/Procurador/2011) Sr. Jorge, empresário do setor de calçados promove a importação de um veículo esportivo de luxo, proveniente da Itália, que será de sua utilização pessoal e exclusiva, sendo que todo processo fiscal de importação foi realizado em seu nome. Diante dessa operação, o ICMS:

a) será devido, ainda que o adquirente não seja contribuinte habitual do ICMS.

b) não será devido, uma vez que o adquirente (pessoa física) não é contribuinte do ICMS, não realizando a aquisição do veículo com habitualidade.

c) não será devido, uma vez que o veículo está sendo adquirido para uso pessoal e exclusivo, não sendo destinado à revenda ou locação.

d) será devido em razão do princípio da capacidade contributiva por se tratar de artigo de luxo.

e) será devido, uma vez que o adquirente é proprietário de empresa comercial, sendo esta contribuinte do ICMS.

1872. (Cesgranrio/Liquigás/Advogado/2013) Determinada pessoa física faz uma consulta jurídica sobre a possibilidade de importar do exterior aparelhos eletrônicos para uso próprio, sem que haja o pagamento do ICMS incidente sobre a operação. A justificativa apresentada é a de não ser contribuinte habitual do respectivo imposto. Nessa linha, quanto à referida operação, o consultor jurídico deverá responder que

a) há incidência do ICMS pela compatibilização com a regra prevista no texto constitucional em vigor.

b) há incidência do ICMS, por força da aplicação da legislação municipal pertinente.

c) não há incidência do ICMS, por força de regra prevista na Lei Complementar no 87/96.

d) não há incidência do ICMS pela incompatibilização com regra prevista no texto constitucional em vigor.

e) não há incidência do ICMS, por força da aplicação de alíquota 0% prevista, de forma unilateral, na legislação estadual aplicável à espécie.

> *Súmula STJ 237. Nas operações com cartão de crédito, os encargos relativos ao financiamento não são considerados no cálculo do ICMS.*

1873. (UEPA/PGE/PA/Procurador/2012) Analise as proposições a seguir:

I. Nas operações com cartão de crédito, os encargos relativos ao financiamento são considerados no cálculo do ICMS é o entendimento expresso na Súmula 237 do STJ.

II. O fornecimento de mercadorias com a simultânea prestação de serviços em bares, restaurantes e estabelecimentos similares não constitui fato gerador do ICMS a incidir sobre o valor total da operação, segundo o entendimento do STJ na Súmula 163.

III. O exportador adquire o direito de transferência de crédito do ICMS quando estoca a matéria-prima e não ao realizar a exportação do produto, segundo sustenta a Súmula 129 do STJ.

IV. Ainda prevalece o entendimento da Súmula 152 do STJ, que afirma não incidir o ICMS na venda pelo segurador de bens salvados de sinistros.

De acordo com as afirmativas apresentadas, assinale a alternativa correta:

a) todas as proposições estão corretas.

b) apenas uma das proposições está correta.

c) apenas duas proposições estão corretas.

d) apenas três proposições estão corretas.

e) todas as proposições estão incorretas.

> *Súmula STJ 334. O ICMS não incide no serviço dos provedores de acesso à internet.*

1874. (FCC/TJ/GO/Juiz/2009) ICMS é o imposto que incide sobre a circulação de mercadorias e prestações de serviços de transporte interestadual e intermunicipal e de comunicação. Sobre a disciplina constitucional e legal do ICMS, com amparo na jurisprudência sumulada do STJ, é correto afirmar que incide ICMS:

a) na operação de arrendamento mercantil de coisas móveis.

b) sobre serviço dos provedores de acesso à Internet.

c) na gravação e distribuição de filmes e videoteipes.

d) sobre o fornecimento de concreto, por empreitada, para construção civil, preparado no trajeto até a obra em betoneiras acopladas a caminhões.

e) na importação de veículo por pessoa física, destinado a uso próprio.

1875. (Cespe/Anatel/Especialista/2014) O ICMS, conforme jurisprudência do STJ, não incide no serviço dos provedores de acesso à Internet nem sobre o serviço de habilitação de telefone celular.

> *Súmula STJ 350. O ICMS não incide sobre o serviço de habilitação de telefone celular.*

1876. (Cespe/AGU/Advogado/2009) Segundo jurisprudência do STJ, é ilegítima a cobrança do ICMS sobre o serviço de habilitação de telefone celular.

1877. (FGV/ALE/MA/Consultor/2013) A empresa Alpha desenvolve a

CAPÍTULO 18 - DIREITO TRIBUTÁRIO

atividade empresarial de manutenção das estações de rádio base de telefonia celular. A esse respeito, assinale a afirmativa correta.

a) A empresa recolhe o ICMS devido sobre sua atividade, que se vincula ao serviço de comunicação.

b) A empresa fica imune ao recolhimento do ICMS, dado que sua atividade fim não é comunicação.

c) Há isenção de pagamento do ICMS na hipótese, em função de ser prestação interna de serviços.

d) O serviço é acessório ou suplementar ao de comunicação e não é fato gerador do imposto.

e) O serviço é vinculado ao de comunicação, que dele depende, pelo que há de recolher o ICMS.

> **Súmula STJ 391.** *O ICMS incide sobre o valor da tarifa de energia elétrica correspondente à demanda de potência efetivamente utilizada.*

1878. (Cespe/TCE/BA/Procurador/2010)
Ao Estado é permitido cobrar o ICMS sobre o valor da tarifa de energia elétrica correspondente à demanda de potência efetivamente disponibilizada ao consumidor.

1879. (Funiversa/CEB/Advogado/2010)
A CEB Distribuição contratou com condomínio residencial no Distrito Federal o fornecimento de energia elétrica, em que não havia instalação de linhas de transmissão e distribuição, acertando que seria fornecida quantidade pré-fixada de energia. Feitas as instalações, o condomínio passou a consumir menos energia do que o previamente contratado, mas, por força de cláusula contratual, pagava pelo montante previsto. Em face dessa situação hipotética, assinale a alternativa correta.

a) O Distrito Federal só poderá apurar e cobrar o ICMS sobre a energia elétrica do efetivo consumo, não cabendo a cobrança sobre o valor contratado e pago.

b) O tributo incidente na operação é o ISSQN, uma vez que se trata de prestação de serviço.

c) Estando a energia elétrica à disposição do consumidor, esta constitui o fato gerador do imposto, sendo o valor contratado sua base de cálculo.

d) O tributo pode ser exigido pelas instalações das linhas de transmissão e distribuição.

e) Tratando-se de serviço público essencial, a tributação deve ser efetivada por meio de taxa.

1880. (TJ/PR/Juiz/2011) Avalie as assertivas abaixo:

I. Segundo recente jurisprudência do Supremo Tribunal Federal, os Estados-membros e DF só poderão fixar benefícios tributários de ICMS que sejam autorizados pelo Conselho Nacional de Política Fazendária e mediante convênio.

II. A substituição tributária progressiva foi constitucionalizada pela Emenda Constitucional n. 3/93 e pode ser aplicada também às contribuições.

III. Na utilização de pautas fiscais em que o valor do ICMS é recolhido pelo substituto tributário, se o fato jurídico tributário não ocorrer, deverá ser devolvido o valor pago imediata e preferencialmente. E segundo a lei, se não devolvido em 90 dias, poderá ser objeto de creditamento na conta gráfica do contribuinte substituído.

IV. No fato gerador presumido do ICMS que não se concretize tal qual previsto na lei, o STF já pacificou o entendimento de que deve ser devolvido o valor da diferença, já que a presunção relativa não pode interferir na realidade conhecida.

V. O ICMS sobre demanda contratada de energia elétrica que não seja integralmente consumida pelo contratante gera ainda assim o dever de pagar o tributo, consoante jurisprudência reiterada do Superior Tribunal de Justiça.

Está(ão) correta(s):

a) Somente as assertivas I, III e V.

b) Somente as assertivas II e IV.

c) Somente as assertivas I, II e IV.

d) Somente as assertivas I, II e III.

> **Súmula STJ 395.** *O ICMS incide sobre o valor da venda a prazo constante da nota fiscal.*

1881. (UEPA/PGE/PA/Procurador/2012)
Analise as afirmativas a seguir:

I. Na Súmula 395, o STJ considerou que o ICMS incide sobre o valor da venda a prazo constante da nota fiscal.

II. A Súmula 391 do STJ define que o ICMS incide sobre o valor da tarifa de energia elétrica correspondente à demanda de potência efetivamente utilizada.

III. Na Súmula 350, o STJ consolidou o entendimento de que o ICMS não incide sobre o serviço de habilitação de telefone celular.

IV. A teor da Súmula 334 do STJ, o ICMS não incide no serviço dos provedores de acesso à Internet.

De acordo com as afirmativas apresentadas, assinale a alternativa correta:

a) todas as proposições estão corretas.

b) apenas uma das proposições está correta.

c) apenas duas proposições estão corretas.

d) apenas três proposições estão corretas.

e) todas as proposições estão incorretas.

> **Súmula STJ 431.** *É ilegal a cobrança de ICMS com base no valor da mercadoria submetido ao regime de pauta fiscal.*

1882.
(UEPA/PGE/PA/Procurador/2012)
Analise as afirmativas a seguir:

I. Na Súmula 457, o STJ considerou que os descontos incondicionais nas operações mercantis não se incluem na base de cálculo do ICMS.

II. A Súmula 433 do STJ afirma que o produto semielaborado, para fins de incidência de ICMS, é aquele que preenche ao menos dois dos três requisitos do art. 1º da Lei Complementar n. 65/1991.

III. Na Súmula 432, o STJ consolidou o entendimento de que as empresas de construção civil não estão obrigadas a pagar ICMS sobre mercadorias adquiridas como insumos em operações interestaduais.

IV. A teor da Súmula 431 do STJ, é legal a cobrança de ICMS com base no valor da mercadoria submetido ao regime de pauta fiscal. De acordo com as afirmativas apresentadas, estão corretas:

a) somente I, II e III.

b) somente III e IV.

c) somente II, III e IV.

d) somente I, II e IV.

e) somente I e III.

1883.
(Cespe/PG/DF/Procurador/2013)
Conforme jurisprudência do STJ, admite-se, no processo administrativo, a fixação da base de cálculo do ICMS no valor da mercadoria submetido ao regime de pauta fiscal.

> **Súmula STJ 432.** *As empresas de construção civil não estão obrigadas a pagar ICMS sobre mercadorias adquiridas como insumos em operações interestaduais.*

1884.
(Cespe/TCE/ES/Procurador/2009)
Com relação aos tributos estaduais, assinale a opção correta.

a) O ITCMD incide sobre bens móveis, mas não sobre os bens imóveis, haja vista a natureza destes bens.

b) O entendimento do STJ é de que o ICMS incide no serviço de provedores de acesso à Internet.

c) Segundo o STJ, é legítima a cobrança de ICMS sobre operações interestaduais realizadas por empresa de construção civil, quando da aquisição de bens necessários ao desempenho de sua atividade fim.

d) Em caso de inventário por morte presumida, incide o ITCMD.

e) É inconstitucional lei complementar que conceda isenções do ICMS incidente nas operações com serviços e outros produtos destinados ao exterior, além dos previstos na CF.

> **Súmula STJ 433.** *O produto semielaborado, para fins de incidência de ICMS, é aquele que preenche cumulativamente os três requisitos do art. 1º da Lei Complementar nº 65/1991.*

➲ Súmula não abordada em concursos recentes.

> **Súmula STJ 457.** *Os descontos incondicionais nas operações mercantis não se incluem na base de cálculo do ICMS.*

1885.
(Cespe/PGE/PE/Procurador/2009)
No que se refere ao ICMS, assinale a opção correta.

a) O contribuinte tem direito à restituição de 50% do valor do ICMS recolhido por força de substituição tributária, correspondente ao fato gerador presumido que não se realizar.

b) A base de cálculo do ICMS, na hipótese de fornecimento de alimentação e bebidas em restaurante, é a soma do valor das mercadorias fornecidas.

CAPÍTULO 18 - DIREITO TRIBUTÁRIO

c) Não integra a base de cálculo do ICMS o valor correspondente a descontos concedidos ao contribuinte sob condição.

d) É garantido ao sujeito passivo efetuar o estorno do ICMS que se tiver creditado na hipótese de a mercadoria que tiver entrado no estabelecimento extraviar-se.

e) Ocorrendo prestação de serviços, com fornecimento de mercadorias, sem que haja preço previamente determinado, a base de cálculo do ICMS será o valor corrente do serviço no DF.

1886. (FCC/Sefaz/RO/Auditor/2010) Não integra a base de cálculo do ICMS o:

a) valor correspondente a descontos sob condição.

b) valor correspondente a seguros.

c) frete, caso o transporte seja efetuado pelo próprio remetente e seja cobrado em separado.

d) montante do Imposto sobre Produtos Industrializados (IPI), quando a operação, realizada entre contribuintes e relativa a produto destinado à industrialização ou à comercialização, configurar fato gerador de ambos os impostos.

e) montante do próprio imposto.

1887. (FMP/PGE/AC/Procurador/2012) Empresa atacadista do ramo de cosméticos costuma conceder a seus clientes descontos incondicionais nas vendas que realiza a clientes varejistas. Em tais operações mercantis, sempre inclui base de cálculo do ICMS o valor dos aludidos descontos. Segundo o advogado da empresa, tais descontos incondicionais não integram a base de cálculo do ICMS. Diante disso, a empresa pretende propor ação judicial que lhe assegure para o futuro a não inclusão na base de cálculo do ICMS do valor dos descontos incondicionais. Nessa situação, assinale a assertiva correta.

a) É cabível ação declaratória, visto que, segundo o entendimento do STJ, os descontos incondicionais nas operações mercantis não se incluem na base de cálculo do ICMS.

b) É cabível ação anulatória de débito fiscal, visto que, segundo o entendimento do STJ, os descontos incondicionais nas operações mercantis não se incluem na base de cálculo do ICMS.

c) É cabível ação de consignação em pagamento, visto que, segundo o entendimento do STJ, os descontos incondicionais nas operações mercantis não se incluem na base de cálculo do ICMS.

d) Descabe qualquer ação judicial, visto que, segundo o STJ, é legítima a inclusão dos descontos incondicionais nas operações mercantis na base de cálculo do ICMS.

1888. (FGV/ALE/MA/Consultor/2013) A empresa Titã Ltda., localizada no Estado Alpha, é substituta tributária, vendendo a mercadoria que produz para a empresa Tétis Ltda., localizada no Estado Beta. Quando da venda que efetiva, a empresa Titã Ltda. concede desconto incondicional na sua operação própria. A esse respeito, assinale a afirmativa correta.

a) O desconto incondicional deve ser expurgado da base de cálculo do ICMS de toda a cadeia produtiva.

b) O desconto incondicional afeta apenas as operações internas de Titã Ltda., que o concede.

c) O desconto incondicional deve ser incluído na base de cálculo, por se tratar de substituição tributária.

d) O desconto incondicional é presumidamente adotado pelo substituído tributário.

e) O desconto incondicional não repercute sobre as operações subsequentes à venda feita por Titã Ltda.

1889. (FMP/DPE/PA/Defensor/2015) Assinale a alternativa correta.

a) Segundo entendimento do STF não incide o ICMS sobre a importação de mercadorias por pessoas jurídicas não contribuintes do mencionado imposto, mesmo no período posterior à Emenda Constitucional n. 33/2001, ainda que haja a respectiva modificação na legislação complementar e estadual contemplando tal incidência.

b) O Imposto sobre Transmissão causa mortis e doação, de quaisquer bens ou direitos não pode ser progressivo, na esteira do atual entendimento do STF.

c) Conforme decisão do STF, em sede de repercussão geral, é constitucional a exigência do estorno proporcional dos créditos fiscais do ICMS pela entrada de mercadorias cuja saída do estabelecimento ocorra com base de cálculo reduzida.

d) Na esteira da jurisprudência do Superior Tribunal de Justiça, devem ser incluídos na base de cálculo do ICMS os descontos incondicionais concedidos nas operações mercantis.

e) É inconstitucional, de acordo com o entendimento do STF, a legislação estadual instituidora do Imposto sobre a Propriedade de Veículos Automotores, considerando a inexistência de legislação complementar.

> **Súmula STJ 509.** *É lícito ao comerciante de boa-fé aproveitar os créditos de ICMS decorrentes de nota fiscal posteriormente declarada inidônea, quando demonstrada a veracidade da compra e venda.*

1890. (Fundatec/PGE/RS/Procurador/2015) Quanto ao entendimento jurisprudencial em matéria tributária, assinale a alternativa incorreta.

a) Nota fiscal declarada inidônea não autoriza o aproveitamento dos créditos de ICMS, mesmo que o comerciante esteja de boa-fé e demonstre a veracidade da compra e venda.

b) A reunião de execuções fiscais contra o mesmo devedor constitui faculdade do Juiz.

c) Os descontos incondicionais nas operações mercantis não se incluem na base de cálculo do ICMS.

d) O ICMS incide sobre o valor da venda a prazo constante da nota fiscal.

e) Em execução fiscal, a prescrição ocorrida antes da propositura da ação pode ser decretada de ofício.

1891. (Cespe/PGE/PI/Procurador/2014) No que diz respeito à obrigação principal e acessória, assinale a opção correta com base na jurisprudência atual do STJ.

a) A presunção de legitimidade assegurada à certidão da dívida ativa não afasta a possibilidade de discussão judicial da condição de responsável tributário indicada no título executivo por meio da exceção de pré-executividade, visto que não há, nessa hipótese, a necessidade de dilação probatória.

b) À administração tributária não interessa levar a protesto a certidão da dívida ativa, título executivo extrajudicial que já goza de presunção de certeza e liquidez e confere publicidade à inscrição do débito na dívida ativa.

c) A declaração do contribuinte exigida por lei constitui o próprio crédito tributário, sendo

desnecessária qualquer atividade subsequente da administração tributária para a formalização do lançamento fiscal ou a notificação do contribuinte para pagamento.

d) A responsabilidade do sócio-administrador pelos tributos devidos pela pessoa jurídica demanda a comprovação da prática de atos ultra vires ou com infração à lei, ou a dissolução irregular da empresa, e, nessa última hipótese, a responsabilização alcança o sócio-administrador que tenha consentido com o ato de dissolução irregular e todos os demais sócios-administradores que, durante o exercício da administração, tenham inadimplido o crédito tributário.

e) Ao comerciante de boa-fé não é permitido o aproveitamento dos créditos de ICMS decorrentes de nota fiscal posteriormente declarada inidônea, ainda que demonstrada a veracidade da compra e venda.

4.3. Dos Impostos dos Municípios

4.3.1. IPTU

> **Súmula STJ 160.** *É defeso, ao Município, atualizar o IPTU, mediante decreto, em percentual superior ao índice oficial de correção monetária.*

1892. (Cespe/TJ/AC/Juiz/2012) Foi editada lei municipal criando IPTU e constava, anexa à lei, a pauta de valores dos imóveis do município. De acordo com essa lei, a secretaria de fazenda estava autorizada a atualizar, com base na valorização imobiliária, a pauta nos exercícios posteriores. Com base nessa situação hipotética, assinale a opção correta.

a) Ao Poder Executivo pode ser delegada a atualização do valor do imposto com base na correção monetária.

b) O município não poderia editar lei instituindo IPTU, uma vez que a CF já o fez, mostrando-se, por isso, indiferente o meio utilizado para a atualização da pauta de valores.

c) É desnecessária a edição de lei para aprovar a pauta de valores dos imóveis do município, visto que, com o constante aumento das áreas habitadas, isso tornaria impraticável a arrecadação do tributo, bastando, portanto, a edição

CAPÍTULO 18 - DIREITO TRIBUTÁRIO

de decreto regulamentar para majorar ou atualizar a pauta.

d) Tendo a pauta de valores tornado certo o objeto da tributação (imóvel) e sua base de cálculo (valor) no primeiro exercício, a atualização da pauta nos termos previstos poderá ser efetivada por meio de decreto.

e) A secretaria de fazenda pode passar a cobrar o imposto de novos imóveis não incluídos originalmente na pauta anexa à lei.

1893. (FCC/TJ/PE/Juiz/2013) Prefeito Municipal que entrou em exercício no dia primeiro de janeiro de 2013 baixou um decreto corrigindo monetariamente, conforme índice de correção lá indicado, a Planta Genérica de Valores utilizada para apuração da base de cálculo do Imposto sobre a Propriedade Predial e Territorial Urbana – IPTU e sobre o Imposto sobre a Transmissão de Bens Imóveis por ato "inter vivos" a título oneroso – ITBI. Fez constar o Prefeito que a vigência do decreto é imediata, a partir da data da publicação, já valendo para o exercício de 2013. Inconformados com esta medida, que acabou por majorar a base de cálculo do IPTU e do ITBI, alguns proprietários ingressaram em juízo questionando a constitucionalidade do decreto. Considerando-se os fatos relatados, é correto afirmar que esse decreto é

a) inconstitucional porque não atendeu às regras da anterioridade anual e nonagesimal, embora seja exceção à regra da legalidade.

b) constitucional porque majoração de base de cálculo de IPTU e ITBI é exceção às regras da legalidade e da anterioridade.

c) constitucional porque a correção monetária da base de cálculo não equivale a majoração, razão pela qual não se submete às regras da anterioridade e da legalidade.

d) inconstitucional porque não atendeu à regra da legalidade pois, apesar de se tratar de exceção à regra da anterioridade, deveria ter sido feito por lei.

e) inconstitucional porque não atendeu à regra da anterioridade nonagesimal, embora seja exceção à regra da legalidade.

1894. (Funiversa/Adasa/Advogado/2009) O Poder Executivo de uma unidade da federação resolveu atualizar, aplicando índice oficial de correção monetária, pauta de valores imobiliários, aprovada no ano anterior

pela casa legislativa, e cobrar o novo valor do IPTU dos contribuintes. Nesse caso, assinale a alternativa correta.

a) Somente a casa legislativa poderia cobrar novo valor, pois há cobrança de tributo sem lei nova a instituindo.

b) Não há ilegalidade no estabelecimento de valor atualizado pela correção monetária da pauta de valores imobiliários para fins de cobrança do IPTU.

c) O tributo é de competência estadual.

d) O tributo é de exclusividade da competência municipal, e o fato gerador é a propriedade predial e territorial urbana e rural.

e) O poder executivo não possui competência para estabelecer o novo valor da pauta, mesmo que seja para aplicar correção monetária em valor anterior disposto em lei.

1895. (FCC/DPE/SP/Defensor/2015) Sobre impostos municipais:

a) A apuração da base de cálculo dos impostos predial territorial urbano – IPTU e sobre a transmissão de bens imóveis – ITBI e de direitos a eles relativos, é idêntica em consonância com a atual jurisprudência do Superior Tribunal de Justiça.

b) Como regra, a modalidade de lançamento direto ou de ofício, previsto no artigo 149, do Código Tributário Nacional, é a empregada tanto para o imposto predial urbano – IPTU quanto para o imposto sobre a transmissão de bens imóveis – ITBI e de direitos a eles relativos.

c) O imposto predial territorial urbano – IPTU e o imposto sobre transferência de bens imóveis – ITBI compreendem alíquotas progressivas por autorização Constitucional.

d) Incide o imposto sobre transferência de bens imóveis – ITBI ao final da ação de usucapião, quando o pedido é julgado procedente e o requerente obtém a propriedade imobiliária.

e) O Município poderá majorar anualmente, mediante a edição de decreto, o valor venal dos imóveis urbanos para fins de atualização monetária da base de cálculo do imposto predial territorial urbano – IPTU, desde que não exceda ao percentual da inflação oficial.

> *Súmula STJ 397. O contribuinte do IPTU é notificado do lançamento pelo envio do carnê ao seu endereço.*

1896. (Cetro/TJ/RJ/Cartórios/2012) Em relação ao Imposto sobre Propriedade Territorial Urbana (IPTU), é correto afirmar que:

a) a simples remessa do carnê para pagamento do IPTU ao endereço do contribuinte configura notificação de lançamento.

b) o lançamento é feito por homologação.

c) não se admite, como contribuinte, o possuidor do imóvel a qualquer título.

d) tem como função preponderante funcionar como forma direta de intervenção do Estado no domínio econômico, ou seja, a extrafiscalidade.

e) é inconstitucional a lei do município que reduz o IPTU sobre imóvel ocupado pela residência do proprietário, que não possua outro.

> **Súmula STJ 399.** Cabe à legislação municipal estabelecer o sujeito passivo do IPTU.

1897. (Cespe/DPU/Defensor/2010) Considere que o proprietário de imóvel localizado na zona urbana de determinado município tenha firmado contrato de promessa de compra e venda do bem com Maria. Nessa situação hipotética, tanto a promitente compradora (possuidora a qualquer título) do imóvel quanto o proprietário são contribuintes responsáveis pelo pagamento do IPTU.

1898. (Esaf/PFN/Procurador/2012) De acordo com a jurisprudência do STJ sobre o IPTU – Imposto sobre a Propriedade Territorial Urbana, de competência dos Municípios e do Distrito Federal, é incorreto afirmar que:

a) é defeso aos municípios aumentarem a base de cálculo do IPTU por meio de decreto.

b) são contribuintes responsáveis pelo pagamento do IPTU tanto o promitente comprador do imóvel quanto o promitente vendedor, podendo ambos figurar conjuntamente no polo passivo em ações de cobrança do imposto.

c) na hipótese em que o lançamento original reportou-se à área menor do imóvel, por desconhecimento de sua real metragem, o imposto pode ser complementado, pois a retificação dos dados cadastrais não significa recadastramento de imóvel.

d) não se permite a revisão do lançamento de IPTU referente a imóvel cujo padrão de acabamento

considerado era diferente da realidade, pois neste caso o lançamento complementar decorreria de um simples erro de fato, que não ensejaria a revisão da cobrança.

e) não incide IPTU sobre imóveis objeto de contrato de concessão de direito real de uso, em razão da ausência do fato gerador do tributo.

4.3.2. ISSQN

> **Súmula STJ 138.** O ISS incide na operação de arrendamento mercantil de coisas móveis.

1899. (Cespe/DPU/Defensor/2010) Compete aos municípios instituir o ISS sobre o "leasing" financeiro, uma vez que o "leasing" é contrato complexo e não se confunde com contratos de aluguel, compra e venda ou com operação de crédito.

1900. (Cespe/TJ/TO/Juiz/2007) Considere que a Sol Locadora de Veículos Ltda. tenha firmado contrato de arrendamento mercantil com certa arrendadora, cujo objeto são cinco veículos. Nessa situação, assinale a opção correta acerca do contrato de arrendamento mercantil.

a) É vedado, no contrato firmado entre a Sol Locadora de Veículos Ltda. e a arrendadora, prever-se que as prestações devam ser solvidas com periodicidade superior a três meses.

b) Na operação de arrendamento mercantil ajustada entre a Sol Locadora de Veículos Ltda. e a arrendadora incide o imposto sobre serviços (ISS).

c) É lícito que a arrendadora assuma a forma jurídica de sociedade limitada, desde que seja registrada no Banco Central e por ele autorizada a atuar nesse ramo.

d) A lei do sigilo bancário não é aplicável às sociedades arrendadoras.

> **Súmula STJ 156.** A prestação de serviço de composição gráfica, personalizada e sob encomenda, ainda que envolva fornecimento de mercadorias, está sujeita, apenas, ao ISS.

1901. (Cespe/AGU/Procurador/2007) Caso determinada empresa tenha prestado serviços de composição gráfica em embalagens de alimentos não perecíveis, nessa situação, o município competente somente poderá cobrar

CAPÍTULO 18 - DIREITO TRIBUTÁRIO

dessa empresa o ISS se a operação não envolver o fornecimento de mercadorias.

> **Súmula STJ 167.** *O fornecimento de concreto, por empreitada, para construção civil, preparado no trajeto até a obra em betoneiras acopladas a caminhões, é prestação de serviço, sujeitando-se apenas à incidência do ISS.*

1902. (FCC/TJ/AP/Juiz/2009) Segundo jurisprudência pacífica e sumulada do STJ acerca do ICMS, é correto afirmar que:

a) não constitui fato gerador do ICMS o simples deslocamento de mercadoria de um para outro estabelecimento do mesmo contribuinte.

b) incide ICMS sobre o fornecimento de concreto, por empreitada, para construção civil, preparado no trajeto até a obra em betoneiras acopladas a caminhões, por ser prestação de serviços.

c) não incide ICMS na importação de aeronave, por pessoa física, para uso próprio.

d) não incide ICMS na importação de veículo por pessoa física, destinado a uso próprio.

e) incide ICMS na operação de arrendamento mercantil de coisas móveis.

> **Súmula STJ 274.** *O ISS incide sobre o valor dos serviços de assistência médica, incluindo-se neles as refeições, os medicamentos e as diárias hospitalares.*

1903. (Serctam/PGM/Quixadá/Assistente_Jurídico/2016) Segundo o entendimento sumulado do Superior Tribunal de Justiça, marque a opção correta:

a) O ISS incide sobre o valor dos serviços de assistência médica, incluindo-se neles as refeições, os medicamentos e as diárias hospitalares.

b) Não se sujeita à incidência do ISS o fornecimento de concreto, por empreitada, para construção civil, preparado no trajeto até a obra em betoneiras acopladas a caminhões.

c) Não é defeso, ao Município, atualizar o IPTU, mediante decreto, em percentual superior ao índice oficial de correção monetária.

d) A prestação de serviço de composição gráfica, personalizada e sob encomenda, que envolva fornecimento de mercadorias, não está sujeita, apenas, ao ISS.

e) O ISS não incide na operação de arrendamento mercantil de coisas móveis.

> **Súmula STJ 424.** *É legítima a incidência de ISS sobre os serviços bancários congêneres da lista anexa ao DL nº 406/1968 e à LC nº 56/1987.*

➲ Súmula não abordada em concursos recentes.

> **Súmula STJ 524.** *No tocante à base de cálculo, o ISSQN incide apenas sobre a taxa de agenciamento quando o serviço prestado por sociedade empresária de trabalho temporário for de intermediação, devendo, entretanto, englobar também os valores dos salários e encargos sociais dos trabalhadores por ela contratados nas hipóteses de fornecimento de mão de obra.*

1904. (Cespe/PGM/Salvador/Procurador/2015) Assinale a opção correta a respeito do ISSQN, conforme tratamento dado pela CF, pela LC n. 116/2003, pelo CTRMS/2006 e pela interpretação dos tribunais superiores.

a) Quando o serviço prestado por sociedade empresária de trabalho temporário for de intermediação, incidirá ISSQN unicamente sobre a taxa de agenciamento, que é a contraprestação pelo serviço de intermediação de mão de obra, ainda que o valor do contrato englobe os valores dos salários pagos e encargos sociais dos trabalhadores por ela contratados nas hipóteses de fornecimento de mão de obra.

b) O CTRMS/2006 veda expressamente a fixação do valor do imposto a partir de uma base de cálculo estimada, embora o volume ou a modalidade da prestação do serviço dificulte o controle ou a fiscalização. Tal previsão foi motivada pela jurisprudência do STJ, que proíbe a utilização de pautas fiscais.

c) Para fins de incidência do ISSQN no âmbito territorial do município de Salvador, é necessário que o prestador do serviço tenha estabelecimento fixo.

d) Cabe a LC dirimir conflitos de competência entre os entes tributários. Consiste em um típico conflito de competência em matéria tributária saber se o fornecimento de serviços juntamente com mercadorias enseja tributação pelo ISSQN ou pelo ICMS. Nesse caso, a regra é que incide o ICMS, porque se encontra expressamente ressalvada a incidência predominante do fornecimento de mercadorias.

e) Para a incidência do ISSQN, é necessária a ocorrência de uma prestação de serviços, assim considerada uma prestação de fazer, razão pela qual é inconstitucional a incidência desse imposto para operações de locação de bens móveis, pois o legislador municipal não pode alterar o sentido e o alcance de institutos próprios de direito privado.

4.4. Contribuições Especiais

Súmula STJ 423. *A Contribuição para Financiamento da Seguridade Social – Cofins incide sobre as receitas provenientes das operações de locação de bens móveis.*

1905. **(Cespe/TRF/2R/Juiz/2009)** A Cofins não incide sobre a receita da sociedade comercial decorrente da locação de veículos, por se tratar de cessão de uso e gozo de coisa a título oneroso, que não pode ser equiparada com mercadoria.

1906. **(Esaf/MDIC/Analista/2012)** A Cofins – Contribuição para Financiamento da Seguridade Social – constitui espécie tributária prevista no art. 195, alínea b, da Constituição Federal, e tem como base de cálculo a totalidade das receitas auferidas pela pessoa jurídica. Sobre ela, podemos afirmar que:

a) não incide sobre a receita oriunda da locação de bens móveis, se esta não for a atividade econômica preponderante da pessoa jurídica.

b) são contribuintes da Cofins as pessoas jurídicas de direito privado em geral, inclusive as pessoas a elas equiparadas pela legislação do Imposto de Renda, exceto as microempresas e as empresas de pequeno porte optantes pelo Simples Nacional.

c) para a determinação da base de cálculo da Cofins, é relevante o exame da classificação contábil adotada para as receitas.

d) há incidência da Cofins sobre os valores recuperados a título de tributo pago indevidamente pelo contribuinte.

e) receitas de terceiros integram a base de cálculo da Cofins, quando sua atividade for a

de prestação de serviços de gerenciamento daquelas.

Súmula STJ 499. *As empresas prestadoras de serviços estão sujeitas às contribuições ao Sesc e Senac, salvo se integradas noutro serviço social.*

➲ Súmula não abordada em concursos recentes.

Súmula STJ 508. *A isenção da Cofins concedida pelo art. 6º, II, da LC n. 70/1991 às sociedades civis de prestação de serviços profissionais foi revogada pelo art. 56 da Lei n. 9.430/1996.*

➲ Súmula não abordada em concursos recentes.

Súmula STJ 516. *A contribuição de intervenção no domínio econômico para o Incra (Decreto-Lei n. 1.110/1970), devida por empregadores rurais e urbanos, não foi extinta pelas Leis ns. 7.787/1989, 8.212/1991 e 8.213/1991, não podendo ser compensada com a contribuição ao INSS.*

➲ Súmula não abordada em concursos recentes.

4.5. Taxas

Súmula STJ 178. *O INSS não goza de isenção do pagamento de custas e emolumentos, nas ações acidentárias e de benefícios, propostas na justiça estadual.*

Súmula anotada em Direito Processual Previdenciário – Dos Sujeitos do Processo – Das Partes e dos Procuradores – Dos Deveres das Partes e de seus Procuradores.

5. OUTROS TEMAS

5.1. Refis

Súmula STJ 355. *É válida a notificação do ato de exclusão do programa de recuperação fiscal do Refis pelo Diário Oficial ou pela Internet.*

➲ Súmula não abordada em concursos recentes.

PARTE II – SÚMULAS SUPERIOR TRIBUNAL DE JUSTIÇA

CAPÍTULO 18 - DIREITO TRIBUTÁRIO   STJ   575

Súmula STJ 437. *A suspensão da exigibilidade do crédito tributário superior a quinhentos mil reais para opção pelo Refis pressupõe a homologação expressa do comitê gestor e a constituição de garantia por meio do arrolamento de bens.*

➲ Súmula não abordada em concursos recentes.

5.2. Simples Nacional

Súmula STJ 425. *A retenção da contribuição para a seguridade social pelo tomador do serviço não se aplica às empresas optantes pelo Simples.*

➲ Súmula não abordada em concursos recentes.

Súmula STJ 448. *A opção pelo Simples de estabelecimentos dedicados às atividades de creche, pré-escola e ensino fundamental é admitida somente a partir de 24.10.2000, data de vigência da Lei n° 10.034/2000.*

➲ Súmula não abordada em concursos recentes.

CAPÍTULO 19 -
ESTATUTO DA CRIANÇA E DO ADOLESCENTE

1. DA PRÁTICA DE ATO INFRACIONAL

1.1. Das Medidas Socioeducativas

> **Súmula STJ 108.** *A aplicação de medidas socioeducativas ao adolescente, pela prática de ato infracional, é da competência exclusiva do juiz.*

1907. **(FCC/MPE/PA/Promotor/2014)** Em relação ao Estatuto da Criança e do Adolescente – Lei 8.069/1990, considere as afirmações abaixo.

I. A aplicação de medidas socioeducativas ao adolescente, pela prática de ato infracional, é da competência exclusiva do juiz.

II. A prescrição penal não é aplicável nas medidas socioeducativas.

III. A competência para processar e julgar as ações conexas de interesse de menor é, em princípio, do foro do domicílio do detentor de sua guarda.

IV. O ato infracional análogo ao tráfico de drogas, por si só, não conduz obrigatoriamente à imposição de medida socioeducativa de internação do adolescente.

Está correto o que se afirma apenas em

a) I e IV.

b) I, III e IV.

c) II, III e IV.

d) I e II.

e) II e IV.

1908. **(MPE/MG/Promotor/2010)** Nos termos do Estatuto da Criança e do Adolescente, considere as seguintes proposições.

I. O fato de o adolescente atingir os dezoito anos de idade depois da prática de ato infracional obsta a sua inserção em qualquer das medidas socioeducativas previstas na lei.

II. A aplicação de medida socioeducativa ao adolescente infrator é de competência exclusiva do juiz.

III. Ao homologar a remissão concedida pelo Ministério Público, o juiz poderá aplicar simultaneamente ao adolescente infrator a medida de prestação de serviços à comunidade.

IV. Uma vez oferecida a representação, a remissão poderá ser concedida a qualquer tempo antes da sentença, dispensando-se a audiência judicial de apresentação do adolescente.

Pode-se concluir que estão corretas

a) apenas as proposições I e II.

b) apenas as proposições II e III.

c) apenas as proposições II e IV.

d) todas as proposições.

> **Súmula STJ 265.** *É necessária a oitiva do menor infrator antes de decretar-se a regressão da medida socioeducativa.*

1909. **(Cespe/TJ/ES/Cartórios/2013)** Com base no disposto no Estatuto da Criança e do Adolescente, assinale a opção correta à luz da jurisprudência dos tribunais superiores.

a) Ao adolescente que praticar ato infracional análogo ao tráfico de drogas deverá ser imposta a medida socioeducativa de internação.

b) Em se tratando de procedimento para aplicação de medida socioeducativa, se o menor infrator confessar a prática do ato a ele imputado, será desnecessária a produção de outras provas.

c) Para a decretação da regressão da medida socioeducativa, é desnecessária a oitiva do menor infrator.

d) O instituto da prescrição penal não se aplica às medidas socioeducativas.

e) Em regra, as ações conexas de interesse do menor infrator devem ser processadas e julgadas no foro do domicílio do detentor de sua guarda.

> **Súmula STJ 338.** *A prescrição penal é aplicável nas medidas socioeducativas.*

Súmula anotada em Direito Penal – Da Extinção da Punibilidade – Da Prescrição.

> **Súmula STJ 342.** *No procedimento para aplicação de medida socioeducativa, é nula a desistência de outras provas em face da confissão do adolescente.*

1910.
(FCC/DPE/SP/Defensor/2009) Dentre os temas que resultaram na edição de súmulas pelo Superior Tribunal de Justiça a respeito da aplicação e execução de medidas socioeducativas encontram-se:

a) nulidade da desistência de provas em face da confissão do adolescente, aplicabilidade da prescrição penal às medidas socioeducativas, necessidade de oitiva do adolescente antes da decretação da regressão.

b) competência exclusiva do juiz para aplicação de medida socioeducativa, improrrogabilidade do prazo de internação provisória, caráter sempre público da ação socioeducativa.

c) cabimento de medida em meio aberto com remissão, nulidade da desistência de provas em face da confissão do adolescente, aplicabilidade da prescrição penal às medidas socioeducativas.

d) necessidade de oitiva do adolescente antes da decretação da regressão, competência exclusiva do juiz para aplicação de medida socioeducativa, improrrogabilidade do prazo de internação provisória.

e) caráter sempre público da ação socioeducativa, cabimento de medida em meio aberto com remissão, nulidade da desistência de provas em face da confissão do adolescente.

> **Súmula STJ 492.** *O ato infracional análogo ao tráfico de drogas, por si só, não conduz obrigatoriamente à imposição de medida socioeducativa de internação do adolescente.*

1911.
(TJ/DFT/Juiz/2012) Considerando as assertivas abaixo, aponte a alternativa correta.

I. Segundo entendimento dominante do Superior Tribunal de Justiça, no procedimento para aplicação de medida socioeducativa, é admitida a desistência de outras provas em face da confissão do adolescente.

II. A remissão pré-processual ou ministerial poderá importar em perdão puro e simples (remissão própria) ou ser cumulada com medida socioeducativa não restritiva de liberdade (remissão imprópria). Nos dois casos, haverá controle pelo magistrado.

III. Conforme entendimento firmado pelo Superior Tribunal de Justiça, o ato infracional análogo ao tráfico ilícito de entorpecentes, por sua natureza hedionda, enseja, por si só, a aplicação de medida socioeducativa de internação, em face da gravidade do ato praticado.

a) somente a assertiva I está correta.

b) somente a assertiva II está correta.

c) somente as assertivas II e III estão corretas.

d) estão corretas as assertivas I, II e III.

1912.
(Cespe/DPDF/Defensor/2013) Conforme a jurisprudência consolidada do STJ, a prática de ato infracional análogo ao crime de tráfico ilícito de entorpecentes autoriza, por si só, a aplicação da medida socioeducativa de internação ao adolescente que o cometa.

1913.
(Cespe/TJ/DFT/Juiz/2015) De acordo com a jurisprudência atual do STF e do STJ, assinale a opção correta a respeito dos direitos da criança e do adolescente.

a) Em ação proposta pelo MP para o acolhimento institucional, não cabe à DP atuar como curadora especial da criança ou do adolescente.

b) Diferentemente do que ocorre com casal homoafetivo, é vedada a adoção unilateral de criança pela companheira de sua mãe biológica.

c) É vedado a juízes da infância e da juventude disciplinar, por meio de portaria ou ato normativo similar, horário máximo de permanência de crianças e de adolescentes desacompanhados dos pais ou responsáveis nas ruas da cidade.

d) Deverá ser imposta medida socioeducativa de internação ao adolescente que cometer ato infracional análogo ao tráfico de drogas, por se tratar de crime considerado hediondo conforme a legislação penal.

e) O crime de corrupção e facilitação de corrupção de menor de dezoito anos é caracterizado a partir da prova da efetiva corrupção do menor.

1914.
(Cespe/TJ/DFT/Juiz/2014) Com fundamento nas súmulas dos tribunais superiores, assinale a opção correta.

CAPÍTULO 19 - ESTATUTO DA CRIANÇA E DO ADOLESCENTE

a) O juiz não pode declarar extinta a pena, enquanto não passar em julgado a sentença em processo a que responda o liberado, por crime ou contravenção praticados na vigência do livramento condicional.

b) É possível a aplicação retroativa de lei penal vigente em combinação com a lei penal revogada, desde que o resultado da incidência de leis penais combinadas seja favorável ao acusado.

c) A pena substitutiva de prestação de serviços à comunidade pode figurar como condição especial ao regime aberto.

d) A lei penal mais grave aplicar-se-á ao crime continuado ou ao crime permanente, se a sua vigência for anterior à cessação da continuidade ou da permanência.

e) O ato infracional análogo ao tráfico de drogas conduz obrigatoriamente à imposição de medida socioeducativa de internação do adolescente.

1915. (Cespe/TRT/8R/Analista/2016)
Assinale a opção correta acerca da interpretação da Lei n. 8.069/1990 (Estatuto da Criança e do Adolescente), com fundamento na jurisprudência dos tribunais superiores.

a) A confissão do menor admitindo a prática do ato infracional deve, necessariamente, reduzir o rigor da medida socioeducativa a ser imposta, pois a confissão sempre atenua a pena.

b) A produção de outras provas pode ser dispensada caso o menor admita a prática do ato infracional que lhe foi imputado.

c) O ato infracional análogo ao porte de entorpecente para fins de tráfico, não obstante sua ofensividade social, não implica, necessariamente, a medida socioeducativa de internação do menor.

d) A corrupção de menor é crime material, que exige obrigatoriamente a produção do resultado danoso, razão pela qual esse delito não se configura quando o menor já tenha sido anteriormente corrompido.

e) O parecer psicossocial elaborado por especialistas tem caráter vinculativo e é determinante para que o juiz imponha ao menor a medida socioeducativa mais adequada a ser aplicada no caso concreto.

1916. (Vunesp/TJM/SP/Juiz/2016)
Sobre as medidas protetivas e socioeducativas conferidas aos menores, é correto afirmar que

a) a internação possui prazo determinado de duração, jamais podendo ser fixada por período inferior a 6 (seis) meses.

b) os atos infracionais, passíveis de medidas protetivas ou socioeducativas, são aqueles cujas condutas típicas estão expressamente previstas no Estatuto da Criança e do Adolescente – ECA.

c) a internação pode ser aplicada a menor de 12 anos, excepcionalmente, na hipótese de ato infracional cometido mediante violência e grave ameaça, em reiteração.

d) segundo a jurisprudência do Superior Tribunal de Justiça, a prática de ato infracional análogo ao tráfico de entorpecentes, por si só, não autoriza a aplicação da medida socioeducativa da internação.

e) a prescrição penal não é aplicável às medidas socioeducativas, pois, ao contrário dos adultos, aos menores não se atribui pena.

2. DO ACESSO À JUSTIÇA

2.1. Da Justiça da Infância e da Juventude

2.1.1. Do Juiz

> **Súmula STJ 383.** *A competência para processar e julgar as ações conexas de interesse de menor é, em princípio, do foro do domicílio do detentor de sua guarda.*

1917. (InstitutoCidades/DPE/AM/2011)
Ao Superior Tribunal de Justiça compete uniformizar e interpretar as normas de processo civil. Segundo sua jurisprudência, é incorreto afirmar

a) O prazo decadencial da ação rescisória só se inicia quando não for cabível qualquer recurso do último pronunciamento judicial.

b) A prévia intimação pessoal do devedor não é condição necessária para a cobrança de multa pelo descumprimento de obrigação de fazer ou não fazer.

c) O cancelamento de pensão alimentícia de filho que atingiu a maioridade está sujeito à decisão judicial, mediante contraditório, ainda que nos próprios autos.

d) A competência para processar e julgar as ações conexas de interesse de menor é, em princípio, do foro do domicílio do detentor de sua guarda.

e) Compete à turma recursal processar e julgar o mandado de segurança contra ato de juizado especial.

1918. **(Cespe/DPDF/Defensor/2013)** A competência territorial, nas ações que envolvam medidas protetivas destinadas a crianças e adolescentes e discussão sobre o poder familiar, será definida sempre pelo juízo do lugar onde se encontre a criança ou o adolescente.

1919. **(Cespe/TJ/ES/Cartórios/2013)** Com base no disposto no Estatuto da Criança e do Adolescente, assinale a opção correta à luz da jurisprudência dos tribunais superiores.

a) Ao adolescente que praticar ato infracional análogo ao tráfico de drogas deverá ser imposta a medida socioeducativa de internação.

b) Em se tratando de procedimento para aplicação de medida socioeducativa, se o menor infrator confessar a prática do ato a ele imputado, será desnecessária a produção de outras provas.

c) Para a decretação da regressão da medida socioeducativa, é desnecessária a oitiva do menor infrator.

d) O instituto da prescrição penal não se aplica às medidas socioeducativas.

e) Em regra, as ações conexas de interesse do menor infrator devem ser processadas e julgadas no foro do domicílio do detentor de sua guarda.

3. DOS CRIMES E DAS INFRAÇÕES ADMINISTRATIVAS

3.1. Dos Crimes

3.1.1. Dos Crimes em Espécie

> **Súmula STJ 500.** *A configuração do crime previsto no artigo 244-B do ECA independe da prova da efetiva corrupção do menor, por se tratar de delito formal.*

1920. **(Cespe/DPDF/Defensor/2013)** Conforme jurisprudência consolidada do STF e do STJ, para a configuração do crime de corrupção de menores, previsto na Lei n. 8.069/1990, são necessárias provas de que a participação na prática do crime efetivamente corrompeu o menor de dezoito anos de idade.

1921. **(Vunesp/PC/CE/Escrivão/2015)** No que concerne ao crime de "corromper ou facilitar a corrupção de menor de 18 (dezoito) anos, com ele praticando infração penal ou induzindo-o a praticá-la" (corrupção de menores, art. 244-B da Lei n. 8.069/90):

a) as penas são diminuídas de 1/3, no caso de infração cometida ou induzida em se tratando de contravenção penal.

b) há entendimento jurisprudencial sumulado por Tribunal Superior no sentido de que se trata de crime formal

c) por disposição legal não se configura se o menor, antes do contato com o agente, já era dado à prática de crimes

d) as penas são aumentadas de 1/3, no caso de a infração, para a qual o menor foi cooptado, ser cometida com violência ou grave ameaça.

e) as penas são aumentadas de 2/3, no caso de a infração cometida ou induzida estar incluída no rol dos crimes hediondos.

1922. **(Vunesp/TJ/RJ/Juiz/2014)** De acordo com entendimento recentemente sumulado pelo STJ, o crime de corrupção de menores do art. 244-B da Lei n. 8.069/90 (Estatuto da Criança e do Adolescente), é delito (___) e, portanto, para sua configuração, (___) da prova da efetiva corrupção do menor. Completam, correta e respectivamente, as lacunas as expressões contidas em

a) formal ... depende

b) material ... depende

c) material ... independe

d) formal ... independe

1923. **(IBFC/PC/RJ/Papiloscopista/2014)** Segundo o entendimento sumulado pelo Superior Tribunal de Justiça, o delito de corrupção de menores, previsto no artigo 244-B do Estatuto da Criança e do Adolescente:

a) É crime material e depende de prova da efetiva corrupção do menor.

b) É crime formal e depende de prova da efetiva corrupção do menor.

c) É crime de mera conduta e independe de prova da efetiva corrupção do menor.

PARTE II – SÚMULAS SUPERIOR TRIBUNAL DE JUSTIÇA

CAPÍTULO 19 - ESTATUTO DA CRIANÇA E DO ADOLESCENTE

STJ   581

d) É crime formal e independe de prova da efetiva corrupção do menor.

e) É crime material e independe de prova da efetiva corrupção do menor.

1924. (FCC/TJ/GO/Juiz/2015) Segundo entendimento sumulado do Superior Tribunal de Justiça, os crimes de extorsão e de corrupção de menores são de natureza:

a) material e de mera conduta, respectivamente.

b) formal.

c) formal e material, respectivamente.

d) material e formal, respectivamente.

e) material.

1925. (Cespe/TJ/DFT/Juiz/2015) De acordo com a jurisprudência atual do STF e do STJ, assinale a opção correta a respeito dos direitos da criança e do adolescente.

a) Em ação proposta pelo MP para o acolhimento institucional, não cabe à DP atuar como curadora especial da criança ou do adolescente.

b) Diferentemente do que ocorre com casal homoafetivo, é vedada a adoção unilateral de criança pela companheira de sua mãe biológica.

c) É vedado a juízes da infância e da juventude disciplinar, por meio de portaria ou ato normativo similar, horário máximo de permanência de crianças e de adolescentes desacompanhados dos pais ou responsáveis nas ruas da cidade.

d) Deverá ser imposta medida socioeducativa de internação ao adolescente que cometer ato infracional análogo ao tráfico de drogas, por se tratar de crime considerado hediondo conforme a legislação penal.

e) O crime de corrupção e facilitação de corrupção de menor de dezoito anos é caracterizado a partir da prova da efetiva corrupção do menor.

1926. (Cespe/TJ/DFT/Juiz/2016) Acerca da jurisprudência sumulada do STJ em matéria penal, assinale a opção correta.

a) O delito de corromper menor de dezoito anos, com ele praticando infração penal ou induzindo-o a praticá-la, é crime formal, cuja configuração independe da prova de efetiva corrupção do menor.

b) O reconhecimento do privilégio previsto para o furto simples nos casos de crime de furto qualificado é inadmissível, mesmo que o criminoso seja primário, a coisa furtada seja de pequeno valor e a qualificadora seja de ordem objetiva.

c) É admissível a fixação de pena substitutiva prevista no art. 44 do CP, como condição especial ao regime aberto, nos termos da súmula 493.

d) Por adequação social, nos termos da súmula 502, ainda que presentes a materialidade e a autoria, nos termos da, súmula 502, a conduta de expor à venda CDs e DVDs piratas, não tipifica o crime em relação ao direito autoral previsto no art. 184, § 2º, do CP.

e) A causa de aumento de pena pelo concurso de agentes, prevista para o crime de roubo, é aplicável para o crime de furto qualificado.

1927. (MPE/SP/Promotor/2015) Levando em consideração dominantes orientações doutrinárias e jurisprudenciais em relação aos crimes contra a dignidade sexual, assinale a alternativa falsa:

a) Para caracterização do crime de estupro de vulnerável não se exige que o agente empregue violência, grave ameaça ou fraude, bastando que se consume um dos atos sexuais com a pessoa vulnerável.

b) O crime de corrupção de menores se tipifica quando praticado contra menor de 18 (dezoito) anos, desde que não experiente em questões sexuais e ainda não corrompido.

c) Distingue-se o estupro da violação sexual mediante fraude porque neste o agente não emprega violência ou grave ameaça, mas artifícios que viciam a vontade da vítima, induzindo-a em erro.

d) Tratando-se o agente de tio, padrasto ou madrasta da vítima, as penas dos crimes são aumentadas de metade.

e) O assédio sexual se tipifica quando praticado por agente que, para alcançar seu intento, se prevalece de sua superioridade hierárquica tanto no serviço público, quanto no trabalho particular.

1928. (Cespe/DPE/RN/Defensor/2015) João, imputável, foi preso em flagrante no momento em que subtraía para si, com a ajuda de um adolescente de dezesseis anos de idade, cabos de telefonia avaliados em cem reais. Ao ser interrogado na delegacia, João, apesar de ser primário, disse ser Pedro, seu irmão, para tentar ocultar seus maus antecedentes criminais. Por sua vez, o adolescente foi ouvido na delegacia especializada, continuou sua participação nos fatos e afirmou que já havia sido internado anteriormente pela prática de ato infracional análogo ao furto. Nessa situação hipotética, conforme a jurisprudência dominante dos tribunais superiores, em tese, João praticou os crimes de

a) furto qualificado privilegiado, corrupção de menores e falsa identidade.

b) corrupção de menores e falsidade ideológica.

c) furto simples, falsa identidade e corrupção de menores.

d) furto qualificado e falsidade ideológica.

e) furto simples e corrupção de menores.

1929. (Fapec/MPE/MS/Promotor/2015)
Assinale a alternativa correta, referente ao Estatuto da Criança e do Adolescente (ECA – Lei 8.069/90):

a) A configuração do crime do art. 244-B do ECA (corromper ou facilitar a corrupção de menor de 18 (dezoito) anos, com ele praticando infração penal ou induzindo-o a praticá-la) independe da prova da efetiva corrupção do menor, por se tratar de delito formal.

b) Na medida de internação aplicada sob o fundamento do "descumprimento reiterado e injustificável da medida anteriormente imposta", o seu prazo poderá ser superior a três meses, desde que devidamente justificado na decisão judicial.

c) O Superior Tribunal de Justiça já firmou entendimento no sentido da impossibilidade de aplicação do princípio da bagatela às condutas regidas pelo Estatuto da Criança e do Adolescente, pois o referido diploma busca acima de tudo a proteção integral do adolescente infrator.

d) De acordo com o STJ, o ato infracional análogo ao tráfico de drogas (por ser equiparado a hediondo) conduz obrigatoriamente à imposição de medida socioeducativa de internação do adolescente.

e) Consoante pacífica jurisprudência do STJ, compete à Justiça Federal processar e julgar acusado da prática de conduta criminosa consistente na captação e armazenamento, em computadores de escolas municipais, de vídeos pornográficos oriundos da internet, envolvendo crianças e adolescentes.

CAPÍTULO 20 - EXECUÇÃO FISCAL

1. COMPETÊNCIA

> *Súmula STJ 58. Proposta a execução fiscal, a posterior mudança de domicílio do executado não desloca a competência já fixada.*

1930. **(FCC/TJ/AP/Juiz/2009)** "Perpetuatio iurisdictionis". Quanto aos enunciados:

I. A regra da "perpetuatio iurisdictionis" impede que o juiz, depois de declarar a nulidade de cláusula de eleição de foro, em contrato de adesão, decline de sua competência, de ofício, para o juízo de domicílio do réu.

II. Proposta a execução fiscal, a posterior mudança de domicílio do executado não desloca a competência fixada em razão da distribuição da demanda.

III. Tem-se por perpetuada a competência na ação rescisória, por sua distribuição, quando não oposta a exceção de incompetência relativa.

IV. No cumprimento da sentença, o exequente poderá optar pelo atual domicílio do executado, por constituir exceção à regra que atribui competência ao juízo que processou a causa em primeiro grau de jurisdição.

V. A regra da "perpetuatio iurisdictionis" não impede a conexão das causas.

a) Somente III, IV e V estão corretas.
b) I, II, III, IV, V estão corretas.
c) Somente I e II estão corretas.
d) Somente III e IV estão corretas.
e) Somente II, IV e V estão corretas.

> *Súmula STJ 66. Compete à justiça federal processar e julgar execução fiscal promovida por conselho de fiscalização profissional.*

1931. **(Cetro/CREF/SP/Procurador/2013)** Sobre o entendimento sumular

dos tribunais superiores acerca da execução fiscal, assinale a alternativa correta.

a) A sentença proferida contra as autarquias não está sujeita a reexame necessário, salvo quando sucumbente em execução de dívida ativa.

b) Compete à Justiça Federal ou aos juízes com competência delegada o julgamento das execuções fiscais de contribuições devidas pelo empregador ao FGTS.

c) Compete à Justiça Estadual processar e julgar execução fiscal promovida por Conselho de fiscalização profissional.

d) Proposta a execução fiscal, a posterior mudança de domicílio do executado desloca a competência já fixada.

e) A Fazenda Pública não pode substituir a Certidão de Dívida Ativa (CDA) até a prolação da sentença de embargos, quando se tratar de correção de erro material ou formal.

> *Súmula STJ 349. Compete à justiça federal ou aos juízes com competência delegada o julgamento das execuções fiscais de contribuições devidas pelo empregador ao FGTS.*

1932. **(Cespe/Bacen/Procurador/2009)** Com relação à justiça do trabalho, julgue os seguintes itens.

I. As ações de cobrança de contribuições para o FGTS devidas pelos empregadores devem ser propostas na justiça do trabalho.

II. Os crimes contra a organização do trabalho serão julgados na justiça federal.

III. As demandas referentes à prestação de serviços de trabalhadores autônomos serão julgadas na justiça comum estadual.

IV. As ações de acidente do trabalho propostas pelo beneficiário contra o INSS, em que se discuta controvérsia acerca de benefício previdenciário, serão julgadas na justiça federal.

Estão certos apenas os itens:

a) I e III.
b) I e IV.
c) II e III.
d) I, II e IV.
e) II, III e IV.

1933. (Cespe/CEF/Advogado/2010) A respeito da Lei n. 9.514/1997, que dispõe sobre o Sistema de Financiamento Imobiliário (SFI) e institui a alienação fiduciária de coisa imóvel, e da Lei n.º 8.036/1990, que dispõe sobre o FGTS, assinale a opção correta.

a) A alienação fiduciária de coisa imóvel poderá ser contratada por pessoa física ou jurídica, não sendo privativa das entidades que operam no SFI, podendo ter como objeto, além da propriedade plena, o direito real de uso, desde que suscetível de alienação.

b) Ante a falta de amparo legal, o fiduciante, mesmo com anuência expressa do fiduciário, não poderá transmitir os direitos de que seja titular sobre o imóvel objeto da alienação fiduciária em garantia, razão pela qual os contratos firmados com tal fim (contratos de gaveta) são desprovidos de eficácia jurídica.

c) A conta vinculada do trabalhador no FGTS poderá ser movimentada na hipótese de falecimento do titular, sendo o saldo pago a seus dependentes, para esse fim habilitados perante a previdência social, segundo o critério adotado para a concessão de pensões por morte, e, na falta de dependentes, farão jus ao recebimento do saldo da conta vinculada os seus sucessores previstos na lei civil, após a finalização do procedimento de inventário.

d) Constitui fato típico penal omissivo, punível com detenção e multa, não depositar mensalmente o percentual referente ao FGTS do trabalhador, nos prazos definidos na Consolidação das Leis do Trabalho.

e) É competente a justiça do trabalho para julgar os dissídios relativos à contribuição ao FGTS e a obrigação relativa ao seu recolhimento, bem como a relação jurídica existente entre o fundo em questão e o empregador, exceto quando a CAIXA e os Ministérios do Trabalho e Emprego e da Previdência Social figurarem como litisconsortes.

1934. (Cespe/TJ/ES/Analista/2011) As causas em que a Caixa Econômica Federal atue como autora ou ré, em processos cíveis, deverão ser julgadas na justiça federal.

2. DESPESAS PROCESSUAIS

> *Súmula STJ 153. A desistência da execução fiscal, após o oferecimento dos embargos, não exime o exequente dos encargos da sucumbência.*

➲ Súmula não abordada em concursos recentes.

> *Súmula STJ 190. Na execução fiscal, processada perante a justiça estadual, cumpre à Fazenda Pública antecipar o numerário destinado ao custeio das despesas com o transporte dos oficiais de justiça.*

1935. (Esaf/PFN/Procurador/2007-2) Quanto à execução fiscal, é incorreto afirmar que:

a) na execução fiscal, processada perante a Justiça Estadual, cumpre à Fazenda Pública antecipar o numerário destinado ao custeio das despesas com o transporte dos oficiais de justiça.

b) na execução fiscal, não é permitida a arrematação de bem penhorado, em leilão único. A dupla licitação é indispensável no praceamento dos bens penhorados em execução fiscal, mas não sendo imprescindível constar do edital as duas licitações.

c) proposta a execução fiscal, a posterior mudança de domicílio do executado não desloca a competência já fixada.

d) o depósito somente suspende a exigibilidade do crédito tributário se for integral e em dinheiro.

e) a desistência da execução fiscal, após o oferecimento dos embargos, não exime o exequente dos encargos da sucumbência.

> *Súmula STJ 400. O encargo de 20% previsto no DL nº 1.025/1969 é exigível na execução fiscal proposta contra a massa falida.*

1936. (TRF/3R/Juiz/2003) Considera-se correta a alternativa:

a) responde a totalidade dos bens do devedor pelo pagamento de crédito da Fazenda

CAPÍTULO 20 - EXECUÇÃO FISCAL

Nacional, sem exceção e independentemente de ser ou não bem de família.

b) a apelação de sentença que rejeita liminarmente os embargos à execução será recebida somente no efeito devolutivo.

c) o representante judicial da Fazenda Pública será sempre intimado, pela imprensa oficial, da realização de leilão, com antecedência mínima de dez dias.

d) a massa falida, na execução fiscal, não está sujeita ao pagamento do encargo do Decreto-lei n. 1.025/69, quando rejeitados os embargos à execução.

3. EMBARGOS

> **Súmula STJ 392.** *A Fazenda Pública pode substituir a certidão de dívida ativa (CDA) até a prolação da sentença de embargos, quando se tratar de correção de erro material ou formal, vedada a modificação do sujeito passivo da execução.*

1937. (Cespe/TRF/5R/Juiz/2013) Com base na jurisprudência dos tribunais superiores sobre o processo judicial tributário e o direito tributário, assinale a opção correta.

a) O CTN admite expressamente a compensação tributária entre sociedades empresárias do mesmo grupo econômico.

b) Caso, em uma execução fiscal, não sejam localizados bens penhoráveis, deve-se suspender o processo por dois anos e, findo esse prazo, deve-se iniciar o prazo da prescrição quinquenal intercorrente.

c) Admite-se a exceção de pré-executividade na execução fiscal relativa às matérias conhecíveis de ofício, ainda que essas matérias demandem dilação probatória.

d) A fazenda pública pode substituir a certidão de dívida ativa até a prolação da sentença de embargos, em caso de correção de erro material ou formal. Nessa situação, pode-se modificar o sujeito passivo da execução.

e) A instituição, por meio de norma estadual, de hipótese de extinção de crédito tributário por transcurso de prazo para apreciação de recurso administrativo fiscal (perempção) ofende a reserva de lei complementar constitucionalmente estabelecida para a matéria.

1938. (Esaf/PFN/Procurador/2012) Sobre as formas de defesa que o contribuinte pode utilizar para se insurgir contra a cobrança do crédito tributário, identifique a opção correta.

a) A defesa heterotópica consiste em alegações que podem ser veiculadas nos embargos à execução sobre questões externas à execução fiscal, aptas a extinguir, modificar ou impedir a cobrança do crédito tributário.

b) A defesa heterotópica consiste em um incidente processual na execução fiscal, proposto antes da realização da penhora, que, porém, não suspende o curso do processo.

c) Até a prolação de sentença nos embargos, poderá a Fazenda Pública substituir a certidão de dívida ativa na execução fiscal, apenas para corrigir erro formal, vedando-se, porém, a modificação do sujeito passivo.

d) A defesa heterotópica, que impugna o lançamento tributário, proporciona uma limitação cognitiva aos embargos à execução, não podendo o Executado, mesmo se tratando de título executivo extrajudicial, reiterar a causa petendi já declinada naquela demanda.

e) Deferida a antecipação de tutela pelo tribunal, suspendendo a exigibilidade do crédito tributário, foi proferida, posteriormente, sentença de improcedência. Interposta apelação, a Fazenda Nacional deverá aguardar o seu julgamento para propor a execução fiscal, pois não pode o juiz de primeira instância revogar a antecipação de tutela deferida pelo tribunal.

1939. (Fepese/Procurador/Florianópolis/2011) Diz-se que a Administração Tributária é o conjunto de órgãos públicos com a incumbência de aplicar a legislação tributária, tendo como atividades principais a fiscalização, a arrecadação e a cobrança. Sobre a matéria, é correto afirmar:

a) A Certidão de Dívida Ativa (CDA) constitui título executivo extrajudicial e tem presunção absoluta de liquidez e certeza.

b) Estão sujeitos à fiscalização tributária todos os livros comerciais do sujeito passivo, cujo exame não se limita apenas aos pontos objeto da investigação.

c) É lícita a recusa de expedição da certidão negativa ou positiva, com efeito de negativa, ao sujeito passivo com débitos fiscais incluídos em parcelamento.

d) A Fazenda Pública pode substituir a Certidão de Dívida Ativa (CDA) até a prolação da sentença de embargos, quando se tratar de correção de erro material ou formal, admitindo-se, inclusive, a modificação do sujeito passivo da execução.

e) Declarado e não pago o débito tributário pelo contribuinte, é legítima a recusa de expedição de certidão negativa ou positiva com efeito de negativa.

1940. (FCC/TJ/PE/Cartórios/Ingresso/2013) Na execução fiscal:

a) é necessária a intervenção do Ministério Público.

b) a Fazenda Pública não pode substituir a certidão de dívida ativa até a prolação da sentença de embargos, mesmo quando se tratar de correção de erro material ou formal, sem modificação do sujeito passivo da execução.

c) a Fazenda Pública não pode recusar a substituição do bem penhorado por precatório.

d) a citação por edital é cabível quando frustradas as demais modalidades.

e) o inadimplemento de obrigação tributária pela sociedade gera, por si só, a responsabilidade solidária do sócio-gerente.

1941. (FCC/PGE/RN/Procurador/2014) A empresa "QTN Ltda." opôs embargos à execução fiscal alegando que, na certidão de dívida ativa que a instrui, houve erro material na grafia de seu nome, que seria, na verdade "QTRN Ltda.". Em impugnação, o Estado requereu a substituição da certidão de dívida ativa, com a correção do erro material. Instada a se manifestar, a empresa não concordou com o pedido. De acordo com Súmula do Superior Tribunal de Justiça, o pedido do Estado deverá ser

a) deferido, pois a certidão de dívida ativa pode ser substituída a qualquer tempo, para correção de erro material ou formal, inclusive para modificar o sujeito passivo da execução.

b) deferido, pois a certidão de dívida ativa pode ser substituída, para correção de erro material ou formal, até a prolação da sentença de embargos, vedada a modificação do sujeito passivo da execução.

c) indeferido, porque, depois da estabilização da demanda, é vedado, sem o consentimento da parte contrária, alterar a petição inicial.

d) indeferido, porque, depois da estabilização da demanda, é vedado, mesmo com o consentimento da parte contrária, alterar a petição inicial.

e) deferido, pois a certidão de dívida ativa pode ser substituída, até a prolação da sentença de embargos, inclusive para modificar o sujeito passivo da execução.

1942. (Cespe/TJ/DFT/Juiz/2014) Com referência à tributação, ao orçamento e à ordem social, assinale a opção correta.

a) O IPVA tem como hipótese de incidência a propriedade de veículo automotor, expressão na qual estão compreendidos os veículos de circulação de natureza terrestre, aérea e hídrica.

b) De acordo com a jurisprudência, para que ocorra a outorga de subsídio, isenção, crédito presumido ou remissão em matéria tributária, não se exige a edição de lei específica.

c) É legítima a incidência do IPTU sobre imóvel de propriedade de entidade religiosa que esteja locado a terceiro, ainda que o valor dos aluguéis seja revertido para as atividades essenciais da entidade.

d) Na execução fiscal, a petição inicial deverá ser instruída com a certidão da dívida ativa, documento que poderá ser substituído ou emendado até a decisão de primeira instância.

e) Conforme o princípio da anterioridade, as entidades dotadas de capacidade tributária ativa não poderão cobrar tributos em relação a fatos geradores ocorridos antes da vigência da lei que os instituir ou aumentar.

1943. (Cespe/TC/DF/Procurador/2013) É sólido o entendimento jurisprudencial no sentido de que é possível ao juiz reconhecer, de ofício, a nulidade da certidão de dívida ativa ou facultar à fazenda pública, a fim de suprir erro formal, a substituição ou emenda do título executivo até a prolação da sentença dos embargos à execução fiscal, em observância ao princípio da economia processual.

> *Súmula STJ 394. É admissível, em embargos à execução, compensar os valores de imposto de renda retidos indevidamente na fonte com os valores restituídos apurados na declaração anual.*

1944. (Cespe/PC/PE/Delegado/2016) A respeito da execução fiscal, assinale a opção correta.

CAPÍTULO 20 - EXECUÇÃO FISCAL

a) É admissível, nos embargos à execução fiscal, compensar os valores do imposto de renda retidos indevidamente na fonte com os valores restituídos apurados na declaração anual.

b) A penhora não poderá recair, em nenhuma hipótese, sobre estabelecimento comercial, industrial ou agrícola.

c) A dívida ativa regularmente inscrita goza de presunção absoluta de certeza e liquidez.

d) A produção de provas pela fazenda pública depende de requerimento na petição inicial.

e) Os embargos do devedor na fase de execução fiscal prescindem de garantia à execução.

1945. (TJ/SC/Juiz/2013) Observadas as proposições abaixo, assinale a alternativa correta:

I. Presume-se dissolvida irregularmente a empresa que deixar de funcionar no seu domicílio fiscal, sem comunicação aos órgãos competentes, legitimando o redirecionamento da execução fiscal para o sócio-gerente.

II. A Fazenda Pública pode substituir a certidão de dívida ativa (CDA) até a citação do executado, quando se tratar de correção de erro material ou formal, vedada a modificação do sujeito passivo da execução.

III. A exceção de pré-executividade é admissível na execução fiscal relativamente às matérias conhecíveis de ofício que não demandem dilação probatória.

IV. Em sede de embargos à execução, não é admissível compensar os valores de imposto de renda retidos indevidamente na fonte com os valores restituídos apurados na declaração anual.

a) Somente as proposições I, II e IV estão corretas.

b) Somente as proposições I, II e III estão corretas.

c) Somente as proposições II, III e IV estão corretas.

d) Somente as proposições I e III estão corretas.

e) Somente as proposições III e IV estão corretas.

4. PENHORA

Súmula STJ 406. *A Fazenda Pública pode recusar a substituição do bem penhorado por precatório.*

1946. (Cespe/CEF/Advogado/2010) Com relação às execuções fiscais, assinale a opção correta.

a) Segundo jurisprudência do STJ, a citação por edital na execução fiscal é incabível, mesmo quando frustradas as demais modalidades citatórias.

b) Em execução fiscal, a prescrição ocorrida antes da propositura da ação não pode ser decretada de ofício pela autoridade judicial, sendo certo que a ação de cobrança das contribuições para o FGTS prescreve em cinco anos.

c) Na execução por carta, os embargos do devedor serão decididos no juízo deprecante, inclusive se versarem unicamente sobre vícios ou defeitos da penhora, avaliação ou alienação dos bens.

d) Na ação de execução fiscal, a fazenda pública pode recusar a substituição do bem penhorado por precatório, sendo certo que a desistência da ação, após o oferecimento dos embargos, não exime o exequente dos encargos da sucumbência.

e) Em execução fiscal, quando não forem localizados bens penhoráveis, suspende-se o processo por dois anos, findos os quais se inicia o prazo da prescrição quinquenal intercorrente.

Súmula STJ 451. *É legítima a penhora da sede do estabelecimento comercial.*

1947. (FCC/TJ/PE/Cartórios/Remoção/2013) Em face do entendimento sumulado:

a) a renegociação do contrato bancário ou a confissão da dívida não impedem a possibilidade de discussão sobre eventuais ilegalidades dos contratos anteriores.

b) a hipoteca firmada entre a construtora e o agente financeiro, tão só se posterior à celebração da promessa de compra e venda, não tem eficácia perante os adquirentes do imóvel.

c) é ilegítima a penhora da sede do estabelecimento comercial.

d) a simples devolução indevida de cheque não caracteriza dano moral.

e) a fiança prestada sem autorização de um dos cônjuges implica a anulação parcial da garantia.

1948. (Cespe/TJ/SE/Cartórios/2014) Com relação ao direito societário e

considerando a legislação em vigor e a jurisprudência do STJ, assinale a opção correta.

a) Na sociedade em comandita por ações, que opera apenas sob firma, há conselhos de administração e fiscal, e seus acionistas respondem ilimitada e solidariamente pelas dívidas da companhia.

b) Na sociedade em comum, a responsabilidade dos sócios é ilimitada e solidária, respondendo aquele que contratou em nome da sociedade com todo o seu patrimônio pessoal assim que esgotado o patrimônio especial.

c) É impenhorável a sede do estabelecimento comercial por força do princípio da preservação da empresa.

d) A dissolução integral da sociedade implica, via de regra, a extinção de sua personalidade jurídica.

e) O liquidante da sociedade pode ser sócio ou não, administrador da sociedade ou não, mas, se não for o próprio administrador, é necessário que sua nomeação seja averbada no registro próprio.

5. PRESCRIÇÃO INTERCORRENTE

> **Súmula STJ 314.** *Em execução fiscal, não localizados bens penhoráveis, suspende-se o processo por um ano, findo o qual se inicia o prazo da prescrição quinquenal intercorrente.*

1949. (FCC/TCE/SP/Procurador/2011) O Juiz suspenderá o curso da execução fiscal, enquanto não localizados bens sobre os quais possa recair a penhora e,

a) após decretar a suspensão, abrirá vista dos autos ao representante judicial da Fazenda Pública.

b) decorrido o prazo máximo de 02 (dois) anos, sem que seja localizado o devedor ou encontrados bens penhoráveis, ordenará o arquivamento dos autos.

c) nesse caso, o prazo de prescrição continuará correndo normalmente.

d) decorrido o prazo máximo de 06 (seis) meses, sem que seja localizado o devedor ou

encontrados bens penhoráveis, ordenará o arquivamento dos autos.

e) nesse caso, o prazo prescricional será interrompido e não voltará a correr enquanto não forem localizados bens passíveis de penhora.

1950. (FMP/PGE/AC/Procurador/2012) Em matéria de execução fiscal, marque a correta, considerando as assertivas abaixo.

I. É obrigatória a intervenção do Ministério Público em execução fiscal.

II. Embargada a execução fiscal, a desistência da execução não exime o exequente do pagamento de honorários de advogado.

III. Não localizados bens penhoráveis, suspender-se-á o processo por um ano, após o qual terá início o prazo prescricional de cinco anos.

a) Apenas I e II estão corretas.

b) Apenas a III está correta.

c) Apenas II e III estão corretas.

d) Apenas I e III estão corretas.

> **Súmula STJ 409.** *Em execução fiscal, a prescrição ocorrida antes da propositura da ação pode ser decretada de ofício (art. 219, § 5º, do CPC).*

1951. (FCC/TJ/SE/Juiz/2015) De acordo com jurisprudência dominante do Superior Tribunal de Justiça, em execução fiscal, a prescrição ocorrida antes da propositura da ação:

a) não pode ser decretada de ofício, em razão do interesse público, demandando pedido expresso do executado e a posterior oitiva da Fazenda Pública.

b) pode ser decretada de ofício, mas desde que a Fazenda Pública seja previamente ouvida.

c) pode ser decretada de ofício, independentemente da oitiva prévia da Fazenda Pública.

d) não pode ser decretada de ofício, em razão do interesse público, demandando pedido expresso do executado, porém dispensando a oitiva prévia da Fazenda Pública.

e) pode ser decretada de ofício, mas desde que o executado e a Fazenda Pública sejam previamente ouvidos.

CAPÍTULO 20 - EXECUÇÃO FISCAL

6. LEGITIMIDADE ATIVA

Súmula STJ 139. Cabe à Procuradoria da Fazenda Nacional propor execução fiscal para cobrança de crédito relativo ao ITR.

➲ Súmula não abordada em concursos recentes.

Súmula STJ 521. A legitimidade para execução fiscal de multa pendente de pagamento imposta em sentença condenatória é exclusiva da Procuradoria da Fazenda Pública.

1952. **(Cespe/AGU/Advogado/2015)** Um servidor público, concursado e estável, praticou crime de corrupção passiva e foi condenado definitivamente ao cumprimento de pena privativa de liberdade de seis anos de reclusão, em regime semiaberto, bem como ao pagamento de multa. A pena de multa, que poderia ser fixada em percentual do proveito econômico obtido com a prática do crime, ou do prejuízo causado à administração, terá de ser executada pela procuradoria da fazenda, na vara de execuções fiscais.

7. LEILÃO

Súmula STJ 121. Na execução fiscal, o devedor deverá ser intimado, pessoalmente, do dia e hora da realização do leilão.

1953. **(Cetrede/Sefin/Caucaia/Agente_ Fiscal/2016)** Marque a opção correta. Na execução fiscal,

a) a prescrição ocorrida antes da propositura da ação não pode ser decretada de ofício.

b) é incabível a citação por edital, mesmo se frustradas as demais modalidades.

c) é necessária a intervenção do Ministério Público.

d) a substituição do bem penhorado por precatório independe da anuência do exequente.

e) o devedor deverá ser intimado, pessoalmente, do dia e hora da realização do leilão.

1954. **(Funcab/Sefaz/BA/Auditor/2014)** Sobre cobrança judicial da dívida ativa, assinale a alternativa correta.

a) Proposta a execução fiscal, a posterior mudança de domicílio do executado desloca a competência já fixada.

b) Em execução fiscal, a prescrição ocorrida antes da propositura da ação não pode ser decretada de ofício.

c) A execução de pré-executividade é admissível na execução fiscal relativamente às matérias conhecíveis de ofício que não demandem dilação probatória.

d) Na execução fiscal, o devedor deverá ser intimado, por edital, do dia e hora da realização do leilão.

e) É necessária a intervenção do Ministério Público nas execuções fiscais.

Súmula STJ 128. Na execução fiscal, haverá segundo leilão se, no primeiro, não houver lanço superior à avaliação.

➲ Súmula não abordada em concursos recentes.

8. PETIÇÃO INICIAL

Súmula STJ 558. Em ações de execução fiscal, a petição inicial não pode ser indeferida sob o argumento da falta de indicação do CPF e/ou RG ou CNPJ da parte executada.

1955. **(Fundatec/PGM/PortoAlegre/Procurador/2016)** Diante das disposições previstas na Lei de Execução Fiscal (Lei n. 6.830/80), assinale a alternativa correta.

a) Nas ações de execução fiscal, a falta de indicação do CPF e/ou RG ou CNPJ da parte executada é causa de indeferimento da petição inicial.

b) A Dívida Ativa regularmente inscrita e objeto de execução fiscal goza da presunção absoluta de certeza e liquidez.

c) Na execução fiscal, para garantia do juízo, o executado poderá efetuar depósito em dinheiro, mas não poderá oferecer fiança bancária ou seguro-garantia já que estes não produzem os mesmos efeitos da penhora.

d) A Fazenda Pública não está sujeita ao pagamento de custas e emolumentos e a prática dos atos judiciais de seu interesse independerá de preparo ou de prévio depósito.

e) Nos embargos à execução fiscal, o executado deverá alegar toda a matéria útil à defesa na inicial, inclusive apresentando reconvenção e preliminares de incompetência, suspeição e impedimento.

> **Súmula STJ 559.** *Em ações de execução fiscal, é desnecessária a instrução da petição inicial com o demonstrativo de cálculo do débito, por tratar-se de requisito não previsto no art. 6º da Lei n. 6.830/1980.*

1956. (TRF/3R/Juiz/2016) Com relação a jurisprudência dominante, assinale a alternativa correta:

a) STF: isenções tributárias, como favor fiscal que são, podem ser livremente suprimidas mesmo se concedidas sob condição onerosa.

b) STJ: na execução fiscal é necessária a instrução da petição inicial com o demonstrativo do cálculo do débito, para assegurar a ampla defesa do contribuinte.

c) STJ: no caso de sucessão empresarial, a responsabilidade da sucessora abrange os tributos e as multas moratórias devidas pela sucedida referentes aos fatos geradores ocorridos até a sucessão, mas não as multas punitivas dado o caráter pessoal delas.

d) STF: a norma legal que altera o prazo de recolhimento da obrigação tributária não se sujeita ao princípio da anterioridade.

9. RESPONSABILIDADE TRIBUTÁRIA

> **Súmula STJ 251.** *A meação só responde pelo ato ilícito quando o credor, na execução fiscal, provar que o enriquecimento dele resultante aproveitou ao casal.*

Súmula anotada em Direito Tributário – Obrigação Tributária – Responsabilidade Tributária.

> **Súmula STJ 430.** *O inadimplemento da obrigação tributária pela sociedade não gera, por si só, a responsabilidade solidária do sócio-gerente.*

Súmula anotada em Direito Tributário – Obrigação Tributária – Responsabilidade Tributária.

> **Súmula STJ 435.** *Presume-se dissolvida irregularmente a empresa que deixar de funcionar no seu domicílio fiscal, sem comunicação aos órgãos competentes, legitimando o redirecionamento da execução fiscal para o sócio-gerente.*

Súmula anotada em Direito Tributário – Obrigação Tributária – Responsabilidade Tributária.

> **Súmula STJ 554.** *Na hipótese de sucessão empresarial, a responsabilidade da sucessora abrange não apenas os tributos devidos pela sucedida, mas também as multas moratórias ou punitivas referentes a fatos geradores ocorridos até a data da sucessão.*

Súmula anotada em Direito Tributário – Obrigação Tributária – Responsabilidade Tributária.

10. OUTROS TEMAS

> **Súmula STJ 189.** *É desnecessária a intervenção do Ministério Público nas execuções fiscais.*

1957. (Cespe/PGE/PB/Procurador/2008) Assinale a opção correta quanto à execução fiscal.

a) Na execução fiscal, caso os bens oferecidos à penhora pelo executado sejam de difícil alienação, o credor pode recusar a nomeação, com a consequente indicação à penhora de dinheiro existente em conta corrente do devedor.

b) A taxa sistema especial de liquidação e custódia (SELIC) pode ser incluída na liquidação de sentença condenatória com trânsito em julgado que tenha fixado correção monetária e juros de mora, pois essa taxa fixa tão-somente os índices dos juros convencionais cobrados pelo mercado. Por isso, ela pode ser cumulada com correção monetária e juros de mora.

c) Na execução fiscal, a intervenção do Ministério Público, na qualidade de fiscal da lei, é obrigatória, em razão do interesse público, no caso, consubstanciado no crédito da Fazenda Pública.

d) Os embargos do devedor, na execução fiscal, só serão admitidos com a garantia do juízo. Por isso, a insuficiência da penhora para garantir a satisfação integral do credor acarreta a

CAPÍTULO 20 - EXECUÇÃO FISCAL

extinção liminar dos embargos do devedor e o prosseguimento da execução.

e) Na execução fiscal, o despacho que determinar a citação interrompe a prescrição e, caso o executado não seja citado no prazo fixado em lei, e a ação ficar paralisada por mais de cinco anos, o juiz, de ofício, decretará a extinção da execução.

1958. (Esaf/PFN/Procurador/2007-1)
Quanto à execução fiscal, é incorreto afirmar que:

a) na execução fiscal, o devedor deverá ser intimado, pessoalmente, do dia e hora da realização do leilão, sob pena de nulidade deste.

b) a interrupção da prescrição na execução fiscal ocorrerá, com a citação válida, sendo retroativa ao dia do ajuizamento da ação e não ao despacho do juiz que determina a citação.

c) na execução fiscal, quando a ciência da penhora for pessoal, o prazo para a oposição dos embargos do devedor inicia no dia seguinte ao da intimação deste.

d) a desistência da execução fiscal, após o oferecimento dos embargos, não exime o exequente dos encargos da sucumbência.

e) é desnecessária a intervenção do Ministério Público nas execuções fiscais.

1959. (MPE/PR/Promotor/2008) Assinale
a alternativa correta:

a) É desnecessária a intervenção do Ministério Público na ação de improbidade administrativa, na hipótese da ação ter sido proposta pela pessoa jurídica lesada.

b) Segundo entendimento do Superior Tribunal de Justiça é imprescindível a intervenção do Ministério Público nas execuções fiscais.

c) O foro especial por prerrogativa de função aplica-se às ações de improbidade administrativa.

d) A impetração de mandado de segurança coletivo por entidade de classe, em favor dos associados, depende de autorização destes.

e) A entidade de classe tem legitimação para o mandado de segurança, ainda quando a pretensão veiculada interesse apenas a uma parte da respectiva categoria.

1960. (MPF/Procurador/2006) Considerando as assertivas seguintes,
assinale a alternativa correta:

a) A sumarização da cognição, no direito brasileiro, somente se concretiza mediante a técnica de limitar a matéria suscetível da exame pelo juiz.

b) No entendimento do Superior Tribunal de Justiça, é necessária a intervenção do Ministério Público nas execuções fiscais.

c) O exato significado de tutela jurisdicional resulta da análise do fenômeno processual do ângulo de quem tem razão.

d) A sentença condenatória só produz, como efeito anexo, a hipoteca judiciária se na condenação já estiver estabelecido o "quantum debeatur".

> ***Súmula STJ 393.*** *A exceção de pré-executividade é admissível na execução fiscal relativamente às matérias conhecíveis de ofício que não demandem dilação probatória.*

1961. (Esaf/PFN/Procurador/2006)
Considerando o tema "ação de execução fiscal", julgue os itens abaixo segundo o entendimento atualmente dominante no Superior Tribunal de Justiça – STJ e marque, a seguir, a opção que apresenta a resposta correta.

I. Nunca repousou controvérsia acerca da isenção da União em relação às despesas decorrentes da expedição da Carta de Citação com Aviso de Recebimento – AR.

II. É cabível a apresentação, pelo executado, de Exceção de Pré-Executividade para arguir a ocorrência de prescrição, desde que possível a análise de plano desta, independente de dilação probatória.

III. Não é possível a citação por edital.

IV. A alteração procedida no art. 40 da LEF, permitindo o reconhecimento, de ofício, da prescrição, é aplicável aos processos em curso ao tempo da publicação da mudança legislativa.

a) Todos os itens estão corretos.

b) Apenas o item III está errado.

c) Apenas o item II está correto.

d) Apenas os itens II e IV estão corretos.

e) Todos os itens estão errados.

1962. (FCC/TRF/4R/Analista/2014) Em
sede de execução fiscal o executado citado apresentou, no prazo de 5 dias, a exceção de pré-executividade alegando, em síntese, excesso de execução. Sobre esta situação e considerando-se a jurisprudência dominante,

a) somente tem cabimento a exceção de pré-executividade para matéria que não demande dilação probatória, razão pela qual não pode ter por objeto a alegação de excesso de execução, que demanda prova de que a cobrança do crédito é excessiva.

b) a exceção de pré-executividade apresentada, ainda que seja pertinente quanto ao mérito, relativamente ao excesso de execução, somente pode ser apresentada após decorrido o prazo para garantia da execução.

c) não se admite, em qualquer hipótese, a exceção de pré-executividade em sede de execução fiscal, tendo em vista a indisponibilidade do interesse público pelo administrador.

d) a exceção de pré-executividade suspende o prazo para garantir a execução fiscal, por se tratar de matéria de ordem pública.

e) a exceção de pré-executividade tem lugar quando o executado não tem como garantir a execução fiscal para se defender em sede de embargos à execução, hipótese em que pode, diante do princípio constitucional da ampla defesa, alegar toda matéria de fato e direito que seria arguida em sede de embargos.

1963. (Cesgranrio/Petrobras/Advogado/2015) No processo tributário, a denominada exceção de pré-executividade não é prevista, mas sua utilização tem sido admitida pelos pretórios pátrios. Na esteira da jurisprudência predominante, ela pode ser apresentada para alegar

a) defesa qualquer, mesmo ocorrendo dilação probatória.

b) defesas atinentes à imparcialidade do Juiz.

c) situações quaisquer com intuito procrastinatório.

d) temas de conhecimento "ex officio" pelo magistrado.

e) fundamentos que digam respeito ao mérito da relação deduzida em juízo.

1964. (Vunesp/CM/São José dos Campos/Analista/2014) Consoante jurisprudência do Superior Tribunal de Justiça, a chamada exceção de pré-executividade

a) não enseja a condenação ao pagamento de honorários advocatícios, quando dela resultar a extinção apenas parcial da execução.

b) não é cabível no cumprimento de sentença, porquanto a impugnação ao cumprimento de sentença não exige prévia garantia do juízo.

c) não admite dilação probatória, mas pode ser apresentada a qualquer tempo e grau de jurisdição.

d) possibilita ao devedor produzir prova oral dos fatos nos quais ampara sua defesa, desde que se trate de questão de ordem pública.

e) deve ser apresentada no prazo de 15 dias, contados da citação do executado, sob pena de preclusão.

1965. (FCC/TRF/4R/Analista/2014) Em sede de execução fiscal o executado citado apresentou, no prazo de 5 dias, a exceção de pré-executividade alegando, em síntese, excesso de execução. Sobre esta situação e considerando-se a jurisprudência dominante:

a) somente tem cabimento a exceção de pré-executividade para matéria que não demande dilação probatória, razão pela qual não pode ter por objeto a alegação de excesso de execução, que demanda prova de que a cobrança do crédito é excessiva.

b) a exceção de pré-executividade apresentada, ainda que seja pertinente quanto ao mérito, relativamente ao excesso de execução, somente pode ser apresentada após decorrido o prazo para garantia da execução.

c) não se admite, em qualquer hipótese, a exceção de pré-executividade em sede de execução fiscal, tendo em vista a indisponibilidade do interesse público pelo administrador.

d) a exceção de pré-executividade suspende o prazo para garantir a execução fiscal, por se tratar de matéria de ordem pública.

e) a exceção de pré-executividade tem lugar quando o executado não tem como garantir a execução fiscal para se defender em sede de embargos à execução, hipótese em que pode, diante do princípio constitucional da ampla defesa, alegar toda matéria de fato e direito que seria arguida em sede de embargos.

> *Súmula STJ 414. A citação por edital na execução fiscal é cabível quando frustradas as demais modalidades.*

1966. (Cespe/PGE/PI/Procurador/2014) Com base na jurisprudência do STJ, assinale a opção correta a respeito de precatório, execução fiscal e execução contra a fazenda pública.

CAPÍTULO 20 - EXECUÇÃO FISCAL

a) Não é cabível a execução por título extrajudicial contra a fazenda pública.

b) Se a empresa não funciona mais no seu domicílio fiscal, a execução fiscal pode ser redirecionada para o sócio-gerente, já que não se admite citação por edital na execução fiscal.

c) Declarado indébito tributário por sentença transitada em julgado, cabe ao contribuinte optar pelo ressarcimento mediante precatório ou compensação tributária.

d) A fazenda pública não pode recusar a substituição de bem penhorado por precatório, eis que tal recusa caracterizaria "venire contra factum proprium".

e) É incabível a condenação da fazenda pública em honorários advocatícios nas execuções individuais de sentenças proferidas em ações coletivas.

1967. (Cespe/DPE/RO/Defensor/2012) Acerca do processo de execução, assinale a opção correta.

a) Na execução fiscal, não cabe citação por edital.

b) Em execução fiscal, a prescrição ocorrida antes da propositura da ação não pode ser decretada de ofício, por ser direito disponível

c) Autoriza a prisão civil do alimentante o débito alimentar que compreenda as três prestações anteriores à citação e as que vencerem no curso do processo.

d) Em execução fiscal, não localizados bens penhoráveis, suspende-se o processo por um ano e, finda a suspensão, inicia-se o prazo da prescrição quinquenal intercorrente

e) Na execução civil, a penhora de dinheiro conforme a ordem de nomeação de bens tem caráter absoluto.

1968. (FCC/PGE/MT/Procurador/2011) Na execução fiscal:

a) é necessária a intervenção do Ministério Público.

b) o devedor deverá ser intimado, pessoalmente, do dia e hora da realização do leilão

c) é incabível a citação por edital, mesmo se frustradas as demais modalidades.

d) a substituição do bem penhorado por precatório independe da anuência do exequente.

e) a prescrição ocorrida antes da propositura da ação não pode ser decretada de ofício.

1969. (FMP/PGE/AC/Procurador/2014) Considere as assertivas. Assinale a alternativa correta:

I. A citação por hora certa não exige determinação de sua realização ao Oficial de Justiça, que pode realizá-la de ofício, desde que presentes seus pressupostos e, embora não esteja prevista nas modalidades citatórias da Lei n. 6.830/80, é admissível, segundo o Superior Tribunal de Justiça, no processo de execução fiscal.

II. Na execução fiscal, o prazo para embargar conta da efetiva intimação do executado acerca da penhora realizada e, não, da juntada aos autos do mandado cumprido.

III. A citação editalícia pode ser essencial ou acidental. É acidental, quando necessária em virtude da não localização no réu e só se legitima, se esgotados os meios de localização do réu, havendo entendimento sumulado de que, na execução fiscal, é possível, desde que resultem inexitosas a citação por carta e por oficial de justiça.

a) Todas as alternativas estão corretas.

b) Apenas a alternativa III está correta.

c) Apenas as alternativas II e III estão corretas.

d) Apenas as alternativas I e III estão corretas.

> **Súmula STJ 515.** *A reunião de execuções fiscais contra o mesmo devedor constitui faculdade do juiz.*

1970. (FCC/TJ/PI/Juiz/2015) Está de acordo com o entendimento sumular do Superior Tribunal de Justiça:

a) São devidos honorários advocatícios no cumprimento de sentença, desde que haja impugnação, após escoado prazo para pagamento voluntário, que se inicia após a intimação do advogado da parte contrária.

b) É obrigatória ao juiz a reunião de execuções fiscais contra o mesmo devedor.

c) Em ação monitória fundada em cheque prescrito ajuizada contra o emitente, é indispensável a menção ao negócio jurídico subjacente à emissão da cártula.

d) No seguro de responsabilidade civil facultativo, é cabível o ajuizamento de ação pelo terceiro prejudicado, direta e exclusivamente em face da seguradora do apontado causador do dano.

e) Na hipótese de rejeição da impugnação ao cumprimento de sentença, não são cabíveis honorários advocatícios.

1971. (Cespe/PGM/Salvador/Procurador/2015) No que se refere a jurisdição, ação e processo, assinale a opção correta de acordo com a legislação, a doutrina e a jurisprudência do STJ.

a) A reunião de diversas execuções fiscais ajuizadas pelo mesmo ente público contra o mesmo devedor é uma faculdade do magistrado, ainda que haja requerimento da parte nesse sentido.

b) Determinada a citação do réu, a interrupção da prescrição retroage à data da propositura da ação, ainda que haja demora excessiva da citação, em prazo superior a noventa dias, por culpa exclusiva da parte autora.

c) O CPC/73 adotou a teoria da individuação da causa de pedir, de acordo com a qual a causa petendi corresponde à relação jurídica afirmada na petição inicial pelo autor.

d) A teoria revisionista da jurisdição voluntária, que se contrapõe à teoria clássica, considera que a jurisdição graciosa não é uma atividade jurisdicional sob o ponto de vista substancial, mas, sim, uma prestação administrativa exercida formalmente pelo Poder Judiciário.

e) A suspensão do processo impede o magistrado de praticar ato urgente e, diante dessa situação processual, a tutela provisória deverá ser concedida por medida cautelar autônoma.

1972. (Fundatec/PGE/RS/Procurador/2015) Quanto ao entendimento jurisprudencial em matéria tributária, assinale a alternativa incorreta.

a) Nota fiscal declarada inidônea não autoriza o aproveitamento dos créditos de ICMS, mesmo que o comerciante esteja de boa-fé e demonstre a veracidade da compra e venda.

b) A reunião de execuções fiscais contra o mesmo devedor constitui faculdade do Juiz.

c) Os descontos incondicionais nas operações mercantis não se incluem na base de cálculo do ICMS.

d) O ICMS incide sobre o valor da venda a prazo constante da nota fiscal.

e) Em execução fiscal, a prescrição ocorrida antes da propositura da ação pode ser decretada de ofício.

> ***Súmula STJ 583.*** *O arquivamento provisório previsto no art. 20 da Lei n. 10.522/2002, dirigido aos débitos inscritos como dívida ativa da União pela Procuradoria-Geral da Fazenda Nacional ou por ela cobrados, não se aplica às execuções fiscais movidas pelos conselhos de fiscalização profissional ou pelas autarquias federais.*

⮑ Súmula não abordada em concursos recentes.

CAPÍTULO 21 – EXECUÇÃO PENAL

1. DO CONDENADO E DO INTERNADO

1.1. Do Trabalho

> **Súmula STJ 40.** *Para obtenção dos benefícios de saída temporária e trabalho externo, considera-se o tempo de cumprimento da pena no regime fechado.*

1973. **(Vunesp/TJ/SP/Juiz/2011)** Assinale a alternativa correta, relativa à execução penal, inclusive, se o caso, consoante jurisprudência sumulada dos Tribunais Superiores (STJ e STF).

a) A falta grave interrompe o lapso temporal aquisitivo do livramento condicional.

b) É inadmissível o trabalho externo para presos em regime fechado.

c) A tentativa de falta disciplinar é punida com a sanção correspondente à falta consumada, reduzida de um a dois terços, por aplicação analógica do art. 14, parágrafo único, do Código Penal.

d) O trabalho do preso será remunerado mediante prévia tabela, não inferior a três quartos do salário-mínimo, inclusive quanto às tarefas prestadas a título de prestação de serviços à comunidade.

e) A frequência a curso de ensino formal é causa de remição de parte do tempo de execução de pena, sob regime fechado ou semiaberto.

1974. **(Cespe/TJ/SE/Cartórios/2014)** Acerca das disposições da Lei de Execuções Penais e da sua interpretação pela jurisprudência dos tribunais superiores, assinale a opção correta.

a) A prática de falta grave interrompe o prazo para a obtenção de livramento condicional.

b) A submissão do apenado a exame criminológico para a finalidade de progressão de pena

somente se fará mediante decisão motivada nas peculiaridades do caso.

c) Não é autorizada saída especial do reeducando em regime fechado, mediante escolta, em caso de óbito de um irmão seu.

d) Para a obtenção do requisito objetivo dos benefícios de saída temporária e trabalho externo, não é considerado o tempo de cumprimento de pena em regime fechado.

e) De acordo com a jurisprudência do STJ, é imprescindível que o apenado que inicie o cumprimento de pena em regime semiaberto resgate um sexto da pena para poder pleitear o benefício do trabalho externo.

1.2. Dos Deveres, dos Direitos e da Disciplina

> **Súmula STJ 441.** *A falta grave não interrompe o prazo para obtenção de livramento condicional.*

Súmula anotada em Direito Penal – Das Penas – Do Livramento Condicional.

> **Súmula STJ 526.** *O reconhecimento de falta grave decorrente do cometimento de fato definido como crime doloso no cumprimento da pena prescinde do trânsito em julgado de sentença penal condenatória no processo penal instaurado para apuração do fato.*

1975. **(MPE/RS/Promotor/2014)** Relativamente às assertivas abaixo, assinale a alternativa INCORRETA.

a) A declaração falsa de pobreza para obter os benefícios da justiça gratuita não configura o crime de falsidade ideológica.

b) Os crimes contra o meio ambiente, previstos na Lei 9.605/98, admitem a forma culposa.

c) O crime de "embriaguez ao volante" é de perigo abstrato, e para sua comprovação basta a constatação de que a concentração de álcool no sangue do agente que conduzia o veículo em via pública era maior do que a fixada, não sendo necessária a demonstração da efetiva potencialidade lesiva de sua conduta.

d) A prática de novo fato definido como crime doloso no curso da execução de pena, constatada em procedimento administrativo disciplinar, consubstancia falta grave, independemente de condenação transitada em julgado pelo novo delito, o que implica a regressão de regime, quando possível, perda de até um terço dos dias remidos e reinício da contagem do prazo a partir da data da infração disciplinar para concessão de benefícios afetados.

e) Constitui crime de abuso de autoridade a conduta do agente policial que priva a criança ou adolescente de sua liberdade, procedendo à sua apreensão sem estar em flagrante de ato infracional ou inexistindo ordem escrita da autoridade judiciária competente.

1976. (FCC/TJ/AL/Juiz/2015) Com relação à Lei de Execução Penal (Lei n. 7.210/1984) e sua interpretação pelo Superior Tribunal de Justiça,

a) a saída temporária poderá ser concedida pelo diretor do estabelecimento penal sempre que preenchidos os requisitos objetivos e subjetivos previstos na lei.

b) a prática de falta grave interrompe a contagem do prazo para a progressão de regime, mas não interrompe o prazo para fins de indulto e comutação

c) o reconhecimento da prática de falta grave é imprescindível a instauração de procedimento administrativo, assegurado o direito de defesa, não constituindo a ausência de defesa técnica por advogado violação à ampla defesa, nos termos da Súmula Vinculante n. 5 do STF.

d) a medida de segurança não possui prazo determinado, não possuindo relevância o limite máximo cominado abstratamente para o delito praticado.

e) se a falta grave consistir no cometimento de fato definido como crime doloso, seu reconhecimento dependerá do trânsito em julgado da sentença penal condenatória no processo penal instaurado para a apuração do fato.

1977. (MP/DFT/Promotor/2015) Sobre execução penal, examine os itens a seguir:

I. A prática de falta grave não interrompe o prazo para fim de comutação de pena ou indulto.

II. Para o reconhecimento da prática de falta disciplinar no âmbito da execução penal, deve ser assegurado o direito de defesa técnica por meio de advogado constituído ou defensor público nomeado.

III. A lei não fixa o prazo máximo de duração de medida de segurança, mas, segundo posição consolidada no Superior Tribunal de Justiça, não deve ultrapassar o prazo máximo de 30 anos.

IV. Para o reconhecimento de falta grave decorrente do cometimento de fato definido como crime doloso é indispensável o trânsito em julgado da sentença penal condenatória respectiva.

V. A concessão do benefício da saída temporária pode ser delegada ao diretor do estabelecimento prisional, no caso de datas especiais, como dia das mães e natal.

Estão corretos os itens:

a) II e IV.

b) I e II.

c) I e V.

d) IV e V.

e) II e III.

> **Súmula STJ 533.** *Para o reconhecimento da prática de falta disciplinar no âmbito da execução penal, é imprescindível a instauração de procedimento administrativo pelo diretor do estabelecimento prisional, assegurado o direito de defesa, a ser realizado por advogado constituído ou defensor público nomeado.*

1978. (Cespe/TJ/DFT/Juiz/2016) Assinale a opção correta, em que o magistrado agiu em consonância com a jurisprudência sumulada do STF ou do STJ.

a) Um réu em processo penal renunciou ao direito de apelação interposta pela defesa técnica, tendo manifestado sua vontade sem a assistência de seu defensor, caso em que o magistrado não conheceu da apelação, fundamentando sua decisão na supremacia da vontade do réu sobre a vontade de seu defensor.

CAPÍTULO 21 - EXECUÇÃO PENAL

597

b) O juiz de direito substituto, ao tomar conhecimento da prática de falta disciplinar no âmbito da execução penal, por comunicação do diretor do estabelecimento prisional, reconheceu a falta disciplinar, mesmo sem a instauração de procedimento administrativo pelo diretor, fundamentando sua decisão no fato de se tratar de falta flagrante cometida nas dependências do estabelecimento prisional.

c) O juiz de direito substituto, ao tomar conhecimento da falta de intimação do denunciado para oferecer contrarrazões ao recurso interposto da rejeição da denúncia, proferiu decisão suprindo a falta por meio da nomeação de defensor dativo, fundamentada na facultatividade da intimação.

d) Após a homologação da transação penal prevista no artigo 76 da Lei 9.099/1995, sobreveio o descumprimento de suas cláusulas, razão pela qual o magistrado acolheu o pedido da acusação, retomando-se a situação anterior, e possibilitando ao MP a continuidade da persecução penal mediante oferecimento de denúncia ou requisição de inquérito policial, ao fundamento de que a homologação não faz coisa julgada material.

e) O juiz de direito substituto, ao julgar crime sujeito ao rito da Lei Maria da Penha, cometido por João contra Maria, sua esposa, acolheu pedido da defesa de João e aplicou a suspensão condicional do processo, sob o fundamento de que houve pacificação da situação fática entre os envolvidos.

> *Súmula STJ 534. A prática de falta grave interrompe a contagem do prazo para a progressão de regime de cumprimento de pena, o qual se reinicia a partir do cometimento dessa infração.*

1979. (Cespe/TJ/DFT/Juiz/2016) No tocante à jurisprudência sumulada pelo STJ quanto ao direito penal, assinale a opção correta.

a) A extinção da punibilidade pela prescrição da pretensão punitiva, com fundamento em pena hipotética, é admitida, independentemente da existência ou do resultado do processo penal.

b) Fixada a pena-base no mínimo legal, a decisão, fundamentada na gravidade abstrata do delito, poderá estabelecer ao sentenciado regime prisional mais gravoso do que o cabível em razão da sanção imposta.

c) A contagem do prazo para a progressão de regime de cumprimento de pena será interrompida pela prática de falta grave e se reiniciará a partir do cometimento dessa infração.

d) A falta grave interrompe o prazo para a obtenção de livramento condicional.

e) A prática de falta grave interrompe o prazo para o fim de comutação de pena ou indulto.

1980. (Cespe/TJ/DFT/Analista/2015) Conforme o entendimento pacificado do STJ, a prática de falta grave interrompe o prazo exigido para a obtenção da progressão de regime prisional, mas não acarreta interrupção do prazo exigido para a obtenção de livramento condicional, comutação de pena ou indulto, salvo se o decreto concessivo fizer expressa previsão em contrário.

> *Súmula STJ 535. A prática de falta grave não interrompe o prazo para fim de comutação de pena ou indulto.*

Súmula anotada em Execução Penal – Dos Incidentes de Execução.

2. DOS ÓRGÃOS DA EXECUÇÃO PENAL

> *Súmula STJ 192. Compete ao juízo das execuções penais do estado a execução das penas impostas a sentenciados pela justiça federal, militar ou eleitoral, quando recolhidos a estabelecimentos sujeitos à administração estadual.*

1981. (Vunesp/TJM/SP/Juiz/2016) A respeito da execução das penas em espécie e incidentes de execução, assinale a alternativa correta.

a) Compete ao Juízo da Execução Penal do Estado a execução da pena imposta a sentenciado pela Justiça Federal, quando recolhido a estabelecimento sujeito à administração estadual.

b) O livramento condicional poderá ser requerido pelo Ministério Público, em favor do sentenciado, sendo certo que as condições de admissibilidade, conveniência e oportunidade serão verificadas pelo Conselho Penitenciário, a cujo relatório ficará adstrito o Juiz.

c) A pena de multa, não paga pelo sentenciado, será convertida em título executivo de dívida, ficando a cargo do Ministério Público propor a execução no Juízo da Execução Criminal do local em que tramitou o processo.

d) A suspensão condicional da pena compreende, além da privativa de liberdade, as penas acessórias.

e) A concessão do livramento condicional da pena competirá ao Juiz que proferiu a sentença condenatória.

1982. (TJ/PR/Assessor_Jurídico/2013)
Ainda sobre a aplicação da pena e execução penal, assinale a alternativa incorreta.

a) Para efeitos penais, o reconhecimento da maioridade do réu requer prova por documento hábil.

b) A pena privativa de liberdade aplicada não superior a 6 (seis) meses pode ser substituída pela de multa, observados os critérios dos incisos II e III do art. 44 do Código Penal.

c) Não compete ao juízo das execuções penais do Estado a execução das penas impostas a sentenciados pela Justiça Federal, Militar ou Eleitoral, quando recolhidos a estabelecimentos sujeitos à administração estadual.

d) A incidência da circunstância atenuante, pelo entendimento majoritário da jurisprudência pátria, não pode conduzir à redução da pena abaixo do mínimo legal.

1983. (Acafe/PC/SC/Delegado/2008)
Acerca das execuções penais, assinale a alternativa correta.

a) Excesso ou desvio de execução ocorre quando, durante a execução da pena, algum ato for praticado além dos limites fixados na sentença, em normas legais ou regulamentes.

b) Compete à Justiça Federal a execução das penas impostas a sentenciados pela própria Justiça Federal, quando recolhidos a estabelecimentos sujeitos à administração estadual.

c) A pena unificada para atender ao limite de trinta anos de cumprimento, determinado pelo art. 75 do Código Penal, é considerada para a concessão de outros benefícios ao preso, como livramento condicional ou regime mais favorável de execução.

d) Não se admite a progressão de regime de cumprimento de pena ou a aplicação imediata de regime menos severo nela determinada antes do trânsito em julgado da sentença condenatória.

1984. (Fapec/MPE/MS/Promotor/2015)
Analise as proposições abaixo:

I. É possível a remição de pena em virtude da frequência do condenado em curso de ensino fundamental, médio, inclusive profissionalizante, ou superior.

II. cometimento de falta grave pelo condenado interrompe a contagem do prazo para a concessão do livramento condicional.

III. Compete ao Juízo das Execuções Penais do Estado a execução das penas impostas a sentenciados pela Justiça Federal, Militar ou Eleitoral, quando recolhidos a estabelecimentos sujeitos à administração estadual.

IV. É possível a progressão de regime de execução da pena fixada em sentença não transitada em julgado, mesmo na hipótese de o réu se encontrar em prisão especial.

Assinale a alternativa correta:

a) Somente a proposição IV está correta.

b) Somente as proposições I, II e IV estão corretas.

c) Somente as proposições II e III estão corretas.

d) Somente as proposições I e III estão corretas.

e) Somente as proposições I, III e IV estão corretas.

3. DA EXECUÇÃO DAS PENAS EM ESPÉCIE

3.1. Das Penas Privativas de Liberdade

3.1.1. Dos Regimes

> **Súmula STJ 439.** *Admite-se o exame criminológico pelas peculiaridades do caso, desde que em decisão motivada.*

1985. (FCC/DPE/SP/Defensor/2010) Na
execução da pena privativa de liberdade, o exame criminológico é

a) requisito obrigatório para a concessão da progressão de regime ou do livramento condicional.

b) requisito facultativo, mediante decisão fundamentada do magistrado, quando a gravidade do crime praticado o exigir.

c) requisito facultativo para a concessão de benefícios, quando necessário, mediante decisão fundamentada do magistrado, consideradas as peculiaridades do caso.

CAPÍTULO 21 - EXECUÇÃO PENAL

d) requisito obrigatório para a concessão de benefícios em relação aos condenados pela prática de crime hediondo.

e) vedado na lei de execução penal, a partir da edição da Lei n. 10.792/2003.

1986. **(TJ/DFT/Juiz/2012)** Assinale a alternativa correta:

a) Para a concessão de livramento condicional, é admissível a análise da satisfação do requisito subjetivo via de "habeas corpus".

b) Não são requisitos cumulativos para a concessão de livramento condicional de regime – nos termos do artigo 112 da LEP, com a nova redação introduzida pela Lei n. 10.729/93 – o cumprimento de um terço (1/3) da pena no regime anterior (requisito objetivo) e bom comportamento carcerário (requisito subjetivo), não havendo expressa exigência de exame criminológico.

c) Ainda que no deferimento do livramento condicional especifique que o liberado não possa mudar do território da Comarca do Juízo, sem prévia autorização deste, o descumprimento não acarretará a revogação do benefício.

d) O silêncio da lei a respeito da obrigatoriedade do exame criminológico, na nova redação do artigo 112 da LEP, não inibe o Juízo da execução do poder de determiná-lo, desde que o faça fundamentadamente, isto porque a análise do requisito subjetivo pressupõe a verificação do mérito do condenado, que não está adstrito ao bom comportamento carcerário.

1987. **(FCC/TJ/PE/Cartórios/Remoção/2013)** Segundo entendimento sumular vigente no Superior Tribunal de Justiça, para a progressão de regime prisional, em princípio, a avaliação técnica do condenado, também conhecida por exame criminológico, é:

a) imprescindível.

b) admissível somente em condenações por crimes hediondos ou assemelhados.

c) admissível somente por decisão fundamentada nas peculiaridades do caso.

d) admissível somente em crimes cometidos com violência ou grave ameaça.

e) admissível somente na reincidência.

1988. **(FCC/DPE/AM/Defensor/2013)** Em relação à execução penal, é incorreto afirmar:

a) A pena unificada para atender ao limite de trinta anos de cumprimento, determinado pelo artigo 75 do Código Penal, não é considerada para a concessão de outros benefícios, como o livramento condicional ou regime mais favorável de execução.

b) Admite-se a progressão de regime de cumprimento da pena ou a aplicação imediata de regime menos severo nela determinada, antes do trânsito em julgado da sentença condenatória.

c) Não impede a progressão de regime de execução da pena, fixada em sentença não transitada em julgado, o fato de o réu se encontrar em prisão especial.

d) Admite-se o exame criminológico pelas peculiaridades do caso, desde que em decisão motivada.

e) A falta grave interrompe o prazo para obtenção de livramento condicional.

1989. **(FCC/TJ/GO/Juiz/2012)** No que concerne ao livramento condicional, é correto afirmar que

a) somente poderá ser concedido ao condenado a pena de reclusão igual ou superior a dois anos.

b) a prática de falta grave não interrompe o prazo para a sua concessão, segundo entendimento sumulado.

c) é cabível a revogação, mas não a suspensão.

d) a condenação irrecorrível por crime ou contravenção, independentemente da pena imposta, constitui causa de revogação obrigatória.

e) é inadmissível, para a sua concessão, a determinação de prévia realização de exame criminológico, independentemente das peculiaridades do caso.

1990. **(Cespe/TJ/SE/Cartórios/2014)** Acerca das disposições da Lei de Execuções Penais e da sua interpretação pela jurisprudência dos tribunais superiores, assinale a opção correta.

a) A prática de falta grave interrompe o prazo para a obtenção de livramento condicional.

b) A submissão do apenado a exame criminológico para a finalidade de progressão de pena somente se fará mediante decisão motivada nas peculiaridades do caso.

c) Não é autorizada saída especial do reeducando em regime fechado, mediante escolta, em caso de óbito de um irmão seu.

d) Para a obtenção do requisito objetivo dos benefícios de saída temporária e trabalho externo, não é considerado o tempo de cumprimento de pena em regime fechado.

e) De acordo com a jurisprudência do STJ, é imprescindível que o apenado que inicie o cumprimento de pena em regime semiaberto resgate um sexto da pena para poder pleitear o benefício do trabalho externo.

> *Súmula STJ 471. Os condenados por crimes hediondos ou assemelhados cometidos antes da vigência da Lei nº 11.464/2007 sujeitam-se ao disposto no art. 112 da Lei nº 7.210/1984 (Lei de Execução Penal) para a progressão de regime prisional.*

1991.

(Cespe/TCE/BA/Procurador/2010) De acordo com súmula vinculante editada pelo STF, a necessidade de realização de exame criminológico para fins de progressão de regime no cumprimento de pena por crime hediondo é decorrência automática do reconhecimento da inconstitucionalidade do dispositivo legal que vedaria a progressão do regime prisional do art. 2º da Lei n. 8.072/1990.

> *Súmula STJ 491. É inadmissível a chamada progressão "per saltum" de regime prisional.*

1992.

(FCC/CM/SãoPaulo/Procurador/2014) Segundo entendimento sumulado, é correto afirmar que

a) reunidos os pressupostos legais permissivos da suspensão condicional do processo, mas se recusando o Promotor de Justiça a propô-la, o Juiz, dissentindo, deverá propô-la de ofício.

b) a reincidência influi no prazo da prescrição da pretensão punitiva.

c) o benefício da suspensão do processo não é aplicável em relação às infrações penais cometidas em concurso material, concurso formal ou continuidade delitiva, quando a pena mínima cominada, seja pelo somatório, seja pela incidência da majorante, ultrapassar o limite de um ano.

d) é admissível a chamada progressão "per saltum" de regime prisional.

e) cabe "habeas corpus" contra decisão condenatória a pena de multa, ou relativo a processo em curso por infração penal a que a pena pecuniária seja a única cominada.

> *Súmula STJ 534. A prática de falta grave interrompe a contagem do prazo para a progressão de regime de cumprimento de pena, o qual se reinicia a partir do cometimento dessa infração.*

> Súmula anotada em Execução Penal – Do Condenado e do Internado – Dos Deveres, dos Direitos e da Disciplina.

3.1.2. Das Autorizações de Saída

> *Súmula STJ 40. Para obtenção dos benefícios de saída temporária e trabalho externo, considera-se o tempo de cumprimento da pena no regime fechado.*

> Súmula anotada em Execução Penal – Do Condenado e do Internado – Do Trabalho.

> *Súmula STJ 520. O benefício de saída temporária no âmbito da execução penal é ato jurisdicional insuscetível de delegação à autoridade administrativa do estabelecimento prisional.*

1993.

(Ieses/TJ/PA/Cartórios/2016) Assinale a alternativa correta:

a) A falta grave interrompe o prazo para obtenção de livramento condicional.

b) A prática de falta grave não interrompe o prazo para fim de comutação de pena ou indulto.

c) O benefício de saída temporária no âmbito da execução penal é ato jurisdicional suscetível de delegação à autoridade administrativa do estabelecimento prisional.

d) O reconhecimento de falta grave decorrente do cometimento de fato definido como crime doloso no cumprimento da pena imprescinde do trânsito em julgado de sentença penal condenatória no processo penal instaurado para apuração do fato.

CAPÍTULO 21 - EXECUÇÃO PENAL

1994.
(Cespe/TJ/ES/Juiz/2011) Assinale a opção correta com referência à execução das penas em espécie.

a) A autorização para a saída temporária deve ser concedida por ato motivado do juízo das execuções, que pode delegar a fiscalização das saídas ao administrador do presídio.

b) Por falta de previsão legal, não configura falta grave o fato de o reeducando não se reapresentar ao estabelecimento penal, no fim do prazo da saída temporária, por quase um mês, sem justificativa idônea.

c) Os condenados que cumpram pena em regime semiaberto podem obter autorização para saída temporária do estabelecimento, sem vigilância direta, para visitar a família.

d) O benefício da permissão de saída não se estende aos presos provisórios, restringindo-se aos condenados que cumpram pena em regime fechado ou semiaberto, mediante a necessária autorização do juízo das execuções penais.

e) O instituto da remição, como prêmio concedido ao apenado em razão do tempo trabalhado, uma vez constatado o efetivo labor do reeducando, constitui direito adquirido do condenado e gera coisa julgada administrativa.

1995.
(FCC/TJ/SE/Juiz/2015) Na execução penal, de acordo com entendimento sumulado de Tribunal Superior,

a) é concorrente a legitimidade do Ministério Público e da Procuradoria da Fazenda Pública para a execução fiscal de multa pendente de pagamento imposta em sentença condenatória.

b) admite-se a progressão de regime de cumprimento da pena, mas não a aplicação imediata de regime menos severo nela determinada, antes do trânsito em julgado da sentença condenatória.

c) o fato de o réu se encontrar em prisão especial impede a progressão de regime de execução da pena, fixada em sentença não transitada em julgado.

d) a falta grave interrompe o prazo para obtenção de livramento condicional.

e) o benefício de saída temporária no âmbito da execução penal é ato jurisdicional insuscetível de delegação à autoridade administrativa do estabelecimento prisional.

3.1.3. Da Remição

> **Súmula STJ 341.** *A frequência a curso de ensino formal é causa de remição de parte do tempo de execução de pena sob regime fechado ou semiaberto.*

1996.
(Cespe/TRE/BA/Analista/2010) A remição da pena por meio do estudo vem sendo aceita pelo Superior Tribunal de Justiça, por não considerá-la violação ao princípio da legalidade. A competência para concedê-la será do juízo da execução.

1997.
(Cespe/MPE/ES/Promotor/2010) Assinale a opção correta com referência à execução das penas e medidas de segurança.

a) Na execução das medidas de segurança, a realização do exame de periculosidade condiciona-se ao cumprimento pelo sentenciado de mais da metade do prazo da medida imposta, sendo certo que, segundo a jurisprudência do STJ, nos casos em que a cessação da periculosidade tiver sido atestada por dois laudos consecutivos, torna-se obrigatória a desinternação.

b) Considere a seguinte situação hipotética. Aldo foi condenado a dez anos de reclusão, em regime inicialmente fechado, e a duzentos dias-multa pela prática de delito contra o patrimônio, sendo certo que se encontra recolhido em estabelecimento prisional desde a data da condenação em primeiro grau, que ocorreu há cinco anos. Os autos do processo criminal encontram-se atualmente no STJ para análise do recurso especial interposto pela acusação, com o fito de aumentar a pena imposta. Nessa situação, ainda que preencha os requisitos legais, Aldo não faz jus à progressão do regime prisional antes do trânsito em julgado da sentença condenatória, ante a possibilidade de a pena fixada ser aumentada.

c) Segundo entendimento do STF, o condenado que for punido por falta grave perderá o direito ao tempo remido, pelo máximo de trinta dias, começando o novo período a partir da data da infração disciplinar.

d) Segundo a jurisprudência do STJ, é admissível a concessão automática de saídas temporárias ao condenado que esteja cumprindo pena em regime semiaberto, sem a avaliação pelo juízo da execução e a manifestação do MP a respeito da conveniência da medida, desde que haja delegação do juízo competente à autoridade penitenciária para o exame do pleito, com a devida aquiescência do membro do MP.

e) O STJ pacificou o entendimento de que a realização de atividade estudantil é causa de remição de parte da pena. Não se revela possível, porém, reconhecer duas vezes a remição da pena em decorrência de trabalho e estudo realizados no mesmo período, pois, embora seja possível ao condenado trabalhar e estudar no mesmo dia, as horas dedicadas a tais atividades somente podem ser somadas, para fins de remição, até o limite máximo de oito horas diárias, sob pena de violação do princípio da isonomia.

1998. (FCC/TJ/PE/Juiz/2013) No que se refere à execução penal:

a) a frequência a curso de ensino formal é causa de remição de parte do tempo de execução sob regime semiaberto, unicamente.

b) segundo entendimento majoritário do Superior Tribunal de Justiça, é cabível mandado de segurança pelo Ministério Público para conferir efeito suspensivo ao agravo de execução.

c) o regime disciplinar diferenciado tem duração máxima de 360 (trezentos e sessenta) dias, podendo ser aplicado uma única vez.

d) a falta grave interrompe o prazo para obtenção de livramento condicional.

e) o juiz poderá definir a fiscalização por meio da monitoração eletrônica quando autorizar a saída temporária no regime semiaberto.

1999. (FCC/MPE/PA/Promotor/2014) No que toca à execução penal, constitui entendimento sumulado pelos Tribunais Superiores:

a) A frequência a curso de ensino formal é causa de remição de parte do tempo de execução apenas sob regime semiaberto

b) Não impede a progressão de regime de execução da pena, fixada em sentença não transitada em julgado, o fato de o réu se encontrar em prisão especial.

c) Em caso de fuga, o prazo para a contagem do prazo prescricional inicia-se da data da recaptura do réu.

d) A pena unificada para atender ao limite de trinta anos de cumprimento é também considerada para a concessão do livramento condicional.

e) Não se admite a aplicação de regime menos severo determinada na sentença condenatória antes do seu trânsito em julgado.

2000. (MPE/PR/MPE/PR/Promotor/2014) Assinale a alternativa incorreta:

a) Embora não prevista em lei, conforme jurisprudência pacífica do STJ fundada na isonomia, é cabível a remição da pena pelo estudo e trabalho ao custodiado em regime de prisão cautelar.

b) Para o preso provisório, o trabalho não é obrigatório e só poderá ser executado no interior do estabelecimento.

c) A prestação de trabalho externo, a ser autorizada pela direção do estabelecimento, dependerá de aptidão e disciplina e responsabilidade, além do cumprimento mínimo de 1/6 (um sexto) da pena.

d) O condenado que cumpre a pena em regime semiaberto poderá remir, pelo estudo, parte do tempo da execução da pena, à razão de 01 (um) dia de pena a cada 12 (doze) horas de frequência escolar.

e) O trabalho externo será admissível para os presos em regime fechado somente em serviço ou obras públicas realizadas por órgãos da Administração Direta ou Indireta, ou entidades privadas, desde que tomadas as cautelas contra a fuga e em favor da disciplina.

> **Súmula STJ 562.** *É possível a remição de parte do tempo de execução da pena quando o condenado, em regime fechado ou semiaberto, desempenha atividade laborativa, ainda que extramuros.*

2001. (Cespe/DPE/RN/Defensor/2015) Acerca do trabalho do condenado e da remição, assinale a opção correta segundo a LEP e o entendimento do STJ.

a) O STJ sedimentou o entendimento de que é vedado o trabalho extramuros ao condenado em regime fechado, mesmo mediante escolta.

b) Aquele que estiver cumprindo pena privativa de liberdade ou que estiver preso provisoriamente

CAPÍTULO 21 - EXECUÇÃO PENAL

será obrigado a trabalhar na medida de suas aptidões e capacidade.

c) A decisão que concede a remição na execução penal tem caráter meramente declarativo. Assim, o abatimento dos dias trabalhados do restante da pena a cumprir fica subordinado a ausência de posterior punição pela prática de falta grave.

d) A remição, cuja aplicação restringe-se exclusivamente ao trabalho interno, é uma recompensa àqueles que procedem corretamente e uma forma de abreviar o tempo de condenação, estimulando o próprio apenado a buscar atividades laborativas lícitas e educacionais durante o seu período de encarceramento.

e) O condenado que executar tarefas como prestação de serviço à comunidade deverá ser remunerado mediante prévia tabela, não podendo sua remuneração ser inferior a um salário mínimo.

3.1.4. Do Livramento Condicional

> **Súmula STJ 441.** *A falta grave não interrompe o prazo para obtenção de livramento condicional.*

Súmula anotada em Direito Penal - Das Penas - Do Livramento Condicional.

4. DOS INCIDENTES DE EXECUÇÃO

> **Súmula STJ 535.** *A prática de falta grave não interrompe o prazo para fim de comutação de pena ou indulto.*

2002. (MPE/SP/Promotor/2015) A prática de falta grave pelo condenado durante a execução de sua pena:

a) tem como consequência a perda de 1/3 (um terço) dos dias remidos.

b) tem como consequência a perda total dos dias remidos.

c) não acarreta a perda dos dias remidos, pois a remição é um direito do condenado de ver reduzido pelo trabalho o tempo de duração da pena privativa de liberdade a ele imposta.

d) tem como consequências a perda total dos dias remidos e a interrupção do prazo para que possa ser beneficiado com o indulto.

e) tem como consequências a perda de 1/3 (um terço) dos dias remidos e a impossibilidade de ser beneficiado com o indulto.

2003. (FGV/TJ/BA/Analista/2015) Em relação à prática de falta grave durante a execução da pena, é correto afirmar que:

a) interrompe o prazo para a obtenção de livramento condicional.

b) não interrompe o prazo para a progressão de regime.

c) interrompe automaticamente o prazo necessário para a concessão de indulto.

d) interrompe automaticamente o prazo necessário para a comutação da pena.

e) não autoriza a perda de dias remidos na fração máxima sem que haja fundamentação concreta.

2004. (FCC/TJ/AL/Juiz/2015) Com relação à Lei de Execução Penal (Lei n. 7.210/1984) e sua interpretação pelo Superior Tribunal de Justiça,

a) a saída temporária poderá ser concedida pelo diretor do estabelecimento penal sempre que preenchidos os requisitos objetivos e subjetivos previstos na lei.

b) a prática de falta grave interrompe a contagem do prazo para a progressão de regime, mas não interrompe o prazo para fins de indulto e comutação

c) o reconhecimento da prática de falta grave é imprescindível a instauração de procedimento administrativo, assegurado o direito de defesa, não constituindo a ausência de defesa técnica por advogado violação à ampla defesa, nos termos da Súmula Vinculante n. 5 do STF.

d) a medida de segurança não possui prazo determinado, não possuindo relevância o limite máximo cominado abstratamente para o delito praticado.

e) se a falta grave consistir no cometimento de fato definido como crime doloso, seu reconhecimento dependerá do trânsito em julgado da sentença penal condenatória no processo penal instaurado para a apuração do fato.

CAPÍTULO 22 -
SISTEMA FINANCEIRO DA HABITAÇÃO

1. ATUALIZAÇÃO MONETÁRIA

> *Súmula STJ 450. Nos contratos vinculados ao SFH, a atualização do saldo devedor antecede sua amortização pelo pagamento da prestação.*

2005. **(TRF/4R/Juiz/2016)** De acordo com a jurisprudência do Superior Tribunal de Justiça, firmada em sede de Recursos Repetitivos:

I. Nos contratos de financiamento celebrados no âmbito do Sistema Financeiro da Habitação, sem cláusula de garantia de cobertura do Fundo de Compensação de Variações Salariais, o saldo devedor residual deverá ser suportado pelo mutuário.

II. No caso de cessão de direitos sobre imóvel financiado no âmbito do Sistema Financeiro da Habitação, é indispensável a anuência da instituição financeira, sob pena de o cessionário não adquirir legitimidade ativa para futura ação revisional das condições pactuadas.

III. Nos contratos vinculados ao Sistema Financeiro da Habitação, a atualização do saldo devedor antecede a sua amortização pelo pagamento da prestação.

IV. No âmbito do Sistema Financeiro da Habitação, é necessária a contratação do seguro habitacional com o próprio agente financeiro ou com seguradora por ele indicada.

a) Estão corretas apenas as assertivas I e III.
b) Estão corretas apenas as assertivas II e IV.
c) Estão corretas apenas as assertivas I, II e III.
d) Estão corretas apenas as assertivas I, II e IV.
e) Estão corretas todas as assertivas.

2006. **(Cespe/TJ/RN/Juiz/2013)** A respeito da proteção contratual do consumidor prevista no CDC, assinale a opção correta à luz da doutrina e da jurisprudência atual.

a) É válida a cláusula que determine a utilização compulsória da arbitragem, desde que redigida

de forma que permita sua compreensão imediata e fácil.

b) Não se admite a incidência da chamada comissão de permanência nos contratos regidos pelas normas de proteção ao consumidor.

c) Nos contratos vinculados ao Sistema Financeiro da Habitação, a atualização do saldo devedor antecede sua amortização pelo pagamento da prestação.

d) Vigora, como regra, o princípio de que a nulidade de uma cláusula contratual abusiva, por versar matéria de ordem pública, acarreta, como consequência inexorável, a invalidade do contrato.

e) Não se admite a existência de cláusula resolutória alternativa nos contratos de adesão.

> *Súmula STJ 454. Pactuada a correção monetária nos contratos do SFH pelo mesmo índice aplicável à caderneta de poupança, incide a taxa referencial (TR) a partir da vigência da Lei nº 8.177/1991.*

2007. **(TJ/SC/Juiz/2010)** Assinale a alternativa correta:

I. Quando pactuada, é admissível a cobrança da comissão de permanência, respeitado o limite dos juros remuneratórios avençados, desde que não excedida a taxa média de mercado aferida pelo Banco Central do Brasil, em todos os contratos bancários, mesmo os já quitados.

II. Nas ações de busca e apreensão fundadas em contratos de financiamento garantidos por alienação fiduciária de bens móveis, justifica-se a conversão da busca e apreensão em ação de depósito quando já deferida e angularizada a relação processual.

III. A nota promissória vinculada a contrato de cheque especial goza de autonomia.

IV. Na ausência de pactuação expressa do indexador, aplica-se a taxa referencial como fator de correção monetária nos contratos do Sistema

Financeiro da Habitação, porque aplicados aos saldos das cadernetas de poupança.

a) Somente as proposições I, III e IV estão incorretas.

b) Somente as proposições I e IV estão incorretas.

c) Somente as proposições I, II e IV estão incorretas.

d) Somente as proposições I e III estão incorretas.

e) Todas as proposições estão incorretas.

2. HIPOTECA

> **Súmula STJ 199.** *Na execução hipotecária de crédito vinculado ao Sistema Financeiro da Habitação, nos termos da Lei nº 5.741/1971, a petição inicial deve ser instruída com, pelo menos, dois avisos de cobrança.*

↪ Súmula não abordada em concursos recentes.

> **Súmula STJ 308.** *A hipoteca firmada entre a construtora e o agente financeiro, anterior ou posterior à celebração da promessa de compra e venda, não tem eficácia perante os adquirentes do imóvel.*

Súmula anotada em Direito Civil – Do Direito das Coisas – Da Hipoteca.

3. JUROS

> **Súmula STJ 422.** *Os juros remuneratórios não estão limitados nos contratos vinculados ao Sistema Financeiro da Habitação.*

2008. (TRF/3R/Juiz/2016) Marque a alternativa correta:

a) O art. 6º, e, da Lei n. 4.380/1964 estabelece limitação aos juros remuneratórios nos contratos vinculados ao Sistema Financeiro da Habitação – SFH.

b) Nas sociedades anônimas, apenas os administradores da companhia e seu acionista controlador podem ser responsabilizados pelos atos de gestão e pela utilização abusiva do poder.

c) Nos contratos de financiamento celebrados no âmbito do SFH, sem cláusula de garantia de cobertura do FCVS, o saldo devedor residual deverá ser suportado pelo mutuante.

d) Nos contratos vinculados ao SFH, a atualização do saldo devedor não antecede sua amortização pelo pagamento da prestação.

2009. (Cespe/TJ/ES/Cartórios/2013) A respeito do sistema de financiamento imobiliário e dos contratos imobiliários, assinale a opção correta.

a) O STJ firmou o entendimento de que é possível a utilização da taxa referencial na atualização do saldo devedor de contrato vinculado ao SFH.

b) De acordo com o STJ, não há limitação legal à taxa de juros remuneratórios prevista na Lei de Usura no contrato de financiamento imobiliário vinculado ao sistema de carteira hipotecária livre.

c) De acordo com entendimento pacificado no STJ, a capitalização mensal de juros remuneratórios é admissível nos contratos de financiamento imobiliário.

d) O STJ firmou entendimento no sentido de que é ilegal responsabilizar os mutuários finais pelos resíduos dos saldos devedores existentes.

e) O entendimento jurisprudencial do STJ se pacificou no sentido de que não se aplica o Código de Defesa do Consumidor aos contratos regidos pelas regras do SFH.

4. LEGITIMIDADE PROCESSUAL

> **Súmula STJ 327.** *Nas ações referentes ao Sistema Financeiro da Habitação, a Caixa Econômica Federal tem legitimidade como sucessora do Banco Nacional da Habitação.*

↪ Súmula não abordada em concursos recentes.

5. SEGUROS

> **Súmula STJ 31.** *A aquisição, pelo segurado, de mais de um imóvel financiado pelo Sistema Financeiro da Habitação, situados na mesma localidade, não exime a seguradora da obrigação de pagamento dos seguros.*

↪ Súmula não abordada em concursos recentes.

CAPÍTULO 22 - SISTEMA FINANCEIRO DA HABITAÇÃO

> **Súmula STJ 473.** *O mutuário do SFH não pode ser compelido a contratar o seguro habitacional obrigatório com a instituição financeira mutuante ou com a seguradora por ela indicada.*

2010. **(Cespe/TRF/5R/Juiz/2013)** No que se refere ao processo administrativo, aos serviços públicos, à responsabilidade civil, ao SFH e à intervenção do Estado na propriedade privada, assinale a opção correta.

a) Segundo a jurisprudência do STJ, é legítimo o corte no fornecimento de serviços públicos essenciais nos casos em que a inadimplência do consumidor decorra de débitos pretéritos ou originados de suposta fraude no medidor de consumo de energia apurada unilateralmente pela concessionária.

b) Considere a seguinte situação hipotética. José, policial militar, estava prestando serviço, em seu horário de folga, como segurança particular em um supermercado, quando ocorreu um assalto no local. José, ao efetuar disparos contra os assaltantes, atingiu uma cliente do estabelecimento, que faleceu ainda no local. Nessa situação hipotética, o Estado, de acordo com jurisprudência do STF, não responde pelos danos à cliente provocados por José, haja vista que o agente não estava em serviço no momento da referida ação.

c) Ao firmar contrato com o SFH, o mutuário não está obrigado a contratar seguro com o agente financeiro ou com outra seguradora por ele indicada.

d) Caso, durante uma operação de combate ao narcotráfico, a Polícia Federal localize, em uma fazenda de duzentos hectares, uma plantação de dez hectares de maconha, o Estado, nessa situação, de acordo com jurisprudência do STF, poderá expropriar apenas a área de plantio da substância entorpecente.

e) Em conformidade com a jurisprudência do STJ, o termo inicial do prazo decadencial de cinco anos para que a administração pública anule ato administrativo referente à concessão de aposentadoria corresponde à data da homologação da concessão pelo tribunal de contas.

2011. **(Cespe/TRF/2R/Juiz/2013)** Acerca dos contratos e do SFH, assinale a opção correta de acordo com o que disciplinam o Código Civil e a jurisprudência do STJ.

a) A "supressio" configura-se quando há a supressão, por renúncia tácita, de um direito, em virtude do seu não exercício. A "surrectio", por sua vez, ocorre nos casos em que o decurso do tempo implica o surgimento de uma posição jurídica pela regra da boa-fé.

b) Segundo o Código Civil, o doador pode estipular cláusula de reversão em favor de terceiro na hipótese de este sobreviver ao donatário.

c) É lícita a compra e venda entre cônjuges com relação a bens incluídos na comunhão.

d) O direito de preferência é passível de cessão e pode ser transmitido aos herdeiros.

e) O STJ já pacificou o entendimento no sentido da possibilidade de o mutuário do SFH ser obrigado a contratar o seguro habitacional obrigatório com a instituição financeira mutuante ou com a seguradora por ela indicada, não havendo abusividade em tal situação.

2012. **(Cespe/CâmaraDeputados/Analista/2014)** Com relação ao entendimento sumulado pelo STJ a respeito do direito do consumidor, julgue: o mutuário do Sistema Financeiro de Habitação (SFH) não pode ser compelido a contratar o seguro habitacional obrigatório com a instituição financeira mutuante ou com a seguradora por ela indicada, porquanto essa prática configura venda casada, que, por sua vez, é proibida pelo CDC.

> **Súmula STJ 586.** *A exigência de acordo entre o credor e o devedor na escolha do agente fiduciário aplica-se, exclusivamente, aos contratos não vinculados ao Sistema Financeiro da Habitação – SFH.*

➲ Súmula não abordada em concursos recentes.

CAPÍTULO 23 – SISTEMA FINANCEIRO NACIONAL

1. BANCO CENTRAL DO BRASIL

> **Súmula STJ 23.** *O Banco Central do Brasil é parte legítima nas ações fundadas na Resolução 1154, de 1986.*

➲ Súmula não abordada em concursos recentes.

> **Súmula STJ 538.** *As administradoras de consórcio têm liberdade para estabelecer a respectiva taxa de administração, ainda que fixada em percentual superior a dez por cento.*

2013. (TRF/4R/Juiz/2016) Assinale a alternativa incorreta.

a) As instituições financeiras respondem objetivamente pelos danos gerados por fortuito interno relativo a fraudes e delitos praticados por terceiros no âmbito de operações bancárias.

b) No transporte desinteressado, de simples cortesia, o transportador só será civilmente responsável por danos causados ao transportado quando incorrer em dolo ou culpa grave.

c) Independe de prova do prejuízo a indenização pela publicação não autorizada de imagem de pessoa com fins econômicos ou comerciais.

d) A apresentação antecipada de cheque pré-datado não caracteriza dano moral, visto consistir o cheque em ordem de pagamento à vista.

e) As administradoras de consórcio têm liberdade para estabelecer a respectiva taxa de administração, ainda que fixada em percentual superior a dez por cento.

2014. (Cespe/TRF/5R/Juiz/2009) Quanto ao CDC, à disciplina normativa aplicável aos consórcios e à atividade bancária, assinale a opção correta.

a) Para que uma associação que tenha por finalidade a defesa do consumidor possa propor ação coletiva em favor dos participantes desistentes de consórcio de veículos, exige-se que ela tenha sido instituída para a defesa específica dos interesses dos consorciados.

b) A ação civil pública é a via apropriada para o reconhecimento de nulidade de cláusula abusiva que preveja a devolução, sem correção monetária, das prestações pagas pelo consorciado desistente.

c) As administradoras de consórcios de bens móveis possuem total liberdade para fixar a respectiva taxa de administração, mas é ilegal e abusiva a taxa fixada em percentual superior a 10%.

d) Segundo a jurisprudência do STF, a quantia recolhida a título de prestação de serviço de água e de esgoto tem natureza jurídica de taxa e, nessa situação, é inaplicável o CDC a situações de aumento do valor cobrado.

e) É inaplicável o CDC às relações entre os condôminos e o condomínio quanto às despesas de manutenção deste, bem como entre o condomínio de que tenha sido cobrada indevidamente taxa de esgoto e a concessionária desse serviço público.

2. BANCOS COMERCIAIS

> **Súmula STJ 19.** *A fixação do horário bancário, para atendimento ao público, é da competência da União.*

2015. (Cespe/TRF/5R/Juiz/2013) À luz do que dispõe a CF a respeito dos estados-membros e dos municípios, assinale a opção correta.

a) A definição do horário de funcionamento das instituições bancárias é da competência legislativa do município, por constituir matéria de interesse local.

b) Será constitucional norma de estado-membro que conceda estabilidade aos empregados de empresa pública e de sociedade de economia mista estadual.

c) A hipótese de município compor um dos polos da lide e de a União compor o outro polo não configura, por si só, conflito federativo apto a ensejar a competência originária do STF.

d) A União pode intervir em estado-membro para pôr termo a grave comprometimento da ordem pública, desde que haja provimento pelo STF de representação do procurador-geral da República.

e) Como a CF prevê a imunidade do presidente da República à persecução penal por atos estranhos ao exercício de sua função, será legítima norma constitucional estadual que preveja imunidade semelhante ao governador do respectivo estado-membro.

2016. (Fundep/MPE/MG/Promotor/2011)
A teor do que dispõe o artigo 30 da Constituição da República, a competência legislativa dos Municípios caracteriza-se pelo princípio da predominância do interesse local. Assim, é incorreto afirmar que compete ao Município legislar sobre:

a) plano diretor.

b) horário de funcionamento do comércio local.

c) horário de funcionamento das agências bancárias locais.

d) tempo máximo de atendimento ao público nas agências bancárias locais.

2017. (TRT/19R/Juiz/2012) Sobre o poder
de polícia, aponte a resposta correta:

a) A fixação do horário bancário, para atendimento ao público, é da competência da União.

b) Não ofende o princípio da livre concorrência lei municipal que impede a instalação de estabelecimentos comerciais do mesmo ramo em determinada área.

c) Tendo em vista os princípios da recorribilidade das decisões administrativas e da inafastabilidade do controle jurisdicional, além da necessidade e eficácia das medidas de polícia administrativa, as sanções aplicadas administrativamente não precisam observar o devido processo legal.

d) O poder de polícia, não sendo privativo do poder público, é passível de delegação a entidades privadas.

e) Em regra, o exercício do poder de polícia é vinculado, em razão de seu caráter de restrição e limitação de direitos.

2018. (Cespe/TJ/PB/Juiz/2015) À luz dos
entendimentos jurisprudenciais do STF a respeito da repartição de competências entre os entes federativos, assinale a opção correta.

a) Se a Constituição de determinado estado-membro reconhecer aos estudantes o direito de pagar a metade da tarifa de transporte coletivo municipal, não haverá invasão da competência municipal para legislar sobre o tema, por se tratar de benefício estabelecido em Constituição estadual.

b) Caso determinado estado-membro edite lei que disponha sobre normas de processo e julgamento do governador pela prática de crime de responsabilidade, essa lei estará em consonância com a CF, uma vez que esse estado-membro tem competência para legislar sobre a matéria.

c) Na hipótese de uma lei estadual estabelecer restrições ao ingresso, armazenamento e comercialização de produtos agrícolas importados no âmbito do estado-membro, estará caracterizada invasão da competência privativa da União para legislar sobre comércio exterior.

d) É constitucional lei municipal que fixe o horário de funcionamento das agências bancárias e que disponha sobre o tempo máximo de permanência dos usuários nas filas, por se tratar de matéria de interesse local.

e) Caso um estado-membro inove a ordem jurídica ao editar lei que proíba às empresas de telecomunicação a cobrança de taxa para a instalação do segundo ponto de acesso à Internet, não haverá inconstitucionalidade, pois o estado terá agido no âmbito de sua competência para legislar sobre proteção do consumidor.

> *Súmula STJ 79. Os bancos comerciais não estão sujeitos a registro nos conselhos regionais de economia.*

↪ Súmula não abordada em concursos recentes.

3. COMISSÃO DE PERMANÊNCIA

> *Súmula STJ 30. A comissão de permanência e a correção monetária são inacumuláveis.*

2019. (Cespe/STJ/Analista/2008) O
cliente que atrasa o pagamento

CAPÍTULO 23 - SISTEMA FINANCEIRO NACIONAL

de prestação relativa a contrato de mútuo firmado com determinado banco deverá pagar ao mutuante a prestação acrescida de atualização monetária e da taxa referente à comissão de permanência.

2020. (Cespe/DPE/AL/Defensor/2009) Marcelo tomou por empréstimo R$ 5 mil em uma instituição financeira para pagar em vinte e quatro meses. A partir do décimo segundo mês, Marcelo interrompeu o pagamento das prestações ante as dificuldades financeiras por que estava passando. Comparecendo ao banco, foi informado de que no contrato havia cláusula permitindo a cobrança de comissão de permanência. Na hipótese descrita, que constitui um exemplo de mútuo, a comissão de permanência poderá ser cumulada com a correção monetária, mas não com os juros remuneratórios.

> *Súmula STJ 294. Não é potestativa a cláusula contratual que prevê a comissão de permanência, calculada pela taxa média de mercado apurada pelo Banco Central do Brasil, limitada à taxa do contrato.*

2021. (Cespe/TJ/RR/Analista/2006) No que se refere ao inadimplemento das obrigações, assinale a opção incorreta.

a) Para conceder a indenização de perdas e danos, o juiz deve considerar se houve dano emergente, que consiste em prejuízo real ao patrimônio do credor, e lucro cessante, relativo à privação de um ganho pelo credor, ou seja, o lucro que ele deixou de auferir em razão de descumprimento da obrigação pelo devedor.

b) Para que se configure a mora do devedor, é preciso que o inadimplemento total ou parcial da obrigação decorra de fato ou de omissão imputável ao devedor. Durante o atraso no cumprimento da obrigação, o devedor responde pelos prejuízos a que sua mora der causa, mais juros e correção monetária, mesmo ocorrendo caso fortuito ou de força maior, salvo na ausência de culpa ou no caso em que, mesmo cumprida a obrigação a termo, o dano sobrevenha.

c) Considere que os contratantes estipulem expressamente o direito de arrependimento, tornando o contrato resolúvel, porém, com os ônus da perda do sinal dado em benefício da outra parte ou de sua restituição mais o equivalente. Nesse caso, se qualquer das partes desistir do contrato, as arras funcionam como

cláusula penal pelo inadimplemento da obrigação; no entanto, quando estas forem fixadas em valor irrisório ou quando restar provado que a parte inocente sofreu prejuízo superior ao recebido, o juiz pode, licitamente, fixar indenização suplementar.

d) Nos contratos bancários, a comissão de permanência possui natureza jurídica tanto de juros remuneratórios quanto de correção monetária. Por esse motivo, ela não pode ser cobrada cumulativamente com quaisquer outros encargos, ainda que haja previsão contratual.

2022. (TRF/4R/Juiz/2012) Dadas as assertivas abaixo, assinale a alternativa correta.

I. A cobrança antecipada do valor residual garantido descaracteriza o contrato de arrendamento mercantil, que passa a configurar contrato de compra e venda.

II. É admitida a cobrança da comissão de permanência no período da inadimplência, com limite na taxa do contrato, cumulada somente com correção monetária.

III. A cobrança de encargos indevidos no vencimento da obrigação importa na descaracterização da mora.

IV. O bem alienado fiduciariamente não pode ser objeto de penhora.

a) Está correta apenas a assertivas IV.

b) Estão corretas apenas as assertivas III e IV.

c) Estão corretas apenas as assertivas I, II e III.

d) Estão corretas todas as assertivas.

e) Nenhuma assertiva está correta.

> *Súmula STJ 296. Os juros remuneratórios, não cumuláveis com a comissão de permanência, são devidos no período de inadimplência, à taxa média de mercado estipulada pelo Banco Central do Brasil, limitada ao percentual contratado.*

2023. (FCC/DPE/RS/Defensor/2011) Assinale a alternativa que contém a afirmação correta em relação ao direito obrigacional.

a) Segundo o entendimento sumulado do Superior Tribunal de Justiça, os juros remuneratórios, não cumuláveis com a comissão de permanência, são devidos no período de inadimplência, à taxa média de mercado estipulada pelo Banco Central do Brasil, limitada ao percentual contratado.

b) No mútuo feneratício civil os juros remuneratórios são presumidos, não sendo admitida a sua capitalização anual.

c) Qualquer interessado na extinção da dívida pode pagá-la com a utilização dos meios conducentes à exoneração do devedor, sendo que igual direito cabe ao terceiro não interessado, se o fizer em nome e à conta do devedor, independentemente da oposição deste.

d) O credor não é obrigado a receber prestação diversa da que lhe é devida, ainda que mais valiosa, mas quando a obrigação tenha por objeto prestação divisível, o credor poderá ser compelido a receber por partes, ainda que a prestação tenha sido ajustada de forma diversa.

e) Havendo pluralidade de devedores na obrigação indivisível, cada um deles se obriga por toda a dívida, não havendo sub-rogação nos direitos do credor, em relação aos demais coobrigados, para o devedor que paga a totalidade do débito.

2024. (TRF/4R/Juiz/2012) Dadas as assertivas abaixo, assinale a alternativa correta.

I. A cobrança antecipada do valor residual garantido descaracteriza o contrato de arrendamento mercantil, que passa a configurar contrato de compra e venda.

II. É admitida a cobrança da comissão de permanência no período da inadimplência, com limite na taxa do contrato, cumulada somente com correção monetária.

III. A cobrança de encargos indevidos no vencimento da obrigação importa na descaracterização da mora.

IV. O bem alienado fiduciariamente não pode ser objeto de penhora.

a) Está correta apenas a assertivas IV.

b) Estão corretas apenas as assertivas III e IV.

c) Estão corretas apenas as assertivas I, II e III.

d) Estão corretas todas as assertivas.

e) Nenhuma assertiva está correta.

> **Súmula STJ 472.** *A cobrança de comissão de permanência – cujo valor não pode ultrapassar a soma dos encargos remuneratórios e moratórios previstos no contrato – exclui a exigibilidade dos juros remuneratórios, moratórios e da multa contratual.*

2025. (FCC/DPE/CE/Defensor/2014) Fernando financiou a aquisição de veículo perante "Banco Coral SA", alienando-o fiduciariamente em garantia e pactuando comissão de permanência, juros moratórios e multa para o caso de inadimplemento. Julgando abusivo o contrato, ajuizou ação revisional e requereu, em sede de liminar, fosse manutenido na posse do bem, alegando que, com o pedido de revisão, teria sido descaracterizada a mora. A título de provimento final, pugnou fosse afastada a cobrança da comissão de permanência. De acordo com Súmulas do Superior Tribunal de Justiça, o pedido liminar deverá ser

a) deferido, pois a propositura de ação revisional inibe a caracterização da mora. A comissão de permanência poderá ser cobrada se o seu valor não ultrapassar a soma dos encargos remuneratórios e moratórios, afastando a exigibilidade dos juros remuneratórios e moratórios e da multa contratual.

b) indeferido, pois a simples propositura de ação revisional não inibe a caracterização da mora. A comissão de permanência poderá ser cobrada se o seu valor não ultrapassar a soma dos encargos remuneratórios e moratórios, afastando a exigibilidade dos juros remuneratórios e moratórios, porém não da multa contratual.

c) indeferido, pois a simples propositura de ação revisional não inibe a caracterização da mora. A comissão de permanência poderá ser cobrada se o seu valor não ultrapassar a soma dos encargos remuneratórios e moratórios, afastando a exigibilidade dos juros remuneratórios e moratórios e da multa contratual.

d) indeferido, pois a simples propositura de ação revisional não inibe a caracterização da mora. A comissão de permanência deverá ser necessariamente afastada, pois se trata de cláusula abusiva.

e) deferido, pois se aplicam aos contratos bancários as disposições do Código de Defesa do Consumidor. A comissão de permanência deverá ser necessariamente afastada, pois se trata de cláusula onerosamente excessiva ao consumidor.

CAPÍTULO 23 - SISTEMA FINANCEIRO NACIONAL

2026. (Cespe/TJ/MA/Juiz/2013) Com base no entendimento sumulado do STJ, assinale a opção correta.

a) Embora a cobrança de comissão de permanência exclua a exigibilidade dos juros remuneratórios, moratórios e da multa contratual, o valor da referida comissão, quando estabelecidos tais encargos, é limitado pelo somatório dos juros moratórios e remuneratórios.

b) Os juros de mora na indenização do seguro DPVAT fluem a partir da promulgação da sentença.

c) É penhorável o único imóvel residencial do devedor mesmo que o bem esteja locado a terceiros e a renda obtida com a locação seja revertida para a subsistência ou a moradia da família do devedor.

d) Na execução de crédito relativo a cotas condominiais, este não tem preferência sobre o crédito hipotecário.

4. CONTRATOS BANCÁRIOS

4.1. Alienação Fiduciária

> *Súmula STJ 28. O contrato de alienação fiduciária em garantia pode ter por objeto bem que já integrava o patrimônio do devedor.*

2027. (MPE/SP/Promotor/2006) Assinale a alternativa incorreta.

a) A cobrança antecipada do valor residual garantido (VRG) não descaracteriza o contrato de arrendamento mercantil.

b) A notificação destinada a comprovar a mora nas dívidas garantidas por alienação fiduciária dispensa a indicação do valor do débito.

c) A purga da mora, nos contratos de alienação fiduciária, só é permitida quando já pagos mais de 40% do valor financiado.

d) A terceiro de boa-fé não é oponível a alienação fiduciária não anotada no Certificado de Registro do veículo automotor.

e) O contrato de alienação fiduciária em garantia não pode ter por objeto bem que já integrava o patrimônio do devedor.

> *Súmula STJ 72. A comprovação da mora é imprescindível à busca e apreensão do bem alienado fiduciariamente.*

2028. (Vunesp/TJ/SP/Cartórios/2012) Considere as afirmações a seguir.

I. O contrato de alienação fiduciária em garantia pode ter por objeto bem que já integrava o patrimônio do devedor.

II. A comprovação da mora é imprescindível à busca e apreensão do bem alienado fiduciariamente.

III. A notificação destinada a comprovar a mora nas dívidas garantidas por alienação fiduciária dispensa a indicação do valor do débito.

De acordo com as Súmulas do Superior Tribunal de Justiça, estão corretas

a) I e II, apenas.

b) I e III, apenas.

c) II e III, apenas.

d) I, II e III.

> *Súmula STJ 92. A terceiro de boa-fé não é oponível a alienação fiduciária não anotada no certificado de registro do veículo automotor.*

2029. (Fepese/Sefin/Florianópolis/Auditor_Fiscal/2014) Assinale alternativa correta de acordo com o Código Civil Brasileiro.

a) A propriedade fiduciária de veículo automotor é constituída com o registro do contrato, celebrado por instrumento público ou particular, que lhe serve de título, na repartição competente para o licenciamento, fazendo-se a anotação no certificado de registro.

b) Apenas o terceiro interessado que pagar a dívida poderá se sub-rogar de pleno direito no crédito e na propriedade fiduciária.

c) Considera-se fiduciária a propriedade de coisa móvel fungível que o devedor, como forma de garantia, transfere a posse ao credor

d) Com a constituição da propriedade fiduciária, dá-se o desdobramento da posse, tornando-se o devedor possuidor indireto da coisa.

e) É lícita a estipulação de cláusula em contrato fiduciário que autorize o proprietário fiduciário a ficar com a coisa alienada em garantia, se a dívida fiduciária não for paga no vencimento.

> *Súmula STJ 245. A notificação destinada a comprovar a mora nas dívidas garantidas por alienação fiduciária dispensa a indicação do valor do débito.*

2030. (FGV/TJ/PA/Juiz/2008) A respeito da alienação fiduciária em garantia, assinale a afirmativa incorreta.

a) É nula a cláusula contratual que autoriza o credor fiduciário a ficar com a coisa alienada em garantia, se a dívida não for paga no vencimento.

b) A mora do devedor fiduciante é considerada "ex re", ou seja, caracteriza-se pelo simples inadimplemento da obrigação pactuada no prazo avençado.

c) Na sentença que decretar a improcedência do pedido da ação de busca e apreensão, o juiz condenará o credor fiduciário ao pagamento de multa em favor do devedor fiduciante, no valor equivalente ao originariamente financiado.

d) O credor fiduciário poderá alienar a coisa a terceiros, independentemente de leilão, hasta pública ou avaliação do bem, na hipótese de inadimplemento da obrigação assumida pelo devedor fiduciante.

e) De acordo com entendimento consolidado pelo STF, a notificação destinada a comprovar a mora nas dívidas garantidas por alienação fiduciária dispensa a indicação do valor do débito.

2031. (Vunesp/TJ/SP/Cartórios/2011) Segundo a jurisprudência do Superior Tribunal de Justiça, assinale a alternativa incorreta a respeito de alienação fiduciária.

a) O contrato de alienação fiduciária em garantia pode ter por objeto bem que já integrava o patrimônio do devedor.

b) A notificação destinada a comprovar a mora nas dívidas garantidas por alienação fiduciária deve necessariamente indicar o valor do débito.

c) Cabe ação monitória para haver saldo remanescente oriundo de venda extrajudicial de bem alienado fiduciariamente em garantia.

d) Na falência do devedor alienante, fica assegurado ao credor fiduciário o direito de pedir a restituição do bem alienado fiduciariamente.

2032. (Vunesp/MPE/SP/Promotor/2008) Assinale a alternativa correta.

a) A notificação destinada à comprovação da mora em dívida garantida por alienação fiduciária deve trazer o valor total do débito para a devida ciência do devedor.

b) O protesto do título para a comprovação da mora em dívida garantida por alienação fiduciária não pode ser feito por edital.

c) No caso de mora em obrigação garantida mediante alienação fiduciária, o credor não pode vender a coisa a terceiros antes da avaliação judicial do bem.

d) É vedada a concessão liminar da busca e apreensão do bem alienado fiduciariamente, em respeito ao princípio do contraditório.

e) Na resposta à ação de busca e apreensão fundada em obrigação garantida por alienação fiduciária, o devedor pode discutir a legalidade de cláusulas contratuais.

> *Súmula STJ 384. Cabe ação monitória para haver saldo remanescente oriundo de venda extrajudicial de bem alienado fiduciariamente em garantia.*

Súmula anotada em Direito Processual Civil – Do Processo de Conhecimento e do Cumprimento de Sentença – Dos Procedimentos Especiais – Da Ação Monitória.

4.2. Cláusulas Contratuais

> *Súmula STJ 379. Nos contratos bancários não regidos por legislação específica, os juros moratórios poderão ser convencionados até o limite de 1% ao mês.*

2033. (Vunesp/TJ/SP/Juiz/2015) Nos contratos bancários,

a) o julgador pode conhecer de ofício a abusividade de cláusulas.

b) os juros moratórios sujeitam-se ao limite de 1% ao mês, caso não se trate de contratos bancários regidos por legislação específica.

c) os juros remuneratórios superiores a 12% ao ano presumem-se abusivos, cabendo à instituição financeira demonstrar sua adequação e razoabilidade.

d) a comissão de permanência pode ser cumulada com os juros remuneratórios contratados.

> *Súmula STJ 381. Nos contratos bancários, é vedado ao julgador conhecer, de ofício, da abusividade das cláusulas.*

CAPÍTULO 23 - SISTEMA FINANCEIRO NACIONAL

2034. **(Cespe/TJ/PB/Juiz/2011)** Assinale a opção correta com base no entendimento sumulado pelo STJ a respeito da aplicação do CDC no que se refere a fornecedor e práticas abusivas.

a) O CDC não é aplicável à relação jurídica entre a entidade de previdência privada e seus participantes.

b) O CDC não se aplica aos contratos de plano de saúde.

c) Nos contratos bancários, é possível ao julgador conhecer de ofício a abusividade das cláusulas.

d) Nos contratos bancários posteriores ao CDC, incide a multa moratória nele prevista.

e) Não é abusiva cláusula contratual de plano de saúde que limite no tempo a internação hospitalar do segurado.

2035. **(Vunesp/TJ/SP/Juiz/2013)** Considerada a lei e a jurisprudência do STJ sobre abusividade de cláusulas de contratos bancários, é correto afirmar que

a) a estipulação de juros superiores a 12% ao ano por si só indica abusividade.

b) nos contratos bancários, é vedado ao julgador conhecer, de ofício, da abusividade das cláusulas.

c) a Comissão de permanência deve ser determinada de antemão, sendo potestativa e, por isso, nula a cláusula que a atrele a taxas médias de mercado, apuradas pelo Banco Central.

d) é vedada a estipulação de multa moratória em contratos com o consumidor.

2036. **(FCC/DPE/PB/Defensor/2014)** De acordo com a jurisprudência do STJ sobre direito do consumidor,

a) nos contratos bancários, é possível ao julgador conhecer, de ofício, da abusividade das cláusulas.

b) da anotação irregular em cadastro de proteção ao crédito, cabe indenização por dano moral, ainda quando preexistente legítima inscrição.

c) a Defensoria Pública, na tutela coletiva dos consumidores, só tem legitimidade para atuar quando tratar de direitos individuais homogêneos.

d) não se aplica o Código de Defesa do Consumidor quando o serviço prestado pelo banco tratar de política governamental, desfigurando

a relação de consumo, como no caso de financiamento estudantil.

e) as instituições financeiras respondem subjetivamente pelos danos gerados por fortuito interno relativo a fraudes e delitos praticados por terceiros no âmbito de operações bancárias.

2037. **(Cespe/CâmaraDeputados/Analista/2014)** Com relação ao entendimento sumulado pelo STJ a respeito do direito do consumidor, julgue: de acordo com o CDC, o Poder Judiciário pode declarar, ainda que de ofício, a nulidade de cláusulas abusivas previstas em contratos bancários, em virtude da sua obrigação de proteger o consumidor.

4.3. Consórcio

> **Súmula STJ 35.** *Incide correção monetária sobre as prestações pagas, quando de sua restituição, em virtude da retirada ou exclusão do participante de plano de consórcio.*

2038. **(PUC-PR/TJ/RO/Juiz/2011)** O Código de Defesa do Consumidor (8.078/90) expressa que os contratos que regulam as relações de consumo não obrigarão os consumidores, se não lhes for dada a oportunidade de tomar conhecimento prévio de seu conteúdo, ou se os respectivos instrumentos forem redigidos de modo a dificultar a compreensão de seu sentido e alcance. A respeito de contratos de consumo, assinale a única alternativa correta.

a) São nulas de pleno direito, entre outras, as cláusulas contratuais relativas ao fornecimento de produtos e serviços que estabeleçam inversão do ônus da prova a favor do consumidor.

b) Nos contratos de compra e venda de móveis ou imóveis mediante pagamento em prestações, bem como nas alienações fiduciárias em garantia, consideram-se válidas as cláusulas que estabeleçam a perda total das prestações pagas em benefício do credor que, em razão do inadimplemento, pleitear a resolução do contrato e a retomada do produto alienado.

c) O consumidor pode desistir do contrato, no prazo de sete dias, a contar de sua assinatura ou do ato de recebimento do produto ou serviço, sempre que a contratação de fornecimento de produtos e serviços ocorrer fora do estabelecimento comercial, especialmente por telefone ou em domicílio.

d) Nos contratos de adesão admite-se cláusula resolutória, desde que alternativa, cabendo a escolha ao fornecedor.

e) Nos contratos do sistema de consórcio de produtos duráveis, a compensação, ou a restituição das parcelas quitadas, não sofrerá qualquer desconto, sendo restituído o valor integral devidamente corrigido e atualizado.

4.4. Renegociação Contratual

> *Súmula STJ 286. A renegociação de contrato bancário ou a confissão da dívida não impede a possibilidade de discussão sobre eventuais ilegalidades dos contratos anteriores.*

2039. **(Vunesp/TJ/SP/Cartórios/2011)** Sobre Instituições Financeiras, é incorreto afirmar:

a) as empresas administradoras de cartão de crédito são instituições financeiras e, por isso, os juros remuneratórios por elas cobrados não sofrem as limitações da Lei de Usura.

b) nos contratos bancários posteriores ao Código de Defesa do Consumidor, incide a multa moratória de 2%, conforme entendimento fixado no Superior Tribunal de Justiça.

c) o Superior Tribunal de Justiça firmou entendimento de que a renegociação de contrato bancário impede a discussão sobre ilegalidades de contratos anteriores.

d) estão sujeitas à aplicação do Código de Defesa do Consumidor.

2040. **(Cespe/TCU/Procurador/2015)** Com base na jurisprudência do STJ a respeito dos contratos, assinale a opção correta.

a) Na venda com reserva de domínio, a cláusula de reserva de domínio terá de ser estipulada por escrito e não dependerá de registro para valer contra terceiros.

b) A transação efetivada entre um dos devedores solidários e seu credor extingue a dívida em relação aos demais codevedores, mesmo que o credor não dê quitação de toda a dívida.

c) Caso o compromisso de compra e venda de imóvel não tenha sido levado a registro, a responsabilidade pelas despesas de condomínio recairá sobre o promissário vendedor.

d) A renegociação de contrato bancário ou a confissão de dívida, assim como a extinção

contratual decorrente de quitação, não obstam a discussão sobre eventuais ilegalidades dos contratos anteriores.

e) Na alienação fiduciária de imóveis em garantia, o contrato se extingue por força da consolidação da propriedade em nome do credor fiduciário, e não pela alienação do bem em leilão público.

> *Súmula STJ 298. O alongamento de dívida originada de crédito rural não constitui faculdade da instituição financeira, mas direito do devedor, nos termos da lei.*

➲ Súmula não abordada em concursos recentes.

4.5. Tarifas

> *Súmula STJ 565. A pactuação das tarifas de abertura de crédito (TAC) e de emissão de carnê (TEC), ou outra denominação para o mesmo fato gerador, é válida apenas nos contratos bancários anteriores ao início da vigência da Resolução-CMN n. 3.518/2007, em 30.4.2008.*

2041. **(Cespe/TJ/DFT/Juiz/2014)** Carlos ajuizou ação revisional contra o banco do qual é cliente, alegando a incidência das normas consumeristas e requerendo a declaração de nulidade das seguintes cláusulas presentes no contrato de empréstimo bancário firmado neste ano com a instituição financeira: juros remuneratórios acima de 12% ao ano; capitalização mensal dos juros; cumulação de comissão de permanência e de correção monetária no período de normalidade e de inadimplência; multa de 10% sobre o valor total da dívida, por atraso do pagamento. Também requereu a revisão de ofício, pelo magistrado, de outras cláusulas que considerava abusivas e a nulidade de cobrança de tarifa de abertura de crédito e de tarifa de emissão de carnê. Em relação a essa situação hipotética, assinale a opção correta conforme o CDC e o entendimento pacificado do STJ.

a) Dada a previsão de norma legal e infralegal, o banco pode cobrar tarifa de abertura de crédito e de emissão de carnê, valores devidos pelo consumidor ao banco, que presta serviços administrativos alheios ao contrato de mútuo remunerado.

CAPÍTULO 23 - SISTEMA FINANCEIRO NACIONAL

b) Em regra, é lícita a cláusula que estipula juros remuneratórios acima de 12% ao ano, pois os bancos não se sujeitam à limitação prevista na lei que trata da usura. Entretanto, o juiz poderá rever a taxa, desde que Carlos prove cabalmente que os juros cobrados o tenham colocado em desvantagem exagerada, como, por exemplo, pela aplicação de taxa muito acima da média de mercado.

c) Atualmente, a capitalização dos juros em periodicidade inferior a um ano é vedada nos contratos bancários, mesmo que pactuada de forma clara e expressa, assim considerada quando prevista a taxa de juros anual em percentual pelo menos doze vezes maior que a mensal.

d) A cláusula que prevê a cobrança da comissão de permanência calculada pela taxa média de mercado apurada pelo Banco Central do Brasil, de acordo com a espécie da operação, tendo como limite máximo o percentual contratado, é abusiva tanto para o período de adimplência quanto de inadimplência.

e) O banco está autorizado por lei a cobrar multa moratória de 10% sobre o valor total da dívida, dada a aplicação ao caso de norma do Código Civil, haja vista a ausência de norma específica no CDC.

> **Súmula STJ 566.** *Nos contratos bancários posteriores ao início da vigência da Resolução-CMN n. 3.518/2007, em 30.4.2008, pode ser cobrada a tarifa de cadastro no início do relacionamento entre o consumidor e a instituição financeira.*

↪ Súmula não abordada em concursos recentes.

5. CORREÇÃO MONETÁRIA DE DEPÓSITOS JUDICIAIS

> **Súmula STJ 179.** *O estabelecimento de crédito que recebe dinheiro, em depósito judicial, responde pelo pagamento da correção monetária relativa aos valores recolhidos.*

↪ Súmula não abordada em concursos recentes.

> **Súmula STJ 271.** *A correção monetária dos depósitos judiciais independe de ação específica contra o banco depositário.*

↪ Súmula não abordada em concursos recentes.

6. INDEXADORES FINANCEIROS

> **Súmula STJ 287.** *A Taxa Básica Financeira (TBF) não pode ser utilizada como indexador de correção monetária nos contratos bancários.*

↪ Súmula não abordada em concursos recentes.

> **Súmula STJ 288.** *A Taxa de Juros de Longo Prazo (TJLP) pode ser utilizada como indexador de correção monetária nos contratos bancários.*

↪ Súmula não abordada em concursos recentes.

> **Súmula STJ 295.** *A Taxa Referencial (TR) é indexador válido para contratos posteriores à Lei nº 8.177/1991, desde que pactuada.*

↪ Súmula não abordada em concursos recentes.

7. JUROS

> **Súmula STJ 176.** *É nula a cláusula contratual que sujeita o devedor à taxa de juros divulgada pela Anbid/Cetip.*

↪ Súmula não abordada em concursos recentes.

> **Súmula STJ 283.** *As empresas administradoras de cartão de crédito são instituições financeiras e, por isso, os juros remuneratórios por elas cobrados não sofrem as limitações da Lei de Usura.*

2042. (Cespe/Bacen/Procurador/2009)
Com relação ao direito bancário, assinale a opção correta.

a) Para que se considere um contrato como bancário, é necessário que as duas partes envolvidas sejam instituições financeiras e que seu objeto seja a intermediação de crédito.

b) Somente instituições bancárias podem ser sociedades emissoras de cartão de crédito.

c) As operações bancárias ativas são as de captação dos recursos, nas quais os bancos se tornam devedores de seus clientes; já as operações bancárias passivas são aquelas em que o banco assume, quanto à obrigação principal, a posição de credor.

d) Segundo entendimento sumulado do STJ, as empresas administradoras de cartão de crédito são instituições financeiras e, por isso, os juros remuneratórios por elas cobrados não sofrem as limitações da Lei de Usura.

e) O STJ entende que não cabe indenização por danos morais quando uma instituição financeira envia cartão de crédito a um cliente e cobra faturas pelo serviço, sem que este tenha sido solicitado.

> **Súmula STJ 296.** *Os juros remuneratórios, não cumuláveis com a comissão de permanência, são devidos no período de inadimplência, à taxa média de mercado estipulada pelo Banco Central do Brasil, limitada ao percentual contratado.*

Súmula anotada em Sistema Financeiro Nacional – Juros.

> **Súmula STJ 382.** *A estipulação de juros remuneratórios superiores a 12% ao ano, por si só, não indica abusividade.*

2043. **(FGV/TJ/AM/Juiz/2013)** Com relação aos contratos bancários, à luz do entendimento do Superior Tribunal de Justiça, analise as afirmativas a seguir.

I. As instituições financeiras sujeitam-se à limitação dos juros remuneratórios estipulada na Lei de Usura.

II. A estipulação de juros remuneratórios superiores a 12% ao ano, por si só, não indicam abusividade.

III. Os juros remuneratórios, nos contratos de mútuo bancário, podem ser superiores à taxa que estiver em vigor para a mora do pagamento de impostos devidos à Fazenda Nacional.

Assinale:

a) se somente a afirmativa I estiver correta.

b) se somente a afirmativa II estiver correta.

c) se somente a afirmativa III estiver correta.

d) se somente as afirmativas II e III estiverem corretas.

e) se todas as afirmativas estiverem corretas.

2044. **(Vunesp/TJ/SP/Juiz/2013)** Considerada a lei e a jurisprudência do STJ sobre abusividade de cláusulas de contratos bancários, é correto afirmar que

a) a estipulação de juros superiores a 12% ao ano por si só indica abusividade.

b) nos contratos bancários, é vedado ao julgador conhecer, de ofício, da abusividade das cláusulas.

c) a Comissão de permanência deve ser determinada de antemão, sendo potestativa e, por isso, nula a cláusula que a atrele a taxas médias de mercado, apuradas pelo Banco Central.

d) é vedada a estipulação de multa moratória em contratos com o consumidor.

> **Súmula STJ 530.** *Nos contratos bancários, na impossibilidade de comprovar a taxa de juros efetivamente contratada – por ausência de pactuação ou pela falta de juntada do instrumento aos autos –, aplica-se a taxa média de mercado, divulgada pelo Bacen, praticada nas operações da mesma espécie, salvo se a taxa cobrada for mais vantajosa para o devedor.*

2045. **(Cesgranrio/BNDES/Advogado/2010)** São características dos contratos bancários:

I. a previsão de juros, sendo que aqueles que não tiverem tal dispositivo podem ser revistos pela taxa média de mercado.

II. a comutatividade.

III. a possibilidade de terem por objeto tanto operações ativas quanto passivas.

IV. na modalidade de empréstimos se subdividem em contratos de mútuo ou de comodato.

São corretas as características

a) I e II, apenas.

b) I e III, apenas.

c) II e IV, apenas.

d) I, II e IV, apenas.

e) I, II, III e IV.

2046. **(TRF/4R/Juiz/2016)** Assinale a alternativa correta.

a) A proposta de contrato obriga o proponente se o contrário não resultar dos termos dela, da natureza do negócio ou das circunstâncias do caso, salvo, entre outras hipóteses, se, feita

CAPÍTULO 23 - SISTEMA FINANCEIRO NACIONAL

sem prazo a pessoa presente, não foi imediatamente aceita.

b) Aquele que tiver prometido fato de terceiro responderá por perdas e danos quando este não o executar, inclusive na hipótese de o terceiro ser cônjuge do promitente, dependendo da sua anuência o ato a ser praticado, e desde que, pelo regime do casamento, a indenização, de algum modo, venha a recair sobre os seus bens.

c) A cláusula resolutiva expressa opera de pleno direito; a tácita depende de prévia notificação à outra parte, a qual pode se dar via instrumento particular.

d) Na venda de coisa móvel, pode o vendedor reservar para si a propriedade até que o preço esteja integralmente pago. É o que se chama de contrato de leasing.

e) Nos contratos bancários, na impossibilidade de comprovar a taxa de juros efetivamente contratada – por ausência de pactuação ou pela falta de juntada do instrumento aos autos –, aplica-se a taxa média de mercado, divulgada pelo Banco Central, praticada nas operações da mesma espécie, mesmo se a taxa cobrada for mais vantajosa para o devedor.

> **Súmula STJ 539.** *É permitida a capitalização de juros com periodicidade inferior à anual em contratos celebrados com instituições integrantes do Sistema Financeiro Nacional a partir de 31/3/2000 (MP 1.963-17/00, reeditada como MP 2.170-36/01), desde que expressamente pactuada.*

2047. **(FCC/DPE/MA/Defensor/2015)** Em 10.06.2015, o Superior Tribunal de Justiça aprovou a Súmula n. 539, que assim dispõe: "É permitida a capitalização de juros com periodicidade inferior à anual em contratos celebrados com instituições integrantes do Sistema Financeiro Nacional a partir de 31/3/2000 (MP 1.963-17/00, reeditada como MP 2.170-36/01), desde que expressamente pactuada". Na mesma oportunidade, editou a Súmula n. 541, que assim dispõe: "A previsão no contrato bancário de taxa de juros anual superior ao duodécuplo da mensal é suficiente para permitir a cobrança da taxa efetiva anual contratada". Pelo entendimento sumulado do Superior Tribunal de Justiça, conclui-se que

a) o anatocismo é vedado aos não integrantes do Sistema Financeiro Nacional pela Lei de

Usura (Decreto n. 22.626/33), que segue vigente mesmo após a edição da Medida Provisória 1.963 e reedição como MP 2.170, mas as instituições financeiras não têm qualquer restrição para a cobrança de juros capitalizados, qualquer que seja a periodicidade.

b) um contrato de financiamento bancário que não tenha cláusula expressa de capitalização mensal de juros e que preveja taxas pré-fixadas de juros de 2% ao mês e 26% ao ano atende à exigência de que a capitalização seja expressamente pactuada e, portanto, poderá ser exigida pela instituição financeira.

c) um contrato de financiamento bancário que não tenha cláusula expressa de capitalização mensal de juros, permite que a instituição financeira cobre somente taxa anual de juros equivalente a doze vezes a taxa de juros mensais, sob pena de configurar anatocismo.

d) a capitalização mensal de juros, que equivale aos juros compostos ou "juros sobre juros", passou a ser permitida em qualquer relação contratual, pois a MP 1.963-17/2000 revogou o Decreto n.22.626/33 (Lei de Usura).

e) a capitalização de juros é proibida aos particulares e àqueles que não sejam integrantes do Sistema Financeiro Nacional, ainda que a periodicidade seja anual e exista previsão expressa no contrato.

> **Súmula STJ 541.** *A previsão no contrato bancário de taxa de juros anual superior ao duodécuplo da mensal é suficiente para permitir a cobrança da taxa efetiva anual contratada.*

2048. **(Cespe/TJ/DFT/Juiz/2014)** Carlos ajuizou ação revisional contra o banco do qual é cliente, alegando a incidência das normas consumeristas e requerendo a declaração de nulidade das seguintes cláusulas presentes no contrato de empréstimo bancário firmado neste ano com a instituição financeira: juros remuneratórios acima de 12% ao ano; capitalização mensal dos juros; cumulação de comissão de permanência e de correção monetária no período de normalidade e de inadimplência; multa de 10% sobre o valor total da dívida, por atraso do pagamento. Também requereu a revisão de ofício, pelo magistrado, de outras cláusulas que considerava abusivas e a nulidade de cobrança de tarifa de abertura de crédito e de tarifa de emissão de carnê. Em relação a essa situação hipotética, assinale a opção correta conforme o CDC e o entendimento pacificado do STJ.

a) Dada a previsão de norma legal e infralegal, o banco pode cobrar tarifa de abertura de crédito e de emissão de carnê, valores devidos pelo consumidor ao banco, que presta serviços administrativos alheios ao contrato de mútuo remunerado.

b) Em regra, é lícita a cláusula que estipula juros remuneratórios acima de 12% ao ano, pois os bancos não se sujeitam à limitação prevista na lei que trata da usura. Entretanto, o juiz poderá rever a taxa, desde que Carlos prove cabalmente que os juros cobrados o tenham colocado em desvantagem exagerada, como, por exemplo, pela aplicação de taxa muito acima da média de mercado.

c) Atualmente, a capitalização dos juros em periodicidade inferior a um ano é vedada nos contratos bancários, mesmo que pactuada de forma clara e expressa, assim considerada quando prevista a taxa de juros anual em percentual pelo menos doze vezes maior que a mensal.

d) A cláusula que prevê a cobrança da comissão de permanência calculada pela taxa média de mercado apurada pelo Banco Central do Brasil, de acordo com a espécie da operação, tendo como limite máximo o percentual contratado, é abusiva tanto para o período de adimplência quanto de inadimplência.

e) O banco está autorizado por lei a cobrar multa moratória de 10% sobre o valor total da dívida, dada a aplicação ao caso de norma do Código Civil, haja vista a ausência de norma específica no CDC.

PARTE III – CONSTITUIÇÃO, LEI E TEORIA

CONSTITUIÇÃO, LEI E TEORIA

1. CONSTITUIÇÃO FEDERAL

> **PREVISÃO CONSTITUCIONAL**
> **{ART. 103-A}**
>
> *Art. 103-A. O Supremo Tribunal Federal poderá, de ofício ou por provocação, mediante decisão de dois terços dos seus membros, após reiteradas decisões sobre matéria constitucional, aprovar súmula que, a partir de sua publicação na imprensa oficial, terá efeito vinculante em relação aos demais órgãos do Poder Judiciário e à administração pública direta e indireta, nas esferas federal, estadual e municipal, bem como proceder à sua revisão ou cancelamento, na forma estabelecida em lei.*
>
> *§ 1º A súmula terá por objetivo a validade, a interpretação e a eficácia de normas determinadas, acerca das quais haja controvérsia atual entre órgãos judiciários ou entre esses e a administração pública que acarrete grave insegurança jurídica e relevante multiplicação de processos sobre questão idêntica.*
>
> *§ 2º Sem prejuízo do que vier a ser estabelecido em lei, a aprovação, revisão ou cancelamento de súmula poderá ser provocada por aqueles que podem propor a ação direta de inconstitucionalidade.*
>
> *§ 3º Do ato administrativo ou decisão judicial que contrariar a súmula aplicável ou que indevidamente a aplicar, caberá reclamação ao Supremo Tribunal Federal que, julgando-a procedente, anulará o ato administrativo ou cassará a decisão judicial reclamada, e determinará que outra seja proferida com ou sem a aplicação da súmula, conforme o caso.*
>
> *(...)*

2049 (MPE/BA/Promotor/2015) A respeito da sistemática das súmulas vinculantes esposada na Constituição Federal de 1988, analise os itens a seguir:

I. O Supremo Tribunal Federal poderá, de ofício ou por provocação, mediante decisão de 2/3 (dois terços) dos seus membros, após reiteradas decisões sobre matéria constitucional, aprovar súmula que, a partir de sua publicação na imprensa oficial, terá efeito vinculante em relação aos demais órgãos do Poder Judiciário e à Administração Pública direta e indireta, nas esferas federal, estadual e municipal, bem como proceder à sua revisão ou cancelamento, na forma estabelecida em lei.

II. Sem prejuízo do que vier a ser estabelecido em lei, a aprovação, revisão ou cancelamento de súmula poderá ser provocada por aqueles que podem propor a ação direta de inconstitucionalidade.

III. Do ato administrativo ou decisão judicial que contrariar a súmula aplicável ou que indevidamente a aplicar, caberá reclamação ao Supremo Tribunal Federal que, julgando-a procedente, anulará o ato administrativo ou cassará a decisão judicial reclamada, e determinará que outra seja proferida com ou sem a aplicação da súmula, conforme o caso.

Pode-se afirmar:

a) Todos os itens são corretos.

b) Somente os itens I e II são verdadeiros.

c) Somente os itens I e III são verdadeiros.

d) Somente os itens II e III são verdadeiros.

e) Somente o item I é verdadeiro.

2050. (FGV/TJ/BA/Analista/2015) De acordo com o Art. 103-A, da Constituição da República de 1988, do ato administrativo ou decisão judicial que contrariar a súmula vinculante aplicável ao caso concreto ou que indevidamente a aplicar, caberá, diretamente ao Supremo Tribunal Federal:

a) recurso extraordinário.

b) recurso especial.

c) representação.

d) reclamação.

e) correição parcial.

2051. (Consulplan/TER/MG/Técnico/2015) No âmbito da competência do Supremo Tribunal Federal, órgão de cúpula do Poder Judiciário, está a aprovação das denominadas súmulas vinculantes que têm, inclusive, efeito em relação à administração pública direta e indireta, em todas as esferas. Consoante às normas constitucionais, a revisão da súmula vinculante emitida poderá ser provocada pelo:

a) Comitê Especial.

b) Conselho de Ministros.

c) Presidente da República.

d) Pleno do Congresso Nacional.

2052. (Cespe/CGE/PI/Auditor/2015) O Supremo Tribunal Federal poderá, após reiteradas decisões sobre matéria constitucional, aprovar súmula que, a partir de sua publicação na imprensa oficial, terá efeito vinculante em relação aos demais órgãos do Poder Judiciário e à administração pública direta e indireta nas esferas federal, estadual e municipal.

2053. (PUCPR/PGE/PR/Procurador/2015) Acerca das medidas de urgência contra a Fazenda Pública, assinale a alternativa correta.

a) Cláusulas restritivas nos preceitos legais disciplinadores da tutela antecipatória em processos contra a Fazenda Pública são inconstitucionais, pois vulneram a plenitude da jurisdição e a cláusula de proteção judicial efetiva.

b) O remédio constitucional da reclamação pode ser utilizado pela Fazenda Pública como um atalho processual destinado a permitir a submissão imediata do litígio ao exame direto do Supremo Tribunal Federal.

c) Liminar concedida em mandado de segurança que causa grave lesão à ordem pública não pode ser atacada simultaneamente pela Fazenda Pública através da via recursal e da suspensão de segurança.

d) É cabível medida liminar contra a Fazenda Pública, mesmo que ela esgote, no todo, o objeto da ação.

e) Da decisão judicial que contrariar enunciado de súmula vinculante caberá reclamação ao Supremo Tribunal Federal, sem prejuízo dos recursos ou outros meios admissíveis de impugnação.

2054. (Cespe/Anatel/Analista/2014) Em decorrência do princípio da separação dos poderes, súmulas vinculantes editadas pelo Supremo Tribunal Federal têm sua eficácia restrita a atos e decisões na esfera do Poder Judiciário.

2055. (Vunesp/IPT/SP/Advogado/2014) Assinale a alternativa que, correta e respectivamente, completa as lacunas do texto a seguir: "O Supremo Tribunal Federal poderá, de ofício ou por provocação, mediante decisão de (___) dos seus membros, após reiteradas decisões sobre matéria (___) aprovar súmula que, a partir de sua publicação na imprensa oficial, terá efeito vinculante em relação aos demais órgãos do Poder Judiciário e (___), nas esferas federal, estadual e municipal, bem como proceder à sua revisão ou cancelamento, na forma estabelecida em lei":

a) maioria absoluta ... relevante ... do Poder Executivo

b) dois terços ... constitucional ... da administração pública direta e indireta

c) maioria absoluta ... constitucional ... da administração pública direta e indireta

d) maioria simples ... de interesse público ... da Administração Pública

e) dois terços ... constitucional ... do Poder Legislativo

2056. (FGV/TJ/GO/Analista/2014) A súmula vinculante foi introduzida no ordenamento jurídico pela chamada reforma do Judiciário (Emenda Constitucional n. 45/2004) e tem objetivo de garantir celeridade nos julgamentos e efetividade na aplicação das leis, buscando aplicação uniforme da jurisprudência do Supremo Tribunal Federal. Nesse contexto, a Constituição da República estabelece que a súmula vinculante:

a) será editada pelo Conselho Nacional de Justiça, de ofício ou por provocação, mediante decisão de dois terços dos seus membros, após reiteradas decisões do STF sobre matéria constitucional.

b) terá efeito vinculante somente em relação aos demais órgãos do Poder Judiciário, a partir da sua publicação na imprensa oficial.

c) sua aprovação, revisão ou cancelamento poderá ser provocada por qualquer cidadão no pleno gozo dos direitos políticos.

d) aplicável que for contrariada ou indevidamente aplicada por ato administrativo ou decisão

PARTE III – CONSTITUIÇÃO, LEI E TEORIA

CONSTITUIÇÃO, LEI E TEORIA

judicial ensejará o ajuizamento de reclamação diretamente no Supremo Tribunal Federal.

e) terá por objetivo a validade, a interpretação e a eficácia de normas relacionadas ao conflito de competência, quando houver controvérsia entre órgãos judiciários.

2057. (Vunesp/DPE/MS/Defensor/2014) É legitimado para propor a edição, a revisão ou o cancelamento de súmula vinculante:

a) o Presidente do Senado Federal.

b) a mesa do Congresso Nacional.

c) o Defensor Público do Estado.

d) o Defensor Público-Geral da União.

2058. (FMP/PGE/AC/Procurador/2014) O Supremo Tribunal Federal poderá, de ofício ou por provocação, mediante decisão de dois terços dos seus membros, após reiteradas decisões sobre matéria constitucional, aprovar súmula que, a partir de sua publicação na imprensa oficial, terá efeito vinculante em relação aos demais órgãos do Poder Judiciário e à Administração Pública direta e indireta, na esfera federal. Em relação à tal afirmação, assinale a assertiva correta.

a) A afirmativa está correta.

b) A afirmativa está incorreta, pois o quórum para aprovação de súmula vinculante é de maioria absoluta.

c) A afirmativa está incorreta, pois o efeito vinculante diz respeito apenas aos órgãos do Poder Judiciário.

d) Nenhuma das alternativas é verdadeira.

2059. (Vunesp/TJ/PA/Juiz/2014) A inobservância da súmula vinculante em sentença proferida por juiz singular pode ser corrigida mediante:

a) Arguição de Descumprimento de Preceito Fundamental.

b) Recurso Extraordinário independentemente de Apelação, conforme previsto pelo texto constitucional.

c) Correição Parcial dirigida diretamente ao Supremo Tribunal Federal

d) Reclamação ao Supremo Tribunal Federal.

e) Agravo Especial instituído pela Lei que regulamentou a súmula vinculante.

2060. (Vunesp/TJ/SP/Juiz/2014) A respeito das súmulas vinculantes, é correta a seguinte afirmação:

a) Uma vez editada a súmula vinculante, a sua revisão pode ser requerida por qualquer interessado.

b) A súmula vinculante deve ser aprovada por dois terços dos Ministros do Supremo Tribunal Federal, mas seu efeito vinculante, que se opera em relação aos demais órgãos do Poder Judiciário e à Administração Pública, só se fará presente a partir de sua publicação na imprensa oficial.

c) Julgada procedente a reclamação proposta contra decisão judicial que contrariar súmula vinculante, o Supremo Tribunal Federal deverá reformar a decisão judicial reclamada, aplicando o direito à espécie.

d) Cabe reclamação contra decisão judicial que contrariar a súmula vinculante, mas não cabe se a decisão judicial aplicá-la indevidamente.

2061. (FJG/CM/Rio_de_Janeiro/Analista/2014) Conforme o disposto na Constituição da República Federativa do Brasil sobre as súmulas vinculantes, é possível afirmar que:

a) o Supremo Tribunal Federal poderá, de ofício ou por provocação, mediante decisão de dois terços dos seus membros, após reiteradas decisões sobre a matéria constitucional, aprovar súmula que, a partir de sua publicação na imprensa oficial, terá efeito vinculante em relação aos demais órgãos do Poder Judiciário e à administração pública direta e indireta, nas esferas federal, estadual e municipal, bem como proceder à sua revisão ou cancelamento na forma estabelecida em Lei

b) os Tribunais Superiores poderão, de ofício ou por provocação, mediante decisão de dois terços dos seus membros, após reiteradas decisões sobre a matéria constitucional, aprovar súmula que, a partir de sua publicação na imprensa oficial, terá efeito vinculante em relação aos demais órgãos do Poder Judiciário e à administração pública direta e indireta, nas esferas federal, estadual e municipal, bem como proceder à sua revisão ou cancelamento na forma estabelecida em Lei

c) o Supremo Tribunal Federal e o Superior Tribunal de Justiça poderão, por provocação, mediante decisão de um terço dos seus membros, conjuntamente, após reiteradas decisões sobre a matéria constitucional, aprovar súmula que, a partir de sua publicação na imprensa oficial terá efeito vinculante em relação aos demais órgãos do Poder Judiciário, cabendo proceder à sua revisão ou cancelamento na forma estabelecida em Lei

d) o Supremo Tribunal Federal poderá, de ofício ou por provocação, mediante decisão da maioria absoluta dos seus membros, após reiteradas decisões sobre a matéria constitucional, aprovar súmula que, a partir de sua publicação na imprensa oficial, terá efeito vinculante em relação aos demais órgãos do Poder Judiciário, não sendo oponível à administração pública estadual e municipal, em razão do princípio da autonomia entre os Entes Federativos

2062. (Fundatec/Sefaz/RS/AuditorFiscal/2014) De acordo com o que dispõe a Constituição Federal, em se tratando de controle de constitucionalidade, analise as seguintes assertivas.

I. Para aprovação de Súmula do Supremo Tribunal Federal, é necessário que essa aprovação somente ocorra após provocação judicial, mediante decisão de dois terços de seus membros e após reiteradas decisões sobre matéria constitucional.

II. As súmulas do Supremo Tribunal Federal somente terão efeito vinculante em relação aos demais órgãos do Poder Judiciário e à administração pública direta e indireta nas esferas federal, estadual e municipal, a partir da sua publicação na imprensa oficial.

III. Do ato administrativo ou decisão judicial que contrariar a súmula aplicável ou que indevidamente a aplicar, caberá reclamação ao Supremo Tribunal Federal que, julgando-a procedente, anulará o ato administrativo ou cassará a decisão judicial reclamada, e proferirá decisão que, de imediato, reestabeleça a inteireza e correção na aplicação da Constituição Federal.

Quais estão corretas?

a) Apenas I.

b) Apenas II.

c) Apenas III.

d) Apenas II e III

e) I, II e III.

2063. (MPE/SC/Promotor/2014) O Supremo Tribunal Federal poderá, de ofício ou por provocação, mediante decisão de dois terços dos seus membros, após reiteradas decisões sobre matéria constitucional, aprovar súmula que, a partir de sua publicação na imprensa

oficial, terá efeito vinculante em relação aos demais órgãos do Poder Judiciário e à administração pública direta e indireta, nas esferas federal, estadual e municipal, bem como proceder à sua revisão ou cancelamento, na forma estabelecida em lei.

2. NOVO CÓDIGO DE PROCESSO CIVIL

TUTELA DE EVIDÊNCIA E SÚMULA VINCULANTE {ART. 311, II E P.Ú.}

Art. 311. A tutela da evidência será concedida, independentemente da demonstração de perigo de dano ou de risco ao resultado útil do processo, quando: (...)

II – as alegações de fato puderem ser comprovadas apenas documentalmente e houver tese firmada em julgamento de casos repetitivos ou em súmula vinculante; (...)

Parágrafo único. Nas hipóteses dos incisos II e III, o juiz poderá decidir liminarmente.

IMPROCEDÊNCIA LIMINAR POR CONTRARIEDADE A SÚMULA {ART. 332, I E IV}

Art. 332. Nas causas que dispensem a fase instrutória, o juiz, independentemente da citação do réu, julgará liminarmente improcedente o pedido que contrariar:

I – enunciado de súmula do Supremo Tribunal Federal ou do Superior Tribunal de Justiça; (...)

IV – enunciado de súmula de tribunal de justiça sobre direito local.

2064. (Fafipa/PGM/Sarandi/Advogado/2016) Nas causas que dispensem a fase instrutória, o juiz, independentemente da citação do réu, julgará liminarmente improcedente o pedido. São hipóteses, que autorizam a improcedência liminar do pedido, exceto:

a) Se o juiz verificar, desde logo, a ocorrência de decadência ou de prescrição.

b) Se o pedido contrariar enunciado de súmula do Supremo Tribunal Federal ou do Superior Tribunal de Justiça.

c) Se o pedido não vier minimamente instruído de provas ou documentos que demonstrem a verossimilhança das alegações.

d) Se o pedido contrariar enunciado de súmula de tribunal de justiça sobre direito local.

2065. **(Consulplan/TJ/MG/Cartórios/Ingresso/2016)** "Nas causas que dispensem a fase instrutória, o juiz, independentemente da citação do réu, julgará liminarmente improcedente o pedido que contrariar (___)". Todas as alternativas completam corretamente o enunciado, exceto:

a) enunciado de súmula do Supremo Tribunal Federal ou do Superior Tribunal de Justiça.

b) acórdão proferido pelo Supremo Tribunal Federal ou pelo Superior Tribunal de Justiça em julgamento de recursos repetitivos.

c) entendimento firmado em incidente de resolução de demandas repetitivas ou de assunção de competência.

d) entendimento decorrente de julgados proferidos pelo juiz sentenciante, equiparado à condição de precedente pela atual legislação processual.

2066. **(TRF/4R/Juiz/2016)** Considerando as regras do Código de Processo Civil de 2015:

I. As condições da ação não estão previstas no Código, o que impede o indeferimento da petição inicial por ilegitimidade para a causa ou falta de interesse processual.

II. Quando, além do autor, todos os réus manifestarem desinteresse na realização da audiência de conciliação, o prazo de contestação tem início, para todos os litisconsortes passivos, com o despacho judicial que acolhe as manifestações de desinteresse na realização da audiência de conciliação.

III. O juiz pode, independentemente de citação, julgar improcedente o pedido que contrariar súmula, desde que seja vinculante. Se o pedido contrariar enunciado de súmula não vinculante ou julgado em recurso repetitivo, deve ordenar a citação, estando em condições a petição inicial, para só depois decidir a questão, em atenção ao princípio do contraditório.

IV. Caso a decisão transitada em julgado seja omissa em relação aos honorários de sucumbência, eles não poderão ser cobrados nem em execução, nem em ação própria.

a) Estão corretas apenas as assertivas I e III.

b) Estão corretas apenas as assertivas II e III.

c) Estão corretas apenas as assertivas I, II e IV.

d) Estão corretas todas as assertivas.

e) Nenhuma assertiva está correta.

2067. **(Cespe/TCE/RN/Auditor/2015)** Considerando uma demanda hipotética na qual "A" busque a satisfação de seu crédito decorrente de uma obrigação por parte de "B", se o pedido de A contrariar enunciado de súmula do STF e a demanda, pela sua própria natureza, dispensar a fase instrutória, o juiz determinará a citação de "B" e, após o prazo de quinze dias, com ou sem defesa, julgará improcedente o pedido.

> ### DECISÃO NÃO FUNDAMENTADA {ART. 489, § 1º, V E VI}
>
> *Art. 489. (...)*
>
> *§ 1º Não se considera fundamentada qualquer decisão judicial, seja ela interlocutória, sentença ou acórdão, que: (...)*
>
> *V – se limitar a invocar precedente ou enunciado de súmula, sem identificar seus fundamentos determinantes nem demonstrar que o caso sob julgamento se ajusta àqueles fundamentos.*
>
> *VI – deixar de seguir enunciado de súmula, jurisprudência ou precedente invocado pela parte, sem demonstrar a existência de distinção no caso em julgamento ou a superação do entendimento.*

2068. **(TRT/4R/Juiz/2016)** Considere as assertivas abaixo sobre fundamentos das decisões judiciais.

I. No caso de colisão entre normas, o Juiz deve justificar o objeto e os critérios gerais da ponderação efetuada, enunciando as razões que autorizam a interferência na norma afastada e as premissas fáticas que fundamentam a conclusão.

II. Não serão consideradas fundamentadas as decisões interlocutórias, caso haja referência apenas à indicação, à reprodução ou à paráfrase de ato normativo, sem explicar sua relação com a causa ou a questão decidida.

III. É fundamentada a sentença que deixar de seguir o enunciado de súmula, jurisprudência ou precedente invocado pela parte, sem demonstrar a existência de distinção no caso em julgamento ou a superação do entendimento.

Quais são corretas?

a) apenas I.

b) apenas II.

c) apenas III.

d) apenas I e II.

e) I, II e III.

REEXAME NECESSÁRIO {ART. 496, § 4º, I}

Art. 496. Está sujeita ao duplo grau de juris-dição, não produzindo efeito senão depois de confirmada pelo tribunal, a sentença: (...)

§ 4º Também não se aplica o disposto neste artigo quando a sentença estiver fundada em:

I – súmula de tribunal superior; (...)

2069. **(Fundatec/PGM/Viamão/Advogado/2016)** Na obra "Novo Código de Processo Civil Anotado", publicada pela ESAOAB/RS, Neves Xavier afirma que: "A remessa necessária é tradicionalmente tratada pela doutrina processualista como típica condição de eficácia da sentença, de modo que a sua ausência, nos casos em que for devida, implicará na não ocorrência da coisa julgada. O STF chegou a sumular este entendimento por meio do enunciado da Súmula n. 423, dispondo que 'Não transita em julgado a sentença por haver omitido o recurso 'ex officio', que se considera interposto 'ex lege'." Segue mais adiante o autor: "O debate sobre a manutenção do sistema de remessa necessária em favor da Fazenda Pública foi um dos temas que polarizou os doutrinadores durante a fase de elaboração do texto da nova codificação processual, prevalecendo a opção pela sua manutenção, porém com um modelo de valores escalonados". De acordo com o Novo Código de Processo Civil, está sujeita ao duplo grau de jurisdição, não produzindo efeito senão depois de confirmada pelo tribunal, a sentença que:

a) Julgar procedentes, no todo ou em parte, os embargos à execução fiscal.

b) Se basear em súmula de tribunal superior.

c) Estiver baseada em acórdão proferido pelo Supremo Tribunal Federal ou pelo Superior Tribunal de Justiça em julgamento de recursos repetitivos.

d) Estiver embasada em entendimento firmado em incidente de resolução de demandas repetitivas ou de assunção de competência.

e) Estiver fundada em entendimento coincidente com orientação vinculante firmada no âmbito administrativo do próprio ente público, consolidada em manifestação, parecer ou súmula administrativa.

2070. **(Funcab/PGM/Itabuna/Advogado/2016)** Conforme a legislação processual civil, está sujeita ao duplo grau de jurisdição, não produzindo efeito senão depois de confirmada pelo tribunal, a sentença:

a) que estiver fundada em súmula de tribunal superior.

b) que estiver fundada em acórdão proferido pelo Supremo Tribunal Federal ou pelo Superior Tribunal de Justiça em julgamento de recursos repetitivos.

c) que julgar procedentes, no todo ou em parte, os embargos à execução fiscal.

d) fundada em entendimento firmado em incidente de resolução de demandas repetitivas ou de assunção de competência.

e) fundada em entendimento coincidente com orientação vinculante firmada no âmbito administrativo do próprio ente público, consolidada em manifestação, parecer ou súmula administrativa.

DISPENSA DE CAUÇÃO {ART. 521, IV}

Art. 521. A caução prevista no inciso IV do art. 520 poderá ser dispensada nos casos em que: (...)

IV – a sentença a ser provisoriamente cumprida estiver em consonância com súmula da jurisprudência do Supremo Tribunal Federal ou do Superior Tribunal de Justiça ou em conformidade com acórdão proferido no julgamento de casos repetitivos.

EDIÇÃO DE SÚMULA {ART. 926, §§ 1º E 2º}

Art. 926. Os tribunais devem uniformizar sua jurisprudência e mantê-la estável, íntegra e coerente.

§ 1º Na forma estabelecida e segundo os pressupostos fixados no regimento interno, os tribunais editarão enunciados de súmula correspondentes a sua jurisprudência dominante.

§ 2º Ao editar enunciados de súmula, os tribunais devem ater-se às circunstâncias fáticas dos precedentes que motivaram sua criação.

OBSERVÂNCIA DAS SÚMULAS {ART. 927}

Art. 927. Os juízes e os tribunais observarão: (...)

II – os enunciados de súmula vinculante; (...)

IV – os enunciados das súmulas do Supremo Tribunal Federal em matéria constitucional e do Superior Tribunal de Justiça em matéria infraconstitucional; (...)

§ 2º A alteração de tese jurídica adotada em enunciado de súmula ou em julgamento de casos repetitivos poderá ser precedida de audiências públicas e da participação de pessoas, órgãos ou entidades que possam contribuir para a rediscussão da tese. (...)

§ 4º A modificação de enunciado de súmula, de jurisprudência pacificada ou de tese adotada em julgamento de casos repetitivos observará a necessidade de fundamentação adequada e específica, considerando os princípios da segurança jurídica, da proteção da confiança e da isonomia. (...)

2071. (TRF/4R/Juiz/2016) Considerando o Código de Processo Civil de 2015:

I. O Código é marcado pelos princípios do contraditório permanente e obrigatório, da cooperação, do máximo aproveitamento dos atos processuais, da primazia do julgamento de mérito e da excepcionalidade dos recursos intermediários, entre outros.

II. O Código busca a segurança jurídica e a isonomia, reforçando o sistema de precedentes ("stare decisis") e estabelecendo como regra, no plano vertical, a observância dos precedentes e da jurisprudência e, no plano horizontal, a estabilidade, a integridade e a coerência da jurisprudência.

III. A distinção ("distinguishing"), a superação ("overruling") e a superação para a frente, mediante modulação dos efeitos ("prospective overruling"), são técnicas de adequação do sistema de precedentes às alterações interpretativas da norma e às circunstâncias factuais postas sob exame dos juízes e dos tribunais.

IV. Paralelamente à proteção da segurança jurídica, a necessidade de evolução da hermenêutica exige que apenas súmulas, vinculantes ou não, sejam consideradas parâmetros para aplicação do sistema de precedentes, sob pena de se imobilizar a exegese das normas.

a) Estão corretas apenas as assertivas I e II.

b) Estão corretas apenas as assertivas I, II e III.

c) Estão corretas apenas as assertivas II, III e IV.

d) Estão corretas todas as assertivas.

e) Nenhuma assertiva está correta.

PODERES DO RELATOR {ART. 932, IV, A E V, A}

Art. 932. Incumbe ao relator: (...)

IV – negar provimento a recurso que for contrário a:

a) súmula do Supremo Tribunal Federal, do Superior Tribunal de Justiça ou do próprio tribunal; (...)

V – depois de facultada a apresentação de contrarrazões, dar provimento ao recurso se a decisão recorrida for contrária a:

a) súmula do Supremo Tribunal Federal, do Superior Tribunal de Justiça ou do próprio tribunal; (...)

2072. (Biorio/PGM/Barra_Mansa/Procurador/2016) Assinale a opção que não apresenta uma hipótese em que o relator poderá negar provimento ao recurso por decisão monocrática:

a) Quando o recurso for contrário a súmula do Supremo Tribunal Federal, do Superior Tribunal de Justiça ou do próprio tribunal.

b) Quando o recurso for contrário a acórdão proferido pelo Supremo Tribunal Federal ou Superior Tribunal de Justiça em julgamento de recurso repetitivo.

c) Quando o recurso for contrário a jurisprudência dominante do respectivo tribunal, do Superior Tribunal Federal ou de Tribunal Superior.

d) Quando o recurso for contrário a entendimento firmado em incidente de resolução de demandas repetitivas ou de assunção de competência.

2073. (Integri/CM/Suzano/AssistenteJurídico/2016) Marque a alternativa incorreta:

a) Da sentença cabe apelação. As questões resolvidas na fase de conhecimento, se a decisão a seu respeito não comportar agravo de instrumento, não são cobertas pela preclusão e devem ser suscitadas em preliminar de apelação, eventualmente interposta contra a decisão final, ou nas contrarrazões.

b) Se as decisões interlocutórias, irrecorríveis por agravo de instrumento e não acobertadas pela preclusão, forem suscitadas em contrarrazões, o recorrente será intimado para, em 15 (quinze) dias, manifestar-se a respeito delas.

c) Recebido o recurso de apelação no tribunal e distribuído imediatamente, o relator decidi-lo-á monocraticamente apenas para negar provimento a recurso que for contrário a súmula do Supremo Tribunal Federal, do Superior Tribunal de Justiça ou do próprio tribunal.

d) A apelação devolverá ao tribunal o conhecimento da matéria impugnada. Serão, porém, objeto de apreciação e julgamento pelo tribunal todas as questões suscitadas e discutidas no processo, ainda que não tenham sido solucionadas, desde que relativas ao capítulo impugnado.

2074. (Cespe/TRT/8R/Analista/2016) Determinado indivíduo propôs ação judicial contra empresa pública federal, pelo procedimento ordinário, requerendo o pagamento no valor de R$ 200.000. O juiz proferiu sentença acolhendo o pedido relativo a R$ 100.000 e, quanto aos outros valores objeto da cobrança, reconheceu de ofício a existência de prescrição. Considerando essa situação hipotética, assinale a opção correta.

a) No julgamento de apelação interposta contra a sentença, caso o tribunal verifique a ocorrência de nulidade sanável no processo, deverá obrigatoriamente determinar o retorno dos autos ao juízo que prolatou a sentença.

b) Eventual recurso de apelação interposto pelo autor da ação pode ser provido monocraticamente, pelo relator, caso a sentença esteja em manifesto confronto com súmula de tribunal superior.

c) A sentença é nula de pleno direito porque, conforme o CPC, é vedado ao magistrado reconhecer de ofício a prescrição.

d) A sentença que condenou a empresa pública está sujeita ao reexame necessário e somente produzirá efeitos depois de confirmada pelo tribunal.

e) Se somente a empresa pública apelar da sentença, o tribunal poderá aumentar o valor da indenização caso entenda, pela prova dos autos, não ter havido prescrição.

CONFLITO DE COMPETÊNCIA {ART. 955, P.Ú., I}

Art. 955. (...)

Parágrafo único. O relator poderá julgar de plano o conflito de competência quando sua decisão se fundar em:

I – súmula do Supremo Tribunal Federal, do Superior Tribunal de Justiça ou do próprio tribunal; (...)

RECLAMAÇÃO PARA GARANTIA DE SÚMULA VINCULANTE {ART. 988, II}

Art. 988. Caberá reclamação da parte interessada ou do Ministério Público para: (...)

IV – garantir a observância de enunciado de súmula vinculante e de precedente proferido em julgamento de casos repetitivos ou em incidente de assunção de competência.

2075. (Funrio/PGM/Trindade/Procurador/2016) Observando o rito dos recursos extraordinário e especial repetitivos, é incorreto afirmar que:

a) Da decisão que determinar o sobrestamento não cabe pedido ou recurso para que exclua o recurso da decisão de sobrestamento.

b) Somente podem ser selecionados recursos admissíveis para afetação de julgamento aqueles que contenham abrangente argumentação e discussão a respeito da questão a ser decidida.

c) Caberá reclamação da parte interessada ou do Ministério Público para garantir a observância de enunciado de súmula vinculante e de precedente proferido em julgamento de casos repetitivos ou em incidente de assunção de competência.

d) Nas causas que dispensem a fase instrutória, o juiz, independentemente da citação do réu, julgará liminarmente improcedente o pedido que contrariar acórdão proferido pelo Supremo Tribunal Federal ou pelo Superior Tribunal de Justiça em julgamento de recursos repetitivos.

e) Sempre que houver multiplicidade de recursos extraordinários ou especiais com fundamento em idêntica questão de direito, haverá afetação para julgamento dos recursos repetitivos, observado o disposto no Regimento Interno do Supremo Tribunal Federal e no do Superior Tribunal de Justiça.

> **REPERCUSSÃO GERAL POR CONTRARIEDADE A SÚMULA {ART. 1.035, § 3º}**
>
> Art. 1.035. (...)
>
> § 3º Haverá repercussão geral sempre que o recurso impugnar acórdão que:
>
> I – contrarie súmula ou jurisprudência dominante do Supremo Tribunal Federal; (...)

3. LEI DA SÚMULA VINCULANTE (LEI 11.417/06)

> Regulamenta o art. 103-A da Constituição Federal e altera a Lei n. 9.784, de 29 de janeiro de 1999, disciplinando a edição, a revisão e o cancelamento de enunciado de súmula vinculante pelo Supremo Tribunal Federal, e dá outras providências.
>
> O Presidente da República Faço saber que o Congresso Nacional decreta e eu sanciono a seguinte Lei:
>
> **OBJETO DA LEI {ART. 1º}**
>
> Art. 1º Esta Lei disciplina a edição, a revisão e o cancelamento de enunciado de súmula vinculante pelo Supremo Tribunal Federal e dá outras providências.

2076. (FGV/OAB/2012) Não pode ser objeto de ação direta de inconstitucionalidade:

a) decreto que promulga tratado.

b) decreto legislativo que aprova tratado.

c) resolução.

d) súmula vinculante.

2077. (FGV/PC/AP/Delegado/2010) Relativamente ao controle de constitucionalidade, assinale a afirmativa correta.

a) As decisões definitivas de mérito, proferidas pelo Supremo Tribunal Federal, nas ações diretas de inconstitucionalidade e nas ações declaratórias de constitucionalidade produzirão eficácia contra todos e efeito vinculante, relativamente aos demais órgãos do Poder Judiciário, mas não à administração pública direta e indireta, nas esferas federal, estadual e municipal.

b) Podem propor a ação direta de inconstitucionalidade e a ação declaratória de constitucionalidade, dentre outros, Governador de Estado, o Procurador-Geral da República, o Conselho Federal da Ordem dos Advogados do Brasil, dois terços dos membros do Senado Federal ou da Câmara dos Deputados.

c) A súmula vinculante terá por objetivo a validade, a interpretação e a eficácia de normas determinadas, acerca das quais haja controvérsia atual entre órgãos judiciários ou entre esses e a administração pública que acarrete grave insegurança jurídica e relevante multiplicação de processos sobre questão idêntica.

d) A matéria constante de proposta de súmula vinculante rejeitada ou havida por prejudicada não pode ser objeto de nova proposta enquanto não for modificada a composição do Supremo Tribunal Federal.

e) Compete ao Supremo Tribunal Federal processar e julgar, originariamente, a ação direta de inconstitucionalidade e a ação declaratória de constitucionalidade de lei ou ato normativo federal, estadual ou municipal em face da Constituição Federal ou das Constituições Estaduais.

2078. (MSConcursos/TRE/SC/Juiz/2009) Considere as seguintes proposições:

I. As decisões definitivas de mérito, proferidas pelo Supremo Tribunal Federal, nas ações diretas de inconstitucionalidade, nas ações declaratórias de constitucionalidade e em sede de recurso extraordinário produzirão eficácia contra todos e efeito vinculante, relativamente aos demais órgãos do Poder Judiciário e à administração pública direta e indireta, nas esferas federal, estadual e municipal.

II. Declarada a inconstitucionalidade por omissão de medida para tornar efetiva norma constitucional, será dada ciência ao Poder competente para a adoção das providências necessárias e, em se tratando de omissão legislativa federal, ao Congresso Nacional, para apreciação de projeto de lei em trinta dias.

III. O Supremo Tribunal Federal poderá, de ofício ou por provocação, mediante decisão de dois terços dos seus membros, após reiteradas decisões sobre matéria constitucional, aprovar súmula que, a partir de sua publicação na imprensa oficial, terá efeito vinculante em relação aos demais órgãos do Poder Judiciário e à administração pública direta e indireta, nas esferas federal, estadual e municipal, bem como proceder à sua revisão ou cancelamento, na forma estabelecida em lei.

IV. Do ato administrativo ou decisão judicial que contrariar a súmula aplicável ou que indevidamente a aplicar, caberá reclamação ao Supremo Tribunal Federal que, julgando-a procedente, anulará o ato administrativo ou cassará a decisão judicial reclamada, e proferirá decisão substitutiva com ou sem a aplicação da súmula, conforme o caso.

V. A arguição de descumprimento de preceito fundamental será proposta perante o Supremo Tribunal Federal e terá por objeto evitar ou reparar lesão a preceito fundamental, resultante de ato do Poder Público, comportando medida liminar, inclusive consistente na determinação de que juízes e tribunais suspendam o andamento de processo ou os efeitos de decisões judiciais, ou de qualquer outra medida que apresente relação com a matéria objeto da arguição de descumprimento de preceito fundamental, mesmo se decorrentes da coisa julgada.

a) somente a proposição III está correta
b) somente a proposição IV está correta
c) somente as proposições I e II estão corretas
d) somente as proposições III e IV estão corretas
e) somente as proposições III e V estão corretas

2079. (FCC/TRT/9R/Técnico/2013) Após reiteradas decisões sobre matéria constitucional, terá competência para aprovar súmula que, a partir de sua publicação na Imprensa Oficial, terá efeito vinculante em relação aos demais órgãos do Poder Judiciário e à Administração pública direta e indireta, nas esferas federal, estadual e municipal, o:

a) Supremo Tribunal Federal, de ofício ou por provocação, mediante decisão de dois terços dos seus membros.

b) Superior Tribunal de Justiça, de ofício ou por provocação, mediante decisão de dois terços dos seus membros.

c) Supremo Tribunal Federal, apenas por provocação, mediante decisão da maioria simples dos seus membros.

d) Superior Tribunal de Justiça, apenas por provocação, mediante decisão de um terço dos seus membros.

e) Supremo Tribunal Federal, de ofício ou por provocação, mediante decisão de um terço dos seus membros.

2080. (FCC/TRE/PE/Analista/2011) O Supremo Tribunal Federal poderá, de ofício ou por provocação, mediante decisão de dois terços dos seus membros, após reiteradas decisões sobre matéria constitucional, aprovar súmula que, a partir de sua publicação na imprensa oficial, terá efeito vinculante em relação aos demais órgãos do Poder Judiciário e à administração pública direta e indireta, nas esferas federal, estadual e municipal, bem como proceder à sua revisão ou cancelamento, na forma estabelecida em lei. Segundo a Constituição Federal, do ato administrativo ou decisão judicial que contrariar a súmula aplicável ou que indevidamente a aplicar, caberá reclamação ao Supremo Tribunal Federal que, julgando-a procedente:

a) anulará o ato administrativo ou cassará a decisão judicial reclamada, e determinará que outra seja proferida com a aplicação da súmula, independentemente do caso, intimando o membro do Ministério Público competente à intervir.

b) manterá o ato administrativo ou a decisão judicial, adequando-os à súmula, que deverá sempre ser aplicada independentemente do caso, face seu poder vinculante.

c) manterá o ato administrativo ou a decisão judicial, adequando-os à súmula, intimando o membro do Ministério Público competente para emitir parecer sobre a melhor adequação da súmula ao caso.

d) manterá o ato administrativo ou a decisão judicial por força do Princípio da Segurança Jurídica, aplicando a sumula em qualquer hipótese,

CONSTITUIÇÃO, LEI E TEORIA

intimando o Advogado Geral da União a intervir independentemente do caso.

e) anulará o ato administrativo ou cassará a decisão judicial reclamada, e determinará que outra seja proferida com ou sem a aplicação da súmula, conforme o caso.

2081. (FCC/TRT/9R/Analista/2010) No que se refere ao procedimento de aprovação de Súmulas por parte do Supremo Tribunal Federal, é correto afirmar que, dentre outras situações:

a) o quórum para a decisão da aprovação da Súmula será de maioria simples dos Ministros presentes.

b) não cabe revisão ou cancelamento da Súmula, após ter sido editada.

c) a aprovação da Súmula só pode ser iniciada por provocação da parte ativa ou passiva.

d) o efeito vinculante da Súmula se limita aos demais órgãos do Poder Judiciário.

e) o efeito vinculante da Súmula se estende também à administração pública direta e indireta na esfera municipal.

2082. (Cesgranrio/BNDES/AdvogadoJr./2013) Contra uma sentença que deixa de aplicar uma súmula vinculante cabe.

a) recurso de agravo à instância superior.

b) recurso de apelação ao STF.

c) ADPF incidental ao STF.

d) reclamação ao STF.

e) reclamação ao CNJ.

2083. (FCC/DPE/SP/Defensor/2012) Uma das mais relevantes alterações do regime constitucional operada pela Emenda Constitucional no 45/04 foi a introdução das Súmulas Vinculantes. Sobre esse regime constitucional, é incorreto afirmar:

a) Sem prejuízo do que vier a ser estabelecido em lei, o cancelamento de Súmula Vinculante poderá ser provocado por aqueles que podem propor a Ação Direta de Inconstitucionalidade.

b) As Súmulas Vinculantes dependem de decisão de dois terços dos membros do Supremo Tribunal Federal para serem aprovadas.

c) A Súmula Vinculante terá efeito vinculante a partir do momento de sua publicação na imprensa oficial.

d) Não é cabível reclamação contra ato administrativo que contrariar Súmula Vinculante.

e) Cabe reclamação ao Supremo Tribunal Federal contra decisão judicial que contrariar Súmula Vinculante.

2084. (ND/OAB/SC/2007-1) Com base na Constituição da República Federativa do Brasil, é incorreto afirmar que:

a) O Supremo Tribunal Federal poderá, mediante requerimento e por decisão de maioria absoluta dos seus membros, após reiteradas decisões sobre matéria constitucional, aprovar súmula que, a partir de sua aprovação, terá efeito vinculante em relação aos demais órgãos do Poder Judiciário e à administração pública direta e indireta.

b) Do ato administrativo ou decisão judicial que contrariar a súmula aplicável, ou que indevidamente a aplicar, caberá reclamação ao Supremo Tribunal Federal que, julgando-a procedente, anulará o ato administrativo ou cassará a decisão judicial reclamada, e determinará que outra seja proferida com ou sem a aplicação da súmula, conforme o caso.

c) A súmula terá por objetivo a validade, a interpretação e a eficácia de normas determinadas, acerca das quais haja controvérsia atual entre órgãos judiciários ou entre esses e a administração pública que acarrete grave insegurança jurídica e relevante multiplicação de processos sobre questão idêntica.

d) Sem prejuízo do que vier a ser estabelecido em lei, a aprovação, revisão ou cancelamento de súmula poderá ser provocada por aqueles que podem propor a ação direta de inconstitucionalidade.

2085. (Cesgranrio/CasadaMoeda/Advogado/2009) A súmula vinculante editada pelo Supremo Tribunal Federal vincula apenas os órgãos.

a) da administração pública federal.

b) do Poder Judiciário Federal.

c) do Poder Judiciário Federal e da Administração Pública Federal.

d) do Poder Judiciário e da Administração Pública, nas esferas federal, estadual e municipal.

e) dos Poderes Judiciário, Legislativo e Executivo, nas esferas federal, estadual e municipal.

COMPETÊNCIA EXCLUSIVA DO STF {ART. 2º}

Art. 2º O Supremo Tribunal Federal poderá, de ofício ou por provocação, após reiteradas decisões sobre matéria constitucional, editar enunciado de súmula que, a partir de sua publicação na imprensa oficial, terá efeito vinculante em relação aos demais órgãos do Poder Judiciário e à administração pública direta e indireta, nas esferas federal, estadual e municipal, bem como proceder à sua revisão ou cancelamento, na forma prevista nesta Lei.

§ 1º O enunciado da súmula terá por objeto a validade, a interpretação e a eficácia de normas determinadas, acerca das quais haja, entre órgãos judiciários ou entre esses e a administração pública, controvérsia atual que acarrete grave insegurança jurídica e relevante multiplicação de processos sobre idêntica questão.

§ 2º O Procurador-Geral da República, nas propostas que não houver formulado, manifestar-se-á previamente à edição, revisão ou cancelamento de enunciado de súmula vinculante.

§ 3º A edição, a revisão e o cancelamento de enunciado de súmula com efeito vinculante dependerão de decisão tomada por 2/3 (dois terços) dos membros do Supremo Tribunal Federal, em sessão plenária.

§ 4º No prazo de 10 (dez) dias após a sessão em que editar, rever ou cancelar enunciado de súmula com efeito vinculante, o Supremo Tribunal Federal fará publicar, em seção especial do Diário da Justiça e do Diário Oficial da União, o enunciado respectivo.

2086. **(FGV/OAB/2012)** Suponha que o STF, no exame de um caso concreto (controle difuso), tenha reconhecido a incompatibilidade entre uma lei em vigor desde 1987 e a Constituição de 1988. Nesse caso, é correto afirmar que

a) após reiteradas decisões no mesmo sentido, o STF poderá editar súmula vinculante.

b) o STF deverá encaminhar a decisão ao Senado.

c) os órgãos fracionários dos tribunais, a partir de então, ficam dispensados de encaminhar a questão ao pleno.

d) a eficácia da decisão é "erga omnes".

2087. **(MPE/GO/Promotor/2009)** A competência da Justiça do Trabalho para processar e julgar as causas relativas às indenizações por danos morais e patrimoniais decorrentes de acidente de trabalho é prevista, textualmente:

a) na Constituição da República.

b) na CLT.

c) na legislação trabalhista não codificada.

d) em súmula vinculante do Supremo Tribunal Federal.

2088. **(FCC/DPE/SP/Oficial/2013)** No que concerne à Súmula Vinculante, prevista na Constituição Federal brasileira, está correto o que se afirma em:

a) Será aprovada mediante decisão de um terço dos seus membros.

b) A partir de sua publicação na Imprensa Oficial, terá efeito vinculante.

c) O cancelamento de súmula não poderá ser provocado por partido político com representação no Congresso Nacional.

d) Do ato administrativo ou decisão judicial que contrariar a súmula, caberá reclamação ao Superior Tribunal de Justiça.

e) A revisão de súmula não poderá ser provocada pelo Procurador-Geral da República.

2089. **(UFPR/TJ/PR/Juiz/2012)** Quanto ao instituto da súmula vinculante, é correto afirmar:

a) A edição de súmula vinculante pelo Supremo Tribunal Federal só pode ser realizada de ofício, mediante proposição de um dos Ministros da Corte, não sendo admitida a criação de súmulas oriundas de provocação de terceiros.

b) O entendimento consolidado em tais súmulas vincula os demais órgãos dos Poderes Judiciário, Executivo e Legislativo, nas esferas federal, estadual e municipal, não vinculando, no entanto, futuras decisões do próprio Supremo Tribunal Federal.

c) Somente os legitimados para propositura de ação direta de inconstitucionalidade poderão formular pedido de cancelamento de súmula vinculante.

d) Constitui requisito para a aprovação de súmulas vinculantes a existência de controvérsia atual sobre a matéria em questão entre órgãos

CONSTITUIÇÃO, LEI E TEORIA

judiciários ou entre estes e a Administração Pública, que esteja a suscitar grave insegurança jurídica.

2090. (UEL/PGE/PR/Procurador/2011) A respeito das súmulas de efeito vinculante:

I. podem nascer de provocação do Tribunal de Justiça do Estado do Paraná.

II. desafiam reclamação em caso de descumprimento.

III. estendem o alcance subjetivo de decisão que declara a inconstitucionalidade total e absoluta de uma lei federal em ação direta de inconstitucionalidade.

IV. podem ser editadas pelo Supremo Tribunal Federal, em relação a questões constitucionais, e pelo Superior Tribunal de Justiça, em relação a questões legais.

V. exigem fundamentação específica acerca de sua aplicabilidade ou não, quando isso for suscitado nos recursos administrativos.

Quais as afirmativas corretas:

a) as afirmativas I, II e III.

b) as afirmativas I, II e IV.

c) as afirmativas II, III e V.

d) as afirmativas I, II e V.

e) as afirmativas II, IV e V.

2091. (Cespe/OAB/2008-3) Acerca da edição de súmulas vinculantes pelo STF, assinale a opção correta.

a) Ainda que inexistam decisões sobre determinada matéria constitucional, o STF poderá criar súmula vinculante acerca de tal matéria, caso a julgue relevante.

b) O enunciado da súmula deve versar sobre normas determinadas apenas quando exista controvérsia atual quanto a elas, entre órgãos judiciários ou entre esses e a administração pública, que acarrete grave insegurança jurídica e relevante multiplicação de processos.

c) O procurador-geral da República deverá se manifestar acerca da edição de enunciado de súmula vinculante apenas nos casos em que o propuser.

d) O Conselho Federal da OAB e seus órgãos seccionais são legitimados a propor a edição de enunciado de súmula vinculante.

2092. (ND/OAB/SC/2007) Com base na Constituição da República Federativa do Brasil, é incorreto afirmar que:

a) O Supremo Tribunal Federal poderá, mediante requerimento e por decisão de maioria absoluta dos seus membros, após reiteradas decisões sobre matéria constitucional, aprovar súmula que, a partir de sua aprovação, terá efeito vinculante em relação aos demais órgãos do Poder Judiciário e à administração pública direta e indireta.

b) Do ato administrativo ou decisão judicial que contrariar a súmula aplicável, ou que indevidamente a aplicar, caberá reclamação ao Supremo Tribunal Federal que, julgando-a procedente, anulará o ato administrativo ou cassará a decisão judicial reclamada, e determinará que outra seja proferida com ou sem a aplicação da súmula, conforme o caso.

c) A súmula terá por objetivo a validade, a interpretação e a eficácia de normas determinadas, acerca das quais haja controvérsia atual entre órgãos judiciários ou entre esses e a administração pública que acarrete grave insegurança jurídica e relevante multiplicação de processos sobre questão idêntica.

d) Sem prejuízo do que vier a ser estabelecido em lei, a aprovação, revisão ou cancelamento de súmula poderá ser provocada por aqueles que podem propor a ação direta de inconstitucionalidade.

2093. (TJ/DFT/Juiz/2007) No tocante à disciplina constitucional da Súmula Vinculante do Supremo Tribunal Federal, assinale a alternativa correta:

a) as matérias sujeitas à edição de súmulas vinculantes circunscrevem-se apenas às questões que digam respeito ao eventual contraste da Constituição com outras normas infraconstitucionais.

b) a súmula vinculante conferirá eficácia geral e vinculante às decisões proferidas pelo Supremo Tribunal Federal sem afetar diretamente a vigência de leis porventura declaradas inconstitucionais no processo de controle incidental.

c) a reclamação prevista no art. 102, I, alínea l, da Constituição, destinada a preservar a competência e autoridade das decisões do Supremo Tribunal Federal não alcança atos administrativos desconformes à súmula.

d) a preexistência de debate e discussão da matéria objeto da súmula vinculante autoriza sua edição com fundamento em decisão judicial isolada.

2094. (FCC/TRT/9R/Analista/2010) No que se refere ao procedimento de aprovação de Súmulas por parte do Supremo Tribunal Federal, é correto afirmar que, dentre outras situações:

a) o quorum para a decisão da aprovação da Súmula será de maioria simples dos Ministros presentes.

b) não cabe revisão ou cancelamento da Súmula, após ter sido editada.

c) a aprovação da Súmula só pode ser iniciada por provocação da parte ativa ou passiva.

d) o efeito vinculante da Súmula se limita aos demais órgãos do Poder Judiciário.

e) o efeito vinculante da Súmula se estende também à administração pública direta e indireta na esfera municipal.

2095. (FCC/MPE/SE/Técnico/2009) Sobre a súmula vinculante, é correto afirmar que

a) não abrangerá matéria constitucional, a qual está subordinada à contínua interpretação do Supremo Tribunal Federal.

b) terá efeito vinculante em relação aos demais órgãos do Poder Judiciário e à administração pública direta e indireta, nas esferas federal, estadual e municipal, a partir de sua publicação na imprensa oficial.

c) poderá ser elaborada pelos Tribunais Superiores para uniformizar sua jurisprudência, a fim de evitar grave insegurança jurídica e relevante multiplicação de processos sobre questão idêntica.

d) poderá ser cancelada pelos Tribunais Superiores, mediante solicitação do Advogado-Geral da União.

e) não poderá ser aprovada de ofício pelo Supremo Tribunal Federal, em decorrência do princípio da inércia do Poder Judiciário.

2096. (FCC/TJ/AP/Técnico/2009) Nos termos da Constituição da República, o Supremo Tribunal Federal

a) compõe-se de, no mínimo, trinta e três Ministros, nomeados pelo Presidente da República, depois de aprovada a escolha pelo Senado Federal.

b) processa e julga, originariamente, nos crimes comuns, os Governadores dos Estados e do Distrito Federal e, nestes crimes e nos de responsabilidade, os desembargadores dos Tribunais de Justiça dos Estados.

c) tem competência para a homologação de sentenças estrangeiras e a concessão de exequatur às cartas rogatórias.

d) possui um terço de membros originários das carreiras da advocacia e do Ministério Público da União, dos Estados e do Distrito Federal.

e) poderá, de ofício ou por provocação, mediante decisão de dois terços de seus membros, após reiteradas decisões sobre matéria constitucional, aprovar súmula que terá efeito vinculante em relação aos demais órgãos do Poder Judiciário e à administração pública.

LEGITIMIDADE {ART. 3º}

Art. 3º São legitimados a propor a edição, a revisão ou o cancelamento de enunciado de súmula vinculante:

I – o Presidente da República.

II – a Mesa do Senado Federal.

III – a Mesa da Câmara dos Deputados.

IV – o Procurador-Geral da República.

V – o Conselho Federal da Ordem dos Advogados do Brasil.

VI – o Defensor Público-Geral da União.

VII – partido político com representação no Congresso Nacional.

VIII – confederação sindical ou entidade de classe de âmbito nacional.

IX – a Mesa de Assembleia Legislativa ou da Câmara Legislativa do Distrito Federal.

X – o Governador de Estado ou do Distrito Federal.

XI – os Tribunais Superiores, os Tribunais de Justiça de Estados ou do Distrito Federal e Territórios, os Tribunais Regionais Federais, os Tribunais Regionais do Trabalho, os Tribunais Regionais Eleitorais e os Tribunais Militares.

§ 1º O Município poderá propor, incidentalmente ao curso de processo em que seja parte, a edição, a revisão ou o cancelamento de enunciado de súmula vinculante, o que não autoriza a suspensão do processo.

§ 2º No procedimento de edição, revisão ou cancelamento de enunciado da súmula vinculante, o relator poderá admitir, por decisão irrecorrível, a manifestação de terceiros na questão, nos termos do Regimento Interno do Supremo Tribunal Federal.

2097. **(Funcab/Emdagro/Advogado/2014)** É(são) legitimado(s) para propor apenas incidentalmente o cancelamento de enunciado de súmula vinculante, não podendo encaminhar a proposta de forma direta:

a) o Defensor Público Geral da União.

b) o Município.

c) o Tribunal de Justiça do Distrito Federal.

d) os Tribunais Militares.

e) os partidos políticos com representação no Congresso Nacional.

2098. **(MPE/MG/Promotor/2012)** São legitimados a propor a edição, a revisão ou o cancelamento de enunciado de Súmula Vinculante, exceto:

a) o Procurador-Geral da República.

b) a Mesa da Assembleia Legislativa ou da Câmara Legislativa do Distrito Federal.

c) o Defensor Público-Geral da União.

d) o Procurador-Geral de Justiça.

2099. **(MPE/MG/Promotor/2012)** Assinale a alternativa correta em relação às Súmulas Vinculantes:

a) Qualquer cidadão, representado por advogado, poderá pleitear a aprovação, revisão ou cancelamento de Súmula.

b) O Supremo Tribunal Federal poderá, de ofício ou por provocação, após reiteradas decisões sobre matéria constitucional, mediante decisão

de um terço de seus membros, editar Súmula Vinculante.

c) A Súmula Vinculante, a partir da data da sessão em que for aprovada, terá efeito vinculante em relação aos demais órgãos do Poder Judiciário e à administração pública direta e indireta, nas esferas federal, estadual e municipal.

d) O Procurador-Geral de Justiça do Estado de Minas Gerais, ao verificar que acórdão do Tribunal de Justiça local contraria determinada Súmula Vinculante, dispõe, ele próprio, de legitimidade para ajuizar reclamação, em sede originária, perante o Supremo Tribunal Federal, independentemente da ratificação do Procurador-Geral da República.

2100. **(Cespe/OAB/SP/2008-1)** A súmula do STF com efeito vinculante.

a) pode ser aprovada mediante decisão da maioria absoluta dos seus membros.

b) não pode ser revista ou cancelada de ofício pelo próprio STF.

c) não é de observância obrigatória para a administração pública estadual e municipal.

d) pode ter seu cancelamento provocado por aqueles legitimados à propositura da ação direta de inconstitucionalidade.

2101. **(FGV/OAB/2011-2)** Se Governador de Estado desejar se insurgir contra súmula vinculante que, a seu juízo, foi formulada com enunciado normativo que extrapolou os limites dos precedentes que a originaram, poderá, dentro dos instrumentos processuais constitucionais existentes.

a) ajuizar ADI contra a súmula vinculante.

b) ajuizar ADPF contra a súmula vinculante.

c) interpor reclamação contra a súmula vinculante.

d) requerer o cancelamento da súmula vinculante.

2102. **(FMP/TCE/MT/Auditor/2011)** Quanto às súmulas vinculantes, é acertado inferir que:

a) o Governador do Estado do Mato Grosso é legitimado para propor o cancelamento de enunciado de qualquer súmula vinculante.

b) restringe seus efeitos aos órgãos da administração pública direta.

c) o pedido de cancelamento de enunciado suspende processos em que se discutam as mesmas questões.

d) o quórum de 1/3 dos membros do Supremo Tribunal Federal é o necessário para a edição de súmula vinculante.

e) é vedada a sua edição, de ofício, pelo Supremo Tribunal Federal.

2103. **(Cespe/DPU/Defensor/2007)** Por não ter legitimidade para propor a edição, revisão ou cancelamento de súmula vinculante, o Defensor Público-Geral da União e, consequentemente, os defensores públicos da União estão subordinados às súmulas vinculantes, sendo que na sua inobservância caberá reclamação primeiramente ao STJ.

2104. **(Cespe/STF/Analista/2008)** No procedimento de edição, revisão ou cancelamento de enunciado da súmula vinculante, o relator poderá admitir, por decisão irrecorrível, a manifestação de terceiros na questão, nos termos do Regimento Interno do STF.

2105. **(FCC/PGM/Teresina/Procurador/2010)** O Supremo Tribunal Federal poderá aprovar súmula com efeito vinculante, sendo correto afirmar:

a) Acolhida pelo Supremo Tribunal Federal a reclamação fundada em violação ao enunciado da súmula vinculante, será dada ciência à autoridade prolatora, judicial ou administrativa que deverá cumpri-la no caso concreto, sob pena de responsabilização pessoal nas esferas cível, administrativa e penal.

b) Configurada reiteradas decisões sobre determinada matéria constitucional, o Presidente do Tribunal, após ouvir o Procurador-Geral da República, poderá aprovar súmula com efeito vinculante.

c) O pedido de cancelamento ou revisão dos enunciados de súmulas vinculantes poderá ser feito por qualquer cidadão, com o título de eleitor válido, através de reclamação ao Supremo Tribunal Federal.

d) O Município poderá propor, em qualquer hipótese, a edição, revisão ou cancelamento de enunciado da súmula vinculante aprovada desde que demonstre a consequência da grave insegurança jurídica na esfera administrativa.

e) O relator poderá admitir o "amicus curiae" no procedimento de edição, revisão ou cancelamento de enunciado da súmula vinculante, por decisão irrecorrível.

> ### MODULAÇÃO DOS EFEITOS SUMULARES {ART. 4º}
>
> *Art. 4º A súmula com efeito vinculante tem eficácia imediata, mas o Supremo Tribunal Federal, por decisão de 2/3 (dois terços) dos seus membros, poderá restringir os efeitos vinculantes ou decidir que só tenha eficácia a partir de outro momento, tendo em vista razões de segurança jurídica ou de excepcional interesse público.*

2106. **(PGE/RO/Procurador/2011)** No que se refere à edição, revisão e cancelamento de enunciado de Súmula Vinculante pelo Supremo Tribunal Federal, é correto afirmar que.

a) a proposta de edição, revisão ou cancelamento de enunciado de súmula vinculante autoriza a suspensão dos processos em que se discuta a mesma questão.

b) para a aprovação de súmula vinculante, é necessária, em sessão plenária do Supremo Tribunal Federal, decisão da maioria absoluta de seus membros.

c) a manifestação prévia do Procurador-Geral da República à edição, revisão ou cancelamento de enunciado de súmula vinculante não será exigida nas propostas que ele não houver formulado.

d) a súmula com efeito vinculante tem eficácia imediata, mas o Supremo Tribunal Federal, por decisão de 2/3 (dois terços) dos seus membros, poderá restringir os efeitos vinculantes ou decidir que só tenha eficácia a partir de outro momento, tendo em vista razões de segurança jurídica ou de excepcional interesse público.

e) no procedimento de edição, revisão ou cancelamento de enunciado da súmula vinculante, o relator poderá admitir, por decisão recorrível através de agravo ao Pleno do Supremo Tribunal Federal, a manifestação de terceiros na questão, nos termos do Regimento Interno do Supremo Tribunal Federal.

2107. **(Cespe/CEHAP/PB/Advogado/2009)** O enunciado de súmula vinculante editado pelo STF, mediante decisão de dois terços de seus membros, terá efeito vinculante em relação aos demais órgãos do Poder Judiciário, mas não vinculará o próprio STF nem a administração pública.

2108. (FCC/TCM/BA/Procurador/2011)
Relativamente à adoção de súmulas vinculantes pelo Supremo Tribunal Federal, depreende-se da Constituição e da legislação pertinente que:

a) os legitimados a propor a edição, a revisão ou o cancelamento de enunciado de súmula vinculante são os mesmos que podem propor ação direta de inconstitucionalidade perante o Supremo Tribunal Federal.

b) a súmula com efeito vinculante tem eficácia imediata, mas poderá ter seus efeitos fixados a partir de outro momento pelo mesmo quórum exigido para a modulação de efeitos de decisões em que haja declaração de inconstitucionalidade de lei ou ato normativo, em sede de controle concentrado, pelo Supremo Tribunal Federal.

c) a edição de súmula vinculante pressupõe a existência de controvérsia atual entre órgãos judiciários ou entre esses e a administração pública, que acarrete grave insegurança jurídica e relevante multiplicação de processos sobre questão idêntica, mesma exigência que se faz em relação à propositura de arguição de descumprimento de preceito fundamental.

d) a proposta de edição, revisão ou cancelamento de enunciado de súmula vinculante autoriza a suspensão dos processos em que se discuta a mesma questão.

e) a reclamação ao Supremo Tribunal Federal, em face da decisão judicial que contrariar enunciado de súmula vinculante, negar-lhe vigência ou aplicá-lo indevidamente, somente é cabível após o esgotamento das vias recursais existentes.

2109. (InstitutoCidades/DPE/GO/Defensor/2010)
Após a ocorrência de reiteradas decisões sobre matéria constitucional, o Supremo Tribunal Federal poderá, de ofício ou mediante provocação, editar enunciado de súmula que, a partir de sua publicação na imprensa oficial, terá efeito vinculante em relação aos demais órgãos do Poder Judiciário e à administração pública direta e indireta, nas esferas federal, estadual e municipal, bem como proceder à sua revisão ou cancelamento

a) e, nesse caso, o quórum para sua aprovação é de maioria absoluta.

b) e poderá a Excelsa Corte, por decisão de 2/3 (dois terços) dos seus membros, decidir que os efeitos vinculantes só tenham eficácia a partir de outro momento, tendo em vista razões de segurança jurídica.

c) e, na tramitação do procedimento, não haverá possibilidade de se admitir manifestação de terceiro.

d) e se houver revogação ou modificação da lei em que se fundou a edição de enunciado de súmula vinculante, este será considerado revogado.

e) sendo que a proposta de edição, revisão ou cancelamento de enunciado de súmula vinculante autoriza a suspensão dos processos em que se discuta a mesma questão.

REVISÃO OU CANCELAMENTO {ART. 5º}

Art. 5º Revogada ou modificada a lei em que se fundou a edição de enunciado de súmula vinculante, o Supremo Tribunal Federal, de ofício ou por provocação, procederá à sua revisão ou cancelamento, conforme o caso.

2110. (TJ/DFT/Juiz/2007)
No tocante à disciplina constitucional da Súmula Vinculante do Supremo Tribunal Federal, assinale a alternativa correta:

a) as matérias sujeitas à edição de súmulas vinculantes circunscrevem-se apenas às questões que digam respeito ao eventual contraste da Constituição com outras normas infraconstitucionais.

b) a súmula vinculante conferirá eficácia geral e vinculante às decisões proferidas pelo Supremo Tribunal Federal sem afetar diretamente a vigência de leis porventura declaradas inconstitucionais no processo de controle incidental.

c) a reclamação prevista no art. 102, I, alínea l, da Constituição, destinada a preservar a competência e autoridade das decisões do Supremo Tribunal Federal não alcança atos administrativos desconformes à súmula.

d) a preexistência de debate e discussão da matéria objeto da súmula vinculante autoriza sua edição com fundamento em decisão judicial isolada.

EFEITOS DA PROPOSTA DE EDIÇÃO/REVISÃO/CANCELAMENTO {ART. 6º}

Art. 6º A proposta de edição, revisão ou cancelamento de enunciado de súmula vinculante não autoriza a suspensão dos processos em que se discuta a mesma questão.

2111. (TJ/SC/Assessor/2009) Tendo em vista o que preleciona a Lei Federal n. 11.417/2006, analise os itens a seguir:

I. O Supremo Tribunal Federal poderá, de ofício ou por provocação, após reiteradas decisões sobre matéria constitucional, editar enunciado de súmula que, a partir de sua publicação na imprensa oficial, terá efeito vinculante em relação aos demais órgãos do Poder Judiciário e à administração pública direta e indireta, nas esferas federal, estadual e municipal, bem como proceder à sua revisão ou cancelamento.

II. O enunciado da súmula terá por objeto a validade, a interpretação e a eficácia de normas determinadas, acerca das quais haja, entre órgãos judiciários ou entre esses e a administração pública, controvérsia atual que acarrete grave insegurança jurídica e relevante multiplicação de processos sobre idêntica questão.

III. São legitimados a propor a edição, a revisão ou o cancelamento de enunciado de súmula vinculante: o Presidente da República; a Mesa do Senado Federal; a Mesa da Câmara dos Deputados; o Procurador-Geral da República; os Tribunais Superiores, os Tribunais de Justiça de Estados ou do Distrito Federal e Territórios, os Tribunais Regionais Federais, os Tribunais Regionais do Trabalho, os Tribunais Regionais Eleitorais e os Tribunais Militares.

IV. A proposta de edição, revisão ou cancelamento de enunciado de súmula vinculante não autoriza a suspensão dos processos em que se discuta a mesma questão.

a) Somente as proposições I, II e III estão corretas.
b) Somente as proposições I, II e IV estão corretas.
c) Somente as proposições II, III e IV estão corretas.
d) Todas as proposições estão corretas.
e) Somente as proposições I e II estão corretas.

2112. (Cespe/STJ/Analista/2008) A proposta de edição, revisão ou cancelamento de enunciado de súmula vinculante autoriza a suspensão dos processos em que se discuta a mesma questão.

2113. (UFAL/Casal/Advogado/2010) Com relação à disciplina das súmulas vinculantes, assinale a opção incorreta.

a) A proposta de revisão de enunciado de súmula vinculante autoriza a suspensão dos processos em que se discuta a mesma questão.

b) A súmula terá por objetivo a validade, a interpretação e a eficácia de normas determinadas, acerca das quais haja controvérsia atual entre órgãos judiciários ou entre esses e a administração pública que acarrete grave insegurança jurídica e relevante multiplicação de processos sobre questão idêntica.

c) Sem prejuízo do que vier a ser estabelecido em lei, a aprovação, revisão ou cancelamento de súmula poderá ser provocada por aqueles que podem propor a ação direta de inconstitucionalidade.

d) A súmula com efeito vinculante tem eficácia imediata, mas o Supremo Tribunal Federal, por decisão de 2/3 (dois terços) dos seus membros, poderá restringir os efeitos vinculantes ou decidir que somente tenha eficácia a partir de outro momento, tendo em vista razões de segurança jurídica ou de excepcional interesse público.

e) O Supremo Tribunal Federal poderá, de ofício ou por provocação, mediante decisão de dois terços dos seus membros, após reiteradas decisões sobre matéria constitucional, aprovar súmula que, a partir de sua publicação na imprensa oficial, terá efeito vinculante em relação aos demais órgãos do Poder Judiciário e à administração pública direta e indireta, nas esferas federal, estadual e municipal, bem como proceder a sua revisão ou cancelamento, na forma estabelecida em lei.

RECLAMAÇÃO POR CONTRARIEDADE SUMULAR {ART. 7º}

Art. 7º Da decisão judicial ou do ato administrativo que contrariar enunciado de súmula vinculante, negar-lhe vigência ou aplicá-lo indevidamente caberá reclamação ao Supremo Tribunal Federal, sem prejuízo dos recursos ou outros meios admissíveis de impugnação.

§ 1º Contra omissão ou ato da administração pública, o uso da reclamação só será admitido após esgotamento das vias administrativas.

§ 2º Ao julgar procedente a reclamação, o Supremo Tribunal Federal anulará o ato administrativo ou cassará a decisão judicial impugnada, determinando que outra seja proferida com ou sem aplicação da súmula, conforme o caso.

CONSTITUIÇÃO, LEI E TEORIA

2114. (FCC/DPE/CE/Defensor/2014) Servidor público integrante dos quadros da Administração direta federal requer, perante a autoridade administrativa competente, a concessão de aposentadoria, em virtude de exercer atividade em condições especiais, prejudiciais à sua saúde e integridade física, pleiteando que lhe sejam aplicadas, no que cabíveis, as regras do regime geral da previdência social sobre aposentadoria especial. A autoridade administrativa indefere o requerimento, sob o fundamento de que, de um lado, o benefício pretendido pelo requerente depende de regulamentação em lei específica, ainda inexistente, e de que, por outro lado, não há determinação judicial a amparar sua pretensão individual. Nessa situação, considerando-se o quanto disposto na Constituição Federal e a jurisprudência do Supremo Tribunal Federal sobre a matéria, o servidor público em questão

a) poderá ajuizar reclamação, perante o Supremo Tribunal Federal, em face do ato administrativo que contrariou súmula vinculante aplicável ao caso, a fim de se determinar que seu requerimento seja analisado à luz das regras do regime geral da previdência social sobre aposentadoria especial, no que couber.

b) deverá esgotar as vias administrativas, para, diante da eventual negativa final, impetrar mandado de injunção, contra a omissão do Presidente da República e do Congresso Nacional em regulamentar a aposentadoria especial dos servidores públicos, assegurada pela Constituição, a fim de determinar que, enquanto perdurar a omissão, sejam aplicadas as regras do regime geral da previdência social sobre aposentadoria especial.

c) poderá, desde logo, impetrar mandado de segurança, em face do Presidente da República e do Congresso Nacional, diante da existência de decisões do Supremo Tribunal Federal com eficácia "erga omnes" e efeito vinculante, reconhecendo a mora legislativa e determinando que se aplique, em casos como esse, no que couber, as regras do regime geral da previdência social sobre aposentadoria especial.

d) poderá impetrar mandado de injunção, em face da autoridade administrativa que indeferiu o requerimento, uma vez que a inexistência de lei inviabiliza o exercício de um direito que lhe é assegurado pela Constituição Federal, a fim de assegurar que lhe sejam aplicadas as regras

do regime geral da previdência social sobre aposentadoria especial, enquanto perdurar a omissão legislativa.

e) poderá impetrar mandado de injunção coletivo, contra a omissão do Presidente da República e do Congresso Nacional em regulamentar a aposentadoria especial dos servidores públicos, assegurada pela Constituição, a fim de que lhe sejam aplicadas as regras do regime geral da previdência social sobre aposentadoria especial.

2115. (Cespe/TCE/PB/Procurador/2014) Assinale a opção correta no que se refere ao controle jurisdicional da administração pública no direito brasileiro.

a) Os legitimados passivos no mandado de injunção serão a autoridade ou órgão público competente para a feitura da norma infraconstitucional regulamentadora, bem como as entidades de direito privado e as pessoas físicas.

b) Os atos políticos, dada sua maior discricionariedade, não são alvo de controle jurisdicional, sendo afastados da apreciação da justiça quando lesivos ao patrimônio público.

c) Caso uma reclamação administrativa que contrarie indevidamente uma súmula vinculante editada pelo STF seja por este órgão acolhida, poderá ele anular o ato administrativo e determinar a prática de outro.

d) O controle jurisdicional da administração pública aplicado a atos administrativos vinculados é desencadeado por provocação, ultrapassando as fronteiras da legalidade e adentrando na apreciação de mérito.

e) O monopólio da jurisdição cabe ao Poder Judiciário, admitindo-se o contencioso administrativo nas decisões sempre que houver desvio da finalidade pública ou imprecisão da lei.

2116. (MPE/PR/Promotor/2014) Analise as assertivas abaixo e indique a alternativa:

I. O Supremo Tribunal Federal poderá, de ofício ou por provocação, mediante decisão de dois terços dos seus membros, após reiteradas decisões sobre matéria constitucional, aprovar súmula que, a partir de sua publicação na imprensa oficial, terá efeito vinculante em relação às atividades típicas do Poder Judiciário, do Poder Legislativo e do Poder Executivo nas esferas federal, estadual e municipal, bem como proceder à sua revisão ou cancelamento, na forma estabelecida em lei.

II. Dentre os legitimados para propor a aprovação, a revisão ou o cancelamento de súmula vinculante estão: o Presidente da República, a Mesa do Congresso Nacional, o Procurador-Geral da República, o Conselho Federal da Ordem dos Advogados do Brasil.

III. Conforme Lei n. 11.417/06, da decisão judicial ou do ato administrativo que contrariar enunciado de súmula vinculante, negar-lhe vigência ou aplicá-lo indevidamente caberá recurso extraordinário ao Supremo Tribunal Federal, sem prejuízo dos recursos ou outros meios admissíveis de impugnação.

a) Apenas a assertiva I é correta.

b) Todas as assertivas são corretas.

c) Todas as assertivas são incorretas.

d) Apenas as assertivas II e III são corretas.

e) Somente as assertivas I e III são corretas.

2117. (Ieses/TJ/PB/Cartórios/2014) Assinale a alternativa correta:

a) A chamada "teoria dos motivos determinantes" encontra-se em absoluto desuso no Direito Administrativo brasileiro, por ferir os princípios da razoabilidade e da proporcionalidade estrita, pois determina a vinculação do Administrador Público aos motivos determinantes do edital.

b) A denominada "motivação aliunde", empregada em vários países que utilizam o sistema da "common law", tem sua aplicação expressamente vedada pelo legislador brasileiro, por ferir princípios basilares do Direito Administrativo, especialmente os princípios da legalidade estrita e da impessoalidade, encartados na Constituição da República.

c) Do ato administrativo ou decisão judicial que contrariar a súmula aplicável ou que indevidamente a aplicar, caberá reclamação ao Supremo Tribunal Federal, que, julgando-a procedente, anulará o ato administrativo ou cassará a decisão judicial reclamada, e determinará que outra seja proferida com ou sem aplicação da súmula, conforme o caso.

d) Pelo princípio da "continuidade das atividades administrativas", expressamente previsto no artigo 37, da Constituição da República, mesmo que inadimplente o Estado com o pagamento devido, deve o prestador de serviço público

concedido ou permitido continuar a prestá-lo pelo prazo de até 120 (cento e vinte) dias após a notificação do inadimplente, sob pena de rescisão motivada do contato com imposição das penalidades previstas na lei de licitações.

2118. (Vunesp/Unicamp/Procurador/2014) A reclamação constitucional fundada em violação a enunciado de súmula vinculante:

a) pode se voltar contra qualquer decisão judicial, ainda que já tenha transitado em julgado.

b) quando se tratar de ato da Administração Pública, só será admitida após o esgotamento das vias administrativas.

c) se julgada procedente pelo STF, este reformará o ato administrativo ou a decisão judicial impugnada.

d) prescinde de vista ou intervenção do Ministério Público.

e) poderá ter o pedido do reclamante impugnado somente pela autoridade que proferiu a decisão e pelo Ministério Público.

2119. (TJ/DFT/Juiz/2012) Sobre os atos administrativos, é correto afirmar:

a) De acordo com a lei federal de processo administrativo, os atos administrativos eivados de defeitos sanáveis podem ser convalidados pela própria Administração, desde que não acarretem lesão ao interesse público nem prejuízo a terceiros.

b) O poder discricionário fundamenta o instituto da anulação.

c) Nos processos perante o Tribunal de Contas da União, em que se discuta a legalidade do ato de concessão inicial de aposentadoria, reforma ou pensão, quando da decisão puder resultar anulação ou revogação de ato administrativo que beneficie o interessado, são assegurados o contraditório e a ampla defesa.

d) No regime da Lei nº 11.417/06, a reclamação cabível em face do ato administrativo que contraria enunciado de súmula vinculante prescinde do esgotamento das vias administrativas.

2120. (TRT/8R/Juiz/2009) Nos termo do art. 103-A da Constituição Federal, o Supremo Tribunal Federal poderá, de ofício ou por provocação, mediante decisão de dois terços dos seus membros, após reiteradas decisões sobre matéria constitucional, aprovar súmula que, a partir de sua publicação na imprensa oficial, terá efeito vinculante em relação aos demais órgãos do Poder Judiciário e à administração pública direta e indireta, nas esferas federal, estadual e municipal, bem como proceder à sua revisão ou cancelamento. Considerando tal, assinale a alternativa incorreta pertinente à matéria tratada nas súmulas vinculantes atualmente em vigor:

a) A nomeação de cônjuge, companheiro ou parente em linha reta, colateral ou por afinidade, até o terceiro grau, inclusive, da autoridade nomeante ou de servidor da mesma pessoa jurídica investido em cargo de direção, chefia ou assessoramento, para o exercício de cargo em comissão na administração pública direta e indireta em qualquer dos Poderes da União, dos Estados, do Distrito Federal e dos Municípios, compreendido o ajuste mediante designações recíprocas, viola a Constituição Federal.

b) Só é lícito o uso de algemas em casos de resistência e de fundado receio de fuga ou de perigo à integridade física própria ou alheia, por parte do preso ou de terceiros, justificada a excepcionalidade por escrito, sob pena de responsabilidade disciplinar, civil e penal do agente ou da autoridade e de nulidade da prisão ou do ato processual a que se refere, independentemente da consideração da existência da hipótese de responsabilidade civil do Estado.

c) A Administração pode anular seus próprios atos, quando eivados de vícios que os tornam ilegais, porque deles não se originam direitos; ou revogá-los, por motivo de conveniência ou oportunidade, respeitados os direitos adquiridos, e ressalvada, em todos os casos, a apreciação judicial.

d) Viola a cláusula de reserva de plenário (CF, artigo 97) a decisão de órgão fracionário de tribunal que, embora não declare expressamente a inconstitucionalidade de lei ou ato normativo do poder público, afasta sua incidência, no todo ou em parte.

e) Nos processos perante o Tribunal de Contas da União asseguram-se o contraditório e a ampla defesa quando da decisão puder resultar anulação ou revogação de ato administrativo que beneficie o interessado, exceceptuada a apreciação da legalidade do ato de concessão inicial de aposentadoria, reforma e pensão.

POSSIBILIDADE DE RECURSO ADMINISTRATIVO {ART. 8º}

Art. 8º O art. 56 da Lei n. 9.784, de 29 de janeiro de 1999, passa a vigorar acrescido do seguinte § 3º:

"Art. 56. (...).

§ 3º Se o recorrente alegar que a decisão administrativa contraria enunciado da súmula vinculante, caberá à autoridade prolatora da decisão impugnada, se não a reconsiderar, explicitar, antes de encaminhar o recurso à autoridade superior, as razões da aplicabilidade ou inaplicabilidade da súmula, conforme o caso". (NR)

ALEGAÇÃO DE VIOLAÇÃO NO PROCESSO ADMINISTRATIVO {ART. 9º}

Art. 9º A Lei n. 9.784, de 29 de janeiro de 1999, passa a vigorar acrescida dos seguintes arts. 64-A e 64-B:

"Art. 64-A. Se o recorrente alegar violação de enunciado da súmula vinculante, o órgão competente para decidir o recurso explicitará as razões da aplicabilidade ou inaplicabilidade da súmula, conforme o caso".

"Art. 64-B. Acolhida pelo Supremo Tribunal Federal a reclamação fundada em violação de enunciado da súmula vinculante, dar-se-á ciência à autoridade prolatora e ao órgão competente para o julgamento do recurso, que deverão adequar as futuras decisões administrativas em casos semelhantes, sob pena de responsabilização pessoal nas esferas cível, administrativa e penal".

2121. (Funcab/Emdagro/Advogado/2014) No que concerne aos princípios aplicáveis ao processo administrativo disciplinar, é correto afirmar:

a) O comparecimento do administrado não supre irregularidade da notificação.

b) O desatendimento às intimações importa o reconhecimento da verdade dos fatos.

c) Na fase de instrução, quando for necessária a emissão de um parecer, este deverá ser emitido no prazo máximo de 30 dias, salvo norma especial ou comprovada necessidade de maior prazo.

d) Vigora no processo administrativo, o princípio do "reformatio in pejus" para os recursos, ou seja, nos recursos, a situação do recorrente pode piorar.

e) Se a Administração, em processo administrativo, decidir de forma a violar uma súmula vinculante, o interessado não pode impugnar a decisão por meio de recurso administrativo, afirmando que a citada decisão contraria o enunciado da súmula vinculante.

APLICAÇÃO SUBSIDIÁRIA DO RISTF {ART. 10}

Art. 10. O procedimento de edição, revisão ou cancelamento de enunciado de súmula com efeito vinculante obedecerá, subsidiariamente, ao disposto no Regimento Interno do Supremo Tribunal Federal.

VIGÊNCIA {ART. 11}

Art. 11. Esta Lei entra em vigor 3 (três) meses após a sua publicação.

Brasília, 19 de dezembro de 2006; 185º da Independência e 118º da República.

Luiz Inácio Lula da Silva.

---

4. TEORIA SUMULAR

2122. (FCC/TCM/MPC/GO/Procurador/2015) Em relação às fontes do direito processual, considere:

I. No direito processual a fonte formal primária é a lei, bem como as súmulas vinculantes.

II. Entre outras, são fontes formais acessórias a analogia, os costumes e os princípios gerais do direito.

III. Entre as fontes não formais do direito, aponta-se a doutrina e, em regra, os precedentes jurisprudenciais.

Está correto o que se afirma apenas em

a) II

b) II e III.

c) I

d) I e II

e) I e III.

2123. (FCC/TCM/MPC/GO/Procurador/2015) Não integram a Constituição formal brasileira os comandos expressos

a) nas normas isoladas de emendas constitucionais.

b) nos tratados de direitos humanos aprovados, em cada Casa do Congresso Nacional, em dois turnos, por três quintos dos votos dos respectivos membros.

c) no corpo permanente da Constituição promulgada em 5 de outubro de 1988.

d) no Ato das Disposições Constitucionais Transitórias

e) nas súmulas vinculantes editadas pelo Supremo Tribunal Federal.

2124. (Cespe/TRF/5R/Juiz/2015) No tocante às ações de controle concentrado, assinale a opção correta com base no entendimento do STF:

a) Cabe ao STF processar e julgar a ação declaratória de constitucionalidade de lei ou ato normativo federal ou estadual.

b) A despeito do caráter dúplice da ADI, o indeferimento de medida cautelar não dá margem à propositura de reclamação, visto que essa decisão não possui efeito vinculante.

c) A ADPF pode ser utilizada para o fim de rever ou cancelar súmula vinculante.

d) Dado o caráter subsidiário e complementar da ADPF, o município tem legitimidade para propô-la.

e) Não é cabível medida cautelar em ADI por omissão.

2125. (FCC/TCM/MPC/GO/Procurador/2015) A arguição de descumprimento de preceito fundamental

a) é o meio processual adequado para se dar interpretação conforme à Constituição a súmulas vinculantes.

b) pode questionar atos de poder eminentemente políticos, como o veto.

c) é, via de regra, meio idôneo para impugnar atos regulamentares, que não podem ser objeto de ação direta de inconstitucionalidade.

d) pode ser formalizada com o intuito de desconstituir decisões judiciais, desde que não mais possam ser objeto de recurso algum.

e) pode ser conhecida pelo STF por meio de petição de ação direta de inconstitucionalidade,

CONSTITUIÇÃO, LEI E TEORIA

por força da aplicação do princípio da fungibilidade.

2126. (FCC/Sefaz/PI/AuditorFiscal/2015) Integra a sistemática de separação de poderes prevista na Constituição da República a:

a) aprovação, pela maioria absoluta dos membros do Supremo Tribunal Federal, após reiteradas decisões sobre matéria constitucional, de súmula que, a partir de sua publicação na imprensa oficial, terá efeito vinculante em relação à Administração pública direta e indireta, nas três esferas da federação.

b) nomeação, pelo Presidente da República, de um quinto dos membros dos Tribunais Superiores, à exceção do Supremo Tribunal Federal, dentre advogados e membros do Ministério Público, alternadamente, indicados em listas formadas pelos órgãos de classe respectivos.

c) sustação, pelo Senado Federal, dos atos normativos do Poder Executivo que exorbitem dos limites da delegação legislativa.

d) suspensão, por lei federal superveniente sobre normas gerais em matéria de competência legislativa concorrente, da eficácia de lei estadual, no que lhe for contrária.

e) aprovação, pelo Senado Federal, por voto secreto, após arguição pública, de Presidente e diretores do Banco Central.

2127. (Funrio/INSS/Analista/2014) Cabe a arguição de descumprimento de preceito constitucional para a revisão e o cancelamento, perante o Supremo Tribunal Federal, de súmula vinculante daquela Corte?

a) A arguição de descumprimento de preceito fundamental é a via adequada para se obter a interpretação, a revisão ou o cancelamento de súmula vinculante.

b) A arguição de descumprimento de preceito fundamental não é a via adequada para se obter a interpretação, a revisão ou cancelamento de súmula vinculante, desde que esta tenha surgido mediante provocação de dois terços de seus membros

c) A arguição de descumprimento de preceito fundamental não é a via adequada para se obter a interpretação, a revisão ou o cancelamento de súmula vinculante.

d) A arguição de descumprimento de preceito fundamental não é a via adequada para se obter

a interpretação, a revisão ou cancelamento de súmula vinculante, desde que esta tenha surgido de ofício, conforme determinado pela Constituição Federal.

e) A arguição de descumprimento de preceito fundamental é a via adequada para se obter a interpretação, a revisão ou o cancelamento de súmula vinculante, desde que esta tenha surgido mediante provocação de dois terços de seus membros

2128. (TRF/4R/Juiz/2014) Dadas as assertivas abaixo, assinale a alternativa correta.

I. Admite-se reclamação para o Supremo Tribunal Federal somente na hipótese em que a decisão recorrida seja contrária à Súmula de sua jurisprudência.

II. Admite-se a reclamação para o Supremo Tribunal Federal na hipótese em que a decisão do juiz de primeiro grau contrariar orientação firmada em julgamento afeto ao regime da repercussão geral.

III. A súmula vinculante, emanada do Supremo Tribunal Federal, vincula o legislador, que não pode dispor contrariamente ao que nela se contém.

a) Está correta apenas a assertiva II.

b) Está correta apenas a assertiva III.

c) Estão corretas apenas as assertivas I e II.

d) Estão corretas apenas as assertivas II e III.

e) Nenhuma assertiva está correta.

2129. (Funcab/PC/RO/Delegado/2014) Considerando os temas "jurisdição constitucional" e "ação direta de inconstitucionalidade", é correto afirmar que:

a) o STF tem entendido que, na ação direta de inconstitucionalidade, não é admitida a figura do "amicus curiae".

b) os municípios figuram no rol de entidades legitimadas para a propositura de ação direta de inconstitucionalidade perante o STF.

c) em se tratando de ação direta de inconstitucionalidade, já se firmou, no STF, o entendimento de que ação dessa natureza está sujeita à desistência.

d) a súmula, porque não apresenta as características de ato normativo, não está sujeita à jurisdição constitucional concentrada.

e) o ajuizamento da ação direta de inconstitucionalidade está sujeito à observância de prazo prescricional.

2130. **(FCC/TRT/18R/Juiz/2014)** Considerando a disciplina jurídica do controle de constitucionalidade e a jurisprudência do Supremo Tribunal Federal na matéria:

a) súmula vinculante pode ser objeto de ação direta de inconstitucionalidade que, se julgada procedente, produzirá eficácia contra todos e efeito vinculante relativamente aos órgãos do Poder Judiciário e à Administração pública direta, indireta, nas esferas federal, estadual e municipal.

b) ato administrativo que contrarie súmula vinculante não pode ser objeto de reclamação proposta perante o Supremo Tribunal Federal, uma vez que a reclamação é cabível apenas contra decisão judicial, que poderá ser cassada pelo STF, com a determinação de que outra seja proferida com ou sem a aplicação da súmula, conforme o caso.

c) o cabimento do recurso extraordinário está sujeito à demonstração da existência de repercussão geral das questões discutidas no caso, podendo o STF recusá-lo pela manifestação de dois terços dos seus membros.

d) a aprovação de súmula vinculante, a qual poderá ser provocada pelos legitimados à propositura da ação direta de inconstitucionalidade, produzirá efeitos vinculantes apenas em relação aos demais órgãos do Poder Judiciário e à Administração pública direta, mas não em relação à Administração pública indireta e ao Poder Legislativo.

e) é vedado ao Superior Tribunal de Justiça o exercício do controle difuso de constitucionalidade, considerando que a competência para processar e julgar o recurso extraordinário é do Supremo Tribunal Federal.

2131. **(Cespe/TJ/SE/Cartórios/2014)** Com base nas normas constitucionais referentes ao Poder Judiciário, assinale a opção correta.

a) O afastamento, por órgão fracionário de tribunal, da incidência de norma prevista em lei federal não se submete à cláusula de reserva de plenário prevista na CF.

b) A Justiça Federal possui competência para julgar litígio entre a União e Estado estrangeiro.

c) Nos termos da CF, no que se refere ao dispêndio de recursos públicos, a administração financeira do Poder Judiciário se submete à fiscalização e ao controle de legalidade dos tribunais de contas.

d) Súmulas de efeito vinculante para os órgãos do Poder Judiciário e a administração pública direta e indireta podem ser aprovadas por qualquer tribunal superior mediante decisão de dois terços de seus membros, sendo assegurada a possibilidade de revisão ou cancelamento da súmula.

e) A organização do Poder Judiciário e o regime jurídico de seus membros devem ser disciplinados no Estatuto da Magistratura, estabelecido em lei ordinária de iniciativa do STF, observadas as normas na CF.

2132. **(Fepese/Sefin/Florianópolis/AuditorFiscal/2014)** A respeito do controle de constitucionalidade é correto afirmar, com fundamento na Constituição da República.

a) Compete ao Supremo Tribunal Federal processar e julgar originariamente a ação direta de constitucionalidade de lei estadual.

b) Compete ao Supremo Tribunal Federal processar e julgar originariamente o mandado de injunção, quando a elaboração da norma reguladora for atribuição do Governador do Estado.

c) O Supremo Tribunal Federal poderá recusar admissão de Recurso Extraordinário que não demonstre a repercussão geral das questões constitucionais discutidas no caso, nos termos da lei, pela manifestação de dois terços dos seus membros.

d) O Supremo Tribunal Federal apenas poderá aprovar súmula vinculante em relação aos demais órgãos do Poder Judiciário e toda administração pública, por provocação daqueles que podem propor ação direta de inconstitucionalidade e em decisão unânime, depois de reiteradas decisões sobre matéria constitucional, cabendo-lhe, igualmente, poder para proceder à revisão ou ao cancelamento dessa súmula.

e) As decisões definitivas de mérito, proferidas pelo Supremo Tribunal Federal, nas ações diretas de inconstitucionalidade produzirão eficácia contra todos e efeito vinculante, apenas, em relação aos demais órgãos do Poder Judiciário.

2133. **(UESPI/PC-PI/Delegado de Polícia/2014)** À luz das normas constitucionais sobre o Poder Judiciário, assinale a alternativa correta.

a) Um quinto dos lugares do Supremo Tribunal Federal será composto de membros, do Ministério Público, com mais de dez anos de carreira, e de advogados de notório saber jurídico e de reputação ilibada, com mais de dez anos de efetiva atividade profissional, indicados em lista sêxtupla pelos órgãos de representação das respectivas classes.

b) Aos juízes federais compete processar e julgar o litígio entre Estado estrangeiro ou organismo internacional e a União, o Estado, o Distrito Federal ou o Território.

c) A aprovação de súmula vinculante pelo Supremo Tribunal Federal poderá ocorrer de ofício, mediante decisão de dois terços dos seus membros, após reiteradas decisões sobre matéria constitucional. A vinculação abrangerá a atuação dos demais órgãos do Poder Judiciário e da administração pública direta e indireta, nas esferas federal, estadual e municipal.

d) Entre as vedações que caracterizam o regime jurídico aplicável à magistratura está a impossibilidade de exercer a advocacia antes de decorridos três anos do afastamento do cargo.

e) As causas em que forem parte instituição de previdência social e segurados, serão processadas e julgadas na justiça estadual, no foro do domicílio dos segurados ou beneficiários, sempre que a comarca não seja sede de vara do juízo federal, cabendo recurso para o Tribunal de Justiça do Estado.

2134. (Cespe/TCE/PB/Procurador/2014)
No que se refere ao controle abstrato de constitucionalidade, assinale a opção correta de acordo com a jurisprudência do STF.

a) Ainda que a petição inicial da ADI por omissão não indique a omissão total ou parcial quanto ao cumprimento do dever constitucional de legislar, deverá o relator submeter o feito ao plenário, não podendo decidir de forma monocrática.

b) A petição inicial da ação declaratória de constitucionalidade (ADC) deverá indicar a existência de controvérsia judicial ou doutrinária relevante sobre a aplicação da norma objeto da ação.

c) É cabível a arguição de descumprimento de preceito fundamental (ADPF) para se obter a revisão ou o cancelamento de súmula vinculante, haja vista os efeitos erga omnes e a eficácia vinculante desses enunciados

d) O "amicus curiae" não tem legitimidade para opor embargos de declaração contra decisão proferida pelo STF sobre o mérito de ADI.

e) Ainda que não figurem no feito como requerentes ou requeridos, os legitimados a ajuizar a ADI poderão opor embargos de declaração

2135. (Fundatec/PGE/RS/Procurador/2015) A Reclamação Constitucional é fruto de construção jurisprudencial do Supremo Tribunal Federal, com fundamento na teoria dos poderes implícitos, cujo objetivo primordial é proteger a ordem jurídico-constitucional. Atualmente, encontra-se prevista na Constituição Federal de 1988, nos artigos 102, inciso I, alínea l, e 105, inciso I, alínea f, e seu procedimento disciplinado na Lei n. 8.038/90. Sobre a reclamação constitucional, assinale a alternativa correta.

a) A reclamação constitucional, na condição de típico sucedâneo da ação rescisória, pode ser ajuizada contra decisão transitada em julgado, principalmente contra decisão que afrontou competência absoluta do STF ou STJ, desde que seja respeitado o prazo decadencial de 2 (dois) anos.

b) É cabível reclamação constitucional, com fundamento na preservação da competência, contra ato judicial comissivo ou omissivo, que impeça que o STF ou STJ exerça sua competência.

c) De acordo com orientação firmada pelo STF e pelo STJ, é cabível reclamação constitucional dirigida ao STJ contra sentença proferida por juiz de juizado especial cível, que contrariar entendimento pacífico na jurisprudência do STJ.

d) Em virtude do objetivo maior de proteção da ordem jurídico-constitucional, mediante preservação da competência e garantia da autoridade das decisões do STF e STJ, é permitida na reclamação constitucional ampla dilação probatória, concedendo às partes todos os poderes processuais necessários para provar os fatos alegados.

e) O entendimento do STF é no sentido de ser cabível reclamação constitucional contra ato judicial que desobedecer decisão proferida em ação direta de inconstitucionalidade ou ação declaratória de constitucionalidade, em razão do caráter vinculante, salvo nos casos de decisão liminar, uma vez que baseada em cognição sumária e desprovida da autoridade da coisa julgada material.

2136. (FCC/TRT/13R/Analista/2014) No âmbito da uniformização da jurisprudência, a condensação das decisões tomadas por um tribunal a respeito de determinada matéria é conhecida como
a) súmula.
b) parecer.
c) memorando.
d) exposição de motivos.
e) balanço

2137. (MPE/RS/Promotor/2014) O artigo 37 da Constituição Federal preceitua que a Administração Pública obedecerá aos princípios da legalidade, impessoalidade, moralidade, publicidade e eficiência. Nesse contexto, assinale a alternativa incorreta.
a) A vedação ao nepotismo na Administração Pública, como já decidiu o Supremo Tribunal Federal (Recurso Extraordinário n. 579.951), não exige a edição de lei em sentido formal, visto que é decorrência direta do princípio da moralidade.
b) A observância ao princípio da impessoalidade não obsta que determinados atos administrativos tenham beneficiários certos.
c) A divulgação de todos os atos, contratos e outros instrumentos celebrados pela Administração Pública é medida sempre obrigatória e inafastável, sendo imprescindível para o conhecimento, controle e início de seus efeitos, face ao princípio da publicidade.
d) A Administração Pública está subordinada à observância das leis, regulamentos e atos normativos e, também, às súmulas editadas pelo Supremo Tribunal Federal na forma do artigo 103-A da Carta da República.
e) Os atos irregulares não se convalidam com a publicação, nem os regulares a dispensam para sua exigibilidade quando a lei ou o regulamento a exigem, pois a publicidade não é elemento formativo do ato, mas requisito para sua eficácia e moralidade.

2138. (FCC/TJ/CE/Juiz/2014) Sobre a Emenda Constitucional n. 45, de 30 de dezembro de 2004 – Reforma do Poder Judiciário, é correto afirmar:
a) O Congresso Nacional instalará, imediatamente após a promulgação da Emenda n. 45, comissão especial mista, destinada a elaborar, em cento e oitenta dias, os projetos de lei necessários à regulamentação da matéria nela tratada, bem como promover alterações na legislação federal e estadual objetivando tornar mais amplo o acesso à Justiça e mais célere a prestação jurisdicional.
b) As atuais súmulas do Supremo Tribunal Federal somente produzirão efeito após sua confirmação por dois terços de seus integrantes e publicação na imprensa oficial.
c) O Conselho Nacional de Justiça e o Conselho Nacional do Ministério Público foram instalados no prazo constitucional de noventa dias a contar da promulgação da Emenda n. 45.
d) A indicação ou escolha dos membros do Conselho Nacional de Justiça e do Conselho Nacional do Ministério Público, não efetuadas dentro do prazo constitucional, é confiada pela Emenda n. 45, respectivamente, ao Presidente do Supremo Tribunal Federal e ao Procurador-Geral da República.
e) Até que entre em vigor o Estatuto da Magistratura, o Conselho Nacional de Justiça, mediante resolução, disciplinará seu funcionamento e definirá as atribuições do Ministro-Corregedor.

2139. (FGV/PGM/Niterói/Procurador/2014) A respeito da ação de descumprimento de preceito fundamental, assinale a afirmativa correta.
a) Não pode ser direcionada à impugnação de atos normativos municipais.
b) Pode ser manejada por particular.
c) Pode ser direcionada à impugnação de norma pré-constitucional, desde que relevante a controvérsia.
d) Não é admissível a sua conversão em ação direta de inconstitucionalidade.
e) É possível a sua utilização para impugnar súmula do Supremo Tribunal Federal.

PARTE IV – SÚMULAS STF TORNADAS VINCULANTES

SÚMULAS STF TORNADAS VINCULANTES

Súm. 339 >>> SV 44,

Súm. 645 >>> SV 38,

Súm. 646 >>> SV 49,

Súm. 647 >>> SV 39,

Súm. 648 >>> SV 07,

Súm. 651 >>> SV 54,

Súm. 661 >>> SV 48,

Súm. 666 >>> SV 44,

Súm. 669 >>> SV 50,

Súm. 670 >>> SV 41,

Súm. 672 >>> SV 51,

Súm. 680 >>> SV 55,

Súm. 681 >>> SV 42,

Súm. 685 >>> SV 43,

Súm. 686 >>> SV 44,

Súm. 721 >>> SV 45,

Súm. 722 >>> SV 46,

Súm. 724 >>> SV 52.

SÚMULAS STF TORNADAS VINCULANTES

PARTE V – SÚMULAS STF CANCELADAS/SUPERADAS

SÚMULAS STF CANCELADAS/SUPERADAS

002, 003, 004, 005, 007, 009, 011, 012, 013, 014, 024,
026, 027, 029, 030, 031, 032, 033, 034, 037, 038, 040,
041, 042, 043, 044, 045, 048, 050, 051, 052, 053, 054,
056, 058, 059, 060, 061, 062, 063, 064, 065, 066, 067,
068, 071, 073, 074, 077, 078, 079, 081, 082, 083, 084,
085, 086, 087, 088, 089, 090, 091, 092, 094, 095, 096,
097, 098, 099, 100, 102, 103, 104, 105, 106, 107, 108,
109, 111, 113, 116, 117, 118, 119, 123, 124, 125, 126,
127, 128, 129, 130, 131, 132, 133, 134, 135, 136, 137,
138, 139, 140, 141, 142, 143, 144, 147, 148, 152, 153,
162, 165, 171, 172, 173, 174, 175, 176, 177, 178, 179,
180, 181, 182, 183, 184, 185, 186, 190, 191, 192, 195,
200, 201, 203, 204, 205, 211, 217, 218, 222, 224, 228,
229, 230, 232, 233, 235, 236, 238, 240, 242, 243, 244,
250, 253, 255, 263, 265, 273, 274, 275, 276, 277, 278,
285, 286, 288, 291, 293, 294, 295, 296, 297, 298, 301,
302, 303, 306, 307, 308, 309, 311, 312, 318, 319, 321,
326, 328, 329, 332, 333, 334, 337, 338, 341, 342, 345,
348, 349, 350, 352, 353, 354, 355, 358, 362, 364, 367,
368, 369, 370, 371, 372, 373, 375, 376, 384, 385, 386,
388, 394, 396, 398, 401, 404, 404, 406, 408, 414, 418,
422, 426, 427, 432, 434, 435, 436, 437, 438, 440, 441,
444, 445, 446, 447, 452, 455, 462, 464, 465, 466, 467,
468, 469, 471, 472, 474, 475, 478, 484, 493, 494, 496,
500, 502, 504, 506, 509, 511, 518, 520, 525, 526, 527,
528, 529, 530, 532, 533, 534, 535, 536, 537, 538, 540,
541, 543, 545, 548, 549, 550, 551, 552, 553, 557, 558,
559, 560, 564, 565, 566, 568, 569, 570, 571, 572, 574,
576, 577, 579, 580, 582, 585, 597, 599, 601, 602, 604,
605, 607, 612, 613, 615, 619, 620, 621, 622, 634, 635,
639, 649, 658, 660, 690, 698, 726.

PARTE VI - SÚMULAS STJ CANCELADAS/SUPERADAS

SÚMULAS STJ CANCELADAS/SUPERADAS

004, 008, 009, 022, 039, 047, 049, 050, 057, 071, 080,
081, 087, 088, 091, 094, 100, 115, 119, 124, 129, 142,
152, 157, 159, 169, 174, 183, 184, 186, 187, 194, 207,
216, 217, 219, 222, 230, 250, 255, 256, 263, 267, 276,
284, 304, 305, 306, 315, 317, 320, 321, 343, 348, 357,
366, 372, 390, 418, 453, 470.

PARTE VII - ÍNDICE CRONOLÓGICO REMISSIVO - STF

ÍNDICE CRONOLÓGICO REMISSIVO - STF

Súmula STF 1. É vedada a expulsão de estrangeiro casado com brasileira, ou que tenha filho brasileiro, dependente da economia paterna. >>>

Súmula STF 6. A revogação ou anulação, pelo Poder Executivo, de aposentadoria, ou qualquer outro ato aprovado pelo Tribunal de Contas, não produz efeitos antes de aprovada por aquele tribunal, ressalvada a competência revisora do Judiciário. >>>

Súmula STF 8. Diretor de sociedade de economia mista pode ser destituído no curso do mandato. >>>

Súmula STF 10. O tempo de serviço militar conta-se para efeito de disponibilidade e aposentadoria do servidor público estadual. >>>

Súmula STF 15. Dentro do prazo de validade do concurso, o candidato aprovado tem o direito a nomeação, quando o cargo for preenchido sem observância da classificação. >>>

Súmula STF 16. Funcionário nomeado por concurso tem direito a posse. >>>

Súmula STF 17. A nomeação de funcionário sem concurso pode ser desfeita antes da posse. >>>

Súmula STF 18. Pela falta residual, não compreendida na absolvição pelo juízo criminal, é admissível a punição administrativa do servidor público. >>>

Súmula STF 19. É inadmissível segunda punição de servidor público, baseada no mesmo processo em que se fundou a primeira. >>>

Súmula STF 20. É necessário processo administrativo, com ampla defesa, para demissão de funcionário admitido por concurso. >>>

Súmula STF 21. Funcionário em estágio probatório não pode ser exonerado nem demitido sem inquérito ou sem as formalidades legais de apuração de sua capacidade. >>>

Súmula STF 22. O estágio probatório não protege o funcionário contra a extinção do cargo. >>>

Súmula STF 23. Verificados os pressupostos legais para o licenciamento da obra, não o impede a declaração de utilidade pública para desapropriação do imóvel, mas o valor da obra não se incluirá na indenização, quando a desapropriação for efetivada. >>>

Súmula STF 25. A nomeação a termo não impede a livre demissão, pelo Presidente da República, de ocupante de cargo dirigente de autarquia. >>>

Súmula STF 28. O estabelecimento bancário é responsável pelo pagamento de cheque falso, ressalvadas as hipóteses de culpa exclusiva ou concorrente do correntista. >>>

Súmula STF 35. Em caso de acidente do trabalho ou de transporte, a concubina tem direito de ser indenizada pela morte do amásio, se entre eles não havia impedimento para o matrimônio. >>>

Súmula STF 36. Servidor vitalício está sujeito a aposentadoria compulsória, em razão da idade. >>>

Súmula STF 39. À falta de lei, funcionário em disponibilidade não pode exigir, judicialmente, o seu aproveitamento, que fica subordinado ao critério de conveniência da Administração. >>>

Súmula STF 46. Desmembramento de serventia de justiça não viola o princípio de vitaliciedade do serventuário. >>>

Súmula STF 47. Reitor de universidade não é livremente demissível pelo Presidente da República durante o prazo de sua investidura. >>>

Súmula STF 49. A cláusula de inalienabilidade inclui a incomunicabilidade dos bens. >>>

Súmula STF 55. Militar da reserva está sujeito a pena disciplinar. >>>

Súmula STF 57. Militar inativo não tem direito ao uso do uniforme, fora dos casos previstos em lei ou regulamento. >>>

Súmula STF 69. A Constituição Estadual não pode estabelecer limite para o aumento de tributos municipais. >>>

Súmula STF 70. É inadmissível a interdição de estabelecimento como meio coercitivo para cobrança de tributo. >>>

Súmula STF 72. No julgamento de questão constitucional, vinculada a decisão do Tribunal Superior Eleitoral, não estão impedidos os ministros do Supremo Tribunal Federal que ali tenham funcionado no mesmo processo, ou no processo originário. >>>

Súmula STF 75. Sendo vendedora uma autarquia, a sua imunidade fiscal não compreende o imposto de transmissão "inter vivos", que é encargo do comprador. >>>

Súmula STF 76. As sociedades de economia mista não estão protegidas pela imunidade fiscal do art. 31, V, "a", Constituição Federal. >>>

Súmula STF 80. Para a retomada de prédio situado fora do domicílio do locador exige-se a prova da necessidade. >>>

Súmula STF 93. Não está isenta do imposto de renda a atividade profissional do arquiteto. >>>

Súmula STF 101. O mandado de segurança não substitui a ação popular. >>>

Súmula STF 110. O imposto de transmissão "inter vivos" não incide sobre a construção, ou parte dela, realizada pelo adquirente, mas sobre o que tiver sido construído ao tempo da alienação do terreno. >>>

Súmula STF 112. O imposto de transmissão "causa mortis" é devido pela alíquota vigente ao tempo da abertura da sucessão. >>>

Súmula STF 114. O imposto de transmissão "causa mortis" não é exigível antes da homologação do cálculo. >>>

Súmula STF 115. Sobre os honorários do advogado contratado pelo inventariante, com a homologação do juiz, não incide o imposto de transmissão "causa mortis". >>>

Súmula STF 120. Parede de tijolos de vidro translúcido pode ser levantada a menos de metro e meio do prédio vizinho, não importando servidão sobre ele. >>>

Súmula STF 121. É vedada a capitalização de juros, ainda que expressamente convencionada. >>>

Súmula STF 122. O enfiteuta pode purgar a mora enquanto não decretado o comisso por sentença. >>>

Súmula STF 145. Não há crime, quando a preparação do flagrante pela polícia torna impossível a sua consumação. >>>

Súmula STF 146. A prescrição da ação penal regula-se pela pena concretizada na sentença, quando não há recurso da acusação. >>>

Súmula STF 149. É imprescritível a ação de investigação de paternidade, mas não o é a de petição de herança. >>>

Súmula STF 150. Prescreve a execução no mesmo prazo de prescrição da ação. >>>

Súmula STF 151. Prescreve em um ano a ação do segurador sub-rogado para haver indenização por extravio ou perda de carga transportada por navio. >>>

Súmula STF 154. Simples vistoria não interrompe a prescrição. >>>

Súmula STF 155. É relativa a nulidade do processo criminal por falta de intimação da expedição de precatória para inquirição de testemunha. >>>

Súmula STF 156. É absoluta a nulidade do julgamento, pelo júri, por falta de quesito obrigatório. >>>

Súmula STF 157. É necessária prévia autorização do Presidente da República para desapropriação, pelos Estados, de empresa de energia elétrica. >>>

Súmula STF 158. Salvo estipulação contratual averbada no registro imobiliário, não responde o adquirente pelas benfeitorias do locatário. >>>

Súmula STF 159. Cobrança excessiva, mas de boa-fé, não dá lugar às sanções do art. 1.531 do Código Civil. >>>

Súmula STF 160. É nula a decisão do tribunal que acolhe, contra o réu, nulidade não arguida no recurso da acusação, ressalvados os casos de recurso de ofício. >>>

Súmula STF 161. Em contrato de transporte, é inoperante a cláusula de não indenizar. >>>

Súmula STF 163. Salvo contra a Fazenda Pública, sendo a obrigação ilíquida, contam-se os juros moratórios desde a citação inicial para a ação. >>>

Súmula STF 164. No processo de desapropriação, são devidos juros compensatórios desde a antecipada imissão de posse, ordenada pelo juiz, por motivo de urgência. >>>

Súmula STF 166. É inadmissível o arrependimento no compromisso de compra e venda sujeito ao regime do Dec.-Lei 58, de 10.12.1937. >>>

Súmula STF 167. Não se aplica o regime do Dec.-Lei 58, de 10.12.1937, ao compromisso de compra e venda não inscrito no registro imobiliário, salvo se o promitente vendedor se obrigou a efetuar o registro. >>>

Súmula STF 168. Para os efeitos do Dec.-Lei 58, de 10.12.1937, admite-se a inscrição imobiliária do compromisso de compra e venda no curso da ação. >>>

Súmula STF 169. Depende de sentença a aplicação da pena de comisso. >>>

Súmula STF 170. É resgatável a enfiteuse instituída anteriormente à vigência do Código Civil. >>>

Súmula STF 187. A responsabilidade contratual do transportador, pelo acidente com o passageiro, não é elidida por culpa de terceiro, contra o qual tem ação regressiva. >>>

ÍNDICE CRONOLÓGICO REMISSIVO - STF

Súmula STF 188. O segurador tem ação regressiva contra o causador do dano, pelo que efetivamente pagou, até o limite previsto no contrato de seguro. >>>

Súmula STF 189. Avais em branco e superpostos consideram-se simultâneos e não sucessivos. >>>

Súmula STF 193. Para a restituição prevista no art. 76, parágrafo 2, da Lei de Falências, conta-se o prazo de quinze dias da entrega da coisa e não da sua remessa. >>>

Súmula STF 194. É competente o Ministro do Trabalho para a especificação das atividades insalubres. >>>

Súmula STF 196. Ainda que exerça atividade rural, o empregado de empresa industrial ou comercial é classificado de acordo com a categoria do empregador. >>>

Súmula STF 197. O empregado com representação sindical só pode ser despedido mediante inquérito em que se apure falta grave. >>>

Súmula STF 198. As ausências motivadas por acidente do trabalho não são descontáveis do período aquisitivo das férias. >>>

Súmula STF 199. O salário das férias do empregado horista corresponde à média do período aquisitivo, não podendo ser inferior ao mínimo. >>>

Súmula STF 202. Na equiparação de salário, em caso de trabalho igual, toma-se em conta o tempo de serviço na função, e não no emprego. >>>

Súmula STF 206. É nulo o julgamento ulterior pelo júri com a participação de jurado que funcionou em julgamento anterior do mesmo processo. >>>

Súmula STF 207. As gratificações habituais, inclusive a de Natal, consideram-se tacitamente convencionadas, integrando o salário. >>>

Súmula STF 208. O assistente do Ministério Público não pode recorrer, extraordinariamente, de decisão concessiva de "habeas corpus". >>>

Súmula STF 209. O salário-produção, como outras modalidades de salário-prêmio, é devido, desde que verificada a condição a que estiver subordinado, e não pode ser suprimido unilateralmente pelo empregador, quando pago com habitualidade. >>>

Súmula STF 210. O assistente do Ministério Público pode recorrer, inclusive extraordinariamente, na ação penal, nos casos dos arts. 584, § 1º e 598 do Código de Processo Penal. >>>

Súmula STF 212. Tem direito ao adicional de serviço perigoso o empregado de posto de revenda de combustível líquido. >>>

Súmula STF 213. É devido o adicional de serviço noturno, ainda que sujeito o empregado ao regime de revezamento. >>>

Súmula STF 214. A duração legal da hora de serviço noturno (52 minutos e 30 segundos) constitui vantagem suplementar, que não dispensa o salário adicional. >>>

Súmula STF 215. Conta-se a favor de empregado readmitido o tempo de serviço anterior, salvo se houver sido despedido por falta grave ou tiver recebido a indenização legal. >>>

Súmula STF 216. Para decretação da absolvição de instância pela paralisação do processo por mais de trinta dias, é necessário que o autor, previamente intimado, não promova o andamento da causa. >>>

Súmula STF 219. Para a indenização devida a empregado que tinha direito a ser readmitido, e não foi, levam-se em conta as vantagens advindas a sua categoria no período do afastamento. >>>

Súmula STF 220. A indenização devida a empregado estável, que não é readmitido ao cessar sua aposentadoria, deve ser paga em dobro. >>>

Súmula STF 221. A transferência de estabelecimento, ou a sua extinção parcial, por motivo que não seja de força maior, não justifica a transferência de empregado estável. >>>

Súmula STF 223. Concedida isenção de custas ao empregado, por elas não responde o sindicato que o representa em juízo. >>>

Súmula STF 225. Não é absoluto o valor probatório das anotações da carteira profissional. >>>

Súmula STF 226. Na ação de desquite, os alimentos são devidos desde a inicial e não da data da decisão que os concede. >>>

Súmula STF 227. A concordata do empregador não impede a execução de crédito nem a reclamação de empregado na justiça do trabalho. >>>

Súmula STF 231. O revel, em processo civil, pode produzir provas, desde que compareça em tempo oportuno. >>>

Súmula STF 234. São devidos honorários de advogado em ação de acidente do trabalho julgada procedente. >>>

Súmula STF 237. O usucapião pode ser arguido em defesa. >>>

Súmula STF 239. Decisão que declara indevida a cobrança do imposto em determinado exercício não faz coisa julgada em relação aos posteriores. >>>

Súmula STF 241. A contribuição previdenciária incide sobre o abono incorporado ao salário. >>>

Súmula STF 245. A imunidade parlamentar não se estende ao corréu sem essa prerrogativa. >>>

Súmula STF 246. Comprovado não ter havido fraude, não se configura o crime de emissão de cheque sem fundos. >>>

Súmula STF 247. O relator não admitirá os embargos da Lei 623, de 19.2.49, nem deles conhecerá o Supremo Tribunal Federal, quando houver jurisprudência firme do Plenário no mesmo sentido da decisão embargada. >>>

Súmula STF 248. É competente, originariamente, o Supremo Tribunal Federal, para mandado de segurança contra ato do Tribunal de Contas da União. >>>

Súmula STF 249. É competente o Supremo Tribunal Federal para a ação rescisória quando, embora não tendo conhecido do recurso extraordinário, ou havendo negado provimento ao agravo, tiver apreciado a questão federal controvertida. >>>

Súmula STF 251. Responde a Rede Ferroviária Federal S.A. perante o foro comum e não perante o juízo especial da Fazenda Nacional, a menos que a União intervenha na causa. >>>

Súmula STF 252. Na ação rescisória, não estão impedidos juízes que participaram do julgamento rescindendo. >>>

Súmula STF 254. Incluem-se os juros moratórios na liquidação, embora omisso o pedido inicial ou a condenação. >>>

Súmula STF 256. É dispensável pedido expresso para condenação do réu em honorários, com fundamento nos arts. 63 ou 64 do Código de Processo Civil. >>>

Súmula STF 257. São cabíveis honorários de advogado na ação regressiva do segurador contra o causador do dano. >>>

Súmula STF 258. É admissível reconvenção em ação declaratória. >>>

Súmula STF 259. Para produzir efeito em juízo não é necessária a inscrição, no registro público, de documentos de procedência estrangeira, autenticados por via consular. >>>

Súmula STF 260. O exame de livros comerciais, em ação judicial, fica limitado às transações entre os litigantes. >>>

Súmula STF 261. Para a ação de indenização, em caso de avaria, é dispensável que a vistoria se faça judicialmente. >>>

Súmula STF 262. Não cabe medida possessória liminar para liberação alfandegária de automóvel. >>>

Súmula STF 264. Verifica-se a prescrição intercorrente pela paralisação da ação rescisória por mais de cinco anos. >>>

Súmula STF 266. Não cabe mandado de segurança contra lei em tese. >>>

Súmula STF 267. Não cabe mandado de segurança contra ato judicial passível de recurso ou correição. >>>

Súmula STF 268. Não cabe mandado de segurança contra decisão judicial com trânsito em julgado. >>>

Súmula STF 269. O mandado de segurança não é substitutivo de ação de cobrança. >>>

Súmula STF 270. Não cabe mandado de segurança para impugnar enquadramento da Lei 3.780, de 12 de julho de 1960, que envolva exame de prova ou de situação funcional complexa. >>>

Súmula STF 271. Concessão de mandado de segurança não produz efeitos patrimoniais, em relação a período pretérito, os quais devem ser reclamados administrativamente ou pela via judicial própria. >>>

Súmula STF 272. Não se admite como ordinário recurso extraordinário de decisão denegatória de mandado de segurança. >>>

Súmula STF 279. Para simples reexame de prova não cabe recurso extraordinário. >>>

Súmula STF 280. Por ofensa a direito local não cabe recurso extraordinário. >>>

Súmula STF 281. É inadmissível o recurso extraordinário, quando couber, na justiça de origem, recurso ordinário da decisão impugnada. >>>

Súmula STF 282. É inadmissível o recurso extraordinário, quando não ventilada, na decisão recorrida, a questão federal suscitada. >>>

Súmula STF 283. É inadmissível o recurso extraordinário, quando a decisão recorrida assenta em mais de um fundamento suficiente e o recurso não abrange todos eles. >>>

Súmula STF 284. É inadmissível o recurso extraordinário, quando a deficiência na sua fundamentação não permitir a exata compreensão da controvérsia. >>>

Súmula STF 287. Nega-se provimento do agravo quando a deficiência na sua fundamentação, ou na do recurso extraordinário, não permitir a exata compreensão da controvérsia. >>>

ÍNDICE CRONOLÓGICO REMISSIVO - STF

Súmula STF 289. O provimento do agravo, por uma das turmas do Supremo Tribunal Federal, ainda que sem ressalva, não prejudica a questão do cabimento do recurso extraordinário. >>>

Súmula STF 290. Nos embargos da Lei 623, de 19.02.1949, a prova de divergência far-se-á por certidão, ou mediante indicação do "Diário da Justiça" ou de repertório de jurisprudência autorizado, que a tenha publicado, com a transcrição do trecho que configure a divergência, mencionadas as circunstâncias que identifiquem ou assemelhem os casos confrontados. >>>

Súmula STF 292. Interposto o recurso extraordinário por mais de um dos fundamentos indicados no art. 101, III, da Constituição, a admissão apenas por um deles não prejudica o seu conhecimento por qualquer dos outros. >>>

Súmula STF 299. O recurso ordinário e o extraordinário interpostos no mesmo processo de mandado de segurança, ou de "habeas corpus", serão julgados conjuntamente pelo Tribunal Pleno. >>>

Súmula STF 300. São incabíveis os embargos da Lei 623, de 19.02.1949, contra provimento de agravo para subida de recurso extraordinário. >>>

Súmula STF 304. Decisão denegatória de mandado de segurança, não fazendo coisa julgada contra o impetrante, não impede o uso da ação própria. >>>

Súmula STF 305. Acordo de desquite ratificado por ambos os cônjuges não é retratável unilateralmente. >>>

Súmula STF 310. Quando a intimação tiver lugar na sexta-feira, ou a publicação com efeito de intimação for feita nesse dia, o prazo judicial terá início na segunda-feira imediata, salvo se não houver expediente, caso em que começará no primeiro dia útil que se seguir. >>>

Súmula STF 313. Provada a identidade entre o trabalho diurno e o noturno, é devido o adicional, quanto a este, sem a limitação do art. 73, § 3º, da CLT, independentemente da natureza da atividade do empregador. >>>

Súmula STF 314. Na composição do dano por acidente do trabalho, ou de transporte, não é contrário à lei tomar para base da indenização o salário do tempo da perícia ou da sentença. >>>

Súmula STF 315. Indispensável o traslado das razões da revista, para julgamento, pelo Tribunal Superior do Trabalho, do agravo para sua admissão. >>>

Súmula STF 316. A simples adesão à greve não constitui falta grave. >>>

Súmula STF 317. São improcedentes os embargos declaratórios, quando não pedida a declaração do julgado anterior, em que se verificou a omissão. >>>

Súmula STF 320. A apelação despachada pelo juiz no prazo legal não fica prejudicada pela demora da juntada, por culpa do cartório. >>>

Súmula STF 322. Não terá seguimento pedido ou recurso dirigido ao Supremo Tribunal Federal, quando manifestamente incabível, ou apresentando fora do prazo, ou quando for evidente a incompetência do Tribunal. >>>

Súmula STF 323. É inadmissível a apreensão de mercadorias como meio coercitivo para pagamento de tributos. >>>

Súmula STF 324. A imunidade do art. 31, V, da Constituição Federal não compreende as taxas. >>>

Súmula STF 325. As emendas ao Regimento do Supremo Tribunal Federal, sobre julgamento de questão constitucional, aplicam-se aos pedidos ajuizados e aos recursos interpostos anteriormente à sua aprovação. >>>

Súmula STF 327. O direito trabalhista admite a prescrição intercorrente. >>>

Súmula STF 330. O Supremo Tribunal Federal não é competente para conhecer de mandado de segurança contra atos dos tribunais de justiça dos Estados. >>>

Súmula STF 331. É legítima a incidência do imposto de transmissão "causa mortis" no inventário por morte presumida. >>>

Súmula STF 335. É válida a cláusula de eleição do foro para os processos oriundos do contrato. >>>

Súmula STF 336. A imunidade da autarquia financiadora, quanto ao contrato de financiamento, não se estende à compra e venda entre particulares, embora constantes os dois atos de um só instrumento. >>>

Súmula STF 340. Desde a vigência do Código Civil, os bens dominicais, como os demais bens públicos, não podem ser adquiridos por usucapião. >>>

Súmula STF 343. Não cabe ação rescisória por ofensa a literal dispositivo de lei, quando a decisão rescindenda se tiver baseado em texto legal de interpretação controvertida nos tribunais. >>>

Súmula STF 344. Sentença de primeira instância concessiva de "habeas corpus", em caso de crime praticado em detrimento de bens, serviços ou interesses da União, está sujeita a recurso "ex officio". >>>

Súmula STF 346. A Administração Pública pode declarar a nulidade dos seus próprios atos. >>>

Súmula STF 347. O Tribunal de Contas, no exercício de suas atribuições, pode apreciar a constitucionalidade das leis e dos atos do Poder Público. >>>

Súmula STF 351. É nula a citação por edital de réu preso na mesma unidade da federação em que o juiz exerce a sua jurisdição. >>>

Súmula STF 356. O ponto omisso da decisão, sobre o qual não foram opostos embargos declaratórios, não pode ser objeto de recurso extraordinário, por faltar o requisito do prequestionamento. >>>

Súmula STF 357. É lícita a convenção pela qual o locador renuncia, durante a vigência do contrato, à ação revisional do art. 31 do Decreto 24.150, de 20.4.34. >>>

Súmula STF 359. Ressalvada a revisão prevista em lei, os proventos da inatividade regulam-se pela lei vigente ao tempo em que o militar, ou o servidor civil, reuniu os requisitos necessários. >>>

Súmula STF 360. Não há prazo de decadência para a representação de inconstitucionalidade prevista no art. 8º, parágrafo único, da Constituição Federal. >>>

Súmula STF 361. No processo penal, é nulo o exame realizado por um só perito, considerando-se impedido o que tiver funcionado anteriormente na diligência de apreensão. >>>

Súmula STF 363. A pessoa jurídica de direito privado pode ser demandada no domicílio da agência, ou estabelecimento, em que se praticou o ato. >>>

Súmula STF 365. Pessoa jurídica não tem legitimidade para propor ação popular. >>>

Súmula STF 366. Não é nula a citação por edital que indica o dispositivo da lei penal, embora não transcreva a denúncia ou queixa, ou não resuma os fatos em que se baseia. >>>

Súmula STF 374. Na retomada para construção mais útil, não é necessário que a obra tenha sido ordenada pela autoridade pública. >>>

Súmula STF 377. No regime de separação legal de bens, comunicam-se os adquiridos na constância do casamento. >>>

Súmula STF 378. Na indenização por desapropriação incluem-se honorários do advogado do expropriado. >>>

Súmula STF 379. No acordo de desquite não se admite renúncia aos alimentos, que poderão ser pleiteados ulteriormente, verificados os pressupostos legais. >>>

Súmula STF 380. Comprovada a existência de sociedade de fato entre os concubinos, é cabível a sua dissolução judicial, com a partilha do patrimônio adquirido pelo esforço comum. >>>

Súmula STF 381. Não se homologa sentença de divórcio obtida por procuração, em país de que os cônjuges não eram nacionais. >>>

Súmula STF 382. A vida em comum sob o mesmo teto, "more uxorio", não é indispensável à caracterização do concubinato. >>>

Súmula STF 383. A prescrição em favor da Fazenda Pública recomeça a correr, por dois anos e meio, a partir do ato interruptivo, mas não fica reduzida aquém de cinco anos, embora o titular do direito a interrompa durante a primeira metade do prazo. >>>

Súmula STF 387. A cambial emitida ou aceita com omissões, ou em branco, pode ser completada pelo credor de boa-fé antes da cobrança ou do protesto. >>>

Súmula STF 389. Salvo limite legal, a fixação de honorários de advogado, em complemento da condenação, depende das circunstâncias da causa, não dando lugar a recurso extraordinário. >>>

Súmula STF 390. A exibição judicial de livros comerciais pode ser requerida como medida preventiva. >>>

Súmula STF 391. O confinante certo deve ser citado pessoalmente para a ação de usucapião. >>>

Súmula STF 392. O prazo para recorrer de acórdão concessivo de segurança conta-se da publicação oficial de suas conclusões, e não da anterior ciência à autoridade para cumprimento da decisão. >>>

Súmula STF 393. Para requerer revisão criminal, o condenado não é obrigado a recolher-se à prisão. >>>

Súmula STF 395. Não se conhece de recurso de "habeas corpus" cujo objeto seja resolver sobre o ônus das custas, por não estar mais em causa a liberdade de locomoção. >>>

Súmula STF 397. O poder de polícia da Câmara dos Deputados e do Senado Federal, em caso de crime cometido nas suas dependências, compreende, consoante o regimento, a prisão em flagrante do acusado e a realização do inquérito. >>>

Súmula STF 399. Não cabe recurso extraordinário, por violação de lei federal, quando a ofensa alegada for a regimento de tribunal. >>>

Súmula STF 400. Decisão que deu razoável interpretação à lei, ainda que não seja a melhor, não autoriza recurso extraordinário pela letra "a" do art. 101, III, da Constituição Federal. >>>

Súmula STF 402. Vigia noturno tem direito a salário adicional. >>>

ÍNDICE CRONOLÓGICO REMISSIVO - STF

Súmula STF 403. É de decadência o prazo de trinta dias para instauração do inquérito judicial, a contar da suspensão, por falta grave, de empregado estável. >>>

Súmula STF 405. Denegado o mandado de segurança pela sentença, ou no julgamento do agravo, dela interposto, fica sem efeito a liminar concedida, retroagindo os efeitos da decisão contrária. >>>

Súmula STF 407. Não tem direito ao terço de campanha o militar que não participou de operações de guerra, embora servisse na "zona de guerra". >>>

Súmula STF 409. Ao retomante, que tenha mais de um prédio alugado, cabe optar entre eles, salvo abuso de direito. >>>

Súmula STF 410. Se o locador, utilizando prédio próprio para residência ou atividade comercial, pede o imóvel locado para uso próprio, diverso do que tem o por ele ocupado, não está obrigado a provar a necessidade, que se presume. >>>

Súmula STF 411. O locatário autorizado a ceder a locação pode sublocar o imóvel. >>>

Súmula STF 412. No compromisso de compra e venda com cláusula de arrependimento, a devolução do sinal, por quem o deu, ou a sua restituição em dobro, por quem o recebeu, exclui indenização maior a título de perdas e danos, salvo os juros moratórios e os encargos do processo. >>>

Súmula STF 413. O compromisso de compra e venda de imóveis, ainda que não loteados, dá direito à execução compulsória, quando reunidos os requisitos legais. >>>

Súmula STF 415. Servidão de trânsito não titulada, mas tomada permanente, sobretudo pela natureza das obras realizadas, considera-se aparente, conferindo direito a proteção possessória. >>>

Súmula STF 416. Pela demora no pagamento do preço da desapropriação não cabe indenização complementar além dos juros. >>>

Súmula STF 417. Pode ser objeto de restituição, na falência, dinheiro em poder do falido, recebido em nome de outrem, ou do qual, por lei ou contrato, não tivesse ele a disponibilidade. >>>

Súmula STF 419. Os municípios têm competência para regular o horário do comércio local, desde que não infrinjam leis estaduais ou federais válidas. >>>

Súmula STF 420. Não se homologa sentença proferida no estrangeiro sem prova do trânsito em julgado. >>>

Súmula STF 421. Não impede a extradição a circunstância de ser o extraditado casado com brasileira ou ter filho brasileiro. >>>

Súmula STF 423. Não transita em julgado a sentença por haver omitido o recurso "ex-oficio", que se considera interposto "ex-lege". >>>

Súmula STF 424. Transita em julgado o despacho saneador de que não houve recurso, excluídas as questões deixadas, explícita ou implicitamente, para a sentença. >>>

Súmula STF 425. O agravo despachado no prazo legal não fica prejudicado pela demora da juntada, por culpa do cartório; nem o agravo entregue em cartório no prazo legal, embora despachado tardiamente. >>>

Súmula STF 428. Não fica prejudicada a apelação entregue em cartório no prazo legal, embora despachada tardiamente. >>>

Súmula STF 429. A existência de recurso administrativo com efeito suspensivo não impede o uso do mandado de segurança contra omissão da autoridade. >>>

Súmula STF 430. Pedido de reconsideração na via administrativa não interrompe o prazo para o mandado de segurança. >>>

Súmula STF 431. É nulo o julgamento de recurso criminal, na segunda instância, sem prévia intimação, ou publicação da pauta, salvo em "habeas corpus". >>>

Súmula STF 433. É competente o Tribunal Regional do Trabalho para julgar mandado de segurança contra ato de seu presidente em execução de sentença trabalhista. >>>

Súmula STF 439. Estão sujeitos à fiscalização tributária ou previdenciária quaisquer livros comerciais, limitado o exame aos pontos objeto da investigação. >>>

Súmula STF 442. A inscrição do contrato de locação no registro de imóveis, para a validade da cláusula de vigência contra o adquirente do imóvel, ou perante terceiros, dispensa a transcrição no registro de títulos e documentos. >>>

Súmula STF 443. A prescrição das prestações anteriores ao período previsto em lei não ocorre, quando não tiver sido negado, antes daquele prazo, o próprio direito reclamado, ou a situação jurídica de que ele resulta. >>>

Súmula STF 448. O prazo para o assistente recorrer, supletivamente, começa a correr imediatamente após o transcurso do prazo do Ministério Público. >>>

Súmula STF 449. O valor da causa, na consignatória de aluguel, corresponde a uma anuidade. >>>

Súmula STF 450. São devidos honorários de advogado sempre que vencedor o beneficiário de justiça gratuita. >>>

Súmula STF 451. A competência especial por prerrogativa de função não se estende ao crime cometido após a cessação definitiva do exercício funcional. >>>

Súmula STF 453. Não se aplicam à segunda instância o art. 384 e parágrafo único do Código de Processo Penal, que possibilitam dar nova definição jurídica ao fato delituoso, em virtude de circunstância elementar não contida, explícita ou implicitamente, na denúncia ou queixa. >>>

Súmula STF 454. Simples interpretação de cláusulas contratuais não dá lugar a recurso extraordinário. >>>

Súmula STF 456. O Supremo Tribunal Federal, conhecendo do recurso extraordinário, julgará a causa, aplicando o direito à espécie. >>>

Súmula STF 457. O Tribunal Superior do Trabalho, conhecendo da revista, julgará a causa, aplicando o direito à espécie. >>>

Súmula STF 458. O processo da execução trabalhista não exclui a remição pelo executado. >>>

Súmula STF 459. No cálculo da indenização por despedida injusta, incluem-se os adicionais, ou gratificações, que, pela habitualidade, se tenham incorporado ao salário. >>>

Súmula STF 460. Para efeito do adicional de insalubridade, a perícia judicial, em reclamação trabalhista, não dispensa o enquadramento da atividade entre as insalubres, que é ato da competência do Ministro do Trabalho e Previdência Social. >>>

Súmula STF 461. É duplo, e não triplo, o pagamento do salário nos dias destinados a descanso. >>>

Súmula STF 463. Para efeito de indenização e estabilidade, conta-se o tempo em que o empregado esteve afastado, em serviço militar obrigatório, mesmo anteriormente à Lei 4.072, de 01.06.62. >>>

Súmula STF 470. O imposto de transmissão "inter vivos" não incide sobre a construção, ou parte dela, realizada, inequivocamente, pelo promitente comprador, mas sobre o valor do que tiver sido construído antes da promessa de venda. >>>

Súmula STF 473. A administração pode anular seus próprios atos, quando eivados de vícios que os tornam ilegais, porque deles não se originam direitos; ou revogá-los, por motivo de conveniência ou oportunidade, respeitados os direitos adquiridos, e ressalvada, em todos os casos, a apreciação judicial. >>>

Súmula STF 476. Desapropriadas as ações de uma sociedade, o poder desapropriante, imitido na posse, pode exercer, desde logo, todos os direitos inerentes aos respectivos títulos. >>>

Súmula STF 477. As concessões de terras devolutas situadas na faixa de fronteira, feitas pelos Estados, autorizam, apenas, o uso, permanecendo o domínio com a União, ainda que se mantenha inerte ou tolerante, em relação aos possuidores. >>>

Súmula STF 479. As margens dos rios navegáveis são domínio público, insuscetíveis de expropriação e, por isso mesmo, excluídas de indenização. >>>

Súmula STF 480. Pertencem ao domínio e administração da União, nos termos dos artigos 4º, IV, e 186, da Constituição Federal de 1967, as terras ocupadas por silvícolas. >>>

Súmula STF 481. Se a locação compreende, além do imóvel, fundo de comércio, com instalações e pertences, como no caso de teatros, cinemas e hotéis, não se aplicam ao retomante as restrições do artigo 8, "e", parágrafo único, do Decreto 24.150, de 20.04.1934. >>>

Súmula STF 482. O locatário, que não for sucessor ou cessionário do que o precedeu na locação, não pode somar os prazos concedidos a este, para pedir a renovação do contrato, nos termos do Decreto 24.150. >>>

Súmula STF 483. É dispensável a prova da necessidade, na retomada do prédio situado em localidade para onde o proprietário pretende transferir residência, salvo se mantiver, também, a anterior, quando dita prova será exigida. >>>

Súmula STF 485. Nas locações regidas pelo Decreto 24.150, de 20 de abril de 1934, a presunção de sinceridade do retomante é relativa, podendo ser ilidida pelo locatário. >>>

Súmula STF 486. Admite-se a retomada para sociedade da qual o locador, ou seu cônjuge, seja sócio, com participação predominante no capital social. >>>

Súmula STF 487. Será deferida a posse a quem, evidentemente, tiver o domínio, se com base neste for ela disputada. >>>

Súmula STF 488. A preferência a que se refere o artigo 9 da Lei 3.912, de 03.07.1961, constitui direito pessoal. Sua violação resolve-se em perdas e danos. >>>

Súmula STF 489. A compra e venda de automóvel não prevalece contra terceiros, de boa-fé, se o contrato não foi transcrito no registro de títulos e documentos. >>>

ÍNDICE CRONOLÓGICO REMISSIVO - STF

Súmula STF 490. A pensão correspondente à indenização oriunda de responsabilidade civil deve ser calculada com base no salário-mínimo vigente ao tempo da sentença e ajustar-se-á às variações ulteriores. >>>

Súmula STF 491. É indenizável o acidente que cause a morte de filho menor, ainda que não exerça trabalho remunerado. >>>

Súmula STF 492. A empresa locadora de veículos responde, civil e solidariamente com o locatário, pelos danos por este causados a terceiro, no uso do carro locado. >>>

Súmula STF 495. A restituição em dinheiro da coisa vendida a crédito, entregue nos quinze dias anteriores ao pedido de falência ou de concordata, cabe, quando, ainda que consumida ou transformada, não faça o devedor prova de haver sido alienada a terceiro. >>>

Súmula STF 497. Quando se tratar de crime continuado, a prescrição regula-se pela pena imposta na sentença, não se computando o acréscimo decorrente da continuação. >>>

Súmula STF 498. Compete à justiça dos Estados, em ambas as instâncias, o processo e o julgamento dos crimes contra a economia popular. >>>

Súmula STF 499. Não obsta a concessão do "sursis" condenação anterior a pena de multa. >>>

Súmula STF 501. Compete à justiça ordinária estadual o processo e o julgamento, em ambas as instâncias, das causas de acidente do trabalho, ainda que promovidas contra a União, suas autarquias, empresas públicas ou sociedades de economia mista. >>>

Súmula STF 503. A dúvida, suscitada por particular, sobre o direito de tributar, manifestado por dois Estados, não configura litígio da competência originária do Supremo Tribunal Federal. >>>

Súmula STF 505. Salvo quando contrariarem a Constituição, não cabe recurso para o Supremo Tribunal Federal, de quaisquer decisões da justiça do trabalho, inclusive dos presidentes de seus tribunais. >>>

Súmula STF 507. A ampliação dos prazos a que se refere o artigo 32 do Código de Processo Civil aplica-se aos executivos fiscais. >>>

Súmula STF 508. Compete à justiça estadual, em ambas as instâncias, processar e julgar as causas em que for parte o Banco do Brasil, S.A. >>>

Súmula STF 510. Praticado o ato por autoridade, no exercício de competência delegada, contra ela cabe o mandado de segurança ou a medida judicial. >>>

Súmula STF 512. Não cabe condenação em honorários de advogado na ação de mandado de segurança. >>>

Súmula STF 513. A decisão que enseja a interposição de recurso ordinário ou extraordinário não é a do plenário, que resolve o incidente de inconstitucionalidade, mas a do órgão (câmaras, grupos ou turmas) que completa o julgamento do feito. >>>

Súmula STF 514. Admite-se ação rescisória contra sentença transitada em julgado, ainda que contra ela não se tenha esgotado todos os recursos. >>>

Súmula STF 515. A competência para a ação rescisória não é do Supremo Tribunal Federal, quando a questão federal, apreciada no recurso extraordinário ou no agravo de instrumento, seja diversa da que foi suscitada no pedido rescisório. >>>

Súmula STF 516. O Serviço Social da Indústria (SESI) está sujeito à jurisdição da justiça estadual. >>>

Súmula STF 517. As sociedades de economia mista só têm foro na justiça federal, quando a União intervém como assistente ou opoente. >>>

Súmula STF 519. Aplica-se aos executivos fiscais o princípio da sucumbência a que se refere o art. 64 do Código de Processo Civil. >>>

Súmula STF 521. O foro competente para o processo e julgamento dos crimes de estelionato, sob a modalidade da emissão dolosa de cheque sem provisão de fundos, é o do local onde se deu a recusa do pagamento pelo sacado. >>>

Súmula STF 522. Salvo ocorrência de tráfico com o exterior, quando, então, a competência será da justiça federal, compete à justiça dos Estados o processo e o julgamento dos crimes relativos a entorpecentes. >>>

Súmula STF 523. No processo penal, a falta da defesa constitui nulidade absoluta, mas a sua deficiência só o anulará se houver prova de prejuízo para o réu. >>>

Súmula STF 524. Arquivado o inquérito policial, por despacho do juiz, a requerimento do Promotor de Justiça, não pode a ação penal ser iniciada, sem novas provas. >>>

Súmula STF 531. É inconstitucional o Decreto 51.668, de 17.01.1963, que estabeleceu salário profissional para trabalhadores de transportes marítimos, fluviais e lacustres. >>>

Súmula STF 539. É constitucional a lei do Município que reduz o imposto predial urbano sobre imóvel ocupado pela residência do proprietário, que não possua outro. >>>

Súmula STF 542. Não é inconstitucional a multa instituída pelo Estado-membro, como sanção pelo retardamento do início ou da ultimação do inventário. >>>

Súmula STF 544. Isenções tributárias concedidas, sob condição onerosa, não podem ser livremente suprimidas. >>>

Súmula STF 546. Cabe a restituição do tributo pago indevidamente, quando reconhecido por decisão, que o contribuinte "de jure" não recuperou do contribuinte "de facto" o "quantum" respectivo. >>>

Súmula STF 547. Não é lícito à autoridade proibir que o contribuinte em débito adquira estampilhas, despache mercadorias nas alfândegas e exerça suas atividades profissionais. >>>

Súmula STF 554. O pagamento de cheque emitido sem provisão de fundos, após o recebimento da denúncia, não obsta ao prosseguimento da ação penal. >>>

Súmula STF 555. É competente o tribunal de justiça para julgar conflito de jurisdição entre juiz de direito do Estado e a justiça militar local. >>>

Súmula STF 556. É competente a justiça comum para julgar as causas em que é parte sociedade de economia mista. >>>

Súmula STF 561. Em desapropriação, é devida a correção monetária até a data do efetivo pagamento da indenização, devendo proceder-se à atualização do cálculo, ainda que por mais de uma vez. >>>

Súmula STF 562. Na indenização de danos materiais decorrentes de ato ilícito cabe a atualização de seu valor, utilizando-se, para esse fim, dentre outros critérios, os índices de correção monetária. >>>

Súmula STF 563. O concurso de preferência a que se refere o parágrafo único, do art. 187, do Código Tributário Nacional, é compatível com o disposto no art. 9º, inciso I, da Constituição Federal. >>>

Súmula STF 567. A Constituição, ao assegurar, no § 3º, do art. 102, a contagem integral do tempo de serviço público federal, estadual ou municipal para os efeitos de aposentadoria e disponibilidade não proíbe à União, aos Estados e aos Municípios mandarem contar, mediante lei, para efeito diverso, tempo de serviço prestado a outra pessoa de direito público interno. >>>

Súmula STF 573. Não constitui fato gerador do imposto de circulação de mercadorias a saída física de máquinas, utensílios e implementos a título de comodato. >>>

Súmula STF 575. À mercadoria importada de país signatário do GATT, ou membro da ALALC, estende-se a isenção do imposto sobre circulação de mercadorias concedida a similar nacional. >>>

Súmula STF 578. Não podem os Estados, a título de ressarcimento de despesas, reduzir a parcela de 20% do produto da arrecadação do imposto de circulação de mercadorias, atribuídas aos Municípios pelo art. 23, § 8º, da Constituição Federal. >>>

Súmula STF 581. A exigência de transporte em navio de bandeira brasileira, para efeito de isenção tributária, legitimou-se com o advento do Decreto-lei 666, de 02.7.69. >>>

Súmula STF 583. Promitente-comprador de imóvel residencial transcrito em nome de autarquia é contribuinte do imposto predial territorial urbano. >>>

Súmula STF 584. Ao imposto de renda calculado sobre os rendimentos do ano-base, aplica-se a lei vigente no exercício financeiro em que deve ser apresentada a declaração. >>>

Súmula STF 586. Incide imposto de renda sobre os juros remetidos para o exterior, com base em contrato de mútuo. >>>

Súmula STF 587. Incide imposto de renda sobre o pagamento de serviços técnicos contratados no exterior e prestados no Brasil. >>>

Súmula STF 588. O imposto sobre serviços não incide sobre os depósitos, as comissões e taxas de desconto, cobrados pelos estabelecimentos bancários. >>>

Súmula STF 589. É inconstitucional a fixação de adicional progressivo do imposto predial e territorial urbano em função do número de imóveis do contribuinte. >>>

Súmula STF 590. Calcula-se o imposto de transmissão "causa mortis" sobre o saldo credor da promessa de compra e venda de imóvel, no momento da abertura da sucessão do promitente vendedor. >>>

Súmula STF 591. A imunidade ou a isenção tributária do comprador não se estende ao produtor, contribuinte do imposto sobre produtos industrializados. >>>

Súmula STF 592. Nos crimes falimentares, aplicam-se as causas interruptivas da prescrição, previstas no Código Penal. >>>

Súmula STF 593. Incide o percentual do Fundo de Garantia do Tempo de Serviço (FGTS) sobre a parcela da remuneração correspondente a horas extraordinárias de trabalho. >>>

ÍNDICE CRONOLÓGICO REMISSIVO - STF

Súmula STF 594. Os direitos de queixa e de representação podem ser exercidos, independentemente, pelo ofendido ou por seu representante legal. >>>

Súmula STF 595. É inconstitucional a taxa municipal de conservação de estradas de rodagem cuja base de cálculo seja idêntica à do imposto territorial rural. >>>

Súmula STF 596. As disposições do Decreto 22.626 de 1933 não se aplicam às taxas de juros e aos outros encargos cobrados nas operações realizadas por instituições públicas ou privadas, que integram o sistema financeiro nacional. >>>

Súmula STF 598. Nos embargos de divergência não servem como padrão de discordância os mesmos paradigmas invocados para demonstrá-la mas repelidos como não dissidentes no julgamento do recurso extraordinário. >>>

Súmula STF 600. Cabe ação executiva contra o emitente e seus avalistas, ainda que não apresentado o cheque ao sacado no prazo legal, desde que não prescrita a ação cambiária. >>>

Súmula STF 603. A competência para o processo e julgamento de latrocínio é do juiz singular e não do tribunal do júri. >>>

Súmula STF 606. Não cabe "habeas corpus" originário para o Tribunal Pleno de decisão de turma, ou do plenário, proferida em "habeas corpus" ou no respectivo recurso. >>>

Súmula STF 608. No crime de estupro, praticado mediante violência real, a ação penal é pública incondicionada. >>>

Súmula STF 609. É pública incondicionada a ação penal por crime de sonegação fiscal. >>>

Súmula STF 610. Há crime de latrocínio, quando o homicídio se consuma, ainda que não se realize o agente a subtração de bens da vítima. >>>

Súmula STF 611. Transitada em julgado a sentença condenatória, compete ao juízo das execuções a aplicação de lei mais benigna. >>>

Súmula STF 614. Somente o Procurador-Geral da Justiça tem legitimidade para propor ação direta interventiva por inconstitucionalidade de lei municipal. >>>

Súmula STF 616. É permitida a cumulação da multa contratual com os honorários de advogado, após o advento do Código de Processo Civil vigente. >>>

Súmula STF 617. A base de cálculo dos honorários de advogado em desapropriação é a diferença entre a oferta e a indenização, corrigidas ambas monetariamente. >>>

Súmula STF 618. Na desapropriação, direta ou indireta, a taxa dos juros compensatórios é de 12% (doze por cento) ao ano. >>>

Súmula STF 623. Não gera por si só a competência originária do Supremo Tribunal Federal para conhecer do mandado de segurança com base no art. 102, I, n, da Constituição, dirigir-se o pedido contra deliberação administrativa do tribunal de origem, da qual haja participado a maioria ou a totalidade de seus membros. >>>

Súmula STF 624. Não compete ao Supremo Tribunal Federal conhecer originariamente de mandado de segurança contra atos de outros tribunais. >>>

Súmula STF 625. Controvérsia sobre matéria de direito não impede concessão de mandado de segurança. >>>

Súmula STF 626. A suspensão da liminar em mandado de segurança, salvo determinação em contrário da decisão que a deferir, vigorará até o trânsito em julgado da decisão definitiva de concessão da segurança ou, havendo recurso, até a sua manutenção pelo Supremo Tribunal Federal, desde que o objeto da liminar deferida coincida, total ou parcialmente, com o da impetração. >>>

Súmula STF 627. No mandado de segurança contra a nomeação de magistrado da competência do Presidente da República, este é considerado autoridade coatora, ainda que o fundamento da impetração seja nulidade ocorrida em fase anterior do procedimento. >>>

Súmula STF 628. Integrante de lista de candidatos a determinada vaga da composição de tribunal é parte legítima para impugnar a validade da nomeação de concorrente. >>>

Súmula STF 629. A impetração de mandado de segurança coletivo por entidade de classe em favor dos associados independe da autorização destes. >>>

Súmula STF 630. A entidade de classe tem legitimação para o mandado de segurança ainda quando a pretensão veiculada interesse apenas a uma parte da respectiva categoria. >>>

Súmula STF 631. Extingue-se o processo de mandado de segurança se o impetrante não promove, no prazo assinado, a citação do litisconsorte passivo necessário. >>>

Súmula STF 632. É constitucional lei que fixa o prazo de decadência para a impetração de mandado de segurança. >>>

Súmula STF 633. É incabível a condenação em verba honorária nos recursos extraordinários interpostos em processo trabalhista, exceto nas hipóteses previstas na Lei 5.584/70. >>>

Súmula STF 636. Não cabe recurso extraordinário por contrariedade ao princípio constitucional da legalidade, quando a sua verificação pressuponha rever a interpretação dada a normas infraconstitucionais pela decisão recorrida. >>>

Súmula STF 637. Não cabe recurso extraordinário contra acórdão de tribunal de justiça que defere pedido de intervenção estadual em município. >>>

Súmula STF 638. A controvérsia sobre a incidência, ou não, de correção monetária em operações de crédito rural é de natureza infraconstitucional, não viabilizando recurso extraordinário. >>>

Súmula STF 640. É cabível recurso extraordinário contra decisão proferida por juiz de primeiro grau nas causas de alçada, ou por turma recursal de juizado especial cível e criminal. >>>

Súmula STF 641. Não se conta em dobro o prazo para recorrer, quando só um dos litisconsortes haja sucumbido. >>>

Súmula STF 642. Não cabe ação direta de inconstitucionalidade de lei do Distrito Federal derivada da sua competência legislativa municipal. >>>

Súmula STF 643. O Ministério Público tem legitimidade para promover ação civil pública cujo fundamento seja a ilegalidade de reajuste de mensalidades escolares. >>>

Súmula STF 644. Ao titular do cargo de procurador de autarquia não se exige a apresentação de instrumento de mandato para representá-la em juízo. >>>

Súmula STF 650. Os incisos I e XI do art. 20 da Constituição Federal não alcançam terras de aldeamentos extintos, ainda que ocupadas por indígenas em passado remoto. >>>

Súmula STF 652. Não contraria a Constituição o art. 15, § 1º, do DL. 3.365/41 (Lei da Desapropriação por Utilidade Pública). >>>

Súmula STF 653. No Tribunal de Contas estadual, composto por sete conselheiros, quatro devem ser escolhidos pela Assembleia Legislativa e três pelo chefe do Poder Executivo estadual, cabendo a este indicar um dentre auditores e outro dentre membros do Ministério Público, e um terceiro à sua livre escolha. >>>

Súmula STF 654. A garantia da irretroatividade da lei, prevista no art. 5º, XXXVI, da Constituição da República, não é invocável pela entidade estatal que a tenha editado. >>>

Súmula STF 655. A exceção prevista no art. 100, caput, da Constituição, em favor dos créditos de natureza alimentícia, não dispensa a expedição de precatório, limitando-se a isentá-los da observância da ordem cronológica dos precatórios decorrentes de condenações de outra natureza. >>>

Súmula STF 656. É inconstitucional a lei que estabelece alíquotas progressivas para o imposto de transmissão "inter vivos" de bens imóveis. ITBI com base no valor venal do imóvel. >>>

Súmula STF 657. A imunidade prevista no art. 150, VI, "d", da CF abrange os filmes e papéis fotográficos necessários à publicação de jornais e periódicos. >>>

Súmula STF 659. É legítima a cobrança da Cofins, do PIS e do Finsocial sobre as operações relativas a energia elétrica, serviços de telecomunicações, derivados de petróleo, combustíveis e minerais do país. >>>

Súmula STF 662. É legítima a incidência do ICMS na comercialização de exemplares de obras cinematográficas, gravados em fitas de videocassete. >>>

Súmula STF 663. Os §§ 1º e 3º do art. 9º do DL 406/68 foram recebidos pela Constituição. >>>

Súmula STF 664. É inconstitucional o inciso V do art. 1º da Lei 8.033/90, que instituiu a incidência do imposto nas operações de crédito, câmbio e seguros. IOF sobre saques efetuados em caderneta de poupança. >>>

Súmula STF 665. É constitucional a taxa de fiscalização dos mercados de títulos e valores mobiliários instituída pela Lei 7.940/89. >>>

Súmula STF 667. Viola a garantia constitucional de acesso à jurisdição a taxa judiciária calculada sem limite sobre o valor da causa. >>>

Súmula STF 668. É inconstitucional a lei municipal que tenha estabelecido, antes da Emenda Constitucional 29/2000, alíquotas progressivas para o IPTU, salvo se destinada a assegurar o cumprimento da função social da propriedade urbana. >>>

Súmula STF 671. Os servidores públicos e os trabalhadores em geral têm direito, no que concerne à URP de abril/ maio de 1988, apenas ao valor correspondente a 7/30 de 16,19% sobre os vencimentos e salários pertinentes aos meses de abril e maio de 1988, não cumulativamente, devidamente corrigido até o efetivo pagamento. >>>

Súmula STF 673. O art. 125, § 4º, da Constituição, não impede a perda da graduação de militar mediante procedimento administrativo. >>>

ÍNDICE CRONOLÓGICO REMISSIVO - STF

Súmula STF 674. A anistia prevista no art. 8º do ADCT não alcança os militares expulsos com base em legislação disciplinar ordinária, ainda que em razão de atos praticados por motivação política. >>>

Súmula STF 675. Os intervalos fixados para descanso e alimentação durante a jornada de seis horas não descaracterizam o sistema de turnos ininterruptos de revezamento para o efeito do art. 7º, XIV, da Constituição. >>>

Súmula STF 676. A garantia da estabilidade provisória prevista no art. 10, II, a, do ADCT, também se aplica ao suplente do cargo de direção de comissões internas de prevenção de acidentes (CIPA). >>>

Súmula STF 677. Até que lei venha a dispor a respeito, incumbe ao Ministério do Trabalho proceder ao registro das entidades sindicais e zelar pela observância do princípio da unicidade. >>>

Súmula STF 678. São inconstitucionais os incisos I e III do art. 7º da Lei 8.162/91, que afastam, para efeito de anuênio e de licença-prêmio, a contagem do tempo de serviço regido pela CLT dos servidores que passaram a submeter-se ao regime jurídico único. >>>

Súmula STF 679. A fixação de vencimentos dos servidores públicos não pode ser objeto de convenção coletiva. >>>

Súmula STF 682. Não ofende a Constituição a correção monetária no pagamento com atraso dos vencimentos de servidores públicos. >>>

Súmula STF 683. O limite de idade para a inscrição em concurso público só se legitima em face do art. 7º, XXX, da Constituição, quando possa ser justificado pela natureza das atribuições do cargo a ser preenchido. >>>

Súmula STF 684. É inconstitucional o veto não motivado à participação de candidato a concurso público. >>>

Súmula STF 687. A revisão de que trata o art. 58 do ADCT não se aplica aos benefícios previdenciários concedidos após a promulgação da Constituição de 1988. >>>

Súmula STF 688. É legítima a incidência da contribuição previdenciária sobre o 13º salário. >>>

Súmula STF 689. O segurado pode ajuizar ação contra a instituição previdenciária perante o juízo federal do seu domicílio ou nas varas federais da capital do Estado-membro. >>>

Súmula STF 691. Não compete ao Supremo Tribunal Federal conhecer de "habeas corpus" impetrado contra decisão do relator que, em "habeas corpus" requerido a tribunal superior, indefere a liminar. >>>

Súmula STF 692. Não se conhece de "habeas corpus" contra omissão de relator de extradição, se fundado em fato ou direito estrangeiro cuja prova não constava dos autos, nem foi ele provocado a respeito. >>>

Súmula STF 693. Não cabe "habeas corpus" contra decisão condenatória a pena de multa, ou relativo a processo em curso por infração penal a que a pena pecuniária seja a única cominada. >>>

Súmula STF 694. Não cabe "habeas corpus" contra a imposição da pena de exclusão de militar ou de perda de patente ou de função pública. >>>

Súmula STF 695. Não cabe "habeas corpus" quando já extinta a pena privativa de liberdade. >>>

Súmula STF 696. Reunidos os pressupostos legais permissivos da suspensão condicional do processo, mas se recusando o promotor de justiça a propô-la, o juiz, dissentindo, remeterá a questão ao procurador-geral, aplicando-se por analogia o art. 28 do Código de Processo Penal. >>>

Súmula STF 697. A proibição de liberdade provisória nos processos por crimes hediondos não veda o relaxamento da prisão processual por excesso de prazo. >>>

Súmula STF 699. O prazo para interposição de agravo, em processo penal, é de cinco dias, de acordo com a Lei 8.038/90, não se aplicando o disposto a respeito nas alterações da Lei 8.950/94 ao Código de Processo Civil. >>>

Súmula STF 700. É de cinco dias o prazo para interposição de agravo contra decisão do juiz da execução penal. >>>

Súmula STF 701. No mandado de segurança impetrado pelo Ministério Público contra decisão proferida em processo penal, é obrigatória a citação do réu como litisconsorte passivo. >>>

Súmula STF 702. A competência do tribunal de justiça para julgar prefeitos restringe-se aos crimes de competência da justiça comum estadual; nos demais casos, a competência originária caberá ao respectivo tribunal de segundo grau. >>>

Súmula STF 703. A extinção do mandato do prefeito não impede a instauração de processo pela prática dos crimes previstos no art. 1º do DL 201/67. >>>

Súmula STF 704. Não viola as garantias do juiz natural, da ampla defesa e do devido processo legal a atração por continência ou conexão do processo do corréu ao foro por prerrogativa de função de um dos denunciados. >>>

Súmula STF 705. A renúncia do réu ao direito de apelação, manifestada sem a assistência do defensor, não impede o conhecimento da apelação por este interposta. >>>

Súmula STF 706. É relativa a nulidade decorrente da inobservância da competência penal por prevenção. >>>

Súmula STF 707. Constitui nulidade a falta de intimação do denunciado para oferecer contrarrazões ao recurso interposto da rejeição da denúncia, não a suprindo a nomeação de defensor dativo. >>>

Súmula STF 708. É nulo o julgamento da apelação se, após a manifestação nos autos da renúncia do único defensor, o réu não foi previamente intimado para constituir outro. >>>

Súmula STF 709. Salvo quando nula a decisão de primeiro grau, o acórdão que provê o recurso contra a rejeição da denúncia vale, desde logo, pelo recebimento dela. >>>

Súmula STF 710. No processo penal, contam-se os prazos da data da intimação, e não da juntada aos autos do mandado ou da carta precatória ou de ordem. >>>

Súmula STF 711. A lei penal mais grave aplica-se ao crime continuado ou ao crime permanente, se a sua vigência é anterior à cessação da continuidade ou da permanência. >>>

Súmula STF 712. É nula a decisão que determina o desaforamento de processo da competência do júri sem audiência da defesa. >>>

Súmula STF 713. O efeito devolutivo da apelação contra decisões do júri é adstrito aos fundamentos da sua interposição. >>>

Súmula STF 714. É concorrente a legitimidade do ofendido, mediante queixa, e do Ministério Público, condicionada à representação do ofendido, para a ação penal por crime contra a honra de servidor público em razão do exercício de suas funções. >>>

Súmula STF 715. A pena unificada para atender ao limite de trinta anos de cumprimento, determinado pelo art. 75 do Código Penal, não é considerada para a concessão de outros benefícios, como o livramento condicional ou regime mais favorável de execução. >>>

Súmula STF 716. Admite-se a progressão de regime de cumprimento da pena ou a aplicação imediata de regime menos severo nela determinada, antes do trânsito em julgado da sentença condenatória. >>>

Súmula STF 717. Não impede a progressão de regime de execução da pena, fixada em sentença não transitada em julgado, o fato de o réu se encontrar em prisão especial. >>>

Súmula STF 718. A opinião do julgador sobre a gravidade em abstrato do crime não constitui motivação idônea para a imposição de regime mais severo do que o permitido segundo a pena aplicada. >>>

Súmula STF 719. A imposição do regime de cumprimento mais severo do que a pena aplicada permitir exige motivação idônea. >>>

Súmula STF 720. O art. 309 do Código de Trânsito Brasileiro, que reclama decorra do fato perigo de dano, derrogou o art. 32 da Lei das Contravenções Penais no tocante à direção sem habilitação em vias terrestres. >>>

Súmula STF 723. Não se admite a suspensão condicional do processo por crime continuado, se a soma da pena mínima da infração mais grave com o aumento mínimo de um sexto for superior a um ano. >>>

Súmula STF 725. É constitucional o § 2º do art. 6º da L. 8.024/90, resultante da conversão da MPr 168/90, que fixou o BTN fiscal como índice de correção monetária aplicável aos depósitos bloqueados pelo Plano Collor I. >>>

Súmula STF 727. Não pode o magistrado deixar de encaminhar ao Supremo Tribunal Federal o agravo de instrumento interposto da decisão que não admite recurso extraordinário, ainda que referente a causa instaurada no âmbito dos juizados especiais

Súmula STF 728. É de três dias o prazo para a interposição de recurso extraordinário contra decisão do Tribunal Superior Eleitoral, contado, quando for o caso, a partir da publicação do acórdão, na própria sessão de julgamento, nos termos do art. 12 da Lei 6.055/74, que não foi revogado pela Lei 8.950/94

Súmula STF 729. A decisão na Ação Direta de Constitucionalidade nº 4 não se aplica à antecipação de tutela em causa de natureza previdenciária. >>>

Súmula STF 730. A imunidade tributária conferida a instituições de assistência social sem fins lucrativos pelo art. 150, VI, "c", da Constituição, somente alcança as entidades fechadas de previdência social privada se não houver contribuição dos beneficiários. >>>

Súmula STF 731. Para fim da competência originária do Supremo Tribunal Federal, é de interesse geral da magistratura a questão de saber se, em face da Loman, os juízes têm direito à licença-prêmio. >>>

Súmula STF 732. É constitucional a cobrança da contribuição do salário-educação, seja sob a Carta de 1969, seja sob a CF/1988, e no regime da Lei 9.424/96. >>>

Súmula STF 733. Não cabe recurso extraordinário contra decisão proferida no processamento de precatórios. >>>

Súmula STF 734. Não cabe reclamação quando já houver transitado em julgado o ato judicial que se alega tenha desrespeitado decisão do Supremo Tribunal Federal. >>>

Súmula STF 735. Não cabe recurso extraordinário contra acórdão que defere medida liminar. >>>

ÍNDICE CRONOLÓGICO REMISSIVO - STF

677

Súmula STF 736. Compete à justiça do trabalho julgar as ações que tenham como causa de pedir o descumprimento de normas trabalhistas relativas à segurança, higiene e saúde dos trabalhadores. >>>

Súmula STF Vinculante 1. Ofende a garantia constitucional do ato jurídico perfeito a decisão que, sem ponderar as circunstâncias do caso concreto, desconsidera a validez e a eficácia de acordo constante de termo de adesão instituído pela Lei Complementar 110/2001. >>>

Súmula STF Vinculante 2. É inconstitucional a lei ou ato normativo estadual ou distrital que disponha sobre sistemas de consórcios e sorteios, inclusive bingos e loterias. >>>

Súmula STF Vinculante 3. Nos processos perante o Tribunal de Contas da União asseguram-se o contraditório e a ampla defesa quando da decisão puder resultar anulação ou revogação de ato administrativo que beneficie o interessado, excetuada a apreciação da legalidade do ato de concessão inicial de aposentadoria, reforma e pensão. >>>

Súmula STF Vinculante 4. Salvo os casos previstos na Constituição Federal, o salário mínimo não pode ser usado como indexador de base de cálculo de vantagem de servidor público ou de empregado, nem ser substituído por decisão judicial. >>>

Súmula STF Vinculante 5. A falta de defesa técnica por advogado no processo administrativo disciplinar não ofende a Constituição. >>>

Súmula STF Vinculante 6. Não viola a Constituição da República o estabelecimento de remuneração inferior ao salário mínimo para os praças prestadores de serviço militar inicial. >>>

Súmula STF Vinculante 7. A norma do parágrafo 3º do artigo 192 da Constituição, revogada pela Emenda Constitucional 40/2003, que limitava a taxa de juros reais a 12% ao ano, tinha sua aplicabilidade condicionada à edição de lei complementar. >>>

Súmula STF Vinculante 8. São inconstitucionais o parágrafo único do artigo 5º do Decreto-lei nº 1.569/1977 e os artigos 45 e 46 da Lei nº 8.212/1991, que tratam de prescrição e decadência de crédito tributário. >>>

Súmula STF Vinculante 9. O disposto no artigo 127 da Lei n. 7.210/1984 (Lei de Execução Penal) foi recebido pela ordem constitucional vigente, e não se lhe aplica o limite temporal previsto no caput do artigo 58. >>>

Súmula STF Vinculante 10. Viola a cláusula de reserva de plenário (CF, art. 97) a decisão de órgão fracionário de tribunal que, embora não declare expressamente a inconstitucionalidade de lei ou ato normativo do Poder Público, afasta a sua incidência no todo ou em parte. >>>

Súmula STF Vinculante 11. Só é lícito o uso de algemas em casos de resistência e de fundado receio de fuga ou de perigo à integridade física própria ou alheia, por parte do preso ou de terceiros, justificada a excepcionalidade por escrito, sob pena de responsabilidade disciplinar, civil e penal do agente ou da autoridade e de nulidade da prisão ou do ato processual a que se refere, sem prejuízo da responsabilidade civil do Estado. >>>

Súmula STF Vinculante 12. A cobrança de taxa de matrícula nas universidades públicas viola o disposto no art. 206, IV, da Constituição Federal. >>>

Súmula STF Vinculante 13. A nomeação de cônjuge, companheiro ou parente em linha reta, colateral ou por afinidade, até o terceiro grau, inclusive, da autoridade nomeante ou de servidor da mesma pessoa jurídica, investido em cargo de direção, chefia ou assessoramento, para o exercício de cargo em comissão ou de confiança, ou, ainda, de função gratificada na Administração Pública direta e indireta, em qualquer dos Poderes da União, dos Estados, do Distrito Federal e dos municípios, compreendido o ajuste mediante designações recíprocas, viola a Constituição Federal. >>>

Súmula STF Vinculante 14. É direito do defensor, no interesse do representado, ter acesso amplo aos elementos de prova que, já documentados em procedimento investigatório realizado por órgão com competência de polícia judiciária, digam respeito ao exercício do direito de defesa. >>>

Súmula STF Vinculante 15. O cálculo de gratificações e outras vantagens do servidor público não incide sobre o abono utilizado para se atingir o salário mínimo. >>>

Súmula STF Vinculante 16. Os artigos 7º, IV, e 39, § 3º (redação da EC 19/98), da Constituição, referem-se ao total da remuneração percebida pelo servidor público. >>>

Súmula STF Vinculante 17. Durante o período previsto no parágrafo 1º do artigo 100 da Constituição, não incidem juros de mora sobre os precatórios que nele sejam pagos. >>>

Súmula STF Vinculante 18. A dissolução da sociedade ou do vínculo conjugal, no curso do mandato, não afasta a inelegibilidade prevista no § 7º do artigo 14 da Constituição Federal. >>>

Súmula STF Vinculante 19. A taxa cobrada exclusivamente em razão dos serviços públicos de coleta, remoção e tratamento ou destinação de lixo ou resíduos provenientes de imóveis, não viola o artigo 145, II, da Constituição Federal. >>>

Súmula STF Vinculante 20. A Gratificação de Desempenho de Atividade Técnico-Administrativa. GDATA, instituída pela Lei nº 10.404/2002, deve ser deferida aos inativos nos valores correspondentes a 37,5 (trinta e sete vírgula cinco) pontos no período de fevereiro a maio de 2002 e, nos termos do artigo 5º, parágrafo único, da Lei nº 10.404/2002, no período de junho de 2002 até a conclusão dos efeitos do último ciclo de avaliação a que se refere o artigo 1º da Medida Provisória nº 198/2004, a partir da qual passa a ser de 60 (sessenta) pontos. >>>

Súmula STF Vinculante 21. É inconstitucional a exigência de depósito ou arrolamento prévios de dinheiro ou bens para admissibilidade de recurso administrativo. >>>

Súmula STF Vinculante 22. A justiça do trabalho é competente para processar e julgar as ações de indenização por danos morais e patrimoniais decorrentes de acidente de trabalho propostas por empregado contra empregador, inclusive aquelas que ainda não possuíam sentença de mérito em primeiro grau quando da promulgação da Emenda Constitucional nº 45/04. >>>

Súmula STF Vinculante 23. A justiça do trabalho é competente para processar e julgar ação possessória ajuizada em decorrência do exercício do direito de greve pelos trabalhadores da iniciativa privada. >>>

Súmula STF Vinculante 24. Não se tipifica crime material contra a ordem tributária, previsto no art. 1º, incisos I a IV, da Lei nº 8.137/90, antes do lançamento definitivo do tributo. >>>

Súmula STF Vinculante 25. É ilícita a prisão civil de depositário infiel, qualquer que seja a modalidade do depósito. >>>

Súmula STF Vinculante 26. Para efeito de progressão de regime no cumprimento de pena por crime hediondo, ou equiparado, o juízo da execução observará a inconstitucionalidade do art. 2º da Lei n. 8.072, de 25 de julho de 1990, sem prejuízo de avaliar se o condenado preenche, ou não, os requisitos objetivos e subjetivos do benefício, podendo determinar, para tal fim, de modo fundamentado, a realização de exame criminológico. >>>

Súmula STF Vinculante 27. Compete à justiça estadual julgar causas entre consumidor e concessionária de serviço público de telefonia, quando a Anatel não seja litisconsorte passiva necessária, assistente, nem opoente. >>>

Súmula STF Vinculante 28. É inconstitucional a exigência de depósito prévio como requisito de admissibilidade de ação judicial na qual se pretenda discutir a exigibilidade de crédito tributário. >>>

Súmula STF Vinculante 29. É constitucional a adoção, no cálculo do valor de taxa, de um ou mais elementos da base de cálculo própria de determinado imposto, desde que não haja integral identidade entre uma base e outra. >>>

Súmula STF Vinculante 30. É inconstitucional lei estadual que, a título de incentivo fiscal, retém parcela do ICMS pertencente aos municípios. >>>

Súmula STF Vinculante 31. É inconstitucional a incidência do Imposto sobre Serviços de Qualquer Natureza. ISS sobre operações de locação de bens móveis. >>>

Súmula STF Vinculante 32. O ICMS não incide sobre alienação de salvados de sinistro pelas seguradoras. >>>

Súmula STF Vinculante 33. Aplicam-se ao servidor público, no que couber, as regras do regime geral da previdência social sobre aposentadoria especial de que trata o artigo 40, § 4º, inciso III da Constituição Federal, até a edição de lei complementar específica. >>>

Súmula STF Vinculante 34. A Gratificação de Desempenho de Atividade de Seguridade Social e do Trabalho. GDASST, instituída pela Lei 10.483/2002, deve ser estendida aos inativos no valor correspondente a 60 (sessenta) pontos, desde o advento da Medida Provisória 198/2004, convertida na Lei 10.971/2004, quando tais inativos façam jus à paridade constitucional (EC 20/1998, 41/2003 e 47/2005). >>>

Súmula STF Vinculante 35. A homologação da transação penal prevista no artigo 76 da Lei 9.099/1995 não faz coisa julgada material e, descumpridas suas cláusulas, retoma-se a situação anterior, possibilitando-se ao Ministério Público a continuidade da persecução penal mediante oferecimento de denúncia ou requisição de inquérito policial. >>>

Súmula STF Vinculante 36. Compete à justiça federal comum processar e julgar civil denunciado pelos crimes de falsificação e de uso de documento falso quando se tratar de falsificação da caderneta de inscrição e registro (CIR) ou de carteira de habilitação de amador (CHA), ainda que expedidas pela Marinha do Brasil. >>>

Súmula STF Vinculante 37. Não cabe ao Poder Judiciário, que não tem função legislativa, aumentar vencimentos de servidores públicos sob o fundamento de isonomia. >>>

Súmula STF Vinculante 38. É competente o município para fixar o horário de funcionamento de estabelecimento comercial. >>>

Súmula STF Vinculante 39. Compete privativamente à União legislar sobre vencimentos dos membros das polícias civil e militar e do corpo de bombeiros militar do Distrito Federal. >>>

ÍNDICE CRONOLÓGICO REMISSIVO - STF

Súmula STF Vinculante 40. A contribuição confederativa de que trata o artigo 8º, IV, da Constituição Federal, só é exigível dos filiados ao sindicato respectivo. >>>

Súmula STF Vinculante 41. O serviço de iluminação pública não pode ser remunerado mediante taxa. >>>

Súmula STF Vinculante 42. É inconstitucional a vinculação do reajuste de vencimentos de servidores estaduais ou municipais a índices federais de correção monetária. >>>

Súmula STF Vinculante 43. É inconstitucional toda modalidade de provimento que propicie ao servidor investir-se, sem prévia aprovação em concurso público destinado ao seu provimento, em cargo que não integra a carreira na qual anteriormente investido. >>>

Súmula STF Vinculante 44. Só por lei se pode sujeitar a exame psicotécnico a habilitação de candidato a cargo público. >>>

Súmula STF Vinculante 45. A competência constitucional do tribunal do júri prevalece sobre o foro por prerrogativa de função estabelecido exclusivamente pela constituição estadual. >>>

Súmula STF Vinculante 46. A definição dos crimes de responsabilidade e o estabelecimento das respectivas normas de processo e julgamento são da competência legislativa privativa da União. >>>

Súmula STF Vinculante 47. Os honorários advocatícios incluídos na condenação ou destacados do montante principal devido ao credor consubstanciam verba de natureza alimentar cuja satisfação ocorrerá com a expedição de precatório ou requisição de pequeno valor, observada ordem especial restrita aos créditos dessa natureza. >>>

Súmula STF Vinculante 48. Na entrada de mercadoria importada do exterior, é legítima a cobrança do ICMS por ocasião do desembaraço aduaneiro. >>>

Súmula STF Vinculante 49. Ofende o princípio da livre concorrência lei municipal que impede a instalação de estabelecimentos comerciais do mesmo ramo em determinada área. >>>

Súmula STF Vinculante 50. Norma legal que altera o prazo de recolhimento da obrigação tributária não se sujeita ao princípio da anterioridade. >>>

Súmula STF Vinculante 51. O reajuste de 28,86%, concedido aos servidores militares pelas leis 8.622/1993 e 8.627/1993, estende-se aos servidores civis do Poder Executivo, observadas as eventuais compensações decorrentes dos reajustes diferenciados concedidos pelos mesmos diplomas legais. >>>

Súmula STF Vinculante 52. Ainda quando alugado a terceiros, permanece imune ao IPTU o imóvel pertencente a qualquer das entidades referidas pelo artigo 150, inciso VI, alínea "c", da Constituição Federal, desde que o valor dos aluguéis seja aplicado nas atividades para as quais tais entidades foram constituídas. >>>

Súmula STF Vinculante 53. A competência da justiça do trabalho prevista no artigo 114, inciso VIII, da Constituição Federal alcança a execução de ofício das contribuições previdenciárias relativas ao objeto da condenação constante das sentenças que proferir e acordos por ela homologados. >>>

Súmula STF Vinculante 54. A medida provisória não apreciada pelo Congresso Nacional podia, até a Emenda Constitucional 32/2001, ser reeditada dentro do seu prazo de eficácia de trinta dias, mantidos os efeitos de lei desde a primeira edição. >>>

Súmula STF Vinculante 55. O direito ao auxílio-alimentação não se estende aos servidores inativos. >>>

Súmula STF Vinculante 56. A falta de estabelecimento penal adequado não autoriza a manutenção do condenado em regime prisional mais gravoso, devendo-se observar, nesta hipótese, os parâmetros fixados no Recurso Extraordinário (RE) 641320. >>>

PARTE VIII - ÍNDICE CRONOLÓGICO REMISSIVO - STJ

ÍNDICE CRONOLÓGICO REMISSIVO - STJ

Súmula STJ 1. O foro do domicílio ou da residência do alimentando é o competente para a ação de investigação de paternidade, quando cumulada com a de alimentos. >>>

Súmula STJ 2. Não cabe o "habeas data" (CF, art. 5º, LXXII, letra "a") se não houve recusa de informações por parte da autoridade administrativa. >>>

Súmula STJ 3. Compete ao tribunal regional federal dirimir conflito de competência verificado, na respectiva região, entre juiz federal e juiz estadual investido de jurisdição federal. >>>

Súmula STJ 5. A simples interpretação de cláusula contratual não enseja recurso especial. >>>

Súmula STJ 6. Compete à justiça comum estadual processar e julgar delito decorrente de acidente de trânsito envolvendo viatura de polícia militar, salvo se autor e vítima forem policiais militares em situação de atividade. >>>

Súmula STJ 7. A pretensão de simples reexame de prova não enseja recurso especial. >>>

Súmula STJ 10. Instalada a junta de conciliação e julgamento, cessa a competência do juiz de direito em matéria trabalhista, inclusive para a execução das sentenças por ele proferidas. >>>

Súmula STJ 11. A presença da União ou de qualquer de seus entes, na ação de usucapião especial, não afasta a competência do foro da situação do imóvel. >>>

Súmula STJ 12. Em desapropriação, são cumuláveis juros compensatórios e moratórios. >>>

Súmula STJ 13. A divergência entre julgados do mesmo tribunal não enseja recurso especial. >>>

Súmula STJ 14. Arbitrados os honorários advocatícios em percentual sobre o valor da causa, a correção monetária incide a partir do respectivo ajuizamento. >>>

Súmula STJ 15. Compete à justiça estadual processar e julgar os litígios decorrentes de acidente do trabalho. >>>

Súmula STJ 16. A legislação ordinária sobre crédito rural não veda a incidência da correção monetária. >>>

Súmula STJ 17. Quando o falso se exaure no estelionato, sem mais potencialidade lesiva, é por este absorvido. >>>

Súmula STJ 18. A sentença concessiva do perdão judicial é declaratória da extinção da punibilidade, não subsistindo qualquer efeito condenatório. >>>

Súmula STJ 19. A fixação do horário bancário, para atendimento ao público, é da competência da União. >>>

Súmula STJ 20. A mercadoria importada de país signatário do GATT é isenta do ICM, quando contemplado com esse favor o similar nacional. >>>

Súmula STJ 21. Pronunciado o réu, fica superada a alegação do constrangimento ilegal da prisão por excesso de prazo na instrução. >>>

Súmula STJ 23. O Banco Central do Brasil é parte legítima nas ações fundadas na Resolução 1154, de 1986. >>>

Súmula STJ 24. Aplica-se ao crime de estelionato em que figure como vítima entidade autárquica da Previdência Social a qualificadora do § 3º do art. 171 do Código Penal. >>>

Súmula STJ 25. Nas ações da Lei de Falências, o prazo para a interposição de recurso conta-se da intimação da parte. >>>

Súmula STJ 26. O avalista do título de crédito vinculado a contrato de mútuo também responde pelas obrigações pactuadas, quando no contrato figurar como devedor solidário. >>>

Súmula STJ 27. Pode a execução fundar-se em mais de um título extrajudicial relativos ao mesmo negócio. >>>

Súmula STJ 28. O contrato de alienação fiduciária em garantia pode ter por objeto bem que já integrava o patrimônio do devedor. >>>

Súmula STJ 29. No pagamento em juízo para elidir falência, são devidos correção monetária, juros e honorários de advogado. >>>

Súmula STJ 30. A comissão de permanência e a correção monetária são inacumuláveis. >>>

Súmula STJ 31. A aquisição, pelo segurado, de mais de um imóvel financiado pelo Sistema Financeiro da Habitação, situados na mesma localidade, não exime a seguradora da obrigação de pagamento dos seguros. >>>

Súmula STJ 32. Compete à justiça federal processar justificações judiciais destinadas a instruir pedidos perante entidades que nela têm exclusividade de foro, ressalvada a aplicação do art. 15, II, da Lei 5.010/1966. >>>

Súmula STJ 33. A incompetência relativa não pode ser declarada de ofício. >>>

Súmula STJ 34. Compete à justiça estadual processar e julgar causa relativa a mensalidade escolar, cobrada por estabelecimento particular de ensino. >>>

Súmula STJ 35. Incide correção monetária sobre as prestações pagas, quando de sua restituição, em virtude da retirada ou exclusão do participante de plano de consórcio. >>>

Súmula STJ 36. A correção monetária integra o valor da restituição, em caso de adiantamento de câmbio, requerida em concordata ou falência. >>>

Súmula STJ 37. São cumuláveis as indenizações por dano material e dano moral oriundos do mesmo fato. >>>

Súmula STJ 38. Compete à justiça estadual comum, na vigência da Constituição de 1988, o processo por contravenção penal, ainda que praticada em detrimento de bens, serviços ou interesse da União ou de suas entidades. >>>

Súmula STJ 40. Para obtenção dos benefícios de saída temporária e trabalho externo, considera-se o tempo de cumprimento da pena no regime fechado. >>>

Súmula STJ 41. O Superior Tribunal de Justiça não tem competência para processar e julgar, originariamente, mandado de segurança contra ato de outros tribunais ou dos respectivos órgãos. >>>

Súmula STJ 42. Compete à justiça comum estadual processar e julgar as causas cíveis em que é parte sociedade de economia mista e os crimes praticados em seu detrimento. >>>

Súmula STJ 43. Incide correção monetária sobre dívida por ato ilícito a partir da data do efetivo prejuízo. >>>

Súmula STJ 44. A definição, em ato regulamentar, de grau mínimo de disacusia, não exclui, por si só, a concessão do benefício previdenciário. >>>

Súmula STJ 45. No reexame necessário, é defeso ao tribunal agravar a condenação imposta a Fazenda Pública. >>>

Súmula STJ 46. Na execução por carta, os embargos do devedor serão decididos no juízo deprecante, salvo se versarem unicamente vícios ou defeitos da penhora, avaliação ou alienação dos bens. >>>

Súmula STJ 48. Compete ao juízo do local da obtenção da vantagem ilícita processar e julgar crime de estelionato cometido mediante falsificação de cheque. >>>

Súmula STJ 51. A punição do intermediador, no jogo do bicho, independe da identificação do "apostador" ou do "banqueiro". >>>

Súmula STJ 52. Encerrada a instrução criminal, fica superada a alegação de constrangimento por excesso de prazo. >>>

Súmula STJ 53. Compete à justiça comum estadual processar e julgar civil acusado de prática de crime contra instituições militares estaduais. >>>

Súmula STJ 54. Os juros moratórios fluem a partir do evento danoso, em caso de responsabilidade extracontratual. >>>

Súmula STJ 55. Tribunal regional federal não é competente para julgar recurso de decisão proferida por juiz estadual não investido de jurisdição federal. >>>

Súmula STJ 56. Na desapropriação para instituir servidão administrativa são devidos os juros compensatórios pela limitação de uso da propriedade. >>>

Súmula STJ 58. Proposta a execução fiscal, a posterior mudança de domicílio do executado não desloca a competência já fixada. >>>

Súmula STJ 59. Não há conflito de competência se já existe sentença com trânsito em julgado, proferida por um dos juízos conflitantes. >>>

Súmula STJ 60. É nula a obrigação cambial assumida por procurador do mutuário vinculado ao mutuante, no exclusivo interesse deste. >>>

Súmula STJ 61. O seguro de vida cobre o suicídio não premeditado. >>>

Súmula STJ 62. Compete à justiça estadual processar e julgar o crime de falsa anotação na carteira de trabalho e previdência social, atribuído a empresa privada. >>>

Súmula STJ 63. São devidos direitos autorais pela retransmissão radiofônica de músicas em estabelecimentos comerciais. >>>

Súmula STJ 64. Não constitui constrangimento ilegal o excesso de prazo na instrução, provocado pela defesa. >>>

Súmula STJ 65. O cancelamento, previsto no art. 29 do Decreto-lei 2.303, de 21.11.86, não alcança os débitos previdenciários. >>>

ÍNDICE CRONOLÓGICO REMISSIVO - STJ

685

Súmula STJ 66. Compete à justiça federal processar e julgar execução fiscal promovida por conselho de fiscalização profissional. >>>

Súmula STJ 67. Na desapropriação, cabe a atualização monetária, ainda que por mais de uma vez, independente do decurso de prazo superior a um ano entre o cálculo e o efetivo pagamento da indenização. >>>

Súmula STJ 68. A parcela relativa ao ICM inclui-se na base de cálculo do PIS. >>>

Súmula STJ 69. Na desapropriação direta, os juros compensatórios são devidos desde a antecipada imissão na posse e, na desapropriação indireta, a partir da efetiva ocupação do imóvel. >>>

Súmula STJ 70. Os juros moratórios, na desapropriação direta ou indireta, contam-se desde o trânsito em julgado da sentença. >>>

Súmula STJ 72. A comprovação da mora é imprescindível à busca e apreensão do bem alienado fiduciariamente. >>>

Súmula STJ 73. A utilização de papel moeda grosseiramente falsificado configura, em tese, o crime de estelionato, da competência da justiça estadual. >>>

Súmula STJ 74. Para efeitos penais, o reconhecimento da menoridade do réu requer prova por documento hábil. >>>

Súmula STJ 75. Compete à justiça comum estadual processar e julgar o policial militar por crime de promover ou facilitar a fuga de preso de estabelecimento penal. >>>

Súmula STJ 76. A falta de registro do compromisso de compra e venda de imóvel não dispensa a prévia interpelação para constituir em mora o devedor. >>>

Súmula STJ 77. A Caixa Econômica Federal é parte ilegítima para figurar no polo passivo das ações relativas às contribuições para o fundo PIS/Pasep. >>>

Súmula STJ 78. Compete à justiça militar processar e julgar policial de corporação estadual, ainda que o delito tenha sido praticado em outra unidade federativa. >>>

Súmula STJ 79. Os bancos comerciais não estão sujeitos a registro nos conselhos regionais de economia. >>>

Súmula STJ 82. Compete à justiça federal, excluídas as reclamações trabalhistas, processar e julgar os feitos relativos à movimentação do FGTS. >>>

Súmula STJ 83. Não se conhece do recurso especial pela divergência, quando a orientação do tribunal se firmou no mesmo sentido da decisão recorrida. >>>

Súmula STJ 84. É admissível a oposição de embargos de terceiro fundados em alegação de posse advinda do compromisso de compra e venda de imóvel, ainda que desprovido do registro. >>>

Súmula STJ 85. Nas relações jurídicas de trato sucessivo em que a Fazenda Pública figure como devedora, quando não tiver sido negado o próprio direito reclamado, a prescrição atinge apenas as prestações vencidas antes do quinquênio anterior à propositura da ação. >>>

Súmula STJ 86. Cabe recurso especial contra acórdão proferido no julgamento de agravo de instrumento. >>>

Súmula STJ 89. A ação acidentária prescinde do exaurimento da via administrativa. >>>

Súmula STJ 90. Compete à justiça estadual militar processar e julgar o policial militar pela prática do crime militar, e à comum pela prática do crime comum simultâneo àquele. >>>

Súmula STJ 92. A terceiro de boa-fé não é oponível a alienação fiduciária não anotada no certificado de registro do veículo automotor. >>>

Súmula STJ 93. A legislação sobre cédulas de crédito rural, comercial e industrial admite o pacto de capitalização de juros. >>>

Súmula STJ 95. A redução da alíquota do imposto sobre produtos industrializados ou do imposto de importação não implica redução do ICMS. >>>

Súmula STJ 96. O crime de extorsão consuma-se independentemente da obtenção da vantagem indevida. >>>

Súmula STJ 97. Compete à justiça do trabalho processar e julgar reclamação de servidor público relativamente a vantagens trabalhistas anteriores à instituição do Regime Jurídico Único. >>>

Súmula STJ 98. Embargos de declaração manifestados com notório propósito de prequestionamento não têm caráter protelatório. >>>

Súmula STJ 99. O Ministério Público tem legitimidade para recorrer no processo em que oficiou como fiscal da lei, ainda que não haja recurso da parte. >>>

Súmula STJ 101. A ação de indenização do segurado em grupo contra a seguradora prescreve em um ano. >>>

Súmula STJ 102. A incidência dos juros moratórios sobre os compensatórios, nas ações expropriatórias, não constitui anatocismo vedado em lei. >>>

Súmula STJ 103. Incluem-se entre os imóveis funcionais que podem ser vendidos os administrados pelas Forças Armadas e ocupados pelos servidores civis. >>>

Súmula STJ 104. Compete à justiça estadual o processo e julgamento dos crimes de falsificação e uso de documento falso relativo a estabelecimento particular de ensino. >>>

Súmula STJ 105. Na ação de mandado de segurança, não se admite condenação em honorários advocatícios. >>>

Súmula STJ 106. Proposta a ação no prazo fixado para o seu exercício, a demora na citação, por motivos inerentes ao mecanismo da Justiça, não justifica o acolhimento da arguição de prescrição ou decadência. >>>

Súmula STJ 107. Compete à justiça comum estadual processar e julgar crime de estelionato praticado mediante falsificação das guias de recolhimento das contribuições previdenciárias, quando não ocorrente lesão à autarquia federal. >>>

Súmula STJ 108. A aplicação de medidas socioeducativas ao adolescente, pela prática de ato infracional, é da competência exclusiva do juiz. >>>

Súmula STJ 109. O reconhecimento do direito a indenização, por falta de mercadoria transportada via marítima, independe de vistoria. >>>

Súmula STJ 110. A isenção do pagamento de honorários advocatícios, nas ações acidentárias, é restrita ao segurado. >>>

Súmula STJ 111. Os honorários advocatícios, nas ações previdenciárias, não incidem sobre as prestações vencidas após a sentença. >>>

Súmula STJ 112. O depósito somente suspende a exigibilidade do crédito tributário se for integral e em dinheiro. >>>

Súmula STJ 113. Os juros compensatórios, na desapropriação direta, incidem a partir da imissão na posse, calculados sobre o valor da indenização, corrigido monetariamente. >>>

Súmula STJ 114. Os juros compensatórios, na desapropriação indireta, incidem a partir da ocupação, calculados sobre o valor da indenização, corrigido monetariamente. >>>

Súmula STJ 116. A Fazenda Pública e o Ministério Público têm prazo em dobro para interpor agravo regimental no Superior Tribunal de Justiça. >>>

Súmula STJ 117. A inobservância do prazo de 48 horas, entre a publicação de pauta e o julgamento sem a presença das partes, acarreta nulidade. >>>

Súmula STJ 118. O agravo de instrumento é o recurso cabível da decisão que homologa a atualização do cálculo da liquidação. >>>

Súmula STJ 120. O oficial de farmácia, inscrito no Conselho Regional de Farmácia, pode ser responsável técnico por drogaria. >>>

Súmula STJ 121. Na execução fiscal, o devedor deverá ser intimado, pessoalmente, do dia e hora da realização do leilão. >>>

Súmula STJ 122. Compete à justiça federal o processo e julgamento unificado dos crimes conexos de competência federal e estadual, não se aplicando a regra do art. 78, II, "a", do Código de Processo Penal. >>>

Súmula STJ 123. A decisão que admite, ou não, o recurso especial deve ser fundamentada com o exame dos seus pressupostos gerais e constitucionais. >>>

Súmula STJ 125. O pagamento de férias não gozadas por necessidade do serviço não está sujeito à incidência do imposto de renda. >>>

Súmula STJ 126. É inadmissível recurso especial, quando o acórdão recorrido assenta em fundamentos constitucional e infraconstitucional, qualquer deles suficiente, por si só, para mantê-lo, e a parte vencida não manifesta recurso extraordinário. >>>

Súmula STJ 127. É ilegal condicionar a renovação da licença de veículo ao pagamento de multa da qual o infrator não foi notificado. >>>

Súmula STJ 128. Na execução fiscal, haverá segundo leilão se, no primeiro, não houver lanço superior à avaliação. >>>

Súmula STJ 130. A empresa responde, perante o cliente, pela reparação de dano ou furto de veículo ocorridos em seu estacionamento. >>>

Súmula STJ 131. Nas ações de desapropriação incluem-se no cálculo da verba advocatícia as parcelas relativas aos juros compensatórios e moratórios, devidamente corrigidas. >>>

Súmula STJ 132. A ausência de registro da transferência não implica a responsabilidade do antigo proprietário por dano resultante de acidente que envolva o veículo alienado. >>>

Súmula STJ 133. A restituição da importância adiantada, a conta de contrato de câmbio, independe de ter sido a antecipação efetuada nos quinze dias anteriores ao requerimento da concordata. >>>

Súmula STJ 134. Embora intimado da penhora em imóvel do casal, o cônjuge do executado pode opor embargos de terceiro para defesa de sua meação. >>>

Súmula STJ 135. O ICMS não incide na gravação e distribuição de filmes e videoteipes. >>>

ÍNDICE CRONOLÓGICO REMISSIVO - STJ

Súmula STJ 136. O pagamento de licença-prêmio não gozada por necessidade do serviço não está sujeito ao imposto de renda. >>>

Súmula STJ 137. Compete à justiça comum estadual processar e julgar ação de servidor público municipal, pleiteando direitos relativos ao vínculo estatutário. >>>

Súmula STJ 138. O ISS incide na operação de arrendamento mercantil de coisas móveis. >>>

Súmula STJ 139. Cabe à Procuradoria da Fazenda Nacional propor execução fiscal para cobrança de crédito relativo ao ITR. >>>

Súmula STJ 140. Compete à justiça comum estadual processar e julgar crime em que o indígena figure como autor ou vítima. >>>

Súmula STJ 141. Os honorários de advogado em desapropriação direta são calculados sobre a diferença entre a indenização e a oferta, corrigidas monetariamente. >>>

Súmula STJ 143. Prescreve em cinco anos a ação de perdas e danos pelo uso de marca comercial. >>>

Súmula STJ 144. Os créditos de natureza alimentícia gozam de preferência, desvinculados os precatórios da ordem cronológica dos créditos de natureza diversa. >>>

Súmula STJ 145. No transporte desinteressado, de simples cortesia, o transportador só será civilmente responsável por danos causados ao transportado quando incorrer em dolo ou culpa grave. >>>

Súmula STJ 146. O segurado, vítima de novo infortúnio, faz jus a um único benefício somado ao salário de contribuição vigente no dia do acidente. >>>

Súmula STJ 147. Compete à justiça federal processar e julgar os crimes praticados contra funcionário público federal, quando relacionados com o exercício da função. >>>

Súmula STJ 148. Os débitos relativos a benefício previdenciário, vencidos e cobrados em juízo após a vigência da Lei nº 6.899/1981, devem ser corrigidos monetariamente na forma prevista nesse diploma legal. >>>

Súmula STJ 149. A prova exclusivamente testemunhal não basta à comprovação da atividade rurícola, para efeito da obtenção de benefício previdenciário. >>>

Súmula STJ 150. Compete à justiça federal decidir sobre a existência de interesse jurídico que justifique a presença, no processo, da União, suas autarquias ou empresas públicas. >>>

Súmula STJ 151. A competência para o processo e julgamento por crime de contrabando ou descaminho define-se pela prevenção do juízo federal do lugar da apreensão dos bens. >>>

Súmula STJ 153. A desistência da execução fiscal, após o oferecimento dos embargos, não exime o exequente dos encargos da sucumbência. >>>

Súmula STJ 154. Os optantes pelo FGTS, nos termos da Lei nº 5.958, de 1973, tem direito à taxa progressiva dos juros, na forma do art. 4º da Lei nº 5.107, de 1966. >>>

Súmula STJ 155. O ICMS incide na importação de aeronave, por pessoa física, para uso próprio. >>>

Súmula STJ 156. A prestação de serviço de composição gráfica, personalizada e sob encomenda, ainda que envolva fornecimento de mercadorias, está sujeita, apenas, ao ISS. >>>

Súmula STJ 158. Não se presta a justificar embargos de divergência o dissídio com acórdão de turma ou seção que não mais tenha competência para a matéria neles versada. >>>

Súmula STJ 160. É defeso, ao Município, atualizar o IPTU, mediante decreto, em percentual superior ao índice oficial de correção monetária. >>>

Súmula STJ 161. É da competência da justiça estadual autorizar o levantamento dos valores relativos ao PIS/Pasep e FGTS, em decorrência do falecimento do titular da conta. >>>

Súmula STJ 162. Na repetição de indébito tributário, a correção monetária incide a partir do pagamento indevido. >>>

Súmula STJ 163. O fornecimento de mercadorias com a simultânea prestação de serviços em bares, restaurantes e estabelecimentos similares constitui fato gerador do ICMS a incidir sobre o valor total da operação. >>>

Súmula STJ 164. O prefeito municipal, após a extinção do mandato, continua sujeito a processo por crime previsto no art. 1º do Decreto-lei nº 201, de 27.2.67. >>>

Súmula STJ 165. Compete à justiça federal processar e julgar crime de falso testemunho cometido no processo trabalhista. >>>

Súmula STJ 166. Não constitui fato gerador do ICMS o simples deslocamento de mercadoria de um para outro estabelecimento do mesmo contribuinte. >>>

Súmula STJ 167. O fornecimento de concreto, por empreitada, para construção civil, preparado no trajeto até a obra em betoneiras acopladas a caminhões, é prestação de serviço, sujeitando-se apenas à incidência do ISS. >>>

Súmula STJ 168. Não cabem embargos de divergência, quando a jurisprudência do Tribunal se firmou no mesmo sentido do acórdão embargado. >>>

Súmula STJ 170. Compete ao juízo onde primeiro for intentada a ação envolvendo acumulação de pedidos, trabalhista e estatutário, decidi-la nos limites da sua jurisdição, sem prejuízo do ajuizamento de nova causa, com o pedido remanescente, no juízo próprio. >>>

Súmula STJ 171. Cominadas cumulativamente, em lei especial, penas privativa de liberdade e pecuniária, é defeso a substituição da prisão por multa. >>>

Súmula STJ 172. Compete à justiça comum processar e julgar militar por crime de abuso de autoridade, ainda que praticado em serviço. >>>

Súmula STJ 173. Compete à justiça federal processar e julgar o pedido de reintegração em cargo público federal, ainda que o servidor tenha sido dispensado antes da instituição do Regime Jurídico Único. >>>

Súmula STJ 175. Descabe o depósito prévio nas ações rescisórias propostas pelo INSS. >>>

Súmula STJ 176. É nula a cláusula contratual que sujeita o devedor à taxa de juros divulgada pela Anbid/Cetip. >>>

Súmula STJ 177. O Superior Tribunal de Justiça é incompetente para processar e julgar, originariamente, mandado de segurança contra ato de órgão colegiado presidido por ministro de Estado. >>>

Súmula STJ 178. O INSS não goza de isenção do pagamento de custas e emolumentos, nas ações acidentárias e de benefícios, propostas na justiça estadual. >>>

Súmula STJ 179. O estabelecimento de crédito que recebe dinheiro, em depósito judicial, responde pelo pagamento da correção monetária relativa aos valores recolhidos. >>>

Súmula STJ 180. Na lide trabalhista, compete ao tribunal regional do trabalho dirimir conflito de competência verificado, na respectiva região, entre juiz estadual e junta de conciliação e julgamento. >>>

Súmula STJ 181. É admissível ação declaratória, visando a obter certeza quanto à exata interpretação de cláusula contratual. >>>

Súmula STJ 182. É inviável o agravo do art. 545 do CPC que deixa de atacar especificamente os fundamentos da decisão agravada. >>>

Súmula STJ 185. Nos depósitos judiciais, não incide o imposto sobre operações financeiras. >>>

Súmula STJ 188. Os juros moratórios, na repetição do indébito tributário, são devidos a partir do trânsito em julgado da sentença. >>>

Súmula STJ 189. É desnecessária a intervenção do Ministério Público nas execuções fiscais. >>>

Súmula STJ 190. Na execução fiscal, processada perante a justiça estadual, cumpre à Fazenda Pública antecipar o numerário destinado ao custeio das despesas com o transporte dos oficiais de justiça. >>>

Súmula STJ 191. A pronúncia é causa interruptiva da prescrição, ainda que o Tribunal do Júri venha a desclassificar o crime. >>>

Súmula STJ 192. Compete ao juízo das execuções penais do estado a execução das penas impostas a sentenciados pela justiça federal, militar ou eleitoral, quando recolhidos a estabelecimentos sujeitos à administração estadual. >>>

Súmula STJ 193. O direito de uso de linha telefônica pode ser adquirido por usucapião. >>>

Súmula STJ 195. Em embargos de terceiro não se anula ato jurídico, por fraude contra credores. >>>

Súmula STJ 196. Ao executado que, citado por edital ou por hora certa, permanecer revel, será nomeado curador especial, com legitimidade para apresentação de embargos. >>>

Súmula STJ 197. O divórcio direto pode ser concedido sem que haja prévia partilha dos bens. >>>

Súmula STJ 198. Na importação de veículo por pessoa física, destinado a uso próprio, incide o ICMS. >>>

Súmula STJ 199. Na execução hipotecária de crédito vinculado ao Sistema Financeiro da Habitação, nos termos da Lei nº 5.741/1971, a petição inicial deve ser instruída com, pelo menos, dois avisos de cobrança. >>>

Súmula STJ 200. O juízo federal competente para processar e julgar acusado de crime de uso de passaporte falso é o do lugar onde o delito se consumou. >>>

Súmula STJ 201. Os honorários advocatícios não podem ser fixados em salários-mínimos. >>>

Súmula STJ 202. A impetração de segurança por terceiro, contra ato judicial, não se condiciona à interposição de recurso. >>>

Súmula STJ 203. Não cabe recurso especial contra decisão proferida por órgão de segundo grau dos juizados especiais. >>>

ÍNDICE CRONOLÓGICO REMISSIVO - STJ

Súmula STJ 204. Os juros de mora nas ações relativas a benefícios previdenciários incidem a partir da citação válida. >>>

Súmula STJ 205. A Lei 8.009/1990 aplica-se à penhora realizada antes de sua vigência. >>>

Súmula STJ 206. A existência de vara privativa, instituída por lei estadual, não altera a competência territorial resultante das leis de processo. >>>

Súmula STJ 208. Compete à justiça federal processar e julgar prefeito municipal por desvio de verba sujeita a prestação de contas perante órgão federal. >>>

Súmula STJ 209. Compete à justiça estadual processar e julgar prefeito por desvio de verba transferida e incorporada ao patrimônio municipal. >>>

Súmula STJ 210. A ação de cobrança das contribuições para o FGTS prescreve em trinta (30) anos. >>>

Súmula STJ 211. Inadmissível recurso especial quanto à questão que, a despeito da oposição de embargos declaratórios, não foi apreciada pelo tribunal "a quo". >>>

Súmula STJ 212. A compensação de créditos tributários não pode ser deferida em ação cautelar ou por medida liminar cautelar ou antecipatória. >>>

Súmula STJ 213. O mandado de segurança constitui ação adequada para a declaração do direito à compensação tributária. >>>

Súmula STJ 214. O fiador na locação não responde por obrigações resultantes de aditamento ao qual não anuiu. >>>

Súmula STJ 215. A indenização recebida pela adesão a programa de incentivo à demissão voluntária não está sujeita à incidência do imposto de renda. >>>

Súmula STJ 218. Compete à justiça dos estados processar e julgar ação de servidor estadual decorrente de direitos e vantagens estatutárias no exercício de cargo em comissão. >>>

Súmula STJ 220. A reincidência não influi no prazo da prescrição da pretensão punitiva. >>>

Súmula STJ 221. São civilmente responsáveis pelo ressarcimento de dano, decorrente de publicação pela imprensa, tanto o autor do escrito quanto o proprietário do veículo de divulgação. >>>

Súmula STJ 223. A certidão de intimação do acórdão recorrido constitui peça obrigatória do instrumento de agravo. >>>

Súmula STJ 224. Excluído do feito o ente federal cuja presença levara o juiz estadual a declinar da competência, deve o juiz federal restituir os autos e não suscitar conflito. >>>

Súmula STJ 225. Compete ao tribunal regional do trabalho apreciar recurso contra sentença proferida por órgão de primeiro grau da justiça trabalhista, ainda que para declarar-lhe a nulidade em virtude de incompetência. >>>

Súmula STJ 226. O Ministério Público tem legitimidade para recorrer na ação de acidente do trabalho, ainda que o segurado esteja assistido por advogado. >>>

Súmula STJ 227. A pessoa jurídica pode sofrer dano moral. >>>

Súmula STJ 228. É inadmissível o interdito proibitório para a proteção do direito autoral. >>>

Súmula STJ 229. O pedido do pagamento de indenização à seguradora suspende o prazo de prescrição até que o segurado tenha ciência da decisão. >>>

Súmula STJ 231. A incidência da circunstância atenuante não pode conduzir à redução da pena abaixo do mínimo legal. >>>

Súmula STJ 232. A Fazenda Pública, quando parte no processo, fica sujeita à exigência do depósito prévio dos honorários do perito. >>>

Súmula STJ 233. O contrato de abertura de crédito, ainda que acompanhado de extrato da conta corrente, não é título executivo. >>>

Súmula STJ 234. A participação de membro do Ministério Público na fase investigatória criminal não acarreta o seu impedimento ou suspeição para o oferecimento da denúncia. >>>

Súmula STJ 235. A conexão não determina a reunião dos processos, se um deles já foi julgado. >>>

Súmula STJ 236. Não compete ao Superior Tribunal de Justiça dirimir conflitos de competência entre juízes trabalhistas vinculados a tribunais regionais do trabalho diversos. >>>

Súmula STJ 237. Nas operações com cartão de crédito, os encargos relativos ao financiamento não são considerados no cálculo do ICMS. >>>

Súmula STJ 238. A avaliação da indenização devida ao proprietário do solo, em razão de alvará de pesquisa mineral, é processada no juízo estadual da situação do imóvel. >>>

Súmula STJ 239. O direito à adjudicação compulsória não se condiciona ao registro do compromisso de compra e venda no cartório de imóveis. >>>

Súmula STJ 240. A extinção do processo, por abandono da causa pelo autor, depende de requerimento do réu. >>>

Súmula STJ 241. A reincidência penal não pode ser considerada como circunstância agravante e, simultaneamente, como circunstância judicial. >>>

Súmula STJ 242. Cabe ação declaratória para reconhecimento de tempo de serviço para fins previdenciários. >>>

Súmula STJ 243. O benefício da suspensão do processo não é aplicável em relação às infrações penais cometidas em concurso material, concurso formal ou continuidade delitiva, quando a pena mínima cominada, seja pelo somatório, seja pela incidência da majorante, ultrapassar o limite de um (01) ano. >>>

Súmula STJ 244. Compete ao foro do local da recusa processar e julgar o crime de estelionato mediante cheque sem provisão de fundos. >>>

Súmula STJ 245. A notificação destinada a comprovar a mora nas dívidas garantidas por alienação fiduciária dispensa a indicação do valor do débito. >>>

Súmula STJ 246. O valor do seguro obrigatório deve ser deduzido da indenização judicialmente fixada. >>>

Súmula STJ 247. O contrato de abertura de crédito em conta corrente, acompanhado do demonstrativo de débito, constitui documento hábil para o ajuizamento da ação monitória. >>>

Súmula STJ 248. Comprovada a prestação dos serviços, a duplicata não aceita, mas protestada, é título hábil para instruir pedido de falência. >>>

Súmula STJ 249. A Caixa Econômica Federal tem legitimidade passiva para integrar processo em que se discute correção monetária do FGTS. >>>

Súmula STJ 251. A meação só responde pelo ato ilícito quando o credor, na execução fiscal, provar que o enriquecimento dele resultante aproveitou ao casal. >>>

Súmula STJ 252. Os saldos das contas do FGTS, pela legislação infraconstitucional, são corrigidos em 42,72% (IPC) quanto às perdas de janeiro de 1989 e 44,80% (IPC) quanto às de abril de 1990, acolhidos pelo STJ os índices de 18,02% (LBC) quanto às perdas de junho de 1987, de 5,38% (BTN) para maio de 1990 e 7,00% (TR) para fevereiro de 1991, de acordo com o entendimento do STF (RE 226.855-7-RS). >>>

Súmula STJ 253. O art. 557 do CPC, que autoriza o relator a decidir o recurso, alcança o reexame necessário. >>>

Súmula STJ 254. A decisão do juízo federal que exclui da relação processual ente federal não pode ser reexaminada no juízo estadual. >>>

Súmula STJ 257. A falta de pagamento do prêmio do seguro obrigatório de Danos Pessoais Causados por Veículos Automotores de Vias Terrestres (DPVAT) não é motivo para a recusa do pagamento da indenização. >>>

Súmula STJ 258. A nota promissória vinculada a contrato de abertura de crédito não goza de autonomia em razão da iliquidez do título que a originou. >>>

Súmula STJ 259. A ação de prestação de contas pode ser proposta pelo titular de conta corrente bancária. >>>

Súmula STJ 260. A convenção de condomínio aprovada, ainda que sem registro, é eficaz para regular as relações entre os condôminos. >>>

Súmula STJ 261. A cobrança de direitos autorais pela retransmissão radiofônica de músicas, em estabelecimentos hoteleiros, deve ser feita conforme a taxa média de utilização do equipamento, apurada em liquidação. >>>

Súmula STJ 262. Incide o imposto de renda sobre o resultado das aplicações financeiras realizadas pelas cooperativas. >>>

Súmula STJ 264. É irrecorrível o ato judicial que apenas manda processar a concordata preventiva. >>>

Súmula STJ 265. É necessária a oitiva do menor infrator antes de decretar-se a regressão da medida socioeducativa. >>>

Súmula STJ 266. O diploma ou habilitação legal para o exercício do cargo deve ser exigido na posse e não na inscrição para o concurso público. >>>

Súmula STJ 268. O fiador que não integrou a relação processual na ação de despejo não responde pela execução do julgado. >>>

Súmula STJ 269. É admissível a adoção do regime prisional semiaberto aos reincidentes condenados a pena igual ou inferior a quatro anos se favoráveis as circunstâncias judiciais. >>>

Súmula STJ 270. O protesto pela preferência de crédito, apresentado por ente federal em execução que tramita na justiça estadual, não desloca a competência para a justiça federal. >>>

Súmula STJ 271. A correção monetária dos depósitos judiciais independe de ação específica contra o banco depositário. >>>

ÍNDICE CRONOLÓGICO REMISSIVO - STJ

Súmula STJ 272. O trabalhador rural, na condição de segurado especial, sujeito à contribuição obrigatória sobre a produção rural comercializada, somente faz jus à aposentadoria por tempo de serviço, se recolher contribuições facultativas. >>>

Súmula STJ 273. Intimada a defesa da expedição da carta precatória, torna-se desnecessária intimação da data da audiência no juízo deprecado. >>>

Súmula STJ 274. O ISS incide sobre o valor dos serviços de assistência médica, incluindo-se neles as refeições, os medicamentos e as diárias hospitalares. >>>

Súmula STJ 275. O auxiliar de farmácia não pode ser responsável técnico por farmácia ou drogaria. >>>

Súmula STJ 277. Julgada procedente a investigação de paternidade, os alimentos são devidos a partir da citação. >>>

Súmula STJ 278. O termo inicial do prazo prescricional, na ação de indenização, é a data em que o segurado teve ciência inequívoca da incapacidade laboral. >>>

Súmula STJ 279. É cabível execução por título extrajudicial contra a Fazenda Pública. >>>

Súmula STJ 280. O art. 35 do Decreto-lei nº 7.661, de 1945, que estabelece a prisão administrativa, foi revogado pelos incisos LXI e LXVII do art. 5º da Constituição Federal de 1988. >>>

Súmula STJ 281. A indenização por dano moral não está sujeita à tarifação prevista na Lei de Imprensa. >>>

Súmula STJ 282. Cabe a citação por edital em ação monitória. >>>

Súmula STJ 283. As empresas administradoras de cartão de crédito são instituições financeiras e, por isso, os juros remuneratórios por elas cobrados não sofrem as limitações da Lei de Usura. >>>

Súmula STJ 285. Nos contratos bancários posteriores ao Código de Defesa do Consumidor incide a multa moratória nele prevista. >>>

Súmula STJ 286. A renegociação de contrato bancário ou a confissão da dívida não impede a possibilidade de discussão sobre eventuais ilegalidades dos contratos anteriores. >>>

Súmula STJ 287. A Taxa Básica Financeira (TBF) não pode ser utilizada como indexador de correção monetária nos contratos bancários. >>>

Súmula STJ 288. A Taxa de Juros de Longo Prazo (TJLP) pode ser utilizada como indexador de correção monetária nos contratos bancários. >>>

Súmula STJ 289. A restituição das parcelas pagas a plano de previdência privada deve ser objeto de correção plena, por índice que recomponha a efetiva desvalorização da moeda. >>>

Súmula STJ 290. Nos planos de previdência privada, não cabe ao beneficiário a devolução da contribuição efetuada pelo patrocinador. >>>

Súmula STJ 291. A ação de cobrança de parcelas de complementação de aposentadoria pela previdência privada prescreve em cinco anos. >>>

Súmula STJ 292. A reconvenção é cabível na ação monitória, após a conversão do procedimento em ordinário. >>>

Súmula STJ 293. A cobrança antecipada do valor residual garantido (VRG) não descaracteriza o contrato de arrendamento mercantil. >>>

Súmula STJ 294. Não é potestativa a cláusula contratual que prevê a comissão de permanência, calculada pela taxa média de mercado apurada pelo Banco Central do Brasil, limitada à taxa do contrato. >>>

Súmula STJ 295. A Taxa Referencial (TR) é indexador válido para contratos posteriores à Lei nº 8.177/1991, desde que pactuada. >>>

Súmula STJ 296. Os juros remuneratórios, não cumuláveis com a comissão de permanência, são devidos no período de inadimplência, à taxa média de mercado estipulada pelo Banco Central do Brasil, limitada ao percentual contratado. >>>

Súmula STJ 297. O Código de Defesa do Consumidor é aplicável às instituições financeiras. >>>

Súmula STJ 298. O alongamento de dívida originada de crédito rural não constitui faculdade da instituição financeira, mas direito do devedor, nos termos da lei. >>>

Súmula STJ 299. É admissível a ação monitória fundada em cheque prescrito. >>>

Súmula STJ 300. O instrumento de confissão de dívida, ainda que originário de contrato de abertura de crédito, constitui título executivo. >>>

Súmula STJ 301. Em ação investigatória, a recusa do suposto pai a submeter-se ao exame de DNA induz presunção "juris tantum" de paternidade. >>>

Súmula STJ 302. É abusiva a cláusula contratual de plano de saúde que limita no tempo a internação hospitalar do segurado. >>>

Súmula STJ 303. Em embargos de terceiro, quem deu causa à constrição indevida deve arcar com os honorários advocatícios. >>>

Súmula STJ 307. A restituição de adiantamento de contrato de câmbio, na falência, deve ser atendida antes de qualquer crédito. >>>

Súmula STJ 308. A hipoteca firmada entre a construtora e o agente financeiro, anterior ou posterior à celebração da promessa de compra e venda, não tem eficácia perante os adquirentes do imóvel. >>>

Súmula STJ 309. O débito alimentar que autoriza a prisão civil do alimentante é o que compreende as três prestações anteriores ao ajuizamento da execução e as que se vencerem no curso do processo. >>>

Súmula STJ 310. O auxílio-creche não integra o salário-de-contribuição. >>>

Súmula STJ 311. Os atos do Presidente do Tribunal que disponham sobre processamento e pagamento de precatório não têm caráter jurisdicional. >>>

Súmula STJ 312. No processo administrativo para imposição de multa de trânsito, são necessárias as notificações da autuação e da aplicação da pena decorrente da infração. >>>

Súmula STJ 313. Em ação de indenização, procedente o pedido, é necessária a constituição de capital ou caução fidejussória para a garantia de pagamento da pensão, independentemente da situação financeira do demandado. >>>

Súmula STJ 314. Em execução fiscal, não localizados bens penhoráveis, suspende-se o processo por um ano, findo o qual se inicia o prazo da prescrição quinquenal intercorrente. >>>

Súmula STJ 316. Cabem embargos de divergência contra acórdão que, em agravo regimental, decide recurso especial. >>>

Súmula STJ 318. Formulado pedido certo e determinado, somente o autor tem interesse recursal em arguir o vício da sentença ilíquida. >>>

Súmula STJ 319. O encargo de depositário de bens penhorados pode ser expressamente recusado. >>>

Súmula STJ 322. Para a repetição de indébito, nos contratos de abertura de crédito em conta corrente, não se exige a prova do erro. >>>

Súmula STJ 323. A inscrição do nome do devedor pode ser mantida nos serviços de proteção ao crédito até o prazo máximo de cinco anos, independentemente da prescrição da execução. >>>

Súmula STJ 324. Compete à justiça federal processar e julgar ações de que participa a Fundação Habitacional do Exército, equiparada à entidade autárquica federal, supervisionada pelo Ministério do Exército. >>>

Súmula STJ 325. A remessa oficial devolve ao tribunal o reexame de todas as parcelas da condenação suportadas pela Fazenda Pública, inclusive dos honorários de advogado. >>>

Súmula STJ 326. Na ação de indenização por dano moral, a condenação em montante inferior ao postulado na inicial não implica sucumbência recíproca. >>>

Súmula STJ 327. Nas ações referentes ao Sistema Financeiro da Habitação, a Caixa Econômica Federal tem legitimidade como sucessora do Banco Nacional da Habitação. >>>

Súmula STJ 328. Na execução contra instituição financeira, é penhorável o numerário disponível, excluídas as reservas bancárias mantidas no Banco Central. >>>

Súmula STJ 329. O Ministério Público tem legitimidade para propor ação civil pública em defesa do patrimônio público. >>>

Súmula STJ 330. É desnecessária a resposta preliminar de que trata o artigo 514 do Código de Processo Penal, na ação penal instruída por inquérito policial. >>>

Súmula STJ 331. A apelação interposta contra sentença que julga embargos à arrematação tem efeito meramente devolutivo. >>>

Súmula STJ 332. A fiança prestada sem autorização de um dos cônjuges implica a ineficácia total da garantia. >>>

Súmula STJ 333. Cabe mandado de segurança contra ato praticado em licitação promovida por sociedade de economia mista ou empresa pública. >>>

Súmula STJ 334. O ICMS não incide no serviço dos provedores de acesso à internet. >>>

Súmula STJ 335. Nos contratos de locação, é válida a cláusula de renúncia à indenização das benfeitorias e ao direito de retenção. >>>

Súmula STJ 336. A mulher que renunciou aos alimentos na separação judicial tem direito à pensão previdenciária por morte do ex-marido, comprovada a necessidade econômica superveniente. >>>

Súmula STJ 337. É cabível a suspensão condicional do processo na desclassificação do crime e na procedência parcial da pretensão punitiva. >>>

Súmula STJ 338. A prescrição penal é aplicável nas medidas socioeducativas. >>>

ÍNDICE CRONOLÓGICO REMISSIVO - STJ

Súmula STJ 339. É cabível ação monitória contra a Fazenda Pública. >>>

Súmula STJ 340. A lei aplicável à concessão de pensão previdenciária por morte é aquela vigente na data do óbito do segurado. >>>

Súmula STJ 341. A frequência a curso de ensino formal é causa de remição de parte do tempo de execução de pena sob regime fechado ou semiaberto. >>>

Súmula STJ 342. No procedimento para aplicação de medida socioeducativa, é nula a desistência de outras provas em face da confissão do adolescente. >>>

Súmula STJ 344. A liquidação por forma diversa da estabelecida na sentença não ofende a coisa julgada. >>>

Súmula STJ 345. São devidos honorários advocatícios pela Fazenda Pública nas execuções individuais de sentença proferida em ações coletivas, ainda que não embargadas. >>>

Súmula STJ 346. É vedada aos militares temporários, para aquisição de estabilidade, a contagem em dobro de férias e licenças não gozadas. >>>

Súmula STJ 347. O conhecimento de recurso de apelação do réu independe de sua prisão. >>>

Súmula STJ 349. Compete à justiça federal ou aos juízes com competência delegada o julgamento das execuções fiscais de contribuições devidas pelo empregador ao FGTS. >>>

Súmula STJ 350. O ICMS não incide sobre o serviço de habilitação de telefone celular. >>>

Súmula STJ 351. A alíquota de contribuição para o Seguro de Acidente do Trabalho (SAT) é aferida pelo grau de risco desenvolvido em cada empresa, individualizada pelo seu CNPJ, ou pelo grau de risco da atividade preponderante quando houver apenas um registro. >>>

Súmula STJ 352. A obtenção ou a renovação do Certificado de Entidade Beneficente de Assistência Social (Cebas) não exime a entidade do cumprimento dos requisitos legais supervenientes. >>>

Súmula STJ 353. As disposições do Código Tributário Nacional não se aplicam às contribuições para o FGTS. >>>

Súmula STJ 354. A invasão do imóvel é causa de suspensão do processo expropriatório para fins de reforma agrária. >>>

Súmula STJ 355. É válida a notificação do ato de exclusão do programa de recuperação fiscal do Refis pelo Diário Oficial ou pela Internet. >>>

Súmula STJ 356. É legítima a cobrança da tarifa básica pelo uso dos serviços de telefonia fixa. >>>

Súmula STJ 358. O cancelamento de pensão alimentícia de filho que atingiu a maioridade está sujeito à decisão judicial, mediante contraditório, ainda que nos próprios autos. >>>

Súmula STJ 359. Cabe ao órgão mantenedor do Cadastro de Proteção ao Crédito a notificação do devedor antes de proceder à inscrição. >>>

Súmula STJ 360. O benefício da denúncia espontânea não se aplica aos tributos sujeitos a lançamento por homologação regularmente declarados, mas pagos a destempo. >>>

Súmula STJ 361. A notificação do protesto, para requerimento de falência da empresa devedora, exige a identificação da pessoa que a recebeu. >>>

Súmula STJ 362. A correção monetária do valor da indenização do dano moral incide desde a data do arbitramento. >>>

Súmula STJ 363. Compete à justiça estadual processar e julgar a ação de cobrança ajuizada por profissional liberal contra cliente. >>>

Súmula STJ 364. O conceito de impenhorabilidade de bem de família abrange também o imóvel pertencente a pessoas solteiras, separadas e viúvas. >>>

Súmula STJ 365. A intervenção da União como sucessora da Rede Ferroviária Federal S/A (RFFSA) desloca a competência para a justiça federal ainda que a sentença tenha sido proferida por juízo estadual. >>>

Súmula STJ 367. A competência estabelecida pela EC n. 45/2004 não alcança os processos já sentenciados. >>>

Súmula STJ 368. Compete à justiça comum estadual processar e julgar os pedidos de retificação de dados cadastrais da justiça eleitoral. >>>

Súmula STJ 369. No contrato de arrendamento mercantil (leasing), ainda que haja cláusula resolutiva expressa, é necessária a notificação prévia do arrendatário para constituí-lo em mora. >>>

Súmula STJ 370. Caracteriza dano moral a apresentação antecipada de cheque pré-datado. >>>

Súmula STJ 371. Nos contratos de participação financeira para a aquisição de linha telefônica, o Valor Patrimonial da Ação (VPA) é apurado com base no balancete do mês da integralização. >>>

Súmula STJ 373. É ilegítima a exigência de depósito prévio para admissibilidade de recurso administrativo. >>>

Súmula STJ 374. Compete à justiça eleitoral processar e julgar a ação para anular débito decorrente de multa eleitoral. >>>

Súmula STJ 375. O reconhecimento da fraude à execução depende do registro da penhora do bem alienado ou da prova de má-fé do terceiro adquirente. >>>

Súmula STJ 376. Compete à turma recursal processar e julgar o mandado de segurança contra ato de juizado especial. >>>

Súmula STJ 377. O portador de visão monocular tem direito de concorrer, em concurso público, às vagas reservadas aos deficientes. >>>

Súmula STJ 378. Reconhecido o desvio de função, o servidor faz jus às diferenças salariais decorrentes. >>>

Súmula STJ 379. Nos contratos bancários não regidos por legislação específica, os juros moratórios poderão ser convencionados até o limite de 1% ao mês. >>>

Súmula STJ 380. A simples propositura da ação de revisão de contrato não inibe a caracterização da mora do autor. >>>

Súmula STJ 381. Nos contratos bancários, é vedado ao julgador conhecer, de ofício, da abusividade das cláusulas. >>>

Súmula STJ 382. A estipulação de juros remuneratórios superiores a 12% ao ano, por si só, não indica abusividade. >>>

Súmula STJ 383. A competência para processar e julgar as ações conexas de interesse de menor é, em princípio, do foro do domicílio do detentor de sua guarda. >>>

Súmula STJ 384. Cabe ação monitória para haver saldo remanescente oriundo de venda extrajudicial de bem alienado fiduciariamente em garantia. >>>

Súmula STJ 385. Da anotação irregular em cadastro de proteção ao crédito, não cabe indenização por dano moral, quando preexistente legítima inscrição, ressalvado o direito ao cancelamento. >>>

Súmula STJ 386. São isentas de imposto de renda as indenizações de férias proporcionais e o respectivo adicional. >>>

Súmula STJ 387. É lícita a cumulação das indenizações de dano estético e dano moral. >>>

Súmula STJ 388. A simples devolução indevida de cheque caracteriza dano moral. >>>

Súmula STJ 389. A comprovação do pagamento do "custo do serviço" referente ao fornecimento de certidão de assentamentos constantes dos livros da companhia é requisito de procedibilidade da ação de exibição de documentos ajuizada em face da sociedade anônima. >>>

Súmula STJ 391. O ICMS incide sobre o valor da tarifa de energia elétrica correspondente à demanda de potência efetivamente utilizada. >>>

Súmula STJ 392. A Fazenda Pública pode substituir a certidão de dívida ativa (CDA) até a prolação da sentença de embargos, quando se tratar de correção de erro material ou formal, vedada a modificação do sujeito passivo da execução. >>>

Súmula STJ 393. A exceção de pré-executividade é admissível na execução fiscal relativamente às matérias conhecíveis de ofício que não demandem dilação probatória. >>>

Súmula STJ 394. É admissível, em embargos à execução, compensar os valores de imposto de renda retidos indevidamente na fonte com os valores restituídos apurados na declaração anual. >>>

Súmula STJ 395. O ICMS incide sobre o valor da venda a prazo constante da nota fiscal. >>>

Súmula STJ 396. A Confederação Nacional da Agricultura tem legitimidade ativa para a cobrança da contribuição sindical rural. >>>

Súmula STJ 397. O contribuinte do IPTU é notificado do lançamento pelo envio do carnê ao seu endereço. >>>

Súmula STJ 398. A prescrição da ação para pleitear os juros progressivos sobre os saldos de conta vinculada do FGTS não atinge o fundo de direito, limitando-se às parcelas vencidas. >>>

Súmula STJ 399. Cabe à legislação municipal estabelecer o sujeito passivo do IPTU. >>>

Súmula STJ 400. O encargo de 20% previsto no DL nº 1.025/1969 é exigível na execução fiscal proposta contra a massa falida. >>>

Súmula STJ 401. O prazo decadencial da ação rescisória só se inicia quando não for cabível qualquer recurso do último pronunciamento judicial. >>>

Súmula STJ 402. O contrato de seguro por danos pessoais compreende os danos morais, salvo cláusula expressa de exclusão. >>>

Súmula STJ 403. Independe de prova do prejuízo a indenização pela publicação não autorizada de imagem de pessoa com fins econômicos ou comerciais. >>>

ÍNDICE CRONOLÓGICO REMISSIVO - STJ

Súmula STJ 404. É dispensável o aviso de recebimento (AR) na carta de comunicação ao consumidor sobre a negativação de seu nome em bancos de dados e cadastros. >>>

Súmula STJ 405. A ação de cobrança do seguro obrigatório (DPVAT) prescreve em três anos. >>>

Súmula STJ 406. A Fazenda Pública pode recusar a substituição do bem penhorado por precatório. >>>

Súmula STJ 407. É legítima a cobrança da tarifa de água, fixada de acordo com as categorias de usuários e as faixas de consumo. >>>

Súmula STJ 408. Nas ações de desapropriação, os juros compensatórios incidentes após a Medida Provisória nº 1.577, de 11.6.1997, devem ser fixados em 6% ao ano até 13.9.2001, e, a partir de então, em 12% ao ano, na forma da Súmula nº 618 do Supremo Tribunal Federal. >>>

Súmula STJ 409. Em execução fiscal, a prescrição ocorrida antes da propositura da ação pode ser decretada de ofício (art. 219, § 5º, do CPC). >>>

Súmula STJ 410. A prévia intimação pessoal do devedor constitui condição necessária para a cobrança de multa pelo descumprimento de obrigação de fazer ou não fazer. >>>

Súmula STJ 411. É devida a correção monetária ao creditamento do IPI quando há oposição ao seu aproveitamento decorrentes de resistência ilegítima do Fisco. >>>

Súmula STJ 412. A ação de repetição de indébito de tarifas de água e esgoto sujeita-se ao prazo prescricional estabelecido no Código Civil. >>>

Súmula STJ 413. O farmacêutico pode acumular a responsabilidade técnica por uma farmácia e uma drogaria ou por duas drogarias. >>>

Súmula STJ 414. A citação por edital na execução fiscal é cabível quando frustradas as demais modalidades. >>>

Súmula STJ 415. O período de suspensão do prazo prescricional é regulado pelo máximo da pena cominada. >>>

Súmula STJ 416. É devida a pensão por morte aos dependentes do segurado que, apesar de ter perdido essa qualidade, preencheu os requisitos legais para a obtenção de aposentadoria até a data do seu óbito. >>>

Súmula STJ 417. Na execução civil, a penhora de dinheiro na ordem de nomeação de bens não tem caráter absoluto. >>>

Súmula STJ 419. Descabe a prisão civil do depositário judicial infiel. >>>

Súmula STJ 420. Incabível, em embargos de divergência, discutir o valor de indenização por danos morais. >>>

Súmula STJ 421. Os honorários advocatícios não são devidos à Defensoria Pública quando ela atua contra a pessoa jurídica de direito público à qual pertença. >>>

Súmula STJ 422. Os juros remuneratórios não estão limitados nos contratos vinculados ao Sistema Financeiro da Habitação. >>>

Súmula STJ 423. A Contribuição para Financiamento da Seguridade Social – Cofins incide sobre as receitas provenientes das operações de locação de bens móveis. >>>

Súmula STJ 424. É legítima a incidência de ISS sobre os serviços bancários congêneres da lista anexa ao DL nº 406/1968 e à LC nº 56/1987. >>>

Súmula STJ 425. A retenção da contribuição para a seguridade social pelo tomador do serviço não se aplica às empresas optantes pelo Simples. >>>

Súmula STJ 426. Os juros de mora na indenização do seguro DPVAT fluem a partir da citação. >>>

Súmula STJ 427. A ação de cobrança de diferenças de valores de complementação de aposentadoria prescreve em cinco anos contados da data do pagamento. >>>

Súmula STJ 428. Compete ao tribunal regional federal decidir os conflitos de competência entre juizado especial federal e juízo federal da mesma seção judiciária. >>>

Súmula STJ 429. A citação postal, quando autorizada por lei, exige o aviso de recebimento. >>>

Súmula STJ 430. O inadimplemento da obrigação tributária pela sociedade não gera, por si só, a responsabilidade solidária do sócio-gerente. >>>

Súmula STJ 431. É ilegal a cobrança de ICMS com base no valor da mercadoria submetido ao regime de pauta fiscal. >>>

Súmula STJ 432. As empresas de construção civil não estão obrigadas a pagar ICMS sobre mercadorias adquiridas como insumos em operações interestaduais. >>>

Súmula STJ 433. O produto semielaborado, para fins de incidência de ICMS, é aquele que preenche cumulativamente os três requisitos do art. 1º da Lei Complementar nº 65/1991. >>>

Súmula STJ 434. O pagamento da multa por infração de trânsito não inibe a discussão judicial do débito. >>>

Súmula STJ 435. Presume-se dissolvida irregularmente a empresa que deixar de funcionar no seu domicílio fiscal, sem comunicação aos órgãos competentes, legitimando o redirecionamento da execução fiscal para o sócio-gerente. >>>

Súmula STJ 436. A entrega de declaração pelo contribuinte reconhecendo débito fiscal constitui o crédito tributário, dispensada qualquer outra providência por parte do fisco. >>>

Súmula STJ 437. A suspensão da exigibilidade do crédito tributário superior a quinhentos mil reais para opção pelo Refis pressupõe a homologação expressa do comitê gestor e a constituição de garantia por meio do arrolamento de bens. >>>

Súmula STJ 438. É inadmissível a extinção da punibilidade pela prescrição da pretensão punitiva com fundamento em pena hipotética, independentemente da existência ou sorte do processo penal. >>>

Súmula STJ 439. Admite-se o exame criminológico pelas peculiaridades do caso, desde que em decisão motivada. >>>

Súmula STJ 440. Fixada a pena-base no mínimo legal, é vedado o estabelecimento de regime prisional mais gravoso do que o cabível em razão da sanção imposta, com base apenas na gravidade abstrata do delito. >>>

Súmula STJ 441. A falta grave não interrompe o prazo para obtenção de livramento condicional. >>>

Súmula STJ 442. É inadmissível aplicar, no furto qualificado, pelo concurso de agentes, a majorante do roubo. >>>

Súmula STJ 443. O aumento na terceira fase de aplicação da pena no crime de roubo circunstanciado exige fundamentação concreta, não sendo suficiente para a sua exasperação a mera indicação do número de majorantes. >>>

Súmula STJ 444. É vedada a utilização de inquéritos policiais e ações penais em curso para agravar a pena-base. >>>

Súmula STJ 445. As diferenças de correção monetária resultantes de expurgos inflacionários sobre os saldos de FGTS têm como termo inicial a data em que deveriam ter sido creditadas. >>>

Súmula STJ 446. Declarado e não pago o débito tributário pelo contribuinte, é legítima a recusa de expedição de certidão negativa ou positiva com efeito de negativa. >>>

Súmula STJ 447. Os Estados e o Distrito Federal são partes legítimas na ação de restituição de imposto de renda retido na fonte proposta por seus servidores. >>>

Súmula STJ 448. A opção pelo Simples de estabelecimentos dedicados às atividades de creche, pré-escola e ensino fundamental é admitida somente a partir de 24.10.2000, data de vigência da Lei nº 10.034/2000. >>>

Súmula STJ 449. A vaga de garagem que possui matrícula própria no registro de imóveis não constitui bem de família para efeito de penhora. >>>

Súmula STJ 450. Nos contratos vinculados ao SFH, a atualização do saldo devedor antecede sua amortização pelo pagamento da prestação. >>>

Súmula STJ 451. É legítima a penhora da sede do estabelecimento comercial. >>>

Súmula STJ 452. A extinção das ações de pequeno valor é faculdade da Administração Federal, vedada a atuação judicial de ofício. >>>

Súmula STJ 454. Pactuada a correção monetária nos contratos do SFH pelo mesmo índice aplicável à caderneta de poupança, incide a taxa referencial (TR) a partir da vigência da Lei nº 8.177/1991. >>>

Súmula STJ 455. A decisão que determina a produção antecipada de provas com base no art. 366 do CPP deve ser concretamente fundamentada, não a justificando unicamente o mero decurso do tempo. >>>

Súmula STJ 456. É incabível a correção monetária dos salários de contribuição considerados no cálculo do salário de benefício de auxílio-doença, aposentadoria por invalidez, pensão ou auxílio-reclusão concedidos antes da vigência da CF/1988. >>>

Súmula STJ 457. Os descontos incondicionais nas operações mercantis não se incluem na base de cálculo do ICMS. >>>

Súmula STJ 458. A contribuição previdenciária incide sobre a comissão paga ao corretor de seguros. >>>

Súmula STJ 459. A Taxa Referencial (TR) é o índice aplicável, a título de correção monetária, aos débitos com o FGTS recolhidos pelo empregador mas não repassados ao fundo. >>>

Súmula STJ 460. É incabível o mandado de segurança para convalidar a compensação tributária realizada pelo contribuinte. >>>

Súmula STJ 461. O contribuinte pode optar por receber, por meio de precatório ou por compensação, o indébito tributário certificado por sentença declaratória transitada em julgado. >>>

Súmula STJ 462. Nas ações em que representa o FGTS, a CEF, quando sucumbente, não está isenta de reembolsar as custas antecipadas pela parte vencedora. >>>

ÍNDICE CRONOLÓGICO REMISSIVO - STJ

Súmula STJ 463. Incide imposto de renda sobre os valores percebidos a título de indenização por horas extraordinárias trabalhadas, ainda que decorrentes de acordo coletivo. >>>

Súmula STJ 464. A regra de imputação de pagamentos estabelecida no art. 354 do Código Civil não se aplica às hipóteses de compensação tributária. >>>

Súmula STJ 465. Ressalvada a hipótese de efetivo agravamento do risco, a seguradora não se exime do dever de indenizar em razão da transferência do veículo sem a sua prévia comunicação. >>>

Súmula STJ 466. O titular da conta vinculada ao FGTS tem o direito de sacar o saldo respectivo quando declarado nulo seu contrato de trabalho por ausência de prévia aprovação em concurso público. >>>

Súmula STJ 467. Prescreve em cinco anos, contados do término do processo administrativo, a pretensão da Administração Pública de promover a execução da multa por infração ambiental. >>>

Súmula STJ 468. A base de cálculo do PIS, até a edição da MP nº 1.212/1995, era o faturamento ocorrido no sexto mês anterior ao do fato gerador. >>>

Súmula STJ 469. Aplica-se o Código de Defesa do Consumidor aos contratos de plano de saúde. >>>

Súmula STJ 471. Os condenados por crimes hediondos ou assemelhados cometidos antes da vigência da Lei nº 11.464/2007 sujeitam-se ao disposto no art. 112 da Lei nº 7.210/1984 (Lei de Execução Penal) para a progressão de regime prisional. >>>

Súmula STJ 472. A cobrança de comissão de permanência – cujo valor não pode ultrapassar a soma dos encargos remuneratórios e moratórios previstos no contrato – exclui a exigibilidade dos juros remuneratórios, moratórios e da multa contratual. >>>

Súmula STJ 473. O mutuário do SFH não pode ser compelido a contratar o seguro habitacional obrigatório com a instituição financeira mutuante ou com a seguradora por ela indicada. >>>

Súmula STJ 474. A indenização do seguro DPVAT, em caso de invalidez parcial do beneficiário, será paga de forma proporcional ao grau da invalidez. >>>

Súmula STJ 475. Responde pelos danos decorrentes de protesto indevido o endossatário que recebe por endosso translativo título de crédito contendo vício formal extrínseco ou intrínseco, ficando ressalvado seu direito de regresso contra os endossantes e avalistas. >>>

Súmula STJ 476. O endossatário de título de crédito por endosso-mandato só responde por danos decorrentes de protesto indevido se extrapolar os poderes de mandatário. >>>

Súmula STJ 477. A decadência do art. 26 do CDC não é aplicável à prestação de contas para obter esclarecimentos sobre cobrança de taxas, tarifas e encargos bancários. >>>

Súmula STJ 478. Na execução de crédito relativo a cotas condominiais, este tem preferência sobre o hipotecário. >>>

Súmula STJ 479. As instituições financeiras respondem objetivamente pelos danos gerados por fortuito interno relativo a fraudes e delitos praticados por terceiros no âmbito de operações bancárias. >>>

Súmula STJ 480. O juízo da recuperação judicial não é competente para decidir sobre a constrição de bens não abrangidos pelo plano de recuperação da empresa. >>>

Súmula STJ 481. Faz jus ao benefício da justiça gratuita a pessoa jurídica com ou sem fins lucrativos que demonstrar sua impossibilidade de arcar com os encargos processuais. >>>

Súmula STJ 482. A falta de ajuizamento da ação principal no prazo do art. 806 do CPC acarreta a perda da eficácia da liminar deferida e a extinção do processo cautelar. >>>

Súmula STJ 483. O INSS não está obrigado a efetuar depósito prévio do preparo por gozar das prerrogativas e privilégios da Fazenda Pública. >>>

Súmula STJ 484. Admite-se que o preparo seja efetuado no primeiro dia útil subsequente, quando a interposição do recurso ocorrer após o encerramento do expediente bancário. >>>

Súmula STJ 485. A Lei de Arbitragem aplica-se aos contratos que contenham cláusula arbitral, ainda que celebrados antes da sua edição. >>>

Súmula STJ 486. É impenhorável o único imóvel residencial do devedor que esteja locado a terceiros, desde que a renda obtida com a locação seja revertida para a subsistência ou a moradia da sua família. >>>

Súmula STJ 487. O parágrafo único do art. 741 do CPC não se aplica às sentenças transitadas em julgado em data anterior à da sua vigência. >>>

Súmula STJ 488. O § 2º do art. 6º da Lei n. 9.469/1997, que obriga à repartição dos honorários advocatícios, é inaplicável a acordos ou transações celebrados em data anterior à sua vigência. >>>

Súmula STJ 489. Reconhecida a continência, devem ser reunidas na justiça federal as ações civis públicas propostas nesta e na justiça estadual. >>>

Súmula STJ 490. A dispensa de reexame necessário, quando o valor da condenação ou do direito controvertido for inferior a sessenta salários mínimos, não se aplica a sentenças ilíquidas. >>>

Súmula STJ 491. É inadmissível a chamada progressão "per saltum" de regime prisional. >>>

Súmula STJ 492. O ato infracional análogo ao tráfico de drogas, por si só, não conduz obrigatoriamente à imposição de medida socioeducativa de internação do adolescente. >>>

Súmula STJ 493. É inadmissível a fixação de pena substitutiva (art. 44 do CP) como condição especial ao regime aberto. >>>

Súmula STJ 494. O benefício fiscal do ressarcimento do crédito presumido do IPI relativo às exportações incide mesmo quando as matérias-primas ou os insumos sejam adquiridos de pessoa física ou jurídica não contribuinte do PIS/Pasep. >>>

Súmula STJ 495. A aquisição de bens integrantes do ativo permanente da empresa não gera direito a creditamento de IPI. >>>

Súmula STJ 496. Os registros de propriedade particular de imóveis situados em terrenos de marinha não são oponíveis à União. >>>

Súmula STJ 497. Os créditos das autarquias federais preferem aos créditos da fazenda estadual desde que coexistam penhoras sobre o mesmo bem. >>>

Súmula STJ 498. Não incide imposto de renda sobre a indenização por danos morais. >>>

Súmula STJ 499. As empresas prestadoras de serviços estão sujeitas às contribuições ao Sesc e Senac, salvo se integradas noutro serviço social. >>>

Súmula STJ 500. A configuração do crime previsto no artigo 244-B do ECA independe da prova da efetiva corrupção do menor, por se tratar de delito formal. >>>

Súmula STJ 501. É cabível a aplicação retroativa da Lei n. 11.343/2006, desde que o resultado da incidência das suas disposições, na íntegra, seja mais favorável ao réu do que o advindo da aplicação da Lei n. 6.368/1976, sendo vedada a combinação de leis. >>>

Súmula STJ 502. Presentes a materialidade e a autoria, afigura-se típica, em relação ao crime previsto no artigo 184, § 2º, do CP, a conduta de expor à venda CDs e DVDs piratas. >>>

Súmula STJ 503. O prazo para ajuizamento de ação monitória em face do emitente de cheque sem força executiva é quinquenal, a contar do dia seguinte à data de emissão estampada na cártula. >>>

Súmula STJ 504. O prazo para ajuizamento de ação monitória em face do emitente de nota promissória sem força executiva é quinquenal, a contar do dia seguinte ao vencimento do título. >>>

Súmula STJ 505. A competência para processar e julgar as demandas que têm por objeto obrigações decorrentes dos contratos de planos de previdência privada firmados com a Fundação Rede Ferroviária de Seguridade Social – Refer é da justiça estadual. >>>

Súmula STJ 506. A Anatel não é parte legítima nas demandas entre a concessionária e o usuário de telefonia decorrentes de relação contratual. >>>

Súmula STJ 507. A acumulação de auxílio-acidente com aposentadoria pressupõe que a lesão incapacitante e a aposentadoria sejam anteriores a 11.11.1997, observado o critério do art. 23 da Lei n. 8.213/1991 para definição do momento da lesão nos casos de doença profissional ou do trabalho. >>>

Súmula STJ 508. A isenção da Cofins concedida pelo art. 6º, II, da LC n. 70/1991 às sociedades civis de prestação de serviços profissionais foi revogada pelo art. 56 da Lei n. 9.430/1996. >>>

Súmula STJ 509. É lícito ao comerciante de boa-fé aproveitar os créditos de ICMS decorrentes de nota fiscal posteriormente declarada inidônea, quando demonstrada a veracidade da compra e venda. >>>

Súmula STJ 510. A liberação de veículo retido apenas por transporte irregular de passageiros não está condicionada ao pagamento de multas e despesas. >>>

Súmula STJ 511. É possível o reconhecimento do privilégio previsto no § 2º do art. 155 do CP nos casos de crime de furto qualificado, se estiverem presentes a primariedade do agente, o pequeno valor da coisa e a qualificadora for de ordem objetiva. >>>

Súmula STJ 513. A "abolitio criminis" temporária prevista na Lei n. 10.826/2003 aplica-se ao crime de posse de arma de fogo de uso permitido com numeração, marca ou qualquer outro sinal de identificação raspado, suprimido ou adulterado, praticado somente até 23.10.2005. >>>

Súmula STJ 514. A CEF é responsável pelo fornecimento dos extratos das contas individualizadas vinculadas ao FGTS dos Trabalhadores participantes do Fundo de Garantia do Tempo de Serviço, inclusive para fins de exibição em juízo, independentemente do período em discussão. >>>

ÍNDICE CRONOLÓGICO REMISSIVO - STJ

Súmula STJ 515. A reunião de execuções fiscais contra o mesmo devedor constitui faculdade do juiz. >>>

Súmula STJ 516. A contribuição de intervenção no domínio econômico para o Incra (Decreto-Lei n. 1.110/1970), devida por empregadores rurais e urbanos, não foi extinta pelas Leis ns. 7.787/1989, 8.212/1991 e 8.213/1991, não podendo ser compensada com a contribuição ao INSS. >>>

Súmula STJ 517. São devidos honorários advocatícios no cumprimento de sentença, haja ou não impugnação, depois de escoado o prazo para pagamento voluntário, que se inicia após a intimação do advogado da parte executada. >>>

Súmula STJ 518. Para fins do art. 105, III, a, da Constituição Federal, não é cabível recurso especial fundado em alegada violação de enunciado de súmula. >>>

Súmula STJ 519. Na hipótese de rejeição da impugnação ao cumprimento de sentença, não são cabíveis honorários advocatícios. >>>

Súmula STJ 520. O benefício de saída temporária no âmbito da execução penal é ato jurisdicional insuscetível de delegação à autoridade administrativa do estabelecimento prisional. >>>

Súmula STJ 521. A legitimidade para execução fiscal de multa pendente de pagamento imposta em sentença condenatória é exclusiva da Procuradoria da Fazenda Pública. >>>

Súmula STJ 522. A conduta de atribuir-se falsa identidade perante autoridade policial é típica, ainda que em situação de alegada autodefesa. >>>

Súmula STJ 523. A taxa de juros de mora incidente na repetição de indébito de tributos estaduais deve corresponder à utilizada para cobrança do tributo pago em atraso, sendo legítima a incidência da taxa Selic, em ambas as hipóteses, quando prevista na legislação local, vedada sua cumulação com quaisquer outros índices. >>>

Súmula STJ 524. No tocante à base de cálculo, o ISSQN incide apenas sobre a taxa de agenciamento quando o serviço prestado por sociedade empresária de trabalho temporário for de intermediação, devendo, entretanto, englobar também os valores dos salários e encargos sociais dos trabalhadores por ela contratados nas hipóteses de fornecimento de mão de obra. >>>

Súmula STJ 525. A Câmara de vereadores não possui personalidade jurídica, apenas personalidade judiciária, somente podendo demandar em juízo para defender os seus direitos institucionais. >>>

Súmula STJ 526. O reconhecimento de falta grave decorrente do cometimento de fato definido como crime doloso no cumprimento da pena prescinde do trânsito em julgado de sentença penal condenatória no processo penal instaurado para apuração do fato. >>>

Súmula STJ 527. O tempo de duração da medida de segurança não deve ultrapassar o limite máximo da pena abstratamente cominada ao delito praticado. >>>

Súmula STJ 528. Compete ao juiz federal do local da apreensão da droga remetida do exterior pela via postal processar e julgar o crime de tráfico internacional. >>>

Súmula STJ 529. No seguro de responsabilidade civil facultativo, não cabe o ajuizamento de ação pelo terceiro prejudicado direta e exclusivamente em face da seguradora do apontado causador do dano. >>>

Súmula STJ 530. Nos contratos bancários, na impossibilidade de comprovar a taxa de juros efetivamente contratada – por ausência de pactuação ou pela falta de juntada do instrumento aos autos –, aplica-se a taxa média de mercado, divulgada pelo Bacen, praticada nas operações da mesma espécie, salvo se a taxa cobrada for mais vantajosa para o devedor. >>>

Súmula STJ 531. Em ação monitória fundada em cheque prescrito, ajuizada contra o emitente, é dispensável a menção ao negócio jurídico subjacente à emissão da cártula. >>>

Súmula STJ 532. Constitui prática comercial abusiva o envio de cartão de crédito sem prévia e expressa solicitação do consumidor, configurando-se ato ilícito indenizável e sujeito à aplicação de multa administrativa. >>>

Súmula STJ 533. Para o reconhecimento da prática de falta disciplinar no âmbito da execução penal, é imprescindível a instauração de procedimento administrativo pelo diretor do estabelecimento prisional, assegurado o direito de defesa, a ser realizado por advogado constituído ou defensor público nomeado. >>>

Súmula STJ 534. A prática de falta grave interrompe a contagem do prazo para a progressão de regime de cumprimento de pena, o qual se reinicia a partir do cometimento dessa infração. >>>

Súmula STJ 535. A prática de falta grave não interrompe o prazo para fim de comutação de pena ou indulto. >>>

Súmula STJ 536. A suspensão condicional do processo e a transação penal não se aplicam na hipótese de delitos sujeitos ao rito da Lei Maria da Penha. >>>

Súmula STJ 537. Em ação de reparação de danos, a seguradora denunciada, se aceitar a denunciação ou contestar o pedido do autor, pode ser condenada, direta e solidariamente junto com o segurado, ao pagamento da indenização devida à vítima, nos limites contratados na apólice. >>>

Súmula STJ 538. As administradoras de consórcio têm liberdade para estabelecer a respectiva taxa de administração, ainda que fixada em percentual superior a dez por cento. >>>

Súmula STJ 539. É permitida a capitalização de juros com periodicidade inferior à anual em contratos celebrados com instituições integrantes do Sistema Financeiro Nacional a partir de 31/3/2000 (MP 1.963-17/00, reeditada como MP 2.170-36/01), desde que expressamente pactuada. >>>

Súmula STJ 540. Na ação de cobrança do seguro DPVAT, constitui faculdade do autor escolher entre os foros do seu domicílio, do local do acidente ou ainda do domicílio do réu. >>>

Súmula STJ 541. A previsão no contrato bancário de taxa de juros anual superior ao duodécuplo da mensal é suficiente para permitir a cobrança da taxa efetiva anual contratada. >>>

Súmula STJ 542. A ação penal relativa ao crime de lesão corporal resultante de violência doméstica contra a mulher é pública incondicionada. >>>

Súmula STJ 543. Na hipótese de resolução de contrato de promessa de compra e venda de imóvel submetido ao Código de Defesa do Consumidor, deve ocorrer a imediata restituição das parcelas pagas pelo promitente comprador – integralmente, em caso de culpa exclusiva do promitente vendedor/construtor, ou parcialmente, caso tenha sido o comprador quem deu causa ao desfazimento. >>>

Súmula STJ 544. É válida a utilização de tabela do Conselho Nacional de Seguros Privados para estabelecer a proporcionalidade da indenização do seguro DPVAT ao grau de invalidez também na hipótese de sinistro anterior a 16.12.2008, data da entrada em vigor da Medida Provisória n. 451/2008. >>>

Súmula STJ 545. Quando a confissão for utilizada para a formação do convencimento do julgador, o réu fará jus à atenuante prevista no art. 65, III, d, do Código Penal. >>>

Súmula STJ 546. A competência para processar e julgar o crime de uso de documento falso é firmada em razão da entidade ou órgão ao qual foi apresentado o documento público, não importando a qualificação do órgão expedidor. >>>

Súmula STJ 547. Nas ações em que se pleiteia o ressarcimento dos valores pagos a título de participação financeira do consumidor no custeio de construção de rede elétrica, o prazo prescricional é de vinte anos na vigência do Código Civil de 1916. Na vigência do Código Civil de 2002, o prazo é de cinco anos se houver previsão contratual de ressarcimento e de três anos na ausência de cláusula nesse sentido, observada a regra de transição disciplinada em seu art. 2.028. >>>

Súmula STJ 548. Incumbe ao credor a exclusão do registro da dívida em nome do devedor no cadastro de inadimplentes no prazo de cinco dias úteis, a partir do integral e efetivo pagamento do débito. >>>

Súmula STJ 549. É válida a penhora de bem de família pertencente a fiador de contrato de locação. >>>

Súmula STJ 550. A utilização de escore de crédito, método estatístico de avaliação de risco que não constitui banco de dados, dispensa o consentimento do consumidor, que terá o direito de solicitar esclarecimentos sobre as informações pessoais valoradas e as fontes dos dados considerados no respectivo cálculo. >>>

Súmula STJ 551. Nas demandas por complementação de ações de empresas de telefonia, admite-se a condenação ao pagamento de dividendos e juros sobre capital próprio independentemente de pedido expresso. No entanto, somente quando previstos no título executivo, poderão ser objeto de cumprimento de sentença. >>>

Súmula STJ 552. O portador de surdez unilateral não se qualifica como pessoa com deficiência para o fim de disputar as vagas reservadas em concursos públicos. >>>

Súmula STJ 553. Nos casos de empréstimo compulsório sobre o consumo de energia elétrica, é competente a justiça estadual para o julgamento de demanda proposta exclusivamente contra a Eletrobrás. Requerida a intervenção da União no feito após a prolação de sentença pelo juízo estadual, os autos devem ser remetidos ao tribunal regional federal competente para o julgamento da apelação se deferida a intervenção. >>>

Súmula STJ 554. Na hipótese de sucessão empresarial, a responsabilidade da sucessora abrange não apenas os tributos devidos pela sucedida, mas também as multas moratórias ou punitivas referentes a fatos geradores ocorridos até a data da sucessão. >>>

Súmula STJ 555. Quando não houver declaração do débito, o prazo decadencial quinquenal para o Fisco constituir o crédito tributário conta-se exclusivamente na forma do art. 173, I, do CTN, nos casos em que a legislação atribui ao sujeito passivo o dever de antecipar o pagamento sem prévio exame da autoridade administrativa. >>>

ÍNDICE CRONOLÓGICO REMISSIVO - STJ

Súmula STJ 556. É indevida a incidência de imposto de renda sobre o valor da complementação de aposentadoria pago por entidade de previdência privada e em relação ao resgate de contribuições recolhidas para referidas entidades patrocinadoras no período de 1º.1.1989 a 31.12.1995, em razão da isenção concedida pelo art. 6º, VII, b, da Lei n. 7.713/1988, na redação anterior à que lhe foi dada pela Lei n. 9.250/1995. >>>

Súmula STJ 557. A renda mensal inicial (RMI) alusiva ao benefício de aposentadoria por invalidez precedido de auxílio-doença será apurada na forma do art. 36, § 7º, do Decreto n. 3.048/1999, observando-se, porém, os critérios previstos no art. 29, § 5º, da Lei n. 8.213/1991, quando intercalados períodos de afastamento e de atividade laboral. >>>

Súmula STJ 558. Em ações de execução fiscal, a petição inicial não pode ser indeferida sob o argumento da falta de indicação do CPF e/ou RG ou CNPJ da parte executada. >>>

Súmula STJ 559. Em ações de execução fiscal, é desnecessária a instrução da petição inicial com o demonstrativo de cálculo do débito, por tratar-se de requisito não previsto no art. 6º da Lei n. 6.830/1980. >>>

Súmula STJ 560. A decretação da indisponibilidade de bens e direitos, na forma do art. 185-A do CTN, pressupõe o exaurimento das diligências na busca por bens penhoráveis, o qual fica caracterizado quando infrutíferos o pedido de constrição sobre ativos financeiros e a expedição de ofícios aos registros públicos do domicílio do executado, ao Denatran ou Detran. >>>

Súmula STJ 561. Os Conselhos Regionais de Farmácia possuem atribuição para fiscalizar e autuar as farmácias e drogarias quanto ao cumprimento da exigência de manter profissional legalmente habilitado (farmacêutico) durante todo o período de funcionamento dos respectivos estabelecimentos. >>>

Súmula STJ 562. É possível a remição de parte do tempo de execução da pena quando o condenado, em regime fechado ou semiaberto, desempenha atividade laborativa, ainda que extramuros. >>>

Súmula STJ 563. O Código de Defesa do Consumidor é aplicável às entidades abertas de previdência complementar, não incidindo nos contratos previdenciários celebrados com entidades fechadas. >>>

Súmula STJ 564. No caso de reintegração de posse em arrendamento mercantil financeiro, quando a soma da importância antecipada a título de valor residual garantido (VRG) com o valor da venda do bem ultrapassar o total do VRG previsto contratualmente, o arrendatário terá direito de receber a respectiva diferença, cabendo, porém, se estipulado no contrato, o prévio desconto de outras despesas ou encargos pactuados. >>>

Súmula STJ 565. A pactuação das tarifas de abertura de crédito (TAC) e de emissão de carnê (TEC), ou outra denominação para o mesmo fato gerador, é válida apenas nos contratos bancários anteriores ao início da vigência da Resolução-CMN n. 3.518/2007, em 30.4.2008. >>>

Súmula STJ 566. Nos contratos bancários posteriores ao início da vigência da Resolução-CMN n. 3.518/2007, em 30.4.2008, pode ser cobrada a tarifa de cadastro no início do relacionamento entre o consumidor e a instituição financeira. >>>

Súmula STJ 567. Sistema de vigilância realizado por monitoramento eletrônico ou por existência de segurança no interior de estabelecimento comercial, por si só, não torna impossível a configuração do crime de furto. >>>

Súmula STJ 568. O relator, monocraticamente e no Superior Tribunal de Justiça, poderá dar ou negar provimento ao recurso quando houver entendimento dominante acerca do tema. >>>

Súmula STJ 569. Na importação, é indevida a exigência de nova certidão negativa de débito no desembaraço aduaneiro, se já apresentada a comprovação da quitação de tributos federais quando da concessão do benefício relativo ao regime de drawback. >>>

Súmula STJ 570. Compete à justiça federal o processamento e julgamento de demanda em que se discute a ausência de ou o obstáculo ao credenciamento de instituição particular de ensino superior no Ministério da Educação como condição de expedição de diploma de ensino a distância aos estudantes. >>>

Súmula STJ 571. A taxa progressiva de juros não se aplica às contas vinculadas ao FGTS de trabalhadores qualificados como avulsos. >>>

Súmula STJ 572. O Banco do Brasil, na condição de gestor do Cadastro de Emitentes de Cheques sem Fundos (CCF), não tem a responsabilidade de notificar previamente o devedor acerca da sua inscrição no aludido cadastro, tampouco legitimidade passiva para as ações de reparação de danos fundadas na ausência de prévia comunicação. >>>

Súmula STJ 573. Nas ações de indenização decorrente de seguro DPVAT, a ciência inequívoca do caráter permanente da invalidez, para fins de contagem do prazo prescricional, depende de laudo médico, exceto nos casos de invalidez permanente notória ou naqueles em que o conhecimento anterior resulte comprovado na fase de instrução. >>>

Súmula STJ 574. Para a configuração do delito de violação de direito autoral e a comprovação de sua materialidade, é suficiente a perícia realizada por amostragem do produto apreendido, nos aspectos externos do material, e é desnecessária a identificação dos titulares dos direitos autorais violados ou daqueles que os representem. >>>

Súmula STJ 575. Constitui crime a conduta de permitir, confiar ou entregar a direção de veículo automotor a pessoa que não seja habilitada, ou que se encontre em qualquer das situações previstas no art. 310 do CTB, independentemente da ocorrência de lesão ou de perigo de dano concreto na condução do veículo. >>>

Súmula STJ 576. Ausente requerimento administrativo no INSS, o termo inicial para a implantação da aposentadoria por invalidez concedida judicialmente será a data da citação válida. >>>

Súmula STJ 577. É possível reconhecer o tempo de serviço rural anterior ao documento mais antigo apresentado, desde que amparado em convincente prova testemunhal colhida sob o contraditório. >>>

Súmula STJ 578. Os empregados que laboram no cultivo da cana-de-açúcar para empresa agroindustrial ligada ao setor sucroalcooleiro detêm a qualidade de rurícola, ensejando a isenção do FGTS desde a edição da Lei Complementar n. 11/1971 até a promulgação da Constituição Federal de 1988. >>>

Súmula STJ 579. Não é necessário ratificar o recurso especial interposto na pendência do julgamento dos embargos de declaração, quando inalterado o resultado anterior. >>>

Súmula STJ 580. A correção monetária nas indenizações do seguro DPVAT por morte ou invalidez, prevista no § 7º do art. 5º da Lei n. 6.194/1974, redação dada pela Lei n. 11.482/2007, incide desde a data do evento danoso. >>>

Súmula STJ 581. A recuperação judicial do devedor principal não impede o prosseguimento das ações e execuções ajuizadas contra terceiros devedores solidários ou coobrigados em geral, por garantia cambial, real ou fidejussória. >>>

Súmula STJ 582. Consuma-se o crime de roubo com a inversão da posse do bem mediante emprego de violência ou grave ameaça, ainda que por breve tempo e em seguida à perseguição imediata ao agente e recuperação da coisa roubada, sendo prescindível a posse mansa e pacífica ou desvigiada. >>>

Súmula STJ 583. O arquivamento provisório previsto no art. 20 da Lei n. 10.522/2002, dirigido aos débitos inscritos como dívida ativa da União pela Procuradoria-Geral da Fazenda Nacional ou por ela cobrados, não se aplica às execuções fiscais movidas pelos conselhos de fiscalização profissional ou pelas autarquias federais. >>>

Súmula STJ 584. As sociedades corretoras de seguros, que não se confundem com as sociedades de valores mobiliários ou com os agentes autônomos de seguro privado, estão fora do rol de entidades constantes do art. 22, § 1º, da Lei n. 8.212/1991, não se sujeitando à majoração da alíquota da Cofins prevista no art. 18 da Lei n. 10.684/2003. >>>

Súmula STJ 585. A responsabilidade solidária do ex-proprietário, prevista no art. 134 do Código de Trânsito Brasileiro – CTB, não abrange o IPVA incidente sobre o veículo automotor, no que se refere ao período posterior à sua alienação. >>>

Súmula STJ 586. A exigência de acordo entre o credor e o devedor na escolha do agente fiduciário aplica-se, exclusivamente, aos contratos não vinculados ao Sistema Financeiro da Habitação – SFH. >>>

PARTE IX – ÍNDICE ALFABÉTICO REMISSIVO

ÍNDICE ALFABÉTICO REMISSIVO

Os números referem-se às Súmulas.

A

Abandono da causa → **STJ** 240.

Abolitio criminis → **STJ** 513.

Abono salarial → **STF** 241, 230, 234, 235, 241, 501, 552.

Abuso de autoridade → **STJ** 172.

Ação acidentaria → **STJ** 89, 110, 159, 178.

Ação cautelar → **STJ** 212.

Ação civil pública → **STF** 643 → **STJ** 183, 329, 470, 489.

Ação coletiva → **STJ** 345.

Ação cominatória → **STF** 500.

Ação de cobrança → **STJ** 210, 291, 363.

Ação de despejo → **STJ** 268.

Ação de exibição de documentos → **STJ** 372, 389.

Ação de indenização → **STJ** 313, 326, 366.

Ação de pequeno valor → **STJ** 452.

Ação de prestação de contas → **STJ** 259.

Ação de revisão de contrato → **STJ** 380.

Ação declaratória → **STF** 258. → **STJ** 181, 242.

Ação direta de inconstitucionalidade → **STF** 360, 614, 642.

Ação monitória → **STJ** 247, 282, 292, 299, 339, 384, 503, 504, 531.

Ação penal → **STF** 388, 524, 554, 601, 607, 608, 609. → **STJ** 330, 444.

Ação popular → **STF** 365.

Ação previdenciária → **STF** 689. → **STJ** 77, 110, 111, 175, 178, 204, 242.

Ação principal → **STJ** 482.

Ação regressiva → **STF** 187, 188, 257.

Ação rescisória → **STF** 249, 252, 264, 295, 338, 343, 514, 515 → **STJ** 75, 401.

Ação revisional → **STF** 357.

Acesso à justiça → **STF** 667.

Acidente de trabalho → **STF** 198, 229, 232, 234, 236, 238, 240, 311, 314, 337, 35, 434, 464, 529, 612, SV 22. → **STJ** 15, 226, 351, 366.

Acidente de trânsito → **STJ** 6, 132, 145.

Acordo coletivo → **STJ** 463.

ADCT → **STF** 676, 287.

Adiantamento de câmbio → **STJ** 36, 307.

Adicional de periculosidade → **STF** 212.

Adicional de Tarifa Portuária - ATP → **STJ** 50.

Adjudicação compulsória → **STJ** 239.

Adolescente → **STJ** 108, 265, 338, 342, 383, 492, 500.

Advogado → **STJ** 115, 226, 306, 343.

AFRMM → **STJ** 100.

Agenciamento → **STJ** 524.

Agravante penal → **STF** 162. → **STJ** 241, 444.

Agravo → **STF** 228, 288, 289, 342, 425, 506, 699, 700, 727. → **STJ** 182, 217.

Agravo de instrumento → **STF** 506, 639. → **STJ** 86, 118, 223, 255, 315.

Agravo no auto do processo → **STF** 211, 242, 342, 426, 427.

Agravo regimental → **STJ** 116, 316.

ALADI → **STJ** 124.

ALALC → **STJ** 124.

Algemas → **STF** SV 11.

Alienação fiduciária → **STJ** 28, 72, 92, 245, 284, 384.

Alimentos → **STF** 226, 379. → **STJ** 1, 144, 277, 309, 336, 358.

Alvará de pesquisa mineral → **STJ** 238.

Ampla defesa → **STF** SV 3.

Anatel → **STJ** 506.

Anatocismo → **STJ** 102.

Anbid/Cetip → STJ 176.

Anterioridade tributária → STF 669, SV 50.

Anualidade → STF 66, 67, 615.

Anuênio → STF 678.

Anulação de ato jurídico → STJ 195.

Apelação → STF 320, 428, 526, 597, 705, 708, 713. → STJ 9, 317, 331, 347, 553.

Aplicação da lei penal → STF 711.

Aplicação financeira → STJ 262.

Aposentadoria → STF 6, 217, 220, 567, 726, SV 3, SV 33. → STJ 272, 291, 416, 427, 456, 507, 576.

Aposentadoria por invalidez → STJ 557, 576.

Arbitramento → STJ 362.

Arbitramento de aluguel → STF 179, 180.

Arguição de inconstitucionalidade → STF 285.

Armas → STJ 47, 174, 513.

Arrendamento mercantil → STJ 138, 263, 293, 369, 564.

Assistência médica → STJ 274.

Atenuante penal → STJ 231, 511, 545.

Atividade laboral → STJ 562.

Atividade rural → STF 196. → STJ 149, 577, 578.

Ativo financeiro → STJ 560.

Ato administrativo → STF 58, 346, 473.

Ato ilícito → STF 562. → STJ 43, 186, 251.

Ato infracional → STJ 108, 492.

Ato jurídico → STF SV 1. → STJ 195.

Audiência → STJ 273.

Autarquia → STJ 24, 107, 150, 324, 497.

Autodefesa → STJ 522.

Auxiliar de farmácia → STJ 275.

Auxílio creche → STJ 310.

Auxílio-acidente → STJ 507.

Auxílio-alimentação → STF 680, SV 55.

Auxílio-doença → STJ 456, 557.

Auxílio-reclusão → STJ 456.

Aval → STF 189. → STJ 26, 475.

Avaliação de risco → STJ 550.

Aviso de cobrança → STJ 199.

B

Bacalhau → STJ 71.

Banco → STJ 19, 79, 271, 287, 477, 479, 572.

Bacen → STJ 23, 294, 296, 328, 530.

Befiex → STJ 100.

Bem de família → STJ 205, 364, 449, 486, 549.

Bem público → STF 340, 477, 479, 480, 650.

Benefício fiscal → STJ 494.

Benefício previdenciário → STF 465, 466, 613, 687. → STJ 44, 146, 148, 149, 159, 204, 336, 456.

Bens públicos → STJ 103, 238.

Bingos → STF SV 2.

BNH → STJ 327.

Boa-fé → STF 159.

BTN → STF 725. → STJ 252.

Busca e apreensão → STJ 72.

C

Cadastro de consumidor → STJ 323, 359, 385, 548, 572.

Cadastro de eleitor → STJ 368.

Caderneta de inscrição e registro → STF SV 36.

Caderneta de poupança → STJ 454.

Café → STJ 49.

Câmara de Vereadores → STJ 525.

Cambial → STJ 60.

Carta precatória → STF 155. → STJ 46, 273.

Cartão de crédito → STJ 237, 283, 532.

Carteira de habilitação de amador → STF SV 36

Casamento → STF 388.

Caução fidejussória → STJ 313.

CCF → STJ 572.

CDA → STJ 392.

CDC → STJ 285, 297, 321, 469, 477, 532, 543, 550.

ÍNDICE ALFABÉTICO REMISSIVO

707

Cebas → **STJ** 352.

Cédula de crédito → **STJ** 93.

CEF → **STJ** 77, 327, 249, 462, 514.

Cheque → **STF** 28, 246, 521, 554, 600.

Cheque falsificado → **STJ** 48.

Cheque pré-datado → **STJ** 370.

Cheque prescrito → **STJ** 299, 503, 531.

Cheque sem fundo → **STJ** 244.

CIDE → **STJ** 516.

Circunstância judicial → **STJ** 241, 269.

Citação → **STF** 263, 351, 366, 391, 631, 701. → **STJ** 106, 196, 204, 277, 282, 414, 429, 576.

Cláusula arbitral → **STJ** 485.

Cláusula contratual → **STF** 454. → **STJ** 5, 181, 294, 302, 335, 369, 381, 382.

CLT → **STF** 678.

CND → **STJ** 446, 569.

CNPJ → **STJ** 558.

Cobrança → **STF** 159.

Cofins → **STF** 659. → **STJ** 276, 423, 508.

Coisa julgada → **STF** 239, 304, SV 35. → **STJ** 344.

Comerciante → **STJ** 509.

Comissão de permanência → **STJ** 30, 294, 296, 472.

Compensação → **STJ** 212, 213, 460, 461, 464.

Competência → **STF** 235, 736.

Competência legislativa → **STF** 642, 647, 722, SV 39, SV 46. → **STJ** 19.

Competência originária → **STJ** 41, 177, 348.

Competência originária do STF → **STF** 503, 731.

Competência penal → **STF** 452, 498, 521, 522, 526, 555, SV 36. → **STJ** 38, 42, 47, 48, 53, 73, 75, 78, 107, 62, 104, 122, 140, 147, 165, 192, 200, 208, 235, 244, 528, 546.

Competência por prerrogativa de função → **STF** 301, 394, 396, 398, 451, 702, 703, 704. → **STJ** 164, 208, 209.

Competência processual civil → **STJ** 1, 3, 4, 10, 11, 15, 32, 33, 34, 42, 58, 66, 82, 97, 137, 150, 161, 170, 173, 183, 206, 218, 222, 238, 270, 324, 363.

Competência processual penal militar → **STJ** 6, 47, 53, 75, 78, 90, 172.

Competência processual trabalhista → **STF** SV 53. → **STJ** 10, 15, 82, 97, 137, 161, 170, 180, 218, 222, 363.

Competência recursal → **STJ** 55, 365.

Competência territorial → **STJ** 206.

Complementação de ações → **STJ** 551.

Composição gráfica → **STJ** 156.

Compra e venda → **STF** 152, 165, 489, 494. → **STJ** 509, 543.

Compromisso de compra e venda → **STF** 166, 167, 168, 412, 413. → **STJ** 76, 84, 239.

Concordata → **STF** 190, 227. → **STJ** 8, 36, 133, 250, 264

Concreto → **STJ** 167.

Concubinato → **STF** 35, 380, 382, 447.

Concurso de preferência → **STF** 563.

Concurso formal → **STJ** 243.

Concurso material → **STJ** 243.

Concurso público → **STF** 14, 15, 16, 17, 373, 683, 684, 685, 686, SV 43, SV 44. → **STJ** 266, 377, 466, 552.

Condomínio → **STJ** 260, 478.

Conexão → **STF** 704. → **STJ** 122, 235, 383.

Confissão → **STJ** 342, 545.

Confissão de dívida → **STJ** 286, 300.

Conflito de competência → **STJ** 3, 22, 59, 180, 224, 236, 348.

Conflito de competência penal → **STJ** 6, 38, 42, 53, 91, 75, 90, 104, 107, 122, 140, 147, 164, 172, 208, 209.

Conflito de jurisdição → **STF** 555.

Conselheiro de tribunal de contas → **STF** 42, 653.

Conselho Nacional de Seguros Privados → **STJ** 544.

Conselho profissional → **STJ** 66, 79, 120, 275, 561.

Consórcio → **STF** SV 2. → **STJ** 35, 538.

Constituição estadual → **STF** 321, 649.

Constrangimento ilegal → **STJ** 21, 52, 64.

Constrição ao pagamento de tributo → **STF** 70, 323, 547.

Construção civil → **STJ** 167, 194, 308.

Consumidor → **STJ** 532, 566.

Continência → **STF** 704. → **STJ** 489.

Continuidade delitiva → **STJ** 243.

Contraditório → **STF** SV 3.

Contrato → **STF** 165, 335, 412, 489. → **STJ** 26, 35, 61, 76, 176, 322, 332, 380, 450.

Contrato administrativo → **STF** 7.

Drawback → **STJ** 569.

Contrato bancário → **STJ** 233, 285, 286, 287, 288, 379, 381, 479, 530, 565, 566.

Contrato de câmbio → **STJ** 133.

Contrato de conta corrente → **STJ** 233, 247, 258, 259, 300, 322.

Contrato de trabalho → **STF** 195. → **STJ** 466.

Contravenção penal → **STJ** 38, 51, 73.

Contribuição confederativa → **STJ** 666, SV 40.

Contribuição previdenciária → **STF** 241, 467, 530, 688. → **STJ** 159, 272, 425, 458, 516.

Contribuição sindical → **STJ** 222, 396.

Contribuição social → **STJ** 423, 499, 508.

Convenção coletiva → **STF** 349, 679. → **STJ** 57.

Convenção de condomínio → **STJ** 260.

Cooperativa → **STJ** 262.

Corpo de bombeiros → **STF** SV 39.

Correção monetária → **STF** 562, 638, 682, SV 42. → **STJ** 8, 14, 16, 29, 30, 35, 43, 67, 113, 114, 141, 148, 160, 162, 179, 249, 271, 287, 288, 289, 362, 148, 411, 445, 454, 456, 459.

Corretor de seguros → **STJ** 458.

Corrupção de menor → **STJ** 500.

CPF → **STJ** 558.

Crédito de ICMS → **STJ** 129.

Crédito de IPI → **STJ** 494, 495.

Crédito habilitado em falência → **STF** 191, 192, 565.

Crédito rural → **STF** 638. → **STJ** 16, 298.

Crédito trabalhista → **STJ** 219.

Crédito tributário → **STF** 71, 546, 563. → **STJ** 112, 212, 436, 437, 555.

Crime continuado → **STF** 497, 605, 723. → **STJ** 243.

Crime contra a economia popular → **STF** 498.

Crime contra a fauna → **STJ** 91.

Crime contra a ordem tributária → **STF** SV 24.

Crime de responsabilidade → **STF** 722, SV 46.

Crime de trânsito → **STJ** 575.

Crime falimentar → **STF** 564, 592.

Crime hediondo → **STF** 697. → **STJ** 471, 512.

Crime impossível → **STJ** 567.

Crime militar → **STJ** 78.

CRLV → **STJ** 92, 127, 132.

CTB → **STF** 720. → **STJ** 92, 127, 312, 434, 575.

CTN → **STJ** 353, 555, 560.

CTPS → **STF** 225.

Cumprimento da pena → **STJ** 40.

Cumprimento de sentença → **STJ** 517, 519, 551.

Curador → **STF** 352. → **STJ** 196.

Custas → **STF** 223, 395. → **STJ** 178, 462.

Custos legis → **STJ** 99.

D

Dano material → **STJ** 37, 479, 575.

Dano moral → **STJ** 37, 362, 227, 281, 326, 370, 385, 387, 388, 402, 403, 420, 498.

Débito previdenciário → **STJ** 65.

Decadência → **STF** 403. → **STJ** 106, 477.

Decadência tributária → **STF** SV 8. → **STJ** 555.

Décimo terceiro salário → **STF** 530, 688.

Decisão normativa → **STF** 349.

Declaração de utilidade pública → **STF** 23.

Declaração tributária → **STJ** 446, 555.

Decreto → **STJ** 160.

ÍNDICE ALFABÉTICO REMISSIVO

Defensor → **STF** 523, 705, 708, SV 14.

Defensoria Pública → **STJ** 421.

Defesa prévia → **STJ** 330.

Defesa técnica → **STF** SV 5.

Deficiente físico → **STJ** 377, 552.

Demissão → **STF** 8, 24, 25, 50.

Demissão voluntária → **STJ** 215.

Demonstrativo de cálculo → **STJ** 559.

Denatran → **STJ** 560.

Denúncia → **STF** 366, 453, 564, 607, 709, SV 35. → **STJ** 234.

Denúncia espontânea → **STJ** 360.

Depositário → **STJ** 304, 305, 319, 419.

Depositário infiel → **STF** SV 25.

Depósito → **STJ** 112.

Depósito judicial → **STJ** 179, 185, 271.

Depósito prévio → **STJ** 175, 373, 483.

Depósito recursal → **STF** SV 21, SV 28.

Deputado → **STF** 3, 398.

Desaforamento → **STF** 712.

Desapropriação → **STF** 23, 157, 164, 218, 345, 378, 416, 475, 476, 561, 617, 618, 652. → **STJ** 12, 56, 67, 69, 70, 102, 113, 114, 119, 131, 141, 354, 408.

Desclassificação do crime → **STJ** 191, 337.

Desconto incondicional → **STJ** 457.

Desembaraço aduaneiro → **STF** SV 48 → **STJ** 569.

Deserção → **STJ** 187.

Deslocamento de mercadoria → **STJ** 166.

Despejo → **STJ** 268.

Despesas processuais → **STJ** 153, 178, 187, 190, 232.

Desquite → **STF** 226, 305, 379.

Desvio de função → **STJ** 378.

Desvio de verba → **STJ** 208, 209.

Detran → **STJ** 560.

Devedor solidário → **STJ** 26.

Diploma de ensino → **STJ** 570.

Direito autoral → **STF** 386. → **STJ** 63, 228, 261, 502, 574.

Direito de retenção → **STJ** 335.

Direito de uso → **STJ** 193.

Direito de vizinhança → **STF** 120, 414.

Direito estrangeiro → **STF** 692.

Direito fundamental → **STF** 568, 619, 654.

Direito líquido e certo → **STF** 474, 625.

Direito local → **STF** 280.

Disacusia → **STJ** 44.

Disponibilidade → **STF** 11, 22, 39, 358.

Dissolução de sociedade → **STF** 265.

Distrito Federal → **STF** SV 39

Divergência jurisprudencial → **STF** 286, 291, 369. → **STJ** 13, 83, 158.

Dividendos → **STJ** 551.

Divórcio → **STF** 381. → **STJ** 197.

Documento falso → **STF** SV 36.

Documento → **STJ** 546.

Doença profissional → **STJ** 507.

Domínio público → **STF** 479, 480.

DPVAT → **STJ** 257, 470, 474, 540, 573, 580.

Drogaria → **STJ** 120, 275, 413, 561.

Dupla aposentadoria → **STF** 37, 243, 371, 372.

Duplicata → **STJ** 248.

E

EC 45/2004 → **STJ** 367.

ECA → **STJ** 74, 108, 265, 338, 342, 383, 492, 500.

Edital → **STJ** 282.

Efeito devolutivo → **STF** 713. → **STJ** 331.

Eletrobrás → **STJ** 553.

Embargos à arrematação → **STJ** 331.

Embargos à execução → **STJ** 394, 487.

Embargos de declaração → **STF** 317. → **STJ** 98, 211, 418, 579.

Embargos de divergência → **STF** 233, 247, 253, 273, 290, 300, 353, 598, 599. → **STJ** 158, 168, 315, 316, 420.

Embargos de terceiro → **STF** 621. → **STJ** 84, 134, 195, 303.

Embargos do devedor → **STJ** 46, 153, 196, 317, 345.

Embargos infringentes → STF 293, 294, 295, 296, 354, 355, 368, 455, 597. → STJ 88, 169, 207, 255, 390.

Emolumentos → STJ 178.

Empresa pública → STJ 150, 154, 333.

Empréstimo compulsório → STF 418. → STJ 553.

Endosso → STJ 475, 476.

Energia elétrica → STJ 553.

Enfiteuse → STF 122, 170.

Ensino → STJ 34.

Escore de crédito → STJ 550.

Estabelecimento comercial → STF SV 38, 49. → STJ 451, 561, 567.

Estabelecimento prisional → STF SV 56. → STJ 75, 192, 520, 533.

Estabilidade funcional → STF 221, 384, 676. → STJ 346.

Estacionamento → STJ 130.

Estágio probatório → STF 21, 22.

Estatuto do Desarmamento → STJ 513.

Estelionato → STF 521. → STJ 17, 24, 48, 73, 107, 244.

Estrada de ferro → STF 186.

Exame de DNA → STJ 301.

Exame criminológico → STJ 439.

Exame psicotécnico → STF 686, SV 44.

Exceção da verdade → STF 396.

Exceção de pré-executividade → STJ 393.

Execução → STJ 27, 46, 196, 199, 268, 270, 279, 309, 317, 328, 375, 417, 453, 478, 487.

Execução da pena → STJ 562.

Execução de sentença → STJ 10, 345.

Execução fiscal → STF 276, 277, 278, 507, 519, 620. → STJ 58, 66, 121, 128, 139, 153, 189, 190, 251, 314, 349, 393, 400, 409, 414, 435, 515, 521, 558, 559.

Execução penal → STF 611, 700, 715. → STJ 40, 192, 269, 341, 471, 533.

Execução provisória → STF 228.

Execução trabalhista → STF 227, 458, SV 53.

Exibição de livros → STF 260, 390.

Exportação → STJ 49, 50, 129, 494.

Expulsão → STF 1.

Extinção da punibilidade → STF 560. → STJ 18, 438.

Extinção do processo → STF 216. → STJ 240, 452.

Extorsão → STJ 96.

Extradição → STF 2, 367, 421.

Extramuros → STJ 562.

F

Facilitação de fuga → STJ 75.

Falência → STJ 25, 29, 36, 88, 219, 248, 305, 307, 361, 581.

Falsa identidade → STJ 522.

Falsidade em CTPS → STJ 62.

Falsificação de documento → STF SV 36. → STJ 104, 107.

Falsificação de moeda → STJ 73.

Falso testemunho → STJ 165.

Falta disciplinar → STJ 533.

Falta grave → STF 316, 403. → STJ 441, 526, 534, 535.

Farmácia → STJ 120, 275, 413, 561.

Fato gerador → STJ 554.

Fauna → STJ 91.

Fazenda Pública → STJ 45, 85, 116, 190, 232, 279, 325, 339, 345, 483, 497.

Férias → STF 199, 200. → STJ 125, 346.

FGTS → STF 593. → STJ 82, 154, 161, 210, 249, 252, 349, 353, 398, 445, 459, 462, 466, 514, 571, 578.

Fiança → STJ 81, 214, 268, 332, 549.

Filho brasileiro → STF 1, 421.

Finsocial → STF 658. → STJ 94.

Fiscalização tributária → STF 439, 535.

Forças Armadas → STJ 103.

Foro de eleição → STF 335.

Foro por prerrogativa de função → STF 721, SV 45.

Fraude à execução → STJ 375.

Fraude contra credores → STJ 195.

Fundo do direito → STJ 85.

ÍNDICE ALFABÉTICO REMISSIVO

711

Fungibilidade → **STF** 272.

Furto → **STJ** 130, 511, 567.

G

Garagem → **STJ** 449.

GATT → **STJ** 20, 71.

GDASST → **STF** SV 34.

GDATA → **STF** SV 20.

Gravidade abstrata → **STJ** 440.

Gráfica → **STJ** 156.

Gratificação → **STF** 257, 459, SV 15, SV 16, SV 20, SV 34.

Greve → **STF** 316, SV 23.

H

Habeas corpus → **STF** 208, 344, 395, 606, 690, 691, 692, 693, 694, 695.

Habeas data → **STJ** 2.

Habitualidade → **STF** 207, 209, 459.

Herança → **STF** 149.

Hipoteca → **STJ** 199, 478.

Homologação de sentença estrangeira → **STF** 381, 420.

Honorários advocatícios → **STF** 234, 234, 256, 257, 389, 450, 472, 512, 512, 616, 617, 633, SV 47. → **STJ** 14, 29, 105, 110, 111, 131, 141, 201, 303, 306, 325, 345, 421, 453, 488, 517, 519.

Honorários periciais → **STJ** 232.

Horário de funcionamento → **STF** 419, 645, SV 38. → **STJ** 19.

Horas extraordinárias → **STJ** 463.

Hospital → **STJ** 274.

I

ICMS → **STF** 536, 569, 570, 571, 572, 573, 574, 575, 576, 577, 579, 615, 660, 661, 662, SV 30, SV 32, SV 48. → **STJ** 20, 49, 68, 71, 80, 87, 94, 95, 129, 135, 152, 155, 163, 166, 198, 237, 334, 350, 391, 395, 431, 432, 433, 457, 509.

Identidade física do juiz → **STF** 222.

Identificação criminal → **STF** 568.

Iluminação pública → **STF** SV 41.

Imissão na posse → **STJ** 69, 113.

Imóvel → **STF** 166, 167, 168, 413, SV 52. → **STJ** 11, 31, 76, 84, 103, 134, 194, 214, 238, 239, 308, 335, 496, 543.

Impedimento → **STF** 72, 252. → **STJ** 234.

Importação → **STF** SV 48. → **STJ** 20, 50, 95, 124, 155, 198.

Imposto de consumo → **STF** 83, 84, 85, 86, 244.

Imposto de exportação → **STJ** 95.

Imposto de importação → **STF** 534. → **STJ** 95, 124.

Imposto de indústria e profissões → **STF** 90, 91, 318, 350, 471.

Imposto de lucro imobiliário → **STF** 96, 97, 98, 99, 100, 538.

Imposto de renda → **STF** 93, 94, 493, 584, 585, 586, 586, 587. → **STJ** 125, 136, 184, 215, 262, 386, 394, 447, 463, 498, 556.

Imposto de selo → **STF** 106, 107, 537, 548, 102, 103, 104, 144, 303, 468, 532.

Imposto de vendas e consignações → **STF** 117, 118, 119, 124, 125, 143, 332, 333, 334, 438, 533, 540, 541.

Improbidade administrativa → **STF** 703. → **STJ** 164, 208, 209.

Imputação de pagamento → **STJ** 464.

Imunidade parlamentar → **STF** 3, 4, 245.

Imunidade tributária → **STF** 73, 74, 75, 76, 324, 336, 536, 553, 591, 657, 724, 730, SV 52.

Inalienabilidade → **STF** 49.

Inativos → **STF** 57, 359, 680, SV 20, SV 34.

Incapacidade laboral → **STJ** 279.

Incompetência relativa → **STJ** 33.

Incomunicabilidade → **STF** 49.

Incra → **STJ** 516.

Indenização → **STJ** 39, 67, 113, 114, 141, 101, 109, 186, 194, 229, 238, 246, 257, 278, 281, 313, 362, 385, 387, 463, 573.

Indenização por acidente do trabalho → **STF** 35, 229, 232, 314, 464.

Indenização trabalhista → **STF** 200, 217, 219, 220, 459, 462, 463.

Indexador → **STJ** 287, 288, 295.

Indígena → **STF** 480, 650. → **STJ** 140.

Indulto → **STJ** 535.

Indisponibilidade de bens → **STJ** 560.

Inelegibilidade → **STF** SV 18.

Infração ambiental → **STJ** 467.

Infração de trânsito → **STJ** 127, 312, 434, 510.

Inquérito policial → **STF** 331, 524, SV 35. → **STJ** 444.

Insalubridade → **STF** 194, 307, 460.

INSS → **STJ** 175, 178, 483, 516, 576.

Instituição de ensino superior → **STJ** 570.

Instituição financeira → **STJ** 79, 179, 271, 283, 297, 298, 328, 473, 477, 479, 566.

Instituição militar → **STJ** 53.

Instrução criminal → **STJ** 52, 64.

Interdito proibitório → **STJ** 228.

Interesse jurídico → **STJ** 150.

Internação hospitalar → **STJ** 302.

Internet → **STJ** 334, 355.

Interpretação de lei → **STF** 400.

Intervenção constitucional → **STF** 360, 614, 637.

Intervenção processual → **STF** 218, 250, 344, 517, 518. → **STJ** 11, 150, 151, 183, 189, 224, 254, 270, 365.

Intimação → **STF** 155, 216, 310, 431, 707, 710. → **STJ** 25, 121, 223, 273, 410.

Invalidez → **STJ** 456, 474, 544, 557, 573, 576.

Invasão de imóvel → **STJ** 354.

Investigação criminal → **STJ** 234.

Investigação de paternidade → **STF** 149. → **STJ** 1, 277, 301.

IOF → **STF** 664. → **STJ** 185.

IPC → **STJ** 252.

IPI → **STF** 89, 591. → **STJ** 411.

IPTU → **STF** 539, 583, 589, 668, 724. → **STJ** 160, 397, 399.

Irredutibilidade salarial → **STF** 27.

Irretroatividade de lei → **STF** 654.

Isenção → **STF** 77, 78, 79, 81, 539, 544, 581. → **STJ** 556.

Isonomia → **STF** 339, SV 37.

ISSQN → **STF** 588, 663, SV 31. → **STJ** 138, 156, 167, 274, 432, 424, 524.

ITBI → **STF** 75, 108, 110, 111, 326, 328, 329, 470, 656.

ITCMD → **STF** 112, 113, 114, 115, 331, 435, 590.

ITR → **STJ** 139.

J

Jogo do bicho → **STJ** 51.

Jornada de trabalho → **STF** 675.

Juiz do trabalho → **STJ** 236.

Juiz estadual → **STJ** 183, 224, 254, 553.

Juiz federal → **STJ** 224, 254, 528.

Juiz substituto → **STF** 478.

Juizado especial → **STJ** 203, 348, 376, 428.

Juízo de admissibilidade → **STJ** 123.

Junta de conciliação e julgamento → **STJ** 10, 180.

Juro compensatório → **STF** 164, 345, 618. → **STJ** 12, 56, 69, 102, 113, 114, 131, 176, 283, 296, 382, 408.

Juro moratório → **STF** 163, 224, 254, 255, 224, SV 17. → **STJ** 12, 54, 70, 102, 131, 188, 204, 379, 426, 472, 523.

Juros → **STJ** 29, 93, 154, 186, 472, 530, 539, 541, 551, 571.

Juro remuneratório → **STJ** 422, 472.

Justiça do trabalho → **STF** 222, 432, 505, 505, 736, SV 22, SV 23. → **STJ** 57, 97, 367.

Justiça eleitoral → **STJ** 192, 368, 374.

Justiça estadual → **STJ** 15, 34, 38, 42, 53, 55, 57, 62, 73, 75, 104, 107, 137, 161, 172, 178, 190, 192, 209, 218, 224, 230,

ÍNDICE ALFABÉTICO REMISSIVO

238, 254, 270, 363, 365, 366, 368, 489, 505.

Justiça federal → **STJ** 32, 66, 82, 91, 122, 147, 150, 165, 173, 183, 192, 200, 208, 224, 254, 270, 324, 349, 365, 489, 528, 570.

Justiça gratuita → **STF** 450. → **STJ** 481.

Justiça militar → **STF** 47, 90, 78, 192.

Justificação judicial → **STJ** 32.

L

Lançamento tributário → **STJ** 360, 397, 436, 555.

Latrocínio → **STF** 603, 610.

Laudo médico → **STJ** 573.

Leasing → **STJ** 138, 263, 293, 369.

Legislação aduaneira → **STF** 87, 88, 148, 404, 469, 559, 580, 582.

Legitimidade ad causam → **STF** 594, 714.

Legitimidade ativa → **STF** 628.

Legitimidade passiva → **STF** 510, 627.

Legitimidade processual → **STJ** 525.

Lei 8.622/93 → **STF** SV 51.

Lei 8.627/93 → **STF** SV 51.

Lei de Arbitragem → **STJ** 485.

Lei de Imprensa → **STJ** 221, 281.

Lei de Usura → **STJ** 283.

Lei Maria da Penha → **STJ** 536.

Leilão → **STJ** 121, 128.

Lesão corporal → **STJ** 542.

Liberdade condicional → **STF** 715. → **STJ** 441.

Liberdade provisória → **STF** 697.

Licença prêmio → **STF** 678. → **STJ** 136.

Licitação → **STJ** 333.

Liminar → **STF** 262, 405, 626. → **STJ** 212, 217, 482.

Limite de idade → **STF** 14, 683.

Linha telefônica → **STJ** 193.

Liquidação de sentença → **STF** 493. → **STJ** 118, 344.

Litisconsorte → **STF** 631, 701.

Livre concorrência → **STF** 646, SV 49.

Locação → **STF** 449, 492. → **STJ** 214, 335, 423, 486, 549.

Loteria → **STF** SV 2.

M

Magistratura → **STF** 478, 628, 649, 731.

Majorante penal → **STJ** 243.

Mandado de segurança → **STF** 101, 248, 266, 267, 268, 269, 270, 271, 272, 294, 294, 299, 304, 319, 330, 392, 405, 429, 430, 433, 474, 506, 510, 511, 512, 597, 597, 622, 623, 624, 625, 626, 627, 628, 631, 632, 701. → **STJ** 41, 105, 169, 177, 202, 213, 217, 333, 376, 460.

Mandado de segurança coletivo → **STF** 629, 630.

Mandato civil → **STF** 644. → **STJ** 60, 476.

Mandato eletivo → **STF** 34, 703. → **STJ** 164.

Mão de obra → **STJ** 524.

Marca comercial → **STJ** 142, 143.

Marinha do Brasil → **STF** SV 36.

Massa falida → **STJ** 219, 400.

Meação → **STJ** 251.

Medicamento → **STJ** 274.

Medida cautelar em recurso extraordinário → **STF** 634, 635.

Medida de segurança → **STF** 422, 520, 525. → **STJ** 527.

Medida liminar → **STF** 691, 735.

Medida provisória → **STF** 651, SV 54.

Medida socioeducativa → **STJ** 108, 265, 338, 342, 492.

Meio ambiente → **STJ** 91.

Menor infrator → **STJ** 74, 108, 265.

Menoridade penal → **STJ** 74.

Mensalidade escolar → **STJ** 34.

Microempresa → **STJ** 184.

Militar → **STF** 694. → **STJ** 47, 53, 75, 78, 90, 172, 346.

Ministério da Educação → **STJ** 570.

Ministério do Trabalho → **STF** 194.

Ministério Público → **STF** 208, 210, 321, 448, 643, 714, SV 35. → **STJ** 99, 116, 189, 226, 234, 329, 470.

Ministério Público Militar → **STF** 45.

Ministro de Estado → **STF** 4. → **STJ** 177.

Monitoramento eletrônico → **STJ** 567.

Mora → **STJ** 72, 76, 245, 284, 285, 369, 380.

MPv 451/2008 → **STJ** 544.

Multa ambiental → **STJ** 467.

Multa cominatória → **STJ** 372.

Multa contratual → **STF** 616. → **STJ** 472.

Multa de trânsito → **STJ** 127, 312, 434, 510.

Multa eleitoral → **STJ** 374.

Multa moratória → **STJ** 554.

Multa penal → **STJ** 171.

Multa tributária → **STF** 191, 192, 565. → **STJ** 250.

Município → **STJ** 157, 160, 209.

Música → **STJ** 63.

Músico → **STF** 312.

Mútuo → **STJ** 26, 60.

N

Navegação → **STJ** 50.

Nepotismo → **STF** SV 13.

Nomeação em cargo público → **STF** 15.

Nota fiscal → **STJ** 509.

Nota promissória → **STJ** 258, 504.

Notificação → **STF** 224. → **STJ** 199, 245, 312, 355, 359, 361, 369.

Nulidade contratual → **STJ** 176.

Nulidade processual → **STF** 155, 160, 351, 352, 361, 366, 523, 564, 706, 707, 708, 712. → **STJ** 117.

O

Obrigação tributária → **STF** SV 50. → **STJ** 430.

Oficial de farmácia → **STJ** 120.

Oficial de justiça → **STJ** 190.

Órgão colegiado → **STJ** 177.

Órgão gestor de mão de obra → **STJ** 230.

Outorga uxória → **STJ** 332.

P

PAD → **STJ** 343.

Pagamento indevido → **STJ** 162.

Participação financeira → **STJ** 371, 547.

Partilha de bens → **STJ** 197.

Pasep → **STJ** 77, 161, 494.

Passaporte → **STJ** 200.

Patrimônio público → **STJ** 329.

Pauta fiscal → **STJ** 431.

Pena → **STJ** 74, 81, 171, 174, 231, 241, 243, 341, 415, 471, 493, 511, 512, 545.

Pena de comisso → **STF** 122, 169.

Pena pecuniária → **STF** 693.

Pena tributária → **STF** 542, 565.

Penhora → **STJ** 46, 134, 205, 328, 364, 375, 406, 417, 449, 451, 486, 497, 549.

Pensão civil → **STF** 490. → **STJ** 313, 358.

Pensão previdenciária → **STF** 613. → **STJ** 336, 340, 416, 456.

Perdão judicial → **STJ** 18.

Perdas e danos → **STJ** 143.

Perícia → **STF** 230, 361, 460. → **STJ** 574.

Personalidade judiciária → **STJ** 525.

Petição inicial → **STJ** 558, 559.

PIS → **STJ** 68, 77, 161, 468, 494.

Plano de Saúde → **STJ** 302, 469.

Poder de polícia → **STF** 186, 362, 397, 419, 645, 646, SV 38, SV 49.

Poder Executivo → **STF** 5.

Poder Judiciário → **STF** 339, SV 37.

Polícia → **STF** 373, 647, SV 39.

Polícia Militar → **STJ** 6, 75, 78, 90, 172.

Posse → **STF** 415, 487. → **STJ** 84.

Posse em cargo público → **STF** 16, 17.

Prazo recursal → **STF** 319, 320, 322, 392, 425, 428, 641.

Prazos → **STF** 507, 700, 710. → **STJ** 21, 25, 52, 64, 67, 106, 116, 117, 220, 228, 278, 288, 314.

PARTE IX – ÍNDICE ALFABÉTICO REMISSIVO

ÍNDICE ALFABÉTICO REMISSIVO

715

Precatório → **STF** 655, 733, SV 17. → **STJ** 144, 311, 406, 461.

Prefeito → **STF** 301, 702. → **STJ** 164, 208, 209.

Preparo → **STJ** 483, 484.

Prequestionamento → **STF** 282, 356. → **STJ** 98, 320.

Prerrogativa de função → **STJ** 164, 208, 209.

Prescrição → **STF** 230, 398, 467.

Prescrição administrativa → **STF** 383, 443. → **STJ** 467.

Prescrição cambiária → **STF** 600.

Prescrição civil → **STF** 149, 150, 152, 153, 154, 443, 445, 494. → **STJ** 39, 85, 101, 106, 119, 142, 143, 194, 210, 229, 278, 291, 398, 412, 547, 573.

Prescrição intercorrente → **STF** 264, 327. → **STJ** 314, 409.

Prescrição penal → **STF** 146, 147, 497, 592, 604. → **STJ** 191, 220, 338, 415, 438.

Prescrição trabalhista → **STF** 230, 349.

Prescrição tributária → **STF** SV 8.

Prestação de contas → **STJ** 208, 477.

Prestação de serviços → **STJ** 156, 163, 167, 276.

Prevenção → **STF** 706.

Previdência privada → **STJ** 289, 290, 321, 505, 556, 563.

Previdência Social → **STF** 241, 687, 688, 689, 730, SV 33. → **STJ** 24, 175, 242, 272, 336.

Princípio da absorção → **STJ** 17.

Princípio da anterioridade → **STF** SV 50.

Prisão → **STF** 397. → **STJ** 21, 171, 267, 347.

Prisão administrativa → **STJ** 280.

Prisão civil → **STF** 619, SV 25. → **STJ** 304, 305, 309, 419.

Prisão em flagrante → **STF** 145, 601.

Prisão provisória → **STJ** 9.

Processo administrativo → **STF** SV 3. → **STJ** 343, 373, 467.

Processo administrativo disciplinar → **STF** 18, 19, 20, 21, SV 5. → **STJ** 343.

Processo cautelar → **STJ** 482.

Processo legislativo → **STF** 5, 651, SV 54.

Processo penal militar → **STF** 297, 298, 364.

Procuração → **STF** 644. → **STJ** 60, 115.

Procurador Geral → **STF** 696.

Procuradoria da Fazenda Pública → **STJ** 139, 521.

Produto semielaborado → **STJ** 431.

Profissional liberal → **STJ** 363.

Progressão de regime penal → **STF** 716, 717, SV 26. → **STJ** 491, 534.

Promessa de compra e venda → **STF** 621. → **STJ** 308.

Pronúncia → **STJ** 21, 191.

Proteção possessória → **STF** 262, 415, 487, SV 23.

Protesto → **STJ** 248, 361, 475, 476.

Protesto cambiário → **STF** 153, 190, 387.

Protocolo integrado → **STJ** 256.

Prova → **STF** 225, 279. → **STJ** 7, 149, 322, 342, 455, 577.

Prova pericial → **STF** 261.

Provedor de internet → **STJ** 334.

Provimento em cargo público → **STF** 685, SV 43.

Publicação de pauta → **STJ** 117.

Purgação da mora → **STF** 123, 173.

Q

Queixa → **STF** 453, 594.

Quesitos de júri → **STF** 156, 162.

Quota de contribuição → **STJ** 49.

R

Ração animal → **STJ** 87.

Readaptação funcional → **STF** 566.

Reajustamento pecuário → **STF** 182, 183, 184, 185, 275.

Reajuste salarial → **STF** 672, SV 51.

Reclamação constitucional → **STF** 368, 734.

Reclamação trabalhista → **STF** 224, 227.

Reclassificação → **STF** 38.

Reclusão → **STJ** 81.

Reconvenção → **STF** 258, 342, 472. → **STJ** 292.

Recuperação judicial → **STJ** 480.

Recurso → **STJ** 187, 202, 216, 225, 226, 253, 267, 484.

Recurso administrativo → **STJ** 373.

Recurso de revista → **STF** 276, 315, 401, 457.

Recurso em mandado de segurança → **STF** 272, 294, 299, 319, 392, 506, 597, 622.

Recurso especial → **STJ** 5, 7, 13, 83, 86, 123, 126, 203, 207, 211, 315, 316, 418, 518, 579.

Recurso extraordinário → **STF** 228, 249, 272, 279, 280, 281, 282, 283, 284, 285, 286, 287, 288, 289, 291, 292, 355, 356, 369, 389, 399, 400, 432, 454, 456, 505, 513, 527, 528, 602, 634, 635, 636, 637, 638, 639, 640, 728, 733, 735. → **STJ** 126.

Recurso ordinário → **STF** 281, 513.

Rede elétrica → **STJ** 547.

Reexame de prova → **STF** 279.

Reexame necessário → **STF** 620. → **STJ** 45, 253, 325, 390, 490.

Refis → **STJ** 355, 437.

Reforma agrária → **STJ** 354.

Reformatio in pejus → **STJ** 45.

Regime de bens → **STF** 377.

Regime de cumprimento da pena → **STF** 698, 716, 717, 718, 719. → **STJ** 40, 269, 341, 440, 491, 493, 562.

Regime Jurídico Único → **STJ** 97, 137, 170, 173.

Regimento interno → **STF** 399.

Registro de dívida → **STJ** 548.

Registro Geral de Imóveis → **STJ** 239, 449, 496.

Reincidência penal → **STJ** 220, 241, 269.

Reintegração de posse → **STJ** 564.

Reintegração de servidor → **STJ** 173.

Relator → **STJ** 253, 568.

Remessa necessária → **STF** 423.

Remição trabalhista → **STF** 458.

Remição penal → **STJ** 341, 562.

Remuneração → **STF** 27, 38, 339, 359, 567, 671, 672, 680, 681, 682, 726, SV 16, SV 42, SV 51, SV 55.

Renda mensal inicial (RMI) → **STJ** 557.

Renovação de contrato de locação → **STF** 178, 370, 375, 376, 482.

Repetição de indébito → **STF** 71, 546. → **STJ** 162, 188, 322, 461, 523.

Repouso semanal → **STF** 201, 462.

Representação comercial → **STJ** 184.

Requerimento administrativo → **STJ** 576.

Requisição de pequeno valor → **STF** SV 47.

Res. CMN 3.518/07 → **STJ** 565, 566.

Reserva de plenário → **STF** SV 10.

Responsabilidade civil → **STF** 28, 35, 161, 187, 188, 314, 341, 490, 491, 492, 562. → **STJ** 39, 54, 130, 132, 145, 221, 479, 529.

Responsabilidade no transporte mercantil → **STF** 151.

Responsabilidade tributária → **STJ** 251, 360, 430, 435, 554.

Resposta preliminar → **STJ** 330.

Restaurante → **STJ** 163.

Restituição → **STJ** 35, 36.

Restituição de coisas → **STF** 193, 417, 495.

Retomada do imóvel → **STF** 80, 174, 175, 176, 177, 181, 374, 409, 410, 444, 483, 484, 485.

Retransmissão radiofônica → **STJ** 63, 261.

Retroatividade de lei → **STJ** 501.

Réu → **STJ** 21, 240, 501.

Revelia → **STF** 231. → **STJ** 196.

Revisão criminal → **STF** 393.

RGPS → **STF** SV 33

Rios → **STF** 479.

RISTF → **STF** 72, 233, 247, 253, 273, 290, 300, 325, 353, 598, 599.

RJU → **STF** 678.

Roubo → **STJ** 174, 442, 443, 582.

S

Saída temporária → **STJ** 40, 520.

Salário → **STF** 199, 202, 205, 461, 531.

Salário adicional → **STF** 213, 214, 313, 402.

Salário de contribuição → **STJ** 146, 310, 456.

Salário mínimo → **STF** 203, 204, 307, 467, SV 6, SV 15. → **STJ** 201, 490.

Salário-educação → **STF** 732.

Salvado de sinistro → **STF** SV 32. → **STJ** 152.

Seguradora → **STF** SV 32. → **STJ** 529.

Seguro → **STF** 105, 257. → **STJ** 31, 61, 101, 152, 229, 246, 278, 402, 465, 473, 529, 537.

Seguro de acidente do trabalho → **STF** 236, 238, 240, 337, 434, 529, 612. → **STJ** 351.

Seguro de vida → **STJ** 61.

Seguro habitacional → **STJ** 473.

Seguro marítimo → **STF** 504.

Seguro obrigatório → **STJ** 246, 333, 405, 426, 473.

Senador → **STF** 398, 226, 305, 377, 379.

Sentença → **STJ** 18, 59, 111, 188, 217, 225, 317, 318, 331, 344, 461, 487, 490.

Separação judicial → **STJ** 336.

Serviço de Proteção ao Crédito → **STJ** 323, 359, 385, 404, 548.

Serviço de telefonia → **STF** SV 27.

Serviço gráfico → **STJ** 156.

Serviço militar → **STF** 463, SV 6.

Serviço noturno → **STF** 213, 214, 313, 402.

Serviço social autônomo → **STF** 516.

Servidão → **STF** 415.

Servidão administrativa → **STJ** 56.

Servidor público → **STF** 8, 11, 12, 22, 24, 25, 27, 34, 36, 38, 39, 46, 47, 50, 339, 358, 359, 384, 408, 566, 567, 671, 672, 678, 679, 680, 681, 682, 726, SV 33, SV 34, SV 42, SV 43, SV 51, SV 55. → **STJ** 97, 103, 137, 147, 170, 173, 218, 378.

Servidor público militar → **STF** 10, 51, 52, 53, 54, 55, 56, 57, 385, 407, 441, 673, 674.

SFH → **STJ** 199, 422, 450, 454, 473.

Simples Nacional → **STJ** 425, 448.

Sindicato → **STF** 197, 677. → **STJ** 4.

Sinistro → **STF** SV 32. → **STJ** 544.

Sistema de vigilância → **STJ** 567.

Sistema Financeiro da Habitação → **STJ** 31, 42, 327.

Sistema financeiro nacional → **STF** 725. → **STJ** 539.

Sociedade civil → **STJ** 276, 508.

Sociedade de economia mista → **STF** 251, 508, 517, 556. → **STJ** 39, 333.

Sorteios → **STF** SV 2.

Substituição da pena → **STJ** 173.

Sucessão → **STF** 447.

Sucessão empresarial → **STJ** 554.

Sucumbência → **STF** 519. → **STJ** 153, 306, 326.

Suicídio → **STF** 105. → **STJ** 61.

Superior Tribunal de Justiça → **STJ** 41, 116, 177, 187, 216, 236, 256, 348, 568.

Superior Tribunal Militar → **STF** 9.

Surdez → **STJ** 552.

Sursis → **STF** 499. → **STJ** 243, 337.

Suspeição → **STJ** 234.

Suspensão condicional do processo → **STF** 453, 696, 723. → **STJ** 536.

Suspensão de exigibilidade → **STJ** 112, 437.

Suspensão de segurança → **STF** 626.

T

Tarifa → **STJ** 407, 412, 477, 565, 566.

Taxa → **STF** 126, 127, 128, 129, 135, 136, 137, 138, 274, 306, 348, 545, 549, 550, 551, 595, 665, 667, 670, SV 12, SV 19, SV 29, SV 41.

Taxa de despacho aduaneiro → **STF** 130, 131, 133, 134, 308, 309, 437.

Taxa de juros → **STF** 121, 596, 648, SV 7.

Taxa de licença e localização → **STJ** 157.

Taxa de lixo → **STF** SV 19.

Taxa de matrícula → **STF** SV 12.

Taxa de Melhoramento de Portos → **STJ** 80, 124.

Taxa de previdência social → **STF** 132, 140, 141, 142, 302.

Taxa Selic → **STJ** 523.

TBF → **STJ** 287.

TCU → **STF** SV 3.

Telefonia → **STJ** 193, 350, 356, 357, 371, 506, 551.

Tempestividade recursal → **STJ** 216.

Tempo de serviço → **STF** 215. → **STJ** 242, 577.

Terras devolutas → **STF** 477.

Terreno de marinha → **STJ** 496.

Testemunha → **STJ** 149.

Título de crédito → **STF** 189, 387, 600. → **STJ** 16, 26, 60, 93, 248, 258, 475, 476.

Título executivo → **STJ** 258, 300.

Título extrajudicial → **STJ** 27, 233, 279.

TJLP → **STJ** 288.

TR → **STJ** 252, 295, 454, 459.

Trabalhador avulso portuário → **STJ** 230.

Trabalhador rural → **STJ** 272, 577, 578.

Trabalho temporário → **STJ** 524.

Tráfico de drogas → **STF** 522. → **STJ** 492, 501, 512, 528.

Transação civil → **STJ** 488.

Transação penal → **STF** SV 35. → **STJ** 536.

Trânsito em julgado → **STF** 147, 420, 611, 734. → **STJ** 188, 453, 461, 487.

Transporte → **STJ** 109, 145, 190, 510.

Tratado → **STJ** 20.

TRF → **STJ** 3, 55, 428, 553.

Tribunal de alçada → **STJ** 22.

Tribunal de Contas → **STF** 6, 7, 42, 347, 653.

Tribunal de justiça → **STJ** 22.

Tribunal do júri → **STF** 156, 162, 206, 603, 721, SV 45. → **STJ** 191.

TRT → **STJ** 180, 225, 236.

TST → **STF** 315, 401, 457.

Turma recursal → **STF** 640, 690. → **STJ** 203, 376.

U

União federal → **STJ** 11, 38, 183, 496.

URP → **STF** 671.

Uso de documento falso → **STF** SV 36. → **STJ** 104, 200.

Usucapião → **STF** 237, 340, 391. → **STJ** 11, 193.

V

Vaga de garagem → **STJ** 449.

Valor da causa → **STF** 449, 502.

Valor patrimonial da ação → **STJ** 371.

Valor residual garantido → **STJ** 263, 293.

Vara privativa → **STJ** 206.

Veículo → **STJ** 92, 130, 132, 465, 510, 575.

Vencimento → **STF** 679, 681, SV 37, SV 42.

Verba alimentar → **STF** SV 47.

Vereador → **STF** 34.

Videoteipe → **STJ** 135.

Visão monocular → **STJ** 377.

Vistoria → **STF** 154, 261. → **STJ** 109.

Vitaliciedade → **STF** 11, 12, 36, 46, 47.

VRG → **STJ** 263, 293, 564.

PARTE X - GABARITOS

PARTE K -
GABARITOS

GABARITOS

PARTE I									
SÚMULAS SUPREMO TRIBUNAL FEDERAL									
1. DIREITO ADMINISTRATIVO									
0001-B	0002-D	0003-C	0004-A	0005-A	0006-E	0007-E	0008-B	0009-D	0010-C
0011-B	0012-C	0013-B	0014-D	0015-C	0016-B	0017-C	0018-D	0019-D	0020-E
0021-B	0022-C	0023-E	0024-E	0025-C	0026-B	0027-D	0028-A	0029-E	0030-D
0031-D	0032-E	0033-C	0034-A	0035-A	0036-E	0037-C	0038-D	0039-C	0040-B
0041-A	0042-E	0043-D	0044-C	0045-D	0046-C	0047-A	0048-A	0049-E	0050-C
0051-C	0052-E	0053-A	0054-B	0055-A	0056-A	0057-D	0058-B	0059-C	0060-B
0061-C	0062-B	0063-A	0064-A	0065-A	0066-C	0067-D	0068-B	0069-E	0070-B
0071-C	0072-B	0073-A	0074-D	0075-B	0076-E	0077-E	0078-A	0079-E	0080-E
0081-B	0082-A	0083-C	0084-E	0085-E	0086-A	0087-E	0088-C	0089-B	0090-C
0091-A	0092-A	0093-D	0094-E	0095-D	0096-E	0097-C	0098-C	0099-E	0100-D
0101-E	0102-A	0103-A	0104-A	0105-D	0106-A	0107-D	0108-C	0109-E	0110-D
0111-C	0112-A	0113-C	0114-C	0115-B	0116-C	0117-A	0118-B	0119-A	0120-C
0121-D	0122-A	0123-C	0124-B	0125-A	0126-C	0127-B	0128-D	0129-B	0130-D
0131-B	0132-B	0133-B	0134-D	0135-A	0136-E	0137-E	0138-B	0139-A	0140-E
0141-B	0142-E	0143-A	0144-D	0145-D	0146-D	0147-E	0148-E	0149-C	0150-A
0151-C	0152-C	0153-E	0154-C	0155-E	0156-B	0157-B	0158-A	0159-D	0160-A
0161-C	0162-D	0163-D	0164-D	0165-C	0166-A	0167-C	0168-A	0169-C	0170-E
0171-C	0172-A	0173-C	0174-D	0175-D	0176-B	0177-E	0178-E	0179-D	0180-C
0181-A	0182-A	0183-B	0184-C	0185-D	0186-C	0187-A	0188-E	0189-C	0190-D
0191-D	0192-C	0193-E	0194-B	0195-B	0196-A	0197-C	0198-E	0199-D	0200-B
0201-A	0202-E	0203-D	0204-A	0205-C	0206-B	0207-A	0208-D	0209-E	
2. DIREITO CIVIL									
									0210-D
0211-B	0212-B	0213-B	0214-C	0215-A	0216-A	0217-C	0218-E	0219-A	0220-A
0221-A	0222-C	0223-B	0224-D	0225-A	0226-B	0227-A	0228-D	0229-A	0230-E
0231-E	0232-D	0233-B	0234-B	0235-B	0236-E	0237-E	0238-D	0239-D	0240-E
0241-C	0242-A	0243-B	0244-D						
3. DIREITO CONSTITUCIONAL									
				0245-E	0246-E	0247-B	0248-C	0249-C	0250-D
0251-C	0252-B	0253-D	0254-E	0255-E	0256-D	0257-E	0258-E	0259-D	0260-E
0261-C	0262-B	0263-E	0264-E	0265-A	0266-A	0267-C	0268-E	0269-B	0270-C

0271-C	0272-E	0273-E	0274-B	0275-B	0276-D	0277-A	0278-D	0279-D	0280-C
0281-D	0282-C	0283-C	0284-B	0285-C	0286-D	0287-C	0288-C	0289-D	0290-B
0291-E	0292-E	0293-A	0294-B	0295-A	0296-E	0297-C	0298-C	0299-C	0300-A
4. DIREITO DO TRABALHO									
0301-B	0302-E	0303-E	0304-D	0305-A	0306-E	0307-C	0308-A	0309-C	0310-C
0311-A	0312-B	0313-C	0314-E	0315-E	0316-D	0317-B	0318-E	0319-E	0320-A
0321-A	0322-B	0323-A	0324-E	0325-B	0326-B	0327-D	0328-E	0329-B	0330-A
0331-C	0332-C	0333-B	0334-B	0335-C	0336-C	0337-C	0338-C	0339-E	0340-C
0341-C	0342-D	0343-B	0344-E	0345-C	0346-B	0347-B	0348-A	0349-E	0350-E
0351-C	0352-D	0353-C	0354-C	0355-A	0356-C	0357-E	0358-E	0359-A	0360-D
0361-B	0362-A	0363-E	0364-C	0365-B	0366-A	0367-A	0368-A	0369-A	0370-B
0371-A	0372-C	0373-B	0374-C	0375-E	0376-A	0377-D	0378-B		
5. DIREITO EMPRESARIAL									
								0379-D	0380-B
0381-D	0382-C	0383-E	0384-A	0385-C	0386-A	0387-C	0388-E	0389-D	0390-B
0391-B	0392-A	0393-A							
6. DIREITO FINANCEIRO									
			0394-C	0395-E	0396-A	0397-C	0398-C	0399-A	0400-B
0401-D	0402-A	0403-B	0404-C	0405-D	0406-A	0407-A	0408-B	0409-C	0410-E
0411-A	0412-A	0413-C	0414-C	0415-A	0416-A	0417-D	0418-B	0419-E	0420-B
0421-A	0422-A	0423-E	0424-B	0425-B	0426-D	0427-B	0428-B	0429-D	
6. DIREITO INTERNACIONAL									
									0430-B
0431-C	0432-A	0433-D	0434-A						
7. DIREITO PENAL									
				0435-C	0436-A	0437-B	0438-E	0439-B	0440-E
0441-B	0442-E	0443-A	0444-A	0445-C	0446-C	0447-D	0448-D	0449-B	0450-D
0451-A	0452-A	0453-E	0454-E	0455-C	0456-C	0457-D	0458-A	0459-B	0460-C
0461-E	0462-C	0463-D	0464-B	0465-E	0466-C	0467-A	0468-A	0469-C	0470-A
0471-C	0472-B	0473-C	0474-C	0475-C	0476-C	0477-E	0478-D	0479-D	0480-D
0481-A	0482-D	0483-E	0484-D	0485-D	0486-B	0487-C	0488-E	0489-C	0490-B
0491-C	0492-B	0493-E	0494-B	0495-E	0496-A				
8. DIREITO PREVIDENCIÁRIO									
							0497-D	0498-B	0499-D
9. DIREITO PROCESSUAL CIVIL									
									0500-A
0501-D	0502-B	0503-C	0504-E	0505-C	0506-B	0507-E	0508-D	0509-C	0510-C

GABARITOS

0511-B	0512-C	0513-E	0514-D	0515-C	0516-A	0517-C	0518-E	0519-E	0520-B
0521-C	0522-E	0523-E	0524-B	0525-E	0526-E	0527-C	0528-A	0529-B	0530-B
0531-A	0532-B	0533-E	0534-A	0535-C	0536-A	0537-A	0538-B	0539-D	0540-E
0541-B	0542-E	0543-C	0544-C	0545-B	0546-C	0547-D	0548-C	0549-D	0550-B
0551-C	0552-C	0553-B	0554-D	0555-D	0556-E	0557-B	0558-D	0559-D	0560-C
0561-D	0562-B	0563-D	0564-A	0565-C	0566-A	0567-E	0568-C	0569-A	0570-C
0571-C	0572-C	0573-E	0574-D	0575-E	0576-D	0577-E	0578-A	0579-B	0580-B
10. DIREITO PROCESSUAL CONSTITUCIONAL									
0581-A	0582-B	0583-E	0584-C	0585-E	0586-D	0587-D	0588-A	0589-C	0590-A
0591-D	0592-C	0593-C	0594-A	0595-D	0596-E	0597-D	0598-D	0599-C	0600-D
0601-A	0602-E	0603-A	0604-C	0605-A	0606-E	0607-D	0608-E	0609-A	0610-D
0611-C	0612-E	0613-E	0614-C	0615-B	0616-C	0617-B	0618-C	0619-C	0620-A
0621-C	0622-E	0623-A	0624-D	0625-E	0626-A	0627-D	0628-E	0629-B	0630-C
0631-E	0632-D	0633-E	0634-C	0635-A	0636-C	0637-A	0638-C	0639-E	0640-A
0641-C	0642-C	0643-E	0644-C	0645-E	0646-A	0647-A	0648-A	0649-A	0650-B
0651-A	0652-B	0653-A	0654-C	0655-E	0656-B	0657-B	0658-C	0659-E	0660-C
0661-C	0662-B	0663-E	0664-B	0665-D	0666-D	0667-D	0668-D	0669-A	0670-E
0671-B	0672-C	0673-D	0674-C	0675-C	0676-E	0677-B	0678-A	0679-C	0680-D
0681-C	0682-E	0683-A	0684-E						
11. DIREITO PROCESSUAL DO TRABALHO									
				0685-C	0686-C	0687-B	0688-D	0689-A	0690-A
0691-B	0692-A	0693-D	0694-C	0695-A	0696-E	0697-C	0698-E	0699-E	0700-C
0701-A	0702-D								
12. DIREITO PROCESSUAL PENAL									
		0703-C	0704-B	0705-C	0706-C	0707-A	0708-D	0709-B	0710-D
0711-B	0712-E	0713-E	0714-A	0715-A	0716-C	0717-A	0718-E	0719-A	0720-C
0721-E	0722-E	0723-A	0724-A	0725-C	0726-B	0727-B	0728-C	0729-A	0730-A
0731-E	0732-B	0733-A	0734-E	0735-B	0736-B	0737-C	0738-D	0739-C	0740-C
0741-A	0742-E	0743-D	0744-D	0745-B	0746-C	0747-A	0748-A	0749-E	0750-A
0751-A	0752-A	0753-B	0754-D	0755-B	0756-C	0757-D	0758-B	0759-C	0760-C
0761-E	0762-D	0763-A	0764-A	0765-D	0766-A	0767-E	0768-A	0769-D	0770-B
0771-C	0772-A	0773-D	0774-A	0775-D	0776-C	0777-A	0778-E	0779-C	0780-B
0781-C	0782-A	0783-D	0784-B	0785-A	0786-D	0787-E	0788-A	0789-C	0790-B
0791-C	0792-E	0793-D	0794-C	0795-E	0796-E	0797-A	0798-D	0799-D	0800-A
0801-A	0802-A	0803-C	0804-C	0805-C	0806-D	0807-C	0808-C	0809-D	0810-B
0811-C	0812-C	0813-E	0814-C	0815-D	0816-B	0817-D	0818-B	0819-D	0820-C
0821-B	0822-D	0823-D	0824-A	0825-B	0826-B	0827-A			

13. DIREITO TRIBUTÁRIO

							0828-A	0829-B	0830-E
0831-B	0832-D	0833-D	0834-C	0835-B	0836-D	0837-E	0838-C	0839-B	0840-E
0841-D	0842-D	0843-C	0844-B	0845-A	0846-B	0847-E	0848-D	0849-A	0850-E
0851-E	0852-E	0853-C	0854-C	0855-B	0856-D	0857-B	0858-C	0859-C	0860-B
0861-E	0862-E	0863-E	0864-D	0865-E	0866-C	0867-E	0868-B	0869-B	0870-E
0871-E	0872-C	0873-B	0874-C	0875-B	0876-E	0877-C	0878-E	0879-E	0880-D
0881-A	0882-E	0883-D	0884-C	0885-D	0886-A	0887-A	0888-D	0889-A	0890-D
0891-A	0892-B	0893-C	0894-B	0895-C	0896-E	0897-D	0898-A	0899-C	0900-D
0901-C	0902-D	0903-E	0904-D	0905-C	0906-D	0907-C	0908-E	0909-C	0910-D
0911-D	0912-D	0913-D	0914-C	0915-D	0916-B	0917-E	0918-B	0919-E	0920-E
0921-B	0922-E	0923-B	0924-E	0925-C	0926-E	0927-C	0928-C	0929-B	0930-D
0931-C	0932-B	0933-A	0934-E	0935-B	0936-B	0937-C	0938-E	0939-D	0940-B
0941-E	0942-B	0943-B	0944-B	0945-C	0946-E	0947-E	0948-C	0949-E	0950-A
0951-A	0952-A	0953-B	0954-B	0955-D	0956-C	0957-D	0958-A	0959-A	0960-D
0961-A									

14. EXECUÇÃO FISCAL

	0962-E								

15. EXECUÇÃO PENAL

		0963-E	0964-E	0965-C	0966-E	0967-C	0968-B	0969-D	0970-D
0971-D	0972-C	0973-C	0974-D	0975-C	0976-D	0977-E	0978-A	0979-B	0980-C
0981-B	0982-C	0983-E	0984-A	0985-D	0986-E	0987-B			

16. SISTEMA FINANCEIRO NACIONAL

							0988-C	0989-B	0990-C
0991-B	0992-A	0993-B	0994-A						

PARTE II

SÚMULAS SUPERIOR TRIBUNAL DE JUSTIÇA

1. DIREITO ADMINISTRATIVO

				0995-A	0996-E	0997-C	0998-D	0999-A	1000-B
1001-B	1002-D	1003-B	1004-C	1005-E	1006-C	1007-D	1008-E	1009-C	1010-A
1011-E	1012-D	1013-B	1014-B	1015-D	1016-A	1017-E	1018-E	1019-A	1020-A
1021-D	1022-B	1023-D	1024-C	1025-C	1026-A	1027-C	1028-E	1029-A	1030-D
1031-E	1032-B	1033-C	1034-E	1035-D	1036-D	1037-D	1038-E		

2. DIREITO CIVIL

								1039-C	1040-A
1041-D	1042-C	1043-D	1044-C	1045-C	1046-D	1047-E	1048-B	1049-A	1050-B
1051-D	1052-A	1053-B	1054-C	1055-C	1056-D	1057-E	1058-D	1059-C	1060-B

GABARITOS

1061-A	1062-C	1063-E	1064-D	1065-B	1066-E	1067-D	1068-A	1069-C	1070-B
1071-C	1072-E	1073-E	1074-E	1075-B	1076-C	1077-C	1078-B	1079-A	1080-B
1081-A	1082-A	1083-D	1084-D	1085-C	1086-C	1087-A	1088-D	1089-D	1090-D
1091-C	1092-C	1093-E	1094-C	1095-E	1096-B	1097-B	1098-B	1099-D	1100-E
1101-E	1102-E	1103-E	1104-C	1105-B	1106-C	1107-B	1108-C	1109-B	1110-E
1111-E	1112-B	1113-A	1114-B	1115-D	1116-C	1117-C	1118-A	1119-A	1120-B
1121-B	1122-C	1123-C	1124-C	1125-B	1126-D	1127-E	1128-E	1129-E	1130-E
1131-D	1132-E	1133-B	1134-C	1135-D	1136-B	1137-C	1138-B	1139-C	1140-D
1141-D	1142-C	1143-D	1144-C	1145-B	1146-C	1147-E	1148-D	1149-A	1150-E
1151-B	1152-C	1153-D	1154-E	1155-A	1156-D	1157-E	1158-B		
3. DIREITO CONSTITUCIONAL									
								1159-C	1160-C
1161-E	1162-C	1163-A	1164-B	1165-A	1166-E	1167-A			
4. DIREITO DE TRÂNSITO									
							1168-B	1169-E	1170-D
1171-D	1172-E	1173-E	1174-D	1175-C	1176-A	1177-D	1178-C	1179-A	
5. DIREITO DO CONSUMIDOR									
									1180-B
1181-C	1182-D	1183-B	1184-A	1185-B	1186-C	1187-A	1188-E	1189-E	1190-A
1191-C	1192-D	1193-E	1194-E	1195-C	1196-E	1197-D	1198-E	1199-E	1200-E
1201-C	1202-B	1203-C	1204-B	1205-B	1206-B	1207-B	1208-D	1209-D	1210-B
1211-C	1212-C	1213-E	1214-A	1215-E	1216-C	1217-B	1218-B	1219-D	1220-C
1221-C	1222-E	1223-D	1224-B	1225-D	1226-A	1227-C	1228-E	1229-A	1230-B
1231-E	1232-A	1233-D	1234-C	1235-E	1236-E	1237-D	1238-D	1239-C	1240-C
6. DIREITO DO TRABALHO									
1241-C	1242-C	1243-D	1244-E	1245-A	1246-B	1247-E	1248-D	1249-C	1250-E
1251-D	1252-D								
7. DIREITO EDUCACIONAL									
Tópico sem questões.									
8. DIREITO ELEITORAL									
		1253-A	1254-C						
9. DIREITO EMPRESARIAL									
				1255-D	1256-D	1257-B	1258-B	1259-C	1260-A
1261-B	1262-B	1263-D	1264-E	1265-C	1266-A	1267-C	1268-A	1269-C	1270-E
1271-D	1272-C	1273-D	1274-B	1275-B	1276-C	1277-C	1278-E	1279-D	1280-D
1281-B	1282-C	1283-C	1284-D	1285-B	1286-E	1287-E	1288-B	1289-C	1290-D
1291-D	1292-B	1293-B	1294-B						

10. DIREITO FINANCEIRO

				1295-C					

11. DIREITO PENAL

					1296-A	1297-C	1298-C	1299-C	1300-D
1301-C	1302-A	1303-C	1304-E	1305-E	1306-A	1307-E	1308-B	1309-D	1310-B
1311-D	1312-D	1313-D	1314-E	1315-A	1316-A	1317-E	1318-C	1319-B	1320-D
1321-A	1322-D	1323-C	1324-B	1325-D	1326-E	1327-B	1328-D	1329-A	1330-E
1331-E	1332-E	1333-D	1334-E	1335-E	1336-E	1337-D	1338-E	1339-E	1340-E
1341-C	1342-B	1343-B	1344-E	1345-A	1346-C	1347-C	1348-A	1349-A	1350-A
1351-D	1352-B	1353-E	1354-B	1355-D	1356-C	1357-C	1358-E	1359-C	1360-A
1361-D	1362-B	1363-C	1364-C	1365-D	1366-C	1367-A	1368-A	1369-E	1370-E
1371-E	1372-C	1373-E	1374-A	1375-D	1376-C	1377-B	1378-A	1379-A	1380-B
1381-D	1382-A	1383-E	1384-A	1385-C	1386-C	1387-A	1388-B	1389-B	1390-E
1391-C	1392-C	1393-C	1394-C	1395-C	1396-E	1397-C	1398-B	1399-D	1400-C
1401-B	1402-A	1403-A	1404-E	1405-E	1406-C	1407-A	1408-C	1409-C	1410-E
1411-B	1412-B	1413-C	1414-B	1415-A	1416-C	1417-C	1418-A	1419-B	1420-D
1421-E	1422-E	1423-C	1424-E	1425-C	1426-E	1427-A	1428-A	1429-D	1430-A
1431-B	1432-A	1433-C	1434-B	1435-A	1436-C	1437-A	1438-E	1439-A	1440-B
1441-C	1442-A	1443-D	1444-B	1445-D	1446-C	1447-C	1448-C	1449-B	1450-E
1451-D	1452-A	1453-E	1454-C						

12. DIREITO PREVIDENCIÁRIO

				1455-B	1456-B	1457-D	1458-B	1459-B	1460-A
1461-D	1462-B	1463-A	1464-B	1465-C	1466-A	1467-C	1468-A	1469-C	1470-D
1471-C	1472-D	1473-C	1474-C	1475-B	1476-B	1477-C			

13. DIREITO PROCESSUAL CIVIL

							1478-A	1479-A	1480-D
1481-D	1482-D	1483-C	1484-C	1485-C	1486-A	1487-A	1488-E	1489-B	1490-C
1491-C	1492-B	1493-A	1494-B	1495-B	1496-C	1497-C	1498-C	1499-B	1500-D
1501-E	1502-B	1503-C	1504-A	1505-A	1506-C	1507-A	1508-B	1509-D	1510-D
1511-E	1512-C	1513-E	1514-C	1515-C	1516-E	1517-A	1518-E	1519-B	1520-C
1521-D	1522-A	1523-E	1524-A	1525-D	1526-E	1527-D	1528-C	1529-A	1530-E
1531-D	1532-A	1533-E	1534-C	1535-C	1536-B	1537-E	1538-C	1539-D	1540-D
1541-B	1542-A	1543-C	1544-B	1545-B	1546-C	1547-A	1548-D	1549-C	1550-A
1551-E	1552-D	1553-A	1554-A	1555-B	1556-D	1557-B	1558-A	1559-B	1560-C
1561-B	1562-C	1563-E	1564-D	1565-D	1566-C	1567-D	1568-E	1569-B	1570-A
1571-D	1572-D	1573-E	1574-D	1575-A	1576-D	1577-E	1578-A	1579-D	1580-D
1581-A	1582-D	1583-B	1584-B	1585-B	1586-E	1587-C	1588-C	1589-E	1590-C
1591-B	1592-E	1593-C	1594-C	1595-D	1596-B	1597-A	1598-E	1599-B	1600-E

GABARITOS

1601-A	1602-A	1603-C	1604-E	1605-A	1606-A	1607-E	1608-D	1609-D	1610-C
1611-A	1612-A	1613-B	1614-A	1615-A	1616-A	1617-A	1618-D	1619-B	1620-D
1621-A	1622-D	1623-D	1624-A	1625-D	1626-B	1627-A	1628-C	1629-D	1630-C
1631-C	1632-C	1633-E	1634-B	1635-C	1636-E	1637-B	1638-B	1639-A	1640-A
1641-A	1642-E	1643-C	1644-E	1645-E	1646-C	1647-C	1648-E	1649-D	1650-A
1651-B	1652-C	1653-E	1654-E	1655-E	1656-A	1657-A	1658-C	1659-C	1660-E
1661-B	1662-A	1663-C	1664-A						

14. DIREITO PROCESSUAL CONSTITUCIONAL

				1665-A	1666-E	1667-C	1668-B	1669-B	1670-B
1671-C	1672-E	1673-E	1674-E	1675-C	1676-A	1677-B	1678-C	1679-E	1680-D
1681-B	1682-E	1683-B							

15. DIREITO PROCESSUAL DO TRABALHO

			1684-A	1685-A	1686-E	1687-C	1688-C	1689-D	1690-B
1691-C	1692-C	1693-D							

16. DIREITO PROCESSUAL PENAL

			1694-E	1695-E	1696-A	1697-E	1698-B	1699-C	1700-E
1701-A	1702-E	1703-E	1704-C	1705-E	1706-D	1707-A	1708-A	1709-E	1710-E
1711-B	1712-E	1713-D	1714-E	1715-B	1716-D	1717-A	1718-E	1719-C	1720-B
1721-C	1722-C	1723-E	1724-D	1725-E	1726-E	1727-E	1728-D	1729-D	1730-C
1731-E	1732-A	1733-C	1734-C	1735-B	1736-E	1737-C	1738-A	1739-D	1740-A
1741-E	1742-C	1743-D	1744-E	1745-C	1746-B	1747-D	1748-E	1749-B	1750-E
1751-E	1752-B	1753-B	1754-C	1755-A	1756-E	1757-C	1758-A	1759-A	1760-E
1761-A	1762-E	1763-D	1764-E	1765-B	1766-E	1767-E	1768-C	1769-C	1770-E
1771-E	1772-C	1773-A	1774-E	1775-E	1776-A	1777-B	1778-D	1779-E	1780-D
1781-E	1782-D	1783-E	1784-A	1785-C	1786-C	1787-E	1788-D		

17. DIREITO PROCESSUAL PREVIDENCIÁRIO

								1789-C	1790-C
1791-D	1792-D	1793-A							

18. DIREITO TRIBUTÁRIO

			1794-A	1795-A	1796-B	1797-D	1798-E	1799-E	1800-B
1801-D	1802-C	1803-D	1804-C	1805-C	1806-D	1807-D	1808-D	1809-C	1810-C
1811-B	1812-C	1813-E	1814-B	1815-A	1816-E	1817-A	1818-E	1819-E	1820-B
1821-B	1822-D	1823-B	1824-E	1825-B	1826-D	1827-C	1828-B	1829-C	1830-E
1831-C	1832-E	1833-E	1834-C	1835-D	1836-A	1837-A	1838-E	1839-D	1840-E
1841-A	1842-A	1843-A	1844-A	1845-B	1846-B	1847-C	1848-E	1849-B	1850-B
1851-B	1852-D	1853-E	1854-C	1855-B	1856-C	1857-A	1858-D	1859-C	1860-B
1861-E	1862-E	1863-C	1864-C	1865-C	1866-B	1867-B	1868-B	1869-B	1870-D
1871-A	1872-A	1873-E	1874-E	1875-C	1876-C	1877-D	1878-E	1879-A	1880-D

1881-A	1882-E	1883-E	1884-D	1885-D	1886-D	1887-A	1888-E	1889-C	1890-A
1891-C	1892-A	1893-C	1894-B	1895-E	1896-A	1897-C	1898-D	1899-C	1900-B
1901-E	1902-A	1903-A	1904-E	1905-E	1906-B				
19. ESTATUTO DA CRIANÇA E DO ADOLESCENTE									
						1907-B	1908-B	1909-E	1910-A
1911-B	1912-E	1913-C	1914-D	1915-C	1916-D	1917-B	1918-E	1919-E	1920-E
1921-B	1922-D	1923-D	1924-B	1925-C	1926-A	1927-B	1928-A	1929-A	
20. EXECUÇÃO FISCAL									
									1930-E
1931-B	1932-C	1933-A	1934-C	1935-B	1936-B	1937-E	1938-D	1939-E	1940-D
1941-B	1942-D	1943-C	1944-A	1945-D	1946-D	1947-A	1948-E	1949-A	1950-C
1951-C	1952-E	1953-E	1954-C	1955-D	1956-D	1957-A	1958-B	1959-E	1960-C
1961-D	1962-A	1963-D	1964-C	1965-A	1966-C	1967-D	1968-B	1969-A	1970-E
1971-A	1972-A								
21. EXECUÇÃO PENAL									
		1973-E	1974-B	1975-E	1976-B	1977-B	1978-D	1979-C	1980-C
1981-A	1982-C	1983-A	1984-E	1985-C	1986-D	1987-C	1988-E	1989-B	1990-B
1991-E	1992-C	1993-B	1994-C	1995-E	1996-C	1997-E	1998-E	1999-B	2000-A
2001-C	2002-A	2003-E	2004-B						
22. SISTEMA FINANCEIRO DA HABITAÇÃO									
				2005-A	2006-C	2007-A	2008-B	2009-E	2010-C
2011-A	2012-C								
23. SISTEMA FINANCEIRO NACIONAL									
		2013-D	2014-B	2015-C	2016-C	2017-A	2018-C	2019-E	2020-E
2021-C	2022-B	2023-A	2024-B	2025-C	2026-A	2027-E	2028-D	2029-A	2030-C
2031-B	2032-E	2033-B	2034-D	2035-B	2036-D	2037-E	2038-C	2039-C	2040-D
2041-B	2042-D	2043-D	2044-B	2045-E	2046-A	2047-B	2048-B		
PARTE III									
CONSTITUIÇÃO, LEI E TEORIA									
								2049-A	2050-D
2051-C	2052-C	2053-E	2054-E	2055-B	2056-D	2057-D	2058-A	2059-D	2060-B
2061-A	2062-B	2063-C	2064-C	2065-D	2066-E	2067-E	2068-D	2069-A	2070-C
2071-B	2072-C	2073-C	2074-B	2075-A	2076-D	2077-C	2078-A	2079-A	2080-E
2081-E	2082-D	2083-D	2084-A	2085-D	2086-A	2087-D	2088-B	2089-D	2090-D
2091-B	2092-A	2093-B	2094-E	2095-B	2096-E	2097-B	2098-D	2099-D	2100-D
2101-D	2102-A	2103-E	2104-C	2105-E	2106-D	2107-E	2108-B	2109-B	2110-B
2111-D	2112-E	2113-A	2114-A	2115-C	2116-C	2117-C	2118-B	2119-A	2120-C
2121-D	2122-B	2123-E	2124-B	2125-E	2126-E	2127-C	2128-E	2129-D	2130-C
2131-C	2132-C	2133-C	2134-D	2135-B	2136-A	2137-C	2138-E	2139-C	

Anotações

Impressão e Acabamento
Gráfica Santa Marta
Unidade São Bernardo do Campo - SP